adm
Fundamentos da
ADMINISTRAÇÃO CONTEMPORÂNEA

J77f   Jones, Gareth R.
          Fundamentos da administração contemporânea / Gareth R.
       Jones, Jennifer M. George ; tradução: Ariovaldo Griesi ;
       revisão técnica: Gilmar Masiero. – 4. ed. – Porto Alegre :
       AMGH, 2012.
          xxiv, 496 p. : il. color. ; 28 cm.

       ISBN 978-85-8055-085-6

       1. Administração – Fundamentos. 2. Administração
      contemporânea. I. George, Jennifer M. II. Título.

                                                                CDU 005

Catalogação na publicação: Ana Paula M. Magnus – CRB 10/2052

Gareth R. Jones
Texas A&M University

Jennifer M. George
Rice University

adm
Fundamentos da
ADMINISTRAÇÃO CONTEMPORÂNEA
4ª edição

Tradução
Ariovaldo Griesi

Revisão técnica
Gilmar Masiero
Professor da Faculdade de Economia, Administração
e Contabilidade da Universidade de São Paulo (FEA/USP)

McGraw Hill

bookman

AMGH Editora Ltda.
2012

Obra originalmente publicada sob o título
Essentials of Contemporary Management, 4th Edition
ISBN 0078137225 / 9780078137228

Original edition copyright (c) 2011, The McGraw-Hill Companies, Inc., New York, New York 10020.
All rights reserved.

Capa: *Consolo & Cardinali*

Preparação de originais: *Lucas Cartaxo*

Leitura final: *Carolina Caires Coelho*

Gerente editorial CESA: *Arysinha Jacques Affonso*

Coordenadora editorial: *Viviane R. Nepomuceno*

Assistente editorial: *Kelly Rodrigues dos Santos*

Projeto e editoração: *Texto&Arte*

Reservados todos os direitos de publicação, em língua portuguesa, à
AMGH Editora Ltda., uma parceria entre GRUPO A EDUCAÇÃO S.A. e MCGRAW-HILL EDUCATION.
Av. Jerônimo de Ornelas, 670 – Santana
90040-340 – Porto Alegre – RS
Fone: (51) 3027-7000   Fax: (51) 3027-7070

É proibida a duplicação ou reprodução deste volume, no todo ou em parte, sob quaisquer
formas ou por quaisquer meios (eletrônico, mecânico, gravação, fotocópia, distribuição na *Web*
e outros), sem permissão expressa da Editora.

Unidade São Paulo
Av. Embaixador Macedo Soares, 10.735 – Pavilhão 5 – Cond. Espace Center
Vila Anastácio – 05095-035 – São Paulo – SP
Fone: (11) 3665-1100 Fax: (11) 3667-1333

SAC 0800 703-3444 – www.grupoa.com.br

IMPRESSO NO BRASIL
PRINTED IN BRAZIL

Os autores

Gareth Jones Professor de Administração no Lowry Mays College e na Graduate School of Business, da Texas A&M University. Recebeu os títulos de bacharel em Economia/Psicologia e de Ph.D. em Administração pela University of Lancaster, Reino Unido. Anteriormente, foi docente e pesquisador na University of Warwick, na Michigan State University e na University of Illinois, em Urbana–Champaign. É professor convidado e palestrante em universidades inglesas e americanas.

É especializado em Administração Estratégica e Teoria Organizacional, além de ser conhecido por sua pesquisa que aplica análise de custos de transações para explicar diversas formas de comportamentos organizacionais e estratégicos. Atualmente, interessa-se por matérias como Processos de Estratégias, Vantagem Competitiva e Tecnologia da Informação. Também investiga as relações entre Ética, Confiança e Cultura Organizacional e estuda o papel do afeto no processo de tomada de decisão estratégica.

Possui vários artigos em publicações destacadas da área e seus trabalhos recentes foram publicados no *Academy of Management Review*, no *Journal of International Business Studies* e no *Human Relations*. Um artigo sobre o papel da tecnologia da informação em vários aspectos do funcionamento organizacional foi publicado no *Journal of Management*. Um de seus artigos ganhou o Best Paper Award do *Academy of Management Journal*, e Jones é um dos autores mais produtivos do *Academy of Management Review*. Faz ou fez parte de vários conselhos editoriais do *Academy of Management Review*, do *Journal of Management* e do *Management Inquiry*.

Gareth Jones usou o seu conhecimento acadêmico para elaborar livros didáticos de sucesso na área de Administração e em três outras grandes áreas da disciplina: Comportamento Organizacional, Teoria Organizacional e Administração Estratégica. Seus livros são muito reconhecidos pelos conteúdos contemporâneos e inovadores, e pela clareza com que transmitem aos estudantes problemas complexos e reais.

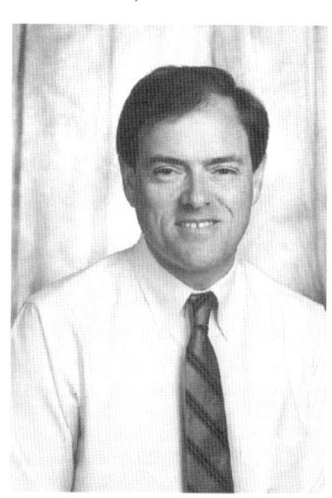

Jennifer George Professora de Administração Mary Gibbs Jones e de Psicologia na Jesse H. Jones Graduate School of Business da Rice University. Recebeu os títulos de bacharel em Psicologia/Sociologia pela Wesleyan University, de MBA em Finanças e de Ph.D. em Administração e Comportamento Organizacional pela New York University. Antes de fazer parte do corpo docente da Rice University, foi professora do Departamento de Administração da Texas A&M University.

George especializou-se em Comportamento Organizacional e é muito conhecida por sua pesquisa sobre estados de espírito e graus de emotividade no ambiente de trabalho, suas determinantes e efeitos em vários resultados de trabalho individual e em grupo. É autora de vários artigos em publicações científicas avaliados por pessoas que atuam no mesmo campo, como *Academy of Management Journal*, *Academy of Management Review*, *Journal of Applied Psychology*, *Organizational Behavior and Human Decision Processes*, *Journal of Personality and Social Psychology* e *Psychological Bulletin*. Um de seus artigos venceu o Organizational Behavior Division Outstanding Competitive Paper Award, do *Academy of Management*, e um outro artigo venceu o Best Paper Award, do *Human Relations*. Ela participa, e participou, de diversos conselhos editoriais de revisão do *Journal of Applied Psychology*, *Academy of Management Journal*, *Academy of Management Review*, *Administrative Science Quarterly*, *Journal of Management*, *Organizational Behavior and Human Decision Processes*, *Organizational Science*, *International Journal of Selection and Assessment* e *Journal of Managerial Issues*; foi consultora do *Journal of Organizational Behavior*; ex-membro do conselho editorial do SIOP *Organizational Frontiers Series*. É membro da American Psychological Association, da American Psychological Society, da Society for Industrial and Organizational Psychology e da Society for Organizational Behavior. A professora completou recentemente um período de seis anos como editora associada do *Journal of Applied Psychology*. Também foi coautora de um livro didático muito conhecido, intitulado *Understanding and Managing Organizational Behavior*.

Prefácio

Nesta quarta edição de *Fundamentos da Administração Contemporânea* continuamos a nos ater à ideia principal de oferecer aos estudantes a descrição mais atual e contemporânea do ambiente da administração e suas práticas (e também de suas constantes mudanças). Ao revisar o livro, não poupamos esforços para tornar o texto relevante e interessante para os estudantes. E sabemos, pelo *feedback* que recebemos de professores e alunos, que o texto os cativa de fato. O livro os incentiva a empregar o esforço necessário para assimilar o material do texto, considerado útil e relevante. Continuamos a nos espelhar nas mudanças que estão ocorrendo nas práticas administrativas, incorporando ao texto avanços recentes na teoria da administração e dando exemplos eloquentes e atuais da forma como os administradores de empresas renomadas – grandes e pequenas – têm reagido às mudanças extraordinárias que vêm ocorrendo na economia. Na realidade, nesta edição revisada, aumentamos o foco nas pequenas empresas e integramos ao texto um número muito maior de exemplos sobre os problemas enfrentados por elas.

Obviamente, o número e a complexidade de desafios estratégicos, organizacionais e de recursos humanos enfrentados pelos administradores e por todos os funcionários continuaram a crescer desde a recessão econômica iniciada em 2007. Na maioria das empresas, gestores de todos os níveis estão tentando se recuperar à medida que trabalham para vencer esses desafios por meio da implementação de novas e melhores práticas e técnicas de administração, da mesma forma que foram forçados a aplicar o *downsizing* e despedir milhões de trabalhadores. No ambiente empresarial altamente competitivo de hoje, até mesmo diferenças de desempenho relativamente pequenas entre as empresas – referentes, por exemplo, à rapidez com que lançam novos bens e serviços no mercado ou às formas utilizadas para motivar seus funcionários a buscar maneiras de reduzir custos ou aumentar o desempenho – podem ser fatores de vantagem competitiva significativa. Os administradores e as empresas que utilizam práticas e técnicas de administração comprovadas em suas tomadas de decisão e ações, aumentam sua eficácia ao longo do tempo. As empresas e os administradores que demoram mais para implementar novas práticas e técnicas de administração se veem em constante desvantagem competitiva, tornando ainda mais difícil recuperar o terreno. Portanto, em muitos setores, existe uma diferença cada vez maior entre as empresas de maior sucesso (cujo desempenho atinge novos patamares) e seus concorrentes mais fracos, pois os administradores das empresas bem-sucedidas tomaram decisões melhores sobre como usar os recursos da organização da forma mais eficiente e eficaz.

Os desafios enfrentados pelos administradores continuam a crescer, já que mudanças no ambiente global (como a crescente terceirização para o exterior e o aumento nos preços das *commodities*) impactam as organizações, grandes e pequenas. A revolução na tecnologia da informação transformou sobretudo a forma como os administradores tomam decisões em todos os níveis hierárquicos da empresa e em todas as suas funções e divisões globais. Esta quarta edição trata justamente desses desafios emergentes. Abordaremos com maior profundidade, por exemplo, a terceirização global, e examinaremos as diversas questões administrativas que devem ser resolvidas quando milhões de cargos funcionais em tecnologia da informação, atendimento ao cliente e fabricação estão sendo transferidos para países no exterior. Da mesma forma, a globalização crescente significa que os administradores precisam reagir adequadamente aos efeitos de diferenças importantes nas leis e regulamentações bem como nas normas e nos valores éticos que vigoram em diferentes países pelo mundo.

Entre outros grandes desafios que continuamos a desenvolver nesta nova edição, temos o impacto da crescente diversidade do *staff* nas empresas e como essa diversidade crescente torna imperativo para os administradores compreender como e por que as pessoas diferem para que possam administrar com eficácia e colher os frutos da diversidade e seu desempenho. Da mesma forma, em todas as funções e níveis, os administradores e funcionários devem buscar continuamente maneiras de "trabalhar de forma mais inteligente" e aumentar o desempenho. O emprego de nova tecnologia da informação para melhorar todos os aspectos das operações de uma organização visando aumentar a eficiência e melhorar o tempo de resposta aos requerimentos dos clientes é uma parte vital desse processo. Da mesma forma, há a necessidade contínua de inovar e melhorar a qualidade de bens e serviços e o modo como são produzidos, para permitir que uma organização concorra de modo eficaz. Revisamos significativamente a quarta edição do livro *Fundamentos da Administração Contemporânea* para tratar desses desafios para administradores e suas organizações.

Principais mudanças de conteúdo

Nesta nova edição, não alteramos a organização dos capítulos; eles seguem a mesma sequência. Os professores nos disseram que gostaram das mudanças feitas da última vez e que isso melhorou o aprendizado de seus alunos. Eles aprovam, por exemplo, a forma como integramos a cobertura de empreendedorismo no Capítulo 5, "Processo decisório, aprendizagem, criatividade e empreendedorismo", pois ela complementa a discussão sobre criatividade e nos permite discutir as várias e diferentes questões envolvidas na tomada de decisão eficaz ao longo do tempo. Também a sequência de três capítulos sobre estratégia, estrutura e sistemas de controle para aumentar a vantagem competitiva foi bem recebida. Porém, mais uma vez encorajados pelo número crescente de professores e estudantes que estão usando nosso livro a cada nova edição e com base nas reações e sugestões tanto de usuários como de revisores, revisamos e atualizamos o livro nos seguintes aspectos:

CONCEITOS DE PESQUISAS CONTINUAMENTE ATUALIZADOS Primeiramente, da mesma forma que incluímos novos conceitos de pesquisas pertinentes em cada capítulo, tivemos o mesmo cuidado de eliminar conceitos de administração desatualizados ou de pouco significado. Como de costume, nosso objetivo foi otimizar nossa apresentação e manter o foco nas mudanças que ocorrem atualmente e têm maior impacto para os administradores e organizações. Nosso objetivo não é fazer os alunos estudarem demais, elaborar capítulos demasiadamente longos com o simples propósito de incluir toda aquela teoria da administração antiquada. No mundo de hoje, em que os *downloads* de vídeos, os sons e as mensagens de texto são comuns, muitas vezes menos significa mais – especialmente quando é frequente encontrar os estudantes sob o peso da pressão de tempo originada pela necessidade de trabalhar longos períodos. Em segundo lugar, acrescentamos material novo e significativo sobre administração e reforçamos sua importância com vários exemplos novos e relevantes sobre pequenas e grandes empresas que são descritos em casos que abrem cada capítulo; são os novos "Estudos de caso". Além disso, há também novos casos (basicamente de 2009). São os "Casos em foco da *BusinessWeek*", que fecham cada capítulo.

Estamos certos de que as principais mudanças feitas nesta quarta edição de *Fundamentos da Administração Contemporânea* refletem as mudanças que estão ocorrendo na administração e no ambiente de trabalho; também acreditamos que elas oferecem uma descrição da administração que irá estimular e desafiar os estudantes a pensar sobre seus futuros no mundo empresarial.

ÊNFASE EM ADMINISTRAÇÃO APLICADA Nossa abordagem contemporânea também é ilustrada pela forma que escolhemos para organizar e discutir questões da administração moderna. Tivemos grande trabalho para trazer o administrador de volta para o tema da administração. Isto é, redigimos os capítulos segundo a perspectiva de administradores ou futuros administradores para ilustrar, de maneira prática, os problemas e oportunidades que eles enfrentam e como atendê-los de maneira eficaz. No Capítulo 3, por exemplo, tratamos de modo integrado o tema da ética e da diversidade, explicando claramente sua importância para administradores atuantes. No Capítulo 6, tratamos de forma integrada, de planejamento, estratégia e vantagem competitiva, destacando as escolhas cruciais que os administradores têm que fazer no desempenho de sua função como planejador. Ao longo do texto, enfatizamos problemas importantes que os administradores enfrentam e como a teoria, a pesquisa e a prática da administração podem ajudar a eles e suas organizações a se tornarem eficazes.

Essa abordagem aplicada também pode ser claramente vista nos últimos dois capítulos do livro, que cobrem os tópicos da administração de sistemas de informação, da tecnologia da informação e das operações; tópicos que tendem a ser difíceis de ensinar de forma interessante e inovadora aos estudantes de administração. Os capítulos adotam uma abordagem comportamental e voltada para o aluno, a fim de que possa entender os processos administrativos implicados na administração de sistemas de informação e das operações. Como observam nossos revisores, enquanto o tratamento dessas questões na maioria dos livros é árido e quantitativo, o nosso ganha vida, pois tem seu foco em como os administradores podem administrar as pessoas e processos necessários para dar vantagem competitiva a uma organização.

Agradecimentos

Encontrar uma maneira de integrar e apresentar a literatura sobre administração contemporânea (que se encontra em rápida expansão), tornando-a interessante e significativa para os estudantes, não é uma tarefa fácil. Ao redigir e revisar as diversas versões preliminares de *Fundamentos da Administração Contemporânea*, tivemos a sorte de contar com a ajuda de várias pessoas que contribuíram enormemente para a forma final do livro. Primeiramente, somos gratos a Michael Ablassmeir, nosso diretor executivo, pelo apoio e comprometimento com nosso projeto e por sempre encontrar maneiras de nos fornecer os recursos necessários para aperfeiçoarmos e refinarmos continuamente nosso livro. Em segundo lugar, somos gratos a Kelly Pekelder, nossa editora de desenvolvimento, por coordenar tão habilmente o progresso do livro e, juntamente com ela, agradecemos também a Anke Braun Weekes, nosso gerente de *marketing*, por nos fornecer *feedback* e informações concisas e oportunas de professores e revisores, o que nos permitiu moldar o livro às necessidades de seu mercado. Agradecemos também a Cara Hawthorne por executar uma diagramação impressionante e a Bruce Gin por coordenar o processo de produção. Também somos gratos aos muitos colegas e revisores que nos deram opiniões úteis e pormenorizadas, comentários perspicazes e sugestões valiosas para melhorar o manuscrito.

A produção de qualquer obra que esteja em condições de competir no mercado é um desafio. Produzir um livro didático realmente voltado para o mercado requer um esforço tremendo além daquele de simplesmente conseguir revisões de um manuscrito preliminar. Nosso objetivo por trás do desenvolvimento de *Fundamentos da Administração Contemporânea* é claro: tornar este o livro sobre fundamentos de administração mais dirigido ao leitor e com maior quantidade de suplementos já publicado! A recepção favorável que nossa obra tem recebido de seus leitores sugere que nosso abrangente plano de desenvolvimento de produto resultou em um livro que atendeu as expectativas tanto dos professores como dos estudantes. Para a nova edição, continuamos a agregar novos revisores aos mais de 200 docentes que já haviam participado das atividades de desenvolvimento, desde grupos regionais a pesquisas de opinião e revisões dos manuscritos. Consequentemente, estamos certos de que as mudanças que fizemos em nosso livro e seu excelente material de apoio atenderão melhor suas expectativas e necessidades.

Nossos agradecimentos aos seguintes docentes que contribuíram enormemente para o livro:

Garry Adams, *Auburn University*
M. Ruhul Amin, *Bloomsburg University of Pennsylvania*
Fred Anderson, *Indiana University of Pennsylvania*
Jacquelyn Appeldorn, *Dutchess Community College*
Barry Armandi, *SUNY–Old Westbury*
Dave Arnott, *Dallas Baptist University*
Debra Arvanites, *Villanova University*
Douglas E. Ashby, *Lewis & Clark Community College*
Joe Atallah, *Devry University*
Kenneth E. Aupperle, *The University of Akron*
Barry S. Axe, *Florida Atlantic University*
Andrea D. Bailey, *Moraine Valley Community College*
Jeff Bailey, *University of Idaho*
Robert M. Ballinger, *Siena College*
Moshe Banai, *Bernard M, Baruch College*
Frank Barber, *Cuyahoga Community College*
Reuel Barksdale, *Columbus State Community College*
Sandy Jeanquart Barone, *Murray State University*
Lorraine P. Bassette, *Prince George's Community College*
Gene Baten, *Central Connecticut State University*
Myra Jo Bates, *Bellevue University*
Josephine Bazan, *Holyoke Community College*
Hrach Bedrosian, *New York University*

Omar Belkhodja, *Virginia State University.*
James Bell, *Texas State University–San Marcos*
Ellen A. Benowitz, *Mercer County Community College*
Stephen Betts, *William Paterson University*
Jack C. Blanton, *University of Kentucky*
David E. Blevins, *University of Arkansas at Little Rock*
Mary Jo Boehms, *Jackson State Community College*
Karen Boroff, *Seton Hall University*
Jennifer Bowers, *Florida State University*
Barbara Boyington, *Brookdale Community College*
Dan Bragg, *Bowling Green State University*
Charles Braun, *Marshall University*
Dennis Brode, *Sinclair Community College*
Gil Brookins, *Siena College*
Murray Brunton, *Central Ohio Technical College*
Patricia M. Buhler, *Goldey-Beacom College*
Judith G. Bulin, *Monroe Community College*
David Cadden, *Quinnipiac College*
Thomas Campbell, *University of Texas–Austin*
Thomas Carey, *Western Michigan University*
Barbara Carlin, *University of Houston*
Daniel P. Chamberlin, *Regents University–CRB*
Larry Chasteen, *Stephen F. Austin State University*
Raul Chavez, *Eastern Mennonite University*
Nicolette De Ville Christensen, *Guilford College*
Anthony A. Cioffi, *Lorain County Community College*
Sharon F. Clark, *Lebanon Valley College*
Sharon Clinebell, *University of Northern Colorado*
Dianne Coleman, *Wichita State University*
Elizabeth Cooper, *University of Rhode Island*
Anne Cowden, *California State University–Sacramento*
Thomas D. Craven, *York College of Pennsylvania*
Kent Curran, *University of North Carolina*
Arthur L. Darrow, *Bowling Green State University*
Tom Deckelman, *Walsh College*
D. Anthony DeStadio, *Pittsburgh Technical Institute*
Ron DiBattista, *Bryant College*
Thomas Duening, *University of Houston*
Charles P. Duffy, *Iona College*
Steve Dunphy, *The University of Akron*
Subhash Durlabhji, *Northwestern State University*
Robert A. Eberle, *Iona College*
Karen Eboch, *Bowling Green State University*
Robert R. Edwards, *Arkansas Tech University*
Susan Eisner, *Ramapo College of New Jersey*
William Eldridge, *Kean College*
Pat Ellsberg, *Lower Columbia College*
Stan Elsea, *Kansas State University*
Scott Elston, *Iowa State University*
Judson Faurer, *Metro State College of Denver*
Dale Finn, *University of New Haven*

Charles Flaherty, *University of Minnesota*
Alisa Fleming, *University of Phoenix*
Lucinda Fleming, *Orange County Community College*
Robert Flemming, *Delta State University*
Jeanie M. Forray, *Eastern Connecticut State University*
Marilyn L. Fox, *Minnesota State University, Mankato*
Ellen Frank, *Southern Connecticut State University*
Joseph A. Gemma, *Providence College*
Neal Gersony, *University of New Haven*
Donna H. Giertz, *Parkland College*
Leo Giglio, *Dowling College*
David Glew, *Texas A&M University*
Carol R. Graham, *Western Kentucky University*
Matthew Gross, *Moraine Valley Community College*
John Hall, *University of Florida*
Eric L. Hansen, *California State University–Long Beach*
Justin U. Harris, *Strayer College*
Allison Harrison, *Mississippi State University*
Sandra Hartman, *University of New Orleans*
Brad D. Hays, *North Central State College*
Gary Hensel, *McHenry Community College*
Robert A. Herring III, *Winston-Salem State University*
Eileen Bartels Hewitt, *University of Scranton*
Stephen R. Hiatt, *Catawba College*
Tammy Bunn Hiller, *Bucknell University*
Adrienne Hinds, *Northern Virginia Community College*
Anne Kelly Hoel, *University of Wisconsin–Stout*
Eileen Hogan, *Kutztown University*
Jerry Horgesheiner, *Southern Utah State*
Gordon K. Huddleston, *South Carolina State University*
John Hughes, *Texas Tech University*
Larry W. Hughes, *University of Nebraska at Kearney*
Tammy Hunt, *University of North Carolina—Wilmington*
Gary S. Insch, *West Virginia University*
Charleen Jaeb, *Cuyahoga Community College*
Velma Jesser, *Lane Community College*
Richard E. Johe, *Salem College*
Gwendolyn Jones, *The University of Akron*
Kathy Jones, *University of North Dakota*
Marybeth Kardatzke, *North Harris Montgomery Comm-unity College District*
Jim Katzenstein, *California State University–Dominguez Hills*
Jehan G. Kavoosi, *Clarion University of Pennsylvania*
Robert J. Keating, *University of North Carolina at Wilmington*
Frank Khoury, *Berkeley College*
Peggi Koenecke, *California State University–Sacramento*
Donald Kopka, *Towson University*
Dennis Lee Kovach, *Community College of Allegheny County–North Campus*
Mark Kunze, *Virginia State University*

Ken Lehmenn, *Forsyth Technical Community College*
Lianlian Lin, *California State Polytechnic University*
Grand Lindstrom, *University of Wyoming*
John Lipinski, *Robert Morris University*
Mary Lou Lockerby, *College of DuPage*
Esther Long, *University of Florida*
E. Geoffrey Love, *University of Illinois*
George S. Lowry, *Randolph–Macon College*
George E. Macdonald Jr., *Laredo Community College*
Bryan Malcolm, *University of Wisconsin*
Z. A. Malik, *Governors State University*
Mary J. Mallott, *George Washington University*
Christine Marchese, *Nassau Community College*
Jennifer Martin, *York College of Pennsylvania*
Lisa McCormick, *Community College of Allegheny County*
Reuben McDaniel, *University of Texas*
Robert L. McKeage, *The University of Scranton*
John A. Miller, *Bucknell University*
Richard R. J. Morin, *James Madison University*
Don Moseley, *University of South Alabama–Mobile*
Behnam Nakhai, *Millersville University of Pennsylvania*
Robert D. Nale, *Coastal Carolina University*
Daniel F. Nehring, *Morehead State University*
Thomas C. Neil, *Clark Atlanta University*
Brian Niehoff, *Kansas State University*
Judy Nixon, *University of Tennessee*
Cliff Olson, *Southern Adventists University*
Karen Overton, *HCC—Northeast College*
Ralph W. Parrish, *University of Central Oklahoma*
Dane Partridge, *University of Southern Indiana*
Sheila J. Pechinski, *University of Maine*
Marc Pendel, *Ball State University*
Fred Pierce, *Northwood University*
Mary Pisnar, *Baldwin Wallace College*
Laynie Pizzolatto, *Nicholls State University*
Eleanor Polster, *Florida International University*
Paul Preston, *University of Texas–San Antonio*
Samuel Rabinowitz, *Rutgers University–Camden*
Gerald Ramsey, *Indiana University Southeast*
Charles Rarick, *Transylvania University*
Deana K. Ray, *Forsyth Technical Community College*
Robert A. Reber, *Western Kentucky University*
Bob Redick, *Lincoln Land Community College*
Douglas Richardon, *Eastfield College*
Tina L. Robbins, *Clemson University*
Deborah Britt Roebuck, *Kennesaw State University*
Harvey Rothenberg, *Regis University*
Catherine Ruggieri, *St. John's University*
George Ruggiero, *Community College of Rhode Island*
Kathleen Rust, *Elmhurst College*
Robert Rustic, *University of Findlay*

Cyndy Ruszkowski, *Illinois State University*
Nestor St. Charles, *Dutchess Community College*
Lynda St. Clair, *Bryant College*
Michael Santoro, *Rutgers University*
John L. Schmidt Jr., *George Mason University*
Gerald Schoenfeld Jr., *James Madison University*
Don Schreiber, *Baylor University*
Robert Schwartz, *University of Toledo*
Amit Shah, *Frostburg State University*
Michael Shapiro, *Dowling College*
Raymond Shea, *Monroe Community College*
Richard Ray Shreve, *Indiana University Northwest*
Sidney Siegel, *Drexel University*
Thomas D. Sigerstad, *Frostburg State University*
Roy L. Simerly, *East Carolina University*
Randi L. Sims, *Nova Southeastern University*
Sharon Sloan, *Northwood University*
Erika E. Small, *Coastal Carolina University*
Brien Smith, *Ball State University*
Marjorie Smith, *Mountain State University*
Raymond D. Smith, *Towson State University*
William A. Sodeman, *University of Southern Indiana*
Carl J. Sonntag, *Pikes Peak Community College*
Robert W. Sosna, *Menlo College*
William Soukup, *University of San Diego*
Rieann Spence-Gale, *Northern Virginia Community College–Alexandria Campus*
H. T. Stanton Jr., *Barton College*
Jerry Stevens, *Texas Tech University*
William A. Stoever, *Seton Hall University*
Charles I. Stubbart, *Southern Illinois University at Carbondale*
James K. Swenson, *Moorhead State University*

Karen Ann Tarnoff, *East Tennessee State University*
Jerry L. Thomas, *Arapahoe Community College*
Joe Thomas, *Middle Tennessee State University*
Kenneth Thompson, *DePaul University*
John Todd, *University of Arkansas*
Thomas Turk, *Chapman University*
Isaiah Ugboro, *North Carolina A & T University*
Linn Van Dyne, *Michigan State University*
Jaen Vanhoegaerden, *Ashridge Management College*
Barry L. Van Hook, *Arizona State University*
Gloria Walker, *Florida Community College*
Stuart H. Warnock, *University of Southern Colorado*
Toomy Lee Waterson, *Northwood University*
Philip A. Weatherford, *Embry-Riddle Aeronautical University*
Ben Weeks, *St. Xavier University*
Emilia S. Westney, *Texas Tech University*
Donita Whitney-Bammerlin, *Kansas State University*
Robert Williams, *University of North Alabama*
W. J. Williams, *Chicago State University*
Shirley A. Wilson, *Bryant College*
Robert H. Woodhouse, *University of St. Thomas*
Michael A. Yahr, *Robert Morris College*
D. Kent Zimmerman, *James Madison University*

Finalmente, somos gratos a duas crianças maravilhosas, Nicholas e Julia, por tudo o que representam e pela alegria que trazem a todos que têm a oportunidade de conhecê-las.

Gareth R. Jones
Jennifer M. George

Visão geral do livro e dos recursos didáticos

Exemplos ricos e relevantes Uma importante característica deste livro é a forma como exemplos e relatos reais sobre administradores e empresas foram usados para que os estudantes entendam melhor as lições dadas. A amplitude e a profundidade dos ricos e interessantes exemplos usados para ilustrar o material de cada capítulo, fazem com que o texto ganhe vida. Além disso, diferentemente dos quadros explicativos encontrados em outros livros, os quadros aqui apresentados se integram perfeitamente; eles contribuem de maneira eficaz para a aprendizagem e não são algo alinhavado ou isolado do texto; característica fundamental da metodologia pedagógica adotada pelos autores.

O quadro **Estudo de caso** abre cada capítulo apresentando um desafio relacionado ao tema em questão e discutindo, em seguida, como os administradores em uma ou mais organizações reagiram a tal desafio. Essas vinhetas ajudam a demonstrar a incerteza e a adrenalina que cercam o processo administrativo.

Os quadros *Insight* **administrativo** ilustram os tópicos do capítulo, enquanto os quadros **Ética em ação**, **Administrando em um mundo globalizado**, **Foco na diversidade** e **Pitada tecnológica** propõem uma análise dos mesmos tópicos, segundo cada uma das perspectivas descritas no título de cada quadro.

Enfatizando o conteúdo único abordado, os quadros **O administrador como pessoa** enfocam a maneira como alguns administradores enfrentaram, na vida real, mudanças em suas organizações. Com esses exemplos, podemos analisar a atitude dos administradores diante de desafios de trabalho relacionados a diversos conceitos dos capítulos.

> **O ADMINISTRADOR COMO PESSOA**
> **Douglas Conant continua a estimular o crescimento da Campbell Soup**
>
> A Campbell Soup Co., uma das mais antigas e conhecidas indústrias alimentícias do mundo, viu cair a demanda pelo seu principal produto – a sopa enlatada, que despencou 30% no início do novo milênio à medida que os clientes trocavam as sopas processadas e com alto teor de sódio por variedades mais saudáveis (com baixos teores de gordura e de sódio). Os lucros e o preço das ações da Campbell despencaram enquanto seu negócio de sopas enlatadas ia de mal a pior; por isso, em 2001, seus diretores introduziram um novo CEO, chamado Douglas Conant, para ajudar a empresa a lidar com essas dificuldades. Conant decidiu que seria necessário elaborar um plano "de reviravolta" trienal para ajudar a empresa a solidificar sua posição no mercado contra concorrentes com iniciativa e dinamismo, como a General Mills, cuja divisão Progresso Soup havia atraído muitos dos ex-clientes

Pequenas empresas

Para que os alunos vejam a clara relação entre os conceitos ensinados em seus cursos de Princípios de Administração e a aplicação em seus futuros empregos em uma pequena ou média empresa, Jones e George aumentaram o número de exemplos das oportunidades e desafios enfrentados por fundadores, administradores e funcionários nas pequenas empresas.

Características de aprendizagem experimentais

No final de cada capítulo, há exercícios atuais e experimentais de aprendizagem, que esclarecem o significado da administração para os estudantes. Tais exercícios aparecem na seção denominada **Administradores em ação** e propõem as seguintes atividades:

- **Tópicos para discussão e trabalho** – Conjunto de perguntas e pontos para reflexão relacionados com cada capítulo. Alguns deles sugerem aos alunos pesquisar problemas de administração reais e obter informações em primeira mão com administradores atuantes.

- **Desenvolvimento de habilidades gerenciais** – Exercício de desenvolvimento das próprias habilidades que estimulam os alunos a aplicar o que aprenderam por meio de experiência própria, com administradores de determinadas organizações ou com a experiência de outras pessoas.

- **Administrando eticamente** – Exercício que apresenta aos alunos um cenário ou dilema ético e solicita a eles que reflitam sobre a questão sob uma perspectiva ética para entender melhor os problemas enfrentados por administradores atuantes.

- **Exercício em grupo** – Elaborado para permitir que os professores de classes numerosas utilizem exercícios interativos e experimentais.

- **Seja você o administrador** – Apresenta uma situação real na qual um administrador ou uma organização enfrenta algum tipo de desafio, problema ou oportunidade. Esses exercícios fornecem aos alunos uma maneira prática de resolver problemas "reais" por meio da aplicação daquilo que acabaram de aprender no capítulo.

BusinessWeek

- **Caso em foco da *BusinessWeek*** – Cada capítulo tem pelo menos um artigo na versão integral ou resumida da *BusinessWeek*. As perguntas finais incentivam os alunos a pensar sobre como os administradores na vida real lidam com problemas no mundo empresarial.

Sistema integrado de aprendizagem

Os autores tiveram extremo cuidado na criação de material complementar para acompanhar o livro *Fundamentos da Administração Contemporânea*. Independentemente de já ser um professor experiente ou recém-formado, certamente o material de apoio deste livro poderá ajudá-lo nos planos de aulas e nas atividades extras. O material está disponível no *site* www.grupoa.com.br, na área do professor (sob proteção de senha). Lá constam:

- **Instructor's Manual (em inglês)** Esse manual foi completamente atualizado por Kimberly Jaussi (da SUNY Binghamton) a fim de poupar tempo dos professores e auxiliá-los a oferecer o melhor conteúdo possível a seus alunos. O manual dá uma visão geral sobre cada capítulo e uma descrição da aula usando *slides* integrados em PowerPoint®, materiais para tornar as aulas mais interessantes, notas para os materiais de final de capítulo, sugestões de casos em vídeos, notas didáticas e muito mais.

- **Apresentações em PowerPoint® (em português)** 40 slides por capítulo apresentam reproduções de tabelas e figuras importantes do texto, assim como um conteúdo original, preparado por Brad Cox da Midlands Tech. Materiais extras para enriquecimento da aula, como perguntas rápidas e exemplos em vídeo ou de empresas não contidas no texto, podem ser usados para gerar discussão e ilustrar conceitos da administração.

- **Test Bank (em inglês)** Há cerca de 100 perguntas por capítulo, do tipo dissertativas, verdadeiro ou falso e múltipla escolha. Cada pergunta é seguida do objetivo de aprendizagem, nível de dificuldade (correspondente à taxonomia de Bloom para objetivos educacionais) resposta correta e referências às páginas do texto.

Sumário

Seção 1 — Gestão e administradores

Capítulo 1 — O processo administrativo atual 1

Estudo de caso
Joe Coulombe transforma seu pequeno negócio em uma história de sucesso 1

Visão geral

O que é administração? 3
- Alcançar alto desempenho: uma das metas do administrador 3
- Por que estudar administração? 4

Tarefas gerenciais essenciais 5
- Planejamento 5
- Organização 7
- Liderança 8
- Controle 8

Níveis e habilidades dos administradores 9
- Níveis de gerência 9
- Habilidades gerenciais 11

Mudanças recentes nas práticas administrativas 14
- Reestruturação e terceirização 14
- *Empowerment* e equipes autogeridas 15

Desafios da gestão em um ambiente global 16
- PITADA TECNOLÓGICA
- IBM cria equipes autogeridas globais 17

- Criando vantagem competitiva 18
- Mantendo padrões éticos e socialmente responsáveis 20
- ÉTICA EM AÇÃO
- Como não administrar um frigorífico 21
- Gerenciando uma força de trabalho diversa 22
- TI e e-Commerce 23
- A prática da gestão de crises globais 24

Resumo e revisão 25

Administradores em ação
- Tópicos para discussão e trabalho 26
- Desenvolvimento de habilidades gerenciais 26
- Administrando eticamente 27
- Exercício em grupo 27
- Seja você o administrador 27
- *BusinessWeek* – Caso em foco:
  - A arte da sucessão de um CEO 28
- *BusinessWeek* – Caso em foco:
  - Um estranho na Ford 29

APÊNDICE A
- A história do pensamento administrativo 32
- F. W. Taylor e a administração científica 32
- A teoria burocrática de Weber 34
- O trabalho de Mary Parker Follett 36
- Os estudos de Hawthorne e as relações humanas 36
- As Teorias X e Y 38

Capítulo 2 — Valores, atitudes, emoções e cultura: o administrador como pessoa 40

Estudo de caso
A cultura solidária da Ryla 40

Visão geral

Características inerentes: traços de personalidade 42

- Os cinco grandes traços de personalidade 42
- O ADMINISTRADOR COMO PESSOA
- Quem imaginaria que o programa *Dirty Jobs* seria um sucesso? 45
- Outros traços de personalidade que afetam o comportamento gerencial 47

Valores, atitudes, estados de espírito e emoções 48

Valores: terminais e instrumentais.................................. 48
ÉTICA EM AÇÃO
Contando a verdade na Gentle Giant Moving 50
Atitudes 51
Estados de espírito e emoções 54

Inteligência emocional 56

Cultura organizacional 57
Os administradores e a cultura organizacional 58
O papel dos valores e das normas
 na cultura organizacional 60
Cultura e ação gerencial 64

Resumo e revisão 66

Administradores em ação
Tópicos para discussão e trabalho 67
Desenvolvimento de habilidades gerenciais 67
Administrando eticamente 67
Exercício em grupo 68
Seja você o administrador 68
BusinessWeek – Caso em foco:
 "Tecendo" um novo tipo
 de companhia 68
BusinessWeek – Caso em foco:
 Uma resolução difícil 69

Seção 2 — O ambiente organizacional

Capítulo 3 — Administrando a ética e a diversidade 71

Estudo de caso
Cuidando dos funcionários na Costco 71

Visão geral

A natureza da ética 73
Dilemas éticos 73
A ética e as leis 73
Mudanças na ética ao longo do tempo 74

Ética e partes interessadas 75
Acionistas 76
Administradores 77
Funcionários 79
Fornecedores e distribuidores 79
Clientes 79
Comunidade, sociedade e nação 80
Regras para a tomada de decisão ética 81
Por que os administradores devem
 se comportar de modo ético? 83
Fontes do código de ética de uma organização 85
Culturas organizacionais éticas 87
ÉTICA EM AÇÃO
A cultura ética da Johnson & Johnson 88

**A diversidade crescente da força de trabalho
e o ambiente** 90
Idade 91
Sexo 92
Raça e etnia 92

Religião 93
Capacidades/incapacidades 94
Condições socioeconômicas 95
Orientação sexual 96
FOCO NA DIVERSIDADE
Evitando a discriminação baseada
 na orientação sexual 97
Outros tipos de diversidade 98

**Os administradores e a administração
eficaz da diversidade** 98
Papéis gerenciais fundamentais 98
Administrar a diversidade de modo eficaz faz sentido
 nos negócios 100

Assédio sexual 101
Formas de assédio sexual 102
Medidas que os administradores podem tomar para
 erradicar o assédio sexual 103

Resumo e revisão 104

Administradores em ação
Tópicos para discussão e trabalho 105
Desenvolvimento de habilidades gerenciais 105
Administrando eticamente 105
Exercício em grupo 106
Seja você o administrador 106
BusinessWeek – Caso em foco:
 Assim como as fábricas vão à falência,
 o mesmo acontece com o direito comercial 106
BusinessWeek – Caso em foco:
 Não os trate como *baby boomers* 108

Capítulo 4 — Administrando no ambiente global 110

Estudo de caso
A IKEA se encontra no topo do mundo dos móveis 110

Visão geral

O que é ambiente global? 112

O ambiente de tarefa 113
Fornecedores 113
ADMINISTRANDO EM UM MUNDO GLOBALIZADO
Gestão da cadeia de suprimento global 115
Distribuidores 116
Clientes 117
Concorrentes 117
ADMINISTRANDO EM UM MUNDO GLOBALIZADO
O arroz americano invade o Japão 121

O ambiente geral 121
Forças econômicas 122
Forças tecnológicas 122
Forças socioculturais 123
Forças demográficas 124
Forças políticas e legais 125

O ambiente global em contínua mudança 126

ADMINISTRANDO EM UM MUNDO GLOBALIZADO
Adaptando os alimentos aos gostos das diversas culturas 127
O processo de globalização 128
Diminuição das barreiras ao comércio e aos investimentos 129
Diminuição das barreiras culturais e de distância 130
Efeitos do livre comércio sobre a administração 131

O papel da cultura nacional 132
Valores e normas culturais 133
Modelo de Hofstede para cultura nacional 133
ADMINISTRANDO EM UM MUNDO GLOBALIZADO
Um *gaijin* trabalha pela volta por cima da Sony 134
Cultura nacional e gestão global 136

Resumo e revisão 137

Administradores em ação
Tópicos para discussão e trabalho 138
Desenvolvimento de habilidades gerenciais 138
Administrando eticamente 138
Exercício em grupo 139
Seja você o administrador 139
BusinessWeek – Caso em foco:
Seria a terceirização capaz de salvar a Sony? 139
BusinessWeek – Caso em foco:
O outro México: uma onda de investimentos 141

Seção 3 — Planejamento, tomada de decisões e vantagem competitiva

Capítulo 5 — Processo decisório, aprendizagem, criatividade e empreendedorismo 143

Estudo de caso
Bom processo decisório na PUMA 143

Visão geral

A natureza da tomada de decisão gerencial 145
Tomadas de decisão programada e não programada 146
FOCO NA DIVERSIDADE
Tomada de decisão programada na UPS 147
O modelo clássico 149
O modelo administrativo 149

Etapas no processo de tomada de decisão 152
Reconhecer a necessidade de uma decisão 152
Gerar alternativas 153
Avaliar as alternativas 154
Escolha de alternativas 155
Implementar a alternativa escolhida 155
Aprender com o *feedback* 156

Tomada de decisão em grupo 156
Os perigos do consenso de grupo 156
Advogado do diabo 157
Diversidade entre aqueles que tomam a decisão 157

Aprendizagem organizacional e criatividade 158

Criação de uma organização preparada para
a aprendizagem..158
Promoção da criatividade individual 159
Promoção da criatividade coletiva 160

O empreendedorismo e a criatividade 161

ÉTICA EM AÇÃO

Encontrar financiamento para praticar o bem 162
Empreendedorismo e novas empresas 163
Empreendedorismo interno e aprendizagem
organizacional...164

Resumo e revisão..165

Administradores em ação

Tópicos para discussão e trabalho..............................166
Desenvolvimento de habilidades gerenciais.....................167
Administrando eticamente..167
Exercício em grupo 168
Seja você o administrador..168
BusinessWeek – Caso em foco:
   A vida real imita o *reality show*...................................168
BusinessWeek – Caso em foco:
   Tata cria um imenso parque de P&D – de sua propriedade......169

Capítulo 6 — Planejamento, estratégia e vantagem competitiva 171

Estudo de caso
Como a Barbie da Mattel nocauteou a boneca Bratz 171

Visão geral

Planejamento e estratégia..173

A natureza do processo de planejamento...............174
Por que o planejamento é importante..............................174
Níveis de planejamento 175
Níveis e tipos de planejamento..176
Horizontes temporais dos planos.....................................178
Planos permanentes e *ad hoc*...178

Determinação da missão e dos objetivos da organização..179
Definição do negócio 180
Estabelecimento dos principais objetivos 180

Formulação de estratégias...180
Análise SWOT 181

O ADMINISTRADOR COMO PESSOA

Douglas Conant continua a estimular o crescimento da
Campbell Soup 182
O modelo das cinco forças...184

Formulação de estratégias de negócios 185
Estratégia de baixo custo..186
Estratégia de diferenciação...186

"Encalhadas no meio do caminho"..................................187
Estratégias de baixo custo focada
e de diferenciação focada 187

INSIGHT ADMINISTRATIVO

Diferentes maneiras de se competir no mercado
de refrigerantes 188

Formulação de estratégia corporativa......................190
Concentração em um único setor....................................190
Integração vertical..191
Diversificação...192

INSIGHT ADMINISTRATIVO

Como fazer funcionar a diversificação relacionada 193
Expansão internacional 195

Planejamento e implementação de estratégias... 200

Resumo e revisão.. 200

Administradores em ação

Tópicos para discussão e trabalho..................................201
Desenvolvimento de habilidades gerenciais....................201
Administrando eticamente..201
Exercício em grupo 202
Seja você o administrador... 202
BusinessWeek – Caso em foco:
   Como a Acer está "fritando" seus rivais
   do setor de PCs 202
BusinessWeek – Caso em foco:
   Como a Procter & Gamble planeja resolver a situação 203

Seção 4   Organização e mudança

Capítulo 7   Desenhando a estrutura organizacional 205

Estudo de caso
A Avon requer uma nova estrutura 205

Visão geral

Desenhando a estrutura organizacional 207
- O ambiente organizacional 207
- Estratégia 208
- Tecnologia 208
- Recursos humanos 209

Agrupamento de tarefas em cargos: projeto de cargos 210
- Ampliação e enriquecimento do cargo 211
- O modelo de características do cargo 211

Agrupamento de cargos em funções e divisões: desenhando a estrutura organizacional 213
- Estrutura funcional 213
- Estruturas divisionais: de produto, de mercado e geográfica 215

ADMINISTRANDO EM UM MUNDO GLOBALIZADO
A estrutura geográfica da Nokia ajuda a empresa a conquistar o mundo 218

Desenhos matricial e de equipes de produto 220
Estrutura híbrida 222

Coordenando funções e divisões 223
- Alocando autoridade 224

ADMINISTRANDO EM UM MUNDO GLOBALIZADO
Como usar equipes autogeridas com maior autonomia e poder de decisão 227

Mecanismos de integração e coordenação 229

Alianças estratégicas, estruturas de redes B2B e TI 231

ÉTICA EM AÇÃO
Tênis e fábricas que exploram os trabalhadores 233

Resumo e revisão 234

Administradores em ação
- Tópicos para discussão e trabalho 235
- Desenvolvimento de habilidades gerenciais 235
- Administrando eticamente 236
- Exercício em grupo 236
- Seja você o administrador 237
- *BusinessWeek* – Caso em foco:
  Bartz, da Yahoo!, mostra quem dá as cartas 237
- *BusinessWeek* – Caso em foco:
  GSK e Pfizer criam nova empresa de remédios contra a Aids 238

Capítulo 8   Controle, mudança e empreendedorismo 240

Estudo de caso
Uma nova visão do controle na Ford 240

Visão geral

O que é controle organizacional? 242
- A importância do controle organizacional 242
- Sistemas de controle e TI 244
- O processo de controle 245

Controle de resultados 248
- Índices financeiros como medida de desempenho 248

INSIGHT ADMINISTRATIVO
Fazendo as cifras ressuscitarem 250
- Objetivos da organização 251
- Orçamentos operacionais 252
- Problemas com o controle de resultados 253

Controle do comportamento 254

Supervisão direta 254
Administração por objetivos 255
Controle burocrático 256
Problemas com o controle burocrático 257

Cultura organizacional e controle de clã 258

O ADMINISTRADOR COMO PESSOA
James Casey cria uma cultura para a UPS 259
Culturas adaptativas *versus* culturas inertes 259

Mudança organizacional 262
- Avaliando a necessidade de mudança 263
- Decisão sobre a mudança a ser feita 264
- Implementação de mudanças 265

O ADMINISTRADOR COMO PESSOA
As grandes mudanças na Walt Disney promovidas por Bob Iger 265
Avaliação da mudança 266

Empreendedorismo, controle e mudança 266

Resumo e revisão 268

Administradores em ação

Tópicos para discussão e trabalho 269
Desenvolvimento de habilidades gerenciais 269
Administrando eticamente 270
Exercício em grupo 270
Seja você o administrador 270
BusinessWeek – Caso em foco:
   Como a Amazon pretende que você continue clicando 271

Seção 5   A liderança de indivíduos e grupos

Capítulo 9   Motivação 273

Estudo de caso
Motivação na Enterprise Rent-a-Car 273

Visão geral

A natureza da motivação 275

Teoria da expectância 277
   Expectativa 278
   Instrumentalidade 279
   Valência 279
   INSIGHT ADMINISTRATIVO
   Motivando e cativando os funcionários na Container Store 279
   Juntando as peças 281

Teorias das necessidades 281
   Hierarquia das necessidades de Maslow 281
   Teoria das necessidades de motivação–higiene
   de Herzberg 283
   As necessidades de realização, afiliação e poder
   de McClelland 283
   Outras necessidades 284
   PITADA TECNOLÓGICA
   Regras para a manutenção de grande motivação no
   SAS Institute 284

Teoria da equidade 285
   Equidade 285
   Iniquidade 286
   Maneiras de restabelecer a equidade 286

Teoria do estabelecimento de metas 288

Teorias da aprendizagem 289
   Teoria do condicionamento operante 290
   Teoria da aprendizagem social 292

Salário e motivação 293
   Remuneração por mérito com base no desempenho
   individual, coletivo ou organizacional 294
   Aumento salarial ou bônus? 295
   Exemplos de planos de salários por mérito 296

Resumo e revisão 297

Administradores em ação

Tópicos para discussão e trabalho 298
Desenvolvimento de habilidades gerenciais 298
Administrando eticamente 299
Exercício em grupo 299
Seja você o administrador 299
BusinessWeek – Caso em foco:
   Transferindo o trabalho ingrato para o exterior 300
BusinessWeek – Caso em foco:
   Motivos para advogar a causa dos benefícios desiguais 301

Capítulo 10   Líderes e a liderança 303

Estudo de caso
Judy McGrath e a MTV Networks 303

Visão geral

A natureza da liderança 305
   Estilo pessoal de liderança e tarefas gerenciais 305

ÉTICA EM AÇÃO
Liderança servidora na Zingerman's 306
Estilos de liderança em diferentes culturas 307
Poder: a chave para a liderança 308
Empowerment: um ingrediente
   da administração moderna 310

**Modelo de liderança comportamental e modelo
com base em traços de personalidade** 311

xxi

O modelo com base em traços de personalidade..............311
O modelo comportamental..312

Modelos de contingência para liderança..............313
Modelo de contingência de Fiedler.........................313
Teoria do caminho–objetivo de House....................316
O modelo de substitutos para o líder......................317
Juntando as peças..317

Liderança transformacional....................................318
Tornando-se um líder carismático..........................319
Estimulando intelectualmente os subordinados......320
Levando em consideração o desenvolvimento dos funcionários..320
Distinção entre liderança transformacional e transacional..321

Gênero e liderança...321

Inteligência emocional e liderança......................323
FOCO NA DIVERSIDADE
Reconhecimento de erro ajuda dona de um pequeno negócio......................323

Resumo e revisão..324

Administradores em ação
Tópicos para discussão e trabalho..........................326
Desenvolvimento de habilidades gerenciais...........326
Administrando eticamente......................................327
Exercício em grupo...327
Seja você o administrador.......................................328
BusinessWeek – Caso em foco:
Será que as pessoas em sua empresa estão agindo de forma estranha?..........................328
BusinessWeek – Caso em foco:
Assumindo a Turner Broadcasting sem a presença de Ted......329

Capítulo 11 Gestão eficaz de equipes 331

Estudo de caso
Equipes na ICU Medical...331

Visão geral
Grupos, equipes e eficácia organizacional.........333
Grupos e equipes como estimuladores do desempenho..333
Grupos, equipes e tempo de resposta aos clientes..........334
Equipes e inovação..335
PITADA TECNOLÓGICA
Equipes "Pizza" inovam na Amazon......................335
Grupos e equipes como motivadores......................336

Tipos de grupos e equipes......................................337
Equipe do alto escalão..337
Equipes de pesquisa e desenvolvimento.................337
Grupos de comando..338
Forças-tarefa...338
Equipes de trabalho autogeridas.............................338
INSIGHT ADMINISTRATIVO
Equipes autogeridas na Louis Vuitton e Nucor Corporation...339
Equipes virtuais..341

Grupos com laços de amizade................................342
Grupos de interesse..342

Dinâmica de grupo..342
Tamanho e papéis dos grupos.................................343
Liderança de grupos...344
Desenvolvimento do grupo ao longo do tempo.....344
Normas para o grupo..345
Coesão do grupo...348

Gerenciando grupos e equipes para que atinjam um alto desempenho..351
Motivando os membros de um grupo para que atinjam os objetivos da organização...............................351
Reduzindo a ociosidade dentro dos grupos............353

Resumo e revisão..355

Administradores em ação
Tópicos para discussão e trabalho..........................356
Desenvolvimento de habilidades gerenciais...........356
Administrando eticamente......................................357
Exercício em grupo...357
Seja você o administrador.......................................357
BusinessWeek – Caso em foco:
O mundo é a sala de aula da IBM..........................358
BusinessWeek – Caso em foco:
Administrando à distância......................................359

Capítulo 12 Desenvolvimento e gestão de recursos humanos ... 361

Estudo de caso
Gestão eficaz dos recursos humanos no Four Seasons 361

Visão geral
Gestão estratégica de recursos humanos 363
Visão geral dos componentes da GRH 364

O ambiente jurídico da GRH 365

Recrutamento e seleção 366
Planejamento de recursos humanos 366
Análise de cargos 368
Recrutamento externo e interno 369
PITADA TECNOLÓGICA
A abordagem da Fog Creek Software para recrutamento 370
O processo de seleção 371

Treinamento e desenvolvimento 375
Tipos de treinamento 375
Tipos de desenvolvimento 376
Transferência de treinamento e desenvolvimento 378

Avaliação de desempenho e seu *feedback* 378
Tipos de avaliação de desempenho 378

Quem avalia o desempenho? 380
Feedback eficaz sobre o desempenho 381

Salário e benefícios 382
Nível salarial 383
Estrutura de salários 383
Benefícios 384
FOCO NA DIVERSIDADE
Benefícios voltados para a família na Guerra
DeBerry Coody 384

Relações trabalhistas 385
Sindicatos 386
Negociação coletiva 387

Resumo e revisão 387

Administradores em ação
Tópicos para discussão e trabalho 388
Desenvolvimento de habilidades gerenciais 389
Administrando eticamente 389
Exercício em grupo 389
Seja você o administrador 390
BusinessWeek – Caso em foco:
Como a P&G encontra – e preserva – um *staff* inestimável 390
BusinessWeek – Caso em foco:
Avaliação de desempenho em 140 toques 391

Seção 6 O controle dos processos e das atividades essenciais

Capítulo 13 Gestão da comunicação e da tecnologia da informação ... 393

Estudo de caso
O escritório do futuro da Herman Miller 393

Visão geral
Informação e o trabalho do administrador 395
Atributos das informações úteis 395
Sistemas de informação e tecnologia da informação 397
Informação e a tomada de decisão 397
Informação e controle 398
Informação e coordenação 398

Comunicação, informação e administração 399
A importância da boa comunicação 399
PITADA TECNOLÓGICA
Software colaborativo facilita a comunicação
entre equipes 400
O processo de comunicação 401
Os perigos da comunicação ineficaz 402
INSIGHT ADMINISTRATIVO
Os administradores precisam do *feedback* dos funcionários .. 403

**Riqueza de informação e
meios de comunicação** 404
Comunicação face a face 405

xxiii

Comunicação falada transmitida eletronicamente........... 406
Comunicação escrita endereçada a um destinatário específico 407
Comunicação escrita impessoal 408

Avanços na tecnologia da informação 409
O preço da informação está despencando 409
Comunicações sem fios 410
Redes de computadores 410
Avanços no *software* 410

Tipos de sistemas de informações gerenciais 412
Hierarquia organizacional: o sistema de informação tradicional 412
Sistemas de processamento de transações 413
Sistema de informações operacionais 413
Sistemas de apoio à decisão 414

Sistemas especializados e inteligência artificial 414
O ADMINISTRADOR COMO PESSOA
Como Judy Lewent se tornou uma das mulheres mais poderosas do mundo corporativo americano 414

Limitações dos sistemas de informação 416

Resumo e revisão 416

Administradores em ação
Tópicos para discussão e trabalho 417
Desenvolvimento de habilidades gerenciais 418
Administrando eticamente 418
Exercício em grupo 418
Seja você o administrador 419
BusinessWeek – Caso em foco:
O grande ímpeto da IBM no segmento de consultoria empresarial 419

Capítulo 14 Administração de operações: administrando operações e processos vitais 421

Estudo de caso
Por que a Toyota é líder em administração de operações? 421

Visão geral

Administração de operações e vantagem competitiva 422

Melhorando o tempo de resposta aos clientes 423
O que os clientes querem? 424
Criando sistemas de produção adequados para um rápido atendimento aos requerimentos dos clientes 424
Gestão das relações com os clientes 425
PITADA TECNOLÓGICA
Como o CRM ajudou a Empire HealthChoice 426

Melhoria da qualidade 427

Melhoria da eficiência 428
Layout de instalações, fabricação flexível e eficiência 429
O ADMINISTRADOR COMO PESSOA
Como melhorar o *layout* de instalações 430
ADMINISTRANDO EM UM MUNDO GLOBALIZADO
A fábrica do futuro da Igus 432

Estoques JIT e eficiência 433
Equipes de trabalho autogeridas e eficiência 434
Reengenharia de processos e eficiência 434

Administração de operações: algumas questões pendentes 435
ÉTICA EM AÇÃO
Quanto custa para os trabalhadores o aumento da produtividade? 436

Resumo e revisão 436

Administradores em ação
Tópicos para discussão e trabalho 437
Desenvolvimento de habilidades gerenciais 438
Administrando eticamente 438
Exercício em grupo 438
Seja você o administrador 439
BusinessWeek – Caso em foco:
Como a Kiva Robots ajuda a Zappos e a Walgreens 439

APÊNDICE B
Desenvolvimento de carreira 441
Tipos de carreiras 442
Estágios na carreira 443
Gestão eficaz de carreiras 445

Créditos 446
Índices 472

O processo administrativo atual

CAPÍTULO 1

Metas de aprendizagem

Após estudar o presente capítulo, você deverá estar apto a:

1. Identificar o conceito de administração e sua importância, descrever quais são as atividades de um administrador e como esse deve usar os recursos organizacionais de modo eficiente e eficaz para atingir os objetivos da organização. **[MA1]**

2. Estabelecer a distinção entre planejamento, organização, liderança e controle (as quatro principais atividades gerenciais) e explicar como a habilidade dos administradores em lidar com cada uma delas afeta o desempenho organizacional. **[MA2]**

3. Estabelecer a diferença entre os três níveis de gerência e compreender as tarefas e responsabilidades dos administradores nos diversos níveis da hierarquia organizacional. **[MA3]**

4. Estabelecer a distinção entre os três tipos de habilidade gerencial e explicar o motivo pelo qual os gestores são divididos em diferentes departamentos. **[MA4]**

5. Discutir algumas importantes mudanças nas práticas administrativas atuais, resultantes da globalização e do uso de tecnologia da informação (TI) avançada. **[MA5]**

6. Discutir os principais desafios que os administradores enfrentam no ambiente global de hoje, cada vez mais competitivo. **[MA6]**

ESTUDO DE CASO

Joe Coulombe transforma seu pequeno negócio em uma história de sucesso

O que é administração de alto desempenho?

A Trader Joe's, uma rede de supermercados de especialidades voltada aos consumidores de maior poder aquisitivo, foi aberta em 1967 por Joe Coulombe. Joe possuía algumas lojas de conveniência que travavam uma árdua batalha contra a rede 7-Eleven, que estava em expansão naquela época. A 7-Eleven era capaz de oferecer aos clientes uma maior gama de produtos de baixo custo do que as lojas de Joe. Ele precisava encontrar uma nova maneira de gerir

A primeira loja da Trader Joe's aberta na cidade de Nova York remonta a 2006. A intuição que seu fundador Joe Coulombe teve ao afastar o modelo de loja de conveniência da Trader Joe's e adotar um que oferecesse alimentos e bebidas especiais fez com que ele conquistasse consumidores cada vez mais preocupados com a própria saúde e insatisfeitos com os alimentos usuais encontrados em supermercados.

seu pequeno negócio caso quisesse continuar a existir; começou, então, a maquinar novas estratégias. Imaginou que deveria existir um nicho para fornecimento de produtos exclusivos, como vinhos, bebidas e pratos finos, cuja venda seria mais lucrativa. Joe não iria mais concorrer contra a gigante 7-Eleven. Mudou então o nome de suas lojas para Trader Joe's e supriu-as com uma ampla variedade de marcas de vinhos californianos. Começou a vender produtos finos, pães frescos, queijos, frutas e verduras para complementar as vendas de vinhos.

Sua estratégia deu certo. Os clientes adoraram seu novo conceito de supermercado seleto. Os produtos especiais que ele escolheu (de valor mais elevado) foram vendidos rapidamente. Percebendo que precisava capitalizar esse sucesso para proteger seu negócio em crescimento, Joe expandia continuamente a variedade de alimentos e bebidas especiais ofertados. Tirando partido da popularidade do nome Trader Joe's, começou a colocar à venda produtos com a sua própria marca. Hoje, mais de 80% dos produtos vendidos pela Trader Joe's ostentam a marca da loja.

Para concorrer no segmento de produtos de alta qualidade do setor de supermercados e fazer com que os clientes continuassem a adquirir produtos gastronômicos caros, a Trader Joe's precisava ter excelência no atendimento a seus clientes. Joe tinha de motivar sua equipe de vendas a ter um desempenho de alto nível. Sua abordagem foi descentralizar a autoridade, dando aos vendedores o poder de assumir a responsabilidade do atendimento às necessidades dos clientes. Joe criou um ambiente de trabalho onde os funcionários eram tratados como indivíduos e se sentiam valorizados como pessoa. Em vez de forçar os funcionários a seguirem rígidas regras de operação, Joe lhes deu autonomia para tomar decisões e prestar um atendimento personalizado. O resultado é que eles se sentem "donos" de seus supermercados. Oferecem excelente atendimento e estabelecem relações pessoais com os clientes, tratando-os, normalmente, pelo primeiro nome.

O tema das lojas Trader Joe's reforça esse aspecto. O desenho das lojas cria a sensação de que se está em um resort no Havaí. Os funcionários da loja usam vistosas camisas havaianas, seus gerentes são chamados de capitães e na decoração da loja utiliza-se muita madeira. A degustação de comidas e bebidas, por exemplo, é oferecida em pequenas cabanas.

Como Joe Coulombe faz para controlar seus vendedores? Desde o princípio, ele criou uma política de promoção na empresa, por meio da qual os vendedores com melhor desempenho podem chegar ao cargo de capitão de loja ou mesmo a cargos maiores. Por outro lado, ele tratava os funcionários equitativamente, encorajando-os a prestar atendimento personalizado ao cliente. Joe decidiu que os funcionários que trabalhavam em período integral deveriam ganhar pelo menos a renda média de suas respectivas regiões, que era de US$ 7 mil por ano nos anos 1960 e que hoje é de US$ 48 mil – uma quantia surpreendentemente elevada, comparada aos salários de funcionários de supermercados comuns, como o Kroger's e o Safeway. Os capitães de loja, que desempenham um papel crucial na solidificação da cultura da Trader Joe's, recebem salários e bônus que ultrapassam US$ 100 mil por ano. Os vendedores estão cientes de que também serão promovidos a capitão à medida que a rede de lojas se expandir.

Em 2009, a Trader Joe's tinha mais de 320 lojas em 23 Estados norte-americanos, e continua em expansão, pois a forma de Joe administrar seu pequeno negócio criou as bases corretas para que um supermercado de produtos finos voltado a consumidores de maior poder aquisitivo cresça e prospere. Em 2009, a Trader Joe's foi classificada como o segundo melhor supermercado nos Estados Unidos pela *Consumer Reports*, a principal revista de avaliação de produtos de consumo daquele país.

Visão geral

A maneira com a qual Joe Coulombe criou a Trader Joe's ilustra muitos dos desafios com os quais os administradores se deparam. Os administradores devem ter vários tipos de qualificações e capacidades. A administração é um processo imprevisível, e tomar a decisão correta é difícil; até mesmo administradores eficazes podem cometer erros. Os mais eficazes são aqueles que, como Joe Coulombe, continuamente esforçam-se ao máximo para encontrar maneiras de melhorar o desempenho de suas empresas.

No presente capítulo, examinaremos o que administradores bem-sucedidos fazem e que aptidões e habilidades precisam desenvolver. Também identificaremos os diferentes tipos de administradores que as organizações precisam e, finalmente, discutiremos alguns dos desafios que eles têm de enfrentar, caso queiram que suas organizações cresçam e prosperem.

O que é administração?

organizações
Grupos de pessoas que trabalham juntas e coordenam suas ações para atingir uma série de objetivos e resultados desejados.

administração
O planejamento, a organização, a liderança e o controle dos recursos humanos e de outros recursos para que se atinjam os objetivos de modo eficiente e eficaz.

Ao pensar em um administrador, que tipo de pessoa lhe vem à mente? Você visualiza alguém como Joe Coulombe, Andrea Jung, CEO da Avon, ou Michael Dell, que podem determinar a prosperidade futura de uma grande empresa com fins lucrativos? Ou você visualiza o administrador de uma organização sem fins lucrativos como, por exemplo, uma escola comunitária, uma biblioteca ou uma instituição beneficente? Ou então, o gerente da Walmart ou do McDonald's próximos de sua casa? O que todas essas pessoas têm em comum? Primeiramente, todas elas trabalham em organizações. **Organizações** são grupos de pessoas que trabalham juntas e coordenam suas ações para atingir uma série de objetivos e resultados desejados.[1] Em segundo lugar, administradores são as pessoas responsáveis por supervisionar e extrair o máximo dos recursos de uma organização (sejam eles recursos humanos ou não) para atingir seus objetivos.

Administração é o planejamento, a organização, a liderança e o controle dos recursos humanos – e de todos os outros tipos de recursos – para que se atinjam os objetivos da organização de modo eficiente e eficaz. Entre os recursos de uma organização, temos patrimônios como, por exemplo, as pessoas e suas respectivas habilidades, conhecimento e experiência; o maquinário; as matérias-primas; os computadores e a tecnologia da informação – e também as patentes, o capital financeiro e a fidelidade de clientes e funcionários.

Alcançar alto desempenho: uma das metas do administrador

Uma das metas mais importantes das organizações e de seus membros é fornecer bens e serviços que os clientes valorizem. O principal objetivo do CEO Joe Coulombe é administrar a Trader Joe's de modo que ela possa oferecer gêneros alimentícios frescos de primeira qualidade e assim obter um fluxo crescente de clientes fiéis. Da mesma forma, a principal meta de médicos, enfermeiras e administradores de hospitais é aumentar a capacidade de seus hospitais curarem pessoas doentes – e de uma maneira eficaz em termos de custos. O principal foco dos gerentes de cada loja do McDonald's

Figura 1.1
Eficiência, eficácia e desempenho em uma organização.

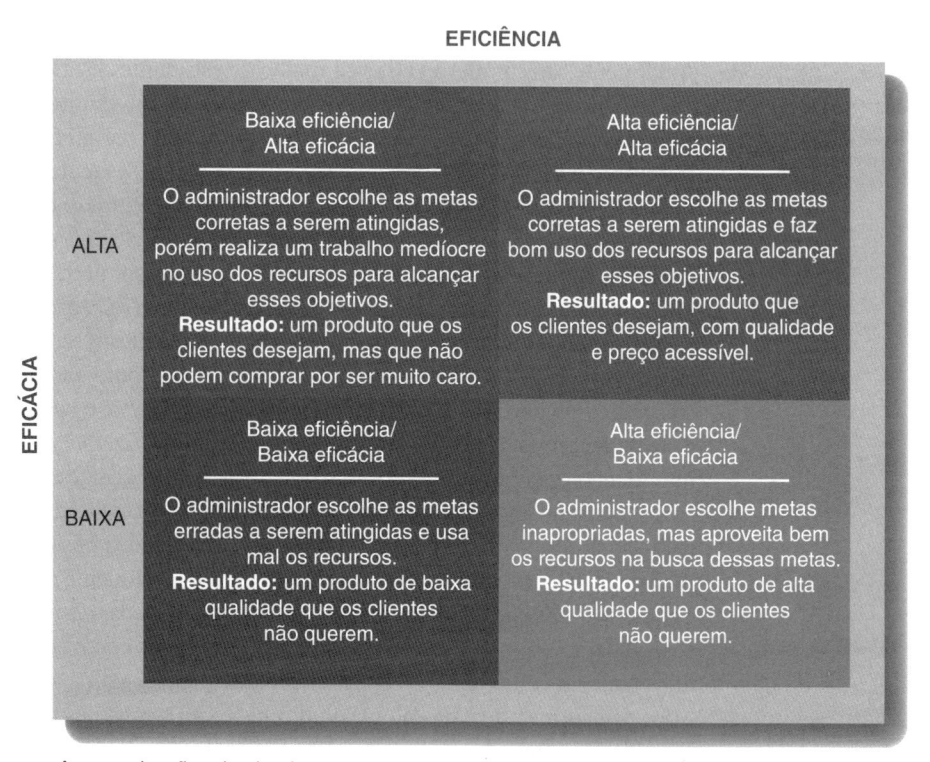

EFICIÊNCIA

	Baixa	Alta
EFICÁCIA ALTA	**Baixa eficiência/Alta eficácia** O administrador escolhe as metas corretas a serem atingidas, porém realiza um trabalho medíocre no uso dos recursos para alcançar esses objetivos. **Resultado:** um produto que os clientes desejam, mas que não podem comprar por ser muito caro.	**Alta eficiência/Alta eficácia** O administrador escolhe as metas corretas a serem atingidas e faz bom uso dos recursos para alcançar esses objetivos. **Resultado:** um produto que os clientes desejam, com qualidade e preço acessível.
EFICÁCIA BAIXA	**Baixa eficiência/Baixa eficácia** O administrador escolhe as metas erradas a serem atingidas e usa mal os recursos. **Resultado:** um produto de baixa qualidade que os clientes não querem.	**Alta eficiência/Baixa eficácia** O administrador escolhe metas inapropriadas, mas aproveita bem os recursos na busca dessas metas. **Resultado:** um produto de alta qualidade que os clientes não querem.

As organizações de alto desempenho são eficientes e eficazes.

MA1 Identificar o conceito de administração e sua importância, descrever quais são as atividades de um administrador e como esse deve usar os recursos organizacionais de modo eficiente e eficaz para atingir os objetivos da organização.

desempenho organizacional Medida do nível de eficiência e de eficácia de um administrador ao utilizar recursos para satisfazer clientes e atingir os objetivos da organização.

eficiência Medida do nível produtivo no emprego de recursos para que se atinja uma meta.

eficácia Medida da adequação dos objetivos perseguidos por uma organização e do grau com que a organização atinge esses objetivos.

é produzir hambúrgueres, saladas, batatas fritas e cafés pelos quais as pessoas estejam dispostas a pagar para comer, de modo que se tornem clientes fiéis que sempre retornam à loja.

Desempenho organizacional é uma medida do nível de eficiência e eficácia dos administradores no emprego dos recursos disponíveis para satisfazer os clientes e atingir os objetivos da organização. O desempenho organizacional aumenta em proporção direta aos ganhos em eficiência e eficácia (ver Figura 1.1). Como poderíamos definir eficiência e eficácia?

Eficiência é uma medida do nível produtivo auferido no uso de recursos para atingir uma meta.[2] As organizações são eficientes quando seus administradores minimizam o volume de recursos utilizados (como mão de obra, matérias-primas e componentes) ou a quantidade de tempo necessária para produzir um dado volume de bens e serviços. O McDonald's, por exemplo, desenvolve frigideiras industriais cada vez mais eficientes, que não apenas reduzem a quantidade de óleo utilizada na fritura como também aceleram o cozimento das batatas fritas. Por sua vez, a UPS desenvolve novas rotinas de trabalho, como instruir seus motoristas a deixarem as portas de seus caminhões abertas quando estiverem realizando trajetos curtos, a fim de reduzir o tempo de entrega. É responsabilidade do administrador garantir que uma organização e seus membros realizem da forma mais eficiente possível todas as atividades necessárias no fornecimento de bens e serviços.

Eficácia é uma medida da adequação dos objetivos selecionados pelos administradores para a organização e também uma medida do grau com que a organização atinge esses objetivos. As organizações são eficazes quando os administradores escolhem objetivos apropriados e depois conseguem atingi-los. Há alguns anos, por exemplo, os administradores da rede McDonald's decidiram sobre o objetivo de oferecer café da manhã para atrair mais clientes. Hoje, verifica-se que a escolha dessa meta se mostrou muito inteligente, já que as vendas de cafés da manhã são responsáveis por mais de 30% das receitas do McDonald's e continuam aumentando – um importante motivo para seu lucro recorde em 2009. Organizações de alto desempenho como Trader Joe's, McDonald's, Walmart, Intel, Home Depot, Accenture e Habitat for Humanity são ao mesmo tempo eficientes e eficazes (ver Figura 1.1). Os administradores eficazes são aqueles que escolhem os objetivos organizacionais corretos a serem atingidos e que possuem o preparo necessário para utilizar os recursos de forma eficiente.

Por que estudar administração?

Atualmente, um número cada vez maior de estudantes está concorrendo a vagas em cursos de administração de empresas; o número de pessoas querendo obter o MBA (Master of Business Administration) – que hoje é passaporte para um alto cargo como administrador –, seja em cursos presenciais ou *online* oferecidos por universidades e faculdades, atingiu um máximo sem precedentes. Assim, perguntamos: por que atualmente o estudo de administração é tão popular?[3]

Primeiramente, em qualquer sociedade ou cultura os recursos são valiosos e escassos; portanto, quanto mais eficiente e eficaz for o uso desses recursos por parte das organizações, maior o bem-estar e a prosperidade relativos das pessoas pertencentes a essa sociedade. Como são os administradores que decidem como usar grande parte dos recursos mais valiosos de uma sociedade – seus trabalhadores capacitados, matérias-primas como petróleo e terras, computadores e sistemas de informação, bem como ativos financeiros –, causam um impacto direto sobre o bem-estar da coletividade e das pessoas a ela pertencentes. Entender o que os administradores fazem e como eles o fazem é de fundamental importância para compreender como uma sociedade cria riqueza e prosperidade para seus cidadãos.

Em segundo lugar, embora a maioria das pessoas não seja administrador por profissão – e muitas delas jamais pretendam se tornar um deles –, quase todos nós os encontramos no cotidiano, pois a maioria de nós tem empregos e chefes. Além disso, atualmente muitas pessoas trabalham em grupos e equipes, e têm que lidar com equipes de trabalho. Estudar administração de empresas ajuda as pessoas a lidarem com seus superiores, seus colegas e revela como compreender outras pessoas no trabalho e também como tomar decisões e medidas que chamem a atenção e obtenham o apoio do chefe e dos demais membros da equipe. A administração ensina pessoas que ainda não ocupam cargos de autoridade a comandar colegas, resolver conflitos entre eles e atingir objetivos de equipe, aumentando assim o desempenho.

Em terceiro lugar, em qualquer sociedade verifica-se que as pessoas estão em permanente concorrência por um recurso muito importante: um emprego com boa remuneração, que proporcione uma carreira interessante e satisfatória – e entender de administração é um passo importante para atingir esse objetivo. Em geral, os empregos se tornam mais interessantes quanto maior for a sua complexidade ou os seus níveis de responsabilidade. Portanto, qualquer pessoa que queira um trabalho motivador, que mude ao longo do tempo, deveria se esforçar para desenvolver aptidões gerenciais e assim ter condições de ser promovida. Uma pessoa que já trabalha há vários anos e então volta para os bancos escolares em busca de um MBA, e obtém o título, pode acabar encontrando um trabalho mais interessante e satisfatório, cuja remuneração seja significativamente maior que aquela do emprego anterior. Além disso, os salários aumentam rapidamente à medida que as pessoas sobem na hierarquia organizacional, seja ela uma entidade de ensino, uma grande organização comercial com fins lucrativos ou uma instituição médica ou de caridade sem fins lucrativos.

De fato, os salários pagos a altos executivos são enormes. Por exemplo, os CEOs e outros altos executivos ou gerentes de empresas como Xerox, Avon, Walt Disney, GE e McDonald's recebem milhões por ano de salário real. Entretanto, mais surpreendente ainda é o fato de que muitos executivos de alto escalão também recebem ações ou têm participação na empresa que dirigem, bem como opções sobre ações que dão a eles o direito de vendê-las em uma determinada época.[4] Se o valor da ação subir, os dirigentes ficam com a diferença entre o preço obtido da opção sobre ações (digamos, US$ 10) e aquilo que vale posteriormente (digamos, US$ 33). Em 2005, quando deixou a presidência da Disney, Michael Eisner recebeu mais de US$ 1 bilhão com a venda de suas opções sobre ações. Em 1997, quando tornou-se novamente CEO da Apple, Steve Jobs aceitou um salário de apenas US$ 1 por ano; entretanto, também foi beneficiado com opções sobre ações – que, com a rápida ascensão do preço da ação da Apple nos anos 2000, valeriam vários bilhões de dólares em 2008. Além disso, Steve Jobs tinha o direito de livre uso de um jato de US$ 90 milhões.[5] Essas quantias incríveis nos dão uma indicação tanto das responsabilidades quanto das recompensas que acompanham a concretização de objetivos por parte de altos executivos em grandes empresas – e beneficia qualquer um que crie e administre com sucesso um pequeno negócio. O que realmente fazem esses administradores para receber tais recompensas?[6]

Tarefas* gerenciais essenciais

O papel da administração é ajudar as organizações a fazer o melhor emprego possível de seus recursos para atingir suas metas. Como os administradores alcançam esse objetivo? Realizando quatro tarefas gerenciais essenciais: planejamento, organização, liderança e controle (ver Figura 1.2).

As setas que unem essas tarefas na Figura 1.2 sugerem a sequência em que os administradores normalmente as realizam. O administrador francês Henri Fayol descreveu pela primeira vez a natureza dessas atividades gerenciais por volta do século XX, em *General and Industrial Management*, um livro que é até hoje a formulação clássica do que os administradores devem fazer para criar uma organização de alto desempenho.[7]

Administradores de todos os níveis e em todos os departamentos – seja em pequenas ou grandes empresas, em organizações com ou sem fins lucrativos, ou ainda em organizações que operam em um país ou ao redor do mundo – são responsáveis por realizar essas quatro tarefas, que examinaremos a seguir. A excelência com que os administradores realizam essas tarefas determina o nível de eficiência e eficácia de suas organizações.

MA2 Estabelecer a distinção entre planejamento, organização, liderança e controle (as quatro principais atividades gerenciais) e explicar como a habilidade dos administradores em lidar com cada uma delas afeta o desempenho organizacional.

planejamento Identificar e escolher os objetivos apropriados para uma das quatro principais tarefas da administração.

Planejamento

Para realizar a tarefa de **planejamento** os administradores identificam e escolhem os objetivos da organização e as linhas de ação apropriadas, ou seja, desenvolvem estratégias para alcançar um alto desempenho. As três etapas envolvidas no planejamento são: (1) decidir que metas a organização irá

---

* N. de E.: A tradução respeitou o critério dos autores, que nos primeiros cinco capítulos adotaram o termo "tarefas gerenciais" ou "tarefas da administração", e que no decorrer do livro adotaram também a forma "funções gerenciais" ou "funções da administração", muito mais aplicada no Brasil. Assim, o leitor encontrará nesta obra as duas aplicações com o mesmo significado.

Figura 1.2
As quatro principais tarefas de um administrador.

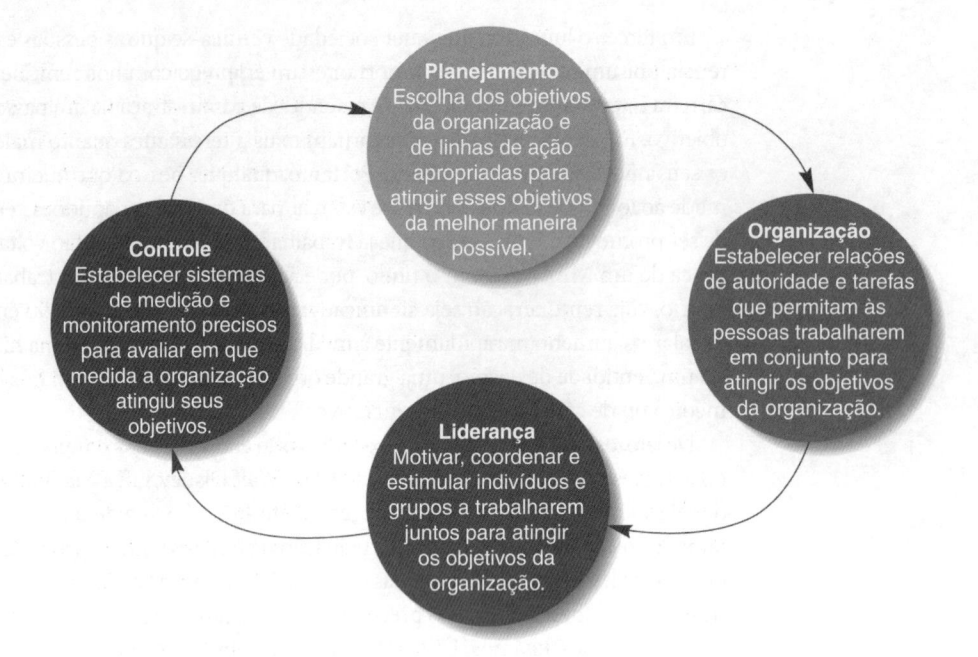

- **Planejamento**: Escolha dos objetivos da organização e de linhas de ação apropriadas para atingir esses objetivos da melhor maneira possível.
- **Organização**: Estabelecer relações de autoridade e tarefas que permitam às pessoas trabalharem em conjunto para atingir os objetivos da organização.
- **Liderança**: Motivar, coordenar e estimular indivíduos e grupos a trabalharem juntos para atingir os objetivos da organização.
- **Controle**: Estabelecer sistemas de medição e monitoramento precisos para avaliar em que medida a organização atingiu seus objetivos.

perseguir, (2) decidir que estratégias adotar para atingir essas metas e (3) decidir como alocar recursos da organização para perseguir as estratégias que atinjam essas metas. O primor com que os administradores planejam e desenvolvem estratégias determina o quão eficaz e eficiente será a organização – seu nível de desempenho.[8]

Como exemplo de planejamento em ação, consideremos a situação enfrentada por Michael Dell, fundador e CEO da Dell Computer, um dos maiores fabricantes de PCs dos Estados Unidos. Em 1984, Dell, então um jovem de 19 anos, enxergou uma oportunidade para entrar no mercado de PCs, montando-os para depois vendê-los diretamente aos clientes. Dell começou a planejar como colocaria sua ideia em prática. Primeiramente, decidiu que seu objetivo seria vender um PC barato, para vencer a concorrência contra empresas como IBM, Compaq e Apple por meio de preços mais baixos. Em segundo lugar, tinha que decidir qual linha de ação adotar para atingir esse objetivo. Então, optou por vender diretamente aos clientes, por telefone, evitando assim lojas que vendiam computadores caros das marcas Compaq e Apple. Dell também tinha que decidir como obter componentes de baixo custo e promover seus produtos para clientes potenciais e, em terceiro lugar, decidir sobre a alocação de seus limitados recursos (ele tinha apenas US$ 5 mil) para contratar mão de obra e adquirir outros recursos. Decidiu-se então por contratar três pessoas e, em volta de uma mesa, trabalhar com elas para montar seus PCs.

Michael Dell (sentado), em um dos dormitórios dos estudantes na Universidade do Texas – Austin, onde lançou sua empresa de PCs quando ainda era calouro. Na época da foto, o quarto era ocupado pelos calouros Russell Smith (à esquerda) e Jacob Frith, ambos da cidade de Plano, no Texas.

Portanto, para atingir o seu objetivo de montar e vender PCs baratos, Dell precisou planejar, e à medida que sua organização foi crescendo, seus planos foram mudando e tornaram-se cada vez mais complexos. Dell e seus administradores planejavam continuamente como ajudar a empresa a manter sua posição de fabricante de PCs de melhor desempenho. Em 2003, Dell anunciou que começaria a vender impressoras e *players* de música da internet, o que fez com que ele entrasse em concorrência direta com a Hewlett-Packard (HP), o maior fabricante de impressoras, e com a Apple, que lançava seus novos PCs e o iPod. Desde então expandiu a gama de produtos à venda, fornecendo telas tipo LCD de todos os tamanhos, câmeras digitais, TVs, e todos os tipos de serviços de banda larga e informação digital.

Entretanto, o novo plano de Dell não funcionou muito bem. A Apple permanece claramente como líder no mercado de *players* e *download* de músicas da internet, e as impressoras da HP vendem muito mais que as da Dell. Na realidade, a participação da Dell no mercado global de PCs caiu abruptamente, e a empresa foi forçada a reduzir os preços para concorrer com a HP, que alcançou e superou a Dell na venda de PCs.[9] A HP tornou-se o maior fabricante mundial de PCs. A Apple também é hoje um dos principais concorrentes da Dell. Além disso, o fabricante taiwanês de PCs, Acer, adquiriu a Gateway, em dificuldades, e tornou-se o terceiro maior fabricante mundial de PCs. Para reverter o desempenho decrescente da Dell e superar esses desafios, Michael Dell decidiu mais uma vez se tornar CEO da empresa e buscou novas estratégias para concorrer em melhores condições. Dell contra-atacou para mais uma vez se tornar o maior fabricante americano de PCs, travando intensa batalha contra seus concorrentes em 2009.

Como sugere a batalha entre a Dell, a HP, a Acer e a Apple, o resultado do planejamento é uma **estratégia**, um conjunto de decisões referentes a quais metas organizacionais perseguir, quais medidas tomar e como usar os recursos para atingir essas metas. As decisões resultantes do planejamento original de Michael Dell formavam uma *estratégia de baixo custo*. Uma estratégia de baixo custo é uma forma de obter clientes tomando decisões que permitam a uma organização produzir bens ou serviços mais baratos que seus concorrentes, cobrando preços menores do que esses praticam. Ao longo de sua história, a Dell tem refinado constantemente essa estratégia e explorado novas estratégias para reduzir custos, e tornou-se o fabricante de PCs mais lucrativo, resultado de sua estratégia de baixo custo; mas quando a HP e a Acer também reduziram seus custos, a Dell perdeu sua vantagem competitiva, e seus lucros caíram. Em contrapartida, a estratégia da Apple, desde a sua fundação, tem sido fornecer a seus clientes produtos digitais e computadores novos, fascinantes e exclusivos, como seus PCs, iPods e iPhones futuristas – uma estratégia conhecida como *diferenciação*.[10] Embora essa estratégia tenha quase arruinado a Apple nos anos 1990, quando os clientes começaram a comprar PCs Dell mais baratos em vez dos caros PCs da concorrente, hoje as vendas da Apple aumentaram, à medida que os clientes se voltaram para seus PCs de linhas modernas e elegantes, e a Dell foi forçada a colocar à venda produtos inovadores mais atraentes para contra-atacar.

Planejar estratégias é uma tarefa árdua e complexa, especialmente porque o planejamento é feito em condições de incerteza, quando o resultado ainda é desconhecido. Os administradores correm grande risco ao comprometerem recursos da organização em busca de determinada estratégia. A Dell foi muito bem-sucedida no passado com sua estratégia de baixo custo; porém, hoje, a Apple está se dando extremamente bem com sua estratégia de diferenciação. Além disso, após vários problemas, a HP conseguiu dar uma reviravolta nos negócios, pois agora, ao reduzir os custos, consegue colocar à venda PCs atraentes a preços similares aos praticados pela Dell. Contudo, os administradores na Dell e na HP estão continuamente planejando como superar os demais. Em 2008, a Acer tornou-se um grande rival, à medida que sua participação no mercado global aumentava rapidamente. No Capítulo 6 nos concentraremos no processo de planejamento e nas estratégias que as organizações podem selecionar para responder a oportunidades ou ameaças que surgem em um determinado mercado.

Conforme visto no "Estudo de Caso" do início do capítulo, a maneira como Joe Coulombe empreendeu para criar uma abordagem gerencial bem-sucedida para seu pequeno negócio, um supermercado de produtos finos voltado a consumidores de maior poder aquisitivo, ilustra como são importantes o planejamento e a formação de estratégias para o sucesso de um administrador.

Organização

Organização é o ato de estruturar relações de trabalho de modo que os membros de uma empresa interajam e cooperem para atingir os objetivos da organização. Organizar as pessoas em departamentos de acordo com os tipos de tarefas específicas que realizam traça as linhas de autoridade e responsabilidade entre os diferentes indivíduos e grupos. Os administradores precisam decidir qual a melhor forma de organizar os recursos (particularmente, os recursos humanos).

O resultado da organização é a criação de uma estrutura organizacional, um sistema formal de tarefas e relações entre superiores e subordinados que coordena e motiva os membros de

estrutura organizacional Um sistema formal de tarefas e relações entre superiores e subordinados que coordena e motiva os membros de uma organização, de modo que eles trabalhem juntos para atingir seus objetivos.

modo que trabalhem juntos para atingir os objetivos da organização. A **estrutura organizacional** determina como os recursos de uma organização podem ser melhor aproveitados para criar bens e serviços. Por exemplo, observa-se que, à medida que a sua empresa foi crescendo, Michael Dell (assim como Joe Coulombe) deparou-se com o problema de estruturar a organização. Em pouco tempo, a Dell já estava contratando cem novos funcionários por semana e decidindo como estruturar sua hierarquia administrativa para melhor motivar e coordenar as atividades dos administradores. À medida que sua organização crescia até se tornar o maior fabricante de PCs do mundo, Dell e seus administradores criaram tipos cada vez mais complexos de estruturas organizacionais para ajudar a atingir suas metas. Examinaremos detalhadamente o processo de organização no Capítulo 7.

Liderança

A *visão* de uma organização é uma frase curta, sucinta e inspiradora que indica o que a organização pretende se tornar e os objetivos que busca atingir, ou seja, o seu estado futuro desejado. Ao liderar, os administradores articulam uma clara visão organizacional para que os membros da organização a realizem, e também estimulam e capacitam os funcionários de modo que todos entendam o papel de cada um, visando atingir seus objetivos. A liderança implica que os administradores usem seu poder, personalidade, influência, persuasão e habilidade de comunicação para coordenar pessoas e grupos, de modo que suas atividades e esforços estejam em harmonia. A liderança gira em torno da ação de encorajar todos os subordinados a obterem um alto desempenho, de tal maneira que ajudem a organização a atingir sua visão e objetivos. Outra consequência da liderança é uma equipe altamente motivada e comprometida. Os funcionários reagem bem ao estilo prático de liderança desenvolvido por Michael Dell, o que resultou em funcionários comprometidos que trabalham duro. Os vendedores da Trader Joe's apreciam como o estilo de liderança de Joe Coulombe (baseado em sua predisposição para delegar autoridade) lhes dá autonomia para oferecer um serviço personalizado de alta qualidade. Discutiremos as questões envolvidas em gerenciar e liderar indivíduos e grupos nos Capítulos 9 a 12.

Ken Chenault é presidente e CEO da American Express (AMEX) Company. Promovido em 1997, ele galgou os escalões da empresa coligada Travel Related Services Company, graças ao seu "caráter pacato e gana inabalável". Respeitado pelos colegas por sua personalidade, muitos dirão que são incapazes de lembrar-se dele perdendo a linha ou aumentando o tom. Sua política liberal para subordinados permite que ele seja o mentor dos administradores da AmEx e encoraje todos a entrarem e "falarem abertamente".

liderança Articular uma visão clara, estimular e capacitar membros da organização de modo a entenderem qual papel irão desempenhar para atingir seus objetivos; uma das quatro principais tarefas da administração.

controle Avaliar em que grau uma organização está atingindo seus objetivos e tomar medidas para manter ou melhorar o seu desempenho; uma das quatro tarefas principais da administração.

Controle

Ao controlar, a tarefa do administrador é avaliar em que grau uma organização atingiu seus objetivos e tomar quaisquer medidas corretivas necessárias para manter ou melhorar o seu desempenho. Os administradores monitoram, por exemplo, o desempenho de indivíduos, de departamentos e da organização como um todo, para verificar se atendem ou não os padrões de desempenho desejados. Michael Dell aprendeu logo no início de sua carreira o quanto isso é importante. Se os padrões não estão sendo atendidos, os administradores buscam maneiras de melhorar o desempenho.

O resultado do processo de controle é a capacidade de medir o desempenho com precisão e regular a eficiência e a eficácia da organização. Para exercer controle, os administradores têm que decidir que metas avaliar – que podem ser metas pertinentes à produtividade, qualidade ou tempo de resposta aos clientes –, e então desenvolver sistemas de controle que forneçam as informações necessárias para medir o desempenho – isto é, determinar o grau de sucesso com que as metas foram atingidas. A tarefa de controle também possibilita aos administradores avaliar com que excelência eles próprios estão desempenhando as outras três tarefas da administração (planejamento, organização e liderança) e tomar medidas corretivas.

Michael Dell teve dificuldade em estabelecer sistemas de controle eficazes, pois sua empresa estava crescendo rápido demais e faltavam-lhe administradores experientes. Nos anos 1990, os custos da Dell aumentaram vertiginosamente porque não existiam controles para monitorar os estoques, que se acumularam rapidamente; assim, em 1994, a nova linha de *laptops* da Dell fracassou, pois o péssimo controle de qualidade originou um produto defeituoso: alguns *laptops* chegaram a pegar fogo! Para solucionar esses e outros problemas de controle, Michael Dell contratou centenas de gerentes experientes de outras empresas para implantar sistemas de controle adequados. O resultado disso foi que por volta de 1998 a Dell já era capaz de fabricar computadores cerca de 10% mais baratos que seus concorrentes, o que criou uma importante fonte de vantagem competitiva, da qual desde então a empresa passou a desfrutar. Em 2001, a Dell havia se tornado tão eficiente que chegou ao ponto de tirar concorrentes do mercado por ter uma vantagem de 20% em termos de custo em relação a eles.[11] Entretanto, nos anos 2000, conforme citado anteriormente, os rivais da Dell, como a HP e a Acer, haviam aprendido a controlar melhor suas atividades e a reduzir custos, o que minou a vantagem competitiva da Dell. O controle, assim como as demais tarefas gerenciais, é um processo contínuo, instável e em constante mudança, que exige atenção e ações constantes. Os aspectos mais importantes da tarefa de controle serão abordados nos Capítulos 13 e 14.

As quatro tarefas gerenciais (planejamento, organização, liderança e controle) são partes essenciais do trabalho de um administrador. Em todos os níveis da hierarquia gerencial, e em todos os trabalhos e departamentos de uma organização, administração eficaz significa realizar com sucesso essas quatro atividades – de modo que aumentem a eficiência e a eficácia.

Níveis e habilidades dos administradores

Para realizar as quatro tarefas gerenciais de modo eficaz e eficiente, as organizações agrupam ou diferenciam seus gestores de duas maneiras principais – pelo nível hierárquico e pelos tipos de habilidades. Primeiramente, os administradores diferenciam-se de acordo com o seu nível ou grau dentro da hierarquia de autoridade da organização. Os três níveis de gestores são os gerentes de primeira linha, os gerentes intermediários e os altos executivos – dispostos em uma hierarquia. Tipicamente, os gerentes de primeira linha estão subordinados aos gerentes intermediários, que por sua vez estão subordinados aos altos executivos.

Em segundo lugar, as organizações agrupam os gestores em diferentes departamentos (ou funções) de acordo com seu conjunto específico de habilidades, *expertise* e experiências relacionadas com sua função, como os conhecimentos de engenharia, o *expertise* em *marketing* ou a experiência em vendas de um gerente. **Departamento** – tal como os departamentos de produção, de contabilidade, de engenharia ou de vendas – é um grupo de gestores e subordinados que trabalham juntos por possuírem habilidades e experiência similares ou por usarem o mesmo tipo de conhecimentos, ferramentas ou técnicas para desempenhar suas funções. Dentro de cada departamento existem os três níveis de gerência. Examinaremos em seguida os motivos pelos quais as organizações usam uma hierarquia de gestores e os agrupam em departamentos segundo as tarefas que realizam.

Níveis de gerência

As organizações normalmente possuem três níveis de gerência: gerência de primeira linha, gerência intermediária e alta administração (ver Figura 1.3). Em cada nível, os gestores possuem responsabilidades diferentes mas relacionadas, a fim de utilizar os recursos da organização, e aumentar a eficiência e a eficácia.

Na base da pirâmide gerencial temos os **gerentes de primeira linha,** normalmente denominados *supervisores*. São responsáveis pela supervisão diária dos funcionários sem responsabilidade gerencial, os quais executam muitas das atividades específicas necessárias para produzir bens e serviços. Os gerentes de primeira linha trabalham em todos os departamentos ou funções de uma organização.

---

departamento
Grupo de pessoas que trabalham juntas e possuem habilidades similares e usam os mesmos tipos de conhecimento, ferramentas ou técnicas para desempenharem suas funções.

MA3 Estabelecer a diferença entre os três níveis de gerência e compreender as tarefas e responsabilidades dos administradores nos diversos níveis da hierarquia organizacional.

gerente de primeira linha Gerente responsável pela supervisão diária de funcionários sem responsabilidade gerencial.

gerente intermediário Gerente que supervisiona os gerentes de primeira linha e é responsável por encontrar a melhor maneira de usar os recursos para atingir os objetivos da organização.

Como exemplos de gerentes de primeira linha podemos citar o supervisor de um grupo de trabalho no departamento de produção de uma indústria automobilística, a enfermeira-chefe no departamento de obstetrícia de um hospital e o mecânico-chefe que supervisiona uma equipe de mecânicos do departamento de serviços de uma concessionária de automóveis. Na Dell, entre os gerentes de primeira linha temos os supervisores responsáveis pelo controle de qualidade dos computadores ou pelo *telemarketing* e vendas. Quando Michael Dell abriu sua empresa, controlava pessoalmente o processo de montagem de computadores e, portanto, atuava como um gerente de primeira linha ou supervisor.

Supervisionando os gerentes de primeira linha temos os **gerentes intermediários,** responsáveis por encontrar a melhor maneira de organizar os recursos humanos e os outros tipos de recursos para atingir os objetivos da organização. Para aumentar a eficiência, os gerentes intermediários encontram meios de ajudar os gerentes de primeira linha e os funcionários sem responsabilidade gerencial a aproveitar melhor os recursos para reduzir os custos de produção ou melhorar o atendimento ao cliente. Para aumentar a eficácia, os gerentes intermediários avaliam se os objetivos que a organização está perseguindo são apropriados ou não e sugerem aos altos executivos diferentes maneiras para modificar os objetivos. Com frequência, as sugestões que os gerentes intermediários fazem aos altos executivos podem aumentar drasticamente o desempenho organizacional. Grande parte do trabalho do gerente intermediário é desenvolver e realizar finos ajustes das habilidades e do *know-how* – como *expertise* em produção ou *marketing* –, que permitem à organização ser eficiente e eficaz. Os gerentes intermediários tomam milhares de decisões específicas sobre a produção de bens e serviços, debruçando-se sobre questões como quais supervisores de primeira linha devem ser escolhidos para um projeto específico, onde podem ser encontrados os recursos de maior qualidade e como os funcionários devem ser organizados para que possam fazer o melhor emprego dos recursos.

Assim, por trás de uma equipe de vendas de primeira linha – como a equipe da Trader Joe's –, veja os gerentes intermediários responsáveis por treinar, motivar e recompensar a equipe de vendas. Por trás de um corpo docente comprometido em uma escola do ensino médio, veja o diretor que o estimula a encontrar maneiras de obter os recursos necessários para realizar trabalhos excelentes e inovadores em sala de aula.

alto executivo Gerente que estabelece os objetivos da organização, decide como os departamentos devem interagir e monitora o desempenho dos gerentes intermediários.

Em contraste com os gerentes intermediários, os **altos executivos** são responsáveis pelo desempenho de *todos* os departamentos;[12] possuem *responsabilidade interdepartamental*. Estes executivos também estabelecem os objetivos da organização – como quais bens e serviços a empresa deve produzir –, decidem como os diversos departamentos devem interagir e monitoram a eficiência com que os gerentes intermediários de cada departamento utilizam os recursos para atingir os objetivos.[13] Os altos executivos são, em última instância, os responsáveis pelo sucesso ou fracasso de uma organização, e o seu desempenho é continuamente examinado por pessoas dentro e fora dela, como os demais funcionários e os investidores.[14]

Figura 1.3
Níveis de gerência.

CEO (diretor-presidente)
Altos executivos
Gerentes intermediários
Gerentes de primeira linha

O CEO (*Chief Executive Officer*, diretor-presidente) é o dirigente mais experiente e importante empresarial, aquele ao qual todos os demais altos executivos estão subordinados. Hoje, o termo COO (*Chief Operating Officer*, diretor operacional) é comumente usado para se referir ao alto executivo que está sendo preparado para assumir o cargo de CEO quando o CEO atual se aposentar ou deixar a empresa. Juntos, o CEO e o COO são responsáveis por desenvolver boas relações de trabalho entre os altos executivos dos diversos departamentos (produção e *marketing*, por exemplo); normalmente os altos executivos têm o título de "vice-presidente". Uma preocupação central do CEO é a criação de uma **equipe de alto escalão** "bem azeitada"; um grupo composto por CEO, COO, presidente e os chefes dos departamentos mais importantes para a obtenção dos objetivos da organização.[15]

A importância relativa do planejamento, organização, liderança e controle – as quatro tarefas gerenciais principais – para qualquer administrador depende de sua posição na hierarquia gerencial.[16] O tempo que os administradores despendem planejando e organizando os recursos para manter e melhorar o desempenho organizacional aumenta à medida que eles ascendem na hierarquia (ver Figura 1.4).[17] Os altos executivos dedicam a maior parte de seu tempo ao planejamento e à organização, tarefas cruciais para determinar o desempenho de longo prazo de uma organização. Quanto mais baixas forem as posições dos administradores na hierarquia, maior o tempo dedicado a liderar e controlar os gerentes de primeira linha ou os funcionários sem responsabilidade gerencial.

equipe do alto escalão Grupo composto pelo CEO, COO, presidente e chefes dos departamentos mais importantes.

MA4 Estabelecer a distinção entre os três tipos de habilidade gerencial e explicar o motivo pelo qual os gestores são divididos em diferentes departamentos.

Habilidades gerenciais

Tanto a formação quanto a experiência habilitam os administradores a reconhecer e desenvolver as habilidades pessoais necessárias para empregar da melhor maneira possível os recursos da organização. Desde o princípio, Michael Dell se deu conta de que lhe faltavam experiência e especialização técnica suficientes em *marketing*, finanças e planejamento para dirigir a sua empresa sozinho. Consequentemente, contratou administradores experientes de outras empresas de TI – como a IBM e a HP – para ajudá-lo a construir sua empresa. Nesse sentido, as pesquisas demonstram que a formação e a experiência ajudam os administradores a adquirir e desenvolver três tipos de habilidades: *conceituais*, *interpessoais* e *técnicas* (ou *especializadas*).[18]

As **habilidades conceituais** são demonstradas na capacidade de analisar e diagnosticar uma situação e distinguir as causas e os efeitos. Os altos executivos precisam reunir as melhores habilidades conceituais, pois suas principais responsabilidades são o planejamento e a organização.[19] Educação formal e treinamento são muito importantes para ajudar os administradores

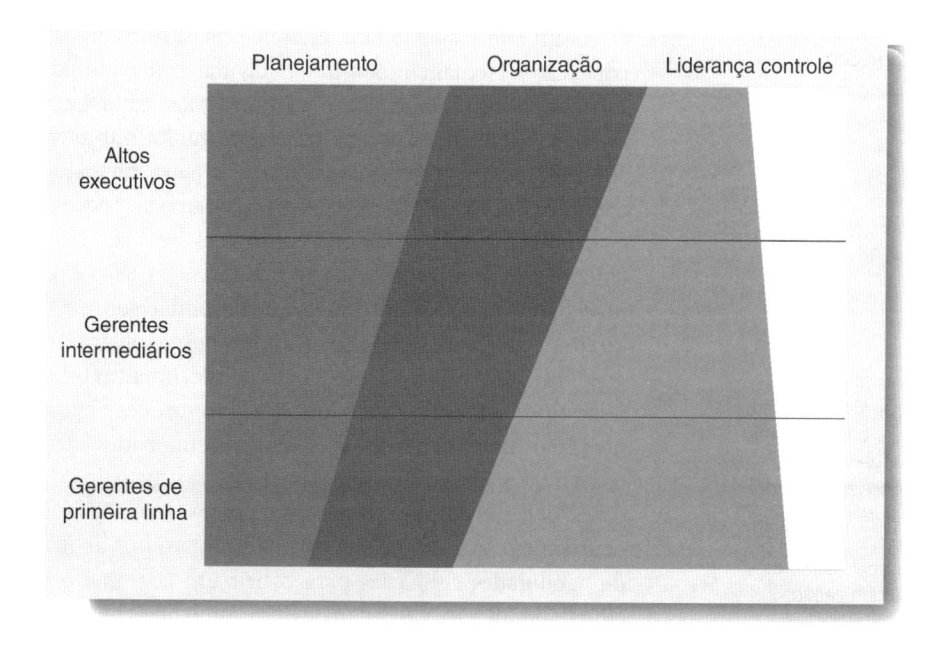

habilidades conceituais Capacidade de analisar e diagnosticar uma situação e de estabelecer a diferença entre as causas e os efeitos.

Figura 1.4
Quantidade de tempo relativa despendida pelos executivos nas quatro funções gerenciais.

a desenvolverem habilidades conceituais. O treinamento empresarial nos níveis de graduação e pós-graduação (MBA) fornece muitas das ferramentas conceituais (teorias e técnicas em *marketing*, finanças e outras áreas) necessárias para que os administradores desempenhem seus papéis de maneira eficiente. O estudo da administração ajuda a desenvolver as habilidades que permitem aos administradores entender o quadro geral enfrentado por uma organização. A capacidade de focar o quadro geral permite que os administradores vejam além da situação imediata e considerem opções, porém sem perder de vista os objetivos a longo prazo da organização.

Atualmente, treinamento e educação continuada em administração (inclusive treinamento em TI avançada) constituem uma etapa fundamental na construção das habilidades gerenciais, pois constantemente estão sendo desenvolvidas novas teorias e técnicas para aumentar a eficácia organizacional, como gestão da qualidade total, *benchmarking*, organização baseada na *web* e redes B2B (*business-to-business*). Uma rápida folheada em uma revista como a *BusinessWeek* ou a *Fortune* revela uma quantidade enorme de seminários com tópicos como *marketing* avançado, finanças, liderança e administração de recursos humanos, que são oferecidos a administradores em vários níveis da organização, desde os executivos mais experientes até os gerentes intermediários. A Microsoft, a IBM, a Motorola e muitas outras organizações designam parte do orçamento pessoal de cada gestor para ser usado a critério deste na participação de programas de desenvolvimento de executivos.

Além disso, pode ser que em um dado momento as organizações queiram desenvolver uma determinada habilidade de seu executivo em uma área de conhecimento específica – talvez aprender um componente avançado dos conhecimentos departamentais, como negociação de títulos no mercado internacional, ou adquirir os conhecimentos necessários para implementar a gestão da qualidade total. Desse modo, a organização paga para que seus executivos frequentem programas especializados e desenvolvam essas habilidades. De fato, um dos sinais de que um administrador está tendo bom desempenho é a disposição da organização em investir no desenvolvimento de aptidões desse administrador. Similarmente, muitos funcionários sem responsabilidade gerencial que apresentam desempenho de alto nível (pois estudaram administração) são frequentemente enviados para programas de treinamento intensivo em administração com o intuito de desenvolver suas capacidades gerenciais e serem preparados para promoção a cargos de gerência da primeira linha.

Entre as **habilidades interpessoais** temos a capacidade de compreender, alterar, liderar e controlar o comportamento de outros indivíduos e grupos. A habilidade de se comunicar, coordenar e motivar pessoas, assim como a de moldar indivíduos para formarem uma equipe coesa, distingue os administradores eficazes dos ineficazes. Notadamente, Andrea Jung, Michael Dell e Joe Coulombe possuem alto grau de habilidades interpessoais.

Assim como as habilidades conceituais, as interpessoais podem ser adquiridas por meio de educação e treinamento, e desenvolvidas por meio da experiência.[20] Cada vez mais as organizações utilizam avançados programas para capacitação em liderança e, especificamente, em liderança de equipes, já que procuram capitalizar as vantagens das equipes autogeridas.[21] Para administrar as interações pessoais de maneira eficaz, cada indivíduo de uma organização precisa aprender como criar empatia com os demais – necessita compreender outros pontos de vista e os problemas enfrentados pelas outras pessoas. Uma forma de ajudar os administradores a entenderem os seus próprios pontos fortes e fracos é pedir a seus superiores, colegas do mesmo nível hierárquico e subordinados uma opinião sobre o seu desempenho. Um *feedback* completo e direto permite que os administradores desenvolvam suas habilidades interpessoais.

Conhecimentos técnicos são os conhecimentos específicos necessários para realizar determinado tipo de trabalho ou ocupação com um desempenho de alto nível. Como exemplos, podemos citar os conhecimentos específicos em produção, contabilidade, *marketing* e, cada vez mais, os de TI. Os administradores precisam de uma gama de conhecimentos técnicos para serem eficazes. O leque de conhecimentos técnicos necessários depende do cargo que os administradores ocupam em suas organizações. O administrador de um restaurante, por exemplo, talvez precise de habilidades culinárias para cobrir um cozinheiro que falte ao trabalho, conhecimentos de contabilidade e escrituração de livros mercantis para controlar os recebimentos e os gastos e para

---

habilidades interpessoais
Capacidade de compreender, alterar, conduzir e controlar os comportamentos de outros indivíduos e grupos.

habilidades técnicas As técnicas e o conhecimento especializado necessários para desempenhar um determinado papel dentro da organização.

administrar a folha de pagamento; necessita, ainda, de conhecimentos de estética para manter o restaurante com aspecto atraente para os clientes.

Conforme citado anteriormente, os administradores e funcionários que possuem os mesmos tipos de conhecimentos técnicos normalmente se tornam membros de um departamento específico e são conhecidos como, por exemplo, gerentes de *marketing* ou gerentes de produção.[22] Os gestores são agrupados em diferentes departamentos, pois grande parte da responsabilidade deles é monitorar, treinar e supervisionar funcionários de modo que suas capacidades e *expertise* específicos à função aumentem. Obviamente, isso é mais fácil de ser realizado quando funcionários com habilidades similares são agrupados no mesmo departamento, pois podem aprender um com o outro e tornarem-se mais especializados e produtivos em suas funções específicas.

A Figura 1.5 ilustra como uma organização agrupa gestores em departamentos tomando como base as habilidades específicas para o desempenho de suas funções. A pirâmide também mostra que dentro de cada departamento surge uma hierarquia gerencial de gerentes de primeira linha, gerentes intermediários e altos executivos. Michael Dell, por exemplo, contratou executivos experientes para cuidarem dos departamentos de *marketing*, vendas e produção da Dell; contratou-os também para que desenvolvessem procedimentos operacionais a fim de ajudar os gerentes de primeira linha e intermediários a controlar o explosivo crescimento nas vendas da empresa. Quando o chefe da produção percebeu que não tinha tempo para supervisionar a montagem dos computadores, contratou gerentes intermediários experientes em produção que trabalhavam em outras empresas para assumirem essa responsabilidade.

Hoje, o termo **competência essencial** é comumente utilizado para se referir ao conjunto específico de habilidades, conhecimentos e experiência departamentais que possibilitam a uma organização superar seus concorrentes. Em outras palavras, habilidades departamentais que criam uma competência essencial dão *vantagem competitiva* a uma organização. A Dell, por exemplo,

competência essencial
O conjunto específico de habilidades, conhecimentos e experiência departamentais que possibilitam a uma organização superar seus concorrentes.

Figura 1.5
Tipos e níveis gerenciais.

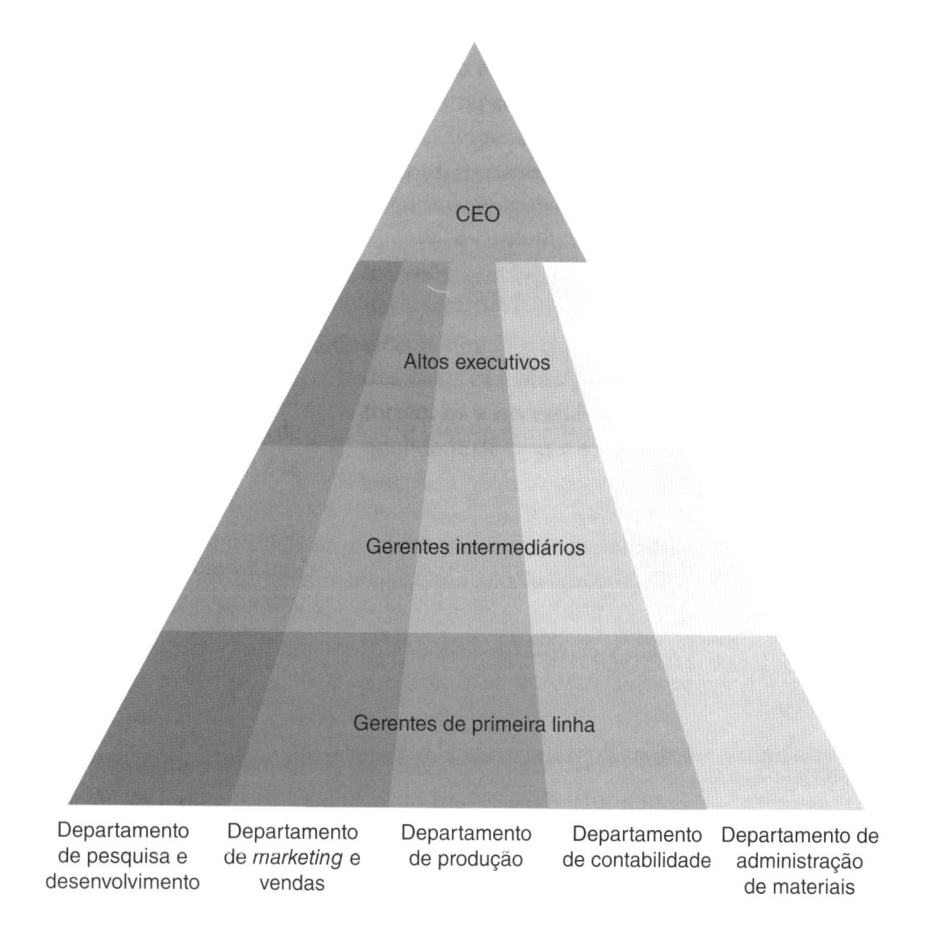

desenvolveu uma competência essencial na administração de materiais que lhe permitiu fabricar PCs mais baratos que os seus concorrentes – uma importante fonte de vantagem competitiva. Similarmente, a 3M é bastante conhecida por sua competência essencial em pesquisa e desenvolvimento, o que lhe permite inovar com produtos novos a um ritmo mais acelerado que seus concorrentes, e a Trader Joe's, por sua vez, tem competência no atendimento ao cliente, o que proporciona aos seus fiéis clientes uma experiência de compra personalizada e prestimosa.

Administradores eficazes precisam ter todos os três tipos de habilidades – conceituais, interpessoais e técnicas – para ajudar suas organizações a ter um desempenho mais eficiente e eficaz. A falta de um dos tipos pode levar ao fracasso. Um dos maiores problemas que as pessoas que começam pequenos negócios enfrentam, por exemplo, é a falta de habilidades conceituais e interpessoais apropriadas. Alguém que tenha os conhecimentos técnicos para começar um novo negócio não sabe, necessariamente, como administrar com sucesso o empreendimento. Similarmente, um dos maiores problemas enfrentados por cientistas ou engenheiros que trocam suas carreiras de pesquisa por uma administrativa é a falta de habilidades interpessoais eficazes. Os administradores estão constantemente em busca das mais recentes técnicas de formação para ajudá-los a desenvolver as habilidades conceituais, interpessoais e técnicas de que precisam para ter um alto desempenho no atual ambiente global, cada vez mais competitivo e mutável.

Desenvolver habilidades novas e aperfeiçoar outras já existentes por meio de educação e treinamento tornou-se uma prioridade importante, tanto para aqueles que aspiram a um cargo de administrador quanto para as próprias organizações nas quais trabalham. Conforme discutido anteriormente, muitas pessoas estão se matriculando em cursos avançados de administração; porém, muitas empresas, como a Microsoft, a GE e a IBM, criaram suas próprias faculdades para treinar e desenvolver seus funcionários e gerentes de todos os níveis. Todo ano essas empresas colocam milhares de funcionários em programas de gestão elaborados para identificar quais dentre eles possuem capacidades superiores e merecem investimento para tornarem-se seus futuros altos executivos. Em muitas organizações a promoção está intimamente ligada à capacidade do gerente de adquirir competências que são consideradas importantes por uma determinada empresa.[23] Na 3M, por exemplo, a capacidade de liderar com sucesso a equipe de desenvolvimento de um novo produto é vista como um requisito vital para obter uma promoção; na IBM, a capacidade de atrair e manter clientes é vista como uma habilidade indispensável a seus consultores. Discutiremos na maioria dos capítulos deste livro os diversos tipos de habilidades que os administradores precisam desenvolver.

Mudanças recentes nas práticas administrativas

As tarefas e responsabilidades dos administradores têm mudado radicalmente nos últimos anos. Os dois principais fatores que levaram a essas mudanças são a concorrência global e os avanços da tecnologia da informação. Tanto nos Estados Unidos quanto no exterior, a concorrência acirrada por recursos tem exercido uma pressão cada vez maior para que todos os administradores aumentem a eficiência e a eficácia das suas organizações. Cada vez mais, os altos executivos estão encorajando os gerentes de nível mais baixo a irem além dos objetivos de seus próprios departamentos e adotarem uma visão interdepartamental, visando encontrar novas oportunidades para melhorar o desempenho organizacional. A TI moderna oferece acesso a um volume de informações maior e de melhor qualidade aos gestores de todos os níveis e de todas as áreas, e aumenta suas habilidades de planejar, organizar, liderar e controlar. A TI também disponibiliza para os funcionários informações mais específicas às suas funções, possibilitando que se tornem mais qualificados, especializados e produtivos.[24]

Reestruturação e terceirização

Com a finalidade de utilizar a TI para aumentar a eficiência e a eficácia, os CEOs e equipes da alta administração têm reestruturado suas organizações e terceirizado atividades organizacionais específicas para reduzir o número de funcionários na folha de pagamento e empregar de forma mais produtiva o restante do pessoal.

reestruturação
Reduzir uma organização por meio da eliminação de grande quantidade de cargos de altos executivos, gerentes intermediários e gerentes de primeira linha, bem como de funcionários sem responsabilidade gerencial.

A **reestruturação** implica simplificar, enxugar ou reduzir as operações de uma organização visando diminuir os custos operacionais; muitas empresas a praticaram devido à recessão iniciada em 2008. A reestruturação pode ser feita eliminando-se departamentos e reduzindo-se níveis na hierarquia. Ambos resultam na demissão de inúmeros altos executivos, gerentes de primeira linha ou intermediários, bem como de funcionários sem responsabilidade gerencial. A capacidade da TI moderna de aumentar a eficiência ampliou o volume de *downsizing* nos últimos anos. A TI permite, que um número menor de funcionários realize dada tarefa, pois ela aumenta a capacidade de cada pessoa de processar informações e tomar decisões de forma mais rápida e acurada. As empresas norte-americanas estão investindo mais de US$ 100 bilhões por ano em TI avançada, o que proporciona uma melhoria na eficiência e na eficácia. Discutiremos diversos efeitos profundos da TI na administração no Capítulo 13, e também ao longo de todo este livro.

Entretanto, a reestruturação pode produzir alguns resultados extremamente negativos. É capaz de reduzir o moral dos funcionários remanescentes, que se tornam preocupados com a segurança de seus próprios empregos. Além disso, com o passar do tempo, em muitas organizações que sofreram o processo de *downsizing* os altos executivos se dão conta de que acabaram exagerando na dose quando seus funcionários reclamam da sobrecarga de trabalho e quando aumenta o número de clientes reclamando da péssima qualidade do atendimento.[25] Nos anos 2000, a Dell carrega esse fardo, já que continua a reduzir o número de funcionários no departamento de atendimento ao cliente e terceiriza essa função para empresa na Índia com o intuito de reduzir custos. Por outro lado, a Trader Joe's tem tido um bom desempenho, e, devido ao seu excelente atendimento ao cliente, continua a se expandir rapidamente.

terceirização
Contratar outra empresa para que realize uma atividade feita anteriormente pela própria organização.

A **terceirização** implica contratar outra empresa – normalmente em um país estrangeiro, onde os custos são mais baixos – para que ela realize uma atividade anteriormente desempenhada pela própria organização, como produção, *marketing* ou atendimento ao cliente. A terceirização aumenta a eficiência, pois reduz os custos operacionais, liberando dinheiro e recursos que podem ser usados de formas mais eficazes – como, para desenvolver novos produtos.

A necessidade de reagir à concorrência global de baixo custo acelerou incrivelmente a terceirização nos anos 2000. Nos Estados Unidos, foram perdidos mais de três milhões de empregos no setor industrial desde o ano 2000, já que as empresas transferiram suas atividades para países como China, Taiwan e Malásia. Dezenas de milhares de empregos com altos salários na área de TI também foram transferidos para o exterior – para países como Índia e Rússia, onde os programadores trabalham por um terço do salário pago nos Estados Unidos. Na Índia, a Dell atualmente emprega mais de 15 mil pessoas no serviço de atendimento ao cliente.[26]

As grandes organizações com fins lucrativos empregam hoje de 10 a 20% menos pessoas do que empregavam há 10 anos, graças à reestruturação e à terceirização. A Ford, a IBM, a AT&T, a HP, a Dell e a DuPont estão entre as milhares de organizações que racionalizaram suas atividades para aumentar a eficiência e a eficácia. O argumento é que os administradores e funcionários que perderam seus empregos irão encontrar empregos em empresas norte-americanas novas e em crescimento, onde suas habilidades e sua experiência serão melhor aproveitadas. Os milhões de empregos do setor industrial que foram mandados para fora do país, serão substituídos, dentro dos Estados Unidos, por empregos de melhor remuneração no setor de serviços, possibilidade criada pelo crescimento no comércio exterior.

Os técnicos da John Deere (como este na foto, trabalhando em um trator), acrescentam *know-how* insubstituível ao ajudar o pessoal de vendas da empresa a aprender como as necessidades específicas dos fazendeiros estão mudando, de modo a poder modificar continuamente seus equipamentos para atendê-las. As informações trazidas pelos técnicos ajudaram a aumentar significativamente as vendas da John Deere – e tornar suas máquinas mais úteis para seus usuários.

Empowerment e equipes autogeridas

A segunda principal forma que os administradores têm procurado para aumentar a eficiência e a eficácia é a concessão de maior poder a funcionários do escalão mais baixo e o emprego de equipes autogeridas. *Empowerment* é uma técnica gerencial que consiste em dar aos

MA5 Discutir algumas importantes mudanças nas práticas administrativas atuais, resultantes da globalização e do uso de tecnologia da informação (TI) avançada.

empowerment Expansão dos conhecimentos, das tarefas e das responsabilidades nas tomadas de decisão por parte dos subordinados.

equipe autogerida Grupo de funcionários que assume a responsabilidade de organizar, controlar e supervisionar suas próprias atividades e monitorar a qualidade dos bens e serviços que fornecem.

funcionários maior carga de autoridade e responsabilidade na realização de suas atividades profissionais – abordagem que Joe Coulombe seguiu na Trader Joe's. O procedimento utilizado pela John Deere (o famoso fabricante de tratores) para dar maior autonomia e poder de decisão a seus funcionários ilustra como essa técnica pode ajudar a aumentar o desempenho. Os funcionários que montam os veículos da Deere possuem conhecimento detalhado sobre como funcionam os produtos da empresa; então, num dado momento, os gestores da Deere se deram conta de que esses funcionários poderiam se tornar vendedores persuasivos caso lhes fosse dado treinamento adequado. Assim, grupos desses funcionários receberam treinamento intensivo em vendas e foram enviados para visitar os clientes da Deere e explicar-lhes como operar e manter a nova linha de produtos da empresa. Enquanto conversam com os clientes, esses funcionários recém-investidos com poderes de "vendedor" também podem coletar informações que ajudariam a Deere desenvolver novos produtos que melhor atendessem as necessidades dos clientes. Porém, os novos cargos de vendas são apenas temporários; tais funcionários cumprem essa missão mas depois retornam à linha de produção, onde usam as novas informações para encontrar meios de aumentar a eficiência e a qualidade.

Muitas vezes, as empresas percebem que dar maior autonomia aos funcionários leva a tantos tipos de ganhos que acabam usando seus sistemas de reconhecimento e remuneração para promover o *empowerment*. As ações realizadas pela Deere – que deram maior autonomia e poder de decisão aos funcionários –, por exemplo, tiveram tanto sucesso que a empresa negociou um novo contrato coletivo de trabalho a fim de promover o *empowerment*. O contrato especifica que os aumentos de remuneração serão baseados no aprendizado de novos conhecimentos e na conclusão de cursos superiores em áreas como programação de computadores, que ajudarão a empresa a aumentar a eficiência e a qualidade. A Deere continuou a fazer uso cada vez maior de equipes ao longo dos anos 2000, e seus lucros aumentaram vertiginosamente, pois seus concorrentes simplesmente não são capazes de igualar suas máquinas fáceis de operar, resultado da postura empregada pela empresa – que ouviu e atendeu às necessidades de seus clientes.

A tecnologia da informação é cada vez mais utilizada para dar maior poder aos funcionários, pois expande o conhecimento de suas funções e aumenta o escopo de suas responsabilidades funcionais. Frequentemente, a TI permite que um único funcionário realize uma tarefa anteriormente realizada por vários funcionários; como resultado, o funcionário tem maior autonomia e responsabilidade. A TI também facilita o uso de uma **equipe autogerida**, ou seja, um grupo de funcionários que assume responsabilidade coletiva por organizar, controlar e supervisionar suas próprias atividades profissionais.[27] Usando a TI projetada para fornecer aos membros da equipe informações em tempo real sobre o desempenho de cada membro, as equipes autogeridas podem, muitas vezes, encontrar meios mais rápidos e eficientes para realizar uma tarefa. Além disso, as equipes autogeridas assumem muitas das tarefas e responsabilidades anteriormente realizadas pelos gerentes de primeira linha, de modo que a empresa pode utilizar melhor seu quadro de funcionários.[28] Os gerentes de primeira linha atuam como formadores ou mentores, cuja tarefa não é dizer aos funcionários o que fazer, mas sim dar conselhos e orientação, além de ajudar as equipes a encontrarem novos meios de realizar suas tarefas de modo mais eficiente.[29] Ao utilizar a TI, os gerentes intermediários podem ainda monitorar facilmente o que está acontecendo com as equipes e, portanto, tomar decisões melhores quanto à alocação de recursos. O procedimento utilizado pela IBM para desenvolver TI com a finalidade de tirar proveito dos benefícios provenientes do aumento de desempenho das equipes autogeridas será discutido a seguir.

MA6 Discutir os principais desafios que os administradores enfrentam no ambiente global de hoje, cada vez mais competitivo.

Desafios da gestão em um ambiente global

Devido ao fato de o mundo se modificar mais rapidamente do que nunca, os administradores e outros funcionários dentro de uma organização precisam ter níveis de desempenho cada vez maiores.[30] Nos últimos 20 anos, a rivalidade entre organizações concorrentes no mercado doméstico (dentro do mesmo país) e global (em países do exterior) tem aumentado de forma profunda. O avanço de **organizações globais** (organizações que operam e concorrem em mais de um país) colocou grande pressão sobre muitas organizações, no sentido de identificarem melhores maneiras de

organizações globais Organizações que operam e competem em mais de um país.

usar seus recursos e melhorar seu desempenho. O sucesso alcançado pelas indústrias químicas alemãs Schering e Hoechst, pelo fabricante de móveis italiano Natuzzi, pelas empresas coreanas do segmento de produtos eletrônicos Samsung e LG, pela fabricante brasileira de aviões Embraer e pela fabricante europeia Airbus Industries estão pressionando empresas de outros países a elevarem seus níveis de desempenho para concorrer de forma bem-sucedida contra essas organizações globais.

A concorrência global provoca mudanças até mesmo no setor sem fins lucrativos. Escolas, universidades, forças policiais e órgãos governamentais estão reexaminando suas atividades, pois analisar a maneira como são realizadas em outros países muitas vezes revela melhores formas de realizá-las. Nos Estados Unidos, por exemplo, muitas mudanças no ensino e no currículo escolar foram resultado do estudo de métodos utilizados pelos sistemas escolares japonês e europeu. Da mesma forma, os hospitais europeus e asiáticos aprenderam muito com o sistema norte-americano – que talvez seja o mais eficaz do mundo, embora não o mais eficiente.

PITADA TECNOLÓGICA
IBM cria equipes autogeridas globais

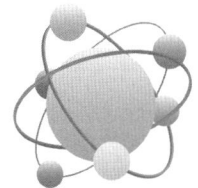

Nos anos 2000, a IBM enfrentou dura concorrência por parte de empresas de serviços de TI em todo o mundo, capazes de praticar preços mais baixos que ela porque têm custos de mão de obra menores (lembre-se de que os programadores na Índia ganham um terço dos programadores americanos). Como os serviços de TI são responsáveis por mais da metade da receita anual de US$ 100 bilhões da IBM, a empresa buscou maneiras para utilizar do melhor modo possível seu talentoso quadro de colaboradores, tanto para diminuir os custos como para oferecer aos clientes tipos de serviços especializados que seus concorrentes não conseguem oferecer (e pelos quais pode cobrar um preço mais elevado). A IBM desenvolveu várias técnicas para realizar tal objetivo.

No mesmo ano, criou "centros de competência" ao redor do mundo com funcionários que compartilham o mesmo conhecimento específico de TI. Na Índia, por exemplo, a IBM emprega mais de 10 mil pessoas na área de TI, especializadas em fornecer suporte técnico a grandes empresas americanas. Tais funcionários trabalham em equipes autogeridas e são responsáveis por administrar todos os aspectos das necessidades de um determinado cliente. Ao usar equipes, a IBM agora está apta a oferecer serviços personalizados de alta qualidade a preços menores e concorrer de maneira eficaz no mercado mundial.

A maior parte dos funcionários da IBM está concentrada em centros de competência localizados nos países onde a empresa tem a maior parte de seus clientes e um maior volume de negócios. Esses funcionários possuem uma ampla gama de habilidades, desenvolvidas a partir de uma prévia experiência de trabalho, e usar tais especialistas de forma eficiente é o desafio enfrentado pela IBM. Para tanto, ela usou seu próprio *expertise* em TI para desenvolver sofisticados *softwares* que permitem criar equipes autogeridas compostas por especialistas que reúnem o melhor conjunto possível de capacidades para solucionar os problemas particulares de certo cliente. Primeiramente, os programadores da IBM analisam as capacidades e a experiência de seus 80 mil consultores globais e insere os resultados no programa. A seguir, analisam e transformam em código a natureza específica do problema do cliente e inserem essas informações. O programa associa então cada problema específico às capacidades dos especialistas do quadro da IBM e identifica uma lista dos funcionários que melhor se enquadram no perfil desejado. Depois, um dos diretores da IBM limita essa lista e decide qual será a composição dessa equipe autogerida. Uma vez selecionados, em qualquer parte do mundo que estejam, os especialistas reúnem-se o mais rápido possível e começam a analisar o problema do cliente. Juntos, os membros da equipe usam então sua autoridade para desenvolver o pacote de *software*,

> *hardware* e serviços necessário para solucionar e gerir o problema do cliente.
>
> Esta nova TI permite à IBM criar um conjunto de equipes autogeridas globais em constante mutação, formadas para solucionar os problemas de seus clientes ao redor do mundo. Ao mesmo tempo, a TI da IBM também otimiza o uso de seu talentoso quadro de colaboradores, pois cada funcionário é utilizado da melhor forma possível – isto é, na equipe onde suas habilidades podem aumentar da melhor forma possível a eficiência e a eficácia empresarial. Além disso, como cada equipe introduz conhecimentos sobre suas atividades no sistema de informações interno da IBM, as equipes podem observar e aprender umas com as outras – portanto, suas capacidades crescem ao longo do tempo.

Atualmente, os administradores que não tentam aprender e se adaptar às mudanças ocorridas no ambiente global se veem reagindo a essas mudanças em vez de inovar, e suas organizações muitas vezes tornam-se não competitivas e fracassam.[31] Portanto, cinco grandes desafios se apresentam para os administradores no mundo de hoje: criar vantagem competitiva, respeitar padrões éticos, gerenciar uma força de trabalho diversa, utilizar novos sistemas de informação e novas tecnologias e saber administrar diante das crises globais.

Criando vantagem competitiva

vantagem competitiva
Capacidade de uma organização de superar outras organizações produzindo bens ou serviços de forma mais eficiente e eficaz que os concorrentes.

Quais são as lições mais importantes que os administradores e as organizações devem aprender, caso queiram atingir e permanecer no topo do competitivo ambiente dos negócios? A resposta está relacionada com o uso de recursos da organização para criar vantagem competitiva. **Vantagem competitiva** é a capacidade de uma organização suplantar outras organizações produzindo bens ou serviços desejados de forma mais eficiente e eficaz que os concorrentes. Os quatro elementos fundamentais da vantagem competitiva são: a *eficiência* superior; a *qualidade* superior; *velocidade, flexibilidade* e *inovação* superiores e, por último, o *tempo de resposta aos clientes* superior (ver Figura 1.6).

As organizações aumentam sua eficiência quando reduzem a quantidade de recursos (como pessoal e matérias-primas) utilizada para produzir bens ou serviços. No ambiente competitivo de hoje, as organizações buscam continuamente novas maneiras de usar seus recursos para aumentar a eficiência. Muitas organizações estão treinando seu pessoal em novas capacidades e técnicas necessárias para operar fábricas de montagem altamente computadorizadas. Da mesma forma, o treinamento interdepartamental dá aos funcionários a gama de habilidades necessária para realizar diversas tarefas diferentes, organizando-os de novas formas, como, por exemplo, em equipes autogeridas, permitindo que tirem o melhor proveito de suas habilidades. Essas são etapas importantes na tentativa de aumentar a produtividade. As empresas japonesas e alemãs investem muito mais no treinamento de funcionários que as empresas americanas ou italianas.

Figura 1.6
Os elementos essenciais da vantagem competitiva.

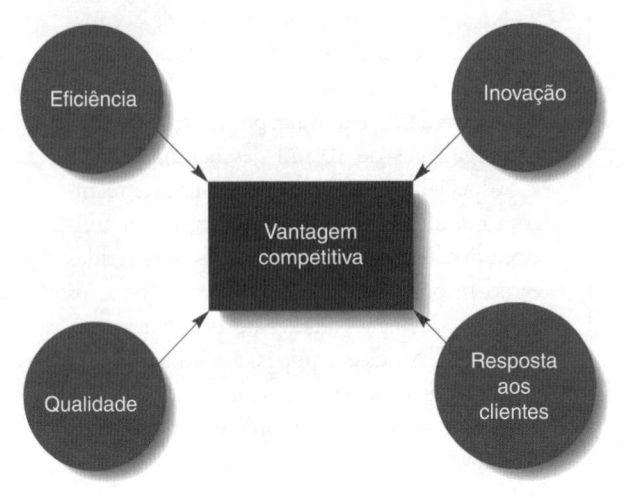

Os administradores precisam aumentar a eficiência, caso queiram que suas organizações concorram com sucesso contra empresas operantes no México, na China, na Malásia e em outros países onde os funcionários recebem, comparativamente, menores salários. Novos métodos necessitam ser concebidos, seja para aumentar a eficiência, seja para ganhar alguma outra vantagem competitiva, como produtos de maior qualidade, por exemplo, caso se deseje evitar a terceirização e a perda de empregos para os países com baixo custo de mão de obra.

O desafio provocado por organizações globais, como os fabricantes coreanos de produtos eletrônicos, os produtores agrícolas mexicanos e as empresas financeiras e de *marketing* europeias também aumentaram a pressão sobre as empresas, forçando-as a melhorar as qualificações e habilidades de seu pessoal de modo a aumentar o nível de qualidade de seus bens e serviços. Um importante impulso para melhorar a qualidade tem sido a introdução de técnicas de melhoria da qualidade conhecidas como TQM (*Total Quality Management,* gestão da qualidade total). Os funcionários envolvidos com TQM normalmente são organizados em equipes de controle da qualidade e responsáveis por encontrar maneiras novas e melhores de desempenhar suas funções. Também precisam monitorar e avaliar a qualidade dos produtos fabricados. Discutiremos formas de administrar a TQM com sucesso no Capítulo 14.

Hoje, as empresas podem ganhar ou perder a corrida competitiva a depender de sua *velocidade* – ou seja, a rapidez com que elas conseguem lançar novos produtos no mercado –, ou sua *flexibilidade* – a facilidade de modificar ou alterar a forma de realizar suas atividades para reagir às ações dos concorrentes. Empresas dotadas de velocidade e flexibilidade são *concorrentes ágeis:* seus administradores possuem habilidades de planejamento e organização superiores; são capazes de planificar, decidir o que fazer e, então, mobilizar rapidamente seus recursos para responder a um ambiente em mudança. Examinaremos nos capítulos posteriores como os administradores podem gerar velocidade e flexibilidade em suas organizações.

inovação O processo de criação de bens e serviços novos ou aprimorados, e o processo de desenvolvimento de melhores meios de produzi-los ou fornecê-los.

A **inovação,** o processo de criar bens e serviços novos ou aprimorados que os clientes desejam ou desenvolver maneiras melhores para produzir ou fornecer bens e serviços, representa um desafio especial. Os administradores precisam criar um ambiente organizacional onde as pessoas sejam encorajadas a inovar; tipicamente, a inovação se dá em pequenos grupos ou equipes, ou seja, a gerência descentraliza o controle das atividades profissionais para membros da equipe e cria uma cultura organizacional que recompensa aqueles que correm riscos. A Apple e a Nike, por exemplo, formaram cooperativamente uma equipe para imaginar como associar seus produtos. A equipe Apple/Nike teve a ideia de um novo modelo de iPod que, entre outras coisas, seria capaz de registrar e medir a distância percorrida pelo seu usuário, e as duas empresas se uniram para produzi-lo.[32] Gerir a inovação e criar um ambiente de trabalho que encoraje as pessoas a assumir riscos estão entre as tarefas gerenciais mais difíceis.

As organizações disputam clientes por meio de bens e serviços; portanto, treinar os funcionários para que se tornem ágeis na resposta às necessidades dos clientes é vital para todas as organizações, mas particularmente para aquelas do setor de serviços. Lojas de varejo, bancos e hospitais, por exemplo, dependem inteiramente de seus funcionários para apresentarem comportamentos que resultem em serviços de alta qualidade por um preço razoável.[33] À medida que muitos países (Estados Unidos, Canadá e Suíça são apenas alguns) caminham em direção a uma economia mais baseada em serviços (em parte devido à perda de empregos no setor industrial para a China, a Malásia e outros países onde os custos de mão de obra são mais baixos), a conduta gerencial nas organizações de serviços tem se tornado cada vez mais importante. Muitas organizações estão delegando poder a funcionários da área de atendimento ao cliente, dando-lhes autoridade para assumir o comando no fornecimento de atendimento de alta qualidade ao cliente. Conforme observado anteriormente, *empowerment* de funcionários sem responsabilidade gerencial muda o papel dos gerentes de primeira linha e muitas vezes leva ao emprego mais eficiente dos recursos da organização.

Devido à intensa competição global, empresas como Kodak, Xerox, Apple, GM, Ford, Levi Strauss, Heinz e muitas outras perderam vantagem competitiva. A mudança da tecnologia de imagens digitais, por exemplo, fez com que a demanda por filmes da Kodak e por copiadoras Xerox baseadas em dispositivos de luz despencasse. Outras empresas, como a GM e a Levi Strauss, sofreram com os preços reduzidos dos concorrentes. Os gestores dessas empresas enfrentam o desafio de reverter tal desempenho encontrando meios de recuperar a vantagem competitiva.

Algumas vezes, o grande empenho dos administradores em revitalizar as fortunas de suas organizações falha, e diante da perspectiva de falência os diretores dessas empresas são forçados a indicar um novo CEO com um histórico de sucesso na recuperação de empresas em dificuldades. A **reestruturação gerencial** é a criação de uma nova visão para empresa que se encontra em dificuldades, utilizando-se de um novo modo de encarar o planejamento e a organização para melhor aproveitar os recursos, possibilitando que a empresa sobreviva e, prospere. Isso implica a elaboração de estratégias radicalmente novas, como reduzir o número de produtos vendidos, mudar a forma como eles são fabricados e vendidos e também encerrar atividades industriais e comerciais importantes. Organizações que indicam CEOs capazes de darem uma reviravolta na empresa geralmente estão passando por uma crise, pois se tornaram ineficientes ou ineficazes; algumas vezes devido à gestão inadequada por um período contínuo e, em outras, pelo fato de um concorrente ter introduzido um novo produto ou tecnologia que fez com que os seus próprios produtos já não fossem atraentes para os clientes. Quando a Apple lançou o iPhone em 2007, por exemplo, as vendas do celular anteriormente mais vendido (o Razr, da Motorola) despencaram, pois os clientes queriam o que havia de mais novo no mercado; em 2009, a sobrevivência da Motorola estava ameaçada – a menos que ela fosse capaz de lançar novos celulares inovadores.

Reestruturação gerencial é uma tarefa administrativa particularmente difícil e complexa porque é realizada em condições de grande incerteza. Os clientes, funcionários e investidores não estão certos sobre o futuro. Existirá um departamento de atendimento ao cliente? Os funcionários manterão seus empregos? Os investidores receberão seu dinheiro de volta? O risco de insucesso é maior para uma empresa com problemas, e normalmente uma reestruturação mais radical e uma reorganização empresarial são necessárias para reverter seu desempenho. Poucas empresas permanecem sempre no topo – e o único lugar que resta é "para baixo" –, e por isso é tão importante que os gestores monitorem continuamente o nível de desempenho de suas empresas em relação à concorrência, conforme será discutido no Capítulo 6.

Alcançar vantagem competitiva requer que os administradores usem todas as suas capacidades e *expertise*, bem como os demais recursos de suas empresas, para melhorar a eficiência, a qualidade, a inovação e a resposta aos clientes. Retornaremos a esse tema muitas vezes, à medida que analisarmos as formas com que os administradores planejam estratégias, organizam recursos e atividades e lideram e controlam pessoas e grupos para aumentar a eficiência e a eficácia.

Mantendo padrões éticos e socialmente responsáveis

Os administradores de todos os níveis encontram-se sob pressão considerável para aproveitar da melhor maneira possível os recursos, aumentando o nível de desempenho de suas organizações.[34] Os altos executivos, por exemplo, sofrem pressão dos acionistas para aumentar o desempenho de toda a organização, a fim de elevar o preço de suas ações, aumentar os lucros ou os dividendos. Os altos executivos pressionam os gerentes intermediários para encontrarem novas maneiras de usar os recursos da organização a fim de aumentar a eficiência e a qualidade e, portanto, atrair novos clientes e gerar mais receita – e, os gerentes intermediários "importunam" os supervisores de seus departamentos.

A pressão para aumentar o desempenho pode ser saudável para uma organização, pois leva os gestores a questionarem o seu funcionamento, encorajando-os a encontrarem novas e melhores formas de planejar, organizar, liderar e controlar. Entretanto, a pressão demasiada para atingir um desempenho otimizado pode ser prejudicial.[35] Essa pressão poderá induzir os administradores a se comportarem de modo antiético – e até mesmo ilegal – ao lidar com pessoas e grupos dentro e fora da organização.[36] Por exemplo, um gerente de compras de uma cadeia de lojas varejistas de alcance nacional poderia comprar peças de vestuário de qualidade inferior como medida de corte de custos; ou, para assegurar um grande contrato no exterior, um gerente de vendas de uma grande

---

reestruturação gerencial Criação de uma nova visão para uma empresa que se encontra em dificuldades, baseando-se em um novo modo de encarar o planejamento e a organização para melhor aproveitar os recursos da empresa, possibilitando assim sua sobrevivência e prosperidade.

empresa no setor de armamentos poderia oferecer propina para autoridades estrangeiras. Os administradores de empresas fabricantes de calçados e roupas se defrontaram com esses problemas nos anos 1990, quando os clientes ficaram sabendo das condições de abuso e exploração dos operários em suas fábricas ao redor do mundo. Empresas como Nike e Walmart se empenharam para eliminar tais práticas de exploração e impedir que seus administradores no exterior adotassem práticas de trabalho que fossem prejudiciais aos trabalhadores. Hoje essas empresas empregam centenas de inspetores que controlam de perto as fábricas localizadas no exterior e podem rescindir contratos com os fornecedores que se comportem de maneira antiética ou ilegal.

A questão da responsabilidade social, que será discutida no Capítulo 3, se concentra em decidir quais as obrigações a empresa tem em relação às pessoas e aos grupos afetados por suas atividades – como funcionários, clientes ou comunidades onde ela opera. Algumas empresas têm pontos de vista firmes sobre a responsabilidade social; seus administradores acreditam que as empresas devam proteger os interesses dos outros. Porém, certos administradores podem decidir agir de maneira antiética e colocar os seus próprios interesses, ou os de suas empresas, em primeiro lugar, prejudicando outros no processo. A Metabolife e a NVE Pharmaceuticals, por exemplo, costumavam fabricar efedrina, um suplemento alimentar largamente usado. Para proteger seus negócios, esses laboratórios não revelaram as graves queixas sobre a efedrina até serem forçados a fazê-lo devido a ações impetradas na justiça por pessoas prejudicadas pela droga. Quando finalmente a Metabolife divulgou 16 mil relatos de clientes sobre seus produtos à base de efedrina, registrou cerca de 2 mil reações adversas, inclusive três mortes.[37]

Um ano depois, a FDA (*Food and Drug Administration*) obteve os poderes legais para requisitar informações de todos os fabricantes de pílulas de efedrina. Essa ação revelou mais de 16 mil relatos de reações adversas experimentadas por usuários, inclusive pelo menos 36 mortes. Como consequência desses fatos, tornou-se ilegal fabricar ou vender efedrina nos Estados Unidos.[38]

O velho ditado *Caveat emptor* ("comprador, esteja atento") permanece válido sempre que um cliente se decidir pela compra de um produto desconhecido.[39] Outro exemplo que ilustra por que as empresas, os administradores e os clientes sempre devem agir de forma ética e socialmente responsável diante de sua tomada de decisão está descrito no quadro a seguir, denominado "Ética em ação".

ÉTICA EM AÇÃO
Como não administrar um frigorífico

A Westland/Hallmark Meat Co., cujo proprietário e também CEO é Steven Mendell, era considerada um dos mais eficientes, higiênicos e modernos frigoríficos dos Estados Unidos. Sediada em Chico, Califórnia, sua fábrica, que passava regularmente por inspeções feitas pelo USDA (*United States Department of Agriculture*, Ministério da Agricultura dos Estados Unidos), empregava mais de 200 funcionários que abatiam e depois preparavam a carne para envio a redes de *fast-food* como Burger King e Taco Bell. Porém, grande parte dos milhares de toneladas de carne que a fábrica preparava anualmente era destinada, segundo contrato, a uma das mais cobiçadas contas do governo federal americano: o *National School Lunch Program* (programa nacional de merenda escolar dos Estados Unidos). Em 2005 a fábrica foi aclamada como fornecedor do ano pelo *National School Lunch Program*.[40]

Assim, quando no final de 2007 a Humane Society entregou um videoteipe (secretamente filmado por um de seus investigadores, que havia se empregado na fábrica) mostrando graves violações dos procedimentos de higiene para o procurador distrital do condado de San Bernardino, isso provocou grande estupefação. O videoteipe mostrava dois funcionários arrastando vacas doentes rampa acima (que conduzia ao matadouro), usando correntes metálicas e empilhadeiras, além de aplicar choques nos animais com aguilhões elétricos e direcionar fortes jatos d'água em seus focinhos e caras. A fita mostrava não apenas o tratamento desumano para com os animais como também evidenciava que a empresa estava desacatando

Pequenas empresas

completamente a proibição de que animais doentes entrassem na cadeia de suprimentos alimentar – algo que a regulamentação federal proibira explicitamente, temendo pela saúde humana e por problemas com doenças.

Em fevereiro de 2008 o USDA, preocupado com a possibilidade de a carne contaminada ter sido introduzida na cadeia de suprimentos, especialmente aquela relativa às escolas do país, solicitou o recolhimento de 65 mil toneladas de carne processadas naquela fábrica nos últimos dois anos, o maior recolhimento da história. Além disso, a fábrica foi fechada no decorrer das investigações. Em março de 2008, seu CEO, Steven Mendell, foi intimado a apresentar-se ao Comitê de Energia e Comércio do Congresso americano. Ele negou que tais violações tivessem ocorrido e que qualquer vaca doente tivesse entrado na cadeia de suprimentos alimentar. Entretanto, quando os membros do comitê exigiram que Mendell assistisse ao videoteipe (que ele alegava não ter visto, embora tivesse sido amplamente divulgado), ele se viu forçado a reconhecer que "duas vacas" haviam de fato entrado na fábrica e que havia ocorrido tratamento desumano com os animais.[41] Além disso, os investigadores federais encontraram evidências de que desde 1996 a fábrica havia sido advertida por uso excessivo de aguilhões elétricos para acelerar o gado em seu percurso para o abate e também por outras violações desde então, sugerindo que os abusos vinham acontecendo de longa data. Essa opinião ganhou força quando um dos trabalhadores mostrados no videoteipe alegou que apenas "cumpria ordens de seu supervisor" e que eles eram pressionados a garantir que pelo menos 500 vacas por dia fossem abatidas e processadas, de modo que a fábrica pudesse atingir sua cota, obtendo assim os grandes ganhos que o ramo frigorífico proporciona.

Essas práticas comerciais antiéticas, e muitas vezes ilegais, deram origem ao temor de que ao longo desses anos milhares de vacas doentes houvessem ingressado na cadeia alimentar, e que a maior parte das 65 mil toneladas de carne para recolhimento já houvesse sido consumida. Não apenas consumidores e estudantes foram prejudicados por essas ações antiéticas. A fábrica foi à falência em consequência do *recall* e seus 220 funcionários perderam seus empregos. Além disso, os funcionários diretamente implicados no vídeo foram processados, e um deles, réu confesso por maltratar animais, foi declarado culpado e condenado a seis meses de prisão.[42] Os dirigentes da empresa foram processados e evidentemente todos seus acionistas foram prejudicados pelas práticas antiéticas e desumanas que, como a Humane Society suspeitava há anos, eram comuns naquela fábrica.

O CEO da Westland/Hallmark Meat Company, Steven Mendell, quando compareceu perante o Congresso americano. Atrás dele é exibido o vídeo gravado secretamente, que mostra o gado sendo conduzido ao frigorífico. A empresa de Mendell, ao colocar os lucros acima da responsabilidade ética, foi responsável pelo maior recolhimento de carne moída ocorrido nos Estados Unidos até hoje.

Gerenciando uma força de trabalho diversa

Um grande desafio para qualquer gestor é reconhecer a necessidade ética e o requerimento legal de tratar os recursos humanos de maneira justa e equânime. Hoje a composição em termos de idade, sexo, raça, etnia, religião, orientação sexual e condições socioeconômicas da força de trabalho representa novos desafios para os administradores. Para formar um quadro de funcionários altamente motivado e treinado, bem como para evitar importantes ações judiciais em nome de toda uma categoria, os administradores devem estabelecer procedimentos e práticas de gestão de recursos humanos – GRH (HRM, do inglês, *Human Resource Management*) que sejam legais, justas e não discriminem qualquer membro da organização.[43]

No passado, os funcionários da cor branca e do sexo masculino dominavam as fileiras da administração. Hoje, um número cada vez maior de organizações está percebendo que, para motivar de maneira eficaz e tirar proveito dos talentos de uma força de trabalho diversa, devem dar oportunidades de promoção a todos os funcionários, incluindo mulheres e minorias.[44] Os administradores têm de reconhecer as possibilidades de aumento de desempenho dessa força de trabalho, como a capacidade de tirar proveito das qualificações e experiências de diferentes pessoas.[45] O Union Bank of California, um dos 30 maiores bancos dos Estados Unidos, é um excelente exemplo de empresa que utilizou o potencial de seus diversificados funcionários.[46]

Os atendentes do Union Bank, como a mostrada na foto, são conhecidos por construírem relações com seus diversos grupos de clientes visando melhorar o nível do atendimento. A natureza diversa dos funcionários do Union Bank reflete os grupos heterogêneos de clientes que o banco atende.

Com sede em São Francisco, o Union Bank opera em um dos Estados de maior diversidade da nação norte-americana, a Califórnia, onde mais da metade da população é asiática, negra, hispânica e homossexual. Reconhecendo esse fato, o banco sempre teve como política contratar funcionários pertencentes a esses grupos. Entretanto, não compreendia o potencial da diversidade de seus funcionários para criar vantagem competitiva, até que no ano de 1996 George Ramirez, um dos diretores do Union Bank, propôs que o banco criasse um grupo de *marketing* para atrair clientes hispânicos. Sua ideia foi tão bem-sucedida que um grupo de funcionários afro-americanos, e posteriormente de americanos de origem asiática e também de funcionários homossexuais (homens e mulheres), propuseram campanhas de *marketing* similares.

Após o considerável sucesso desses grupos na obtenção de novos clientes, ficou claro para os executivos do Union Bank que a diversidade de seus funcionários também poderia ser utilizada para melhorar o atendimento ao cliente (por exemplo, preenchendo o quadro de funcionários das agências de bairros latinos com pessoas de mesma origem).[47] Depois disso, os executivos do banco perceberam que poderiam melhorar também a qualidade da tomada de decisão dentro da organização.[48] A reputação do banco como um bom local de trabalho para as minorias atraiu candidatos altamente qualificados e motivados pertencentes a esses grupos.

Como disse seu ex-CEO Takahiro Moriguchi ao receber, em nome da empresa, um prêmio de alcance nacional de destaque pela diversidade: "Ao buscarmos talentos entre deficientes, pessoas de ambos os sexos, veteranos de guerra, homossexuais, todos os grupos étnicos e todas as nacionalidades, obtivemos o ingresso para uma fonte de ideias, energia e criatividade tão ampla e variada quanto aquela da própria raça humana. Espero que a diversidade venha a se tornar ainda mais importante à medida que o mundo gradualmente se torne um verdadeiro mercado global".[49] As práticas de diversidade do Union Bank se transformaram em modelo para muitas outras empresas, que buscam repetir seu sucesso.[50]

Os administradores que valorizam a diversidade de seus funcionários e investem no desenvolvimento das suas qualificações e capacidades são mais bem-sucedidos na promoção do desempenho a longo prazo. Hoje, cada vez mais organizações estão percebendo que as pessoas são seu recurso mais importante. Discutiremos as diversas questões em torno da administração de uma força de trabalho diversa no Capítulo 3.

TI e e-Commerce

Conforme já discutido, outro importante desafio para os administradores é o emprego eficiente dos recursos avançados da TI.[51] Novas tecnologias, como manufatura controlada por computador e TI baseada na *web*, que associam e capacitam funcionários de novas maneiras, vêm sendo continuamente desenvolvidas. Um exemplo interessante de como a TI está modificando o trabalho de pessoas em todos os níveis organizacionais vem da UPS. Os motoristas da UPS costumavam basear-se em mapas, bloquinhos para anotações e na experiência própria para planejar a rota mais rápida para entregar centenas de encomendas todos os dias. Isso mudou rapidamente após a UPS investir US$ 700 milhões para desenvolver um sistema computadorizado de otimização de rotas, que todas as noites planeja cada uma das 56 mil rotas que seus motoristas utilizarão no dia seguinte. A eficiência é concretizada, por exemplo, minimizando-se o número de conversões à esquerda, que desperdiçam tanto combustível como tempo. O programa teve um sucesso incrível. Os motoristas da UPS agora percorrem milhões de quilômetros a menos todos os meses, mesmo quando entregam um número maior de encomendas com maior rapidez.

A TI não apenas habilita funcionários individualmente, mas também equipes autogeridas, fornecendo informações importantes e possibilitando interações virtuais ao redor do mundo com o uso da Internet. Uma coordenação global cada vez maior ajuda a melhorar a qualidade e a aumentar o ritmo de inovação. A Microsoft, a Hitachi, a IBM e a maioria das empresas buscam nova TI capaz de ajudá-las a criar vantagem competitiva. A importância da TI é discutida em detalhes no Capítulo 13, e ao longo do livro você encontrará cones alertando quanto a exemplos de como a TI está transformando a maneira como as empresas operam.

A prática da gestão de crises globais

Outro desafio enfrentado por administradores e organizações é a gestão de crises globais. As causas das crises ou catástrofes mundiais recaem em três categorias principais: causas naturais, causas provocadas pelo homem e terrorismo internacional ou conflitos geopolíticos. Entre as crises que surgem devido a causas naturais temos furacões, *tsunamis*, terremotos, fome e doenças que devastaram muitos países nos anos 2000; quase nenhum país deixou de ser atingido por seus efeitos. A ilha de Java (Indonésia), por exemplo, que foi inundada pelo imenso *tsunami* no Pacífico em 2004, também foi vítima, em 2006, de um terremoto devastador que matou milhares de pessoas e deixou dezenas de milhares de desabrigados.

As crises provocadas pelo homem são resultado de fatores como aquecimento global, poluição e a destruição do ambiente ou *habitat* natural. A poluição, por exemplo, tornou-se um problema cada vez mais significativo para empresas e países. As empresas no setor da indústria pesada (como carvão e aço) poluíram milhões de hectares de terra em volta das cidades no Leste Europeu e na Ásia; agora são necessárias operações de despoluição que custam bilhões de dólares. Em 1986, a fusão acidental do núcleo do reator da usina nuclear de Chernobyl emitiu no ar 1.540 vezes mais radiação do que a bomba lançada em Hiroshima; mais de 50 mil pessoas morreram em consequência desse desastre, enquanto centenas de milhares de outras também foram afetadas.

As crises provocadas pelo homem, como o aquecimento global devido a emissões de dióxido de carbono e outros gases, talvez tenham agravado os efeitos dos desastres naturais. O aumento das temperaturas ao redor do mundo e a chuva ácida, por exemplo, podem ter aumentado a intensidade dos furacões, levado a chuvas excepcionalmente fortes e contribuído para secas prolongadas. Os cientistas estão convencidos de que o aquecimento global é responsável pela destruição de recifes de corais (que estão desaparecendo rapidamente), florestas, espécies de animais e o *habitat* natural em diversas partes do mundo. Espera-se que o derretimento das calotas polares provoque a elevação do nível do mar em alguns (porém vitais) centímetros.

Finalmente, as tensões geopolíticas cada vez maiores, que são em parte resultado da velocidade do próprio processo de globalização, desarranjaram o equilíbrio das potências mundiais, já que diferentes países e regiões geográficas tentam proteger seus próprios interesses econômicos e políticos. Elevar os preços do petróleo, por exemplo, fortaleceu o poder de barganha dos principais países fornecedores. Isso fez com que os Estados Unidos adotassem estratégias políticas globais (incluindo aí sua luta contra o terrorismo) para assegurar o fornecimento de petróleo, vital na proteção de seus interesses nacionais. De forma similar, os países da Europa têm feito contratos e formado alianças com a Rússia para obter o fornecimento de gás natural, e o Japão e a China têm negociado com o Irã e a Arábia Saudita. O crescimento do terrorismo e de grupos terroristas no mundo se deve em grande parte à mudança das condições políticas, sociais e econômicas que facilitaram aos extremistas influenciar nações e culturas inteiras.

A administração tem um importante papel a desempenhar, ajudando pessoas, organizações e países a responderem a crises globais, pois fornece lições de como planejar, organizar, liderar e controlar os recursos necessários para esses grupos se precaverem e ao mesmo tempo responderem de maneira eficaz às crises. A gestão de crises implica escolhas importantes sobre como: (1) criar equipes para facilitar a comunicação e a tomada de decisão rápida, (2) estabelecer um organograma e as relações de hierarquia necessários para mobilizar uma resposta rápida, (3) recrutar e selecionar as pessoas certas para liderar e trabalhar em tais equipes e (4) elaborar estratégias de negociação e barganha para administrar os conflitos que surgem toda vez que pessoas e grupos com diferentes interesses e objetivos se reúnem. O nível de acertos nas decisões feitas pelos administradores determina a rapidez com que pode ser implementada uma resposta eficaz a uma crise, resposta capaz de, algumas vezes, evitar ou reduzir a gravidade da crise em si.

Resumo e revisão

O QUE É ADMINISTRAÇÃO? Os administradores são responsáveis por supervisionar o emprego dos recursos de uma organização para atender a seus objetivos. Organização é um conjunto de pessoas que trabalham juntas para atingir uma série de metas. Administração é o processo de usar os recursos organizacionais para alcançar objetivos de forma eficaz e eficiente por meio do planejamento, da organização, da liderança e do controle. Administração eficiente é aquela que melhor emprega os seus recursos. Uma organização eficaz persegue objetivos apropriados e os atinge por meio do emprego de seus recursos para criar bens e serviços que os clientes desejam. **[MA1]**

TAREFAS GERENCIAIS ESSENCIAIS As quatro principais tarefas gerenciais são: planejamento, organização, liderança e controle. Gestores em todos os níveis da organização e em todos os departamentos realizam essas tarefas. Administração eficaz significa gerir de forma bem-sucedida tais atividades. **[MA2]**

NÍVEIS E HABILIDADES DOS ADMINISTRADORES As organizações têm, tipicamente, três níveis gerenciais. Os gerentes de primeira linha são responsáveis pela supervisão cotidiana de funcionários sem responsabilidade gerencial. Os gerentes intermediários são responsáveis pelo desenvolvimento e utilização dos recursos da organização de modo eficiente e eficaz. Os altos executivos possuem responsabilidade interdepartamental. Eles têm que estabelecer objetivos apropriados para toda a organização e verificar se os gerentes de departamentos estão utilizando os recursos de modo eficiente e eficaz para alcançar tais objetivos. Os três tipos principais de habilidades gerenciais são: conceituais, interpessoais e técnicas. A necessidade de desenvolver e reforçar conhecimentos técnicos leva as organizações a dividirem seus gestores em departamentos de acordo com as responsabilidades específicas de suas funções. **[MA3, 4]**

MUDANÇAS RECENTES NAS PRÁTICAS ADMINISTRATIVAS Para aumentar a eficiência e a eficácia, muitas organizações reestruturaram e reduziram suas atividades, além de terceirizarem-nas para diminuir os custos. As empresas estão delegando poder aos funcionários e utilizando equipes autogeridas para aumentar a eficiência e a eficácia. Os gestores vêm usando cada vez mais a TI para alcançar vantagem competitiva. **[MA5]**

DESAFIOS DA GESTÃO EM UM AMBIENTE GLOBAL O ambiente competitivo global de hoje apresenta muitos desafios para os administradores. Um dos principais é criar vantagem competitiva por meio do aumento na eficiência, na qualidade, na velocidade, na flexibilidade e na inovação, bem como na *resposta aos clientes*. Outros administradores estão adotando uma atitude ética e socialmente responsável em relação às pessoas dentro e fora da organização; administrando uma força de trabalho diversa; ou praticando a gestão de crises globais. **[MA6]**

Administradores em ação

Tópicos para discussão e trabalho

DISCUSSÃO

1. Descreva a diferença entre eficiência e eficácia e identifique organizações reais que você acredita que sejam, ou não, eficientes e eficazes. [MA1]
2. De que formas os administradores podem, em cada um dos três níveis de gerência, contribuir para a eficiência e a eficácia da organização? [MA3]
3. Identifique uma organização que você acredita ser de alto desempenho e uma que você acredite ser de baixo. Dê cinco razões que justifiquem o fato de os níveis de desempenho das duas organizações diferirem. [MA2, 4]
4. Quais são os elementos fundamentais da vantagem competitiva? Por que é importante para os administradores obter vantagem competitiva? [MA5]
5. Em sua opinião, em que aspectos houve maior mudança na função de administrar ao longo dos últimos 10 anos? Por que essas mudanças ocorreram? [MA6]

AÇÃO

6. Escolha uma organização, como uma escola ou um banco, e visite-a; em seguida, enumere os diferentes recursos organizacionais por ela utilizados. Como seus administradores usam tais recursos para manter e melhorar o desempenho? [MA2, 4]
7. Visite uma organização e converse com os gerentes de primeira linha, os intermediários e os da cúpula sobre suas respectivas funções na organização e o que eles fazem para ajudá-la a ser eficiente e eficaz. [MA3, 4]
8. Peça a um gerente intermediário ou a um alto executivo, quem sabe alguém que você já conheça, para lhe dar exemplos de como ele realiza as tarefas gerenciais de planejamento, organização, liderança e controle. Quanto tempo ele despende na realização de cada uma dessas tarefas? [MA3]
9. Encontre um gerente cooperativo que lhe dê permissão para acompanhá-lo em sua rotina durante um dia. Enumere as funções desempenhadas por ele e indique quanto tempo ele gasta realizando-as. [MA3, 4]

Desenvolvimento de habilidades gerenciais

Refletindo sobre os administradores e a administração [MA2, 3, 4]

Considere uma organização que tenha lhe dado a oportunidade de ganhar experiência profissional e no gerente ao qual você estava subordinado (ou converse com alguém com grande experiência profissional). Em seguida, responda as seguintes perguntas.

1. Considere seu supervisor direto. A que departamento ele pertence e em que nível gerencial se encontra?
2. Como você caracterizaria o modo de seu supervisor encarar a administração? Por exemplo, que funções e tarefas administrativas particulares ele realiza com maior frequência? Que tipos de capacidades gerenciais ele possui?
3. Você acredita que as tarefas, funções e qualificações de seu supervisor são apropriadas para o trabalho específico que ele executa? Como esse gerente poderia melhorar seu desempenho na função? Como a TI pode afetar isso?
4. Como o modo de seu supervisor encarar a administração afetava suas atitudes e comportamento? Por exemplo, qual era o seu nível de desempenho como subordinado e qual era seu grau de motivação?
5. Considere a organização e seus recursos. Os administradores utilizam de maneira eficaz os recursos da organização?

Quais recursos mais contribuem para o bom desempenho da organização?

6. Descreva a forma com que a organização trata seus recursos humanos. Como esse tratamento afeta as atitudes e comportamentos de seu pessoal?

7. Se fosse possível que você desse um conselho ao seu superior ou mudasse uma prática administrativa na organização, qual seria esse conselho?

8. Qual o nível de sintonia dos administradores na organização com a necessidade de aumentar a eficiência, a qualidade, a inovação ou a resposta aos clientes? Com que nível você imagina que a organização atinge seus principais objetivos de fornecer bens e serviços que os clientes desejam ou mais precisam?

Administrando eticamente [MA1, 3]

Considere um exemplo de conduta antiética que você tenha observado no passado. O incidente poderia ser algo que você já vivenciou como funcionário ou cliente ou algo que você tenha observado de maneira informal.

1. Seja por conta própria ou em grupo, dê três razões para você acreditar que a conduta tenha sido antiética. Por exemplo, que regras ou normas foram quebradas? Quem se beneficiou ou quem se prejudicou com o ocorrido? Qual foi o resultado para as pessoas envolvidas?

2. Que medidas você tomaria para evitar tal conduta antiética e encorajar as pessoas a se comportarem de maneira ética?

Exercício em grupo [MA2, 3, 4]
Abertura de um novo restaurante

Forme pequenos grupos de três ou quatro pessoas e indique um de seus membros para ser o seu porta-voz. Ele comunicará as descobertas do grupo a toda a classe quando chamado pelo professor. Em seguida, discuta a seguinte situação.

Você e seus sócios decidiram abrir um grande restaurante em sua comunidade local; ele estará aberto das 7 às 22 horas servindo café da manhã, almoço e jantar. Cada um de vocês está investindo US$ 50 mil no empreendimento e juntos garantiram um empréstimo bancário adicional de US$ 300 mil para iniciar as atividades. Você e seus sócios têm pouca experiência em administração de restaurantes, além daquela de servir refeições ou comer fora, e agora se veem diante da tarefa de decidir como irão administrar o restaurante e quais serão suas respectivas funções.

1. Decida qual será o papel gerencial de cada sócio. Por exemplo, quem será responsável pelos departamentos necessários e atividades específicas? Descreva sua hierarquia gerencial.

2. Que elementos fundamentais de vantagem competitiva é preciso estabelecer para ajudar o seu restaurante a ter sucesso? Que critérios serão usados para avaliar com que grau de sucesso vocês estão administrando o restaurante?

3. Discuta as decisões mais importantes que devem ser tomadas em relação: (a) ao planejamento, (b) à organização, (c) à liderança e (d) ao controle, para permitir que você e seus sócios utilizem de maneira eficaz os recursos da organização e criem vantagem competitiva.

4. Para cada tarefa gerencial, enumere os problemas a serem resolvidos e decida que funções mais irão contribuir para o sucesso do restaurante.

Seja você o administrador [MA2, 5]

Problemas na Achieva

Você acaba de ser chamado para ajudar os administradores da Achieva, uma empresa de *software* para Internet em rápida expansão, especializada em rede B2B. Seu trabalho é ajudar a Achieva a resolver alguns problemas administrativos que surgiram devido ao seu rápido crescimento.

Em apenas dois anos a demanda dos clientes para licenciamento do *software* da Achieva explodiu de tal maneira que mais de 50 novos programadores foram contratados para ajudar a desenvolver uma nova gama de produtos. O crescimento da Achieva tem sido tão rápido que a empresa continua a operar informalmente, sua estrutura organizacional é frouxa e flexível e os programadores são encorajados a encontrarem soluções para os problemas à medida que se deparam com eles. Embora essa estrutura funcionasse bem no passado, você foi informado que estão surgindo problemas.

Há um número cada vez maior de reclamações dos funcionários, que alegam que seu bom desempenho não está sendo reconhecido pela organização e que não se sentem tratados de forma igualitária. Além disso, há reclamações sobre a disposição dos gerentes em ouvir suas novas ideias e trabalhar em cima delas. Um clima ruim forma-se na empresa, e recentemente vários funcionários talentosos deixaram a Achieva. Sua missão é ajudar os administradores da Achieva a solucionar esses problemas rapidamente e manter a empresa no rumo certo.

Perguntas

1. Que tipos de problemas de organização e controle a Achieva está sofrendo?
2. Que tipos de mudanças administrativas são necessárias para resolvê-los?

BusinessWeek Caso em foco [MA2, 3, 4]
A arte da sucessão de um CEO

Nunca é fácil concluir uma transição de CEO. A suave transição da DuPont, recentemente, realça a importância de ter um plano sólido. Esta não é uma época fácil para formar uma nova geração de executivos. Os orçamentos destinados a treinamento estão sendo cortados, enquanto o mercado imobiliário em depressão tornou mais difícil a busca por melhores oportunidades de emprego. E, mesmo assim, a necessidade de talentos de primeira categoria vem crescendo. Um recorde de 1.484 altos executivos nos Estados Unidos deixaram seus empregos em 2008, de acordo com a empresa de recolocação profissional Challenger, Gray & Christmas, e muitos outros podem se demitir esse ano à medida que as perdas se acumulam e a angústia dos executivos aumenta. "O cargo de CEO de hoje é mais estressante e esgotante do que em qualquer época da história", diz Tom Stemberg, fundador e ex-CEO da Staples. "O gás das pessoas simplesmente acabou." Em uma época na qual as grandes empresas ao redor do mundo têm grande urgência de novas ideias, para ter uma noção de como planejar para o próximo CEO, analise a transição tranquila de CEOs na DuPont.

O CEO Charles Holliday havia vislumbrado sua vice-diretora Ellen J. Kullman como potencial sucessora há mais de uma década. Holliday, um homem sociável de Tennessee que dedicou a vida à DuPont e se tornou CEO no início de 1998, havia atuado como mentor de Kullman desde que se encontraram pela primeira vez no início da década de 1990, em Tóquio. Ele comandava a unidade responsável pela região do Pacífico Asiático e ela estava em visita como diretora da unidade de produtos de imagem digital. Holliday ficou impressionado com a vontade de aprender de Kullman. "Aqui está um futuro líder" – recorda-se, pensando consigo mesmo. Kullman lembra-se de ter sido crivada de perguntas. "Ele me assustou", disse ela. Kullman ingressou na DuPont como gerente de *marketing* em 1988 e foi rapidamente promovida, distinguindo-se por recuperar unidades problemáticas. Foi escolhida em 1995 para dirigir a unidade de tecnologias de titânio da DuPont, avaliada em US$ 2 bilhões, e, posteriormente, transformou a então recém-formada divisão de produtos de segurança no segmento mais rentável da empresa durante o período em que a dirigiu. "Tivemos que mudar o nosso modelo de negócios três vezes antes de encontrar aquele que fosse correto", recorda-se Kullman. "Houve vezes em que me questionava se seria capaz de chegar lá ou não." Kullman era vice-presidente executiva quando Holliday contou-lhe, em setembro de 2008, que em breve ela iria substituí-lo no comando da DuPont. Embora sua nomeação tenha vindo um pouco antes do que os analistas de Wall Street esperavam, ninguém ficou surpreso ao vê-la assumir o cargo de CEO no início de 2009.

O próprio Holliday teve muita ajuda até chegar ao topo da carreira. Ele entrou na empresa por meio de um estágio no período de férias e diz que sempre foi orientado ao longo de sua carreira, mesmo após atingir o posto de CEO. O ex-CEO da DuPont, Irving Shapiro, que dirigiu a empresa durante os anos 1970, escreveu uma crítica sobre o desempenho de Holliday após reuniões com os acionistas, e o orientador de executivos Bill Morin ensinou-lhe a ser mais aberto com o seu *staff*. Holliday diz que começou a falar sobre sucessão "logo após" ter se tornado CEO. Além da tradicional lista dos prováveis – e mais lógicos – sucessores caso o pior acontecesse com ele, Holliday tentou imaginar quem seria a pessoa mais adequada para liderar a DuPont no século XXI. Na sua cabeça, Kullman era uma possibilidade óbvia.

Apesar do seu *background* em *marketing* e do fato de ser uma mulher mãe de três filhos a tenham tornado uma candidata incomum ao cargo de CEO da DuPont, Holliday sentia que a aguerrida e por vezes mordaz Kullman tinha uma capacidade perspicaz de antever situações. Embora diversos colegas – dentre eles o marido de Kullman, que também trabalha na DuPont – a tivessem aconselhado a não assumir a incipiente unidade de produtos de segurança, Holliday diz que Kullman "era capaz de captar o conceito de seja lá o que fosse." Ela encontrou novos usos, por exemplo, para as fibras sintéticas Kevlar, uma marca que se tornou famosa no seu emprego em coletes à prova de bala. Entre as inovações mais populares se destacam os recintos à prova de tornados, no valor de US$ 7 mil. Quando chegou a hora de Holliday sair de cena, ele já sabia quem estava pronto para substituí-lo. Além de ajudar Kullman a fazer parte do conselho da General Motors (GM) em 2004, para alargar suas perspectivas de gestão, Holliday a encorajou a trabalhar com um *coach* para modificar sua natureza impaciente. "Antigamente, se eu dissesse algo, eu era apenas mais uma do grupo. Hoje, é lei", diz Kullman. "Tenho que me certificar de que estou ouvindo a opinião de todo mundo." As decisões que Kullman toma hoje podem se traduzir em uma DuPont muito diferente no futuro. Com praticamente um quarto do faturamento ligado à indústria automotiva, ela precisará procurar outros caminhos para crescer. Kullman sabe, entretanto, que sua decisão mais importante não é em que ramo investir, mas sim em quais pessoas.

Perguntas

1. Que tipo de habilidades gerenciais Holliday percebeu que Kullman possuía para que pudesse indicá-la como sua sucessora?
2. Que tipo de dirigente você acredita que Kullman será no futuro?
3. Que qualificações você acredita possuir que o farão um administrador de sucesso?

Fonte: Matthew Boyle, "The Art of CEO Succession". Reimpresso da *BusinessWeek*, 30/abr./2009, com permissão especial, copyright © 2009 The McGraw-Hill Companies, Inc.

BusinessWeek Caso em foco [MA1, 4, 6]
Um estranho na Ford

Quase 30 meses após Alan R. Mulally deixar a Boeing para se tornar diretor da Ford Motor, ainda é fácil taxá-lo como alguém que não é do ramo. Em entrevista com analistas da Wall Street em novembro, Mulally descrevia o lançamento do pequeno e beberrão Ford Ka no "Salão da Aviação de Paris" quando, na verdade, queria dizer "Salão do Automóvel de Paris." No início do ano, Mulally mostrou como havia tentado parar de agregar à sua assinatura o desenhinho de um avião, porém tinha grande dificuldade de desenhar um carro no seu lugar. "Raios! Ainda não consigo desenhar o carro", disse ele, no jeito "provinciano" de falar típico do Kansas que se tornou tão familiar em Detroit quanto seus blazers e camisas feitos industrialmente em série.

Os CEOs que vêm de fora possuem decididamente um histórico profissional diverso. Alguns trazem seu próprio pessoal e impõem uma filosofia de administração destoante com uma cultura corporativa, como Robert Nardelli fez na Home Depot, com resultados tão ambíguos que o conselho o demitiu. Algumas pessoas não servem para dirigir um negócio com o qual não estejam familiarizadas. A passagem de 13 meses de William Perez, ex-CEO da S.C. Johnson, pela Nike, nos vem à mente. Outros vão com mais calma e são bem-sucedidos, como Eric Schmidt, ex-CEO da Novell que dirige a Google. Poder-se-ia dizer que Mulally se enquadra nessa última categoria. Desde sua chegada, deixou em paz a maior parte da equipe que herdou e calou a boca daqueles que diziam que um homem da indústria aeroespacial não seria capaz de dirigir um fabricante de automóveis.

Mas o homem que escolheu Mulally, o presidente do conselho de administração, William Clay Ford Jr., diz que o sucesso de seu CEO em dar uma boa chacoalhada em uma cultura engessada manteve a Ford independente e distante do "guichê de empréstimos" do Tesouro norte-americano. Sob o comando de Mulally, a tomada de decisão é mais transparente, divisões outrora refratárias agora estão trabalhando juntas e veículos de melhor qualidade estão tendo um ciclo menor para sair da prancheta e chegar ao *showroom*. John Casesa, cuja empresa, a Casesa Shapiro, oferece serviços de consultoria neste mercado, também está impressionado. "A velocidade com que Mulally transformou a Ford em uma empresa mais ágil e saudável foi uma das realizações mais notáveis que já vi", diz ele. "A Ford já teria sucumbido e saído do mercado caso não tivesse sido submetida às mudanças implantadas por ele."

Um histórico de "rejeição de órgão"

Quando Mulally foi nomeado CEO da Ford no segundo trimestre de 2006, a reação interna variou de desconfiança a indignação. O que um homem da indústria aeronáutica sabe sobre o segmento automobilístico? "Dominava um ar de reprovação", recorda-se Bill Ford. A direção estava particularmente perturbada, especialmente os diretores com esperanças de ocuparem o cargo. Um a um, passavam pela sala de Ford para lhe perguntar que diabos ele estava fazendo. Ford disse-lhes que a empresa precisava de novas perspectivas.

Ninguém entendia melhor as atribulações de dirigir o fabricante de automóveis que o bisneto de Henry Ford. A empresa era burocrática e se opunha a novas ideias. E, abaixo do andar da presidência, ainda não havia vazado que a Ford lutava pela sua sobrevivência. O presidente também sabia que a empresa tinha um histórico de "rejeição de órgão", ou seja, de rechaçar pessoas vindas de fora. Ele viu executivos de fora chegarem na Ford e serem isolados e até mesmo atormentados. Decidiu então dar a Mulally toda a ajuda e conselhos necessários.

Mesmo antes de Mulally aceitar o cargo, os dois trocaram ideias abertamente sobre os problemas da Ford. Certa vez, na casa de Ford em Ann Arbor, Mulally quis saber por que a empresa tinha permitido incursões em modelos de luxo como Jaguar, Land Rover e Aston Martin para desviar a atenção da marca Ford. Bill Ford disse a Mulally que havia sido pior que isso: os executivos passaram a ver a opção de trabalhar na Ford, em vez das marcas de luxo, como um "problema para a carreira". O maior desafio de Mulally, disse Ford, seria desmantelar os silos, especificamente as bases operacionais regionais ao redor do mundo — Europa, Ásia, América do Sul e Austrália —, que estavam mais interessadas em defender seus territórios do que trabalhar em conjunto. Era uma cultura, explicava Ford, onde a própria carreira passou a significar mais que a empresa.

Se Ford tinha um *insight* fundamental para compartilhar, seria esse: "A Ford", disse a Mulally, "é um lugar onde se espera que o líder diga o que fazer." Sua tese era de que os funcionários da Ford abaixo do alto escalão não estavam suficientemente envolvidos na tomada de decisão. Isso encontrou eco em Mulally. Na Boeing, ele nem sempre fora dos diretores mais democráticos — até que o então CEO, Phil Condit, dissesse que ele precisava alargar suas perspectivas para poder dirigir a empresa como um todo e não apenas uma divisão, e também o colocasse em contato estreito com o *coach*, Marshall Goldsmith.

A equipe de Goldsmith entrevistou cerca de 25 dos subordinados e colegas do mesmo nível de Mulally para indicarem precisamente o que precisava ser trabalhado. Mulally obtete excelentes conceitos pela coordenação da cadeia de suprimento da Boeing, bem como por alcançar as metas de produção. Porém, foi criticado por deixar grande parte de sua equipe fora do processo decisório. Mulally, disseram eles, precisava ter contato mais frequente com seus subordinados para estes saberem se estavam no caminho certo. Mulally incluiu um número maior de pessoas no processo de tomada de decisão — e solicitou que eles também fossem orientados profissionalmente. "Seria muito menos eficaz para esse processo que eu fosse o único a receber orientação profissional", disse ele. "Eu não seria bem-sucedido caso minha equipe também não fosse bem-sucedida."

Na época em que Mulally assumiu o comando da Ford, ele já havia se encontrado com todos os funcionários mais experientes e fez um bocado de perguntas. "Alan disse que tinha muita coisa que não sabia, mas que era um aluno que aprendia rapidamente", diz Ford. Mas, uma vez integrado, Mulally começou a dar as respostas, reunindo-se com funcionários em grupos que variavam de 25 a várias centenas. Sem discursos. Apenas comentários de improviso seguidos por cerca de 45 minutos de perguntas e respostas.

Reuniões sobre reuniões

Mulally disse aos funcionários que o plano de ação existente para a recuperação da Ford era sólido em seus fundamentos. Além de reduzir drasticamente o número de funcionários e fechar fábricas, o "Plano de Avanço" conclamava a Ford a modernizar suas plantas industriais de forma a poder trabalhar com vários modelos em vez de apenas um. A segunda parte do plano era mais controversa: uma mudança para veículos que pudessem ser vendidos em diversos mercados. Isso exigia uma centralização que era algo repugnado pelas divisões ao redor do mundo — feudos acostumados a desenvolver carros por conta própria. Essa era a parte do plano que Mulally queria acelerar. Alguns executivos tentaram se reunir com Bill Ford para se queixar. "Não permiti", disse ele.

Mulally sabia que para trilhar seu caminho teria de mudar a cultura da Ford. Nos meses seguintes, os funcionários da Ford ouviriam ele dizer, à exaustão: "Para mim isso não funciona." Isso incluía a inclinação da Ford de fazer um rodízio de seus executivos em novas funções em períodos de poucos anos. A ideia era preparar executivos ecléticos. Mas ninguém ficava em uma função tempo suficiente para ser de alguma ajuda ou se sentir responsável. No período de cinco anos anterior à chegada de Mulally, o executivo Mark Fields dirigiu a afiliada Mazda Motor, a Ford Europe, o Premier Auto Group no segmento de luxo e as filiais na América do Sul e do Norte. "Vou para o meu quarto ano na mesma função", diz Fields, ainda presidente do grupo para as Américas. "Nunca havia tido tal consistência nos propósitos antes."

Outra coisa que precisava mudar: uma cultura que "amava reuniões", conforme colocação do próprio Bill Ford. Os gerentes comumente faziam "reuniões prévias" nas quais planejavam como "todos contariam a mesma história" para o alto escalão. Era a clássica e antiética manobra do "eu salvo a sua pele". Mulally havia visto esse tipo de coisa antes quando dirigia o departamento de engenharia na divisão de aviões comerciais da Boeing.

Em 1997, a Boeing levou uma multa de US$ 2,7 bilhões quando a divisão de aviões comerciais teve uma interrupção nas comunicações e não conseguiu adequar a produção à demanda em alta; duas linhas de montagem ficaram fechadas por um mês. Quando Mulally se tornou CEO da divisão de aviões comerciais em 1999, deu início a uma nova era de total transparência, que tornava mais difícil esconder problemas.

Ele levou essa filosofia para a Ford. Tal como na Boeing, Mulally estava determinado a ter um fluxo de dados constante que daria a sua equipe uma visão semanal das atividades da Ford no mundo todo e faria com que seus executivos mantivessem um bom desempenho visando alcançar as metas de lucro. Números constantemente atualizados — validados posteriormente por auditorias trimestrais com uma visão prévia dos ganhos — tornariam impossível para os executivos ocultarem verdades desagradáveis. Mas esse não era o único objetivo. "As informações jamais deveriam ser usadas como uma arma contra uma equipe", diz Mulally. Ao contrário, os números deveriam ajudar os executivos a antever problemas para que eles ajustassem a estratégia de acordo.

Coerência e cooperação

Dois anos e meio após tomar as rédeas na Ford, Mulally certamente ainda não é capaz de colocar em evidência a medida convencional do sucesso empresarial: os lucros. Então, o que ele conquistou até agora?

Mulally impôs disciplina em uma empresa que vivia mudando de uma estratégia para outra. Marcas como Lincoln e Mercury mudavam seu posicionamento a cada ano. Hoje o plano, rediscutido com revendedores que ganharam voz ativa, está selado: a Lincoln se concentrará em utilitários e sedãs de luxo, ao passo que a Mercury venderá carros pequenos e modelos mistos com qualidade e preços diferenciados.

Agora que os feudos longínquos da Ford estão começando a colaborar, um sistema de desenvolvimento de veículos outrora pouco econômico, subdividido e disperso começa a formar uma unidade. Para ter certeza de que tudo correria bem, Mulally escolheu um veterano da Ford, Derrick Kuzak, como diretor mundial de desenvolvimento de veículos, um cargo de extrema importância na Ford. Kuzak incitou seu pessoal a aperfeiçoar os interiores, conseguiu convencer a direção das vantagens de pequenos motores a gás que não custariam para os consumidores tanto quanto os veículos híbridos e obteve economias enormes fazendo que os utilitários e caminhões compartilhassem mais peças. "Ele tem a confiança da direção e das pessoas que trabalham para ele, de modo a ter os projetos certos em andamento e os inadequados paralisados", diz o consultor de projeto Jim Hall, da 2953 Analytics. O maior teste para Kuzak viria no ano seguinte, quando os Estados Unidos receberam os mesmos aclamados veículos Ford que são vendidos na Europa, em vez das versões enxutas do passado.

Mulally colocou em jogo sua própria reputação no sedã Taurus 2010. Quando se tornou CEO, o nome Taurus havia sido relegado ao museu das marcas mortas. A Ford teve tantos sucessores malfadados para o carro campeão de vendas nos Estados Unidos na década de 1980 que foi decidido que essa era uma causa perdida. Mulally viu as coisas de modo diferente. Acreditou que o nome Taurus tinha valor e não faz muito tempo desafiou sua equipe a entregar um novo carro em 24 meses, usando a plataforma existente, porém com um visual totalmente novo. O Taurus que foi apresentado nos *showrooms* em meados de 2009 não se parece nada com o modelo antigo, que Mulally comparou a "uma bola de futebol vazia". De linhas elegantes e estilo cinzelado como os sedãs europeus da Ford, ele já causou uma boa impressão na crítica. Resta saber se um modelo completo de US$ 35 mil irá decolar em uma economia em recessão. Afinal de contas, a encarnação anterior era vendida com desconto por US$ 16 mil.

Perguntas

1. Que tipos de habilidades Alan Mulally possui como executivo?
2. Como ele usou essas habilidades para mudar o modo de operar da Ford?
3. Quais são as principais diferenças entre a maneira com que ele atua como executivo e os antigos e estabelecidos executivos da Ford?

Fonte: David Kiley, "Alan Mulally: The Outsider at Ford." Reimpresso de *BusinessWeek online*, 5/mar./2009, com permissão especial, copyright © 2009 by The McGraw-Hill Companies, Inc.

APÊNDICE A

A história do pensamento administrativo

O estudo sistemático da administração teve início nas décadas finais do século XIX, após a Revolução Industrial ter se difundido rapidamente pela Europa e Estados Unidos. Na nova conjuntura econômica, administradores de todos os tipos de organização – políticas, educacionais e econômicas – estavam cada vez mais interessados em encontrar melhores formas de atender às necessidades dos clientes. Diversas mudanças econômicas, técnicas e culturais importantes estavam ocorrendo naquela época. Com a introdução da máquina a vapor e o desenvolvimento de sofisticados equipamentos e maquinário, a Revolução Industrial mudou a forma com que os produtos eram produzidos, particularmente nas indústrias têxtil e da confecção. Pequenas oficinas dirigidas por trabalhadores especializados que manufaturavam produtos fabricados à mão (um sistema denominado produção artesanal) estavam sendo substituídos por grandes fábricas onde sofisticadas máquinas controladas por centenas ou mesmo milhares de trabalhadores não especializados ou semiespecializados fabricavam produtos. Por exemplo, o algodão em rama e a lã crua, que no passado famílias ou vilas inteiras trabalhavam juntas para transformar em fios, agora eram enviados para fábricas onde operários operavam máquinas que enrolavam e entrelaçavam grandes quantidades de fios, transformando-os em tecido.

Os proprietários e administradores das novas fábricas se viram despreparados para os desafios advindos com a mudança da produção artesanal em pequena escala para a produção mecanizada em larga escala. Além disso, muitos dos administradores e supervisores nessas oficinas e fábricas eram engenheiros que tinham apenas uma orientação técnica. Eles eram despreparados para os problemas sociais que surgiam quando pessoas trabalhavam juntas em grandes grupos (como em uma fábrica ou um sistema de pequenas oficinas). Os administradores começaram a buscar novas técnicas para gerir os recursos de suas organizações, e logo começaram a se concentrar em formas de aumentar a eficiência do conjunto de tarefas do trabalhador. Eles se apoiaram nas teorias de Frederick W. Taylor.

F. W. Taylor e a administração científica

Frederick W. Taylor (1856–1915) é mais conhecido por ter definido as técnicas da administração científica, o estudo sistemático das relações entre pessoas e tarefas com o propósito de redesenhar o processo de trabalho visando aumentar a eficiência. Taylor era um gerente de produção que se tornou consultor, e ensinava outros administradores como aplicar suas técnicas de administração científica. Taylor acreditava que se o tempo e o esforço que cada trabalhador despendesse para produzir uma unidade de produção (um produto acabado ou serviço) pudesse ser reduzido aumentando-se a especialização e a divisão do trabalho, o processo produtivo se tornaria mais eficiente. Taylor acreditava que o procedimento para criar uma divisão de trabalho mais eficiente

Frederick W. Taylor, criador da administração científica e um dos primeiros a estudar o comportamento e o desempenho das pessoas no local de trabalho.

poderia ser melhor determinado usando-se técnicas de administração científica em vez de conhecimento intuitivo ou por meio de regras práticas. Baseado em seus experimentos e observações como gerente de produção em uma série de ambientes, ele desenvolveu quatro princípios para aumentar a eficiência no local de trabalho:[1]

- Princípio 1: *Estudar a maneira com que os trabalhadores realizam suas tarefas, reunir todo o conhecimento informal que os trabalhadores possuem sobre suas funções e experimentar meios de melhorar a forma com que as tarefas são realizadas.*

Para descobrir o método mais eficiente para desempenhar tarefas específicas, Taylor estudou detalhadamente e analisou os métodos que diferentes trabalhadores usavam para realizar suas tarefas. Uma das principais ferramentas usadas por ele foi o estudo de tempos e movimentos, que implica cuidadosa cronometragem e registro das ações feitas para realizar determinada tarefa. Assim que Taylor compreendia o método existente de realizar uma tarefa, passava a experimentar o aumento da especialização; tentava diferentes métodos de dividir e coordenar as diversas tarefas necessárias para produzir um produto acabado. Normalmente isso significava simplificar as funções e fazer com que cada trabalhador realizasse um número menor delas, mais rotineiras. Taylor também procurava encontrar maneiras de melhorar as habilidades de cada operário para realizar uma determinada tarefa – por exemplo, reduzindo o número de movimentos que os operários faziam para completá-la, alterando o *layout* da área de trabalho ou o tipo de ferramentas que os operários usavam, ou experimentando ferramentas de tamanhos diferentes.

- Princípio 2: *Codificar os novos métodos de executar tarefas em regras escritas e procedimentos operacionais padrão.*

Assim que o melhor método de executar certa tarefa era determinado, Taylor especificava que ele deveria ser registrado de modo que os procedimentos pudessem ser ensinados a todos os trabalhadores que realizassem a mesma tarefa. Tais regras poderiam ser usadas para padronizar e simplificar ainda mais as tarefas – essencialmente, torná-las ainda mais rotineiras. Dessa forma, a eficiência poderia ser aumentada em toda a organização.

- Princípio 3: *Selecionar cuidadosamente os trabalhadores de modo que possuam as qualificações e as habilidades que atendam às necessidades da tarefa e treiná-los para executá-la de acordo com as regras e procedimentos estabelecidos.*

Para aumentar a especialização, Taylor acreditava que os trabalhadores tinham de entender as tarefas para as quais estavam sendo solicitados e serem completamente treinados de modo a executar a tarefa no nível desejado. Os trabalhadores que não pudessem ser treinados para atingir esse nível deveriam ser transferidos para uma função na qual fossem capazes de atingir o nível de proficiência mínimo exigido.[2]

- Princípio 4: *Estabelecer um nível de desempenho razoável ou aceitável para a realização de uma tarefa e, então, desenvolver um sistema de pagamento que oferecesse recompensas pelo desempenho acima do nível aceitável.*

Para encorajar os trabalhadores a cumprirem suas tarefas com alto nível de eficiência, bem como oferecer-lhes um incentivo para revelar as técnicas mais eficientes para execução de uma tarefa, Taylor defendia que os trabalhadores se beneficiassem dos ganhos de acordo com seu desempenho. Eles deveriam ganhar um bônus e receber certa porcentagem dos ganhos de desempenho alcançados por meio do processo de trabalho mais eficiente.

Em 1910, o sistema de administração científica de Taylor havia se tornado conhecido em todos os Estados Unidos e, em muitos casos, fielmente praticado na sua totalidade.[3] Entretanto, muitos administradores em diversas organizações optaram por implementar os novos princípios da administração científica de forma seletiva. Em última instância, tal decisão resultou em problemas.

Alguns administradores que adotaram a administração científica, por exemplo, obtiveram aumentos de desempenho, mas em vez de dividir os ganhos com os trabalhadores por meio de bônus, conforme defendia Taylor, eles simplesmente aumentaram o volume de trabalho que se esperava de cada trabalhador. Muitos trabalhadores que vivenciaram esse sistema de trabalho reorganizado descobriram que, à medida que seu desempenho aumentava, os administradores exigiam que eles produzissem mais pelo mesmo salário. Eles também perceberam que aumentos no desempenho muitas vezes significavam menos empregos e uma maior ameaça de demissões, pois esse aumento fazia com que um número menor de trabalhadores fosse necessário. Além disso, os trabalhos simplificados e especializados normalmente eram monótonos e repetitivos, e muitos trabalhadores começaram a ficar insatisfeitos com seus empregos.

Sob a perspectiva do desempenho, a combinação das duas práticas administrativas – a saber, (1) obter a correta composição trabalhador-especialização da tarefa e (2) associar pessoas e tarefas segundo a velocidade da linha de produção – resultou em economias em termos de custos e aumentos na produção que ocorria em ambientes de trabalho grandes e organizados. Em 1908, por exemplo, os administradores da Franklin Motor Company, usando princípios da administração científica, redesenharam o processo de trabalho, e a produção de carros aumentou de 100 unidades por mês para 45 unidades por dia; os salários dos operários, entretanto, aumentaram apenas 90%.[4]

O trabalho de Taylor exerceu efeito duradouro na gestão de sistemas de produção. Administradores de todas as organizações, independentemente de fabricarem produtos ou oferecerem serviços, agora analisam cuidadosamente as tarefas básicas que os trabalhadores têm de executar e tentam criar um ambiente de trabalho que permita a suas organizações operar de modo mais eficiente. Discutiremos essa importante questão no Capítulo 7.

A teoria burocrática de Weber

Paralelamente aos administradores científicos que estudavam a composição ideal pessoa-tarefa, visando aumentar a eficiência, outros pesquisadores concentravam-se em como aumentar a eficiência da administração das organizações. Max Weber, um professor alemão de sociologia, descreveu seus famosos princípios da **burocracia** – um sistema formal de organização e administração elaborado para garantir a eficiência e a eficácia – e criou a teoria burocrática. O sistema de administração burocrático se baseia em cinco princípios:

- Princípio 1: *Em uma burocracia, a autoridade formal do administrador deriva da posição que ele ocupa na organização.*

  Autoridade é o poder de responsabilizar as pessoas por suas ações e de tomar decisões concernentes ao uso de recursos da organização. A autoridade dá aos gestores o direito de dirigir e controlar a conduta de seus subordinados para atingir objetivos da organização. Em um sistema de administração burocrático, deve-se obediência a um gerente, não por causa de alguma de suas qualidades pessoais – como personalidade, riqueza ou condição social –, mas sim pelo fato de o gerente ocupar um cargo que esteja associado a certo nível de autoridade e responsabilidade.[5]

- Princípio 2: *Em uma burocracia, as pessoas devem ocupar cargos devido ao seu desempenho, e não devido a sua posição social ou contatos pessoais.*

  Esse princípio nem sempre foi seguido na época de Weber, e ainda hoje é muitas vezes ignorado. Algumas organizações e segmentos ainda são afetados pelas redes sociais nas quais os contatos e as relações pessoais (e não as qualificações relacionadas com a função) influenciam as decisões de contratação e promoção.

- Princípio 3: *A extensão da autoridade formal e as responsabilidades por tarefas de cada cargo, bem como sua relação com outros cargos dentro da organização, devem ser especificadas claramente.*

Max Weber desenvolveu os princípios da burocracia durante a florescente revolução industrial alemã para ajudar as organizações a aumentarem a eficiência e a eficácia.

Quando as tarefas e a autoridade associada às diversas posições na organização são claramente especificadas, tanto os gestores quanto os trabalhadores sabem o que se espera deles e o que se deve esperar de cada um dos demais. Além disso, uma organização pode responsabilizar estritamente todos os seus funcionários por suas ações quando conhecem com exatidão as responsabilidades de cada um.

- Princípio 4: *A autoridade pode ser exercida de forma eficaz em uma organização quando as posições forem arranjadas de modo hierárquico, de sorte que os funcionários saibam a quem estão subordinados e quem está subordinado a eles próprios.*[6]

Os gestores devem criar uma hierarquia organizacional de autoridade que deixe claro quem está subordinado a quem e a quem os gestores e os trabalhadores devem se dirigir caso surjam conflitos ou problemas. Esse princípio é particularmente importante nas forças armadas, no FBI, na CIA e outras organizações que lidam com informações confidenciais envolvendo a possibilidade de graves repercussões. É vital que os gestores dos níveis mais altos da hierarquia tenham a garantia de poder responsabilizar os subordinados por suas ações.

- Princípio 5: *Os administradores precisam criar um sistema bem definido de regras, normas e procedimentos operacionais padronizados de modo a poderem controlar eficazmente a conduta dentro de uma organização.*

Regras são instruções formais por escrito que especificam medidas a serem tomadas em diferentes circunstâncias para atingir objetivos específicos (por exemplo, se acontecer A, faça B). **Procedimentos Operacionais Padronizados** (*Standard Operating Procedures*, SOPs,) são conjuntos específicos de instruções por escrito sobre como realizar certo aspecto de uma tarefa. Uma regra, por exemplo, poderia estabelecer que no final de cada jornada de trabalho os funcionários deixem suas máquinas em boas condições, e um conjunto de SOPs especificaria exatamente como eles devem fazer isso, discriminando que peças da máquina devem ser lubrificadas ou substituídas. **Normas** são códigos de conduta informais (não por escrito) que prescrevem como as pessoas devem agir em determinadas situações. Uma norma organizacional em um restaurante, por exemplo, poderia estabelecer que os garçons devem ajudar-se, caso haja tempo disponível.

Regras, SOPs e normas fornecem diretrizes comportamentais que aumentam o desempenho de um sistema burocrático, pois especificam as melhores formas de cumprir tarefas organizacionais. Empresas como o McDonald's e o Walmart desenvolveram um conjunto completo de regras e procedimentos para especificar as condutas exigidas de seus funcionários, como: "Sempre receba o cliente com um sorriso".

Weber acreditava que as organizações que implementassem todos os cinco princípios estabeleceriam um sistema burocrático que aumentaria o desempenho organizacional. A especificação de cargos e o uso de regras e SOPs para regular como as tarefas são executadas tornam mais fácil para os gestores organizar e controlar o trabalho dos subordinados. Da mesma forma, sistemas de seleção e promoção justos e equânimes aumentam a sensação de segurança do administrador, reduzem o *stress* e encorajam os membros da organização a agir de forma ética e promover ainda mais os interesses da organização.[7]

Se as burocracias não forem bem administradas, podem surgir muitos problemas. Algumas vezes os administradores permitem que regras e SOPs (burocratismo) se tornem tão complicados que a tomada de decisão fique lenta e ineficiente, e as organizações sejam incapazes de mudar. Quando os administradores se baseiam muito nas regras para solucionar problemas e pouco em suas próprias habilidades e discernimento, seu comportamento se torna inflexível. Um grande desafio para os administradores é usar princípios burocráticos para beneficiar uma organização – e não prejudicá-la.

O trabalho de Mary Parker Follett

Se F. W. Taylor é considerado o pai do pensamento administrativo, Mary Parker Follett (1868-1933) pode ser considerada a mãe.[8] Grande parte do que escreveu sobre administração e a maneira como os gestores devem se comportar em relação a seus funcionários foi uma resposta à sua preocupação de que Taylor estava ignorando o aspecto humano da organização. Ela assinalou que a administração muitas vezes menospreza a miríade de procedimentos com os quais os funcionários podem contribuir com a organização quando os gestores permitem que eles participem e exercitem a iniciativa em seus trabalhos cotidianos.[9] Taylor, por exemplo, jamais propôs que os gestores envolvessem os funcionários na análise de seus trabalhos para identificar melhores maneiras de cumprir tarefas, ou mesmo perguntar a eles como se sentiam em relação a suas funções. Ao contrário, ele utilizava especialistas em tempos e movimentos para analisar as tarefas desempenhadas pelos trabalhadores. Follett, por sua vez, argumentava que, pelo fato de os trabalhadores serem os que mais conheciam seus próprios trabalhos, deveriam ser envolvidos na análise dos mesmos, e seus superiores deveriam permitir a sua participação no processo de desenvolvimento de trabalho.

Follett propôs que "a autoridade deve caminhar junto com o conhecimento (...) esteja ele em níveis superiores ou inferiores dentro da hierarquia empresarial". Em outras palavras, se os trabalhadores detêm o conhecimento relevante, então são os trabalhadores (e não seus superiores) que devem estar no comando do próprio processo de trabalho; os gerentes deveriam atuar como seus conselheiros e facilitadores – e não como monitores e supervisores. Ao fazer essa afirmação, Follett anteviu o interesse atual nas equipes autogeridas e no *empowerment*. Ela também reconheceu a importância de que gerentes de diferentes departamentos se comunicassem diretamente entre si para agilizar a tomada de decisão. Defendia o que ela chamou de "polivalência": membros de diferentes departamentos trabalhando juntos em equipes interdepartamentais para executarem projetos – uma metodologia cada vez mais utilizada hoje.[10] Ela propôs que o conhecimento e o *expertise*, e não a autoridade formal dos gerentes – proveniente de suas posições dentro da hierarquia – deveriam ser os fatores decisivos para saber quem iria liderar num dado momento. Follet acreditava, assim como muitos teóricos da administração atualmente, que o poder é mutável e deve fluir para a pessoa que melhor possa ajudar a organização atingir seus objetivos. Ela tinha uma visão horizontal do poder e da autoridade, e não via a estrutura hierárquica vertical como sendo o aspecto mais fundamental para uma gestão eficaz. Portanto, o enfoque de Follett era bastante radical para a sua época.

Mary Parker Follett, uma das primeiras pensadoras da administração, defendia o seguinte: "A autoridade deve caminhar junto com o conhecimento (...) esteja ele para cima ou para baixo na escala hierárquica".

Os estudos de Hawthorne e as relações humanas

Provavelmente devido à sua natureza radical, o trabalho de Follett não foi bem-visto por administradores e pesquisadores, até mais recentemente. A maioria continuou a seguir os passos de Taylor e, para aumentar a eficiência, estudou formas de melhorar várias características do ambiente de trabalho, como a especialização funcional ou os tipos de ferramentas usadas pelos trabalhadores. Foram realizados vários estudos entre 1924 e 1932 sobre os trabalhos de Hawthorne na Western Electric Company.[11] Essa pesquisa, hoje conhecida como estudos de Hawthorne, foi iniciada como uma tentativa de investigar de que maneira as características do ambiente de trabalho – especificamente, o nível de iluminação – afetavam a fadiga e o desempenho dos trabalhadores. Os pesquisadores realizaram um experimento no qual mediam sistematicamente a produtividade do trabalhador sob diversas condições de iluminação.

Operárias em uma fábrica de telefones, em 1931. Nessa época, os pesquisadores do trabalho de Hawthorne na Western Electric Company começaram a estudar os efeitos das características do ambiente de trabalho – como iluminação e períodos de descanso – na produtividade. Para surpresa deles, descobriram que a produtividade das operárias era afetada mais pela atenção que recebiam dos pesquisadores do que pelas características do ambiente de trabalho – um fenômeno que se tornou conhecido como efeito Hawthorne.

O experimento produziu alguns resultados inesperados. Os pesquisadores constataram que, independentemente de aumentarem ou diminuírem o nível de iluminação, a produtividade aumentava. Na realidade, a produtividade começou a cair apenas quando o nível de iluminação caiu para o equivalente àquele proporcionado pela claridade da lua, nível onde supostamente os trabalhadores não teriam mais condições de enxergar suficientemente bem para realizar seu trabalho de forma eficiente.

Como é de se imaginar, os pesquisadores acharam esses resultados muito desconcertantes. Convidaram um célebre psicólogo de Harvard, Elton Mayo, para ajudá-los. Mayo propôs outra série de experimentos para solucionar o mistério. Esses experimentos, conhecidos como experimentos de teste de montagem de relés, foram elaborados para investigar os efeitos de outros aspectos do contexto do trabalho sobre o desempenho laboral, como o efeito da quantidade e da duração dos períodos de descanso e de trabalho sobre a fadiga e monotonia.[12] O objetivo era aumentar a produtividade.

Durante dois anos estudando um pequeno grupo de operárias, os pesquisadores observaram novamente que a produtividade aumentava ao longo do tempo, mas esses aumentos não podiam ser atribuídos exclusivamente aos efeitos das mudanças no ambiente de trabalho. Gradualmente, os pesquisadores descobriram que, até certo ponto, os resultados que estavam obtendo eram influenciados pelo fato de os próprios pesquisadores terem tomado parte no experimento. Ou seja, a presença dos pesquisadores estava afetando os resultados porque as operárias gostavam de receber atenção e serem tema de estudo, e estavam dispostas a cooperar com os pesquisadores para produzir os resultados que elas acreditavam que os pesquisadores desejavam.

Subsequentemente, descobriu-se que muitos outros fatores também influenciavam o comportamento do trabalhador, e não estava claro o que estava influenciando de modo eficaz o comportamento dos trabalhadores do experimento Hawthorne. Entretanto, esse efeito particular – que veio a ser conhecido como **efeito Hawthorne** – parecia sugerir que as atitudes dos trabalhadores em relação a seus superiores afetam o nível de seu desempenho. Particularmente, a descoberta mais significativa foi que o comportamento ou a forma de encarar a liderança de um gestor pode afetar o desempenho. Esse achado levou muitos pesquisadores a voltarem a atenção para o comportamento gerencial e para a liderança. Se os supervisores pudessem ser treinados para se comportar de um jeito que suscitasse uma atitude cooperativa por parte de seus subordinados, então a produtividade poderia ser aumentada. Desse ponto de vista surgiu o **movimento das relações humanas**, o qual defende que os supervisores sejam treinados em termos comportamentais para gerenciar os subordinados de forma a suscitar a sua cooperação e aumentar sua produtividade.

A importância do treinamento comportamental (ou nas relações humanas) se tornou ainda mais clara para seus defensores após outra série de experimentos – os experimentos da sala de colocação de fios para interligação de uma série de contatos telefônicos. Em um estudo de trabalhadores produzindo equipamentos de comutação telefônica, os pesquisadores Elton Mayo e F. J. Roethlisberger descobriram que os trabalhadores, como um grupo, tinham adotado deliberadamente uma norma de restrição à produção a fim de protegerem seus empregos. Certos membros do grupo sujeitavam a sanções aqueles que violassem essa norma de produção informal. Os que violassem as normas de desempenho do grupo e tivessem um desempenho acima da norma eram chamados de "transgressores"; aqueles que tinham um desempenho abaixo da norma eram denominados "embromadores".

Os pesquisadores concluíram que ambos os tipos de trabalhadores ameaçavam o grupo como um todo. Os transgressores ameaçavam os membros do grupo, pois revelavam aos superiores que o trabalho poderia ser feito mais rápido, e os embromadores, por sua vez, eram mal vistos porque não faziam sua parte do trabalho. Os membros do grupo de trabalho disciplinavam tanto os transgressores quanto os embromadores, de modo a criar um ritmo de trabalho que os trabalhadores (não os gerentes) pensassem ser razoável. Portanto, a influência do grupo de trabalho na produção pode ser tão grande quanto a influência dos supervisores. Como o grupo de trabalho pode influenciar a conduta de seus membros, alguns teóricos da administração argumentam que os supervisores devem ser treinados a se comportar de forma a conquistar a boa vontade e a cooperação dos trabalhadores, para que os supervisores e não os trabalhadores controlem o nível de desempenho do grupo.

Uma das principais implicações dos estudos de Hawthorne foi o fato de o comportamento dos gerentes e trabalhadores no ambiente de trabalho se mostrar tão importante na explicação do nível de desempenho quanto os aspectos técnicos da tarefa. Os administradores precisam entender o funcionamento da **organização informal,** o sistema de regras e normas comportamentais que surgem em um grupo, quando este tenta comandar ou modificar o comportamento nas organizações. Muitos estudos constataram que, com o tempo, os grupos normalmente desenvolvem procedimentos e normas elaborados que unem seus membros, possibilitando uma ação unificada, seja para cooperar com a gerência de modo a aumentar o desempenho, seja para restringir a produção e frustrar a concretização dos objetivos da organização.[13] Os estudos de Hawthorne demonstraram a importância de compreender como os sentimentos, os pensamentos e o comportamento dos gerentes e comandados de um grupo de trabalho afetam o desempenho. Estava ficando cada vez mais claro para os estudiosos que compreender o comportamento nas organizações é um processo complexo, crucial para aumentar o desempenho.[14] De fato, o interesse crescente pela área da administração conhecida como **comportamento organizacional,** o estudo dos fatores que exercem impacto na forma como os indivíduos e grupos reagem e atuam nas organizações, data desses estudos pioneiros.

As Teorias X e Y

Vários estudos após a Segunda Guerra Mundial revelaram como as hipóteses sobre as atitudes e o comportamento dos trabalhadores afetam o comportamento de seus superiores. Douglas McGregor elaborou a metodologia mais influente. Ele propôs que dois conjuntos diversos de hipóteses sobre as atitudes e condutas no trabalho dominam a forma como pensam os gerentes e afetam o modo como eles se comportam nas organizações. McGregor chamou esses dois conjuntos contrastantes de hipóteses de **Teoria X** e **Teoria Y**.[15]

De acordo com as hipóteses da **Teoria X,** o trabalhador mediano é preguiçoso, não gosta de trabalhar e tentará fazer o mínimo possível. Além disso, os trabalhadores têm pouca ambição e desejam evitar responsabilidades. Portanto, a tarefa do superior é contra-atacar essas tendências naturais dos trabalhadores que os levam a evitar o trabalho. Para manter o nível elevado de desempenho dos trabalhadores, o gerente deve supervisioná-los de perto e controlar seu comportamento por meio do "método da cenoura e do chicote" – recompensas e punições.

Os gerentes que aceitam as hipóteses da Teoria X elaboram e moldam o ambiente de trabalho para maximizar o seu controle sobre as atitudes dos trabalhadores, e minimizam o controle dos trabalhadores sobre o ritmo de trabalho. Esses gerentes acreditam que os trabalhadores devem ser dispostos de modo a fazer o que for necessário para o sucesso da organização, e se concentram em elaborar regras, SOPs e um sistema de recompensas e punições bem definido para controlar o comportamento. Eles acreditam que não tem muito sentido dar autonomia aos trabalhadores para solucionar seus próprios problemas, pois acham que o quadro de funcionários não espera nem deseja cooperação. Os gerentes adeptos da Teoria X assumem que seu papel é monitorar de perto os trabalhadores para garantir que eles contribuam com o processo de produção e não ameacem a qualidade do produto. Henry Ford, que supervisionava e controlava de perto seu pessoal, se encaixa na descrição de McGregor de gestor que sustenta as hipóteses da Teoria X.

A **Teoria Y**, ao contrário, parte do pressuposto de que os trabalhadores não são inerentemente preguiçosos e não têm propensão natural a não gostar do trabalho, e que, se lhes for dada a oportunidade, farão o que é bom para a organização. De acordo com a Teoria Y, as características do ambiente de trabalho determinam se os trabalhadores consideram o trabalho uma fonte de satisfação ou punição; portanto, os gerentes não precisam controlar de perto o comportamento de seus subordinados para que eles tenham um alto desempenho, pois eles terão autocontrole quando estiverem comprometidos com os objetivos da organização. A implicação da Teoria Y, de acordo com McGregor, é que "os limites de colaboração no ambiente organizacional não são os limites da natureza humana, mas sim da engenhosidade dos administradores em descobrir como realizar o potencial representado por seus recursos humanos".[16] É tarefa do gestor criar um ambiente de trabalho que encoraje o comprometimento com os objetivos da organização e ofereça oportunidades para que os trabalhadores sejam inventivos e exercitem a iniciativa e o autocomando.

Quando os administradores desenham o ambiente organizacional para refletir as hipóteses sobre as atitudes e comportamento sugeridas pela Teoria Y, as características da organização se tornam bem diferentes daquelas de um ambiente organizacional baseado na Teoria X. Os administradores que acreditam que os trabalhadores estão motivados para ajudar a organização a atingir seus objetivos conseguem descentralizar a autoridade e dar maior controle aos trabalhadores em relação a suas funções, tanto como indivíduos quanto em grupos. Nesse ambiente, indivíduos e grupos ainda são responsáveis por suas atividades, mas o papel do gerente não é controlar os funcionários e sim dar apoio e orientação, certificando-se de que seus subordinados possuem os recursos necessários para desempenhar suas funções e avaliando-os segundo sua capacidade de ajudar a organização a atingir suas metas. Hoje, esses mesmos tipos de questionamentos são o centro de acirradas polêmicas, à medida que os administradores procuram aumentar tanto a eficiência como a eficácia de suas organizações.

Valores, atitudes, emoções e cultura: o administrador como pessoa

CAPÍTULO 2

Metas de aprendizagem

Após estudar o presente capítulo, você deverá estar apto a:

1. Descrever os diversos traços de personalidade que afetam a maneira de pensar, de sentir e de se comportar dos administradores. **[MA1]**

2. Explicar o significado de valores e atitudes e descrever seu impacto nas ações gerenciais. **[MA2]**

3. Avaliar como os estados de espírito e as emoções influenciam todos os membros de uma organização. **[MA3]**

4. Descrever a natureza da inteligência emocional e seu papel na administração. **[MA4]**

5. Definir cultura organizacional e explicar como os administradores a criam e ao mesmo tempo são influenciados por ela. **[MA5]**

ESTUDO DE CASO
A cultura solidária da Ryla

Mark Wilson, aqui mostrado na sede do *call center* da Ryla, demonstra que conseguir um ambiente de trabalho produtivo também passa pela inclusão do bem-estar dos funcionários.

Como os administradores podem criar uma cultura solidária e instilar lealdade nos funcionários em um setor conhecido pelas precárias condições de trabalho?

As organizações de *telemarketing* e de contato com clientes em potencial são notórias pela grande rotatividade de mão de obra e péssimas condições de trabalho. A Ryla Inc., fundada por Mark Wilson em 2001, é uma empresa de terceirização de processos de negócios e contatos com clientes em potencial, cuja sede fica em Kennesaw (Geórgia).[1] A Ryla Inc. tem uma cultura solidária para com seus funcionários, que também são, ao mesmo tempo, bastante fiéis à empresa – graças à visão e aos valores de Wilson que tinha anos de experiência na administração de *call centers* na Dun & Bradstreet. Sua abertura a novas abordagens e ideias o levaram a reconhecer uma oportunidade potencial.[2] Ele imaginou um tipo diferente de empresa de contatos com clientes em potencial, onde seus funcionários se sentiriam "no melhor emprego de suas vidas".[3]

Ter a ideia de operar uma empresa de contatos com clientes em potencial de uma forma completamente diferente é uma coisa. Garantir o financiamento para iniciar um negócio desses é outra totalmente diversa. Wilson contratou um consultor para ajudá-lo a atrair empresas de capital de risco para financiá-lo, porém mais de uma dúzia delas não estavam dispostas a investir em sua ideia. Apesar desse revés, Wilson persistiu e sua determinação valeu a pena. A SJF Ventures, uma empresa de capital de risco em Durham (Carolina do Norte), investiu US$ 700 mil em troca de participação acionária na empresa, e assim nasceu a Ryla.[4]

Desde o princípio Wilson sempre se esforçou por manter um ambiente de trabalho e uma cultura empresarial que fossem fiéis a seus próprios valores pessoais: tratar os funcionários com respeito, promovendo a comunicação aberta, dando oportunidades de treinamento, crescimento e desenvolvimento e demonstrando um real comprometimento com o bem-estar dos funcionários e da comunidade local. Assim, a Ryla cresceu e prosperou, e hoje possui aproximadamente 400 funcionários em tempo integral, menos de 30% de rotatividade de mão-de-obra (em um setor com taxas superiores a 40% e que podem chegar a 75%), elevadas taxas de fidelização e um crescimento nas receitas de pelo menos 10% ao ano.[5]

O trabalho em call centers tende a ser rotineiro e maçante. A ênfase de Wilson em criar uma cultura solidária e dar oportunidades de treinamento e avanço a seus funcionários contribui de modo determinante para a lealdade destes.[6] Wilson pratica uma política liberal e mantém seus funcionários informados sobre o andamento dos negócios. Ele não apenas solicita a eles sugestões de melhorias, mas também trabalha com base nelas.[7]

Os funcionários da Ryla têm direito a uma série de benefícios, como assistência médica, seguro de vida, planos de previdência privada, programas de assistência aos empregados e aulas de ginástica aeróbica.[8] Os funcionários que permanecerem na Ryla por três anos e atingirem as metas de desempenho e de número máximo de ausências ao trabalho terão o direito de receber opções sobre ações da companhia.[9] A Ryla dá oportunidades de crescimento na empresa, pois promove os funcionários de *telemarketing* internamente, de modo que essa atividade não seja mais vista como um trabalho sem perspectivas futuras. Oitenta por cento dos gerentes da Ryla já trabalharam como operadores de *telemarketing*.[10]

Wilson busca continuamente novas maneiras para a empresa melhor servir seus clientes. Recentemente, a Ryla começou a focalizar em projetos de curto prazo que exigem muito dinamismo nas ações, como resposta a situações críticas tais como *recalls* de produtos e violação de dados.[11] Situações de emergência causadas por fenômenos naturais, violações de dados pessoais confidenciais e outras situações de crise, por exemplo, normalmente requerem que as organizações tenham um sistema de resposta em atividade em no máximo um dia, e hoje a Ryla oferece serviços como esse.[12]

Os esforços de Wilson para criar um tipo novo e diferente de *call center* que fornecesse excelente atendimento aos clientes e um ambiente de desvelo e de apoio a seus funcionários não passou despercebido na comunidade empresarial. Em 2007, por exemplo, a Ryla foi uma das 35 finalistas do Top Small Workplaces (que elege as melhores empresas para se trabalhar, na categoria pequenas empresas), uma competição realizada pela parceria Winning Workplace e *The Wall Street Journal*.[13] Funcionários fiéis que jamais tinham imaginado trabalhar no setor de *telemarketing* estão contentes com seus empregos e comprometidos com a Ryla.[14]

Visão geral

Como qualquer pessoa, Mark Wilson tem personalidade, valores e maneiras distintas de ver as coisas, bem como desafios e frustrações pessoais. Neste capítulo, focalizaremos o gestor como um ser humano que pensa e tem sentimentos. Partiremos da descrição das características inerentes que influenciam a maneira de "administrar" dos gestores, assim como sua visão das outras pessoas, das suas respectivas organizações e do mundo que os rodeia. Discutiremos também como os valores, as atitudes e os estados de espírito dos administradores influenciam as organizações, moldando a cultura organizacional. No final deste capítulo, você terá uma boa noção de como as características pessoais dos administradores influenciam o processo administrativo, em geral, e a cultura organizacional, em particular.

Características inerentes: traços de personalidade

traços de personalidade
Tendências particulares de sentir, pensar e agir de determinada maneira.

Todas as pessoas, inclusive os administradores, possuem certas características inerentes que influenciam sua maneira de pensar, de sentir e de se comportar, tanto no ambiente de trabalho quanto fora dele. Tais características são os **traços de personalidade**, tendências particulares de sentir, de pensar e de agir de determinada maneira, que podem ser usadas para descrever a personalidade de todos os indivíduos. É importante entender as personalidades dos dirigentes, pois elas influenciam seu comportamento e a forma de gerenciar pessoas e recursos.

Alguns administradores são exigentes, difíceis de se lidar e extremamente críticos com as outras pessoas. Já outros podem estar tão interessados na eficácia e eficiência quanto os administradores extremamente críticos, porém são mais fáceis de se tratar, simpáticos e capazes de (frequentemente) elogiar as pessoas que o cercam. Os dois estilos de gestão podem produzir excelentes resultados, mas os efeitos sobre os funcionários são bem diferentes. Assim, pergunta-se: os administradores podem decidir deliberadamente adotar uma ou outra forma de encarar a administração? Embora em parte possam assim fazê-lo, certamente suas personalidades também respondem por suas diferentes abordagens. De fato, pesquisas sugerem que a maneira como as pessoas reagem a diferentes condições depende, em parte, de suas personalidades.[15]

MA1 Descrever os diversos traços de personalidade que afetam a maneira de pensar, de sentir e de se comportar dos administradores.

Os cinco grandes traços de personalidade

Podemos imaginar a personalidade de um indivíduo sendo composta por cinco traços ou características gerais: extroversão, afetividade negativa, agradabilidade, consciência e abertura a novas experiências.[16] Os pesquisadores normalmente consideram esses os cinco grandes traços de personalidade.[17] Cada um deles pode ser visto como um *continuum* ao longo do qual todo indivíduo – ou, mais especificamente, todo dirigente – se enquadra (ver Figura 2.1).

Alguns administradores podem se encontrar no extremo superior desses *continua*, outros, no extremo inferior, e outros, ainda, em algum ponto entre esses dois últimos. Uma maneira fácil de entender como esses traços podem afetar o modo de um indivíduo encarar a administração é descrever como são as pessoas nos extremos superior e inferior de cada um desses *continua*. Como se tornará evidente durante a leitura sobre cada traço, nenhum traço único é correto ou incorreto para tornar um

Figura 2.1
Os cinco grandes traços de personalidade

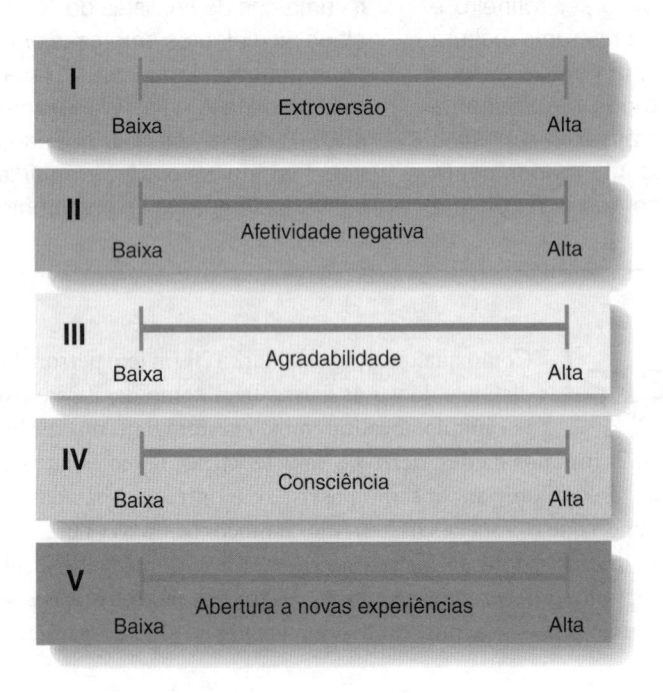

I — Extroversão — Baixa / Alta
II — Afetividade negativa — Baixa / Alta
III — Agradabilidade — Baixa / Alta
IV — Consciência — Baixa / Alta
V — Abertura a novas experiências — Baixa / Alta

As personalidades dos administradores podem ser descritas determinando-se onde eles se enquadram em meio a cada um dos *continua* a seguir.

administrador eficaz, pelo contrário: a eficácia é determinada por uma interação complexa entre as características dos administradores (inclusive os traços de personalidade) e a natureza do trabalho e da organização onde estão trabalhando. Além disso, os mesmos traços de personalidade que aumentam a eficácia gerencial em uma situação talvez possam, na verdade, reduzi-la em outra situação.

extroversão
A tendência a experimentar emoções e estados de espírito positivos e de se sentir bem consigo mesmo e com o restante do mundo.

EXTROVERSÃO é a tendência de experimentar emoções, estados de espírito positivos, de se sentir bem consigo mesmo e com o restante do mundo. Os administradores com alta pontuação em extroversão (em geral chamados *extrovertidos*) tendem a ser sociáveis, afetuosos, expansivos e amigáveis. Os administradores com baixa pontuação em extroversão (em geral chamados *introvertidos*) tendem a ser menos propensos a interações sociais e a ter uma atitude menos positiva. Ter alta pontuação em extroversão pode ser uma vantagem para os administradores cujos cargos envolvam, particularmente, grande interação social. Não obstante, os administradores com baixa pontuação em extroversão podem ser altamente eficazes e eficientes, particularmente quando suas funções não exigem interação social em excesso. O seu enfoque mais "sossegado" pode habilitá-los a realizar um bom volume de trabalho em tempo limitado. Veja na Figura 2.2 um exemplo de escala que pode ser usada para medir o nível de extroversão de uma pessoa.

afetividade negativa A tendência de experimentar emoções e estados de espírito negativos, de se sentir angustiado e de ser crítico consigo mesmo e com os demais.

AFETIVIDADE NEGATIVA é a tendência de experimentar emoções e estados de espírito negativos, sentir-se angustiado e ser crítico consigo mesmo e com os outros. Os administradores com alta pontuação nesse traço muitas vezes se sentem irritados e insatisfeitos, e reclamam da falta de progresso – próprio e dos outros. Os administradores com baixa pontuação em afetividade negativa não tendem a experimentar muitas emoções e estados de espírito negativos e são menos pessimistas e críticos de si mesmos e dos outros. No lado positivo, a abordagem crítica de um administrador com alta pontuação em afetividade negativa algumas vezes pode ser eficaz, caso incite tanto o administrador quanto os demais a melhorarem seu rendimento. Não obstante, provavelmente é mais agradável trabalhar com um superior com baixa pontuação em afetividade negativa; os relacionamentos de melhor qualidade dentro do ambiente de trabalho, que provavelmente um administrador com esse perfil irá cultivar, também são um aspecto importante. A Figura 2.3 é um exemplo de escala elaborada para medir o nível de afetividade negativa de uma pessoa.

agradabilidade
A tendência de se relacionar bem com outras pessoas.

AGRADABILIDADE é a tendência de se relacionar bem com os outros. Os administradores com alta pontuação no *continuum* desse traço são simpáticos, tendem a ser afetuosos e preocupam-se com as demais pessoas. Os administradores com baixa pontuação em agradabilidade talvez sejam um tanto desconfiados com os outros, antipáticos, pouco colaboradores e, certas vezes, até mesmo antagonistas. Ter uma alta pontuação em agradabilidade pode ser particularmente importante para administradores cujas responsabilidades exijam que eles desenvolvam relações boas e próximas com os demais. Não obstante, um baixo nível de agradabilidade pode ser uma vantagem em cargos gerenciais que realmente exijam que os gestores sejam antagonistas – como, por exemplo, primeiros-sargentos. Refira-se à Figura 2.2 para ter um exemplo de uma escala que mede o nível de agradabilidade de uma pessoa.

consciência
A tendência de ser cuidadoso, escrupuloso e perseverante.

CONSCIÊNCIA é a tendência de ser cuidadoso, escrupuloso e perseverante.[18] Os administradores com pontuação elevada no *continuum* do traço consciência são organizados e mantêm autodisciplina; aqueles com baixa pontuação nesse traço podem, algumas vezes, parecer desorientados e sem autodisciplina. Constatou-se que a consciência pode ser um bom indicador do desempenho em vários tipos de cargos (inclusive gerenciais), em uma variedade de organizações.[19] Empreendedores que fundam suas próprias empresas, como Mark Wilson, cujo perfil é traçado na abertura do capítulo, normalmente apresentam alta pontuação no traço *consciência*. A persistência e a determinação ajudam esses administradores a superar obstáculos e a transformar suas ideias em novos empreendimentos de sucesso. Veja novamente a Figura 2.2, que também fornece uma escala que mede o traço *consciência*.

Figura 2.2
Níveis de extroversão, agradabilidade, consciência e abertura a novas experiências

Abaixo estão enumeradas frases que descrevem os comportamentos das pessoas. Favor utilizar a escala de graduação para descrever com que precisão cada afirmação descreve *você mesmo*. Descreva como você geralmente é hoje em dia, e não como você gostaria de ser no futuro. Descreva honestamente como você se vê em relação a outras pessoas que conhece – do mesmo sexo e com idade aproximadamente igual à sua.

1	2	3	4	5
Muito imprecisa	Moderadamente imprecisa	Nem imprecisa, nem precisa	Moderadamente precisa	Muito precisa

____ 1. Interesso-me pelas pessoas.
____ 2. Possuo um vocabulário rico.
____ 3. Estou sempre preparado.
____ 4. Na verdade não me interesso pelos outros.*
____ 5. Deixo meus pertences espalhados.*
____ 6. Sou a alma da festa.
____ 7. Tenho dificuldade para compreender ideias abstratas.*
____ 8. Compreendo os problemas dos outros.
____ 9. Não sou de falar muito.*
____ 10. Presto atenção a detalhes.
____ 11. Tenho imaginação fértil.
____ 12. Insulto as pessoas.*
____ 13. Faço confusões.*
____ 14. Sinto-me à vontade com as pessoas.
____ 15. Não me interesso por ideias abstratas.*
____ 16. Tenho coração mole.
____ 17. Não postergo minhas obrigações.
____ 18. Fico na retaguarda.*
____ 19. Tenho excelentes ideias.
____ 20. Puxo conversa.
____ 21. Não me interesso pelos problemas alheios.*
____ 22. Normalmente me esqueço de colocar as coisas de volta nos seus devidos lugares.*
____ 23. Tenho pouco a dizer.*
____ 24. Não tenho imaginação fértil.*
____ 25. Dedico tempo a outras pessoas.
____ 26. Aprecio a ordem.
____ 27. Converso com várias pessoas diferentes em festas.
____ 28. Tenho raciocínio rápido.
____ 29. Preocupo-me pouco com as outras pessoas.*
____ 30. Esquivo-me das minhas obrigações.*
____ 31. Não gosto de chamar a atenção para mim mesmo.*
____ 32. Uso palavras difíceis.
____ 33. Sinto as emoções dos outros.
____ 34. Sigo um cronograma.
____ 35. Gasto tempo para refletir sobre as coisas.
____ 36. Não me importo de ser o centro das atenções.
____ 37. Deixo as pessoas sentirem-se à vontade.
____ 38. Sou exigente no meu trabalho.
____ 39. Tenho uma atitude de reserva com estranhos.*
____ 40. Tenho muitas ideias.

* Este item tem uma pontuação inversa: 1 = 5, 2 = 4, 4 = 2, 5 = 1
Pontuação: Some as respostas a cada item para obter a pontuação total.
  Extroversão = soma dos itens 6, 9, 14, 18, 20, 23, 27, 31, 36, 39
  Agradabilidade = soma dos itens 1, 4, 8, 12, 16, 21, 25, 29, 33, 37
  Consciência = soma dos itens 3, 5, 10, 13, 17, 22, 26, 30, 34, 38
  Abertura a novas experiências = soma dos itens 2, 7, 11, 15, 19, 24, 28, 32, 35, 40

Fonte: Lewis R. Goldberg, Oregon Research Institute, http://ipip.ori.org/ipip/. Reimpresso com permissão.

abertura a novas experiências A tendência de ser original, ter uma ampla gama de interesses, ser aberto a uma série de estímulos, ser audaz e disposto a correr riscos.

ABERTURA A NOVAS EXPERIÊNCIAS é a tendência de ser original, ter uma ampla gama de interesses, ser aberto a uma grande gama de estímulos, ser audaz e disposto a correr riscos.[20] Os administradores com pontuação elevada nesse *continuum* estariam particularmente dispostos a correr riscos e serem inovadores em termos de planejamento e tomada de decisão. Aqueles que começam os seus próprios negócios – como Bill Gates da Microsoft, Jeff Bezos da Amazon.com e Anita Roddick da The Body Shop – possuem, com toda certeza, alta pontuação no item abertura a novas experiências, e isso contribuiu para o seu sucesso como empreendedores e administradores. Mark Wilson, como visto no "Estudo de Caso" deste capítulo, fundou sua própria empresa e continua a explorar novas maneiras de crescimento – prova de seu alto grau de abertura a novas

Figura 2.3

Uma medida da afetividade negativa

Instruções: A seguir estão enumeradas uma série de afirmações que alguém poderia usar para descrever suas atitudes, opiniões, interesses e outras características. Se uma afirmação for verdadeira ou em grande parte verdadeira, coloque um "V" no espaço próximo ao item. Se a afirmação for falsa ou em grande parte falsa, preencha o espaço com um "F".

Favor preencher todos os itens, mesmo que não tenha plena certeza da resposta. Leia cada uma das afirmações com cuidado – porém, não demore muito para responder.

1. Preocupo-me bastante com as coisas.
2. Ofendo-me com facilidade.
3. Pequenos problemas normalmente me irritam.
4. Fico nervoso com frequência.
5. Mudo de humor com facilidade.
6. Certas vezes me sinto mal sem nenhuma razão aparente.
7. Frequentemente sinto fortes emoções, como raiva ou ansiedade, sem realmente saber o porquê.
8. O inesperado pode facilmente me sobressaltar.
9. Algumas vezes, quando penso no dia que está por vir, sinto-me ansioso e tenso.
10. Pequenos contratempos algumas vezes me incomodam demais.
11. Minhas inquietações muitas vezes me fazem perder o sono.
12. Há certos dias em que pareço estar sempre com os nervos à flor da pele.
13. Sou mais sensível do que deveria.
14. Certas vezes, passo de um estado de ânimo feliz para triste, e vice-versa, sem nenhuma razão aparente.

Pontuação: O nível de afetividade negativa é igual ao número de respostas "Verdadeiras".

Fonte: Auke Tellegen, *Brief Manual for the Differential Personality Questionnaire*. Copyright © 1982. Adaptação reproduzida com permissão de University of Minnesota Press.

experiências. Os administradores com baixa pontuação em abertura a novas experiências possivelmente são menos propensos a correr riscos e mais conservadores em termos de planejamento e tomada de decisão. Em certas organizações e cargos, tal tendência poderia ser uma vantagem. O diretor do conselho fiscal em uma universidade pública, por exemplo, deve garantir que todos os departamentos e unidades da universidade sigam as normas e os regulamentos referentes a orçamentos, contas de despesas e reembolsos de despesas. A Figura 2.2 exemplifica como medir o grau de abertura a novas experiências.

Os administradores que concebem e implementam ideias radicalmente novas normalmente apresentam alto grau de abertura a novas experiências, como é o caso de Mike Rowe, criador do *Dirty Jobs*, programa líder de audiência do Discovery Channel.

O ADMINISTRADOR COMO PESSOA

Quem imaginaria que o programa *Dirty Jobs* seria um sucesso?

Dificilmente alguém imaginaria que Mike Rowe seria o criador de um programa de tamanho sucesso como o *Dirty Jobs* do Discovery Channel.[21] Mike Rowe não é um sujeito dos mais ambiciosos e foi ator por mais de duas décadas, porém sem jamais ter atingido a fama – sua experiência profissional incluía desde atuar na Baltimore Opera até vender imitações de diamantes em um programa do canal QVC e participar de comerciais de Tylenol.[22] Na época

A abertura de Mike Rowe a novas experiências deu-lhe um verdadeiro entendimento de todos os tipos de trabalhos e funções.

em que era um dos apresentadores de um programa local na CBS-5 em São Francisco, Rowe teve a ideia do *Dirty Jobs*. O ator fazia um quadro do programa chamado *Somebody's Gotta Do It* (*Alguém tem que fazer isso*), que foi bem acolhido pelo público e que particularmente o agradou também.[23]

Sua abertura a novas experiências levou-o a tentar criar um programa no qual estrelaria como aprendiz de homens e mulheres que realizam aqueles tipos de trabalhos árduos e "sujos" de que todos nós dependemos e que ninguém quer fazer (imagine as funções de catador de lixo, criador de minhocas para adubação, limpador de estradas – para recolher animais mortos atropelados –, inspetor de fossas e tubulações de esgoto, criador de porcos...).[24]

Como ele próprio diz, o seu programa apresenta "homens e mulheres que realizam os tipos de trabalho que fazem a vida civilizada ser algo possível para todos nós."[25] Embora no início ele tenha enfrentado dificuldades para encontrar uma emissora interessada no *Dirty Jobs* (o próprio Discovery Channel havia rejeitado duas vezes a sua proposta antes de concordar em colocar no ar uma série-piloto em 2003), o programa se tornou um verdadeiro sucesso de audiência, foi levado ao ar 700 vezes em 2007 e é o programa número 1 do Discovery Channel, de acordo com David Zaslav, CEO da Discovery Communications.[26]

A abertura de Rowe a novas experiências o habilita a se rebaixar, se sujar e se envolver com os melhores desses trabalhadores, vivenciar todos os tipos de trabalho sujo e ter prazer e satisfação ao mesmo tempo. Como seria de se esperar, acontecem todos os tipos de percalços, e isso faz parte da diversão. Rowe acabou valorizando a seriedade dos trabalhadores que apresenta – "a celebração do trabalho e a combinação de dor e divertimento".[27] Interessante é o fato de que, embora no passado Rowe jamais houvesse sido um partidário do trabalho árduo em demasia, *Dirty Jobs* instilou nele um respeito e uma admiração saudável pelas pessoas que realizam todos os tipos de trabalhos sujos, dão duro nessas funções e ficam contentes quando o trabalho é concretizado.[28]

Os administradores bem-sucedidos ocupam uma variedade de posições nos *continua* dos cinco grandes traços da personalidade. Um administrador altamente eficaz poderia ter alta pontuação em extroversão e afetividade negativa, outro administrador igualmente eficaz poderia ter baixa pontuação em ambos os traços, e um terceiro, ainda, poderia se situar em algum ponto entre eles. Os membros de uma organização devem entender tais diferenças entre os administradores, pois elas podem esclarecer como os gestores se comportam e sua forma de encararem o planejamento, a liderança, a organização ou o controle. Se os subordinados perceberem, por exemplo, que seu chefe apresenta baixa pontuação em extroversão, não se sentirão ofendidos quando o chefe tiver uma atitude distante, pois compreendem que, por natureza, ele simplesmente não é extrovertido.

Os administradores também precisam estar cientes de seus próprios traços de personalidade e dos traços alheios, inclusive de seus subordinados e colegas do mesmo nível. Um administrador que sabe ter a tendência de ser extremamente crítico com o trabalho de terceiros poderia tentar atenuar essa abordagem negativa. De modo similar, um administrador consciente de que aquele subordinado que está sempre reclamando só tende a ser tão negativo assim devido à sua personalidade deveria encarar essas reclamações com certa reserva e saber que as coisas provavelmente não são tão ruins quanto esse subordinado diz que são.

Para que todos os membros de uma organização trabalhem bem entre si – e também com as pessoas não pertencentes à organização, como clientes e fornecedores –, devem entender um ao outro. Tal entendimento provém, em parte, do reconhecimento de algumas das formas que diferem as pessoas umas das outras – isto é, a compreensão dos traços de personalidade.

Outros traços de personalidade que afetam o comportamento gerencial

Muitos outros traços específicos além dos cincos citados descrevem a personalidade das pessoas. Examinamos aqui os traços que são particularmente importantes para entender a eficácia gerencial: zona de controle; autoestima; e as necessidades de realização, de afiliação e de poder.

ZONA DE CONTROLE As pessoas têm pontos de vista diferentes a respeito do nível de controle que possuem sobre o que acontece a elas e ao seu redor. O traço zona de controle apreende essas crenças.[29] As pessoas com **zona de controle interna** acreditam que elas mesmas são responsáveis pelo seu próprio destino. Elas veem suas próprias ações e comportamentos como os principais fatores determinantes de importantes fatos – como, por exemplo, atingir os níveis desejados de desempenho no trabalho, ser promovido ou ser rejeitado para determinado cargo. Alguns administradores com zona de controle interna veem o sucesso de toda uma organização como sua exclusiva responsabilidade. Um exemplo é Mark Wilson, apresentado no "Estudo de caso". Uma zona de controle interna também ajuda a garantir comportamento e tomada de decisão éticos em uma organização, pois as pessoas se sentem responsáveis e acreditam que devem responder pelos seus próprios atos.

Pessoas com **zona de controle externa** acreditam que as forças externas são responsáveis pelo que acontece a elas e ao seu redor; essas pessoas não acham que suas próprias ações fazem alguma diferença. Desse modo, tendem a não intervir na tentativa de mudar uma situação ou de resolver um problema, deixando-o para outra pessoa.

Os gestores precisam ter zona de controle interna, pois *são* responsáveis pelo que acontece nas organizações; eles precisam acreditar que podem e realmente contribuem para mudar as coisas, como faz Mark Wilson na Ryla. Além disso, os administradores são responsáveis por garantir que as organizações e seus membros se comportem de maneira ética, e para isso também precisam de zona de controle interna – precisam saber e sentir que podem contribuir para mudar as coisas.

AUTOESTIMA A **autoestima** diz respeito ao grau com que os indivíduos se sentem bem em relação a si mesmos e a suas capacidades. As pessoas com elevada autoestima acreditam que são competentes, merecedoras e capazes de lidar com a maioria das situações, como é o caso de Mark Wilson. As pessoas com baixa autoestima têm baixo conceito de si mesmas, são inseguras em relação às suas capacidades e questionam se são capazes ou não de serem bem-sucedidas em diferentes empreendimentos.[30] Pesquisas sugerem que as pessoas tendem a escolher atividades e metas consistentes com seus níveis de autoestima. A autoestima elevada é algo desejável para os administradores, já que isso facilita o estabelecimento e a manutenção de padrões elevados para si mesmos, faz com que avancem com determinação em projetos difíceis e lhes dá autoconfiança.

NECESSIDADES DE REALIZAÇÃO, DE AFILIAÇÃO E DE PODER O psicólogo David McClelland pesquisou intensivamente as necessidades de realização, de afiliação e de poder.[31] **Necessidade de realização** é a intensidade com que um indivíduo deseja realizar tarefas desafiadoras com sucesso e alcançar padrões de excelência pessoais.

---

zona de controle interna
A tendência de situar a responsabilidade pelo próprio destino em si mesmo.

zona de controle externa
A tendência de situar a responsabilidade pelo próprio destino em forças externas e acreditar que o próprio comportamento tem pouco impacto nos resultados.

autoestima
O grau com que os indivíduos se sentem bem em relação a si mesmos e suas capacidades.

necessidade de realização
A medida do nível de intensidade com a qual um indivíduo busca realizar bem tarefas desafiadoras e de alcançar padrões de excelência pessoais.

necessidade de afiliação A medida do nível de intensidade com a qual um indivíduo se preocupa em estabelecer e manter boas relações interpessoais, ser querido e fazer com as outras pessoas se relacionem bem.

necessidade de poder A medida do nível de intensidade com a qual um indivíduo deseja controlar ou influenciar outras pessoas.

Pessoas com grande necessidade de realização normalmente estabelecem metas claras para si mesmas e gostam de ter um *feedback* sobre o próprio desempenho. **Necessidade de afiliação** é o grau com que um indivíduo se preocupa em estabelecer e manter boas relações interpessoais, ser querido e fazer com que as outras pessoas se relacionem bem. **Necessidade de poder** é o grau com que um indivíduo deseja controlar ou influenciar os outros.[32]

Pesquisas sugerem que ter alta necessidade de realização e poder é algo positivo para gerentes intermediários e de primeira linha, e que ter alta necessidade de poder é particularmente importante para os gerentes de níveis mais altos.[33] Um estudo constatou que os presidentes americanos com necessidade de poder relativamente alta apresentavam a tendência de serem particularmente eficazes durante seus mandatos.[34] Uma necessidade de afiliação elevada nem sempre é desejável em gestores, pois poderia levá-los a tentar obter a aprovação de todos (inclusive subordinados) em vez de tentar fazer o máximo possível para garantir que o desempenho seja alto. Embora a maior parte das pesquisas sobre tais necessidades tenha sido realizada nos Estados Unidos, alguns estudos sugerem que tais descobertas também podem ser aplicadas a pessoas de outros países, como Índia e Nova Zelândia.[35]

Em suma, os traços de personalidade desejáveis para os administradores são: zona de controle interna, elevada autoestima e grande necessidade de realização e poder. Os administradores precisam ser pessoas que assumam responsabilidades e que acreditem que suas ações são decisivas na determinação de seus próprios destinos e o de suas respectivas organizações, além de acreditarem em suas próprias capacidades. O desejo pessoal de realização e de influenciar os outros ajuda os administradores a serem eficazes.

Valores, atitudes, estados de espírito e emoções

MA2 Explicar o significado de valores e atitudes e descrever seu impacto nas ações gerenciais.

O que os administradores estão se empenhando em realizar? Como eles pensam que devem se comportar? O que pensam de seus trabalhos e organizações? E como eles realmente se sentem no trabalho? Algumas respostas a essas questões podem ser determinadas explorando-se os valores, atitudes, estados de espírito e emoções dos administradores.

Valores, atitudes, estados de espírito e emoções captam como os administradores vivenciam seus trabalhos individualmente. Os *valores* descrevem o que os administradores tentam concretizar por meio do trabalho e como eles acham que devem se comportar. *Atitudes* são seus pensamentos e sentimentos em relação a seus trabalhos específicos e suas organizações. Os *estados de espírito* e as *emoções* dizem respeito ao que os administradores realmente sentem quando estão administrando. Esses aspectos dos administradores têm implicações importantes para compreender como se comportam, como tratam e reagem aos outros e, também, como esses mesmos administradores contribuem para a eficácia organizacional por meio de seus estilos de planejamento, liderança, organização e controle.

Valores: terminais e instrumentais

valor terminal Meta ou objetivo de toda uma vida, que dado indivíduo procura alcançar.

valor instrumental Modo de conduta que um indivíduo procura seguir.

Os dois tipos de valores pessoais são os *terminais* e os *instrumentais*. **Valor terminal** é a convicção pessoal sobre as metas ou objetivos de toda uma vida; **valor instrumental** é a convicção pessoal sobre os modos de conduta ideais ou as maneiras de se comportar ideais.[36] Os valores terminais muitas vezes levam à formação de **normas** ou códigos de conduta informais (não por escrito), que prescrevem como as pessoas deveriam se comportar em determinadas situações e que são consideradas importantes pela maioria dos membros de um grupo ou organização – como, por exemplo, agir de maneira honesta ou cortês.

Milton Rokeach, um dos eminentes pesquisadores na área de valores humanos, identificou 18 valores terminais e 18 valores instrumentais que descrevem o sistema de valores de cada pessoa (ver Figura 2.4).[37] Classificando os valores terminais de 1 (o mais importante como princípio orientador na vida de uma pessoa) a 18 (o menos importante como princípio orientador na vida de uma pessoa) e, em seguida, ordenando os valores instrumentais de 1 a 18, as pessoas podem ter um retrato satisfatório de seus **sistemas de valores** – aquilo em que estão se empenhando para realizar na vida e como querem se comportar.[38] (Você poderá ter uma boa noção de seus próprios valores classificando primeiramente os valores terminais e depois os valores instrumentais, enumerados na Figura 2.4.)

Figura 2.4
Valores terminais e instrumentais.

Valores Terminais	Valores Instrumentais
Uma vida tranquila (uma vida próspera)	Ambicioso (trabalhador, desejoso)
Uma vida emocionante (uma vida estimulante e ativa)	Visão ampla (mentalidade aberta)
A sensação de haver realizado algo (contribuição duradoura)	Capaz (competente, eficaz)
Um mundo em paz (sem guerras e conflitos)	Animado (despreocupado, alegre)
Um mundo de beleza (beleza da natureza e das artes)	Limpo (arrumado, apresentável)
Igualdade (fraternidade, oportunidades iguais para todos)	Corajoso (defensor de seus pontos de vista)
Segurança para a família (cuidar das pessoas amadas)	Indulgente (disposto a perdoar os outros)
Liberdade (independência, livre escolha)	Prestimoso (trabalha para o bem-estar alheio)
Felicidade (contentamento)	Honesto (sincero, verdadeiro)
Harmonia interior (livre de conflitos interiores)	Inventivo (ousado, criativo)
Maturidade no amor (intimidade sexual e espiritual)	Independente (seguro de si, autossuficiente)
Segurança nacional (proteção contra ataques)	Intelectual (inteligente, reflexivo)
Prazer (uma vida prazerosa e sem pressa)	Lógico (consistente, racional)
Salvação (vida eterna)	Amoroso (afetuoso, terno)
Autorrespeito (autoestima)	Obediente (cumpridor dos deveres, respeitoso)
Reconhecimento social (respeito, admiração)	Educado (cortês, de boas maneiras)
Amizade verdadeira (companheirismo estreito)	Responsável (fiel, confiável)
Sabedoria (um entendimento maduro da vida)	Com autocontrole (contido, com autodisciplina)

Fonte: Milton Rokeach, *The Nature of Human Values*. Copyright © 1973 The Free Press. Todos os direitos reservados. Reimpresso com permissão de The Free Press, uma divisão da Simon & Schuster Adult Publishing Group.

normas Códigos de conduta informais (não por escrito) que prescrevem como as pessoas deveriam se comportar em determinadas situações; as normas são consideradas importantes pela maioria dos membros de um grupo ou organização.

sistema de valores Os valores terminais e instrumentais que são os princípios orientadores na vida de um indivíduo.

Vários dos valores terminais enumerados na Figura 2.4 parecem ser especialmente importantes para os administradores – como *sensação de haver realizado algo (contribuição duradoura), igualdade (fraternidade, oportunidades iguais para todos)* e *autorrespeito (autoestima)*. O administrador que acredita ser de fundamental importância a sensação de realizar algo poderia se concentrar em dar uma contribuição duradoura para uma organização desenvolvendo, por exemplo, um novo produto capaz de salvar ou prolongar vidas – como é o caso dos gestores na Medtronic (empresa que fabrica aparelhos médicos, como o marca-passo) – ou abrindo uma nova subsidiária no estrangeiro. O administrador que coloca a igualdade no topo de sua lista de valores terminais poderia estar à frente dos esforços de uma organização para apoiar e dar oportunidades iguais para todos, e tirar proveito dos muitos talentos de uma força de trabalho em que a diversidade se faz cada vez mais presente.

É bem provável que outros valores sejam considerados importantes por muitos administradores, como *uma vida tranquila (uma vida próspera), uma vida emocionante (uma vida estimulante e ativa), liberdade (independência, livre escolha)* e *reconhecimento social (respeito, admiração)*. A importância relativa que os administradores dão para cada valor terminal ajuda a explicar no que eles estão se empenhando para realizar em suas organizações e onde focarão seus esforços.

Vários dos valores instrumentais enumerados na Figura 2.4 parecem ser modos de conduta importantes para os administradores, como ser *ambicioso (trabalhador, desejoso)*, ter *visão ampla (mentalidade aberta)*, ser *capaz (competente, eficaz), responsável (fiel, confiável)* e ter *autocontrole (contido, com autodisciplina)*. Além disso, a importância relativa que um administrador dá a esses e outros valores instrumentais pode ser um determinante significativo do comportamento real no trabalho. Por exemplo, o administrador que considera ser *inventivo (ousado, criativo)* uma qualidade extremamente importante provavelmente terá mais chances de ter um perfil de inovador e de alguém que corre riscos do que outro que considera esse fator menos importante (mesmo que todos os demais fatores sejam iguais entre os dois). Um administrador que considera ser *honesto (sincero, verdadeiro)* um fator de fundamental importância poderia ser uma força propulsora para garantir que todos os membros de uma unidade ou organização se comportem de maneira ética, conforme indicado na coluna "Ética em ação".

ÉTICA EM AÇÃO
Contando a verdade na Gentle Giant Moving

Em 1980, a Gentle Giant Moving Company, com sede em Somerville (Massachusetts), foi fundada por Larry O'Toole, e hoje tem receitas superiores a US$ 28 milhões e escritórios espalhados em vários Estados.[39] Embora o ramo de mudanças esteja indubitavelmente ligado a trabalho árduo e muitas pessoas jamais pensariam em uma carreira nesse setor, a singularidade da cultura e da abordagem na gestão de pessoas da Gentle Giant não apenas contribuiu para o sucesso da empresa como também deu a seus funcionários a oportunidade de seguirem carreiras satisfatórias. Quando Ryan Libby estava na faculdade, por exemplo, trabalhou para a Gentle Giant durante uma de suas férias de verão para ganhar algum dinheiro. Hoje, diretor adjunto da filial da Gentle Giant de Providence (Rhode Island), Libby está considerando a possibilidade de abrir uma filial. Como ele mesmo diz: "Inicialmente era apenas um trabalho temporário e depois meio que se transformou em uma carreira de longo prazo".[40]

Libby é exatamente o tipo de funcionário que O'Toole procura contratar – gente que começa dirigindo caminhões e, finalmente, passa para cargos de gerência administrando filiais. Embora muitas empresas de mudança contratem temporários no verão para atenderem uma demanda sazonal, 60% dos funcionários da Gentle Giant são efetivos.[41] Como a demanda por serviços de mudança é menor no inverno, a Gentle Giant usa esse período para capacitar os funcionários com atividades de treinamento e liderança. Obviamente, os novos funcionários recebem treinamento nos fundamentos da mudança: empacotar, levantar e transportar objetos domésticos de maneira segura. Entretanto, funcionários interessados em progredir na empresa recebem treinamento em uma série de outras áreas, como gerenciamento de projetos, fundamentos de comunicação, resolução de problemas, relacionamento com os clientes e liderança. Um objetivo abrangente das iniciativas de treinamento da Gentle Giant é inculcar nos funcionários a importância da honestidade. De acordo com O'Toole: "Realmente enfatizamos que o que mais importa para nós é contar a verdade".[42]

O treinamento beneficia os funcionários da Gentle Giant, seus clientes e a empresa como um todo. Cerca de um terço dos funcionários administrativos e de gerência da empresa começaram como motoristas de caminhão de mudança. Os clientes ficam satisfeitos, pois os funcionários são capazes, honestos e profissionais. E a empresa continua a crescer, prosperar e receber o reconhecimento na mídia impressa dos negócios. Em 2007, por exemplo, a Gentle Giant foi indicada como uma das 15 melhores pequenas empresas onde trabalhar (Top Small Workplaces) pelo *The Wall Street Journal* em colaboração com a Winning Workplaces (uma organização sem

Na Gentle Giant Moving Co., os funcionários recebem treinamento em liderança, direito às excursões da empresa e oportunidade de serem promovidos para cargos de gerência.

> **Pequenas empresas**
>
> fins lucrativos que se concentra em ajudar empresas médias e pequenas a melhorarem seus ambientes de trabalho).[43]
>
> Divertir-se e conhecer as demais pessoas da empresa também é importante na Gentle Giant.[44] A empresa promove festas e organiza excursões para seus funcionários para eventos esportivos, parques de diversão e outras atrações locais. Na maioria dos dias de expediente, O'Toole leva um dos funcionários para almoçar fora. Alguns atletas de faculdades ficam interessados em trabalhar na Gentle Giant, pois veem a atividade de mudança como uma maneira de se manter em forma e, ao mesmo tempo, ter a oportunidade de crescimento e desenvolvimento no trabalho e passarem para uma posição gerencial, caso queiram.[45]

Por tudo isso, o sistema de valores dos administradores significa aquilo que, enquanto indivíduos, os administradores tentam realizar e o que desejam tornar-se na vida pessoal e no trabalho. Consequentemente, os sistemas de valores dos administradores são guias fundamentais para seus comportamentos e iniciativas de planejamento, liderança, organização e controle.

Atitudes

atitude Conjunto de sentimentos e crenças.

Atitude é um conjunto de sentimentos e crenças. Assim como qualquer pessoa, os administradores têm atitudes em relação a seus trabalhos e organizações, e essas atitudes afetam a forma com que encaram seus trabalhos. Nesse contexto, satisfação no trabalho e comprometimento com a organização são duas das mais importantes atitudes.

satisfação no trabalho O conjunto de sentimentos e crenças que os administradores têm em relação a seus empregos atuais.

SATISFAÇÃO NO TRABALHO é o conjunto de sentimentos e crenças que os administradores têm em relação a seus empregos atuais.[46] Administradores com níveis elevados de satisfação no trabalho geralmente gostam de seus empregos, sentem que estão sendo tratados com justiça e acreditam que seu trabalho possui diversos aspectos ou características desejáveis (como uma função interessante, bom salário, segurança de emprego, autonomia ou colegas agradáveis). A Figura 2.5 mostra exemplos de duas escalas que os administradores podem usar para medir o grau de satisfação no trabalho. Os níveis de satisfação no trabalho tendem a aumentar à medida que se sobe na hierarquia de uma organização. Em geral, os altos executivos tendem a estar mais satisfeitos com seu trabalho do que os funcionários do baixo escalão. Os níveis de satisfação no trabalho verificados junto aos administradores podem variar de muito baixos a muito altos, e em qualquer ponto intermediário.

De acordo com recente pesquisa, os níveis de satisfação no trabalho nos Estados Unidos declinaram ao longo dos últimos 20 anos.[47] Em particular, alguns trabalhadores relatam sua insatisfação com a falta de oportunidades para crescimento e progresso em seus empregos, assim como problemas de carga de trabalho exagerada e de equilíbrio trabalho/vida pessoal, e também problemas com as avaliações de desempenho, com os planos de bônus e com a comunicação dentro de suas organizações.[48]

comportamentos de cidadania organizacional (OCBs) Comportamentos que não são exigidos dos membros de uma organização, mas que contribuem e são necessários para a eficiência, eficácia e vantagem competitiva da organização.

Em geral, é importante que os administradores estejam satisfeitos com seu trabalho, no mínimo por duas razões: primeiramente, os administradores satisfeitos têm maior probabilidade de realizar um esforço adicional por suas organizações ou de apresentarem OCBs (*organizational citizenship behaviors* – **comportamentos de cidadania organizacional**), comportamentos que não são exigidos dos membros de uma organização, mas que contribuem e são necessários para sua eficiência, eficácia e vantagem competitiva.[49] Os administradores satisfeitos com seus empregos têm maiores chances de demonstrar esses comportamentos "além da obrigação", que vão desde o cumprimento de várias horas extras, quando necessário, a ter ideias verdadeiramente criativas e superar obstáculos para implementá-las (mesmo quando isso não faça parte da função de administrador), ou afastar-se de suas próprias tarefas para ajudar um colega, subordinado ou superior (mesmo quando isso implique um considerável sacrifício pessoal).[50]

Figura 2.5
Exemplos de duas medidas de satisfação no trabalho.

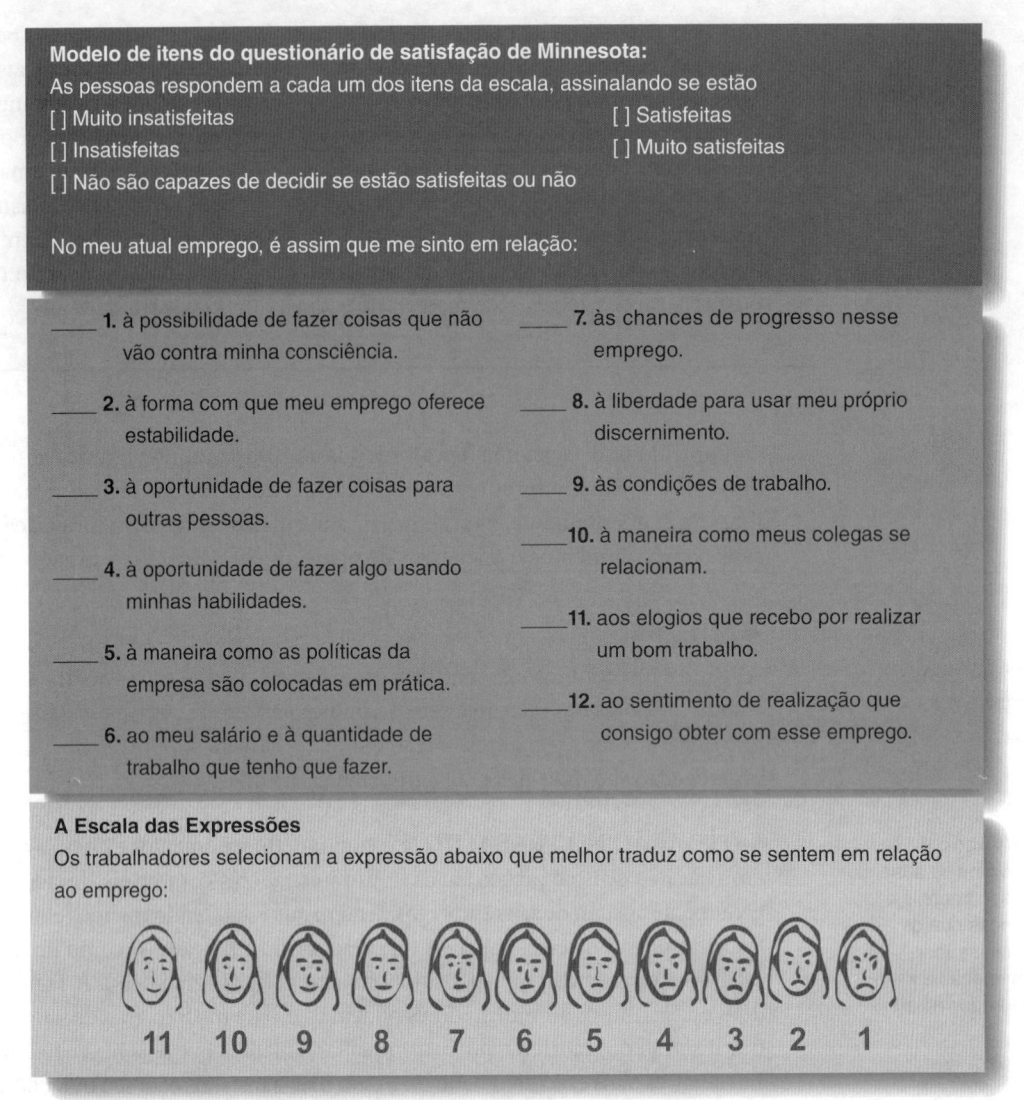

Modelo de itens do questionário de satisfação de Minnesota:
As pessoas respondem a cada um dos itens da escala, assinalando se estão
[ ] Muito insatisfeitas
[ ] Insatisfeitas
[ ] Não são capazes de decidir se estão satisfeitas ou não
[ ] Satisfeitas
[ ] Muito satisfeitas

No meu atual emprego, é assim que me sinto em relação:

_____ 1. à possibilidade de fazer coisas que não vão contra minha consciência.

_____ 2. à forma com que meu emprego oferece estabilidade.

_____ 3. à oportunidade de fazer coisas para outras pessoas.

_____ 4. à oportunidade de fazer algo usando minhas habilidades.

_____ 5. à maneira como as políticas da empresa são colocadas em prática.

_____ 6. ao meu salário e à quantidade de trabalho que tenho que fazer.

_____ 7. às chances de progresso nesse emprego.

_____ 8. à liberdade para usar meu próprio discernimento.

_____ 9. às condições de trabalho.

_____10. à maneira como meus colegas se relacionam.

_____11. aos elogios que recebo por realizar um bom trabalho.

_____12. ao sentimento de realização que consigo obter com esse emprego.

A Escala das Expressões
Os trabalhadores selecionam a expressão abaixo que melhor traduz como se sentem em relação ao emprego:

11 10 9 8 7 6 5 4 3 2 1

Fonte: D. J. Weiss et al., *Manual for the Minnesota Satisfaction Questionnaire*, 1967, Minnesota Studies in Vocational Rehabilitation: XXII. Copyright © 1975 by the American Psychological Association. Adaptado com permissão de Randall B. Dunham e J. B. Brett.

Uma segunda razão que justifica por que é necessário que os administradores estejam satisfeitos com seus trabalhos é a menor probabilidade de pedirem demissão.[51] Um administrador que está muito satisfeito talvez jamais pense em procurar outro emprego; um administrador insatisfeito provavelmente sempre está em busca de novas oportunidades. A rotatividade de mão-de-obra pode prejudicar uma organização, pois resulta na perda de experiência e conhecimentos que os administradores acumularam sobre a empresa, o setor de atividade e o ambiente de negócios.

Uma fonte crescente de insatisfação para muitos gerentes do baixo e médio escalão, bem como de funcionários sem responsabilidade gerencial, é a ameaça de desemprego e cargas de trabalho cada vez mais excessivas resultantes de processos de *downsizing* e demissões nas empresas. Organizações que tentam melhorar a eficiência por meio da reestruturação e demissões normalmente eliminam um número considerável de cargos de gerência intermediária e de primeira linha. Esta decisão obviamente prejudica os gerentes que são despedidos e também reduz os níveis de satisfação no trabalho daqueles que permanecem na empresa. Esses administradores e funcionários poderão ficar receosos de serem a próxima vítima. Além disso, a carga de trabalho dos funcionários remanescentes normalmente é aumentada drasticamente – resultado do processo de reestruturação –, e isso pode contribuir para a insatisfação.

Administradores e funcionários que estão altamente comprometidos com suas organizações tendem a ir além das suas obrigações – por exemplo, trabalhar várias horas extras quando necessário.

O modo com que os administradores e as organizações lidam com as demissões é de fundamental importância, não apenas para os demitidos como também para os funcionários que sobrevivem à "degola" e preservam seus empregos.[52] Mostrar compaixão e empatia para com as vítimas desse processo, avisando-as com a maior antecedência possível sobre a demissão, fornecendo informações claras sobre as indenizações por demissão sem justa causa e ajudando-as a encontrar um novo emprego são apenas algumas das maneiras com as quais os gerentes podem administrar de forma mais humana a demissão.[53] Por exemplo, quando Ron Thomas, vice-presidente de desenvolvimento organizacional da Martha Stewart Living Omnimedia, teve de demitir funcionários devido ao fechamento do negócio de catálogos da organização, entrou em contato pessoalmente com todos os negócios de catálogos que conhecia para tentar descobrir possíveis vagas para seus funcionários demitidos.[54] Iniciativas como essa tomada por Thomas, que ajudou as vítimas de demissão a encontrarem novos empregos, podem contribuir para a satisfação no trabalho daqueles que não foram demitidos. Conforme dito pelo próprio Thomas, "se você for capaz de lidar bem com um processo de reestruturação, espalha-se a notícia de que essa empresa é um bom lugar para se trabalhar (...) se abrirmos uma vaga hoje, receberemos 1.500 currículos amanhã".[55]

comprometimento com a organização
Conjunto de sentimentos e crenças que os administradores têm em relação às suas organizações como um todo.

COMPROMETIMENTO COM A ORGANIZAÇÃO é o conjunto de sentimentos e crenças que os administradores têm em relação às suas organizações como um todo.[56] Administradores comprometidos com suas organizações acreditam naquilo que elas estão fazendo, orgulham-se do que elas representam e sentem um alto grau de lealdade para com suas organizações. Os administradores comprometidos têm maior tendência a irem além da sua mera obrigação para ajudar as suas empresas e são menos propensos a pedir demissão.[57] O comprometimento com a organização pode ser particularmente forte quando os funcionários e administradores realmente acreditam nos valores da organização; esse comprometimento também leva a uma sólida cultura organizacional, conforme constatado na Ryla.

O comprometimento com a organização provavelmente ajudará os administradores a desempenharem alguns de seus papéis como testa de ferro e porta-voz. É muito mais fácil para um gestor persuadir os demais dentro e fora da organização sobre os méritos daquilo que ela faz e está procurando realizar se o administrador realmente acreditar na organização e estiver altamente comprometido com ela. A Figura 2.6 é um exemplo de escala que os administradores poderão usar para medir o nível de comprometimento do indivíduo com a organização.

Poderíamos, agora, perguntar: será que os administradores dos mais variados países possuem atitudes similares ou diferentes? É muito provável, sim, a existência de diferenças nos níveis de satisfação no trabalho e de comprometimento com a organização entre administradores de diferentes países, pois esses administradores possuem tipos de oportunidades e remunerações diferentes, assim como enfrentam forças econômicas, políticas ou socioculturais diversas nos ambientes gerais de suas organizações. Em países com taxas de desemprego relativamente altas, como a França, o nível de satisfação no trabalho pode ser maior entre os administradores empregados, pois esses podem estar felizes simplesmente pelo fato de possuírem um emprego.

Os níveis de comprometimento com a organização verificados nos diferentes países podem depender do grau de legislação concernente a demissões e também do quanto os cidadãos de um país estão dispostos a se deslocar geograficamente. Tanto a legislação francesa quanto a alemã protegem os trabalhadores (inclusive os administradores) da demissão.

Os trabalhadores americanos, ao contrário, têm pouquíssima proteção. Além disso, os gestores nos Estados Unidos têm maior disposição para se mudar do que os franceses e alemães.

Figura 2.6
Uma medida do comprometimento com a organização.

As pessoas respondem a cada um dos itens da escala assinalando se
[ ] Discordam totalmente
[ ] Discordam moderadamente
[ ] Discordam ligeiramente
[ ] Não discordam nem concordam
[ ] Concordam ligeiramente
[ ] Concordam moderadamente
[ ] Concordam totalmente

____ 1. Estou disposto a esforçar-me bastante, além do normalmente esperado, para ajudar essa organização a ser bem-sucedida.

____ 2. Comento com meus amigos que essa organização é um excelente lugar para se trabalhar.

____ 3. Sinto pouquíssima lealdade por essa organização.*

____ 4. Aceitaria praticamente qualquer tipo de função para continuar trabalhando para essa organização.

____ 5. Acredito que os meus valores e os valores da organização sejam bastante similares.

____ 6. Sinto orgulho de contar aos outros que faço parte dessa organização.

____ 7. Poderia muito bem trabalhar para outra organização, desde que o tipo de trabalho fosse similar.*

____ 8. Essa organização realmente inspira o melhor de mim no desempenho do meu trabalho.

____ 9. Na minha situação atual, pouquíssima mudança seria necessária para fazer com que eu deixasse essa organização.*

____ 10. Estou extremamente satisfeito por ter escolhido essa organização para trabalhar em detrimento de outras que considerava na época em que ingressei.

____ 11. Não há muito a ganhar ao permanecer nessa organização indefinidamente.*

____ 12. Muitas vezes, acho difícil concordar com as políticas dessa organização em importantes questões relacionadas a seus funcionários.*

____ 13. Eu realmente me importo com o destino dessa organização.

____ 14. Para mim, essa é a melhor das organizações onde poderia trabalhar.

____ 15. Ter optado por trabalhar para essa organização foi decididamente um erro de minha parte.*

Pontuação: As respostas aos itens 1, 2, 4, 5, 6, 8, 10, 13 e 14 são pontuadas da seguinte forma: 1 = discordo totalmente; 2 = discordo moderadamente; 3 = discordo ligeiramente; 4 = não discordo nem concordo; 5 = concordo ligeiramente; 6 = concordo moderadamente; e 7 = concordo totalmente. As respostas aos "*" itens 3, 7, 9, 11, 12 e 15 são pontuadas da seguinte forma: 7 = discordo totalmente; 6 = discordo moderadamente; 5 = discordo ligeiramente; 4 = não discordo nem concordo; 3 = concordo ligeiramente; 2 = concordo moderadamente; e 1 = concordo totalmente. É tirada uma média das respostas aos 15 itens obtendo-se uma pontuação geral de 1 a 7; quanto maior a pontuação, maior o nível de comprometimento com a organização.

Fonte: L. W. Porter and F. J. Smith, "Organizational Commitment Questionnaire," in J. D. Cook, S. J. Hepworth, T. D. Wall, and P. B. Warr, eds., *The Experience of Work: A Compendium and Review of 249 Measures and Their Use*, Academic Press, 1981, p. 84–86. Reimpresso com permissão.

MA3 Avaliar como os estados de espírito e as emoções influenciam todos os membros de uma organização.

Na França, os cidadãos possuem vínculos relativamente fortes com a família e com a comunidade, e na Alemanha a moradia é cara e difícil de encontrar. Por esses motivos, os cidadãos desses dois países tendem a ser menos dispostos a mudar para outro local do que os americanos.[58] Os administradores que sabem que seus empregos estão garantidos e que são relutantes em mudar de local (como os da Alemanha e da França) talvez sejam mais comprometidos com suas organizações do que os administradores conscientes de que a qualquer dia podem ser despedidos e que não se importariam com mudanças geográficas.

Estados de espírito e emoções

Do mesmo modo que às vezes você está de mau humor e, em outras ocasiões, de bom humor, os administradores também estão. **Estado de espírito** é um sentimento ou estado de ânimo. Quando

estado de espírito
Um sentimento ou estado de ânimo.

as pessoas se encontram em um estado de espírito positivo, elas se sentem empolgadas, entusiasmadas, ativas ou eufóricas.[59] Quando as pessoas se encontram em um estado de espírito negativo, elas se sentem angustiadas, temerosas, desdenhosas, hostis, agitadas ou nervosas.[60] As pessoas com pontuação elevada em extroversão, particularmente, têm maiores chances de experimentarem estados de espírito positivos. Pessoas com pontuação elevada em afetividade negativa têm maior propensão a experimentarem estados de espírito negativos. Entretanto, nem sempre este é o caso. As situações ou circunstâncias que as pessoas estão vivendo no momento também determinam seus estados de espírito. Receber um aumento salarial provavelmente deixará a maioria das pessoas de bom humor, independentemente de seus traços de personalidade. Pessoas com pontuação elevada em afetividade negativa nem sempre estão de mau humor e pessoas com baixa pontuação em extroversão experimentam estados de espírito positivos.[61]

emoções
Sentimentos intensos de duração relativamente curta.

Emoções são sentimentos mais intensos que os estados de espírito. Normalmente estão diretamente ligadas àquilo que as causou e têm duração mais curta.[62] Entretanto, uma vez que se tenha lidado com aquilo que provocou a emoção, os sentimentos podem perdurar na forma de um estado de espírito menos intenso.[63] Por exemplo, um gestor que fica extremamente irritado quando um de seus subordinados adota uma conduta antiética pode perceber que sua raiva diminui de intensidade tão logo decide como resolver o problema. Mesmo assim continuará mal-humorado o resto do dia, muito embora não esteja pensando diretamente no incidente infeliz.[64]

Pesquisas revelam que os estados de espírito e as emoções afetam o comportamento dos administradores e de todos os membros de uma organização. Algumas pesquisas sugerem, por exemplo, que os subordinados de gerentes que experimentam estados de espírito positivos no trabalho podem apresentar desempenhos relativamente melhores e menor probabilidade de pedir demissão e deixar a organização do que os subordinados de gerentes que não tendem a permanecer em um estado de espírito positivo no trabalho.[65] Outra pesquisa sugere que, sob certas condições, a criatividade poderia ser aumentada por estados de espírito positivos, ao passo que sob outras condições os estados de espírito negativos poderiam incitar as pessoas a se esforçarem mais para terem ideias realmente criativas.[66] Reconhecendo que ambos os estados de espírito têm o potencial de contribuir para a criatividade de diferentes formas, pesquisas recentes sugerem que os funcionários podem ser particularmente criativos quando passam por ambos os estados de espírito (em momentos diferentes) no trabalho e também de acordo com o suporte que o ambiente profissional proporciona para o desenvolvimento da criatividade.[67]

Outras pesquisas sugerem que os estados de espírito e as emoções podem desempenhar um papel importante na tomada de decisão ética. Pesquisadores da Princeton University descobriram que quando as pessoas tentam resolver difíceis dilemas morais pessoais, as partes do cérebro particularmente responsáveis por emoções e estados de espírito são ativadas.[68]

Reconhecendo os benefícios dos estados de espírito positivos, uma empresa de contabilidade de Northbrook (Illinois), chamada Lipschultz, Levin, & Gray,[69] não mediu esforços para promover sentimentos positivos entre seus funcionários. Seu CEO, Steven Siegel, alega que sentimentos positivos promovem o relaxamento e aliviam o *stress*, além de aumentar as receitas da empresa, atrair clientes e reduzir a rotatividade de mão de obra.

Os estados de espírito positivos são promovidos de várias maneiras na Lipschultz, Levin, & Gray. Siegel ficou conhecido por colocar uma máscara de gorila em períodos de grande atividade; os empregados administrativos vestem fantasias de galinha; uma sirene anuncia o fechamento de contrato com um novo cliente; os funcionários fazem uma pausa para jogar minigolfe ou dardos, ou então exercitar-se com um bambolê (até mesmo durante o período de declaração de imposto de renda), e o uso de roupas informais também ameniza as coisas. Os estados de espírito positivos parecem valer a pena para esse grupo de contadores, cujos bons sentimentos aparentemente conseguem atrair novos clientes.

Patrick Corboy, presidente e CEO da Austin Chemical, transferiu sua contabilidade, anteriormente realizada por uma empresa maior, para a Lipschultz, Levin, & Gray. Ele achava que as pessoas da empresa anterior eram "muito formais, antiquadas e taciturnas". Do contador William Finestone, que agora administra a contabilidade da Austin Chemical, Corboy diz o seguinte: "[Ele] é uma piada... Bill não apenas resolve nossos problemas de forma mais ágil como também nos deixa à vontade".[70]

Não obstante, certas vezes os estados de espírito negativos podem ter suas vantagens. Alguns estudos sugerem que o parecer crítico e produtivo do "advogado do diabo" pode ser promovido por um estado de espírito negativo. Algumas vezes, julgamentos particularmente precisos podem ser feitos por administradores que se encontram em um estado de espírito negativo.[71]

Os administradores precisam perceber que o modo como se sentem afeta a maneira como tratam os demais e como os outros reagem a eles. Por exemplo, seria mais provável um subordinado propor ao seu superior uma ideia um tanto bizarra mas potencialmente útil caso achasse que seu superior estivesse de bom humor. Da mesma forma, quando os gerentes estão extremamente mal-humorados, seus subordinados talvez tentem evitá-los a todo o custo. A Figura 2.7 é um exemplo de escala que os administradores podem usar para medir os níveis com que uma pessoa experimenta estados de espírito positivos e negativos no trabalho.

Inteligência emocional

Para entender os efeitos dos estados de espírito e das emoções dos administradores e de todos os funcionários, é importante levar em conta os seus níveis de inteligência emocional. **Inteligência emocional** é a capacidade de compreender e administrar os próprios estados de espírito e as emoções, e também os estados de espírito e emoções das outras pessoas.[72] Os administradores com alto grau de inteligência emocional têm maiores chances de entender como estão se sentindo e a razão para tal, bem como maior capacidade de administrar efetivamente seus sentimentos. Quando os administradores vivenciam sentimentos e emoções estressantes, como medo ou ansiedade, a inteligência emocional lhes permite compreender o motivo e administrar tais sentimentos, de modo a não interferirem na eficiência da tomada de decisão.[73]

MA4 Descrever a natureza da inteligência emocional e seu papel na administração.

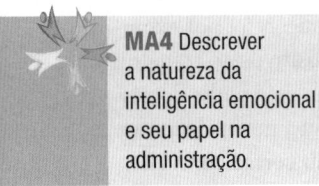

Figura 2.7
Uma medida dos estados de espírito positivos e negativos no trabalho.

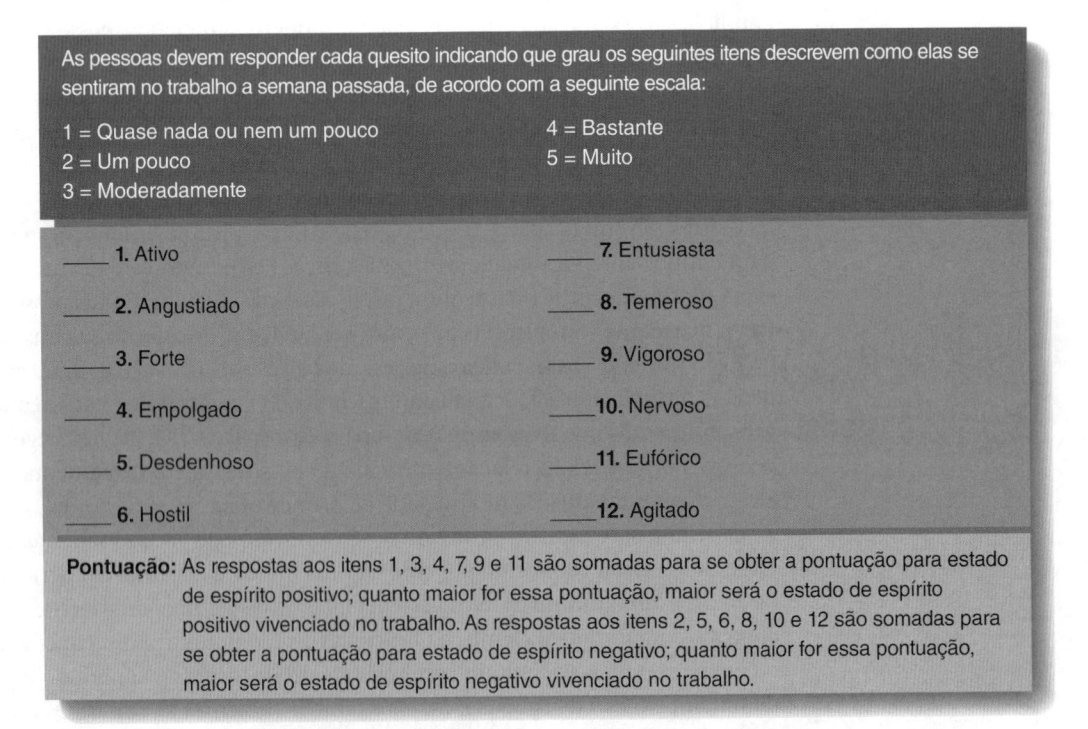

As pessoas devem responder cada quesito indicando que grau os seguintes itens descrevem como elas se sentiram no trabalho a semana passada, de acordo com a seguinte escala:

1 = Quase nada ou nem um pouco
2 = Um pouco
3 = Moderadamente
4 = Bastante
5 = Muito

____ 1. Ativo
____ 2. Angustiado
____ 3. Forte
____ 4. Empolgado
____ 5. Desdenhoso
____ 6. Hostil
____ 7. Entusiasta
____ 8. Temeroso
____ 9. Vigoroso
____ 10. Nervoso
____ 11. Eufórico
____ 12. Agitado

Pontuação: As respostas aos itens 1, 3, 4, 7, 9 e 11 são somadas para se obter a pontuação para estado de espírito positivo; quanto maior for essa pontuação, maior será o estado de espírito positivo vivenciado no trabalho. As respostas aos itens 2, 5, 6, 8, 10 e 12 são somadas para se obter a pontuação para estado de espírito negativo; quanto maior for essa pontuação, maior será o estado de espírito negativo vivenciado no trabalho.

Fontes: A. P. Brief, M. J. Burke, J. M. George, B. Robinson, and J. Webster, "Should Negative Affectivity Remain an Unmeasured Variable in the Study of Job Stress?" *Journal of Applied Psychology* 73 (1998), pp. 193–98; M. J. Burke, A. P. Brief, J. M. George, L. Robinson, and J. Webster, "Measuring Affect at Work: Confirmatory Analyses of Competing Mood Structures with Conceptual Linkage in Cortical Regulatory Systems." *Journal of Personality and Social Psychology* 57 (1989), p. 1091–102.

inteligência emocional
A capacidade de compreender e administrar os próprios estados de espírito e as emoções, e também os estados de espírito e emoções das outras pessoas.

A inteligência emocional também ajuda os administradores a desempenharem importantes funções nos seus papéis interpessoais (testa de ferro, líder e mediador).[74] Compreender como seus subordinados se sentem, por que se sentem dessa maneira e como administrar tais sentimentos é fundamental para que os administradores desenvolvam fortes laços interpessoais com eles.[75] Mais genericamente, a inteligência emocional possui o potencial de contribuir de várias formas para uma liderança eficaz.[76]

A inteligência emocional ajuda os administradores, por exemplo, a entenderem e relacionarem-se bem com as outras pessoas.[77] Ela também os ajuda a manter o entusiasmo e a confiança e a estimular os subordinados para ajudar a organização a atingir suas metas.[78] Pesquisas e teorias recentes sugerem que a inteligência emocional pode ser particularmente importante para despertar a criatividade dos funcionários.[79] Os próprios administradores cada vez mais reconhecem a importância da inteligência emocional, como afirma Andrea Jung, CEO da Avon Products: "A inteligência emocional está em nosso DNA aqui na Avon, pois as relações são críticas em cada estágio de nosso negócio".[80] Na Figura 2.8 é fornecido um exemplo de escala que mede a inteligência emocional.

Cultura organizacional

MA5 Definir cultura organizacional e explicar como os administradores a criam e ao mesmo tempo são influenciados por ela.

cultura organizacional
Conjunto de crenças, expectativas, valores, normas e rotinas de trabalho compartilhados por uma organização que influenciam o modo como os seus membros se inter-relacionam e trabalham juntos para atingir os objetivos da organização.

A personalidade é uma forma de entender por que todos os administradores e funcionários, como indivíduos, caracteristicamente pensam e se comportam de maneiras diferentes. Entretanto, quando as pessoas pertencem a uma mesma organização, normalmente tendem a compartilhar certas crenças e valores que as levam a agir de modo similar.[81] A **cultura organizacional** compreende o conjunto de crenças, expectativas, valores, normas e rotinas de trabalho compartilhados que influenciam o modo como os membros de uma organização se interrelacionam e trabalham juntos para atingirem as metas organizacionais. Fundamentalmente, a cultura organizacional reflete as distintas maneiras com que os membros de uma organização desempenham suas funções e se relacionam com as pessoas dentro e fora da organização. Um exemplo de cultura organizacional poderia ser a forma característica como os clientes de determinada cadeia de hotéis são tratados, desde o momento em que são cumprimentados na recepção até o término de sua estadia; ou ainda as rotinas de trabalho divididas que as equipes de pesquisa usam para orientar o desenvolvimento de novos produtos. Quando os membros de uma organização compartilham um alto comprometimento com os valores culturais, crenças e rotinas, e os usam para atingir suas metas, existe uma cultura organizacional sólida.[82] Quando os membros de uma organização não estão altamente comprometidos com um sistema compartilhado de valores, crenças e rotinas, a cultura organizacional é frágil.

Quanto mais sólida for a cultura de uma organização, mais se pode pensar nela como a "personalidade" dessa organização, pois ela influencia o modo como seus membros se comportam.[83] Organizações que possuem culturas sólidas podem diferir em uma grande variedade de dimensões que determinam como seus membros se comportam em relação uns aos outros e desempenham suas funções. As organizações diferem, por exemplo, na forma com que seus membros se inter-relacionam (se formal ou informalmente), no modo como são tomadas decisões importantes (por exemplo, de cima para baixo ou de baixo para cima), na disposição para mudar (se flexível ou rígida), na inovação (se criativas ou previsíveis) e na abordagem lúdica (se sérias ou imprevisíveis). Em uma inovadora empresa de projeto como a IDEO Product Development, no Vale do Silício, encoraja-se os funcionários a adotarem uma atitude lúdica em relação aos seus trabalhos, observarem o que acontece fora da organização para buscar inspiração e adotarem uma abordagem flexível em relação ao projeto de produtos em que sejam utilizadas várias perspectivas.[84] A cultura da IDEO é muito diferente daquela de empresas como Citibank e Exxon-Mobil, onde os funcionários tratam-se de modo mais formal ou diferente e onde é esperado que encarem seu trabalho de forma séria; além disso, essas são empresas onde a tomada de decisão é cerceada pela hierarquia de autoridade.

Figura 2.8
Uma medida da inteligência emocional.

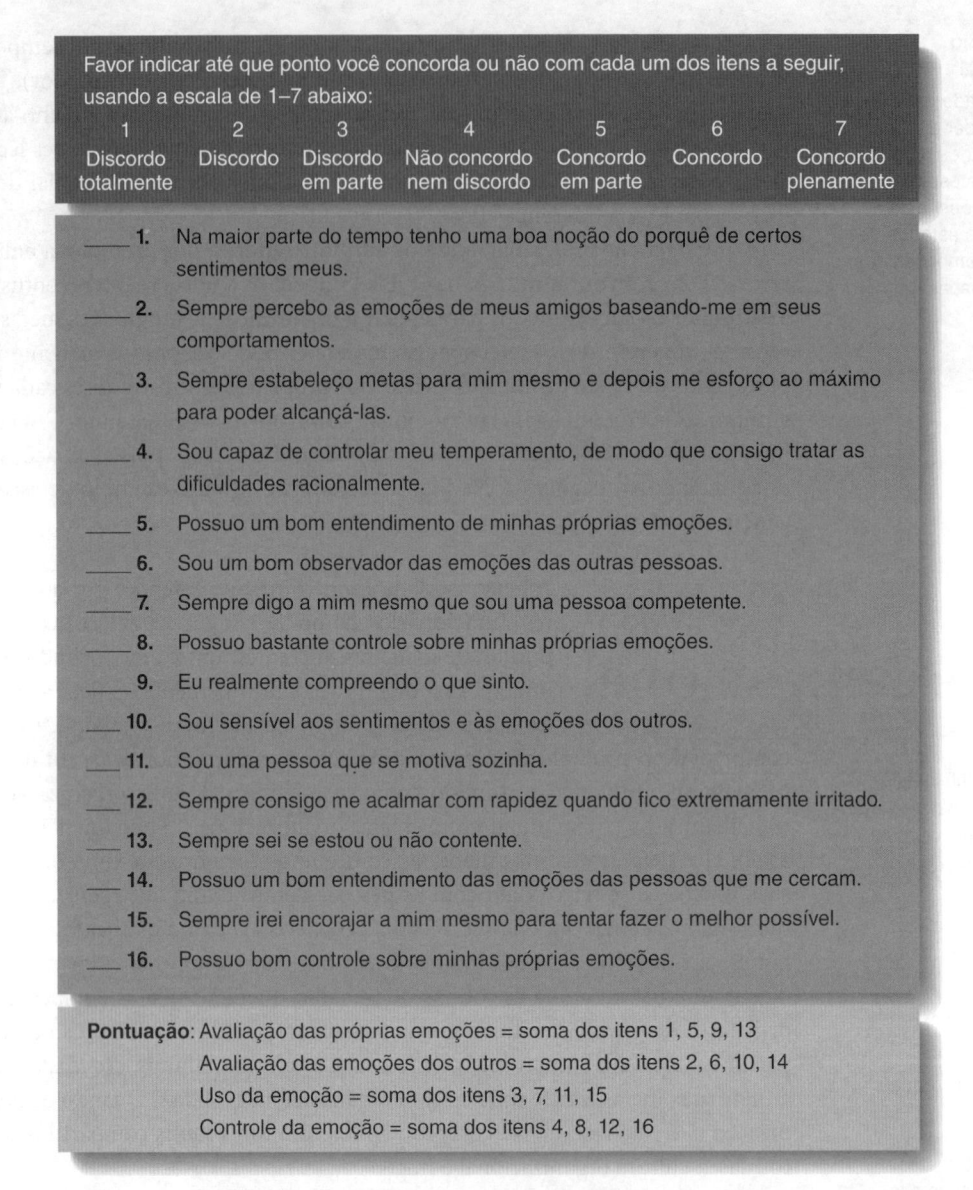

Favor indicar até que ponto você concorda ou não com cada um dos itens a seguir, usando a escala de 1–7 abaixo:

1	2	3	4	5	6	7
Discordo totalmente	Discordo	Discordo em parte	Não concordo nem discordo	Concordo em parte	Concordo	Concordo plenamente

____ 1. Na maior parte do tempo tenho uma boa noção do porquê de certos sentimentos meus.

____ 2. Sempre percebo as emoções de meus amigos baseando-me em seus comportamentos.

____ 3. Sempre estabeleço metas para mim mesmo e depois me esforço ao máximo para poder alcançá-las.

____ 4. Sou capaz de controlar meu temperamento, de modo que consigo tratar as dificuldades racionalmente.

____ 5. Possuo um bom entendimento de minhas próprias emoções.

____ 6. Sou um bom observador das emoções das outras pessoas.

____ 7. Sempre digo a mim mesmo que sou uma pessoa competente.

____ 8. Possuo bastante controle sobre minhas próprias emoções.

____ 9. Eu realmente compreendo o que sinto.

____ 10. Sou sensível aos sentimentos e às emoções dos outros.

____ 11. Sou uma pessoa que se motiva sozinha.

____ 12. Sempre consigo me acalmar com rapidez quando fico extremamente irritado.

____ 13. Sempre sei se estou ou não contente.

____ 14. Possuo um bom entendimento das emoções das pessoas que me cercam.

____ 15. Sempre irei encorajar a mim mesmo para tentar fazer o melhor possível.

____ 16. Possuo bom controle sobre minhas próprias emoções.

Pontuação: Avaliação das próprias emoções = soma dos itens 1, 5, 9, 13
Avaliação das emoções dos outros = soma dos itens 2, 6, 10, 14
Uso da emoção = soma dos itens 3, 7, 11, 15
Controle da emoção = soma dos itens 4, 8, 12, 16

Fontes: K. Law, C. Wong, and L. Song, "The Construct and Criterion Validity of Emotional Intelligence and Its Potential Utility for Management Studies," *Journal of Applied Psychology* 89, n. 3 (June 2004), p. 496; C. S. Wong and K. S. Law, "The Effects of Leader and Follower Emotional Intelligence on Performance and Attitude: An Exploratory Study," *Leadership Quarterly* 13 (2002), p. 243–74.

Os administradores e a cultura organizacional

Os administradores desempenham um papel particularmente importante ao influenciar a cultura organizacional.[85] O modo como criam essa cultura fica mais evidente em empresas novas, que estão iniciando suas atividades. Os empreendedores que abrem seu próprio negócio costumam ser também os dirigentes das empresas recém-abertas, até que essas cresçam e/ou se tornem lucrativas. São os fundadores empresariais, que criam, literalmente, a cultura de suas organizações.

As características pessoais dos fundadores desempenham um papel importante. Benjamin Schneider, renomado pesquisador na área da administração, desenvolveu um modelo que ajuda a explicar o papel que as características pessoais de seus fundadores exerce na determinação da cultura organizacional.[86] Seu modelo, denominado **estrutura ASA (atração-seleção-atrição)**, postula que, quando os fundadores contratam funcionários para suas novas empresas, tendem a escolher

estrutura ASA (atração-seleção-atrição) Um modelo que explica como a personalidade pode influenciar a cultura organizacional.

aqueles cujas personalidades sejam similares às suas.[87] Esses funcionários com características similares têm maiores chances de permanecer na organização. Embora funcionários dissimilares dessa personalidade possam ser contratados no futuro, esses apresentam maior probabilidade de deixar a organização com o tempo.[88] Como resultado desses processos de atração, seleção e atrição, as pessoas dentro da organização tendem a ter personalidades similares. O perfil de personalidade típico ou dominante dos seus membros determina e molda a cultura organizacional.[89]

Quando David Kelley se interessou por engenharia e projeto de produtos no final dos anos 1970, por exemplo, se deu conta que era uma pessoa cujo perfil não se enquadraria em um ambiente corporativo típico e, consequentemente, não seria feliz se ali trabalhasse. Kelley apresenta alta pontuação em abertura a novas experiências, se deixa levar por seus interesses e não gosta de seguir as diretrizes dos outros. Ele sabia que precisava iniciar o seu próprio negócio e, com a ajuda de outros engenheiros formados pela Stanford e especialistas em projeto, nasceu a IDEO.[90]

Desde o princípio, a cultura da IDEO incorporou o modo vivaz e aventuroso de trabalhar e projetar, e uma consequência disso é que ela dispõe de ambientes de trabalho coloridos e informais. Kelley enfatiza o estabelecimento de uma rede de contatos e a comunicação com o maior número possível de pessoas para compreender um problema de projeto. Nenhum projeto ou problema é muito grande ou muito pequeno para a IDEO. A empresa fez o desenho do *mouse* e do computador Lisa (precursor do Mac) e do Palm da Apple, bem como do tubo da pasta de dentes Neat Squeeze, da Crest e da garrafa d'água Edge, da Racer.[91] Kelley odeia regras, títulos de cargos, grandes salas no escritório e todas as demais armadilhas das grandes organizações tradicionais que acabam por sufocar a criatividade. Funcionários que são atraídos pela IDEO e continuam na empresa valorizam a criatividade e a inovação, e adotam um dos seus lemas: "Erre muito para acertar mais cedo."[92]

Embora os processos ASA sejam mais evidentes em pequenas empresas como a IDEO, também podem funcionar em grandes empresas.[93] De acordo com o modelo ASA, trata-se de um fenômeno que ocorre naturalmente na medida em que os gestores e os novos contratados são livres para fazer os tipos de escolhas que o modelo especifica. Embora as pessoas tenham a tendência de se relacionar bem com outras do mesmo perfil, a similaridade em demasia em uma organização pode, na verdade, afetar a eficácia organizacional. Ou seja, pessoas parecidas tendem a ver condições e eventos de formas similares e, portanto, podem ser resistentes a mudanças. Além de tudo, as organizações se beneficiam da diversidade de perspectivas em vez da similaridade nas perspectivas (ver Capítulo 3). Na IDEO, Kelley percebeu logo o quanto é importante tirar proveito de perspectivas e talentos diversos que pessoas com personalidades, *backgrounds*, experiências e formação distintos podem agregar a uma equipe de projeto. Portanto, nas equipes de projeto da IDEO temos não apenas engenheiros, mas também outros profissionais que poderiam ter um *insight* único sobre um problema – como antropólogos, especialistas em comunicação, médicos e usuários de um produto. Quando são contratados novos funcionários na IDEO, eles se reúnem com vários funcionários, de *backgrounds* e características diversos – o foco não é contratar alguém que irá "se encaixar", mas sim contratar alguém que tenha algo a oferecer e possa "surpreender" diferentes tipos de pessoas com suas ideias.[94]

Além da personalidade, outras características pessoais dos gestores moldam a cultura organizacional; entre essas temos os valores, as atitudes, os estados de espírito (juntamente com as emoções) e a inteligência emocional.[95] Tanto os valores terminais quanto os valores instrumentais dos administradores, por exemplo, desempenham um papel determinante na cultura de uma organização. Os administradores que valorizam muito a liberdade e a igualdade, provavelmente enfatizariam

Brainstorming dos funcionários da IDEO – A comunicação informal, o modo casual de se vestir e a flexibilidade dos funcionários são "marcas registradas" da organização.

a importância da autonomia e da delegação de poder em suas organizações, assim como o tratamento igualitário para todos. Ainda, os administradores que valorizam muito a prestatividade e a indulgência não apenas tolerariam erros como também teriam propensão a enfatizar aos membros de uma organização a importância de serem gentis e prestativos.

Os administradores satisfeitos com seus trabalhos, que são comprometidos com suas organizações e que experimentam emoções e estados de espírito positivos também poderiam incitar tais atitudes e sentimentos em outras pessoas. O resultado seria uma cultura organizacional que enfatiza atitudes e sentimentos positivos. Pesquisas sugerem que atitudes como satisfação no trabalho e comprometimento com a organização podem ser afetadas pela influência dos outros. Dadas as suas múltiplas funções, os administradores se encontram em uma posição particularmente favorável, que facilita a influência social. As pesquisas sugerem, sobretudo, que os estados de espírito e as emoções podem ser "contagiantes", e que conviver com pessoas empolgadas e entusiastas pode aumentar os próprios níveis de empolgação e entusiasmo.

O papel dos valores e das normas na cultura organizacional

Valores terminais e instrumentais compartilhados têm um papel particularmente importante na cultura organizacional. Os *valores terminais* significam aquilo que uma organização e seus funcionários estão tentando realizar, enquanto os *valores instrumentais* orientam as formas utilizadas pela organização e pelos seus membros para alcançar os objetivos dessa organização. Além desses valores, as normas compartilhadas também são um aspecto fundamental da cultura organizacional. Lembre-se de que normas são regras informais (não por escrito) ou diretrizes que prescrevem o comportamento apropriado em determinadas situações. Entre as normas da IDEO, por exemplo, temos: não criticar as ideias dos outros, ter várias ideias antes de se decidir por uma delas e desenvolver protótipos de produtos novos.[96]

Os administradores determinam e moldam a cultura organizacional por meio dos tipos de valores e normas que promovem em uma organização. Alguns administradores, como David Kelley da IDEO, cultivam valores e normas que encorajam o ato de assumir riscos, as respostas criativas a problemas e oportunidades, a experimentação, a tolerância ao fracasso a fim de obter êxito e a autonomia.[97] Os altos executivos de organizações como a Microsoft e a Google encorajam seus funcionários a adotarem tais valores para sustentarem seu comprometimento com a inovação como fonte de vantagem competitiva.

Outros administradores, entretanto, podem cultivar valores e normas que prescrevam para os funcionários formas sempre conservadoras e cautelosas no trato com os outros, e que devam consultar seus superiores antes de tomar decisões importantes ou de realizar quaisquer mudanças no *status quo*. Enfatiza-se a responsabilidade dos funcionários pelos próprios atos e decisões, e são mantidos registros detalhados para garantir que as políticas e procedimentos sejam seguidos. Em ambientes onde se exige cautela – usinas nucleares, grandes refinarias de petróleo, indústrias químicas, instituições financeiras, seguradoras –, uma abordagem conservadora e cautelosa na tomada de decisão seria altamente apropriada.[98] Em uma usina nuclear, por exemplo, as consequências catastróficas de um possível erro tornam vital um alto nível de supervisão. Da mesma forma, em uma instituição bancária ou de fundos mútuos, o risco de perder o dinheiro dos investidores torna altamente recomendável a adoção de uma postura cautelosa.

Administradores de diferentes tipos de organizações cultivam e criam deliberadamente os valores e normas organizacionais que melhor se adequam à sua tarefa e aos ambientes, estratégias ou tecnologias. A cultura organizacional é mantida e transmitida aos membros da empresa por meio dos valores do fundador, do processo de socialização, das cerimônias e ritos, além das histórias e linguagens (ver Figura 2.9).

VALORES DO FUNDADOR No modelo ASA discutido anteriormente fica claro que os fundadores de uma organização podem provocar efeitos profundos e duradouros na cultura organizacional. Em primeiro lugar, os valores dos fundadores os inspiraram a abrir suas próprias empresas

Figura 2.9
Fatores que mantêm e transmitem a cultura organizacional.

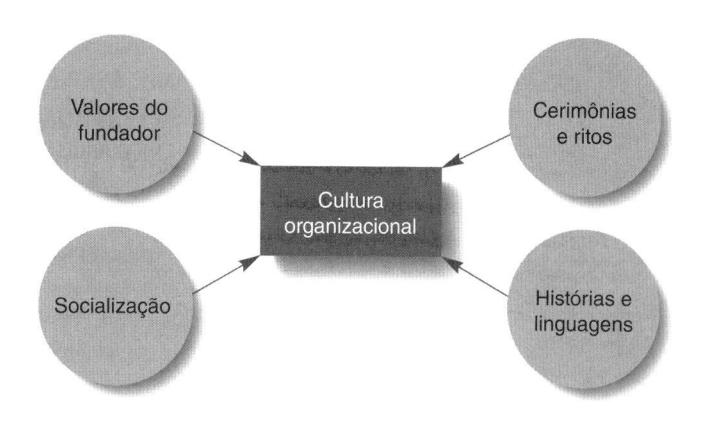

Diagrama: Valores do fundador, Cerimônias e ritos, Socialização, Histórias e linguagens → Cultura organizacional

e, por sua vez, orientaram a natureza dessas novas empresas e as características que as definem. Consequentemente, o fundador de uma organização e seus valores terminais e instrumentais têm influência significativa nos valores, normas e padrões de comportamento que se desenvolvem ao longo do tempo dentro da empresa.[99] Os fundadores criam as bases para o desenvolvimento dos valores culturais e normas da organização, pois seus próprios valores orientaram a formação da empresa, e também porque contrataram outros gestores e funcionários que acreditam partilhar desses mesmos valores e ajudarão a organização a atingi-los. Além disso, os novos gestores aprendem rapidamente com o fundador da empresa quais valores e normas são apropriados na organização – e, portanto, o que se espera deles. Os subordinados imitam o estilo do fundador e, por sua vez, transmitem seus valores e normas a seus subordinados. Gradualmente, ao longo do tempo, os valores e normas do fundador acabam permeando a organização.

Um fundador que exige um grande respeito por parte dos subordinados e insiste em convenções sociais – como títulos de cargos e um modo formal de se vestir – encoraja esses subordinados a agirem dessa mesma forma com seus respectivos subordinados. Muitas vezes, os valores pessoais do fundador de uma empresa afetam a vantagem competitiva da organização. Por exemplo, o fundador do McDonald's, Ray Kroc, insistiu desde o princípio em um alto padrão de atendimento ao cliente e de asseio nas lojas da rede; essas normas se tornaram fontes primárias da vantagem competitiva do McDonald's. Da mesma forma, Bill Gates, fundador da Microsoft, determinou certos valores culturais na Microsoft; nesta organização, espera-se que os funcionários sejam criativos e trabalhem duro, e eles são encorajados a se vestir informalmente e a personalizar suas salas. Os eventos promovidos pela empresa, como churrascos, piqueniques e eventos esportivos, enfatizam aos seus funcionários a importância de ser tanto um indivíduo como um membro da equipe.

SOCIALIZAÇÃO Outro meio de transmitir a cultura organizacional. Ao longo do tempo, os membros da organização aprendem uns com os outros quais valores são importantes ali e quais normas especificam comportamentos apropriados e inapropriados. No final, os membros acabam se comportando de acordo com os valores e normas da organização – muitas vezes sem se dar conta disso. **Socialização organizacional** é o processo por meio do qual os recém-chegados à nova empresa aprendem seus valores e normas e adquirem os comportamentos profissionais necessários para desempenharem suas funções de forma eficaz.[100] Como consequência de suas experiências de socialização, os membros internalizam os valores e normas da organização e se comportam de acordo com eles – não apenas porque acham que devem assim fazê-lo como também porque acreditam que esses valores e normas descrevem a maneira correta e apropriada de se comportar.[101]

Na Texas A&M University, por exemplo, incentiva-se todos os novos alunos a irem ao "Fish Camp" para aprender a ser um "Aggie" (apelido tradicional dos alunos dessa universidade). Eles aprendem sobre as cerimônias que foram criadas ao longo do tempo para homenagear pessoas ou eventos significativos na história da A&M. Além disso, aprendem a se comportar em partidas de futebol e durante as aulas, e qual o significado de ser um "Aggie". No momento em que chegarem

socialização organizacional
Processo por meio do qual os recém-chegados à nova empresa aprendem seus valores e normas e adquirem os comportamentos profissionais necessários para desempenharem suas funções de forma eficaz.

A Walt Disney Company manda os novos "membros do elenco" para a Disney University com a finalidade de treiná-los a representar e a preservar a cultura Disney, independentemente de quais sejam seus papéis – Pinóquio ou Cinderela.

ao *campus* para seu primeiro semestre, os calouros terão sido socializados naquilo que supostamente um aluno da Texas A&M deverá fazer e terão relativamente poucos problemas para se adaptar ao ambiente da universidade – resultado desse programa de socialização cuidadosamente organizado.

A maior parte das organizações possui algum tipo de programa de socialização para ajudar os novos funcionários a se familiarizarem com os valores, as normas e a cultura organizacionais. Os militares, por exemplo, são conhecidos pelo rigoroso processo de socialização que utilizam para transformarem recrutas em soldados treinados. Organizações como a Walt Disney Company também submetem os novos contratados a um rigoroso programa de treinamento para lhes dar o conhecimento necessário não apenas para desempenharem bem suas funções como também para garantir que cada funcionário faça sua parte ajudando os visitantes da Disneylândia a se divertirem de forma sadia em um parque temático. Os novos contratados pela Disney são chamados "membros do elenco" e frequentam a Disney University para absorver a cultura Disney e desempenhar seu papel nela.

A cultura da Disney enfatiza os seguintes valores: segurança, cortesia, entretenimento e eficiência. Tais valores são vivenciados na Disney University pelos recém-chegados à empresa. Nessa "universidade", os recém-chegados também aprendem sobre a área da atração em que irão trabalhar (por exemplo, Adventureland ou Fantasyland) e depois recebem dos veteranos do elenco a socialização durante o trabalho na própria área da atração.[102] Por meio da socialização organizacional, os fundadores e gestores de uma organização transmitem aos funcionários as normas e valores culturais que moldam o comportamento de seus membros. Consequentemente, os valores e as normas do fundador Walt Disney ainda continuam vivos na Disneylândia, dado que os recém-chegados são socializados no modo "Disney" de ser.

CERIMÔNIAS E RITOS Outra maneira pela qual os administradores podem criar ou influenciar a cultura organizacional é a criação de cerimônias e ritos – eventos formais que reconhecem acontecimentos de importância para a organização como um todo e para determinados funcionários.[103] Os ritos mais comuns usados para transmitir normas e valores culturais para os membros de uma organização são os ritos de passagem, de integração e de reconhecimento (ver Tabela 2.1).[104]

Os *ritos de passagem* determinam como os indivíduos entram, progridem ou deixam a organização. Os programas de socialização desenvolvidos pelas organizações militares (como o exército americano) ou por empresas de contabilidade e escritórios de advocacia são ritos de passagem. No mesmo passo, as formas com que uma organização prepara pessoas para promoção ou aposentadoria são ritos de passagem.

Tabela 2.1
Ritos organizacionais.

Tipo de rito	Exemplo de rito	Propósito do rito
Rito de passagem	Indução e treinamento básico	Aprender e internalizar normas e valores
Rito de integração	Festa de Natal do escritório	Formar normas e valores comuns
Rito de reconhecimento	Apresentação de premiação anual	Incentivar o comprometimento com normas e valores

Os *ritos de integração*, podem ser, por exemplo, os anúncios compartilhados dos êxitos obtidos pela organização, as festas realizadas no escritório e os churrascos promovidos pela empresa. Eles constroem e reforçam os laços comuns entre seus membros. A IDEO usa vários ritos de integração para fazer com que seus funcionários se sintam ligados uns aos outros e individualmente especiais, como a promoção de festas "de arromba" nas comemorações de fim de ano. De tempos em tempos, grupos de funcionários da IDEO tiram uma folga para participarem de eventos esportivos, irem ao cinema ou a um restaurante ou, algumas vezes, participarem de um longo passeio de bicicleta ou velejarem. Esses tipos de atividades compartilhadas podem ser uma fonte de inspiração para o trabalho. Um dos times de projeto da IDEO, dirigido por Dennis Boyle e com 35 integrantes, promove almoços bimestrais sem nenhuma agenda preestabelecida – "rola de tudo". Enquanto desfrutam de ótima comida, piadas e um clima de camaradagem, os membros muitas vezes acabam trocando ideias para seus produtos mais recentes, e a conversa, que flui naturalmente, leva a ideias criativas.[105]

Os encontros anuais das empresas também são um rito de integração, nos quais há a oportunidade de transmitir valores organizacionais aos gestores, demais funcionários e acionistas. A Walmart transforma seu encontro anual de acionistas em uma cerimônia extravagante que celebra o sucesso da organização e reforça sua cultura de alto desempenho. Normalmente, a empresa oferece passagens aéreas para milhares de funcionários que obtiveram alto desempenho para que participem do encontro anual em sua sede em Bentonville (Arkansas), onde acontece um grandioso festival de fim de semana com a apresentação de estrelas da música *country*. O evento é exibido ao vivo e televisionado em circuito fechado para todas as lojas do Walmart, de modo que todos os funcionários possam se juntar aos ritos que celebram as realizações da empresa.[106]

Ritos de reconhecimento, como jantares para entrega de premiação, *releases* e promoções de funcionários, possibilitam o reconhecimento e a premiação pública das contribuições dos funcionários e, portanto, reforçam seu comprometimento com os valores da organização. Ao unir os membros em torno da organização, os ritos de reconhecimento reforçam seus valores e normas.

HISTÓRIAS E LINGUAGENS As *histórias e linguagens* também transmitem a cultura organizacional. As histórias (sejam elas verdadeiras ou não) sobre heróis e vilões da empresa e seus feitos fornecem pistas importantes sobre seus valores e normas. Tais histórias podem revelar os tipos de comportamentos que são apreciados pela organização e os tipos de práticas que são reprovados.[107] No cerne da rica cultura do McDonald's se encontram centenas de histórias contadas pelos funcionários sobre o seu fundador Ray Kroc. A maior parte delas se concentra em como Kroc estabeleceu os rígidos valores operacionais que se encontram no cerne da cultura do McDonald's. Kroc dedicava-se a atingir a perfeição em termos de qualidade, atendimento, asseio e relação custo-benefício (QAA&RCB) oferecidos pela rede, e esses quatro valores fundamentais permeavam a cultura do McDonald's. Uma história frequentemente recontada descreve o que aconteceu quando ele e um grupo de gerentes de Houston estavam visitando algumas das várias lojas da rede. Uma delas estava passando por um péssimo dia em termos operacionais; Kroc ficou exasperado ao ver as longas filas e enfureceu-se ao perceber que os produtos recebidos pelos clientes naquele dia não estavam dentro dos elevados padrões da companhia. Para resolver o problema, ele subiu no balcão, chamando a atenção de todos os clientes e da equipe de funcionários. Primeiramente, ele se apresentou, pedindo desculpas pela longa espera e refeições frias, e disse aos clientes que eles poderiam receber novas refeições ou o seu dinheiro de volta – a seu critério. Os clientes saíram contentes, e quando Kroc inspecionou a loja mais tarde, constatou que seu recado havia surtido efeito nos gerentes e funcionários subordinados – o desempenho havia melhorado. Outras histórias descrevem Kroc limpando banheiros sujos e catando lixo dentro ou fora das lojas. Essas e outras histórias parecidas são espalhadas pela organização pelos próprios funcionários da rede. Assim, são histórias que ajudaram a transformar Kroc em "herói" do McDonald's.

Pelo fato de a linguagem falada ser o principal meio de comunicação nas organizações, a gíria ou jargão característico – isto é, palavras ou frases específicas da organização – que as pessoas usam para expressar e descrever eventos fornece dicas importantes sobre as normas e os valores da empresa. A "McLanguage", por exemplo, predomina em todos os níveis do McDonald's. Um funcionário da empresa explicou que "ter *ketchup* nas veias" é alguém realmente dedicado à forma de pensar e agir do McDonald's – alguém que se adaptou perfeitamente à cultura da empresa. O McDonald's possui um abrangente programa de treinamento que ensina aos novos funcionários "a língua McDonald's". Eles, além disso, são recepcionados na "família" com uma orientação formal que ilustra a dedicação de Kroc aos princípios QAA&RCB.

O conceito de linguagem organizacional abrange não apenas a linguagem falada como também outros tipos de linguagem, tais como o modo de se vestir dos funcionários, os escritórios que ocupam, os carros que dirigem e o grau de formalidade utilizado quando se referem uns aos outros. As roupas informais refletem e reforçam os valores e a cultura empreendedora da Microsoft. Os trajes formais sustentam a cultura conservadora encontrada em muitos bancos, que enfatizam a importância de se conformar a normas como o respeito pela autoridade e a restrição dos membros da organização aos limites da função prescrita. Os operadores do setor de mercado futuro da bolsa de Chicago costumam usar paletós extravagantes com chamativas gravatas coloridas para se fazerem notar em um mar de gente. A demanda por paletós nas cores carmim, verde-limão e lamê prateado com imagens vívidas como a dos *Power Rangers* – qualquer coisa que ajude os operadores a se destacarem e atraírem os clientes – é enorme.[108] Quando os funcionários falam e compreendem a linguagem da cultura de suas organizações, sabem como se comportar ali e o que é esperado deles.

Na IDEO, a linguagem, a vestimenta, o ambiente físico de trabalho e a extrema informalidade salientam uma cultura aventurosa, lúdica, que corre riscos, igualitária e inovadora. Por exemplo, ao desenharem produtos e assumirem a perspectiva dos clientes, os funcionários dizem que estão "fazendo-se de canhotos". Eles vestem camisetas e *jeans,* e o ambiente físico de trabalho está em contínua evolução e mudança, dependendo de como eles desejam personalizar seus espaços de trabalho; ninguém "é dono" de uma sala luxuosa com janelas, e as regras são inexistentes.[109]

Cultura e ação gerencial

Embora os fundadores e gestores tenham papel crítico no desenvolvimento, na manutenção e na transmissão da cultura organizacional, essa mesma cultura molda e controla o comportamento de todos os funcionários, inclusive dos próprios gestores. Ela influencia, por exemplo, a maneira com que os administradores realizam suas quatro funções principais: planejamento, organização, liderança e controle. Ao considerarmos essas funções, continuamos a fazer a distinção entre executivos que criam normas e valores organizacionais que incentivam um comportamento criativo e inovador e executivos que incentivam uma postura conservadora e cautelosa. Observamos anteriormente que ambos os tipos de valores e normas podem ser apropriados, dependendo da situação e do tipo de organização.

PLANEJAMENTO Muito provavelmente os altos executivos de uma organização com cultura inovadora incentivarão os gerentes de nível mais baixo a participarem do processo de planejamento e criarão uma abordagem mais flexível desse mesmo planejamento. Provavelmente eles estarão dispostos a ouvir novas ideias e a correr riscos no desenvolvimento de novos produtos. Já os altos executivos de uma organização com valores conservadores provavelmente enfatizarão o planejamento formal de cima para baixo. As sugestões propostas por gerentes de nível mais baixo também estarão sujeitas a um processo de revisão formal, o que pode retardar significativamente a tomada de decisão. Embora essa abordagem deliberada possa melhorar a qualidade da tomada de decisão em uma usina nuclear, ela pode ter consequências indesejadas. Antes, na conservadora IBM, o processo de planejamento era tão formal que os gestores perdiam a maior parte do tempo elaborando complexos *slide shows* e transparências para defender suas posições em vez de dedicar tempo para pensar sobre o que deveriam fazer para manter a IBM atualizada em relação às mudanças que estavam ocorrendo no setor de informática. Quando seu ex-CEO, Lou Gerstner, assumiu o cargo, usou todos os meios ao seu dispor para abolir essa cultura, chegando a construir uma sede completamente nova em estilo *campus* universitário para mudar o modo de pensar dos gestores. A cultura da IBM continua passando por mudanças, agora iniciadas pelo seu CEO atual, Samuel Palmisano.[110]

ORGANIZAÇÃO Que tipos de organização os administradores inseridos em culturas inovadoras e em culturas conservadoras irão incentivar? Valorizando a criatividade, os administradores inseridos em culturas inovadoras muito provavelmente irão tentar criar um organograma horizontal, com poucos níveis hierárquicos, no qual também a autoridade será descentralizada, de modo que os funcionários sejam encorajados a trabalhar juntos na busca de soluções para problemas correntes. Uma estrutura formada por equipes de produto pode ser muito adequada para uma organização desse tipo. Por sua vez, administradores em culturas conservadoras provavelmente irão criar uma hierarquia de autoridade bem definida e estabelecerão relações hierárquicas claras, de modo que os funcionários saibam exatamente a quem se dirigir e como reagir diante de quaisquer problemas que venham a surgir.

LIDERANÇA Em uma cultura inovadora, provavelmente os administradores irão liderar por meio de exemplos, encorajando os funcionários a correrem riscos e a experimentarem. Eles darão apoio independentemente de os funcionários terem êxito ou não. De forma contrastante, os administradores em uma cultura conservadora provavelmente se valerão da administração por objetivos e irão monitorar constantemente o progresso dos subordinados rumo aos objetivos, supervisionando-os a cada passo. Examinaremos a liderança de forma detalhada no Capítulo 10, quando considerarmos os estilos de liderança que os administradores podem adotar para influenciar e moldar o comportamento dos funcionários.

CONTROLE O modo como os administradores avaliam e agem visando aumentar o desempenho difere a depender da cultura organizacional – se ela enfatiza a formalidade e a cautela ou então a inovação e mudança. Os administradores que querem encorajar a postura de assumir riscos, a criatividade e a inovação reconhecem que existem vários caminhos possíveis para o sucesso, e que o insucesso tem de ser aceito para que a criatividade floresça. Consequentemente, estão menos preocupados com o fato de os funcionários desempenharem suas funções de maneiras específicas e predeterminadas, em total concordância com as metas preestabelecidas, e mais preocupados em fazer com que sejam flexíveis e tomem a iniciativa de engendrar ideias para aumentar o desempenho. Os administradores em culturas inovadoras também estão mais preocupados com o desempenho de longo prazo e não com metas de curto prazo, pois reconhecem que a verdadeira inovação envolve muita incerteza, o que requer flexibilidade. Em contrapartida, os administradores inseridos em culturas que enfatizam cautela e manutenção do *status quo* normalmente estabelecem metas específicas e difíceis para seus funcionários, costumam monitorar o progresso destas metas e elaboram um conjunto de regras claras às quais esperam a adesão dos funcionários.

Os valores e as normas da cultura de uma organização afetam muito a maneira como os administradores desempenham suas funções gerenciais. O grau de aceitação dos valores e das normas organizacionais molda a visão de mundo dos administradores e suas ações e decisões em determinadas circunstâncias.[111] Por outro lado, as providências que eles tomam podem impactar o desempenho da organização. Consequentemente, a cultura organizacional, a ação gerencial e o desempenho organizacional estão interligados.

Essa ligação fica aparente na Hewlett-Packard (HP), líder nos campos de instrumentação eletrônica e de produtos de informática. Fundada na década de 1940, a HP criou uma cultura que é o resultado das firmes crenças pessoais dos fundadores da empresa, William Hewlett e David Packard. Bill e Dave, como são conhecidos ali, formalizaram a cultura da HP em 1957, em uma expressão que sintetiza os objetivos da empresa – conhecida como o "Jeito HP". Os valores básicos do "Jeito HP" frisam servir com integridade e justiça cada uma das pessoas que tem algum interesse na empresa, inclusive clientes, fornecedores, funcionários, acionistas e a sociedade em geral. Bill e Dave ajudaram a criar essa cultura na HP contratando pessoas que pensavam da mesma forma, e deixando que o "Jeito HP" orientasse suas próprias ações como gestores.

Embora esse exemplo da Hewlett-Packard e o exemplo anterior da IDEO ilustrem como a cultura organizacional pode dar origem a ações gerenciais que, em última instância, beneficiam a organização, este nem sempre é o caso. As culturas de certas organizações se tornam inoperantes, fomentando ações gerenciais que prejudicam a empresa e desencorajam ações que poderiam levar a um melhor desempenho.[112] Escândalos recentes ocorridos em grandes empresas como Enron, Tyco e WorldCom mostram como pode ser prejudicial uma cultura inoperante para uma organização e seus membros. Por exemplo, a cultura arrogante da Enron ("sucesso a qualquer preço") levou ao comportamento fraudulento de seus altos executivos.[113] Infelizmente, centenas de funcionários da Enron pagaram um alto preço pela conduta antiética desses executivos e pela cultura organizacional inoperante. Esses funcionários não apenas perderam o emprego: muitos também perderam as economias de toda a vida em ações e fundos de pensão da Enron, que acabaram valendo apenas uma fração dos antigos valores, vigentes antes dos atos ilícitos da Enron virem à tona. Discutiremos a ética com maior profundidade no próximo capítulo.

Resumo e revisão

CARACTERÍSTICAS PERMANENTES: TRAÇOS DE PERSONALIDADE Traços de personalidade são tendências permanentes de sentir, pensar e agir. Os cinco grandes traços gerais são extroversão, afetividade negativa, agradabilidade, consciência e abertura a novas experiências. Outros traços de personalidade que afetam o comportamento gerencial são zona de controle, autoestima e as necessidades de realização, de afiliação e de poder. **[MA1]**

VALORES, ATITUDES, ESTADOS DE ESPÍRITO E EMOÇÕES Valor terminal é uma convicção pessoal sobre as metas ou objetivos para a vida toda; valor instrumental é uma convicção pessoal sobre os modos de conduta. Os valores terminais e instrumentais têm grande impacto naquilo que os administradores tentam alcançar nas organizações e nos tipos de comportamento que eles adotam. Atitude é um conjunto de sentimentos e crenças. Duas atitudes importantes para compreender os comportamentos gerenciais são a satisfação no trabalho (conjunto de sentimentos e crenças que os administradores têm em relação a seus trabalhos atuais) e o comprometimento com a organização (conjunto de sentimentos e crenças que os administradores têm em relação às suas organizações como um todo). Estado de espírito é um sentimento ou estado de ânimo; emoções são sentimentos intensos de curta duração e que estão diretamente ligados às suas causas. Os estados de espírito e as emoções dos administradores ou como eles se sentem no dia a dia profissional, têm o potencial de afetar não apenas seus próprios comportamentos e eficácia como também os de seus subordinados. Inteligência emocional é a capacidade de compreender e administrar seus próprios estados de espírito e emoções, assim como os das outras pessoas. **[MA2, 3, 4]**

CULTURA ORGANIZACIONAL Cultura organizacional é o conjunto de crenças, expectativas, valores, normas e rotinas de trabalho compartilhados que influenciam o modo como os membros de uma organização se inter-relacionam e trabalham juntos para atingir as metas organizacionais. Os fundadores de novas organizações e também os seus administradores desempenham um importante papel na criação e manutenção da cultura organizacional. A socialização organizacional é o processo por meio do qual os recém-chegados à empresa aprendem seus valores e normas e adquirem os comportamentos profissionais necessários para desempenhar suas funções de forma eficaz. **[MA5]**

Administradores em ação

🌐 Tópicos para discussão e trabalho

DISCUSSÃO

1. Discuta por que administradores com tipos de personalidades diferentes podem ser igualmente eficazes e bem-sucedidos. [MA1]

2. É possível que os administradores fiquem satisfeitos em excesso com seus trabalhos? E que sejam comprometidos em demasia com suas organizações? Por que sim ou por que não? [MA2]

3. Suponha que você seja o gerente de um restaurante. Descreva, em sua opinião, como seria trabalhar em um dia em que você se encontrasse em um estado de espírito negativo. [MA3]

4. Por que pode ser uma desvantagem ter baixos níveis de inteligência emocional? [MA4]

AÇÃO

5. Entreviste um administrador de uma organização local. Peça que descreva situações em que ele tende a agir de acordo com seus valores. Peça que descreva situações nas quais ele terá menos chances de agir de acordo com seus valores. [MA2]

6. Assista algum programa popular na TV e tente determinar os níveis de inteligência emocional dos personagens que os atores do programa representam. Classifique-os do mais alto para o mais baixo em termos de inteligência emocional. Enquanto assistia ao programa, que fatores influenciaram sua avaliação dos níveis de inteligência emocional? [MA4]

7. Vá a uma loja de roupas requintadas próxima de sua casa e também a uma loja de roupas que definitivamente não apresenta essas características. Observe o comportamento dos funcionários em cada loja, assim como o ambiente. Em que aspectos as culturas organizacionais de cada loja são similares? Em que aspectos são diferentes? [MA5]

💡 Desenvolvimento de habilidades gerenciais
Diagnosticando cultura [MA5]

Considere a cultura da última empresa para a qual você trabalhou – sua universidade atual ou então outra organização ou clube do qual você era sócio. Em seguida, responda as perguntas a seguir:

1. Que valores são enfatizados nessa cultura?
2. Quais normas os membros dessa organização seguem?
3. Quem parece ter tido um papel importante na criação dessa cultura?
4. Como a cultura organizacional é transmitida a seus membros?

⚖️ Administrando eticamente [MA1, 2]

Algumas organizações se baseiam em um histórico de interesses e de personalidade para selecionar candidatos em potencial. Outras tentam avaliar candidatos usando tradicionais testes de honestidade.

1. Seja individualmente ou em grupo, imagine as implicações éticas de usar históricos de personalidade e de interesses para avaliar candidatos. Como essa prática poderia ser injusta para com os candidatos em potencial? Como os membros da organização encarregados da contratação poderiam usá-los de modo inadequado?

2. Devido a erros de medição e problemas de validação, algumas pessoas confiáveis podem "ser reprovadas" nos testes de honestidade aplicados pelos empregadores. Quais são as implicações éticas desse tipo de situação e que obrigações você imagina que os empregadores deveriam ter ao se basearem em testes de honestidade para selecionar os candidatos?

Exercício em grupo [MA2, 3, 4, 5]
Tomando decisões em períodos críticos

Forme pequenos grupos de três ou quatro pessoas e indique um de seus membros para ser o porta-voz da equipe. Ele comunicará as descobertas do grupo a toda a classe quando chamado pelo professor. Em seguida, discuta a seguinte situação:

Você faz parte da diretoria de uma empresa de médio porte que fabrica caixas, recipientes e outros materiais que utilizam embalagem de papelão. Sua empresa está enfrentando grande concorrência dos clientes maiores, e os lucros caíram significativamente. Você tentou de tudo para cortar custos e permanecer competitivo, exceto demitir funcionários. Sua empresa nos últimos 20 anos possui a política de não demitir funcionários e você acredita que essa seja uma parte importante da cultura da organização.

Entretanto, você tem sido cada vez mais pressionado para aumentar o desempenho da empresa, e a política de não demitir funcionários vem sendo questionada pelos acionistas da empresa. Muito embora você ainda não tenha decidido fazer o corte – decisão que poderia quebrar uma tradição de 20 anos na sua empresa –, circulam boatos que algo estranho está acontecendo, e os funcionários estão receosos. Você organiza uma reunião para resolver esse problema.

1. Elabore uma lista de opções e possíveis linhas de ação para enfrentar a concorrência crescente e o declínio na lucratividade que sua empresa está experimentando.
2. Escolha sua linha de ação preferida e justifique a opção por esse caminho.
3. Descreva como você comunicará sua decisão aos funcionários.
4. Se sua opção envolver demissões, justifique-a. Caso não envolva demissões, explique a razão.

Seja você o administrador [MA1, 2, 3, 4, 5]

Recentemente você foi contratado como diretor de Recursos Humanos em uma agência de propaganda. Um dos problemas levados ao seu conhecimento é que nos departamentos de criação existem elevados níveis de conflito. Você conversou com membros desses departamentos e em cada um deles parece que todos esses problemas estão sendo criados por apenas alguns elementos. Todos eles são colaboradores de valor, com diversas campanhas criativas a seu favor. Os elevados níveis de conflito estão causando problemas nos departamentos, e as emoções e os estados de espírito negativos andam muito mais prevalentes do que os sentimentos positivos. O que você fará para manter esses valiosos funcionários e diminuir o conflito e os sentimentos negativos excessivos nesses departamentos?

BusinessWeek Caso em foco [MA1, 2, 5]
"Tecendo" um novo tipo de companhia

A Fabindia, empresa fornecedora de tecidos para decoração de interiores e de peças de vestuário tecidas à mão, é uma das mais prestigiosas marcas de varejo da Índia. Em parte, a empresa alcançou esse nível por trazer os fornecedores para perto de si. Essa empresa privada incentiva os artesãos que produzem seus artigos a se tornarem acionistas. Vender parte da empresa a fornecedores não é nada convencional, especialmente quando a maioria dos sócios é analfabeta. Mas, se der certo, a Fabindia poderá se tornar um modelo para todos os tipos de empresas, particularmente nos países em desenvolvimento.

A Fabindia foi fundada em 1960 por John Bissell, um americano que trabalhava para a Ford Foundation em Nova Déli, e agora é dirigida por seu filho William, de 42 anos de idade. Ela tem 97 lojas espalhadas por grandes e pequenas cidades da Índia. Em 2008, acumulou receitas na casa dos US$ 65 milhões, um aumento de 30% em relação ao ano anterior. Hoje a Fabindia depende inteiramente de cerca de 22 mil tecelões, xilógrafos, carpinteiros e agricultores de produtos orgânicos para fornecer os artigos artesanais que ela comercializa. "Estamos entre o século XVII, com nossos fornecedores artesãos, e o século XXI, com nossos consumidores", diz Bissell.

Bissell e sua equipe trabalharam com os artesãos para integrá-los à Fabindia e, por extensão, à economia moderna. Num primeiro momento isso significou ajudar os artesãos a aprimorarem as padronagens tradicionais de tecidos feitos à mão para algo que atraísse o gosto mais refinado da população urbana e melhorasse a consistência de seus artigos.

Dois anos atrás, Bissell foi além. Ele estabeleceu 17 centros espalhados pela Índia, cada um deles organizado em torno da tradição artesanal de cada região específica. Esses centros, por sua vez, foram incorporados como empresas, nas quais os artesãos eram coletivamente donos de 26%. A Fabindia incentiva cada artesão a comprar ações, a US$ 2 cada – uma soma razoável para um tecelão que pode ter um lucro mensal de US$ 100 com a venda de seu tecido feito à mão para a Fabindia. Uma empresa de inteira propriedade da Fabindia controla 49% de cada subsidiária, e o restante pertence a outros funcionários e investidores privados. Até agora, 15 mil artesãos tornaram-se acionistas. A estrutura de propriedade é mutuamente benéfica para a Fabindia e para os artesãos; o varejista garante os estoques de que precisa, ao passo que os tecelões, tintureiros e demais garantem uma renda estável. "Cotizamos nosso esforço e fundos, os artesãos cotizam os deles e dividimos o risco", diz Bissell.

Um dos que creem nesse sistema é Mohammad Yaseen Chhipa, que tinge tecidos na poeirenta vila de Pipar no Rajastão e é fornecedor da Fabindia há duas décadas. Chhipa, 52 anos, hoje é um homem próspero. Sua renda anual cresceu à medida que a própria Fabindia foi crescendo, passando de US$ 8,5 mil em 1989 para US$ 170 mil hoje. Ele possui 560 ações e gostaria de comprar mais, porém a demanda por elas é tão grande que poucas pessoas estão vendendo-as. Os artesãos podem negociar suas ações entre si apenas duas vezes por ano. Embora não tenham ocorrido muitas transações, houve um número suficiente para triplicar o preço da ação para US$ 6. Chhipa e outros acionistas também recebem dividendos tomando como base suas respectivas produções.

Como Bissell planeja abrir outras 150 lojas nos próximos quatro anos, teve que pensar como superar as restrições naturais de seu modelo de negócios. Embora o fato de dar oportunidade a seus fornecedores de possuírem parte da empresa o tenha ajudado a "amarrá-los", não será fácil para Bissell crescer. Uma jarda de *khadi*, o tradicional tecido usado por muitos indianos, leva duas horas para ser tecido – e neste momento a Fabindia precisa de centenas de milhares de jardas por mês. Bissell estima que precisaria triplicar o número atual de artesãos para crescer no ritmo que ele gostaria, o que significaria estabelecer um grande número de centros regionais adicionais. Manter os padrões de qualidade seria um verdadeiro desafio. Mesmo que ele consiga resolver esses dois problemas, ainda existe a complicada questão do controle de estoques. "O conceito japonês de estoque *just-in-time* é difícil de ser administrado", diz Bissell. "Aqui, está mais para *just-in-a-year*."

Bissell tem se esforçado ao máximo na tentativa de encontrar possíveis soluções. Uma ideia seria transferir a responsabilidade da cadeia de suprimentos para os centros regionais. Sua esperança é que um dia eles consigam fazer muito mais em termos de distribuição, armazenamento e projeto. Para tanto, Bissell conseguiu crédito bancário para essas empresas, fazendo com que pudessem ter acesso a capital de giro. E está trazendo alguns dos funcionários dos centros regionais para a sede da Fabindia em Nova Déli, para treinamento comercial básico. O segredo, diz Bissell, é usar aquilo que é intrínseco à Índia. "Quando se tem uma estrutura apropriada", diz ele, "todas as forças afluem em sua direção e trabalham a seu favor."

Perguntas

1. Como você descreveria a personalidade de William Bissell?
2. Que valores terminais e instrumentais provavelmente são particularmente importantes para ele?
3. Como você descreveria a cultura da Fabindia?
4. Que papel você imagina que John Bissell e William Bissell desempenharam no estabelecimento da cultura da Fabindia?

Fonte: M. Kripalani, "Weaving a New Kind of Company." Reimpresso de *BusinessWeek*, 23 e 30/mar./2009, com permissão especial, copyright © 2009 by The McGraw-Hill Companies, Inc.

BusinessWeek Caso em foco [MA2, 4, 5]
Uma resolução difícil

Sobre a mesa de John J. Ferriola, na sede da Nucor, em Charlotte, se encontra um cartão de agradecimento. Amarelo, com flores de cores vivas (verde, rosa e azul). Foi enviado por Diane Williamson, uma operária da fábrica da Nucor em Darlington (Carolina do Sul). Dentro, os dizeres: "Obrigado por preocupar-se comigo e minha família." Nos últimos meses, Ferriola, diretor operacional da Nucor, e seu chefe, o CEO Daniel R. DiMicco, receberam centenas de cartões e *e-mails* similares de seu quadro de 22 mil funcionários.

Hoje é difícil imaginar muitos outros chefões recebendo, aos montes, notas de agradecimento desse gênero. Mas enquanto seus concorrentes despediam milhares de funcionários, a Nucor demonstrou uma lealdade admirável a seus funcionários, evitando demissões a todo custo. Apesar de um péssimo quarto trimestre, a empresa pagou um bônus especial em janeiro de 2009 de US$ 1 mil ou US$ 2 mil por funcionário, recompensa por um 2008 recorde. Custo total para a Nucor: US$ 40 milhões. Em março, pagou mais US$ 270 milhões de participação nos lucros referentes a 2008. "Estamos ganhando dinheiro. Temos nossos empregos", diz Michael May, veterano que trabalha há sete anos na fábrica da Nucor em Crawfordsville (Indiana). "Financeiramente, os funcionários da Nucor estão em melhores condições do que a maioria."

Em melhores condições sim, mas não tão bem como já estiveram no passado. Após anos de lucros recordes, a Nucor está passando por maus momentos, assim como os fabricantes de automóveis, fabricantes de aparelhos e construtoras que compram seu aço. No quarto trimestre de 2008, suas usinas passaram, praticamente do dia para noite, de uma condição de 95% da capacidade produtiva para 50%, já que a redução de crédito para os clientes fez com que estes reduzissem drasticamente os pedidos. "Nunca havíamos visto nada igual", diz DiMicco.

A má situação econômica chegou rapidamente ao chão da fábrica quando a queda na produção atingiu os contracheques dos trabalhadores. Diferentemente de outros fabricantes de aço, a Nucor transfere o máximo possível da responsabilidade pela produção e eficiência aos operários, e associa a maior parte de seus ganhos à produção. A empresa, que funde metal de refugo e o transforma em vigas e folhas de aço usando fornos a arco, é capaz de acelerar ou diminuir a produção mais rapidamente do que as siderúrgicas tradicionais, que precisam de semanas para fazer com que fornos resfriados sejam aquecidos novamente. Portanto, os clientes são rápidos em cancelar pedidos, sabendo que poderão obter o que precisam com relativa rapidez.

Elevando o moral, mantendo-se ocupado

Por vários anos, o modelo da Nucor se traduziu em maior produtividade e crescimento. É por essa razão que a empresa apareceu quatro vezes na lista das empresas com melhor desempenho da *BusinessWeek*. Porém, para os seus funcionários há um ponto negativo nesse modelo, particularmente em tempos difíceis. Com a linha de produção inativa metade do tempo, os bônus minguaram e o salário foi reduzido em até 40%. Para manter o moral elevado, a administração deu grande importância à comunicação. Ferriola dobrou o tempo que permanece nas fábricas. Ron Dickerson, diretor geral da fábrica de Crawfordsville da Nucor, emite relatórios semanais para deixar seu quadro de 750 funcionários a par da quantidade de pedidos. Mas a pergunta que todos os gestores mais ouvem é uma que eles não são capazes de responder: "Quando essa situação irá terminar?".

Por enquanto, Dickerson mantém seu pessoal ocupado, fazendo com que eles redijam novamente manuais de segurança, busquem cortes nas despesas e antecipem-se na manutenção. O trabalho que costumava ser feito por empresas terceirizadas, como a produção de componentes especiais, jardinagem e até mesmo a limpeza de banheiros, agora está sendo feito pelo pessoal da Nucor. A limpeza dos banheiros, dizem os executivos da empresa, foi sugestão de um funcionário.

Para a direção da Nucor, houve consequências. Os planos de crescimento estão em estado de espera. A empresa postergou a tentativa de aquisições. Uma unidade de galvanização recém-terminada está ociosa. Ainda assim, os analistas da Wall Street estão apostando que a empresa irá rapidamente tirar proveito da reviravolta, quando esta vier. Provavelmente não será nesse ano. Mas, com todos os esforços adicionais nas usinas agora, DiMicco diz esperar que a Nucor seja a "primeira a sair da crise".

Perguntas

1. Que fatores provavelmente contribuem para a satisfação dos funcionários e o seu comprometimento com a organização na Nucor?
2. Como você descreveria a cultura organizacional da Nucor?
3. Que valores terminais e instrumentais você acredita serem importantes na cultura da Nucor?
4. Como os níveis de inteligência emocional dos gestores empresariais poderiam influenciar no tratamento que dispensam aos funcionários na Nucor?

Fonte: N. Byrnes, "A Steely Resolve." Reimpresso de *BusinessWeek*, 6/abr./2009, com permissão especial, copyright © 2009 by The McGraw-Hill Companies, Inc.

Administrando a ética e a diversidade

CAPÍTULO 3

Metas de aprendizagem

Após estudar o presente capítulo, você deverá estar apto a:

1. Ilustrar como a ética ajuda os administradores a determinar a maneira correta de se portar ao lidar com diferentes partes interessadas. **[MA1]**

2. Explicar por que os administradores devem se esforçar ao máximo para criar culturas organizacionais éticas. **[MA2]**

3. Apreciar a diversidade cada vez maior da força de trabalho e do ambiente organizacional. **[MA3]**

4. Apreender o papel fundamental desempenhado pelos administradores na administração eficaz da diversidade. **[MA4]**

5. Entender por que a administração eficaz da diversidade é ao mesmo tempo um imperativo ético e empresarial. **[MA5]**

6. Compreender as duas formas principais de assédio sexual e como elas podem ser eliminadas. **[MA6]**

ESTUDO DE CASO
Cuidando dos funcionários na Costco

O que significa ser ético no trato com os funcionários?

Os gestores da Costco, inclusive seu CEO, Jim Senegal, levam muito a sério o Código de Ética da empresa. A Costco Wholesale Corporation é uma das maiores redes de clubes de compras de atacado dos Estados Unidos.[1] Um dos princípios do seu Código de Ética é "Cuidar de Nossos Funcionários."[2] Os salários médios na Costco giram em torno de US$ 17 por hora, 40% a mais do que o salário médio por hora na Walmart, sua principal concorrente.[3] A Costco paga grande parte do seguro-saúde para seus funcionários (que desembolsam cerca de 8% das despesas com seguro-saúde, enquanto a média do setor é de aproximadamente 25%), e aqueles que trabalham meio período têm direito a seguro-saúde após completarem seis meses de

Clientes fiéis à Costco, como os aqui mostrados, sabem que as pechinchas não se dão à custa da diminuição nos salários e benefícios dos funcionários da empresa.

empresa. Em geral, cerca de 85% dos funcionários da Costco têm cobertura de seguro-saúde, comparados com os menos de 45% dos funcionários na Target e na Walmart, que também possuem esse benefício.[4]

Jim Senegal acredita que se preocupar com o bem-estar dos funcionários é uma proposta da qual todos saem ganhando. Os funcionários da Costco ficam satisfeitos, são comprometidos, fiéis e motivados. As taxas de rotatividade e de "roubo" de funcionários ali são muito menores que as médias do setor.[5] No setor varejista, a rotatividade de mão de obra tende a ser muito alta e custosa. Para cada funcionário que deixa a empresa, é preciso recrutar, submeter a testes, entrevistar e treinar um novo candidato. Muito embora os salários e os benefícios sejam maiores na Costco do que na rival Walmart, a Costco tem, na verdade, custos trabalhistas menores do que a Walmart quando se adota como critério comparativo o custo percentual em relação ao total de vendas e às vendas por metro quadrado nas lojas.[6]

Tratar bem os funcionários cria a fidelização dos clientes à Costco. Obviamente, estes apreciam as pechinchas e os preços baixos resultantes de comprar no atacado, assim como a qualidade relativamente alta das mercadorias que a Costco estoca e sua política de não fixar preços com margens superiores a 14% ou 15% (margens relativamente baixas para o varejo), mesmo que seja possível vender mercadorias com margens maiores. Entretanto, os clientes também são muito fiéis à Costco porque sabem que a empresa trata bem seus funcionários e que as melhores condições de compra não se dão à custa de diminuição nos salários e benefícios dos funcionários.[7]

O crescimento e o desempenho financeiro da Costco são invejáveis. A Costco começou como uma única loja-armazém em Seattle, Washington, em 1983. Hoje, a companhia conta com 555 lojas (inclusive na Coreia do Sul, Taiwan, Japão, Canadá e no Reino Unido) e mais de 54 milhões de membros que pagam uma taxa anual para ter direito a fazer compras nas suas lojas.[8]

Assim como muitas outras empresas, a Costco sentiu os efeitos da crise econômica em 2008–2009.[9] No primeiro trimestre de 2009, decidiu fechar suas lojas Costco Home em Tempe (Arizona) e Kirkland (Washington), porque seus contratos de locação se elevaram e a demanda por mobiliário havia decrescido durante os períodos difíceis da economia.[10] Mas, enquanto muitas outras empresas despediam funcionários e milhões de empregos nos Estados Unidos e em outros países foram perdidos, a Costco fez o melhor que pôde para evitar cortes e, em vez disso, instituiu o congelamento de novas contratações em seus escritórios corporativos.[11] Fica claro que "Cuidar de Nossos Funcionários" é algo levado muito a sério na Costco.[12]

Visão geral

Embora um código de ética rígido possa influenciar o comportamento dos funcionários, o que, em primeiro lugar, faz as pessoas se comportarem de maneira antiética? Além disso, como os administradores e funcionários determinam o que é ético ou antiético? No presente capítulo, examinaremos a natureza das obrigações e das responsabilidades dos administradores e das empresas em que trabalham perante as pessoas e a sociedade, ambas afetadas por suas ações. Primeiramente, examinaremos a natureza da ética e as origens dos problemas éticos. Em segundo lugar, discutiremos os principais grupos de pessoas, denominados *partes interessadas*, que são afetados pela maneira como as empresas operam. Em terceiro lugar, examinaremos as quatro regras ou diretrizes que os administradores podem usar para decidir se determinada decisão comercial é ética ou antiética e por que é importante que as pessoas e empresas ajam de maneira ética.

Em seguida passaremos para a questão da administração eficaz da diversidade. Isso requer, em primeiro lugar, que as organizações, seus administradores e todos os funcionários se comportem de maneira ética e sigam normas e regulamentos legais nas contratações, promoções e outros tratamentos. Em segundo lugar, administrar a diversidade de modo eficaz significa aprender a avaliar e responder apropriadamente às necessidades, atitudes, crenças e valores que esses funcionários trazem para a organização e encontrar meios para que utilizem suas habilidades e talentos em benefício próprio e também em benefício da companhia para a qual trabalham. Finalmente, discutiremos as etapas que os administradores podem seguir para erradicar o assédio sexual nas organizações. No final deste capítulo você irá entender o papel fundamental que a administração eficaz da ética e da diversidade desempenha em moldar a prática empresarial e a vida das pessoas, da sociedade e da nação.

A natureza da ética

MA1 Ilustrar como a ética ajuda os administradores a determinar a maneira correta de se portar ao lidar com diferentes partes interessadas.

Suponha que você presencie uma pessoa sendo assaltada na rua. Como você se comportaria? Você a ajudaria, mesmo correndo risco de ser ferido? Ou você simplesmente deixaria o local? Quem sabe poderia adotar um comportamento "meio termo" e não interviesse, porém chamaria a polícia? O seu modo de agir dependeria de a pessoa atacada ser um homem forte, um idoso ou até mesmo um morador de rua? Dependeria da presença (ou não) de pessoas ao redor, de modo que você pudesse dizer a si mesmo: "Bem, alguém irá ajudar ou chamar a polícia. Então, não preciso fazer nada"?

Dilemas éticos

dilema ético
O impasse em que as pessoas se encontram quando têm que decidir se devem agir de uma certa forma para ajudar outra pessoa ou grupo, muito embora tal ação possa ir contra seus próprios interesses.

A situação descrita acima é um exemplo de **dilema ético** – o impasse enfrentado pelas pessoas quando têm que decidir se devem agir de certa forma para ajudar outra pessoa ou grupo e se é essa realmente a coisa "certa" a fazer, muito embora tal ação possa ir contra seus próprios interesses.[13] Também pode surgir um dilema quando alguém precisa decidir entre duas linhas de ação diferentes, sabendo que independentemente do caminho adotado isso resultará em prejuízo para uma pessoa ou grupo, mesmo que possa beneficiar outra parte. O dilema ético aqui é decidir que linha de ação é a que causa menos prejuízos a todas as partes.

As pessoas normalmente sabem que estão enfrentando um dilema ético quando seus escrúpulos morais entram em cena e fazem com que elas hesitem, debatam e reflitam sobre a "correção" ou "adequação" da linha de ação. Os escrúpulos morais são pensamentos e sentimentos que dizem a uma pessoa o que é certo ou errado; eles fazem parte da ética de um indivíduo. **Ética** é o conjunto dos princípios morais, valores e crenças intrínsecos que orientam as pessoas quando analisam ou interpretam uma situação e então decidem qual é a maneira "correta" ou apropriada de se comportar. Ao mesmo tempo, a ética também indica o que é um comportamento inapropriado e como alguém deveria se comportar para evitar causar prejuízo a outrem.

ética Princípios morais, valores e crenças intrínsecos que orientam as pessoas quando analisam ou interpretam dada situação e então decidem qual é a maneira "correta" ou apropriada de se comportar.

O problema essencial ao se lidar com questões éticas (e, portanto, resolver dilemas morais) é que não existem regras ou princípios absolutos ou inquestionáveis para decidir se dada ação é ética ou antiética. Colocado de forma simples, pessoas ou grupos distintos podem entrar em conflito de opinião quanto a determinar se certas ações são éticas ou antiéticas dependendo de seus próprios interesses pessoais e atitudes, crenças e valores específicos – conceitos que foram discutidos no Capítulo 2. Portanto, como as empresas, seus administradores e funcionários (e também nós mesmos) decidem o que é ético e, consequentemente, a maneira de agir apropriadamente em relação a outras pessoas e grupos?

A ética e as leis

A primeira resposta para essa questão é que a sociedade como um todo, usando o processo político e legal, pode fazer *lobby* e aprovar leis que especifiquem o que as pessoas podem ou não fazer. Existem diversos tipos de legislação para regulamentar a prática empresarial – por exemplo, leis contra fraudes e falcatruas ou leis que ditam como as empresas devem tratar seus funcionários e clientes. As leis também especificam que sanções ou punições serão aplicadas no caso de seu não cumprimento. Diferentes grupos da sociedade fazem *lobby* para tentar aprovar leis que sejam de seu próprio interesse e que defendam suas crenças quanto ao que considerar certo ou errado. O grupo que obtiver maior apoio será capaz de aprovar as leis que se alinham mais de perto com seus interesses e crenças. Uma vez aprovada a lei, a decisão sobre qual é o comportamento apropriado em relação a dada pessoa ou situação é tomada com base no âmbito ético por cada um, considerando o âmbito legal determinado pela sociedade. Caso não se cumpra a lei, a pessoa pode ser processada, e caso determine-se que é culpada, ela pode ser punida. A pessoa terá pouquíssima interferência na questão; seu destino estará nas mãos do tribunal e de seus advogados.

Ao estudar a relação entre a ética e as leis, é importante entender que *nem as leis nem a ética são princípios rígidos,* "gravados em pedra", que não mudam com o tempo. As crenças éticas se alteram com o passar do tempo, e quando isso acontece as leis mudam para refletir as mudanças das crenças éticas da sociedade. Já foi visto como ético e legal, por exemplo, comprar e ter a posse de escravos na Roma e Grécia antigas e até mesmo nos Estados Unidos (até o final do século XIX). Entretanto, as visões éticas, que antes consideravam a escravidão moralmente correta ou apropriada, mudaram. A escravidão tornou-se ilegal nos Estados Unidos quando aqueles que estavam no poder decidiram que a escravidão degradava a essência do ser humano. A escravidão é uma declaração (arbitrária) do valor ou valia de seres humanos e de seus direitos à vida, liberdade e busca da felicidade; caso alguém negue esses direitos a outras pessoas, como poderia reivindicar para si mesmo qualquer direito natural ou "divino" a essas mesmas coisas?

Além disso, o que poderia impedir qualquer pessoa ou grupo que tenha se tornado poderoso o bastante para assumir o controle dos processos político e legal de escravizar esse alguém e lhe negar o direito à liberdade e à propriedade privada? Ao negar liberdade aos outros, corremos o risco de perder a nossa própria, da mesma forma que roubar de outros abre um precedente para que eles nos roubem em contrapartida. "Não faça aos outros aquilo que não gostaria que fizessem com você" é uma máxima de cunho moral ou ético comumente usada, que as pessoas aplicam em situações nas quais precisam decidir qual seria o procedimento correto a tomar. Essa máxima será discutida detalhadamente a seguir.

Mudanças na ética ao longo do tempo

Existem muitas atitudes – como homicídio, roubo, escravidão, estupro, dirigir bêbado – as quais atualmente a maioria das pessoas (se não todas) acreditam ser inaceitáveis e antiéticas, e que devem ser consideradas ilegais. Entretanto, existem também muitos outros tipos de ações e comportamentos cuja natureza ética é controversa. Alguns indivíduos poderiam crer que determinado comportamento – por exemplo, fumar cigarros ou ter posse de armas – é antiético e, portanto, deveria ser considerado ilegal. Outros poderiam argumentar que fica a critério do próprio indivíduo ou de um grupo decidir se tais comportamentos são éticos ou não e, se esse comportamento em particular deveria ser considerado legal.

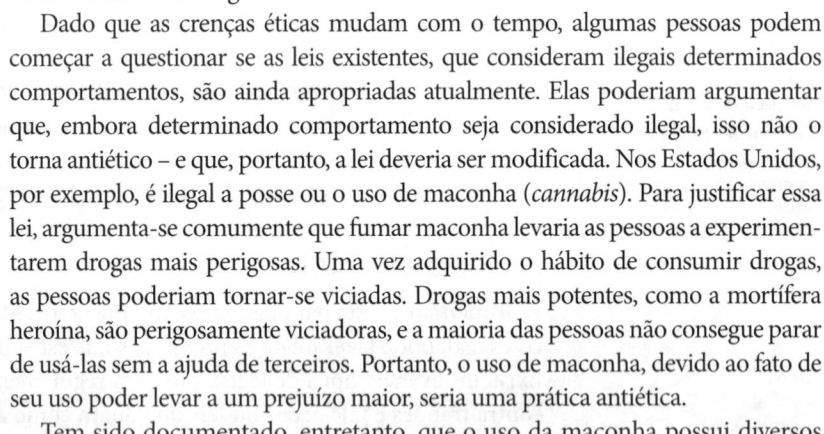

Dado que as crenças éticas mudam com o tempo, algumas pessoas podem começar a questionar se as leis existentes, que consideram ilegais determinados comportamentos, são ainda apropriadas atualmente. Elas poderiam argumentar que, embora determinado comportamento seja considerado ilegal, isso não o torna antiético – e que, portanto, a lei deveria ser modificada. Nos Estados Unidos, por exemplo, é ilegal a posse ou o uso de maconha (*cannabis*). Para justificar essa lei, argumenta-se comumente que fumar maconha levaria as pessoas a experimentarem drogas mais perigosas. Uma vez adquirido o hábito de consumir drogas, as pessoas poderiam tornar-se viciadas. Drogas mais potentes, como a mortífera heroína, são perigosamente viciadoras, e a maioria das pessoas não consegue parar de usá-las sem a ajuda de terceiros. Portanto, o uso de maconha, devido ao fato de seu uso poder levar a um prejuízo maior, seria uma prática antiética.

Tem sido documentado, entretanto, que o uso da maconha possui diversos efeitos terapêuticos para pessoas com certas doenças. Por exemplo, no caso de pacientes com câncer que estão sendo submetidos a tratamento quimioterápico e de portadores de Aids que usam medicamentos potentes, a maconha atenua muitos dos efeitos colaterais do tratamento, como náusea e falta de apetite. Entretanto, nos Estados Unidos, em muitos estados é ilegal os médicos prescreverem maconha para tais pacientes e, assim, o sofrimento deles persiste. Desde 1996, entretanto, 35 estados legalizaram a prescrição da maconha para fins medicinais; não obstante, o governo federal procurou impugnar essa legislação estadual. Em 2005, a Suprema Corte americana determinou que apenas o Congresso ou os Estados poderiam decidir se o uso clínico da droga deve ser legalizado, e pessoas em diversos Estados estão se mobilizando em prol de um relaxamento das leis estaduais contra o uso da droga para fins terapêuticos.[14] No Canadá observa-se

O presídio de Coldbath Fields em Londres, por volta de 1810. O sistema de justiça penal britânico nessa época era bastante severo: existiam mais de 350 crimes diferentes pelos quais uma pessoa poderia ser executada – inclusive o roubo de ovelhas. Porém, assim como as crenças éticas mudaram ao longo do tempo, as leis também se modificaram.

um amplo movimento para descriminalizar a maconha. Embora não legalize a droga, a descriminalização elimina a ameaça de processo mesmo para usos não relacionados com fins médicos. Em vários países essa questão tem sido centro de acirrada polêmica no campo da ética.

O ponto importante a ser notado é que, embora as crenças éticas levem à criação de leis e regulamentação para impedir certos comportamentos ou encorajar outros, as leis em si podem se modificar – e na verdade se modificam mesmo, ou até desaparecem quando as crenças éticas mudam. Em 1830, na Grã-Bretanha, existiam mais de 350 crimes diferentes pelos quais uma pessoa poderia ser executada, inclusive o roubo de ovelhas. Hoje nenhuma dessas leis existe; a pena capital e a pena de morte não são mais legais na Grã-Bretanha. Portanto, tanto as regras éticas como as legais são relativas: não existem padrões absolutos ou invariáveis para determinar como devemos nos comportar, e as pessoas se veem diante de dilemas morais a toda hora. Por causa disso, temos que fazer escolhas éticas.

A discussão anterior enfatiza uma questão importante no entendimento da relação entre ética, lei e negócios. Ao longo dos anos 2000, muitos escândalos assolaram grandes empresas, como Enron, Arthur Andersen, WorldCom, Tyco, Adelphia e outras. Os administradores de algumas dessas empresas claramente infringiram a lei e usaram meios ilegais para defraudar investidores. Na Enron, por exemplo, o ex-diretor financeiro Andrew Fastow e sua esposa foram declarados culpados por falsificarem os livros da empresa para desviar dezenas de milhões de dólares da Enron para uso próprio.

Em outros casos, alguns administradores tiram proveito de brechas na legislação para desviar centenas de milhões de dólares do capital da empresa para suas fortunas pessoais. Na WorldCom, por exemplo, o ex-CEO Bernie Ebbers usou seu cargo para colocar seis amigos pessoais de longa data no conselho de administração, formado por 13 membros. Embora isso não seja ilegal, obviamente tais pessoas iriam votar a seu favor nas reuniões do conselho. Como consequência desse apoio, Ebbers recebeu grandes quantias de opções de ações e um empréstimo pessoal de mais de US$ 150 milhões da WorldCom. Em troca, seus apoiadores foram bem recompensados por serem diretores. Ebbers permitia, por exemplo, que usassem jatinhos da WorldCom por um custo mínimo – algo que lhes proporcionou uma economia de milhares de dólares por ano.[15]

Em vista desses acontecimentos, algumas pessoas disseram: "Bem, o que esses indivíduos fizeram não foi ilegal", deixando implícito que, se esse comportamento não era ilegal, também não era antiético. Entretanto, não ser ilegal *não* torna tal conduta ética; trata-se de algo claramente antiético.[16] Em muitos casos as leis são aprovadas *depois* para cobrir as brechas da legislação e impedir que pessoas antiéticas como Fastow e Ebbers tirem proveito da legislação visando seus próprios interesses pessoais à custa dos outros. Assim como as pessoas comuns, os administradores têm de se confrontar com a necessidade de decidir o que é ou não apropriado, já que usam os recursos da empresa para produzirem bens e serviços para os clientes.[17]

Ética e partes interessadas

As pessoas devem determinar quais as maneiras corretas e incorretas de agir – e isso vale também para as empresas. Quando a lei não especifica como as empresas devem se comportar, seus administradores devem decidir qual é a maneira correta ou ética de agir em relação a pessoas e grupos afetados por suas ações. Quais são as pessoas ou grupos afetados pelas decisões comerciais de uma companhia? Se a companhia se comportasse de maneira ética, como isso beneficiaria as pessoas e a sociedade? Por outro lado, como as pessoas seriam prejudicadas por ações antiéticas da empresa?

As pessoas e grupos afetados pela maneira como uma empresa e seus administradores se comportam são denominadas *stakeholders* (partes interessadas). As **partes interessadas** fornecem à empresa seus recursos produtivos. Como consequência, elas têm direitos e interesses na empresa.[18] Como as partes interessadas podem ser diretamente beneficiadas ou prejudicadas por suas ações, a ética da empresa e de seus administradores são importantes para elas. Quais são as principais partes interessadas em uma empresa? Qual sua contribuição para a empresa

partes interessadas
As pessoas e os grupos que abastecem uma empresa com seus recursos produtivos e, portanto, têm direitos e interesses na empresa.

e o que elas reivindicam em troca? Examinaremos abaixo as reivindicações de tais partes interessadas – acionistas, administradores, funcionários, clientes, fornecedores e distribuidores e também a comunidade, a sociedade e o estado-nação (Figura 3.1).

Acionistas

Os acionistas têm direitos sobre uma empresa pois, ao comprarem suas ações ou participação, tornam-se seus proprietários. Toda vez que o fundador de uma empresa decide transformá-la em uma sociedade por ações para levantar capital, são emitidas ações dessa empresa. Elas conferem a seus compradores a propriedade de certa porcentagem da empresa e o direito de receber dividendos das ações no futuro. Em dezembro de 2004, por exemplo, a Microsoft decidiu pagar aos proprietários das suas 5 bilhões de ações um recorde de dividendos de US$ 32 bilhões! Bill Gates recebeu US$ 3,3 bilhões em dividendos pelas ações que possuía e doou o dinheiro para a Bill and Melinda Gates Foundation, fundação para a qual teria doado, até a presente data (segundo declarado), mais de US$ 30 bilhões, com a promessa de muito mais no futuro; o mesmo se aplica a Warren Buffet, que em 2006 se comprometeu a doar pelo menos US$ 30 bilhões para a Gates Foundation ao longo da próxima década. As duas pessoas mais ricas do mundo decidiram abrir mão de parte substancial de suas fortunas a favor de causas éticas mundiais – particularmente para resolver problemas de saúde que assolam o mundo, como desnutrição, malária, tuberculose e Aids.

Os acionistas estão interessados na forma de operar da empresa, pois querem maximizar o retorno sobre seus investimentos. Portanto, acompanham de perto a empresa e seus administradores, a fim de garantir que sua diretoria esteja trabalhando com diligência para aumentar a lucratividade da companhia.[19] Os acionistas também querem garantir que os administradores se comportem de maneira ética e não arrisquem o capital dos investidores, envolvendo-se em ações que possam macular a reputação da empresa. Dirigentes de companhias como WorldCom, Brocade Communications e Enron foram em busca de seus interesses pessoais às custas das partes interessadas. Em 2006, como consequência das ações antiéticas praticadas por tais dirigentes, Bernie Ebbers, ex-CEO da WorldCom, foi condenado à reclusão por um longo período, assim como havia acontecido com o ex-executivo da Enron, Jeffrey Skilling. Em 2008, foi condenado o primeiro de uma longa lista de altos executivos de várias empresas que foram acusados de retroativamente opções sobre ações para engordar suas riquezas pessoais às custas dos acionistas.

Figura 3.1
Tipos de partes interessadas nas empresas.

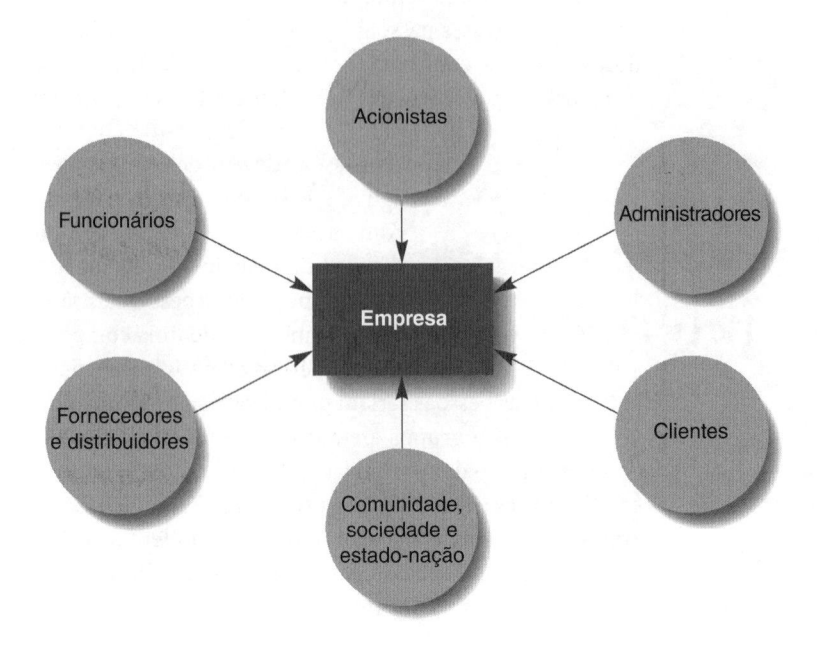

Gregory Reyes, ex-CEO da Brocade Communications, foi declarado culpado por datar ilegalmente opções sobre ações, fazendo com que ele e seus altos executivos recebessem dezenas de milhões de dólares de rendimento extra de capital. Ele foi sentenciado a 21 meses de prisão e multado em US$ 15 milhões.[20]

Administradores

Os administradores são uma parte interessada vital, pois são responsáveis pelo uso do capital financeiro e dos recursos humanos da empresa, visando aumentar seu desempenho e, consequentemente, o preço de suas ações.[21] Os administradores têm direitos sobre uma organização, já que agregam a ela suas habilidades, *expertise* e experiência. Eles também têm o direito de ter a expectativa de um bom retorno ou recompensa pelo investimento de seu capital humano no sentido de melhorar o desempenho da empresa; entre essas recompensas encontram-se ótimos salários e benefícios, a perspectiva de promoção e de um plano de carreira, bem como opções sobre ações e bônus condicionados ao desempenho da empresa.

Os administradores são a parte interessada sobre a qual recai a responsabilidade de decidir quais objetivos uma organização deve perseguir para beneficiar ao máximo as partes interessadas e como empregar mais eficiente os recursos para atingir esses objetivos. Ao tomarem tais decisões, os administradores muitas vezes precisam fazer verdadeiros malabarismos para atender aos interesses das diferentes partes interessadas, inclusive o deles próprios.[22] Algumas vezes tais decisões são muito difíceis e desafiam os valores éticos desses administradores, pois as decisões que beneficiam algumas das partes interessadas (administradores e acionistas), em alguns casos, acabam prejudicando outros grupos (trabalhadores individuais e comunidades locais). Por exemplo, em crises econômicas ou quando a empresa passa por uma queda de rendimento, as demissões podem ajudar a cortar custos, mas às custas dos funcionários demitidos (beneficiando os acionistas). Recentemente, muitos executivos americanos tiveram que enfrentar essa difícil decisão. Nos Estados Unidos, cerca de 1,6 milhão de trabalhadores (em média) de uma força de trabalho de 140 milhões são afetados por demissões em massa a cada ano.[23] Em 2006, um milhão de postos de trabalho nos Estados Unidos, Europa e Japão foram terceirizados para a Ásia, e mais outro milhão desde então.[24] Decisões de cortes são sempre difíceis, já que não só impõem um pesado ônus aos trabalhadores, a suas famílias e às comunidades locais como também significam a perda da contribuição de funcionários valiosos para uma organização. Toda vez que são tomadas decisões como essas – beneficiar alguns grupos às custas de outros –, a ética entra em jogo.

Conforme discutido no Capítulo 1, os administradores precisam ser motivados e receber incentivos para trabalharem duro em prol dos interesses dos acionistas. Seu comportamento também deve ser observado atentamente para garantir que eles não se comportem de maneira ilegal ou antiética, perseguindo objetivos que ameacem os interesses da empresa e de seus acionistas.[25] Infelizmente, vimos nos últimos tempos como é fácil para os altos executivos encontrarem maneiras de perseguir de forma decidida e inexorável seus próprios interesses em detrimento do de acionistas e funcionários, pois as leis e normas não são suficientemente rígidas para forçá-los a se comportar de maneira ética.

Em suma, o problema é que em muitas empresas os executivos corruptos não se concentram em construir o capital da organização e a riqueza de seus acionistas, mas sim em maximizar seu *próprio capital e riquezas pessoais*. Na tentativa de impedir futuros escândalos, a SEC (*Securities and Exchange Commission* – equivalente à Comissão de Valores Mobiliários), o maior organismo de controle comercial do governo americano, começou a rever as regras que regiam a relação das empresas com seus auditores, bem como as normas concernentes a opções sobre ações e ao aumento do poder de diretores externos na fiscalização dos CEOs. O objetivo da SEC é transformar muitas ações que antes eram classificadas apenas como antiéticas em algo ilegal no futuro próximo. Agora, por exemplo, as empresas são forçadas a informar aos acionistas o valor das opções sobre ações que oferecem aos seus altos executivos e diretores, bem como em que data o fazem. Seria uma demonstração do quanto esses pagamentos reduziriam os lucros da companhia. Os gestores e diretores agora podem ser processados caso camuflem ou tentem ocultar esses pagamentos. Em 2007, o presidente da SEC, Christopher Cox, anunciou novas regras que exigiriam das empresas revelar aos investidores uma miríade de detalhes sobre os pacotes de remuneração dos executivos. Os conselhos de administração de muitas empresas já pararam de oferecer benefícios extras aos CEOs, como viagens gratuitas em jatinhos, associação em clubes exclusivos e acomodações de luxo em "viagens a negócios".

De fato, muitos especialistas argumentam que as recompensas dadas aos altos executivos, particularmente a CEOs e COOs, acabaram saindo de controle nesse milênio. Os altos executivos são os "aristocratas" de hoje, e por meio de sua habilidade de influenciar o conselho de administração e aumentar seus próprios salários, acumularam fortunas pessoais avaliadas em milhões de dólares. De acordo com um estudo do Federal Reserve, por exemplo, os CEOs norte-americanos recebem hoje cerca de 600 vezes o que recebe o trabalhador mediano, um aumento surpreendente se comparado à média de 40 vezes observada na década de 1980. Michael Eisner, ex-CEO da Disney, recebeu mais de US$ 1 bilhão em opções sobre ações da Disney. Jack Welch, ex-CEO da General Electric e um dos executivos mais admirados dos Estados Unidos, recebeu mais de US$ 500 milhões em opções sobre ações da GE como recompensa pelos serviços prestados. Bob Nardelli, ex-CEO da Home Depot, recebeu mais de US$ 200 milhões em salário, bônus, ações, opções sobre ações e outras vantagens durante o período em que as ações da Home Depot despencaram 13%. Quando foi despedido da companhia em 2007, recebeu também uma indenização de US$ 150 milhões, que havia sido acordada previamente.

Seria ético altos executivos receberem quantias de dinheiro tão elevadas de suas empresas? Eles realmente merecem tanto? Lembre-se, esse dinheiro poderia ter ido para os acionistas na forma de dividendos. Ele também poderia ter sido destinado a reduzir a enorme diferença salarial entre aqueles no topo e aqueles na base da pirâmide hierárquica. Muitas pessoas argumentam que é antiética a crescente disparidade entre as remunerações oferecidas aos CEOs e aos demais funcionários, e que isso deveria ser regulamentado. A remuneração dos CEOs tornou-se assim elevada porque são eles que estabelecem e controlam os salários e bônus dos outros! Eles podem fazer isso porque participam do conselho de outras empresas como diretores externos e, portanto, conseguem controlar os salários e as opções sobre ações pagas a outros CEOs. Como sugere o exemplo de Bernie Ebbers da WorldCom, discutido anteriormente, quando um CEO consegue controlar e escolher grande parte dos diretores externos, ele pode vir a abusar de seu poder. Outros argumentam que, pelo fato de os altos executivos desempenharem um importante papel na criação de riqueza e capital de uma empresa, merecem uma participação significativa nos seus lucros. Jack Welch, por exemplo, teve direito a opções sobre ações avaliados em US$ 500 milhões, pois criou centenas de bilhões de dólares em riqueza para os acionistas. Algumas pesquisas recentes sugerem que as empresas nas quais a remuneração dos CEOs inclui uma grande porcentagem de opções sobre ações tendem a experimentar grandes perdas em ações com maior frequência do que altos ganhos e que, na média, o desempenho da empresa aumenta à medida que o uso de opções sobre ações diminui![26]

O debate sobre a remuneração dos CEOs e outros altos executivos está muito acalorado no momento, especialmente porque a crise das hipotecas de alto risco, iniciada em 2007, revelou as enormes quantias recebidas pelos CEOs de empresas em dificuldades oriundas do mercado financeiro, mesmo quando o desempenho e o preço das ações de suas respectivas empresas despencaram. Uma comissão do congresso norte-americano encarregada da supervisão e reforma do governo, presidida pelo senador Henry Waxman e convocada para examinar a questão da remuneração de altos executivos, primeiramente salientou que a revista *Forbes* estimou que os CEOs das 500 maiores empresas dos Estados Unidos ganharam em média US$ 15,2 milhões em 2006, um aumento de 38% em relação a 2005.[27] Em seguida, Waxman passou a questionar os CEOs das gigantes do mundo financeiro, Countrywide Mortgage e Merrill Lynch, sobre como poderiam justificar seus elevados salários enquanto suas empresas perdiam bilhões de dólares e o valor de suas

Em 2008, os altos executivos, inclusive Angelo Mozilo da Countryside Mortgage e Stanley O'Neal da Merrill Lynch, testemunharam perante o senador Henry Waxman sobre a questão dos exorbitantes pacotes indenizatórios oferecidos aos CEOs, pacotes esses que permaneceram em vigor muito embora as empresas tivessem perdido bilhões de dólares.

ações despencavam. Ele observou, por exemplo, que a Countrywide sofreu perdas de mais de US$ 1,7 bilhões em 2007 e que o valor das ações da companhia havia caído 80%. Não obstante, durante esse mesmo período, seu CEO, Angelo Mozilo, recebeu um salário de US$ 1,9 milhões e também US$ 20 milhões a mais em ações como forma de premiação de desempenho, e vendeu US$ 121 milhões em ações da empresa, que haviam sido dadas a ele antes de o preço cair. Da mesma forma, em 2007 a Merrill Lynch registrou US$ 18 bilhões em perdas por desvalorização relacionadas a hipotecas de risco, mas seu ex-CEO, Stanley O'Neal, recebeu um pacote indenizatório por aposentadoria de US$ 161 milhões quando foi obrigado a deixar o cargo em 2007. A comissão observou que, se a empresa tivesse despedido O'Neal por baixo desempenho como administrador, em vez de deixá-lo se aposentar, ele não teria tido direito a US$ 131 milhões pela venda de ações e opções.[28]

Funcionários

Os funcionários de uma empresa são as centenas de milhares de pessoas que trabalham em seus diversos departamentos e funções, como pesquisa, vendas e fabricação. Eles têm a expectativa de receber remunerações compatíveis com seus desempenhos. Uma das principais maneiras de uma empresa agir de forma ética com seus funcionários e atender às expectativas desses últimos é criando uma estrutura profissional que remunere os funcionários de forma justa e equitativa. As empresas precisam, por exemplo, desenvolver atividades de recrutamento e treinamento, bem como sistemas de avaliação de desempenho e remuneração que não os discriminem – e que sejam justos aos olhos dos funcionários.

Fornecedores e distribuidores

Nenhuma empresa opera sozinha. Toda empresa se encontra em uma rede de relacionamento com outras empresas que lhe fornecem os insumos (por exemplo, matérias-primas, componentes, mão de obra contratada e clientes) necessários para sua operação. Ela também depende de intermediários, como atacadistas e varejistas, para distribuir seus produtos para o cliente final. Por sua vez, os fornecedores esperam ser pagos de forma justa e pontual pelos seus insumos, e os distribuidores esperam receber produtos de qualidade nos preços acordados.

Mais uma vez, surgem muitas questões éticas relacionadas à maneira como as empresas contratam e interagem com seus fornecedores e distribuidores. Questões importantes concernentes a como e quando serão feitos os pagamentos ou sobre as especificações de qualidade do produto são regidas pelos termos de contratos que uma empresa assina com seus fornecedores e distribuidores. Muitas outras questões dependem da ética empresarial. Inúmeros produtos vendidos em lojas nos Estados Unidos, por exemplo, tiveram sua produção terceirizada para empresas em países que não possuem as mesmas leis e regulamentação concernentes à proteção dos trabalhadores que fabricam tais produtos nos Estados Unidos. Todas as empresas devem adotar uma postura ética na forma como obtêm e fabricam os produtos que vendem. Normalmente, essa postura é divulgada no *site* da empresa.

Clientes

Muitas vezes os clientes são considerados a parte interessada mais importante, uma vez que, se uma empresa não for capaz de atraí-los para comprar seus produtos, não conseguirá se manter no mercado. Portanto, os administradores e os funcionários devem trabalhar para aumentar a eficiência e eficácia, de modo a criar a fidelização de clientes e atrair novos. Eles fazem isso vendendo produtos de qualidade a um preço razoável e fornecendo excelente atendimento pós-venda. Eles também podem se esforçar ao máximo para melhorar seus produtos com o tempo e dar garantias aos clientes em relação à integridade dos mesmos.

Existem muitas leis que protegem os clientes de empresas que tentam fornecer produtos perigosos ou de baixíssima qualidade. Há também leis que permitem aos clientes processarem uma empresa cujo produto lhes cause danos ou prejuízo, como, por exemplo, um pneu ou veículo defeituoso. Outras leis, por sua vez, forçam as empresas a informar claramente as taxas de juros embutidas no preço dos produtos – um custo oculto importante que os clientes normalmente não levam em conta nas decisões de compra. Todo ano, milhares de empresas são processadas por descumprirem essas leis; portanto, "consumidor, esteja atento" é uma importante regra que os clientes devem seguir ao adquirirem bens e serviços.

Comunidade, sociedade e nação

Os efeitos das decisões tomadas pelas empresas e seus administradores permeiam todos os aspectos das comunidades, sociedades e nações em que elas operam. *Comunidade* refere-se às localidades físicas, como cidades ou vilas, ou a ambientes sociais – como, por exemplo, bairros em que as empresas estão localizadas e haja uma etnia predominante. A comunidade fornece às empresas: a infraestrutura física e social que lhes permite operar; os serviços públicos e a força de trabalho de que elas necessitam; as casas onde seus administradores e funcionários vivem; as escolas, faculdades e hospitais que atendem às suas necessidades; e assim por diante.

Por meio dos salários e impostos que pagam, as empresas contribuem para a economia da cidade ou região e muitas vezes determinam se uma comunidade prospera ou não. Da mesma forma, as empresas afetam a prosperidade de uma sociedade e de uma nação, e, se estiver envolvida com o comércio mundial, de todos os países em que opera – afetando, assim, a prosperidade da economia mundial. Já discutimos as várias questões envolvidas no processo mundial de terceirização e a perda de empregos, mais especificamente nos Estados Unidos.

Embora os efeitos individuais decorrentes da maneira como cada loja do McDonald's opera possam ser pequenos, os efeitos combinados da maneira de negociar de todas as lojas do McDonald's e de outras redes de *fast-food*, são enormes. Apenas nos Estados Unidos, mais de 500 mil pessoas trabalham no setor de *fast-food*, e vários milhares de fornecedores, como fazendeiros, fabricantes de copos de papel, construtores e muitos outros, dependem desse setor. Portanto, não devemos nos surpreender que a ética no setor de *fast-food* seja acompanhada tão de perto. Esse segmento é o principal lobista contra tentativas de aumento do salário mínimo (que, nos Estados Unidos, aumentou para US$ 7,25 por hora em 2009, e que era US$ 5,15 – cifra que não se alterava desde 1997), pois um salário mínimo maior aumentaria substancialmente seus custos operacionais. Entretanto, em resposta a protestos sobre frangos criados em gaiolas onde não conseguem movimentar as asas, a rede McDonald's – o maior consumidor de ovos dos Estados Unidos – emitiu novas diretrizes éticas referentes ao tamanho da gaiola e questões relacionadas, que seus fornecedores de ovos devem acatar caso queiram continuar negociando com a empresa. Quais regras éticas o McDonald's usa para decidir seu posicionamento em relação ao salário mínimo ou ao tamanho mínimo da gaiola?

A ética empresarial também é importante pelo fato de o fracasso das empresas poder apresentar efeitos catastróficos na comunidade; um declínio geral na atividade empresarial afeta toda uma nação. A decisão de uma grande empresa de se retirar de uma comunidade, por exemplo, pode ameaçar seriamente o futuro da mesma. Algumas empresas podem tentar aumentar seus lucros envolvendo-se em práticas que, embora legais, podem prejudicar comunidades e nações. Uma dessas ações é a poluição. Muitas empresas americanas, por exemplo, reduzem custos transportando seus resíduos em caminhões para o México, onde é legal despejar esse tipo de material no rio Grande. Essa operação polui o rio no lado mexicano da fronteira, e os efeitos estão sendo cada vez mais sentidos também no lado norte-americano.

Regras para a tomada de decisão ética

Quando se leva em conta a perspectiva das partes interessadas, surgem questões sobre a ética de uma empresa.[29] Qual é a forma apropriada de administrar as reivindicações de todas as partes interessadas? As decisões de uma empresa que favoreçam um grupo de partes interessadas podem, por exemplo, prejudicar os interesses de outros.[30] A curto prazo, os preços elevados para os clientes podem resultar em altos retornos para os acionistas e em altos salários para seus administradores. Entretanto, se a longo prazo os clientes voltarem-se para empresas que ofereçam produtos com custo menor, o resultado pode ser queda nas vendas, demissão de funcionários e o declínio das comunidades que apoiam a atividade comercial da empresa que pratica preços elevados.

Quando as empresas agem eticamente, têm o apoio de suas partes interessadas; os bancos podem, por exemplo, se dispor a fornecer capital novo para essas empresas, as quais também passam a atrair candidatos altamente qualificados para suas vagas e chamam a atenção de novos clientes para os seus produtos. Portanto, as empresas éticas crescem e se expandem com o tempo, e todas as partes interessadas são beneficiadas. O resultado da conduta antiética é a perda da reputação e de recursos; acionistas insatisfeitos que vendem suas ações da empresa; administradores e funcionários capacitados que deixam a companhia; e também a perda de clientes, que passam a adquirir produtos de empresas de melhor reputação.

Ao tomar decisões comerciais, os administradores devem levar em conta as reivindicações de todas as partes interessadas.[31] Para ajudar a si mesmos e seus respectivos funcionários a tomarem decisões éticas e agirem de maneira que beneficiem suas partes interessadas, os administradores podem usar quatro regras ou princípios éticos para analisar os efeitos de suas decisões comerciais: as *regras utilitárias,* as *regras de direitos morais,* as *regras de justiça* e as *regras práticas* (Figura 3.2).[32] Tais regras são diretrizes úteis que ajudam os administradores a decidir sobre a maneira apropriada de atuar em situações nas quais é necessário manter um equilíbrio entre os interesses da própria empresa e os interesses das partes interessadas. Lembrem-se, as escolhas corretas levarão os recursos aonde podem criar mais valor. Se todas as empresas fizerem as escolhas corretas, todas as partes interessadas se beneficiarão no longo prazo.[33]

Figura 3.2
Quatro regras éticas.

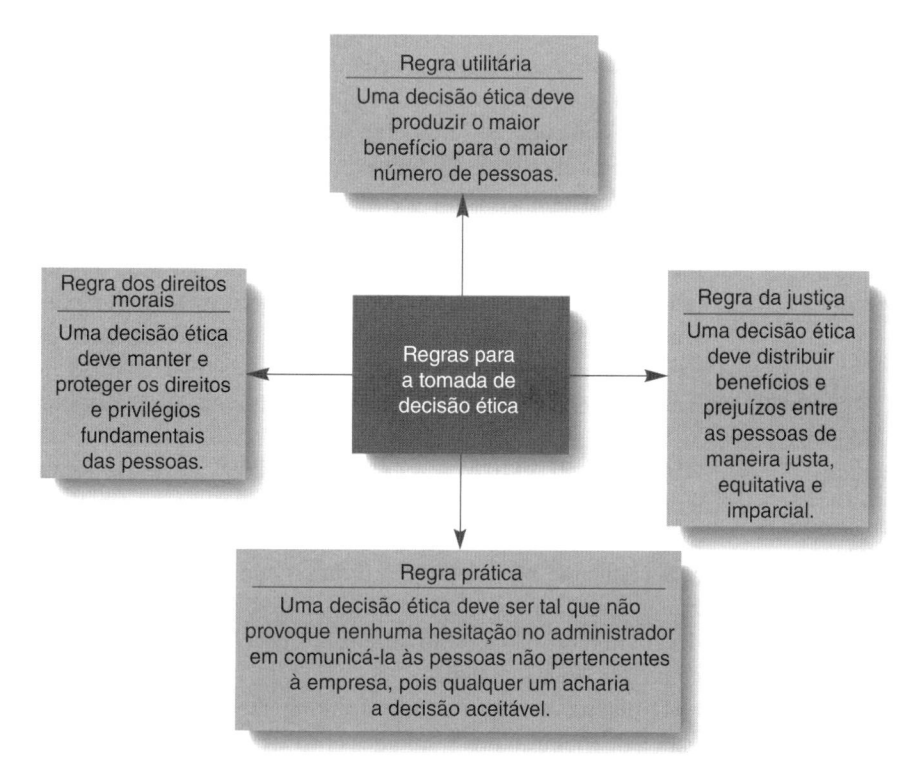

Regra utilitária
Uma decisão ética deve produzir o maior benefício para o maior número de pessoas.

Regra dos direitos morais
Uma decisão ética deve manter e proteger os direitos e privilégios fundamentais das pessoas.

Regras para a tomada de decisão ética

Regra da justiça
Uma decisão ética deve distribuir benefícios e prejuízos entre as pessoas de maneira justa, equitativa e imparcial.

Regra prática
Uma decisão ética deve ser tal que não provoque nenhuma hesitação no administrador em comunicá-la às pessoas não pertencentes à empresa, pois qualquer um acharia a decisão aceitável.

regra utilitária
A regra utilitária diz que decisão ética é aquela que produz o maior benefício para o maior número de pessoas.

REGRA UTILITÁRIA A **regra utilitária** diz que uma decisão ética é aquela que produz o maior benefício para o maior número de pessoas. Para decidir qual linha de ação empresarial é mais ética, os administradores devem primeiramente considerar como as diferentes linhas de ação possíveis iriam beneficiar ou prejudicar as diferentes partes interessadas. Depois, escolhem a linha de ação que forneça o maior número de benefícios ou, inversamente, aquela que provoque o menor prejuízo às partes interessadas.[34]

O dilema ético dos administradores consiste no seguinte questionamento: como é possível medir os benefícios e prejuízos para cada parte interessada – e, mais do que isso, como avaliar os direitos das diferentes partes interessadas e a importância relativa de cada grupo para chegar a uma decisão? Como os acionistas são os donos da companhia, suas reivindicações não deveriam ter prioridade em relação àquelas dos funcionários? Por exemplo, os administradores poderiam se ver diante da opção de usar terceirização em algum outro país para reduzir custos e abaixar os preços para os clientes ou continuar com a produção de custo mais elevada no país de origem. A decisão de usar terceirização em outro país beneficia acionistas e clientes, porém provoca demissões importantes que prejudicarão os funcionários e as comunidades em que vivem. Em uma sociedade capitalista como a norte-americana, os interesses dos acionistas são colocados acima daqueles dos funcionários e, portanto, a produção seria transferida para o exterior. Isso é comumente considerado como uma escolha ética pois, a longo prazo, a alternativa de continuar com a produção doméstica poderia fazer com que a empresa falisse – o que provocaria prejuízos maiores a todas as partes interessadas.

regra dos direitos morais
Decisão ética é aquela que melhor preserva e protege os direitos e privilégios fundamentais ou inalienáveis das pessoas afetadas pelos seus resultados.

REGRA DOS DIREITOS MORAIS Segundo a **regra dos direitos morais**, decisão ética é aquela que melhor preserva e protege os direitos e privilégios fundamentais ou inalienáveis das pessoas afetadas pelos seus resultados. As decisões éticas protegem, por exemplo, os direitos das pessoas à liberdade, vida e segurança, propriedade, privacidade, liberdades de expressão e de consciência. O adágio "Não faça aos outros aquilo que não gostaria que fizessem com você" é um princípio dos direitos morais que os administradores devem usar para decidir quais direitos defender. Os clientes também devem considerar os direitos das empresas e das pessoas que criam os produtos que desejam consumir.

Segundo a perspectiva dos direitos morais, os administradores devem comparar e contrastar linhas de ação empresarial diferentes, tomando como base a avaliação de como cada linha de ação afetará os direitos das diversas partes interessadas. Devem, então, escolher a linha de ação que melhor protege e defende os direitos de *todas* as partes interessadas. Por exemplo, decisões que poderiam resultar em prejuízo significativo para a segurança ou a saúde de funcionários ou clientes claramente seriam escolhas antiéticas.

O dilema ético para os administradores é o fato de que as decisões que irão proteger os direitos de algumas partes interessadas normalmente irão prejudicar os de outras partes. Como eles deveriam escolher qual grupo proteger? Por exemplo, ao decidir se é ou não ético bisbilhotar funcionários ou revistá-los ao deixarem o trabalho para prevenir roubos. O direito de privacidade de um funcionário teria mais peso que o direito de a organização proteger sua propriedade? Suponha que um colega seu esteja tendo problemas pessoais e ande chegando atrasado e saindo mais cedo, colocando você na posição de ser forçado a arcar com a carga de trabalho dessa pessoa. Você contaria para seu chefe, mesmo sabendo que isso provavelmente faria com que essa pessoa fosse demitida?

regra da justiça
Decisão ética é aquela que distribui benefícios e prejuízos entre as pessoas e grupos de forma justa, equitativa ou imparcial.

REGRA DA JUSTIÇA A **regra da justiça** diz que decisão ética é aquela que distribui benefícios e prejuízos entre as pessoas e grupos de forma justa, equitativa ou imparcial. Os administradores devem comparar e contrastar linhas de ação alternativas baseados no grau em que essas decisões resultarão na distribuição justa ou equitativa de resultados para as partes interessadas. Os funcionários com níveis de habilidade, desempenho ou responsabilidade similares, por exemplo, deveriam receber o mesmo salário. A alocação de resultados não deveria se basear em diferenças como sexo, raça ou religião.

O dilema ético dos administradores está em determinar as regras e procedimentos justos para a distribuição dos resultados entre as partes interessadas. Eles não devem, por exemplo, dar aumentos salariais maiores para quem eles gostam em detrimento de quem não gostam, ou distorcer as regras para ajudar seus favoritos. Por outro lado, se os funcionários quiserem que seus superiores ajam de forma justa com eles, então precisam agir de forma justa com suas empresas e se empenhar no trabalho e serem fiéis. Da mesma forma, os clientes precisam agir de forma justa com uma empresa caso esperem que ela seja justa com eles – algo que aqueles que fazem cópias ilegais de mídias digitais deveriam considerar.

REGRA PRÁTICA Cada uma das regras acima oferece uma forma diferente e complementar de determinar se uma decisão ou comportamento é ético ou não, e todas as três regras devem ser usadas para determinar a ética de determinada linha de ação. Entretanto, questões éticas como as que acabamos de discutir raramente são claras, pois os direitos, interesses, objetivos e incentivos das diferentes partes interessadas normalmente são conflitantes. Por esta razão, muitos especialistas em ética acrescentam uma quarta regra para determinar se uma decisão comercial é ética ou não: a **regra prática** diz que se trata de decisão ética quando um administrador não apresenta nenhuma hesitação ou relutância em comunicá-la a pessoas não pertencentes à empresa, pois até mesmo o típico cidadão de dada sociedade acharia a decisão aceitável. Uma decisão comercial provavelmente será aceitável em termos éticos se um administrador puder responder sim a cada uma das seguintes perguntas:

1. Minha decisão se encaixa nos *valores* ou *padrões* aceitos que normalmente se aplicam às atividades empresariais hoje em dia?
2. Estou realmente disposto a ver a decisão *comunicada* a todas as pessoas e grupos *afetados por* ela – por exemplo, divulgada em jornais ou na televisão?
3. As pessoas com as quais mantenho um relacionamento pessoal *significativo*, como familiares e amigos – ou até mesmo administradores em outras organizações – *aprovariam* a decisão?

Aplicar a regra prática para analisar uma decisão comercial ajuda a garantir que os administradores levem em conta os interesses de todas as partes interessadas.[35]

Por que os administradores devem se comportar de modo ético?

Por que é tão importante que os administradores e as pessoas em geral ajam eticamente e atenuem a busca de seus próprios interesses por considerarem os efeitos de suas ações sobre os outros? A resposta é que a busca implacável do interesse próprio pode levar a um desastre coletivo quando uma ou mais pessoas começam a se beneficiar de uma conduta antiética, pois isso encoraja outras pessoas a agirem da mesma forma.[36] Rapidamente, mais e mais pessoas se apressam a imitar esse comportamento, e logo todos estarão tentando manipular a situação de uma maneira que melhor atenda seus interesses pessoais, sem nenhuma consideração para com os efeitos de suas ações sobre terceiros.

Tal situação é algumas vezes chamada de "tragédia dos comuns". Suponha que em uma comunidade agrícola haja terras comuns onde todo mundo tenha os mesmos direitos de uso. Perseguindo seus próprios interesses, cada produtor age de modo a tirar o máximo proveito dos recursos livres, tal como o pasto para suas próprias reses. Coletivamente, todos os produtores utilizam de forma excessiva a terra para pastoreio, que rapidamente se exaure. Depois, fortes ventos varrem o húmus de modo que a terra comum é destruída. A busca dos próprios interesses sem nenhuma consideração pelos interesses da sociedade conduzem ao desastre de toda a sociedade e de cada um de seus indivíduos, pois destrói os recursos escassos.[37]

Podemos examinar os efeitos da conduta antiética na atividade empresarial de outra forma. Suponhamos que as empresas e os seus administradores operem em uma sociedade antiética, em que as partes interessadas rotineiramente tentam trapacear e fraudar umas às outras. Se as partes interessadas já esperam serem trapaceadas, quanto tempo levará para elas negociarem a compra e a entrega de produtos? Se elas não confiam umas nas outras, as partes interessadas provavelmente

---

regra prática
Uma decisão ética deve ser tal que não provoque nenhuma hesitação no administrador em comunicá-la às pessoas não pertencentes à empresa, pois qualquer um acharia a decisão aceitável.

levarão horas e horas negociando preços melhores, e essa é uma atividade altamente improdutiva, que reduz tanto a eficiência quanto a eficácia.[38] Todo o tempo e esforço que poderia ser empregado na melhoria da qualidade do produto ou do atendimento ao cliente está sendo perdido em negociação e tratativas. Portanto, a coonduta antiética arruína o comércio e faz com que a sociedade tenha um padrão de vida mais baixo, pois serão produzidos menos bens e serviços, conforme ilustra a Figura 3.3.

Por outro lado, imagine empresas e administradores que operam em uma sociedade ética, onde consequentemente as partes interessadas acreditam lidar com outros indivíduos fundamentalmente íntegros e honestos. Nesse tipo de sociedade, as partes interessadas têm maiores razões para confiar nos outros. **Confiança** é a disposição de uma pessoa ou grupo em ter fé ou convicção na boa vontade dos outros, mesmo que isso os coloque em risco (pois os outros poderiam agir de maneira desonesta). Quando existe confiança, as partes interessadas estão mais propensas a sinalizar suas boas intenções, cooperando e fornecendo informações que facilitam a troca e a fixação de preços de bens e serviços. Quando uma pessoa age de maneira fidedigna, isso encoraja os outros a agirem da mesma forma. Com o tempo, a maior confiança entre as partes interessadas permite que o trabalho conjunto seja mais eficiente e eficaz, aumentando o desempenho da empresa (ver Figura 3.3). À medida que as pessoas veem os resultados positivos da honestidade, a conduta ética se torna uma norma social valorizada, e a sociedade em geral também se torna cada vez mais ética.

Conforme observado no Capítulo 1, uma das principais responsabilidades dos administradores é proteger e fomentar os recursos sob seu controle. Qualquer uma das partes interessadas de uma organização – administradores, trabalhadores, acionistas, fornecedores – que coloca seus próprios interesses em primeiro lugar, valendo-se de conduta antiética com as demais

confiança
A disposição de uma pessoa ou grupo em ter fé ou confiança na boa vontade de outra pessoa, mesmo que isso as coloque em risco.

Figura 3.3
Alguns efeitos das condutas ética e antiética.

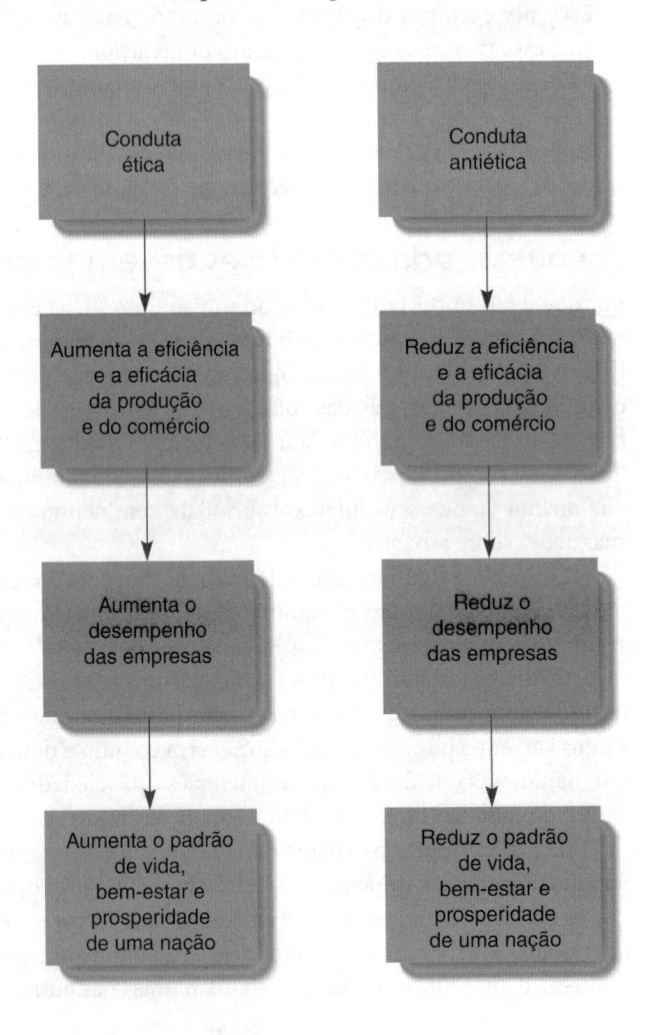

partes interessadas, seja tirando ou negando recursos aos outros, desperdiça os recursos coletivos. Se outros indivíduos ou grupos imitarem a conduta antiética da parte interessada ("Se eles podem fazer isso, nós podemos também"), a proporção em que os recursos são mal utilizados aumenta, e, finalmente, restarão poucos recursos disponíveis para produzir bens e serviços. A conduta antiética que não é punida cria incentivos para que pessoas coloquem seus próprios interesses desenfreados acima dos direitos dos demais.[39] Quando isso acontece, os benefícios que as pessoas colhem ao unirem-se em organizações desaparecem muito rapidamente.

Uma importante salvaguarda contra a conduta antiética é o potencial para perda da reputação.[40] A **reputação**, a estima ou grande apreço que os indivíduos ou as organizações ganham quando agem de maneira ética, é um bem valioso. As partes interessadas possuem reputações de grande valor que devem proteger, pois sua capacidade de ganhar a vida e obter recursos no longo prazo depende da maneira como agem no dia a dia.

Se um administrador praticar malversação dos recursos e as outras partes considerarem que esse comportamento contraria os padrões aceitáveis, a reputação desse administrador irá sofrer as consequências. Agir de maneira antiética para obter vantagens pessoais no curto prazo pode ter sérias consequências no longo prazo. Um administrador com péssima reputação terá dificuldade em encontrar emprego em outras empresas. Os acionistas que observarem conduta antiética nos gestores podem se recusar a investir nas empresas em que eles atuam e isso reduzirá o preço de suas ações, minará a reputação de suas empresas e, em última instância, colocará em risco os empregos dos administradores.[41]

Todas as partes interessadas têm uma reputação a perder. Os fornecedores de insumos de baixa qualidade constatam que, ao longo do tempo, as organizações deixam de fazer negócios com eles e, finalmente, acabam fechando as portas. Os clientes poderosos que exigem preços absurdamente baixos descobrem que seus fornecedores tornam-se menos propensos a fazer negócios com eles e, em última instância, obter recursos acaba ficando bem mais difícil. Os trabalhadores que fogem de suas responsabilidades profissionais acabam constatando que fica bem mais difícil encontrar novos empregos quando são despedidos. Em geral, se um administrador ou empresa for conhecido por ser antiético, outras partes interessadas provavelmente irão ver esse indivíduo ou organização com suspeita e hostilidade, e a sua reputação será péssima. Mas se um administrador ou companhia forem conhecidos por práticas comerciais éticas, acabarão adquirindo boa reputação.[42]

Em suma, em uma sociedade diversa e complexa, as partes interessadas e as pessoas em geral precisam reconhecer que fazem parte de um grupo social maior. A maneira como elas tomam decisões e agem não apenas as afeta pessoalmente como também afeta as vidas de muitas outras pessoas. O problema é que, para alguns, a luta diária pela sobrevivência e pelo sucesso ou sua total desconsideração pelos direitos de outros podem levá-las a perder aquela conexão "maior" com as demais pessoas. Podemos observar nossa relação com a família e os amigos, com a escola, igreja e assim por diante. Mas sempre precisamos ir além e ter em mente os efeitos de nossas ações sobre os demais – as pessoas que julgarão nossas ações e a quem poderíamos prejudicar caso agíssemos de maneira antiética. Nossos escrúpulos morais são como os das "outras pessoas", porém se encontram dentro de nossas mentes.

Fontes do código de ética de uma organização

Códigos de ética são padrões e regras formais, baseados nas crenças sobre o que é certo ou errado, que os administradores podem usar para ajudá-los a tomar decisões apropriadas em relação aos interesses das partes interessadas.[43] Os padrões éticos expressam formas de encarar abstrações como justiça, liberdade, equidade e igualdade. O código de ética de uma organização deriva de três fontes principais do ambiente organizacional: ética *social*, ética *profissional* e ética *individual* dos administradores e funcionários da organização (ver Figura 3.4).

ÉTICA SOCIAL diz respeito aos padrões que determinam como os membros de uma sociedade devem lidar uns com os outros em questões como imparcialidade, justiça, pobreza e os direitos

---

reputação A estima ou grande apreço que os indivíduos ou as organizações ganham quando se comportam de maneira ética.

ética social Padrões que determinam como os membros de uma sociedade devem lidar uns com os outros em questões como imparcialidade, justiça, pobreza e os direitos individuais.

Figura 3.4
Fontes do código de ética de uma organização.

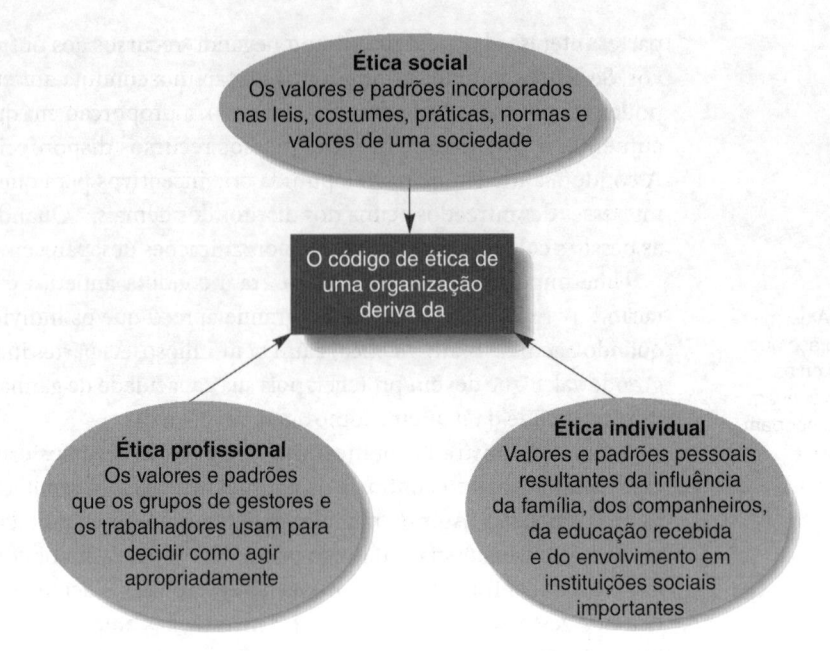

Ética social
Os valores e padrões incorporados nas leis, costumes, práticas, normas e valores de uma sociedade

↓

O código de ética de uma organização deriva da

Ética profissional
Os valores e padrões que os grupos de gestores e os trabalhadores usam para decidir como agir apropriadamente

Ética individual
Valores e padrões pessoais resultantes da influência da família, dos companheiros, da educação recebida e do envolvimento em instituições sociais importantes

individuais. A ética social emana das leis, costumes e práticas de uma sociedade, e das atitudes, valores e normas (não por escrito) que influenciam como as pessoas interagem entre si. As pessoas de determinado país podem agir de maneira ética de modo automático, por possuírem valores e normas internalizados que especificam como elas deveriam agir em certas situações. Entretanto, nem todos os valores e normas são internalizados. As maneiras típicas de se fazer negócio em uma sociedade e as leis que orientam o uso de suborno e corrupção são o resultado de decisões tomadas e impostas por pessoas com poder para determinar o que é apropriado.

A ética social varia nas diferentes sociedades. Existem padrões éticos aceitos nos Estados Unidos, por exemplo, que não são aceitos em outros países do mundo. Em termos econômicos, a propina é uma prática comum em muitos países pobres, utilizada para obter coisas como a instalação de uma linha telefônica ou conseguir um contrato. Nos Estados Unidos e em muitos outros países ocidentais, o suborno é considerado antiético e, normalmente, ilegal.

A ética social controla o comportamento centrado nos próprios interesses tanto de indivíduos quanto de organizações – comportamento esse que ameaça os interesses coletivos de uma sociedade. As leis que explicam detalhadamente o que é uma prática comercial honesta ou apropriada beneficiam a todos. A concorrência livre e justa entre organizações é possível apenas quando leis e regras nivelam as condições de disputa entre todos os concorrentes e definem que tipo de comportamento é aceitável ou inaceitável em certas situações. Por exemplo, é ético para um gestor concorrer contra gestores de outras empresas produzindo um produto de melhor qualidade ou preço mais baixo, porém não é ético (ou legal) fazer isso divulgando alegações falsas sobre os produtos do concorrente, pagando propina a lojas para não adquirirem produtos dos concorrentes ou até mesmo, num caso extremo, explodindo as fábricas dos concorrentes.

ética profissional
Padrões que determinam como os membros de uma categoria profissional devem tomar decisões quando a forma como eles deveriam se comportar não é totalmente clara.

ÉTICA PROFISSIONAL significa os padrões que determinam como os membros de dada categoria profissional, gestores ou trabalhadores devem tomar decisões quando a forma como eles deveriam se comportar não é totalmente clara.[44] A ética médica rege a maneira como os médicos e enfermeiros devem tratar os pacientes. Espera-se que os médicos realizem apenas os procedimentos médicos necessários e que ajam no interesse do paciente, e não segundo seus próprios interesses. A ética da pesquisa científica requer que os cientistas realizem seus experimentos e apresentem suas descobertas, de modo a provar a validade de suas conclusões. Assim como a sociedade, a maior parte das categorias profissionais é capaz de impor punições por violação dos padrões éticos. Médicos e advogados podem ser impedidos de exercerem a profissão caso ignorem a ética profissional e coloquem seus próprios interesses em primeiro lugar.

No seio das organizações, normalmente as regras e normas profissionais regem o modo com que profissionais como advogados, pesquisadores e contadores devem tomar decisões e agir em certas situações; assim, essas regras e normas podem se tornar parte do código de ética da organização. Ao fazê-lo, os trabalhadores internalizam as regras e normas de suas profissões (da mesma forma como acontece na sociedade como um todo) e normalmente as seguem de forma automática ao decidirem como agir.[45] Pelo fato de a maioria das pessoas seguir regras de conduta estabelecidas, normalmente elas encaram a ética como algo implícito. Entretanto, quando a ética profissional é violada, tal como quando cientistas forjam dados para dissimular os efeitos nocivos de produtos, as questões éticas passam a ser o foco da atenção.

ÉTICA INDIVIDUAL Ética individual é o conjunto dos valores pessoais (tanto terminais como instrumentais) e de atitudes que regem a forma com que os indivíduos interagem com outras pessoas.[46] Entre as fontes de ética individual temos, num sentido mais amplo, a influência da família, dos colegas e de educação recebida pelo indivíduo e, em particular, sua personalidade e experiência. As experiências vividas ao longo da vida – por meio da participação em instituições sociais como escolas e igrejas, por exemplo – também contribuem para o desenvolvimento dos padrões e valores pessoais que uma pessoa aplica para decidir o que é certo ou errado e se deve ou não tomar certas decisões e atitudes. Muitas decisões ou condutas que alguém considera antiéticos, como o uso de animais para testar cosméticos, podem ser aceitáveis para outra pessoa devido a diferenças de personalidade, valores e atitudes (ver Capítulo 2).

ética individual
Valores e atitudes pessoais que determinam como os indivíduos interagem com as demais pessoas.

Culturas organizacionais éticas

Os administradores podem enfatizar a importância da conduta ética e da responsabilidade social garantindo que as normas e os valores éticos sejam um componente central da cultura organizacional. O código de ética de uma organização orienta a tomada de decisão quando surgem questões éticas, porém os administradores podem dar um passo além, garantindo que normas e valores éticos importantes sejam características fundamentais da cultura de uma organização. Herb Kelleher e a cultura da Southwest Airlines, por exemplo, valorizam o bem-estar de seus funcionários; essa ênfase se traduz em normas contra cortes.[47] Normas e valores éticos como esses, que fazem parte da cultura de uma organização, ajudam seus membros a resistirem a agir em causa própria bem como a reconhecerem que fazem parte de algo maior que eles próprios.[48]

MA2 Explicar por que os administradores devem se esforçar ao máximo para criar culturas organizacionais éticas.

O papel que os gestores exercem no desenvolvimento de valores e padrões éticos nos demais funcionários é extremamente importante. Os funcionários naturalmente veem naqueles que ocupam cargos com autoridade alguém que possa orientá-los, e os gestores se tornam modelos de ética cujo comportamento é rigorosamente avaliado pelos subordinados. Se os altos executivos não forem éticos, seus subordinados provavelmente não se comportarão de maneira ética. Os funcionários poderão pensar que, se um alto executivo pode adotar posturas duvidosas, então o mesmo vale para eles próprios. As ações de altos executivos como CEOs e o presidente de uma nação são rigorosamente avaliadas em termos de decoro, pois representam os valores de suas organizações – e, no caso de um presidente, os valores da nação.

Os gestores também podem providenciar um meio visível de suporte para criar uma cultura ética. As organizações estão apostando cada vez mais na função do profissional da ética, ou *ombudsman* da ética, para monitorar suas práticas e procedimentos éticos. O *ombudsman* da ética é responsável pela transmissão de padrões éticos a todos os funcionários, pelo desenvolvimento de sistemas para monitorar a conformidade dos funcionários a esses padrões e pelo treinamento dado a gestores e funcionários sem função gerencial, em todos os níveis da organização, para se portar apropriadamente diante de dilemas éticos.[49] Pelo fato de o *ombudsman* da ética ter autoridade em toda a organização, os membros de qualquer departamento podem

ombudsman da ética
Profissional que monitora as práticas e os procedimentos de uma organização, garantindo que estejam dentro da ética.

comunicar a ocorrência de comportamentos antiéticos praticados por seus superiores ou colegas sem receio de sofrer retaliação. Isso facilita a conduta ética de todos dentro da empresa. Além disso, os *ombudsmen* da ética podem dar orientação quando os funcionários não tiverem certeza se determinada ação é ética ou não. Algumas organizações possuem um comitê de ética, que fornece orientação e ajuda a redigir e atualizar o código de ética da empresa.

As culturas organizacionais éticas também incentivam os membros a se comportarem de maneira socialmente responsável. Os gestores da Johnson & Johnson levam tão a sério a responsabilidade social que sua organização é frequentemente mencionada como exemplo de empresa socialmente responsável. O credo da Johnson & Johnson (ver Figura 3.5) é uma das várias formas em que a responsabilidade social é enfatizada na organização. Conforme discutido no próximo quadro "Ética em ação", a cultura organizacional ética da Johnson & Johnson gera numerosos benefícios tanto para a empresa quanto para as várias partes interessadas.

ÉTICA EM AÇÃO
A cultura ética da Johnson & Johnson

A Johnson & Johnson é tão conhecida por sua cultura ética que durante dois anos seguidos foi considerada a empresa de melhor reputação corporativa, tomando como base uma pesquisa com mais de 26 mil consumidores conduzida pela Harris Interactive e pelo Reputation Institute da New York University.[50] A Johnson & Johnson passou de uma empresa familiar conduzida pelo general Robert Wood Johnson nos anos 1930 para grande fabricante de produtos médicos e farmacêuticos. Para atestar o importante papel dos administradores na criação de culturas organizacionais éticas, Johnson enfatizava a importância da ética e da responsabilidade com as partes interessadas e redigiu o primeiro Credo da Johnson & Johnson em 1943.[51]

Hoje esse mesmo credo continua a guiar os funcionários da Johnson & Johnson e também tem a função de descrever os compromissos da companhia com suas diferentes partes interessadas. Ele enfatiza que a primeira responsabilidade da organização é para com os médicos, enfermeiros, pacientes e consumidores. Depois temos os fornecedores, os distribuidores, os funcionários, as comunidades e, finalmente, os acionistas.[52] Esse credo tem sido de grande ajuda aos gestores e funcionários da Johnson & Johnson e orienta os membros da organização em algumas tomadas de decisão particularmente difíceis, como, por exemplo, a de recolher do mercado americano todos os comprimidos de Tylenol após alguns contendo cianeto terem sido responsáveis por sete mortes em Chicago.

Fiel à sua cultura ética e de reputação ilibada, a Johnson & Johnson sempre coloca o bem-estar do consumidor antes do lucro. Cerca de 20 anos atrás, por exemplo, o óleo Johnson foi usado como bronzeador na época em que os efeitos nocivos da exposição ao sol ainda não eram bem conhecidos pelo público.[53] Carl Spalding – na época, gerente desse produto – estava fazendo uma apresentação para a alta cúpula da empresa sobre os planos de *marketing* quando o presidente da companhia, David Clare, mencionou que o uso do produto como bronzeador talvez não fosse saudável.[54] Antes de lançar a campanha de *marketing* planejada, Spalding avaliou os problemas de saúde ligados ao uso do óleo infantil como bronzeador e constatou certas evidências que sugeriam o surgimento de problemas de saúde devido à exposição prolongada ao sol. Embora as evidências não fossem definitivas, Spalding recomendou que o óleo infantil não fosse mais comercializado como auxiliar no bronzeamento, decisão que provocou 50% de queda nas vendas do óleo Johnson, atingindo a soma de US$ 5 milhões.[55]

As normas e valores éticos da cultura da Johnson & Johnson, juntamente com seu credo, orientam gestores como Spalding a tomarem a decisão correta em situações difíceis. Portanto, é compreensível o fato de a Johnson & Johnson ser renomada pela reputação corporativa. Ter uma cultura ética e reputação ilibada traz outros benefícios além de ajudar os funcionários a tomarem as decisões corretas em situações questionáveis. Jeanne Hamway, vice-presidente de RH, acredita que a reputação da Johnson & Johnson ajuda a empresa a recrutar e atrair uma força de trabalho diversificada.[56] Além disso, quando as organizações criam uma reputação ilibada, normalmente seus funcionários se sentem menos tentados a agir em busca de seus próprios interesses ou de maneira antiética. Os gestores na Johnson & Johnson, por exemplo, sugerem que, como seus funcionários jamais aceitam propina, a empresa é conhecida por ser um local onde, acima de tudo, não se deve oferecer propina.[57] Em suma, culturas éticas como a da Johnson & Johnson beneficiam as várias partes interessadas de diversas formas.

Figura 3.5
O credo da Johnson & Johnson.

Nosso credo

Cremos que nossa primeira responsabilidade é para com os médicos, enfermeiras e pacientes, para com as mães, pais e todos os demais que usam nossos bens e serviços.
Para atender suas necessidades, tudo o que fizermos deve ser de alta qualidade.
Devemos constantemente nos esforçar para reduzir nossos custos, a fim de manter preços razoáveis.
Os pedidos de nossos clientes devem ser pronta e corretamente atendidos.
Nossos fornecedores e distribuidores devem ter a oportunidade de auferir um lucro justo.

Somos responsáveis para com nossos empregados, homens e mulheres que conosco trabalham em todo o mundo.
Cada um deve ser considerado em sua individualidade.
Devemos respeitar sua dignidade e reconhecer seus méritos.
Eles devem sentir-se seguros em seus empregos.
A remuneração deve ser justa e adequada e o ambiente de trabalho limpo, ordenado e seguro.
Devemos ter em mente maneiras de ajudar nossos empregados a atender às suas responsabilidades familiares.
Os empregados devem sentir-se livres para fazer sugestões e reclamações.
Deve haver igual oportunidade de emprego, desenvolvimento e progresso para os qualificados.
Devemos ter uma administração competente, e suas ações devem ser justas e éticas.

Somos responsáveis perante as comunidades nas quais vivemos e trabalhamos, bem como perante a comunidade mundial.
Devemos ser bons cidadãos – apoiar boas obras sociais e de caridade e arcar com nossa justa parcela de impostos.
Devemos encorajar o desenvolvimento do civismo e a melhora da saúde e da educação.
Devemos manter em boa ordem as propriedades que temos o privilégio de usar, protegendo o meio ambiente e os recursos naturais.

Nossa responsabilidade final é para com os nossos acionistas.
Devemos experimentar novas ideias.
Pesquisas devem ser levadas avante, programas inovadores desenvolvidos e os erros reparados.

Novos equipamentos devem ser adquiridos, novas fábricas construídas e novos produtos lançados.
Reservas devem ser criadas para enfrentar tempos adversos.
Ao operarmos de acordo com esses princípios, os acionistas devem receber justa recompensa.

Johnson & Johnson

Fonte: Johnson & Johnson Annual Report. Copyright © Johnson & Johnson. Reimpresso com permissão de Johnson & Johnson.

A diversidade crescente da força de trabalho e o ambiente

Uma das questões gerenciais mais importantes que surgiram nos últimos 30 anos é a diversidade cada vez maior da força de trabalho. **Diversidade** diz respeito às diferenças entre as pessoas com relação a idade, sexo, raça, etnia, religião, orientação sexual, condições socioeconômicas, educação, experiência, aparência física, capacidades/incapacidades e outras características (ver Figura 3.6).

A diversidade suscita importantes questões éticas e de responsabilidade social. Trata-se de uma questão crucial para as organizações, que se não for bem conduzida pode derrubar uma empresa, especialmente em um ambiente cada vez mais global. Existem várias razões para a diversidade ser uma questão tão premente:

MA3 Apreciar a diversidade cada vez maior da força de trabalho e do ambiente organizacional.

- Há um forte imperativo ético para que as pessoas pertencentes a esses grupos tenham as mesmas oportunidades e sejam tratadas de forma imparcial e justa. Ademais, o tratamento injusto é ilegal.
- Administrar a diversidade de modo eficaz pode aumentar a eficácia organizacional.[58] A diversidade é um importante recurso da organização que pode ajudá-la a ganhar vantagem competitiva.
- Há evidências substanciais de que esses indivíduos continuam a receber tratamento injusto no local de trabalho como consequência de visões tendenciosas, estereótipos e discriminação declarada.[59] Em um estudo, foram enviados currículos de homens e mulheres igualmente qualificados para restaurantes caros na Filadélfia (onde a possibilidade de altos ganhos era elevada). Embora igualmente qualificados, a probabilidade de homens serem chamados para uma entrevista foi o dobro da probabilidade de as mulheres serem contatadas, e a probabilidade aumentava em mais de cinco vezes quando a questão era receber uma oferta de emprego.[60] As revelações de outro estudo sugerem que tanto homens quanto mulheres tendem a acreditar que as mulheres estão dispostas a aceitar salários mais baixos que os homens. Talvez essa seja uma possível explicação para a permanente diferença em termos salariais entre homens e mulheres.[61]

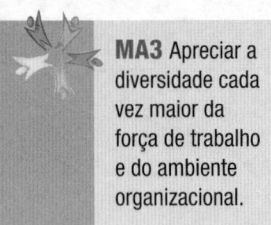

diversidade
Diferenças entre as pessoas em relação a idade, sexo, raça, etnia, religião, orientação sexual, condições socioeconômicas e capacidades/ incapacidades.

Os funcionários pertencentes a esses grupos podem enfrentar grandes barreiras. O relatório federal americano *Glass Ceiling Commission Report* indicou que os afro-americanos, por exemplo, foram os que enfrentaram maior dificuldade de serem promovidos e de subirem na escala hierárquica, e também mostrou que as pessoas de origem asiática normalmente são estereotipadas

Figura 3.6
Fontes da diversidade no local de trabalho.

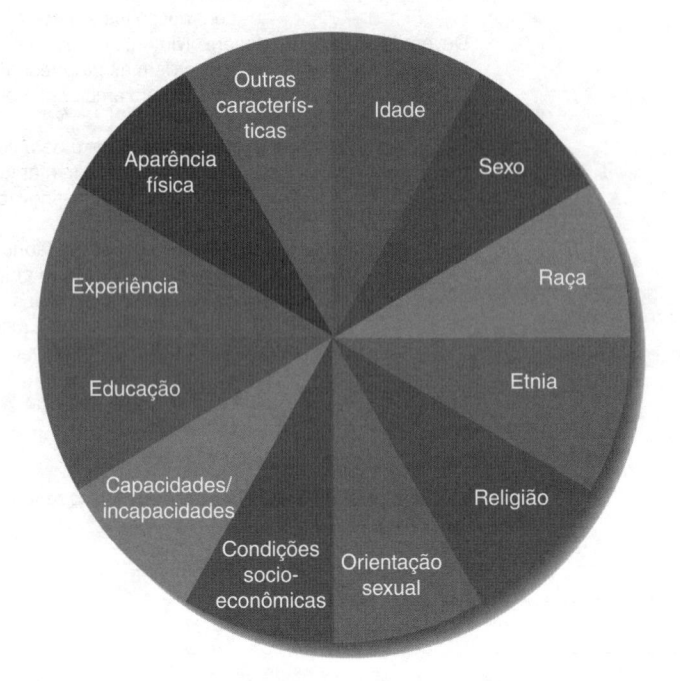

"teto de vidro"
Uma metáfora para designar as barreiras invisíveis que impedem que as minorias e as mulheres sejam promovidas para cargos do alto escalão.

como "adequadas" para assumir funções técnicas e que se pressupunha que os hispânicos tivessem um nível de instrução menor do que outros grupos minoritários.[62] (O termo *glass ceiling* – "teto de vidro" – faz alusão às barreiras invisíveis que impedem que as minorias e as mulheres sejam promovidas para cargos do alto escalão.)[63]

Antes de discutirmos os inúmeros problemas envolvidos na administração eficaz da diversidade, temos que documentar qual o grau de diversidade existente na força de trabalho nos Estados Unidos.

Idade

De acordo com dados do U.S. Census Bureau (o correspondente norte-americano de nosso IBGE), a idade média de uma pessoa nos Estados Unidos é a mais alta já registrada até então: 36,2 anos.[64] Além disso, projeções indicam que em 2030, 20% da população terá mais de 65 anos.[65] O Título VII da Lei dos Direitos Civis de 1964 e da Lei contra a Discriminação por Idade no Emprego de 1967 são as principais leis federais que proíbem a discriminação por idade.[66] Discutiremos a legislação trabalhista federal norte-americana com maior profundidade no Capítulo 12. O que há de mais importante no que diz respeito à legislação sobre a igualdade de oportunidades de emprego e sobre a proibição da discriminação entre grupos diversificados está sintetizado na Tabela 3.1.

O envelhecimento da população sugere que os administradores precisam estar atentos para que os funcionários não sofram discriminação devido à idade. Além disso, precisam garantir que as políticas e os procedimentos vigentes tratem todos os trabalhadores de forma justa, independentemente da idade. Administrar a diversidade de modo eficaz proporciona aos funcionários de diversas idades a capacidade de aprender uns com os outros, trabalharem bem juntos e tirarem proveito das diferentes perspectivas que cada um tem a oferecer.

À medida que a força de trabalho envelhece, mais e mais empresas enfrentam ações legais por discriminação devido à idade. Os administradores precisam garantir que todas as políticas e procedimentos tratem os trabalhadores de forma justa, independentemente da idade.

Tabela 3.1

Principais leis referentes à igualdade de oportunidade de emprego que afetam a administração dos recursos humanos.

Ano	Lei	Descrição
1963	Lei de equivalência salarial	Exige que homens e mulheres recebam o mesmo salário caso desempenhem a mesma função.
1964	Título VII da lei dos direitos civis	Proíbe a discriminação em decisões empregatícias baseadas em raça, religião, sexo, cor ou nacionalidade; cobre ampla gama de decisões de emprego, inclusive contratação, demissão, salários, promoção e condições de trabalho.
1967	Lei contra a discriminação por idade no emprego	Proíbe a discriminação contra trabalhadores com mais de 40 anos de idade e restringe aposentadoria compulsória.
1978	Lei contra a discriminação por gravidez	Proíbe a discriminação contra mulheres em decisões empregatícias com base em gravidez, parto e decisões médicas relacionadas.
1990	Lei para os americanos portadores de deficiência	Proíbe a discriminação contra indivíduos portadores de deficiência em decisões empregatícias e exige que os empregadores disponibilizem acomodações adequadas para trabalhadores portadores de deficiência para permitir que desempenhem suas funções.
1991	Lei dos direitos civis	Proíbe a discriminação (assim como o Título VII) e contempla indenizações punitivas e compensatórias, além de pagamento retroativo, em casos de discriminação intencional.
1993	Lei para licença médica e por motivos familiares	Exige que os empregadores concedam 12 semanas de licença não remunerada por motivos de saúde e razões familiares, inclusive paternidade e doença na família.

Sexo

Mulheres e homens estão quase que igualmente representados na força de trabalho norte-americana (aproximadamente 53,5% da força de trabalho é masculina e 46,5% feminina),[67] embora o ganho médio semanal das mulheres esteja estimado em US$ 572, comparados aos US$ 714 dos homens.[68] Portanto, a diferença salarial devida ao sexo parece continuar existindo tanto quanto o "teto de vidro". De acordo com a organização sem fins lucrativos Catalyst, que estuda profissionais do sexo feminino, embora cerca de 50,5% dos funcionários com cargos gerenciais e profissionais sejam do sexo feminino, apenas cerca de 15,4% dos diretores nas 500 maiores empresas americanas (por exemplo, nas da lista da *Fortune 500*) são mulheres. Apenas 6,7% dos que são melhor remunerados são mulheres.[69] Essas mulheres, como Andrea Jung, CEO da Avon Products, e Indra Nooyi, CEO da Pepsico, se destacam entre seus pares do sexo masculino e muitas vezes recebem atenção desmesurada por parte da mídia (trataremos dessa questão mais tarde, ao discutirmos os efeitos de ser "saliente"). As mulheres também têm pouca representatividade nos conselhos de administração das empresas. Atualmente elas ocupam 14,8% dos cargos de diretoria das 500 maiores empresas classificadas segundo a revista *Fortune*.[70] Entretanto, como Sheila Wellington, presidente da Catalyst, observa: "As mulheres controlam ou então influenciam praticamente todas as compras realizadas pelos consumidores, portanto é importante ter sua perspectiva representada nos conselhos de administração".[71]

Pesquisas realizadas por empresas de consultoria sugerem que as executivas superam seus colegas do sexo masculino em habilidades como motivar pessoas, promover a boa comunicação, produzir trabalho de alta qualidade e saber ouvir.[72] Por exemplo, o Hagberg Group realizou avaliações profundas de 425 altos executivos em diversos setores de atividade, nas quais cada executivo foi avaliado por cerca de 25 pessoas. Das 52 habilidades avaliadas, observou-se que em 42 as mulheres receberam conceitos melhores do que os homens, embora por vezes as diferenças fossem pequenas.[73] Resultados de um recente estudo realizado pela Catalyst constatou que as organizações que possuem maior proporção de mulheres em cargos da alta administração apresentavam desempenho financeiro significativamente melhor do que aqueles onde essa proporção era menor.[74] Outro estudo realizado pela Catalyst constatou que as empresas com três ou mais mulheres nos conselhos de administração apresentavam melhor desempenho em termos de retorno sobre o capital, vendas e capital investido do que aqueles com um número menor ou sem nenhuma mulher nos conselhos.[75] Em suma, estudos como esses nos levam a questionar por que o "teto de vidro" continua a criar obstáculos ao progresso das mulheres nos negócios.

Raça e etnia

O U.S. Census Bureau distingue as seguintes raças: índios americanos ou nativos do Alasca (americanos nativos originários das Américas do Norte, Central ou do Sul), asiáticos (originários do Extremo Oriente, Sudoeste Asiático ou Índia), afro-americanos (originários da África), nativos do Havaí ou nativos das Ilhas do Pacífico (originários das Ilhas do Pacífico como Havaí, Guam e Samoa) e brancos (originários da Europa, Oriente Médio ou Norte da África). Embora *etnia* refira-se a um agrupamento de pessoas baseado em algumas características comuns, como descendência, idioma ou cultura, o U.S. Census Bureau trata a etnia em termos de uma pessoa ser hispânica ou não hispânica. Os hispânicos, também conhecidos como latinos, são pessoas cujas origens se encontram em culturas de origem espanhola, como as de Cuba, México, Porto Rico e Américas Central e do Sul. Os hispânicos podem ser de diferentes raças.[76] De acordo com recente pesquisa, a maioria dos hispânicos prefere ser identificada pelo seu país de origem (por exemplo, mexicano, cubano ou salvadorenho) em vez de pelo termo abrangente *hispânico*.[77]

A diversidade racial e étnica da população norte-americana aumenta a taxas exponenciais, assim como a composição da força de trabalho.[78] De acordo com o U.S. Census Bureau, cerca de um em cada três residentes dos Estados Unidos pertence a um grupo minoritário (isto é, não é um branco não hispânico); aproximadamente 67% da população é branca, 13,4% é afro-americana, 14,4% é hispânica e 4,8% é asiática.[79] De acordo com projeções divulgadas pelo U.S. Census Bureau, em 2050 a composição da população americana será bem diferente da de 2000. Estima-se que as populações hispânica e asiática tripliquem durante esse período de 50 anos.[80]

A crescente diversidade racial e étnica da força de trabalho e da população como um todo acentua a importância de administrar a diversidade de modo eficaz. Estatísticas compiladas pela National Urban League sugerem que muito precisa ser feito para garantir que esses funcionários tenham as mesmas oportunidades que os outros pertencentes à maioria. Os ganhos de afro-americanos, por exemplo, correspondem a aproximadamente 73% dos salários dos brancos[81], e de 10.092 diretores das 500 maiores empresas segundo a revista *Fortune*, apenas 106 são mulheres afro-americanas.[82] No restante desse capítulo, nos concentraremos no tratamento justo para funcionários diversificados e examinaremos por que essa é uma meta tão importante e o que os administradores podem fazer para atingi-la. Começaremos adotando uma perspectiva mais ampla e considerando como o aumento da diversidade racial e étnica no ambiente das organizações (por exemplo, entre os clientes e fornecedores) afeta o processo decisório e a eficácia organizacional.

Em termos gerais, os administradores e as organizações estão cada vez mais sendo relembrados de que as partes interessadas são constituídas pelas mais diferentes pessoas, e espera-se que as decisões e ações organizacionais reflitam essa diversidade. Por exemplo, a NAACP (*National Association for the Advancement of Colored People*, associação voltada aos direitos das minorias étnicas) e a Children Now (um grupo de defesa dos direitos das crianças) fizeram *lobby* junto ao setor de entretenimento para aumentar a diversidade na programação, roteirização e produção televisiva.[83] A necessidade para tal aumento da diversidade é mais que evidente. Embora os hispânicos constituam mais de 12,5% da população americana (ou 35 milhões de telespectadores potenciais) observa-se, por exemplo, que apenas cerca de 2% dos personagens em programas do horário nobre são hispânicos (isto é, dos 2.251 personagens dos programas no horário nobre, apenas 47 são hispânicos), de acordo com um estudo realizado pela Children Now.[84] Além disso, somente cerca de 1,3% das reportagens dos noticiários de TV apresentados à noite é feita por correspondentes hispânicos, de acordo com o Center for Media and Public Affairs.[85]

É cada vez maior a pressão para que as redes de TV aumentem a diversidade. Os compradores de imóveis e automóveis cada vez mais pertencem a esses grupos, refletindo a crescente diversidade da população como um todo.[86] Os administradores devem ser particularmente sensíveis para evitar estereotipar grupos diferentes quando se comunicam com potenciais clientes. A Toyota Motor Sales USA, por exemplo, desculpou-se publicamente com o reverendo Jesse Jackson e sua Rainbow Coalition por usar uma propaganda impressa mostrando um homem afro-americano com uma imagem do utilitário Toyota RAV4 gravada em relevo no seu dente incisivo de ouro.[87]

Religião

O Título VII da Lei dos Direitos Civis proíbe a discriminação com base na religião (bem como com base em raça/etnia, país de origem e sexo; ver Tabela 3.1). Além de promulgar o Título VII, em 1997 o governo federal americano publicou o documento "Diretrizes da Casa Branca para o Exercício e a Expressão Religiosa no Local de Trabalho da Esfera Federal".[88] Tais diretrizes, embora tecnicamente aplicáveis apenas na esfera federal do governo americano, também são frequentemente seguidas pelas grandes empresas. Elas ditam que os empregadores devem providenciar acomodações razoáveis para práticas religiosas e devem também observar as datas religiosas, desde que isso não implique grandes custos ou sacrifícios.[89]

Uma importante questão para os administradores no que tange à diversidade religiosa é reconhecer as diferentes religiões e suas crenças, com particular atenção às datas em que há celebrações religiosas. Não se deve programar reuniões importantes em um dia que corresponda a um feriado no calendário religioso de determinada fé. Os gestores devem ser flexíveis, permitindo que as pessoas tenham tempo para a observância de práticas religiosas. De acordo com Lobna Ismail, diretor de uma empresa de treinamento em diversidade localizada em Silver Spring (Maryland), quando os gestores reconhecem, respeitam e até mesmo providenciam pequenos locais voltados para a diversidade religiosa, normalmente a lealdade do funcionário aumenta. Permitir que um funcionário saia do trabalho mais cedo em certos dias em vez de tirar a hora do almoço, ou postergar feriados para diferentes religiões dentro do calendário da empresa, pode ser um grande passo para fazer com que os indivíduos das mais diversas religiões se sintam respeitados e valorizados, e isso também vale quando a empresa possibilita que esses funcionários pratiquem suas religiões.[90] De acordo com uma pesquisa realizada pelo Tanenbaum Center for Interreligious Understanding em Nova York, embora somente cerca de 23% dos funcionários que se sentem vítimas de discriminação religiosa apresentem queixa formalmente, cerca de 45% desses funcionários começam a procurar outro emprego.[91]

Capacidades/incapacidades

A ADA (Americans with Disabilities Act, lei para os americanos portadores de deficiência), de 1990, proíbe a discriminação contra pessoas portadoras de deficiência e também exige que os empregadores providenciem acomodações razoáveis para possibilitar que essas pessoas desempenhem de maneira eficaz suas funções. Em vigência há mais de uma década, a ADA não deixa de ser controversa. À primeira vista, poucos iriam discutir o intuito dessa legislação. Entretanto, quando os administradores tentam implementar políticas e procedimentos para cumprir a lei, eles se veem diante de uma série de questões interpretativas e equitativas.

Por um lado, algumas pessoas com reais incapacidades que requerem acomodações especiais no local de trabalho hesitam em revelá-las aos empregadores e reivindicar as acomodações que merecem.[92] Por outro lado, alguns funcionários abusam da ADA, buscando acomodações desnecessárias para incapacidades que podem ou não existir efetivamente.[93] Portanto, talvez não seja surpresa que a aprovação da ADA aparentemente não tenha provocado um aumento significativo nas taxas de contratação de portadores de deficiência.[94] Um importante desafio para os administradores é promover um ambiente onde funcionários que precisam de acomodações especiais sintam-se à vontade para revelar suas necessidades e, ao mesmo tempo, garantir que tais acomodações não apenas possibilitem a esses portadores de deficiência o desempenho eficaz de suas funções como também sejam vistas como justas por aqueles que não são portadores de deficiência.[95]

Ao tentarem resolver essa questão, muitas vezes os gestores, assim como os funcionários, precisam aprender a respeito das deficiências e das verdadeiras capacidades dos portadores de deficiência. Por exemplo, durante a Semana de Conscientização das Deficiências, os dirigentes da Universidade de Notre Dame procuraram aumentar a consciência do público sobre as deficiências e, ao mesmo tempo, aumentar a conscientização quanto às capacidades dos portadores de deficiência.[96] A Universidade de Houston realizou um programa similar chamado "Think Ability".[97] De acordo com Cheryl Amoruso, diretora do Centro para Estudantes Portadores de Deficiência da Universidade de Houston, muitas pessoas não têm consciência da extensão dessas incapacidades e são mal informadas sobre suas consequências. Ela sugere, por exemplo, que embora alguns estudantes sejam cegos, mesmo assim podem apresentar excelente rendimento em seus cursos e ter carreiras de grande sucesso.[98] Acomodações que capacitem estudantes nessa condição a terem um desempenho condizente com suas capacidades são contempladas pela ADA.

A ADA também protege os portadores da Aids (Síndrome de Imunodeficiência Adquirida) contra a discriminação no local de trabalho. A Aids é causada pelo HIV (vírus da imunodeficiência humana) e transmitida por meio de contato sexual, agulhas infectadas ou pela transfusão de sangue contaminado. O HIV não é transmitido pelo contato esporádico, não sexual. Mesmo assim – resultado de ignorância, medo ou preconceito –, algumas pessoas querem evitar qualquer contato com alguém infectado pelo HIV. Os indivíduos infectados pelo vírus não necessariamente desenvolverão a doença. Alguns indivíduos com HIV são capazes de desempenharem plenamente suas funções, sem colocar em risco outras pessoas.[99]

Os treinamentos de conscientização sobre a Aids podem ajudar as pessoas a suplantar seus medos e também dar aos gestores uma ferramenta para impedir a discriminação ilegal contra funcionários infectados pelo HIV. Tal treinamento se concentra em educar funcionários sobre o HIV e a Aids, desfazer mitos, comunicar políticas organizacionais relevantes e enfatizar os direitos dos soropositivos à privacidade e a um ambiente que lhes permita serem produtivos.[100] A necessidade de treinamento quanto à conscientização sobre a Aids é acentuada por alguns dos problemas vividos por soropositivos em seus locais de trabalho assim que os colegas ficaram sabendo de sua condição.[101] É preciso que as organizações providenciem acomodações adequadas para permitir que os portadores do vírus desempenhem suas funções de maneira eficaz.

Os gestores têm a obrigação de instruir os funcionários sobre o HIV e a Aids, desfazer mitos e o estigma que a os portadores do vírus carregam, e também garantir que não esteja ocorrendo discriminação relacionada ao HIV no local de trabalho. A Home Depot, por exemplo, ofereceu treinamento e instrução sobre HIV aos gerentes de suas lojas – algo extremamente necessário, dado que mais da metade dos gerentes sinalizaram que essa era a primeira vez que haviam tido a oportunidade de discutir o assunto.[102] Os avanços na medicação e no tratamento significam que um número maior de indivíduos infectados será capaz de continuar trabalhando ou de voltar a trabalhar após uma melhora em suas condições.[103] Portanto, os administradores precisam garantir que tais funcionários sejam tratados com justiça pelos colegas. Os gestores e as organizações que não dão o devido tratamento a funcionários soropositivos, nem providenciam condições adequadas (por exemplo, liberar o funcionário para consultas médicas ou para tomar seus medicamentos), estão se arriscando a enfrentar processos legais onerosos.

Condições socioeconômicas

O termo *condições socioeconômicas* refere-se à combinação da classe social e fatores relacionados à renda. Do ponto de vista administrativo, a diversidade socioeconômica (e, em particular, a diversidade nos níveis de renda) requer que os administradores sejam sensíveis e deem uma pronta resposta às necessidades e preocupações dos indivíduos que talvez não estejam tão bem financeiramente quanto outros. A reforma do sistema de assistência social dos Estados Unidos ocorrida entre a metade e o final dos anos 1990 enfatizou a necessidade de mães solteiras e outros receberem assistência pública para ingressarem ou retornarem ao mercado. Paralelamente a uma economia forte, isso levou a declínios recorde no número de famílias, lares e crianças vivendo abaixo do nível de pobreza, de acordo com o censo americano de 2000.[104] Entretanto, as crises econômicas no início e no final dos anos 2000 reverteram os ganhos passados, os quais haviam tirado muitas famílias da pobreza. Em uma economia muito sólida, é bem mais fácil para pessoas pobres com menos habilidades encontrarem emprego. Em uma economia fragilizada como a atual, na qual as empresas têm políticas de demissão, as pessoas que mais precisam de seus salários infelizmente são as primeiras a perderem seus empregos.[105]

Mesmo com todos os ganhos conquistados nos anos 1990, o U.S. Census Bureau estima que 6.825.399 famílias tinham renda abaixo do nível de pobreza em 2000, e dessas, 3.581.475 eram chefiadas por mulheres solteiras.[106] O Census Bureau usa dados de renda mínima predeterminados (ajustados anualmente pela inflação) com base no tamanho e na composição das famílias para determinar o nível de pobreza. Famílias cuja renda cai abaixo desse limiar são consideradas pobres.[107] Em 2000, por exemplo, uma família composta por quatro pessoas – sendo que duas eram menores de 18 anos – era considerada pobre caso sua renda anual estivesse abaixo de US$ 17.463.[108] Quando os trabalhadores ganham menos que US$ 10 ou US$ 15 por hora, normalmente é difícil – se não impossível – atenderem às necessidades de suas famílias.[109] Além disso, um número crescente de famílias enfrenta o problema de encontrar um esquema adequado para cuidarem de seus filhos, que lhes permita trabalharem por longas horas e/ou durante a noite para manter um nível de renda satisfatório. Os avanços na tecnologia da informação fizeram com que mais empresas funcionassem 24 horas por dia, criando verdadeiros desafios para os trabalhadores do turno da noite, especialmente em relação ao cuidado com as crianças.[110]

Centenas de milhares de pais por todo o país esforçam-se para encontrar alguém que cuide de seus filhos durante o trabalho no turno da noite, ou enquanto perdem várias horas por dia no trajeto casa-emprego, trabalham nos fins de semana e nos feriados ou ainda no intervalo entre as longas jornadas em um ou mais empregos. Tudo isso levou à abertura de creches que funcionam ininterruptamente. Alguns administradores procuram formas de oferecer tais cuidados para os filhos de seus funcionários. Por exemplo, o Children's Choice Learning Center em Las Vegas (Nevada), funciona 24 horas por dia para atender às necessidades dos funcionários que trabalham à noite nos cassinos, hospitais e *call centers* nas vizinhanças. Randy Donahue, um segurança que trabalha até a meia-noite, pega seus filhos nesse centro após sair do trabalho; sua mulher é enfermeira no turno da noite. Existem atualmente cinco Children's Choice Learning Centers nos Estados Unidos operando 24 horas por dia, e planos para a criação de mais sete unidades.[111]

Judy Harden, que se concentra em questões relacionadas a cuidado com as crianças e famílias para a United Workers Union, destaca que as demandas enfrentadas pelas famílias precisam de creches que funcionem ininterruptamente ou em horários atípicos para serem supridas. Muitos pais simplesmente não têm como escolher um trabalho cujos horários lhes permitam tomar conta de seus filhos à noite e/ou nos fins de semana, ainda mais quando os filhos estão doentes.[112] Em 1993, a Ford Motor Company construiu uma creche com funcionamento ininterrupto para 175 filhos de funcionários em Livonia (Michigan). Muitos funcionários de outras localidades estão exigindo o mesmo. Alguns pais e psicólogos ficam preocupados com essa situação, pois os filhos ficam separados das famílias por muito tempo, particularmente à noite. Infelizmente, para muitas famílias isso não se trata de escolha, mas sim de necessidade.[113]

A diversidade socioeconômica indica que os gestores precisam ter sensibilidade e consciência das necessidades dos trabalhadores menos afortunados em termos de renda e recursos financeiros, opções de creche e asilo, oportunidades de moradia e existência de fontes de apoio social e familiar. Os gestores devem tentar oferecer a esses indivíduos oportunidades para aprender, progredir e dar contribuições significativas para as organizações onde trabalham e, ao mesmo tempo, melhorarem o seu bem-estar econômico.

Na foto, um pai deixa seus filhos em uma creche antes de ir trabalhar. Os gestores precisam estar atentos ao fato de que muitos funcionários enfrentam desafiadores fatores socioeconômicos, como longos períodos no trajeto casa-emprego e dificuldade para esquematizar horários e locais para deixar os filhos enquanto trabalham.

Orientação sexual

Cerca de 2 a 10% da população americana é homossexual.[114] Embora nenhuma lei federal norte-americana proíba a discriminação baseada na orientação sexual, nos Estados Unidos 20 estados possuem leis a esse respeito, e um decreto presidencial de 1998 proíbe a discriminação em relação à orientação sexual em órgãos federais civis.[115] Um número cada vez maior de organizações reconhece a condição minoritária dos funcionários homossexuais e confirma seus direitos a tratamento justo e equânime, dando benefícios a funcionários que têm parceiros do mesmo sexo.[116] Por exemplo, 95% das 500 maiores empresas segundo a revista *Fortune* proíbem a discriminação baseada em orientação sexual e 70% delas oferecem benefícios ao parceiro.[117] Conforme indicado no quadro "Foco na diversidade", existem várias ações que os administradores podem adotar para garantir que a orientação sexual não seja motivo de discriminação injusta contra funcionários.

FOCO NA DIVERSIDADE
Evitando a discriminação baseada na orientação sexual

Embora os homossexuais em geral tenham obtido grandes avanços referentes ao tratamento justo no local de trabalho, muito mais precisa ser feito. Em recente estudo realizado pela Harris Interactive Inc. (uma empresa de pesquisa) e pela Witeck Communications Inc. (uma empresa de *marketing*), mais de 40% dos funcionários homossexuais apontaram que já foram vítimas de tratamento injusto ou que já lhes foi negada uma promoção, ou que já foram forçados a pedir demissão devido a sua orientação sexual.[118] Dado o contínuo assédio e discriminação que sofrem, apesar do progresso que já foi obtido,[119] muitos funcionários sentem medo de revelar suas preferências sexuais no local de trabalho e, portanto, levam uma vida de segredo. Poucos altos executivos se declararam abertamente homossexuais, como David Geffen, cofundador da DreamWorks SKG, e Allan Gilmour, ex-vice-presidente e CFO da Ford e atualmente membro do conselho de administração da Whirlpool e da DTE Energy Company. Porém, muitos outros optam por não revelar ou discutir suas vidas pessoais, incluindo os parceiros de longa data.[120]

Portanto, não é de se surpreender que muitos administradores estejam tomando medidas para instruir e treinar os funcionários em relação a questões de orientação sexual. A S. C. Johnson & Sons, Inc., fabricante do inseticida Raid e dos desodorizantes de ar Glade, com sede em Racine (Wisconsin), fornece treinamento obrigatório para os gerentes de fábrica visando suplantar estereótipos, e a Eastman Kodak, a Lehman Brothers Holdings Inc., a Merck & Co., Ernst & Young e o Toronto-Dominion Bank dão treinamento aos gestores para impedir a discriminação por orientação sexual.[121] Outras organizações, como a Lucent Technologies, Microsoft e Southern California Edison, enviam funcionários para seminários em escolas de administração de grande destaque. Além dessas, muitas outras empresas, como Raytheon, IBM, Eastman Kodak e Lockheed Martin, dão assistência aos funcionários homossexuais por meio de grupos de apoio.[122]

O Chubb Group of Insurance Companies, uma companhia de seguros contra danos ao patrimônio e causados a terceiros, oferece a seus gerentes uma sessão de treinamento de duas horas para ajudar a criar um ambiente de trabalho que seja seguro e acolhedor para lésbicas, *gays*, bissexuais e transexuais (GLBT).[123] As sessões são conduzidas por dois funcionários da Chubb. Normalmente um deles é heterossexual e o outro é homossexual. As sessões se concentram em questões que afetam a capacidade de liderar equipes diversas, e também em como avaliar o grau de segurança e receptividade que o ambiente de trabalho oferece para o grupo GLBT, qual a maneira apropriada de se referir aos parceiros de funcionários homossexuais e como reagir caso funcionários ou clientes usem linguagem ou comportamento inapropriados. A ideia do programa teve origem em um dos grupos de gestão de recursos formado por funcionários da Chubb. Os gestores consideram o programa muito bom e dizem que estão melhor capacitados para responder às preocupações de seus funcionários GLBT, criando, ao mesmo tempo, um ambiente de trabalho seguro e produtivo para todos.[124]

A Chubb Corporation leva a sério a conscientização da diversidade, como evidencia essa sessão de treinamento de sensibilização a grupos GLBT.

Outros tipos de diversidade

Existem outros tipos importantes de diversidade com os quais os administradores devem lidar com eficácia. Por exemplo, observa-se que as equipes precisam de membros com formação e experiências diversas. As equipes multidisciplinares são cada vez mais comuns nas organizações, e seus membros podem vir de vários departamentos, como *marketing*, produção, financeiro e vendas (o tema *equipes* será visto em profundidade no Capítulo 11). Uma equipe responsável pelo desenvolvimento e introdução de um novo produto no mercado muitas vezes precisará da especialização de funcionários não apenas da área da engenharia e do P&D, como também das áreas de *marketing*, vendas, produção e finanças. A diversidade é uma vantagem adicional em tais equipes.

Abundam outros tipos de diversidade. Por exemplo, os funcionários diferem uns dos outros por serem mais ou menos atraentes, tomando-se como base os padrões da(s) cultura(s) em que a organização opera e em termos de peso corporal. Se os indivíduos são atraentes ou não, magros ou com sobrepeso, na maioria dos casos isso não tem relação com o desempenho de suas funções. Não obstante, algumas vezes a diversidade física acaba influenciando nas promoções e nos salários. Um estudo recente publicado no *American Journal of Public Health* constatou que mulheres obesas com alto grau de instrução ganhavam, por ano, valores cerca de 30% menores se comparadas às mulheres que não eram obesas e também aos homens (independentemente de esses homens serem obesos ou não).[125] Portanto, fica claro que os administradores precisam garantir que todos os funcionários sejam tratados com justiça, independentemente da aparência.

Os administradores e a administração eficaz da diversidade

Os administradores enfrentam muitos desafios para administrar com eficácia a diversidade. Cada tipo de diversidade os coloca diante de problemas específicos que necessitam de avaliação. Compreender esses problemas não é tarefa fácil. É crucial investigar como esses grupos são tratados e as visões tendenciosas inconscientes que poderiam afetá-los negativamente. Tal análise ajuda os administradores a se concientizarem das formas mais sutis de discriminação. Há um número muito maior de medidas que os administradores podem tomar para se tornarem sensíveis à diversidade, tirarem proveito de todas as contribuições que essa força de trabalho pode trazer e impedir que esses funcionários sejam tratados injustamente.

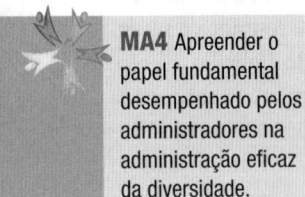

Papéis gerenciais fundamentais

MA4 Apreender o papel fundamental desempenhado pelos administradores na administração eficaz da diversidade.

Em cada um dos seus papéis gerenciais (ver Tabela 3.2), os administradores podem tanto promover a administração eficaz da diversidade quanto arruinar tais esforços. Em seus papéis interpessoais, os gestores podem transmitir para outros membros da empresa que a administração eficaz da diversidade é uma meta e um objetivo valorizado (papel de testa de ferro do gestor), e também podem servir como modelo e instituir políticas e procedimentos para garantir que os membros pertencentes a essas minorias sejam tratados com justiça (papel de líder), além de possibilitarem que indivíduos e grupos diversos coordenem seus esforços e cooperem entre si dentro da organização e em suas fronteiras (papel agregador). Na Tabela 3.2 sintetizamos algumas das formas por meio das quais os administradores podem garantir que a diversidade seja administrada com eficácia.

Dada a autoridade formal dos administradores nas organizações, eles costumam ter maior influência do que os funcionários menos graduados. Quando se comprometem a apoiar a diversidade, sua autoridade, posição de poder e *status* influenciam outros membros da organização a terem comprometimento similar.[126] As pesquisas sobre influência social corroboram tal associação; as pessoas são mais facilmente influenciadas e persuadidas por quem tem um *status* elevado.[127]

Tabela 3.2

Os papéis gerenciais e a administração eficaz da diversidade.

Tipo de papel	Papel específico	Exemplo
Interpessoal	Testa de ferro	Transmite a outros membros da empresa que a administração eficaz da diversidade é uma meta e um objetivo valorizado.
	Líder	Serve de modelo para os outros e institui políticas e procedimentos que garantam que a diversidade dentro da organização seja tratada com justiça.
	Agregador	Possibilita que indivíduos pertencentes a grupos da diversidade coordenem seus esforços e cooperem entre si.
Informativo	Monitor	Avalia o grau de justiça com o qual a diversidade é tratada dentro da empresa.
	Disseminador	Informa aos funcionários sobre políticas e iniciativas para a diversidade, bem como sobre a intolerância para com a discriminação.
	Porta-voz	Apoia as iniciativas de diversidade na comunidade em geral e conversa com esses grupos para despertar seu interesse em oportunidades na carreira.
Decisório	Empreendedor	Compromete recursos para desenvolver novas formas de administrar a diversidade com eficácia, bem como para eliminar visões tendenciosas e a discriminação.
	Apaziguador de conflitos	Toma medidas rápidas para corrigir desigualdades e restringir o comportamento discriminatório.
	Alocador de recursos	Aloca recursos para apoiar e encorajar a administração eficaz da diversidade.
	Negociador	Trabalha com organizações (por exemplo, fornecedores) e grupos (por exemplo, sindicatos) para apoiar e incentivar a administração eficaz da diversidade.

Quando os gestores se comprometem com a diversidade, seu comprometimento legitima as iniciativas de administração da diversidade de outras pessoas;[128] recursos são alocados para tais iniciativas e todos os membros da organização acreditam que as iniciativas que tomam no tocante à diversidade serão apoiadas e valorizadas. Consistente com esse raciocínio, o comprometimento da alta administração e as recompensas dadas pelo apoio à diversidade normalmente são citados como elementos cruciais para o sucesso das iniciativas de administração da diversidade.[129] Ver os administradores expressarem confiança nas capacidades e talentos de funcionários pertencentes a esses grupos faz com que outros membros da organização se sintam igualmente confiantes e ajuda a atenuar quaisquer temores equivocados que eles possam ter em decorrência de sua ignorância ou de sua visão estereotipada.[130]

Dois outros fatores importantes ressaltam por que os administradores são tão fundamentais para a administração eficaz da diversidade. O primeiro é que as mulheres, os afro-americanos, os hispânicos e outras minorias normalmente partem com uma ligeira desvantagem em relação aos outros funcionários, devido à forma como são vistos pelos outros nas organizações, particularmente em ambientes de trabalho onde estão em menor número. Como observa Virginia Valian, uma psicóloga do Hunter College que estuda os gêneros sexuais, "na maioria das organizações as

MA5 Entender por que a administração eficaz da diversidade é ao mesmo tempo um imperativo ético e empresarial.

mulheres começam em ligeira desvantagem. Uma mulher não entra na sala com o mesmo *status* de um homem, pois é menos provável que seja vista como uma boa profissional se comparada com um homem."[131]

O segundo fator sugerido pelas pesquisas é que ligeiras diferenças no tratamento podem se acumular e resultar em grandes disparidades com o tempo. Mesmo pequenas diferenças – como a tendência a favor dos homens em casos de promoção –, com o tempo podem levar a diferenças importantes no número de administradores do sexo masculino e feminino.[132] Portanto, embora as mulheres e outras minorias algumas vezes sejam alertadas para não fazer "tempestade em copo d'água" ao perceberem que foram tratadas injustamente, pesquisas realizadas por Valian e outros sugerem que esses "copos d'água" (isto é, ligeiras diferenças no tratamento baseadas em distinções irrelevantes como raça, sexo ou etnia) podem se transformar em "tempestades" com o passar do tempo (isto é, grandes disparidades em decisões importantes como, por exemplo, promoções), caso sejam ignoradas.[133] Tanto do ponto de vista ético como empresarial, os administradores têm a obrigação de assegurar que não ocorram grandes e nem pequenas disparidades no tratamento dos funcionários e nas decisões importantes que envolvem suas carreiras, devido a distinções irrelevantes como raça ou etnia nas organizações.

Administrar a diversidade de modo eficaz faz sentido nos negócios

A diversidade dos membros da organização pode ser uma fonte de vantagem competitiva, ajudando-a a fornecer aos clientes bens e serviços de melhor qualidade.[134] A variedade de pontos de vista e abordagens a problemas e oportunidades que esses funcionários oferecem podem melhorar o processo decisório. Suponha que a empresa de comida congelada Budget-Gourmet esteja tentando chegar a algumas ideias criativas para novas refeições congeladas que atrairão clientes conscientes de seu tempo escasso e preocupados com a saúde e cansados dos pratos congelados tradicionais. Que grupo você imagina que provavelmente terá as ideias mais criativas: um grupo de mulheres brancas com mestrado em *marketing* da Yale University e que cresceram em famílias de classe média alta no nordeste dos Estados Unidos ou um grupo de homens e mulheres racialmente diversificado com infância em famílias com níveis de renda variáveis localizadas em diferentes partes dos Estados Unidos e que frequentaram escolas de administração variadas (New York University, Oklahoma State, University of Michigan, UCLA, Cornell University, Texas A&M University e Iowa State)? A maior parte das pessoas concordaria que o segundo grupo teria maior probabilidade para chegar a um leque mais abrangente de ideias criativas. Embora esse exemplo seja simplista, destaca como a diversidade pode levar à vantagem competitiva.

Assim como a presença da diversidade na força de trabalho está cada vez maior, o mesmo acontece com os clientes que adquirem bens ou serviços. Numa tentativa de atender às necessidades e gostos de clientes locais, empresas como a Target normalmente variam a oferta de produtos disponíveis em suas lojas localizadas nas diferentes cidades e regiões para agradar os clientes locais.[135]

Em uma organização, os membros da diversidade têm maior chance de estar em sintonia e saber quais bens e serviços os segmentos diversificados do mercado querem e não querem. Grandes empresas automobilísticas, por exemplo, estão alocando um número cada vez maior de mulheres em suas equipes de projetos para assegurar que as necessidades e os desejos das clientes mulheres (um segmento de mercado em expansão) sejam levados em conta no projeto de um novo automóvel.

Para o Darden Restaurants, voltar-se para a diversidade está ligado ao crescimento e à participação no mercado. Darden procura atender às necessidades e aos gostos de clientes pertencentes a etnias hispânicas fornecendo menus em espanhol nas comunidades com grande população desse grupo.[136] Do mesmo modo, a participação de mercado e o crescimento, aliados à identificação de mercados de nicho, levou Tracey Campbell a oferecer serviços a turistas portadores de deficiência.¹³⁷ Ela dirige a InnSeekers, um recurso *online* e telefônico para a busca de *bed and breakfasts*. Nikki Daruwala trabalha para o Calvert Group em Bethesda (Maryland), fundo mútuo que enfatiza a responsabilidade social e a diversidade. Ela aponta que, por si só, o lucro é mais do que suficiente como incentivo para administrar com eficácia a diversidade. Como ela mesmo coloca: "Podemos analisar o caso de um fabricante de automóveis. Há mais mulheres tomando decisões na compra de carros ou na compra de imóveis (...) US$ 3,72 trilhões por ano são gastos pelas mulheres".¹³⁸

Outra forma na qual a administração eficaz da diversidade pode afetar positivamente a lucratividade da empresa é na preservação de valiosos funcionários. Isso diminui os custos com contratação de substitutos para os que saem da empresa, e ajuda a assegurar que todos estejam altamente motivados. Dado o ambiente legal atual, mais e mais organizações estão afinadas com a necessidade de enfatizar a importância da diversidade na contratação de funcionários. Esses funcionários provavelmente procurarão oportunidades em alguma outra empresa se acharem que estão sendo tratados injustamente, portanto, o recrutamento de funcionários diversificados tem que ser seguido da imediata administração eficaz da diversidade.

Se a diversidade não for administrada de forma eficaz e resultar em taxas de rotatividade de mão de obra mais elevadas no caso dos membros de certos grupos que não são tratados de forma razoável, a lucratividade será prejudicada de várias maneiras. Não apenas serão perdidas as contribuições futuras desses funcionários quando eles saírem da empresa como também a organização deverá arcar com os custos de contratação de novos funcionários para substituir os antigos. De acordo com a Employment Management Association, contratar um novo funcionário em média custa mais de US$ 10 mil. Outras estimativas são significativamente maiores. A Ernst & Young, por exemplo, estima que custa cerca de US$ 1,2 milhão para substituir 10 profissionais, e a empresa de consultoria em diversidade Hubbard & Hubbard estima que a reposição de mão de obra custa em média uma vez e meia o salário anual do funcionário anterior.¹³⁹ Além disso, há custos adicionais por não administrar de maneira eficaz a diversidade, derivados do tempo perdido devido às barreiras enfrentadas por esses funcionários, que impedem seu progresso e avanço.¹⁴⁰

Administrar a diversidade de modo eficaz faz sentido nos negócios por mais uma razão: um número cada vez maior de administradores e organizações preocupados com a diversidade insiste que seus fornecedores também apoiem a diversidade.¹⁴¹

Finalmente, tanto sob a perspectiva empresarial quanto a ética, a administração eficaz da diversidade se faz necessária para evitar ações legais onerosas, como aquelas entre a Advantica (proprietária da cadeia Denny's) e a Coca-Cola Company. Em 2000, a Coca-Cola chegou a um acordo em uma ação coletiva interposta por funcionários afro-americanos, o que custou US$ 192 milhões para a companhia. Os danos causados por tais ações judiciais vão além das indenizações às partes lesadas: podem danificar a imagem de uma empresa. Um resultado positivo do acordo feito pela Coca-Cola em 2000 foi o reconhecimento da necessidade de alocar mais recursos a iniciativas de administração da diversidade. A Coca-Cola está aumentando o emprego de fornecedores minoritários, além de instituir um programa formal de orientação e datas para comemorar a diversidade com sua força de trabalho.¹⁴²

Assédio sexual

MA6 Compreender as duas formas principais de assédio sexual e como elas podem ser eliminadas.

O assédio sexual prejudica severamente tanto as pessoas que o sofreram como a reputação da organização onde ele ocorreu, e pode significar para as organizações enormes prejuízos. Em 1995, a Chevron Corporation concordou em pagar US$ 2,2 milhões devido a uma ação por assédio sexual interposta por quatro mulheres que trabalharam na Chevron Information Technology Company em San Ramon (Califórnia). Uma das envolvidas disse ter recebido material pornográfico ofensivo pelo sistema de *e-mail* da empresa. Outra, uma engenheira eletricista, disse que foi solicitada a levar vídeos pornográficos para os trabalhadores da Chevron em um posto de perfuração no Alasca.¹⁴³ Mais recentemente, em 2001, a TWA chegou a um acordo no valor de US$ 2,6 milhões em um processo por assédio sexual sofrido por algumas funcionárias no Aeroporto Internacional JFK, em Nova York. De acordo com a EEOC (*Equal Employment Opportunity Commission*), não apenas o assédio sexual era tolerado na TWA, como também os diretores da empresa pouco fizeram para impedi-lo quando o caso chegou ao seu conhecimento.[144]

Infelizmente, eventos como os da Chevron e da TWA não são casos isolados.[145] Das 607 mulheres entrevistadas em pesquisa da National Association for Female Executives, cerca de 60% apontaram que experimentaram alguma forma de assédio sexual.[146] As vítimas podem ser mulheres ou homens, e seus assediadores não precisam necessariamente ser do sexo oposto.[147] Entretanto, as mulheres são as vítimas mais frequentes de assédio sexual, particularmente as que ocupam cargos predominantemente ocupados por homens ou as que ocupam cargos que, por estereótipo, são associados a conotação sexual, como uma secretária subordinada a um chefe do sexo masculino, por exemplo. Embora isso ocorra com muito menor frequência, os homens também podem ser vítimas de assédio sexual. Vários funcionários do sexo masculino na Jenny Craig interpuseram uma ação alegando que estavam sendo alvo de comentários lascivos e inapropriados de colegas e superiores do sexo feminino.[148] O assédio sexual não é apenas antiético; também é ilegal. Os administradores têm a obrigação ética de assegurar que eles próprios e também seus colegas e subordinados jamais se envolvam em um caso de assédio sexual, mesmo não intencional.

Formas de assédio sexual

assédio sexual *quid pro quo*
Solicitar ou forçar um funcionário a realizar favores sexuais em troca de alguma compensação ou para evitar represálias com consequências negativas.

Existem duas formas básicas de assédio sexual: o assédio sexual *quid pro quo* e o assédio sexual causado por um ambiente de trabalho hostil. O **assédio sexual *quid pro quo*** ocorre quando um assediador solicita ou força um funcionário a realizar favores sexuais em troca da garantia de emprego, de receber um aumento ou promoção, obter algum outro tipo de oportunidade relacionada com o trabalho ou então evitar represálias com consequências negativas, como rebaixamento ou demissão.[149] Essa forma de assédio "durma comigo, benzinho, senão você será demitido(a)" é a forma mais extrema e não deixa dúvidas de assédio sexual.[150]

assédio sexual causado por um ambiente de trabalho hostil Contar piadas lascivas, exibir material pornográfico, fazer comentários com conotação sexual sobre a aparência de alguém e outras ações com conotação sexual que tornam o ambiente de trabalho desagradável.

O **assédio sexual causado por um ambiente de trabalho hostil** é mais sutil. Ele ocorre quando os membros da organização se veem diante de um ambiente de trabalho intimidador, hostil ou ofensivo devido ao seu sexo.[151] Piadinhas lascivas, comentários ou insinuações com conotação sexual, linguagem vulgar, exibição de material pornográfico, exibição ou distribuição de objetos eróticos e observações com conotação sexual sobre a aparência física de alguém são exemplos disso.[152] Um ambiente de trabalho hostil interfere na capacidade dos membros de uma organização de cumprir suas tarefas de maneira eficaz e tem sido considerado ilegal pelos tribunais. Os gestores que se envolvem em assédio sexual causado por um ambiente de trabalho hostil ou que permitem que outros o façam correm o risco de trazer onerosos processos judiciais contra suas organizações. Em fevereiro de 2004, por exemplo, um júri federal considerou que Marion Schwab deveria ser indenizada em US$ 3,24 milhões, após deliberar sobre seu caso de assédio sexual contra a Federal Express.[153] Schwab era a única motorista mulher de caminhão-reboque nas instalações da FedEx que atendiam o Aeroporto Internacional Harrisburg em Middletown (Pensilvânia). Durante o período em que trabalhou nessa unidade (1997 a 2000), foi alvo de insinuações com conotação sexual, foram-lhe atribuídas tarefas inferiores e ela foi a maior vítima de comentários depreciativos sobre sua aparência e o papel das mulheres na sociedade. Em cinco ocasiões, os freios de seu caminhão foram sabotados. A EEOC federal processou a FedEx, e Schwab fez parte do processo.[154]

Os tribunais recentemente reconheceram outras formas de assédio causadas por um ambiente de trabalho hostil, além do sexual. Em junho de 2006, por exemplo, um júri da Califórnia decidiu que uma indenização de US$ 61 milhões por danos punitivos e compensatórios deveria ser paga para dois motoristas da FedEx Ground. Esses motoristas, de descendência libanesa, apontaram que enfrentaram um ambiente de trabalho hostil e sofreram grande estresse porque um gerente os assediou com injúrias racistas por dois anos.[155] A FedEx planeja apelar da decisão.[156]

Medidas que os administradores podem tomar para erradicar o assédio sexual

Os administradores têm a obrigação ética de erradicar o assédio sexual das organizações. Há muitas maneiras de cumprir esse objetivo. Eis as quatro medidas iniciais que eles podem tomar para lidar com o problema:[157]

- *Desenvolver e comunicar claramente uma política contra o assédio sexual que seja endossada pela alta administração.* Essa política deve incluir proibições tanto contra o assédio sexual *quid pro quo* como contra o assédio causado por um ambiente de trabalho hostil. Essa medida deve conter (1) exemplos de tipos de comportamento que são inaceitáveis, (2) um procedimento a ser seguido pelos funcionários quando há necessidade de relatar a ocorrência de assédio, (3) uma discussão das medidas disciplinares que serão adotadas quando da ocorrência de assédio e (4) o comprometimento de instruir e treinar os membros da organização sobre assédio sexual.
- *Usar um procedimento de reclamação justo para investigar acusações de assédio sexual.* Tal procedimento deve (1) ser administrado por uma terceira parte neutra, (2) assegurar que as reclamações sejam pronta e completamente tratadas, (3) proteger e tratar com justiça as vítimas e (4) assegurar que os supostos assediadores sejam tratados com justiça.
- *Assim que tiver sido determinado que o assédio sexual definitivamente ocorreu, tomar medidas corretivas o mais breve possível.* Tais medidas podem variar dependendo da gravidade do assédio. Quando o assédio for relevante e prolongado, de natureza *quid pro quo* ou altamente censurável de alguma outra maneira, a medida corretiva deve incluir a demissão do assediador.
- *Fornecer instrução e treinamento sobre assédio sexual a todos os membros da organização, inclusive seus gestores.* A maioria das 500 maiores empresas segundo a revista *Fortune* já oferece esse tipo de instrução e treinamento para seus funcionários. Os gestores da Du Pont, por exemplo, desenvolveram um programa chamado "Uma questão de respeito" para ajudar a instruir os funcionários sobre o assédio sexual e eliminar sua ocorrência. O programa inclui um *workshop* de quatro horas no qual são dadas informações aos participantes definindo assédio sexual, expondo a política da empresa contra o assédio e explicando como relatar queixas e acessar uma linha direta 24 horas. Os participantes assistem a trechos de vídeo mostrando casos reais de assédio. Em um deles, é mostrada a seguinte situação: uma vendedora está jantando com um cliente do sexo masculino que, após muita negociação, está prestes a fechar negócio com a empresa dela quando, de repente, ele sugere que ambos continuem a conversa no quarto de um hotel. A vendedora fica confusa a respeito do que fazer. Sofrerá ela uma reprimenda caso diga não e o negócio seja perdido? Após assistirem a um desses vídeos, os participantes discutem o que acabaram de ver, o porquê do comportamento ser inapropriado e o que as organizações podem fazer para atenuar o problema.[158] Ao longo do programa, os gestores enfatizam aos funcionários que eles não devem tolerar assédio sexual ou se envolver em situações nas quais, provavelmente, isso ocorrerá.

Barry S. Roberts e Richard A. Mann, especialistas em direito comercial e autores de vários livros sobre o assunto, sugerem uma série de outros fatores que os gestores e todos os membros de uma organização precisam ter em mente sobre o assédio sexual:[159]

- Toda acusação de assédio sexual deve ser levada muito a sério.
- Funcionários que toleram atenção sexual indesejada no local de trabalho podem vir a sofrer assédio sexual.
- Algumas vezes os funcionários esperam antes de darem queixa de assédio sexual.

- A política de uma empresa contra o assédio sexual deve ser comunicada a cada novo empregado e revista periodicamente com os atuais funcionários.
- Os fornecedores e clientes precisam estar familiarizados com a política contra o assédio sexual praticada pela empresa.
- Os gestores devem oferecer aos funcionários formas alternativas de relatarem casos de assédio sexual.
- Os funcionários que denunciarem assédio sexual devem ter seus direitos protegidos, inclusive contra qualquer possível retaliação.
- As alegações de assédio sexual devem ser mantidas em sigilo; os acusados de assédio devem ter seus direitos preservados.
- As investigações de acusações de assédio e quaisquer medidas disciplinares resultantes devem acontecer em momento oportuno.
- Os gestores devem proteger os funcionários para que não sofram assédio sexual de funcionários de outra empresa com os quais eles venham a interagir no decurso de suas funções – como fornecedores ou clientes.[160]

Resumo e revisão

ÉTICA E PARTES INTERESSADAS Ética diz respeito aos princípios morais ou crenças sobre o que é certo ou errado. Essas crenças orientam as pessoas em seus negócios com outros indivíduos e grupos (partes interessadas) e dão uma base para que decidam se o comportamento é ou não correto e apropriado. Muitas organizações possuem um código de ética formal derivado, basicamente, das éticas social, profissional e individual dos seus altos executivos. Os administradores podem aplicar padrões éticos para ajudá-los a decidir sobre a maneira apropriada de conduta perante as partes interessadas na organização. As culturas organizacionais éticas são aquelas onde normas e valores éticos são enfatizados. Elas podem ajudar as organizações e seus membros a se comportarem de maneira socialmente responsável. [MA1, 2]

AUMENTANDO A DIVERSIDADE DA FORÇA DE TRABALHO E DO AMBIENTE Diversidade é o conjunto das diferenças entre as pessoas, que se devem a idade, sexo, raça, etnia, religião, orientação sexual, condições socioeconômicas e capacidades/incapacidades. Tanto a força de trabalho como o ambiente organizacional têm se tornado cada vez mais diversificados. Administrar a diversidade de modo eficaz é um imperativo ético e pode aumentar a eficácia de uma organização. [MA3, 5]

ADMINISTRANDO A DIVERSIDADE A administração eficaz da diversidade não é apenas uma responsabilidade essencial dos administradores, mas também um imperativo ético e empresarial. Em cada um de seus papéis gerenciais, os administradores podem encorajar a aceitação e valorização da diversidade por parte de toda a organização. [MA4, 5]

ASSÉDIO SEXUAL As duas formas básicas de assédio sexual são o assédio sexual *quid pro quo* e o assédio sexual causado por um ambiente de trabalho hostil. Entre as medidas que os administradores podem tomar para erradicar o assédio sexual temos: o desenvolvimento, a comunicação e o estabelecimento de uma política contra assédio sexual; o emprego de procedimentos razoáveis para dar queixas; a pronta ação corretiva quando da ocorrência de assédio; e instrução e treinamento sobre assédio sexual. [MA6]

Administradores em ação

Tópicos para discussão e trabalho

DISCUSSÃO

1. Quando a ética e os padrões éticos são particularmente importantes nas organizações? [MA1]
2. Por que os administradores podem acabar praticando atos conflitantes com seus próprios valores éticos? [MA1]
3. De que forma os administradores podem assegurar que estão criando culturas organizacionais éticas? [MA2]
4. Por que os trabalhadores homossexuais e também os soropositivos algumas vezes sofrem discriminação? [MA3]
5. Por que alguns funcionários poderiam se ofender com as acomodações ditadas pela Lei para os americanos portadores de deficiência no local de trabalho? [MA3]

AÇÃO

6. Escolha uma das 500 maiores empresas de acordo com a revista *Fortune* não mencionadas no presente capítulo. Realize uma pesquisa para determinar que medidas essa organização tomou para administrar a diversidade e eliminar o assédio sexual. [MA4, 5, 6]

Desenvolvimento de habilidades gerenciais [MA3, 4, 5, 6]
Solucionando problemas relacionados com a diversidade

Considere a última vez que você (1) foi tratado de forma injusta porque discordou de uma decisão sobre determinada dimensão da diversidade ou (2) observou alguém sendo tratado de forma injusta pela mesma razão do item anterior. Em seguida, responda as perguntas abaixo:

1. Por que você acredita que quem tomou a decisão agiu de forma injusta nessa situação?
2. Como (se realmente estas formas de discriminação foram observadas) visões tendenciosas, a formação de estereótipos negativos ou a discriminação declarada estiveram presentes nessa situação?
3. Aquele que tomou a decisão estava ciente de que estava agindo injustamente?
4. O que você ou a pessoa que foi tratada injustamente poderiam ter feito para melhorar a situação e reparar a injustiça de imediato?
5. Houve alguma tentativa de assédio sexual envolvida na situação? Em caso positivo, de que tipo?
6. Caso você tivesse autoridade em relação àquele que tomou a decisão (por exemplo, se você fosse o gerente ou supervisor daquela pessoa), que medidas tomaria para assegurar que a pessoa que tomou essa decisão não mais tratasse outros indivíduos de forma injusta?

Administrando eticamente [MA1]

Algumas empresas exigem que os funcionários trabalhem por horas a fio e viajem constantemente. Trabalhadores com filhos pequenos, trabalhadores que tomam conta de parentes idosos e aqueles que têm interesses fora do ambiente de trabalho algumas vezes acham que suas carreiras estarão ameaçadas caso tentem trabalhar um número de horas mais razoável ou limitem as viagens a negócios. Alguns sentem que é antiético o fato de seu superior esperar tanto deles no trabalho e não compreender suas necessidades como pais e como pessoas que cuidam de parentes doentes ou incapacitados.

Perguntas

1. Individualmente ou em grupo, imagine as implicações éticas do requerimento de longas jornadas de trabalho e quantidades excessivas de viagens em alguns tipos de função ou cargo.
2. Que obrigações você imagina terem os gestores e as empresas para possibilitar que funcionários tenham uma vida equilibrada e atendam a suas necessidades e demandas fora do ambiente de trabalho?

Exercício em grupo [MA3, 4, 5]
Determinando a existência de um problema

Forme pequenos grupos de três ou quatro pessoas e indique um dos membros para ser o seu porta-voz. Ele comunicará as descobertas do grupo a toda a classe quando chamado pelo professor. Em seguida, discuta a seguinte situação:

Você e seus sócios são donos e também administram uma cadeia local de restaurantes, praticando preços que variam de moderados a caros, e que abrem para almoço e jantar durante a semana e apenas para o jantar nos fins de semana. Seu quadro de pessoal é composto por membros diversificados, e você acredita que está administrando a diversidade de modo eficaz, embora em visitas a diferentes restaurantes da rede você tenha percebido que seus funcionários afro-americanos tendem a se congregarem e se comunicarem quase que somente entre eles. O mesmo é válido para os funcionários de origem hispânica e para os funcionários brancos. Você irá se reunir com seus sócios hoje para discutir essa observação.

1. Discuta por que os padrões de comunicação que você observou poderiam estar ocorrendo em seus restaurantes.
2. Discuta se sua observação reflete ou não um problema subjacente. Em caso positivo, por quê? Em caso negativo, por que não?
3. Discuta se você deve ou não resolver essa questão com seus funcionários e nos seus restaurantes. Em caso positivo, como e por quê? Em caso negativo, por que não?

Seja você o administrador [MA3, 4, 5, 6]

Você é Maria Herrera e foi recentemente promovida ao cargo de diretora de análise financeira de um fabricante de bens de consumo de médio porte. Durante suas primeiras semanas na função, você reservou um tempo para almoçar com cada um de seus subordinados para tentar conhecê-los melhor. Você tem 12 subordinados diretos que são compostos por um grupo de analistas financeiros (junior e sênior) que dão apoio a diferentes linhas de produto. Susan Epstein, uma das analistas financeiras com quem você almoçou, fez a seguinte afirmação: "Estou muito feliz por finalmente termos uma mulher no comando. Agora, tenho esperança de que as coisas melhorem por aqui". Você pressionou Epstein para que explicasse isso melhor, porém, ela não quis abrir o jogo. Indicou que não gostaria de influenciá-la sem necessidade e que os problemas eram bastante evidentes por si só. Na realidade, Epstein havia ficado surpresa com o fato de você não saber do que se tratava e, em tom de brincadeira, mencionou que talvez você tivesse de ficar mais tempo na retaguarda, observando o grupo e suas interações com outros.

Você conversou com o seu supervisor e o ex-diretor que, aliás, havia sido promovido e também se colocara à sua disposição caso você tivesse alguma dúvida. Nenhum dos dois sabia da existência de qualquer problema relacionado com a diversidade em seu grupo. Na realidade, a resposta de seu supervisor foi: "Tivemos um monte de problemas mas, felizmente, esse não é um deles". O que você irá fazer para resolver a questão?

BusinessWeek Caso em foco [MA1, 2]
Assim como as fábricas vão à falência, o mesmo acontece com o direito comercial

Os negócios iam bem, excelentes em alguns casos. Porém, no início de 2008, o fabricante de aparelhos de iluminação se deu conta que sua fábrica na China estava à beira da falência. O colapso do mercado imobiliário americano havia devastado a demanda por suas lâmpadas e aparelhos de iluminação vendidos nas lojas de varejo americanas. Os custos continuavam a aumentar em Dongguan, a cidade ao sul da China para onde havia expandido suas operações. Dada a situação, o empresário de 43 anos de idade saiu de fininho da China, deixando US$ 100 mil para cobrir o último mês de aluguel e os salários de seus mais de 400 empregados. Os fornecedores ficaram sem receber.

Felizmente ele saiu a tempo. À medida que se espalhou a notícia do fechamento da fábrica, funcionários furiosos afluíram à rua próxima, uma estreita passagem delimitada por cybercafés e mesas de bilhar do lado de fora. Os fornecedores chegaram em caminhões de mudança na cor azul, bloquearam o portão de entrada e mandaram para dentro da fábrica capangas contratados para levarem computadores, cabos, maquinário – qualquer coisa de valor. Não sendo possível encontrar o dono da fábrica, a gangue deu uma sova no advogado da empresa e o manteve como refém durante grande parte do dia. "Era uma fábrica nova e para eles parecia uma mina de ouro. Eles iam levar tudo o que encontrassem", diz o empresário, um europeu que se manteve escondido em Taiwan por quase um ano.

A ordem foi restabelecida apenas após o proprietário do imóvel chamar a polícia, que chegou com cinco caminhões lotados de policiais para proteger sua propriedade. E os fornecedores, que chegaram tarde demais, não tiveram sorte. Xiao Xiaosan, um fabricante de peças metálicas para luminárias, diz que lhe eram devidos US$ 76 mil. Embora tenha corrido para a fábrica no dia de seu fechamento, ele tem dúvidas se algum dia irá ver a cor desse dinheiro. "Para mim é impossível encontrar o dono da fábrica fora da China", diz.

À medida que a recessão mundial bate à porta da China, donos de empresas falidas estão fechando fábricas da noite para o dia. Muitas vezes deixam o continente, temerosos dos fornecedores e trabalhadores enraivecidos e incertos quanto às proteções legais. No ano passado, apenas em Dongguan foram registrados 673 casos – um crescimento de 24% – de empresários fugindo do país, deixando para trás 113 mil trabalhadores desempregados a quem eram devidos US$ 44,1 milhões. As reclamações trabalhistas quase dobraram, indo para aproximadamente 80 mil.

Os problemas estão fazendo com que todo mundo seja mais cauteloso. No passado, muitos negócios eram feitos na base da confiança. Porém, hoje os fornecedores exigem adiantamentos cada vez maiores. "Isso está atrapalhando o livre fluxo de mercadorias", diz Ben Schwall, um americano que dirige a Aliya Lighting, empresa em Dongguan que fornece lâmpadas vendidas na Home Depot, Lowe's e outras. "Obter crédito na camaradagem é algo que está desaparecendo."

Preocupados com a falência das fábricas, os adquirentes de multinacionais estão monitorando de perto a saúde financeira de seus fornecedores. "É uma grande preocupação", diz William Fung, diretor-executivo da Li & Fung, empresa de Hong Kong que intermedia a compra de artigos na Ásia para varejistas de todo o mundo. "A pergunta feita com maior frequência por nossos compradores é se a fábrica (...) ainda estará por lá no futuro". Compradores que outrora haviam tido muito pouco contato com os fornecedores de seus próprios fornecedores – empresas que vendem, digamos, botões ou zíperes para um fabricante de blusas – hoje reagem com rapidez ao ouvirem que os fornecedores menores não estão sendo pagos, um claro sinal de problemas na fábrica. "Você pode negociar apenas com pessoas que já conhece há longa data", diz Peter Lau, presidente da Giordano International, varejista do setor de vestuário com 2 mil lojas espalhadas pela Ásia. "E a confiança tem que ser recíproca."

Nos Estados Unidos, os proprietários de fábricas podem apresentar um pedido de declaração de falência, recebendo até alguma proteção contra os credores e, quem sabe, até mesmo obter financiamento por ordem judicial para manterem-se atuantes. Suponha que esse fosse o caso na China também, segundo uma lei de falência com carência de dois anos que foi anunciada como medida fundamental das reformas de mercado. Porém, poucos juízes haviam recebido o treinamento necessário para compreender essa medida complexa, de modo que os oficiais locais normalmente desencorajam os proprietários em apuros de entrarem com pedido falimentar. E, ao quitar seus débitos com os credores antes dos funcionários, a lei mina o desejo de Pequim de minimizar os conflitos sindicais.

Sem trabalho – e sem casa

Nos 10 primeiros meses do ano passado, a lei de falência de empresas foi usada em cerca de mil casos apenas – na maioria das vezes, por grandes estatais, e não pelos milhares de fabricantes voltados para o mercado de exportação que tiveram de encerrar suas atividades. "A lei de falência ainda se encontra em seu estágio inicial", diz John J. Rapisardi, um dos sócios do escritório de advocacia Cadwalader, Wickersham & Taft, localizado em Nova York, e que prestou consultoria à China na elaboração da lei.

Portanto, em vez de liquidação ordenada nos tribunais, trabalhadores, fornecedores e credores tentam fazer justiça com as próprias mãos. Quando o fabricante de brinquedos Smart Union Group faliu em outubro, seu proprietário sediado em Hong Kong fechou duas fábricas na caótica Dongguan, que produziam brinquedos para a Walt Disney e Mattel. Eles deviam US$ 29 milhões a cerca de 800 fornecedores e US$ 3,5 milhões em salários a 7,6 mil trabalhadores. O governo local pagou os salários após os funcionários organizarem protestos em frente à prefeitura. "Eles são trabalhadores itinerantes que vivem nas fábricas", diz Huang Huiping, subchefe do Departamento do Trabalho de Dougguan. "Se o empresário sumir, eles não terão onde morar."

Algumas autoridades pressionam por medidas mais fortes. Na província de Guangdong, os funcionários do Departamento de Trabalho publicaram os nomes dos proprietários de fábricas que não pagaram seus débitos em jornais locais para envergonhá-los e tornar mais difícil que abram negócios. Os líderes sindicais criaram uma lista negra de empresários fugitivos e estão trabalhando em colaboração com os tribunais de justiça para localizá-los. Outros pedem uma legislação que possibilite a abertura de processo criminal contra empresários que abandonam fábricas (atualmente isso é uma violação do Código Civil). "Esses atos provocam tanto prejuízo social que deveriam ser tratados como um delito", diz Zhu Zhengfu, vice-presidente da Associação de Advogados Guangdong.

Embora muitos proprietários de fábrica falidas fujam para evitar pagar seus débitos, outros se preocupam com sua segurança. Quando o fabricante de celulares Shenzhen Bandshine Communications Development não pôde mais pagar fornecedores ou funcionários em setembro último, a empresária Zhao Zheng passou para a clandestinidade. "Estou física e mentalmente exausta e temo por minha vida", dizia a mensagem de texto enviada por Zhao para o seu então distribuidor para o sudoeste asiático. "Não tenho nenhuma escolha a não ser me esconder" continuava a mensagem. "Ela devia dinheiro a muitos fornecedores", diz Jack Zhou, ex-distribuidor, acrescentando que ela ainda lhe deve US$ 90 mil. "Eles vieram até a fábrica e quebraram tudo".

Entrementes, o empresário da fábrica de aparelhos de iluminação de Dongguan esforça-se para resolver suas pendências com os fornecedores. Espera poder retornar à China, apesar de alguma ambivalência. "Joguei fora 17 anos de negócio, mas agora chega", diz ele, enquanto se delicia em uma fonte termal nas luxuriantes montanhas próximas de Taipei. "A lei na China é algo que se pode jogar na privada. Na China, [o sucesso depende de] quem você conhece e de quanto dinheiro você tem. Qualquer outra coisa é perda de tempo."

Perguntas

1. Por que alguns proprietários de fábrica na China desaparecem?
2. Você acha que o comportamento deles é ético ou antiético?
3. Que obrigações éticas os proprietários de fábricas têm perante seus funcionários?
4. Que obrigações éticas os proprietários de fábricas possuem perante os fornecedores?

Fonte: D. Roberts, "As Factories Fail, So Does Business Law." Reimpresso de *BusinessWeek* 13/abr./2009, com permissão especial copyright © 2009 by The McGraw-Hill Companies, Inc.

BusinessWeek Caso em foco [MA3, 4, 5]

Não os trate como *baby boomers*

Se você fizer uma análise superficial dos sentimentos das pessoas pertencentes à geração X sobre a vida nas grandes empresas, provavelmente descobrirá uma série de preocupações, como encontramos em respostas de leitores ao *post* da *BusinessWeek.com* "Dez razões para os integrantes da geração X estarem infelizes no trabalho". Esse artigo foi originalmente postado em HarvardBusiness.org.

O que realisticamente, as grandes empresas podem fazer?

Não espere que as mesmas abordagens que funcionaram bem com a força de trabalho *boomer* funcionem igualmente bem com os da geração X. E não parta do pressuposto de que os integrantes da geração X, "ao crescerem", irão valorizar as mesmas coisas que os *boomers* valorizaram. Os integrantes da geração X estão crescidos – e não pensam como os *boomers*.

Passar pela experiência de ser um filho que na adolescência não recebeu a devida atenção dos pais ao chegar da escola, pois esses estavam trabalhando, e o fato de observar adultos sendo despedidos das grandes empresas deixaram muitos da geração X com a sensação de que uma das mais importantes prioridades na vida é cuidar de si próprio em qualquer circunstância. Portanto, o que eles querem das empresas são empregos que ofereçam uma variedade de trajetórias profissionais e lhes permitam ganhar habilidades inovadoras e valorizadas pelo mercado, construir uma sólida rede de contatos e colocar dinheiro no banco. E é nisso que as grandes empresas devem se concentrar para parecerem mais atraentes para os integrantes da geração X.

Oferecer opções em primeiro lugar

Primeiramente, deve-se reconhecer que muitas trajetórias profissionais clássicas em grandes empresas se afunilam no topo, fazendo os integrantes da geração X sentirem que têm menos opções. Deve-se também articular carreiras que ofereçam vários caminhos possíveis. Imaginemos, por exemplo, a seguinte opção: "Após isso, você terá experiência para assumir um dos seis seguintes cargos". Isso é diferente daquilo que provavelmente um *boomer* preferiria ouvir: "Após isso, você terá a possibilidade de chegar ao cargo máximo". Os *boomers* gostam de ganhar; os integrantes da geração X gostam de ter opções.

As grandes empresas devem oferecer treinamento de todos os tipos, apoiar a educação formal e assegurar um espectro amplo de experiências profissionais para dar aos integrantes da geração X habilidades atualizadas e um senso de possibilidade quanto ao futuro. Deve-se considerar a criação de opções de carreira laterais – a capacidade de ganhar maior amplitude de visão movimentando-se lateralmente em outros departamentos. Isso, também, pode parecer estranho para os *boomers* – é diferente do "subir na" carreira –

mas os integrantes da geração X interpretam isso como movimentar-se para criar opções mais à frente. Já que muitos deles aspiram a dirigir seus próprios empreendimentos, as movimentações laterais também fornecem as habilidades empresariais mais abrangentes de que eles precisarão no futuro.

Muitos integrantes da geração X já mantêm relações estreitas com amigos com os quais poderão contar numa hora de aperto. Estabelecer relações comerciais é algo valorizado por muitos, que se voltam novamente à segurança no futuro – algo que as grandes empresas deveriam facilitar. As empresas que são conhecidas como bons lugares para estabelecer contatos importantes, para "ver e ser visto", representam uma vantagem para os integrantes da geração X. Deve-se dar suporte à construção de redes de contato e de reputação, como a participação em setores de destaque ou fóruns de profissionais, oportunidades de aprendizado e outras atividades externas. Deve-se também evitar o isolamento e ampliar os horizontes.

Lembre-se de que os integrantes da geração X se preocupam com dinheiro – e muito. Talvez sejam mais voltados para o dinheiro que os *boomers*, que poderiam se satisfazer com uma promoção (para eles, sinônimo de "vitória"), mesmo que o adicional financeiro na remuneração seja pouco ou inexistente. Um integrante da geração X quase nunca achará isso aceitável.

Além da autossuficiência, os integrantes da geração X também dão grande prioridade aos filhos e às relações familiares. As grandes empresas deveriam ser sensíveis às pressões que essa geração sente "de estar lá" para seus filhos mais do que seus pais estiveram para eles próprios. Para muitos, isso significa uma linha que eles se recusam a cruzar em termos de número de viagens a negócios ou de horas trabalhadas. Muitos aceitariam empregos com menor salário em troca de maior flexibilidade e mais tempo com a família. As grandes empresas têm que oferecer essas opções de modo a reter membros dessa geração em seus quadros.

Ao realizar pesquisas sobre a geração X para o meu próximo livro, entrevistei uma estrela em ascensão no mundo corporativo pertencente a essa geração. Enquanto discutíamos as tarefas dos altos executivos, ele comentou: "Pergunto-me quem iria querer esses cargos". Fiz uma pausa. "Bem, você não acredita que a sua empresa acredita que você desempenha essas tarefas?" Ele mostrou-se surpreso com a idéia. "Bem, suponho que sim", disse ele, "mas isso não é problema meu".

As organizações que não dão a devida importância aos integrantes da geração X correm o risco de perder talentos-chave. Essa geração não é enamorada da vida corporativa, de modo que as empresas devem repensar sua abordagem para serem interessantes para os talentos que elas precisam não apenas atrair como reter.

Perguntas

1. Por que é importante para os administradores compreenderem o que os funcionários da geração X desejam de seus empregos e organizações?
2. Como a falta de entendimento entre os funcionários da era *baby boom* e da geração X poderia levar a problemas no local de trabalho?
3. Por que é importante para os funcionários da geração X ter mais tempo ao lado dos filhos e da família?
4. O que os administradores e as organizações podem fazer para aumentar o entendimento entre os funcionários de diferentes gerações ou faixas etárias?

Fonte: T. Erickso, "Don't Treat Them Like Baby Boomers." Reimpresso de *BusinessWeek* com permissão especial, copyright © 2008 by The McGraw-Hill Companies, Inc.

Administrando no ambiente global

CAPÍTULO 4

Metas de aprendizagem

Após estudar o presente capítulo, você deverá estar apto a:

1. Explicar por que a capacidade de perceber, interpretar e responder apropriadamente ao ambiente global é fundamental para o sucesso gerencial. **[MA1]**

2. Estabelecer a distinção entre o ambiente geral global e o ambiente de tarefa global. **[MA2]**

3. Identificar as principais forças atuantes tanto no ambiente de tarefa global quanto no ambiente geral global e descrever os desafios que cada uma representa para os administradores. **[MA3]**

4. Explicar por que o ambiente global está se tornando mais aberto e competitivo e identificar as forças por trás do processo de globalização que aumentam as oportunidades, as complexidades, os desafios e as ameaças que os administradores enfrentam. **[MA4]**

5. Discutir por que as culturas nacionais diferem entre si e por que é importante que os administradores sejam sensíveis aos efeitos da queda de barreiras comerciais e também aos efeitos dos acordos comerciais regionais sobre os sistemas sociopolíticos das nações ao redor do mundo. **[MA5]**

ESTUDO DE CASO
A IKEA se encontra no topo do mundo dos móveis

As grandes e modernas lojas de móveis da IKEA têm ampla variedade de mobília e acessórios de alta qualidade a preços acessíveis, e tornaram-se uma das redes preferidas na avaliação dos clientes ao redor do mundo – não apenas por essas razões, mas também porque oferecem instalações de qualidade para crianças enquanto seus pais fazem compras. Além disso, as lojas possuem ótimos restaurantes.

Por que administrar no ambiente global é tão complexo hoje?

A IKEA é a maior cadeia de lojas de móveis do mundo. Em 2009, essa empresa sueca operava com mais de 265 lojas em 24 países, e em 2008 as vendas da IKEA atingiram a fabulosa cifra de mais de US$ 31 bilhões, ou seja, mais de 20% do mercado mundial de móveis. Mas, para seus gestores e funcionários, esta é apenas a ponta do *iceberg*. Eles acreditam que a IKEA está pronta para um enorme crescimento em escala global na próxima década, pois a rede é capaz de fornecer aquilo que o cliente típico deseja:

móveis contemporâneos bem desenhados e bem-feitos a um preço razoável. A capacidade de oferecer a seus clientes móveis a preços acessíveis se deve em grande parte ao modo como a IKEA aborda a globalização, à maneira como trata seus funcionários ao redor do mundo e também à maneira como opera seu império mundial no setor. Em suma, a abordagem global da IKEA gira em torno da simplicidade, da atenção com os detalhes, do modo consciente de lidar com as despesas e da pronta resposta em todos seus aspectos operacionais e comportamentais.

A abordagem global da IKEA deriva dos valores e crenças pessoais de seu fundador, Ingvar Kamprad, especificamente no tocante à maneira como as empresas deveriam tratar seus funcionários e clientes. Kamprad (que fez 80 anos recentemente) nasceu em Smaland, uma pobre província sueca cujos cidadãos são famosos por serem empreendedores, frugais e trabalhadores. Kamprad definitivamente absorveu esses traços e, quando entrou no ramo de móveis, fez com que esses valores fossem a alma de sua abordagem administrativa. Ele ensina aos gerentes de loja e seus funcionários os seus próprios valores e crenças sobre a necessidade de operar sem "frescuras" e de forma consciente em relação às próprias despesas. Kamprad também transmite aos gerentes e funcionários da IKEA sua visão de que todos estão "no mesmo barco", o que significa que todas as pessoas que trabalham em seu império global desempenham um papel essencial e têm obrigações com as demais.

O que a abordagem de Kamprad significa na prática? Significa que todos os membros da IKEA viajam a negócios na classe econômica, se hospedam em hotéis baratos e reduzem ao máximo as despesas de viagem. Também significa que as lojas da IKEA operam com o conjunto de regras e procedimentos mais simples possível e que se espera que os funcionários cooperem para solucionar problemas e cumprir tarefas. Existem várias histórias famosas sobre o frugal Kamprad que relatam como ele sempre viaja na classe econômica e que, nas oportunidades em que pega uma lata de Coca-Cola do *frigobar* no quarto de um hotel, substitui a lata de refrigerante por uma que comprou no supermercado – apesar do fato de ser um multibilionário, classificado entre as 20 pessoas mais ricas do mundo segundo lista da revista *Forbes*!

Os funcionários da IKEA percebem o significado dessa abordagem global assim que são contratados para trabalhar em uma de suas lojas nos vários países onde a empresa opera. Eles começam aprendendo sobre a cultura corporativa global da IKEA, desempenhando funções da base da pirâmide hierárquica – e rapidamente são treinados para realizar todas as várias funções envolvidas na operação das lojas. Durante esse processo, internalizam os valores e normas globais da IKEA, baseados na importância que a empresa dá ao fato de seus funcionários tomarem a iniciativa, assumirem a responsabilidade na solução dos problemas e sempre focarem no cliente. Os funcionários fazem um rodízio entre departamentos e, algumas vezes, entre lojas, e uma promoção rápida é possível para quem demonstra entusiasmo e união, pois significa que assimilou a cultura global da IKEA.

A maior parte dos altos executivos da IKEA vem das suas bases, e a companhia promove eventos chamados "semanas para quebra da burocracia", nos quais esses executivos são convocados a trabalhar em lojas e armazéns por uma semana a cada ano para assegurar que eles e todos os funcionários continuam comprometidos com os valores globais da IKEA. Independentemente do país em que operam, na IKEA todos os funcionários usam roupas informais durante o expediente – Kamprad sempre usou camisas esportivas sem gravata – e não há marcas de *status*, como refeitórios para os executivos ou vagas privativas na garagem. Os funcionários acreditam que, ao incorporarem os valores profissionais da IKEA e comportarem-se de modo a manter suas crescentes operações globais otimizadas e eficientes, além de concentrarem-se na antecipação a possíveis problemas, terão participação no sucesso da empresa. Promoção, treinamento, salários acima da média do mercado, um generoso sistema de bônus e o bem-estar pessoal proveniente de trabalhar em uma companhia onde as pessoas se sentem valorizadas são algumas das recompensas que Kamprad foi pioneiro em construir, e isso reforça a abordagem global da IKEA.

Toda vez que a IKEA ingressa em um novo país, alguns gerentes mais experientes são enviados para estabelecer essa abordagem global nas novas lojas. Quando a IKEA entrou no mercado norte-americano, a atitude dos funcionários dos Estados Unidos deixou seus gerentes confusos. Apesar da vontade óbvia de serem bem-sucedidos e de possuírem excelente formação, os funcionários pareciam relutantes em tomar a iniciativa e assumir responsabilidades. Os gerentes da IKEA descobriram que os funcionários nos Estados Unidos tinham medo de cometer erros que resultassem na perda de seus empregos, e tiveram de se esforçar ao máximo para ensinar aos funcionários o "jeito IKEA". O método valeu a pena: os Estados Unidos tornaram-se o segundo melhor mercado para a empresa, e a IKEA planeja abrir mais lojas nesse país – e também mais lojas ao redor do mundo, ao longo da próxima década.

Visão geral

Os altos executivos de uma empresa global como a IKEA estão sempre operando em um ambiente onde competem por recursos escassos e valiosos com as outras empresas. Os administradores de pequenas e grandes empresas concluíram que, para sobreviver e prosperar no século XXI, a maioria das organizações precisa se transformar em **organizações globais**. Trata-se de organizações que não devem operar e concorrer apenas no mercado doméstico, mas também em escala global, em vários países ao redor do mundo. Operar no ambiente global é incerto e imprevisível, pois o mundo é complexo e está em constante mudança.

Se as organizações quiserem se adaptar a esse ambiente, seus administradores deverão aprender a compreender as forças que nele operam e como elas dão origem a oportunidades e ameaças. Neste capítulo, examinaremos por que o ambiente (seja ele nacional ou internacional) se tornou mais aberto, vibrante e competitivo. Examinaremos também como as forças atuantes nos ambientes geral e de tarefa afetam as organizações globais e seus gestores. No final do presente capítulo, você verá as mudanças que estão ocorrendo no ambiente e entenderá por que é importante para os gestores desenvolverem uma perspectiva global à medida que tentam aumentar a eficiência e a eficácia da organização.

organização global
Uma organização que opera e concorre em mais de um país.

MA1 Explicar por que a capacidade de perceber, interpretar e responder apropriadamente ao ambiente global é fundamental para o sucesso gerencial.

O que é ambiente global?

É um conjunto de forças e condições existentes além dos limites de uma organização que, contudo, afeta a maneira como ela opera e molda seu comportamento.[1] Essas forças mudam ao longo do tempo e, portanto, representam oportunidades e ameaças para os administradores. Mudanças no ambiente global como o desenvolvimento de tecnologia de produção nova e eficaz, a disponibilidade de componentes de menor custo ou a abertura de novos mercados globais criam oportunidades para os administradores produzirem e venderem mais produtos, obterem mais recursos e capital e, consequentemente, fortalecerem sua organização. Por outro lado, o surgimento de novos concorrentes mundiais, a recessão econômica internacional ou a escassez de petróleo representam ameaças capazes de devastar uma organização, caso seus gestores sejam incapazes de vender seus produtos e as receitas – assim como os lucros – despencarem. A qualidade do entendimento dessas forças por parte dos gestores no ambiente global e sua capacidade de reagir apropriadamente a elas (como, por exemplo, a capacidade dos gestores da IKEA de produzir e vender produtos de mobiliário que os clientes de todo o mundo desejam comprar) são fatores cruciais que afetam o desempenho organizacional.

Neste capítulo exploraremos a natureza dessas forças e consideraremos como os gestores reagem a elas. Para identificar oportunidades e ameaças provocadas pelas forças atuantes no ambiente global, é útil estabelecer a distinção entre *ambiente de tarefa* e o *ambiente geral* mais abrangente (ver Figura 4.1).

Ambiente de tarefa é o conjunto de forças e condições originadas com os fornecedores, distribuidores, clientes e concorrentes globais. Essas forças e condições afetam tanto a capacidade de uma organização obter seus insumos quanto de dispor de sua produção. O ambiente de tarefa contém as forças com efeito mais *imediato* e *direto* nos administradores, pois são elas que os pressionam e os influenciam diariamente. Quando ligam o rádio ou o televisor, chegam em seus escritórios pela manhã, abrem sua correspondência ou olham para as telas de seus computadores, provavelmente afligem-se ao se depararem com problemas originados por mudanças no ambiente de tarefa de suas organizações.

O **ambiente geral** é formado por um amplo espectro de forças econômicas, tecnológicas, socioculturais, demográficas, políticas e legais que afetam a organização e seu ambiente de tarefa. Isoladamente para o administrador, identificar oportunidades e ameaças resultantes de mudanças no ambiente geral, assim como a reação a esses fatores, são coisas mais difíceis de serem observadas do que em eventos ocorridos no ambiente de tarefa. Entretanto, as mudanças nessas forças podem ter impactos importantes nos administradores e suas organizações.

ambiente global
O conjunto de condições e forças globais que operam fora dos limites de uma organização e que afetam a capacidade de um administrador adquirir e utilizar recursos.

ambiente de tarefa
Conjunto de forças e condições resultantes das ações de fornecedores, distribuidores, clientes e concorrentes e que afetam a capacidade de uma organização obter insumos e dispor de sua produção, pois influenciam os administradores diariamente.

ambiente geral
É aquele formado por um amplo espectro de forças econômicas, tecnológicas, socioculturais, demográficas, políticas e legais que afetam a organização e seu ambiente de tarefa.

Figura 4.1
Forças no ambiente global.

O ambiente de tarefa

As forças no ambiente de tarefa resultam das ações de fornecedores, distribuidores, clientes e concorrentes, tanto no mercado doméstico como no mercado externo (ver Figura 4.1). Esses quatro grupos afetam a capacidade dos administradores de obter recursos e dispor da produção diária, semanal e mensal; portanto, têm um impacto significativo na tomada de decisão no curto prazo.

MA2 Estabelecer a distinção entre o ambiente geral global e o ambiente de tarefa global.

MA3 Identificar as principais forças atuantes tanto no ambiente de tarefa global quanto no ambiente geral global e descrever os desafios que cada uma representa para os administradores.

fornecedores
São indivíduos e empresas que fornecem a uma organização os insumos necessários para a produção de bens e serviços.

Fornecedores

Fornecedores são os indivíduos e as empresas que fornecem a uma organização os insumos (como matérias-primas, componentes ou mão de obra) necessários para a produção de bens e serviços. Em contrapartida, o fornecedor recebe um pagamento por esses bens e serviços. Um aspecto importante do papel do administrador é assegurar a oferta confiável de insumos.

Tomemos como exemplo a Dell Computer. A Dell possui diversos fornecedores de componentes, como microprocessadores (Intel e AMD) e unidades de disco (Quantum e Seagate Technologies). Ela também tem fornecedores de *software* pré-instalado, inclusive o sistema operacional (Microsoft) e *software* aplicativo específico (IBM, Oracle e America Online). Os fornecedores de capital da Dell, como bancos e instituições financeiras, também são fornecedores importantes. A Cisco Systems e a Oracle são importantes fornecedores de *hardware* e *software* de internet voltados para as empresas "ponto com".

A Dell tem vários fornecedores de mão de obra. Uma das fontes são as instituições educacionais que treinam futuros funcionários da Dell e, portanto, fornecem à empresa mão de obra qualificada. Outra fonte são os sindicatos, organizações que representam os interesses dos empregados e que são capazes de controlar o fornecimento de mão de obra por meio do exercício do direito à greve de trabalhadores sindicalizados. Os sindicatos também são capazes de influenciar os termos e as condições sob os quais a mão de obra é empregada. Os funcionários da Dell não são sindicalizados; quando foi preciso demitir devido à desaceleração no ritmo da economia no início dos anos 2000, a Dell teve poucos problemas em demitir funcionários para reduzir custos. Entretanto, nas organizações e nos segmentos onde os sindicatos são muito fortes, parte importante da tarefa do administrador é negociar e gerenciar acordos com os sindicatos e seus representantes.

Mudanças na natureza, no número ou tipo de fornecedores resultam em forças que produzem oportunidades e ameaças às quais os administradores precisam reagir, caso suas organizações queiram prosperar. Por exemplo, surge uma grande ameaça relacionada com os fornecedores (e que é enfrentada pelos administradores) quando um dado fornecedor se encontra em uma posição tão vantajosa na negociação que pode elevar os preços dos insumos que fornece a determinada organização. A posição do fornecedor em uma negociação é particularmente vantajosa quando: (1) o fornecedor é a única fonte de um insumo e (2) este insumo é vital para a organização.[2] G. D. Searle, por exemplo, por 17 anos foi o único fornecedor do NutraSweet, o adoçante artificial usado na maioria dos refrigerantes *diet*. O NutraSweet não apenas era um ingrediente importante na elaboração de refrigerantes *diet*, como também não existia nenhum substituto aceitável para ele (a sacarina e outros adoçantes artificiais afetam a saúde). Searle conseguiu essa privilegiada posição por ter inventado e obtido a patente para o NutraSweet.[3] A lei de patentes proíbe a introdução no mercado de produtos concorrentes por 17 anos. Quando a patente de Searle expirou, muitas empresas começaram a produzir produtos similares ao NutraSweet e seu preço despencou.[4]

Por outro lado, quando uma organização tem vários fornecedores para determinado insumo, ela se encontra em uma posição relativamente vantajosa para negociar com esses fornecedores e pode exigir deles insumos de alta qualidade a preços baixos. Muitas vezes uma organização pode usar o seu poder de barganha em relação a seus fornecedores para forçá-los a reduzir preços, como faz frequentemente a Dell. Essa empresa, por exemplo, está em permanente busca por fornecedores de baixo custo no exterior para manter competitivos os preços de seus PCs. No nível global, as organizações têm a oportunidade de adquirirem produtos de fornecedores no exterior ou de se tornarem seus fornecedores e produzirem seus próprios produtos no exterior.

É importante os administradores reconhecerem as oportunidades e ameaças associadas à gestão da cadeia de suprimentos global. Por um lado, ter acesso a produtos baratos feitos no exterior representa uma oportunidade para empresas norte-americanas abaixarem seus gastos com insumos. Por outro, aqueles administradores que deixam de utilizar fornecedores de baixo custo no exterior criam uma ameaça e colocam suas organizações em desvantagem competitiva.[5] A Levi Strauss, por exemplo, foi lenta em perceber que não poderia concorrer com os *jeans* baratos vendidos pela Walmart e outros varejistas, e finalmente foi forçada a fechar quase todas as fábricas de *jeans* nos Estados Unidos e utilizar fornecedores de baixo custo no exterior para manter competitivo o preço de seus *jeans*. Hoje ela vende *jeans* baratos no Walmart! Obviamente, o aspecto negativo da terceirização global é a perda de milhões de empregos nos Estados Unidos, problema que discutimos em capítulos anteriores.

Um problema comum com o qual os administradores de grandes empresas globais como a Ford, a Procter & Gamble e a IBM se defrontam é administrar a criação de uma rede mundial de fornecedores que permita a suas empresas manter custos baixos e qualidade alta. Por exemplo, o popular jato 777 da Boeing precisa de 132,5 mil peças produzidas ao redor do mundo por 545 fornecedores.[6] Embora a Boeing fabrique a maioria dessas peças, oito fornecedores japoneses fabricam peças para a fuselagem, as portas e asas do 777; um fornecedor de Cingapura fabrica as portas para o trem de pouso dianteiro da aeronave e três fornecedores italianos fabricam os flapes. O raciocínio da Boeing para comprar tantos insumos de fornecedores no exterior é que esses fornecedores são os melhores do mundo na realização de determinada atividade, e fazer negócios com eles ajuda a Boeing a produzir um produto final de altíssima qualidade, requerimento vital dada a necessidade de segurança e confiabilidade das aeronaves.[7] O seu novo avião, o Dreamliner, usa um número ainda maior de peças fabricadas por fornecedores no exterior, e a Boeing terceirizou parte da montagem das aeronaves para empresas estrangeiras – algo que levou à acusação de estar dando de presente a fonte de sua vantagem competitiva!

As atividades de compras das empresas globais tornaram-se cada vez mais complicadas nos últimos anos. Mais de 500 fornecedores ao redor do mundo produzem peças para o popular 777 da Boeing, e um número ainda maior será necessário para o novo Dreamliner.

terceirização global Aquisição de fornecedores ou a produção dos insumos no exterior para diminuir os custos de produção e melhorar a qualidade ou o projeto do produto.

As atividades de compras das empresas globais têm se tornado cada vez mais complicadas em consequência do desenvolvimento de uma ampla gama de habilidades e competências em diversos países ao redor do mundo. Fica claro o interesse das empresas em buscar os melhores fornecedores em termos de custo e qualidade, não importando onde eles se encontrem. A internet também possibilita às empresas coordenarem complicadas trocas envolvendo a compra de insumos e a venda de seus produtos.

Terceirização global é o processo por meio do qual as organizações compram insumos de outras empresas ou até mesmo produzem os próprios insumos ao redor do mundo, visando reduzir custos de produção e melhorar a qualidade ou o projeto de seus produtos.[8] Para tirar proveito das diferenças entre os países em termos de custo e qualidade de insumos, como mão de obra ou matérias-primas, a GM poderia fabricar seus próprios motores em um país, as transmissões em outro e o sistema de freios em um terceiro, e comprar outros componentes de centenas de fornecedores ao redor do mundo. O especialista em comércio exterior Robert Reich calculou certa vez que, dos US$ 20 mil que os clientes pagavam para a GM por um Pontiac Le Mans, cerca de US$ 6 mil iam para a Coreia do Sul, onde o Le Mans era montado; US$ 3,5 mil iam para o Japão, valor equivalente a componentes avançados como motores, eixos de transmissão e eletrônica embarcada; US$ 1,5 iam para a Alemanha, onde o Le Mans foi projetado; US$ 800 para Taiwan, Cingapura e Japão, pela fabricação de pequenos componentes; US$ 500 para a Grã-Bretanha, por serviços de propaganda e *marketing*; e cerca de US$ 100 iam para a Irlanda por serviços de processamento de dados. Os US$ 7 mil restantes iam para a GM – e para advogados, banqueiros e corretores de seguros que a empresa contrata nos Estados Unidos.[9]

O Le Mans é um produto americano? Sim, mas também é um produto coreano, japonês e alemão. Hoje em dia, tais intercâmbios mundiais vêm se tornando tão complexos que estão surgindo organizações especializadas em ajudar a administrar as cadeias de suprimentos das organizações globais – ou seja, o fluxo dos insumos necessários para fabricar um produto. Um exemplo é a Li & Fung, descrita no quadro "Administrando em um mundo globalizado".

ADMINISTRANDO EM UM MUNDO GLOBALIZADO

Gestão da cadeia de suprimentos global

Encontrar fornecedores no exterior que ofereçam produtos mais baratos e de melhor qualidade é uma importante tarefa enfrentada pelos administradores de organizações globais. Como esses fornecedores estão localizados em milhares de cidades de muitos países ao redor do mundo, encontrá-los é uma tarefa difícil. Muitas vezes, as empresas globais usam os serviços de intermediários ou corretores estrangeiros, localizados próximos a esses fornecedores, para encontrar aquele que melhor atenda às suas necessidades em termos de insumos. A Li & Fung, hoje dirigida pelos irmãos Victor e William Fung, é uma das corretoras que ajudam centenas de empresas globais a localizarem fornecedores estrangeiros adequados, especialmente na China continental.[10]

Nos anos 2000, entretanto, administrar as cadeias de suprimentos das empresas globais se tornou uma tarefa mais complicada. Para reduzir custos, os fornecedores estrangeiros foram se *especializando* cada vez mais em apenas uma parte do processo envolvido na fabricação de um produto. No passado, uma empresa como a Target, por exemplo, poderia negociar com um fornecedor estrangeiro a produção de 1 milhão de unidades de determinada camisa a certo custo por unidade. Mas, com a especialização, a Target talvez ache possível reduzir ainda mais os custos de produção da camisa subdividindo as operações envolvidas em sua produção e utilizar *diferentes fornecedores* estrangeiros (normalmente, em *países diferentes*) para realizar cada operação. Por exemplo, para obter o menor custo por unidade, em vez de negociar com um único fornecedor estrangeiro o preço para fabricar determinada camisa, a Target poderia primeiramente negociar a fabricação dos fios com uma indústria do ramo no Vietnã; depois, remeter esses fios para um fornecedor chinês transformá-los em tecido e, depois, remeter o tecido resultante para várias fábricas na Malásia e nas Filipinas a fim de cortá-lo e costurar as camisas. Em seguida, outra empresa estrangeira poderia assumir a responsabilidade pela embalagem e remessa das camisas para qualquer parte do mundo. Pelo fato de uma empresa como a Target produzir milhares de peças de vestiários diferentes (e constantemente modificadas), administrar uma cadeia de suprimentos desse porte para economizar os custos com fornecedores ao redor do mundo é um processo claramente difícil e oneroso.

A Li & Fung aproveitou essa oportunidade. Percebendo que muitas empresas globais não tinham o tempo nem o *expertise* para encontrar esses fornecedores especializados e de baixo custo, seus fundadores rapidamente passaram a oferecer este serviço. A Li & Fung emprega 3,6 mil agentes que viajam por 37 países para localizar novos fornecedores e inspecionar os já existentes em busca de novas maneiras de ajudar os seus clientes globais a obterem os produtos de menor custo e de maior qualidade. As empresas globais estão satisfeitas em terceirizar a administração de suas cadeias de suprimentos para a Li & Fung, pois têm ciência da economia significativa em seus custos. Muito embora paguem caro pelo serviço, elas se livram dos custos de empregar agentes próprios. Como a complexidade na administração da cadeia de suprimentos continua a crescer, surge um número cada vez maior de empresas como a Li & Fung.

Distribuidores

distribuidores
Organizações que ajudam outras a venderem seus bens ou serviços aos clientes.

Distribuidores são organizações que ajudam outras organizações a venderem seus bens ou serviços aos clientes. As decisões tomadas pelos administradores no que diz respeito à distribuição dos produtos podem ter efeitos importantes no desempenho organizacional. Empresas de entrega de encomendas como a FedEx, a UPS e o U.S. Postal Service, por exemplo, se tornaram distribuidores vitais para os milhões de itens adquiridos *online* e remetidos aos clientes por empresas "ponto com".

A constante mudança das características dos distribuidores e dos métodos de distribuição pode gerar oportunidades e ameaças para os administradores. Se os distribuidores forem tão grandes e poderosos a ponto de controlar o acesso dos clientes aos bens e serviços de determinada organização, eles poderão representar uma ameaça caso exijam que ela reduza os preços de seus bens e serviços.[11] Por exemplo, a rede Walmart, gigantesca distribuidora para o varejo, controla o acesso de seus fornecedores a um grande número de clientes e, portanto, muitas vezes exige que os fornecedores reduzam os preços. Se uma organização como a Procter & Gamble se recusar a reduzir preços, a Walmart pode reagir, passando a comprar produtos apenas dos concorrentes da Procter & Gamble – empresas como a Unilever e a Dial. Em 2004, a Walmart anunciou que até 2006 todos os seus fornecedores teriam que adotar uma nova tecnologia de escaneamento sem fio visando reduzir o custo de distribuição dos produtos para suas lojas. Caso isso não fosse feito, a rede pararia de fazer negócios com eles.[12]

Em contrapartida, o poder de um distribuidor poderia ser enfraquecido caso houvesse muitas opções. Essa foi a experiência vivenciada por quatro redes de televisão (ABC, NBC, FOX e CBS) que "distribuem" programas de TV. Sua capacidade de exigir preços menores dos produtores de programas de TV foi enfraquecida porque hoje existem centenas de novos canais de TV a cabo que reduziram a participação de mercado das quatro redes a menos de 40% da audiência, que há uma década era de mais de 90%.

Do mesmo modo, pelo fato de existirem pelo menos três grandes empresas de entrega de encomendas (USPS, FedEx e UPS), as "ponto com" e outras empresas não seriam realmente ameaçadas caso uma delas tentasse aumentar os preços. Elas poderiam simplesmente contratar outra empresa concorrente.

É ilegal os distribuidores juntarem-se em conluio para manter os preços elevados e, assim, manterem seu poder sobre os consumidores; entretanto, isso acontece frequentemente. No início dos anos 2000, várias empresas farmacêuticas europeias conspiraram para artificialmente manterem o preço elevado das vitaminas. Em 2005, os três maiores fabricantes mundiais de memória *flash*, inclusive a Samsung, também foram considerados culpados por fixação de preços (eles juntaram-se em conluio para manter os preços elevados). Todas essas empresas pagaram centenas de milhões de dólares em multas, e muitos de seus altos executivos foram condenados à prisão.

Clientes

clientes Indivíduos e grupos que compram os bens e serviços que uma organização produz.

Clientes são os indivíduos e empresas que compram os bens e serviços que uma organização produz. Os clientes da Dell, por exemplo, podem ser segmentados em diversos grupos distintos: (1) indivíduos que compram PCs para uso doméstico, (2) pequenas empresas, (3) grandes empresas, (4) órgãos governamentais e (5) instituições educacionais. Mudanças na quantidade e no tipo de clientes ou nas preferências e necessidades dos clientes se transformam em oportunidades e ameaças. O sucesso de uma organização depende de sua resposta aos clientes.[13] No setor de PCs, verifica-se que os clientes estão exigindo preços menores e maior capacidade multimídia; assim, os fabricantes de PC devem tentar satisfazer os clientes e suas necessidades conforme os próprios clientes e suas necessidades se modificam. O mesmo acontece em uma escola: se um número maior de alunos que falam espanhol se matricular, talvez sejam necessárias aulas adicionais de inglês como segunda língua. A capacidade de um administrador identificar os principais clientes de uma organização e de produzir os bens e serviços que eles desejam é um fator crucial que afeta o sucesso gerencial e organizacional.

A oportunidade mais óbvia associada à expansão no ambiente global é a perspectiva de vender bens e serviços a novos clientes: isso foi o que Jeff Bezos (CEO da Amazon.com) descobriu quando começou a operar em muitos países estrangeiros. Do mesmo modo, a Accenture e a Cap Gemini, duas grandes empresas de consultoria, estabeleceram filiais ao redor do mundo e passaram a recrutar e treinar milhares de consultores estrangeiros para atender às necessidades de clientes em uma ampla gama de países.

Hoje, muitos produtos estão se tornando produtos globais e ganharam larga aceitação de clientes em vários países ao redor do mundo. Essa consolidação está ocorrendo com os bens de consumo e também com os produtos voltados para as empresas, o que criou oportunidades enormes para os administradores. A aceitação em todo o mundo da Coca-Cola, dos iPods da Apple, dos hambúrgueres do McDonald's, das botas Doc Martin e dos celulares Nokia é sinal de que os gostos e as preferências dos consumidores em diferentes países talvez não sejam tão diversos assim.[14] Da mesma forma, existem atualmente grandes mercados globais voltados a produtos para empresas, como equipamentos de telecomunicações, componentes eletrônicos, serviços financeiros ou de TI. A Motorola, por exemplo, vende equipamentos de telecomunicações; a Intel, microprocessadores, e a SAP, sistemas de gestão da informação para clientes ao redor do mundo.

Concorrentes

concorrentes Organizações que produzem bens e serviços similares aos de determinada organização.

Uma das mais importantes forças com as quais uma organização se defronta no ambiente de tarefa são os concorrentes. Concorrentes são as organizações que produzem bens e serviços similares aos de determinada organização. Em outras palavras, concorrentes são organizações que competem pelos mesmos clientes. Entre os concorrentes da Dell temos outros fabricantes norte-americanos de PCs para uso doméstico (como Apple e HP) e também concorrentes estrangeiros (como Sony e Toshiba, no Japão, e a Acer, empresa de Taiwan). A corretora de valores E*Trade, que atua via internet, tem outros concorrentes "ponto com", como a Ameritrade e a Scottrade, e também concorrentes do mercado tradicional, como o Bank of America e Wells Fargo.

A rivalidade entre os concorrentes é potencialmente a força mais ameaçadora com a qual os administradores têm que lidar. Um grande nível de rivalidade normalmente resulta em concorrência de preços, e preços menores reduzem o acesso a recursos e significam lucros menores. No início dos anos 2000, a concorrência no segmento de PCs tornou-se intensa não apenas devido à desaceleração na economia como também pelo fato de a Dell ter reduzido custos e preços agressivamente, visando a aumentar sua participação no mercado mundial.[15] A IBM saiu do segmento de PCs, pois estava perdendo milhões na batalha contra concorrentes de baixo custo, e a Gateway e a HP também sofreram consequências, enquanto os lucros da Dell cresciam vertiginosamente. Em 2006, entretanto, a HP apresentou uma recuperação à medida que conseguiu reduzir seus custos e oferecer novos PCs com *chips* populares da AMD, ao passo que as margens de lucro da Dell caíram.

A Dell cresceu rapidamente e se tornou o maior fabricante mundial de PCs em 2000, pois se aproveitou dos componentes de baixo custo para PCs feitos no exterior e também terceirizou a fabricação dos PCs para empresas em diversos países asiáticos. Nos anos 2000, entretanto, começou a sofrer forte concorrência da HP, o segundo maior fabricante de PCs, cujos gestores estavam lutando para criar uma rede mundial de fornecedores e distribuidores de baixo custo que lhes permitisse igualar os baixos custos da Dell. Simultaneamente, os fabricantes de PCs sediados na Ásia, como a Acer, também se esforçavam para criar uma rede mundial que lhes permitisse vender seus PCs por preços similares aos da Dell, e em 2006, após ter adquirido a decadente Gateway Computer, a Acer se tornou o terceiro maior fabricante de PCs.

Os administradores da Dell, acostumados com a liderança do mercado, falharam na avaliação da velocidade com que seus concorrentes globais a estavam alcançando. Ficaram chocados quando as novas características de baixo custo dos computadores da HP permitiu que ela superasse a Dell. A HP passou a ser o maior fabricante mundial de PCs em 2006, embora a Dell ainda mantivesse liderança nos Estados Unidos. Percebendo a crescente ameaça à sua empresa, Michael Dell mais uma vez se tornou CEO e, com seus altos executivos, começou a desenvolver uma nova estratégia para aumentar as vendas mundiais da Dell.

Os dois mercados que mais crescem na Ásia são a China e a Índia, e para reconquistar sua posição de líder mundial a Dell tinha que aumentar as vendas nesses países. Como a Índia impõe elevados impostos sobre PCs importados, a Dell apressou-se em abrir novas instalações fabris no país, onde se espera que as vendas tanto no segmento empresarial como no doméstico do mercado de PCs aumentem 30% por ano. A empresa abriu um grande fábrica em Chennai, no sul da Índia, para fabricar máquinas baratas destinadas ao mercado local; a Dell esperava vendas de US$ 500 milhões decorrentes desse empreendimento em 2007. Entretanto, a HP também tem se esforçado para expandir sua presença na Índia e abriu uma segunda fábrica em 2007 para aumentar sua participação naquele mercado, que já é de quase 20% – tornando-a o segundo maior fabricante de PCs na Índia.

Na China, a Dell concorre com o líder desse mercado, o grupo Lenovo, fabricante chinês de PCs que comprou a divisão de PCs da IBM e seu popular ThinkPad. Para competir com a Lenovo, que possuía custos tão baixos quanto os seus, a Dell se concentrou em expandir suas instalações fabris na China para produzir PCs adaptados ao mercado chinês. A marca Dell é popular na China, e em 2007, na tentativa de conseguir mais clientes chineses e rapidamente aumentar as vendas de seus PCs, a Dell decidiu vender seus PCs por meio da Gome, a maior rede de eletroeletrônicos da China. A nova estratégia funcionou e, em 2008, a Dell dobrou para 900 o número de lojas Gome que vendiam seus PCs. Também em 2008, a empresa decidiu vender *desktops* e *notebooks* na Suning, a segunda maior cadeia de eletroeletrônicos; e também planeja aumentar os investimentos em *marketing online* e promoções internas em lojas da Gome e da Suning para atrair mais de 1 bilhão de potenciais clientes chineses.

Com essas movimentações, a decisão da Dell de diversificar sua estratégia de vendas criando ou aperfeiçoando o comércio via telefone, internet ou diretamente em lojas como Walmart e Best Buy nos Estados Unidos, colocará seus PCs em mais de 12 mil lojas espalhadas pelo mundo. Em 2008, sua nova estratégia global parecia estar funcionando. Suas tentativas de reconquistar a liderança mundial de vendas de PCs parecia valer a pena: as vendas na região do Pacífico asiático e Japão aumentaram 28%.[16] Mas a HP, a Lenovo, a Acer e todos os seus demais concorrentes globais não ficaram parados. De fato, a HP, que sempre vendera seus PCs no varejo, alega estar presente em 81 mil lojas ao redor do mundo, de modo que a Dell tem muito chão a percorrer para alcançá-la. A corrida não é apenas para fornecer PCs baratos aos consumidores dos países mais pobres, mas também para desenvolver máquinas novas, menores e de linhas mais arrojadas, PCs com alta velocidade de processamento e com o que há de mais avançado em termos gráficos voltados para jogos, bem como PCs de luxo, visando capturar parte do mercado da Apple, cujos caros Macs também estão atraindo números cada vez maiores de clientes abonados ao redor do planeta.

Pelo fato de a concorrência feroz reduzir preços e lucros, as empresas antiéticas muitas vezes tentam encontrar maneiras de juntarem-se em conluio com concorrentes para manter os preços elevados. A Boeing adotou um método diferente e muito sujo para ganhar participação no mercado e derrotar seus rivais. Em 2006, concordou pagar US$ 615 milhões em multas para encerrar uma investigação – conduzida pelo Ministério da Justiça americano e que já durava três anos – por escândalos contratuais envolvendo a empresa, evitando assim a imputação de ações criminais ou o reconhecimento dos ilícitos praticados. A Boeing estava sendo investigada por adquirir de forma imprópria informações de propriedade do concorrente, ou seja, as propostas licitatórias da Lockheed Martin para contratos com o governo para plataformas de lançamento de foguetes. Se a Boeing descobrisse quanto a Lockheed pretendia pedir, poderia simplesmente reduzir seu preço em alguns milhões para vencer a licitação de bilhões de dólares! O governo descontou US$ 1 bilhão da Boeing dos valores envolvidos nos contratos que ela havia conseguido por meio do emprego indevido de documentos da Lockheed. Além disso, a Boeing contratou ilegalmente Darleen Druyun, a chefe da seção de suprimentos da Força Aérea americana, quando ela ainda tinha autoridade sobre bilhões de dólares em outros contratos com a Boeing. Druyun cumpriu pena de nove meses de reclusão por violar leis federais sobre conflitos de interesses. Michael Sears, ex-diretor financeiro da Boeing, foi demitido em 2003 e passou quatro meses em presídio federal por contratá-la ilegalmente. Os escândalos também levaram ao pedido de demissão do presidente da Boeing, Phil Condit. Fica claro que a Boeing extrapolou para bater seus rivais e se, supostamente, tem um código de ética rigoroso, deveria tê-lo usado para prevenir ações antiéticas como essas!

Embora a grande rivalidade entre concorrentes existentes seja uma ameaça importante à lucratividade, o mesmo acontece com a possibilidade de novos concorrentes entrarem no ambiente de tarefa. **Concorrentes potenciais** são organizações que em dado momento não fazem parte de um ambiente de tarefa, mas que poderiam fazer, caso optassem por isso. A Amazon.com, por exemplo, não se encontra atualmente nos segmentos de vendas de móveis ou de eletrodomésticos, mas poderia entrar nesses setores caso seus administradores decidissem que seria possível vender tais produtos *online* de modo rentável. Quando novos concorrentes entram em um setor de atividade, a concorrência aumenta, e os preços e lucros diminuem.

BARREIRAS À ENTRADA Em geral, o potencial para novos concorrentes entrarem em um ambiente de tarefa (e, portanto, aumentarem a concorrência) depende das barreiras à entrada.[17] **Barreiras à entrada** são fatores que tornam difícil e oneroso para uma empresa entrar em determinado ambiente de tarefa ou setor de atividade.[18] Em outras palavras, quanto mais difícil e oneroso for entrar em um ambiente de tarefa, maiores serão as barreiras à entrada. Quanto maiores forem as barreiras à entrada, menos concorrentes existirão no ambiente de tarefa de uma organização e, portanto, menor será a ameaça de concorrência. Com menos concorrentes, fica mais fácil conseguir clientes e manter os preços altos.

---

concorrentes potenciais
Organizações que em um dado momento não fazem parte de um ambiente de tarefa, mas que poderiam fazer, caso optassem por isso.

barreiras à entrada
Fatores que tornam difícil e oneroso para uma empresa entrar em determinado ambiente de tarefa ou setor de atividade.

Figura 4.2
Barreiras à entrada e concorrência.

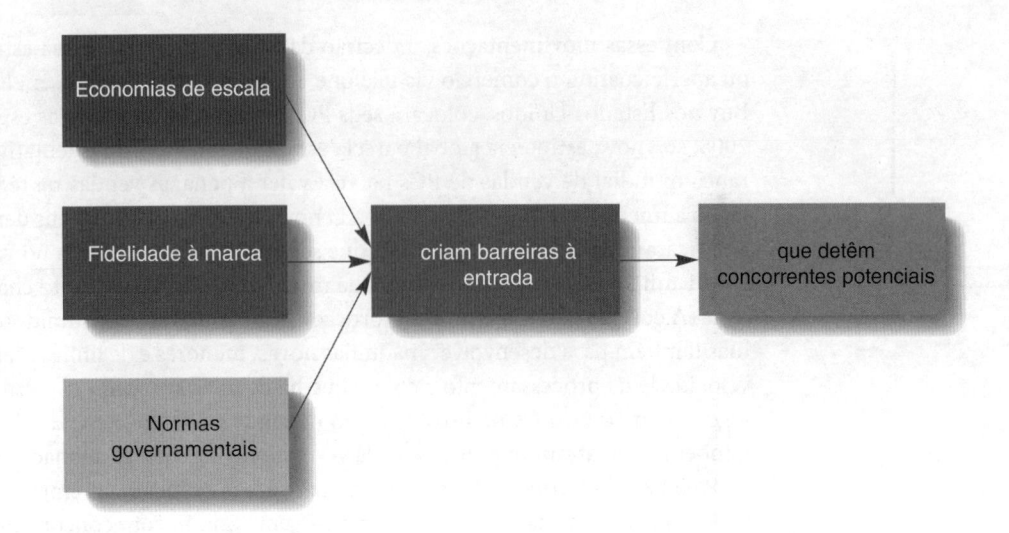

```
Economias de escala ─┐
                     │
Fidelidade à marca ──┼──→ criam barreiras à entrada ──→ que detêm concorrentes potenciais
                     │
Normas governamentais┘
```

economias de escala São as vantagens em relação a custos associadas a grandes operações.

fidelidade à marca Preferência dos clientes por produtos de organizações que já se encontram no ambiente de tarefa.

As barreiras à entrada são resultantes de três fontes principais: economias de escala, fidelidade à marca e normas governamentais que impedem a entrada de empresas (ver Figura 4.2). **Economias de escala** são vantagens relativas aos custos associadas a grandes operações. As economias de escala resultam de fatores como fabricar produtos em quantidades muito grandes, comprar insumos em grandes quantidades ou empregar os recursos da organização de modo mais eficaz do que os concorrentes, utilizando integralmente as habilidades e os conhecimentos dos funcionários. Se as organizações que já se encontram no ambiente de tarefa forem grandes o bastante e conseguirem tirar proveito de economias de escala significativas, então seus custos serão menores que os custos que as empresas ingressantes no mercado irão encontrar, e assim os recém-chegados acharão muito caro a permanência no setor. A Amazon.com, por exemplo, goza de economias de escala significativas em relação à maioria das empresas "ponto com".[19]

A **fidelidade à marca** é a preferência dos clientes por produtos de organizações que já se encontram no ambiente de tarefa. Se as organizações já estabelecidas no mercado gozam de significativa fidelidade à marca, então uma empresa nova no mercado achará extremamente difícil e custoso conseguir uma fatia. Empresas recém-chegadas precisam arcar com custos enormes de propaganda para que parte dos consumidores se tornem cientes dos bens ou serviços que pretendem fornecer.[20] Tanto a Amazon.com quanto o Yahoo, por exemplo, duas das primeiras empresas "ponto com", gozam de um elevado grau de fidelidade à marca e têm uma das maiores taxas de acesso de todas as "ponto com" (diga-se que esse último fator também permite que elas aumentem suas receitas com propaganda).

Em alguns casos, as *normas governamentais* funcionam como barreira à entrada de empresas em determinado setor de atividade e até mesmo à entrada em alguns países. Muitos setores de atividade que foram desregulamentados, como transporte aéreo, transporte rodoviário e serviços públicos (como iluminação, gás, água e telecomunicações) experimentaram um alto nível de novos participantes após a desregulamentação; isso forçou as empresas existentes nesses segmentos a operarem de forma mais eficiente, caso contrário correriam o risco de serem eliminadas do mercado.

Nos níveis nacional e mundial, as barreiras administrativas são políticas governamentais que dificultam a entrada e limitam as importações de bens por empresas estrangeiras. O Japão é bastante conhecido por utilizar diversos expedientes para restringir a entrada de concorrentes estrangeiros ou atenuar seu impacto nas empresas nacionais. Por exemplo, por que empresas holandesas exportam bulbos de tulipa para praticamente todos os países, exceto para o Japão? Sabe-se que os inspetores alfandegários japoneses insistem em verificar todos os bulbos de tulipa, cortando seus talos verticalmente e para baixo até chegar à metade, e nem mesmo a engenhosidade japonesa é capaz de remontá-los.[21] O Japão tem sofrido enorme pressão para relaxar e abolir tais normas, como sugere o próximo quadro "Administrando em um mundo globalizado".

ADMINISTRANDO EM UM MUNDO GLOBALIZADO

O arroz americano invade o Japão

O mercado japonês de arroz, similar a muitos outros mercados do país, esteve fechado para concorrentes estrangeiros até 1993, com o propósito de proteger os milhares de cultivadores japoneses que apresentavam baixa produtividade e alto custo. O cultivo de arroz no Japão é caro devido ao terreno montanhoso do país, de modo que os consumidores japoneses sempre pagaram caro pelo arroz. Sob pressão de produtores estrangeiros, o governo japonês abriu o mercado, e os concorrentes estrangeiros agora podem exportar para o Japão 8% de seu consumo anual de arroz. Apesar da ainda pesada tarifa incidente sobre o arroz importado (US$ 2,33 por quilo), o arroz americano é vendido a US$ 14 (o saco de meio quilo), enquanto o arroz japonês é vendido por cerca de US$ 19.

A tirania do preço reduzido. Um executivo japonês compra uma refeição congelada americana O-bento no restaurante Nippon Tokyo. As práticas de importação da Nippon irritaram os produtores de arroz japoneses.

Com a recessão no Japão, os consumidores que buscam melhores preços estão comprando o arroz estrangeiro, o que prejudicou os cultivadores locais.

Nos anos 2000, entretanto, uma aliança entre o cultivador de arroz orgânico Lundberg Family Farms da Califórnia e a Nippon Restaurant Enterprise Co. fez com que a empresa norte-americana encontrasse uma nova maneira de entrar no mercado japonês de arroz. Pelo fato de não existir incidência tarifária sobre o arroz usado em alimentos processados, a Nippon transforma o arroz orgânico americano no "O-bento", uma refeição orgânica em caixa contendo arroz, verduras, frango, carne bovina e salmão, todos importados dos Estados Unidos. Essas novas refeições, que custam cerca de US$ 4, enquanto a tradicional refeição japonesa (*obento*) custa em torno dos US$ 9, são vendidas em estações ferroviárias e outros pontos de venda espalhados por todo o Japão.[22] Esses novos produtos estão se mostrando muito populares, e geraram uma onda de protestos dos cultivadores japoneses de arroz, que já foram forçados a deixar 37% das plantações ociosas e a se dedicar a culturas menos rentáveis devido à entrada dos produtores de arroz americanos. As empresas japonesas e estrangeiras estão cada vez mais formando novas alianças para encontrar formas alternativas de entrar no caro mercado japonês e, pouco a pouco, as restritivas práticas comerciais do Japão estão sendo atenuadas.

Em suma, a intensa rivalidade entre os concorrentes cria um ambiente de tarefa altamente ameaçador e faz com que os administradores enfrentem dificuldades para acessar os recursos. Por outro lado, a baixa concorrência resulta em um ambiente de tarefa onde as pressões competitivas são mais moderadas e os administradores têm maiores oportunidades de adquirir recursos.

O ambiente geral

As forças econômicas, tecnológicas, socioculturais, demográficas, políticas e legais no ambiente geral podem exercer efeitos profundos nas forças no ambiente de tarefa, efeitos esses que talvez não sejam evidentes para os administradores. Por exemplo, as mudanças repentinas e radicais nos setores de internet e "ponto com" na primeira década do milênio foram provocadas por uma combinação de mudanças na tecnologia digital e na *web*, o arrefecimento da economia e do mercado acionário americanos e o crescente temor em relação à recessão mundial. Essas mudanças desencadearam intensa concorrência entre empresas "ponto com" que acabaram piorando ainda mais a situação do setor.

As consequências são claras: os administradores precisam analisar constantemente as forças no ambiente geral, pois tais forças afetam o planejamento e a tomada de decisão. A seguir, discutiremos as principais forças no ambiente geral e examinaremos seu impacto no ambiente de tarefa de uma organização.

Forças econômicas

forças econômicas
Taxas de juros, inflação, desemprego, crescimento econômico e outros fatores que afetam a saúde geral e o bem-estar de uma nação ou a economia regional de uma organização.

As **forças econômicas** afetam a saúde geral e o bem-estar de uma nação ou de uma região. Entre elas temos taxas de juros, inflação, desemprego e crescimento econômico. As forças econômicas geram muitas oportunidades e ameaças para os administradores. Baixos índices de desemprego e taxas de juros em queda possibilitam que mais pessoas tenham mais dinheiro para gastar e, consequentemente, as organizações terão oportunidade de venderem mais bens e serviços. Os períodos nos quais a economia vive um bom momento afetam as provisões: torna-se mais fácil adquirir os recursos, e as organizações têm oportunidade de florescer, como ocorreu com as empresas de alta tecnologia ao longo da década de 1990. Elas auferiram lucros extraordinários, já que houve um *boom* econômico, em grande parte devido a avanços na tecnologia da informação e ao comércio mundial em expansão.

Ao contrário, as más condições macroeconômicas (como se verificou nos anos 2000) representam uma grande ameaça, pois limitam o acesso aos recursos. As organizações com fins lucrativos, como lojas de varejo e hotéis, têm menos clientes durante os períodos de recessão econômica na economia. Da mesma forma, as organizações sem fins lucrativos, como instituições de caridade e faculdades, recebem menos doações durante períodos de recessão. Até mesmo uma deterioração moderada nas condições econômicas regionais ou nacionais pode afetar seriamente o desempenho. Uma recessão relativamente branda foi um importante fator na falência assombrosa de empresas "ponto com" no início dos anos 2000; a recessão que teve início em 2008 provocou demissões em massa na maioria das grandes empresas americanas.

As condições econômicas desfavoráveis tornam o ambiente mais complexo e o trabalho dos administradores mais difícil, exigindo deles um esforço muito maior. É possível que tenham de reduzir o número de pessoas em seus departamentos e aumentar a motivação dos funcionários remanescentes. Os administradores e os funcionários talvez também precisem identificar maneiras de adquirir e utilizar de forma mais eficiente seus recursos. Os gestores bem-sucedidos têm ciência dos efeitos importantes que as forças econômicas exercem nas organizações e ficam muito atentos ao que ocorre nas economias nacionais e regionais para reagir de forma adequada.

Forças tecnológicas

tecnologia
Combinação de habilidades e equipamentos que os administradores utilizam no projeto, produção e distribuição de bens e serviços.

forças tecnológicas
Resultados de mudanças na tecnologia que os administradores utilizam para projetar, produzir ou distribuir bens e serviços.

Tecnologia é a combinação de ferramentas, máquinas, computadores, habilidades, informação e conhecimento que os administradores utilizam no projeto, produção e distribuição de bens e serviços. As **forças tecnológicas** são resultado de mudanças na tecnologia que os administradores utilizam para projetar, produzir ou distribuir bens e serviços. O ritmo geral das mudanças tecnológicas acelerou enormemente na última década devido a avanços nos microprocessadores, nos *hardwares* e nos *softwares* utilizados nos computadores, e portanto as forças tecnológicas aumentaram em magnitude.[23]

As forças tecnológicas podem ter implicações profundas para os administradores e as organizações. As mudanças na tecnologia podem tornar obsoletos produtos bem estabelecidos no mercado – por exemplo, máquinas de escrever, televisores em preto e branco, volumosas enciclopédias em papel –, forçando as empresas a encontrar novas formas de satisfazer às necessidades dos clientes. Muito embora as mudanças tecnológicas possam ameaçar uma organização, elas também podem criar um enorme leque de novas oportunidades nas áreas de projeto, fabricação ou distribuição. Os microprocessadores mais poderosos desenvolvidos pela Intel provocaram uma revolução na TI que, por sua vez, estimulou a demanda por PCs e contribuiu para o sucesso de empresas como Dell e HP, mas levou ao declínio fabricantes de *mainframes* como a IBM.[24] Entretanto, a IBM reagiu na última década mudando de enfoque. Em vez de fornecer computadores (*hardware*), a empresa passou a oferecer serviços avançados e consultoria em informática, o que fez com que readquirisse sua forte presença mundial. Os administradores precisam se movimentar rapidamente para reagir a mudanças, caso queiram que suas organizações sobrevivam e prosperem. Atualmente a Intel vem sendo pressionada pela fabricante de *chips* AMD, que foi a primeira a desenvolver um poderoso *chip* de 64 bits para PC (o Athlon). Portanto, a Intel correu para desenvolver os seus próprios *chips* de 64 bits.[25] Em 2009, ambas as empresas, com seus novos *chips quad-core*, competiam de igual para igual.

As mudanças na TI estão alterando a própria essência do trabalho dentro das organizações, inclusive o papel dos administradores. O trabalho à distância por meio da supervia de informações, as videoconferências e as mensagens de texto hoje estão presentes na rotina diária, oferecendo oportunidades para os administradores supervisionarem e coordenarem funcionários geograficamente dispersos. Os vendedores de muitas empresas trabalham a partir de *home offices* e usam a internet para trabalharem. Eles se comunicam com outros funcionários por meio de redes de *e-mail* corporativas e também utilizam câmeras de vídeo de computador para reuniões "cara a cara" com colegas que talvez estejam em algum ponto distante do país.

Forças socioculturais

forças socioculturais
Pressões que emanam da estrutura social de um país ou sociedade, ou ainda da cultura nacional.

estrutura social
O arranjo de relações entre indivíduos e grupos da sociedade.

cultura nacional
Conjunto de valores que uma sociedade considera importante e as normas de conduta que são aprovadas ou sancionadas nessa sociedade.

As **forças socioculturais** são pressões que emanam da estrutura social de um país ou sociedade, ou ainda da cultura nacional. Pressões de ambas as fontes podem tanto restringir como facilitar a forma como as organizações operam e os administradores se comportam. **Estrutura social** é o arranjo de relações entre indivíduos e grupos da sociedade. As sociedades diferem substancialmente de estrutura social. Nas sociedades com alto grau de estratificação social, existem muitas distinções entre os indivíduos e grupos. Os sistemas de castas na Índia e no Tibete e o reconhecimento de inúmeras classes sociais na Grã-Bretanha e França produzem uma estrutura social em várias camadas. Por outro lado, a estratificação social é menor em sociedades relativamente igualitárias, como as da Nova Zelândia e dos Estados Unidos, nas quais a estrutura social revela poucas distinções entre as pessoas. A maior parte dos altos executivos na França provém das classes mais altas da sociedade francesa, mas os altos executivos nos Estados Unidos provêm de todos os estratos da sociedade norte-americana.

As sociedades também diferem no grau com que enfatizam o individual sobre o coletivo. Por exemplo, os Estados Unidos enfatizam a primazia do individual e o Japão enfatiza a primazia do coletivo. Essa diferença pode ditar os métodos que os gestores usam para motivar e liderar seus funcionários. **Cultura nacional** é o conjunto de valores que uma sociedade considera importante e as normas de conduta que são aprovadas ou sancionadas nessa sociedade. As sociedades diferem substancialmente quanto aos valores e normas que enfatizam. Por exemplo, nos Estados Unidos o individualismo é altamente valorizado, ao passo que na Coreia e no Japão espera-se que os indivíduos se adequem às expectativas do grupo.[26] A cultura nacional (que será amplamente discutida mais à frente, ainda neste capítulo) também afeta a maneira como os administradores motivam e coordenam funcionários e a forma de as organizações fazerem negócios. A ética, um importante aspecto da cultura nacional, foi discutida detalhadamente no Capítulo 3.

A estrutura social e a cultura nacional não apenas diferem entre as sociedades, mas também mudam ao longo do tempo. Nos Estados Unidos, as atitudes perante os papéis das mulheres, o amor, o sexo e o casamento mudaram nas décadas passadas. Muitas pessoas em países asiáticos, como Hong Kong, Cingapura, Coreia e Japão, acreditam que a geração mais jovem é muito mais individualista e "americanizada" que as gerações anteriores. Atualmente, em grande parte do

O azeite de oliva é um produto valorizado atualmente devido à preocupação com a saúde. Observe a garrafa destacando o ômega-3 como parte de sua composição – o que, consequentemente, torna seu preço mais caro!

Leste Europeu, novos valores que enfatizam o individualismo e o empreendedorismo estão substituindo valores comunistas baseados no coletivismo e na obediência ao Estado. O ritmo das mudanças está em aceleração.

Os administradores e as organizações devem ser receptivos às mudanças (bem como às diferenças existentes) nas estruturas sociais e nas culturas nacionais de todos os países onde operam. Na atual economia global, cada vez mais integrada, muito provavelmente os administradores irão interagir com pessoas de vários países, e observa-se também que vários deles vivem e trabalham no exterior. Os administradores eficazes são sensíveis às diferenças entre as sociedades e ajustam sua conduta de acordo com essas diferenças.

Os administradores e as organizações também precisam reagir às mudanças sociais que ocorrem em uma sociedade. Nas últimas décadas, por exemplo, os americanos andam cada vez mais interessados na saúde e na condição física. As empresas que reconheceram logo essa tendência e exploraram as oportunidades resultantes foram capazes de obter ganhos expressivos. A PepsiCo, por exemplo, aproveitou a oportunidade e roubou uma fatia do mercado de sua arquirrival Coca-Cola ao ser a primeira a lançar refrigerantes *diet* do tipo cola e também refrigerantes à base de frutas. A Quaker Oats transformou o Gatorade na mais popular bebida voltada aos esportistas e lançou uma grande variedade de produtos com baixo teor de gorduras. Essa tendência de valorização da saúde, entretanto, não criou oportunidades para todas as empresas; pelo contrário, para algumas delas isso representou uma ameaça. As fabricantes de cigarro encontram-se sob intensa pressão devido à maior consciência dos consumidores sobre os impactos negativos para a saúde advindos do fumo. A Hershey Foods e outros fabricantes de guloseimas têm sido ameaçados pelo desejo dos clientes de consumir alimentos saudáveis e com baixo teor de gorduras. O furor por alimentos com poucos carboidratos nos anos 2000 levou a um grande aumento na demanda por carne e prejudicou empresas fabricantes de pães e de bolinhos doces, como a Kraft e a Krispy Kreme.

Forças demográficas

As **forças demográficas** são resultantes de mudanças nas (ou mudança de atitude em relação às) características de uma população, como faixa etária, sexo, origem étnica, raça, orientação sexual e classe social. Assim como as demais forças no ambiente geral, as forças demográficas representam oportunidades e ameaças para as empresas e podem ter importantes implicações. Examinamos em profundidade a natureza desses desafios em nossa discussão sobre diversidade no Capítulo 3, de modo que não iremos discuti-las aqui.

Apontaremos apenas uma importante mudança que ocorre atualmente: a maioria dos países industrializados vivencia o envelhecimento de suas populações decorrente da queda nas taxas de nascimento e de mortalidade, e também devido ao envelhecimento da geração *baby-boom*. Na Alemanha, por exemplo, espera-se que a porcentagem da população acima de 65 anos de idade aumente para 20,7% até 2010, bem diferente dos anteriores 15,4% em 1990. No Canadá, as porcentagens são de, respectivamente, 14,4% e 11,4%; no Japão, 19,5% e 11,7%, e nos Estados Unidos, 13,5% e 12,6%.[27] Nos Estados Unidos o aumento percentual é bem menor devido à grande

forças demográficas
Resultantes de mudanças nas (ou mudança de atitude em relação às) características de uma população, como faixa etária, sexo, origem étnica, raça, orientação sexual e classe social.

onda de imigração durante os anos 1990 e das grandes famílias normalmente encontradas entre os novos imigrantes. Entretanto, o número absoluto de pessoas mais velhas aumentou substancialmente, e isso está aumentando as oportunidades para empresas que oferecem serviços para idosos; os serviços prestados pelos setores de assistência médica domiciliar e de recreação, por exemplo, estão em alta demanda.

O envelhecimento da população também apresenta diversas consequências no ambiente de trabalho. As mais significativas são o relativo declínio na entrada de jovens na força de trabalho e o aumento no número de funcionários ativos que desejam adiar a aposentadoria, mesmo depois de completarem 65 anos. Tais mudanças sugerem que as organizações precisam encontrar maneiras de motivar e utilizar as habilidades e os conhecimentos dos funcionários mais velhos, questão com a qual muitas sociedades ocidentais ainda têm que lidar.

Forças políticas e legais

forças políticas e legais Resultados de mudanças nas leis e regulamentações, como por exemplo a desregulamentação de certos setores, a privatização de estatais e a ênfase crescente na proteção do meio ambiente.

As **forças políticas e legais** são resultados de mudanças nas leis e regulamentações, decorrentes de acontecimentos políticos e legais que ocorrem em uma nação, em uma região específica do mundo ou mesmo no mundo inteiro, e afetam significativamente os administradores e as organizações em qualquer ponto do planeta. Os processos políticos moldam as leis de uma nação, e as leis internacionais vigentes modelam as relações entre os países. As leis restringem as atividades das empresas, e, consequentemente, criam tanto oportunidades quanto ameaças.[28] Em grande parte do mundo industrializado, por exemplo, tem havido forte tendência à desregulamentação de setores de atividade anteriormente controlados pelo Estado e à privatização de estatais.

Nos Estados Unidos, a desregulamentação do setor de aviação civil em 1978 introduziu grandes mudanças no ambiente de tarefa das companhias aéreas, mudanças essas que ainda estão em curso. A desregulamentação possibilitou a entrada no setor de 29 novas companhias entre 1978 e 1993. O aumento da capacidade de transporte de passageiros após a desregulamentação levou à ociosidade em várias rotas, grande concorrência e guerras de tarifas. Para responder a esse ambiente de tarefa mais competitivo, na década de 1980 as companhias aéreas buscaram maneiras de reduzir os custos operacionais. O desenvolvimento de sistemas no formato "eixo e raios" para o estacionamento das aeronaves e o embarque de passageiros, o aumento de companhias aéreas não sindicalizadas e a introdução de voos extremamente baratos, mas sem grandes regalias, são respostas à crescente concorrência no ambiente de tarefa das companhias aéreas. Na década de 1990, após readquirirem o controle de seus ambientes, as companhias aéreas registraram lucros recorde. Entretanto, o aumento vertiginoso no preço do petróleo no início dos anos 2000 consumiu esses lucros, e mais uma vez as companhias aéreas se viram em dificuldade. Em 2008, por exemplo, a Northest Airlines e a Delta declararam prejuízos que chegaram à casa dos US$ 10,6 bilhões devido aos elevados gastos com combustível. Também anunciaram que desejavam a fusão para ajudar a reduzir os custos e proteger seu futuro (e, em 2008, realmente se fundiram). Fica claro que a formatação do setor de aviação civil está mudando devido a forças econômicas e políticas.

Outra importante força política e legal que afeta tanto os administradores como as organizações é a integração política de países ocorrida nas últimas décadas.[29] Cada vez mais, as nações estão se reunindo em blocos políticos que permitem o livre trânsito de recursos e capital. O crescimento da União Europeia (UE) é um exemplo: leis comuns governam as importações/exportações e o comércio entre os países-membros da UE, e o Tribunal Europeu tem o direito de examinar as atividades de organizações globais e de aprovar quaisquer fusões propostas entre empresas estrangeiras que operem dentro da UE. Por exemplo, as práticas comerciais contrárias à livre concorrência utilizadas pela Microsoft foram minuciosamente examinadas, e o tribunal se recusou a aprovar a fusão proposta entre a GE e a Honeywell, anteriormente aprovada por órgãos reguladores dos Estados Unidos. O Nafta (*North American Free Trade Agreement*,

Acordo Norte-Americano de Livre Comércio), a ser discutido neste capítulo, tem objetivos políticos mais modestos, mas, como acontece com a União Europeia, o acordo modificou as leis que afetam o comércio internacional reduzindo barreiras ao livre fluxo de bens e serviços entre os países-membros.[30]

De fato, os acordos internacionais para abolir leis e regulamentações que restringem e reduzem o comércio entre países têm efeitos profundos nas organizações globais. A queda de barreiras comerciais legais cria oportunidades enormes para as empresas venderem bens e serviços em outros países. Porém, ao permitir que as empresas estrangeiras concorram por clientes no mercado interno de uma nação, a queda de barreiras comerciais também se configura em séria ameaça, pois aumenta a concorrência no ambiente de tarefa. Entre 1973 e 2006, por exemplo, as concorrentes japoneses aumentaram sua participação de 3% no mercado automobilístico americano, passando a ocupar 30%[31] desse mercado. Esse crescimento não teria sido possível sem a diminuição das barreiras comerciais, o que possibilitou aos produtores no Japão exportarem carros para os Estados Unidos. Entretanto, a concorrência da Toyota, Honda e outras empresas japonesas forçaram as empresas automobilísticas americanas a melhorarem suas atuações e processos. Encontrar novas maneiras de projetar e fabricar automóveis é algo contínuo, já que as empresas norte-americanas lutam para proteger sua participação de mercado (que continuou a diminuir). A participação de mercado das fabricantes de automóveis japoneses havia subido para mais de 40% em 2008. Em suma, a remoção de restrições legais para o comércio mundial tem o mesmo efeito de desregulamentar setores e eliminar restrições contra a concorrência: aumenta a intensidade da concorrência no ambiente de tarefa e força empresas conservadoras e lentas a se tornarem mais eficientes, a melhorarem a qualidade de seus produtos e a aprenderem novos valores e normas para concorrer em um ambiente global.

A desregulamentação, a privatização e a eliminação de barreiras legais ao comércio são apenas algumas das várias formas pelas quais as cambiantes forças políticas e legais podem desafiar as empresas. Outras são a crescente ênfase na proteção do meio ambiente e a preservação de espécies ameaçadas, a maior ênfase em segurança no ambiente de trabalho e as restrições legais contra a discriminação baseada em raça, sexo ou idade. Os administradores enfrentam grandes desafios quando buscam tirar proveito das oportunidades criadas por essas forças políticas, legais e econômicas.

O ambiente global em contínua mudança

No século XXI, a ideia de que o mundo é composto por um conjunto de países e mercados distintos, que são física, econômica e culturalmente separados uns dos outros, já não existe mais. Os administradores agora reconhecem que as empresas existem e competem em um mercado verdadeiramente global. Hoje, as empresas consideram o ambiente global uma fonte de importantes oportunidades e ameaças às quais devem reagir. Os administradores constantemente se defrontam com os desafios da concorrência global – como, por exemplo, estabelecer empresas em um país estrangeiro ou obter os insumos de fornecedores fora do país –, ou mesmo com os desafios de administrar em uma cultura nacional diversa.[32] (Ver Figura 4.3.)

Em suma, como resultado da queda das barreiras comerciais, as organizações veem o ambiente global como algo aberto – isto é, como um ambiente no qual as empresas são livres para comprar e vender bens e serviços de e para qualquer empresa ou país que desejem. Elas também são livres para concorrer entre si e atrair clientes ao redor do mundo, e devem estabelecer uma rede internacional de empresas e subsidiárias para criar vantagem competitiva global. A Coca-Cola e a PepsiCo, por exemplo, competiram ferozmente por 20 anos para construir o mais forte império mundial no setor de refrigerantes, assim como a Toyota e a Honda construíram centenas de indústrias de automóveis ao redor do mundo para fornecerem veículos que clientes do mundo inteiro querem. Isso também está se tornando cada vez mais verdadeiro na indústria alimentícia, conforme sugerido a seguir pelo quadro "Administrando em um mundo globalizado".

MA4 Explicar por que o ambiente global está se tornando mais aberto e competitivo e identificar as forças por trás do processo de globalização que aumentam as oportunidades, as complexidades, os desafios e as ameaças que os administradores enfrentam.

Figura 4.3
O ambiente global.

ADMINISTRANDO EM UM MUNDO GLOBALIZADO

Adaptando os alimentos ao gosto das diversas culturas

A Índia é um bom exemplo dos desafios enfrentados pelos fabricantes de produtos alimentícios globais (como a Kellogg's e a Nestlé), que buscam expandir suas atividades e receitas pelo mundo. O mercado indiano de alimentos industrializados equivale a US$ 90 bilhões ao ano e continua crescendo.

Na Índia, a Kellogg's aprendeu a oferecer mais do que os *cornflakes* comuns. Nos últimos anos, a empresa passou a se adequar ao gosto dos clientes, oferecendo cereais de arroz *basmati* e cereais aromatizados com manga.

Para concorrer com as indústrias alimentícias locais, as grandes multinacionais têm um longo caminho a percorrer para garantir que seus produtos atendam às preferências culturais dos consumidores indianos. Em particular, essas empresas precisam fazer pesados investimentos na construção de indústrias alimentícias nos países onde têm negócios, muitas vezes para evitar problemas tarifários. Além disso, precisam aprender como adaptar os produtos de modo considerável para atender às necessidades dos clientes locais.

Quando a Kellogg's lançou seus cereais matinais na Índia na década de 1990, por exemplo, cometeu a falha de não perceber que o café da manhã da maioria dos indianos é quente, pois em geral o leite não é pasteurizado. Agora, com a crescente disponibilidade de leite pasteurizado ou em pó, a Kellog's oferece exóticos *cornflakes* feitos de arroz *basmati* ou aromatizados com manga, ao gosto dos clientes. Da mesma forma, a Nestlé "empurrou" o seu tradicional leite condensado como sendo ideal para os doces tradicionais indianos, porém seu sucesso foi limitado, dado o número de marcas locais disponíveis. Em seguida, a empresa trabalhou a marca Maggi de macarrão na Índia, e assim que lhe deu o sabor étnico do "marsala" ou de *curry* picante, ela se tornou um sucesso nas merendas escolares. Recentemente, lançou também iogurte.

Hoje os consumidores indianos, assim como os de muitos países asiáticos, estão mais propensos a pagarem preços mais altos por alimentos convenientemente embalados devido ao aumento nos salários e a uma classe média emergente, estimada em cerca de 50 milhões de lares. Evidentemente, dados os bilhões de novos clientes potenciais existentes na Ásia, assim como em muitos outros países em desenvolvimento ao redor do mundo, restam muitos desafios para os fabricantes de produtos alimentícios em escala global.

Na presente seção, explicaremos primeiramente como o ambiente global aberto é resultado da globalização e do fluxo de capital ao redor do mundo. Em seguida, examinaremos como as mudanças econômicas, políticas e legais específicas, tal como a redução nas barreiras ao comércio e investimento, aumentaram a globalização e levaram à maior interação e volume de trocas entre organizações e países. Em seguida, discutiremos como a diminuição das barreiras culturais e das distâncias também aceleraram o ritmo da globalização e consideraremos as implicações específicas dessas mudanças para os administradores e as organizações. Finalmente, observaremos que as nações ainda diferem muito entre si pelo fato de terem normas e valores culturais distintos e que, portanto, as empresas devem levar em conta tais diferenças caso queiram ser bem-sucedidas na concorrência mundial.

O processo de globalização

Talvez a maior razão para o ambiente global ter se tornado mais aberto e competitivo seja o aumento da globalização. **Globalização** é o conjunto de forças gerais e específicas que agem juntas para integrar e interligar sistemas sociopolíticos e econômicos entre países, culturas ou regiões geográficas. O resultado é que as nações e as pessoas se tornam cada vez mais *interdependentes*, pois as mesmas forças as afetam de modos similares. O destino das pessoas nos diferentes países se torna interligado, à medida que os mercados e as empresas do mundo todo ficam cada vez mais interconectados. Na medida em que as nações se tornam interdependentes, ficam mais parecidas entre si, pois as pessoas vão desenvolvendo gosto similar por produtos diversos, como celulares, iPods, *jeans*, Coca, Manchester United, *curry*, chá verde, carros japoneses e café colombiano. Um dos resultados da globalização é o fato de o mundo se transformar em uma "aldeia global": produtos, serviços ou pessoas podem se tornar muito conhecidos em todo o mundo – fato do qual a IKEA, com sua grande variedade de móveis projetados para se adequar ao gosto dos clientes de todo o planeta, está tirando proveito, conforme descrito no início do capítulo.

Mas o que impulsiona ou estimula a globalização? O que motiva pessoas e empresas como Nestlé, Toyota ou Microsoft a se aventurar em um ambiente global incerto, que coloca em movimento o complexo conjunto de forças que resultam na globalização? A resposta é que o caminho da globalização é determinado pelo fluxo e refluxo de *capitais* (valiosos ativos geradores de riqueza) à medida que esses se movimentam pelas empresas, países e regiões do mundo em busca de seu uso mais valorizado – isto é, o investimento por meio do qual o capital poderá auferir os maiores lucros. Os administradores, funcionários e as empresas como a IKEA e a Nestlé são incentivadas a tentar lucrar ou se beneficiar valendo-se de suas habilidades para fabricar produtos que possam ser desejados por clientes do mundo inteiro. As quatro principais formas de fluxo de capitais entre países são:

- *Capital humano*: o fluxo de pessoas pelo mundo por meio da imigração, migração e emigração.

globalização
Conjunto de forças gerais e específicas que agem juntas para integrar e interligar sistemas sociopolíticos e econômicos entre países, culturas ou regiões geográficas, de modo que as nações se tornem cada vez mais interdependentes e similares.

- *Capital financeiro*: o fluxo de capital monetário pelos mercados do mundo por meio de investimentos, créditos, empréstimos e ajuda externa.
- *Capital em recursos*: o fluxo de recursos naturais e produtos semiacabados entre empresas e países (produtos como, por exemplo, metais, minerais, madeira, energia, produtos alimentícios, microprocessadores e peças de automóvel).
- *Capital político*: o fluxo de poder e de influência ao redor do mundo exercido por meio da diplomacia, da persuasão, da agressão e das forças armadas para proteger o acesso de um país, de uma região do mundo ou ainda de um bloco político a outras formas de capital.

A maior parte das mudanças associadas à globalização resulta desses quatro fluxos de capitais e das interações entre eles, já que as nações competem no palco mundial visando proteger e aumentar seus padrões de vida e favorecer as metas políticas e as causas sociais que suas culturas defendem. As próximas seções analisarão os fatores que aumentaram a velocidade do fluxo de capitais entre empresas e países. Sob uma perspectiva positiva, quanto mais rápido for esse fluxo, mais o capital será utilizado onde é capaz de criar mais valor: assim, as pessoas irão para onde o emprego de suas habilidades gere mais renda, os investidores apostarão nas ações ou títulos que lhes rendam os maiores dividendos ou juros ou, ainda, as empresas buscarão os fornecedores de insumos mais baratos. Entretanto, sob uma perspectiva negativa, o fluxo de capital acelerado também significa que cada país ou região do mundo estará em dificuldades quando as empresas e os investidores transferirem seus capitais para outros países ou regiões, normalmente aqueles onde a mão de obra é mais barata ou onde os mercados se encontram em rápida expansão. Quando o capital deixa um país, as consequências são elevados índices de desemprego, recessão e um padrão de vida inferior para seus habitantes.

Diminuição das barreiras ao comércio e aos investimentos

Um dos principais fatores que aceleraram a globalização por meio da liberação do movimento de capital foi a diminuição das barreiras ao comércio e aos investimentos, discutidas anteriormente. Durante as décadas de 1920 e 1930, muitos países estabeleceram enormes barreiras ao comércio e investimento internacionais, acreditando que fosse a melhor forma de promover seu bem-estar econômico. Muitas delas eram pesadas tarifas nas importações de bens manufaturados. **Tarifa** é um imposto que o governo impõe sobre bens importados – e, ocasionalmente, também sobre bens exportados. O objetivo das tarifas de importação é proteger as indústrias e os empregos do país da concorrência estrangeira (como aquelas que pertencem aos setores automobilísticos e siderúrgicos), elevando os preços de bens importados. Em 2001, por exemplo, o governo americano aumentou as tarifas sobre a importação de aço estrangeiro para proteger as siderúrgicas americanas. Entretanto, com a pressão da União Europeia, essas tarifas foram reduzidas significativamente em 2003.

tarifa Imposto que um governo impõe sobre bens importados e, ocasionalmente, também sobre bens exportados.

A razão para eliminar tarifas é o fato de que, muito frequentemente, quando um país impõe uma tarifa de importação os demais pagam na mesma moeda, e o resultado é uma série de medidas retaliativas, pois os países vão elevando progressivamente as barreiras tarifárias, prejudicando uns aos outros. Na década de 1920, esse comportamento reprimiu a demanda mundial e acabou provocando a Grande Depressão da década de 1930 e também o desemprego em massa. Foi para evitar tarifas sobre os bens americanos exportados para a Europa que os Estados Unidos reduziram as tarifas sobre o aço. Em suma, em vez de proteger empregos e promover o bem-estar econômico, os governos que recorrem à imposição de elevadas barreiras tarifárias acabam em última instância reduzindo a oferta de emprego e minando o crescimento econômico.[33]

O GATT E A ASCENSÃO DO LIVRE COMÉRCIO Após a Segunda Guerra Mundial, os países ocidentais industrializados, graças à lição que aprenderam com a Grande Depressão, se comprometeram com a meta de eliminar barreiras, visando o livre fluxo de recursos e capital entre os países. Tal comprometimento foi reforçado pela aceitação do princípio de que é o livre comércio (e não as barreiras tarifárias) a melhor forma de promover uma economia interna saudável e conseguir diminuir o desemprego.[34]

doutrina do livre comércio É a ideia de que se cada país se especializar na produção de bens e serviços que consegue produzir da maneira mais eficiente haverá um melhor aproveitamento dos recursos globais.

A **doutrina do livre comércio** prevê que, se cada país concordar em se especializar na produção de bens e serviços que consegue produzir da maneira mais eficiente, haverá um melhor aproveitamento dos recursos globais, e isso resultará em preços mais baixos.[35] Por exemplo, se as empresas indianas forem altamente eficientes na produção de têxteis e as empresas americanas forem altamente eficientes na produção de *softwares* para computador, com um acordo de livre comércio vigente o capital iria se deslocar para a Índia e lá seria investido na indústria têxtil, ao passo que capital vindo de todo o mundo fluiria para os Estados Unidos e seria investido em suas inovadoras empresas de *softwares*. Consequentemente, tanto os preços dos têxteis como os dos *softwares* cairia, pois cada bem está sendo produzido no local onde pode ser fabricado com o menor custo, beneficiando consumidores e aproveitando melhor o escasso capital. Essa doutrina é obviamente responsável pelo aumento na terceirização global e pela perda de milhões de empregos nos setores têxtil e fabril nos Estados Unidos, já que o capital é investido em fábricas na China e na Malásia. Entretanto, também foram criados milhões de empregos devido a novos investimentos nos setores de alta tecnologia, TI e de serviços – e que teoricamente, devem mais do que compensar essas perdas de emprego na indústria no longo prazo.

Historicamente, os países que aceitaram a doutrina do livre comércio estabeleceram como meta a eliminação de barreiras visando o fluxo livre de bens, serviços e capitais entre os países. Eles tentaram alcançar isso por meio de um tratado internacional conhecido como GATT (*General Agreement on Tariffs and Trade*, Acordo Geral sobre Tarifas e Comércio). Nos 50 anos posteriores à Segunda Guerra Mundial, houve oito rodadas de negociações do GATT visando a redução das barreiras tarifárias. A última, a Rodada do Uruguai, envolveu 117 países e foi finalizada em dezembro de 1993. Nessa rodada conseguiu-se reduzir as tarifas em mais de 30% em relação ao nível anterior. Ela também levou à dissolução do GATT e à sua substituição pela OMC (Organização Mundial do Comércio – a WTO, *World Trade Organization*), que continua hoje se esforçando para reduzir as tarifas e tem mais poder para impor sanções aos países que violem os acordos mundiais.[36] Em média, as barreiras tarifárias entre os governos de países desenvolvidos declinou, passando dos 40% em 1948 para cerca de 3% em 2000, provocando um incrível aumento no comércio mundial.[37]

Diminuição das barreiras culturais e de distância

Historicamente, as barreiras culturais e as impostas pela distância também fecharam o ambiente global e mantiveram as empresas focadas no mercado interno. Os problemas de gestão vividos no início do século XX pela Unilever, a gigante britânica na fabricação de sabões e detergentes, ilustram o efeito dessas barreiras.

Fundada em Londres durante a década de 1880 por William Lever (um *quaker*), a Unilever tinha um alcance mundial no início dos anos 1900 e mantinha subsidiárias nos principais países do Império Britânico, entre os quais Índia, Canadá e Austrália. Lever tinha um estilo gerencial autocrático e muito pragmático, e achava difícil controlar seu império a longa distância. O motivo para os problemas de controle concentrava-se no fato de que a comunicação a grandes distâncias era difícil. Seis semanas eram necessárias para chegar à Índia de navio partindo da Inglaterra, e os serviços de telegrafia e telefonia internacional eram pouco confiáveis.

Outro problema enfrentado pela Unilever era a dificuldade em fazer negócios em sociedades distantes da Grã-Bretanha, devido às barreiras linguísticas e culturais. Países diferentes possuem conjuntos diversos de crenças, valores e normas nacionais, e Lever acreditava que uma abordagem gerencial que funcionava na Grã-Bretanha não funcionaria, necessariamente, na Índia ou na Pérsia (atual Irã). Consequentemente, as práticas administrativas deviam passar por uma adaptação para atenderem a cada cultura nacional. Após a morte de Lever em 1925, a alta cúpula da Unilever reduziu o nível ou *descentralizou* (ver Capítulo 7) a tomada de decisão, dando a autoridade necessária aos administradores das várias subsidiárias no exterior de modo que pudessem criar uma forma de administrar adequada ao país onde estavam operando. Como consequência dessa estratégia, as subsidiárias tornaram-se distantes e afastadas umas das outras – algo que reduziu o desempenho da Unilever.[38]

Desde o final da Segunda Guerra Mundial, o fluxo contínuo de avanços nas tecnologias de comunicações e de transporte reduziu as barreiras culturais e de distância que afetavam a Unilever e todas as organizações globais. Nos últimos 30 anos, as telecomunicações foram revolucionadas por uma série de avanços, entre eles o uso de satélites na comunicação, a tecnologia digital, a internet e as redes mundiais de computadores ou ainda os vídeos e teleconferências. Estes avanços possibilitam a transmissão de quantidades enormes de informações, que possibilitam a comunicação confiável, segura e instantânea entre pessoas e empresas em qualquer ponto do planeta.[39] Essa revolução tornou possível que uma dada organização global – tanto uma pequena fábrica de confecções participante da rede da Li & Fung quanto uma empresa enorme como a Nestlé ou a Unilever – fazer negócios em qualquer lugar, a qualquer hora, tornando viável também a busca por clientes e fornecedores ao redor do mundo.

Uma das mais importantes inovações na tecnologia de transportes que tornou o ambiente global mais aberto foi o crescente número de viagens em jatos comerciais, que reduziram o tempo para ir de um ponto a outro. Por causa das viagens a jato, Nova York agora se encontra mais perto de Tóquio do que era da Filadélfia na época das 13 colônias – um fato que torna o controle de empresas internacionais longínquas muito mais fácil do que na época de William Lever. Além de tornarem as viagens mais rápidas, as modernas tecnologias de comunicações e transporte também ajudaram a reduzir a distância cultural entre os países. A internet e seus milhões de *sites* facilitam o desenvolvimento de redes mundiais de comunicação e mídia que ajudam a criar uma cultura mundial que ultrapassa as culturas nacionais. Além disso, as redes de televisão, como CNN, MTV, ESPN, BBC e HBO, agora podem ser assistidas em muitos países, e os filmes de Hollywood são exibidos em todo o mundo.

Efeitos do livre comércio sobre a administração

A redução das barreiras ao comércio e investimento e a diminuição das barreiras culturais e de distância criaram enormes oportunidades para as empresas expandirem o mercado para seus bens e serviços por meio de exportações e investimentos em países estrangeiros. Embora os dirigentes de algumas organizações (como a Barnes & Noble, por exemplo) tenham sido relutantes em oferecer seus bens e serviços no exterior, a situação da Walmart e da Lands' End, que criaram empresas globais rentáveis, é mais típica. A mudança para uma economia global mais aberta criou não apenas mais oportunidades a venda em mercados externos como também a oportunidade de comprar mais de outros países. De fato, o sucesso da Lands' End nos Estados Unidos se baseou em parte na disposição de importar roupas de uso pessoal e roupas de cama de fabricantes estrangeiros. A Lands' End compra roupas têxteis de fabricantes em Hong Kong, Malásia, Taiwan e China, pois os americanos muitas vezes não oferecem a mesma qualidade, estilo, flexibilidade ou preço.[40] De fato, a maioria das empresas de vestuário, como Levi Strauss, Walmart e Target, é o principal participante no ambiente global em virtude de suas atividades de compras, mesmo que, como no caso da Target ou da Dillard's, ofereçam seus produtos finais apenas nos Estados Unidos.

O papel de administrador é mais desafiador no ambiente global dinâmico devido à intensidade crescente da concorrência, que caminha lado a lado com a redução das barreiras ao comércio e investimento. Portanto, conforme discutido acima, o papel do administrador mediano em uma empresa automobilística americana se tornou bem mais difícil a partir de meados dos anos 1970, graças à penetração de eficientes concorrentes japoneses no mercado americano. Em 2001, a Levi Strauss fechou sua última fábrica nos Estados Unidos, pois não era capaz de competir com os baixos preços dos fabricantes de *jeans* estrangeiros que eram seus concorrentes nas grandes redes revendedoras de peças de vestuário, como a Walmart, a Dillard's e a Target.

ACORDOS COMERCIAIS REGIONAIS O crescimento de acordos comerciais regionais como o Nafta e mais recentemente o Cafta (*Central American Free Trade Agreement,* Acordo Centro-

-Americano de Livre Comércio), também representam oportunidades e ameaças para os administradores e suas organizações.

Na América do Norte, o Nafta, que entrou em vigor em 1º de janeiro de 1994, tinha como objetivo extinguir as tarifas incidentes sobre 99% dos bens comercializados entre México, Canadá e Estados Unidos até 2004. Embora não tenha alcançado esse ousado objetivo, o Nafta eliminou a maior parte das barreiras para o fluxo de recursos entre suas fronteiras quando, por exemplo, deu às instituições financeiras e varejistas presentes no Canadá e nos Estados Unidos acesso irrestrito ao mercado mexicano. Após o acordo ter sido assinado, houve uma enxurrada de investimentos no México provenientes dos Estados Unidos, bem como de muitos outros países – entre eles o Japão. As redes Walmart, Costco, Radio Shack e outras grandes varejistas americanas expandiram suas atividades no México. A Walmart, por exemplo, está vendendo muito mais produtos do México em suas lojas nos Estados Unidos, e sua rede em território mexicano também vem se expandindo rapidamente.

O estabelecimento de áreas de livre comércio cria oportunidades para indústrias, pois permite a redução dos custos. Isso pode ser feito transferindo a produção para a localidade de menor custo dentro da área de livre comércio (como as, empresas automobilísticas e têxteis americanas que transferiram a produção para o México) ou atender toda a região a partir de uma única localidade, em vez de estabelecer empresas distintas em cada país. Alguns administradores, entretanto, veem os acordos de livre comércio regionais como uma ameaça, pois expõem a empresa sediada em um país-membro a uma maior concorrência de empresas sediadas nos demais países-membros. O Nafta teve esse efeito. Hoje os administradores mexicanos enfrentam a ameaça de concorrência de igual para igual com eficientes empresas americanas e canadenses em alguns setores. Mas o oposto também é verdadeiro: as empresas americanas e canadenses estão vivenciando ameaças em setores com uso intensivo de mão de obra, como os de pisos e têxteis, nos quais empresas mexicanas têm uma vantagem de custo.

Em julho de 2005, o congresso americano aprovou a formação do Cafta, um acordo de livre comércio regional elaborado para eliminar tarifas sobre produtos comercializados entre os Estados Unidos e todos os países da América Central. Em 2006, República Dominicana, El Salvador, Guatemala, Nicarágua e Honduras também aprovaram e implementaram o acordo, mas a Costa Rica não. O Cafta é visto como um passo no sentido de estabelecer a FTAA (*Free Trade Area of the Américas*, Área de Livre Comércio das Américas: a polêmica Alca), uma tentativa ambiciosa de estabelecer um acordo de livre comércio que aumente a prosperidade econômica nas Américas. A FTAA incluiria todas as nações da América do Sul e do Caribe, exceto Cuba, bem como as da América Central e do Norte. Entretanto, os problemas econômicos, juntamente com as grandes diferenças políticas e ideológicas – como a resistência política nos Estados Unidos devido aos empregos perdidos para o México e Canadá –, desaceleraram o processo de integração e globalização. O ambiente mais competitivo ocasionado pelo Nafta aumentou tanto as oportunidades como as ameaças contra as quais as empresas devem reagir para ter desempenho eficiente.

Funcionários mexicanos da CyOptics em Matamoros, no México, uma fábrica de alta tecnologia, logo depois da fronteira americana sediada em Brownsville (Texas). A CyOptics, empresa de propriedade americana, projeta, desenvolve e comercializa uma ampla gama de *chips* ópticos e componentes para sistemas de comunicação. O ambiente mais competitivo criado pelo Nafta representa tanto oportunidades como ameaças para as empresas.

O papel da cultura nacional

Apesar de ser evidente que os países estão se tornando mais parecidos entre si devido à globalização e que o mundo está prestes a se tornar uma aldeia global, as culturas dos diferentes países ainda variam muito devido a diferenças cruciais de valores, normas e atitudes. Conforme observado anteriormente, a cultura nacional inclui os valores, as normas, os conhecimentos, as crenças, os princípios morais, as leis, os costumes e outras práticas que unem os cidadãos de um país.[41] Ela molda o comportamento individual por meio da especificação de condutas apropriadas e inapropriadas e a interação com os outros. As pessoas aprendem a cultura nacional no dia a dia, por meio da interação com aqueles que as cercam; esse aprendizado começa em tenra idade e continua ao longo da vida.

Valores e normas culturais

valores Ideias sobre o que uma sociedade crê que seja bom, correto, desejável ou belo.

Os elementos fundamentais de uma cultura nacional são os valores e as normas. **Valores** são ideias sobre o que uma sociedade acredita que seja bom, correto, desejável ou belo. Eles fornecem os alicerces para as noções de: liberdade individual; democracia; verdade; justiça; honestidade; lealdade; obrigação social; responsabilidade coletiva; papéis apropriados para homens e mulheres; amor; sexo; casamento e assim por diante. Os valores são mais do que meros conceitos abstratos; eles são revestidos de considerável significado emocional. As pessoas discutem, lutam e até mesmo morrem por valores como a liberdade.

Embora profundamente arraigados na sociedade, os valores não são estáticos; entretanto, as mudanças nos valores de um país provavelmente serão lentas e dolorosas. Por exemplo, os sistemas de valores de vários estados anteriormente comunistas, como a Rússia, estão passando por mudanças significativas à medida que esses países se distanciam de um sistema de valores que prioriza o Estado e caminha para outro que valoriza a liberdade individual. Normalmente ocorrem distúrbios sociais quando os países passam por grandes mudanças de valores.

normas Códigos de conduta informais (não por escrito) que prescrevem como as pessoas deveriam agir em determinadas situações e que são consideradas importantes pela maioria dos membros de um grupo ou organização.

Normas são códigos de conduta informais (não por escrito) que prescrevem o comportamento adequado em determinadas situações e que são consideradas importantes pela maioria dos membros de um grupo ou organização. As normas moldam o comportamento, e dois tipos delas desempenham um importante papel na cultura nacional: costumes e princípios morais. **Costumes** são as convenções sociais rotineiras do dia a dia. Essas convenções dizem respeito a costumes e práticas, como a maneira de se vestir para determinadas ocasiões, regras de boas maneiras, comer com os utensílios corretos e regras de convívio social. Embora os costumes definam a maneira como se espera que as pessoas se comportem, a violação dos mesmos não é uma questão moral ou grave. As pessoas que violam costumes normalmente são tachadas de excêntricas ou mal-educadas, mas normalmente não são consideradas ruins ou de má índole. Em muitos países, os estrangeiros poderão ser perdoados por violarem costumes em uma primeira ocasião, pois não estão acostumados ao comportamento local; porém, repetidas violações não serão mais perdoadas, pois espera-se que os estrangeiros aprendam o comportamento apropriado naquele país.

costumes As convenções sociais rotineiras do dia a dia.

princípios morais Normas que são consideradas fundamentais para o funcionamento da sociedade e para a vida social.

Princípios morais são normas consideradas fundamentais ao funcionamento da sociedade e à vida social. Esses princípios têm muito mais importância do que os costumes. Portanto, a violação de princípios morais pode implicar em punições graves – por exemplo, roubo, adultério e incesto são considerados condenáveis. Em muitas sociedades os princípios morais foram transformados em lei. Consequentemente, todas as sociedades desenvolvidas possuem leis que condenam o roubo e o incesto. Entretanto, os princípios morais diferem bastante de uma sociedade para outra.[42] Nos Estados Unidos, por exemplo, ingerir bebidas alcoólicas é largamente aceito; porém, na Arábia Saudita, o consumo de álcool é visto como uma violação das normas sociais e passível de prisão (como acabaram descobrindo muitos cidadãos norte-americanos que trabalham na Arábia Saudita).

Modelo de Hofstede para cultura nacional

MA5 Discutir por que as culturas nacionais diferem entre si e por que é importante que os administradores sejam sensíveis aos efeitos da queda de barreiras comerciais e também aos efeitos dos acordos comerciais regionais sobre os sistemas sociopolíticos das nações ao redor do mundo.

Os pesquisadores investem tempo e esforço consideráveis na tentativa de identificar semelhanças e diferenças nos valores e nas normas de diferentes países. Um dos modelos para cultura nacional foi desenvolvido por Geert Hofstede.[43] Como psicólogo na IBM, Hofstede reuniu dados sobre os valores e as normas de mais de 100 mil funcionários da empresa distribuídos em 64 países. Baseado em sua pesquisa, Hofstede desenvolveu cinco dimensões nas quais as culturas nacionais poderiam ser enquadradas (ver Figura 4.4).[44]

INDIVIDUALISMO *VERSUS* COLETIVISMO A primeira dimensão, denominada por ele "individualismo *versus* coletivismo", tem uma longa história no pensamento humano. **Individualismo** é uma visão de mundo que valoriza a liberdade individual e a autoexpressão, bem como a adesão ao princípio de que as pessoas devem ser valorizadas por suas realizações individuais e não pela sua condição social. Nos países ocidentais, o individualismo normalmente tem como caracterís-

Figura 4.4
Modelo de Hofstede para cultura nacional.

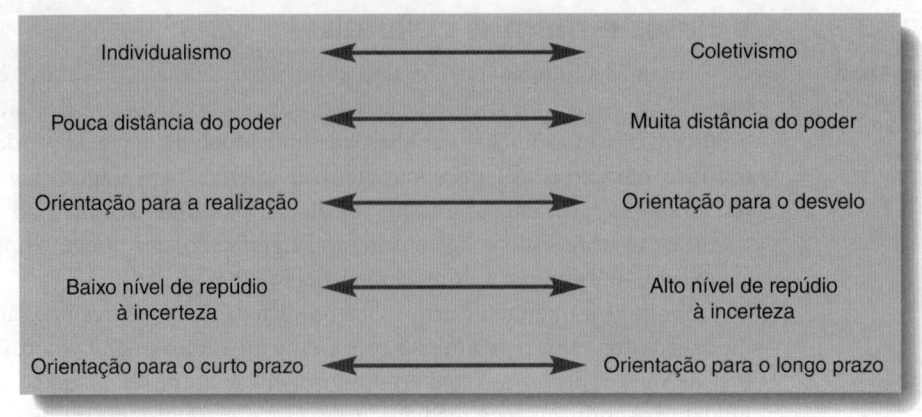

Individualismo ⟷	Coletivismo
Pouca distância do poder ⟷	Muita distância do poder
Orientação para a realização ⟷	Orientação para o desvelo
Baixo nível de repúdio à incerteza ⟷	Alto nível de repúdio à incerteza
Orientação para o curto prazo ⟷	Orientação para o longo prazo

Fonte: Extraído de "Measuring Organizational Cultures: A Qualitative and Quantitative Study across Twenty Cases," de Geert Hofstede, Bram Neuijen, Denise Daval Ohayv e Geert Sanders, *Administrative Science Quarterly*, Vol. 35, jun. 1990, p. 286–316. Reimpresso com permissão.

individualismo Visão de mundo que valoriza a liberdade individual e a autoexpressão, bem como a adesão ao princípio de que as pessoas devem ser valorizadas por suas realizações individuais e não pela sua condição social.

coletivismo Visão de mundo que valoriza a subordinação do indivíduo aos objetivos do grupo, bem como a adesão ao princípio de que as pessoas devem ser valorizadas por sua contribuição para o mesmo.

ticas a admiração pelo sucesso pessoal, a forte crença nos direitos do indivíduo e grande consideração pelos empreendedores individuais.[45]

Em contraste com a visão individualista, o **coletivismo** é uma visão de mundo que valoriza a subordinação do indivíduo aos objetivos do grupo, bem como a adesão ao princípio de que as pessoas devem ser valorizadas por sua contribuição para o grupo. O coletivismo foi difundido em países comunistas, mas tem se tornado cada vez menos prevalente desde o fracasso do comunismo na maioria dos países que adotavam esse regime. O Japão é um país não comunista onde o coletivismo é extremamente valorizado.

O coletivismo no Japão remonta à época da fusão dos pensamentos confucionista, budista e xintoísta, que aconteceu durante um período da história japonesa chamado de Tokugawa (1600–1870).[46] Um dos valores fundamentais surgidos durante esse período foi a forte ligação ao grupo, não importando se esse grupo fosse um vilarejo, um grupo profissional ou uma empresa. Diz-se que a forte identificação com o grupo cria pressões para ações coletivas no Japão, uma forte pressão pela conformidade às normas coletivas e à relativa falta de individualismo.[47]

Os administradores devem estar conscientes de que as organizações e seus membros refletem a ênfase de suas culturas nacionais – seja no individualismo, seja no coletivismo. De fato, uma das principais razões das práticas administrativas japonesas diferirem das americanas reside no fato de a cultura japonesa valorizar o coletivismo, ao passo que a cultura norte-americana valoriza o individualismo, conforme sugere o quadro "Administrando em um mundo globalizado", a seguir.[48]

ADMINISTRANDO EM UM MUNDO GLOBALIZADO
Um *gaijin* trabalha pela volta por cima da Sony

A Sony, fabricante japonês de eletroeletrônicos, sempre foi reconhecida pelo emprego de grande capacidade técnica e inovadora para criar novos produtos campeões de venda, como o Walkman e a TV Trinitron. Na década de 1990, seus engenheiros de produto eram capazes de produzir em média quatro ideias de novos produtos por dia. Por quê? Grande parte da resposta se deve à cultura da Sony, chamada "o jeito Sony", que enfatizava a comunicação, a cooperação e a harmonia entre os grupos de engenheiros de toda a empresa, incentivando a inovação e as mudanças. Os engenheiros tinham liberdade considerável para buscar suas próprias ideias, e os gerentes dos diferentes grupos de produtos davam apoio às inovações. Porém, a Sony passou a ter problemas na chegada do novo milênio.

Várias empresas na Coreia, Taiwan e China começaram a criar novas tecnologias, como telas LCD digitais e memória *flash,* que tornaram obsoletas as tecnologias da Sony. Empresas como Apple e Nokia criaram o iPod, os *smartphones* e os *tablets,* que atendem melhor às necessidades dos clientes do que a "antiga geração" de produtos da Sony, como o Walkman. Uma das razões para a Sony ter enfrentado grandes problemas em reagir a essas mudanças foi que sua cultura havia mudado junto com o sucesso. Os altos executivos das várias divisões haviam se acostumado a agir como se tivessem controle de um feudo e, protegidos pela tradição japonesa de emprego vitalício, esforçavam-se em promover os interesses de suas próprias divisões, e não da empresa como um todo. A concorrência aumentou a burocracia e tornou mais lento o processo de tomada de decisão, tornando muito mais difícil para a Sony tirar proveito de seu fluxo contínuo de produtos inovadores. Ao mesmo tempo, seus projetos de pesquisa estavam ficando extremamente caros e as divisões demandavam investimentos cada vez maiores para criar produtos inovadores.

Percebendo que se tratava de um momento crítico na história da empresa, os altos executivos japoneses da Sony lançaram mão de um *gaijin*, ou estrangeiro, para dirigir a empresa. A escolha recaiu sobre *Sir* Howard Stringer, do País de Gales, que dirigia as operações da Sony na América do Norte e havia tido papel decisivo no corte de despesas e no aumento dos lucros da divisão norte-americana da empresa. Stringer não fala japonês, mas, para a sua sorte, muitos dos altos executivos da Sony falam inglês.

Agora que está no comando, enfrenta o problema de reduzir custos no Japão, onde muitas empresas japonesas adotam como política o emprego vitalício. Ele deixou bem claro que as demissões estão por vir, já que a Sony precisa reduzir seus elevados custos operacionais. Deixou claro também que a politicagem que ocorre entre os diferentes grupos de produtos da Sony deve parar e que os gestores têm que dar prioridade aos novos produtos e investir apenas naqueles com maiores chances de sucesso para que a Sony possa reduzir os enormes investimentos em P&D. Na realidade, ele quer que a engenharia (e não a administração) volte a ser o foco, e eliminar o inchaço da alta hierarquia, que havia se desenvolvido com o tempo – reduzindo, por exemplo, o quadro de diretores. Nas palavras do próprio Stringer, a cultura ou "negócio da Sony se transformou em administração, e não em fabricação de produtos". Entretanto, Stringer tem que fazer isso no Japão, país cuja cultura nacional é conhecida pela sua orientação coletivista e voltada para o longo prazo, e também pela descrença em valores *gaijin* ou estrangeiros. Esses mesmos valores operam dentro da Sony, de modo que Stringer deve ser obstinado e realista e fazer com que a Sony utilize da melhor forma possível seus recursos. Stringer demonstrou sua abordagem pragmática em 2009 (ano em que os prejuízos da Sony aumentaram), ao substituir a alta cúpula e enxugar a hierarquia gerencial para agilizar a tomada de decisão.

O novo CEO da Sony, Sir Howard Stringer, cumprimenta o presidente e COO da empresa, Ryoji Chubachi, em uma conferência de imprensa na cidade de Tóquio em 2006. Em sua tentativa de modernizar a empresa, Stringer está se deparando com difíceis e desafiadoras diferenças culturais enquanto se vale de seu expertise em corte de despesas perante a situação deteriorante da Sony. A Sony ainda está enfrentando grandes dificuldades para reconquistar sua antiga posição de liderança.

DISTÂNCIA DO PODER Por **distância do poder** Hofstede entende o grau com que as sociedades aceitam a ideia de que as desigualdades no poder e no bem-estar de seus cidadãos se devem a diferenças na herança e nas capacidades físicas e intelectuais dos indivíduos. Esse conceito tam-

distância do poder O grau com que as sociedades aceitam a ideia de que as desigualdades no poder e no bem-estar de seus cidadãos se devem a diferenças na herança e nas capacidades físicas e intelectuais dos indivíduos.

bém engloba o grau com que as sociedades aceitam as diferenças econômicas e sociais em termos de riqueza, *status* e bem-estar resultantes das variadas capacidades dos indivíduos.

As sociedades onde se permite que as desigualdades persistam ou cresçam com o passar do tempo possuem uma *distância do poder elevada*. Nelas, os trabalhadores profissionalmente bem-sucedidos acumulam riquezas e as repassam a seus filhos e, consequentemente, as desigualdades podem crescer com o passar do tempo. Em sociedades como essas, a disparidade entre ricos e pobres, com todas suas consequências políticas e sociais, cresce muitíssimo. Nas sociedades com *distância do poder baixa,* ao contrário, não se permite a criação de grandes desigualdades entre seus cidadãos. Nelas, o governo usa a cobrança de impostos e programas de bem-estar social para reduzir a desigualdade e melhorar o bem-estar dos menos afortunados. Elas estão mais conscientizadas em evitar uma grande distância entre ricos e pobres, minimizando a discórdia entre as diferentes classes de cidadãos.

Os países ocidentais desenvolvidos, como Estados Unidos, Alemanha, Holanda e Reino Unido, têm distância do poder relativamente pequena e elevado grau de individualismo. Os países latino-americanos economicamente pobres, como Guatemala e Panamá, assim como países asiáticos como Malásia e Filipinas, possuem elevada distância do poder e baixo grau de individualismo.[49] Essas descobertas sugerem que os valores culturais de países mais ricos enfatizam a proteção dos direitos individuais, e, ao mesmo tempo, dão chances razoáveis de sucesso para todos os membros da sociedade.

orientação para a realização Visão de mundo que valoriza a assertividade, o desempenho, o sucesso e a concorrência.

orientação para o desvelo Visão de mundo que valoriza a qualidade de vida, as amizades estreitas e os serviços e cuidados para os mais fracos.

ORIENTAÇÃO PARA A REALIZAÇÃO *VERSUS* ORIENTAÇÃO PARA O DESVELO Sociedades com **orientação para a realização** valorizam a assertividade, o desempenho, o sucesso, a concorrência e os resultados. Sociedades com **orientação para o desvelo** valorizam a qualidade de vida, as relações pessoais cordiais e os serviços e cuidados para os mais fracos. O Japão e os Estados Unidos tendem a ser orientados para a realização; a Holanda, a Suécia e a Dinamarca são mais orientadas para o desvelo.

repúdio à incerteza O grau com que as sociedades estão dispostas a tolerar a incerteza e o risco.

REPÚDIO À INCERTEZA As sociedades e seus indivíduos diferem quanto à tolerância à incerteza e ao risco. Sociedades com baixo nível de **repúdio à incerteza** (como os Estados Unidos e Hong Kong) são permissivas, valorizam a diversidade e toleram diferenças em relação a condutas e crenças pessoais. Sociedades com elevado grau de repúdio à incerteza (como Japão e França) são mais rígidas e céticas em relação às pessoas cujas condutas ou crenças difiram da norma. Nelas, a conformidade aos valores dos grupos sociais e de trabalho é a norma, e dá-se preferência a situações estruturadas, pois elas dão uma sensação de segurança.

orientação para o longo prazo Visão de mundo que valoriza a poupança e a persistência em atingir objetivos.

orientação para o curto prazo Visão de mundo que valoriza a felicidade ou estabilidade pessoal e "viver o presente".

ORIENTAÇÃO PARA O LONGO PRAZO *VERSUS* ORIENTAÇÃO PARA O CURTO PRAZO A última dimensão descrita por Hofstede é a orientação para a vida e o trabalho.[50] A cultura nacional com **orientação para o longo prazo** se fundamenta em valores como economia (poupança) e persistência em atingir metas. A cultura nacional com **orientação para o curto prazo** se preocupa com a manutenção da felicidade ou estabilidade pessoal e com "viver o presente". Entre as sociedades com orientação para o longo prazo temos Taiwan e Hong Kong, famosas pela elevada taxa de poupança *per capita*. Os Estados Unidos e a França têm orientação para o curto prazo, e seus cidadãos tendem a gastar mais e poupar menos.

Cultura nacional e gestão global

As diferenças entre as culturas nacionais apresentam implicações importantes para os administradores. Primeiramente, verifica-se que, devido às diferenças culturais, as práticas administrativas eficazes em um país talvez sejam problemáticas em outro. Os administradores da General Electric aprenderam isso enquanto tentavam administrar a Tungsram, uma empresa húngara de produtos para iluminação que a GE havia adquirido por US$ 150 milhões. A GE sentiu-se atraída pela Tungsram (considerada uma das melhores empresas húngaras) devido aos baixos salários pagos naquele país e à possibilidade de usar a empresa como base para exportação de produtos para a Europa ocidental. A GE transferiu parte de seus melhores executivos para a Tungsram na esperança de que, em breve, ela se tornasse líder europeia no ramo. Infelizmente, surgiram muitos problemas.

Um deles foi resultante de grandes mal-entendidos entre os administradores americanos e os funcionários húngaros. Os americanos reclamavam que os húngaros eram indolentes, ao passo que estes achavam que os americanos eram prepotentes. Os americanos queriam funções de vendas e *marketing* persuasivas que pudessem paparicar os clientes. Na direção anterior, as atividades de vendas e *marketing* não eram necessárias. Além disso, os húngaros esperavam que a GE oferecesse salários correspondentes aos do mundo ocidental, porém a empresa havia chegado à Hungria justamente para tirar proveito dos baixos salários oferecidos no país.[51] À medida que os prejuízos da Tungsram se acumulavam, os administradores da GE foram forçados a admitir que, devido a diferenças básicas de atitude entre os dois países, haviam subestimado as dificuldades que enfrentariam para dar uma reviravolta na Tungsram. Porém em 2001, esses problemas já tinham sido solucionados, e a eficiência crescente das atividades da GE na Hungria fizeram dela uma importante concorrente no mercado europeu de iluminação. A empresa investiu outros US$ 1 bilhão[52] nesse mercado.

Muitas vezes, as práticas administrativas devem ser adaptadas para se adequarem aos contextos culturais dentro dos quais uma organização opera. Uma metodologia eficaz nos Estados Unidos talvez não funcione no Japão, na Hungria ou no México devido a diferenças na cultura nacional. Por exemplo, o sistema americano de recompensas baseado no desempenho, com ênfase somente no individual, talvez não funcione bem no Japão, onde o desempenho individual voltado para a busca dos objetivos de todo o grupo é o valor priorizado.

Os administradores que realizam negócios com pessoas de outro país devem ser sensíveis aos sistemas de valores e normas do país em questão e precisam se comportar de acordo. A sexta-feira, por exemplo, é o dia do Sabbath nos países islâmicos. Portanto, seria indelicado e inapropriado que um executivo americano programasse um dia cheio de atividades com executivos árabes em plena sexta-feira.

Uma equipe gerencial culturalmente diversa pode ser uma vantagem para as organizações que participam do mercado global. Comparadas com organizações com equipes gerenciais culturalmente homogêneas, as que empregam administradores de várias culturas melhor percebem como as culturas nacionais diferem entre si e são capazes de adequar seus comportamentos e sistemas gerenciais a essas diferenças. De fato, uma das vantagens que muitas empresas ocidentais têm em relação aos concorrentes japoneses é a maior disposição de criar equipes com executivos de vários países.[53]

Resumo e revisão

O QUE É AMBIENTE GLOBAL? Ambiente global é o conjunto de forças e condições que operam além das fronteiras de uma organização, mas que afetam a capacidade de adquirir e utilizar recursos. O ambiente global possui duas componentes: o ambiente de tarefa e o ambiente geral. **[MA1]**

AMBIENTE DE TAREFA Ambiente de tarefa é o conjunto de condições e forças originárias de fornecedores, distribuidores, clientes e concorrentes globais e que influenciam o cotidiano dos administradores. As oportunidades e ameaças associadas a essas forças no ambiente de tarefa se tornam cada vez mais complexas a medida que a empresa se expande mundialmente. **[MA2, 3]**

AMBIENTE GERAL O ambiente geral é formado por um amplo espectro de forças econômicas, tecnológicas, socioculturais, demográficas, políticas e legais que afetam as organizações e seus ambientes de tarefa. **[MA2, 3]**

O AMBIENTE GLOBAL EM CONTÍNUA MUDANÇA Nos últimos anos ocorre uma acentuada mudança rumo à criação de um ambiente global mais aberto no qual os capitais fluem mais livremente, à medida que as pessoas e as empresas buscam novas oportunidades para gerar lucros e criar riqueza. Isso acelerou o processo de globalização. Globalização é o conjunto de forças gerais e específicas que agem juntas para integrar e interligar sistemas sociopolíticos e econômicos entre países, culturas ou regiões geográficas. O processo de globalização tem sido fomentado pela queda das barreiras ao comércio e aos investimentos internacionais, e também pela queda de barreiras culturais e de distância. **[MA4, 5]**

Administradores em ação

Tópicos para discussão e trabalho

DISCUSSÃO

1. Por que é importante para os administradores a compreensão da natureza das forças no ambiente global, as quais estão atuando sobre eles e suas organizações? [MA1]

2. Qual das seguintes organizações terá maior probabilidade de enfrentar um ambiente de tarefa mais complexo: uma empresa de biotecnologia que busca descobrir uma nova forma de curar o câncer ou uma grande rede varejista, como The Gap ou Macy's? Por quê? [MA2, 3]

3. A população está envelhecendo devido à queda nas taxas de nascimento e de mortalidade, e ao envelhecimento da geração *baby-boom*. Quais poderiam ser as implicações dessa tendência demográfica para: (a) uma indústria farmacêutica e (b) para o setor de construção civil? [MA1, 2, 3]

4. Como as forças políticas, legais e econômicas moldam a cultura nacional? Que características da cultura nacional você acredita que tenham o efeito mais importante no sucesso de um país no comércio internacional? [MA3, 5]

5. Depois da aprovação do Nafta, muitas empresas norte-americanas transferiram suas atividades fabris para o México para tirar proveito da mão de obra mais barata e também da legislação menos rigorosa no que diz respeito à proteção ambiental e aos direitos trabalhistas. Como resultado, reduzem custos e têm melhores condições para sobreviver em um ambiente global cada vez mais competitivo. O comportamento dessas empresas é ético – isto é, os fins justificam os meios? [MA4]

AÇÃO

6. Escolha uma organização e peça para um de seus gestores enumerar a quantidade e a intensidade de forças no ambiente de tarefa da organização. Peça também que dedique particular atenção na identificação de oportunidades e ameaças que resultam de pressões e mudanças nos clientes, concorrentes e fornecedores. [MA1, 2, 3]

Desenvolvimento de habilidades gerenciais
Analisando o ambiente de uma organização [MA1, 2, 3]

Escolha uma organização com a qual você esteja familiarizado. Pode ser alguma na qual você já tenha trabalhado ou ainda trabalhe, ou uma com a qual você interaja regularmente como cliente (como a faculdade que frequenta no momento). A respeito dela, faça o seguinte:

1. Descreva as principais forças no ambiente de tarefa global que a afetam.

2. Descreva as principais forças no ambiente geral global que a afetam.

3. Explique como as forças ambientais afetam o trabalho dos administradores dentro dessa organização. Como elas determinam as oportunidades e ameaças com as quais eles irão se deparar?

Administrando eticamente [MA4, 5]

Nos últimos anos, o número de empresas norte-americanas que compram insumos de fornecedores baratos no exterior tem aumentado, assim como a preocupação ética associada ao emprego de crianças nas fábricas. No Paquistão e na Índia, crianças de apenas 6 anos de idade têm longas jornadas de trabalho para tecer pequenos tapetes e carpetes voltados à exportação aos países do Ocidente ou para fabricar tijolos de argila para uso local. Na América Central e em países como a Malásia, crianças e adolescentes trabalham rotineiramente por longas horas nas fábricas, em condições precárias (configurando abuso e exploração), com a finalidade de produzir as roupas encontradas na maioria das lojas de departamento e de desconto americanas.

Perguntas

1. Individualmente ou em grupo, discuta se é ético ou não empregar crianças em fábricas e se as empresas americanas deveriam ou não comercializar produtos feitos por essas crianças. Quais seriam alguns argumentos pró e contra a mão de obra infantil?

2. Se a mão de obra infantil é uma necessidade econômica, que maneiras poderiam ser empregadas para torná-la uma prática a mais ética possível? Ou isso é simplesmente antiético?

Exercício em grupo
Como entrar no ramo gráfico [MA1, 2]

Forme pequenos grupos de três a cinco pessoas e indique um de seus membros para ser o porta-voz. Este último comunicará as descobertas do grupo a toda a classe quando chamado pelo professor. Em seguida, discuta a seguinte situação:

Você e seus sócios decidiram abrir uma pequena gráfica e copiadora em uma cidade universitária de 100 mil habitantes. Sua empresa irá concorrer com empresas como a FedEx Kinko's. É de seu conhecimento que mais de 50% dos pequenos negócios vão à falência no primeiro ano: portanto, para aumentar suas chances de sucesso, você decidiu fazer uma análise detalhada do ambiente de tarefa do ramo de empresas gráficas para descobrir quais oportunidades e ameaças irá encontrar. Em grupo, atente para as seguintes atividades:

1. Decida o que você precisa saber sobre (a) seus futuros clientes, (b) seus futuros concorrentes e (c) outras forças cruciais no ambiente de tarefa, caso queira ser bem-sucedido.

2. Avalie as principais barreiras à entrada no ramo de copiadoras.

3. Baseado nessa análise, enumere algumas das medidas que tomaria para ajudar seu novo negócio a ser bem-sucedido.

Seja você o administrador [MA1, 2]

O ambiente em constante mudança do varejo

Você é o novo administrador de uma importante loja de roupas que está passando por uma crise. A loja foi líder de mercado nos últimos 15 anos. Entretanto, nos últimos três anos surgiram outras duas importantes cadeias de lojas de vestuário que atraem regularmente os clientes de sua loja – suas vendas caíram 30%. Para descobrir a razão, a empresa realizou uma pesquisa com ex-clientes e constatou que eles acham que a sua loja não está conseguindo acompanhar as tendências da moda e das novas formas de atendimento ao cliente. Ao examinar a forma como a loja opera, você descobriu que os 10 gerentes da área de compras de roupas e acessórios compram cada vez mais dos mesmos fornecedores de roupas e mostram-se relutantes em tentar novos fornecedores. Além disso, raramente (se é que o fizeram alguma vez) os vendedores dão sugestões para mudar a forma de operação da loja e também não atendem às solicitações dos clientes. Assim, a cultura da loja tornou-se conservadora e relutante a correr riscos.

Perguntas

1. Analise as principais forças no ambiente de tarefa de uma loja de roupas varejista.

2. Crie um programa que ajude outros gerentes e funcionários a entenderem e reagirem melhor ao ambiente de tarefa de suas lojas.

BusinessWeek Caso em foco [MA1, 3, 4]
Seria a terceirização capaz de salvar a Sony?

Terceirização não é uma palavra que os executivos japoneses gostam de ficar discutindo. A Japan Inc. prefere investir sua fortuna em fábricas ultramodernas que produzem *chips*, carros e televisores de tela plana para o mercado mundial. Porém, quando Howard Stringer (CEO da Sony) anunciou, em 22 de janeiro de 2009, que

139

estava considerando a possibilidade de medidas drásticas para corte de despesas para a principal divisão da empresa (a divisão de eletrônicos), a terceirização era algo prioritário na lista de coisas a fazer.

Essa mudança simboliza uma pequena vitória para Stringer. Depois de mais de três anos no comando, parece que finalmente ele está conseguindo fazer com que a empresa se desvencilhe de sua "toxicodependência" à indústria e canalize cada vez mais recursos para o desenvolvimento e projeto de produtos que os usuários anseiam. Para mostrar que dessa vez é para valer, o CEO norte-americano, natural do País de Gales, disse que irá fechar cinco ou seis fábricas das 57 espalhadas pelo mundo e que, para o próximo ano fiscal (com término em março de 2010), cortará em um terço o orçamento destinado a fábricas e equipamentos para fabricação de chips. "Não existe nenhum aspecto da Sony que não esteja sendo examinado nesse momento", informou Stringer a jornalistas em Tóquio na semana passada. "Temos que agir muito rápido e controlar custos."

A Sony passará os próximos meses elaborando um plano detalhado. Mas parece que Stringer está determinado a terceirizar uma das linhas de produtos: a de televisores. Essa divisão é responsável por 10% de todas as vendas da empresa, porém não obteve lucros desde o lançamento, em 2005, da série Bravia, marca de televisores de tela plana.

Uma tradição interna

A mudança para a terceirização na indústria é o sinal mais claro de que Stringer quer que a Sony aja de forma mais parecida com empresas como a Apple ou a Cisco. Essas empresas obtêm margens de lucro consideráveis e consistentes projetando seus próprios produtos e deixando a tarefa de fabricação para terceiros. Além disso, fizeram incursões sérias no segmento de *music players* portáteis e sistemas de entretenimento doméstico, segmentos nos quais a Sony já foi líder. Ao contrário, a Sony, assim como diversos fabricantes de produtos de alta tecnologia japoneses, ainda fabrica seus próprios produtos internamente, em um processo conhecido como integração vertical, que "tende a levar a um custo total mais elevado, pois necessita de níveis extras de gerência para coordenar todas as atividades", diz Robert Kennedy, professor da Ross School of Business da Universidade de Michigan, autor de The Services Shift.

Antes de a crise financeira mundial aniquilar o poder de compra dos consumidores, a Sony parecia confiante que sua unidade de televisores seria lucrativa em um curto espaço de tempo. As vendas dos televisores LCD da empresa haviam crescido nos últimos três anos, passando de pouco mais de 1 milhão de unidades para uma expectativa de 15 milhões para esse ano fiscal. No ano passado, a Sony foi a 2ª no mundo em vendas de aparelhos de televisor LCD, ficando atrás apenas da coreana Samsung Electronics.

Mas agora os problemas da divisão de televisores estão atrapalhando os esforços de Stringer em determinar o que aflige a renomada marca tecnológica japonesa. Os dirigentes da Sony dizem que se apressam para centralizar o desenvolvimento e projeto de televisores e consolidar a produção no Japão após o fechamento de uma das duas fábricas no país. "Antes de a divisão de eletroeletrônicos voltar a ser saudável, a unidade de televisores tem de ser lucrativa", declarou na semana passada Ryoji Chubachi, que dirige a divisão de eletroeletrônicos.

Mantendo segredo

Como será a estratégia de terceirização de Stringer? Até o momento, ele não revelou, porém especialistas preveem que a Sony continuará a produzir televisores com telas ultrafinas de última geração por conta própria. É nesse segmento que a empresa poderá cobrar mais pelos produtos e assim obter margens mais elevadas. Continuar a fabricar internamente com tecnologia de ponta também impede que as inovações vazem para os concorrentes.

No caso dos aparelhos de pequeno e médio porte, entretanto, a Sony talvez contrate um ou mais fabricantes em Taiwan ou Hong Kong. Empresas como Wistron, Qisda, AmTRAN Technology, TPV Technology e Foxconn International, uma subsidiária da Hon Hai Precision Industry de Taiwan, já fabricaram televisores LCD para a Sony no passado, porém apenas em volumes pequenos – menos de 8% da produção total de televisores da empresa no ano passado, de acordo com estimativas de pesquisas de mercado iSuppli. "Talvez seja interessante preservar os produtos mais avançados e mais caros, porém não há necessidade de você mesmo fabricar o produto *commodity*", diz David Gibson da Macquarie Securities. "É um simples princípio da globalização."

Na prática, entretanto, não é nada fácil. Para garantir, a Sony já usa fabricantes terceirizados para produzir algumas de suas câmeras digitais Cybershot de fácil uso, seus *laptops* Vaio e os consoles de videogame PlayStation, porém a divisão de televisores sempre guardou de modo "ciumento" os seus segredos, e a terceirização representaria um afastamento perigoso de sua prática tradicional. Atualmente, a empresa compra as placas de vidro especiais por meio de sua *joint venture* com a Samsung e as remete para montagem às fábricas com elevado nível de segurança na Ásia, Américas do Norte e do Sul, e Europa. A maior parte dos fornecedores recebe especificações de projeto para peças específicas, mas pouco sabem sobre o processo de montagem como um todo.

A terceirização não funciona assim. Ela envolve maior colaboração e compartilhamento de informações. Yuko Adachi, analista da Gartner, diz que muitas empresas norte-americanas começam as discussões com fabricantes terceirizados desde a fase inicial, do conceito ou do projeto. "Está mais para uma aliança", diz ela. Muitos gigantes da tecnologia tentaram terceirizar a fabricação para empresas de tecnologia na Ásia, apenas para acabar repetidamente enviando equipes de projetistas e engenheiros para ajudar essas empresas a alcançarem o nível desejado, segundo Adam Pick, analista da iSuppli. Prossegue Pick: "Se administrados adequadamente, [os produtos terceirizados] podem ser uma vantagem fenomenal".

Perguntas

1. Que problemas a Sony está vivenciando atualmente no ambiente global?
2. Por que o CEO da Sony, Howard Stringer, está considerando a possibilidade de terceirizar a produção de televisores? Que possíveis benefícios e prejuízos advindos da terceirização Stringer deve avaliar para tomar uma decisão?

Fonte: Kenji Hall, "Can Outsourcing Save Sony?" Reimpresso da *BusinessWeek online*, 30/jan./2009, com permissão especial, copyright © 2009 by The McGraw-Hill Companies, Inc.

BusinessWeek Caso em foco [MA1, 2, 4, 5]
O outro México: uma onda de investimentos

K. Alan Russell passou 23 anos resolvendo problemas logísticos e burocráticos para empresas norte-americanas alugando fábricas baratas em Ciudad Juárez. Nunca teve de dar tantos apertos de mão como agora. Toda vez que a cidade mexicana aparece nas manchetes – por raptos, assassinatos ou batalhas de policiais contra os cartéis das drogas –, Russell tenta amenizar os fatos. Telefona para a matriz das 28 empresas locatárias de seus parques industriais para informar aos executivos que os funcionários e suas propriedades estão a salvo. "Eles precisam ouvir da fonte de que não houve nenhuma interrupção das atividades e de que a violência não está afetando seus funcionários", diz ele.

Os fabricantes possuem boas razões para segurar as pontas. A queda de 41% no peso mexicano em relação ao dólar desde agosto tornou o México um local ainda mais barato para se produzir: os operários em Juárez podem ser contratados por até US$ 1,50 à hora.

Entrementes, deu-se início uma silenciosa transformação ao sul da fronteira. Em grande parte da década, as autoridades mexicanas observaram consternadas as multinacionais "encaixotarem" em grandes contêineres as fábricas próximas da fronteira e se mudarem para refúgios baratos na Ásia. As escolas, rodovias e a burocracia mexicana continuam nas últimas posições nos rankings internacionais de competitividade, dificultando a transição para indústrias mais sofisticadas.

As estatísticas nacionais encobrem o progresso alcançado por vários estados e cidades mexicanas na melhoria de suas capacidades competitivas. Por meio do estudo de modelos bem-sucedidos na Ásia, nos Estados Unidos e na Europa, os governos locais fazem convênios com universidades e com a indústria privada visando aprimorar e atualizar suas forças de trabalho, cadeias de suprimentos, programas de pesquisa e desenvolvimento, bem como a infraestrutura. Eles se tornaram polos de atração para fábricas que vão muito além do trabalho de montagem. Por exemplo, as exportações mexicanas de produtos para a indústria aeroespacial praticamente triplicaram: foram para US$ 3 bilhões, desde 2003. Em março, o presidente da França, Nicolas Sarkozy, anunciou que a Eurocopter iria investir US$ 550 milhões para fabricar helicópteros em Querétaro, um centro de produção e engenharia para a General Electric e a Bombardier.

O México também poderá vir a se beneficiar de uma sutil, porém estável mudança no pensamento estratégico dos fabricantes norte-americanos, que estão reavaliando sua dependência da Ásia e concentrando-se em opções "mais próximas". A elevação dos custos chineses e o receio de preços mais elevados na travessia das mercadorias pelo Pacífico caso o petróleo suba repentinamente outra vez fazem parte dessa estratégia. Com capital escasso e mercados de difícil previsão, as empresas não querem empatar dinheiro em estoques enquanto aguardam as cargas chegarem. Tais razões estão levando organizações dedicadas à engenharia de precisão, como a GKN Aerospace, fabricante de componentes para motores de avião, a se agruparem próximas da fronteira, em cidades como Mexicali. "Se é preciso reduzir custos, a China fica muito distante. Nossos produtos podem chegar a custar US$ 80 mil; portanto, não podemos arcar com erros", diz o diretor da fábrica da GKN em Mexicali, Ardy Najafian.

Outros importantes fatores são a pirataria desenfreada, os problemas na qualidade do produto e as comunicações com a China. No México, as empresas norte-americanas conseguem controlar melhor suas atividades do que na China, onde normalmente têm que trabalhar com parceiros ligados ao governo. Em 2007, quando a Fusion Specialties (o fabricante número um de manequins) transferiu parte de suas atividades para o exterior visando a redução de custos, ela optou por Juárez e não pela China, pois seus produtos conseguem chegar a varejistas nos Estados Unidos como Nike, Gap e J. Crew em apenas dois dias, em vez de cinco semanas. Da mesma forma, "[a empresa certamente corria] o risco de perder nossa propriedade intelectual na China", diz Richard Moran, vice-presidente de operações da Fusion, que detém patentes para o processo de moldagem em poliuretano.

Alguns setores que foram devastados pela China já estão se recuperando. Em fevereiro, a Lenovo de Beijing abriu uma fábrica em Monterrey para produzir mais de 5 milhões de *notebooks* ThinkPad por ano. Desde outubro, o fabricante terceirizado de produtos eletrônicos Jabil Circuit, de St. Petersburg (Flórida), mais do que dobrou o quadro de pessoal, chegando a 8 mil funcionários na fábrica de Guadalajara, para onde transferiu parte da montagem de seus *smartphones* BlackBerry, fabricados anteriormente na China. Fabricantes de produtos eletrônicos como a Foxconn Electronics de Taiwan e a Flextronics também expandiram suas imensas instalações no México.

Os empregos fabris também estão saindo dos Estados Unidos. Em Mexicali, a Skyworks Solutions, sediada em Woburn (Massachusetts) e fabricante de semicondutores para telefones celulares e PDAs, está criando cem novos empregos em uma fábrica para produzir itens anteriormente feitos em Maryland. A Skyworks também montou uma pesada equipe de engenharia formada por 300 profissionais. J.C. Nam, diretor-geral da fábrica, diz que há dois anos a Skyworks havia considerado a possibilidade de transferir parte das atividades para a China, mas decidiu que a transferência para o México era realmente mais vantajosa, já que o pessoal qualificado ali é mais eficiente. Com salário médio para os engenheiros em torno de US$ 25 mil, incluindo benefícios, Nam sustenta que a indústria de alta tecnologia de Mexicali pode decolar. "Acreditamos que existem oportunidades na crise", diz ele.

Uma vez que a base dos salários dos engenheiros no México é de US$ 12 mil, a diferença de custo em relação à Índia não é enorme. Os salários por hora na Índia são de 25% a 30% mais baratos do que no México, segundo Jagmohan S. Nanaware, diretor-geral do centro de desenvolvimento de Monterrey da Sasken Communication Technologies, um fabricante indiano de *software* para celulares. Porém, acrescente-se os custos indiretos de viagens, a alta rotatividade da mão de obra indiana e a colaboração em trabalhos complexos em horários atípicos com colegas a meio mundo de distância, e chega-se à diferença real em torno de 15% a 20%. Para muitas empresas americanas separadas por uma ou duas horas de voo, Monterrey faz mais sentido. A qualidade também é boa. "Como inicialmente não sabíamos que tipo de engenheiros encontraríamos, trouxemos mais de seis deles da Índia", diz Nanaware, que duplicou o pessoal em Monterrey, passando para 120 funcionários em dois anos. Depois de seis meses, "os engenheiros mexicanos estão superando nossas expectativas", diz Nanaware.

Perguntas

1. Que tipos de vantagens as empresas americanas podem obter, caso transfiram sua produção para o México?
2. Quais seriam algumas possíveis desvantagens e ameaças de transferir a produção para o México?
3. Por que mais empresas estão fazendo investimentos no México e não na China?

Fonte: Pete Engardio e Geri Smith, "The Other Mexico: A Wave of Investiment". Reimpresso da *BusinessWeek online*, 9/abr./2009, com permissão especial, copyright © 2009 by The McGraw-Hill Companies, Inc.

Processo decisório, aprendizagem, criatividade e empreendedorismo

CAPÍTULO 5

Metas de aprendizagem

Após estudar o presente capítulo, você deverá estar apto a:

1. Compreender a natureza do processo decisório gerencial, estabelecer a diferença entre decisões programadas e não programadas, e também explicar por que a tomada de decisão não programada é um processo complexo e incerto. **[MA1]**

2. Descrever as seis etapas que os administradores devem adotar para tomar as melhores decisões. **[MA2]**

3. Identificar as vantagens e as desvantagens do processo decisório em grupo e descrever técnicas capazes de aperfeiçoá-lo. **[MA3]**

4. Explicar o papel desempenhado pela aprendizagem organizacional e pela criatividade no aprimoramento da tomada de decisão dos administradores. **[MA4]**

5. Descrever como os administradores podem incentivar e promover o empreendedorismo para criar uma organização preparada para a aprendizagem e estabelecer a distinção entre empreendedor e empreendedor interno. **[MA5]**

ESTUDO DE CASO
Bom processo decisório na PUMA

Por que o processo decisório é de suma importância nas organizações?

Quando Jochen Zeitz assumiu o cargo de CEO da PUMA AG em 1993, com apenas 30 anos de idade, a empresa estava enfrentando sérias ameaças.[1] A PUMA AG, com sede na pequena cidade alemã produtora de tênis chamada Herzogenaurach,[2] havia perdido dinheiro nos últimos oito anos, e a PUMA North America estava à beira da bancarrota.[3]

Enfrentando decisões difíceis sobre como dar uma reviravolta na companhia, Zeitz decidiu que, em vez de tentar concorrer com base nas características de desempenho de

As decisões já tomadas por Jochen Zeitz (CEO da Puma), assim como as decisões que ele e outros executivos ainda tomam diariamente, são fatores-chave para o sucesso atual da empresa.

seus calçados e artigos esportivos, a PUMA enfocaria mais no estilo, nas cores e nas linhas dos calçados. Zeitz viu, basicamente, uma oportunidade potencial para iniciar uma nova divisão com foco em moda alternativa e esporte como estilo de vida. Obviamente, ele também tomou decisões difíceis para reagir às ameaças que a empresa estava enfrentando, como as decisões que levaram à drástica redução dos custos de produção e à retomada do controle sobre a distribuição dos produtos da PUMA nos Estados Unidos.[4] Além disso, a PUMA continua a produzir calçados e artigos esportivos de alto desempenho para a prática profissional de esportes.[5]

Não obstante, a audaz decisão tomada por Zeitz, de buscar o mundo da moda e do estilo, foi um fator decisivo para a PUMA se tornar a quarta maior empresa no mundo de confecção esportiva. Reconhecendo a importância de idealizar projetos e produtos criativos, ele decidiu criar uma nova divisão denominada "estilo de vida esportivo", dirigida por Antonio Bertone, na época um skatista de 21 anos.[6] A divisão tinha como incumbência criar produtos de moda experimental. Em 1998, Bertone se associou ao estilista alemão Jil Sander para transformar a chuteira tradicional estilo anos 1960 da PUMA em um tênis seguindo as tendências da moda, com cores excêntricas e camurça. Inicialmente essa nova linha de produtos experimentais foi vista com muito ceticismo pelos especialistas do setor e também pelos varejistas. Pelé havia usado chuteiras da PUMA e era inimaginável para muitos que ela seria bem-sucedida no mundo da moda. Conforme o próprio Zeitz indica: "Demorou um pouco – e, segundo minha perspectiva, houve muita energia investida – para salvaguardar esse novo filho [a divisão estilo de vida] da PUMA... No final das contas, ele acabou se transformando na companhia como um todo."[7]

Os clientes adoraram o *look* retrô e as cores originais da nova linha de tênis, agora vendidos em uma grande variedade de pontos de venda; a linha é oferecida tanto na Foot Locker como em lojas mais refinadas, como a Barneys, além de lojas de departamento voltadas para o público de maior poder aquisitivo. A PUMA tem sua própria butique para expor seus artigos no badalado *meatpacking district* em Manhattan e 74 lojas ao redor do mundo.[8]

Zeitz continua a buscar novas oportunidades para a PUMA – reinventando produtos tradicionais para combinar desempenho com estilo –, e a se associar com pensadores criativos como Zuly Bet (nascido no Mali e agora estilista em Paris) e o japonês Yasuhiro Mihara para criar novos produtos.[9]

O ex-skatista Bertone agora se encontra em Boston, ocupando a posição de diretor mundial da PUMA para gestão de marcas. Hoje um alto executivo, Bertone continua a tomar decisões visando aproveitar oportunidades para lançar linhas de produtos criativos e inovadores, como a linha de edição limitada chamada Thrift (produtos feitos a partir de roupas de época) e a Mongolian Shoe BBQ (calçados que podem ser personalizados *online*).[10]

Zeitz ainda toma decisões em resposta a oportunidades e, no processo, expandiu a gama de produtos da PUMA para caminhos bem diversos.[11] Claramente, as decisões tomadas por Zeitz e outros executivos da PUMA são fatores-chave para o sucesso da empresa hoje.[12] E, embora muita incerteza e ambiguidade cercassem tais decisões no momento em que foram tomadas (decisões que, por vezes, encontraram certo ceticismo), impulsionaram a PUMA de tal modo que a empresa se tornou uma inesgotável fonte de inovação.[13]

Visão geral

O quadro "Estudo de caso" ilustra como a tomada de decisão pode ter profunda influência na eficácia de uma organização. As decisões que os administradores tomam em todos os níveis nas pequenas e grandes empresas podem ter um impacto drástico no crescimento e na prosperidade dessas empresas, assim como no bem-estar de seus funcionários, clientes e outras partes interessadas. Entretanto, pode ser muito difícil tomar tais decisões, pois estas são cercadas de incerteza.

No presente capítulo, examinaremos como os administradores tomam decisões e exploraremos como fatores individuais, de grupo e organizacionais afetam a qualidade dessas decisões que, em última instância, determinam o desempenho das organizações. Discutiremos a natureza do processo decisório gerencial e examinaremos alguns modelos desse processo que ajudam a revelar as complexidades da tomada de decisão bem-sucedida. Em seguida, descreveremos as principais etapas do processo decisório. Depois, examinaremos como os administradores podem promover a aprendizagem organizacional e a criatividade para aprimorar a qualidade da tomada de decisão em toda a empresa. Finalmente, discutiremos o importante papel do empreendedorismo na promoção da criatividade da organização e estabeleceremos a diferença entre empreendedores e empreendedores internos. No final deste capítulo, você terá noção do papel crucial do processo decisório gerencial na criação de uma organização de alto desempenho.

A natureza da tomada de decisão gerencial

MA1 Compreender a natureza do processo decisório gerencial, estabelecer a diferença entre decisões programadas e não programadas, e também explicar por que a tomada de decisão não programada é um processo complexo e incerto.

tomada de decisão Processo por meio do qual os administradores reagem a oportunidades e ameaças por meio da análise das opções e tomando resoluções sobre os objetivos da organização e as linhas de ação específicas.

Sempre que os administradores planejam, organizam, lideram e controlam atividades organizacionais, tomam uma série de decisões. Por exemplo, ao abrir um novo restaurante, os administradores têm que decidir onde ele será situado, que tipos de pratos serão servidos aos clientes, que pessoas empregar e assim por diante. A tomada de decisão é uma parte essencial de qualquer tarefa realizada por um administrador.

Conforme discutido no capítulo anterior, uma das principais tarefas do administrador é gerenciar o ambiente organizacional. As forças no ambiente externo dão origem a diversas oportunidades e ameaças para os administradores e suas organizações. Além disso, dentro de uma organização os administradores devem lidar com muitas oportunidades e ameaças que podem surgir no curso da utilização dos recursos da organização. Para isso, os administradores precisam tomar decisões – isto é, devem optar por uma solução a partir de um conjunto de alternativas. **Tomada de decisão** é o processo por meio do qual os administradores reagem às oportunidades e ameaças com as quais se defrontam, analisando as opções e tomando *decisões,* sobre os objetivos da organização e as linhas de ação específicas. As decisões adequadas resultam na escolha de objetivos e linhas de ação apropriados que aumentam o desempenho organizacional, ao passo que as decisões inadequadas resultam em menor desempenho.

A *tomada de decisão em resposta a oportunidades* ocorre quando os administradores buscam maneiras de melhorar o desempenho organizacional visando beneficiar clientes, funcionários e outros grupos interessados. No quadro "Estudo de caso", Jochen Zeitz deu uma guinada na PUMA por meio das decisões que tomou em resposta a oportunidades, e até hoje ele continua envolvido com esse processo. A *tomada de decisão em resposta a ameaças* ocorre quando eventos dentro ou fora da organização estão afetando negativamente o desempenho organizacional e os administradores buscam novas formas de aumentar o desempenho.[14] Quando Zeitz se tornou CEO da PUMA, os elevados custos de produção e o sistema de distribuição ineficaz constituíam ameaças que fizeram Zeitz tomar uma série de decisões para melhorar o desempenho e a viabilidade da companhia.[15] A tomada de decisão é característica fundamental de um verdadeiro administrador, e toda vez que os líderes se dedicam ao planejamento, organização, liderança e controle – as quatro principais tarefas de um administrador –, estão tomando decisões constantemente.

Os administradores sempre buscam diferentes maneiras de tomar as melhores decisões para aumentar o desempenho organizacional. Ao mesmo tempo, fazem o máximo para evitar erros onerosos que prejudiquem o desempenho organizacional. Entre alguns exemplos de decisões espetacularmente acertadas temos, na década de 1980, a decisão de Liz Claiborne de se concentrar na produção de roupas para um número cada vez maior de mulheres ingressantes no mercado de trabalho – decisão que contribuiu para transformar sua empresa em um dos maiores fabricantes de roupas. Da mesma forma, a decisão de Bill Gates de comprar um sistema operacional por US$ 50 mil de uma pequena empresa em Seattle e vendê-lo para a IBM, que utilizou o sistema em seu novo computador pessoal, transformou Gates e a Microsoft, respectivamente, no homem mais rico e na maior companhia de *software* dos Estados Unidos. Como exemplos de decisões espetacularmente inadequadas podemos citar a decisão dos dirigentes da Nasa e da Morton Thiokol de lançar o ônibus espacial *Challenger* – decisão que resultou na morte de seis astronautas em 1986. Da mesma forma, a decisão de Ken Olsen (fundador da Digital Equipment Corporation) de manter a estratégia de *mainframes* na década de 1980 e não permitir que seus engenheiros gastassem os recursos da empresa para criar novos tipos de computadores pessoais devido à sua crença de que os "computadores pessoais eram apenas brinquedos" foi uma decisão que lhe custou seu emprego como CEO e que quase arruinou a empresa.

Tomadas de decisão programada e não programada

Independentemente das decisões específicas que um administrador toma, o processo decisório é programado ou então não programado.[16]

Um funcionário faz o inventário de materiais para escritório. O processo decisório envolvido em uma tarefa repetitiva e rotineira como essa é um exemplo de tomada de decisão programada.

TOMADA DE DECISÃO PROGRAMADA É um processo *rotineiro*, praticamente automático. As decisões programadas são decisões que foram tomadas tantas vezes no passado que os administradores criaram regras ou diretrizes diante de certas situações (presentes nas decisões anteriores). A tomada de decisão programada ocorre, por exemplo, quando o diretor de uma escola solicita ao conselho escolar que contrate um novo professor sempre que o número de novos alunos matriculados for superior a 40; quando um supervisor de fábrica contrata operários sempre que o número de horas extras cresce mais de 10%; e quando o gerente de um escritório solicita materiais básicos de papelaria, como papel e canetas, sempre que o estoque de material disponível cair abaixo de determinado nível. Além disso, nesse último exemplo, o gerente do escritório provavelmente pede a mesma quantidade de material todas as vezes.

tomada de decisão programada
Tomada de decisão rotineira, praticamente automática, que segue regras ou diretrizes estabelecidas.

Essa tomada de decisão é denominada *programada*, pois os gerentes de escritórios, por exemplo, não precisam repetidamente fazer novas avaliações sobre o que deve ser feito. Eles podem se basear em regras de decisão estabelecidas há longa data, como as abaixo descritas:

- *Regra 1*: Quando as prateleiras estiverem três-quartos vazias, encomendar mais papel para cópia/impressão.
- *Regra 2*: Ao pedir papel, peça o suficiente para encher as prateleiras.

Os administradores podem criar regras e diretrizes para controlar todas as atividades rotineiras de uma organização. Por exemplo, tais regras poderiam especificar como um funcionário deveria executar certa tarefa ou então os padrões de qualidade que as matérias-primas devem atender para serem aceitáveis. A maioria das tomadas de decisão relacionadas à gestão cotidiana de uma organização é programada. Como exemplos podemos citar a decisão sobre o nível de estoque a manter, quando pagar as contas, quando cobrar os clientes e quando encomendar materiais e suprimentos. A tomada de decisão programada ocorre quando os administradores têm as informações necessárias para criar regras que orientarão a tomada de decisão. Há pouca ambiguidade ao avaliar se o depósito está vazio ou para contar o número de novos alunos em uma classe.

Conforme descrito no quadro "Foco na diversidade", a seguir, é essencial treinar os novos funcionários de forma eficaz para colher os frutos da tomada de decisão programada.

tomada de decisão não programada
Tomada de decisão não rotineira que ocorre em resposta a oportunidades e ameaças imprevisíveis e fora do comum.

TOMADA DE DECISÃO NÃO PROGRAMADA Suponha, entretanto, que os administradores não estejam totalmente certos de que determinada linha de ação conduzirá ao resultado desejado. Ou, em termos ainda mais ambíguos, suponha que não tenham nem mesmo a clareza de saber o que realmente estão tentando conseguir. Obviamente, não é possível elaborar regras para prever eventos incertos.

A **tomada de decisão não programada** é exigida para as decisões *não rotineiras*. As decisões não programadas são tomadas em resposta a oportunidades e ameaças novas ou não usuais.

FOCO NA DIVERSIDADE

Tomada de decisão programada na UPS

A UPS é imbatível no uso da tomada de decisão programada. Praticamente todos os movimentos, comportamentos e ações que seus motoristas realizam dia após dia foram cuidadosamente lapidados para maximizar a eficiência e minimizar as LERs (lesões por esforço repetitivo), oferecendo, ao mesmo tempo, atendimento de altíssima qualidade ao cliente. Por exemplo, um processo de 12 etapas prescreve como os motoristas devem estacionar os caminhões, localizar a encomenda que estão prestes a entregar e descer do caminhão em 15,5 segundos (processo que a UPS denomina "seleção").[17] Regras e rotinas como essas são cuidadosamente detalhadas no manual chamado "340 Métodos" (na realidade, a UPS possui bem mais do que 340 métodos). A tomada de decisão programada dita onde os motoristas devem parar para reabastecer, como devem segurar as chaves nas mãos e como carregar e descarregar as encomendas.[18]

Em casos nos quais se depende muito do processo de decisão programada, assegurar que os novos funcionários aprendam rotinas mais do que testadas é fundamental. Na UPS, tradicionalmente os novos contratados tinham aulas teóricas durante duas semanas, seguidas de exercícios práticos.[19] Entretanto, a partir do novo milênio, os gestores da UPS começaram a se questionar se seria necessário alterar os métodos de treinamento para que se adequassem aos *trainees* da Geração Y (termo que se refere tipicamente às pessoas nascidas após 1980), não tão afeitos à memorização e à repetição.[20] Parecia que eles precisavam de um tempo de treinamento maior para se tornarem motoristas capacitados para o bom desempenho de suas funções (90-180 dias, comparados à média típica de 30-45 dias), e o número de motoristas mais jovens que pediam demissão havia aumentado.[21]

Dada a importância fundamental dos programas de desempenho para as operações da UPS, seus administradores decidiram alterar o treinamento dado aos recém-contratados, de modo que os *trainees* da Geração Y tivessem melhor aceitação. Em setembro de 2007, a UPS inaugurou um novo centro-piloto de treinamento chamado Integrad, localizado em Landover (Maryland), com mais de 1.000 m², e cujo custo de construção mais equipamentos passou dos US$ 30 milhões. O Integrad foi desenvolvido ao longo de três anos por meio do esforço conjunto de mais de 170 pessoas, inclusive os altos executivos da UPS (muitos dos quais começaram carreira na UPS como motoristas), equipes da Virginia Tech e do MIT, animadores da empresa indiana Brainvisa e analistas do Institute for the Future, com o apoio de uma subvenção de US$ 1,8 milhões do Ministério do Trabalho dos Estados Unidos.[22]

O treinamento no Integrad enfatiza a aprendizagem prática.[23] Lá, por exemplo, é utilizado um caminhão da UPS com laterais transparentes de modo que os *trainees* possam observar o instrutor realizando as etapas e, depois, pratiquem essas etapas em vez de apenas tentar absorver o material em uma aula discursiva. Eles podem experimentar diferentes movimentos e observar, com o auxílio de diagramas e simulações em computador, como o ato de seguir as rotinas da UPS irá ajudá-los a se proteger contra lesões e o que o trabalho extenuante como motorista poderia provocar em seus corpos caso não sigam as rotinas mencionadas. Filmadoras acompanham e registram o que os *trainees* fazem, correta ou incorretamente, de modo que eles mesmos possam se observar em vez de depender do *feedback* de um instrutor, o qual poderia ser questionado. Como indica Stephen Jones, encarregado do treinamento da UPS e administrador do Integrad: "Se você disser a eles o que fizeram incorretamente, certamente lhe dirão: 'Eu não fiz isso. Você não viu direito'. Fazemos de outra forma: temos tudo gravado, e eles podem ver com os seus próprios olhos."[24]

No Integrad, os *trainees* adquirem prática dirigindo em uma pseudocidade construída em um estacionamento.[25] Eles também podem assistir a demonstrações com animação em telas de computador, participar de simulações, realizar provas eletrônicos e receber notas nos vários módulos, que são mantidas em um banco de dados para acompanhar tanto o aprendizado como o desempenho. Reconhecendo que os *trainees* da Geração Y têm grande respeito pelo *expertise* e reputação, os funcionários veteranos são usados no Integrad para facilitar a aprendizagem. Por exemplo, Don Petersik, um funcionário de longa data e que está prestes a se aposentar, treina facilitadores no Integrad compartilhando histórias para reforçar a cultura da UPS, como quando na época em que ele mesmo estava começando como auxiliar de carregador e dele aproximou-se Jim Casey, fundador da empresa (um desconhecido para Petersik até então), que lhe disse: "Olá, sou o Jim. Trabalho para a UPS".[26] Como Petersik ressalta: "O que há de novo em relação à companhia é que agora nosso estilo de ensino coincide com os estilos de aprendizagem."[27] Fica claro então, que a tomada de decisão programada é de suma importância, como na UPS, e que é fundamental levar em conta a diversidade nos estilos e modos de aprendizagem.

---

intuição Sentimentos, crenças e sensações que prontamente vêm à mente, requerem pouco esforço e coleta de informações e resultam em decisões tomadas no ato.

parecer arrazoado Decisão que exige tempo e esforço e resulta de cuidadosa coleta de informações, geração e avaliação de alternativas.

Ocorrem quando não existem regras de decisão para pronto uso que os administradores possam aplicar à situação. Isso porque a situação é inesperada ou incerta, e faltam aos administradores as informações necessárias para elaborar regras que a contemplem. Como exemplos de tomada de decisão não programada temos as decisões de investir em um novo tipo de tecnologia, desenvolver um novo tipo de produto (como fez Jochen Zeitz no "Estudo de caso"), lançar uma nova campanha promocional, entrar em um novo mercado, expandir internacionalmente ou iniciar um novo negócio.

Como tomar decisões na ausência de regras? É possível se valer da própria **intuição** – sentimentos, crenças e sensações que prontamente vêm à mente, requerem pouco esforço e coleta de informações e resultam em decisões tomadas no ato.[28] Ou então dar **pareceres arrazoados** – decisões que exigem tempo e esforço e resultantes de cuidadosa coleta de informações, geração e avaliação de alternativas. "Dar um parecer" próprio está mais para um processo racional do que "seguir" a própria intuição. Por razões que examinaremos posteriormente ainda neste capítulo, tanto a intuição quanto o parecer muitas vezes são errôneos e podem resultar em uma tomada de decisão inadequada. Portanto, a probabilidade de erro é muito maior na tomada de decisão não programada do que na programada.[29] Por convenção, no restante deste capítulo, ao falarmos de tomada de decisão, estaremos nos referindo à *tomada de decisão não programada*, pois esse é o tipo que causa a maioria dos problemas para os administradores e é, por natureza, desafiador.

Algumas vezes os administradores devem tomar decisões rápidas e não dispõem do tempo necessário para refletir com cuidado sobre as questões envolvidas. Terão que se valer da própria intuição para responder rapidamente a uma questão urgente. Por exemplo, quando os comandantes, capitães e tenentes do corpo de bombeiros coordenam o combate a incêndios de grandes proporções e fora de controle, normalmente eles se valem de sua intuição de especialistas para tomar decisões e protegerem as vidas de seus homens e salvarem as vidas das vítimas, conterem o fogo e preservarem a propriedade – decisões tomadas em situações emergenciais envolvendo grande incerteza, alto risco e condições que mudam rapidamente.[30] Em outras oportunidades, os administradores têm tempo suficiente para tomar decisões arrazoadas, mas não existem regras estabelecidas para orientar suas decisões, como no caso de decidir se a empresa deve ou não prosseguir com uma fusão proposta. Independentemente das circunstâncias, tomar decisões não programadas pode resultar em implementações eficazes ou não.

Os modelos *clássico* e *administrativo* de tomada de decisão revelam muitas das hipóteses, complexidades e riscos que afetam o processo decisório. Esses modelos ajudam a revelar a quais fatores os administradores e outras pessoas que precisam tomar decisões devem observar para aprimorar a qualidade desse processo decisório. Tenha em mente, entretanto, que os modelos clássico e administrativo são apenas orientadores para ajudar a compreender o processo decisório. Na vida real, isso não é tão preto no branco, mas esses modelos podem ajudar a orientar os administradores a desenvolvê-lo.

O modelo clássico

modelo clássico
Uma abordagem prescritiva à tomada de decisão baseada na hipótese de que quem toma a decisão é capaz de identificar e avaliar todas as possíveis alternativas e suas consequências, e também escolher racionalmente a linha de ação mais apropriada.

Um dos primeiros modelos de tomada de decisão, o **modelo clássico,** é *prescritivo,* o que significa que especifica como as decisões *deveriam* ser tomadas. Os administradores que usam o modelo clássico fazem uma série de hipóteses simplificadoras sobre a natureza do processo decisório (ver Figura 5.1). A premissa do modelo clássico é que, uma vez que os administradores tenham reconhecido a necessidade de tomar uma decisão, devem ser capazes de gerar uma lista completa de *todas* as alternativas e consequências e fazer a melhor escolha. Em outras palavras, o modelo clássico parte do pressuposto segundo o qual se tem acesso a *todas* as informações necessárias para tomar a **decisão ótima,** que é a decisão mais apropriada à luz daquilo que se acredita serem os resultados futuros desejáveis para a organização. Além disso, o modelo clássico admite que os administradores consigam enumerar suas próprias preferências para cada alternativa e classificá-las em uma escala que vai da menor à maior, de modo a tomar a decisão ótima.

O modelo administrativo

decisão ótima
A decisão mais apropriada à luz daquilo que os administradores acreditam ser os resultados futuros mais desejáveis para a organização.

modelo administrativo
Uma abordagem à tomada de decisão que explica por que a tomada de decisão é, por natureza, incerta e arriscada, e por que normalmente os administradores tomam decisões satisfatórias e não ótimas.

racionalidade limitada
Limitações cognitivas que restringem a capacidade de interpretar, processar e atuar sobre as informações.

James March e Herbert Simon não concordavam com as hipóteses subjacentes do modelo clássico de tomada de decisão. Propuseram que os administradores no mundo real *não têm acesso* a todas as informações necessárias para tomar decisões. Além disso, assinalaram que, mesmo se todas as informações estivessem prontamente disponíveis, faltaria a muitos administradores a capacidade mental ou psicológica para absorver e avaliá-las corretamente. Consequentemente, March e Simon desenvolveram o **modelo administrativo** de tomada de decisão para explicar por que a tomada de decisão sempre é um processo de natureza incerta e arriscada – e por que os administradores raramente podem tomar decisões da maneira prescrita pelo modelo clássico. O modelo administrativo se baseia em três importantes conceitos: *racionalidade limitada, informações incompletas* e *solução satisfatória.*

RACIONALIDADE LIMITADA March e Simon assinalaram que as capacidades de tomada de decisão são restritas pelas limitações cognitivas das pessoas – isto é, limitações na capacidade de interpretar, processar e atuar sobre as informações.[31] Eles argumentam que as limitações da inteligência humana restringem a capacidade de determinar a decisão ótima. March e Simon inventaram o termo **racionalidade limitada** para descrever a situação na qual o número de alternativas que um administrador deve identificar é tão grande e o volume de informações é tão vasto que fica difícil até mesmo chegar perto de analisar todas antes de tomar uma decisão.[32]

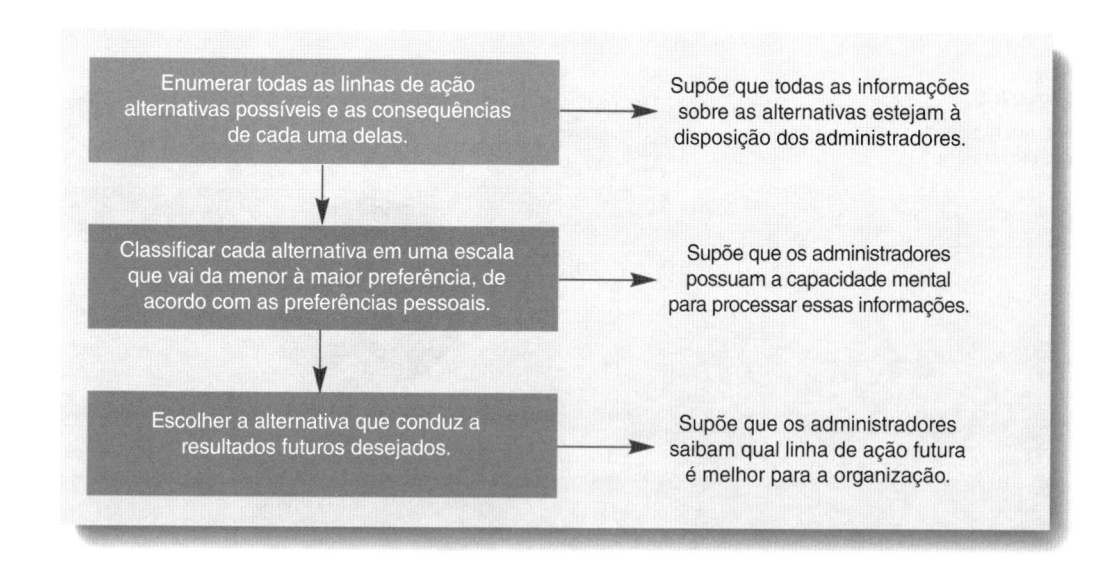

Figura 5.1
O modelo clássico de tomada de decisão.

Enumerar todas as linhas de ação alternativas possíveis e as consequências de cada uma delas.	→	Supõe que todas as informações sobre as alternativas estejam à disposição dos administradores.
↓		
Classificar cada alternativa em uma escala que vai da menor à maior preferência, de acordo com as preferências pessoais.	→	Supõe que os administradores possuam a capacidade mental para processar essas informações.
↓		
Escolher a alternativa que conduz a resultados futuros desejados.	→	Supõe que os administradores saibam qual linha de ação futura é melhor para a organização.

INFORMAÇÕES INCOMPLETAS Mesmo que os administradores tivessem a capacidade ilimitada de avaliar informações, ainda assim não seriam capazes de chegar à decisão ótima, pois teriam informações incompletas. As informações são incompletas, pois o espectro completo de alternativas é uma incógnita na maioria das situações, e as consequências associadas às alternativas conhecidas são incertas.[33] Em outras palavras, as informações são incompletas devido ao risco e à incerteza, à ambiguidade e às restrições de tempo (ver Figura 5.2).

RISCO E INCERTEZA Conforme visto no Capítulo 4, as forças no ambiente organizacional estão em constante mudança. O risco está presente quando os administradores conhecem os possíveis resultados de determinada linha de ação e são capazes de atribuir probabilidades a eles. Por exemplo, os administradores no setor de biotecnologia sabem que as novas drogas têm 10% de probabilidade de serem aprovadas em ensaios clínicos avançados e 90% de probabilidade de falharem. Tais probabilidades refletem os experimentos com milhares de drogas que já foram submetidas a ensaios clínicos avançados. Consequentemente, quando se decide submeter uma droga a testes, sabe-se que existem apenas 10% de chance de êxito, mas pelo menos existem algumas informações nas quais se basear para tomar uma decisão.

Quando existe **incerteza**, as probabilidades de resultados alternativos *não podem* ser determinadas e os resultados futuros são *desconhecidos*. Os administradores trabalham às cegas. Como a probabilidade de ocorrer dado resultado *não* é conhecida, eles têm poucas informações à disposição para tomar uma decisão. Por exemplo, em 1993, quando a Apple Computer introduziu no mercado o Newton, seu PDA (*Personal Digital Assistant*), os executivos da empresa não tinham a mínima ideia de qual era a probabilidade de sucesso do lançamento. Pelo fato de a Apple ter sido a primeira a comercializar esse produto totalmente inédito, não existia uma massa de dados suficiente na qual os gestores da Apple pudessem se basear para calcular a probabilidade de êxito no lançamento.

A incerteza assola grande parte do processo decisório gerencial.[34] Embora o lançamento inicial do PDA da Apple tenha sido um desastre devido a problemas técnicos, a versão melhorada foi mais bem-sucedida. Na realidade, a Apple criou o mercado de PDAs, que atingiu um *boom* apenas após a virada do século, à medida que novos produtos sem fio eram introduzidos no mercado.

INFORMAÇÕES AMBÍGUAS Uma segunda razão para a incompletude das informações se verifica no fato de a maioria das informações à disposição dos administradores ser composta de **informações ambíguas**. O seu significado não é claro – elas podem ser interpretadas de várias formas, muitas vezes conflitantes entre si.[35] Observe a Figura 5.3. Você vê uma mulher jovem ou idosa? De modo similar, os administradores muitas vezes interpretam as mesmas informações de forma diferente e tomam decisões baseados em suas próprias interpretações.

risco Grau de probabilidade de ocorrência dos possíveis resultados de dada linha de ação.

incerteza Imprevisibilidade.

informações ambíguas Informações que podem ser interpretadas de várias formas, normalmente conflitantes entre si.

Figura 5.2
Por que as informações são incompletas?

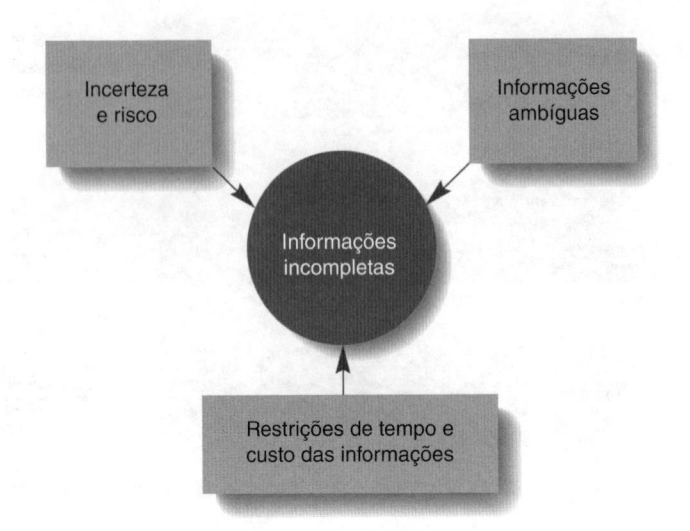

[Diagrama: Incerteza e risco, Informações ambíguas, e Restrições de tempo e custo das informações → Informações incompletas]

RESTRIÇÕES DE TEMPO E CUSTO DAS INFORMAÇÕES A terceira razão apontada para a incompletude das informações é o fato de os administradores não terem nem tempo nem dinheiro para encontrar todas as possíveis soluções alternativas e avaliar todas as prováveis consequências dessas alternativas. Considere a situação enfrentada por um gerente de compras da Ford Motor Company que tem um mês para escolher um fornecedor de uma pequena peça para seus motores. Dos milhares dos possíveis fornecedores para a peça, apenas nos Estados Unidos existem 20 mil. Dado o tempo disponível, esse gerente de compras não conseguirá manter contato com todos os possíveis fornecedores e solicitar uma cotação para cada um (especificando preços, prazos de entrega e assim por diante). Mesmo que existisse esse tempo disponível, o custo para obter tais informações, inclusive o tempo do próprio gerente, seria proibitivo.

SOLUÇÃO SATISFATÓRIA March e Simon sustentam que os administradores não tentam descobrir todas as alternativas em face dos seguintes fatores: racionalidade limitada, futuro incerto, riscos que não se conseguem quantificar, ambiguidade considerável, restrições de tempo e elevado custo para obter as informações. Em vez disso, adotam uma estratégia conhecida como **solução satisfatória**, que explora uma amostra limitada de todas as possíveis alternativas.[36] Quando os administradores tentam obter um resultado satisfatório, eles buscam e optam por maneiras aceitáveis (ou satisfatórias) de responder a problemas e oportunidades, em vez de tentarem tomar a decisão ótima.[37] No caso da pesquisa do gerente de compras da Ford, por exemplo, a solução satisfatória pode envolver solicitar uma cotação a um número limitado de fornecedores, acreditando que eles sejam uma amostra representativa, e escolher a partir desse conjunto de opções. Embora essa linha de ação seja razoável do ponto de vista do gerente de compras, também poderia significar que um eventual fornecedor mais qualificado esteja sendo deixado de lado.

March e Simon assinalam que a tomada de decisão gerencial muitas vezes é mais arte do que ciência. Na vida real, os administradores devem se valer de intuição e discernimento para tomar a decisão que lhes parece ser a melhor diante da incerteza e da ambiguidade.[38] Além disso, a tomada de decisão gerencial muitas vezes é feita em ritmo acelerado, já que os administradores usam sua experiência e discernimento para tomarem decisões cruciais em condições nas quais as informações são incompletas. Embora não haja nada de errado com essa abordagem, os tomadores de decisão devem estar atentos ao fato de que o discernimento do ser humano muitas vezes é falho. Consequentemente, até mesmo os melhores administradores algumas vezes acabam tomando decisões extremamente inadequadas.[39]

solução satisfatória
Busca e escolha de uma resposta aceitável (ou satisfatória) a problemas e oportunidades em vez de tentar tomar a melhor decisão.

Figura 5.3
Informações ambíguas: uma mulher jovem ou idosa?

Etapas no processo de tomada de decisão

MA2 Descrever as seis etapas que os administradores devem adotar para tomar as melhores decisões.

Adotando o trabalho de March e Simon como base, pesquisadores desenvolveram um modelo passo a passo do processo decisório e as questões e os problemas com os quais os administradores se defrontam em cada uma das etapas. Talvez a melhor maneira de apresentar esse modelo seja examinar uma tomada de decisão não programada que de fato ocorreu no mundo administrativo: foi quando Scott McNealy teve de tomar parte de um momento decisivo da história da Sun Microsystems.

No início de agosto de 1985, Scott McNealy, CEO da Sun Microsystems[40] (um fabricante de estações de trabalho voltado para soluções em rede), tinha que decidir se deveria ou não prosseguir com o lançamento das novas estações de trabalho Carrera, programado para 10 de setembro. Os executivos da Sun haviam escolhido essa data nove meses antes, quando o plano de desenvolvimento para a Carrera foi proposto. McNealy sabia que levaria pelo menos um mês para se preparar para o lançamento de 10 de setembro e estava consciente de que a decisão não poderia ser postergada.

Os clientes estavam à espera da nova máquina, e McNealy queria ser o primeiro a oferecer uma estação de trabalho que tirasse proveito do poderoso microprocessador 68020 de 16 megahertz da Motorola. Capitalizar essa oportunidade daria à Sun uma vantagem significativa sobre a Apollo, seu principal concorrente no mercado de estações de trabalho. McNealy sabia, entretanto, que se comprometer com a data de 10 de setembro para o lançamento era arriscado. A Motorola estava tendo problemas de produção com o microprocessador 68020 de 16 megahertz e não tinha condições de garantir à Sun o fornecimento regular desses *chips*. Além disso, o sistema operacional ainda não estava completamente livre de *bugs*.

Se a Sun lançasse a Carrera em 10 de setembro, a companhia seria obrigada a entregar algumas máquinas com um *software* que ainda não funcionava bem, sujeitando o sistema a uma falha geral. A empresa teria ainda de utilizar um microprocessador menos potente da Motorola: o 69020 de 12 megahertz, no lugar da versão de 16 megahertz.[41] Obviamente, a Sun poderia atualizar posteriormente tanto o microprocessador como o sistema operacional em quaisquer máquinas adquiridas pelos clientes, mas a reputação da empresa poderia ser arranhada em consequência disso. Porém, se a Sun não seguisse adiante com o lançamento em setembro, perderia uma importante oportunidade.[42] Circulavam também boatos no mercado de que a Apollo lançaria uma nova máquina em dezembro.

Obviamente, Scott McNealy tinha uma difícil decisão a tomar. Precisava decidir rapidamente se lançaria ou não a Carrera, mas não estava de posse de todos os fatos. Não sabia, por exemplo, se os problemas relacionados com os microprocessadores ou sistema operacional poderiam ser resolvidos ou não até 10 de setembro, como também não sabia se a Apollo lançaria ou não uma máquina para concorrer com a sua em dezembro. Mas não seria possível esperar por essas informações – McNealy precisava decidir. Veremos qual foi a sua decisão mais à frente, ainda neste capítulo.

Muitos administradores que precisam tomar decisões importantes mesmo na posse de informações incompletas enfrentam dilemas parecidos com os de McNealy. Há seis etapas que os administradores deveriam seguir, de forma consciente, para tomar uma decisão acertada (ver Figura 5.4).[43] Estudaremos tais etapas no restante desta seção.

Reconhecer a necessidade de uma decisão

O primeiro passo no processo decisório é reconhecer a necessidade de uma decisão. Scott McNealy reconheceu essa necessidade e se deu conta de que ela tinha que ser tomada rapidamente.

Certos estímulos normalmente tornam clara a percepção de que existe a necessidade de tomar uma decisão. Tais estímulos em geral se tornam evidentes depois que as mudanças no ambiente organizacional resultam em novos tipos de oportunidades e ameaças. Foi o que aconteceu na Sun Microsystems. A data de lançamento de 10 de setembro fora estabelecida quando se acreditava que os *chips* da Motorola estariam prontamente disponíveis. Depois, com o suprimento

Figura 5.4

As seis etapas na tomada de decisão.

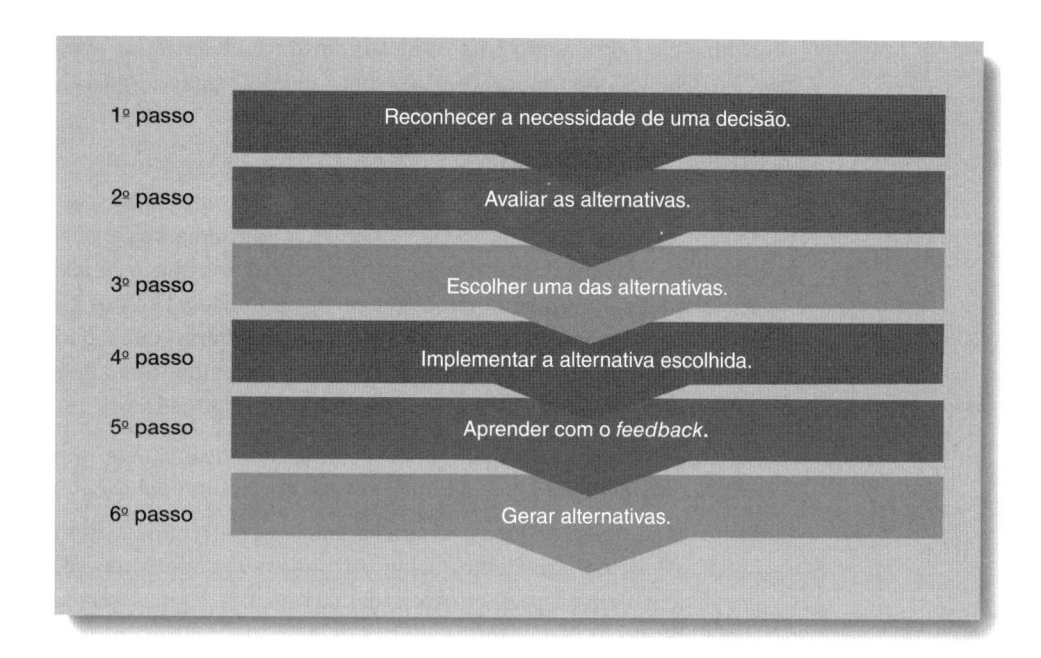

- 1º passo: Reconhecer a necessidade de uma decisão.
- 2º passo: Avaliar as alternativas.
- 3º passo: Escolher uma das alternativas.
- 4º passo: Implementar a alternativa escolhida.
- 5º passo: Aprender com o *feedback*.
- 6º passo: Gerar alternativas.

duvidoso de *chips* e os *bugs* ainda existentes no *software* do sistema, a Sun corria o risco de não cumprir a data de lançamento programada.

Esses estímulos catalisadores da tomada de decisão podem tanto ser resultado das ações dos administradores dentro da organização como de mudanças no ambiente externo.[44] Uma organização possui um conjunto de habilidades, competências e recursos em seus funcionários e departamentos, como os de *marketing*, produção e P&D. Os administradores que estão sempre em busca de oportunidades para usar tais competências criam a necessidade de tomar decisões. Portanto, podem ser proativos ou reativos no reconhecimento da necessidade de tomar uma decisão, mas a questão básica é que devem reconhecer essa necessidade e reagir de forma oportuna e apropriada.[45]

Gerar alternativas

Uma vez reconhecida a necessidade de tomar uma decisão, os administradores têm que gerar um conjunto de linhas de ação alternativas viáveis a seguir em resposta à oportunidade ou à ameaça. Os especialistas no estudo da administração citam a inobservância em gerar e considerar apropriadamente as diversas alternativas como uma das razões que certas vezes levam os administradores a tomar decisões inadequadas.[46] No caso da decisão da Sun Microsystems, as alternativas pareciam claras: prosseguir com a data de lançamento de 10 de setembro ou então adiar o lançamento até que a Carrera estivesse 100% pronta para introdução no mercado. Muitas vezes, entretanto, as alternativas não são tão óbvias assim, nem tão claramente especificadas.

Um grande problema é que os administradores podem ter dificuldade em encontrar soluções alternativas criativas para problemas específicos. Talvez alguns deles estejam acostumados a ver o mundo segundo uma única perspectiva – possuem certa "mentalidade gerencial". De forma similar àquela ocorrida com Olsen da Digital, muitos administradores têm dificuldade de encarar os problemas sob uma nova perspectiva. De acordo com Peter Senge, autor de *best-sellers* em administração, todos nós estamos presos a nossos próprios modelos mentais do que é o mundo – nossas ideias sobre o que é importante e como o mundo funciona.[47] Gerar alternativas criativas para solucionar problemas e tirar proveito de oportunidades pode exigir que abandonemos nossos modos de pensar para criar novos – algo que normalmente é difícil de realizar.

A importância de fazer com que os administradores deixem de lado seus modelos mentais de mundo e gerem alternativas criativas se reflete no aumento do interesse por obras de autores como Peter Senge e Edward de Bono, que popularizaram algumas técnicas para estimular a resolução de problemas e o pensamento criativo na administração.[48] Posteriormente, neste capítulo, discutiremos em detalhes importantes questões sobre aprendizagem e criatividade organizacionais.

Avaliar as alternativas

Assim que os administradores geram um conjunto de alternativas, devem avaliar as vantagens e as desvantagens de cada uma delas.[49] O segredo para uma boa avaliação é definir exatamente a oportunidade ou ameaça e então especificar os critérios que *deveriam* influenciar na escolha de alternativas para responder ao problema ou oportunidade. Um dos motivos para decisões inadequadas é que muitas vezes se deixa de especificar os critérios que são importantes para se chegar a uma decisão.[50] Em geral, os administradores bem-sucedidos usam quatro critérios para avaliar os prós e os contras das linhas de ação alternativas (ver Figura 5.5):

1. *Legalidade*: Os administradores devem ter certeza de que determinada linha de ação é legal e não violará qualquer lei ou regulamentação governamental nacional ou internacional.

2. *Ética*: Os administradores precisam garantir que determinada linha de ação é ética e não prejudicará desnecessariamente qualquer grupo interessado. Muitas das decisões que tomam podem ajudar algumas partes interessadas na organização mas, por outro lado, prejudicar outras (ver Capítulo 3). Ao examinar linhas de ação alternativas, os administradores precisam ser muito claros sobre os possíveis efeitos de tais decisões.

3. *Viabilidade econômica*: Os administradores devem decidir se as alternativas são economicamente viáveis ou não – isto é, se poderão ser realizadas segundo os objetivos de desempenho da organização. Tipicamente, os administradores efetuam uma análise custo–benefício das várias alternativas para determinar qual delas terá o melhor resultado financeiro líquido.

4. *Praticabilidade*: Os administradores devem decidir se têm ou não as capacidades e os recursos necessários para implementar a alternativa, assim como precisam estar certos de que ela não irá ameaçar a concretização de outros objetivos da organização. À primeira vista, uma alternativa pode parecer economicamente melhor em relação a outras, mas se os administradores percebem que provavelmente isso irá ameaçar outros projetos importantes, talvez decidam que, no final das contas, ela não é praticável.

Figura 5.5
Critérios gerais para avaliação de possíveis linhas de ação.

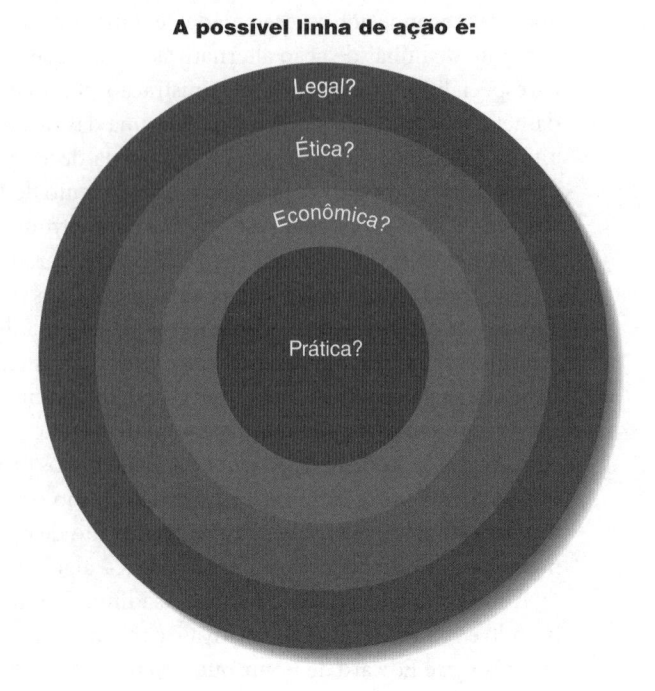

A possível linha de ação é:
- Legal?
- Ética?
- Econômica?
- Prática?

Muitas vezes, é preciso considerar esses quatro critérios simultaneamente. Scott McNealy definiu muito bem o problema na Sun Microsystems. A questão fundamental era ir em frente ou não com a data de lançamento marcada para o dia 10 de setembro. Dois critérios principais influenciavam a escolha de McNealy: a necessidade de entregar uma máquina que estivesse no estado mais "completo" possível (o critério da *praticabilidade*) e a necessidade de vencer a concorrente Apollo na comercialização de uma nova estação de trabalho (o critério da *viabilidade econômica*). Esses dois critérios são conflitantes. O primeiro sugeria que o lançamento deveria ser adiado; o segundo, que o lançamento deveria ser mantido. A escolha efetiva de McNealy se baseou na importância relativa que ele atribuiu a esses dois critérios. Na realidade, a Sun Microsystems se antecipou à data de lançamento prevista (10 de setembro), o que sugere que McNealy imaginou que a necessidade de vencer a concorrente Apollo no mercado era o critério mais importante.

Algumas das piores decisões gerenciais podem ser atribuídas à avaliação inadequada das alternativas, como a de lançar o ônibus espacial *Challenger,* mencionada anteriormente. Nesse caso, o desejo dos gestores da Nasa e da Morton Thiokol de demonstrar ao público o sucesso do programa espacial norte-americano visando garantir financiamentos futuros (*viabilidade econômica*) conflitava com a necessidade de garantir a segurança dos astronautas (*ética*). Os administradores consideraram o critério econômico mais importante e decidiram lançar o ônibus espacial, muito embora existissem questões em aberto em relação à segurança. Tragicamente, em 2003, ou seja, 17 anos mais tarde, alguns dos mesmos problemas de tomada de decisão que resultaram na tragédia do *Challenger* levaram ao desaparecimento do ônibus espacial *Columbia*, matando os sete astronautas a bordo.[51] Tanto no desastre do *Challenger* como do *Columbia*, foram levantadas questões relativas à segurança antes de as naves serem lançadas. As questões de segurança ficaram em segundo plano em relação à viabilidade econômica e às programações orçamentárias; parece que o alto comando responsável pela decisão ignorou ou diminuiu a importância das informações dadas por elementos com experiência técnica relevante, e falar sobre o assunto foi algo desencorajado.[52] Em vez de considerar a segurança como um item de alta prioridade, aqueles que tomaram a decisão pareciam muito mais concentrados em cumprir o cronograma dentro do orçamento previsto.[53]

Escolha de alternativas

Depois que o conjunto de soluções alternativas for cuidadosamente avaliado, o próximo passo será elencar as várias alternativas (usando os critérios discutidos na seção anterior) e tomar a decisão. Ao elencar as alternativas, os administradores devem ter certeza de que *todas* as informações disponíveis serão aplicadas ao problema. Entretanto, como indica o caso da Sun Microsystems, identificar todas as informações *relevantes* para uma decisão não significa possuir informações *completas*; na maioria dos casos, elas são incompletas.

Talvez um problema mais sério do que a existência de informações incompletas é a frequentemente documentada tendência dos administradores de ignorar informações cruciais, mesmo quando elas estão disponíveis. Discutiremos detalhadamente essa tendência mais à frente, ao examinarmos os efeitos das tendenciosidades cognitivas e do consenso de grupo.

Implementar a alternativa escolhida

Uma vez que uma decisão tenha sido tomada e uma alternativa escolhida, esta deve ser implementada, e várias decisões subsequentes e relacionadas devem ser feitas. Após o administrador decidir a linha de ação – digamos, criar uma nova linha de roupas femininas –, serão necessárias milhares de decisões subsequentes para implementá-la. Elas envolveriam o recrutamento de estilistas, a obtenção de tecidos, encontrar fabricantes de alta qualidade e celebrar contratos com lojas de roupas, para que vendam sua nova linha.

Embora a necessidade de tomar decisões subsequentes para implementar a linha de ação escolhida possa parecer óbvia, muitos administradores tomam uma decisão e depois deixam de implementá-la. Isso é o mesmo que não tomar nenhuma decisão. Para garantir que a decisão seja implementada, os altos executivos devem atribuir a gerentes intermediários a responsabilidade de tomar as decisões seguintes necessárias para atingir os objetivos. Eles devem dar aos gerentes intermediários recursos suficientes para atingirem o objetivo, bem como responsabilizá-los pelo seu desempenho. Se os gerentes intermediários forem bem-sucedidos na implementação da decisão, deverão ser recompensados; caso contrário, devem estar sujeitos a sanções.

Aprender com o *feedback*

A última etapa no processo decisório é a aprendizagem obtida com o *feedback*. Os administradores eficazes sempre realizam uma análise retrospectiva para ver o que podem aprender com os sucessos ou insucessos anteriores.[54] Os que não avaliam os resultados de suas decisões não aprendem com a experiência; pelo contrário, ficam estagnados e provavelmente cometerão os mesmos erros repetidamente.[55] Para evitar tal problema, é preciso estabelecer um procedimento formal com o qual se pode aprender a partir dos resultados de decisões anteriores. Ele deve incluir as seguintes etapas:

1. Comparar o que realmente aconteceu com o que se espera que vá acontecer como resultado da decisão.
2. Explorar por que as possíveis expectativas de uma decisão não foram atendidas.
3. Obter diretrizes que ajudem em decisões futuras.

Os administradores que sempre se esforçam por aprender a partir de erros e sucessos anteriores têm mais chances de aperfeiçoar continuamente suas decisões futuras. Pode-se aprender muito quando os resultados das decisões são avaliados, e tais avaliações podem gerar enormes benefícios.

Tomada de decisão em grupo

MA3 Identificar as vantagens e as desvantagens do processo decisório em grupo e descrever técnicas capazes de aperfeiçoá-lo.

Muitas (e talvez a maioria) das importantes decisões organizacionais são tomadas por grupos ou equipes de administradores, e não por um único indivíduo. A tomada de decisão em grupo é superior à tomada de decisão individual em vários aspectos. Quando os administradores trabalham em equipe para decidir e resolver problemas, as escolhas de alternativas estarão menos sujeitas ao fracasso e menos passíveis de serem vítimas das tendenciosidades e dos erros discutidos anteriormente. Eles são capazes de extrair o que há de melhor da combinação de habilidades, competências e conhecimento acumulado do grupo e, portanto, de aperfeiçoar a capacidade de gerar alternativas viáveis e tomar decisões acertadas. O processo decisório em grupo também possibilita aos administradores processarem um volume maior de informações e corrigir os erros uns dos outros. E, na fase de implementação, todos os administradores afetados pelas decisões concordam em colaborar. Quando um grupo toma uma decisão (ao contrário de um alto executivo tomando uma decisão isoladamente e impondo-a a gerentes subordinados), aumenta a probabilidade de que seja implementada com sucesso.

Existem algumas possíveis desvantagens associadas à tomada de decisão em grupo. Os grupos normalmente levam muito mais tempo do que os indivíduos para tomar decisões. Fazer com que dois ou mais gestores concordem com a mesma solução pode ser difícil, já que seus interesses e preferências muitas vezes são diversos. Além disso, da mesma forma que acontece com a tomada de decisão individual, a tomada de decisão em grupo pode ser minada por tendenciosidades. Uma grande fonte de tendenciosidade neste caso é o **consenso de grupo**.

consenso de grupo Um padrão de tomada de decisão errôneo e tendencioso que ocorre em grupos cujos membros se esforçam para chegar a um consenso, e não para avaliar com exatidão as informações relevantes a uma decisão.

Os perigos do consenso de grupo

Trata-se de um padrão de tomada de decisão errôneo e tendencioso que ocorre em grupos cujos membros se esforçam para chegar a um consenso, e não para avaliar com exatidão as informações relevantes de uma decisão.[56] Quando isso ocorre, os administradores embarcam coletivamente em uma linha de ação sem elaborarem critérios apropriados para avaliar as alternativas. Tipicamente, um grupo apoia um gestor central como, por exemplo, o CEO e a linha de ação por ele defendida. Os membros do grupo se comprometem a seguir cegamente essa linha de ação sem avaliar os prós e contras. Esse comprometimento em geral se baseia em uma avaliação emocional – e não objetiva – da linha de ação ótima.

Ao analisar a decisão que o presidente Kennedy e seus assessores tomaram de promover a infeliz invasão da Baía dos Porcos (Cuba) em 1962; as decisões que o presidente Johnson e seus assessores tomaram de 1964 a 1967, intensificando a guerra no Vietnã; a decisão de encobrir a invasão do edifício de Watergate tomada pelo presidente Nixon e seus assessores em 1972; e a decisão tomada pela Nasa e pela Morton Thiokol em 1986 de lançar o fatídico ônibus espacial *Challenger*, verifica-se que todas elas, provavelmente, foram influenciadas pelo consenso de grupo. Depois do ocorrido, os que tomam uma decisão como as anteriormente citadas, e que podem ser vítimas do consenso de grupo, normalmente ficam surpresos com o fracasso da decisão e seus resultados.

Quando acontece o consenso de grupo, as pressões para chegar a um acordo e manter a harmonia dentro de um grupo têm o efeito não intencional de desencorajar as pessoas a levantarem questões que vão contra a opinião da maioria. Por exemplo, quando os dirigentes da Nasa e da Morton Thiokol foram vítimas do consenso de grupo, convenceram uns aos outros de que tudo estava bem e de que não havia necessidade de adiar o lançamento do ônibus espacial *Challenger*.

O desastroso lançamento, em 1986, do ônibus espacial Challenger.

Advogado do diabo

A existência do consenso de grupo levanta a questão de como aprimorar a qualidade das decisões tomadas em grupo e individualmente, de modo que os administradores tomem decisões realistas e baseadas em uma avaliação completa das alternativas. Uma conhecida técnica para contra-atacar o consenso de grupo é a do advogado do diabo.[57]

A **técnica do advogado do diabo** é uma análise crítica da alternativa escolhida, feita para determinar os pontos fortes e fracos dessa alternativa antes dela ser implementada.[58] Normalmente, um membro do grupo de tomada de decisão faz o papel do advogado do diabo. O advogado do diabo critica e desafia a forma com que o grupo avaliou as alternativas e escolheu uma em detrimento das demais. O propósito da técnica do advogado do diabo é identificar todas as razões que poderiam fazer da alternativa escolhida algo inaceitável. Dessa forma, aqueles que tomam a decisão podem se tornar conscientes dos possíveis perigos das linhas de ação recomendadas.

Assim, a técnica do advogado do diabo pode ajudar a neutralizar os efeitos do consenso de grupo.[59] Na prática, essa técnica é um método relativamente fácil de ser implementado pois não envolve tempo e esforço excessivos por parte dos gestores.

técnica do advogado do diabo
Análise crítica de uma alternativa escolhida em resposta a desafios levantados por um dos membros do grupo, que faz o papel do advogado do diabo e defende alternativas impopulares ou contrárias com o intuito de criar argumentação.

Diversidade entre aqueles que tomam a decisão

Outra forma de aprimorar o processo decisório em grupo é promover a diversidade nos grupos que tomam as decisões (ver Capítulo 3).[60] Reunir gestores de ambos os sexos e com perfis étnicos, de nacionalidade e cargos anteriores diversos, amplia o espectro de experiências de vida e opiniões dos quais os membros do grupo podem se valer à medida que geram, avaliam e escolhem uma entre as várias alternativas. Além disso, os grupos diversificados algumas vezes são menos propensos ao consenso de grupo, pois seus membros já apresentam diferenças entre si e, portanto, estão menos sujeitos a pressões de uniformidade.

Aprendizagem organizacional e criatividade

A qualidade da tomada de decisão gerencial depende, em última instância, de respostas inovadoras a oportunidades e ameaças. Como os administradores poderiam aumentar a capacidade de tomar decisões não programadas, que lhes permitirão adaptar, modificar e até mesmo mudar radicalmente seus ambientes de tarefa de modo a poderem sempre aumentar o desempenho organizacional? A resposta reside no incentivo à aprendizagem organizacional.[61]

Aprendizagem organizacional é o processo por meio do qual os administradores procuram aumentar o desejo e a capacidade de os funcionários compreenderem e administrarem a organização e seu ambiente de tarefa, para que possam tomar decisões que aumentem continuamente a eficácia organizacional.[62] Uma **organização preparada para a aprendizagem** é aquela na qual os administradores fazem todo o possível para maximizar a capacidade de indivíduos e grupos pensarem e se comportarem de modo criativo e, assim, maximizar o potencial para a aprendizagem organizacional. No cerne dessa aprendizagem está a **criatividade**, a capacidade que um tomador de decisões possui de encontrar ideias originais e inovadoras que levem a linhas de ação alternativas viáveis. Quando ideias novas e úteis são implementadas em uma organização, ocorre a **inovação**. Encorajar a criatividade entre os gestores é uma questão tão premente nas organizações que várias contratam especialistas externos para ajudá-las a desenvolver programas para treinar gestores na arte do pensamento criativo e da resolução de problemas.

MA4 Explicar o papel desempenhado pela aprendizagem organizacional e pela criatividade no aprimoramento da tomada de decisão dos administradores.

aprendizagem organizacional Processo por meio do qual os administradores procuram aumentar o desejo e a capacidade de os funcionários compreenderem e administrarem a organização e seu ambiente de tarefas.

organização preparada para a aprendizagem Uma organização na qual os administradores tentam maximizar a capacidade de indivíduos e grupos pensarem e agirem de modo criativo, e assim maximizarem também o potencial para a aprendizagem organizacional.

Criação de uma organização preparada para a aprendizagem

Como os administradores procedem para criar uma organização preparada para a aprendizagem? O teórico em aprendizagem Peter Senge identificou cinco princípios para a criação de uma organização preparada para a aprendizagem (ver Figura 5.6):[63]

1. Para que possa ocorrer a aprendizagem organizacional, os altos executivos devem permitir que todas as pessoas dentro da organização desenvolvam um senso de *domínio pessoal*. Os gestores devem dar autonomia a seus funcionários e permitir que eles experimentem, criem e explorem o que desejarem.

2. Como parte do processo para se alcançar o domínio pessoal, as organizações precisam incentivar seus funcionários a desenvolver e usar *modelos mentais complexos* – sofisticadas maneiras de pensar que criam desafios para encontrar formas novas ou melhores de realizar uma tarefa – e aprofundar seu entendimento do que está envolvido em determinada atividade. Aqui, Senge defende que os administradores precisam incentivar seus funcionários a criar gosto pela experimentação e por correr riscos.[64]

3. Os administradores devem se esforçar ao máximo para promover a criatividade do grupo. Senge acredita que a *aprendizagem do grupo* (que ocorre em um grupo ou equipe) é mais

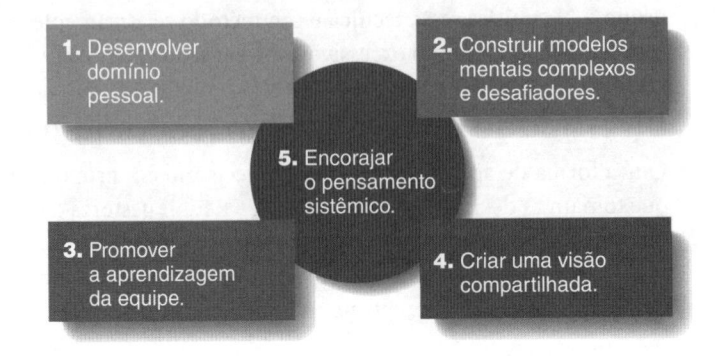

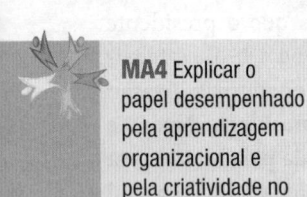

Figura 5.6
Os princípios de Senge para a criação de uma organização preparada para a aprendizagem.

1. Desenvolver domínio pessoal.
2. Construir modelos mentais complexos e desafiadores.
3. Promover a aprendizagem da equipe.
4. Criar uma visão compartilhada.
5. Encorajar o pensamento sistêmico.

criatividade A capacidade que um tomador de decisões possui de encontrar ideias originais e inovadoras que levem a linhas de ação alternativas viáveis.

inovação Implementação de ideias criativas em uma organização.

importante do que a aprendizagem individual no aumento da aprendizagem organizacional. Ele assinala que a maioria das decisões importantes é tomada em subunidades como grupos, funções e divisões.

4. Os administradores devem enfatizar a importância de *criar uma visão compartilhada* – um modelo mental comum que todos os membros de uma organização usem para definir problemas ou oportunidades.

5. Os administradores devem incentivar o *pensamento sistêmico*. Senge enfatiza que, para criar uma organização preparada para a aprendizagem, os administradores precisam reconhecer os efeitos de um nível de aprendizagem sobre outro. Portanto, é inútil, por exemplo, criar equipes para facilitar a aprendizagem em equipe se os administradores também não tomarem medidas para dar liberdade a seus funcionários para desenvolver um senso de domínio pessoal.

Construir uma organização preparada para a aprendizagem requer que seus administradores mudem radicalmente suas premissas sobre a administração. Criar uma organização preparada para a aprendizagem não é um processo fácil nem rápido. Senge tem trabalhado com a Ford Motor Company para ajudar seus gestores a transformarem a Ford em uma organização preparada para a aprendizagem. Por que a Ford deseja isso? Sua direção acredita que, para concorrer e triunfar no mercado, a Ford tem que melhorar a capacidade criativa de seus membros e tomar as decisões corretas.

Cada vez mais os administradores são requisitados a promover a aprendizagem organizacional global. Os da Walmart, por exemplo, usam as lições obtidas com seus sucessos e insucessos em determinado país para promover a aprendizagem organizacional global nos vários países em que atua no momento. Quando a Walmart entrou na Malásia, os administradores da rede estavam convictos de que os clientes naquele país reagiriam bem a seu formato de loja para compras em um único lugar. Descobriram, entretanto, que os malaios gostam do envolvimento social que ocorre ao fazer compras em um animado mercado oriental e que, portanto, não apreciam a eficiência impessoal da típica loja da Walmart. Consequentemente, os administradores da rede aprenderam a importância de criar *layouts* de lojas que atraíssem especificamente os clientes de cada país onde ela opera.

Ao adquirir e operar uma rede de lojas em outro país, como a rede britânica ASDA, os administradores da rede Walmart agora se voltam para aquilo que os clientes valorizam no mercado de determinado país e, ao mesmo tempo, tiram proveito de toda sua aprendizagem organizacional acumulada. Por exemplo, a Walmart aperfeiçoou a tecnologia de informação que a ASDA usava para controle de estoques e vendas das lojas e afiliou a ASDA nas atividades de compras globais da Walmart, o que permitiu à rede pagar menos por certos produtos, vendê-los por menos e, acima de tudo, aumentar significativamente as vendas. Ao mesmo tempo, a Walmart deu autonomia aos gestores locais da ASDA para dirigirem as lojas. Conforme destaca o presidente da ASDA: "Trata-se ainda de um negócio essencialmente britânico na forma de operar no dia a dia."[65] Fica evidente então que a aprendizagem organizacional global é essencial para empresas como a Walmart, que possuem atividades significativas em vários países.

Promoção da criatividade individual

Algumas pesquisas sugerem que, quando certas condições são atendidas, os administradores têm mais chances de serem criativos. É preciso dar oportunidade e liberdade às pessoas para que gerem novas ideias.[66] A criatividade diminui quando os administradores ficam bisbilhotando seus funcionários talentosos e tentam "apressá-los" para chegarem a uma solução criativa. Como você se sentiria caso seu chefe dissesse que você tem uma semana para idealizar um novo produto para vencer a concorrência? A criatividade floresce quando os funcionários têm oportunidade de experimentar, de correr riscos e cometer erros, aprendendo a partir deles. Além disso, os funcionários não devem ter medo de serem vistos com menosprezo ou penalizados por ideias que, à primeira vista, parecem bizarras, como algumas vezes acontece com as ideias que resultam em bens e serviços verdadeiramente inovadores.[67] Empresas extremamente inovadoras como Google,

Apple e Facebook são famosas pelo alto grau de liberdade dado a seus gestores e funcionários para experimentarem e desenvolverem bens e serviços inovadores.[68]

Depois que os administradores já tenham gerado alternativas, a criatividade pode ser fomentada por meio de *feedbacks* construtivos, de modo que eles possam ter uma ideia de como estão progredindo. As ideias que parecem não levar a lugar nenhum podem ser eliminadas, para redicionar a energia criativa. As ideias que parecem promissoras podem ser promovidas, e também há a possibilidade de pedir ajuda a outros gestores.[69]

A cúpula da empresa deve enfatizar a importância da busca por soluções alternativas e recompensar de forma explícita os funcionários que colaboram com ideias criativas. Ser criativo pode ser muito árduo e estressante. Os funcionários que acreditam estar trabalhando em questões importantes e vitais são motivados a fazer os grandes esforços exigidos pela criatividade. As pessoas criativas gostam de ser aclamadas por todos, e as organizações inovadoras possuem vários tipos de celebrações e recompensas como forma de reconhecimento dos funcionários criativos.

Promoção da criatividade coletiva

Para incentivar a criatividade entre os grupos, as organizações podem fazer uso de técnicas para resolução de problemas que promovam ideias criativas e soluções inovadoras. Essas técnicas também podem ser usadas para impedir o consenso de grupo e ajudar os administradores a revelar suas tendenciosidades. Veremos agora três técnicas de tomada de decisão em grupo: o *brainstorming*, a *técnica de grupo nominal* e a *técnica Delphi*.

bloqueio de produção Perda de produtividade ocorrida em sessões de *brainstorming* devido à natureza não estruturada dessa técnica.

técnica de grupo nominal Uma técnica de tomada de decisão na qual os membros do grupo anotam suas ideias e soluções, leem suas sugestões para todo o grupo e as discutem para, em seguida, classificar as alternativas.

BRAINSTORMING É uma técnica para resolução de problemas em grupo na qual os gestores se reúnem pessoalmente para gerar e debater uma grande variedade de alternativas, a partir das quais se toma uma decisão.[70] Geralmente, um grupo composto de 5 a 15 gestores se reúne em uma sessão a portas fechadas e procede da seguinte maneira:

- Um dos gestores descreve em linhas gerais o problema que o grupo deverá resolver.
- Os membros do grupo compartilham então suas ideias e geram linhas de ação alternativas.
- Enquanto cada alternativa é descrita, não é permitido aos membros do grupo criticá-la; ninguém revela suas opiniões até que todas as alternativas tenham sido ouvidas. Um membro do grupo registra as alternativas em um *flip chart*.
- Os membros do grupo são encorajados a serem os mais inovadores e radicais possível. Serve de tudo, e quanto maior for o número de ideias apresentadas, melhor. Além disso, os membros do grupo são estimulados a "pegar carona", ou seja, basear-se nas sugestões dos outros para criar as suas.
- Quando todas as alternativas tiverem sido geradas, os membros debatem os prós e contras de cada uma e elaboram uma lista reduzida com as melhores alternativas.

O *brainstorming* é muito útil para resolver problemas em algumas situações – por exemplo, quando os gestores estão tentando encontrar um novo nome para um perfume ou para um modelo de carro. Porém, algumas vezes, indivíduos que trabalham isoladamente são capazes de gerar mais alternativas. A principal razão para a perda de produtividade no *brainstorming* parece ser o **bloqueio de produção**, que ocorre pelo fato de os membros do grupo nem sempre serem capazes de, simultaneamente, compreenderem todas as alternativas que estão sendo geradas, pensarem em novas alternativas e lembrarem-se do que estavam pensando.[71]

Funcionários de uma agência de propaganda realizam uma sessão de *brainstorming*. O *brainstorming* pode ser usado para gerar várias ideias e soluções para os problemas.

TÉCNICA DE GRUPO NOMINAL Para evitar o bloqueio de produção, muitas vezes é usada a **técnica de grupo nominal**. Ela fornece uma forma mais estruturada de gerar alternativas por escrito e dá a cada administrador mais tempo e oportunidade para encontrar possíveis soluções. A técnica de grupo nominal é particularmente útil quando a questão é controversa e quando existe a possibilidade de diferentes administradores defenderem linhas de ação distintas. Geralmente, um pequeno grupo de administradores se reúne em uma sessão a portas fechadas e adota os seguintes procedimentos:

- Um dos administradores descreve o problema a ser resolvido, e são reservados 30 ou 40 minutos para cada um dos membros do grupo anotar (individualmente) suas ideias e soluções. Os membros do grupo são estimulados a serem inovadores.
- Os administradores se revezam na leitura de suas sugestões para o grupo. Um administrador anota todas as alternativas em um *flip chart*. Não são permitidas críticas ou a avaliação de alternativas até que todas as alternativas tenham sido lidas.
- As alternativas são então discutidas, uma por uma, na sequência em que foram inicialmente propostas. Os membros podem pedir esclarecimentos e criticar cada alternativa para identificar seus prós e contras.
- Quando todas as alternativas tiverem sido discutidas, cada membro deverá classificá-las de acordo com o grau de preferência, em ordem decrescente, e a alternativa que conseguir a melhor classificação será a escolhida.[72]

técnica Delphi Uma técnica de tomada de decisão na qual os membros do grupo não se reúnem pessoalmente, mas respondem por escrito a perguntas colocadas pelo líder do grupo.

TÉCNICA DELPHI Tanto a técnica de grupo nominal como o *brainstorming* requerem que os administradores se reúnam para gerar ideias criativas e se envolvam na solução conjunta dos problemas. O que acontece se os administradores forem de cidades diferentes ou de diferentes partes do mundo e não puderem se encontrar pessoalmente? A videoconferência é uma forma de reunir administradores distantes uns dos outros para sessões de *brainstorming*. Outra forma é usar a **técnica Delphi**, uma metodologia por escrito para a solução criativa de problemas.[73] A técnica Delphi funciona da seguinte maneira:

MA5 Descrever como os administradores podem incentivar e promover o empreendedorismo para criar uma organização preparada para a aprendizagem e estabelecer a distinção entre empreendedor e empreendedor interno.

- O líder do grupo redige o enunciado do problema e uma série de perguntas que os administradores participantes devem responder.
- O questionário é enviado para os administradores e especialistas de cada departamento que possuem maior conhecimento sobre o problema. Então, solicita-se que gerem soluções para o problema e depois enviem o questionário respondido por *e-mail* ao líder do grupo.
- Um grupo de altos executivos registra e sintetiza as respostas. Os resultados são então reenviados aos participantes, com mais perguntas a serem respondidas antes de se tomar uma decisão.
- O processo é repetido até que se chegue a um consenso e a linha de ação mais adequada fique clara.

O empreendedorismo e a criatividade

empreendedor Um indivíduo que percebe oportunidades e decide como destinar os recursos necessários para produzir bens e serviços novos e melhores.

Empreendedores são indivíduos que percebem oportunidades e decidem como destinar os recursos necessários para produzir bens e serviços novos e melhores. Eles tomam todas as decisões referentes ao planejamento, à organização, à liderança e ao controle necessário para abrir novas empresas. Portanto, são uma importante fonte de criatividade no mundo organizacional. Essas pessoas são os David Filos e Jerry Yangs (fundadores do Yahoo!) do mundo, que fazem fortunas enormes quando seus negócios são bem-sucedidos. Ou então estão entre os milhões de pessoas que começam um novo negócio apenas para perderem dinheiro quando suas empresas vão à falência. Apesar do fato de cerca de 80% das pequenas empresas falirem nos primeiros três a cinco anos, segundo algumas estimativas, verifica-se que 38% dos homens e 50% das mulheres da atual força de trabalho querem abrir seu próprio negócio.[74]

empreendedor social Um indivíduo que busca iniciativas e oportunidades e angaria recursos para resolver problemas e necessidades sociais, de modo a melhorar a sociedade e o bem-estar geral por meio de soluções criativas.

Pequenas empresas

Empreendedores sociais são indivíduos que buscam iniciativas e oportunidades para resolver problemas e necessidades sociais com o intuito de melhorar a sociedade e o bem-estar geral, seja reduzindo a pobreza, diminuindo o analfabetismo, protegendo o meio ambiente ou reduzindo o consumo de drogas.[75] Os empreendedores sociais procuram angariar recursos para resolver problemas sociais por meio de soluções criativas.[76]

Conforme indicado no quadro "Ética em ação" a seguir, embora os empreendedores sociais normalmente enfrentem dificuldades para levantar fundos que apoiem suas iniciativas, suas opções estão aumentando.

ÉTICA EM AÇÃO
Encontrar financiamento para praticar o bem

Normalmente, os capitalistas de risco que financiam os empreendedores para que estes iniciem seus negócios estão preocupados em obter um bom retorno sobre o investimento, e não estão dispostos a esperar muito para que isso aconteça. Além disso, os bancos esperam que os empreendedores tenham um histórico de sucesso anterior. Para os empreendedores sociais, levantar fundos para sustentar seus novos empreendimentos pode se transformar em um verdadeiro desafio, já que atingir seus objetivos sociais é de fundamental importância. Felizmente, um número cada vez maior de fundos para empreendimentos sociais procura investir em empresas focadas nesses objetivos.[77]

A World of Good, uma empresa recém-aberta na área da baía de São Francisco, cria oportunidades para milhares de produtores dos países em desenvolvimento, levando seus produtos para o mercado consumidor tradicional. Por meio de sua rede com mais de 1,2 mil lojas varejistas, sua linha de produtos de grife (Original Good) e seu novo mercado *online* para produtos *Person-Positive* e *Eco-Positive* (www.worldofgood.com), procuram criar uma rede global de empreendedores do setor informal, alavancados pelo acesso direto a mercados de grande escala e fortalecidos pelo uso de padrões salariais éticos.

Quando Priya Haji, cofundadora e CEO da companhia, procurou inicialmente levantar fundos para seu empreendimento, não pôde se limitar a procurar os bancos tradicionais, que não estavam interessados no investimento pois Haji não tinha um histórico de três anos.[78] "Para eles, não fazia sentido", diz ela. "Existe uma demanda criada pelos próprios consumidores por esse tipo de consumo ético, porém os mercados de títulos de dívida não entendem isso." Haji então voltou-se para entidades creditícias sociais e, em 2006, chegou a um acordo com três: a RSF Social Finance, a Root Capital e a Shared Interest. Cada uma insiste para que as empresas de carteiras de títulos mantenham suas missões sociais à medida que crescem.[79] O investimento valeu a pena, pois desde então a empresa dobra suas receitas a cada ano.

Priya Haji, fundadora da World of Good, Inc.

> Quando Charlie Crystle buscou fundos para a Mission Research, um novo empreendimento social do qual foi cofundador e que fornece a empresas sem fins lucrativos *softwares* para levantamento de fundos, os investidores tradicionais questionaram algumas das práticas da Mission, como fornecer o *software* de graça para as empresas sem fins lucrativos com orçamentos anuais inferiores a US$ 25 mil, e até mesmo o fato de ele abrir um negócio focado na venda a empresas sem fins lucrativos acima de tudo.[80] Crystle era capaz de garantir US$ 300 mil em financiamento da Underdog Ventures em troca de uma participação de 5% na empresa. Diferentemente de outras empresas de capital de risco, que almejam vender sua participação em novas empresas num prazo de cinco a sete anos, a Underdog está disposta a esperar de sete a oito anos, e também exige que as empresas nas quais investe obtenham aprovação prévia da Underdog caso queiram mudar sua missão social.[81]
>
> Tanto a World of Good como a Mission Research tiveram um crescimento substancial de receitas desde que passaram a receber financiamentos de investidores sociais.[82] Igualmente importante é o fato de que as empresas também estão atingindo seus objetivos sociais, que são, em primeiro lugar, a principal razão para terem sido fundadas. Como assinala Crystle: "Concentro-me em construir meu negócio e gerar receitas (...) Mas isso não é a razão pela qual me levanto todas as manhãs para ir ao trabalho".[83]

empreendedor interno
Um administrador, cientista ou pesquisador que trabalha dentro de uma organização e percebe oportunidades para desenvolver produtos novos ou melhores, bem como melhores maneiras de produzi-los.

Muitos administradores, cientistas e pesquisadores empregados em empresas se envolvem em atividades empreendedoras e compõem uma importante fonte de criatividade da organização. Eles estão envolvidos em inovação, no desenvolvimento de produtos novos e aperfeiçoados, bem como em novas e melhores maneiras de fazê-los. Tais funcionários percebem oportunidades tanto para grandes como para pequenas melhorias nos produtos, e são responsáveis pelo gerenciamento do processo de desenvolvimento. São conhecidos como **empreendedores internos,** termo que distingue esses indivíduos dos empreendedores que começam seus próprios negócios. Porém, em geral, o empreendedorismo sempre envolve tomada de decisão criativa que fornece aos clientes bens e serviços novos ou melhores.

Existe uma relação interessante entre os empreendedores e os empreendedores internos. Muitos gestores com talentos de empreendedorismo interno ficam insatisfeitos caso seus superiores decidam por não apoiar nem financiar ideias para novos produtos e iniciativas de desenvolvimento em que não acreditam. O que fazem os gestores com espírito de empreendedorismo interno que sentem não estar chegando a lugar nenhum? Muitas vezes, decidem deixar as organizações nas quais estão empregados para abrirem suas próprias empresas, com a finalidade de tirar proveito de suas ideias para novos produtos! Ou seja, os empreendedores internos se tornam empreendedores e fundam empresas que muitas vezes concorrem com aquelas onde trabalhavam anteriormente. Para não perder esses funcionários, os altos executivos devem encontrar maneiras de facilitar o espírito empreendedor dos funcionários mais criativos. No restante dessa seção consideraremos questões envolvidas na promoção do empreendedorismo bem-sucedido, tanto nas novas organizações como nas organizações já existentes.

Empreendedorismo e novas empresas

O fato de um número significativo de empreendedores ter sido empreendedores internos frustrados nos dá uma pista sobre as características pessoais dos indivíduos que provavelmente irão abrir um novo negócio e suportarão toda a incerteza e risco associados à condição de empreendedor.

CARACTERÍSTICAS DOS EMPREENDEDORES Os empreendedores tendem a possuir um conjunto particular de características de personalidade, conforme discutido no Capítulo 2. Primeiramente, é muito provável que tenham alta pontuação no traço de personalidade *abertura a novas experiências,* significando que estão predispostos a serem originais, abertos a uma ampla gama de estímulos, audazes e dispostos a correr riscos. Os empreendedores tendem também a ter uma zona de controle interna; acreditam que são responsáveis pelo que acontece com eles e que suas próprias ações determinam importantes resultados, como o sucesso ou o insucesso de um novo negócio. Por outro lado, as pessoas com uma *zona de controle externa* dificilmente deixariam um emprego seguro em uma organização para correr os riscos associados a um novo empreendimento.

Os empreendedores tendem ainda a ter um elevado nível de *autoestima* e se sentirão competentes e capazes de lidar com a maioria das situações – inclusive o estresse e a incerteza que cercam a entrada em um novo empreendimento arriscado. Também tendem a possuir uma elevada *necessidade de realização* e um forte desejo de realizar tarefas desafiadoras e atingir elevados padrões pessoais de excelência.

EMPREENDEDORISMO E ADMINISTRAÇÃO Dado que os empreendedores estão predispostos a atividades um tanto aventurosas e arriscadas, de que modo as pessoas podem se envolver em iniciativas empreendedoras? Uma forma é começar um novo negócio da estaca zero. Tirando proveito da TI moderna, muitas pessoas estão começando negócios individuais. O número total de gente trabalhando em casa ou em pequenos escritórios é superior a 40 milhões, e a cada ano mais de um milhão de novos empreendedores individuais se juntam às fileiras dos mais de 29 milhões de pessoas que trabalham por conta própria.

Quando os empreendedores individuais são bem-sucedidos, normalmente precisam contratar outras pessoas para ajudá-los a dirigir o negócio. Michael Dell, por exemplo, abriu seu negócio de computadores quando ainda era estudante universitário, e em poucas semanas havia contratado várias pessoas para ajudá-lo a montar computadores a partir de componentes que ele comprava de fornecedores. A partir de sua empresa individual surgiu a Dell Computer, atualmente um dos maiores fabricantes mundiais na área.

Alguns empreendedores que abriram um novo negócio tiveram dificuldade em decidir como administrar a organização à medida que ela crescia; empreendedorismo *não* é o mesmo que administração. A administração engloba todas as decisões envolvidas em planejamento, organização, liderança e controle de recursos. Empreendedorismo é perceber uma oportunidade para atender à necessidade de um determinado tipo de cliente e então decidir como encontrar e usar os recursos para criar um produto que atenda a essa necessidade. Depois que um empreendedor produz algo que os clientes querem, o empreendedorismo dá lugar à administração, já que a necessidade premente se torna fornecer o produto de forma eficiente e eficaz. Frequentemente, faltam ao empreendedor fundador da empresa as habilidades, a paciência e a experiência necessárias para se engajar no difícil e desafiador trabalho da administração. Alguns empreendedores acham muito difícil delegar autoridade, pois ficam temerosos em arriscar suas empresas ao deixar que outros a administrem. Como resultado, ficam sobrecarregados, e a qualidade de suas tomadas de decisão declina. Já para outros empreendedores faltam o conhecimento detalhado necessário para estabelecer tecnologia e sistema de informações de ponta ou para criar procedimentos de gestão das operações, que são vitais para aumentar a eficiência dos sistemas de produção de suas organizações. Portanto, para ser bem-sucedido é necessário fazer mais do que criar um novo produto; um empreendedor precisa contratar administradores capazes de estabelecer um sistema operacional que possibilite que a nova empresa sobreviva e prospere.

empreendedorismo
Destinação de recursos para tirar proveito de uma oportunidade com a intenção de fornecer aos clientes bens e serviços novos ou melhores.

Empreendedorismo interno e aprendizagem organizacional

O alto nível de concorrência hoje, particularmente por parte de pequenas e ágeis empresas, torna cada vez mais importante para as grandes organizações já estabelecidas no mercado promover e

Empreendedores internos são uma importante fonte de criatividade da organização.

incentivar o empreendedorismo interno, a fim de elevar o nível de inovação e da aprendizagem organizacional. Conforme discutido anteriormente, uma organização preparada para a aprendizagem incentiva todos os funcionários a identificar oportunidades e solucionar problemas, possibilitando então que a organização experimente continuamente, melhore e aumente sua capacidade de fornecer aos clientes bens e serviços novos e melhores. Quanto maior for o nível de empreendedorismo interno, maior será o nível de aprendizagem e inovação. Como é possível promover a aprendizagem organizacional e o empreendedorismo interno?

DEFENSORES DE PRODUTO Uma forma de promover o empreendedorismo interno é incentivar os indivíduos a assumir o papel de **defensor de produto**, um gestor que se "apropria" de um projeto e fornece a liderança e a visão que levam um produto do estágio de concepção até o cliente final. A 3M, famosa por promover o empreendedorismo interno, encoraja todos os seus gestores a se tornar defensores de produto e a identificar ideias para novos produtos. Um defensor de produto se torna responsável pela elaboração de um plano de negócios para o produto. De posse desse plano de negócios, apresenta-se diante de um comitê de desenvolvimento de produtos da 3M, um grupo de executivos seniores que investiga os pontos fortes e fracos do plano para decidir se ele deve ou não ser financiado. Se o plano for aceito, o defensor de produto assume a responsabilidade pelo desenvolvimento dele.

SKUNKWORKS A ideia por trás do papel de defensor de produto é a de que os funcionários que se sentem donos de um projeto tendem a agir como empreendedores externos e a se doar ao máximo para fazer com que o projeto dê certo. Usar *skunkworks* e divisões de novos empreendimentos também pode fortalecer esse sentimento de propriedade. *Skunkworks* é um grupo de empreendedores internos que são deliberadamente separados das atividades normais de uma organização – por exemplo, da cadeia de comando habitual – para que dediquem toda sua atenção ao desenvolvimento de novos produtos. A ideia é que, se essas pessoas forem isoladas, ficarão tão envolvidas com o projeto que o tempo de desenvolvimento será relativamente breve e a qualidade do produto final será aperfeiçoada. O termo *skunkworks* foi criado na Lockheed Corporation, que formou uma equipe de engenheiros projetistas para desenvolver aeronaves especiais, como o avião-espião U2. O segredo com que essa unidade funcionava e a especulação sobre seus objetivos levou os outros a se referirem a ela como "*the skunkworks*".

RECOMPENSAS PELA INOVAÇÃO Para incentivar os gestores a suportar a incerteza e o risco associados ao árduo trabalho do empreendedorismo, é necessário associar o desempenho a recompensas. Cada vez mais as empresas recompensam os empreendedores internos com base no resultado do processo de desenvolvimento de produtos. Os empreendedores internos recebem bônus generosos caso seus projetos sejam bem-sucedidos, ou então recebem opções sobre ações que podem torná-los milionários se o produto vender bem. Tanto a Microsoft como a Google, por exemplo, fizeram centenas de seus funcionários multimilionários como resultado das opções sobre ações que receberam como parte de seus pacotes de benefícios. Além de dinheiro, os empreendedores internos bem-sucedidos podem ser promovidos aos altos escalões da empresa. A maioria dos altos executivos da 3M, por exemplo, chegou à direção graças a uma trajetória de empreendedorismo bem-sucedida. As organizações precisam recompensar seus empreendedores internos de forma equânime, para evitar que eles deixem a empresa e se tornem empreendedores externos que venham a formar uma nova empresa concorrente. Não obstante, os empreendedores internos frequentemente fazem isso.

defensor de produto Um gestor que se "apropria" de um projeto e fornece a liderança e a visão que levam um produto do estágio de concepção até o cliente final.

skunkworks Um grupo de empreendedores internos que são deliberadamente separados das atividades normais de uma organização para que sejam incentivados a dedicar toda a atenção para o desenvolvimento de novos produtos.

Resumo e revisão

A NATUREZA DA TOMADA DE DECISÃO GERENCIAL
Decisões programadas são decisões rotineiras tomadas com tanta frequência que os administradores criaram regras a serem seguidas automaticamente. Decisões não programadas são tomadas em resposta a

situações novas ou não usuais; são decisões não rotineiras. O modelo clássico de tomada de decisão parte do pressuposto de que aqueles que tomam a decisão possuem informações completas, e são capazes de processar essas informações de maneira objetiva e racional e também de tomar decisões ótimas. March e Simon argumentam que os administradores apresentam racionalidade limitada, raramente têm acesso a todas as informações necessárias para tomar decisões ótimas e, por isso, se contentam com sua intuição e discernimento ao tomarem decisões. [MA1]

ETAPAS NO PROCESSO DE TOMADA DE DECISÃO No processo decisório, os administradores devem considerar as seis etapas a seguir: reconhecer a necessidade de uma decisão, gerar alternativas, avaliar essas alternativas, escolher uma delas, implementá-la e aprender com o *feedback*. [MA2]

TOMADA DE DECISÃO EM GRUPO Muitas vantagens estão associadas à tomada de decisão em grupo; porém, também existem várias desvantagens. Uma das grandes causas de tomadas de decisão inadequadas é o consenso de grupo. Pessoas aflitas que precisam tomar decisões acabam embarcando coletivamente em uma linha de ação dúbia, sem questionar as hipóteses subjacentes às suas decisões. Os administradores podem aprimorar a qualidade do processo decisório em grupo por meio de técnicas (como a do advogado do diabo) e do aumento da diversidade no grupo responsável pela tomada de decisão. [MA3]

APRENDIZAGEM ORGANIZACIONAL E CRIATIVIDADE Aprendizagem organizacional é o processo pelo qual os administradores procuram aumentar o desejo e a capacidade de os funcionários compreenderem e administrarem a organização e seu ambiente de tarefa, de modo que eles possam tomar decisões que aumentem continuamente a eficácia organizacional. Os administradores devem tomar providências para promover a aprendizagem organizacional e a criatividade, tanto individual como coletivamente, visando aperfeiçoar a qualidade da tomada de decisão. [MA4]

EMPREENDEDORISMO Empreendedorismo é a destinação de recursos para tirar proveito de uma oportunidade com o objetivo de fornecer aos clientes bens e serviços novos ou melhores. Os empreendedores fundam novas empresas de sua propriedade. Os empreendedores internos trabalham dentro de organizações e administram o processo de desenvolvimento de produtos. As organizações precisam incentivar o empreendedorismo interno, pois ele leva à aprendizagem organizacional e à inovação. [MA5]

Administradores em ação

Tópicos para discussão e trabalho

DISCUSSÃO

1. Quais são as principais diferenças entre a tomada de decisão programada e a não programada? [MA1]

2. Como os modelos clássico e administrativo de tomada de decisão ajudam os administradores a perceber as complexidades da tomada de decisão na vida real? [MA1]

3. Por que administradores capazes algumas vezes tomam decisões inadequadas? O que cada administrador faz para aperfeiçoar suas habilidades na tomada de decisão? [MA1, 2]

4. Em que tipos de grupos é mais provável que o consenso de grupo seja um problema? Quando provavelmente ele será menos problemático? Que providências os membros do grupo podem

tomar para se resguardarem do consenso? [MA3]
5. O que é aprendizagem organizacional e como os administradores podem promovê-la? [MA4]
6. Qual a diferença entre empreendedorismo e empreendedorismo interno? [MA5]

AÇÃO

7. Peça a um administrador para se lembrar das melhores e das piores decisões que tomou. Tente determinar por que essas decisões foram tão boas ou tão ruins. [MA1, 2, 3]
8. Pense em uma organização pertencente à sua comunidade: pode ser a sua universidade ou uma organização com a qual você seja familiarizado e considere que esteja passando por maus momentos. Agora imagine que perguntas seus administradores deveriam fazer às partes interessadas para suscitar ideias criativas para mudar a sorte da organização. [MA4]

Desenvolvimento de habilidades gerenciais [MA1, 2, 4]
Como você toma decisões?

Escolha uma decisão que tenha tomado recentemente e que tenha tido importantes consequências para você. Poderia ser sua decisão sobre que faculdade cursar, que candidato a prefeito escolher, se deveria ou não arranjar um emprego de meio período ou ainda que tipo de trabalho escolher. Usando o material desse capítulo, analise como você tomou a decisão.

1. Identifique os critérios usados, de forma consciente ou não, para orientá-lo na tomada de decisão.
2. Enumere as alternativas consideradas. Elas representavam todas as alternativas possíveis? Você ignorou inconscientemente (ou conscientemente) algumas alternativas importantes?
3. Que volume de informações você tinha sobre cada alternativa? Você estava tomando a decisão baseado em informações completas ou incompletas?
4. Tente se lembrar de como chegou à decisão. Você parou para pensar de forma consciente nas implicações de cada alternativa ou tomou a decisão com base na sua intuição? Usou alguma regra prática para ajudá-lo a tomar a decisão?
5. Após ter respondido as quatro perguntas anteriores, você acredita, fazendo uma retrospectiva, que tenha tomado uma decisão razoável? O que você deveria fazer (se realmente necessário) para melhorar sua capacidade de tomar decisões acertadas no futuro?

Administrando eticamente [MA3]

Certas vezes os grupos tomam decisões extremadas – que são ou mais arriscadas ou mais conservadoras do que seriam se fossem tomadas por indivíduos. Uma explicação para a tendência dos grupos de tomar decisões extremadas é a difusão da responsabilidade. Em um grupo, a responsabilidade pelos resultados da decisão fica dispersa entre os membros, de modo que cada pessoa não se sente totalmente responsável. A decisão em grupo é extremada porque nenhum indivíduo assume total responsabilidade por ela.

Perguntas

1. Sozinho ou em grupo, pense nas implicações éticas das decisões extremadas feitas por grupos.
2. Quando acontece o processo decisório em grupo, cada membro deveria se sentir totalmente responsável pelos resultados da decisão? Por que sim ou por que não?

Exercício em grupo [MA3, 4]
Brainstorming

Forme pequenos grupos de três ou quatro pessoas e indique um de seus membros para ser o seu porta-voz. Este último comunicará as descobertas do grupo a toda a classe quando chamado pelo professor. Em seguida, discuta a seguinte situação:

Você e seus sócios estão tentando decidir que tipo de restaurante abrir em um *shopping center* que acaba de ser construído na região central de sua cidade. O problema é que a cidade já tem vários restaurantes que oferecem diferentes tipos de pratos em todas as faixas de preços. Você tem recursos para abrir qualquer tipo de restaurante. Seu desafio é decidir qual tipo terá maiores chances de ser bem-sucedido.

Use a técnica de *brainstorming* para decidir que tipo de restaurante abrir. Siga as etapas indicadas abaixo:

1. Em grupo, utilize cinco ou 10 minutos para gerar ideias sobre as possíveis alternativas de restaurante que os membros do grupo acreditam que terão maior chance de sucesso. Cada membro deve ser o mais inovador e criativo possível, e nenhuma das sugestões deve ser criticada.
2. Indiquem alguém para anotar as alternativas à medida que elas forem identificadas.
3. Usem os próximos 10 ou 15 minutos para debater os prós e os contras de cada alternativa. Em grupo, tentem chegar a um consenso sobre qual alternativa terá maior chance de sucesso.

Após tomarem a decisão, discutam os prós e contras do método de *brainstorming* e decidam se aconteceu ou não algum bloqueio de produção.

Quando chamado pelo professor, o porta-voz do grupo deve estar preparado para compartilhar a decisão do grupo com a classe, bem como as razões que levaram o grupo a tomar tal decisão.

Seja você o administrador [MA1, 2, 3, 4, 5]

Você é um alto executivo recém-contratado por uma companhia petrolífera em Oklahoma com o objetivo de ajudar a empresa a responder de forma mais rápida e proativa a oportunidades potenciais nesse mercado. Você está subordinado ao diretor de operações (COO), que, por sua vez, está subordinado ao CEO. Você está no novo emprego há oito meses. Até então, planejou três iniciativas cuidadosamente estudadas, imaginou que elas valessem a pena, apresentou as propostas ao COO e também as justificou. Ele pareceu interessado, mas ao mesmo tempo cauteloso: você observou que, toda vez que as propostas eram apresentadas, ele dizia que ia pensar a respeito e discuti-las com o CEO, dados os consideráveis recursos envolvidos. Porém, em nenhuma das oportunidades você teve um *feedback* do COO, e após algumas semanas casualmente perguntou se havia alguma novidade em relação às propostas em questão. Para a primeira proposta, disse o COO: "Achamos que é uma boa ideia, mas não é o momento oportuno. Vamos deixá-la de lado por enquanto e a reconsideraremos no próximo ano". Quanto à segunda proposta, disse ele: "Mike [o CEO] me lembrou do fato de termos tentado essa alternativa há dois anos e de que ela não foi bem recebida pelo mercado. Fiquei surpreso de eu mesmo não ter me lembrado desse fato na primeira vez que você descreveu a proposta, mas ela me veio imediatamente à mente quando Mike a mencionou". Já em relação à terceira proposta, o COO disse simplesmente: "Não estamos convencidos de que ela funcionará."

Você acredita que as três iniciativas propostas são formas viáveis de aproveitar oportunidades no mercado, embora não possa prosseguir com nenhuma delas. Além disso, para cada uma, você investiu um tempo considerável e até mesmo se esforçou para que os outros membros da diretoria as apoiassem, porém as viu refutadas pelo CEO. Ao candidatar-se ao cargo, em uma das entrevistas, tanto o COO quanto o CEO afirmaram que queriam "uma pessoa de fora para ajudá-los a sair da linha e inovar". Todavia, até o momento sua experiência tem sido justamente o contrário. Qual será sua atitude?

BusinessWeek Caso em foco [MA1, 2, 3, 4, 5]
A vida real imita o *reality show*

Parece mais um *reality show* do que uma estratégia arrazoada. No ano passado a Best Buy escolheu quatro grupos de vendedores com idade entre 20 e 30 anos e pediu que morassem juntos por dez semanas em um apartamento em Los Angeles. Constava da agenda (além de ir à praia): conceber itens que os varejistas de eletroeletrônicos pudessem desovar rapidamente e cobrar barato.

Acredite se quiser, o plano funcionou. Hoje, em uma dúzia de lojas na Grande Los Angeles, a Best Buy oferece um serviço chamado Best Buy Studio, que oferece consultoria em *web* projeto para pequenas empresas. Jeremy Sevush, ex-supervisor do departamento de vendas em West Hollywood, teve a ideia e depois trabalhou com executivos para lançar o empreendimento apenas algumas semanas antes de sair do apartamento da empresa no último mês de maio.

"Meus amigos tiraram sarro e disseram que eu estava participando do 'Real World: Best Buy Edition'", disse Sevush, 29, referindo-se à série da MTV na qual um jovem elenco divide uma casa. "O fato de estarmos morando juntos e saber que tínhamos apenas dez semanas acelerou o processo de formação de nossa equipe. Trabalhamos voluntariamente por longas horas, falando de modelos de negócios enquanto cozinhávamos espaguete."

Sessões de *brainstorming* extremadas como as da Best Buy podem ser comuns no setor de tecnologia, onde programadores e engenheiros são segregados de modo a poderem se concentrar melhor no próximo avanço. Agora outras empresas também estão transformando seus funcionários em companheiros de casa temporários. A Whirlpool, por exemplo, manda oito representantes de vendas para uma casa em Benton Harbor (Michigan) para que cozinhem e façam faxina juntos por sete semanas sob os auspícios de um programa chamado Real Whirled. Fazendo com que se familiarizem completamente com os eletrodomésticos da Whirlpool, a empresa espera que os vendedores se tornem pessoas mais bem treinadas para a venda de seus produtos.

Uma panela de pressão para ideias

A Best Buy contratou os serviços do ex-executivo da IBM, John Wolpert, para criar e supervisionar seu projeto de inovação. Wolpert, que dirige a Team upStart, uma consultoria de Sunnyvale (Califórnia), havia usado uma abordagem autêntica similar na incubadora Extreme Blue da IBM, em Austin, mas nunca fizera isso antes em um varejista. Ele cobra US$ 75 mil para cada sessão de imersão de dez semanas, incluindo alojamento e alimentação para os funcionários, que têm a garantia de poderem voltar a seus empregos anteriores. "Há algo de mágico em tirar pessoas inteligentes de suas zonas de segurança e fazer com que passem dia e noite juntas", diz ele. "É preciso priorizar os 'esteroides' e ser absolutamente obstinado para provar que o que você quer pode ser realizado."

Atualmente, como os consumidores estão cortando gastos com eletroeletrônicos – as vendas da Best Buy haviam declinado desde setembro de 2008 –, a empresa de Minneapolis está reavaliando os gastos. Os executivos da Best Buy não informaram se a versão na vida real do *The Real World* será renovada em 2009.

Mas dizem que manterão o programa Best Buy Studio para ver se ele deve ser expandido ou não. Também querem que os funcionários que mantêm contato direto com o público continuem a dar ideias de negócios. "Os funcionários não precisam de permissão para criar ou inovar", diz Brian Dunn, presidente e diretor operacional da Best Buy, que irá suceder o CEO Brad Anderson em junho. Dunn admite ter uma queda por atendentes de loja. Ele mesmo começou como um deles, há 23 anos.

Perguntas

1. Que tipo de tomada de decisão ocorre nas sessões de *brainstorming* extremadas que empresas como a Best Buy estão adotando?
2. Em quais etapas do processo decisório esse tipo de sessão pode ser particularmente importante?
3. Por que poderiam ser geradas ideias mais criativas nesses tipos de sessões?
4. Por que a Best Buy incentiva os funcionários que mantêm contato direto com o público a gerarem novas ideias?

Fonte: Reena Jana, "Real Life Imitates *Real World*". Reimpresso das edições de 23 e 30/mar./ 2009 da *BusinessWeek*, com permissão especial, copyright © 2009 by The McGraw-Hill Companies, Inc.

BusinessWeek Caso em foco [MA1, 4, 5]

Tata cria um imenso parque de P&D – de sua propriedade

A indiana Tata passou a ter destaque no cenário mundial há alguns anos, quando começou a fazer uma série de aquisições de grandes empresas – como o hotel de quatro estrelas Pierre em Nova York, o fabricante de aço anglo-holandês Corus e, mais recentemente, o fabricante de carros de luxo Jaguar Land Rover. Mas depois a economia mundial arrefeceu, e o conglomerado de US$ 85 bilhões se viu em uma situação de perda de clientes e endividado.

Parecia ser hora de deixar em suspenso as iniciativas de inovação. O presidente da empresa, Ratan Tata, de 72 anos de idade, não vê as coisas assim. Em sua mensagem de 2009 para os 320 mil funcionários da Tata, conclamou: "Cortem os custos. Saiam da mesmice. Mesmo que o mundo à nossa volta esteja acabando, sejam audazes, pensem grande".

Laboratórios ao redor do mundo

O chefe está conseguindo o que quer. Na indústria automobilística mundial só se fala da Tata Motors com seu minicarro de US$ 2 mil, o Nano, que passa a ser vendido na Índia esse mês e que está bem à frente da concorrência no desenvolvimento de um veículo elétrico de baixo custo. Entrementes, a Tata Chemicals trabalha em um sistema purificador de água de baixo custo que não faz uso de eletricidade e um nanomaterial bloqueador de raios ultravioletas que impede que a pintura fique esbranquiçada pela ação da luz solar. E a Tata Power planeja revelar em breve um grande avanço com um painel solar inteligente.

Todas essas empresas têm um poderoso aliado – a Tata Consultancy Services (TCS). Com 20 laboratórios ao redor do mundo, há décadas presta serviços de consultoria para os mais variados clientes, como a British Airways, o fabricante americano de motores Cummins e o banco holandês ABN Amro. Ela está por trás, por exemplo, de uma nova tecnologia de telefonia celular que fornece aos produtores agrícolas indianos dados valiosos. Mas, à medida que seus negócios foram diminuindo, dois anos atrás a unidade se transformou também em uma consultoria para as empresas do grupo. Agora ela tem participação nas receitas de novos bens e serviços que ela e suas coirmãs geram conjuntamente.

"Fazíamos isso com clientes. Agora fazemos com empresas do grupo", diz o diretor da TCS, Subramanian Ramadorai. "Isso mantém o investimento e os direitos de propriedade intelectual dentro da família."

A Tata tem uma longa história de inovação na Índia. Em seus 117 anos de mercado, construiu as primeiras siderúrgicas e usinas do país, a primeira companhia aérea, a primeira rede de hotéis com dono indiano e também o primeiro carro na Índia, além do supercomputador mais rápido fora dos Estados Unidos e da Alemanha.

O que distingue a empresa sediada em Mumbai das típicas empresas norte-americanas e europeias é sua abordagem a novos bens e serviços, diz R. Gopalakrishnan, diretor executivo da Tata. Ele está liderando uma iniciativa para promover a polinização cruzada entre grupos e obter uma fatia maior do orçamento de US$ 1,5 bilhão do conglomerado em pesquisa e desenvolvimento.

Enquanto outros fabricantes de automóveis gastam grande parte de sua energia atualizando modelos existentes, a Tata projetou o Nano para um mercado totalmente novo. A empresa também busca novos canais de vendas. Em vez de vender o Nano apenas em revendedoras autorizadas, o carro também será ofertado em sua própria rede de lojas espalhadas pela Índia, como a loja de departamentos Westside e a rede de lojas de eletroeletrônicos, Croma.

Para manter essa sequência, alguns executivos, como Sunil Sinha, CEO da Tata Quality Management Services, gostariam de criar um complexo abrangente tomando como base o campus de P&D da General Electric no norte do estado de Nova York. "A inovação ainda precisa permear toda a organização", diz ele.

Não obstante, as ideias estão fervilhando. A Tata agora patrocina premiações anuais para as melhores inovações, e oferece um prêmio para os funcionários com espírito empreendedor que tentaram, mas não obtiveram sucesso – uma forma pouco usual de reconhecimento na Índia. Há dois anos, apenas cem participaram do concurso; nesse ano, Sinha espera mil funcionários. Assim diz Murali Sastry, cientista-chefe da Tata Chemicals: "O vírus da inovação atingiu a Tata – e a Índia também".

Perguntas

1. Em que tipo de tomada de decisão Ratan Tata se envolve?
2. Você acha que a Tata é uma organização preparada para a aprendizagem? Por que sim ou por que não?
3. Como a Tata incentiva seus funcionários a serem empreendedores internos?
4. Por que a Tata tem um concurso anual para funcionários premiando as inovações de maior destaque, assim como os funcionários que tentaram desenvolver uma nova ideia promissora, porém não tiveram sucesso?

Fonte: Manjeet Kripalani, "Tata Taps a Vast R&D Shop – Its Own". Reimpresso da edição de 20/abr./2009 da *BusinessWeek*, com permissão especial, copyright © 2009 by The McGraw-Hill Companies, Inc.

Planejamento, estratégia e vantagem competitiva

CAPÍTULO 6

Metas de aprendizagem

Após estudar o presente capítulo, você deverá estar apto a:

1. Identificar as três etapas principais do processo de planejamento e explicar a relação entre planejamento e estratégia. **[MA1]**

2. Estabelecer a diferença entre os principais tipos de estratégias de negócios e explicar como a vantagem competitiva (que pode levar a um melhor desempenho da organização) é gerada por essas estratégias. **[MA2]**

3. Estabelecer a diferença entre os principais tipos de estratégias corporativas e explicar como elas são usadas para fortalecer a estratégia de negócios e a vantagem competitiva de uma empresa. **[MA3]**

4. Descrever o papel vital desempenhado pelos administradores na implementação de estratégias para atingir os objetivos e a missão de uma organização. **[MA4]**

ESTUDO DE CASO
Como a Barbie da Mattel nocauteou a boneca Bratz

Por que é tão difícil concorrer em um setor?
As mudanças no mundo estão ocorrendo a um ritmo tão acelerado que os administradores de todo tipo de empresa se veem forçados a elaborar novas estratégias visando proteger sua vantagem competitiva. Se não o fizerem, serão superados por concorrentes ágeis que respondem com maior rapidez aos sempre mutáveis modismos dos clientes. Em nenhum lugar isso é mais verdadeiro do que na indústria mundial de brinquedos, cujo segmento de bonecas representa um volume de vendas de mais de US$ 10 bilhões por ano – e no qual se travam violentas batalhas. A maior empresa mundial do setor de brinquedos, a Mattel, arrecadou dezenas de bilhões de dólares com sua boneca campeã de vendas no mundo, a Barbie, desde que ela foi introduzida no mercado há quase 50 anos. As mães que

O planejamento por si só nem sempre vale a pena – ele deve ser realista. Com sua mudança de direção ao adquirir uma empresa de videogames, a Mattel deixou de prever o surgimento de novos concorrentes, como as bonecas da Bratz (mostradas acima), que roubaram grande parte da lucratividade da Barbie.

brincaram com essas bonecas quando eram crianças comparam Barbies para suas filhas, e na geração seguinte aconteceu o mesmo; assim, a Barbie acabou se tornando um ícone americano. A Barbie e todos os seus acessórios foram responsáveis por quase 50% das vendas de brinquedos da Mattel no ano 2000. Portanto, proteger sua estrela era fundamental. Porém, o sucesso contínuo da Barbie como a boneca campeã de vendas mundial levou Bob Eckert (o CEO da Mattel) e seus altos executivos a subestimarem o quanto o mundo havia mudado, e a Mattel começou a seguir estratégias erradas no novo milênio.

A boneca Barbie foi criada nos anos 1960, quando a maior parte das mulheres era dona de casa. Sua forma voluptuosa foi uma resposta à visão antiquada de como seria o aspecto da mulher "ideal". Porém, nas últimas décadas, as mudanças na visão cultural sobre o papel da mulher na sociedade e sobre o casamento, aliadas ao fato de as mulheres participarem ativamente do mercado de trabalho, fizeram com que as preferências dos compradores de bonecas mudasse. Porém, os executivos da Mattel não reconheceram as ameaças representadas por essa mudança no ambiente e continuaram a apostar na atração eterna da Barbie. Além disso, dado que a Barbie era a boneca campeã de vendas, acreditavam que fosse perigoso fazer grandes mudanças em sua aparência. Talvez os clientes não gostassem de tais mudanças e, portanto, parassem de comprá-la. Os altos executivos da Mattel decidiram não mexer em time que estava ganhando e continuaram a seguir as mesmas estratégias, deixando a marca Barbie inalterada. Focaram suas novas estratégias no desenvolvimento de novos tipos de brinquedos e jogos digitais, dado o interesse explosivo por produtos eletrônicos.

Portanto, a Mattel estava despreparada quando surgiu um desafio sob a forma de um novo tipo de boneca: a boneca Bratz, introduzida no mercado pela MGA Entertainment. Ao longo dos anos surgiram muitos concorrentes para a Barbie. O mercado de bonecas é altamente lucrativo. Mas nenhuma outra boneca esteve à altura da atração exercida pela Barbie nas meninas (ou suas mães). O pessoal de *marketing* e os *designers* por trás da linha de bonecas Bratz investiram um bom tempo para descobrir o que a nova geração de meninas (especialmente aquelas na faixa de 7 a 11 anos) queriam de uma boneca. Por fim, as bonecas Bratz que desenharam atenderam aos desejos dessas meninas. Elas têm cabeças maiores e olhos superdimensionados, um bocado de maquiagem, usam vestidos curtos e são multiculturais, o que dá a cada boneca "personalidade e atitude". Foram desenhadas para atrair uma nova geração de meninas que cresceram na era digital, em um mundo onde a música e a moda mudam muito rapidamente. As bonecas Bratz atenderam a necessidades não exploradas das pré-adolescentes, e a nova linha decolou. A MGA licenciou os direitos de fabricação e venda da boneca a empresas estrangeiras do setor de brinquedos, e rapidamente a Bratz se tornou séria concorrente da Barbie.

A Mattel encontrava-se em dificuldades, e seus administradores tinham de mudar sua estratégia e renovar a Barbie. Os *designers* da Mattel decidiram então mudar características "extremamente" vitais da Barbie: eliminaram seu namorado de longa data, o Ken, e o substituíram pelo Blaine, um surfista australiano. Os administradores da Mattel acabaram por reconhecer a demora demasiada em lançar as novas linhas de bonecas para atender às mudanças nas necessidades das pré-adolescentes e outras meninas nos anos 2000. Em 2002, como consequência, lançaram às pressas a linha de bonecas My Scene, imitações óbvias das bonecas Bratz. Entretanto, a nova linha jamais alcançou a popularidade das bonecas Bratz. Em 2003, a Mattel introduziu uma nova linha chamada Flava, tentando atrair meninas ainda mais novas, porém foi um fracasso completo. Ao mesmo tempo, as decisões que foram tomadas para mudar a silhueta, o aspecto, as roupas e os namorados da Barbie foram tardias e as vendas continuaram a cair.

Já no ano de 2006, as vendas da coleção Barbie haviam caído 30% – algo sério, pois os lucros e preço das ações da Mattel dependiam do sucesso da Barbie e, portanto, ambos despencaram. Os analistas sustentavam que a Mattel não havia prestado atenção suficiente às mudanças das necessidades de seus clientes para conseguir agir rapidamente e lançar produtos novos e melhores, necessários para manter a empresa na liderança do mercado. A Mattel trouxe o Ken de volta em 2006 (mais um sinal de seus crescentes problemas), e em novembro do mesmo ano os advogados da Mattel abriram processo contra a MGA Entertainment, argumentando que os direitos autorais das bonecas Bratz pertenciam a eles. A Mattel reclamava que o *designer chefe* da Bratz era empregado da Mattel quando fez os primeiros desenhos para as bonecas, e também que haviam entrado com um pedido para proteção de direitos autorais de uma série de desenhos iniciais da Bratz. Alegava que a MGA havia contratado funcionários-chave da empresa e que esses mesmos funcionários "roubaram" informações confidenciais e as transferiram para a MGA.

Em 2008, um juiz emitiu sentença a favor da Mattel e ordenou que a MGA deixasse de usar o nome Bratz, e o júri deliberou a favor de uma reparação por perdas e danos à Mattel no valor de US$ 100 milhões. Em 2009, após apelação, um juiz federal manteve o veredicto e sentenciou que a boneca Bratz era de propriedade da Mattel, e que a MGA deveria interromper a venda da boneca até o final de 2009. Portanto, revertendo a situação, a Mattel eliminou seu principal concorrente, o que precisava ser feito – pois, após anunciar mais um grande declínio nas vendas no segundo trimestre de 2009, o preço de suas ações despencou mais uma vez.

Visão geral

Como sugere o caso de abertura, em um ambiente competitivo no qual ocorrem rápidas mudanças (como o da criação e venda de brinquedos), os administradores devem avaliar continuamente em que nível os produtos estão atendendo às necessidades dos clientes, e devem se dedicar ao planejamento sistemático e completo visando encontrar novas estratégias para melhor atender a essas necessidades. Este capítulo explora o papel do administrador tanto como planejador quanto como estrategista. Primeiramente discutiremos a natureza e a importância do planejamento, os tipos de planos que os administradores elaboram e os níveis em que ocorre o planejamento. Em segundo lugar, discutiremos as três etapas principais do processo de planejamento: (1) determinar a missão e os principais objetivos da organização; (2) escolher ou formular estratégias para concretizar a missão e os objetivos; e (3) selecionar as formas mais eficazes de implementar e colocar em prática essas estratégias. Também examinaremos diversas técnicas, como o planejamento por cenários e a análise SWOT, que podem ajudar os administradores a melhorar a qualidade do planejamento. Discutiremos ainda uma gama de estratégias que podem ser usadas com a finalidade de criar vantagem competitiva em relação aos rivais. Ao chegar ao final deste capítulo, você entenderá o papel vital desempenhado pelos administradores ao planejarem, desenvolverem e implementarem estratégias para criar organizações de alto desempenho.

planejamento Processo que consiste em identificar e escolher os objetivos e linhas de ação apropriados; o planejamento é uma das quatro principais tarefas da administração.

Planejamento e estratégia

O **planejamento**, conforme observado no Capítulo 1, é um processo que os administradores usam para identificar e escolher objetivos e linhas de ação apropriados para uma organização.[1] O plano organizacional resultante do processo de planejamento detalha os objetivos da organização e o conjunto específico de estratégias que os administradores implementarão para atender a esses objetivos. Lembre-se de que, como vimos no Capítulo 1, **estratégia** é um conjunto de decisões e ações gerenciais relacionadas para ajudar uma organização a atingir um de seus objetivos. Portanto, o planejamento é tanto o processo de estabelecer metas como o processo de elaboração de estratégias.

MA1 Identificar as três etapas principais do processo de planejamento e explicar a relação entre planejamento e estratégia.

Na maioria das organizações, o planejamento é uma atividade desenvolvida em três etapas (ver Figura 6.1). O primeiro passo é determinar a missão e os objetivos da organização. A **declaração da missão** é uma declaração geral do propósito prioritário da organização e do que ela busca obter com suas atividades. Também se destina a identificar o que é *único ou importante* a respeito de seus produtos para os seus funcionários e clientes, assim como, de certa maneira, *distinguir ou diferenciar* a própria organização de outras organizações concorrentes. (Posteriormente, ainda neste capítulo, na Figura 6.4, são ilustrados três exemplos de declarações de missão: aquelas criadas pela Cisco Systems, Walmart e AT&T.)

estratégia Um conjunto de decisões sobre que objetivos perseguir, que medidas tomar e como usar os recursos para alcançar esses objetivos.

declaração da missão Uma declaração geral do propósito da organização que identifica seus produtos e clientes, além de distingui-la de seus concorrentes.

O segundo passo é formular a estratégia. Os administradores analisam a situação atual da organização e, em seguida, concebem e elaboram as estratégias necessárias para concretizar sua missão e seus objetivos. O terceiro passo é a implementação da estratégia. Os administradores decidem como alocar os recursos e as responsabilidades necessárias para implementar as estratégias entre as pessoas e grupos dentro da organização.[2] Nas seções subsequentes deste capítulo, analisaremos com detalhes os pormenores de cada uma dessas etapas. Porém, examinaremos primeiramente a natureza geral e o propósito do planejamento.

Figura 6.1

As três etapas do planejamento.

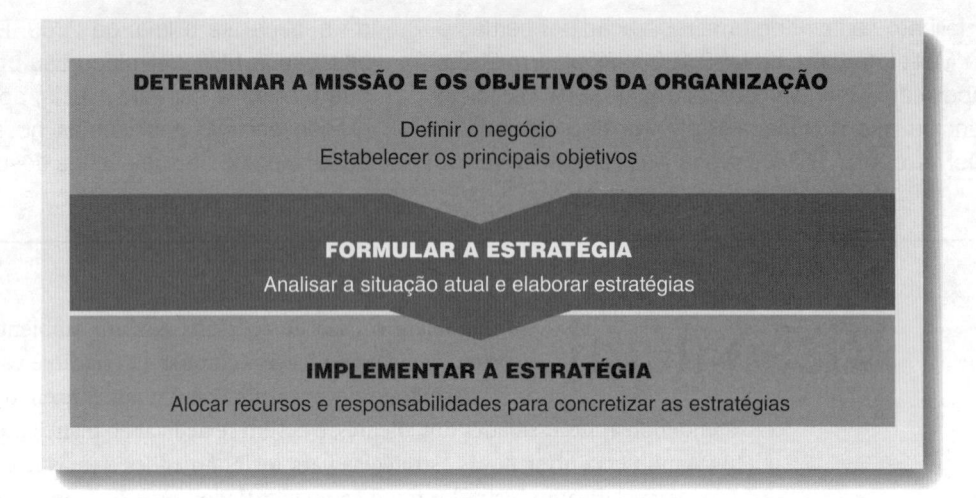

DETERMINAR A MISSÃO E OS OBJETIVOS DA ORGANIZAÇÃO
Definir o negócio
Estabelecer os principais objetivos

FORMULAR A ESTRATÉGIA
Analisar a situação atual e elaborar estratégias

IMPLEMENTAR A ESTRATÉGIA
Alocar recursos e responsabilidades para concretizar as estratégias

A natureza do processo de planejamento

Para realizar a tarefa de planejamento, os administradores essencialmente: (1) estabelecem e descobrem em que situação dada organização se encontra no *presente momento;* (2) determinam como ela deverá ser no futuro, o seu *estado futuro desejado;* e (3) decidem como *impeli-la* para atingir esse estado futuro. Ao planejar, os administradores devem prever o que pode acontecer no futuro, de modo a decidir o que fazer no presente. Quanto melhores as suas previsões, mais eficazes serão as estratégias formuladas para tirar proveito de oportunidades futuras e contra-atacar ameaças competitivas que surgirem no ambiente. Porém, como observado em capítulos anteriores, o ambiente externo é incerto e complexo, e os administradores precisam lidar com informações incompletas e racionalidade limitada; é por isso que elaborar o planejamento e a estratégia é uma atividade tão difícil e arriscada. Além disso, caso as previsões dos administradores estejam erradas e as estratégias falhem, o desempenho organizacional diminuirá.

Por que o planejamento é importante

Quase todos os administradores participam de algum tipo de planejamento, pois tanto precisam antecipar oportunidades e ameaças futuras como elaborar um plano e traçar estratégias que resultem em uma organização de alto desempenho. Acima de tudo, a falta de planos normalmente resulta em hesitações, passos em falso e mudanças de direção equivocadas que podem prejudicar a organização ou até mesmo levá-la ao desastre. O planejamento é importante por quatro razões principais:

1. *O planejamento se faz necessário para dar à organização um senso de direção e propósito.*[3] Um plano declara quais objetivos a organização busca alcançar e quais estratégias pretende usar para alcançá-los. Sem o senso de direção e propósito fornecido por um plano formal, os administradores podem interpretar suas próprias tarefas e funções específicas da maneira que melhor os atendam. O resultado será uma organização perseguindo objetivos múltiplos e normalmente conflitantes, além de administradores que não cooperam entre si nem trabalham bem em conjunto.

Um grupo de administradores se reúne para traçar a estratégia empresarial. A capacidade de esses administradores avaliarem oportunidades e desafios e preverem o futuro não depende apenas do brilhantismo de cada um. Ferramentas como a análise SWOT podem aumentar significativamente a precisão de suas previsões.

Ao declarar quais objetivos e estratégias organizacionais são importantes, o plano mantém os administradores no caminho certo, fazendo com que usem os recursos sob seu controle de forma eficiente e eficaz.

2. *O planejamento é uma maneira útil de fazer com que os administradores participem da tomada de decisão sobre os objetivos e estratégias apropriados para a organização.* O planejamento eficaz oferece a todos os administradores a oportunidade de participar do processo decisório. Na Intel, por exemplo, os altos executivos, como parte do processo de planejamento anual, solicitam regularmente *feedback* dos administradores de escalões mais baixos para determinar quais devem ser os objetivos e as estratégias da organização.

3. *Um plano ajuda a coordenar os administradores de diferentes funções e divisões da organização, garantindo que todos remem na mesma direção e trabalhem para atingir o estado futuro desejado.* Sem um plano ponderado, é possível, por exemplo, que os membros da função de produção fabriquem produtos além do volume que os membros da função de vendas conseguem vender, resultando em grande quantidade de estoque sem liquidez. Isso aconteceu nos primeiros anos deste milênio com a Cisco Systems (fabricante de grande sucesso no segmento de roteadores para internet), quando sua área de produção, que anteriormente fora capaz de comercializar todos os roteadores produzidos, se deu conta de que tinha mais de US$ 2 bilhões em estoques que o departamento de vendas não havia conseguido vender; agora os clientes queriam novos tipos de roteadores óticos que a Cisco não planejara desenvolver – muito embora o departamento de vendas tenha informado à produção que as necessidades dos clientes estavam mudando.

4. *Um plano pode ser usado como dispositivo para controlar os administradores da organização.* Um bom plano especifica não apenas com quais objetivos e estratégias a organização está comprometida como também sobre *quem* recai a responsabilidade de colocar em prática as estratégias para alcançar esses objetivos. Quando os administradores estão cientes de que é de sua responsabilidade atingir dado objetivo, estarão motivados a fazer o máximo possível para garantir que seja atingido.

Henri Fayol, criador do modelo de administração discutido no Capítulo 1, dizia que os planos eficazes devem apresentar quatro qualidades: unidade, continuidade, precisão e flexibilidade.[4] *Unidade* significa que em um dado momento é colocado em prática apenas um plano central e orientador para atingir um objetivo organizacional; ter mais de um plano para alcançar um só objetivo provocaria confusão e desordem. *Continuidade* significa que o planejamento é um processo contínuo no qual os administradores criam e refinam planos anteriores e também modificam continuamente os planos em todos os níveis – corporativo, de negócios e funcional –, fazendo com que se encaixem em uma única grande estrutura. *Precisão* significa que é necessário fazer todas as tentativas possíveis para reunir e utilizar as informações disponíveis no processo de planejamento. Obviamente, as empresas precisam reconhecer o fato de que existe incerteza e que quase sempre as informações são incompletas (pelos motivos discutidos no Capítulo 5). Apesar da necessidade de continuidade e precisão, Fayol enfatizou, todavia, que o processo de planejamento deveria ser suficientemente *flexível* para que os planos pudessem ser alterados e modificados caso a situação mudasse; os administradores não devem se prender a um plano estático.

Níveis de planejamento

Nas grandes organizações, o planejamento normalmente ocorre em três níveis da administração: nível corporativo, nível de negócios ou divisional e nível departamental ou funcional. Consideremos como opera a General Electric (GE). Uma das maiores organizações globais do mundo, a GE concorre em mais de 150 segmentos ou setores diferentes.[5] Possui três níveis administrativos principais: nível corporativo, nível de negócios ou divisional, e nível funcional (ver Figura 6.2).

Figura 6.2
Níveis de planejamento na General Electric.

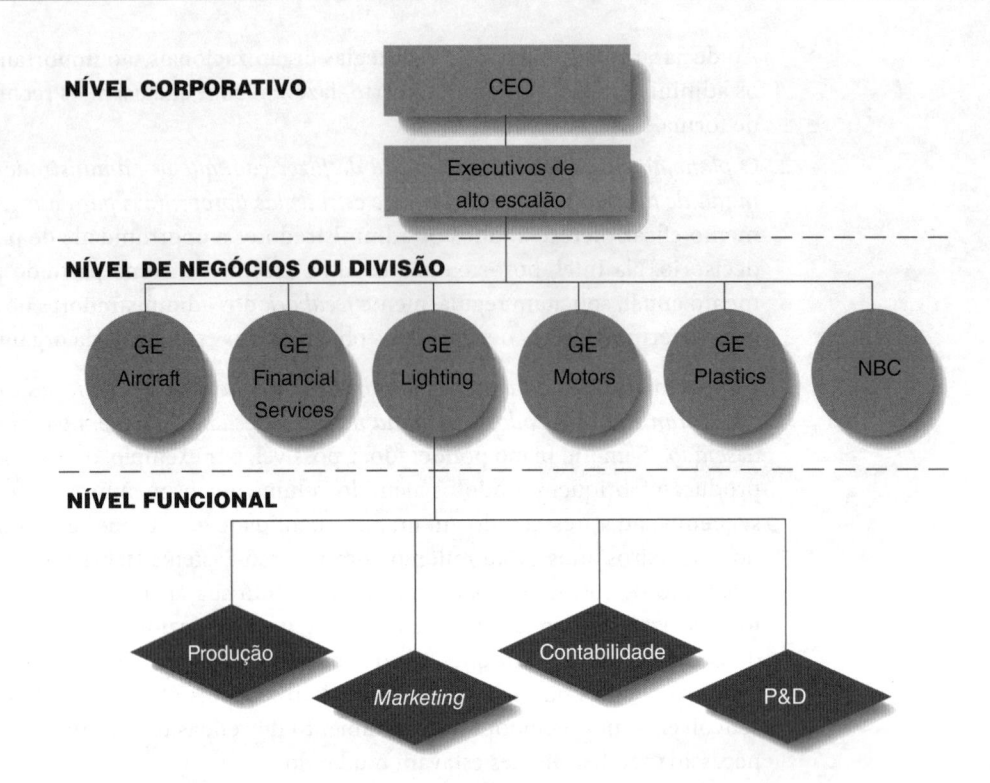

NÍVEL CORPORATIVO
- CEO
- Executivos de alto escalão

NÍVEL DE NEGÓCIOS OU DIVISÃO
- GE Aircraft
- GE Financial Services
- GE Lighting
- GE Motors
- GE Plastics
- NBC

NÍVEL FUNCIONAL
- Produção
- Marketing
- Contabilidade
- P&D

No nível corporativo se encontram Jeffrey Immelt, CEO e presidente do conselho de administração, sua equipe de alto escalão e seus *staffs* de apoio. Juntos, eles são responsáveis pela elaboração do planejamento e da estratégia para a organização como um todo.

Abaixo do nível corporativo temos o nível de negócios. Nele, temos as várias *divisões* ou *unidades de negócios* da empresa, que competem em diferentes setores de atividade; a GE tem mais de 150 divisões, entre as quais a GE Aircraft Engines, a GE Financial Services, a GE Lighting, a GE Motors, a GE Plastics e a NBC. Cada uma possui seu próprio grupo de *gerentes de divisão*, que controlam o planejamento e a estratégia de sua divisão ou unidade específica. Portanto, os gerentes de divisão da GE Lighting, por exemplo, planejam como operar mundialmente para reduzir custos e, ao mesmo tempo, atender às necessidades dos clientes em diversos países.

Descendo mais um nível, observa-se que cada divisão possui seu próprio grupo de *funções* ou *departamentos*, como produção, *marketing*, gestão de recursos humanos (GRH) e pesquisa e desenvolvimento (P&D). A GE Aircraft, por exemplo, possui seu próprio departamento de *marketing*, assim como a GE Lighting, a GE Motors e a NBC. O *gerente funcional* de cada divisão é responsável pela elaboração do planejamento e pela estratégia necessária para aumentar a eficiência e a eficácia de suas funções particulares. Assim, os gerentes de *marketing* da GE Lighting, por exemplo, são responsáveis pelo aumento da eficácia de suas campanhas publicitárias e de vendas nos diferentes países, a fim de aumentar as vendas de lâmpadas.

Níveis e tipos de planejamento

Como acabamos de discutir, o planejamento na GE, assim como em todas as outras grandes organizações, ocorre em todos os níveis. A Figura 6.3 mostra as ligações entre os três níveis e as três etapas do processo de elaboração de planejamento e estratégia, ilustrado na Figura 6.1.

O **plano corporativo** contém decisões da alta administração concernentes à missão e aos objetivos da organização, à estratégia e estrutura gerais (nível corporativo) (ver Figura 6.3). A **estratégia corporativa** especifica em que setores e mercados nacionais uma organização pretende competir e por quê. Um dos objetivos declarados no plano corporativo da GE é que a organização

plano corporativo
Decisões da alta administração pertinentes à missão, estratégia geral e estrutura da organização.

estratégia corporativa
Um plano que indica em que setores de atividade e mercados nacionais uma organização pretende competir.

Figura 6.3
Níveis e tipos de planejamento.

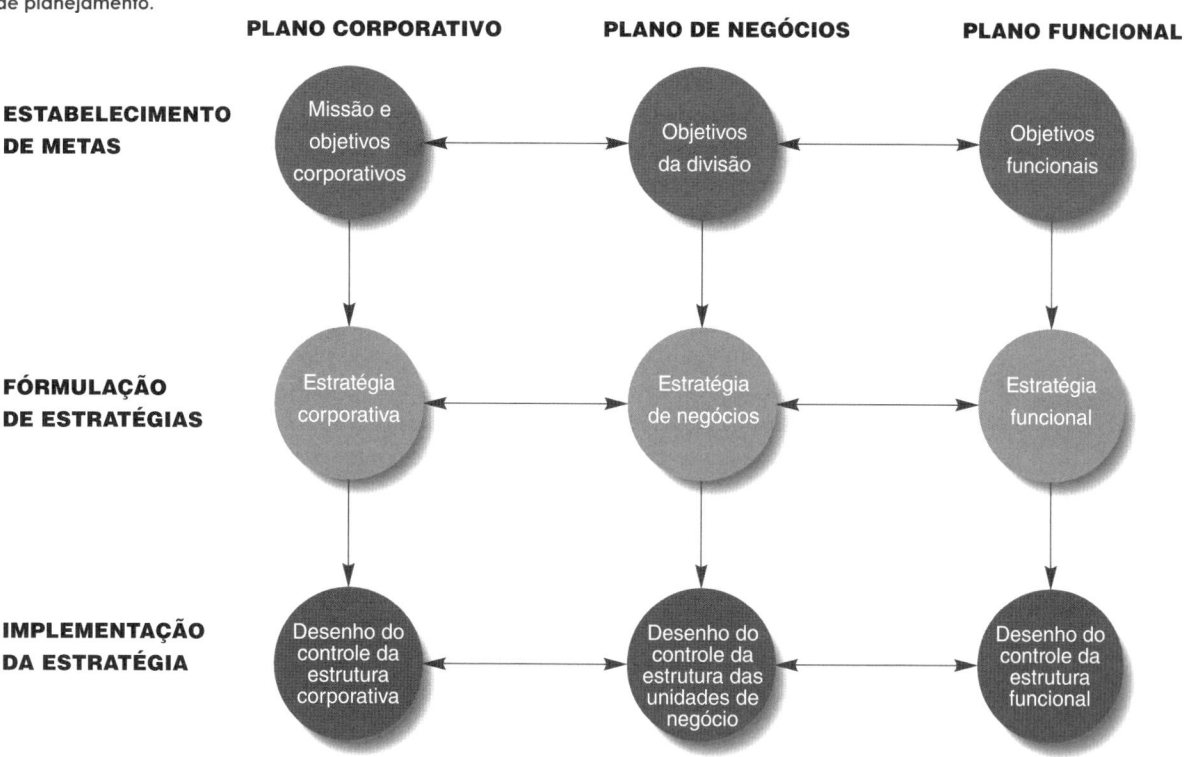

	PLANO CORPORATIVO	PLANO DE NEGÓCIOS	PLANO FUNCIONAL
ESTABELECIMENTO DE METAS	Missão e objetivos corporativos	Objetivos da divisão	Objetivos funcionais
FÓRMULAÇÃO DE ESTRATÉGIAS	Estratégia corporativa	Estratégia de negócios	Estratégia funcional
IMPLEMENTAÇÃO DA ESTRATÉGIA	Desenho do controle da estrutura corporativa	Desenho do controle da estrutura das unidades de negócio	Desenho do controle da estrutura funcional

deveria ser a primeira ou segunda em participação de mercado em cada um dos setores em que concorre. A divisão que não consiga atingir esse objetivo deverá ser vendida a outra empresa. A GE Medical Systems foi vendida para a Thompson francesa por essa razão. Outro objetivo da GE é adquirir outras empresas que possam ajudar uma divisão a construir sua participação de mercado para alcançar o objetivo de ser a primeira ou a segunda empresa em dado setor. Ao longo da última década, a GE adquiriu várias grandes financeiras para atender a esse objetivo, e transformou a GE Financial Services em uma das maiores financeiras do mundo.

Em geral, planejamento e estratégia são as principais responsabilidades dos altos executivos.[6] O objetivo corporativo segundo o qual a GE deveria ser a primeira ou segunda em todos os setores nos quais participasse foi articulado primeiramente pelo seu ex-CEO Jack Welch. Hoje, Jeffrey Immelt (o sucessor escolhido a dedo por Welch) e sua diretoria decidem em que setores a GE deve concorrer.

O plano corporativo oferece a estrutura dentro da qual os gerentes de divisão criam seus planos de negócios. No nível de negócios, os administradores de cada divisão criam um **plano de negócios** que detalha: (1) os objetivos a longo prazo das divisões, que lhes permitirão atender aos objetivos da empresa e (2) a estratégia e estrutura de negócios da divisão necessárias para alcançar os objetivos da divisão. A **estratégia de negócios** descreve os métodos específicos que uma divisão, unidade de negócios ou organização usarão para competir de maneira eficaz contra seus rivais em dado segmento. Os administradores da divisão GE Lighting (atualmente a número dois do mundo no setor de iluminação, atrás apenas da holandesa Philips NV) elaboram estratégias desenvolvidas para ajudar sua divisão a assumir a liderança e melhor contribuir para os objetivos da empresa como um todo. As estratégias específicas da divisão de iluminação poderiam focar em maneiras de reduzir os custos em todos os departamentos, buscando diminuir os preços e, portanto, ganhar participação de mercado da Philips; verifica-se, por exemplo, que atualmente a GE está expandindo as operações de sua divisão de iluminação europeia na Hungria, um país onde os custos são baixos.[7]

plano de negócios
Decisões dos gerentes de divisão pertinentes aos objetivos de longo prazo, estratégia global e estrutura das divisões.

estratégia de negócios
Um plano que indica como uma divisão pretende competir com seus rivais em dado segmento.

plano funcional
Decisões de gerentes funcionais pertinentes aos objetivos por eles propostos para procurar ajudar a divisão alcançar seus objetivos de negócios.

estratégia funcional
Um plano de ação para melhorar a capacidade de cada função de determinada organização para realizar suas atividades, com a finalidade de agregar valor aos bens e serviços da organização.

No nível funcional, o plano de negócios oferece a estrutura para que os gerentes funcionais concebam seus planos. Um **plano funcional** declara os objetivos que os administradores de cada função irão perseguir para ajudar sua divisão a alcançar os objetivos de negócios, e que, por sua vez, possibilitarão a toda a empresa alcançar os objetivos corporativos. **Estratégia funcional** é um plano de ação que os gerentes das funções específicas (como produção ou *marketing*) podem seguir para melhorar a capacidade de cada função de realizar suas respectivas atividades, com a finalidade de agregar valor aos bens e serviços da organização e, portanto, aumentar o valor que os clientes recebem. Assim, consistente com a estratégia da divisão de iluminação de reduzir custos, sua função de produção poderia adotar, por exemplo, o objetivo "Reduzir os custos de produção em 20% ao longo dos próximos três anos" e, dentre as estratégias funcionais para atingi-lo, poderíamos citar: (1) investir em instalações industriais de última geração na Europa e (2) desenvolver uma rede B2B eletrônica global para reduzir os custos com insumos e estoques.

No processo de planejamento, é importante assegurar que o planejamento por meio dos três diferentes níveis seja *consistente* – os objetivos e estratégias funcionais devem ser consistentes com os objetivos e estratégias das divisões, que, por sua vez, devem ser consistentes com os objetivos e estratégias corporativos e vice-versa. Quando se atinge consistência, toda a empresa opera em harmonia; as atividades em um nível reforçam e solidificam as dos demais níveis, aumentando a eficiência e a eficácia. Para ajudar a concretizar isso, o plano de cada função se associa ao plano de negócios de sua divisão que, por sua vez, é associado ao plano corporativo. Embora poucas organizações sejam tão grandes e complexas quanto a GE, a maioria planeja da mesma forma e ainda redige planos (que são frequentemente atualizados) para orientar a tomada de decisão gerencial.

Horizontes temporais dos planos

horizonte temporal
A duração pretendida de um plano.

Os planos diferem quanto a seus **horizontes temporais**, ou seja, o período de tempo em que se pretende que sejam aplicados ou durem. Os administradores normalmente distinguem entre *planos de longo prazo*, com horizonte temporal de cinco anos ou mais; *planos de prazo intermediário*, com horizonte de um a cinco anos, e *planos de curto prazo*, com horizonte de um ano ou menos.[8] Tipicamente, os objetivos e as estratégias corporativos e de negócios requerem planos com prazos longos e intermediários, e os objetivos e as estratégias funcionais exigem planos com prazos intermediários e curtos.

Embora a maioria das empresas opere com horizontes de planejamento de cinco anos ou mais, isso não significa que os administradores se dediquem a atividades de planejamento importantes apenas a cada cinco anos e então se atenham a um conjunto específico de objetivos e estratégias para esse período de tempo. A maioria das organizações possui um ciclo de planejamento anual usualmente associado ao orçamento financeiro anual (embora uma grande iniciativa de planejamento possa ser empreendida somente em intervalos de alguns anos). Portanto, um plano corporativo ou de negócios que se estenda por vários anos normalmente é tratado como um *plano cíclico*, um plano que é atualizado e revisado todo ano para dar conta das mudanças nas condições do ambiente externo. Assim, o horizonte temporal de determinada organização para o plano corporativo de 2009 poderia ser 2014; para o plano de 2010, poderia ser 2015 – e assim por diante. O uso de planos cíclicos é essencial devido às grandes mudanças que ocorrem no ambiente e à dificuldade de prever as condições de concorrência cinco anos à frente. Os planos cíclicos permitem que os administradores façam correções no meio do percurso, caso as mudanças no ambiente demandarem, ou mudarem completamente a natureza do plano, caso o anterior não pareça mais apropriado. O uso de planos cíclicos permite que os administradores planejem com flexibilidade, sem perder de vista a necessidade de planejar para o longo prazo.

Planos permanentes e *ad hoc*

Outra distinção muitas vezes feita entre os tipos de planos é se são permanentes ou *ad hoc*. Os administradores criam planos permanentes e *ad hoc* para auxiliar a concretizar os objetivos específicos da organização. Os *planos permanentes* são usados em situações nas quais a tomada de decisão programada é apropriada. Quando as mesmas situações ocorrem repetidamente, os administradores criam políticas, regras e procedimentos operacionais padronizados (SOPs – *Standart Operating Procedures*) para controlar como os funcionários executam suas tarefas. Uma política é uma diretriz geral para a ação; uma regra é uma diretriz formal e por escrito para a ação; e o procedimento operacional permanente é uma instrução por escrito descrevendo exatamente a série de ações que devem ser seguidas em determinada situação. Uma organização poderia, por exemplo, ter um plano permanente em relação a conduta ética esperada de seus funcionários. Esse plano incluiria uma política na qual se espera que todos os funcionários se comportem de maneira ética no trato com fornecedores e clientes, e poderia ditar uma regra exigindo que qualquer funcionário que receber de um fornecedor ou cliente um presente que valha mais do que US$ 10 deve relatar o fato, e também uma SOP obrigando quem recebe o presente a revelar o fato por escrito em um prazo de 30 dias.

De forma contrastante, os *planos ad hoc* são elaborados para tratar de uma tomada de decisão não programada em situações não usuais ou únicas no gênero. Como exemplos podemos citar os *programas,* que são conjuntos integrados de planos para atingir certos objetivos, e os *projetos,* que são planos de ação específicos criados para completar vários aspectos de um programa. Um dos principais programas da Nasa era chegar à Lua, e um dos projetos nesse programa era desenvolver um módulo lunar capaz de aterrissar na Lua e retornar à Terra.

Pelo fato de o futuro ser imprevisível, a melhor maneira de aperfeiçoar o planejamento é primeiramente gerar "futuros múltiplos" ou cenários futuros, baseados em diferentes hipóteses sobre as condições que *podem vir a prevalecer* no futuro, e depois elaborar diferentes planos que detalhem o que a empresa *deveria fazer,* caso um desses cenários realmente ocorra. O planejamento por cenários é uma ferramenta de aprendizagem que aumenta a qualidade do processo de planejamento e pode trazer benefícios reais para a organização.[9] Em 1990, mais de 50% das 500 maiores empresas segundo a revista *Fortune* valiam-se de algum tipo de planejamento por cenários, e o número aumentou desde então.

A grande vantagem do planejamento por cenários é a capacidade de não apenas antecipar os desafios de um futuro incerto como também de ensinar os administradores a pensar no futuro – *a pensar estrategicamente.*[10]

Determinação da missão e dos objetivos da organização

Conforme discutido previamente, determinar a missão e os objetivos de uma organização é a primeira etapa do processo de planejamento. Uma vez que se chegar a um acordo sobre a missão e os objetivos – e que esses sejam declarados formalmente no plano corporativo –, eles orientarão as próximas etapas por meio da definição de quais estratégias são apropriadas e quais não são.[11] A Figura 6.4 apresenta a missão e os objetivos de três empresas: Cisco, Walmart e AT&T.

Figura 6.4
Três declarações da missão.

EMPRESA	DECLARAÇÃO DA MISSÃO
Cisco	As soluções da Cisco dão vantagem competitiva a nossos clientes por meio do intercâmbio de informações mais eficiente e oportuno, que por sua vez conduz as economias, eficiência nos processos e relacionamento mais próximo com nossos clientes (atuais e potenciais), parceiros comerciais, fornecedores e funcionários.
Walmart	Trabalhamos para você. Colocamo-nos no papel de compradores a serviço de nossos clientes e aplicamos nossos consideráveis pontos fortes para obter o melhor valor para você. Construímos a Walmart agindo em nome de nossos clientes, e esse conceito continua a nos impelir. Esforçamo-nos ao máximo para facilitar o processo de compras de nossos clientes.
AT&T	Estamos empenhados em ser a melhor do mundo na comunicação entre as pessoas – facilitar o acesso entre elas e às informações e serviços que elas desejam – a qualquer hora, em qualquer lugar.

Definição do negócio

Para determinar a *missão de uma organização* – a razão primária pela qual a organização existe para fornecer aos clientes bens ou serviços que eles valorizam –, os administradores devem primeiramente *definir seu negócio*, de modo que possam identificar o tipo de valor que os clientes estão recebendo. Para isso, devem fazer três perguntas relacionadas com os produtos da empresa: (1) *Quem* são nossos clientes? (2) *Quais* necessidades dos clientes estão sendo atendidas? (3) *Como* estamos satisfazendo as necessidades dos clientes?[12] Os administradores fazem essas perguntas para identificar as necessidades do cliente que a organização atende e a forma como ela atende a essas necessidades. Responder essas perguntas ajuda a identificar não apenas as necessidades dos clientes que eles estão atendendo no momento, mas também as necessidades que deveriam tentar atender no futuro; além disso, essas perguntas ajudam a identificar quem são seus verdadeiros concorrentes. Todas essas informações ajudam a planejar e estabelecer os objetivos apropriados.

Estabelecimento dos principais objetivos

Uma vez definido o negócio, os administradores devem estabelecer um conjunto de objetivos primários com os quais a organização está comprometida. Desenvolver esses objetivos confere um senso de direção ou propósito. Na maioria das organizações, articular os principais objetivos é tarefa do CEO, embora outros administradores tenham participação no processo. Portanto, conforme mostrado no caso de abertura deste capítulo, o objetivo primário de Bob Eckert, CEO da Mattel, ainda é ser o líder de cada segmento do mercado de brinquedos no qual a empresa compete, muito embora isso seja muito desafiador no presente. Entretanto, as melhores declarações dos objetivos organizacionais são ambiciosas – isto é, põem a organização à prova e exigem que todos os seus membros trabalhem para aumentar o seu desempenho.[13] Nesse caso, são importantes o papel da **liderança estratégica** e a capacidade do CEO e dos funcionários de alto escalão transmitirem a seus subordinados uma visão convincente daquilo que querem atingir. Se os subordinados comprarem a ideia da visão e modelarem seus comportamentos de acordo com o do líder, eles desenvolverão a tendência a realizar o árduo e estressante trabalho necessário para a elaboração de uma estratégia criativa.[14] Vários livros populares, como a obra *Feitas para Durar* (*Built to Last*), apresentam relatos lúcidos de líderes estratégicos estabelecendo "objetivos grandes, cabeludos e audaciosos", que servem como foco para seus subordinados.[15]

Embora os objetivos devam ser desafiadores, também devem ser realistas. Objetivos desafiadores incentivam os administradores de todos os níveis a buscar maneiras de aumentar o desempenho organizacional; porém, um objetivo claramente irrealista e impossível de ser atingido poderia induzir os administradores a desistir.[16] Bob Eckert e seus administradores, por exemplo, devem ser cautelosos para não desencorajarem os *designers* de bonecas da Mattel estabelecendo metas de vendas irrealistas.

Finalmente, deve-se declarar o período de tempo em que se espera que um objetivo seja atingido. Restrições de tempo são importantes, pois enfatizam que o objetivo deve ser atingido dentro de um período razoável; elas injetam um senso de urgência na concretização dos objetivos e atuam como elemento motivador.

liderança estratégica
A capacidade que o CEO e os executivos possuem de transmitir a seus subordinados uma visão convincente daquilo que querem que a organização atinja.

formulação de estratégias
Elaboração de um conjunto de estratégias (corporativas, de negócios e funcionais) que possibilitarão à organização cumprir sua missão e atingir seus objetivos.

Formulação de estratégias

Na **formulação de estratégias** os administradores trabalham para elaborar o conjunto de estratégias (corporativas, de negócios e funcionais) que possibilitará à organização cumprir sua missão e atingir os seus objetivos.[17] A formulação de estratégias começa com a análise sistemática dos fatores ou forças (dentro da organização e também fora dela, no ambiente global) que afetam a capacidade da empresa de alcançar esses objetivos agora e no futuro. A análise SWOT e o modelo das cinco forças são duas técnicas úteis que os administradores podem usar para analisar esses fatores.

Análise SWOT

Trata-se de uma operação de planejamento em que os administradores identificam os pontos fortes (S, *strengths*) e fracos (W, *weakenesses*) internos da organização e as oportunidades (O, *opportunities*) e ameaças (T, *threats*) externas. Com base na **análise SWOT**, os administradores de diferentes níveis da organização escolhem estratégias corporativas, de negócios e funcionais para melhor posicionar a organização, a fim de que ela atinja sua missão e objetivos (ver Figura 6.5). No Capítulo 4 discutimos forças nos ambientes geral e de tarefa que têm potencial para afetar uma organização. Observamos que as mudanças nessas forças podem gerar oportunidades das quais uma organização poderia tirar proveito ou ameaças que poderiam prejudicar sua situação atual.

O primeiro passo na análise SWOT é identificar os pontos fortes e fracos da organização. A Tabela 6.1 enumera vários pontos fortes importantes (como excelentes habilidades em *marketing* e pesquisa e desenvolvimento) e os pontos fracos (como elevação nos custos de produção e tecnologia desatualizada). A tarefa dos administradores é identificar os pontos fortes e fracos que caracterizam o estado atual de suas organizações.

A segunda etapa da análise SWOT começa quando os administradores se dedicam com afinco a uma operação de planejamento SWOT plena para identificar as oportunidades e ameaças potenciais no ambiente que afetam a organização no presente ou poderiam afetá-la no futuro. Na Tabela 6.1 são apresentados exemplos de possíveis oportunidades e ameaças que devem ser previstas (muitas das quais foram discutidas no Capítulo 4). O planejamento por cenários muitas vezes é usado para reforçar essa análise.

Com os pontos fortes, os pontos fracos, as oportunidades e as ameaças identificados, os administradores podem continuar o processo de planejamento e determinar estratégias específicas para concretizar a missão e os objetivos da organização. As estratégias resultantes devem capacitar a organização a atingir seus objetivos, tirando proveito de oportunidades, contra-atacando ameaças, construindo os pontos fortes e corrigindo os pontos fracos da organização. Para apreciar como os administradores usam a análise SWOT para formular estratégias, consideremos como Douglas Conant, CEO da Campbell Soup, a utilizou para encontrar estratégias a fim de reverter o desempenho da empresa, que encontrava-se em dificuldades nos anos 2000.

análise SWOT
Uma operação de planejamento na qual os administradores identificam os pontos fortes (S, *strengths*) e fracos (W, *weakenesses*) da organização e as oportunidades (O, *opportunities*) e ameaças (T, *threats*) do ambiente.

Figura 6.5
Planejamento e formulação de estratégias.

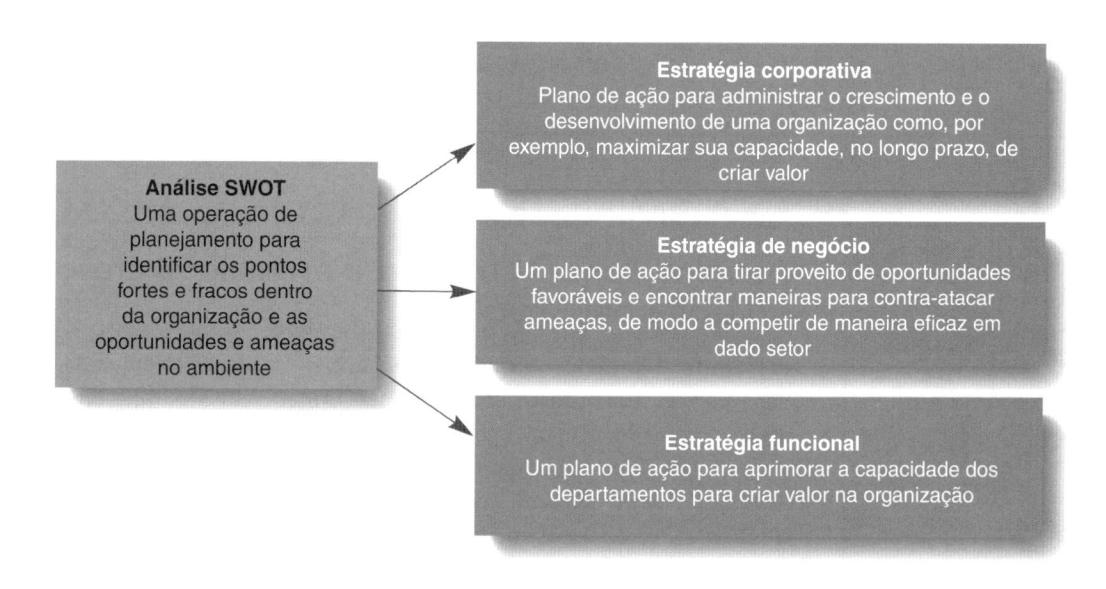

Análise SWOT
Uma operação de planejamento para identificar os pontos fortes e fracos dentro da organização e as oportunidades e ameaças no ambiente

→ **Estratégia corporativa**
Plano de ação para administrar o crescimento e o desenvolvimento de uma organização como, por exemplo, maximizar sua capacidade, no longo prazo, de criar valor

→ **Estratégia de negócio**
Um plano de ação para tirar proveito de oportunidades favoráveis e encontrar maneiras para contra-atacar ameaças, de modo a competir de maneira eficaz em dado setor

→ **Estratégia funcional**
Um plano de ação para aprimorar a capacidade dos departamentos para criar valor na organização

Tabela 6.1
Perguntas para análise SWOT.

Pontos fortes potenciais	Oportunidades potenciais	Pontos fracos potenciais	Ameaças potenciais
Estratégia bem elaborada?	Expandir atividade(s) principal(is)?	Estratégia mal elaborada?	Ataques contra a(s) atividade(s) principal(is) da empresa?
Linhas de produtos consolidadas?	Explorar novos segmentos de mercado?	Linhas de produtos limitadas e obsoletas?	Aumento da concorrência doméstica?
Ampla cobertura de mercado?	Ampliar a oferta de tipos de produtos?	Elevação nos custos de produção?	Aumento da concorrência estrangeira?
Competência na produção?	Estender vantagem de custos ou de diferenciação?	Declínio nas inovações em P&D?	Mudanças nas preferências do consumidor?
Boas habilidades de *marketing*?	Diversificar para novos negócios geradores de crescimento?	Plano de *marketing* inadequado?	Queda nas barreiras à entrada?
Sistemas de administração de materiais adequados?	Expandir para mercados estrangeiros?	Sistemas de administração de materiais ineficientes?	Aumento de produtos novos ou substitutos?
Liderança e habilidades em P&D?	Aplicar habilidades de P&D em novas áreas?	Perda da reputação diante dos clientes?	Aumento da rivalidade no setor?
Competências em recursos humanos?	Entrar em novos negócios relacionados com o atual?	Recursos humanos inadequados?	Novas formas de concorrência no setor?
Reputação da marca?	Integrar verticalmente para frente?	Perda de prestígio da marca?	Potencial para ser adquirida?
Vantagem de custos ou de diferenciação?	Integrar verticalmente para trás?	Crescimento sem direção?	Mudanças em fatores demográficos?
Estilo de administração apropriado?	Suplantar barreiras à entrada?	Perda do rumo corporativo?	Mudanças em fatores econômicos?
Estrutura organizacional apropriada?	Reduzir a rivalidade entre os concorrentes?	Luta interna entre divisões?	Instabilidade econômica?
Sistemas de controle apropriados?	Aplicar prestígio da marca em novas áreas?	Perda do controle corporativo?	Aumento nos custos com mão de obra?
Capacidade de gerir mudanças estratégicas?	Buscar rápido crescimento de mercado?	Estrutura organizacional e sistemas de controle inapropriados?	Crescimento de mercado mais lento?
Outros?	Outros?	Grandes conflitos e politicagem?	Outros?
		Outros?	

O ADMINISTRADOR COMO PESSOA

Douglas Conant continua a estimular o crescimento da Campbell Soup

A Campbell Soup Co., uma das mais antigas e conhecidas indústrias alimentícias do mundo, viu cair a demanda pelo seu principal produto – a sopa enlatada, que despencou 30% no início do novo milênio à medida que os clientes trocavam as sopas processadas e com alto teor de sódio por variedades mais saudáveis (com baixos teores de gordura e de sódio). Os lucros e o preço das ações da Campbell despencaram enquanto seu negócio de sopas enlatadas ia de mal a pior; por isso, em 2001, seus diretores introduziram um novo CEO, chamado Douglas Conant, para ajudar a empresa a lidar com essas dificuldades. Conant decidiu que seria necessário elaborar um plano "de reviravolta" trienal para ajudar a empresa a solidificar sua posição no mercado contra concorrentes com iniciativa e dinamismo, como a General Mills, cuja divisão Progresso Soup havia atraído muitos dos ex-clientes

Douglas Conant, CEO da Campbell, revitalizou a empresa por meio da análise SWOT. Com ela, percebeu como inovar com novos produtos alimentícios de sucesso, e a Campbell's hoje é líder no segmento de produtos alimentícios de alto preço e no segmento de alimentos com baixo teor de carboidratos, voltados para consumidores preocupados com a saúde.

da Campbell com suas linhas inovadoras de sopas mais saudáveis.

Uma das primeiras ações de Conant foi iniciar uma operação de planejamento SWOT. A *análise externa* do ambiente identificou o crescimento do segmento de produtos alimentícios orgânicos e mais saudáveis no mercado de produtos alimentícios e o número crescente de outros tipos de alimentos prontos industrializados como uma ameaça ao negócio principal da Campbell, ou seja, sopas. A análise também revelou três oportunidades de crescimento: (1) o mercado em expansão de bebidas saudáveis e voltadas para praticantes de esportes, do qual a Campbell já estava participando com o suco V8; (2) o mercado em expansão de *cookies* e pães de qualidade, no qual a Campbell competia com sua marca Pepperidge Farm e (3) produtos à base de chocolate, no qual uma das marcas da empresa, a Godiva, havia experimentado vendas crescentes durante a década de 1990.

Ao completar a análise do ambiente, Conant voltou a atenção para os recursos e as capacidades da organização. A sua *análise interna* da Campbell identificou uma série de pontos fracos importantes. Entre eles o número de funcionários, muito elevado em relação ao de seus concorrentes, e os altos custos associados à produção das sopas, devido ao emprego de maquinário ultrapassado.

Conant observou também que a Campbell tinha uma cultura muito conservadora; as pessoas da organização pareciam ter medo de correr riscos – um problema real num setor no qual os gostos dos clientes estão sempre mudando e novos produtos precisam ser desenvolvidos constantemente. Ao mesmo tempo, a análise SWOT identificou um ponto forte enorme: a Campbell gozava de imensas economias de escala devido à enorme quantidade de produtos alimentícios que fabrica, e também possuía uma divisão de P&D de primeiro nível, capaz de desenvolver produtos alimentícios incrivelmente novos.

Usando as informações obtidas com a análise SWOT, Conant e seus gerentes decidiram que a Campbell precisava usar suas habilidades de desenvolvimento de produtos para revitalizar seus produtos principais e modificá-los ou reinventá-los, a fim de atrair os consumidores cada vez mais ocupados e conscientes da importância da saúde. Além disso, precisava expandir suas franquias nos segmentos de produtos alimentícios saudáveis, voltados para praticantes de esportes, assim como nos segmentos de salgadinhos e de produtos de alto preço. Da mesma forma, para aumentar as vendas, a Campbell's precisava explorar novos pontos de venda, como os refeitórios dentro das empresas, os refeitórios de faculdades e outros restaurantes com grande afluxo de público, a fim de expandir o acesso dos consumidores a seus produtos. Finalmente, Conant decidiu descentralizar a autoridade, fazendo com que os gerentes nos níveis mais baixos da organização se tornassem responsáveis pelo desenvolvimento de novos produtos (relacionados a sopa, pães e chocolate) que atendessem às mudanças das necessidades dos clientes. Dessa maneira, esperava revitalizar a cultura lenta da Campbell's e acelerar o fluxo de produtos novos e melhores.

Conant colocou em prática seu novo plano. As vendas da nova sopa aumentaram, e ele começou a dar mais ênfase nas vendas de sopa em locais como 7-Eleven e Subway, e menos em supermercados.[18] Em 2004, os analistas acreditavam que ele havia sido responsável por uma mudança significativa no desempenho da Campbell's, mas que ainda havia muito a fazer, já que as margens operacionais da empresa continuavam diminuindo. Prosseguindo com a análise SWOT, Conant decidiu que a Campbell deveria fabricar um número maior de produtos para atender às necessidades da "dieta pobre em carboidratos", como novos tipos de pães e *cookies* com baixo teor de carboidratos. Também decidiu reduzir as operações da empresa para diminuir custos. O seu objetivo era elevar as margens de lucro ao nível de seus principais concorrentes (Kraft e General Mills) até 2007, usando um novo plano trienal baseado na análise SWOT.[19]

Em 2006, Conant havia atingido substancialmente seus objetivos: as vendas de sopa haviam se recuperado, e as divisões Pepperidge Farm e Godiva estavam auferindo lucros e vendas recorde (as vendas de bolachas tipo água e sal da Goldfish haviam crescido 100%!).[20] O preço das ações da Campbell aumentou vertiginosamente, e Conant e outros funcionários de todos os níveis receberam bônus para recompensar o tremendo esforço de reverter a situação da empresa. Entretanto, Conant pôs em marcha imediatamente uma nova rodada de análise SWOT para descobrir novas oportunidades para desenvolver novos tipos de produtos para novos clientes.[21]

No lado das ameaças, verificava-se que os clientes queriam alimentos e lanches mais nutritivos. Portanto, ele começou pesquisas para tornar os produtos alimentícios da Campbell's mais atraentes aos clientes preocupados com a saúde. Uma grande oportunidade seria reformular uma série de suas sopas reduzindo o conteúdo de sódio; assim, em 2007, foram introduzidos novos tipos de sopa com pouco sal. Outra oportunidade seria desenvolver sopas nutritivas especiais, com preços mais elevados.[22] Ambas as iniciativas funcionaram bem. Por outro lado, o ato de perseguir seu novo objetivo de tornar mais nutritivos os produtos alimentícios da Campbell's levou Conant a questionar se a marca de chocolate Godiva, altamente lucrativa, ainda era um produto adequado para a empresa. Ele decidiu que a marca havia se tornado um ponto fraco e, em 2008, a vendeu por US$ 850 milhões.[23] Em seguida, usou parte dos proventos dessa venda para construir novos pontos fortes para a empresa. Investiu, por exemplo, em P&D, para desenvolver as habilidades necessárias para adequar as marcas da Campbell às necessidades dos clientes em países como Índia e China, ação que abriu as portas para a expansão global. Sob a direção de Conant, as ações da Campbell alcançaram um retorno total de 11% nos últimos cinco anos, e seus dividendos vêm aumentando a cada ano. Com uma cultura de inovação permeando a organização, o futuro parece ser de fato brilhante.

O modelo das cinco forças

Um modelo bem conhecido que ajuda os administradores a focarem nas cinco forças competitivas (ou ameaças potenciais) mais importantes do ambiente externo é o modelo das cinco forças de Michael Porter. Já discutimos as quatro primeiras forças dessa lista no Capítulo 4. Porter identificou essas cinco forças como ameaças importantes, pois elas afetam a margem de lucro que as organizações podem esperar quando competem no mesmo setor:

- *O nível de rivalidade entre organizações participantes de um setor*: Quanto mais as empresas competem entre si para conquistar clientes – por exemplo, reduzindo os preços de seus produtos ou com aumento da publicidade –, menor será o lucro no setor (preços menores significam menos lucro).
- *A barreira à entrada em um setor de atividade*: Quanto mais fácil for a entrada da empresa em determinado setor, o que pode ocorrer devido as poucas barreiras à entrada – como reduzida fidelidade à marca, por exemplo –, a probabilidade dos preços do setor, assim como dos lucros da empresa apresentarem um baixo nível, é maior.

- *O poder de grandes fornecedores*: Se existir apenas um pequeno número de grandes fornecedores de um insumo importante, então eles poderão elevar o preço desse insumo, e insumos caros resultarão em lucros menores para as empresas de um dado setor.
- *O poder de grandes clientes*: Se existir apenas um pequeno número de grandes clientes disponíveis para comprar a produção de um dado setor, eles poderão barganhar para baixar o preço desse produto. Como resultado, os produtores do setor auferirão lucros menores.
- *A ameaça de produtos substitutos*: Muitas vezes, o produto de um setor é substituto para o produto de outro setor (por exemplo, o plástico pode ser substituto para o aço em algumas aplicações e, similarmente, a água com gás é substituto de refrigerantes). Quando existe um substituto para seus produtos, as empresas não são capazes de exigir preços altos por ele, caso contrário os clientes o trocarão pelo substituto; consequentemente, essa restrição faz com que os lucros diminuam.

Porter defende que, ao analisar as oportunidades e ameaças, os administradores devem prestar particular atenção a essas cinco forças, pois são as principais ameaças que uma organização irá encontrar. É tarefa dos administradores nos níveis corporativo, de negócios e funcional formularem estratégias para combater essas ameaças, de modo que a organização possa administrar seus ambientes geral e de tarefa, ter um alto desempenho e gerar lucros elevados. Na Campbell, Conant realiza uma análise desse tipo para identificar as oportunidades e ameaças derivadas das ações de rivais do setor. Conforme observado anteriormente, a divisão Progresso Soups da General Mill, por exemplo, desenvolveu sopas mais saudáveis, e isso resultou em uma rivalidade crescente, reduzindo o volume de vendas e os lucros da Campbell até o momento em que ela conseguiu reagir e ser bem-sucedida na produção de suas próprias linhas de sopas saudáveis. Hoje, ambas as empresas são afetadas pela ameaça da elevação dos preços de suas matérias-primas, como, por exemplo, a escalada dos preços do trigo, milho, arroz e laticínios. As duas empresas estão se esforçando ao máximo para reduzir custos operacionais, de modo a impor limites no preço de seus alimentos, já que a empresa que tiver os menores preços atrairá a maioria dos clientes e ganhará vantagem competitiva.

Atualmente a concorrência é acirrada na maioria dos setores, sejam eles fabricantes de carros, sopa, computadores ou bonecas. O termo **hiperconcorrência** se aplica a setores caracterizados por concorrência permanente, contínua e intensa causada pelo avanço da tecnologia ou pela mudança nos gostos e modismos dos clientes.[24] Obviamente, o planejamento e a formulação de estratégias são muito mais difíceis e arriscados quando prevalece a hiperconcorrência.

hiperconcorrência
Concorrência permanente, contínua e intensa em dado setor, causada pelo avanço da tecnologia ou pela mudança nos gostos e modismos dos clientes.

Formulação de estratégias de negócios

Michael Porter, pesquisador que elaborou o modelo das cinco forças, também desenvolveu uma teoria de como os administradores podem escolher uma estratégia de negócios, um plano para ganhar vantagem competitiva em dado mercado ou setor.[25] Na realidade, Porter argumenta que a estratégia de negócios cria vantagem competitiva, pois possibilita que uma organização (ou divisão da empresa) *combata e reduza* a ameaça das cinco forças do setor. Isto é, uma estratégia de negócios bem-sucedida reduz a rivalidade, evita que novos concorrentes entrem no setor, reduz o poder de fornecedores ou compradores e diminui a ameaça dos substitutos – e, consequentemente, aumenta os preços e os lucros.

De acordo com Porter, para conseguir lucros maiores os administradores precisam optar por uma das duas formas básicas de aumentar o valor dos produtos: *diferenciar o produto* para aumentar o seu valor para os clientes ou *reduzir os custos* de fabricação do produto. Porter também defende que os administradores devem optar entre atender todo o mercado ou apenas um segmento ou parte do mercado. Com base nessas escolhas, opta-se por adotar uma das quatro estratégias de negócios a seguir: de baixo custo, de diferenciação, de baixo custo focada ou de diferenciação focada (ver Tabela 6.2).

MA2 Estabelecer a diferença entre os principais tipos de estratégias de negócios e explicar como a vantagem competitiva (que pode levar a um melhor desempenho da organização) é gerada por essas estratégias.

Tabela 6.2
Estratégias de negócios segundo Porter.[26]

	NÚMERO DE SEGMENTOS DE MERCADO ATENDIDOS	
Estratégia	Muitos	Poucos
Baixo custo	✓	
Baixo custo focada		✓
Diferenciação	✓	
Diferenciação focada		✓

estratégia de baixo custo Reduzir os custos da organização para que fiquem abaixo daqueles de seus rivais.

Estratégia de baixo custo

Com uma **estratégia de baixo custo** tenta-se ganhar vantagem competitiva concentrando a energia de todos os departamentos ou funções da organização em reduzir os custos da empresa, para que fiquem abaixo daqueles dos seus rivais no setor. Essa estratégia exigiria, por exemplo, que os gerentes de produção buscassem novas formas de reduzir os custos de produção, que os gerentes de P&D se concentrassem no desenvolvimento de novos produtos que possam ser fabricados de forma mais barata e também que os gerentes de *marketing* encontrassem maneiras de reduzir os custos para atrair clientes. De acordo com Porter, as empresas que seguem uma estratégia de baixo custo podem vender um produto mais barato do que seus rivais e ainda assim terem um bom lucro, devido aos baixos custos. Consequentemente, tais organizações gozam de vantagem competitiva baseada em baixos preços. A BIC, por exemplo, segue uma estratégia de baixo custo: oferece aos clientes lâminas de barbear com preços inferiores aos da Gillette e canetas esferográficas mais baratas do que as oferecidas pela Cross ou Waterman. Da mesma forma, quando empresas já existentes têm custos menores e são capazes de cobrar preços baixos, fica difícil para novas empresas entrarem no setor, pois ingressar em um novo mercado sempre é um processo dispendioso.

estratégia de diferenciação Distinguir os produtos de uma organização dos de seus concorrentes em dimensões como projeto ou qualidade, ou ainda atendimento pós-venda.

Estratégia de diferenciação

Por meio de uma **estratégia de diferenciação**, tenta-se ganhar vantagem competitiva concentrando a energia de todos os departamentos ou funções da organização em *distinguir* seus produtos dos de seus concorrentes em uma ou mais dimensões importantes, como projeto, qualidade, atendimento e suporte pós-venda. Muitas vezes, o processo de fabricar produtos únicos e diferentes é caro. Essa estratégia, por exemplo, normalmente requer que os administradores aumentem os gastos em projeto ou em P&D para diferenciar o produto e, consequentemente, os custos aumentam. As organizações que são bem-sucedidas na execução da estratégia de diferenciação podem cobrar um *preço mais alto* pelos seus produtos, normalmente muito maior que aquele praticado por uma organização voltada para o baixo custo. Esse preço mais alto possibilita que as organizações sigam a estratégia de diferenciação para recuperar seus custos mais altos. A Coca-Cola, a PepsiCo e a Procter & Gamble são algumas empresas famosas que seguem a estratégia de diferenciação. Elas gastam quantias enormes em propaganda para diferenciar e criar uma imagem exclusiva para seus produtos. Além disso, a diferenciação dificulta a entrada no setor, porque as empresas novas não possuem uma marca que as ajude a competir e os clientes não percebem que outros produtos podem ser substitutos similares, de modo que isso também permite a cobrança de um preço maior, resultando em lucros elevados.

"Encalhadas no meio do caminho"

De acordo com a teoria de Porter, os administradores não conseguem seguir simultaneamente uma estratégia de baixo custo e uma de diferenciação. Porter identificou uma correlação simples: a diferenciação eleva os custos e, portanto, necessita de preços mais altos para recuperar os custos elevados. Se, por exemplo, a BIC lançasse de repente uma campanha publicitária maciça tentando construir uma forte imagem de marca mundial para seus produtos, os custos da empresa aumentariam. A BIC então não conseguiria lucrar caso continuasse a fixar preços mais baixos para suas lâminas de barbear e canetas, menores do que os praticados pelas concorrentes Gillette ou Cross. De acordo com Porter, os administradores devem optar por uma estratégia de baixo custo ou então por uma estratégia de diferenciação. Ele se refere às organizações que não fizeram essa escolha como "encalhadas no meio do caminho".

As organizações "encalhadas no meio do caminho" tendem a ter níveis de desempenho mais baixos do que aquelas que seguem uma estratégia de baixo custo ou então de diferenciação. Para evitar ficar "encalhados no meio do caminho", os altos executivos devem instruir os gerentes de departamentos a tomarem medidas que resultem em baixo custo ou então em diferenciação.

Entretanto, podemos ter exceções a essa regra. Muitas organizações foram capazes de reduzir os custos para que ficassem abaixo daqueles de seus rivais e, simultaneamente, diferenciar seus produtos dos oferecidos pelos concorrentes.[26] O sistema de produção da Toyota, por exemplo, é o mais eficiente do mundo. Tal eficiência dá à Toyota uma estratégia de baixo custo em relação a seus concorrentes do setor automobilístico mundial. Ao mesmo tempo, ela diferenciou os seus carros dos modelos de seus rivais com base em projeto e qualidade superiores, que permite à empresa cobrar um preço mais alto por muitos de seus modelos populares.[27] Consequentemente, a Toyota parece seguir uma estratégia de negócios ao mesmo tempo de baixo custo e diferenciada. Esse exemplo sugere que, embora as ideias de Porter possam ser válidas na maioria dos casos, empresas muito bem administradas como Campbell, Toyota, McDonald's e Dell podem ter tanto produtos de baixo custo como diferenciados – e, portanto, auferirem maiores lucros que qualquer outra do setor.

Estratégias de baixo custo focada e de diferenciação focada

Tanto a estratégia de diferenciação quanto a de baixo custo se destinam a atender muitos ou a maior parte dos segmentos de determinado mercado, como o de automóveis ou de computadores. Porter identificou duas outras estratégias de negócios que visam atender às necessidades de clientes em apenas um ou poucos segmentos de mercado.[28] Os administradores que seguem uma **estratégia de baixo custo focada** atendem a um ou alguns segmentos do mercado total e pretendem que sua organização seja a empresa de menor custo nesse segmento. Já os administradores que seguem uma **estratégia de diferenciação focada** atendem a apenas um ou alguns segmentos do mercado e pretendem que sua organização se torne a empresa mais diferenciada naquele segmento.

As empresas que seguem uma dessas estratégias optaram por *se especializar* de alguma maneira, direcionando seus esforços para certo tipo de cliente (como, por exemplo, atender às necessidades dos bebês ou de clientes com maior poder aquisitivo), ou mesmo voltando-se para as necessidades de clientes em determinada região geográfica (como os clientes da Costa Leste ou Oeste norte-americana). A BMW, por exemplo, segue a estratégia de diferenciação focada, produzindo carros exclusivamente para clientes de alto poder aquisitivo. Por outro lado, a Toyota segue a estratégia de diferenciação e produz carros que atraem consumidores de *quase todos* os segmentos do mercado automobilístico, oferecendo desde modelos mais básicos (como o Toyota Corolla) como modelos da faixa intermediária do mercado (Toyota Camry), até chegar à faixa de consumidores de alto poder aquisitivo do mercado (Lexus). Um interessante exemplo de como uma empresa pode competir com diferenciais importantes (mesmo seguindo uma estratégia de baixo custo focada), especializando-se em um segmento de mercado, é apresentado no quadro "*Insight* administrativo" a seguir.

---

estratégia de baixo custo focada Atender apenas a um segmento do mercado total e tentar ser a organização de menor custo nesse segmento.

estratégia de diferenciação focada Atender apenas a um segmento do mercado total e tentar ser a organização mais diferenciada nesse segmento.

INSIGHT ADMINISTRATIVO

Diferentes maneiras de competir no mercado de refrigerantes

"Coca" e "Pepsi" são nomes conhecidos mundialmente. Juntas, a Coca-Cola e a PepsiCo controlam mais de 70% do mercado mundial de refrigerantes e mais de 75% do mercado norte-americano. Seu sucesso pode ser atribuído às suas estratégias de diferenciação, visando produzir e promover seus produtos – estratégias que as tornaram as mais lucrativas empresas do mundo. Existem várias aspectos em suas estratégias de diferenciação. Primeiramente, elas construíram marcas globais por meio da produção do concentrado que dá aos refrigerantes tipo cola seu sabor característico, mas depois passaram a vender o concentrado sob a forma de xarope a engarrafadores espalhados pelo mundo. Os engarrafadores são responsáveis pela produção e distribuição do refrigerante em si. Eles adicionam ao xarope água artificialmente gaseificada com gás carbônico, embalam a bebida resultante e a distribuem para uso em máquinas de venda automáticas, para supermercados, restaurantes e outros pontos de venda. Os engarrafadores também devem assinar um contrato exclusivo que os proíbe de engarrafar ou distribuir os produtos de concorrentes no ramo de refrigerantes. Isso cria uma barreira à entrada que ajuda a impedir que novas empresas entrem no setor.

A Cott divulga o fato de que qualquer varejista pode colocar o nome de sua empresa (por exemplo, "Sam's Cola") em seu refrigerante tipo cola genérico.

Em segundo lugar, a Coca-Cola e a PepsiCo cobram dos engarrafadores um *preço mais alto* pelo xarope; elas então investem grande parte dos lucros em propaganda para construir e manter o reconhecimento da marca. O dinheiro gasto em propaganda (em 2007, cada uma gastou mais de US$ 600 milhões) para desenvolver uma marca mundial ajuda essas empresas a diferenciar seus produtos, de modo que os consumidores provavelmente comprem uma Coca ou uma Pepsi em vez de um refrigerante tipo cola menos conhecido. Além disso, a fidelidade à marca permite que ambas as empresas cobrem um preço extra ou comparativamente alto por aquilo que é, no final das contas, simplesmente água colorida com aromatizante.

Entretanto, na última década, o ambiente mundial do setor de refrigerantes passou por uma grande mudança graças a Gerald Pencer, um empreendedor canadense com uma nova estratégia para concorrer com essas importantes empresas adeptas da diferenciação. Sua estratégia foi produzir um refrigerante tipo cola, de alta qualidade e preço baixo, fabricado e engarrafado pela Cott Corporation – empresa da qual era CEO na época –, mas vendê-lo com a marca privada dos principais varejistas, como Walmart (a marca Sam's Cola) e redes de supermercados como Kroger (a marca Big K), driblando assim os engarrafadores. Pencer pôde implementar sua estratégia *de baixo custo focada* e cobrar um preço baixo pelos refrigerantes, pois não precisava gastar nada com publicidade (os varejistas faziam isso), e também porque os refrigerantes da Cott eram distribuídos pelas redes de lojas e varejistas, que usavam seus próprios e eficientes sistemas de distribuição nacional, como o sistema de distribuição nacional com o uso de caminhões desenvolvido pela gigante Walmart. Os varejistas estavam dispostos a fazer isso, pois os refrigerantes de baixo custo da Cott possibilitavam que auferissem muito mais lucro do que vendendo Coca ou Pepsi. Ao mesmo tempo, os produtos construíam a imagem da marca própria.

Pencer implementou o seu plano primeiro no Canadá e depois o expandiu rapidamente por todos os Estados Unidos, à medida que a demanda dos varejistas pelos produtos da Cott foi aumentando. Passou então a abastecer o mercado internacional oferecendo-se para vender concentrado de refrigerantes a varejistas globais a preços mais baixos do que a Coca-Cola e a PepsiCo. Em 2004, a Cott era o maior fornecedor mundial de refrigerantes gaseificados com marcas próprias dos varejistas.[29] Possui instalações industriais no Canadá, nos Estados Unidos e no Reino Unido, além de uma planta industrial para concentrado de xarope em Columbus (Geórgia), que abastecem a maioria dos armazéns, empórios, redes de lojas de conveniência e locais de grande exposição desses países. Note, entretanto, que apesar de a Cott ser o fornecedor líder de refrigerantes com marcas próprias dos varejistas, continua concentrada em sua estratégia de baixo custo. A empresa não faz nenhuma tentativa de concorrer com a Coca e a Pepsi, empresas que seguem estratégias de diferenciação e cujas marcas dominam o mercado mundial de refrigerantes.

Cada vez mais as pequenas empresas estão encontrando maior facilidade para seguir uma estratégia focada e competir com sucesso ao lado de empresas grandes, poderosas, diferenciadas e de baixo custo; isso se deve à evolução na área de TI, que reduz custos e permite que alcancem e atraiam clientes. Ao criar um *site* para e-Commerce, milhares de pequenas empresas especializadas têm sido capazes de encontrar um nicho lucrativo para combater empresas não virtuais. A Zara, fabricante espanhol de roupas cujas vendas dispararam nos últimos anos, é um excelente exemplo de como uma pequena empresa não virtual pode usar a TI para seguir uma estratégia focada e concorrer no mercado mundial.[30] Ela conseguiu se posicionar como líder no segmento de moda, buscando menores custos e praticando preços baixos, ao contrário das lojas que seguem a estratégia de diferenciação, como Gucci, Dior e Armani, utilizando TI às suas necessidades específicas. A Zara desenvolveu TI que lhe permite administrar seus processos de projeto e produção, de forma que minimiza o nível dos estoques – o maior custo ao qual um varejista de roupas está sujeito. Entretanto, a TI da empresa também dá a seus estilistas *feedback* instantâneo sobre que roupas estão tendo boa aceitação e em quais países, obtendo vantagem competitiva a partir da diferenciação. Mais especificamente, consegue fabricar mais de um determinado tipo de vestido ou *tailleur* para atender aos clientes, consegue decidir que roupa deve ser vendida em sua rede de lojas em rápida expansão pelo mundo e também consegue modificar constantemente o *mix* de roupas que oferece aos clientes, para que estes estejam em sintonia com a moda atual – tudo isso a baixo custo.

A TI da Zara permite que gerencie de forma mais eficiente a interface entre suas operações de projeto e produção. A Zara leva apenas cinco semanas para desenhar uma nova coleção e depois uma semana para fabricá-la; grifes como Chanel e Armani, por exemplo, podem levar seis ou mais meses para desenharem uma coleção e depois mais três meses para disponibilizá-la nas lojas.[31] Esse curto prazo para lançar suas roupas no mercado dá à Zara grande flexibilidade e permite que reaja prontamente às rápidas mudanças do mercado da moda, cujas tendências podem mudar várias vezes em um ano. Devido ao curto ciclo produção-vendas e a uma moda *just-in-time*, a Zara oferece coleções a preços relativamente baixos e ainda assim aufere lucros superiores a qualquer participante do setor.[32]

A Zara tem sido capaz de seguir uma estratégia focada que ao mesmo tempo é de baixo custo e diferenciada, pois desenvolveu muitos tipos de pontos fortes em funções como projeto de moda, *marketing* e TI, e todas resultaram em vantagem competitiva. Elaborar estratégias funcionais que reforcem a estratégia de negócios e aumentem a vantagem competitiva é uma tarefa vital para qualquer administrador. Discutiremos essa importante questão no próximo capítulo. Primeiramente, precisamos subir um nível na escala de planejamento e examinarmos como a estratégia corporativa ajuda uma organização a alcançar sua missão e objetivos.

Formulação de estratégia corporativa

MA3 Estabelecer a diferença entre os principais tipos de estratégias corporativas e explicar como elas são usadas para fortalecer a estratégia de negócios e a vantagem competitiva de uma empresa.

Uma vez que os administradores tenham formulado as estratégias de negócios que melhor posicionarão a empresa ou uma divisão dela para competir em um setor e suplantar os rivais, eles devem olhar para o futuro. Se o planejamento for bem-sucedido, a empresa irá gerar lucros elevados, e então a tarefa será planejar como investir esses lucros para aumentar o desempenho ao longo do tempo.

Lembre-se de que *estratégia corporativa* é um plano de ação que envolve escolher em que setores e países uma empresa deve investir seus recursos para alcançar sua missão e objetivos. Ao escolher uma estratégia corporativa, os administradores perguntam: "Como o crescimento e o desenvolvimento de nossa empresa pode ser administrado para aumentar sua capacidade de criar valor para os clientes (e, consequentemente, aumentar nosso desempenho) no longo prazo?". Os administradores de organizações eficazes buscam ativamente novas oportunidades para empregar os recursos e assim criar bens e serviços novos e aperfeiçoados. Exemplos de organizações cujas linhas de produtos estão crescendo rapidamente são a Google, o fabricante de *chips* AMD, a Apple e a Toyota, cujos administradores buscam qualquer oportunidade viável de usar as habilidades de suas empresas para oferecer novos produtos.

Além disso, alguns administradores devem ajudar suas organizações a reagir a ameaças devido às forças mutáveis no ambiente geral ou de tarefas que tornem suas estratégias de negócios menos eficazes e reduzam os lucros. Pode ser, por exemplo, que talvez os clientes não estejam mais adquirindo os tipos de bens e serviços que a empresa produz (sopas com alto teor de sódio, monitores ou televisores volumosos) ou então pode ser que outras organizações tenham entrado no mercado e atraído seus clientes (isso aconteceu com a Intel no início do novo milênio após a AMD começar a produzir *chips* mais poderosos). Os altos executivos buscam encontrar estratégias corporativas capazes de ajudar a organização a fortalecer suas estratégias de negócios e, portanto, responder a essas mudanças e aumentar o desempenho.

As principais estratégias corporativas usadas para ajudar a empresa a crescer e fazer com que mantenha a liderança no seu setor, ou para ajudá-la a economizar e a se reorganizar para interromper seu declínio, são: (1) concentração em um único setor, (2) integração vertical, (3) diversificação e (4) expansão internacional. Uma organização irá se beneficiar ao seguir uma ou mais dessas estratégias apenas quando a estratégia ajude a aumentar ainda mais o valor dos seus bens e serviços, fazendo com que um número maior de clientes os compre. Mais especificamente, para aumentar o valor de bens e serviços, a estratégia corporativa deve ajudar a empresa, ou uma de suas divisões, a: (1) reduzir os custos de desenvolvimento e fabricação dos produtos ou então (2) aumentar a diferenciação do produto, de modo que mais clientes queiram adquiri-los mesmo a preços extras ou mais altos. Esses dois resultados fortalecem a vantagem competitiva de uma empresa e aumentam o seu desempenho.

Concentração em um único setor

A maioria das empresas em crescimento reinveste os lucros para fortalecer sua posição competitiva no setor em que atua; ao fazer isso, segue a estratégia corporativa chamada **concentração em um único setor**. De modo geral, uma organização usa suas habilidades funcionais para desenvolver novos tipos de produtos ou então expande o número de pontos em que usa tais habilidades. A Apple, por exemplo, está expandindo a gama de seus iPods e dispositivos móveis sem fio como o iPhone, enquanto o McDonald's, que começou com uma única loja na Califórnia, concentrou todos os esforços no emprego de seus recursos para rapidamente se expandir por todos os Estados Unidos, vindo a se tornar o maior e mais rentável *fast-food* do país.

Por outro lado, a concentração em um único setor se torna uma estratégia corporativa apropriada quando os administradores percebem a necessidade de *reduzir* o tamanho de suas organizações para aumentar o desempenho. As empresas podem decidir sair de certos setores quando, por exemplo, a estratégia de negócios seguida por determinada divisão não estiver mais funcionando e a divisão tiver perdido vantagem competitiva. Então, para aumentar o desempenho, os administradores

concentração em um único setor Reinvestir os lucros da empresa para fortalecer sua posição competitiva no setor em que atua.

vendem as divisões de baixo desempenho, concentram os recursos restantes da organização em um setor e tentam desenvolver novos produtos atraentes. Isso aconteceu com o fabricante de produtos eletrônicos Hitachi quando os clientes, em um número cada vez maior, começaram a trocar os volumosos monitores CRT por monitores LCD de tela plana, mais modernos. A Hitachi anunciou que fecharia suas três fábricas de monitores CRT, localizadas no Japão, em Cingapura e na Malásia, e que usaria seus recursos para investir na nova tecnologia LCD.[33]

Porém, quando as organizações estão apresentando bom desempenho, normalmente decidem entrar em novos setores onde possam usar seus recursos para criar produtos mais valiosos, em vez de concentrarem-se em um único setor. Ao contrário, começam a seguir a integração vertical ou a diversificação.

Integração vertical

Quando uma organização apresenta bom desempenho em seu setor, os administradores muitas vezes veem novas oportunidades para criar valor, seja produzindo os insumos usados na fabricação de seus produtos, seja distribuindo e vendendo produtos aos clientes. Os administradores da E. & J. Gallo Winery, por exemplo, perceberam que poderiam reduzir os custos se a empresa produzisse suas próprias garrafas de vinho em vez de comprá-las de uma fábrica de vidros que estava auferindo bons lucros vendendo suas garrafas à Gallo. Portanto, a Gallo estabeleceu uma nova divisão para produzir garrafas de vidro com um custo menor do que o da compra das garrafas; rapidamente descobriu também que poderia fabricar garrafas com novos formatos para ajudá-la a diferenciar seus vinhos. **Integração vertical** é uma estratégia corporativa na qual uma empresa expande suas operações comerciais, para um novo setor que produza insumos para a própria empresa *(integração vertical para trás)*, ou para um novo setor que use, distribua ou venda os produtos *(integração vertical para frente)*.[34] Uma siderúrgica que compra minas de ferro e entra no setor de matérias-primas para suprir o ferro necessário na produção do aço está praticando a integração vertical para trás. Um fabricante de PCs que decide entrar no setor varejista e abre uma rede de lojas de propriedade da empresa para vender seus PCs está praticando integração para frente. Em 2001, por exemplo, a Apple Computer entrou no setor varejista ao decidir estabelecer uma cadeia de Apple Stores para vender os seus computadores.

A Figura 6.6 ilustra os quatro estágios principais em uma típica cadeia de valor matéria-prima–cliente; o valor é agregado ao produto em cada estágio pelas atividades envolvidas em cada setor. Para uma empresa baseada no estágio de montagem, a integração para trás envolveria estabelecer uma nova divisão nos setores de produção intermediária ou de matérias-primas; e a para frente envolveria estabelecer uma nova divisão para distribuir seus produtos a atacadistas ou uma divisão de varejo para vender diretamente aos clientes. A divisão de um estágio ou setor recebe o produto

integração vertical
Expandir as operações da empresa, seja para trás para um setor que produza insumos para os seus produtos, seja para frente para um setor que use, distribua ou venda seus produtos.

Figura 6.6
Estágios em uma cadeia de valor vertical.

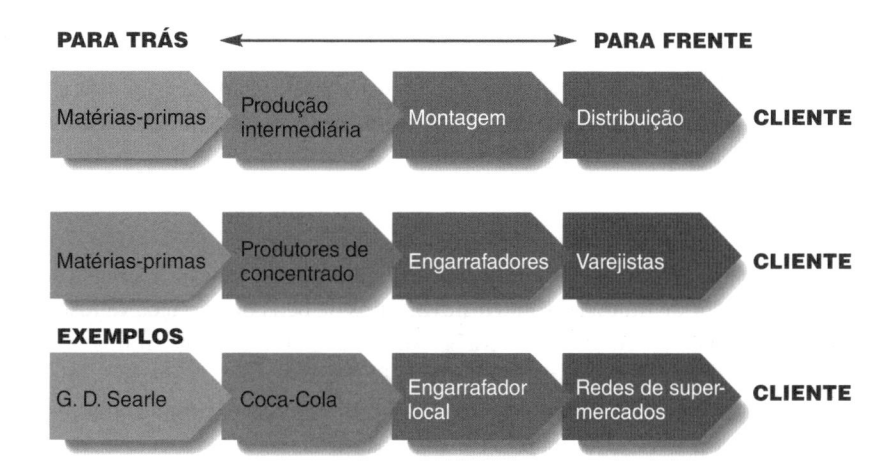

PARA TRÁS ⬅️➡️ PARA FRENTE

| Matérias-primas | Produção intermediária | Montagem | Distribuição | CLIENTE |

| Matérias-primas | Produtores de concentrado | Engarrafadores | Varejistas | CLIENTE |

EXEMPLOS

| G. D. Searle | Coca-Cola | Engarrafador local | Redes de supermercados | CLIENTE |

fabricado pela divisão do estágio ou setor anterior, transforma-o de alguma maneira – agregando valor – e depois transfere o produto com um preço maior à divisão no estágio seguinte da cadeia.

Como exemplo de como a indústria valoriza essa cadeia de valor, considere o segmento dos refrigerantes tipo cola do setor de refrigerantes em geral. Entre os fornecedores desse segmento, temos as empresas açucareiras e os fabricantes de adoçantes artificiais (como o NutraSweet e o Splenda, usados nos refrigerantes *diet* tipo cola), no setor de matérias-primas. Essas empresas vendem seus produtos a empresas do setor de refrigerantes que fabricam concentrados – como a Coca-Cola e a PepsiCo –, que por sua vez misturam esses insumos com outros para produzir o concentrado tipo cola. No processo, as empresas que fabricam os concentrados agregam valor a esses insumos. Os produtores de concentrados então os vendem a empresas do setor de engarrafamento e distribuição, que acrescentam água gaseificada ao concentrado e embalam a bebida resultante – mais uma vez, agregando valor ao concentrado. Em seguida, os engarrafadores distribuem e vendem os refrigerantes aos varejistas, entre os quais lojas como Costco e Walmart e redes de *fast-food* como o McDonald's. As empresas do setor varejista agregam valor ao disponibilizar o produto aos clientes e obtêm lucros das vendas diretas ao consumidor. Consequentemente, agrega-se valor a cada estágio da cadeia matérias-primas–consumidor.

A razão pela qual os administradores seguem a integração vertical é a possibilidade de essa estratégia agregar valor aos produtos por torná-los especiais ou exclusivos, ou então por reduzir os custos para fabricá-los e vendê-los. Um exemplo do emprego da integração vertical para frente para aumentar a diferenciação foi a decisão da Apple de abrir suas próprias lojas para tornar seus produtos exclusivos mais acessíveis aos clientes, que poderiam experimentá-los antes de adquiri-los. Um exemplo do uso da integração vertical para frente para reduzir custos foi a decisão da Matsushita de abrir lojas da própria empresa para vender seus produtos Panasonic e JVC e, portanto, ficar com o lucro que, de outra forma, seria ganho por varejistas independentes.[35]

Embora a integração vertical possa fortalecer a vantagem competitiva de uma organização e aumentar o seu desempenho, ela também pode reduzir sua flexibilidade na reação às mudanças nas condições ambientais internas e externas, e cria ameaças que devem ser combatidas por meio da mudança de estratégia. A IBM, por exemplo, costumava produzir grande parte dos componentes que usava para fabricar seus próprios *mainframes*; embora isso fizesse sentido na década de 1970, quando ela gozava de importante vantagem competitiva, a capacidade de produzir os próprios componentes resultou em grande desvantagem para a empresa nos anos 1990, quando o uso crescente de grandes redes de PCs implicou um rápido declínio da demanda por *mainframes*. A IBM perdeu vantagem competitiva e se viu com um problema de capacidade ociosa na divisão de componentes. Fechar tal divisão e sair do setor de componentes para computadores custou à IBM mais de US$ 5 bilhões.[36]

Portanto, ao considerar a integração vertical como estratégia para agregar valor, os administradores devem ser cautelosos, pois algumas vezes isso pode acabar reduzindo a capacidade da empresa de criar valor quando o ambiente em que ela atua muda. É por isso que muitas empresas agora terceirizam a produção de componentes e, assim como a IBM, saíram do setor de componentes – ao *desintegrar* verticalmente para trás. A IBM, entretanto, encontrou uma nova oportunidade rentável para a integração vertical para frente na década de 1990: ela ingressou no setor de serviços de consultoria em TI, orientando grandes empresas sobre como instalar e administrar seus *hardwares* e *softwares*.[37] Fornecer serviços de consultoria em TI foi uma importante fonte da lucratividade da IBM nos anos 2000.

Diversificação

É a estratégia corporativa de expandir as operações comerciais de uma empresa para um novo setor de modo a produzir novos tipos de bens ou serviços valiosos.[38] Entre alguns exemplos, temos a diversificação da PepsiCo para o segmento de salgadinhos, com a compra da Frito Lay; a diversificação da gigante do tabaco, Philip Morris, para o setor cervejeiro, com a aquisição da Miller Beer; a incursão da GE no setor radiotelevisivo, com a aquisição da NBC, etc. Existem dois tipos de diversificação: relacionada e não relacionada.

diversificação
Expandir as operações comerciais de uma empresa para um novo setor de modo a produzir novos tipos de bens ou serviços valiosos.

diversificação relacionada Entrar em um novo negócio ou setor para criar vantagem competitiva em uma ou mais das divisões ou negócios já existentes de uma organização.

sinergia Ganhos de desempenho resultantes da coordenação das ações de indivíduos e departamentos.

DIVERSIFICAÇÃO RELACIONADA Diversificação relacionada é a estratégia de entrar em um novo negócio ou setor para criar vantagem competitiva em uma ou mais das divisões ou negócios já existentes de uma organização. A diversificação relacionada pode agregar valor aos produtos de uma organização se os administradores conseguirem fazer com que as várias divisões ou unidades de negócios da empresa compartilhem seus valiosos recursos ou habilidades de modo a criar sinergia.[39] Obtém-se sinergia quando o valor criado por duas divisões em cooperação for maior que o valor que seria caso as duas divisões operassem separada e independentemente. Suponhamos, por exemplo, que duas ou mais divisões de uma empresa diversificada possam utilizar as mesmas instalações industriais, os mesmos canais de distribuição e campanhas publicitárias – isto é, compartilhar atividades funcionais. Cada divisão terá que investir menos recursos em uma atividade funcional compartilhada do que teria que investir caso ela realizasse a mesma atividade funcional por si só. A diversificação relacionada pode ser uma fonte importante de economia dos custos quando as divisões compartilham os custos de execução de uma atividade funcional.[40] Da mesma forma, se as habilidades em P&D de uma divisão puderem ser usadas para melhorar os produtos de uma outra divisão e aumentar sua atração diferenciada, essa sinergia poderá dar à segunda divisão uma importante vantagem competitiva em relação a seus rivais do setor – portanto, a empresa como um todo se beneficiaria da diversificação.

A maneira como as divisões de fraldas descartáveis e papel-toalha da Procter & Gamble cooperam entre si é um bom exemplo do sucesso na produção de sinergias. Essas divisões compartilham os custos de aprovisionamento de insumos, como papel e material de embalagem; uma força de vendas conjunta vende ambos os produtos para varejistas, e então os dois são expedidos usando-se o mesmo sistema de distribuição. Esse compartilhamento de recursos possibilitou que ambas as divisões reduzissem seus custos e, como resultado, podem cobrar preços menores que os seus concorrentes e, portanto, atrair mais clientes.[41] Além disso, as divisões podem dividir os custos em pesquisa envolvidos no desenvolvimento de produtos novos e melhores, como descobrir materiais mais absorventes, que aumentem o atrativo de diferenciação de ambos os produtos. Isso é algo que também se encontra no cerne da estratégia corporativa da 3M, e que é discutido no quadro "*Insight* administrativo", a seguir.

INSIGHT ADMINISTRATIVO
Como fazer funcionar a diversificação relacionada

A 3M é uma gigante centenária da indústria e, em 2008, gerou quase US$ 25 bilhões em receitas e mais de US$ 6 bilhões em lucros, a partir de seus mais de 50 mil produtos, que vão desde lixa e fita adesiva a equipamentos médicos, suprimentos para escritório e componentes eletrônicos.[42] Desde o princípio, a 3M adotou a diversificação relacionada e criou novos negócios, alavancando suas habilidades em pesquisa e desenvolvimento. Hoje em dia, a empresa é composta por mais de 40 divisões distintas posicionadas em seis grupos de negócios principais, nos setores de transporte; de assistência médica; industrial; material de escritório; eletrônico e de comunicações e, por fim, de materiais especiais. A empresa opera atualmente com o objetivo de gerar 40% das receitas com vendas de produtos introduzidos no período que abarca os últimos quatro anos.[43] Seu CEO, George Buckley, "encontra-se em missão para dar impulso ao crescimento" e planeja aumentar os gastos em P&D para US$ 1,4 bilhão ou cerca de 6% das vendas para continuar atingindo esse objetivo.

Como a 3M faz isso? Primeiramente, a empresa é um empreendimento cientificamente embasado, com forte tradição em inovação e em correr riscos. O ato de correr riscos é encorajado e o insucesso não é punido, mas visto como parte natural do processo de criação de novos produtos e negócios.[44] Segundo, a administração da 3M é inexoravelmente focada nos clientes da empresa e nos problemas por eles enfrentados. Muitos dos produtos da 3M surgiram desse processo de ajudar os clientes a resolver problemas difíceis. Em terceiro lugar, os administradores estabelecem objetivos amplos, que exigem que a empresa crie novos produtos e negócios em ritmo acelerado. Em quarto lugar, é dada autonomia considerável aos funcionários para desenvolverem as próprias ideias. De fato, 15% do tempo dos funcionários pode ser gasto trabalhando em projetos escolhidos por eles próprios sem necessidade da aprovação da gerência. Muitos produtos foram resultado dessa autonomia, inclusive as universais notas adesivas *Post-it*. Em quinto lugar, embora os produtos pertençam a unidades de negócios e de estas serem responsáveis pela geração de lucros, as tecnologias pertencem a todas as unidades da empresa. Todo mundo na 3M é livre para tentar desenvolver novas aplicações para uma tecnologia desenvolvida por suas unidades de negócios. Finalmente, a 3M organiza várias reuniões envolvendo toda a companhia, nas quais pesquisadores de suas diferentes divisões se reúnem para compartilhar os resultados dos trabalhos. Ela também implementou um sistema de TI que promove o compartilhamento do conhecimento tecnológico entre pesquisadores de modo que novas oportunidades possam ser identificadas.

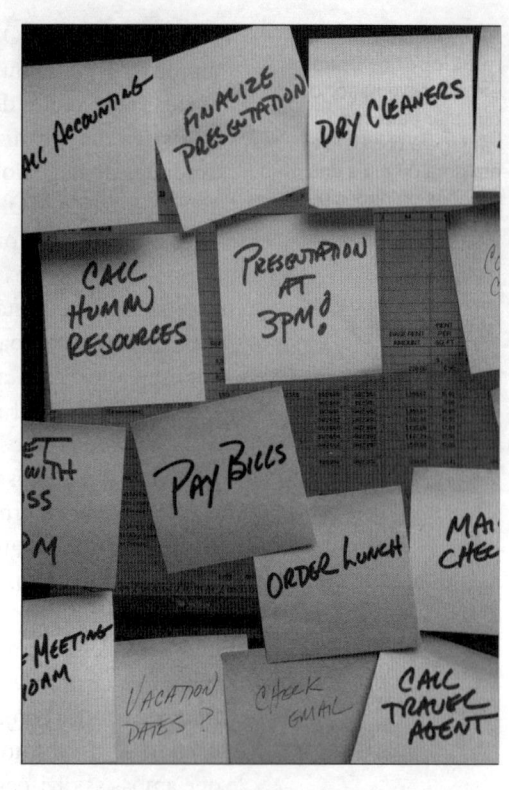

Como viveríamos sem as notas adesivas Post-it? A 3M é muito focada em resolver problemas para os clientes, o que resulta em novos produtos que vendem muito bem, inclusive na forma de inúmeras variações da nota adesiva original.

Em suma, para seguir com sucesso a diversificação relacionada, os administradores buscam novos negócios onde podem usar as habilidades e os recursos existentes em seus departamentos e divisões para criar sinergias, agregar valor aos novos produtos e negócios e melhorar sua posição competitiva e a de toda a empresa. Além disso, os administradores podem tentar adquirir uma empresa em um novo setor caso acreditem que ela possua habilidades e recursos que irão melhorar o desempenho de uma ou mais de suas divisões existentes. Se bem-sucedida, tais transferências de habilidades podem ajudar uma organização a reduzir seus custos, ou melhor, diferenciar seus produtos, pois criam sinergias entre as divisões.

DIVERSIFICAÇÃO NÃO RELACIONADA Os administradores seguem a **diversificação não relacionada** quando estabelecem divisões ou compram empresas em novos setores que *não* têm nenhuma ligação com seus negócios ou setores atuais. Uma importante razão para seguir a diversificação não relacionada é que, algumas vezes, os administradores podem comprar uma empresa com péssimo desempenho, transferir suas habilidades gerenciais a essa empresa, dar uma reviravolta nos negócios e, aumentar o desempenho, e assim criar valor.

Outra razão para seguir a diversificação não relacionada é porque a aquisição de negócios em diferentes setores possibilita que administradores pratiquem uma *estratégia de carteiras,* que consiste em repartir os recursos financeiros entre divisões para aumentar os retornos financeiros ou distribuir os riscos entre os diferentes negócios, muito parecido com o que os investidores individuais fazem com as próprias carteiras. Os administradores poderiam, por exemplo, transferir

diversificação não relacionada Entrar em um novo setor ou adquirir uma empresa que não está relacionado de nenhuma forma com os negócios ou setores atuais de uma organização.

fundos de uma divisão rica (uma "vaca leiteira")* para uma divisão nova e promissora (uma "estrela")*, alocando o dinheiro apropriadamente entre as divisões, criando valor. Embora usada como uma explanação popular na década de 1980 para diversificação não relacionada, a estratégia de carteira começou a ser amplamente criticada na década de 1990, porque ela simplesmente não funciona.[45] Por quê? À medida que os administradores expandem o escopo das operações de suas organizações e entram em um número maior de setores, torna-se cada vez mais difícil para os altos executivos manterem-se informados sobre todos os diversos negócios da organização. Os administradores não têm tempo para processar todas as informações necessárias para avaliar adequadamente a estratégia e a performance de cada divisão e, portanto, o desempenho de toda a empresa muitas vezes cai.

Esse problema surgiu na GE, na década de 1970, como seu ex-CEO, Reg Jones, comentou: "Eu tentava revisar detalhadamente o plano de cada unidade de negócios. Esse esforço absorveu inumeráveis horas de trabalho e colocou um enorme peso nos ombros do CEO. Após um tempo comecei a perceber que independentemente do nosso esforço no trabalho, não seríamos capazes de alcançar o conhecimento profundo necessário dos planos de 40 unidades de negócios diversas".[46] Incapazes de manipular tantas informações, os altos executivos ficam sobrecarregados e, finalmente, tomam decisões importantes sobre alocação de recursos com base apenas em uma análise superficial da posição competitiva de cada divisão. Normalmente, isso resulta em valor perdido, e não criado.[47]

Portanto, embora a diversificação não relacionada tenha potencial para criar valor para uma empresa, dados de pesquisas sugerem que diversificação *em demasia* pode fazer com que os administradores percam o controle da atividade principal de suas empresas. Como resultado, a diversificação pode reduzir o valor em vez de criá-lo.[48] Devido a isso, durante a última década, verifica-se que entre as empresas diversificadas há uma tendência crescente em se desfazer de muitas de suas divisões não relacionadas e, certas vezes, das relacionadas também. Administradores de empresas, como a Tyco, Dial e Textron, venderam a preços baixos muitas ou a maioria de suas divisões e concentraram-se em aumentar o desempenho da divisão principal que restou – em outras palavras, eles retornaram a uma estratégia de concentração em um único setor.[49] A Tyco, por exemplo, se subdividiu em três diferentes empresas em 2007, resultado de um *spin-off* de suas empresas de assistência médica e eletrônica, e concentrou suas atividades em produtos projetados exclusivamente para segurança, como a empresa para segurança residencial ADT.[50] Em 2008, cada uma das diferentes empresas estava tendo um desempenho maior sob o comando de suas diretorias.[51]

Expansão internacional

Se o planejamento envolvido na aplicação ou não do processo de integrar verticalmente a empresa assim como decidir se devem diversificar ou concentrar a empresa na sua atividade principal já não fossem tarefas suficientemente difíceis, os altos executivos de uma empresa também têm que decidir sobre a forma apropriada de concorrer no mercado internacional. Uma questão básica se coloca diante dos administradores de qualquer organização que precisa vender seus produtos no exterior e concorrer em mais de um país: em que escala a organização deve adaptar características de seus produtos e campanhas de *marketing* para as diferentes condições de cada país?[52]

Se os administradores decidirem que suas organizações devem vender o mesmo produto padronizado em cada um dos países onde elas competem e usarem a mesma abordagem básica de *marketing*, eles estarão adotando uma **estratégia global**.[53] Tais empresas realizam pouquíssimas adaptações (ou nenhuma) para se adequarem às necessidades específicas dos clientes em diferentes países. Mas se os administradores decidirem adaptar seus produtos e estratégias de *marketing* para as condições específicas de cada país, estarão adotando uma **estratégia multidoméstica**. Tradicionalmente, a Matsushita, com sua marca Panasonic, segue uma estratégia global, vendendo as mesmas TVs, filmadoras e DVD/MP3 players em todos os países onde

estratégia global
Vender o mesmo produto padronizado e usar a mesma abordagem básica de *marketing* nos mercados de cada país onde a empresa atua.

estratégia multidoméstica
Adaptar produtos e estratégias de *marketing* para as condições específicas de cada país onde a empresa atua.

---

* N. de R.T.: O autor faz referência a matriz produto-mercado do BCG – Boston Consulting Group.

ela faz negócios, muitas vezes usando a mesma abordagem básica de *marketing*. A Unilever, empresa europeia do setor alimentício e de produtos para o lar, seguiu uma estratégia multidoméstica. Portanto, para atrair clientes alemães, a divisão alemã da Unilever vende uma gama de produtos alimentícios diferentes e usa uma abordagem de *marketing* diferente daquela da divisão norte-americana.

Tanto a estratégia global quanto a multidoméstica têm vantagens e desvantagens. A principal vantagem de uma estratégia global é a economia significativa dos custos, associada a não ter que adaptar produtos e abordagens de *marketing* às diferentes condições de cada país. Por exemplo, os relógios Rolex; roupas da Ralph Lauren ou Tommy Hilfiger; roupas, acessórios ou perfumes da Chanel ou Armani; os computadores Dell; brinquedos e baldes de plástico feitos na China e arroz e trigo cultivados nos Estados Unidos são todos produtos que podem ser vendidos usando-se a mesma estratégia de *marketing* em vários países, bastando mudar o idioma. Consequentemente, as empresas podem economizar quantias significativas. A principal desvantagem de seguir uma estratégia global é que, ao ignorar as diferenças nacionais, os administradores podem ficar vulneráveis a concorrentes locais que efetivamente diferenciam seus produtos para se adequarem aos gostos locais. Isso ocorreu na indústria britânica, no setor de artigos eletrônicos de grande consumo. A Amstrad, empresa britânica de computadores e produtos eletrônicos, se estabeleceu ao reconhecer e responder às necessidades do consumidor local. A Amstrad capturou grande parte do mercado de áudio britânico ignorando os aparelhos de som comuns e baratos comercializados por empresas que seguiam uma estratégia global, como Sony e Matsushita. Ao contrário dos produtos dessas marcas, o gabinete do produto da Amstrad era de madeira, em vez de metal, e dispunha de controles feitos sob medida para atrair as preferências dos consumidores britânicos. Para continuar competitiva nesse mercado, a Matsushita teve que dar maior ênfase à personalização local de suas marcas Panasonic e JVC.

As vantagens e desvantagens de uma estratégia multidoméstica são o oposto daquelas de uma estratégia global. A principal vantagem de uma estratégia multidoméstica é que, ao adaptar as ofertas de produtos e estratégias de *marketing* às condições locais, os administradores têm a capacidade de ganhar participação de mercado ou cobrarem mais caro por seus produtos. A principal desvantagem é que a adequação às condições locais eleva os custos de produção e coloca a empresa que aplica estratégia multidoméstica em desvantagem no que diz respeito aos preços do mercado, porque normalmente ela tem que cobrar mais caro do que os preços cobrados pelos concorrentes que seguem uma estratégia global. Obviamente, a escolha entre essas duas estratégias tem seus poréns.

Os administradores da Gillette, famoso fabricante de lâminas de barbear e que agora faz parte do grupo Procter & Gamble, criaram uma estratégia que combinava as melhores características das estratégias internacionais de ambas as empresas. Assim como a Procter & Gamble, a Gillette sempre foi uma organização global, pois seus administradores perceberam rapidamente as vantagens de vender seu principal produto – as lâminas de barbear – no maior número de países possível. A estratégia da Gillette ao longo dos anos tem sido muito constante: encontrar um novo país com mercado em expansão para seu produto (lâminas de barbear), formar uma aliança estratégica com um fabricante local de lâminas de barbear e ter participação majoritária nessa empresa, investir em

Um estudo sobre contrastes. A Matsushita, por meio de sua marca Panasonic (mostrada no alto), tem seguido amplamente uma estratégia global, vendendo as mesmas TVs e DVDs básicos em todos os mercados e usando uma mensagem de *marketing* similar. Por outro lado, a Unilever tem seguido uma estratégia multidoméstica, adaptando suas linhas de produtos e estratégia de *marketing* para locais específicos. Em uma das figuras acima, o CEO da Hindustan Unilever, Keki Dadiseth, segura uma caixa do sabão em pó Surf, adaptado para os clientes locais.

uma grande campanha de *marketing* e então construir uma moderna fábrica para produzir lâminas de barbear e outros produtos para o mercado local. Por exemplo, quando a Gillette entrou na Rússia após o desmembramento da União Soviética, viu uma grande oportunidade para aumentar suas vendas. Ela formou uma *joint venture* com uma empresa local chamada Leninets Concern, que fabricava uma lâmina conhecida como Sputnik, e depois, com essa base, começou a importar suas próprias marcas para a Rússia. Quando o crescimento nas vendas aumentou tremendamente, a Gillette decidiu oferecer mais produtos nesse mercado e construiu uma nova fábrica em São Petersburgo.[54]

Ao estabelecer fábricas em países onde a mão de obra e outros custos são baixos para depois distribuir e comercializar seus produtos para países daquela região do mundo, a Gillette seguiu uma estratégia global. Entretanto, todas as atividades de pesquisa e desenvolvimento dela, assim como seu setor de projetos, estão localizadas nos Estados Unidos. À medida que desenvolve novos tipos de lâminas, ela equipa suas fábricas no exterior para fabricarem-nas quando decide que os clientes locais estão prontos para mudar para o novo produto. Portanto, a mais nova lâmina da Gillette pode ser introduzida em um país estrangeiro anos depois de ter sido lançada nos Estados Unidos. Consequentemente, a empresa está adaptando sua oferta de produtos às necessidades de diferentes países e, portanto, segue uma estratégia multidoméstica.

Ao seguir esse tipo de estratégia internacional, a Gillette consegue custos baixos e ainda assim diferencia e adapta sua linha de produtos para se adequar às necessidades de cada país ou região do mundo onde atua.[55] A Procter & Gamble (P&G) segue uma estratégia internacional parecida, e a fusão entre elas para criar a maior empresa do mundo de produtos de consumo verificou-se devido ao valor que poderia ser realizado ao seguir a diversificação relacionada em nível global. Por exemplo, os executivos da P&G perceberam que poderiam ser obtidas sinergias globais importantes combinando-se suas atividades de produção, de distribuição e de vendas em países e regiões do mundo. Tais sinergias resultaram na economia de bilhões de dólares.[56] Ao mesmo tempo, ao reunir seus conhecimentos das necessidades dos clientes de diferentes países, a empresa combinada tem a possibilidade de diferenciar e posicionar melhor seus produtos no mercado global. A estratégia da P&G está funcionando; seus principais concorrentes, Colgate e Unilever, não foram bem na última década e a P&G está criando uma posição de liderança mundial.

ESCOLHENDO UMA MANEIRA DE SE EXPANDIR INTERNACIONALMENTE Conforme discutido anteriormente, um ambiente global mais competitivo demonstrou ser, ao mesmo tempo, uma oportunidade e uma ameaça para as organizações e seus administradores. A oportunidade é o fato de que as organizações que se expandem globalmente são capazes de abrir novos mercados, atingir um número maior de clientes e ter acesso a novas fontes de matérias-primas e fornecedores de insumos a baixo custo. A ameaça é o fato de que as organizações que se expandem pelo mundo muito provavelmente encontrarão novos concorrentes nos países estrangeiros onde atuam e precisarão reagir a novas condições políticas, econômicas e culturais.

Antes de se estabelecer em países estrangeiros, os administradores de empresas como Amazon.com, Lands' End, GE, P&G, Dell e Boeing precisaram analisar as forças no ambiente de um determinado país (como a Coreia do Sul ou o Brasil) de modo a escolher o método correto para expandir e reagir a tais forças da melhor forma possível. Em geral, as quatro maneiras básicas de se operar no ambiente global são: importação/exportação, licenciamento/franquia, alianças estratégicas e subsidiárias de inteira propriedade no exterior – este último, o método preferido da Gillette. Discutiremos brevemente cada uma delas, partindo daquelas que possuem um menor nível de envolvimento/investimentos no estrangeiro (e, consequentemente, de menor risco) por parte de uma organização global e de seus administradores até chegar naquelas que estão do outro lado do espectro (ver Figura 6.7).[57]

exportação Fabricar produtos no próprio país e vendê-los no exterior.

IMPORTAÇÃO/EXPORTAÇÃO A forma menos complexa de atuar globalmente é por meio da importação/exportação. Uma empresa dedicada à **exportação** fabrica produtos em seu país e os vende

Figura 6.7
Quatro maneiras de se expandir internacionalmente.

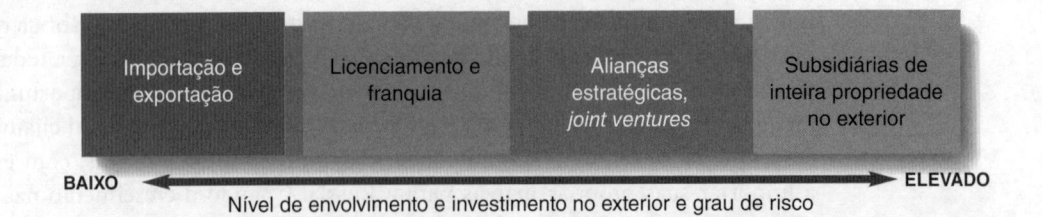

| Importação e exportação | Licenciamento e franquia | Alianças estratégicas, *joint ventures* | Subsidiárias de inteira propriedade no exterior |

BAIXO ←——————————————————————————→ ELEVADO
Nível de envolvimento e investimento no exterior e grau de risco

importação Vender no seu país produtos que são feitos no exterior.

no exterior. Uma organização poderia vender seus produtos no exterior ou permitir que uma organização do país estrangeiro os distribua. Há poucos riscos envolvidos na exportação, pois a empresa não tem que investir na construção de instalações industriais no exterior. Ela pode reduzir ainda mais seus investimentos no exterior, caso permita que uma empresa local distribua seus produtos.

Uma empresa dedicada à **importação** vende em seu país produtos feitos no exterior (produtos que ela própria fabrica ou compra de outras empresas). Por exemplo, a maioria dos produtos que a Pier 1 Imports e a The Limited vendem a seus clientes é feita no exterior. Em muitos casos, a atração de um produto – a vidraria irlandesa, o vinho francês, a mobília italiana ou a seda indiana – deve-se ao fato de ele ser feito no exterior. A internet tornou muito mais fácil para as empresas informarem possíveis compradores estrangeiros sobre seus produtos. Características e especificações detalhadas de produtos se encontram disponíveis *online* e os compradores informados podem se comunicar facilmente com os possíveis vendedores.

licenciamento Confiar a organizações estrangeiras a produção e a distribuição de um produto no país de origem dessa organização ou naquela região do mundo em que a empresa se situa, em troca de uma taxa negociada.

LICENCIAMENTO/FRANQUIA No **licenciamento**, uma empresa (o titular da licença) permite que uma organização estrangeira (o licenciado) fique encarregado tanto da produção quanto da distribuição de um ou mais de seus produtos no país ou região do mundo onde está localizado em troca de uma taxa negociada. A indústria química DuPont poderia licenciar um fabricante local na Índia para que produzisse náilon ou Teflon. A vantagem do licenciamento é que o titular da licença não precisa arcar com os custos de implantação associados com a abertura de uma fábrica em um país estrangeiro; o licenciado arca com as despesas. Um risco associado a essa estratégia é que a empresa que está concedendo a licença tem que dar a seu sócio estrangeiro acesso a seu *know-how* tecnológico, arriscando-se, portanto, a perder o controle sobre seus segredos.

franquia Vender para organizações estrangeiras os direitos de uso de uma marca e *know-how* operacional em troca de uma quantia paga de uma só vez, somada a uma participação nos lucros.

Enquanto o licenciamento é seguido basicamente por indústrias, a franquia é seguida basicamente por organizações de serviços. Na **franquia**, uma empresa (o franqueador) vende a uma organização estrangeira (o franqueado) os direitos de usar sua marca e *know-how* operacional em troca de uma soma paga de uma só vez, e uma participação nos lucros do franqueador. O Hilton Hotels, por exemplo, poderia vender uma franquia a uma empresa chilena para operar hotéis com o nome Hilton em troca de um pagamento de franquia. A vantagem da franquia é que o franqueador não tem que arcar com os custos de implantação da expansão para o exterior e evita os diversos problemas associados à abertura de empresas em outro país. O lado negativo é que a organização que concede a franquia pode perder o controle sobre as operações de um franqueado, e a qualidade do produto, cair. Dessa forma, franqueadores como Hilton, Avis e McDonald's correm o risco de perder sua boa reputação. Clientes norte-americanos que comprarem hambúrgueres do McDonald's na Coreia do Sul talvez tenham uma expectativa, e com razão, de que esses sanduíches sejam tão bons quanto aqueles que estão acostumados a comprar em seu país. Se não forem, a reputação do McDonald's será afetada ao longo do tempo. Enfatizando, a internet facilita a comunicação entre os parceiros comerciais e permite a eles atender melhor as expectativas uns dos outros.

aliança estratégica Um acordo no qual os administradores fazem um *pool* ou compartilham os recursos e *know-how* de suas organizações com uma empresa estrangeira, fazendo com que as duas organizações dividam as recompensas e os riscos de iniciar um novo empreendimento.

ALIANÇAS ESTRATÉGICAS Uma forma de superar os problemas de perda de controle associados à exportação, ao licenciamento e à franquia é expandir globalmente por meio de uma aliança estratégica. Em uma **aliança estratégica**, os administradores fazem um *pool* ou compartilham os recursos e o *know-how* de suas organizações com aqueles de uma empresa estrangeira, e as duas organizações dividem as recompensas e os riscos de iniciar um novo empreendimento no exterior. Compartilhar recursos permite a uma empresa americana, por exemplo, tirar proveito

joint venture Uma aliança estratégica entre duas ou mais empresas que concordam em conjuntamente estabelecer e compartilhar a propriedade de uma nova empresa.

subsidiárias de inteira propriedade no exterior Atividades de produção estabelecidas em um país estrangeiro independentemente de qualquer envolvimento direto local.

das habilidades de alta qualidade dos fabricantes estrangeiros e do conhecimento especializado de administradores estrangeiros sobre as necessidades dos clientes locais, e reduzir os riscos envolvidos em um empreendimento. Ao mesmo tempo, os termos da aliança dão à empresa americana um controle maior do modo como o bem ou serviço é produzido ou vendido no país estrangeiro – controle maior do que teria como franqueador ou titular da licença.

A aliança estratégica pode assumir a forma de um contrato escrito entre duas ou mais empresas para intercâmbio de recursos ou pode resultar na criação de uma nova organização. *Joint venture* é uma aliança estratégica entre duas ou mais empresas que concordam em estabelecer e compartilhar a propriedade de uma nova empresa.[58] O nível de envolvimento no exterior de uma organização aumenta em uma *joint venture*, pois a aliança normalmente envolve um investimento de capital em instalações industriais de modo a produzir bens ou serviços fora do país natal. O risco, entretanto, é reduzido. A internet e a teleconferência global fornecem maior comunicação e a coordenação necessária para parceiros comerciais trabalharem juntos globalmente. Por exemplo, a Coca-Cola e a Nestlé formaram uma *joint venture* para comercializar seus chás, cafés e bebidas voltados para consumidores preocupados com a saúde em mais de 50 países.[59] Similarmente, a BP Amoco e a ENI italiana formaram uma *joint venture* para construírem no Egito uma planta industrial de gás liquefeito no valor de US$ 2,5 bilhões.[60]

SUBSIDIÁRIAS DE INTEIRA PROPRIEDADE NO EXTERIOR Quando os administradores decidem estabelecer uma **subsidiária de inteira propriedade no exterior**, eles investem no estabelecimento de atividades de produção em um país estrangeiro independentemente de qualquer envolvimento direto local. Por exemplo, muitas empresas japonesas de autopeças estabeleceram suas fábricas nos Estados Unidos para fornecer componentes automotivos de alta qualidade aos fabricantes de carros japoneses sediados nos Estados Unidos, como Toyota e Honda.

Operando sozinha, sem qualquer envolvimento direto de empresas estrangeiras, uma organização recebe todas as recompensas e arca com todos os riscos associados a operar no exterior.[61] Esse método de expansão internacional é muito mais caro que os demais, pois requer um alto nível de investimento no estrangeiro e coloca seus administradores diante de um número muito maior de ameaças. Entretanto, investir em uma subsidiária ou divisão estrangeira oferece vantagens significativas: esse investimento dá a uma organização um potencial de auferir grandes rendimentos, pois a organização não tem que dividir seus lucros com a organização estrangeira, e ao mesmo tempo reduz o risco, pois os administradores da organização têm total controle sobre todos os aspectos das atividades de sua subsidiária estrangeira. Além disso, esse tipo de investimento permite aos administradores protegerem sua tecnologia e *know-how* contra as organizações estrangeiras. Empresas grandes e bem conhecidas, como DuPont, General Motors e P&G, que possuem quantidades enormes de recursos, empregam largamente as subsidiárias de inteira propriedade no exterior.

Obviamente, as empresas globais podem usar várias dessas diferentes estratégias corporativas ao mesmo tempo para criar o máximo de valor e fortalecer sua posição competitiva. Discutimos como a P&G segue a diversificação relacionada em nível global, embora ela também adote uma estratégia internacional que é uma mistura das estratégias global e multidoméstica. A P&G também segue a integração vertical: a empresa opera fábricas que produzem muitos dos componentes químicos especiais usados em seus produtos; opera também no setor de recipientes, e produz os milhares de diferentes vasos e garrafas plásticas e de vidro para conter seus produtos e, ainda, imprime os rótulos deles e os distribui usando uma frota de caminhões própria. Embora a P&G seja altamente diversificada, seu foco ainda é nas linhas de produtos principais, pois é famosa por seguir a gestão de marcas; a P&G concentra recursos em torno de cada uma de suas marcas – que, na realidade, são administradas como "empresas separadas".

Portanto, a P&G está tentando agregar valor de todas as formas possíveis a partir de suas estratégias corporativas e de negócios. No que diz respeito aos negócios, por exemplo, a P&G segue agressivamente a diferenciação e cobra preços mais altos por seus produtos. Entretanto, ela também se esforça ao máximo para reduzir custos e segue as estratégias corporativas que acabamos de discutir para alcançar esse objetivo.

Planejamento e implementação de estratégias

Após identificar as estratégias de negócios e as estratégias corporativas apropriadas para concretizar a missão e os objetivos da organização, os administradores se deparam com o desafio de pôr em prática essas estratégias. A implementação de estratégias é um processo em cinco etapas:

1. Atribuir a responsabilidade pela implementação aos indivíduos ou grupos apropriados.
2. Formular planos de ação detalhados que especifiquem como a estratégia será implementada.
3. Estabelecer um cronograma para implementação que inclua objetivos precisos e mensuráveis ligados à concretização do plano de ação.
4. Alocar recursos apropriados para os indivíduos ou grupos responsáveis.
5. Responsabilizar indivíduos ou grupos específicos pela concretização dos objetivos corporativos, dos objetivos das divisões e também dos objetivos funcionais.

O processo de planejamento vai além da simples identificação de estratégias eficazes; também abrange planos para garantir que essas estratégias sejam colocadas em prática. Normalmente, o plano para implementação de uma nova estratégia requer a elaboração de novas estratégias funcionais, o redesenho da estrutura da organização e o desenvolvimento de novos sistemas de controle; ele talvez também exija um novo programa para mudar a cultura da organização. Essas são questões que serão tratadas nos próximos dois capítulos.

Resumo e revisão

MA4 Descrever o papel vital desempenhado pelos administradores na implementação de estratégias para atingir os objetivos e a missão de uma organização.

PLANEJAMENTO Planejamento é um processo de três etapas: (1) determinar a missão e os objetivos da organização, (2) formular estratégias e (3) implementar as estratégias. Os administradores usam o planejamento para identificar e escolher objetivos e linhas de ação apropriados para uma organização e também para decidir como alocar os recursos necessários para atingir esses objetivos e realizar essas ações. Um bom plano cria um comprometimento com os objetivos da organização, dá à organização direção e propósito, coordena as diferentes funções e divisões e também controla os administradores, tornando-os responsáveis por objetivos específicos. Em grandes organizações, o planejamento ocorre em três níveis da administração: nível corporativo, nível de negócios ou divisional e nível departamental ou funcional. Os planos de longo prazo têm um horizonte temporal de cinco anos ou mais; planos de prazo intermediário, de um a cinco anos, e planos de curto prazo, de um ano ou menos. **[MA1]**

DETERMINAÇÃO DA MISSÃO E DOS OBJETIVOS E FORMULAÇÃO DE ESTRATÉGIAS Determinar a missão da organização requer que os administradores definam o negócio da empresa e estabeleçam os principais objetivos. A formulação de estratégias requer que os administradores realizem uma análise SWOT e depois escolham as estratégias apropriadas nos níveis corporativo, de negócios e funcional. No nível de negócios, os administradores são responsáveis pela elaboração de uma estratégia de baixo custo e/ou estratégia de diferenciação bem-sucedida, seja para todo o mercado, seja para um segmento particular deste. No nível funcional, os gerentes de departamento elaboram estratégias para ajudar a organização a agregar valor a seus produtos por meio de sua diferenciação ou da redução dos custos para criação de valor. No nível corporativo, as organizações usam estratégias, como concentração em um único setor, integração vertical, diversificação relacionada e não relacionada e expansão internacional, para fortalecer sua vantagem competitiva por meio do aumento de valor dos bens e serviços oferecidos aos clientes. **[MA1, 2, 3]**

IMPLEMENTAÇÃO DE ESTRATÉGIAS A implementação de estratégias requer que os administradores: atribuam responsabilidades aos indivíduos ou grupos apropriados; elaborem planos de ação detalhados que especifiquem como a estratégia será implementada; estabeleçam um cronograma para implementação que abranja objetivos precisos e mensuráveis ligados à concretização do plano de ação; aloquem recursos apropriados para os indivíduos ou grupos responsáveis e responsabilizem indivíduos ou grupos pela concretização dos objetivos. **[MA4]**

Administradores em ação

Tópicos para discussão e trabalho

DISCUSSÃO

1. Descrever as três etapas do planejamento. Explicar como elas se inter-relacionam. [MA1]
2. Qual a relação entre as estratégias corporativa, de negócios e funcional, e como elas criam valor para uma organização? [MA2, 3]
3. Escolha um setor e identifique quatro empresas que adotem uma das quatro principais estratégias de negócios (de baixo custo, de baixo custo focada, etc.). [MA1, 2]
4. Qual a diferença entre integração vertical e diversificação relacionada? [MA3]

AÇÃO

5. Pergunte a um administrador sobre os tipos de atividades de planejamento que ele usa regularmente. Quais os propósitos dessas atividades e quais são suas vantagens ou desvantagens? [MA1]
6. Peça a um administrador para identificar as estratégias corporativas e de negócios usadas por sua organização. [MA2, 3]

Desenvolvimento de habilidades gerenciais
Como analisar a estratégia de uma empresa [MA2, 3]

Escolha uma organização comercial bem conhecida que recentemente tenha sido foco na mídia e que disponibilize seus relatórios anuais em seu *site*. Das informações obtidas nos regimentos e relatórios anuais, responda às seguintes perguntas:

1. Qual(is) é(são) o(s) principal(is) setor(es) no(s) qual(is) a empresa compete?
2. Qual estratégia de negócios parece que a empresa está adotando em seu setor? Por quê?
3. Que estratégias corporativas a empresa está adotando? Por quê?
4. Houve alguma grande mudança recentemente em sua estratégia? Por quê?

Administrando eticamente [MA1, 4]

Alguns anos atrás, a IBM anunciou que havia demitido três altos executivos de sua divisão na Argentina devido ao envolvimento deles em um estratagema para assegurar um contrato de US$ 250 milhões para a empresa fornecer e fazer a manutenção dos computadores de um dos maiores bancos estatais da Argentina. Esses três executivos pagaram US$ 14 milhões do dinheiro do contrato para uma terceira empresa, a CCR, que pagou cerca de US$ 6 milhões para empresas-fantasmas. Esses US$ 6 milhões foram então usados para subornar os executivos do banco que concordaram em dar o contrato para a IBM.

Esses subornos não eram necessariamente ilegais de acordo com a legislação argentina. Além disso, esses três executivos argumentavam que todas as empresas tinham que pagar subornos para conseguir novos contratos comerciais e que eles não estavam fazendo nada de diferente daquilo que os executivos de outras empresas estavam fazendo.

Perguntas

1. Sozinho ou em grupo, decida se a prática comercial de subornar é ética ou não.
2. A IBM deveria permitir que suas divisões estrangeiras subornassem, caso todas as demais empresas assim estivessem agindo?
3. Se o suborno é comum em um dado país, que efeito provavelmente isso teria na economia e na cultura da nação?

Exercício em grupo
Abertura de cadeia nacional de lojas de roupas [MA1, 2]

Forme pequenos grupos de três a cinco pessoas e indique um de seus membros para ser o porta-voz. Este último comunicará as descobertas do grupo a toda a classe quando chamado pelo professor. Logo depois, discuta a seguinte situação:

Vocês formam a diretoria de uma importante cadeia nacional de lojas de roupas e você foi encarregado de encontrar uma maneira de recuperar a vantagem competitiva de sua organização. Recentemente, a empresa vem enfrentando uma concorrência (cada vez maior) de duas fontes específicas. A primeira vem de lojas de desconto como Walmart e Target, que praticam preços reduzidos pelo fato de comprarem as roupas que vendem de fabricantes estrangeiros de baixo custo, enquanto a sua empresa compra a maioria das roupas de fornecedores nacionais de alta qualidade. As lojas de desconto têm atraído os clientes de sua empresa, mais especificamente aqueles que costumam comprar seus produtos de menor preço. Em segundo lugar, pequenas butiques em *shopping centers* oferecem roupas caras de grife e estão atraindo os seus clientes de alto poder aquisitivo. Sua empresa ficou "encalhada no meio do caminho" e você tem que decidir o que fazer: deveria começar a comprar no exterior de modo a poder abaixar seus preços e começar a seguir uma estratégia de baixo custo? Ou deveria concentrar-se na faixa de alto poder aquisitivo do mercado e seguir uma estratégia de diferenciação? Ou então tentar seguir tanto uma estratégia de baixo custo como uma de diferenciação?

1. Usando planejamento por cenários, analise os prós e os contras de cada alternativa.
2. Pense nos vários varejistas de roupas nos grandes *shopping centers* e também considere os varejistas de bairro; analise as escolhas que eles fizeram sobre como concorrer entre si ao longo das dimensões de baixo custo e de diferenciação.

Seja você o administrador [MA1, 2]

Um grupo de investidores em sua cidade está pensando em abrir um novo supermercado voltado para consumidores de alto poder aquisitivo para competir com as principais redes de supermercado que atualmente dominam o mercado da cidade. Eles o convocaram para ajudá-los a determinar que tipo de supermercado de alto padrão deveriam abrir. Em outras palavras, qual seria a melhor forma de esses investidores criarem vantagem competitiva contra as redes de supermercados existentes?

Perguntas

1. Enumere as redes de supermercado em sua cidade e identifique seus pontos fortes e pontos fracos.
2. Que estratégias de negócios esses supermercados estão adotando atualmente?
3. Que tipo de supermercado se daria melhor contra a concorrência? Que tipo de estratégia de negócios ele deveria seguir?

BusinessWeek Caso em foco [MA2, 4]
Como a Acer está "fritando" seus rivais do setor de PCs

No setor de computadores pessoais, todo mundo conhece Michael Dell, que mudou o setor ao começar a vender computadores diretamente de seu dormitório na faculdade. Mark Hurd ficou conhecido por fazer a Hewlett-Packard renascer das cinzas. Mas a força mais influente no setor de PCs atual talvez seja mesmo Gianfranco Lanci, o pouco conhecido CEO italiano da Acer de Taiwan. Sob seu comando, o azarão de longa data tem abocanhado fatias cada vez maiores do mercado e ganhado terreno em relação a seus rivais americanos. Se Lanci conseguir manter o momento atual, a Acer poderá ultrapassar a segunda colocada em número de computadores vendidos esse ano: a Dell – e terminar perto da HP. A Acer "tem grandes chances de superar a HP", escreveu o analista Gokul Hariharan do JPMorgan Chase em um relatório no início deste mês.

A estratégia de Lanci? Ele usa a enxuta estrutura de custos da Acer para se tornar extremamente agressivo no estabelecimento do preço final. Ele foi mais rápido do que a HP e a Dell ao comercializar uma ampla gama de computadores portáteis baratos conhecidos como netbooks. Ao vender máquinas básicas em uma faixa de preço de US$ 300 até US$ 600, a Acer afanou fatias de mercado enquanto o restante do mercado de PCs protagonizava um fiasco. No processo, Lanci reduziu os preços de modo generalizado, reduzindo as margens de todos. "É bom administrar uma empresa com custos menores quando o mercado está em expansão", diz ele. "E é melhor ainda quando o mercado não está crescendo."

Agora Lanci está levando essa batalha para novos terrenos. Em 7 de abril, ele revelou uma série de equipamentos de baixo custo que irão impulsionar a Acer para o centro do mercado de PCs e muito além. A empresa oferecerá netbooks mais avançados a preço de banana, um *laptop* ultrafino e as primeiras máquinas novas levando os nomes Gateway e Packard Bell desde que a Acer adquiriu essas empresas, em 2007. Há também um novo console para videogames e, de olho na Apple, uma linha de smartphones Acer.

Tudo isso pode ser uma boa notícia para consumidores mãos de vaca, mas criará novos desafios para os concorrentes de Lanci. A HP e a Dell terão que encarar a Acer não apenas na faixa de baixo custo do mercado de computadores portáteis, mas também na faixa dos produtos de alto desempenho. O novo *laptop* ultrafino da Acer terá preços a partir de US$ 650, comparados aos US$ 1.800 cobrados por um *laptop* similar da HP, o Voodoo Envy, e US$ 2 mil, por um Dell Adamo. "Eles estão mudando a percepção dos clientes daquilo que deveriam pagar por um computador", diz Richard Shim, analista da empresa de pesquisas de mercado, IDC.

Lanci, um engenheiro de 54 anos de idade nascido em Turim, dedicou grande parte de sua carreira aos PCs portáteis. Ele era diretor da fabricante de chips Texas Instruments na Itália quando a Acer adquiriu a divisão de *laptops* da Texas Instruments em 1997. Ele fez seu próprio nome ao transformar a Acer na principal empresa do setor na Europa, e veio a se tornar presidente da Acer em 2005 e CEO no ano passado.

Lanci diz que sua estratégia atual é simplesmente repassar para os clientes as economias das operações enxutas da Acer. Diferentemente de seus principais rivais, a Acer vende apenas por meio de varejistas e outros pontos de venda, e terceiriza toda sua produção e montagem, reduzindo assim os custos. Isso ajudou a diminuir os gastos indiretos – despesas com pesquisa e desenvolvimento, com *marketing* e também com despesas gerais e administrativas – para 8% das vendas, bem abaixo da proporção de gastos indiretos de 14% da Dell e 15% da HP.

Enquanto muitas empresas da área de tecnologia passam maus bocados, a Acer teve um aumento vertiginoso nos seus lucros e viu suas ações subirem 33% este ano. Lanci rebate as críticas que dizem que ele é agressivo demais. "[Os preços] sempre estiveram em queda", diz ele. "É a evolução natural do mercado."

Perguntas

1. Que tipo de estratégia de negócios a Acer está adotando?
2. Que tipos de habilidades e competências a Acer possui que permitem a ela seguir essa estratégia?
3. De que maneiras essa estratégia permite à empresa superar seus rivais Dell e HP?

Fonte: Bruce Einhorn, "How Acer Is Burning Its PC Rivals". Reimpresso da *BusinessWeek online*, 7/abr./2009, com permissão especial, copyright © 2009 da The McGraw-Hill Companies, Inc.

BusinessWeek Caso em foco [MA1, 2, 3]
Como a Procter & Gamble planeja resolver a situação

Desde que se tornou CEO da Procter & Gamble em 2000, A.G. Lafley jamais enfrentou uma situação tão difícil como agora. As ações da maior empresa do mundo de produtos de consumo perdeu um terço de seu valor desde a última primavera. Os consumidores norte-americanos estão trocando marcas famosas como Tide, Gillette e Pampers da P&G por produtos de marca própria. E a crise econômica está se espalhando pelas nações desenvolvidas onde a P&G conseguiu seu maior crescimento. Não obstante, Lafley não parece aterrorizado. O executivo de 61 anos reuniu-se em seu escritório em Cincinnati com Roger O. Crockett, da *BusinessWeek*, *para conversar sobre como* atravessar a crise. Eis alguns trechos editados:

Sobre prioridades nos gastos

Continuamos a investir em nossos principais pontos fortes. Primeiramente, não fazemos economia no que diz respeito a entender o consumidor. Em segundo lugar, está a inovação. Nossos gastos de capital com novas tecnologias de produção e engenharia aumentarão em 2009. E, em terceiro lugar, está a imagem das marcas. Embora estejamos efetivamente gastando menos com propaganda pelo fato de o preço na mídia ter abaixado, estamos com um número maior de anúncios para nossos consumidores.

Sobre produtos malsucedidos

Em nosso setor, apenas 15% a 20% dos novos produtos são bem-sucedidos. A taxa de sucesso da P&G está um pouco acima dos 50%. Mas nos encontrávamos dentro da média do setor na década de 1990. Melhoramos nosso desempenho por meio do esclarecimento e da simplificação do processo de inovação. Estabelecemos pontos de verificação com medidas claras para cada fase do processo, da concepção ao desenvolvimento até chegar na comercialização. Se parecer que um projeto não vai dar certo, nós o descartamos. Aprende-se mais com o insucesso do que com o sucesso, mas o segredo é falhar cedo e de forma barata, e não cometer o mesmo erro duas vezes.

Sobre preços mais altos

A coisa mais importante de se entender é que não nos encontramos num ramo de *commodities*. Não estamos vendendo itens cujo preço flutua baseado no preço dos insumos. Estamos vendendo uma marca. Podemos criar mais valor para US$ 1 com um novo detergente lava-louças Downy no México. Ou podemos fazer isso para US$ 5 ou US$ 10 com um novo produto para limpeza doméstica como o Tide, ou para US$ 40 a US$ 50 com um produto para cuidados pessoais, como os cremes faciais Olay. É apenas uma questão de quem é o consumidor e o que representa valor para ele.

Sobre inovação

É preciso criatividade e inventividade, mas até conseguirmos ligar essa criatividade ao cliente na forma de um produto ou serviço que mude suas vidas de modo significativo, eu diria que ainda não se trata de inovação. Lá pelos idos dos anos 1960, inventamos um material capaz de absorver uma grande quantidade de água. Até conseguirmos convertê-lo nas faldas descartáveis Pampers, ele era apenas um novo tipo de material. Criamos essa categoria inteiramente nova de produto e isso criou um setor. Gostaríamos que esses tipos de inovações descontínuas fossem de 20% a 25% daquilo que fazemos. Para mantermos as vendas e lucros crescentes, temos que inovar.

Sobre o relacionamento da P&G com os varejistas

Praticamente todo varejista com quem trabalhamos gosta do fato de estarmos à frente em inovação. Ela cria aumento das vendas em categorias existentes. Cria novas categorias que são fonte de crescimento das vendas e dos lucros no futuro. A inovação atrai consumidores a suas lojas para experimentar novos produtos, e da mesma forma atrai os consumidores de volta às suas lojas, onde eles poderão obter produtos em que confiam.

Sobre a ascensão das marcas próprias

As marcas próprias representam menos de 1% do mercado varejista norte-americano, e elas ganham impulso nos segmentos onde falta inovação. É difícil inovar em categorias como produtos alimentícios básicos, que é onde as marcas próprias estão se dando melhor. As marcas próprias são imitações. As marcas e os produtos da P&G são inovações.

Sobre oportunidades de crescimento

Atualmente, atingimos um pouco mais da metade dos 6,7 bilhões de consumidores do mundo. Queremos alcançar outros bilhões nos próximos anos e grande parte desse crescimento será nos mercados emergentes, onde estão nascendo a maioria dos bebês e onde grande parte das famílias está sendo formada. Visualizamos crescimento para toda a nossa linha de produtos.

Sobre aquisições

Nosso foco é no crescimento sustentável a longo prazo. Aquisições e alienação de investimentos sempre fizeram parte dessa estratégia e continuarão a fazer no futuro.

Sobre parcerias comerciais

No início de 2000, estabelecemos um objetivo de ter parceiros para metade de todos os nossos novos produtos. Atingimos esse objetivo em 2007/2008. Isso, obviamente, nos poupa muito dinheiro. Conseguimos pegar um dólar da P&G e transformá-lo em um dólar e meio até dois dólares. Praticamente todo aquele trabalho que você não vê – tirar um pedido de um varejista ou atacadista, processar os pedidos, cientistas trabalhando em centros de pesquisa – tudo isso acontece nos bastidores com a colaboração de parceiros. Consequentemente, nossas margens operacionais aumentam, muito embora ainda estejamos investindo em P&D, assim como nas marcas e capital para sustentar a inovação.

Sobre sua aposentadoria

Vamos lá, não tenho nem 62 anos! Ainda tenho muita lenha para queimar. Nesse exato momento estou focado como um raio laser na P&G e seus acionistas. Provavelmente será algo bem diferente a partir dos 65. Mas esse é um trabalho constante, e ainda me sinto jovem.

Perguntas

1. Que tipo de estratégia de negócios a Procter & Gamble está adotando?
2. Que tipo de competências ela possui que lhe permite seguir essa estratégia?
3. Como ela está usando outros tipos de estratégias, como aquisições e parcerias comerciais, para criar vantagem competitiva?

Fonte: Roger O. Crockett, "How Procter & Gamble Plans to Clean Up". Reimpresso da *BusinessWeek online*, 2/abr./ 2009, com permissão, copyright © 2009 da The McGraw-Hill Companies, Inc.

ND
Desenhando a estrutura organizacional

CAPÍTULO 7

Metas de aprendizagem

Após estudar o presente capítulo, você deverá estar apto a:

1. Identificar os fatores que influenciam os administradores na escolha de uma determinada estrutura organizacional. **[MA1]**

2. Explicar como os administradores agrupam tarefas em cargos motivadores e satisfatórios para seus funcionários. **[MA2]**

3. Descrever os tipos de estruturas organizacionais que os administradores podem desenhar e explicar por que eles optam por determinadas estruturas. **[MA3]**

4. Explicar por que os administradores devem coordenar cargos, funções e divisões usando a hierarquia de autoridade e mecanismos de integração. **[MA4]**

ESTUDO DE CASO
A Avon requer uma nova estrutura

Como os administradores devem se organizar para aumentar o desempenho?

Após uma década de crescimento e bons lucros sob o comando de sua CEO Andrea Jung, de repente, em meados de 2000, a Avon começou a ver uma queda nas vendas em mercados emergentes, como Europa Central, Rússia e China (importantes fontes do aumento em suas vendas), assim como nos Estados Unidos e no México. O preço das ações da Avon despencou em 2006, e Jung ficou chocada com esses acontecimentos: pela primeira vez como CEO ela se deparou com a necessidade de encontrar estratégias para resolver os seus problemas – em vez de novas maneiras para somar ao seu sucesso.[1]

Após vários meses viajando pelo mundo para visitar os diretores de suas divisões mundiais, ela chegou a uma conclusão surpreendente. A rápida expansão global da Avon havia conferido a esses diretores autonomia em demasia. Eles adquiriram

Andrea Jung, da Avon, enfrentou grandes desafios em 2006, quando a empresa finalmente atentou para os problemas causados por sua estrutura extremamente descentralizada. As mudanças promovidas por Jung mantiveram os diretores regionais na função de supervisionar suas próprias revendedoras, mas fizeram com que o poder para desenvolver novos produtos ficasse com a alta administração, agora mais alerta e mais enxuta.

tanta autoridade para controlar as operações em seus respectivos países e regiões do mundo que tomaram decisões favorecendo suas próprias divisões, prejudicando o desempenho da empresa como um todo. Os diretores nacionais da Avon, da Polônia ao México, administravam suas próprias fábricas, tomavam decisões sobre o desenvolvimento de seus produtos e elaboravam campanhas publicitárias. Tais decisões muitas vezes se baseavam em reduzidos conhecimentos de *marketing* e revelavam uma preocupação mínima com os custos operacionais – o objetivo deles era aumentar as vendas o mais rápido possível. Ocorre também que quando a hierarquia de autoridade é descentralizada demais, capacitando gestores em níveis muito baixos dentro da hierarquia de uma organização, tais gestores normalmente contratam um número cada vez maior de gerentes para ajudá-los na construção de seus "impérios" nacionais. O resultado foi que a hierarquia organizacional global da Avon havia explodido – aumentando de 7 para 15 níveis de gerência em uma década, já que dezenas de milhares de gerentes adicionais foram contratados no mundo![2] Pelo fato de os lucros da Avon estarem crescendo rapidamente, Jung e sua equipe de executivos não haviam prestado atenção suficiente à maneira como a estrutura organizacional da empresa estava cada vez mais vertical – da mesma forma que se tornava cada vez mais horizontal à medida que entrava em outros países para expandir as vendas de seus cosméticos.

Em 2006, Jung acordou desse pesadelo: precisaria despedir milhares de gerentes e reestruturar a hierarquia organizacional para reduzir custos, porém mantendo a lucratividade. Iniciou um programa para tirar a autoridade dos diretores nos países estrangeiros, transferindo-a para diretores regionais e da matriz, visando otimizar a tomada de decisão e reduzir os custos. Ela eliminou sete níveis de gerência e mandou embora 25% dos gerentes globais nos 114 países onde a Avon atuava. Em seguida, empregando equipes de gerentes especializados da matriz, iniciou um exame detalhado de todas as atividades funcionais da Avon, país por país, para descobrir o motivo que fez os custos da empresa aumentarem tão rapidamente e o que poderia ser feito para mantê-los sob controle. A duplicação das atividades de *marketing* em países ao redor do mundo foi um dos motivos dos elevados custos. No México, uma equipe descobriu que o desejo dos diretores locais de expandir seus impérios levou ao desenvolvimento de estarrecedores 13 mil produtos diferentes! Isso não apenas fez com que os custos para desenvolvimento dos produtos aumentassem vertiginosamente, como também levou a graves problemas de comercialização: como as revendedoras mexicanas poderiam saber, por exemplo, as diferenças entre 13 mil produtos – e, depois disso, encontrar uma maneira fácil de falar sobre elas com os clientes?

Na nova estrutura da Avon, o foco era centralizar o desenvolvimento de todos os principais produtos novos. A empresa desenvolve mais de mil produtos novos por ano, mas no futuro, embora as informações fornecidas pelos diretores nacionais sejam usadas para adaptar os produtos às necessidades de cada país no que diz respeito à fragrância, à embalagem e assim por diante, um serviço de P&D será realizado nos Estados Unidos. Da mesma forma, o objetivo será desenvolver campanhas de *marketing* direcionadas ao consumidor "global" típico, mas que possam ser facilmente adaptadas a um país ou região usando-se a linguagem apropriada ou a nacionalidade dos modelos para comercializar o produto. Outras iniciativas aumentaram os investimentos em *marketing* global (que não havia acompanhado o ritmo da rápida expansão global da Avon) e incentivaram ainda mais o aumento no número de revendedoras da empresa em países em desenvolvimento para atrair mais clientes. Nos últimos dois anos, a Avon recrutou outras 399 mil revendedoras, e isso apenas na China![3]

Os diretores nacionais agora são responsáveis pelo comando desse exército de revendedoras Avon e por garantir que os investimentos em *marketing* sejam direcionados para os canais corretos com a finalidade de obter o máximo impacto. Entretanto, eles não têm mais qualquer autoridade para se envolver com o desenvolvimento de produtos ou com a construção de fábricas – ou para contratar novos gerentes sem a anuência dos diretores regionais e da matriz. O equilíbrio do controle mudou na Avon, e Jung, os diretores e os gerentes da organização estão agora firmemente focados em tomar decisões operacionais para o bem de toda a empresa, e não apenas do país onde seus cosméticos são vendidos.

Visão geral

Como sugere o quadro "Estudo de caso", o desafio enfrentado por Andrea Jung, CEO da Avon, foi identificar a melhor maneira de organizar e controlar seus gestores em um ambiente novo e expandido. Neste capítulo, examinaremos como os administradores podem organizar e controlar os recursos (humanos e outros) para criar organizações de alto desempenho.

No final deste capítulo, você estará familiarizado não somente com as diversas estruturas organizacionais, mas também com os vários fatores que determinam as escolhas de desenhos organizacionais feitas pelos administradores. Em seguida, no Capítulo 8, examinaremos questões envolvendo o desenho dos sistemas de controle de uma organização.

Desenhando a estrutura organizacional

Organização é o processo por meio do qual os administradores estabelecem a estrutura das relações de trabalho entre funcionários para permitir que eles atinjam os objetivos da organização de forma eficiente e eficaz. **Estrutura organizacional** é o sistema formal de relações de subordinação de cargos e tarefas que determina como os funcionários usam recursos para atingir os objetivos da organização.[4] **Desenho organizacional** é o processo por meio do qual os administradores fazem escolhas organizacionais específicas sobre as relações de subordinação de cargos e tarefas que resultam na construção de uma determinada estrutura organizacional.[5]

MA1 Identificar os fatores que influenciam os administradores na escolha de uma determinada estrutura organizacional.

De acordo com a *teoria da contingência*, os administradores desenham estruturas organizacionais para se adequar aos fatores ou circunstâncias que estão afetando mais a empresa e gerando para elas mais incerteza.[6] Portanto, não existe uma melhor maneira de se desenhar uma organização: o desenho reflete a situação específica de cada organização, e pesquisadores defendem que, em algumas situações, estruturas mecanicistas estáveis talvez sejam mais apropriadas, ao passo que em outras, estruturas orgânicas flexíveis talvez sejam as mais eficazes. Quatro fatores são determinantes importantes do tipo de estrutura organizacional ou método de organização que os administradores escolhem: a natureza do ambiente organizacional, o tipo de estratégia que a organização adota, a tecnologia (particularmente a *tecnologia da informação*) que a organização usa e as características de seus recursos humanos (ver Figura 7.1).[7]

estrutura organizacional
Sistema formal de relações de subordinação de cargos e tarefas que coordena e motiva os membros de uma organização de modo que todos trabalhem juntos para atingir os objetivos da organização.

O ambiente organizacional

Geralmente, quanto mais rápido mudar o ambiente externo e quanto maior o grau de incerteza nele presente, maiores serão os problemas enfrentados pelos administradores na tentativa de ter acesso a recursos escassos. Nessa situação, para agilizar a tomada de decisão e a comunicação e facilitar a obtenção de recursos, os administradores normalmente tomam decisões relativas à

Figura 7.1
Fatores que afetam a estrutura organizacional.

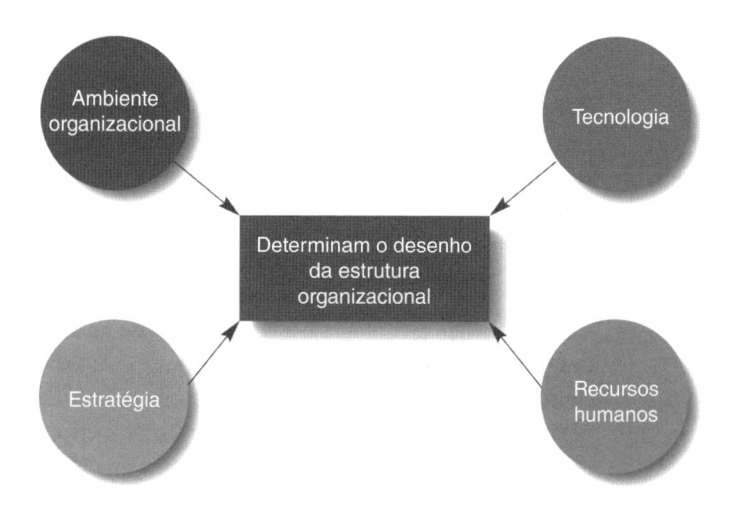

desenho organizacional
Processo por meio do qual os administradores fazem escolhas organizacionais específicas que resultam em um tipo particular de estrutura da organização.

organização que resultam em estruturas mais flexíveis e culturas empreendedoras.[8] É muito provável que eles descentralizem a hierarquia de autoridade, deem maior autonomia a funcionários de nível mais baixo para que tomem decisões operacionais importantes e encorajem valores e normas que enfatizem mudanças e inovação – uma forma mais orgânica de organização.

Por outro lado, se o ambiente externo for estável, os recursos estarão prontamente à disposição e a incerteza será baixa; portanto, haverá necessidade de menos coordenação e de menos comunicação entre as pessoas e funções para obter recursos. Os administradores podem optar por formas de organização que confiram maior estabilidade ou formalidade à estrutura organizacional e podem estabelecer valores e normas que enfatizem a obediência e o trabalho em equipe. Os administradores, nessa situação, preferem tomar decisões dentro de uma hierarquia de autoridade claramente definida e usar regras detalhadas, **procedimentos operacionais padronizados** (*SOPs*) e normas restritivas para orientar e governar as atividades dos funcionários – uma forma mais mecanicista de organizar.

Conforme discutido no Capítulo 4, as mudanças são muito rápidas no mercado de hoje e, somadas à concorrência crescente nos mercados locais e internacionais, estão pressionando cada vez mais os administradores a atrairem mais clientes e aumentarem a eficiência e a eficácia. Consequentemente, tem aumentado o interesse por encontrar maneiras de estruturar as organizações – como por meio do *empowerment* e de equipes autogeridas, permitindo que as pessoas e os departamentos se comportem de uma maneira mais flexível.

Estratégia

O Capítulo 6 sugere que os administradores, após decidirem qual estratégia adotar, deveriam escolher os meios corretos para implementá-la. Estratégias diferentes normalmente exigem o emprego de estruturas organizacionais e culturas diversas. Por exemplo, uma estratégia de diferenciação para aumentar o valor percebido pelos clientes nos bens e serviços de uma organização normalmente é mais bem-sucedida em uma estrutura flexível com uma cultura que valorize a inovação; a flexibilidade facilita uma estratégia de diferenciação, pois os administradores podem rapidamente desenvolver produtos novos ou inovadores – uma atividade que requer ampla colaboração entre funções ou departamentos. Por outro lado, uma estratégia de baixo custo que visa reduzir custos em todas as funções normalmente se dá melhor em uma estrutura mais formal com normas mais conservadoras, que dão aos administradores mais controle sobre as atividades dos vários departamentos de uma organização.[9]

Além disso, no nível corporativo, quando os administradores decidem expandir o escopo das atividades da organização por meio da integração vertical ou da diversificação, por exemplo, eles precisam desenhar uma estrutura flexível de modo a oferecer coordenação suficiente entre as diversas divisões de negócios.[10] Conforme discutido no Capítulo 6, muitas empresas têm desincorporado seus negócios porque se dão conta de que seus administradores não são capazes de criar vantagem competitiva que permita a elas acompanhar as rápidas mudanças que ocorrem em certos setores. Partindo para uma estrutura mais flexível, os administradores terão maior controle sobre seus diferentes negócios. Finalmente, expandir-se internacionalmente e operar em vários países diferentes desafiam os administradores a criar estruturas organizacionais que permitam a suas organizações serem flexíveis em termos mundiais.[11] Conforme discutiremos mais tarde, os administradores podem agrupar seus departamentos ou divisões de várias formas, permitindo-lhes seguir de modo eficaz uma estratégia internacional.

Tecnologia

Recorde-se que tecnologia é a combinação de habilidades, conhecimentos, máquinas e computadores que são usados para projetar, produzir e distribuir bens e serviços. Via de regra, quanto mais complicada for a tecnologia usada por uma organização, mais difícil será regulá-la ou controlá-la, pois pode surgir um número maior de eventos inesperados. Portanto, quanto mais complicada for a tecnologia, maior será a necessidade de uma estrutura flexível e cultura progressiva para aumentar a capacidade de os administradores reagirem a situações inesperadas – e dar a eles a liberdade e o desejo de elaborarem novas soluções para os problemas que encontram. Por outro lado, quanto mais comum for a tecnologia, mais apropriada será uma estrutura formal, pois as tarefas são simples e as etapas necessárias para produzir bens e serviços terão sido planejadas antecipadamente.

O que faz uma tecnologia ser comum ou complicada? Um pesquisador que investigou essa questão, Charles Perrow, defendia que dois fatores determinam o nível de complexidade ou de simplicidade de uma tecnologia: a variedade de tarefas e a facilidade de análise delas.[12] *Variedade de tarefas* é o número de novos problemas ou situações inesperadas que uma pessoa ou função encontra na realização de tarefas ou no desempenho de suas atribuições. Facilidade de análise das *tarefas* diz respeito ao grau em que soluções programadas se encontram à disposição das pessoas ou funções para resolver os problemas que elas encontram. Tecnologias não usuais ou complicadas são caracterizadas pela grande variedade de tarefas e pela pouca facilidade na análise das tarefas; isso significa que ocorrem muitos problemas e que resolvê-los requer que sejam tomadas decisões não programadas. Por outro lado, as tecnologias comuns são caracterizadas por baixa variedade de tarefas e grande facilidade em analisá-las; isso significa que os problemas encontrados não variam muito e são facilmente resolvidos por meio de decisões programadas.

Exemplos de tecnologia não rotineira são encontrados no trabalho de cientistas em um laboratório de P&D onde são desenvolvidos novos produtos ou drogas, cujo resultado estará presente nas atividades de planejamento que os altos executivos de uma organização usam para traçar futuras estratégias. Entre os exemplos de tecnologia rotineira, temos operações típicas de montagem ou de produção em massa nas quais os trabalhadores realizam repetidamente a mesma tarefa, de acordo com soluções já programadas pelos administradores, necessárias para uma maior eficiência. De modo parecido, em organizações prestadoras de serviços, como os *fast-foods*, as tarefas que os membros do restaurante realizam ao preparar e servir as refeições rápidas são rotineiras.

Recursos humanos

Um último fator importante que afeta a escolha da estrutura e da cultura de uma organização são as características dos recursos humanos por ela empregados. Geralmente, quanto mais qualificado for seu pessoal e maior o número de funcionários que trabalham em grupos ou equipes, maior a probabilidade de uma organização usar uma estrutura flexível e descentralizada e manter uma cultura profissional baseada em valores e normas que fomentam a autonomia e o autocontrole dos colaboradores. Os funcionários altamente qualificados ou que internalizaram valores e normas de comportamento altamente profissionais como parte de seu treinamento normalmente desejam maior liberdade e autonomia e não gostam de supervisão direta.

As estruturas flexíveis, caracterizadas por uma hierarquia de autoridade descentralizada e por funcionários com uma maior autonomia, são bem adequadas às necessidades de pessoas altamente qualificadas. De modo similar, quando as pessoas trabalham em equipes, deve-se permitir que elas interajam livremente e criem normas para orientar suas interações de trabalho, o que também é possível em uma estrutura organizacional flexível. Portanto, ao desenhar a estrutura organizacional e a cultura, os administradores devem prestar muita atenção às necessidades da força de trabalho e à complexidade e ao tipo de trabalho que os funcionários realizam.

Em suma, o ambiente externo, a estratégia, a tecnologia e os recursos humanos de uma organização são os fatores a serem considerados pelos administradores que buscam desenhar a melhor estrutura e cultura para ela. Quanto maior for o nível de incerteza no ambiente organizacional, mais complexas serão sua estratégia e as tecnologias empregadas, e quanto mais qualificado e capacitado for o seu quadro de funcionários, mais provavelmente os administradores desenharão uma estrutura e cultura que seja flexível, que possa mudar rapidamente e que permita aos funcionários serem inovadores em suas reações aos problemas, às necessidades dos clientes e assim por diante. Quanto mais estável for o ambiente organizacional, menos complexa e mais bem entendida será sua estratégia ou tecnologias, e quanto menos qualificado for seu pessoal, mais provavelmente seus administradores irão desenhar uma estrutura organizacional formal e controladora, assim como uma cultura cujos valores e normas prescrevem como os funcionários devem agir em determinadas situações.

Mais à frente, ainda neste capítulo, discutiremos como os administradores podem criar diferentes tipos de culturas organizacionais. Entretanto, primeiramente discutiremos como eles podem desenhar estruturas organizacionais flexíveis ou formais. A maneira como a estrutura de uma organização funciona depende das escolhas organizacionais que os administradores fazem em relação a três questões:

- Como agrupar tarefas em cargos individuais.
- Como agrupar cargos em funções e divisões.
- Como distribuir a hierarquia de autoridade e coordenar ou integrar funções e divisões.

Agrupamento de tarefas em cargos: projeto de cargos

MA2 Explicar como os administradores agrupam tarefas em cargos motivadores e satisfatórios para seus funcionários.

O primeiro passo no desenho organizacional é o **projeto de cargos**, o processo por meio do qual os administradores decidem como dividir em cargos específicos as tarefas que devem ser realizadas para oferecer bens e serviços aos clientes. Os administradores do McDonald's, por exemplo, decidiram a melhor forma de dividir as tarefas necessárias para oferecer aos clientes refeições rápidas e baratas em cada loja do McDonald's. Após experimentar diversos arranjos de cargos, os administradores da rede optaram por uma divisão do trabalho básica entre cozinheiros e atendentes. Eles atribuíram todas as tarefas envolvidas no preparo eficaz das refeições (colocar óleo nas frigideiras, abrir os pacotes de batatas fritas congeladas, colocar os hambúrgueres na chapa, preparar as saladas, etc.) ao cargo de cozinheiro. Todas as tarefas envolvidas no servir as refeições (tais como saudar os clientes, anotar os pedidos, colocar as fritas e os sanduíches em saquinhos, pôr sal, pimenta e guardanapos e cobrar a conta) foram atribuídas aos atendentes. Além disso, eles criaram outros cargos – o encargo de atender os clientes do *drive-through*, de fazer a limpeza do restaurante e de supervisionar os funcionários e resolver problemas inesperados. O resultado do processo de projeto de cargos é uma *divisão do trabalho* entre os funcionários, a qual os administradores do McDonald's descobriram, por meio da experiência, ser a mais eficiente.

Estabelecer uma divisão do trabalho apropriada entre os funcionários é uma parte crucial do processo de organização, e é vital para aumentar a eficiência e a eficácia. No McDonald's, as tarefas associadas ao cozinheiro e atendente foram divididas em cargos diferentes porque os administradores acharam que, pelo tipo de refeição servida pelo restaurante, essa abordagem era a mais eficiente. É eficiente porque quando é atribuído um número menor de tarefas para cada funcionário realizar (de modo que cada cargo se torne mais especializado), os funcionários se tornam mais produtivos no desempenho das tarefas que constituem cada cargo.

Nas lanchonetes Subway, entretanto, os administradores optaram por um tipo diferente de projeto de cargos. Na rede, não há divisão do trabalho entre as pessoas que preparam, embrulham e servem os sanduíches aos clientes e recebem a conta. Os papéis de cozinheiro e atendente são combinados em um só. Essa divisão diferente de tarefas e cargos é eficiente para a Subway e não para o McDonald's, pois a Subway serve um cardápio limitado de sanduíches, com estilo próprio, que são preparados conforme os ingredientes ali disponíveis e escolhidos pelo cliente: o sistema de produção da Subway é bem mais simples do que o do McDonald's, pois o cardápio do McDonald's é muito mais variado e seus cozinheiros têm que preparar tipos de refeições muito diferentes.

Na Subway, os papéis de cozinheiro e atendente são combinados em um único, tornando o cargo "mais amplo" do que os cargos dos atendentes mais especializados do McDonald's. A ideia por trás da ampliação do cargo é que aumentar o espectro de tarefas realizadas pelo trabalhador irá reduzir a monotonia.

Os administradores de cada organização têm que analisar o espectro de tarefas a serem realizadas e depois criar cargos que deem melhores condições à organização para que ela possa

projeto de cargos Processo por meio do qual os administradores decidem como dividir tarefas em cargos específicos.

simplificação do cargo Processo de redução do número de tarefas que cada trabalhador realiza.

ampliação do cargo Aumentar o número de tarefas diferentes em um dado cargo por meio da modificação da divisão do trabalho.

enriquecimento do cargo Aumentar o grau de responsabilidade que um trabalhador tem em relação a seu cargo.

oferecer aos clientes os bens e serviços que eles querem. Entretanto, ao decidir como atribuir tarefas a cargos individuais, os administradores devem ser cuidadosos para não levar a **simplificação do cargo** (processo de reduzir o número de tarefas que cada trabalhador realiza) a extremos.[13] A simplificação do cargo em demasia pode reduzir a eficiência em vez de aumentá-la, pois os trabalhadores podem achar seus cargos simplificados, maçantes e monótonos, ficando desmotivados e infelizes – e, assim, terão um menor desempenho.

Ampliação e enriquecimento do cargo

Na tentativa de criar uma divisão do trabalho e projetar cargos individuais para encorajar os trabalhadores a ter um alto desempenho e maior satisfação com seus trabalhos, vários pesquisadores propuseram outras maneiras além da simplificação do cargo para agrupar tarefas em cargos: a ampliação do cargo e o enriquecimento do cargo.

Ampliação do cargo é aumentar o número de tarefas diferentes em um dado cargo por meio da modificação da divisão do trabalho.[14] Por exemplo, pelo fato de os atendentes da Subway tanto prepararem a comida como servirem-na, seus cargos são "mais amplos" do que os dos atendentes do McDonald's. A ideia por trás da ampliação do cargo é que o fato de ampliar o espectro de tarefas executadas por um trabalhador irá reduzir a monotonia e a fadiga, e talvez aumente sua motivação para ter um melhor desempenho – aumentando tanto a quantidade como a qualidade dos bens e serviços fornecidos.

Enriquecimento do cargo é aumentar o grau de responsabilidade que um trabalhador tem em relação a um cargo por meio de ações como: (1) dar autonomia aos trabalhadores no que diz respeito a encontrar novas ou melhores maneiras de executar o trabalho, (2) encorajar os trabalhadores a desenvolver novas habilidades, (3) permitir que os trabalhadores decidam como realizar o trabalho atribuindo a eles a responsabilidade de decidir como reagir a situações inesperadas e (4) permitir que os trabalhadores monitorem e meçam seu próprio desempenho.[15] A ideia por trás do enriquecimento do cargo é que aumentar a responsabilidade dos trabalhadores aumenta o envolvimento com o seu trabalho e, portanto, aumenta seu interesse pela qualidade dos bens que produzem ou dos serviços que prestam.

Geralmente, os administradores que optam por estruturas que aumentam o enriquecimento e a ampliação do cargo provavelmente aumentarão o grau com que as pessoas se comportam de maneira flexível, e não de forma rígida ou mecânica. Cargos com pouca variedade de tarefas muito provavelmente levarão as pessoas a se comportar de maneiras previsíveis; os trabalhadores que realizam uma variedade de tarefas e aos quais é permitida e encorajada a iniciativa de descobrir novas e melhores formas de desempenharem suas funções provavelmente atuarão de forma flexível e criativa. Portanto, os administradores que ampliam e enriquecem cargos criam uma estrutura organizacional flexível e aqueles que simplificam os cargos criam uma estrutura mais formal. Se os trabalhadores forem agrupados em equipes de trabalho autogeridas, provavelmente a organização será flexível, pois os membros da equipe darão apoio uns aos outros e poderão aprender uns com os outros.

O modelo de características do cargo

O modelo de características do cargo de J. R. Hackman e G. R. Oldham é um modelo influente de projeto de cargos que explica detalhadamente como os administradores podem tornar os cargos mais interessantes e motivadores.[16] O modelo de Hackman e Oldham (ver Figura 7.2) também descreve os prováveis resultados em termos pessoais e organizacionais que serão advindos de cargos enriquecidos e ampliados.

De acordo com Hackman e Oldham, todo cargo possui cinco características que determinam como ele é motivador. Tais características determinam como os funcionários reagem a seus trabalhos e levam a resultados, como altos níveis de desempenho e satisfação e baixos níveis de absentismo e rotatividade de mão de obra:

Figura 7.2
O modelo de características do cargo.

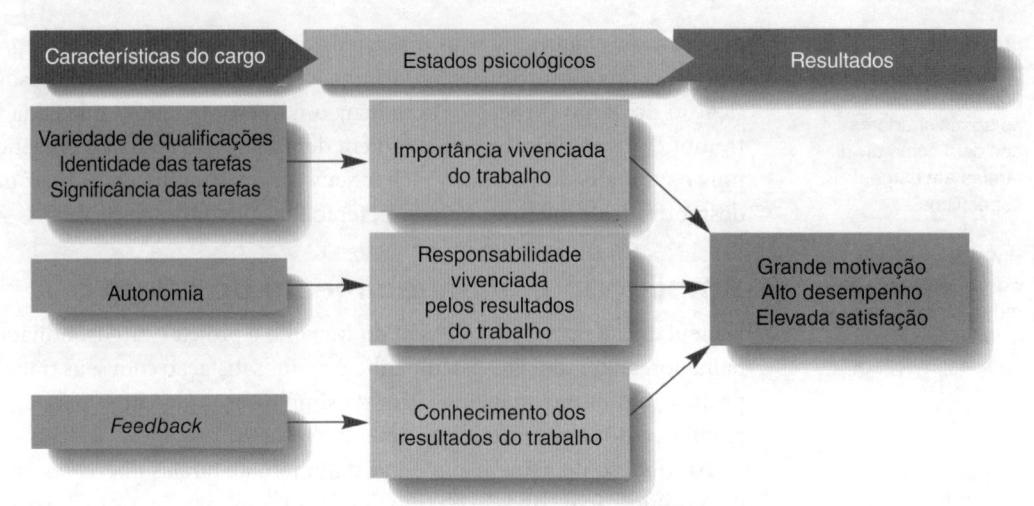

Características do cargo → **Estados psicológicos** → **Resultados**

- Variedade de qualificações
- Identidade das tarefas
- Significância das tarefas

→ Importância vivenciada do trabalho

- Autonomia

→ Responsabilidade vivenciada pelos resultados do trabalho

- Feedback

→ Conhecimento dos resultados do trabalho

→ Grande motivação
Alto desempenho
Elevada satisfação

Fonte: Adaptado de J. R. Hackman e G. R. Oldham, *Work Redesign*, Figura 4.2, p. 77, © 1980. Reimpresso com permissão da Pearson Education, Upper Saddle River, NJ.

- *Variedade de qualificações*: gama de qualificações, habilidades ou conhecimentos diversos que um cargo requer de um funcionário. Exemplo: a variedade de qualificações exigida para o cargo de cientista-pesquisador é maior que aquela exigida para o cargo de atendente do McDonald's.
- *Identidade das tarefas*: grau que um cargo exige de um trabalhador no que diz respeito ao desempenho de todas as tarefas necessárias para completar o trabalho, do início ao fim do processo de produção. Exemplo: um artesão que pega um pedaço de madeira e o transforma em uma mesa feita sob medida possui uma identidade da tarefa maior do que aquela de um trabalhador que realiza apenas uma das inúmeras operações necessárias para montar um televisor de tela plana.
- *Significância das tarefas*: grau de percepção que um trabalhador tem da importância de seu trabalho de acordo com seu efeito nas pessoas de uma organização, que podem ser colegas ou pessoas de fora – como os clientes. Exemplo: um professor que vê o efeito de seus esforços em um aluno com excelente formação acadêmica e boa colocação no mercado de trabalho sente prazer e importância no seu trabalho, diferentemente de um lavador de pratos que com monotonia lava pratos à medida que eles chegam à cozinha.
- *Autonomia*: Identifica o quanto um cargo dá a um funcionário a liberdade e o discernimento necessários para programar tarefas diversas e decidir como executá-las. Exemplo: vendedores que planejam suas agendas e decidem como destinar seu tempo para os diferentes clientes possuem uma autonomia relativamente alta comparada a operários de uma linha de montagem, cujas ações são determinadas pela velocidade da linha de produção.
- *Feedback*: grau em que um funcionário, após realizar um trabalho, recebe de fato informações claras e diretas sobre como foi seu desempenho. Exemplo: um controlador de tráfego aéreo cujos erros podem resultar em uma colisão em pleno ar recebe *feedback* imediato sobre o desempenho na função; uma pessoa que compila dados estatísticos para uma revista de negócios normalmente não tem a mínima ideia de quando comete um erro ou faz um trabalho particularmente bom.

Hackman e Oldham defendem que essas cinco características de cargo afetam a motivação dos funcionários, pois influenciam três estados psicológicos cruciais (ver Figura 7.2). Quanto mais os funcionários tiverem a sensação de que seu trabalho é *significativo* e que são responsáveis *pelos resultados do trabalho bem como pelo conhecimento de que esses resultados afetam outras pessoas*, mais motivador se torna o trabalho e maior será a probabilidade de os funcionários ficarem satisfeitos e de apresentarem um alto desempenho. Além disso, funcionários que têm cargos altamente motivadores terão maior oportunidade de usar suas habilidades bem como de realizar um número maior de tarefas, além do que lhes é dada maior responsabilidade pela realização do trabalho. Todas as situações anteriores são características de cargos e funcionários em estruturas flexíveis com hierarquia de autoridade descentralizada, nas quais geralmente os funcionários trabalham em conjunto e têm que aprender novas habilidades para completar o espectro de tarefas pelas quais seu grupo é responsável.

Agrupamento de cargos em funções e divisões: desenhando a estrutura organizacional

Quando os administradores decidem que tarefas atribuir a quais cargos, eles irão se deparar com a próxima decisão em termos organizacionais, ou seja, como agrupar cargos para melhor atender as necessidades do ambiente, da estratégia, das tecnologias e dos recursos humanos da organização. Os administradores primeiramente decidem agrupar cargos em departamentos, desenhando uma *estrutura funcional* que use os recursos organizacionais de modo eficaz. À medida que a organização for crescendo e seu controle ficar cada vez mais difícil, os administradores terão que optar por um desenho organizacional mais complexo, como uma estrutura divisional, matricial ou de equipes de produtos. A seguir, discutiremos as diferentes formas com as quais os administradores podem desenhar uma estrutura organizacional. Escolher e desenhar uma estrutura organizacional para aumentar a eficiência e a eficácia é um desafio importante. Conforme observado no Capítulo 6, os administradores colhem os frutos de uma estratégia ponderada somente se escolherem o tipo correto de estrutura para implementação da estratégia. A capacidade de fazer as escolhas corretas quando se trata do tipo de estrutura organizacional muitas vezes é o que diferencia os administradores eficazes dos ineficazes e cria uma organização de alto desempenho.

Estrutura funcional

MA3 Descrever os tipos de estruturas organizacionais que os administradores podem desenhar e explicar por que eles optam por determinadas estruturas.

estrutura funcional Uma estrutura organizacional composta de todos os departamentos que uma organização exige para produzir seus bens ou serviços.

Trata-se de um grupo de pessoas que trabalham juntas e possuem habilidades similares ou usam o mesmo tipo de conhecimento, ferramentas ou técnicas para realizar seus trabalhos. Produção, vendas e pesquisa, assim como desenvolvimento, normalmente são organizados em departamentos funcionais. **Estrutura funcional** é uma estrutura organizacional composta de todos os departamentos de uma organização para produzir seus bens ou serviços. A Figura 7.3 ilustra a estrutura funcional que a Pier 1 Imports (empresa especializada em móveis e objetos para decoração de interiores) usa para fornecer a seus clientes uma vasta gama de produtos de todo o mundo para satisfazer seus desejos por produtos diferentes e inovadores.

As principais funções da Pier 1 são finanças, administração, *merchandising* (colocação e promoção dos produtos no mercado), organização de lojas (administrar os pontos de venda varejistas), planejamento e alocações (administrar o *marketing*, a distribuição de crédito e produtos) e recursos humanos. Cada cargo dentro de uma função existe porque ajuda a realizar as atividades necessárias para um alto desempenho organizacional. Portanto, dentro da função de planejamento e alocações, temos todos os cargos necessários para anunciar de maneira eficiente os produtos da Pier 1, visando aumentar o atrativo para os clientes (como promoção, fotografia e comunicação visual) e depois distribuir e transportar os produtos para as lojas.

Há várias vantagens para agrupar cargos de acordo com a função. Primeiramente, verifica-se que quando as pessoas que ocupam cargos similares são agrupadas, elas podem aprender observando umas às outras e, portanto, se tornarem mais especializadas e terem um desempenho maior. As tarefas associadas a um cargo normalmente estão relacionadas com as tarefas associadas a outro, o que estimula a cooperação dentro de uma função. Por exemplo, no departamento de planejamento da Pier 1, a pessoa que elabora o programa de fotografia para uma campanha publicitária trabalha muito próximo da pessoa responsável por desenhar os *layouts* das lojas, assim como dos especialistas em comunicação visual. Como resultado, a Pier 1 consegue desenvolver uma campanha de *marketing* focada e persuasiva para diferenciar os seus produtos.

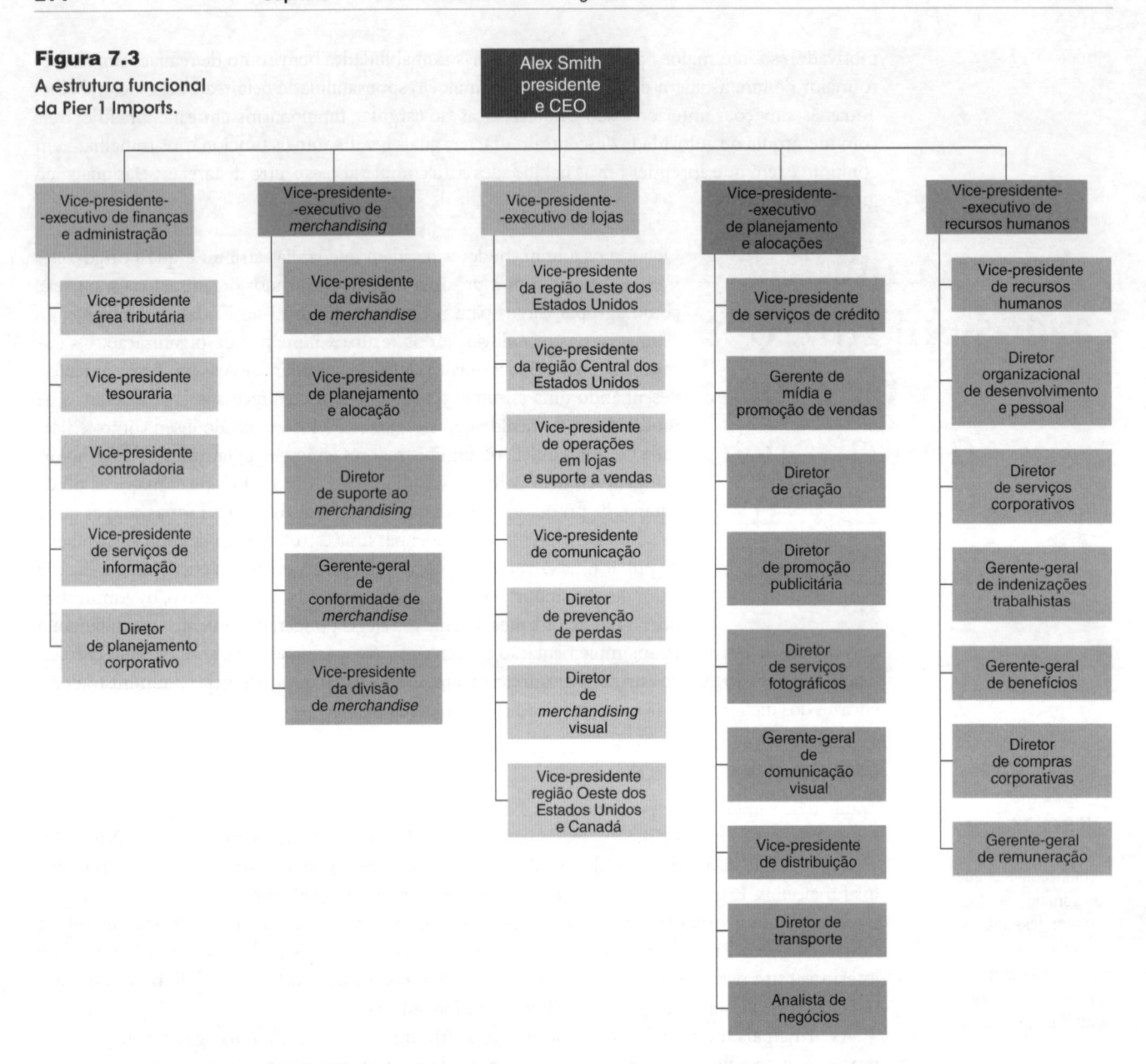

Figura 7.3
A estrutura funcional da Pier 1 Imports.

Alex Smith — presidente e CEO

- **Vice-presidente-executivo de finanças e administração**
  - Vice-presidente área tributária
  - Vice-presidente tesouraria
  - Vice-presidente controladoria
  - Vice-presidente de serviços de informação
  - Diretor de planejamento corporativo

- **Vice-presidente-executivo de *merchandising***
  - Vice-presidente da divisão de *merchandise*
  - Vice-presidente de planejamento e alocação
  - Diretor de suporte ao *merchandising*
  - Gerente-geral de conformidade de *merchandise*
  - Vice-presidente da divisão de *merchandise*

- **Vice-presidente-executivo de lojas**
  - Vice-presidente da região Leste dos Estados Unidos
  - Vice-presidente da região Central dos Estados Unidos
  - Vice-presidente de operações em lojas e suporte a vendas
  - Vice-presidente de comunicação
  - Diretor de prevenção de perdas
  - Diretor de *merchandising* visual
  - Vice-presidente região Oeste dos Estados Unidos e Canadá

- **Vice-presidente-executivo de planejamento e alocações**
  - Vice-presidente de serviços de crédito
  - Gerente de mídia e promoção de vendas
  - Diretor de criação
  - Diretor de promoção publicitária
  - Diretor de serviços fotográficos
  - Gerente-geral de comunicação visual
  - Vice-presidente de distribuição
  - Diretor de transporte
  - Analista de negócios

- **Vice-presidente-executivo de recursos humanos**
  - Vice-presidente de recursos humanos
  - Diretor organizacional de desenvolvimento e pessoal
  - Diretor de serviços corporativos
  - Gerente-geral de indenizações trabalhistas
  - Gerente-geral de benefícios
  - Diretor de compras corporativas
  - Gerente-geral de remuneração

Em segundo lugar, quando pessoas que ocupam cargos similares são agrupadas, fica mais fácil para os administradores monitorarem e avaliarem seu desempenho.[17] Imagine se os especialistas em *marketing*, os especialistas em compras e os especialistas em imóveis fossem agrupados em uma única função e supervisionados por um gerente de *merchandising*. Obviamente, o gerente de *merchandising* não teria a capacitação para avaliar adequadamente todas essas diferentes pessoas. Entretanto, a estrutura funcional permite aos trabalhadores avaliar como seus colegas estão desempenhando suas funções, e se alguns deles estiverem com um baixo desempenho, os mais experientes poderão ajudá-los a desenvolver novas habilidades.

Finalmente, os administradores apreciam a estrutura funcional, pois ela lhes permite criar o conjunto de funções necessárias para examinar e monitorar o ambiente competitivo, e assim obter informações sobre a maneira como ele está mudando.[18] Com o conjunto correto de funções estabelecido, os administradores estarão então em condições de elaborar uma estratégia que permita à organização reagir em situações de mudança. Os funcionários do grupo de *marketing* podem se especializar em monitorar novos avanços que possibilitarão que a Pier 1 atinja melhor

A Pier 1 organiza suas operações por função, o que significa que os funcionários podem aprender mais facilmente uns com os outros e melhorar o serviço que fornecem aos seus clientes.

seus clientes. Os funcionários do *merchandising* podem monitorar todos os possíveis fornecedores de móveis e objetos para o lar tanto no mercado doméstico como externo para encontrar os produtos que provavelmente agradarão os clientes da Pier 1, além de administrar a cadeia de suprimentos global da empresa.

À medida que uma organização cresce e, particularmente, à medida que o seu ambiente de tarefas e a sua estratégia mudam devido ao fato de a empresa iniciar a produção de uma gama maior de bens e serviços para os diferentes tipos de clientes, vários problemas podem tornar uma estrutura funcional menos eficiente e eficaz.[19] Primeiramente, os administradores de diferentes funções talvez achem mais difícil se comunicar e estabelecer a coordenação entre si quando forem responsáveis por vários tipos de produtos diferentes, especialmente à medida que a organização for crescendo, tanto no mercado interno quanto externo. Em segundo lugar, pode ser que os gerentes funcionais fiquem tão preocupados em supervisionar e atingir as metas de seus próprios departamentos que acabem perdendo de vista os objetivos da organização. Se isso acontecer, a eficácia da organização sofrerá, pois os administradores estarão vendo questões e problemas que afetam a organização apenas segundo suas próprias e relativamente estreitas perspectivas departamentais.[20] Esses dois tipos de problema podem reduzir tanto a eficiência quanto a eficácia.

Estruturas divisionais: de produto, de mercado e geográfica

À medida que os problemas associados ao crescimento e à diversificação aumentam, os administradores têm que encontrar novas maneiras de organizar suas atividades para superar os problemas associados à estrutura funcional. A maioria dos administradores de grandes organizações opta por uma **estrutura divisional** e cria uma série de unidades de negócios para produzir um tipo específico de produto para um tipo específico de cliente. Cada *divisão* é um conjunto de funções ou departamentos que funcionam juntos para fabricar o produto. O objetivo da mudança para uma estrutura divisional é criar unidades menores e mais fáceis de administrar dentro da organização. Existem três formas de estrutura divisional (ver Figura 7.4).[21] Quando os administradores organizam as divisões de acordo com o tipo de *bem* ou *serviço* oferecido, eles adotam uma estrutura de produto. Quando os administradores organizam as divisões de acordo com a *área do país* ou *do mundo* em que operam, eles estão adotando uma estrutura geográfica. Quando os administradores organizam as divisões de acordo com *o tipo de cliente* em que se concentram, eles adotam uma estrutura de mercado.

ESTRUTURA DE PRODUTO Imagine os problemas que os administradores da Pier 1 encontrariam caso decidissem diversificar e passar a atuar nos segmentos automobilístico, de *fast-food* e assistência médica – além do seu segmento tradicional de móveis e objetos para decoração –, e tentassem usar o conjunto existente de gerentes funcionais para supervisionar a produção dos quatro tipos de produtos. Nenhum administrador teria as qualificações ou habilidades necessárias para supervisionar esses quatro produtos. Nenhum gerente de *marketing* em particular conseguiria, por exemplo, comercializar de modo eficaz carros, refeições rápidas, assistência médica e móveis, todos ao mesmo tempo. Para realizar uma atividade funcional com sucesso, os administradores devem ter experiência em mercados ou setores específicos. Consequentemente, se os administradores decidirem diversificar para novos setores ou expandir sua gama de produtos, é comum que desenhem uma estrutura de produto para organizar suas operações (ver Figura 7.4A).

Usando uma **estrutura de produto**, os administradores colocam cada linha de produto ou negócio em sua própria divisão independente e atribuem aos gerentes a responsabilidade por elaborar

estrutura divisional
Uma estrutura organizacional composta de unidades de negócios separadas nas quais estão as funções que operam em conjunto para produzir um produto específico para um cliente específico.

estrutura de produto
Uma estrutura organizacional na qual cada linha de produto ou negócio é tratada por uma divisão autônoma.

Figura 7.4
Estruturas de produto, de mercado e geográfica.

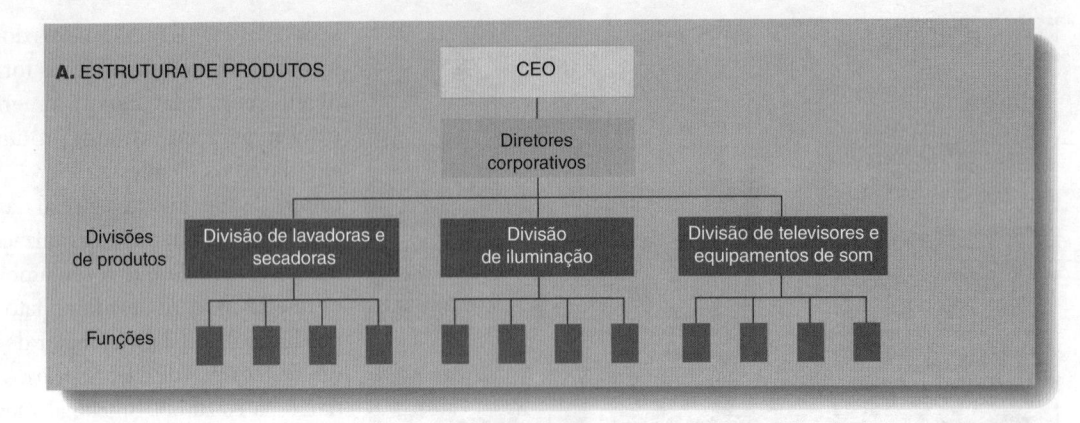

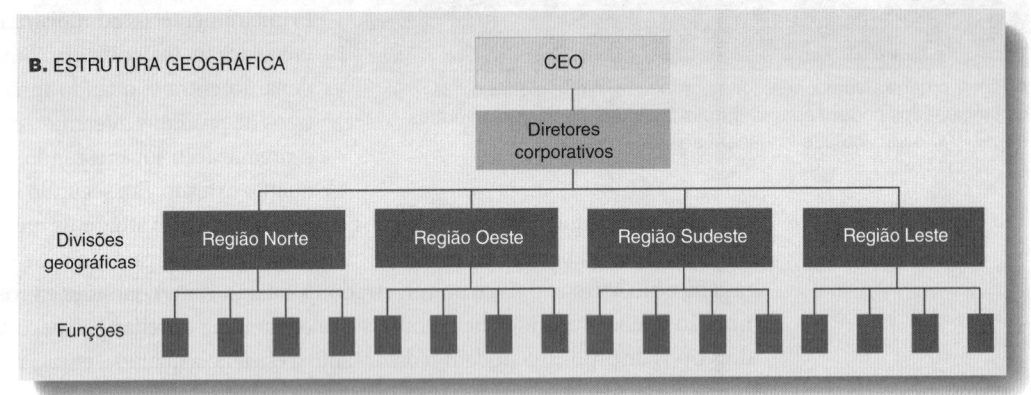

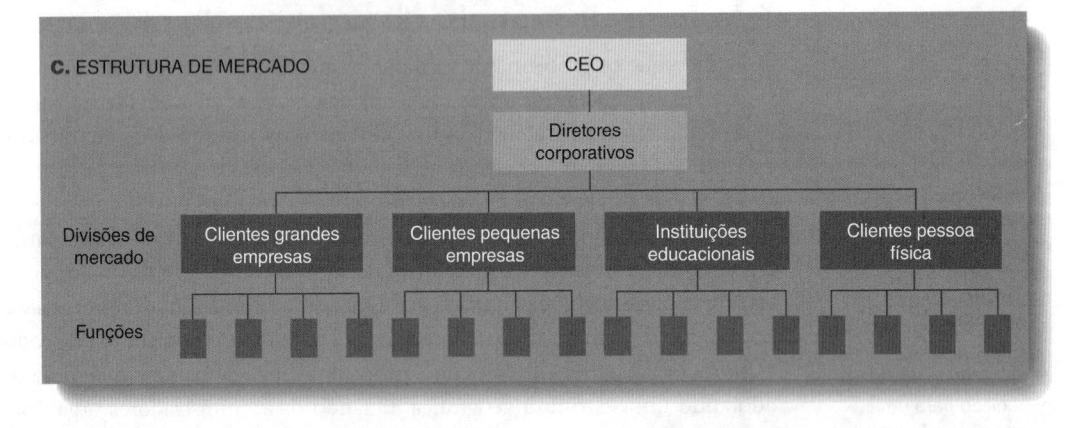

A. ESTRUTURA DE PRODUTOS
- CEO
- Diretores corporativos
- Divisões de produtos: Divisão de lavadoras e secadoras | Divisão de iluminação | Divisão de televisores e equipamentos de som
- Funções

B. ESTRUTURA GEOGRÁFICA
- CEO
- Diretores corporativos
- Divisões geográficas: Região Norte | Região Oeste | Região Sudeste | Região Leste
- Funções

C. ESTRUTURA DE MERCADO
- CEO
- Diretores corporativos
- Divisões de mercado: Clientes grandes empresas | Clientes pequenas empresas | Instituições educacionais | Clientes pessoa física
- Funções

uma estratégia de negócios apropriada que permita à divisão competir de modo eficaz em seu segmento ou mercado.[22] Cada divisão é independente porque possui um conjunto completo de todas as funções – *marketing*, P&D, finanças e assim por diante – necessárias para produzir ou fornecer bens ou serviços de modo eficiente e eficaz. Os gerentes funcionais estão subordinados aos gerentes de divisão e estes, por sua vez, estão subordinados aos altos executivos da empresa.

O agrupamento de funções em divisões voltadas para determinados produtos apresenta várias vantagens para os administradores em todos os níveis da organização. Primeiramente, a estrutura de produto possibilita que os gerentes funcionais se especializem apenas em uma área de produtos, fazendo com que desenvolvam competências e ajustem suas habilidades para essa área em particular. Em segundo lugar, cada um dos gerentes de divisão pode se tornar especialista em seu segmento; essa competência os ajuda a escolher e elaborar uma estratégia de negócios para diferenciar seus produtos ou reduzir seus custos, atendendo, ao mesmo tempo, as necessidades dos clientes. Em terceiro lugar, a estrutura de produto libera os diretores corporativos da necessidade de supervisionar diretamente cada uma das

Quando a Glaxo Wellcome e a SmithKline Beecham fizeram uma fusão, seus administradores resolveram o problema de como coordenar as atividades de milhares de cientistas pesquisadores organizando-as em divisões de produtos focadas em grupos de doenças.

operações cotidianas da divisão; essa liberdade possibilita que os diretores corporativos criem a melhor estratégia corporativa para maximizar o crescimento futuro da organização e sua capacidade de criar valor. Provavelmente, os diretores corporativos cometem menos erros no que diz respeito a quais negócios diversificar ou como melhor expandir internacionalmente, pois conseguem ter uma visão corporativa.[23] Os diretores corporativos provavelmente também avaliarão melhor como tem sido o desempenho dos gerentes de divisão e poderão intervir e tomar as medidas corretivas necessárias.

A camada extra de gerência, ou seja, a de gerência de divisão, pode melhorar o emprego dos recursos de uma organização. Além disso, a estrutura de produto coloca os gerentes de divisão próximo de seus clientes e possibilita que eles respondam rápida e apropriadamente às mudanças no ambiente de tarefas. Uma indústria farmacêutica que adotou recentemente uma nova estrutura de produto para melhor organizar suas atividades (e foi bem-sucedida) é a GlaxoSmithKline. A necessidade de inovar e criar novos tipos de medicamentos de modo a incrementar o desempenho é uma batalha contínua para as indústrias farmacêuticas. No novo milênio, muitas dessas empresas fizeram fusões na tentativa de aumentar a produtividade de suas pesquisas, e uma delas, a GlaxoSmithKline, foi criada a partir da fusão entre a Glaxo Wellcome e a SmithKline Beecham.[24] Antes da fusão, ambas as empresas experimentaram um declínio vertiginoso no número de novos medicamentos que seus cientistas eram capazes de inventar. O problema enfrentado pelos altos executivos da nova empresa era como melhor utilizar e combinar os talentos dos cientistas e pesquisadores das duas empresas anteriores para possibilitar que eles inovassem rapidamente com medicamentos novos e descobertas admiráveis.

Seus altos executivos perceberam que após a fusão haveria enormes problemas associados à coordenação das atividades dos milhares de cientistas pesquisadores que estavam trabalhando em centenas de diferentes tipos de programas de pesquisa de medicamentos. Compreendendo os problemas associados ao tamanho, seus altos executivos decidiram agrupar os pesquisadores em oito divisões de produto menores para que eles pudessem se dedicar a grupos particulares de doenças, tais como cardiopatias ou infecções virais. Os membros de cada divisão de produto foram informados de que seriam remunerados conforme o número de novos medicamentos que fossem capazes de inventar e a velocidade com que pudessem introduzi-los no mercado. Até o momento, a nova estrutura de produto da GlaxoSmithKline tem funcionado bem. Em 2008, a produtividade nas pesquisas tinha mais que dobrado desde a reorganização, e hoje um número recorde de novos medicamentos já está passando para a fase de testes clínicos.[25]

ESTRUTURA GEOGRÁFICA Quando as organizações se expandem rapidamente tanto no mercado doméstico como externo, as estruturas funcionais podem gerar problemas especiais, pois os administradores em um local central poderão achar cada vez mais difícil lidar com os diferentes problemas e questões que podem surgir em cada região de um país ou área do mundo. Nesses casos, normalmente se opta por uma **estrutura geográfica,** na qual as divisões são subdivididas por localização geográfica (ver Figura 7.4B). Para atingir a missão corporativa de oferecer serviços de entrega de remessas até o dia seguinte, Fred Smith, CEO da FedEx, optou por uma estrutura geográfica e dividiu suas operações criando uma divisão em cada região. Grandes varejistas, como a Macy's, Neiman Marcus e Brooks Brothers também usam uma estrutura geográfica. Como as necessidades dos clientes de varejo diferem conforme a região – por exemplo, pranchas de surfe na Califórnia e casacos de pele no centro-oeste americano – a estrutura geográfica dá aos gerentes regionais de varejo a flexibilidade necessária para escolher a gama de produtos que melhor se adéqua às necessidades dos clientes de cada região.

Ao adotar uma *estrutura geográfica mundial,* como a ilustrada na Figura 7.5A, os administradores instalam diferentes divisões em cada uma das regiões do mundo onde a organização opera.

estrutura geográfica
Uma estrutura organizacional na qual cada região de um país ou área do mundo é atendida por uma divisão independente.

Figura 7.5
Estrutura de produto mundial e estrutura geográfica mundial.

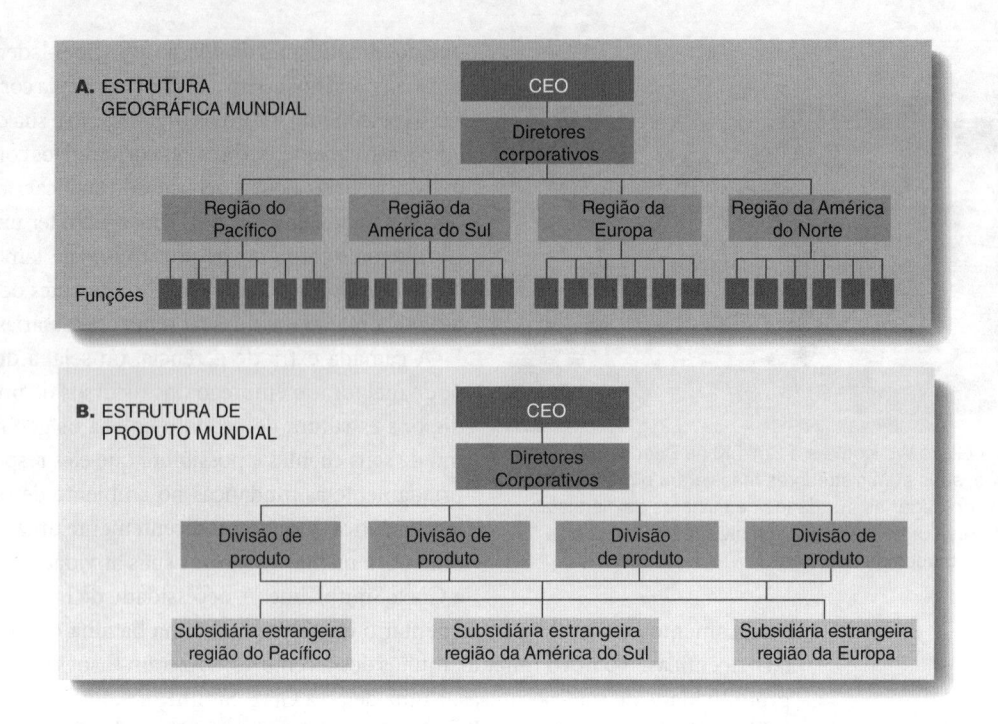

A. ESTRUTURA GEOGRÁFICA MUNDIAL

CEO → Diretores corporativos → Região do Pacífico | Região da América do Sul | Região da Europa | Região da América do Norte → Funções

B. ESTRUTURA DE PRODUTO MUNDIAL

CEO → Diretores Corporativos → Divisão de produto | Divisão de produto | Divisão de produto | Divisão de produto → Subsidiária estrangeira região do Pacífico | Subsidiária estrangeira região da América do Sul | Subsidiária estrangeira região da Europa

É mais provável que os administradores ajam dessa forma quando seguem uma estratégia multidoméstica, pois as necessidades dos clientes variam muito de país para país ou região do mundo. Por exemplo, se produtos atraentes para os clientes norte-americanos não apresentam boas vendas na Europa, na orla do Pacífico ou na América do Sul, então os administradores terão que adaptar os produtos para atender às necessidades dos clientes nessas diferentes regiões; uma estrutura geográfica mundial com divisões espalhadas pelo mundo permitirá a eles fazer isso.

Por outro lado, conforme a disposição de os clientes no exterior comprarem o mesmo tipo de produto ou ligeiras variações desses, é mais provável que os administradores sigam uma estratégia global. Nesse caso, estão mais propensos a usar uma estrutura de produto mundial. Em uma *estrutura de produto mundial*, cada divisão de produto (e não os gerentes nacionais e regionais) assume a responsabilidade por decidir onde fabricar os seus produtos e como comercializá-los em cada país (ver Figura 7.5B). Os administradores de divisão de produto gerenciam suas cadeias de valor mundiais e decidem onde estabelecer subsidiárias estrangeiras para distribuir e vender os produtos a clientes em países estrangeiros. Conforme observado no início deste capítulo, a estratégia de uma organização é o principal determinante de sua estrutura, tanto em termos nacionais quanto internacionais. A maneira como a Nokia usa uma estrutura geográfica mundial para organizar suas operações no mundo é descrita a seguir no quadro "Administrando em um mundo globalizado".

ADMINISTRANDO EM UM MUNDO GLOBALIZADO

A estrutura geográfica da Nokia ajuda a empresa a conquistar o mundo

A Nokia assumiu uma posição de liderança mundial nas vendas de celulares contra a arquirrival Motorola com a estratégia de adequar seus produtos às necessidades dos usuários locais e montar os telefones em fábricas localizadas nos países pertencentes à região do mundo em que os celulares seriam vendidos. A função mais importante da Nokia é a de projeto e engenharia, que encabeça suas iniciativas de desenvolvimento de novos produtos globais. E para permitir que essa função (e, consequentemente, toda a empresa) tenha um desempenho eficaz, a Nokia adotou uma estrutura global para organizar suas atividades de projeto.

A Nokia foi o primeiro fabricante de celulares a reconhecer que as necessidades dos clientes diferem de forma marcante em pontos diferentes do mundo. Em países ocidentais, por exemplo, o estilo do aparelho é de fundamental importância, assim como sua capacidade de oferecer serviços aos usuários, como *e-mail* e *download* de vídeos – daí a popularidade do iPhone da Apple, que a Nokia correu para copiar em 2008. Na Índia, os clientes também valorizam o estilo e compram um celular como um símbolo de *status* e, portanto, estão dispostos a pagar mais por ele. Mas na China, os clientes querem uma pechincha – o aparelho tem que ter preço justo, e não faz diferença se os clientes decidiram comprar a versão mais simples ou se foram levados a gastar mais por recursos extras. Assim, pergunta-se: de que maneira a Nokia descobriu como as necessidades dos clientes divergiam entre si nos diferentes países?

Seus altos executivos decidiram que os engenheiros em seu vasto estúdio central de projetos na Finlândia deveriam ser responsáveis pela P&D do modelo básico e também pelo monitoramento das mudanças nas forças globais, tanto no que diz respeito à tecnologia como à demanda por serviços, como *downloads* de vídeos, telas sensíveis ao toque, cores e assim por diante. Entretanto, para se aproximar dos clientes nos diferentes países, seus altos executivos decidiram abrir nove estúdios de projetos geograficamente dispersos em diferentes regiões e países do mundo, como Índia e China, onde a Nokia espera gerar grande parte de suas receitas com vendas. Os engenheiros nesses estúdios geográficos, auxiliados por especialistas em *marketing*, determinam as preferências mais importantes dos clientes de cada país.[26] Tais preferências são então reenviadas para a central de projetos da Nokia na Finlândia, onde são incorporadas ao conhecimento do estúdio

A Nokia mantém seu estúdio central de projetos na Finlândia (mostrado na foto), onde seus projetistas recebem as ideias geradas pelos nove centros regionais espalhados pelo mundo e usam essas ideias para melhor adequar seus aparelhos às necessidades dos clientes globais.

(como as preferências globais por serviços de internet mais rápidos, telas sensíveis ao toque e assim por diante). O resultado é uma gama de telefones que têm muito em comum, mas que também apresentam alto grau de personalização às necessidades dos clientes em diferentes regiões e países do mundo. Assim, em 2008, a Nokia lançou oito versões diferentes de um novo modelo básico para melhor atender as necessidades dos clientes pelo mundo. Uma das versões desse aparelho é direcionada especificamente para as nações em desenvolvimento mais pobres, onde é comum um celular ser dividido entre os membros de uma família – ou até mesmo de um vilarejo inteiro.[27] A Nokia produziu, então, um modelo particularmente robusto e criou várias agendas de telefones diferentes, de modo que cada membro da família, por exemplo, pudesse ter sua agenda separada.[28]

Portanto, tanto em termos de projeto como de fabricação, a Nokia adotou uma estrutura divisional global para comandar suas iniciativas de permanecer na liderança mundial do altamente competitivo mercado dos celulares; seu sucesso até então tem sido comprovado pelo aumento crescente nas receitas provenientes das vendas globais.

ESTRUTURA DE MERCADO Certas vezes, o problema mais premente enfrentado pelos administradores é como agrupar as funções de acordo com o tipo de cliente que está adquirindo o produto, de modo a adequar os produtos oferecidos pela organização aos requerimentos exclusivos de cada tipo de cliente. Um fabricante de PCs como a Dell, por exemplo, tem vários tipos de clientes, entre os quais grandes empresas (que poderiam precisar de redes de computadores conectados a um *mainframe*), pequenas empresas (que poderiam precisar apenas de alguns PCs interligados), usuários do segmento educacional, como escolas e universidades (que talvez queiram milhares de PCs independentes para seus alunos) e os consumidores individuais (que talvez queiram PCs multimídia de grande qualidade que possam rodar os *videogames* mais recentes).

Para satisfazer as necessidades de clientes tão diversos, uma empresa poderia adotar uma **estrutura de mercado**, que agrupa divisões de acordo com os tipos particulares de clientes que atendem (veja novamente à Figura 7.4C). Uma estrutura de mercado permite aos administradores satisfazer as necessidades de seus clientes com rapidez e possibilita que eles ajam de modo flexível ao reagirem às constantes mudanças nas necessidades dos clientes. A Dell, por exemplo, passou de uma estrutura funcional para uma estrutura de mercado ao criar quatro divisões focadas em dar respostas rápidas a cada tipo de cliente: corporativo, pequenas empresas, usuários domésticos e órgãos estatais. Sua nova estrutura funcionou espetacularmente bem, já que as vendas dispararam ao longo da década de 1990.

Desenhos matricial e de equipes de produto

Passar a adotar uma estrutura divisional de produto, de mercado ou geográfica possibilita que os administradores reajam com mais rapidez e flexibilidade a determinadas circunstâncias. Entretanto, quando a tecnologia da informação ou as necessidades dos clientes mudam rapidamente e o ambiente é muito incerto, mesmo uma estrutura divisional talvez não possibilite aos administradores responder rapidamente a mudanças no ambiente. Para operar de modo eficaz sob tais condições, os administradores devem desenhar o tipo de estrutura organizacional mais flexível possível: matricial ou uma estrutura de equipes de produto (ver Figura 7.6).

ESTRUTURA MATRICIAL Em uma **estrutura matricial**, os administradores agrupam pessoas e recursos de duas formas ao mesmo tempo: por função e por produto.[29] Os funcionários são agrupados por *funções* para que possam aprender uns com os outros e se tornarem mais qualificados e produtivos. Além disso, os funcionários são agrupados em *equipes de produto*, nas quais os membros de diferentes funções trabalham juntos para desenvolver um produto específico. O resultado é uma complexa rede de relações de subordinação entre as equipes de produto e as funções que tornam a estrutura matricial muito flexível (ver Figura 7.6A). Cada pessoa em uma equipe de produto está subordinada a dois chefes: (1) um chefe funcional, que designa os indivíduos para uma equipe e avalia o seu desempenho sob uma perspectiva funcional e (2) o chefe da equipe de produto, que avalia o desempenho dos funcionários. Portanto, os membros da equipe são conhecidos como *funcionários com dois chefes*. Os empregados funcionais designados às equipes de produto mudam periodicamente, já que as habilidades específicas que a equipe precisa mudam. Por exemplo, no início do processo de desenvolvimento do produto, os engenheiros e especialistas em P&D são designados para uma equipe de produto, pois suas qualificações são necessárias para desenvolver novos produtos. Estabelecendo-se um projeto provisório, os especialistas em *marketing* são designados para a equipe para medir como os clientes irão responder ao novo produto. O pessoal da produção se junta quando for o momento de encontrar a forma mais eficiente de fabricação. À medida que suas tarefas específicas são completadas, os membros deixam a equipe e são redistribuídos em novas equipes. Dessa maneira, a estrutura matricial tira o máximo de proveito dos recursos humanos.

Para manter a estrutura matricial flexível, as equipes de produto ganham autonomia e seus membros ficam responsáveis por tomar a maior parte das decisões importantes envolvidas no desenvolvimento do produto.[30] O gerente da equipe de produto atua como facilitador, controlando os recursos financeiros e tentando manter o projeto dentro do cronograma e orçamento previstos. Os gerentes funcionais tentam garantir que o produto seja o melhor possível de modo a maximizar seu atrativo de diferenciação.

---

estrutura de mercado
Uma estrutura organizacional na qual cada tipo de cliente é atendido por uma divisão autônoma, também chamada *estrutura de cliente*.

estrutura matricial
Estrutura organizacional que simultaneamente agrupa pessoas e recursos por função e por produto.

Figura 7.6
Estrutura matricial e estrutura de produto.

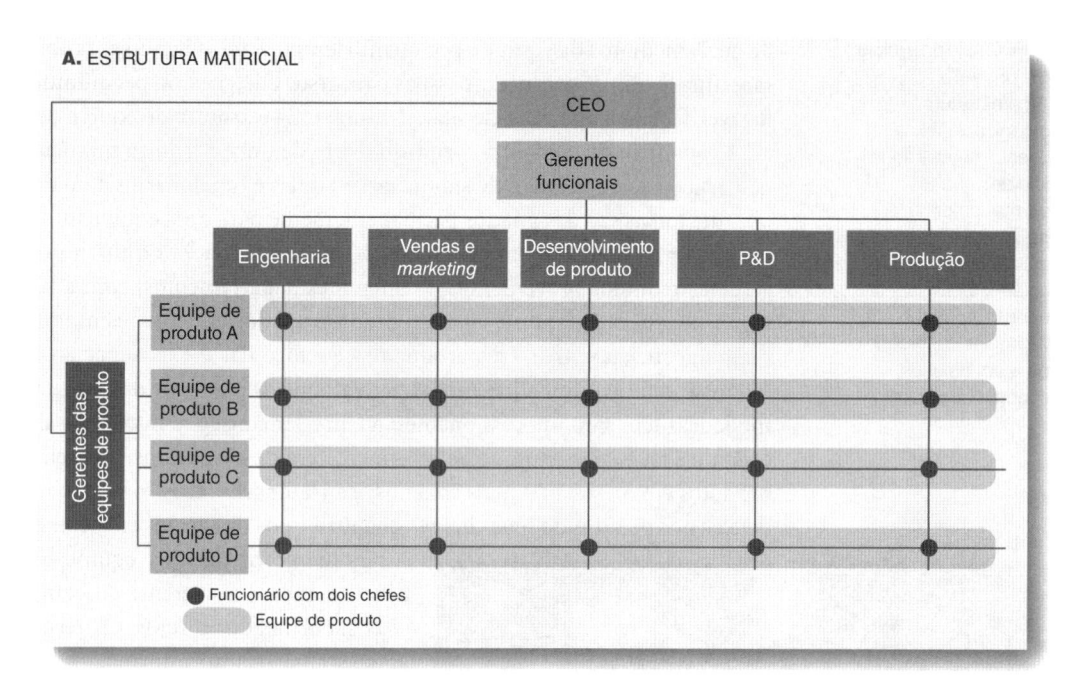

A. ESTRUTURA MATRICIAL

- CEO
  - Gerentes funcionais
    - Engenharia
    - Vendas e *marketing*
    - Desenvolvimento de produto
    - P&D
    - Produção
- Gerentes das equipes de produto
  - Equipe de produto A
  - Equipe de produto B
  - Equipe de produto C
  - Equipe de produto D

● Funcionário com dois chefes
　Equipe de produto

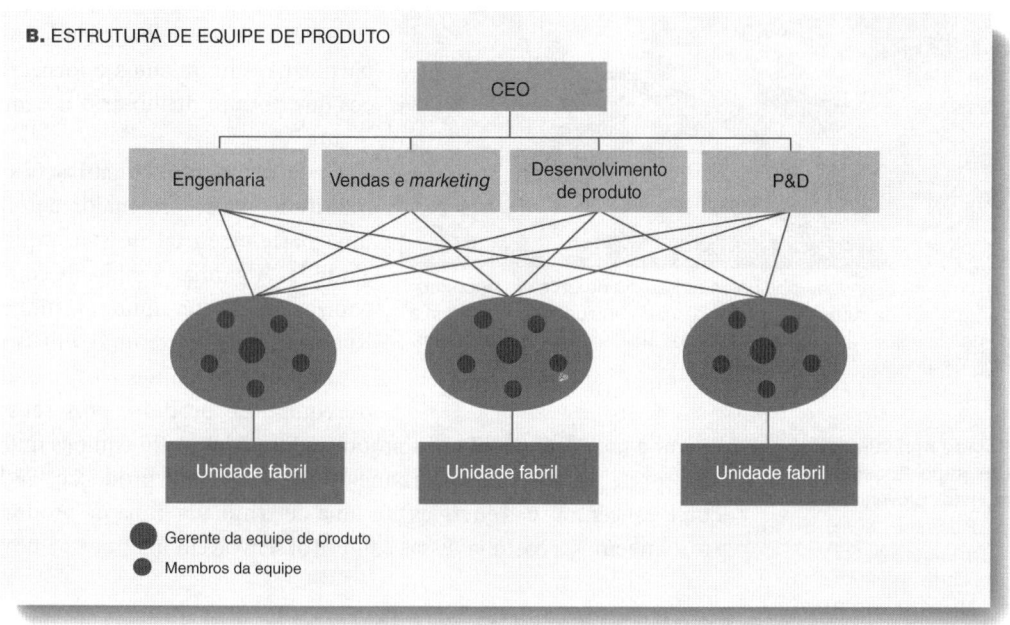

B. ESTRUTURA DE EQUIPE DE PRODUTO

- CEO
  - Engenharia
  - Vendas e *marketing*
  - Desenvolvimento de produto
  - P&D
- Unidade fabril
- Unidade fabril
- Unidade fabril

● Gerente da equipe de produto
● Membros da equipe

Empresas de alta tecnologia que operam em ambientes nos quais o desenvolvimento de novos produtos acontece mensal ou anualmente têm usado, há vários anos e com sucesso, as estruturas matriciais. Além disso, a necessidade de inovar rapidamente é vital para a sobrevivência da organização. A flexibilidade conferida por uma estrutura matricial possibilita que os administradores acompanhem um ambiente em constante mudança e cada vez mais complexo.[31]

ESTRUTURA DE EQUIPE DE PRODUTO As relações de subordinação duais que são o cerne de uma estrutura matricial sempre foram difíceis de tratar, tanto pelos gestores como pelos funcionários. Muitas vezes, o gerente funcional e o gerente de produto fazem requerimentos diferentes para os membros da equipe, que não sabem a qual deles atender primeiro. Da mesma forma, os gerentes funcional e de equipe de produto talvez entrem em conflito sobre precisamente quem está encarregado

estrutura de equipe de produto
Uma estrutura organizacional na qual os funcionários são designados permanentemente para uma equipe multifuncional e que estão subordinados apenas ao gerente da equipe de produto ou a um de seus subordinados diretos.

de quais membros da equipe e por quanto tempo. Para evitar esses problemas, os gestores encontraram uma forma de organizar pessoas e recursos que, mesmo permitindo que uma organização seja flexível, facilita a operação de sua estrutura: uma estrutura de equipe de produto.

A **estrutura de equipe de produto** difere de uma estrutura matricial de duas maneiras: (1) ela descarta o uso de relações de subordinação duais e funcionários com dois chefes e (2) os empregados funcionais são designados permanentemente para uma equipe multifuncional com poder para introduzir no mercado um produto novo ou redesenhado. **Equipe multifuncional** é um grupo de gerentes reunidos provenientes de diferentes departamentos, com a finalidade de realizar tarefas organizacionais. Quando os gerentes são agrupados em equipes multifuncionais, desaparecem os limites artificiais entre os departamentos e o foco nas metas departamentais é substituído por um interesse geral em trabalhar juntos para atingir os objetivos da organização. Os resultados de tais mudanças têm sido impressionantes: a Chrysler consegue introduzir um novo modelo de carro a cada dois anos, período que anteriormente era de cinco anos; a Black & Decker consegue inovar produtos em meses, não mais em anos; e a Hallmark Cards consegue responder às constantes mudanças nos pedidos de seus clientes quanto a tipos de cartões em semanas, não meses.

Os membros de uma equipe multifuncional estão subordinados apenas ao gerente da equipe de produto ou a um de seus subordinados diretos. Os responsáveis pelas funções têm apenas uma relação informal e de conselheiro com os membros das equipes de produto – o papel dos gerentes funcionais é apenas o de aconselhar e ajudar os membros da equipe, compartilhar conhecimentos e fornecer novos avanços tecnológicos que possam melhorar o desempenho de cada equipe (ver Figura 7.6B).[32]

Cada vez mais as organizações estão fazendo das equipes multifuncionais com maior autonomia e poder de decisão uma parte essencial de sua arquitetura organizacional para ajudá-las a ganhar vantagem competitiva em ambientes organizacionais que mudam muito rapidamente. A Newell Rubbermaid, por exemplo, um famoso fabricante de mais de 5 mil produtos domésticos, passou a adotar uma estrutura de equipe de produto, pois seus administradores queriam

Um comitê observa o trabalho de um artista durante um encontro na Hallmark de Kansas City. Na Hallmark, equipes multifuncionais como essa são capazes de responder rapidamente às constantes mudanças nos pedidos dos clientes.

equipe multifuncional
Um grupo de gerentes reunidos provenientes de diferentes departamentos, com a finalidade de realizar tarefas organizacionais.

acelerar a taxa de inovação dos produtos. Eles criaram 20 equipes multifuncionais compostas por cinco a sete pessoas dos departamentos de *marketing*, produção, P&D e outras funções.[33] Cada equipe concentra suas energias em uma determinada linha de produto, como itens para jardinagem, banheiro ou cozinha. Essas equipes desenvolvem mais de 365 novos produtos por ano.

Estrutura híbrida

estrutura híbrida
A estrutura de uma grande organização que possui várias divisões e, ao mesmo tempo, usa várias estruturas organizacionais diferentes.

Uma grande organização que possui várias divisões e que ao mesmo tempo usa várias estruturas diferentes tem uma **estrutura híbrida**. A maioria das grandes organizações usa estruturas de divisões de produto e cria divisões independentes; a seguir, os gerentes de cada divisão escolhem uma estrutura que melhor atenda às necessidades de um determinado ambiente, estratégia e assim por diante. Portanto, uma determinada divisão de produto pode optar por operar com uma estrutura funcional; uma segunda talvez escolha uma estrutura geográfica e uma terceira ainda adote uma estrutura de equipe de produto devido à natureza dos produtos de cada divisão ou ao desejo de ser mais ágil nas respostas às necessidades dos clientes. A Macy's, a maior loja de departamentos dos Estados Unidos, usa uma estrutura híbrida baseada em agrupamentos por cliente e por geografia.

Conforme ilustrado na Figura 7.7, em 2008, a Macy's organizou suas quatro principais divisões de *merchandising*, suas redes de lojas físicas Bloomingdale's e Macy's, além das lojas *online* Bloomingdales.com e Macys.com, como divisões independentes dentro de uma estrutura de divisões de produto. Abaixo dessa camada organizacional, temos uma outra camada de estrutura pelo fato de sua cadeia de lojas mais importantes, a Macy's, operar com uma estrutura geográfica que agrupa as lojas por região. Possui várias divisões regionais diferentes que cuidam de mais de 800 lojas. Cada escritório regional é responsável por coordenar as necessidades do mercado das lojas sob sua responsabilidade e atender os clientes da sua respectiva região. O escritório regional realimenta informações para as sedes divisionais, onde funções de *merchandising* centralizadas tomam decisões para todas as lojas.

Portanto, a estrutura organizacional pode ser comparada às camadas de uma cebola. A camada externa fornece a estrutura organizacional geral – que costuma ser uma estrutura divisional de produto ou de mercado –, e cada camada interna é a estrutura que cada divisão escolhe para si em resposta às contingências que ela enfrenta – como uma estrutura geográfica ou de equipe de produto. A capacidade de subdividir uma grande organização em unidades ou divisões faz com que seja muito mais fácil para os administradores realizarem modificações na estrutura quando surge uma necessidade – por exemplo, quando há uma mudança de tecnologia ou um aumento de concorrência no ambiente, é preciso passar de uma estrutura funcional para uma estrutura de equipe de produto.

Coordenando funções e divisões

MA4 Explicar por que os administradores devem coordenar cargos, funções e divisões usando a hierarquia de autoridade e mecanismos de integração.

Quanto mais complexa for a estrutura usada por uma empresa para agrupar suas atividades, maiores serão os problemas de *interligação e coordenação* de suas diferentes funções e divisões. A coordenação se torna um problema, pois cada função ou divisão cria uma orientação diferente em relação aos demais grupos que afeta a maneira pela qual ela interage com eles. Cada função ou divisão passa a ver os problemas enfrentados por uma empresa sob uma perspectiva particular; podem, por exemplo, ter diferentes pontos de vista sobre os principais objetivos, problemas ou questões enfrentados por uma empresa.

No nível funcional, a função de produção tem uma visão de curto prazo; seu principal objetivo é manter os custos sob controle e fazer com que o produto saia da fábrica dentro do prazo. Por outro lado, a função de desenvolvimento de produto tem um ponto de vista de longo prazo, pois desenvolver um novo produto é um processo relativamente lento. Nesse nível, desenvolver produtos de alta qualidade é visto como um fator mais importante do que manter os custos baixos. Tais diferenças de ponto de vista podem fazer com que os gerentes de desenvolvimento de produto e de produção relutem em cooperar e coordenar suas atividades para atender os objetivos da empresa. No nível divisional, em uma empresa com uma estrutura de produto, os funcionários podem ficar mais preocupados em tornar um sucesso os produtos de *sua* divisão do que com a lucratividade da empresa como um todo. Talvez eles possam se recusar ou simplesmente não ver a necessidade de cooperar e compartilhar informações ou conhecimentos com outras divisões.

Figura 7.7
Estrutura híbrida da Macy's.

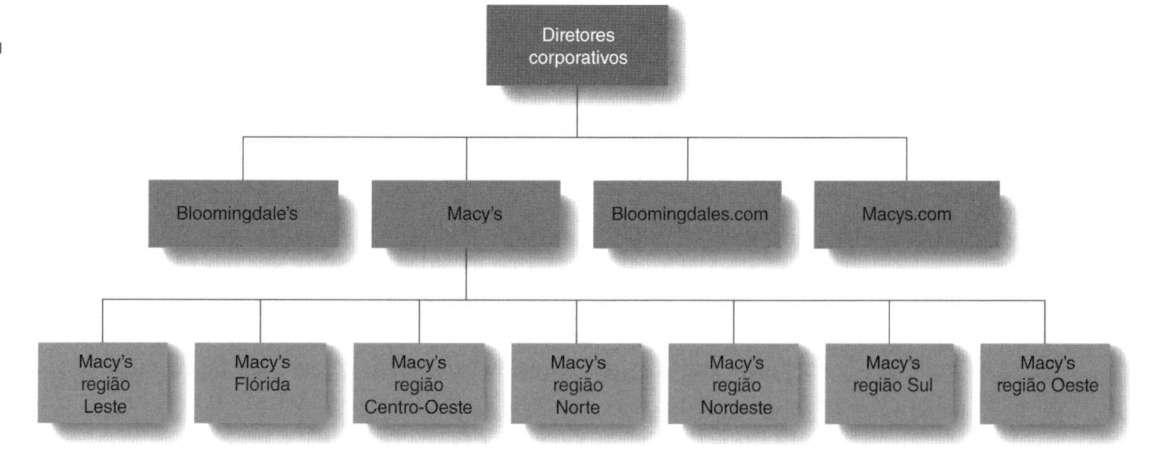

O problema de interligar e coordenar as atividades de diferentes funções e divisões se torna cada vez mais agudo à medida que o número de funções e divisões aumenta. Primeiramente, analisaremos os administradores que desenham a hierarquia de autoridade para coordenar funções e divisões para que essas trabalhem em conjunto e de modo eficaz. Em seguida, nos concentraremos na integração e examinaremos os diferentes mecanismos de integração que os administradores podem usar para coordenar funções e divisões.

Alocando autoridade

À medida que as organizações crescem e produzem uma gama maior de bens e serviços, o tamanho e o número de suas funções e divisões aumentam. Para coordenar as atividades de pessoas, funções e divisões, além de possibilitar que elas trabalhem em conjunto e de modo eficaz, os administradores precisam estabelecer uma hierarquia de autoridade clara.[34] **Autoridade** é o poder conferido a um gestor para tomar decisões e usar recursos para atingir os objetivos da organização em virtude de sua posição em uma organização. **Hierarquia de autoridade** é a *cadeia de comando* de uma organização – a hierarquia de autoridade relativa que cada gestor possui –, estendendo-se desde o CEO em seu topo e descendo para os gerentes intermediários e de primeira linha, até chegar nos funcionários sem atribuições gerenciais que efetivamente produzem os bens ou prestam os serviços. Cada gestor, em todos os níveis hierárquicos, supervisiona um ou mais subordinados. O termo amplitude de controle se refere ao número de subordinados que estão diretamente subordinados a um gestor.

A Figura 7.8 mostra uma ilustração simplificada da hierarquia de autoridade e do âmbito de controle dos gestores do McDonald's em 2008. No alto da hierarquia, encontra-se Jim Skinner, CEO e vice-presidente do conselho de administração do McDonald's, que assumiu o comando em 2004.[35] Skinner é o gestor com responsabilidade final pelo desempenho do McDonald's e possui a autoridade para decidir como usar os recursos da organização para beneficiar as partes interessadas no McDonald's.[36] Ralph Alvarez é o seguinte na linha hierárquica; ele é o presidente e o COO (*Chief Operating Officer,* diretor operacional) da empresa, e é responsável por supervisionar toda a cadeia de lojas do McDonald's nos Estados Unidos. Alvarez está diretamente subordinado a Skinner, assim como o diretor financeiro Peter Bensen. Diferentemente dos demais gestores, Bensen não é um **gerente de linha,** alguém que se encontra na linha ou cadeia de comando direta com autoridade formal sobre pessoas e recursos. Na verdade, ele é um **gerente de carreira,** responsável por uma das funções especializadas do McDonald's – mais especificamente, a função de finanças.

O diretor operacional da cadeia de lojas mundial, Jeff Stratton, é responsável por supervisionar todos os aspectos funcionais das atividades internacionais do McDonald's, que são dirigidas pelos presidentes das seguintes regiões do mundo: Europa; Canadá e América Latina; Ásia/Pacífico, Oriente Médio e África. Merece menção especial Donald Thompson, que é presidente do McDonald's (Estados Unidos) e está subordinado a Alvarez.

Os gestores em cada nível da hierarquia conferem aos gestores do nível imediatamente abaixo a autoridade para tomar decisões a respeito do uso dos recursos da organização. Aceitando essa hierarquia de autoridade, aqueles gerentes de nível mais baixo tornam-se então responsáveis por suas decisões e são responsabilizados pela qualidade delas. Os gestores que tomam as decisões corretas normalmente são promovidos e as organizações os incentivam com a perspectiva de promoção e maior responsabilidade dentro da cadeia de comando.

Abaixo de Thompson, temos os demais níveis ou camadas principais da cadeia de comando nacional do McDonald's – os vice-presidentes executivos das regiões Oeste, Central e Leste dos Estados Unidos, gerentes de área, gerentes regionais e supervisores. A hierarquia também é evidente em cada loja pertencente ao McDonald's. No topo, temos o gerente de lojas, e em níveis mais baixos temos os primeiros-assistentes, os gerentes de turno e o pessoal de loja. Os executivos decidiram que essa hierarquia de autoridade dá melhores condições para a empresa seguir sua estratégia de negócios: fornecer refeições rápidas a preços razoáveis.

---

autoridade
O poder de responsabilizar as pessoas por suas ações e de tomar decisões concernentes ao emprego dos recursos organizacionais.

hierarquia de autoridade
A cadeia de comando de uma organização que especifica a hierarquia de autoridade relativa de cada gerente.

âmbito de controle
O número de subordinados que estão diretamente ligados a um gerente.

gerente de linha
Alguém que se encontra na linha ou cadeia de comando direta e com hierarquia de autoridade formal sobre pessoas e recursos em níveis mais baixos.

gerente de carreira
Alguém responsável por gerenciar uma função especializada, como finanças ou *marketing*.

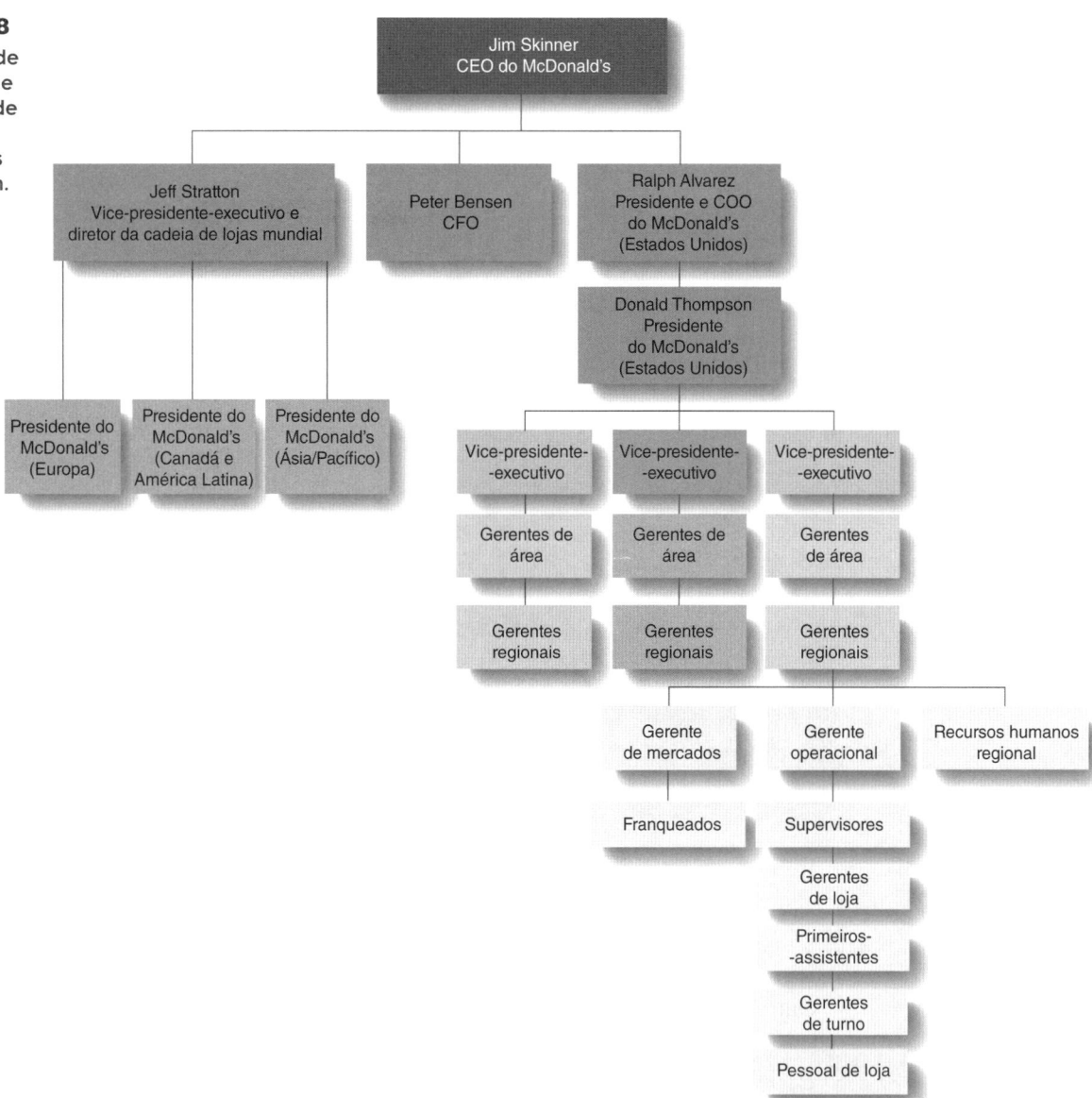

Figura 7.8
Hierarquia de autoridade e amplitude de controle na McDonald's Corporation.

```
Jim Skinner — CEO do McDonald's
├── Jeff Stratton — Vice-presidente-executivo e diretor da cadeia de lojas mundial
│   ├── Presidente do McDonald's (Europa)
│   ├── Presidente do McDonald's (Canadá e América Latina)
│   └── Presidente do McDonald's (Ásia/Pacífico)
├── Peter Bensen — CFO
└── Ralph Alvarez — Presidente e COO do McDonald's (Estados Unidos)
    └── Donald Thompson — Presidente do McDonald's (Estados Unidos)
        ├── Vice-presidente-executivo
        │   └── Gerentes de área
        │       └── Gerentes regionais
        │           └── Gerente de mercados
        │               └── Franqueados
        ├── Vice-presidente-executivo
        │   └── Gerentes de área
        │       └── Gerentes regionais
        │           └── Gerente operacional
        │               └── Supervisores
        │                   └── Gerentes de loja
        │                       └── Primeiros-assistentes
        │                           └── Gerentes de turno
        │                               └── Pessoal de loja
        └── Vice-presidente-executivo
            └── Gerentes de área
                └── Gerentes regionais
                    └── Recursos humanos regional
```

ORGANIZAÇÕES VERTICAIS E HORIZONTAIS À medida que uma organização cresce em tamanho (normalmente medido pelo número de seus gerentes e funcionários), sua hierarquia de autoridade normalmente se estende, tornando a estrutura organizacional mais vertical. Uma organização *vertical* tem muitos níveis de hierarquia de autoridade em relação ao tamanho da empresa; uma organização *horizontal* possui menos níveis em relação ao tamanho da empresa (ver Figura 7.9).[37] À medida que a hierarquia for se tornando mais vertical, podem surgir problemas que tornam a estrutura da organização menos flexível e que diminuem o tempo de resposta de seus gestores a mudanças no ambiente organizacional.

Também podem surgir problemas de comunicação quando uma organização possui muitos níveis hierárquicos. Assim, pode levar um bom tempo para que decisões e ordens dos gestores de níveis mais altos cheguem aos que estão bem mais abaixo na escala hierárquica, e pode demorar para os altos executivos perceberem o sucesso ou o fracasso de suas decisões. Sentindo-se fora de alcance, talvez os altos executivos queiram verificar se os gerentes de nível mais baixo estão seguindo suas ordens e podem exigir confirmação por escrito por parte deles. Os gerentes intermediários, que têm plena ciência de que serão duramente penalizados por suas ações, começam

Figura 7.9
Organizações verticais e horizontais.

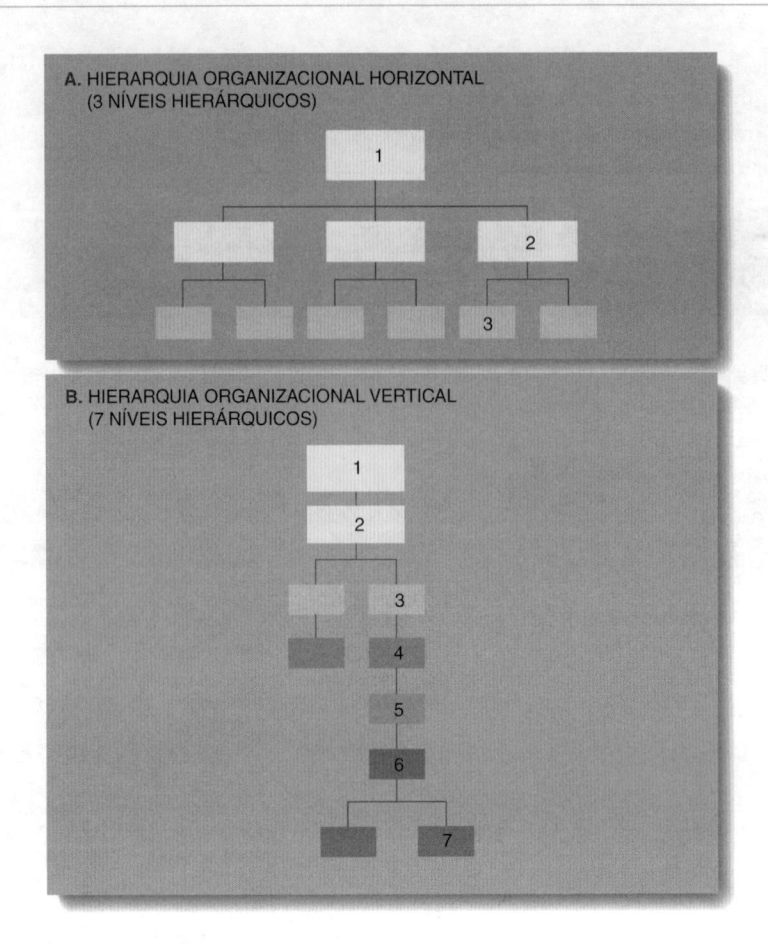

**A. HIERARQUIA ORGANIZACIONAL HORIZONTAL
(3 NÍVEIS HIERÁRQUICOS)**

**B. HIERARQUIA ORGANIZACIONAL VERTICAL
(7 NÍVEIS HIERÁRQUICOS)**

a dedicar tempo em demasia ao processo de tomada de decisão visando aumentar suas chances de tomar a decisão correta. Talvez até tentem eximir-se da responsabilidade, deixando que os altos executivos decidam que medidas devem ser tomadas.

Outro problema de comunicação que pode decorrer dessa hierarquização é a distorção das ordens e mensagens transmitidas por meio da escala hierárquica em ambos os sentidos (para cima e para baixo), o que faz com que gestores em diferentes níveis interpretem o que está acontecendo de forma diferente. A distorção das ordens e mensagens pode ocorrer de forma não intencional, porque os diferentes gestores às vezes as interpretam segundo as próprias perspectivas funcionais e estreitas. Ou a distorção pode ser intencional, ocorrendo porque gerentes do baixo escalão decidem interpretar as informações da sua maneira, visando o próprio benefício.

Outro problema com as hierarquias verticais é que elas costumam indicar que uma organização está empregando muitos gestores, e gestores custam caro. Os salários, benefícios, escritórios e secretárias de gerentes e diretores são uma enorme despesa para as organizações. Grandes empresas, como IBM e General Motors, pagam a seus gestores bilhões de dólares ao ano. No início do novo milênio, centenas de milhares de gerentes intermediários foram despedidos à medida que as empresas faliam e empresas de alta tecnologia tentavam reduzir seus custos por meio da reestruturação e redução do quadro de funcionários. Em 2008, como resultado da crise econômica, centenas de empresas também começaram a anunciar demissões para reduzir seus custos operacionais e para ajudá-las a empregar melhor seus recursos.

A CADEIA DE COMANDO MÍNIMA Para se precaver contra os problemas resultantes do fato de uma organização se tornar muito vertical e empregar muitos gerentes, os altos executivos precisam empregar o número correto de gerentes intermediários e de primeira linha, e redesenhar suas arquiteturas organizacionais para reduzir o número de gestores. Os altos executivos poderiam também seguir um princípio organizacional básico: o princípio da cadeia de comando mínima, segundo o qual os altos executivos sempre devem construir uma hierarquia com o mínimo de níveis de autoridade necessários para empregar de modo eficiente e eficaz os recursos da organização.

Os administradores eficazes examinam constantemente suas hierarquias para verificar se o número de níveis pode ser reduzido ou não – podem, por exemplo, eliminar um nível e repassar as responsabilidades dos gestores desse nível para os gestores de um nível acima, e dar maior autonomia e poder de decisão aos funcionários do nível abaixo. Uma gestora que está constantemente tentando dar maior autonomia aos funcionários e mantém a hierarquia plana é Colleen C. Barrett, a executiva número dois da Southwest Airlines.[38] Barrett é a mulher com o cargo mais alto no setor de aviação comercial. Na Southwest, ela é bastante conhecida por reafirmar continuamente a mensagem da Southwest, de que os funcionários devem se sentir à vontade para ir além do próprio dever e melhor atender o cliente. Sua mensagem principal é a de que a Southwest valoriza e confia em seus funcionários, concedendo a eles maior autonomia para assumir responsabilidades. Os funcionários da Southwest são encorajados a não procurar seus superiores para orientação, mas antes encontrarem maneiras próprias de realizar melhor seu trabalho. Assim, a Southwest mantém mínimo o número de seus gerentes intermediários. A necessidade de dar maior autonomia e poder a trabalhadores é crescente, já que as empresas têm que combater concorrentes estrangeiros com baixos custos, buscando novas maneiras de reduzir despesas, como sugere a seguir o quadro "Administrando em um mundo globalizado".

CENTRALIZAÇÃO E DESCENTRALIZAÇÃO DA AUTORIDADE Os administradores podem manter plana a hierarquia organizacional também pela **descentralização da autoridade** – isto é, dando aos gerentes de nível mais baixo e aos funcionários sem atribuições gerenciais o direito de tomar decisões importantes sobre como usar os recursos de uma organização.[41]

hierarquia de autoridade descentralizada
Dar aos gerentes de nível mais baixo e aos funcionários sem atribuições gerenciais o direito de tomar decisões importantes sobre como usar os recursos de uma organização.

Pequenas empresas

ADMINISTRANDO EM UM MUNDO GLOBALIZADO

Como usar equipes autogeridas com maior autonomia e poder de decisão

No início deste milênio, foram fechados mais de 5 milhões de postos de trabalho na indústria dos Estados Unidos, os quais se transferiram para fábricas em países estrangeiros com baixos custos. Embora muitas grandes indústrias norte-americanas tenham desistido da batalha, algumas delas, como o fabricante de produtos eletrônicos Plexus Corp., sediado em Neenah (Wisconsin), foram capazes de encontrar novas formas de se organizar, o que permite a essas indústrias sobreviver e prosperar em um mundo manufatureiro de baixo custo. Como elas conseguiram isso? Criando equipes de trabalho com maior autonomia e poder de decisão.

No final da década de 1990, a Plexus teve o presságio infausto à medida que um número cada vez maior de seus clientes começou a terceirizar a produção dos componentes eletrônicos ou mesmo a produção toda para fábricas no exterior. As empresas norte-americanas não são capazes de se equiparar com a eficiência dos fabricantes estrangeiros na produção de grandes volumes de um único produto, como milhões de uma determinada placa de circuito impresso usada em um *laptop*. Portanto, os administradores da Plexus decidiram concentrar seus esforços no desenvolvimento de uma tecnologia de fabricação denominada "*low-high*", que pudesse produzir de maneira eficiente pequenos volumes de vários tipos de produtos.

Os administradores da Plexus formaram uma equipe para desenhar uma estrutura organizacional baseada na criação de quatro "fábricas focadas", onde o controle sobre as decisões de produção é dado aos trabalhadores, que realizam todas as operações envolvidas na fabricação de um produto. Os administradores treinaram os trabalhadores em várias funções para que pudessem realizar qualquer operação específica em "sua fábrica". Com essa abordagem, quando o ritmo do trabalho diminui em qualquer ponto da linha de produção de um determinado produto, um trabalhador bem mais à frente na linha pode ir a um ponto anterior para ajudar a resolver o problema que surgiu naquele ponto.[39]

Além disso, eles organizaram os trabalhadores em equipes autogeridas, com maior autonomia para tomar todas as decisões necessárias para fabricar um determinado produto em cada uma das quatro fábricas. Como cada produto é diferente, essas equipes têm que tomar decisões rapidamente caso queiram montar o produto de uma forma eficaz em termos de custo. A habilidade das equipes em tomar decisões rápidas e responder a contingências inesperadas é vital em uma linha de produção, onde tempo é dinheiro – cada minuto que uma linha de produção passa parada acrescenta centenas ou milhares de dólares aos custos de produção. Uma segunda razão para dar maior autonomia e poder a equipes é o fato de que, quando ocorre uma transição na fabricação de um produto para outro, nada está sendo produzido; portanto, é vital que o tempo de inatividade seja o menor possível. Na Plexus, ao permitirem que as equipes experimentassem e ao oferecerem orientação a elas, os administradores reduziram o tempo de inatividade de horas para apenas 30 minutos, fazendo com que a linha de produção fabricasse produtos em mais de 80% do tempo.[40] Essa incrível flexibilidade, resultante da maneira como os funcionários são organizados, é a razão para a Plexus ser tão eficiente e conseguir competir com fabricantes de baixo custo no exterior.

Os dois funcionários aqui retratados, monitorando o progresso de uma linha de produção de circuitos impressos, são a personificação do *empowerment* multifuncional. Se ocorrerem problemas, eles têm a autoridade e a competência para fazer quaisquer mudanças necessárias com a finalidade de manter a linha de produção a todo vapor.

Se os gestores em níveis mais altos derem aos funcionários de nível mais baixo a responsabilidade de tomar decisões importantes e *intervirem* apenas *em casos excepcionais,* então os problemas de comunicação lenta e distorcida observados anteriormente serão mínimos. Além disso, será necessário um número menor de gestores, pois o papel deles não será o de tomar decisões, mas, sim, o de atuar como orientador e facilitador ajudando outros funcionários a tomar as melhores decisões. Além disso, quando a autoridade na tomada de decisão ocorre em níveis mais baixos da organização e de uma maneira mais próxima do cliente, a capacidade dos funcionários em reconhecer e responder às necessidades dos clientes será maior.

Descentralizar a hierarquia de autoridade permite que uma organização e seus funcionários se comportem de maneira flexível mesmo quando a organização cresce e se torna mais vertical. É por isso que os administradores estão tão interessados em dar maior autonomia e poder aos funcionários, criar equipes de trabalho autogeridas, estabelecer equipes multifuncionais e até mesmo partir para uma estrutura de equipe de produto. Essas inovações no desenho ajudam a manter a arquitetura organizacional flexível e pronta para lidar com tarefas e ambientes gerais complexos, bem como tecnologias e estratégias complexas.

Embora um número cada vez maior de organizações esteja tomando medidas para descentralizar a hierarquia de autoridade, descentralização *em demasia* apresenta certas desvantagens. Se muita autoridade for concedida a divisões, funções ou equipes na tomada de decisão, elas talvez passem a buscar os próprios objetivos em detrimento dos objetivos da organização. Os gerentes de engenharia de produto ou de P&D, por exemplo, poderiam ficar tão concentrados em criar o melhor produto possível que deixariam de perceber que o melhor produto talvez seja tão caro que poucas pessoas estarão dispostas ou terão condições de comprá-lo. Da mesma forma, a descentralização excessiva pode provocar uma falta de comunicação entre as funções ou divisões; isso impediria que as sinergias resultantes da cooperação se materializassem e o desempenho organizacional seria afetado.

Os altos executivos devem procurar um equilíbrio entre a centralização e a descentralização da autoridade que melhor atenda aos quatro principais fatores que afetam a estrutura de uma organização (veja novamente à Figura 7.1). Se os gestores estiverem em um ambiente estável, empregarem uma tecnologia que dominem e produzirem tipos de produtos estáveis (como cereais, sopa enlatada ou livros), então não haverá nenhuma necessidade premente para descentralizar a hierarquia de autoridade e os gestores no alto da hierarquia conseguirão manter o controle de grande parte da tomada de decisão organizacional.[42] Entretanto, em ambientes incertos e sujeitos a constantes mudanças, como o das empresas de alta tecnologia que fabricam produtos de ponta, os altos executivos muitas vezes têm que dar maior autonomia e poder aos funcionários e permitir que equipes tomem decisões estratégicas importantes para que a organização possa acompanhar as mudanças que estão ocorrendo. Independentemente de qual seja o seu ambiente, uma empresa que perde o controle do equilíbrio entre a centralização e a descentralização terá seu desempenho afetado negativamente, como sugere o exemplo da Avon no "Estudo de caso" no início do capítulo.

Mecanismos de integração e coordenação

Grande parte da atividade de coordenação ocorre por meio da hierarquia de autoridade. Entretanto, vários problemas estão associados ao estabelecimento de contatos entre os gestores das diferentes funções ou divisões. Conforme discutido anteriormente, os gestores de diferentes funções e divisões talvez tenham pontos de vista diferentes em relação ao que deve ser feito para atingir os objetivos da organização. Porém, se os gestores tiverem a mesma autoridade (como geralmente ocorre com os gerentes funcionais), o único gestor que poderá dizer a eles o que fazer será o CEO, que tem a última palavra para resolver conflitos. Entretanto, a necessidade de solucionar conflitos diários desperdiça tempo da alta administração e retarda a tomada de decisão estratégica; de fato, um dos sinais de uma estrutura de baixo desempenho é o número de problemas enviados para níveis superiores dentro da hierarquia para que os altos executivos resolvam.

mecanismos de integração
Ferramentas de organização que os administradores podem usar para aumentar a comunicação e a coordenação entre funções e divisões.

Para aumentar a comunicação e a coordenação entre as funções ou entre as divisões e evitar esses tipos de problema, os altos executivos incorporam vários **mecanismos de integração** em suas arquiteturas organizacionais. Quanto maior for a complexidade da estrutura de uma organização, maior será a necessidade de coordenação entre as pessoas, funções e divisões para fazer com que a estrutura organizacional funcione de modo eficiente e eficaz.[43] Portanto, quando os administradores optam por adotar uma estrutura divisional, matricial ou de equipe de produto, eles têm que usar mecanismos de integração complexos para atingir os objetivos da organização. Existem vários mecanismos de integração que os administradores podem usar para promover a comunicação e a coordenação.[44] A Figura 7.10 enumera tais mecanismos, assim como exemplos dos indivíduos ou grupos que poderiam usá-los.

PAPÉIS DE LIGAÇÃO Os administradores podem aumentar a coordenação entre as funções e divisões por meio de papéis de ligação. Quando o volume de contatos entre duas funções aumenta, uma forma de promover a coordenação é atribuir a um gestor de cada função ou divisão a responsabilidade pela coordenação entre eles. Esses gestores poderiam se reunir diária, semanal ou mensalmente, ou quando necessário. Na Figura 7.10, é ilustrado um papel de ligação; o pequeno círculo cheio representa a pessoa dentro de uma função que tem responsabilidade pela coordenação com a outra função. Coordenar faz parte do papel de ligação que deve ser feito sempre e normalmente se cria um relacionamento informal entre as pessoas envolvidas, diminuindo

Figura 7.10
Tipos e exemplos de mecanismos de integração.

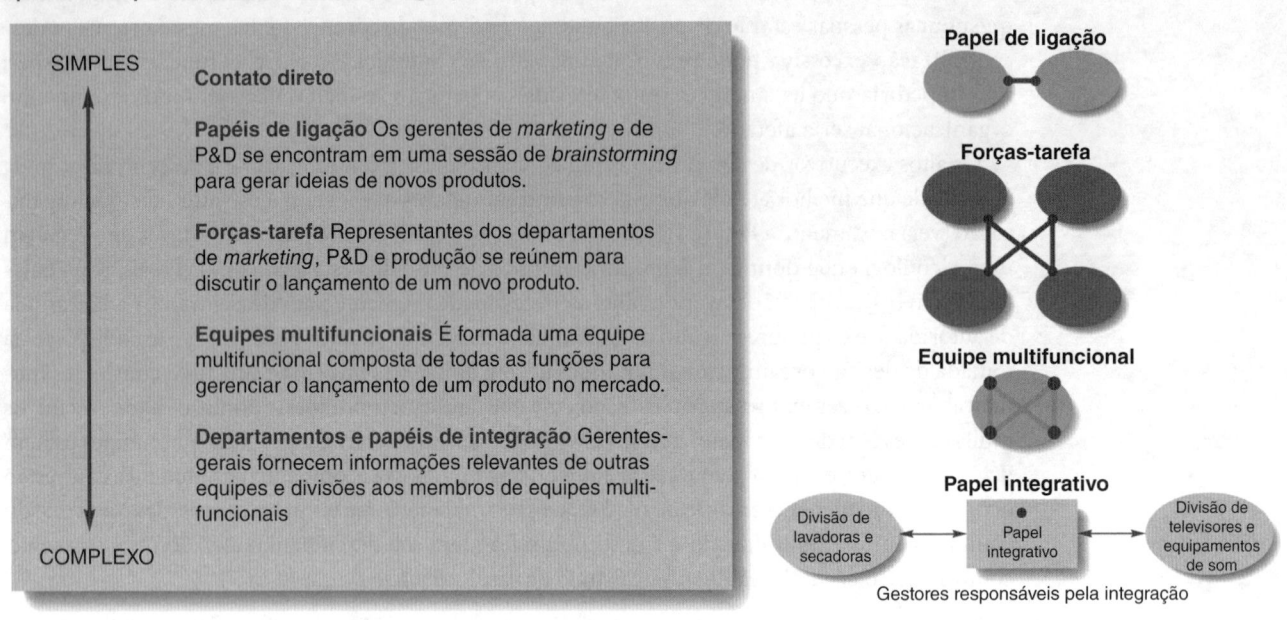

SIMPLES

Contato direto

Papéis de ligação Os gerentes de *marketing* e de P&D se encontram em uma sessão de *brainstorming* para gerar ideias de novos produtos.

Forças-tarefa Representantes dos departamentos de *marketing*, P&D e produção se reúnem para discutir o lançamento de um novo produto.

Equipes multifuncionais É formada uma equipe multifuncional composta de todas as funções para gerenciar o lançamento de um produto no mercado.

Departamentos e papéis de integração Gerentes-gerais fornecem informações relevantes de outras equipes e divisões aos membros de equipes multifuncionais

COMPLEXO

Papel de ligação

Forças-tarefa

Equipe multifuncional

Papel integrativo

Divisão de lavadoras e secadoras ↔ Papel integrativo ↔ Divisão de televisores e equipamentos de som

Gestores responsáveis pela integração

---

muito os atritos entre as funções. Além disso, os papéis de ligação são uma maneira de transmitir informações por toda a organização, o que é extremamente importante em grandes organizações cujos funcionários talvez não conheçam ninguém fora de suas funções ou divisões imediatas.

força-tarefa
Um comitê formado por gestores de várias funções ou divisões que se reúnem para resolver um problema específico e comum a todos eles; também denominados *comitês ad hoc*.

FORÇAS-TAREFA Quando mais de duas funções ou divisões compartilham muitos problemas em comum, o contato direto e os papéis de ligação talvez não ofereçam coordenação suficiente. Nesses casos, talvez seja apropriado um mecanismo de integração mais complexo, uma **força-tarefa** (ver Figura 7.10). Um gestor de cada função ou divisão relevante é designado para uma força-tarefa que se reúne para resolver um problema específico comum a todos; os membros são responsáveis por relatar a seus departamentos as questões tratadas e as soluções recomendadas. As forças-tarefa são muitas vezes conhecidas como *comitês ad hoc*, pois são temporárias; elas podem se reunir regularmente ou então somente algumas vezes. Quando o problema em questão é solucionado, a força-tarefa não se faz mais necessária; os membros voltam para as funções normais em seus departamentos ou então são designados para outras forças-tarefa. Esses membros também desempenham várias de suas funções normais enquanto trabalham para uma força-tarefa.

EQUIPES MULTIFUNCIONAIS Em muitos casos, as questões resolvidas por uma força-tarefa são problemas recorrentes, como a necessidade de desenvolver novos produtos ou de encontrar novos tipos de clientes. Para resolver problemas recorrentes de modo eficaz, os administradores estão usando cada vez mais mecanismos de integração permanentes, como as equipes multifuncionais. Um exemplo de uma equipe multifuncional é o comitê de desenvolvimento de produtos que é responsável pela escolha, projeto, produção e *marketing* de um novo produto. Tal atividade requer, obviamente, uma grande dose de integração entre as funções, caso se queira que os novos produtos sejam introduzidos com sucesso no mercado, e o emprego de um mecanismo de integração complexo (como uma equipe multifuncional) para realizar isso. Conforme já discutido, em uma estrutura de equipe de produto, as pessoas e os recursos são agrupados em equipes multifuncionais permanentes para acelerar o lançamento dos produtos no mercado. Essas equipes assumem responsabilidade de longo prazo por todos os aspectos do desenvolvimento e fabricação do produto.

PAPÉIS INTEGRATIVOS Papel integrativo é um papel cuja única função é aumentar a coordenação e a integração entre as funções ou divisões para se alcançar ganhos de desempenho a partir de sinergias. Normalmente, os gestores que desempenham papéis integrativos são gerentes-gerais experientes capazes de prever como usar os recursos das funções ou divisões para obter novas sinergias. Um estudo constatou que a DuPont, a gigante da indústria química, havia criado 160 papéis integrativos para promover a coordenação entre as diferentes divisões da empresa e melhorar o desempenho corporativo.[45] Quanto mais complexa for uma organização e maior o número de suas divisões, mais importantes são os papéis integrativos.

ESTRUTURA MATRICIAL Quando os administradores necessitam responder rapidamente aos ambientes geral e de tarefa, muitas vezes eles usam uma estrutura matricial. A razão para optar por uma estrutura matricial é clara. Ela contém muitos dos mecanismos de integração já discutidos: os funcionários com dois chefes fazem a integração entre as funções e as equipes de produto; a matriz é construída com base em equipes ou forças-tarefa temporárias e, além disso, cada membro da equipe desempenha um papel de ligação. A estrutura matricial é flexível precisamente por ser formada a partir de mecanismos de integração complexos.

Em suma, para que uma organização possa continuar a reagir a mudanças em seus ambientes gerais e de tarefa à medida que a organização cresce e se torna mais complexa, os administradores devem aumentar a coordenação entre as funções e divisões por meio do emprego de complexos mecanismos de integração. Os administradores têm que decidir qual a melhor maneira de organizar suas estruturas para criar uma arquitetura organizacional que permita a eles empregar da melhor forma possível os recursos da organização.

Alianças estratégicas, estruturas de redes B2B e TI

aliança estratégica
Um acordo no qual os gestores fazem um *pool* ou compartilham com uma empresa estrangeira os recursos e *know-how* de suas organizações, para que ambas dividam as recompensas e riscos ao iniciarem um novo empreendimento.

estrutura de rede
Uma série de alianças estratégicas que uma organização cria com fornecedores, fabricantes, e/ou distribuidores para produzir e comercializar um produto.

Recentemente, a crescente globalização e o emprego de TI mais avançada suscitaram duas inovações na arquitetura organizacional que estão se alastrando por empresas americanas e europeias: as alianças estratégicas e as estruturas de redes B2B (*business-to-business*). **Aliança estratégica** é um acordo formal no qual duas ou mais empresas se comprometem a trocar ou compartilhar seus recursos para que possam produzir e comercializar um produto.[46] As alianças estratégicas mais comuns são formadas porque as empresas têm interesses similares e acreditam que podem se beneficiar da cooperação mútua. Por exemplo, fabricantes de automóveis japoneses, como Toyota e Honda, formaram diversas alianças estratégicas com determinados fornecedores de insumos, como eixos, caixas de câmbio e sistemas de ar condicionado. Com o tempo, esses fabricantes de automóveis passaram a trabalhar com seus fornecedores para aumentar a eficiência e a eficácia dos insumos de modo que o produto final – o carro produzido – seja de alta qualidade e, muitas vezes, produzido a um custo menor. A Toyota e a Honda também estabeleceram alianças com fornecedores nos Estados Unidos e México, pois ambas as empresas agora fabricam vários modelos de carro nesses países.

A crescente sofisticação da TI com intranets e teleconferência globais facilitou muito o gerenciamento de alianças estratégicas e possibilitou que os administradores compartilhassem informações e cooperassem. Um resultado disso tem sido o crescimento de alianças estratégicas em uma estrutura de rede. **Estrutura de rede** é uma série de alianças estratégicas globais que uma ou várias organizações criam com fornecedores, fabricantes e/ou distribuidores para produzir e comercializar um produto. As estruturas de rede permitem a uma organização administrar sua cadeia de valor global para encontrar novas maneiras de reduzir custos e aumentar a qualidade dos produtos – sem incorrer nos elevados custos de operar uma estrutura organizacional complexa (como as despesas na contratação de muitos gestores). Um número cada vez maior de empresas americanas e europeias depende de estruturas de rede globais para ter acesso a fontes de insumos de baixo custo no exterior, conforme discutido no Capítulo 6. Fabricantes de tênis, como a Nike e a Adidas, são empresas que usaram extensivamente essa abordagem.

A Nike é o maior e mais lucrativo fabricante de tênis do mundo. O segredo do sucesso da Nike é a estrutura de rede que seu fundador e CEO, Philip Knight, criou para permitir que sua empresa produza e comercialize tênis. Conforme observado no Capítulo 6, as empresas de maior sucesso hoje estão tentando seguir simultaneamente uma estratégia de diferenciação e de baixo custo. Knight decidiu logo de início que, para fazer isso na Nike, ele precisaria de uma arquitetura organizacional que permitisse a sua empresa focar em algumas funções, como o projeto, e deixar outras, como a produção, para outras organizações.

Sem sombra de dúvidas, a maior função da matriz da Nike em Oregon é a função de projeto, composta por projetistas talentosos que foram pioneiros em inovações no desenho de tênis, tais como o sistema de amortecimento a ar e o tênis *Air Jordan*, que a empresa introduziu com muito sucesso. Os projetistas usaram sistemas CAD (projeto com o auxílio de computador) para desenhar os tênis da Nike, e armazenam eletronicamente todas as informações de produtos novos, inclusive instruções de fabricação. Quando os projetistas acabam seu trabalho, eles transmitem eletronicamente todos os desenhos técnicos dos novos produtos para uma rede de fornecedores e fabricantes no sudoeste asiático, com os quais a Nike estabeleceu alianças estratégicas.[47] As instruções para o projeto de uma nova sola podem ser enviadas a um fornecedor em Taiwan; para a parte superior dos tênis, para um fornecedor na Malásia. Os fornecedores produzem as diversas partes do tênis e as enviam para um fabricante na China que fará a montagem final, fabricante com o qual a Nike estabeleceu outra aliança estratégica. Da China, os tênis são enviados a distribuidores ao redor do mundo. Noventa por cento dos 120 milhões de pares de tênis que a Nike faz a cada ano são produzidos no sudoeste asiático.

Essa estrutura de rede dá à Nike duas vantagens importantes. Primeiramente, ela consegue responder muito rapidamente às mudanças na moda dos tênis. Pelo seu sistema de TI global, a Nike pode literalmente mudar as instruções dadas a cada um de seus fornecedores do dia para a noite, e assim, num prazo de poucas semanas, seus fabricantes no exterior estarão produzindo novos tipos de tênis.[48] Qualquer parceiro de aliança que deixe de ter um desempenho de acordo com os padrões estabelecidos pela Nike é substituído por novos parceiros.

Em segundo lugar, os custos da Nike são extremamente baixos devido aos salários no sudoeste asiático serem apenas uma fração daqueles pagos nos Estados Unidos, e essa diferença dá à Nike a vantagem do baixo custo. Da mesma forma, a capacidade de **terceirizar** da Nike e usar fabricantes estrangeiros para produzir todos os seus tênis no exterior permite a Knight manter uma estrutura organizacional plana e flexível nos Estados Unidos. A Nike consegue usar uma estrutura funcional relativamente barata para organizar suas atividades. Entretanto, os esforços dos fabricantes de tênis para manter seus custos baixos originou uma série de acusações segundo as quais a Nike e outras empresas do setor estariam apoiando o uso de fábricas onde operários estrangeiros trabalham em condições sub-humanas, conforme sugere, a seguir, o quadro "Ética em ação".

A capacidade de os administradores criarem uma estrutura de rede para produzir ou fornecer bens e serviços que os clientes desejam, em vez de criar uma estrutura organizacional complexa para conseguir esse resultado, levou muitos pesquisadores e consultores a popularizarem o conceito de **organização sem fronteiras**. Uma organização dessas é composta de pessoas interligadas por TI – computadores, faxes, sistemas de projeto computadorizado e videoconferência –, que raramente (ou nunca) se veem pessoalmente. As pessoas são utilizadas quando seus serviços são necessários, de forma muito parecida com a de uma estrutura matricial, porém, não são membros formais de uma organização; são especialistas em determinada função e formam uma aliança com uma organização, cumprem suas obrigações contratuais e depois partem para o próximo projeto.

Grandes consultorias, como Accenture e McKinsey & Co., utilizam seus consultores dessa maneira. Eles ficam interconectados por meio de *laptops* ao **sistema de gestão do conhecimento** da organização, o sistema de informações específico da empresa que sistematiza o conhecimento de seus funcionários e dá a eles acesso a outros funcionários com a competência para resolver os problemas por eles encontrados à medida que realizam seus trabalhos.

O emprego de terceirização e o desenvolvimento de estruturas de rede estão aumentando rapidamente à medida que as organizações reconhecem que elas oferecem muitas oportunidades

terceirização
Usar fornecedores e fabricantes externos para produzir bens e serviços.

organização sem fronteiras
Uma organização cujos membros são interligados por computadores, faxes, sistemas de projeto computadorizado e videoconferência, e que raramente (ou nunca) se veem pessoalmente.

sistema de gestão do conhecimento
Um sistema de informações virtuais específico a uma empresa que permite aos funcionários, além de compartilharem seus conhecimentos e competências, encontrarem outros funcionários que possam ajudá-los a solucionar problemas correntes.

rede B2B Um grupo de organizações que se associam e usam a TI para se interligar a potenciais fornecedores globais visando aumentar a eficiência e a eficácia.

para reduzir custos e aumentar a flexibilidade organizacional. Esse esforço para reduzir custos levou ao desenvolvimento de **redes** eletrônicas **B2B** (*business-to-business*) onde a maioria ou todas as empresas de um setor (por exemplo, fabricantes de automóveis) usa a mesma plataforma de *software* para se interligar e estabelecer especificações e padrões do setor. Em seguida, essas empresas em conjunto enumeram a quantidade e as especificações dos insumos necessários e solicitam ofertas dos milhares de possíveis fornecedores ao redor do mundo. Os fornecedores também usam a mesma plataforma de *software*, de modo que é possível realizar ofertas, licitações e transações eletrônicas entre compradores e vendedores pelo mundo. A ideia é que o alto volume de transações padronizadas pode ajudar a reduzir os custos em todo o setor.

ÉTICA EM AÇÃO
Tênis e fábricas que exploram os trabalhadores

À medida que a produção de todos os tipos de bens e serviços é cada vez mais terceirizada para países e regiões pobres do mundo, o comportamento das empresas que terceirizam a produção para outras organizações nesses países é acompanhado cada vez mais de perto. A Nike, gigante do segmento de tênis com vendas superiores a US$ 9 bilhões por ano, foi uma das primeiras a experimentar uma forte reação quando críticas revelaram como os trabalhadores nesses países eram tratados. Os operários indonésios costuravam tênis em fábricas cujo ambiente era precário (nível de ruído elevado e altas temperaturas), por míseros 80 centavos de dólar por dia ou cerca de US$ 18 por mês.[49] Trabalhadores no Vietnã e na China tinham condições relativamente melhores; podiam ganhar US$ 1,60 por dia. Em todos os casos, porém, críticos faziam acusações de que eram necessários no mínimo US$ 3 por dia para se manter um padrão de vida adequado.

Esses fatos geraram protestos nos Estados Unidos, onde a Nike foi duramente criticada por suas práticas trabalhistas; uma retaliação contra a venda de produtos da Nike forçou Phil Knight, o bilionário proprietário da empresa, a reavaliar as práticas trabalhistas adotadas pela sua empresa. A Nike anunciou que a partir de então todas as fábricas que estivessem produzindo seus tênis e roupas esportivas seriam monitoradas e inspecionadas de forma independente. Após sua concorrente Reebok, que também havia sido criticada por práticas trabalhistas similares, ter anunciado que estava concedendo um aumento de 20% nos salários de seus trabalhadores na Indonésia, a Nike elevou os seus em 25%, passando para US$ 23 por mês.[50] Por menor que isso possa parecer, foi um aumento imenso para os trabalhadores naqueles países.

Na Europa, outra empresa de artigos esportivos, a Adidas, havia escapado ilesa dessas críticas. Mas, em 1999, foi relatado que uma empresa terceirizada da Adidas em El Salvador (com sede em Taiwan) estava empregando meninas de 14 anos de idade em suas fábricas e fazendo-as trabalharem mais de 70 horas por

Membros da United Students contrários à Nike estendem uma faixa na loja Niketown em Nova York, acusando a empresa de usar trabalho escravo para produzir seus artigos esportivos. Desde então, a Nike e outras empresas do setor tomaram medidas para assegurar melhores condições de trabalho para trabalhadores estrangeiros.

semana. Era permitido a elas ir ao banheiro apenas duas vezes por dia, e caso lá ficassem por mais de três minutos, perderiam o dia de salário.[51] A Adidas agiu rapidamente para evitar o pesadelo de ter sua imagem deteriorada assim como a Nike. Anunciou que, a partir de então, suas empresas terceirizadas iriam se ater a práticas trabalhistas rigorosas.

O fato ocorrido no segmento de artigos esportivos também sucedeu, no início deste milênio, na indústria de confecções, e também como em outros setores, como eletroeletrônicos e brinquedos. Empresas como Walmart, Target, The Gap, Sony e Mattel foram forçadas a reavaliar a ética de suas práticas trabalhistas e a prometer vigiar de perto as empresas terceirizadas no futuro. Uma declaração a esse respeito pode ser encontrada nos *sites* de muitas dessas empresas – por exemplo, nos *sites* da Nike <www.nike-biz.com> e da The Gap's <www.thegap.com>.

Hoje, com os avanços na TI, desenhar a arquitetura organizacional está se tornando uma função gerencial cada vez mais complexa. Para maximizar a eficiência e a eficácia, os administradores têm que avaliar cuidadosamente os benefícios relativos advindos do fato de suas organizações realizarem a atividade funcional *versus* a formação de uma aliança com outra organização para realizar a atividade. Ainda não está claro qual será, no futuro, o desenvolvimento das redes B2B e outras formas de alianças eletrônicas entre empresas.

Resumo e revisão

DESENHANDO A ESTRUTURA ORGANIZACIONAL Os quatro principais determinantes da estrutura organizacional são o ambiente externo, a estratégia, a tecnologia e os recursos humanos. Geralmente, quanto maior o nível de incerteza associado a esses fatores, mais apropriada é uma estrutura flexível e adaptável em contraposição a uma estrutura rígida e formal. **[MA1]**

AGRUPANDO TAREFAS EM CARGOS Projeto de cargos é o processo por meio do qual os administradores agrupam tarefas em cargos. Para criar cargos mais interessantes e conseguir que os trabalhadores atuem de forma flexível, os administradores podem ampliar e enriquecer cargos. O modelo de características do cargo é uma ferramenta que os administradores podem usar para medir o nível de satisfação ou motivação de um cargo. **[MA2]**

AGRUPANDO CARGOS EM FUNÇÕES E DIVISÕES Os administradores podem optar por vários tipos de estruturas organizacionais para melhor empregar os recursos de sua organização. Dependendo dos problemas organizacionais específicos por eles enfrentados, poderão optar por uma estrutura funcional, de produto, geográfica, de mercado, matricial, de equipe de produto ou híbrida. **[MA3]**

COORDENANDO FUNÇÕES E DIVISÕES Independentemente da estrutura escolhida por um administrador, ele terá que decidir como distribuir a autoridade dentro da organização, quantos níveis terá a escala hierárquica e que ponto de equilíbrio encontrar entre a centralização e a descentralização para ter o menor número possível de níveis hierárquicos. À medida que as organizações crescem, os administradores têm que aumentar o nível de integração e coordenação entre as funções e divisões. Existem seis mecanismos de integração para facilitar essa tarefa: o contato direto, os papéis de ligação, forças-tarefa, as equipes multifuncionais, os papéis integrativos e a estrutura matricial. **[MA3, 4]**

ALIANÇAS ESTRATÉGICAS, ESTRUTURAS DE REDES B2B E TI Para evitar grande parte dos problemas de comunicação e coordenação que surgem à medida que as organizações crescem, os administradores estão tentando usar TI para desenvolver novas maneiras de organizar. Em uma aliança estratégica, os administradores estipulam um acordo com outra organização para fornecimento de insumos ou para realizar uma determinada atividade funcional. Se os administradores estipularem uma série desses acordos, eles acabam criando uma estrutura de rede. Uma estrutura de rede, geralmente baseada em alguma forma compartilhada de TI, pode ser formada em torno de uma empresa, ou ainda várias empresas podem se associar para criar uma rede B2B do setor. **[MA4]**

Administradores em ação

Tópicos para discussão e trabalho

DISCUSSÃO

1. Qual seria a estrutura apropriada (flexível ou mais formal) para as seguintes organizações: (a) uma grande loja de departamentos, (b) uma das "Cinco Grandes" auditorias do mundo, (c) uma empresa de biotecnologia. Explique sua linha de raciocínio. **[MA1, 2]**

2. Usando o modelo de características do cargo como parâmetro, discuta como um administrador pode enriquecer ou ampliar os cargos dos subordinados. **[MA2]**

3. Como o cargo de vendedor ou de secretária poderia ser ampliado ou enriquecido para se tornar mais motivador? **[MA2, 3]**

4. Quando e em que condições os administradores poderiam passar de uma estrutura funcional para uma (a) de produto, (b) geográfica ou (c) de mercado? **[MA1, 3]**

5. Como diferem as estruturas matriciais e de equipe de produto? Por que a estrutura de equipe de produto é mais usada? **[MA1, 3, 4]**

AÇÃO

6. Escolha e entreviste um administrador e identifique o tipo de estrutura organizacional que sua organização usa para coordenar seu pessoal e recursos. Por que a organização está usando essa estrutura? Você acredita que uma estrutura diferente seria mais apropriada? Qual delas? **[MA1, 3, 4]**

7. Com o mesmo ou com um outro administrador, discuta a distribuição de autoridade na organização. O administrador acredita que descentralizar a autoridade e dar maior autonomia e poder de decisão aos funcionários é apropriado? **[MA1, 3]**

8. Entreviste alguns funcionários de uma organização e pergunte a eles sobre os valores e normas dessa organização, as características típicas de seus funcionários e também sobre seus valores éticos e práticas de socialização. Usando tais informações, tente descrever a cultura da organização e a maneira com que ela afeta o comportamento das pessoas e grupos. **[MA1, 5]**

Desenvolvimento de habilidades gerenciais
Entendendo como organizar [MA1, 2, 3]

Escolha uma organização com a qual esteja familiarizado, talvez uma para a qual você tenha trabalhado — como uma loja, restaurante, escritório, igreja ou escola. Após isso, responda às seguintes perguntas:

1. Que contingências são mais importantes para explicar como a organização é organizada? Você acha que ela está organizada da melhor forma?

2. Usando o modelo de características do cargo, na sua opinião, qual é o nível de motivação do cargo de um funcionário dessa organização?

3. Você seria capaz de imaginar formas nas quais um cargo comum poderia ser ampliado ou enriquecido?

4. Que tipo de estrutura organizacional a empresa usa? Se ela for parte de uma cadeia, que tipo de estrutura adota? Que outras estruturas discutidas no capítulo poderiam permitir que ela operasse de modo mais eficaz? Por exemplo, a mudança para uma estrutura de equipe de produto levaria a maior eficiência ou eficácia? Justifique.

5. Quantos níveis existem na hierarquia da organização? A autoridade é centralizada ou descentralizada? Descreva o âmbito de atuação do controle da alta administração e dos gerentes intermediários ou de primeira linha.

6. A distribuição da autoridade é apropriada para a organização e suas atividades? Seria possível achatar a hierarquia por meio da

descentralização da autoridade e dar maior autonomia e poder de decisão aos funcionários?

7. Quais são os principais mecanismos de integração usados na organização?

Eles oferecem coordenação suficiente entre os indivíduos e as funções? Como poderiam ser melhorados?

8. Agora que você analisou a forma como é estruturada essa organização, que conselho daria a seus administradores para ajudá-los a melhorar seu modo de operação?

Administrando eticamente [MA1, 3, 5]

Suponha que uma organização esteja passando por um processo de *downsizing* e despedindo vários de seus gerentes intermediários. Alguns altos executivos encarregados de decidir quem mandar embora poderiam optar por preservar os subordinados de que gostam mais e que sejam obedientes a eles, em vez daqueles de difícil trato ou aqueles com melhor desempenho. Eles também poderiam decidir despedir os subordinados com maiores salários mesmo se tivessem um alto desempenho. Pense nas questões éticas envolvidas em desenhar uma hierarquia e discuta as seguintes questões.

Perguntas

1. Que regras éticas (ver Capítulo 3) os administradores deveriam usar para decidir quais funcionários mandar embora ao redesenharem a hierarquia da empresa?
2. Algumas pessoas defendem que funcionários que trabalharam para uma organização por vários anos têm prioridade dentro dela (no mínimo, como a dos acionistas). Qual a sua opinião em relação à ética desse posicionamento – os funcionários têm direito de "propriedade" sobre seus empregos caso tenham contribuído significativamente para o sucesso passado da organização? Como uma organização socialmente responsável se comportaria numa situação dessas?

Exercício em grupo
Bob's Appliances [MA1, 3]

Forme pequenos grupos de três ou quatro pessoas e indique um de seus membros para ser o seu porta-voz. Este comunicará as descobertas do grupo a toda a classe quando chamado pelo professor. Logo após, discuta a seguinte situação:

A Bob's Appliances vende e faz a manutenção de eletrodomésticos, tais como máquinas de lavar roupa ou pratos, fogões e refrigeradores. Ao longo dos anos, a empresa conquistou excelente reputação pela qualidade de seu atendimento ao cliente e vários construtores locais patrocinam a loja. Recentemente, alguns novos varejistas no mercado de eletrodomésticos, inclusive a Best Buy, abriram lojas que também fornecem inúmeros eletrodomésticos. Entretanto, para atrair mais clientes, essas lojas também vendem uma gama completa de eletroeletrônicos – televisores, aparelhos de som e computadores. Bob Lange, dono da Bob's Appliances, decidiu que, se for para ele permanecer no ramo, terá que ampliar a oferta de produtos e concorrer diretamente com as grandes redes.

Em 2007, ele decidiu construir uma loja e centro de serviços de 2 mil m², e agora está contratando novos funcionários para vender e fazer a manutenção da nova linha de produtos. Pelo fato de sua empresa ter crescido, Lange não tem certeza sobre a melhor maneira de organizar os funcionários. No momento, ele adota uma estrutura funcional: os funcionários são divididos em vendas, compras/contabilidade e manutenção. Bob tenta entender se vender e fazer a manutenção de eletroeletrônicos é tão diferente de vender e fazer a manutenção de eletrodomésticos, a ponto de precisar passar a adotar uma estrutura de produto (veja a figura) e criar conjuntos distintos de funções para cada uma de suas duas linhas de negócio.[52]

Você faz parte da equipe de consultores que Bob contratou para assessorá-lo enquanto toma essa decisão crucial. Que estrutura você recomendaria? Por quê?

ESTRUTURA FUNCIONAL

- Bob Lange
  - Vendas
  - Compras/Contabilidade
  - Manutenção

ESTRUTURA DE PRODUTOS

- Bob Lange
  - Eletrodomésticos
    - Vendas
    - Compras/Contabilidade
    - Manutenção
  - Eletroeletrônicos
    - Vendas
    - Compras/Contabilidade
    - Manutenção

Seja você o administrador [MA1, 3, 5]

Acelerando o *web design*

Você foi contratado por uma empresa de projeto, produção e hospedagem de *sites,* cujos novos *sites* com animação estão chamando muita atenção e muitos clientes também. Atualmente, os funcionários estão organizados em diferentes funções, como *hardware*, projeto de *software*, arte gráfica e hospedagem de *sites*, além de funções como *marketing* e recursos humanos. Cada função assume um novo projeto por vez, desde a solicitação inicial do cliente até a hospedagem final do *site*.

O problema da empresa é que normalmente leva um ano desde o estágio da ideia inicial até o momento de o *site* estar no ar; a empresa quer reduzir esse tempo pela metade para proteger e expandir seu nicho de mercado. Ao conversar com outros administradores, você constata que eles acreditam que a fonte do problema é a estrutura funcional atual da empresa – ela não possibilita que os funcionários desenvolvam *sites* de um modo suficientemente rápido para atender aos clientes. Eles querem desenvolver *sites* melhores.

Perguntas

1. Discuta formas pelas quais você poderá melhorar a operação da estrutura funcional atual de modo a acelerar o desenvolvimento de *sites*.
2. Discuta os prós e contras de passar a usar uma estrutura: (a) multidivisional, (b) matricial ou (c) de equipe de produto para reduzir o tempo de desenvolvimento de *sites*.
3. Qual dessas estruturas você acredita ser a mais apropriada e por quê?

BusinessWeek Caso em foco [MA1, 3, 4]

Bartz, da Yahoo!, mostra quem dá as cartas

Apenas seis semanas após assumir o cargo de CEO da Yahoo!, anteriormente ocupado por seu cofundador Jerry Yang, Carol Bartz deixou bem claro quem está no comando e quais solicitações ela irá fazer para sua equipe executiva. Em 26 de fevereiro, Bartz anunciou uma reorganização da conturbada direção da companhia. A nova estrutura otimizada destina-se a tornar a empresa "mais célere", escreveu Bartz em uma postagem no *blog* oficial da Yahoo.

As mudanças, embora amplamente aguardadas após recentes relatórios no *blog* BoomTown, não são menos importantes, para uma empresa que por anos vem sendo prejudicada por tomadas de decisão lentas e a execução ineficaz dessas decisões. Já em 2006, Brad Garlinghouse, um executivo que na época havia saído da empresa, escreveu um agora famoso "Manifesto Peanut Butter" que descrevia esses problemas administrativos. A nova organização administrativa tem todos os principais executivos subordinados diretamente a Bartz, que lamentou em sua postagem no *blog* que há "muita coisa que fez essa companhia se afundar". "Parece que ela não está com medo de entrar com tudo e com uma motosserra em punho", diz Kevin Lee, CEO da empresa de *marketing* de busca Didit.

Prevista a desincorporação de vários negócios

Dentre suas decisões mais importantes, definiu-se o atual diretor de tecnologia, Aristotle "Ari" Balogh, o responsável por todos os produtos, e Hilary Schneider, atual diretora de anúncios, propaganda e grupos de audiência nos Estados Unidos, a responsável pelas operações nos Estados Unidos. Um novo diretor de operações internacionais, a ser escolhido em breve, supervisionará o que eram anteriormente três regiões globais separadas. Embora Bartz mantenha seus planos específicos para a Yahoo! de modo a evitar riscos desnecessários, sua organização remodelada pode abrir caminho para que o grupo se desfaça mais rapidamente dos negócios com baixo desempenho. "Esperamos reestruturações mais significativas e a desincorporação de vários negócios ocorrerá no futuro, já que o organograma mais simples levará a empresa a focar mais seus principais negócios", escreveu o analista Ben Schachter, da UBS Securities (UBS), em um relatório após o anúncio.

A estrutura administrativa mais centralizada não garante que a Yahoo! irá achar seu caminho. De fato, alguns observadores ficam atormentados, pois acham que centralizar demais pode criar obstáculos à inovação. "Não gostamos muito de concentração demasiada em termos de desenvolvimento de produto", diz o analista da Sanford Bernstein, Jeffrey Lindsay, que preferiria uma estrutura focada em produtos estratégicos fundamentais como os anúncios acionados por buscas feitas na internet.

Tentando agilizar a tomada de decisão

Mesmo assim, ele e outros analistas observam que a nova organização é um grande passo em relação ao sistema de "gerenciamento matricial" anterior, que consentia a vários executivos a supervisão de muitos produtos e novos projetos. Isso levou a uma tomada de decisão lenta e à omissão de responsabilidade, segundo dizem pessoas de dentro da própria Yahoo!. "A paciência de Carol com toda essa estrutura matricial tem limites", diz um outro, evidentemente tentando amenizar a situação. Na realidade, Bartz, que não tem papas na língua, disse o seguinte em seu *blog*: "Vocês ficariam admirados ao ver como certas coisas são complicadas nessa empresa". Pelo que dizem, a mudança para a centralização é a medida correta para a Yahoo! após tantos anos de grupos descentralizados de produtos ao redor do mundo, cada um deles com sua própria engenharia e outras funções.

Perguntas

1. Com quais medidas específicas a nova CEO da Yahoo, Carol Bartz, modificou a estrutura organizacional da empresa?
2. Por que ela efetuou tais mudanças? Em que aspectos ela espera que a nova estrutura beneficie a estratégia e o desempenho da Yahoo?

Fonte: Robert D. Hof, "Yahoo's Bartz Shows Who's Boss". Reimpresso da *BusinessWeek online*, 26/fev./2009, com permissão especial, copyright © 2009 da The McGrawHill Companies, Inc.

BusinessWeek Caso em foco [MA3, 4]
GSK e Pfizer criam nova empresa de remédios contra a Aids

Embora mal tenha acabado de realizar sua fusão com a Wyeth, envolvendo US$ 68 bilhões, isso não impediu a Pfizer de iniciar mais outro negócio. Em 16 de abril, a Pfizer anunciou que juntará forças com a britânica GlaxoSmithKline para consorciar suas empresas com atuação no mercado de tratamento da Aids, criando uma nova empresa, dedicada à comercialização dos remédios contra a Aids já vendidos pelas duas e voltada para o desenvolvimento de outros novos. A nova empresa, com participação de 85% da GSK, passará a ter 19% do mercado de remédios para tratamento da Aids.

"Isso cria o foco de uma empresa especialista com o apoio das duas grandes controladoras", disse o CEO da GSK, Andrew Witty, em uma teleconferência. "Ela nos dá um *portfolio* imenso – 11 remédios no mercado e 6 em fase de testes clínicos".

A notícia vem apenas um dia depois de o diretor mundial de pesquisas da Pfizer, Rod MacKenzie, ter informado em um congresso em Nova York que "o modelo de grande organização de pesquisa, na verdade, não funciona particularmente bem", chamando o "modelo antigo" (do qual a Pfizer era a maior defensora nesse setor) de incontrolável, acusando-o de diminuir as responsabilidades e ser demasiadamente burocrático.

Após anos de fusões e aquisições intermináveis para se tornar ainda maior, agora a grande indústria farmacêutica está decidida a tornar-se menor. A nova empresa é uma tentativa que as duas maiores indústrias farmacêuticas do mundo fazem para reproduzir a energia e a gana de uma pequena empresa de biotecnologia. Witty a definiu como uma grande oportunidade para "criar uma empresa especialista (...) com real independência que terá a flexibilidade de realizar outros negócios e licenciar outros produtos da mesma forma que faria uma empresa especializada em biotecnologia."

Embora a nova empresa vá centralizar as vendas, o *marketing* e a administração em uma nova matriz em Londres, as equipes de pesquisa e desenvolvimento permanecerão dentro de cada organização original. Elas serão subcontratadas pela nova empresa. Isso parece contradizer o objetivo declarado de criar a cultura de uma empresa de biotecnologia. Entretanto, levará a economias de US$ 89 milhões, grande parte das quais serão obtidas em 2010, disse Witty.

Para a GSK, que criou algumas das primeiras e mais vendidas drogas para tratamento da Aids, tais como o AZT e o Epivir, muitas das quais deverão perder a proteção de patente nos próximos anos, o negócio abre as portas para o leque de novos medicamentos da Pfizer que estão em fase de desenvolvimento, ao passo que a Pfizer se beneficia da sólida estrutura de distribuição e comercialização da GSK no segmento da Aids.

Witty, que muitas vezes disse não estar interessado em megafusões, conta que a nova empresa "é um bom exemplo da maneira por meio da qual queremos criar valor e gerar eficiência em nosso negócio". Ele observou que a GSK está examinando várias partes de seus negócios onde poderia ser possível criar alianças similares. Depois de anos de mega-acordos, a desincorporação de áreas de pesquisas para criar empresas independentes menores irá se tornar o novo modelo para a indústria farmacêutica? A questão está em aberto. Claramente é uma oportunidade para ambas as empresas reduzirem seus riscos e custos.

Perguntas

1. Por que a GSK e a Pfizer criaram uma nova organização "especialista" para administrar a venda e o desenvolvimento de suas drogas para tratamento da Aids?
2. Como a nova empresa será organizada? De que forma ela ajudará a acelerar o desenvolvimento de novas drogas e reduzir os custos?

Fonte: Kerry Capell, "GSK and Pfizer Create New HIV Company". Reimpresso da *BusinessWeek online*, 16/abr./2009, com permissão especial, copyright © 2009 da The McGrawHill Companies, Inc.

Controle, mudança e empreendedorismo

CAPÍTULO 8

Metas de aprendizagem

Após estudar o presente capítulo, você deverá estar apto a:

1. Definir controle organizacional e identificar os principais controles de produtividade e de comportamento que os administradores usam para coordenar e motivar os funcionários. **[MA1]**

2. Explicar o papel do controle de clã ou da cultura organizacional na criação de uma arquitetura organizacional eficaz. **[MA2]**

3. Discutir a relação entre controle organizacional e mudança, e explicar por que gerenciar a mudança é uma tarefa gerencial essencial. **[MA3]**

4. Compreender o papel do empreendedorismo no processo de controle e de mudança. **[MA4]**

ESTUDO DE CASO
Uma nova visão do controle na Ford

Como os administradores devem usar o controle para aumentar o desempenho?

A Ford teve um prejuízo recorde de US$ 13,3 bilhões em 2006, fato que fez William Ford III, que havia sido CEO nos últimos cinco anos, decidir que não era a pessoa mais indicada para mudar a sorte da empresa.[1] De fato, ele era parte do problema, pois ao longo dos anos percebeu-se que Ford havia criado uma cultura corporativa baseada na "construção de um império", e nisso foi seguido pelos seus altos executivos; eles lutavam por construir seus próprios impérios e para protegê-los, e jamais admitiriam erros cometidos. Finalmente, o conselho de administração da Ford se deu conta de que era necessário um **profissional** que viesse de fora para mudar a cultura da empresa – e a forma como ela estava sendo controlada –, e então, em 2006, contrataram Alan Mulally, CEO da Boeing, para se tornar o novo CEO da Ford.

Depois de sua chegada, Mulally participou de centenas de reuniões para se encontrar com seus novos diretores, e em uma

O novo CEO da Ford, Alan Mulally (à esquerda), com o ex-CEO, Bill Ford (à direita), que constatou que a companhia precisava de um profissional que viesse de fora para assumir o comando e transformar completamente a cultura insular e de autodefesa da Ford.

delas, ficou confuso e quis saber por que um alto executivo, ao ser questionado por Mulally a respeito do desempenho da divisão pela qual ele mesmo era responsável (obviamente não sabia a resposta para essa pergunta), ficou divagando por vários minutos, tentando disfarçar sua ignorância. O CEO voltou-se para seu vice, Mark Fields, e perguntou-lhe por que aquele diretor havia agido daquela maneira. Fields explicou-lhe que "na Ford você jamais admite quando não sabe algo."[2]

O que acabou acontecendo foi que ao longo dos anos a Ford havia desenvolvido uma hierarquia vertical composta de executivos cujo principal interesse era proteger seus próprios territórios e evitar qualquer acusação direta pela queda vertiginosa nas vendas. Portanto, quando ele perguntou por que as vendas dos veículos da Ford estavam caindo, eles não admitiam problemas de projetos ruins e de qualidade inadequada em suas divisões; pelo contrário, ocultavam os detalhes. Esses diretores traziam para as reuniões grossas pastas e cadernos para anotação, enumerando os preços elevados dos componentes e os altos custos com mão de obra para justificar o porquê das baixas vendas dos modelos de carros sob sua responsabilidade ou até mesmo a razão pela qual esses modelos tiveram que ser vendidos com prejuízo. Mulally queria saber por que os altos executivos da Ford tinham esse modo de pensar destrutivo e voltado para si.

Mulally logo percebeu que o problema eram os valores e normas da cultura da Ford, que haviam criado uma situação que levou os gestores das diferentes divisões e funções a pensarem que a melhor forma de preservar seus empregos, salários e *status* era acumular informações e não dividi-las com os outros. Portanto, para proteger as informações, foram desenvolvidos valores e normas de segredo e ambiguidade, e forte ênfase no *status* e na posição. Apenas o chefe podia convidar um subordinado para almoçar porque, assim, os superiores poderiam obter informações e proteger suas posições. A cultura da Ford permitia que seus gestores escondessem a gravidade dos problemas enfrentados e o péssimo rendimento alcançado. O que Mulally poderia fazer, então?

Ele emitiu uma ordem direta dizendo que os gerentes e diretores de todas as divisões deveriam compartilhar com as demais divisões da Ford um relatório detalhado dos custos de fabricação de cada um dos seus respectivos veículos. Ele insistia que os diretores de cada uma das divisões da Ford deveriam participar de uma reunião semanal – e não mais mensal – para discutir abertamente e compartilhar os problemas que todas as divisões da empresa estavam enfrentando. Dizia também que esses diretores deveriam levar um subordinado diferente a cada uma das reuniões para que todos os gerentes dentro da hierarquia pudessem tomar conhecimento dos problemas que foram mantidos em segredo.[3] Basicamente, o objetivo de Mulally era demolir as normas e os valores inatos – e que não funcionavam bem – na cultura da Ford, que havia feito com que seus gestores dessem atenção aos próprios impérios em detrimento da empresa como um todo. Não seria mais permitido que protegessem as próprias carreiras à custa dos clientes.

O objetivo de Mulally é criar novos valores e normas segundo os quais não haja problema em admitir os erros, dividir informações sobre todos os aspectos de projeto e custos de cada modelo de carro e, obviamente, encontrar maneiras de acelerar o desenvolvimento e reduzir os custos. Ele também quer enfatizar normas de cooperação dentro e entre as divisões, visando aumentar o desempenho. Após sua chegada, Mulally constatou que nenhum modelo tinha nem mesmo os componentes mais básicos em comum, como espelhos laterais ou as articulações que suportam o capô – algo que fazia com que os custos aumentassem. Agora, todos esses tipos de problema devem ser solucionados por meio da abertura e da cooperação entre as divisões.

Como uma situação dessas pôde perdurar em um grande fabricante de automóveis, que sofria uma concorrência cada vez maior desde meados dos anos 1970? A resposta é que as normas e os valores da cultura de uma organização são muito difíceis de mudar, e apesar dos graves problemas da Ford, nenhum CEO havia sido capaz de mudar o modo de pensar dos altos executivos da empresa. A Ford tornou-se inclusive mais hierarquizada e burocrática com o passar do tempo, já que o aumento de seus problemas devido ao baixo desempenho levou seus gestores a ficar ainda mais na defensiva e a se preocupar em defender seus feudos ou impérios. Um profissional vindo de fora, como Mulally, seria bem-sucedido?[4]

Visão geral

Conforme nos sugere esse relato da Ford, as formas com que os administradores decidem controlar o comportamento de seus funcionários podem ter efeitos muito variados no comportamento dos funcionários. Quando os administradores fazem escolhas sobre como influenciar e regular o comportamento e o desempenho de seus funcionários, estabelecem o segundo fundamento da arquitetura organizacional: o controle organizacional. E controle é o ingrediente básico necessário para suscitar e gerenciar a mudança organizacional de forma eficiente e eficaz, como Alan Mulally está tentando fazer na Ford.

Conforme discutido no Capítulo 7, a primeira tarefa enfrentada pelos administradores é estabelecer a estrutura de relações de subordinação de cargos e tarefas para possibilitar aos membros da organização o uso mais eficiente e eficaz dos recursos. Entretanto, a estrutura por si só não dá o incentivo ou a motivação necessários para que as pessoas se comportem de modo a ajudar a organização no cumprimento de seus objetivos. O propósito do controle organizacional é fornecer aos administradores um meio de direcionar e motivar seus subordinados a trabalhar buscando atingir os objetivos da organização, e também de dar a eles *feedback* específico no que diz respeito ao desempenho da organização e de seus membros.

A estrutura organizacional dá a uma organização seu esqueleto, e o controle e a cultura, por sua vez, dão a ela os músculos, tendões, nervos e sensações que permitem aos administradores regular e governar suas atividades. As funções gerenciais de organizar e controlar são inseparáveis, e administradores eficazes têm que aprender a fazê-las funcionar juntas de forma harmoniosa.

No presente capítulo, analisaremos em detalhe a natureza do controle organizacional e descreveremos as etapas do processo de controle. Discutiremos os três tipos de controle usados pelos administradores para controlar e influenciar os membros da organização – o controle de produtividade, o controle de comportamento e o controle de clã (que opera por meio dos valores e das normas da cultura de uma organização).[5] Em seguida, discutiremos a importante questão da mudança organizacional, mudança que é possível apenas quando os administradores implementam um sistema de controle que lhes permite alterar o modo como as pessoas e grupos se comportam. Finalmente, examinaremos o papel dos empreendedores e do empreendedorismo na mudança da forma de operação de uma empresa. No final deste capítulo, você poderá apreciar a rica variedade de sistemas de controle que se encontram à disposição dos administradores e entender por que desenvolver um sistema de controle apropriado é vital para aumentar o desempenho de uma organização e de seus membros.

O que é controle organizacional?

MA1 Definir controle organizacional e identificar os principais controles de produtividade e de comportamento que os administradores usam para coordenar e motivar os funcionários.

Conforme observado no Capítulo 1, *controle* é o processo pelo qual os administradores monitoram e regulam o grau de eficiência e eficácia com que uma organização e seus membros realizam as atividades necessárias para atingir os objetivos da organização. Conforme discutido nos capítulos anteriores, ao planejar e organizar, os administradores criam uma estratégia e uma estrutura organizacionais para que ambas permitam à organização usar os recursos da forma mais eficaz possível para criar valor para os clientes. Ao controlar, os administradores monitoram e avaliam se a estratégia e a estrutura da organização estão funcionando como desejado, e, em caso negativo, também avaliam como poderiam ser aperfeiçoadas e modificadas.

Controle, porém, não significa apenas reagir a eventos depois que eles acontecerem. Também significa manter uma organização em seu rumo, antecipando acontecimentos e então mudar a organização para que se possa responder a quaisquer oportunidades ou ameaças identificadas. Controle significa manter os funcionários motivados, focados nos importantes problemas que uma organização enfrenta e assim trabalharem juntos para realizar as mudanças que irão ajudar uma organização a ter melhor desempenho ao longo do tempo.

A importância do controle organizacional

Para compreender a importância do controle organizacional, observe que esse controle ajuda os administradores a obter melhor eficiência, qualidade, tempo de resposta aos clientes e inovação – justamente os quatro elementos fundamentais da vantagem competitiva.

Para determinar com que eficiência eles estão usando seus recursos, os administradores devem estar aptos a medir precisamente quantas unidades de insumo (matérias-primas, recursos humanos e assim por diante) estão sendo usadas para produzir uma unidade de produto. Os administradores

Um representante de vendas da Ford conversa com um possível comprador. Na indústria automobilística, os administradores precisam controlar não apenas a qualidade de seus produtos, como também a qualidade de atendimento a seus clientes. Para melhorar esse atendimento, a Ford implementou um sistema de controle que consiste em fazer uma pesquisa regular com seus clientes sobre o atendimento dado pelas suas revendas. Se uma revenda tiver muitas reclamações, os gestores da Ford investigam e propõem soluções.

também devem ser capazes de medir quantas unidades de produto (bens e serviços) estão sendo produzidas. Um sistema de controle contém as medidas ou parâmetros que permitem aos administradores avaliar a eficiência da organização na produção de bens e serviços. Além disso, se os administradores experimentarem mudar a maneira pela qual a organização produz bens e serviços para encontrar uma forma mais eficiente de produzi-los, essas medidas dirão a eles qual o nível de sucesso atingido. Por exemplo, quando os administradores da Ford decidiram adotar uma estrutura de equipe de produto para conceber, projetar e fabricar novos modelos de carro, eles usaram métodos como, por exemplo, medir o tempo necessário para projetar um novo carro e economizar nos custos por unidade produzida para avaliar como a nova estrutura havia funcionado em comparação à estrutura antiga. Eles constataram que a nova estrutura havia funcionado melhor. Sem um sistema de controle funcionando, os administradores não têm a mínima ideia de qual está sendo o desempenho de suas organizações e como ele pode ser melhorado – informações que estão se tornando cada vez mais importantes no ambiente altamente competitivo de hoje.

Atualmente, grande parte da concorrência entre as organizações gira em torno de aumentar a qualidade de seus bens e serviços. Na indústria automobilística, por exemplo, carros dentro da mesma faixa de preços competem entre si em termos de características, projeto e confiabilidade. Portanto, a compra de um Ford Taurus, um Grand Prix da GM, um Sebring da Chrysler, um Camry da Toyota ou um Accord da Honda dependerá muito da qualidade de cada produto. O controle organizacional é importante na determinação da qualidade de bens e serviços, pois ele dá aos administradores *feedback* sobre a qualidade dos produtos. Se os administradores de fabricantes de automóveis controlarem o número de reclamações de clientes e o número de carros novos devolvidos para conserto ou se os diretores de escolas medirem quantos alunos deixam a instituição ou como os resultados em avaliações nacionais variam ao longo do tempo, eles terão um bom indicador do nível de qualidade inerente de seus produtos – seja ele um aluno ou um carro que não quebra. Os administradores eficazes criam um sistema de controle que monitora consistentemente a qualidade dos bens e serviços para que possam continuamente melhorar a qualidade – uma abordagem à mudança que lhes dá vantagem competitiva.

Os administradores também podem tornar suas organizações mais rápidas nas respostas a seus clientes se desenvolverem um sistema de controle que lhes permita avaliar como os funcionários que mantêm contato com o público estão desempenhando suas funções. Monitorar o comportamento dos funcionários pode ajudar os administradores a encontrar maneiras de aumentar os níveis de desempenho dos funcionários, talvez revelando áreas nas quais um treinamento poderá ajudar ou encontrando novos procedimentos que permitam a eles ter um melhor desempenho em suas funções. Quando os funcionários sabem que estão sendo monitorados, talvez sintam-se também mais incentivados a serem úteis e consistentes no trato com seus clientes. Para melhorar o atendimento ao cliente, por exemplo, a Ford faz pesquisas regulares com seus clientes sobre o atendimento em revendas da Ford. Se uma revenda tiver muitas reclamações de clientes, os gestores da Ford a investigam para descobrir as origens dos problemas e propõem soluções. Se necessário, podem até ameaçar reduzir o número de carros que uma determinada revenda recebe para forçá-la a melhorar a qualidade de seu atendimento ao cliente.

Finalmente, o controle pode aumentar o nível da inovação em uma organização. Ocorre inovação bem-sucedida quando os administradores criam um ambiente organizacional onde os funcionários sentem que há uma maior autonomia para empregarem sua criatividade e onde a autoridade é descentralizada para que os funcionários se sintam livres para experimentar e correr riscos. Decidir sobre os sistemas de controle apropriados para encorajar a atitude de correr riscos é um

Capítulo 8 Controle, mudança e empreendedorismo

importante desafio gerencial; a cultura organizacional (discutida mais à frente neste capítulo) se torna importante em relação a esse aspecto. Para encorajar as equipes de produto na Ford a ter um alto desempenho, os altos executivos monitoraram o desempenho de cada equipe separadamente – examinando, por exemplo, como cada uma reduziu custos ou aumentou a qualidade – e usaram um sistema de bônus relacionado com o desempenho para pagar cada equipe. O gerente da equipe de produto avaliou então o desempenho de cada membro da equipe, e os funcionários mais inovadores foram promovidos e receberam recompensas de acordo com o desempenho apresentado.

Sistemas de controle e TI

sistemas de controle
Sistemas formais de estabelecimento de metas, monitoramento, avaliação e *feedback* que dão aos administradores informações sobre como estão funcionando a estratégia e a estrutura de uma organização.

Sistemas de controle são sistemas formais de estabelecimento de metas, monitoramento, avaliação e *feedback* que dão aos administradores informações sobre o funcionamento da estratégia e da estrutura de uma organização – ou seja, se estão ou não funcionando de forma eficiente e eficaz.[6] Sistemas de controle eficazes alertam os administradores quando algo está dando errado e dão a eles tempo para responder a oportunidades e ameaças. Um sistema de controle eficaz tem três características: é suficientemente flexível para permitir aos administradores responder a eventos inesperados conforme necessário; fornece informações precisas dando aos administradores um quadro real do desempenho da organização; e dá aos administradores informações em tempo hábil, pois tomar decisões com base em informações defasadas é a fórmula para o insucesso.

Dispositivos de escaneamento, como esse mostrado na foto, estão se tornando comuns em todos os tipos de processos de trabalho, à medida que mais empresas requerem informações em tempo real sobre seus produtos e clientes.

Novas formas de TI revolucionaram os sistemas de controle porque facilitaram o fluxo de informações precisas e oportunas, seja subindo ou descendo na hierarquia organizacional ou entre funções e divisões. Hoje em dia, funcionários de todos os níveis da organização alimentam rotineiramente informações na rede ou sistema de informações da empresa e dão início à cadeia de eventos que afetam a tomada de decisão em alguma outra parte da organização. Exemplo disso poderia ser o caixa de uma loja de departamentos, que ao escanear o código de barras de uma peça de roupa adquirida informa aos gerentes de *merchandise* quais tipos de roupas precisam ser comprados para reabastecer o estoque, ou um vendedor em campo que alimenta um *laptop* sem fio com informações sobre mudanças nas necessidades dos clientes ou sobre problemas com eles.

controle antecipatório
Controle que permite aos administradores anteciparem problemas antes de eles surgirem.

Os sistemas de controle e informação são desenvolvidos para medir o desempenho em cada estágio do processo de transformação de insumos em serviços e bens acabados (ver Figura 8.1). No estágio de insumos, os administradores usam **controle antecipatório** para antecipar problemas antes que eles

Figura 8.1
Três tipos de controle.

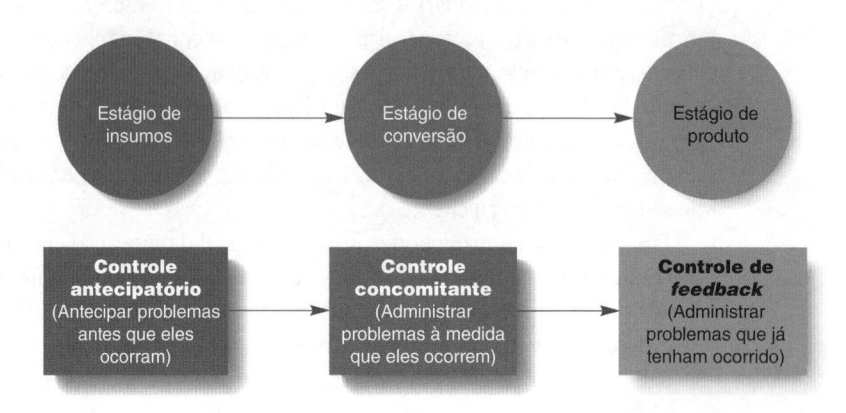

Estágio de insumos → Estágio de conversão → Estágio de produto

Controle antecipatório
(Antecipar problemas antes que eles ocorram)

Controle concomitante
(Administrar problemas à medida que eles ocorrem)

Controle de feedback
(Administrar problemas que já tenham ocorrido)

aconteçam a fim de que não ocorram posteriormente, durante o processo de conversão.[7] Por exemplo, ao fornecer com antecedência especificações de produto rigorosas a seus fornecedores (uma forma de meta de desempenho), uma organização será capaz de controlar a qualidade dos insumos que recebe de seus fornecedores e, portanto, evitar possíveis problemas durante o processo de conversão. Também se pode usar a TI para manter contato com os fornecedores e monitorar seu progresso. Da mesma forma, ao triar candidatos a uma vaga, normalmente lendo seus currículos eletronicamente e usando várias entrevistas para selecionar os mais qualificados, os gestores podem diminuir a chance de contratar pessoas que não possuem as qualificações ou experiência necessárias para desempenhar uma função de maneira eficaz. Em geral, o desenvolvimento de sistemas de gestão da informação promove controle antecipatório que dá aos administradores informações oportunas sobre mudanças nos ambientes gerais e de tarefas, o que, mais tarde, pode causar impacto em suas organizações. Administradores eficazes sempre monitoram tendências e mudanças no ambiente externo, tentando antecipar problemas. (Discutiremos detalhadamente os sistemas de gestão da informação no Capítulo 13.)

No estágio de conversão, o controle concomitante dá aos administradores *feedback* imediato sobre a eficiência com que os insumos estão sendo transformados em produtos para que os administradores possam corrigir problemas à medida que estes forem surgindo. O **controle concomitante** por meio de TI alerta os administradores para a necessidade de reagir rapidamente a seja lá qual for a origem do problema: um lote defeituoso de insumos, uma máquina fora de alinhamento ou um operário que não possui as qualificações necessárias para realizar uma tarefa de maneira eficiente. O controle concomitante se encontra no cerne de programas para melhoria da qualidade, e se espera que a partir desse controle, os trabalhadores monitorem constantemente a qualidade dos bens ou serviços que fornecem em cada etapa do processo de produção e informem aos administradores tão logo descubram problemas. Por exemplo, um dos pontos fortes do sistema de produção da Toyota é o fato de ser concedida autoridade aos operários para pressionar um botão e parar a linha de montagem toda vez que descobrirem um problema de qualidade. Quando todos os problemas tiverem sido corrigidos, o resultado é um produto acabado muito mais confiável.

No estágio de produto, os administradores usam o **controle de** *feedback* para fornecer informações sobre as reações dos clientes aos bens e serviços de modo que possam ser tomadas medidas corretivas, caso seja necessário. Por exemplo, um sistema de controle de *feedback* que monitora o número de devoluções feitas por clientes alerta os administradores quando estão sendo fabricados produtos com defeito, e um sistema de gestão da informação que mede aumentos ou diminuições nas vendas relativas de diferentes produtos alerta os administradores para mudanças nas preferências dos clientes, e assim os administradores podem aumentar ou diminuir a produção de determinados produtos.

O processo de controle

O processo de controle, seja no estágio de insumos, conversão ou produto, pode ser subdividido em quatro etapas: estabelecer padrões de desempenho e, depois disso, medir, comparar e avaliar o desempenho real (ver Figura 8.2).[8]

controle concomitante
Controle que dá aos administradores *feedback* imediato sobre a eficiência com que os insumos estão sendo transformados em produtos, para que eles possam corrigir os problemas à medida que estes ocorrem.

controle de *feedback*
Controle que dá aos administradores informações sobre as reações dos clientes aos bens e serviços para que possam ser tomadas medidas corretivas, caso seja necessário.

Figura 8.2
As quatro etapas do controle organizacional.

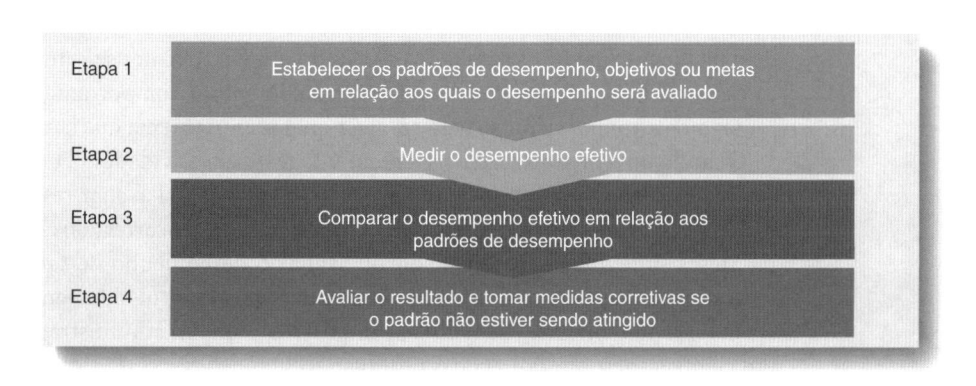

Etapa 1	Estabelecer os padrões de desempenho, objetivos ou metas em relação aos quais o desempenho será avaliado
Etapa 2	Medir o desempenho efetivo
Etapa 3	Comparar o desempenho efetivo em relação aos padrões de desempenho
Etapa 4	Avaliar o resultado e tomar medidas corretivas se o padrão não estiver sendo atingido

- Etapa 1: *Estabelecer os padrões de desempenho, objetivos ou metas em relação aos quais o desempenho será avaliado.*

Na etapa 1 do processo de controle, os administradores decidem quais serão os padrões de desempenho, os objetivos ou metas usados no futuro para avaliar o desempenho de toda a organização ou parte dela (como uma divisão, uma função ou um indivíduo). Os padrões de desempenho que os administradores selecionam medem a eficiência, a qualidade, o tempo de resposta aos clientes e a inovação.[9] Se os administradores decidirem, por exemplo, seguir uma estratégia de baixo custo, então precisarão medir a eficiência em todos os níveis da organização.

No nível corporativo, um padrão de desempenho que mede a eficiência são os custos operacionais, ou seja, os custos efetivos associados à produção de bens e serviços, inclusive todos os custos com mão de obra. Os altos executivos poderiam estabelecer, por exemplo, um objetivo corporativo de "reduzir em 10% os custos operacionais nos próximos três anos" para aumentar a eficiência. Os diretores corporativos poderiam então avaliar os gerentes de divisão em termos de sua capacidade de reduzir os custos operacionais dentro de suas respectivas divisões e, por sua vez, os gerentes de divisão poderiam estabelecer metas de cortes dos custos para os gerentes funcionais. Portanto, os padrões de desempenho escolhidos em um nível afetam aqueles dos demais níveis e, em última instância, o desempenho de cada gestor é avaliado em termos de sua capacidade de reduzir custos. Por exemplo, em 2001, a agonizante Xerox Corp. nomeou Anne Mulcahy como CEO e deu a ela a desafiadora tarefa de mudar a sorte da empresa. Ela foi escolhida, pois há 25 anos era conhecida como uma pessoa que havia sido muito bem-sucedida na redução de custos e no aumento da eficiência na divisão de mercados gerais da Xerox.[10] Em 2004, Mulcahy havia sido bem-sucedida; a Xerox começou novamente a ter lucros, já que passou a ser capaz de fabricar os produtos que os clientes desejavam. Assim, em 2007, a Xerox reassumiu a liderança do setor.

O número de padrões de desempenho que os gestores de uma organização usam para avaliar eficiência, qualidade e assim por diante, pode chegar a milhares ou centenas de milhares. Os gestores de cada nível são responsáveis por escolher os padrões mais adequados para avaliar o desempenho da parte da organização sob seu comando.[11] Os gestores devem ser cuidadosos ao escolher os padrões que permitirão a eles avaliar o desempenho em relação a todos os quatro elementos fundamentais da vantagem competitiva. Se os administradores se concentrarem em apenas um deles (a eficiência, por exemplo) e ignorarem os demais (como determinar o que os clientes realmente querem e inovar por meio de uma nova linha de produtos que os satisfaça), podem acabar prejudicando o desempenho de suas organizações.

- Etapa 2: *Medir o desempenho efetivo.*

Após os administradores decidirem quais padrões ou metas usarão para avaliar o desempenho, a próxima etapa no processo de controle é medir o desempenho efetivo. Na prática, eles podem medir ou avaliar duas coisas: (1) o *resultado* efetivo resultante do comportamento de seus membros e (2) os *comportamentos* em si (daí os termos *controle de resultados* e *controle de comportamento* usados neste capítulo).[12]

Certas vezes, tanto os resultados quanto os comportamentos podem ser medidos facilmente. Por exemplo, medir resultados e avaliar comportamento é relativamente fácil em um *fast-food*, pois os funcionários estão realizando tarefas rotineiras. Os administradores de um *fast-food* podem facilmente medir os resultados contando quantos clientes seus funcionários servem e quanto esses clientes gastam. Podem observar facilmente o comportamento de cada funcionário e rapidamente tomar medidas para resolver qualquer problema que surja.

Quando uma organização e seus membros realizam atividades não rotineiras e complexas que são intrinsecamente difíceis de medir, é muito mais difícil avaliar resultados ou comportamento.[13] É complicado, por exemplo, para administradores encarregados de departamentos de P&D na Merck, Intel ou Microsoft medir ou avaliar o desempenho de cada indivíduo porque pode levar de 5 a 10 anos para determinar se os novos produtos que os cientistas estão desenvolvendo serão lucrativos ou não. Além disso, é impossível para um administrador medir a criatividade de um cientista-pesquisador apenas observando suas ações.

Em geral, quanto mais não rotineiras ou complexas forem as atividades organizacionais, mais difícil é para os administradores medir resultados ou comportamentos.[14] Resultados, porém, normalmente são mais fáceis de medir que comportamentos, pois eles são mais tangíveis e objetivos. Portanto, o primeiro tipo de medidas de desempenho que os administradores tendem a usar são aquelas que medem resultados. Em seguida, os administradores criam medidas ou padrões de desempenho que permitem a eles avaliar comportamentos para determinar se os funcionários de todos os níveis estão trabalhando ou não para atingir os objetivos da organização. Algumas medidas de comportamento simples são: (1) os funcionários chegam pontualmente ao trabalho? e (2) os funcionários seguem de maneira consistente as regras estabelecidas para cumprimentar e atender os clientes?

Cada tipo de controle de produtividade e de comportamento e a maneira como ele é usado nos diferentes níveis organizacionais – corporativo, divisional, funcional e individual – é discutido detalhadamente a seguir.

- Etapa 3: *Comparar o desempenho efetivo em relação a padrões de desempenho escolhidos.*

Durante a etapa 3, os administradores avaliam se – e em que nível – o desempenho desvia-se ou não dos padrões de desempenho escolhidos na etapa 1. Se o desempenho for maior do que o esperado, pode ser que os administradores cheguem à conclusão de que estabeleceram padrões de desempenho muito baixos, e podem então aumentá-los no próximo período, criando um desafio para seus subordinados.[15] Os administradores de empresas japonesas são bastante conhecidos pela maneira como tentam melhorar o desempenho em ambientes fabris elevando constantemente os padrões de desempenho para motivar administradores e trabalhadores a encontrar novas maneias de reduzir custos ou aumentar a qualidade.

Entretanto, se o desempenho foi muito baixo e os padrões não foram atingidos ou se os padrões estabelecidos foram tão elevados que os funcionários não conseguiram atingi-los, os administradores precisam decidir se devem ou não tomar medidas corretivas.[16] É mais fácil corrigir quando as razões pelo baixo desempenho podem ser identificadas – por exemplo, custos elevados com mão de obra. Para reduzir custos, os administradores podem buscar fornecedores de insumos de baixo custo no exterior, investir mais em tecnologia ou implementar equipes multifuncionais de modo geral. Entretanto, as razões para o baixo desempenho geralmente são difíceis de se identificar. Mudanças no ambiente, como o surgimento de um novo concorrente global, uma recessão ou um aumento nas taxas de juros podem ser a origem do problema. Dentro de uma organização, talvez a função de P&D tenha subestimado os problemas que iria encontrar no desenvolvimento de um novo produto ou os custos extras de realizar pesquisa não prevista. Se os administradores tiverem que tomar qualquer tipo de medida corretiva, a etapa 4 se faz necessária.

- Etapa 4: *Avaliar o resultado e dar início a medidas corretivas (isto é, fazer mudanças) caso o padrão não esteja sendo atingido.*

A etapa final no processo de controle é avaliar os resultados e promover mudanças conforme a necessidade. Independentemente de se atingirem ou não os padrões de desempenho, os administradores podem aprender muito durante essa etapa. Se os administradores decidirem que o nível de desempenho é inaceitável, devem tentar mudar a forma como as atividades de trabalho são realizadas para resolver o problema. Algumas vezes, ocorrem problemas de desempenho porque o padrão de trabalho era muito elevado – por exemplo, uma meta de vendas era muito otimista e impossível de se atingir. Nesse caso, adotar padrões mais realistas pode reduzir a diferença entre o desempenho efetivo e o desempenho desejado.

Entretanto, se os administradores determinarem que algo na situação está causando o problema, então para aumentar o desempenho eles precisarão mudar a forma como os recursos são utilizados.[17] Talvez a tecnologia mais recente não esteja sendo usada; talvez os trabalhadores não possuam o treinamento avançado necessário para ter um desempenho de alto nível; da mesma forma, pode ser que a organização precise comprar seus insumos ou montar seus produtos no exterior para concorrer com rivais adeptos do baixo custo; talvez seja preciso se reestruturar ou implementar reengenharia nos seus processos de trabalho para aumentar a eficiência.

O exemplo mais simples de um sistema de controle é o termostato em uma casa. Ao regular o termostato, você estabelece o padrão de desempenho em relação ao qual a temperatura real deve ser comparada. O termostato contém um dispositivo sensível de monitoramento, que mede a temperatura em relação à temperatura desejada. Toda vez que existir uma diferença entre elas, o aquecedor ou o ar-condicionado é ativado para trazer a temperatura de volta ao padrão. Em outras palavras, dá-se início a medidas corretivas. Esse é um sistema de controle simples, já que é completamente autônomo, e a meta (temperatura) é fácil de medir.

Estabelecer metas e desenhar sistemas de medição é muito mais difícil para os administradores, pois o alto nível de incerteza em um ambiente organizacional faz com que eles raramente saibam o que poderia acontecer. Portanto, é essencial que os administradores projetem sistemas de controle para alertá-los de possíveis problemas, a fim de que sejam tratados antes de se tornarem uma ameaça. Outra questão é que os administradores não estão apenas preocupados em elevar o desempenho da organização para atingir um padrão predeterminado; eles querem elevar o padrão, para encorajar os funcionários de todos os níveis a encontrar novas maneiras de aumentar o desempenho.

Nas próximas seções, abordaremos os três tipos de controle mais importantes que os administradores usam para coordenar e motivar os funcionários de modo a garantir que eles busquem níveis superiores de eficiência, qualidade, inovação e tempo de resposta aos clientes: controle de produtividade, controle de comportamento e cultura organizacional ou controle de clã (ver Figura 8.3). Os administradores usam os três para governar e regular atividades organizacionais, não importando qual estrutura específica esteja sendo usada.

Figura 8.3
Três sistemas de controle organizacional.

Tipo de controle	Mecanismos de controle
Controle de produtividade	Objetivos organizacionais Índices financeiros como medida de desempenho Orçamentos operacionais
Controle de Comportamento	Supervisão direta Administração por objetivos Regras e procedimentos operacionais padronizados
Controle de cultura organizacional/de clã	Valores Normas Socialização

Controle de resultados

Todos os administradores desenvolvem um sistema de controle de produtividade para suas organizações. Primeiramente, eles escolhem os objetivos ou padrões de desempenho ou metas de produtividade que, assim acreditam, melhor medirão a eficiência, a qualidade, a inovação e o tempo de resposta aos clientes. Em seguida, medem o desempenho para verificar se os objetivos e padrões de desempenho estão sendo atingidos nos níveis corporativo, divisional ou funcional e individual da organização. Os três principais mecanismos que os administradores usam para avaliar o desempenho são objetivos da organização, índices financeiros e orçamentos operacionais.

Índices financeiros como medida de desempenho

Os altos executivos estão mais preocupados com o desempenho geral da organização e usam diversos índices financeiros para avaliar o desempenho. Os mais comuns são: índices de lucratividade, índices de liquidez, índices de endividamento e índices de atividade. Eles são discutidos aqui e sintetizados na Tabela 8.1.[18]

Tabela 8.1

Quatro índices financeiros como medida de desempenho.

Índices	Fórmula	Descrição
Índices de lucratividade		
Retorno sobre o investimento	$= \dfrac{\text{lucro líquido antes dos impostos}}{\text{ativo total}}$	Mede com que eficiência os administradores estão usando os recursos de uma organização para gerar lucros.
Margem de lucro bruta	$= \dfrac{\text{receita de vendas} - \text{custo de bens vendidos}}{\text{receita de vendas}}$	A diferença entre as receitas geradas por um produto e os recursos usados para produzi-lo.
Índices de liquidez		
Índice corrente	$= \dfrac{\text{ativo circulante}}{\text{passivo circulante}}$	Os administradores têm recursos disponíveis para liquidar o exigível a curto prazo?
Índice de liquidez seca	$= \dfrac{\text{ativo circulante} - \text{estoques}}{\text{passivo circulante}}$	Os administradores têm condições de liquidar o exigível a curto prazo sem vender estoque?
Índices de endividamento		
Índice dívida/patrimônio	$= \dfrac{\text{total de dívidas}}{\text{ativo total}}$	Em que medida os administradores usaram empréstimos para financiar investimentos?
Índices de cobertura de juros	$= \dfrac{\text{lucro antes de juros e impostos}}{\text{total de encargos com juros}}$	Mede até que ponto os lucros podem cair até os administradores não terem mais condições de pagar as taxas de juros. Se o índice cair para menos do que 1, a organização se encontra tecnicamente insolvente.
Índices de atividade		
Giro de estoques	$= \dfrac{\text{custo dos bens vendidos}}{\text{estoque}}$	Mede com que eficiência os administradores estão girando seus estoques, para que não mantenham estoque em excesso.
Vendas diárias pendentes	$= \dfrac{\text{contas correntes a receber}}{\text{vendas no período dividido pelos dias no período}}$	Mede com que eficiência os administradores estão cobrando os clientes para pagar suas despesas.

- Os índices de lucratividade medem com que eficiência os administradores estão usando os recursos de uma organização para gerar lucros. O *retorno sobre o investimento* (ROI, *Return Over Ivestments*), o lucro líquido de uma organização antes dos impostos dividido pelo total de seus ativos, é a medida de desempenho financeiro geralmente usada, pois permite que os administradores de uma organização comparem o seu desempenho com aquele de outras organizações. O ROI permite aos administradores avaliar a vantagem competitiva de uma organização. *Margem de lucro bruta* é a diferença entre a receita gerada por um produto e os recursos usados para produzi-lo. Essa medida dá aos administradores informações como, por exemplo, o grau de eficiência com que uma organização utiliza seus recursos e qual o nível de atratividade do produto para os clientes. Também permite aos administradores avaliar com que grau de eficiência uma organização está criando vantagem competitiva.
- Os índices de liquidez medem o grau de sucesso com que os administradores protegeram os recursos da organização para poder atender as obrigações de curto prazo. O índice de liquidez corrente (ativo circulante dividido pelo passivo circulante) informa aos administradores se eles têm ou não recursos disponíveis para liquidar o exigível a curto prazo. O *índice de liquidez seca* informa se eles podem ou não pagar esse exigível sem vender estoque.

- Os índices de endividamento, como o índice dívida/patrimônio e índices de cobertura de juros, medem até que ponto os administradores usam dívidas (pedem dinheiro emprestado) ou patrimônio (emitem novas ações) para financiar operações correntes. Uma organização está muito endividada se ela usar mais dívida do que seu patrimônio, e a dívida pode ser muito arriscada quando os lucros não forem suficientes para cobrir as taxas de juros.
- Os índices de atividade fornecem medidas da eficiência com que os administradores estão criando valor a partir dos ativos da organização. O *giro de estoques* mede como os administradores estão girando seus estoques de modo a não manter excessos. As *vendas diárias pendentes* fornecem informações sobre a eficiência com que os administradores estão cobrando dos clientes para pagar as despesas.

A objetividade dos índices financeiros como medida de desempenho explica por que tantos administradores os utilizam na avaliação da eficiência e da eficácia de suas organizações. Quando uma organização deixa de atender a padrões de desempenho, como metas de preço de ações, de receitas ou ROI, os administradores sabem que precisam tomar medidas corretivas. Portanto, os controles financeiros dizem aos administradores quando seria necessária uma reorganização corporativa, quando eles deveriam vender divisões e sair de certos negócios ou quando deveriam repensar suas estratégias corporativas.[19] Hoje em dia, os controles financeiros estão sendo ensinados para todos os funcionários de uma organização, como descreve a seguir o quadro "*Insight* administrativo".

INSIGHT ADMINISTRATIVO

Fazendo as cifras ressuscitarem

Talvez você imagine que o controle financeiro seja de competência exclusiva dos altos executivos e que os funcionários de nível hierárquico mais baixo dentro da organização não precisam se preocupar com as cifras ou como suas atividades específicas afetam essas cifras. Entretanto, alguns altos executivos fazem questão de mostrar aos funcionários exatamente como suas atividades afetam os índices financeiros,

Michael Dell se prepara para assumir uma posição no *call center* da Dell nos Estados Unidos. A ênfase da Dell na produtividade em todos os níveis significa que ele não hesita em ocupar por um dia um cargo de nível baixo – tanto para aprender o que seus funcionários enfrentam como também para melhor orientá-los.

e fazem isso porque as atividades dos funcionários afetam diretamente os custos de uma empresa e suas receitas de vendas. Um desses administradores é Michael Dell.

Dell se esforça ao máximo para convencer seus funcionários de que eles precisam controlar cada centavo gasto na fabricação dos PCs que tornaram sua empresa tão próspera, assim como dizer cada uma das palavras ou fazer todo telefonema ou visita necessários para vendê-los ou repará-los. Dell acredita que todos os seus diretores e gerentes precisam ter prontamente em mãos informações detalhadas sobre a estrutura de custos da Dell, inclusive custos de montagem, de venda e de pós-venda, de modo a "espremer" cada centavo dos custos operacionais. E um bom motivo para isso é que Dell dá muita ênfase para o índice financeiro, margem operacional para medir o desempenho de sua empresa. Ele não se importa em saber qual é o crescimento das vendas ou dos lucros isoladamente; quer saber como esses dois números operam conjuntamente, pois apenas se os lucros estiverem crescendo mais rapidamente do que as vendas a empresa estará aumentando sua lucratividade a longo prazo e operando de modo eficiente e eficaz.

Portanto, ele insiste para que seus gestores busquem todas as formas possíveis para reduzir custos ou deixar os clientes mais satisfeitos e para que depois ajudem os funcionários a aprender os novos procedimentos com a finalidade de atingir esses objetivos. No centro de treinamento da Dell para novos funcionários, em Austin (Texas), ele se tornou conhecido por levar gráficos financeiros que mostravam aos funcionários como cada minuto gasto na realização de uma determinada atividade ou como cada erro cometido na montagem ou na embalagem de um PC afeta a rentabilidade final da empresa. Neste milênio, os constantes esforços de Dell para cortar custos e, ao mesmo tempo, conquistar a fidelidade do cliente deram grande impulso à eficiência e às margens operacionais; a Dell é muito mais eficiente do que a HP ou a Gateway. Entretanto, essas empresas passaram a aplicar os princípios da Dell e a diminuir a diferença de desempenho em relação a ela. Nos anos 2000, todos os tipos de empresas passaram a iniciar suas atividades de treinamento ensinando aos funcionários de todos os níveis como as atividades específicas de cada cargo e a maneira de operar de suas funções afetam os índices financeiros usados para avaliar o desempenho de uma organização.

Embora as informações financeiras sejam um importante controle de resultados, elas sozinhas não dão aos administradores todas as informações necessárias sobre os quatro elementos fundamentais da vantagem competitiva. Os resultados financeiros informam aos administradores os resultados de decisões que eles já tomaram; tais resultados não mostram como encontrar novas oportunidades para criar vantagem competitiva no futuro. Para encorajar uma visão voltada para o futuro, os altos executivos devem estabelecer objetivos da organização que encorajem os gerentes intermediários e de primeira linha a atingir níveis superiores de eficiência, qualidade, inovação e tempo de resposta aos clientes.

Objetivos da organização

Quando os altos executivos consultam gestores hierarquicamente inferiores e definem os objetivos gerais de uma organização, eles estabelecem padrões de desempenho para as divisões e funções. Esses padrões especificam aos gerentes funcionais e de divisão qual deve ser o nível de desempenho de suas unidades caso a organização queira atingir seus objetivos gerais.[20] Cada divisão recebe um conjunto de objetivos específicos a serem atingidos (ver Figura 8.4). Por exemplo, na General Electric, o objetivo de cada divisão é ser a primeira ou segunda em lucros de seu setor. Os gerentes de divisão criam, então, uma estratégia de negócios (baseada em atingir níveis superiores de eficiência ou inovação) na expectativa de que ela os ajude a atingir esse objetivo.[21] Consultando seus gerentes funcionais, eles especificam os objetivos que os gerentes das diversas funções precisam atingir para que a divisão atinja suas metas. Por exemplo, os gerentes de vendas poderiam ser avaliados por sua capacidade de aumentar as vendas; os gerentes de administração de materiais, por sua capacidade de aumentar a qualidade dos insumos ou diminuir os custos; os gerentes de P&D, pelo número de produtos inovadores ou de patentes obtidas. Por sua vez, os gerentes funcionais estabelecem objetivos que os gerentes de primeira linha e os funcionários sem responsabilidade gerencial precisam atingir para possibilitar que a função atinja seus objetivos.

O controle de resultados é usado em todos os níveis da organização e é vital que os objetivos estabelecidos em cada nível estejam em harmonia com os objetivos estabelecidos nos demais níveis, para que os gestores e os outros funcionários da organização trabalhem juntos para alcançar as metas corporativas que os altos executivos haviam estabelecido.[22] Também é importante que os objetivos sejam definidos apropriadamente de modo que os gerentes estejam motivados para atingi-los. Se forem estabelecidos objetivos em um nível muito elevado e praticamente impossível de ser alcançado, pode ser que os gerentes trabalhem apenas de uma forma pouco comprometida na tentativa de alcançá-los, pois têm certeza de que não conseguirão. Por outro lado, se

Figura 8.4
Estabelecimento de objetivos para toda a organização.

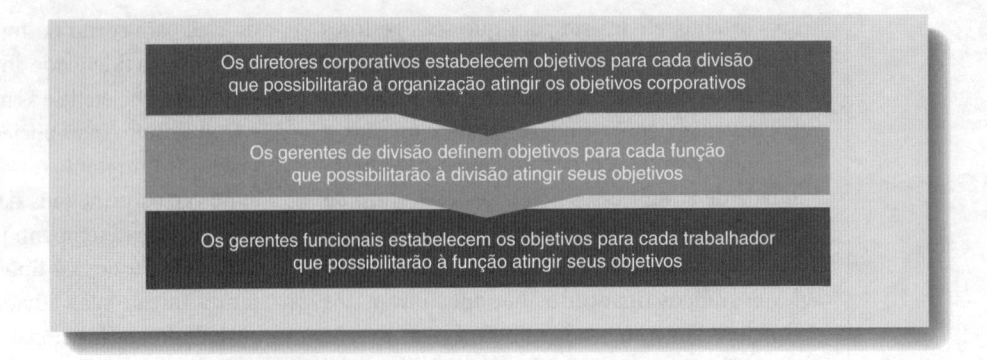

> Os diretores corporativos estabelecem objetivos para cada divisão que possibilitarão à organização atingir os objetivos corporativos

> Os gerentes de divisão definem objetivos para cada função que possibilitarão à divisão atingir seus objetivos

> Os gerentes funcionais estabelecem os objetivos para cada trabalhador que possibilitarão à função atingir seus objetivos

o nível dos objetivos estabelecidos for tão baixo a ponto de ser muito fácil atingi-los, os gerentes não ficarão motivados para usar todos os recursos da forma mais eficiente e eficaz possível. Pesquisas sugerem que os melhores objetivos são aqueles *específicos e difíceis* – objetivos que criam desafios e exigem o máximo da capacidade dos gestores, mas que não estão fora do alcance e não exigem um consumo altíssimo de tempo e energia dos gestores. Tais objetivos são normalmente denominados *objetivos elásticos*.

Decidir o que é um objetivo específico e difícil é uma habilidade que os administradores devem desenvolver. Com base no próprio discernimento e experiência profissional, gestores de todos os níveis devem avaliar a dificuldade de uma certa tarefa e também avaliar a capacidade de um determinado gerente subordinado atingir o objetivo. Se fizerem isso com sucesso, os objetivos desafiadores inter-relacionados – objetivos que reforçam uns aos outros e ao mesmo tempo se concentram em atingir as metas corporativas gerais – energizarão a organização.

Orçamentos operacionais

Uma vez que for dado aos gerentes de cada nível um objetivo ou meta a ser atingido, a próxima etapa no desenvolvimento de um sistema de controle de produtividade é estabelecer orçamentos operacionais que regulem como os gestores e trabalhadores poderão alcançar seus objetivos. O **orçamento operacional** é um plano de trabalho que declara como os administradores pretendem usar, de maneira eficiente, os recursos organizacionais para atingir os objetivos da organização. Geralmente, os gestores de um determinado nível alocam aos gestores subordinados um volume específico de recursos que podem ser usados para produzir bens e serviços. Uma vez que lhes tenha sido dado um orçamento, esses gestores de nível hierárquico inferior devem decidir como alocar dinheiro para as diferentes atividades organizacionais. Posteriormente, eles serão avaliados pela sua capacidade de manter-se dentro do orçamento previsto e de fazer o melhor uso possível dos recursos disponíveis. Os gerentes da divisão de lavadoras da GE (hipoteticamente) poderiam ter um orçamento de US$ 50 milhões para gastar no desenvolvimento e na comercialização de uma nova linha de máquinas de lavar roupa. Nesse caso, teriam que decidir quanto dinheiro alocar para as várias funções, como P&D, engenharia e vendas, de modo que a divisão gere o máximo em receitas e obtenha o maior lucro possível.

Grandes organizações normalmente tratam cada divisão como um centro de responsabilidade único ou independente. Os diretores corporativos avaliam então a contribuição de cada divisão para o desempenho de toda a organização. Pode ser que seja alocado aos gerentes de uma divisão um orçamento fixo para recursos e estes sejam avaliados pela quantidade de bens ou serviços que foram capazes de produzir (esta é uma abordagem de orçamento com base em *custos* ou *despesas*). Talvez seja solicitado aos gestores que maximizem as receitas geradas pela venda de bens e serviços produzidos (uma abordagem de orçamento fundamentada em *receitas*). Ou então eles podem ser avaliados pela diferença entre receitas geradas pela venda de bens e serviços e o custo orçado para produzi-los (uma abordagem de orçamento com base em *lucros*).

orçamento operacional
Um orçamento que declara como os administradores pretendem usar recursos organizacionais para atingir os objetivos da organização.

Nesse contexto, é instrutivo o emprego de orçamentos operacionais e objetivos desafiadores por parte das empresas japonesas, a fim de aumentar a eficiência.

Em suma, três componentes – índices financeiros objetivos, padrões de desempenho/objetivos desafiadores e orçamentos operacionais apropriados – são a essência do controle de resultados eficaz. A maioria das organizações desenvolve sofisticados sistemas de controle para possibilitar que administradores de todos os níveis tenham um quadro preciso da organização, e possam agir rapidamente e tomar as medidas corretivas necessárias.[23] O controle é uma parte essencial da administração.

Problemas com o controle de resultados

Ao elaborar um sistema de controle de resultados, os administradores devem tomar cuidado para evitar certas armadilhas. Por exemplo, eles têm de ter certeza de que os padrões de desempenho por eles criados realmente estão motivando os administradores de todos os níveis, e não fazendo com que eles se comportem de formas inapropriadas para atingir os objetivos da organização.

Suponha que os altos executivos atribuam aos gerentes de divisão o objetivo de dobrar os lucros num período de três anos. Esse objetivo parece desafiador e atingível quando tiver a concordância de todos e, nos primeiros dois anos, os lucros sobem 70%. No terceiro ano, entretanto, instala-se uma recessão econômica e as vendas despencam. Os gerentes de divisão acham cada vez mais difícil conseguir o objetivo de lucros. O insucesso significará a perda de bônus monetário substancial atrelado à concretização do objetivo. Como esses administradores se comportariam para tentar preservar seus bônus?

Uma linha de ação que eles poderiam adotar é encontrar maneiras de reduzir custos, já que o lucro pode ser aumentado elevando-se as receitas ou reduzindo-se os custos. Portanto, os gerentes de divisão poderiam reduzir dispendiosas atividades de pesquisa e desenvolvimento, adiar a manutenção de maquinário, reduzir os gastos com *marketing* e despedir gerentes intermediários e trabalhadores visando reduzir custos, de modo que no final do ano eles consigam atingir sua meta de dobrar os lucros e receber bônus. Essa tática poderia ajudá-los a atingir um objetivo de curto prazo – dobrar os lucros –, mas tais ações poderiam prejudicar a lucratividade a longo prazo ou o ROI (pois um corte em P&D poderia reduzir a taxa de inovação dos produtos, um corte no *marketing* poderia levar à perda de clientes, e assim por diante).

Problemas dessa sorte ocorreram na Gillette (hoje de propriedade da Procter & Gamble). James Kilts, CEO da Gillete na época, atribuiu grande parte dos problemas da Gillette aos objetivos demasiadamente ambiciosos de vendas e lucros que seu antecessor havia estabelecido para os gerentes de suas divisões (lâminas de barbear e artigos de toalete, eletrodomésticos Braun e baterias Duracell). Para atingir essas ambiciosas metas de vendas, os gerentes de divisão haviam cortado investimentos em propaganda e abarrotado os estoques, na esperança de vendê-los rapidamente e gerar grandes receitas. Entretanto, o tiro saiu pela culatra quando a demanda dos clientes caiu e ocorreu uma recessão.

Kilts observou que os gerentes da Gillette não estavam focados na maneira correta de reduzir custos. Pelo fato de os salários e bônus dos gerentes basearem-se em sua capacidade de atingir os ambiciosos objetivos que haviam sido estabelecidos para eles, esses gerentes agiram pensando a curto prazo. Eles não estavam pensando no objetivo de longo prazo de tentar encontrar o melhor equilíbrio entre manter os custos sob controle, os clientes satisfeitos e o fluxo contínuo de novos produtos.

O CEO da Gillette, James M. Kilts, observando lâminas de barbear e artigos de toalete, estabeleceu objetivos de longo prazo que levariam a um crescimento de longo prazo nas vendas.

Kilts anunciou que a partir de então a Gillette não iria estabelecer metas de vendas e lucros específicas e irreais, que criaram um "clima catastrofista" e fizeram com que os gerentes se comportassem de um modo que os impediu de atingir os objetivos da empresa – reduzir propaganda para reduzir custos, por exemplo. Kilts decidiu que a Gillette iria fixar objetivos de longo prazo com base em planos de *marketing* cuidadosamente elaborados que visavam produtos que os clientes queriam e levariam ao crescimento de longo prazo nas vendas.[24]

Conforme sugere a experiência da Gillette, a eficácia a longo prazo é aquilo com o que os administradores mais deveriam se preocupar. Portanto, os administradores devem considerar cuidadosamente qual o grau de flexibilidade que devem ter ao usar controle de resultados. Se as condições mudarem (como acontecerá devido à incerteza presente nos ambientes geral e de tarefas), provavelmente será melhor para os altos executivos informarem os gestores em níveis hierárquicos inferiores de que eles estão cientes da ocorrência de mudanças e dispostos a revisar e diminuir o grau dos objetivos e padrões. De fato, muitas organizações programam revisões anuais de seus planos e objetivos quinquenais e usam planejamento por cenários para evitar os problemas pelos quais a Gillette passou.

A mensagem é clara: embora o controle de resultados seja uma ferramenta útil para manter motivados os gestores e os funcionários de todos os níveis, e também para manter a organização no caminho certo, ele é apenas um orientador para a ação apropriada. Os administradores devem ter sensibilidade suficiente para avaliar a forma como usam o controle e monitorar constantemente seus efeitos em todos os níveis na organização.

Controle do comportamento

A estrutura organizacional por si só não oferece nenhum mecanismo que motive os gestores e funcionários sem responsabilidade gerencial a colaborar adequadamente para fazer a estrutura funcionar – e o que dizer para melhorar a forma de ela funcionar. Daí, então, surge a necessidade de controle. Colocado de outra forma, os administradores podem criar uma estrutura organizacional elegante com relações de subordinação e tarefas altamente apropriadas, mas ela somente funcionará como o planejado se os administradores também estabelecerem sistemas de controle capazes de motivar e moldar o comportamento dos funcionários.[25] O controle de resultados é um método de motivação de funcionários; o controle do comportamento é outro. Esta seção examina três mecanismos de controle do comportamento que os administradores poderão usar para manter os subordinados no caminho certo e fazer com que as estruturas organizacionais funcionem conforme o planejado: a supervisão direta, a administração por objetivos e as regras e os procedimentos operacionais padronizados (ver novamente a Figura 8.3).

Supervisão direta

A forma mais imediata e poderosa de controle do comportamento é a supervisão direta feita por gestores, que monitoram e observam ativamente o comportamento de seus subordinados, ensinam a eles quais são os comportamentos apropriados e inapropriados e intervêm para tomar medidas corretivas conforme a necessidade. Além disso, quando os gestores supervisionam pessoalmente seus subordinados, lideram por meio do exemplo e dessa maneira podem ajudar os subordinados a desenvolver e aumentar seus próprios níveis de habilidades. (Liderança é o tema do Capítulo 10.) Portanto, o controle por meio da supervisão pessoal pode ser uma forma muito eficaz de motivar os funcionários e de promover comportamentos que aumentem a eficiência e a eficácia.[26]

Não obstante, há certos problemas associados à supervisão direta. Primeiramente, ela é muito cara, pois um administrador consegue dirigir pessoalmente apenas um pequeno número de subordinados de um modo eficaz. Portanto, se a supervisão direta for o principal tipo de controle usado em uma organização, será necessário utilizar muitos administradores e, obviamente, os custos aumentarão. Por isso, prefere-se controle de resultados a controle do comportamento; na realidade, o controle de resultados tende a ser o primeiro tipo de controle que os gestores de todos os níveis usam para avaliar o desempenho.

Em segundo lugar, a supervisão direta pode desmotivar os subordinados, pois estes podem considerá-la tão grave que podem chegar a achar que não têm liberdade para tomar decisões próprias. Além disso, os subordinados podem começar a "passar a bola" e evitar assumir responsabilidades caso sintam que seus gerentes estão esperando alguma falha secretamente, prontos para passar uma reprimenda em qualquer um que tenha cometido o menor erro.

Em terceiro lugar, conforme citado anteriormente, para muitos cargos a supervisão direta é simplesmente impraticável. Quanto mais complexo for um cargo, mais difícil será para o gestor avaliar o desempenho de um subordinado. O desempenho de gerentes funcionais e de divisão, por exemplo, pode ser avaliado apenas após períodos relativamente longos (razão pela qual é desenvolvido um sistema de controle de resultados). Portanto, não faz muito sentido altos executivos ficarem monitorando continuamente o desempenho de seus subordinados imediatos.

Administração por objetivos

Para oferecer uma estrutura a partir da qual se possa avaliar o comportamento dos subordinados e, em particular, possibilitar que os administradores monitorem o progresso para o alcance dos objetivos, muitas organizações implementam algum tipo de administração por objetivos. **Administração por objetivos** (MBO, *Managing by Objectives*) é um sistema para avaliar os subordinados, considerando sua capacidade de atingir padrões de desempenho ou objetivos organizacionais específicos e cumprir orçamentos operacionais.[27] Grande parte das organizações faz algum uso da administração por objetivos, pois é inútil estabelecer objetivos e depois deixar de avaliar se eles estão sendo ou não atingidos. A administração por objetivos envolve três etapas específicas:

> **administração por objetivos (MBO)**
> Um processo de estabelecimento de objetivos no qual um administrador e cada um de seus subordinados negociam objetivos específicos que devem ser atingidos pelo subordinado, para depois avaliarem periodicamente como os subordinados atingiram tais objetivos.

- Etapa 1: *São estabelecidos metas e objetivos específicos para cada nível da organização.*

A administração por objetivos começa quando os altos executivos estabelecem objetivos organizacionais gerais como metas de desempenho financeiro específicas. Em seguida, a fixação de objetivos vai descendo ao longo de toda a escala hierárquica da organização à medida que os gerentes de divisão e funcionais estabelecem seus objetivos para atingir aqueles específicos à organização.[28] Finalmente, os gerentes de primeira linha e os funcionários em geral estabelecem juntos objetivos que irão contribuir para a consecução das metas funcionais.

- Etapa 2: Os *administradores e seus subordinados determinam os objetivos dos subordinados.*

Uma característica importante da administração por objetivos é sua natureza participativa. Os gestores de cada nível se reúnem com cada um dos gestores subordinados e, juntos, determinam objetivos apropriados e factíveis para o subordinado e negociam o orçamento que ele precisará para atingir seus objetivos. A participação dos subordinados no processo de estabelecimento de objetivos é uma forma de aumentar o comprometimento deles em atingir os objetivos e cumprir os orçamentos.[29] A participação dos subordinados (seja individualmente ou em grupos) na fixação de objetivos é importante porque assim eles têm a possibilidade de dizer aos gestores aquilo que julguem concretizável de forma realista.[30]

- Etapa 3: *Os administradores e seus subordinados revisam periodicamente o progresso dos subordinados na consecução dos objetivos.*

Uma vez que os objetivos específicos tenham sido acordados para os gestores de cada nível, estes passarão a ser responsáveis por atingir tais objetivos. Periodicamente, eles se reúnem com seus subordinados para avaliar o progresso alcançado. Normalmente, aumentos de salário e promoções estão associados ao processo de fixação de metas e aqueles que as atingirem receberão remuneração maior do que aqueles que deixarem de atingi-las. (A questão de como elaborar sistemas de remuneração para motivar os gestores e outros funcionários da organização será discutida no Capítulo 9.)

Nas empresas que descentralizaram a responsabilidade pela produção de bens e serviços, delegando a meta para equipes com maior autonomia e equipes multifuncionais, a administração por objetivos funciona de uma forma um tanto diferente. Os gestores pedem a cada equipe para elaborar um conjunto de objetivos e metas de desempenho que espera atingir – objetivos que são consistentes com os objetivos da organização. Então, os gestores negociam com cada equipe para estabelecer seus objetivos finais e o orçamento que a equipe precisará para atingi-los. O sistema de remuneração está associado ao desempenho da equipe, não ao desempenho de qualquer membro da equipe.

A Cypress Semiconductor é um exemplo interessante de como a TI pode ser usada para administrar o processo de MBO de modo rápido e eficaz. No dinâmico ramo dos semicondutores, é dada grande importância à adaptabilidade organizacional. Na Cypress, o CEO T. J. Rodgers estava enfrentando um problema. Como ele poderia controlar sua organização, que estava em expansão e já contava com 1,5 mil empregados, sem criar uma hierarquia administrativa burocrática? Rodgers acreditava que uma hierarquia vertical criaria obstáculos para a capacidade de uma organização se adaptar a condições em constante mudança. Estava empenhado em manter uma estrutura organizacional horizontal e descentralizada com o mínimo de camadas gerenciais. Ao mesmo tempo, precisava controlar seus funcionários para garantir que tivessem um desempenho consistente com os objetivos da empresa.[31] Como ele poderia conseguir isso sem recorrer à supervisão direta e à hierarquia administrativa que ela implica?

Para solucionar esse problema, Rodgers implementou um sistema de informações *online* pelo qual poderia controlar o que cada funcionário e equipe faz em uma organização dinâmica e descentralizada como essa. Cada funcionário mantém uma lista de 10 a 15 objetivos, como: "Reunir-se com o pessoal de *marketing* para lançamento de novo produto" ou "Não esquecer de consultar o cliente X". Anotadas ao lado de cada objetivo, estão algumas informações como, por exemplo, quando o objetivo foi acordado, qual o prazo de finalização e se ele foi ou não finalizado. Todas essas informações são armazenadas em um computador central. Rodgers alega que pode rever os objetivos de todos os funcionários em cerca de quatro horas, e que faz isso toda semana.[32] Como isso é possível? Ele administra por exceção e procura apenas aqueles funcionários que estão ficando para trás. Ele os convoca, não para repreendê-los, e sim para perguntar se pode fazer alguma coisa para ajudá-los a terminar a tarefa. Leva apenas cerca de meia hora por semana para que os funcionários revisem e atualizem suas listas. Esse sistema permite que Rodgers exerça controle sobre sua organização sem ter que recorrer à utilização de vários gerentes com bons salários e à supervisão direta.

Controle burocrático

Quando a supervisão direta é muito cara e a administração por objetivos é inapropriada, os administradores podem usar outro mecanismo para moldar e motivar o comportamento dos funcionários: o controle burocrático. **Controle burocrático** é o controle abrangente por meio de um sistema de regras e procedimentos operacionais padronizados (SOPs) que molda e regula o comportamento de divisões, funções e indivíduos. No apêndice do Capítulo 1, discutimos a teoria burocrática de Weber e observamos que todas as organizações usam regras e procedimentos burocráticos, mas algumas delas fazem maior uso dos mesmos do que outras.[33]

As regras e SOPs orientam o comportamento e especificam o que os funcionários devem fazer diante de um problema a ser solucionado. É responsabilidade do administrador criar regras que possibilitem aos funcionários realizar suas atividades de modo eficiente e eficaz. Quando os funcionários seguem as regras estabelecidas pelos administradores, o comportamento deles é padronizado – as ações são realizadas da mesma forma e repetidamente – e os resultados de

controle burocrático Controle do comportamento por meio de um abrangente sistema de regras e procedimentos operacionais padronizados.

seu trabalho são previsíveis. E, na medida em que os administradores podem tornar o comportamento dos funcionários previsível, não há nenhuma necessidade de monitorar os resultados do comportamento, pois conduta padronizada leva a resultados padronizados.

Suponha que um operário da Toyota bole uma maneira de fixar as várias partes do sistema de escapamento que reduza o número de etapas no processo de montagem e aumente a eficiência. Sempre em busca de padronizar os procedimentos, os administradores fazem dessa ideia a base de uma nova regra que diz: "A partir de hoje, o procedimento para fixar o sistema de escapamento ao carro é o seguinte". Se todos os operários seguirem a regra à risca, todo carro sairá da linha de montagem com seu sistema de escapamento fixado da nova maneira e não será mais necessário verificá-los no final da linha. Na prática, erros e lapsos de atenção efetivamente ocorrem, e por isso há um controle de produção no final da linha de montagem e o sistema de escapamento de cada carro recebe uma inspeção de rotina. Entretanto, o número de problemas de qualidade com o sistema de escapamento é minimizado devido à regra (controle burocrático) ser seguida.

Organizações de serviços, como lojas varejistas, *fast-foods* e lojas de bricolagem, tentam padronizar o comportamento dos funcionários instruindo-os sobre a maneira correta de recepcionar os clientes ou a forma apropriada de servir e empacotar as refeições. Os funcionários são treinados para seguir as regras que demonstraram ser as mais eficazes numa dada situação, e quanto mais bem treinados estiverem os funcionários, mais padronizado será o comportamento e maior será a confiança dos administradores de que os resultados (como a qualidade da refeição) serão consistentes.[34]

Problemas com o controle burocrático

Todas as organizações fazem uso intensivo do controle burocrático, pois as regras e os SOPs controlam efetivamente atividades organizacionais rotineiras. Com um sistema de controle burocrático implementado, os administradores poderão administrar por exceção, e somente intervir e tomar medidas corretivas quando for necessário. Entretanto, os administradores precisam estar atentos a uma série de problemas associados ao controle burocrático, já que tais problemas podem reduzir a eficácia organizacional.[35]

Primeiramente, estabelecer regras é sempre mais fácil do que suprimi-las. Com o passar do tempo, as organizações tendem a ser excessivamente burocráticas, já que os administradores fazem tudo de acordo com as normas estabelecidas. Se a quantidade de papelada se tornar muito grande, a velocidade na tomada de decisão diminui e os administradores reagem lentamente a condições de mudança. Essa lentidão pode colocar em perigo a sobrevivência de uma organização caso surjam novos e ágeis concorrentes.

Em segundo lugar, pelo fato de as regras restringirem e padronizarem o comportamento, fazendo com que este se torne previsível, as pessoas podem se tornar muito acostumadas a seguir as regras automaticamente a ponto de não pensarem mais por si próprias. Portanto, padronização em demasia pode, na verdade, reduzir o nível de aprendizagem que acontece em uma organização e tirá-la do rumo caso os administradores e trabalhadores foquem nas questões impróprias. Uma organização prospera quando seus membros constantemente pensam em novas maneiras de melhorar a eficiência, a qualidade e o tempo de resposta aos clientes. Por definição, novas ideias não surgem do ato de cegamente seguir procedimentos padronizados. Da mesma forma, a busca da inovação implica no comprometimento dos administradores em descobrir novas formas de fazer as coisas; a inovação, entretanto, é incompatível com o controle burocrático excessivo.

Portanto, os administradores devem ser criteriosos no uso do controle burocrático. Ele é extremamente útil quando as atividades organizacionais são rotineiras e bem compreendidas, e naqueles casos em que os funcionários tomam decisões programadas – por exemplo, em ambientes de produção em massa, como a Ford, ou em ambientes de serviços rotineiros em lojas como a

Target ou a Midas Muffler. O controle burocrático não é tão útil em situações nas quais se deve tomar decisões não programadas e os administradores têm que reagir rapidamente a mudanças no ambiente organizacional.

Para usar controle de resultados e controle do comportamento, os administradores devem ser capazes de identificar os resultados que querem atingir e o comportamento que desejam de seus funcionários. Entretanto, para muitas das atividades organizacionais mais importantes e significativas, o controle de resultados e o controle do comportamento são inapropriados por várias razões:

- Um administrador não consegue avaliar o desempenho de trabalhadores como médicos, cientistas pesquisadores ou engenheiros por meio da observação diária de seu comportamento.
- Regras e SOPs são de pouca valia para dizer a um médico como reagir a uma situação de emergência ou para dizer a um cientista como descobrir algo novo.
- Controles de resultados, como o tempo que um cirurgião leva em cada operação ou os custos de fazer uma descoberta, são medidas muito grosseiras da qualidade de desempenho.

Como os administradores podem tentar controlar e regular o comportamento de seus subordinados quando a supervisão pessoal é de pouca valia, quando não se pode criar regras para dizer aos funcionários o que fazer e quando resultados e objetivos simplesmente não podem ser medidos ou apenas podem ser medidos de maneira útil após longos períodos? Uma fonte de controle cada vez mais usada pelas organizações é uma cultura organizacional consistente.

cultura organizacional
Conjunto de valores, normas, padrões de comportamento e expectativas comuns que controla a maneira como os indivíduos e grupos de uma organização interagem entre si e trabalham para atingir os objetivos da organização.

Cultura organizacional e controle de clã

Cultura organizacional é outro sistema de controle importante que regula e governa as atitudes e o comportamento dos funcionários. Conforme discutido no Capítulo 2, **cultura organizacional** é o conjunto de crenças, expectativas, valores, normas e rotinas de trabalho comuns que influenciam a maneira como os membros de uma organização se inter-relacionam e trabalham juntos para atingir os objetivos da organização. **Controle de clã** é o controle exercido sobre indivíduos e grupos de uma organização por meio de valores, normas, padrões de comportamento e expectativas comuns. A cultura organizacional não é um sistema de restrições imposto externamente, como a supervisão direta ou as regras e procedimentos. Ao contrário, os funcionários internalizam os valores e as normas da organização e então deixam que eles orientem suas decisões e ações. Da mesma forma como as pessoas se comportam em uma sociedade, ou seja, de acordo com valores e normas socialmente aceitáveis – por exemplo, seguindo a norma de que as pessoas devem fazer uma fila nos caixas de supermercados –, assim ocorre com os indivíduos em um ambiente organizacional quando são conscientes da força dos valores e normas da organização.

controle de clã
Controle exercido em indivíduos e grupos de uma organização por meio de valores, normas, padrões de comportamento e expectativas comuns.

MA2 Explicar o papel do controle de clã ou da cultura organizacional na criação de uma arquitetura organizacional eficaz.

A cultura organizacional é uma importante fonte de controle por duas razões. Primeiramente, ela possibilita o controle em situações nas quais os administradores não podem usar controles de produtividade ou de comportamento. Em segundo lugar (e o que é o mais importante), quando um conjunto consistente e coerente de valores e normas da organização está em vigência, os funcionários se concentram em pensar o que é melhor para a organização a longo prazo – todas as suas decisões e ações se voltam para ajudar a organização a ter um bom desempenho. Por exemplo, um professor usa tempo pessoal após as aulas orientando e aconselhando alunos; um cientista em P&D trabalha 80 horas semanais, à noite e nos fins de semana para ajudar a acelerar um projeto atrasado; um vendedor de uma loja de departamentos corre atrás de um cliente que esqueceu seu cartão de crédito no caixa. Um exemplo interessante de empresa que construiu uma cultura sólida com base no cuidado extremo em criar o conjunto correto de controles de resultados e do comportamento é a UPS, descrita a seguir no quadro "O administrador como pessoa".

O ADMINISTRADOR COMO PESSOA

James Casey cria uma cultura para a UPS

A United Parcel Service (UPS) controla mais de três quartos das entregas de encomendas via terrestre ou aérea nos Estados Unidos, entregando mais de 10 milhões de encomendas por dia com sua frota de 150 mil caminhões.[36] Ela é a empresa mais rentável de seu segmento. A UPS emprega mais de 250 mil pessoas, e desde 1907, quando foi fundada por James E. Casey como um serviço de entregas de mensagens com o uso de bicicletas, desenvolveu uma cultura que tem sido modelo para seus concorrentes – como a FedEx e o U.S. Postal Service.

Desde o princípio, Casey fez da eficiência e economia os valores propulsores da empresa, e da lealdade, humildade, disciplina, confiabilidade e esforço intenso as normas e padrões fundamentais da UPS que os funcionários devem adotar. A UPS não poupa esforços para criar e manter esses valores e normas em seu quadro de funcionários.

Primeiramente, seus métodos operacionais, desde o topo da hierarquia da empresa até chegar nas operações de transporte rodoviário, são tema de acompanhamento e exame minucioso dos 3 mil engenheiros industriais da empresa. Esses engenheiros estão constantemente buscando maneiras de medir resultados e comportamentos para aumentar a eficiência. Eles cronometram cada parte da tarefa de um funcionário. Os motoristas de caminhão, por exemplo, são instruídos com um nível de detalhe extraordinário sobre o modo de realizar suas tarefas: devem descer de seus caminhões primeiramente com o pé direito, dobrar as cédulas recebidas com o verso voltado para cima, carregar as encomendas debaixo do braço esquerdo, caminhar em um ritmo de um metro por segundo e puxar o chaveiro que porta e prende as chaves do caminhão usando o terceiro dedo da mão.[37] Não é permitido aos funcionários ter barba (devem, sim, tê-la cuidadosamente aparada), e eles são instruídos sobre a forma de tratar os clientes. Os motoristas que apresentam um desempenho abaixo da média recebem visitas de supervisores de treinamento que os acompanham em seu dia a dia e os instruem sobre como aumentar o nível de desempenho. Não é de surpreender, como resultado desse treinamento intensivo e do rígido controle de seu comportamento, que os funcionários da UPS internalizem as normas da empresa que dizem como se comportar apropriadamente para ajudar a organização a atingir seus valores de economia e eficiência.

A busca para encontrar o melhor conjunto de controles de resultados leva a UPS a desenvolver e introduzir constantemente o que há de mais novo em TI nas atividades da empresa, particularmente nas atividades de administração de materiais. De fato, hoje a UPS oferece serviços de consultoria para outras empresas na área de gestão da cadeia de suprimentos global. Seu objetivo é ensinar outras empresas a seguir seus valores de eficiência e economia, os quais a empresa vem perseguindo nos últimos cem anos como resultado daqueles valores implantados por seu fundador.

Os motoristas da UPS devem seguir diretrizes estritas concernentes à aparência, ao desempenho de suas funções e às interações com os clientes.

Culturas adaptativas *versus* culturas inertes

Muitos pesquisadores e administradores acreditam que os funcionários de algumas organizações às vezes deixam um pouco de lado os próprios afazeres para ajudar a organização pelo fato de ela possuir uma cultura organizacional consistente e coerente – uma *cultura adaptativa* que controla as atitudes e os comportamentos dos funcionários. Culturas adaptativas, como a da UPS, são culturas cujos valores e normas ajudam uma organização a ganhar impulso, crescer e mudar conforme a necessidade de atingir seus objetivos, além de contribuírem para sua eficácia. Por outro lado, *culturas inertes* são aquelas que levam a valores e normas que não conseguem motivar ou inspirar os funcionários; levam à estagnação e muitas vezes são malsucedidas com o passar do tempo. O que conduz a uma cultura adaptativa ou inerte?

Pesquisadores constataram que as organizações com fortes culturas adaptativas, como a 3M, UPS, Microsoft e IBM, investem em seus funcionários. Elas demonstram o comprometimento com seus membros enfatizando, por exemplo, a natureza de longo prazo da vinculação empregatícia e o esforço de evitar demissões. Essas empresas criam planos de carreira de longo prazo para seus funcionários e investem maciçamente em treinamento e desenvolvimento para aumentar o valor dos funcionários para a organização. Desse modo, valores terminais e instrumentais pertinentes ao valor dos recursos humanos incentivam o desenvolvimento de atitudes e comportamentos de apoio no ambiente de trabalho.

Em culturas adaptativas, os funcionários normalmente são remunerados de acordo com o seu desempenho e também segundo o desempenho da empresa como um todo. Algumas vezes, são elaborados planos de oferta de ações aos empregados (ESOPs – *Employee Stock Owner Ship Plans*), com os quais os funcionários podem comprar coletivamente uma porcentagem significativa de ações da empresa onde trabalham. Funcionários que são acionistas da empresa têm um incentivo a mais para desenvolver suas habilidades e assim apresentar um alto desempenho, buscando ativamente maneiras de melhorar a qualidade, a eficiência e o desempenho. Na Dell, por exemplo, os funcionários podem comprar ações da empresa com um desconto considerável (15%); isso permite que eles, com o passar do tempo, tenham uma participação considerável na organização.

Algumas organizações, entretanto, criam culturas com valores que não contemplam a proteção e o aumento do valor de seus recursos humanos como principal objetivo. Suas práticas trabalhistas se baseiam em vínculos empregatícios de curto prazo de acordo com as necessidades da organização e em investimentos mínimos nos funcionários, que realizam tarefas simples e rotineiras. Além disso, os funcionários normalmente não são remunerados de acordo com seu desempenho e, portanto, têm pouco incentivo para aperfeiçoar habilidades ou até mesmo para investir na organização a fim de ajudá-la a atingir seus objetivos. Se a empresa possui uma cultura inerte, frequentemente se criam relações empregatícias fracas entre a organização e seus funcionários. Nesse caso, são comuns valores instrumentais de não cooperação, de indolência e de ócio, assim como normas de trabalho que restringem os resultados.

Além disso, uma cultura adaptativa dá ênfase ao empreendedorismo e respeito pelo empregado, e possibilita o uso de estruturas organizacionais, como equipes multifuncionais, que dão autonomia aos funcionários na tomada de decisões e os motiva a serem bem-sucedidos. Em uma cultura inerte, por outro lado, os funcionários se contentam em receber ordens para agir e têm pouco incentivo ou motivação para apresentar um desempenho além do mínimo necessário. Como é de se esperar, a ênfase é na supervisão direta e na autoridade hierárquica, resultando em uma cultura que torna difícil a adaptação em um ambiente sujeito a mudanças.

A Nokia, o maior fabricante de celulares do mundo, com sede na Finlândia, é um bom exemplo de uma empresa em que os administradores se esforçam ao máximo para criar uma cultura adaptativa.[38] Seu presidente, Matti Alahuhta, acredita que os valores culturais da Nokia se baseiam no caráter finlandês: os finlandeses são pessoas pragmáticas, racionais e objetivas. Também são muito camaradas e democráticos e não acreditam em uma hierarquia rígida baseada na autoridade de uma pessoa ou na classe social. A cultura da Nokia é reflexo desses valores, pois a inovação e a tomada de decisão são levadas até os níveis hierárquicos mais baixos, para equipes de funcionários que assumem o desafio de desenvolver os celulares cada vez menores e mais sofisticados pelos quais a empresa é conhecida. Na Nokia, a burocracia é mínima; sua cultura adaptativa se baseia em relações informais e pessoais, e também em normas de cooperação e trabalho em equipe.

Para ajudar a fortalecer sua cultura, a Nokia construiu um prédio futurista de planta livre em aço e vidro no entorno de Helsinque. Lá, em um ambiente aberto, os profissionais de P&D podem trabalhar juntos para inovar diferentes tipos de celulares. Uma proporção de mais de um a cada três dos 60 mil funcionários da Nokia trabalham em pesquisa. O que mantém essas pessoas juntas e focadas é a missão empresarial da Nokia de produzir telefones melhores, mais baratos, menores e mais fáceis de utilizar do que os de seus concorrentes.[39] Trata-se do "Jeito Nokia", um sistema de normas e valores culturais que não pode ser colocado no papel, mas sempre está presente nos valores que amalgamam as pessoas na organização, assim como na linguagem e nas histórias que seus membros usam para orientar os comportamentos em relação à empresa.

Outra empresa com cultura adaptativa é a Merck & Co., uma das maiores indústrias farmacêuticas do mundo. Grande parte do sucesso da Merck pode ser atribuída à sua capacidade de atrair os melhores cientistas-pesquisadores, pois sua cultura adaptativa cultiva o trabalho dos cientistas e enfatiza as normas e valores da inovação. É dada aos cientistas grande liberdade para seguirem ideias intrigantes mesmo que seu retorno comercial seja questionável. Além disso, os pesquisadores são incentivados a encarar seu trabalho como uma busca pelo alívio do sofrimento humano causado pelas doenças espalhadas pelo mundo, e a Merck é conhecida por ser uma empresa ética, cujos valores colocam as pessoas acima dos lucros.

Embora as experiências da Nokia e da Merck sugiram que a cultura organizacional pode suscitar medidas gerenciais que, em última instância, beneficiam a organização, nem sempre esse é o caso. As culturas de algumas organizações passam a não funcionar, incentivando medidas gerenciais que prejudicam a organização e desencorajam medidas que poderiam levar ao aumento do desempenho.[40] Por exemplo, a Sunflower Electric Power Corporation, uma concessionária de geração e transmissão de energia, quase foi à falência no início deste milênio. Uma comissão parlamentar de inquérito que havia sido instaurada para descobrir a origem do problema considerou culpado o CEO da Sunflower. A comissão decidiu que ele havia criado uma cultura abusiva baseada no medo e na culpa, que encorajou os gestores a lutar entre si e proteger seus territórios – uma cultura inerte. Os gestores tinham medo de mudar o rumo ou dar sugestões, já que não conseguiam prever o que poderia acontecer com eles.

O CEO foi mandado embora e um novo, Chris Hauck, foi nomeado para mudar a cultura da concessionária. Ele constatou ser muito difícil fazer isso, já que seus diretores estavam muito acostumados com as normas e valores antigos. Um alto executivo, por exemplo, de tanto repreender um supervisor, dia e noite, fez com que ele acabasse adoecendo.[41] Hauck despediu esse e outros executivos como sinal de que esse tipo de comportamento não seria mais tolerado. Com o auxílio de consultores, ele empreendeu o lento processo de mudança dos valores e normas

Vista aérea da cafeteria localizada na matriz da Nokia em Espoo, Finlândia. A arquitetura aberta do prédio reflete a cultura da empresa, que se baseia em relações informais e pessoais e também em normas de cooperação e trabalho em equipe.

da companhia, passando a dar ênfase à cooperação, ao trabalho em equipe e ao respeito pelos outros. Fica claro que os administradores podem influenciar a maneira como a cultura organizacional se desenvolve ao longo do tempo, muitas vezes em um curto período.

Mudança organizacional

Conforme discutido, podem surgir muitos problemas se os sistemas de controle de uma organização não forem desenhados corretamente. Em um deles, por exemplo, uma organização não será capaz de mudar ou se adaptar em resposta a um ambiente sujeito a mudanças, a menos que ela tenha um controle eficaz sobre suas atividades. Com o tempo, as empresas podem perder esse controle, como aconteceu com a Ford e a Dell, ou então podem mudar para que se tornem mais eficazes, como aconteceu com a UPS e a Walmart.

É interessante observar que existe uma tensão ou necessidade fundamental de equilibrar duas forças opostas no processo de controle que influencia a forma como as organizações mudam. Conforme observado, as organizações e seus administradores precisam ser capazes de controlar suas atividades e tornar as operações rotineiras e previsíveis. Ao mesmo tempo, porém, as organizações têm que reagir prontamente à necessidade de mudança e seus gestores e funcionários devem "pensar com rapidez" e ter ciência de que precisam abandonar as rotinas para que estejam prontos para eventos imprevisíveis. Em outras palavras, muito embora adotar o conjunto correto de controles de resultados e do comportamento seja essencial para aumentar a eficiência, pelo fato de o ambiente ser dinâmico e incerto, os funcionários também precisam sentir que têm autonomia suficiente para abandonar as rotinas o quanto for necessário para aumentar a eficácia. (ver Figura 8.5.)

É por isso que muitos pesquisadores acreditam que as organizações de maior desempenho são aquelas que mudam constantemente – e, portanto, se acostumam a agir dessa forma –, em busca de se tornarem mais eficientes e eficazes. Assim, empresas como a UPS e, mais recentemente, a Ford, mudam constantemente o *mix* de suas atividades para avançar mesmo quando estão procurando tornar suas operações mais eficientes. Por exemplo, a UPS criou o mercado de encomendas expressas via aérea, comprou uma rede de lojas de serviços postais e começou a oferecer serviços de consultoria. Ao mesmo tempo, ela tem aumentado a eficiência de sua rede de transporte terrestre.

A necessidade de buscar constantemente novas maneiras de aumentar a eficiência e a eficácia torna essencial para os administradores o desenvolvimento das habilidades necessárias para gerenciar a mudança de maneira eficaz. Vários especialistas propuseram um modelo que os administradores podem seguir para implementar mudanças.[42] **Mudança organizacional** é o movimento que uma organização realiza ao se afastar de seu estado atual e focar algum estado

MA3 Discutir a relação entre controle organizacional e mudança, e explicar por que gerenciar a mudança é uma tarefa gerencial essencial.

mudança organizacional
Movimento que uma organização realiza ao se afastar de seu estado atual e focar algum estado futuro desejado para aumentar sua eficiência e eficácia.

Figura 8.5
Contole organizacional e mudança.

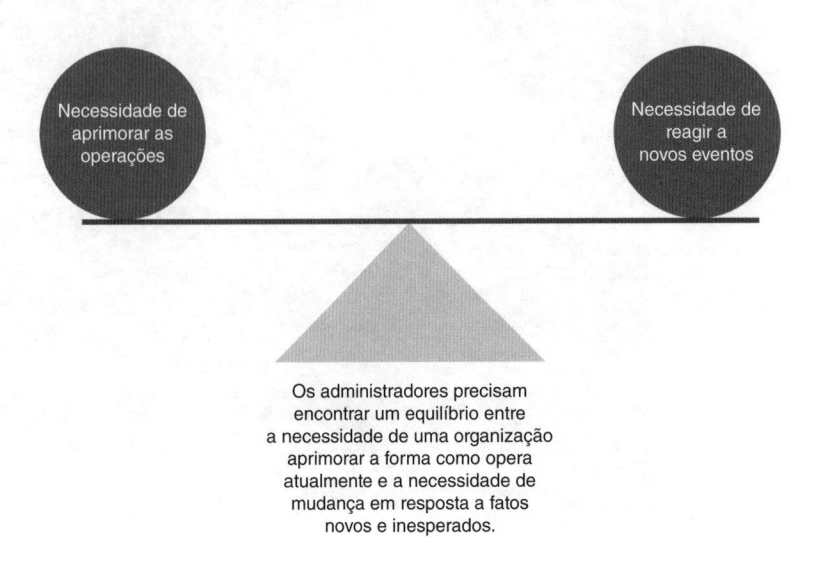

Necessidade de aprimorar as operações

Necessidade de reagir a novos eventos

Os administradores precisam encontrar um equilíbrio entre a necessidade de uma organização aprimorar a forma como opera atualmente e a necessidade de mudança em resposta a fatos novos e inesperados.

futuro desejado para aumentar sua eficiência e eficácia. A Figura 8.6 descreve as etapas que os administradores devem seguir para gerenciar a mudança de modo eficaz. No restante desta seção, examinaremos cada uma delas.

Avaliando a necessidade de mudança

A mudança organizacional pode afetar praticamente todos os aspectos do funcionamento de uma organização, entre os quais a estrutura organizacional, a cultura, as estratégias, os sistemas de controle, grupos e equipes, assim como o sistema de gestão dos recursos humanos e processos organizacionais críticos, como comunicação, motivação e liderança. A mudança organizacional pode provocar alterações no modo como os administradores realizam as tarefas críticas de planejamento, organização, liderança e controle, além de alterar também a forma com que desempenham seus papéis gerenciais.

Decidir como mudar uma organização é uma questão complexa, pois a mudança quebra o *status quo* e representa uma ameaça, fazendo com que os funcionários resistam à tentativa de alterar as relações e procedimentos no trabalho. *Aprendizagem organizacional*, o processo por meio do qual os administradores tentam melhorar as capacidades dos membros da organização de compreender e reagir apropriadamente a condições de mudança, pode ser um impulso importante, ajudando todos os membros de uma organização, inclusive os próprios administradores, a tomar decisões eficazes sobre as mudanças necessárias.

Avaliar a necessidade de mudança requer duas importantes atividades: o reconhecimento de que existe um problema e a identificação de sua causa. Algumas vezes, a necessidade de mudança é óbvia, como quando o desempenho de uma organização é sofrível. Entretanto, muitas vezes os administradores têm dificuldade em determinar que algo está errado, pois os problemas se desenvolvem gradualmente; o desempenho da organização pode ir diminuindo por vários anos antes de o problema se tornar óbvio. Portanto, durante a primeira etapa do processo de mudança, os administradores precisam reconhecer que existe um problema que exige alterações.

Normalmente, os problemas que os administradores detectam produzem uma lacuna entre o desempenho desejado e o desempenho efetivo. Para detectar tal lacuna, os administradores precisam examinar as medidas de desempenho – como lucros ou participação de mercados decrescentes, aumento nos custos ou o fato de os funcionários deixarem de atingir os objetivos estabelecidos ou de cumprir os orçamentos previstos – que indicam se a mudança é ou não necessária. Tais medidas são fornecidas por sistemas de controle organizacional, discutidos anteriormente neste capítulo.

Para descobrir a origem do problema, os administradores precisam examinar tanto dentro como fora da organização. Externamente, eles precisam examinar como as mudanças nas forças ambientais podem estar criando oportunidades e ameaças que afetam as relações dentro do ambiente de trabalho. Pode ser, por exemplo, que o surgimento de concorrentes com estratégias de baixo custo no exterior tenha levado ao conflito entre diferentes departamentos que estão tentando encontrar novas formas de ganhar vantagem competitiva. Os administradores também precisam analisar internamente se sua estrutura está gerando problemas entre os departamentos.

Figura 8.6
As quatro etapas do processo de mudança organizacional.

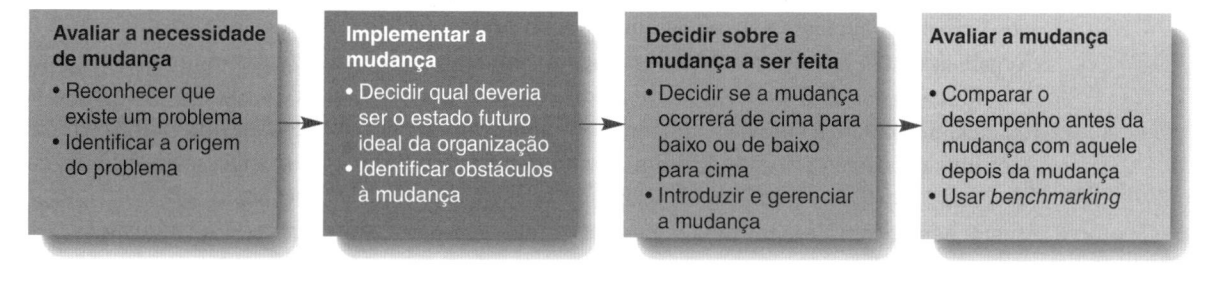

Avaliar a necessidade de mudança	Implementar a mudança	Decidir sobre a mudança a ser feita	Avaliar a mudança
• Reconhecer que existe um problema • Identificar a origem do problema	• Decidir qual deveria ser o estado futuro ideal da organização • Identificar obstáculos à mudança	• Decidir se a mudança ocorrerá de cima para baixo ou de baixo para cima • Introduzir e gerenciar a mudança	• Comparar o desempenho antes da mudança com aquele depois da mudança • Usar *benchmarking*

Pode ser que a empresa não tenha mecanismos de integração implementados que possibilitem aos diversos departamentos reagirem à concorrência de baixo custo.

Decisão sobre a mudança a ser feita

Uma vez que os administradores tenham identificado a origem do problema, devem decidir qual seria, na opinião deles, o estado futuro ideal da organização. Ou seja, precisam decidir onde gostariam de ver suas organizações no futuro – que tipos de bens e serviços ela deveria fabricar/fornecer, qual poderia ser sua estratégia de negócios, como a estrutura organizacional deveria ser modificada e assim por diante. Durante essa etapa, os administradores também precisam planejar como irão alcançar o estado futuro ideal da organização.

Essa etapa em um processo de mudança também incluiria a identificação de obstáculos ou fontes de resistência às mudanças. Os administradores devem analisar os fatores que podem impedir a empresa de chegar ao seu estado futuro ideal. Os obstáculos à mudança podem ser encontrados em todos os níveis de uma organização, sejam eles corporativo, divisional, departamental ou individual.

Mudanças de nível corporativo na estratégia ou estrutura de uma organização, até mesmo as aparentemente triviais, podem afetar significativamente o comportamento de gerentes de divisão ou departamentos. Suponhamos que, para competir com concorrentes estrangeiros com estratégia de baixo custo, os altos executivos empresariais decidam aumentar os recursos gastos em maquinário de última geração e reduzir os recursos gastos em *marketing* ou P&D. O poder dos gerentes de produção aumentaria, ao passo que o poder dos gerentes de *marketing* e P&D diminuiria. Essa decisão alteraria o equilíbrio de poder entre departamentos e poderia levar a conflitos cada vez maiores, já que eles começam a lutar entre si para manter o *status* dentro da organização. A atual estratégia e a presente estrutura de uma organização são poderosos obstáculos à mudança.

O fato de a cultura empresarial ser adaptativa ou inerte é o que facilita ou dificulta a mudança. Nas organizações com culturas flexíveis e empreendedoras, como as do setor de alta tecnologia, a mudança é muito mais fácil de ser introduzida do que naquelas organizações com culturas mais rígidas, como aquelas algumas vezes encontradas em organizações grandes e burocráticas, como as do setor militar ou mesmo a GM.

Os mesmos obstáculos à mudança existem também nos níveis divisional e departamental. Os gerentes de divisão podem reagir de maneiras diversas em relação às mudanças que os altos executivos propõem, e se esses gerentes perceberem que seus interesses e poder estão sob ameaça, resistirão a tais mudanças. Os administradores de todos os níveis normalmente lutam para proteger seu poder e controle sobre os recursos. Dado que os departamentos têm objetivos e horizontes temporais diversos, pode ser que eles também reajam de forma diferente às mudanças que outros gestores propõem. Por exemplo, quando os altos executivos tentam reduzir custos, possivelmente os gerentes de vendas resistirão às tentativas de corte nos gastos de seus departamentos, caso acreditem que os problemas provêm de ineficiências dos gerentes de produção.

No nível individual, as pessoas também normalmente são resistentes a mudanças, pois estas trazem incerteza e incerteza traz estresse. Por exemplo, pode ser que alguns indivíduos resistam à introdução de uma nova tecnologia pelo fato de estarem incertos sobre sua capacidade de aprender e usar essa tecnologia de maneira eficaz.

Tais obstáculos tornam a mudança organizacional um processo lento. Os administradores devem reconhecer os possíveis obstáculos à mudança e levá-los em consideração. Alguns obstáculos podem ser suplantados, aumentando-se a comunicação de modo que todos os membros da organização estejam cientes da necessidade de mudança e da natureza das mudanças que estão sendo realizadas. Dar maior poder e autonomia aos funcionários e convidá-los a participar do planejamento para a mudança também pode ajudar a superar a resistência e diminuir os temores dos funcionários. Além disso, os administradores algumas vezes podem superar a resistência enfatizando objetivos comuns ou de grupo, como a eficiência e a eficácia organizacionais. Quanto maior e mais complexa for uma organização, mais complexo será o processo de mudança.

Implementação de mudanças

Geralmente, os administradores implementam – isto é, introduzem e gerenciam – mudanças de cima para baixo ou de baixo para cima.[43] **Mudanças de cima para baixo** são implementadas rapidamente: os altos executivos identificam a necessidade de mudança, decidem o que fazer e então agem rapidamente para implementar as mudanças em toda a organização. Por exemplo, os altos executivos poderiam decidir reestruturar e adotar o *downsizing* na organização e então estabelecer objetivos específicos a serem atingidos pelos gerentes departamentais e de divisão. Em mudanças de cima para baixo, há ênfase em realizar rapidamente as mudanças e lidar com os problemas à medida que eles forem surgindo; essas mudanças são de natureza revolucionária. Consideremos a seguir como Bob Iger realizou uma importante mudança no processo de tomada de decisão da Walt Disney no quadro "O administrador enquanto pessoa".

mudanças de cima para baixo
Uma abordagem revolucionária e rápida da mudança, na qual os altos executivos identificam o que precisa ser mudado e então agem rapidamente para implementar as mudanças por toda a organização.

O ADMINISTRADOR COMO PESSOA
As grandes mudanças na Walt Disney promovidas por Bob Iger

Em 2006, Bob Iger, que havia sido COO (*Chief Operacional Officer*) da Disney e subordinado ao então CEO Michael Eisner, assumiu o comando da empresa, que passava por dificuldades. Por vários anos, a Disney vinha sendo assolada pela tomada de decisão lenta, e analistas alegavam que ela havia cometido muitos erros ao colocar suas novas estratégias em ação. As lojas Disney, por exemplo, estavam perdendo dinheiro; o número de acessos ao seu *site* não era o esperado, e até mesmo seus parques temáticos pareciam ter perdido o brilho, já que poucos brinquedos ou novas atrações haviam sido introduzidos.

Iger acreditava que uma das principais razões para o desempenho decrescente da Disney era a demasiada verticalização e burocratização da empresa; além disso, Iger verificou que seus altos executivos adotavam regras financeiras que não levavam a estratégias inovadoras. Portanto, uma das primeiras medidas de Iger para reverter o fraco desempenho da empresa foi desmantelar o setor central de planejamento estratégico. Todas as novas ideias e inovações enviadas pelas diferentes divisões de negócios da Disney, como parques temáticos, filmes e jogos, tinham que passar pelo crivo desse setor central, composto por várias níveis de gerência, que então decidiam quais delas deveriam ser levadas adiante e apresentadas ao CEO. Iger viu nesse setor central de planejamento estratégico um gargalo burocrático que, na verdade, reduzia o número de ideias vindas de camadas inferiores da organização. Portanto, resolveu eliminar esse setor e realocou seus gestores de volta para as diferentes unidades de negócios.[44]

O resultado de eliminar uma camada desnecessária da hierarquia da Disney foi que, agora, as diversas unidades de negócios têm gerado um número maior de ideias novas. O nível de inovação aumentou, pois os gerentes estão mais dispostos a se manifestar e defender suas ideias quando sabem que estão tratando diretamente com o CEO e a diretoria, em busca de maneiras inovadoras de aumentar o desempenho – em vez de lidarem com um nível de "burocratas" de planejamento estratégico preocupados apenas com o resultado final.[45]

Bob Iger, CEO da Disney desde 2006, deu nova vida à Disney eliminando uma camada gerencial e dando poder criativo a seus funcionários.

mudanças de baixo para cima
Uma abordagem gradual ou evolucional à mudança na qual os gestores de todos os níveis trabalham juntos para desenvolver um plano detalhado para a mudança.

As **mudanças de baixo para cima** são mais graduais ou evolucionárias. Os altos executivos consultam os gerentes intermediários e de primeira linha sobre a necessidade de mudança. Depois, ao longo do tempo, os gerentes de todos os níveis elaboram um plano de mudança detalhado. Uma grande vantagem da mudança de baixo para cima é o fato de ela poder cooptar funcionários do grupo de resistência à mudança. Como a ênfase na mudança de baixo para cima é na participação e no objetivo de manter as pessoas informadas sobre o que está acontecendo, a incerteza e a resistência são minimizadas.

Avaliação da mudança

A última etapa em um processo de mudança é avaliar qual o nível de sucesso da iniciativa de mudança em melhorar o desempenho da organização.[46] Usando medidas como mudanças na participação de mercado, nos lucros ou na capacidade de os gestores atingirem seus objetivos, eles comparam o nível de desempenho da organização depois da mudança em relação àquele nível pré-mudança. Os administradores também podem usar *benchmarking*, comparando seu desempenho em dimensões específicas com o desempenho de organizações de alto desempenho, para decidir qual foi o nível de sucesso da iniciativa de mudança. Quando a Xerox estava tendo um péssimo desempenho na década de 1980, por exemplo, a empresa comparou a eficiência de suas atividades de distribuição com aquelas da L. L. Bean, e também comparou a eficiência de suas atividades computacionais centralizadas com aquela verificada na John Deere, e a eficiência de suas capacidades de *marketing*, por sua vez, foi comparada com a eficiência da Procter & Gamble. Essas três empresas são conhecidas por suas capacidades nessas diferentes áreas e, ao estudar aqueles desempenhos, a Xerox foi capaz de aumentar muito o seu próprio desempenho. *Benchmarking* é uma ferramenta fundamental na gestão da qualidade total, um importante programa de mudanças que será discutido no Capítulo 14.

benchmarking
Processo de comparar o desempenho de uma empresa em dimensões específicas com o desempenho de outras organizações de alto desempenho.

Em suma, controle organizacional e mudança estão intimamente ligados, pois as organizações operam em ambientes que estão mudando constantemente e, portanto, os administradores devem ficar alertas à necessidade de mudar suas estratégias e estruturas. Organizações de alto desempenho são aquelas nas quais os administradores estão "antenados" com a necessidade de modificar continuamente a forma como operam, e por isso adotam técnicas, como grupos de trabalho e equipes com maior autonomia e poder de decisão, *benchmarking* e terceirização global, para continuarem competitivos em um mundo globalizado.

Empreendedorismo, controle e mudança

Conforme discutido no Capítulo 1, os administradores são responsáveis por supervisionar o uso de seus recursos (humanos ou não) para atingir de modo eficaz e eficiente os objetivos da organização. Diferentemente, os **empreendedores** são pessoas que percebem oportunidades e assumem a responsabilidade por mobilizar os recursos necessários para produzir bens e serviços novos e melhores. Essencialmente, os empreendedores provocam mudança nas empresas e indústrias, pois enxergam maneiras novas e melhores de usar recursos para criar produtos que os clientes irão querer comprar. Ao mesmo tempo, os empreendedores que abrem novas empresas são responsáveis por todo o planejamento, organização, liderança e controle iniciais necessários para transformar suas ideias em realidade. Se essas ideias forem viáveis e os empreendedores efetivamente atraírem os clientes, então seus negócios crescerão e, mais tarde, eles precisarão contratar administradores que assumirão a responsabilidade por organizar e controlar todas as atividades funcionais específicas, como *marketing*, contabilidade e produção, necessárias para uma organização em crescimento ser bem-sucedida.

empreendedores
Pessoas que percebem oportunidades e assumem a responsabilidade pela alocação dos recursos necessários para produzir bens e serviços novos e melhores.

Geralmente, os empreendedores assumem o grande risco associado à abertura de novos negócios (muitas empresas novas entram em falência) e recebem todos os benefícios ou lucros associados ao novo empreendimento. Eles são pessoas como Bill Gates, Larry Ellison ou Liz Claiborne, que acumulam vastas fortunas quando seus negócios são bem-sucedidos. Ou eles estão entre as

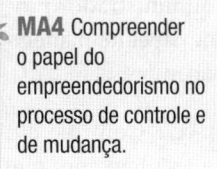

MA4 Compreender o papel do empreendedorismo no processo de controle e de mudança.

intra empreendedores
Funcionários de organizações existentes que percebem oportunidades para melhorias em bens e serviços e que são responsáveis por gerenciar o processo de desenvolvimento.

empreendedorismo
A mobilização de recursos para aproveitar uma oportunidade de fornecer aos clientes bens e serviços novos ou melhores.

milhões de pessoas que abrem novas empresas apenas para perder dinheiro quando as organizações entram em falência. Apesar do fato de que aproximadamente 80% dos pequenos negócios abrem falência nos primeiros três a cinco anos, de acordo com algumas estimativas, cerca de 38% dos homens e 50% das mulheres da força de trabalho atual querem abrir suas próprias empresas.

O empreendedorismo não termina simplesmente assim que uma nova empresa é fundada. O empreendedorismo continua dentro de uma organização ao longo do tempo, e na organização inteira as pessoas assumem a responsabilidade por desenvolver bens e serviços inovadores. Por exemplo, administradores, cientistas ou pesquisadores empregados por empresas existentes praticam atividade empreendedora ao desenvolver produtos novos e melhores. Para distinguir esses indivíduos dos empreendedores que abrem as próprias empresas, entende-se que os funcionários de organizações existentes que percebem oportunidades para melhorias em bens e serviços e que são responsáveis por gerenciar o processo de desenvolvimento são conhecidos como **intra empreendedores**. Em geral, **empreendedorismo** é a mobilização de recursos para aproveitar uma oportunidade de fornecer aos clientes bens e serviços novos e melhores; os intra empreendedores praticam empreendedorismo dentro de uma empresa existente.

Existe uma relação interessante entre empreendedores e intra empreendedores. Muitos empreendedores internos acabam ficando insatisfeitos quando seus superiores decidem não apoiar ou financiar ideias e iniciativas de desenvolvimento de novos produtos, os quais eles acreditam que darão certo. O que fazem os intra empreendedores que sentem que não estão chegando a lugar nenhum dentro da empresa? Muitas vezes, eles decidem deixar seus atuais empregadores e abrir as próprias organizações para tirar proveito das ideias de novos produtos. Ou seja, os intra empreendedores se tornam empreendedores fora dessas empresas, e fundam as suas próprias, que talvez venham a concorrer com as empresas que deixaram.

Muitas das mais bem-sucedidas organizações do mundo foram fundadas por intra empreendedores frustrados que se tornaram empreendedores fora de suas empresas. William Hewlett e David Packard deixaram a Fairchild Semiconductor, que então era líder no início desse mercado, quando executivos da empresa não apoiaram as ideias deles; a organização fundada por eles superou rapidamente a Fairchild. A Compaq Computer foi fundada por Rod Canion e alguns de seus colegas, que deixaram a Texas Instruments (TI) quando seus executivos não apoiaram a ideia de Canion de que a Texas deveria desenvolver seu próprio modelo de PC. Para evitar a saída de pessoas talentosas, as organizações precisam queimar etapas para promover o intra empreendedorismo.

Existe também uma dinâmica interessante entre empreendedorismo e administração. Muitas vezes, o que acontece é que o empreendedor que fundou a empresa não possui as habilidades administrativas para controlar e mudar o negócio com sucesso no decorrer do tempo. Talvez falte aos empreendedores, por exemplo, um entendimento de como criar a estrutura de controle necessária para administrar uma estratégia de longo prazo bem-sucedida. Pode ser também que eles não reconheçam a necessidade de mudar pelo fato de estarem tão envolvidos nos detalhes dela que não veem o que é importante para a empresa como um todo.

Frequentemente, faltam ao empreendedor que abre uma empresa as qualificações, paciência ou experiência necessárias para se dedicar ao difícil e desafiador trabalho de administração. Alguns empreendedores acham difícil delegar autoridade, pois têm medo de correr riscos ao deixar que outros administrem sua empresa. Como resultado, empreendedores que abrem empresas podem ficar sobrecarregados, e a qualidade de sua tomada de decisão diminui. Para outros empreendedores, falta o conhecimento detalhado necessário para estabelecer sistemas de controle de ponta ou para criar procedimentos de gestão operacional, vitais para aumentar a eficiência dos sistemas de produção de suas organizações (tema que será discutido no Capítulo 14).

Em suma, é necessário fazer mais que criar um novo produto para ser bem-sucedido; um empreendedor precisa contratar administradores capazes de criar um sistema de controle e de operações que permita que uma empresa nova sobreviva e prospere. Muitas vezes, capitalistas de risco, pessoas que fornecem o capital para fundar uma nova empresa, emprestarão dinheiro aos empreendedores apenas se eles concordarem desde o princípio que um administrador profissional seja o CEO da nova organização. O empreendedor assume então um papel de planejamento e consultoria, normalmente sendo o presidente do conselho diretivo da empresa.

Resumo e revisão

O QUE É CONTROLE ORGANIZACIONAL? Controle é o processo pelo qual os administradores monitoram e regulam com que eficiência e eficácia uma organização e seus membros estão realizando as atividades necessárias para atingir os objetivos. Controle é um processo de quatro etapas: (1) estabelecer padrões de desempenho, (2) medir o desempenho efetivo, (3) comparar o desempenho efetivo com padrões de desempenho e (4) avaliar os resultados e tomar medidas corretivas, se necessário. **[MA1]**

CONTROLE DE RESULTADOS Para monitorar o resultado ou o desempenho, os administradores escolhem objetivos ou padrões de desempenho que, assim acreditam, melhor medirão a eficiência, a qualidade, a inovação e o tempo de resposta aos clientes nos níveis corporativo, divisional, departamental/funcional e individual. Os principais mecanismos que os administradores usam para monitorar os resultados são medidas de desempenho financeiro, objetivos da organização e orçamentos operacionais. **[MA2]**

CONTROLE DE COMPORTAMENTO Numa tentativa de moldar o comportamento e induzir os funcionários a trabalharem para atingir os objetivos da organização, os administradores utilizam a supervisão direta, a administração por objetivos e o controle burocrático por meio de regras e procedimentos operacionais padronizados. **[MA2]**

CULTURA ORGANIZACIONAL E CONTROLE DE CLÃ Cultura organizacional é o conjunto de valores, normas, padrões de comportamento e expectativas comuns que controla as formas como indivíduos e grupos em uma organização interagem entre si e trabalham para atingir os objetivos da organização. Controle de clã é o controle exercido sobre indivíduos e grupos por meio de valores, normas, padrões de comportamento e expectativas comuns. A cultura organizacional é transmitida aos funcionários por meio dos valores de seu fundador, do processo de socialização, das cerimônias e ritos, bem como pelas histórias e pela linguagem da organização. A forma como os administradores desempenham suas funções gerenciais influencia o tipo de cultura que se desenvolve em uma organização. **[MA2]**

CONTROLE ORGANIZACIONAL E MUDANÇA Há uma necessidade de equilibrar duas forças opostas no processo de controle que influencia a maneira como as organizações mudam. Por um lado, os administradores precisam ser capazes de controlar as atividades organizacionais e tornar suas operações rotineiras e previsíveis. Por outro lado, as organizações precisam reagir prontamente à necessidade de mudança, e os administradores precisam saber o momento de abandonar as rotinas e prepararem-se para eventos imprevisíveis. As quatro etapas no processo de gerenciamento da mudança são: (1) avaliar a necessidade de mudança, (2) decidir sobre as mudanças a serem feitas, (3) implementar as mudanças e (4) avaliar os seus resultados. **[MA3]**

EMPREENDEDORISMO, CONTROLE E MUDANÇA Empreendedores são pessoas que percebem novas oportunidades empresariais e, para aproveitá-las, arrecadam e alocam os recursos necessários para produzir bens e serviços novos e melhores. Empreendedores internos são os funcionários de empresas já existentes que percebem oportunidades de melhorar os produtos de suas empresas e se tornam responsáveis pelo gerenciamento do processo de mudança necessário para lançá-los no mercado. Tanto os empreendedores externos quanto os internos desempenham papéis fundamentais no processo de controle e de mudança. **[MA4]**

Administradores em ação

🌐 Tópicos para discussão e trabalho

DISCUSSÃO

1. Qual a relação entre organização e controle? [MA1]
2. Em que pontos o controle de resultados e o controle do comportamento diferem? [MA1]
3. Por que é importante para os administradores o contato com seus subordinados no processo de controle? [MA3, 4]
4. O que é cultura organizacional e como ela afeta a forma como seus funcionários se comportam? [MA2]
5. Que tipos de controle você acredita que sejam os mais usados em: (a) um hospital, (b) na Marinha, (c) na corporação policial de uma cidade? Por quê? [MA1]

AÇÃO

6. Peça a um administrador para enumerar as principais medidas de desempenho que ele usa para avaliar como uma organização está atingindo seus objetivos. [MA1, 2]
7. Entreviste alguns funcionários de uma organização e pergunte a eles sobre os valores, normas, práticas de socialização, cerimônias, ritos, histórias internas e linguagem dessa organização. Fazendo referência a essas informações, descreva a cultura da organização. [MA2, 3]

💡 Desenvolvimento de habilidades gerenciais [MA1, 2]
Entendendo o controle

Neste exercício, você analisará os sistemas de controle usados por uma organização real, como uma loja de departamentos, um restaurante, um hospital, uma delegacia ou uma pequena empresa. Seu objetivo é descobrir os diferentes métodos utilizados pelos administradores para monitorar e avaliar o desempenho de uma organização e de seus funcionários.

1. Em que níveis dessa organização ocorre o controle?
2. Quais padrões de desempenho (como índices financeiros e objetivos da organização) os administradores usam mais frequentemente para avaliar o desempenho em cada nível?
3. Essa organização possui um sistema de administração por objetivos implementado? Em caso positivo, descreva-o. Caso contrário, especule por que isso não acontece.
4. Qual é a importância do controle do comportamento nessa organização? Por exemplo, quanto tempo os administradores gastam supervisionando diretamente seus funcionários? Qual o nível de formalidade da organização? Os funcionários recebem um regulamento que os instrua sobre como devem realizar seus trabalhos?
5. Que tipo de cultura a organização tem? Quais são seus valores e normas? Que efeito a cultura organizacional tem na maneira como seus funcionários se comportam ou tratam os clientes?
6. Com base nessa análise, você acredita que há uma adequação entre os sistemas de controle da organização e sua cultura? Qual é a natureza dessa adequação? Como ela poderia ser melhorada?

Administrando eticamente [MA2]

Alguns administradores e organizações não poupam esforços para monitorar o comportamento de seus funcionários e mantêm registros pormenorizados sobre o comportamento e o desempenho deles. Certas organizações também parecem possuir normas e valores, e seus funcionários se comportam de acordo com esses códigos.

Perguntas

1. Por conta própria ou em grupo, pense nas implicações éticas de monitorar e coletar informações sobre seus funcionários. Que tipo de informações seriam éticas ou antiéticas coletar? Por quê? Os administradores e as organizações deveriam informar seus subordinados que tais informações estão sendo coletadas?
2. De modo similar, certas culturas organizacionais (como a cultura da Arthur Andersen, uma das grandes auditorias mundiais, e também a cultura da Enron) parecem ter desenvolvido normas e valores que faziam com que seus membros se comportassem de maneira antiética. Quando e por que uma norma firme que encoraje o alto desempenho acaba se tornando aquela que faz com que as pessoas ajam de modo antiético? Como as organizações evitam que seus valores e normas se tornem "firmes demais"?

Exercício em grupo [MA2,3]
Como controlar melhor a equipe de vendas?

Forme pequenos grupos de três ou quatro pessoas e indique um de seus membros para ser o porta-voz da equipe. Este último comunicará as descobertas do grupo a toda a classe quando chamado pelo professor. Logo após, discuta a seguinte situação:

Você é o gerente regional de vendas de uma organização que fornece janelas e portas de alta qualidade para lojas de construção em todo o país. Ao longo dos últimos três anos, a taxa de crescimento de vendas tem diminuído. Há evidências cada vez maiores de que, para facilitar o próprio trabalho, os vendedores estão atendendo grandes contas e basicamente ignorando as pequenas. Além disso, os vendedores não estão atendendo prontamente as perguntas e reclamações dos clientes, e essa desatenção resultou numa queda no atendimento pós-vendas. Você tem conversado sobre esses problemas e está se reunindo para criar um sistema de controle para aumentar o volume de vendas bem como a qualidade no atendimento ao cliente.

1. Elabore um sistema de controle que, de acordo com sua opinião, irá motivar mais os vendedores na consecução de tais objetivos.
2. Nesse projeto, qual a importância relativa que você dá: (a) ao controle de resultados, (b) ao controle do comportamento e (c) à cultura organizacional?

Seja você o administrador [MA1, 3]

O CEO da empresa pediu a você para encontrar uma maneira de aumentar o desempenho de suas equipes de *web design*, dos programadores e dos especialistas em hospedagem de *sites*. Cada equipe trabalha em um aspecto diferente da produção do *site*, e embora cada um seja responsável pela qualidade do próprio desempenho, o seu desempenho também depende do desempenho das outras equipes. Sua tarefa é criar um sistema de controle que ajude a aumentar o desempenho de cada equipe separadamente e facilitar a cooperação entre todas. Isso se faz necessário porque os vários projetos são interligados e afetam uns aos outros da mesma forma que as diferentes peças de um carro têm que trabalhar juntas de forma harmoniosa. Como a concorrência no mercado de produção de *sites* é intensa, é imperativo para eles que cada um esteja pronto e funcionando o mais rápido possível e incorpore todos os avanços mais recentes em tecnologia de *software* para *sites*.

Perguntas

1. Quais tipos de controle de resultados facilitarão as interações positivas, tanto entre as equipes como dentro de cada uma delas?
2. Quais tipos de controle do comportamento facilitarão interações positivas, tanto entre as equipes como dentro de cada uma delas?
3. Como você faria para ajudar os administradores a desenvolver uma cultura para promover um alto desempenho das equipes?

BusinessWeek — Caso em foco [MA1, 3, 4]
Como a Amazon pretende que você continue clicando

A Amazon.com conseguiu criar uma excelente reputação pelo ótimo atendimento, permitindo que os clientes obtenham o que desejam sem nenhuma vez ter que falar com algum funcionário da empresa. Os vendedores simplesmente não existem. Os pedidos são feitos com alguns cliques do *mouse*. As encomendas chegam rapidamente à casa dos clientes. Tudo acontece com monótona regularidade, mesmo com o número de clientes dobrando nos últimos cinco anos, passando a 88 milhões. Entretanto, quando algo de errado acontece na Amazon – o que ocorre às vezes –, os funcionários da empresa se envolvem na questão. Talvez seja aí que a Amazon se destaca acentuadamente em relação às demais empresas, o que ajuda a explicar como ela foi considerada este ano a número 1 no atendimento ao cliente pela *BusinessWeek*.

Recentemente, em fevereiro, Jeff Bezos, animado executivo de 45 anos de idade, fundador e CEO da Amazon, gentilmente concedeu, de Manhattan, uma longa entrevista para explicar as ideias por trás da abordagem adotada pela empresa. Ele falou sobre a distinção que a Amazon faz entre experiência do cliente e atendimento ao cliente. Esta se refere apenas quando os clientes lidam com funcionários da Amazon – e Bezos quer que seja a exceção e não a regra. "Internamente, o atendimento ao cliente é uma componente da experiência do cliente", diz ele. "A experiência do cliente inclui ter o menor preço, a entrega mais rápida, e o processo todo ser suficientemente confiável de modo que o cliente não precise contatar [ninguém]. Depois, reservamos o atendimento ao cliente para aquelas situações realmente não usuais. Por exemplo: 'Recebi meu livro e estão faltando as páginas 47 e 58'", diz ele, irrompendo numa sonora gargalhada.

Solucionar os problemas dos clientes cria fidelidade com eles, diz Bezos. Mas também é uma boa maneira de identificar problemas recorrentes que precisam ser tratados de forma mais sistemática. Comerciantes externos são um excelente exemplo. Há anos, a Amazon vem permitindo que outros varejistas vendam por meio de seu *site* para ampliar a gama de produtos que ela oferece. Mas essas empresas podem ser uma pedra no sapato. No eBay, que também permite que comerciantes vendam por meio de seu *site*, acontecem muitas reclamações de péssimo atendimento e fraudes.

Controles de qualidade

Portanto, Bezos está tentando algo que nenhum outro varejista foi capaz de realizar: ele quer elevar a qualidade de atendimento dos comerciantes externos da Amazon para o mesmo nível de sua própria empresa. Há um bom tempo a Amazon permite que os clientes atribuam notas para suas experiências com esses comerciantes externos, da mesma forma como fazem no eBay. Mas a Amazon também instituiu várias salvaguardas internas para monitorar o comportamento desses comerciantes. Por exemplo, os varejistas têm que usar um serviço de *e-mail* no *site* da Amazon para se comunicar com os clientes de modo que ela possa monitorar suas tratativas. A empresa também usa métricas como com que frequência os clientes reclamam de um comerciante e com que frequência um comerciante cancela um pedido por não ter mais o produto em estoque. Parceiros que tiverem problemas com mais de 1% de seus pedidos podem ser eliminados do *site*.

Para refinar a experiência com comerciantes externos, em 2006, a Amazon lançou uma iniciativa chamada "Fulfillment by Amazon". Os comerciantes simplesmente enviam caixas de seus produtos para os depósitos da Amazon e a Amazon se encarrega do resto. Ela recebe os pedidos *online*, embala a caixa, responde perguntas e processa devoluções. No último trimestre, a Amazon despachou 3 milhões de unidades para parceiros do programa Fulfillment by Amazon, em relação aos 500 mil que despachou há um ano.

Embora a Amazon cobre dos comerciantes, Bezos diz que não foi por isso que eles lançaram o serviço. "É importante porque ele melhora muito a experiência do consumidor", diz ele. "Essa atividade não representa muito dinheiro para nós; é fazer grande parte do trabalho. Porém, se pensarmos no longo prazo, acredito que esse programa seja muito importante". Pode parecer contraintuitivo ajudar pequenos comerciantes, inclusive aqueles que vendem mais barato que você, a serem mais competitivos. Mas para a Amazon, o objetivo final é ter maior controle sobre a experiência de compras, tornando-a mais consistente e confiável. A ideia é que um número maior de pessoas usará o varejista *online* e gastará mais. Para ter certeza de que todo mundo na Amazon entende como funciona o atendimento ao cliente, cada funcionário, inclusive Bezos, passa dois dias no setor de atendimento a cada dois anos. "É ao mesmo tempo divertido e útil", diz Bezos. "Uma ligação que eu atendi há vários anos era de um cliente que havia comprado 11 itens de 11 fornecedores – mas que havia errado o próprio endereço ao preencher o pedido".

Assumindo a direção

A Amazon conseguiu várias ideias ao tentar solucionar as reclamações de clientes. Uma das lamúrias de anos atrás foi que itens populares – como o Tickle Me Elmo ou tamancos Crocs Mammoth – às vezes estavam esgotados. A última coisa que a Amazon deseja é um comprador frustrado por não ter encontrado o que queria e procurar outro *site* ou loja.

Durante os últimos dois anos, a Amazon desenvolveu novos programas para ter em estoque os artigos mais procurados e deixá-los prontos para expedição. Uma de suas iniciativas é algo que ela chama de "Milk Run". Em vez de esperar que os fornecedores façam suas entregas nos depósitos da Amazon, a empresa envia caminhões próprios para coletar os artigos mais vendidos. Isso reduz o número de pedidos incompletos ou com atraso que a empresa recebe. O programa é "muito objetivo", diz Simon FlemingWood, vice-presidente de *marketing* da Pure Digital Technologies, cuja câmera de vídeo Flip vem sendo incluída há várias semanas em "Milk Runs".

Obviamente, um dos inconvenientes de se fazer compras *online* é o fato de a pessoa não sentir aquela gratificação instantânea de levar suas compras imediatamente após adquiri-las. Albert Ko, um comerciante *online* de Irvine (Califórnia), sempre quer as encomendas o mais rápido possível em suas mãos. "Sempre estou pressionando-os", diz ele. É por isso que Bezos está expandindo o Amazon Prime, o programa destinado aos clientes que pagam US$ 79 por ano para ter direito à remessa gratuita dentro do prazo de dois dias para vários produtos em estoque. Durante os dois últimos anos, Bezos ampliou esse serviço em nível internacional e aumentou o número de produtos que qualificam os clientes a ter direito ao programa Prime. "Nossa visão é ter em estoque todos os artigos feitos em qualquer parte do mundo e deixá-los disponíveis para entrega gratuita em dois dias", afirma ele.

Perguntas

1. Por que o atendimento ao cliente ou a "experiência do cliente" é tão importante para a Amazon.com?
2. Como a Amazon tenta aumentar o nível de atendimento ao cliente ao longo do tempo?
3. Como o estudo das reclamações de clientes ajudou a Amazon a aumentar a qualidade da experiência do cliente e, consequentemente, incrementar as vendas?

Fonte: Heather Green, "How Amazon Aims to Keep You Clicking". Reimpresso da *BusinessWeek online*, 19/fev./2009, com permissão especial, copyright © 2009 da The McGrawHill Companies, Inc.

Motivação

CAPÍTULO 9

Metas de aprendizagem

Após estudar o presente capítulo, você deverá estar apto a:

1. Explicar o que é motivação e por que os administradores precisam se preocupar com esse aspecto. **[MA1]**

2. Descrever, segundo as perspectivas das teorias da expectativa e da equidade, o que os administradores devem fazer para ter um quadro de funcionários muito motivado. **[MA2]**

3. Explicar como os objetivos e as necessidades motivam as pessoas e em quais tipos de objetivos têm mais chance de obter um bom desempenho. **[MA3]**

4. Identificar as lições de motivação que os administradores podem tirar das teorias do condicionamento operante e da aprendizagem social. **[MA4]**

5. Explicar por que e como os administradores podem usar o salário como importante ferramenta motivacional. **[MA5]**

ESTUDO DE CASO
Motivação na Enterprise Rent-a-Car

Como os gestores podem motivar os funcionários de todos os níveis a prestarem um excelente atendimento ao cliente?

A Enterprise Rent-a-Car foi fundada por Jack Taylor em 1957, em St. Louis (Missouri), começando como uma locadora de automóveis muito pequena.[1] Hoje em dia, a Enterprise é a maior locadora de automóveis da América do Norte, com mais de US$ 9 bilhões em receitas e mais de 64 mil funcionários.[2] Nos Estados Unidos, a empresa é um dos maiores empregadores de profissionais recém-formados, e contrata mais de 7 mil funcionários iniciantes a cada ano.[3] Embora os salários iniciais costumem ser baixos e o trabalho, árduo (há alguns anos, por exemplo, quatro subgerentes processaram a empresa reivindicando o pagamento de horas extras), a Enterprise foi classificada pela revista

Nos Estados Unidos, a Enterprise Rent-a-Car é um dos maiores empregadores de profissionais recém formados.

BusinessWeek como uma das 50 melhores empresas para recém-formados iniciarem suas carreiras.[4]

De capital fechado, a Enterprise é em grande parte uma empresa familiar. Em toda a sua história, a Enterprise teve apenas dois CEOs, seu fundador Jack Taylor, que agora está aposentado, mas ainda bastante envolvido com a empresa, e seu filho Andrew Taylor, que se tornou presidente em 1980 e CEO em 1994.[5] Não obstante, a política de promoção interna da Enterprise permite que todos os funcionários com bom desempenho tenham oportunidade de galgar cargos na organização.[6]

Um dos segredos do sucesso da Enterprise é a forma como ela motiva seus funcionários a prestarem excelente atendimento ao cliente.[7] Praticamente todos os recém-contratados de cargos mais baixos participam do Programa de Treinamento Gerencial da Enterprise.[8] Como parte do programa, os novos empregados aprendem todos os aspectos do ramo da empresa e como oferecer excelente atendimento ao cliente. Os gerentes-*trainees* inicialmente passam por um treinamento de quatro dias focado na cultura da Enterprise. Em seguida, eles são designados para uma filial por um período de oito a 12 meses, onde aprendem todos os aspectos da atividade, desde a negociação com funilarias até a ajuda aos clientes na lavagem dos carros. Como parte desse treinamento, aprendem que proporcionar um atendimento de alta qualidade ao cliente é importante para a Enterprise, e como eles mesmos podem prestar um ótimo atendimento, aumentando, assim, seus níveis de confiança.[9]

Depois de um ano, todos aqueles que se saem bem no programa de treinamento são promovidos ao cargo de subgerente. Os subgerentes que têm bom desempenho são promovidos a subgerentes de filial, cuja responsabilidade é orientar e supervisionar funcionários. Por sua vez, os subgerentes de filial podem ser promovidos a gerentes de filial, cuja responsabilidade é o gerenciamento dos funcionários da filial bem como o atendimento ao cliente, frota de carros de aluguel e desempenho financeiro. Os gerentes de filial com cerca de cinco anos de experiência no cargo normalmente avançam para assumir cargos de gerência na matriz ou o cargo de gerente regional, supervisionando todas as filiais de uma determinada região geográfica.[10] Ao treinar os novos empregados em todos os aspectos do negócio (inclusive no atendimento ao cliente) e proporcionar-lhes experiência valiosa, delegando a eles níveis de responsabilidade crescentes e maior autonomia, além de dar-lhes a oportunidade de galgar cargos caso apresentem bom desempenho, a Enterprise acaba tendo um quadro de funcionários altamente motivado. Como assinalou o vice-presidente de comunicações da empresa, Patrick Farrell: "O que é único em relação à nossa empresa é que todo mundo trilha o mesmo caminho, dos CEOs para baixo. Todo o nosso pessoal operacional começou como gerente-*trainee*."[11]

Além de incentivar alto desempenho e excelente atendimento ao cliente por meio de oportunidades de treinamento e de promoção, a Enterprise também usa incentivos financeiros para motivar seus funcionários. Basicamente, cada filial é considerada um centro de lucros, e os gerentes que a supervisionam e ficam a cargo de todos os aspectos de seu funcionamento têm autonomia e responsabilidade pela lucratividade da filial como se ela fosse seu próprio negócio ou franquia.[12] Todos os funcionários de filiais com cargo de subgerente ou superior recebem por meio de um sistema de remuneração incentivado. Segundo esse sistema, seus salários mensais dependerão da lucratividade de suas respectivas filiais. Gerentes de nível mais alto, como os regionais, têm seu pagamento mensal associado à lucratividade da região pela qual são responsáveis. Portanto, os gerentes de todos os níveis sabem que seus salários estão associados à lucratividade dos setores da Enterprise pelos quais são responsáveis. E têm autonomia para tomar decisões que vão da compra e venda de carros até mesmo à abertura de novas filiais.[13]

Outra forma de a Enterprise motivar seus funcionários é promovendo atividades filantrópicas e iniciativas para proteger o meio ambiente.[14] A Enterprise Rent-a-Car Foundation, por exemplo, destinou US$ 50 milhões para plantar 50 milhões de árvores em florestas públicas ao longo de um período de 50 anos. Essa fundação também se concentra em apoiar e dar retorno às comunidades onde a Enterprise opera.[15] De todas as locadoras, a Enterprise é a que possui a maior frota de veículos de baixo consumo de combustível.[16] Em suma, as diversas formas pelas quais a Enterprise motiva seus funcionários e satisfaz seus clientes contribuíram para sua contínua história de sucesso.[17]

Visão geral

Mesmo com a melhor estratégia implementada e uma arquitetura organizacional apropriada, uma organização será eficaz somente se seus membros estiverem motivados a ter um bom desempenho. Jack e Andrew Taylor da Enterprise Rent-a-Car sabem muito bem disso. Uma das razões pelas quais a liderança é uma atividade gerencial tão importante está no fato de que ela deve assegurar que cada membro da organização esteja motivado a ter um bom desempenho e a ajudar a organização atingir os seus objetivos. Quando os administradores são eficazes, o resultado do processo de liderança é um quadro de funcionários muito motivado. Um desafio importante para os administradores tanto de pequenas como de grandes organizações é incentivar os funcionários a terem um bom desempenho.

No presente capítulo, descreveremos o que é motivação, de onde ela provém e por que os administradores precisam promovê-la com intensidade para que uma organização seja eficaz e atinja seus objetivos. Examinaremos teorias de motivação importantes: a Teoria da expectativa, as teorias das necessidades, a teoria da equidade, a teoria do estabelecimento de metas e as teorias da aprendizagem. Cada uma delas dá aos administradores *insights* importantes sobre como motivar os membros de uma organização.

Essas teorias se complementam, já que cada uma delas se concentra em um determinado aspecto da motivação. Considerar todas essas teorias juntas ajuda os administradores a terem um bom entendimento das várias questões e problemas envolvidos ao se encorajar altos níveis de motivação por toda a organização. Finalmente, consideraremos o uso da remuneração como forma de motivação. Ao chegar ao final deste capítulo, você entenderá o que é preciso para ter um quadro de funcionários muito motivado.

A natureza da motivação

A **motivação** pode ser definida como o conjunto das forças psicológicas que determinam a direção do comportamento de uma pessoa em uma organização e seus níveis de esforço e de persistência diante de obstáculos.[18] A *direção do comportamento de uma pessoa* refere-se aos diversos comportamentos que ela pode adotar. Os funcionários da Enterprise Rent-a-Car, por exemplo, sabem que devem fazer tudo o que for necessário para prestar atendimento de alta qualidade ao cliente, o que inclui transportar os clientes no processo de retirada e devolução dos carros alugados na loja. *Esforço* refere-se à dedicação com a qual as pessoas trabalham. Na Enterprise Rent-a-Car, os funcionários se desdobram para atender bem o cliente. *Persistência* é o que se verifica quando as pessoas continuam tentando (ou então desistem) frente a dificuldades e obstáculos. Os gerentes de filial na Enterprise Rent-a-Car buscam persistentemente aumentar a lucratividade de suas filiais e, ao mesmo tempo, manter um ótimo atendimento ao cliente.

A motivação é um aspecto central para a administração, pois ela explica *por que* as pessoas se comportam de certa maneira dentro das organizações[19] – explica, por exemplo, por que os funcionários da Enterprise Rent-a-Car proporcionam excelente atendimento ao cliente. A motivação também explica por que um garçom é educado ou rude e por que um professor do jardim de infância realmente tenta fazer com que as crianças aprendam com prazer ou simplesmente desempenha sua atividade de modo mecânico e sem entusiasmo. Ela explica por que alguns administradores colocam em primeiro lugar os interesses das empresas para as quais trabalham ao passo que outros estão mais preocupados em aumentar seus salários. Da mesma forma, a motivação esclarece o porquê de alguns trabalhadores trabalharem mais do que os outros.

A motivação pode ter causas *intrínsecas* ou *extrínsecas*. Os **comportamento intrinsecamente motivado** é o comportamento adotado pelo simples prazer de fazê-lo; a origem da motivação é efetivamente ter um determinado comportamento, e a motivação provém de fazer o trabalho em si. Muitos administradores são motivados intrinsecamente; eles se sentem realizados e satisfeitos ajudando a organização a atingir seus objetivos e ganhar vantagens competitivas. Em trabalhos interessantes e desafiadores, há uma maior chance de se verificar motivação intrínseca do que naqueles que são maçantes ou não fazem uso das aptidões e habilidades de uma pessoa. Um professor do ensino fundamental que realmente tem prazer em ensinar crianças, um programador

---

motivação
Forças psicológicas que determinam a direção do comportamento de uma pessoa em uma organização e seu nível de esforço e de persistência diante de obstáculos.

MA1 Explicar o que é motivação e por que os administradores precisam se preocupar com esse aspecto.

comportamento intrinsecamente motivado
Comportamento que se adota pelo simples prazer de fazê-lo.

de computador que adora resolver problemas de programação e um fotógrafo profissional que tem prazer em tirar fotos criativas são motivados intrinsecamente. Para esses indivíduos, a motivação provém da realização de seus trabalhos, seja ensinando crianças, encontrando *bugs* em programas de computador ou tirando fotos.

O **comportamento extrinsecamente motivado** é um comportamento adotado para obter recompensas materiais ou sociais ou para evitar punição; a motivação origina-se das consequências do comportamento e não do comportamento em si. Um vendedor de automóveis que se empenha em ganhar uma comissão por todos os carros que vende, um advogado motivado pelo alto salário e *status* provenientes do trabalho e um operário que está motivado pela oportunidade de ter um emprego estável são motivados extrinsecamente. Sua motivação provém das consequências resultantes do comportamento por eles adotado no ambiente de trabalho.

As pessoas podem ser motivadas intrinsecamente, motivadas extrinsecamente ou das duas maneiras.[20] Um alto executivo que sente realização e satisfação do ato de administrar uma grande corporação e não poupa esforços para atingir metas de final de ano para obter um bônus polpudo é motivado tanto intrínseca quanto extrinsecamente. Do mesmo modo, uma enfermeira que gosta de ajudar e cuidar de pacientes e está motivada por ter um emprego estável com bons benefícios é motivada tanto intrínseca como extrinsecamente. Na Enterprise Rent-a-Car, os funcionários são motivados tanto extrinsecamente, devido às oportunidades de promoção e ao fato de seus salários estarem associados ao desempenho de suas filiais ou unidades, quanto intrinsecamente, pois sentem satisfação ao atender os clientes e aprender coisas novas. Se os trabalhadores são motivados intrinsecamente, extrinsecamente ou ambos, isso depende de muitos fatores: (1) as características pessoais dos trabalhadores (como personalidades, habilidades, valores, atitudes e necessidades), (2) a natureza de seus trabalhos (se são ou não interessantes e desafiadores, por exemplo) e (3) a natureza da organização (como estrutura, cultura, sistemas de controle, sistema de gestão de recursos humanos e as formas como as recompensas – o salário, por exemplo – são distribuídas aos funcionários).

Além de poderem ser motivadas intrínseca ou extrinsecamente, algumas pessoas são motivadas pró-socialmente pelo seu trabalho.[21] O **comportamento pró-socialmente motivado** é um comportamento adotado para beneficiar ou ajudar os outros.[22] O comportamento pode ser pró-socialmente motivado e também motivado extrinsecamente e/ou intrinsecamente. Verifica-se grande motivação pró-social, além de uma grande motivação intrínseca, em um professor do ensino fundamental que não apenas aprecia o processo de ensinar crianças (motivação intrínseca) como também deseja oferecer às crianças a melhor experiência possível em termos de aprendizado, de ajudar aqueles com deficiências de aprendizagem a superarem seus desafios, além de se manter atualizado com o que há de mais novo em termos de métodos de ensino e de desenvolvimento infantil, num esforço de melhorar continuamente a eficácia de seu ensino (pró-socialmente motivado). Um cirurgião especializado em transplante de órgãos que aprecia o desafio de realizar operações complexas e que deseja ajudar seus pacientes a recuperar a saúde e estender suas vidas por meio de bem-sucedidos transplantes de órgãos, além de motivar-se pelo relativamente alto salário, tem grande motivação intrínseca, pró-social e extrínseca. Pesquisas preliminares recentes sugerem que quando os trabalhadores possuem elevada motivação pró-social acompanhada de elevada motivação intrínseca, são mais produtivos.[23]

Independentemente de as pessoas serem motivadas intrinsecamente, extrinsecamente ou pró-socialmente, elas ingressam e estão motivadas a trabalhar em organizações para obter certos resultados. O **resultado** é aquilo que uma pessoa obtém de um trabalho ou organização. Alguns resultados, como autonomia, responsabilidade, sensação de dever cumprido e o prazer de realizar um trabalho interessante ou agradável, resultam em um comportamento intrinsecamente motivado. Resultados como melhorar as vidas ou bem-estar de outras pessoas e fazer o bem ajudando o próximo resultam em comportamento pró-socialmente motivado. Outros resultados, como salário, estabilidade empregatícia, benefícios e período de férias, resultam em comportamento extrinsecamente motivado.

---

comportamento extrinsecamente motivado
Comportamento adotado para obter recompensas materiais ou sociais ou para evitar punição.

comportamento pró-socialmente motivado
Comportamento que é adotado para beneficiar ou ajudar os outros.

resultado
Aquilo que uma pessoa obtém de um trabalho ou organização.

contribuição
É aquilo que uma pessoa oferece ao seu trabalho ou organização.

As organizações contratam pessoas para obter importantes contribuições. A **contribuição** é aquilo que uma pessoa oferece ao seu trabalho ou organização, como tempo, esforço, formação, experiência, habilidades, conhecimentos e comportamento efetivo no trabalho. Contribuições como essas são necessárias para uma organização atingir seus objetivos. Os administradores se esforçam ao máximo para motivar membros de uma organização a contribuírem por meio de seu comportamento, esforço e persistência, e assim ajudarem a organização a atingir seus objetivos. Como os administradores fazem isso? Eles cuidam para que os membros de uma empresa obtenham os resultados desejados toda vez que fazem contribuições valiosas para a organização. Os administradores usam os resultados para motivar as pessoas a darem suas contribuições para a organização. Dar às pessoas resultados quando essas dão contribuições e têm bom desempenho alinha os interesses dos funcionários com os objetivos da empresa como um todo, pois quando os funcionários fazem o que é bom para a organização, eles se beneficiam pessoalmente.

Figura 9.1
A equação da motivação.

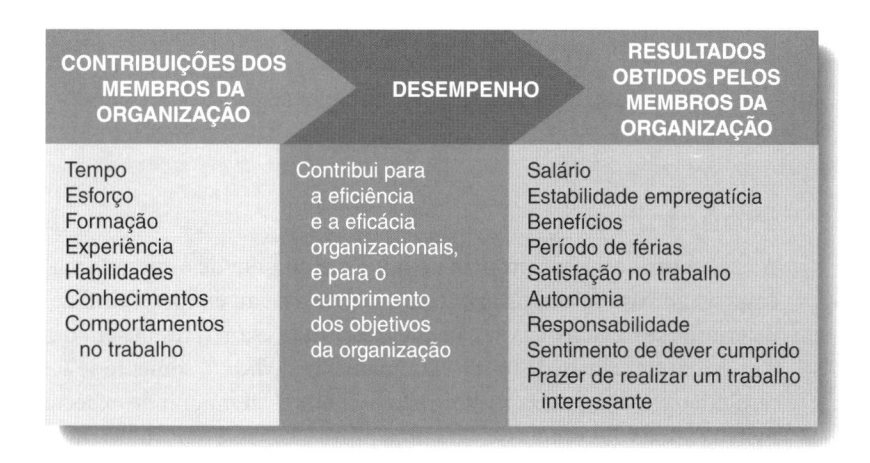

CONTRIBUIÇÕES DOS MEMBROS DA ORGANIZAÇÃO	DESEMPENHO	RESULTADOS OBTIDOS PELOS MEMBROS DA ORGANIZAÇÃO
Tempo Esforço Formação Experiência Habilidades Conhecimentos Comportamentos no trabalho	Contribui para a eficiência e a eficácia organizacionais, e para o cumprimento dos objetivos da organização	Salário Estabilidade empregatícia Benefícios Período de férias Satisfação no trabalho Autonomia Responsabilidade Sentimento de dever cumprido Prazer de realizar um trabalho interessante

Esse alinhamento entre funcionários e objetivos da organização como um todo pode ser descrito pela equação da motivação representada na Figura 9.1. Os administradores procuram garantir que as pessoas estejam motivadas a contribuir com a organização de maneira que essas contribuições sejam bem empregadas ou direcionadas para a obtenção de um alto desempenho, que, por sua vez, deve resultar na obtenção dos resultados desejados pelos trabalhadores.

teoria da expectativa
Teoria segundo a qual a motivação será grande toda vez que os trabalhadores acreditarem que grandes esforços levarão ao alto desempenho e o alto desempenho levará à obtenção dos resultados desejados.

Cada uma das teorias de motivação discutidas neste capítulo se concentra em um ou mais aspectos dessa equação. Cada teoria foca um conjunto diverso de problemas que os administradores precisam resolver para formarem um quadro de funcionários altamente motivado. Juntas, essas teorias formam um conjunto completo de diretrizes que os administradores podem seguir para promover intensamente a motivação de seus funcionários. Administradores eficazes, como Jack e Andrew Taylor, apresentados no quadro de abertura do capítulo, tendem a seguir várias dessas diretrizes, ao passo que administradores ineficazes normalmente deixam de segui-las e parecem ter problemas para motivar os membros de uma organização.

Teoria da expectativa

A **teoria da expectativa***, formulada por Victor H. Vroom na década de 1960, postula que haverá motivação toda vez que os trabalhadores acreditarem que grandes esforços levam ao alto desempenho e o alto desempenho leva à obtenção dos resultados desejados. A teoria da expectativa é uma das mais populares teorias de motivação no trabalho, pois se concentra nas três partes da equação da motivação: contribuições, desempenho e resultados. A teoria da expectativa identifica três importantes fatores que determinam a motivação de uma pessoa: *expectativa*, *instrumentalidade* e *valência* (ver Figura 9.2).[24]

---

* N. de E.: A teoria da expectativa pode também ser identificada em alguns estudos como teoria da expectância.

Figura 9.2
Expectativa, instrumentalidade e valência.

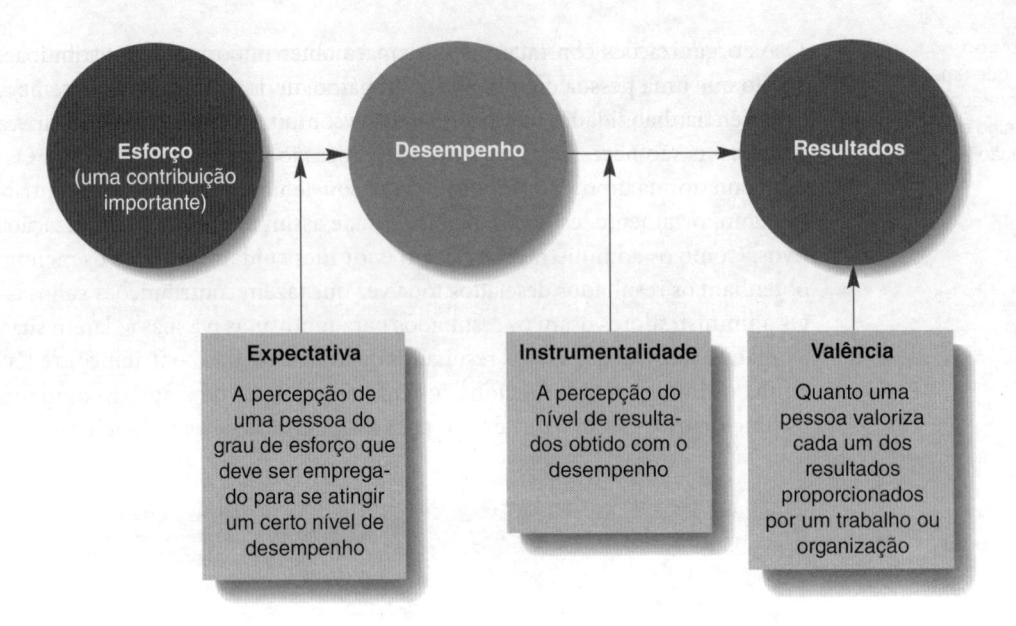

```
Esforço  →  Desempenho  →  Resultados
(uma contribuição
importante)
     ↑              ↑              ↑
Expectativa    Instrumentalidade    Valência
A percepção de   A percepção do    Quanto uma
uma pessoa do    nível de resulta- pessoa valoriza
grau de esforço que dos obtido com o  cada um dos
deve ser emprega- desempenho       resultados
do para se atingir                 proporcionados
um certo nível de                  por um trabalho ou
desempenho                         organização
```

MA2 Descrever, segundo as perspectivas das teorias da expectativa e da equidade, o que os administradores devem fazer para ter um quadro de funcionários muito motivado.

expectativa
É a percepção do grau de esforço que deve ser empregado para se atingir um certo nível de desempenho.

Expectativa

A **expectativa** é a percepção de uma pessoa do grau de esforço (uma contribuição) que deve ser empregado para se atingir um certo nível de desempenho. O nível de expectativa de uma pessoa determina se ela acredita ou não que um grande esforço resulte em um alto nível de desempenho. As pessoas trabalham de modo extremamente dedicado somente se acreditarem que seus esforços resultarão em alto desempenho – isto é, se elas tiverem grande expectativa. Imagine o seu grau de motivação se você estudasse para uma prova e achasse que, independentemente do quanto se preparasse, receberia uma nota D. Pense também no grau de motivação de um gerente de *marketing* que acreditasse que, independentemente do quanto se esforçasse, não haveria nenhuma maneira de incrementar as vendas de um produto pouco popular. Nesses casos, a expectativa é pequena e, portanto, a motivação geral também é pequena.

Membros de uma organização são motivados a fazer um grande esforço somente se acreditarem que assim fazendo irão atingir um alto desempenho.[25] Em outras palavras, para que a motivação das pessoas seja grande, a expectativa deve ser grande. Portanto, ao tentarem influenciar a motivação, os administradores precisam ter certeza de que seus subordinados acreditam que, caso se esforcem bastante, conseguirão ser efetivamente bem-sucedidos. Uma forma de os administradores aumentarem as expectativas é expressar confiança nas capacidades de seus subordinados. Os administradores da Container Store, por exemplo, expressam grande confiança em seus subordinados. Como coloca Garrett Boone, cofundador da Container Store: "Todas as pessoas que contratamos são consideradas líderes. Qualquer contratado nas nossas lojas tem autonomia para tomar medidas que alguém de fora acreditaria ser uma medida tomada por um gerente."[26]

Além de expressar confiança nos subordinados, os administradores podem aumentar os níveis de expectativa e a motivação dos subordinados oferecendo treinamento de modo que as pessoas possam ter todo o domínio necessário para atingir um alto desempenho e aumentar seus níveis de autonomia e responsabilidade à medida que forem ganhando experiência. Assim, terão liberdade suficiente para fazer o que for necessário para alcançar um alto nível de desempenho. A rede Best Buy, por exemplo, que possui mais de 629 lojas e vende produtos eletrônicos, computadores, músicas, filmes e aparelhos de todos os tipos, aumenta as expectativas de seus vendedores dando a eles extensivo treinamento presencial e *online*. Terminais eletrônicos para aprendizagem localizados em cada um dos seus departamentos ajudam os vendedores a aprender como os diferentes aparelhos funcionam e como eles podem ser vendidos como um pacote integrado, e também fazem com que os funcionários se mantenham atualizados com os últimos avanços da tecnologia e produtos.

Os vendedores também recebem longo treinamento sobre como determinar as necessidades dos clientes.[27] Na Enterprise Rent-a-Car, o Programa de Treinamento Gerencial ajuda os recém-contratados a criarem elevados níveis de expectativa, e tais níveis são mantidos já que são atribuídas uma maior responsabilidade e autonomia aos funcionários experientes para assegurar que suas filiais sejam lucrativas e ofereçam excelente atendimento ao cliente.

Instrumentalidade

instrumentalidade
É a percepção do nível de resultados obtido com o desempenho.

A expectativa capta as percepções sobre a relação entre esforço e desempenho. A **instrumentalidade**, o segundo grande conceito da teoria da expectativa, é a percepção do nível de resultados obtido com o desempenho (ver Figura 9.2). De acordo com a teoria da expectativa, os funcionários apresentam um desempenho de alto nível somente se acreditarem que esse alto desempenho conduzirá a (ou é *instrumental* para a obtenção de) resultados como salário, estabilidade no emprego, tarefas interessantes, bônus ou uma sensação de realização. Ou seja, as instrumentalidades devem ser altas para a motivação ser grande – as pessoas precisam perceber que com bom desempenho, elas obterão resultados favoráveis.[28]

Os administradores promovem elevados níveis de instrumentalidade ao associarem claramente o desempenho aos resultados desejados. Além disso, os administradores devem deixar bem clara essa ligação. Ao garantir que os resultados proporcionados por uma organização sejam distribuídos aos membros com base no desempenho, os administradores promovem grande instrumentalidade e motivação. Quando os resultados são associados ao desempenho dessa forma, aqueles que apresentam alto desempenho obtêm mais resultados do que os com baixo desempenho. Como vimos, Andrew Taylor eleva os níveis de instrumentalidade e de motivação entre os funcionários da Enterprise Rent-a-Car, associando oportunidades de promoção e salário ao desempenho.

Valência

valência
Quanto uma pessoa valoriza cada um dos resultados proporcionados por um trabalho ou organização.

Embora todos os membros de uma organização devam ter grandes expectativas e instrumentalidades, a teoria da expectativa reconhece que as pessoas diferem em suas preferências no que diz respeito aos resultados. Para muitas pessoas, o salário é o resultado mais importante do trabalho. Para outras, o sentimento de realização ou satisfação proporcionado é mais importante do que o salário. O termo **valência** refere-se ao quanto uma pessoa valoriza cada um dos resultados proporcionados por um trabalho ou organização. Para motivar os membros de uma organização, os administradores precisam determinar quais resultados possuem maior valência na opinião deles (quais são muito desejados), e cuidar para que esses resultados sejam proporcionados quando os membros tiverem alto desempenho. Segundo o "Estudo de caso", parece que não apenas o salário, mas também a autonomia, a responsabilidade e as oportunidades de promoção são resultados com grande valência para muitos funcionários da Enterprise Rent-a-Car.

Proporcionar aos funcionários resultados com grande valência pode contribuir com elevados níveis de motivação, e também tem o potencial de reduzir a rotatividade de mão de obra, conforme indicado a seguir no quadro "*Insight* administrativo".

INSIGHT ADMINISTRATIVO

Motivando e cativando os funcionários na Container Store

Kip Tindell e Garrett Boone fundaram a Container Store em Dallas (Texas), em 1978, e Tindell ainda atua como CEO e presidente do conselho (Boone é presidente emérito do conselho).[29] Ao abrirem a primeira loja, eles sempre estavam lá, tentando vender aos clientes seus produtos para armazenamento e organização, produtos que economizariam tempo e espaço e assim tornariam a vida dos consumidores menos complicada. A Container Store cresceu e hoje tem 42 lojas em 20 Estados norte-americanos de costa a costa; a loja original em

Dallas tinha apenas 150 m², mas hoje em dia as lojas têm, em média, cerca de 2.300 m².[30] O aumento das lojas foi acompanhado por impressionantes taxas de crescimento nas vendas e nos lucros.[31] Surpreendentemente, Tindell e Boone ainda podem ser encontrados na loja arrumando prateleiras e ajudando os clientes a realizarem suas compras.[32] E talvez isso seja um indício importante para o segredo de seu sucesso. A Container Store está, há 10 anos seguidos, entre as "100 Melhores Empresas para se Trabalhar" da revista *Fortune*.[33] Em 2009, a Container Store surgia como a 32ª classificada dessa lista.[34]

Desde o princípio, Tindell e Boone reconheceram que as pessoas são o bem mais precioso da Container Store e que, após contratar excelentes funcionários, uma das tarefas gerenciais mais importantes é motivá-los. Pode-se pensar que motivar funcionários é desafiador no segmento varejista, pois a rotatividade de mão de obra para o cargo de vendedores que trabalham em tempo integral corresponde a uma taxa média anual de mais de 70%, e na rotatividade de mão de obra para o cargo de gerentes de loja, verifica-se uma taxa anual de mais de 30%. Porém, os números da Container Store nesses quesitos são bem menores do que os encontrados nas estatísticas do setor – um testemunho da habilidade de Tindell e Boone em motivar.[35]

Tindell e Boone há tempo reconhecem a importância de recompensar os funcionários por um trabalho bem feito por meio de resultados com grande valência. Os salários iniciais para os vendedores, por exemplo, giram em torno de US$ 40 mil anuais (valor bem maior do que a média do setor), e as recompensas extras por excelente desempenho nas vendas são cerca de 8% ao ano. Para incentivar um alto desempenho individual bem como o trabalho em equipe e a cooperação, são utilizados incentivos tanto no nível individual como no coletivo. Alguns vendedores com alto desempenho ganham mais do que seus gerentes, o que não provoca nenhum constrangimento nos gerentes de loja, já que são adotados procedimentos equitativos e as recompensas são distribuídas de forma justa.[36]

A abordagem motivacional da Container Store pressupõe que cada funcionário atue como um líder – e que mesmo aqueles com cargos gerenciais ainda devem ficar na loja arrumando prateleiras. Os resultados são extremamente positivos: a rede de lojas apresenta taxas de rotatividade de mão de obra significativamente menores que as de outras redes do mesmo setor.

O desenvolvimento profissional é outro resultado que possui valência para os funcionários que trabalham na Container Store. Os vendedores em tempo integral recebem mais de 240 horas de treinamento no primeiro ano de emprego e todos os funcionários sempre têm oportunidades para treinamento e desenvolvimento adicional.[37] Também têm direito a horário flexível e a benefícios flexíveis; planos de assistência médica, dentária e de aposentadoria; estabilidade no emprego; podem usar roupas informais no trabalho e têm acesso a uma variedade de programas para o bem-estar, que vão desde aulas de ioga e massagens até um planejamento alimentar e nutricional personalizado via *web*.[38] Outro resultado que possui valência é a oportunidade de trabalhar com outros indivíduos muito motivados em um ambiente que irradia entusiasmo e vibração. Os funcionários da Container Store não se sentem apenas motivados; eles também não veem a hora de ir para o trabalho e têm colegas e gerentes como parte de suas famílias. Os funcionários têm orgulho do que fazem, ajudando os clientes a organizar suas vidas, economizar espaço e tempo e a experimentar uma sensação de bem-estar. Portanto, eles se beneficiam pessoalmente do alto desempenho ao obterem resultados com grande valência e também se sentem bem em relação aos produtos que vendem e com a ajuda oferecida aos clientes.[39] Tindell e Boone nunca se esqueceram da importância da motivação tanto para as organizações como para seus membros.

Figura 9.3
Teoria da expectativa.

A expectativa é grande
As pessoas percebem que esforçando-se, podem apresentar um alto desempenho.

A instrumentalidade é grande
As pessoas percebem que o alto desempenho leva à obtenção de certos resultados

A valência é grande
As pessoas valorizam os resultados que vêm como consequência do alto desempenho

GRANDE MOTIVAÇÃO

Juntando as peças

De acordo com a teoria da expectativa, a grande motivação resulta de altos níveis de expectativa, instrumentalidade e valência (ver Figura 9.3). Se qualquer um desses fatores for baixo, muito provavelmente a motivação também será pequena. Não importa a força com que os resultados desejados estejam "amarrados" ao desempenho se uma pessoa acredita ser praticamente impossível ter um alto desempenho; nesse caso, a motivação para apresentar um alto desempenho será extremamente baixa. Da mesma forma, se uma pessoa não acreditar que os resultados estão associados ao bom desempenho ou se ela não desejar os resultados que estão associados a ele, então sua motivação será pequena.

Teorias das necessidades

A **necessidade** é uma solicitação ou algo essencial para a sobrevivência e o bem-estar. A premissa básica das **teorias das necessidades** é que as pessoas estejam motivadas para obter resultados no trabalho que irão satisfazer suas necessidades. A teoria das necessidades complementa a Teoria da expectativa ao explorar profundamente quais os resultados que motivam as pessoas a terem um alto desempenho. As teorias das necessidades sugerem que para motivar uma pessoa a dar colaborações valiosas para um trabalho e incentivá-la a ter um alto nível de desempenho, um administrador tem que determinar quais necessidades ela está tentando satisfazer no trabalho e cuidar para que obtenha os resultados que ajudam a satisfazer essas necessidades, quando ela apresenta um alto desempenho e ajuda uma organização a atingir seus objetivos.

necessidade
Uma solicitação ou algo essencial para a sobrevivência e o bem-estar.

MA3 Explicar como os objetivos e as necessidades motivam as pessoas e em quais tipos de objetivos têm mais chance de obter um bom desempenho.

Existem várias teorias das necessidades. Aqui discutiremos a hierarquia das necessidades de Abraham Maslow, a teoria da motivação–higiene de Frederick Herzberg e as necessidades de realização, afiliação e poder segundo David McClelland. Essas teorias descrevem as necessidades que as pessoas tentam satisfazer no trabalho. Ao fazerem isso, elas dão aos administradores *insights* sobre quais resultados motivam os membros de uma organização a terem um alto desempenho e a darem contribuições para ajudar na realização dos objetivos.

Hierarquia das necessidades de Maslow

teorias das necessidades
Teorias da motivação que focam nas necessidades que as pessoas estão tentando satisfazer no trabalho e em quais resultados irão satisfazer tais necessidades.

O psicólogo Abraham Maslow propôs que todas as pessoas tentam satisfazer cinco necessidades básicas: fisiológicas, de segurança, de gregarismo, de estima e de autorrealização (ver Tabela 9.1).[40] Ele sugeriu que essas necessidades constituem uma **hierarquia das necessidades**, com as mais básicas ou prementes – necessidades fisiológicas e de segurança – na base da pirâmide. Maslow defendia que essas necessidades de nível mais baixo devem ser atendidas antes de uma pessoa tentar satisfazer as de níveis superiores, tais como as de autoestima. Uma vez que uma necessidade for satisfeita, Maslow propôs que ela deixa de operar como fonte de motivação. O nível mais baixo de necessidades *não atendidas* na hierarquia é o principal motivador

Tabela 9.1
Hierarquia das necessidades de Maslow.

	Necessidades	Descrição	Exemplos de como os administradores podem ajudar as pessoas a satisfazerem suas necessidades no trabalho
Necessidades de nível mais alto	Necessidades de autorrealização	As necessidades de atingir seu máximo potencial como ser humano	Proporcionar às pessoas a oportunidade de usarem o máximo possível suas capacidades e habilidades
	Necessidades de estima	As necessidades de se sentir bem consigo mesmo e com suas capacidades, de ser respeitado pelos outros e de ser reconhecido e valorizado	Conceder promoções e reconhecer realizações
	Necessidades sociais	Necessidades de interação social, amizade, afeição e amor	Promover boas relações interpessoais e organizar eventos de cunho social, como piqueniques e festas promovidos pela empresa
	Necessidades de segurança	Necessidades de segurança, estabilidade e de um ambiente seguro	Oferecer estabilidade no emprego, benefícios médicos adequados e condições de trabalho seguras
Necessidades de nível mais baixo (as mais básicas ou prementes)	Necessidades fisiológicas	Necessidades básicas de coisas como alimento, água e abrigo, que devem ser atendidas para que uma pessoa consiga sobreviver	Oferecer um nível salarial que permita a uma pessoa comprar alimentos e roupas e ter moradia adequada

O nível mais baixo de necessidades não satisfeitas é a condição motivadora do comportamento; uma vez que esse nível de necessidades tenha sido atendido, a pessoa tenta satisfazer as necessidades do nível superior seguinte.

hierarquia das necessidades de Maslow
Um conjunto de cinco necessidades básicas que, de acordo com Maslow, são as condições motivadoras do comportamento. Maslow propôs que o nível mais baixo de necessidades não atendidas é o principal motivador e que apenas um nível de necessidades por vez é motivacional.

do comportamento; se e quando esse nível for satisfeito, as necessidades no próximo nível (mais alto) da hierarquia serão as condições motivadoras do comportamento.

Embora essa teoria identifique necessidades que provavelmente são fontes importantes de motivação para muitas pessoas, as pesquisas não sustentam o ponto de vista de Maslow de que existe uma hierarquia de necessidades ou o seu conceito de que apenas um nível de necessidades por vez é motivacional.[41] Não obstante, pode-se tirar uma conclusão importante da teoria de Maslow: as pessoas tentam satisfazer diferentes necessidades no trabalho. Para formar um quadro de funcionários motivados, os administradores precisam determinar quais necessidades os funcionários estão tentando satisfazer nas organizações e então cuidar para que os indivíduos obtenham resultados que atendam suas necessidades quando apresentam um alto desempenho e contribuem para a eficácia organizacional. Ao fazerem isso, os administradores alinham os interesses individuais dos funcionários com os interesses da organização como um todo, e os funcionários, ao fazerem o que é bom para a organização (isto é, apresentar um desempenho de alto nível), obtêm resultados que satisfazem suas necessidades.

Em nossa economia cada vez mais global, os administradores devem levar em conta que as pessoas de diferentes países podem diferir nas necessidades que tentam satisfazer por meio do trabalho.[42] Algumas pesquisas sugerem, por exemplo, que as pessoas na Grécia e Japão são particularmente motivadas pelas necessidades de segurança, e que as pessoas na Suécia, Noruega e Dinamarca são motivadas pelas necessidades sociais.[43] Em países menos desenvolvidos, com padrão de vida inferior, provavelmente as necessidades fisiológicas e de segurança sejam os principais motivadores do comportamento. À medida que as nações vão se tornando mais ricas e com

Atividades que envolvem expressão artística, como a dança, podem ajudar as pessoas a satisfazerem necessidades de nível mais alto.

alto padrão de vida, necessidades relacionadas com o crescimento pessoal e a realização (como estima e autorrealização) se tornam motivadores importantes do comportamento.

Teoria das necessidades de motivação–higiene de Herzberg

Adotando uma abordagem diferente daquela de Maslow, Frederick Herzberg se concentra em dois fatores: (1) resultados que podem levar a elevados níveis de motivação e satisfação no trabalho e (2) resultados capazes de impedir que as pessoas fiquem insatisfeitas. De acordo com a **teoria das necessidades de motivação–higiene de Herzberg**, as pessoas possuem dois conjuntos de necessidades ou requerimentos: necessidades de motivação e necessidades de higiene.[44] As *necessidades de motivação* estão relacionadas com a natureza do trabalho em si e com seu nível de dificuldade. Resultados como trabalho interessante, autonomia, responsabilidade, possibilidade de crescimento e desenvolvimento no trabalho e sensação de realização e satisfação, ajudam a satisfazer as necessidades de motivação. Para que tenham um quadro de funcionários altamente motivado e satisfeito, Herzberg sugere que os administradores devem tomar medidas para garantir que as necessidades de motivação do pessoal estejam sendo atendidas.

As *necessidades de higiene* estão relacionadas ao contexto físico e psicológico onde o trabalho é desempenhado. As necessidades de higiene são satisfeitas por meio de resultados como condições de trabalho agradáveis e adequadas, salários satisfatórios, estabilidade no emprego, bom relacionamento com os colegas e supervisão eficaz. De acordo com Herzberg, quando as necessidades de higiene não são atendidas, os trabalhadores ficam insatisfeitos, e quando essas necessidades são atendidas, os trabalhadores não ficam insatisfeitos. Satisfazer as necessidades de higiene, porém, não resulta em elevados níveis de motivação nem de satisfação no trabalho. Para que a motivação e a satisfação no trabalho sejam grandes, as necessidades de motivação devem ser atendidas.

Muitos estudos testaram as proposições de Herzberg e, em geral, a teoria não tem sido apoiada.[45] Não obstante, as formulações de Herzberg contribuíram para o entendimento da motivação de pelo menos duas maneiras. Primeiramente, Herzberg ajuda a focar a atenção de pesquisadores e administradores na importante distinção entre motivação intrínseca (relacionada com as necessidades de motivação) e a motivação extrínseca (relacionada com as necessidades de higiene). Em segundo lugar, essa teoria estimulou pesquisadores e administradores a estudarem como os cargos poderiam ser desenhados ou redesenhados a fim de que se tornassem intrinsecamente motivadores.

As necessidades de realização, afiliação e poder de McClelland

O psicólogo David McClelland pesquisou profundamente as necessidades de realização, afiliação e poder.[46] A **necessidade de realização** diz respeito ao grau com que um indivíduo almeja realizar bem tarefas desafiadoras e atender padrões de excelência pessoais. As pessoas com elevada necessidade de realização normalmente estabelecem objetivos claros para si mesmas e gostam de ter um *feedback* sobre seu desempenho. A **necessidade de afiliação** refere-se ao grau de preocupação do indivíduo no que tange ao estabelecimento e à manutenção de boas relações interpessoais, assim como a preocupação em ser querido e fazer com que as pessoas ao seu redor se deem bem entre si. A **necessidade de poder** é o grau com que um indivíduo deseja controlar ou influenciar os outros.[47]

Embora cada uma dessas necessidades esteja presente em certo grau dentro de cada um de nós, sua importância no ambiente de trabalho depende do cargo que a pessoa ocupa. Por

---

teoria das necessidades de motivação–higiene de Herzberg
Teoria das necessidades que faz a distinção entre as necessidades de motivação (relacionadas com a natureza do trabalho em si) e as necessidades de higiene (relacionadas com o contexto físico e psicológico onde o trabalho é realizado), e propõe que as necessidades de motivação precisam ser atendidas para que os níveis de motivação e de satisfação no trabalho sejam elevados.

necessidade de realização
Diz respeito ao grau com que um indivíduo almeja realizar bem tarefas desafiadoras e atender padrões de excelência pessoais

necessidade de afiliação
Refere-se ao grau de preocupação do indivíduo no que tange ao estabelecimento e à manutenção de boas relações interpessoais, assim como a preocupação em ser querido e fazer com que as pessoas ao seu redor se deem bem entre si

necessidade de poder
É o grau com que um indivíduo deseja controlar ou influenciar os outros.

exemplo, pesquisas sugerem que necessidades de realização e de poder elevadas são trunfos para gerentes intermediários e de primeira linha, e que uma grande necessidade de poder é particularmente importante para altos executivos.[48] Um estudo constatou que os presidentes dos Estados Unidos com uma necessidade de poder relativamente alta costumavam ser particularmente eficazes durante seus mandatos.[49] Uma grande necessidade de afiliação nem sempre é desejável em gestores e outros líderes, pois poderia fazer com que eles se esforçassem para conquistar a simpatia dos outros (inclusive seus subordinados) em vez de fazerem todo o possível para aumentar o desempenho. Embora grande parte das pesquisas sobre essas necessidades tenha sido realizada nos Estados Unidos, alguns estudos sugerem que talvez esses achados também sejam aplicáveis às pessoas em outros países, como Índia e Nova Zelândia.[50]

Outras necessidades

Certamente existem outras necessidades que motivam os trabalhadores além das descritas pelas três teorias acima; verifica-se, por exemplo, que um número cada vez maior de pessoas sente a necessidade de equilibrar trabalho e vida pessoal, assim como de ter um tempo para cuidar de seus entes queridos e, simultaneamente, ter grande motivação para o trabalho. Curiosamente, pesquisas recentes sugerem que ter contato com a natureza (até mesmo o simples fato de poder ver algumas árvores da janela de seu escritório) traz diversos efeitos benéficos, e a falta de contato com a natureza pode efetivamente prejudicar o bem-estar e o desempenho.[51] Portanto, ter algum tempo durante o dia no qual se possa pelo menos ver um pouco de natureza pode ser outra necessidade importante.

Administradores de empresas de sucesso normalmente não poupam esforços para garantir que o maior número de necessidades de seus funcionários seja satisfeito no ambiente de trabalho. Isso é ilustrado a seguir por meio do quadro "Pitada tecnológica", que enfoca o SAS Institute.

PITADA TECNOLÓGICA

Regras para a manutenção de grande motivação no SAS Institute

O SAS Institute se encontra na invejável posição de figurar há 12 anos seguidos no *ranking* das "100 Melhores Empresas para se Trabalhar" da revista *Fortune*; em 2009, o SAS Institute obteve a 20.ª colocação.[52] O SAS Institute é a maior empresa privada no ramo de *softwares* do mundo, com mais de 11 mil funcionários e aproximadamente US$ 2,6 bilhões em receitas.[53] Todos os indicadores sugerem que os funcionários da SAS são altamente motivados e têm um bom desempenho – e isso em 35 horas de trabalho por semana. Como os administradores da SAS fazem isso? Em grande parte, ao garantir que os funcionários estejam altamente motivados e que suas várias necessidades em relação ao ambiente de trabalho sejam satisfeitas ao realizarem um bom trabalho na SAS.[54]

Satisfazer a necessidade de trabalho intrinsecamente motivador também tem sido uma importante prioridade na SAS. Os administradores se esforçam ao máximo para que cada funcionário esteja motivado com o trabalho que realiza, incentivando-os a mudar de cargo para evitar que acabem se entediando com o trabalho atual (mesmo que essas mudanças de cargo requeiram que a SAS forneça treinamento adicional). Além disso, ao contrário da abordagem adotada por alguns de seus concorrentes, todo o trabalho de desenvolvimento de novos produtos é feito na própria SAS, para que os funcionários tenham a oportunidade de vivenciar o entusiasmo de desenvolver um produto novo e ver o seu sucesso.[55]

O SAS Institute satisfaz as necessidades de segurança financeira dos seus funcioná-

Muitos funcionários na matriz do SAS Institute, em Cary (Carolina do Norte), desfrutam de um centro de recreação e uma academia dentro da própria empresa.

rios pagando a eles bons salários e oferecendo estabilidade no emprego. Os funcionários possuem salas próprias e o ambiente de trabalho é cheio de vistas agradáveis, sejam elas quadros ou vistas reais das ondulantes colinas de Cary (Carolina do Norte), onde se localiza a sede da empresa. Os administradores da SAS têm ciência de que a necessidade de um equilíbrio trabalho–vida pessoal é uma grande prioridade para muitos de seus funcionários e tentam satisfazer essa necessidade de várias formas, com semanas de trabalho de 35 horas, serviço de creche e tratamento médico no local do trabalho, afastamento remunerado por doença por período ilimitado e cadeirões no refeitório da empresa para que os funcionários possam almoçar com seus filhos. Além disso, incentiva-se os funcionários e seus familiares a desfrutarem dos 810 mil m^2 da sede da empresa, que podem ser usados para caminhadas e piqueniques.[56]

Desde que a empresa foi fundada, seu CEO, Jim Goodnight, assumiu o compromisso de motivar seus funcionários a desenvolverem produtos criativos e de alta qualidade que atendam as necessidades dos clientes. Hoje em dia, verifica-se que 91% das cem primeiras empresas da lista *Fortune 500* usam produtos da SAS para uma ampla gama de propósitos, tais como gestão de riscos, monitoramento e medição de desempenho, administração das relações com fornecedores e clientes e descoberta de fraudes.[57] A SAS também fornece *software* educacional para escolas e professores por meio do programa "SAS in School".[58] Fica evidente que motivar os funcionários e ajudá-los a atender suas necessidades é uma situação na qual todos (empresa e funcionários) saem ganhando.

Teoria da equidade

MA2 Descrever, segundo as perspectivas das teorias da expectativa e da equidade, o que os administradores devem fazer para ter um quadro de funcionários muito motivado.

teoria da equidade Teoria da motivação que se concentra na percepção das pessoas sobre a justiça dos *resultados* obtidos em seus trabalhos em relação a suas *contribuições*.

A **teoria da equidade** é uma teoria da motivação que se concentra na percepção das pessoas sobre a justiça dos *resultados* obtidos em seus trabalhos em relação a (ou proporcionalmente a) suas *contribuições*. A teoria da equidade complementa as teorias das necessidades e da expectativa concentrando-se na visão que as pessoas têm da relação entre os resultados que obtêm de seus trabalhos e organizações e as contribuições dadas por elas. A teoria da equidade foi formulada nos anos 1960 por J. Stacy Adams, que enfatizou que o importante na determinação da motivação não são os níveis *absolutos*, e sim, os níveis *relativos* dos resultados que uma pessoa obtém e das contribuições que dá. Especificamente, a motivação é influenciada pela comparação da relação resultado/contribuição de um indivíduo com a relação resultado/contribuição de um referencial.[59] O *referencial* poderia ser uma outra pessoa ou um grupo de pessoas que são vistos pelo indivíduo como seus similares; o referencial também poderia ser esse próprio indivíduo em um emprego anterior ou as suas expectativas sobre quais deveriam ser as relações resultado/contribuição. Em uma comparação da relação resultado/contribuição de um indivíduo com a relação resultado/contribuição de um referencial adotado por ele, as *percepções* desse indivíduo sobre os resultados e contribuições (e não qualquer indicador objetivo deles) são fundamentais.

Equidade

Existe **equidade** quando uma pessoa percebe sua própria relação resultado/contribuição como sendo igual à relação resultado/contribuição de um referencial. Em condições de equidade (ver Tabela 9.2), se um referencial obtiver mais resultados do que você, e se, proporcionalmente, as contribuições desse referencial para a empresa forem maiores que as suas próprias contribuições, de modo que a relação

equidade
Justiça, imparcialidade e equanimidade às quais todos os membros de uma organização têm direito.

resultado/contribuição desse referencial ainda iguala sua relação resultado/contribuição. Por exemplo, Maria Sanchez e Claudia King trabalham em uma loja de sapatos em um pequeno *shopping center*. Sanchez recebe mais por hora do que King, mas dá mais contribuições – também é responsável por parte da contabilidade, por fechar a loja no final do expediente e, periodicamente, por depositar dinheiro no banco. Quando King compara sua relação resultado/contribuição com a de Sanchez (seu referencial), ela toma as relações por equitativas, pois o nível salarial maior de Sanchez (um resultado) é proporcional ao seu nível maior de contribuições (contabilidade, fechar a loja e ir ao banco).

Da mesma forma, em condições de equidade, se você obtiver mais resultados do que um referencial, suas contribuições serão percebidas como proporcionalmente maiores. Continuando com nosso exemplo, quando Sanchez compara sua relação resultado/contribuição com a relação de King (seu referencial), ela as percebe como equitativas, pois o seu nível salarial maior é proporcional ao seu maior nível de contribuições.

Quando existe equidade, as pessoas são motivadas a continuar oferecendo seus níveis atuais de contribuições para as organizações a fim de obter seus níveis atuais de resultados. Se as pessoas desejam aumentar seus resultados em condições de equidade, elas estão motivadas a aumentar suas contribuições.

Iniquidade

iniquidade
Falta de equanimidade.

iniquidade por salário inferior ao merecido Iniquidade que existe quando uma pessoa percebe que sua relação resultado/contribuição é *inferior* àquela de um referencial.

iniquidade por salário excessivo Iniquidade que existe quando uma pessoa percebe que sua relação resultado/contribuição é superior àquela de um referencial.

Existe **iniquidade**, a falta de equanimidade, quando uma pessoa percebe que sua relação resultado/contribuição no trabalho não é igual à de um referencial. A iniquidade cria pressão ou tensão nas pessoas e as motiva a restabelecer a equidade e fazer com que as duas relações se equilibrem novamente.

Existem dois tipos de iniquidade: iniquidade por salário inferior ao merecido e iniquidade por salário excessivo (ver Tabela 9.2). Existe **iniquidade por salário inferior ao merecido** quando a relação resultado/contribuição de uma pessoa é percebida como *inferior* àquela de um referencial. É quando você acha que *não* está obtendo os resultados que mereceria ao se comparar com um referencial, dadas suas contribuições. Existe **iniquidade por salário excessivo** quando uma pessoa percebe que sua relação resultado/contribuição é *superior* àquela de um referencial. Ao se comparar com um referencial, você acha que está obtendo *mais* resultados do que deveria, dadas as suas contribuições.

Maneiras de restabelecer a equidade

De acordo com a teoria da equidade, tanto a iniquidade por salário inferior ao merecido como a iniquidade por salário excessivo criam uma tensão que motiva a maioria das pessoas a restabelecer a equidade e fazer com que as duas relações se equilibrem novamente.[60] Quando as pessoas

Tabela 9.2
Teoria da equidade.

Condição	Pessoa		Referencial	Exemplo
Equidade	Resultados / Contribuições	=	Resultados / Contribuições	Um engenheiro percebe que dá mais contribuições (tempo e esforço) e obtém proporcionalmente mais resultados (um salário maior e oportunidade de escolha nas atribuições de tarefas) do que seu referencial.
Iniquidade por salário inferior ao merecido	Resultados / Contribuições	< (menor que)	Resultados / Contribuições	Um engenheiro percebe que dá mais contribuições, mas obtém os mesmos resultados do que seu referencial.
Iniquidade por salário excessivo	Resultados / Contribuições	> (maior que)	Resultados / Contribuições	Um engenheiro percebe que dá as mesmas contribuições, mas obtém mais resultados do que seu referencial.

experimentam iniquidade *por salário inferior ao merecido*, elas serão motivadas a diminuir suas contribuições reduzindo as horas de trabalho, esforçando-se menos ou mesmo faltando, ou também pode ser que sejam motivadas a aumentar seus resultados pedindo um aumento de salário ou uma promoção. Susan Richie, analista financeira de uma grande corporação, percebeu que estava trabalhando por mais horas e entregando mais trabalho realizado do que um colega com o mesmo cargo, embora ambos recebessem exatamente o mesmo salário e obtivessem diferentes resultados. Para restabelecer a equidade, Richie decidiu parar de entrar mais cedo e sair mais tarde do trabalho. Também, ela poderia ter tentado restabelecer a equidade tentando aumentar seus resultados – ao solicitar um aumento salarial a seu chefe, por exemplo.

Quando as pessoas experimentam iniquidade *por salário inferior ao merecido* e os outros meios de restabelecimento da equidade falham, elas podem mudar sua percepção sobre a relação resultado/contribuição, tanto as próprias quanto as de seu referencial. Assim, poderiam se dar conta de que seu referencial está realmente trabalhando em projetos mais difíceis do que elas próprias ou de que elas realmente se ausentam mais do trabalho que seu referencial. De modo alternativo, se as pessoas que se sentem mal remuneradas tiverem outras opções de emprego, talvez elas deixem a organização. Suponhamos, por exemplo, que John Steinberg, vice-diretor de um colégio, notou iniquidade por salário inferior ao merecido ao se dar conta de que todos os demais vice-diretores de colégios em seu distrito escolar foram promovidos para o cargo de diretor, mesmo estando há menos tempo em seus cargos do que ele próprio. O desempenho de Steinberg sempre foi considerado elevado, e após repetidas solicitações de promoção terem sido negadas, ele encontrou um trabalho como diretor em uma outra região.

Quando as pessoas experimentam iniquidade *por salário excessivo*, talvez tentem restabelecer a equidade mudando suas percepções das próprias contribuições ou resultados ou de seus referenciais. A equidade pode ser restabelecida quando as pessoas se dão conta de que estão dando mais contribuições do que pensavam. A equidade também pode ser restabelecida ao se perceber que as contribuições do referencial são inferiores ou que os resultados do referencial são maiores do que se pensava. Quando a equidade é restabelecida dessa forma, as contribuições e resultados efetivos não são alterados e a pessoa que está recebendo em excesso não toma nenhuma atitude de fato. O que muda é a forma como as pessoas imaginam ou veem as suas contribuições e resultados, assim como imaginam ou veem aquelas de seus referenciais. Suponhamos que Mary McMann experimentou iniquidade por salário excessivo ao se dar conta de que recebia US$ 2 a mais por hora em uma loja de discos do que um colega desempenhando o mesmo cargo e que tinha a mesma quantidade de atribuições. McMann restabeleceu a equidade alterando sua percepção de suas próprias contribuições. Ela se deu conta de que trabalhava mais do que seu colega e resolvia um número maior de problemas que surgiam na loja.

Ao experimentar iniquidade por salário excessivo ou então iniquidade por salário inferior ao merecido, por exemplo, talvez você acredite que seu referencial não seja apropriado porque ele é muito diferente de você. Escolher um referencial mais apropriado talvez reequilibre as relações. Em outra hipótese, Angela Martinez, gerente do médio escalão no departamento de engenharia de uma indústria química, experimentou iniquidade por salário excessivo quando se deu conta de que recebia um pouco mais do que sua amiga, que era gerente de nível intermediário no departamento de *marketing* da mesma empresa. Após pensar um pouco sobre a discrepância, Martinez concluiu que os departamentos de engenharia e de *marketing* eram tão diferentes que ela não deveria comparar o seu trabalho com o de sua colega, muito embora ambas fossem gerentes do médio escalão. Martinez restabeleceu a equidade mudando seu referencial; ela escolheu um gerente do médio escalão do departamento de engenharia como novo referencial.

A motivação é maior quando há um maior número possível de pessoas em uma organização percebendo que são tratadas de forma equitativa – seus resultados e contribuições se encontram em equilíbrio. Aqueles que contribuem mais e têm um altíssimo desempenho são motivados para que continuem a colaborar com um nível elevado de contribuições, pois estão obtendo os resultados que merecem. Aqueles que contribuem pouco e têm um desempenho medíocre percebem que, se quiserem aumentar seus resultados, terão que aumentar suas contribuições. Os administradores de organizações eficazes, como Jack e Andrew Taylor da Enterprise Rent-a-Car, têm ciência da importância da equidade para motivação e desempenho e sempre se esforçam ao máximo para que os funcionários acreditem que estão sendo tratados de forma justa.

Épocas em que a economia está em baixa e o constante aumento da concorrência mundial resultam em horas e horas a mais de trabalho, e assim os trabalhadores aumentam suas contribuições sem qualquer tipo de aumento nos resultados. Para aqueles cujos referenciais não estão passando por uma mudança similar, provavelmente haverá a percepção de iniquidade. De acordo com Jill Andresky Fraser, autor do livro *White Collar Sweatshop,* mais de 25 milhões de trabalhadores norte-americanos trabalham mais do que 49 horas semanais na empresa, quase 11 milhões trabalham mais de 60 horas semanais e muitos também trabalham outras horas em casa. Além disso, avanços na tecnologia da informação, como *e-mail* e telefones celulares, resultaram no trabalho roubando tempo de descanso no lar, do período de férias e até mesmo de ocasiões especiais.[61]

Teoria do estabelecimento de metas

MA3 Explicar como objetivos e necessidades motivam as pessoas e que tipos de objetivos têm mais chance de obter um bom desempenho.

teoria do estabelecimento de metas Teoria que se concentra em identificar os tipos de objetivos que são mais eficazes na produção de elevados níveis de motivação e desempenho e explicar por que esses objetivos têm esses efeitos.

A **teoria do estabelecimento de metas** se concentra em motivar os trabalhadores a darem suas contribuições para seus trabalhos e organizações; nesse aspecto, ela é similar às teorias da expectativa e da equidade. Porém, a teoria do estabelecimento de metas estende esse foco ao considerar também como os administradores podem garantir que os membros de uma organização direcionem melhor suas contribuições para que estas resultem em um alto desempenho e na consecução dos objetivos da organização.

Ed Locke e Gary Latham, eminentes pesquisadores sobre a teoria do estabelecimento de metas, sugerem que os objetivos que os membros de uma organização se esforçam para alcançar são determinantes fundamentais de sua motivação e posterior desempenho. *Meta* é o que uma pessoa está tentando realizar por meio de seus esforços e comportamentos.[62] Da mesma forma que você pode ter como meta obter uma excelente nota nesse curso, os membros de uma organização têm objetivos que se esforçam por alcançar. Os vendedores da Neiman Marcus, por exemplo, não poupam esforços para alcançar as metas de vendas, ao passo que os altos executivos buscam metas de maior participação no mercado e lucratividade.

A teoria do estabelecimento de metas sugere que, para estimular alta motivação e desempenho, os objetivos devem ser *específicos* e *difíceis*.[63] Os objetivos específicos normalmente são quantitativos – como a meta de um vendedor obter US$ 200 pelas vendas diárias, a meta de um cientista finalizar um projeto em um ano, a meta de um CEO reduzir as dívidas em 40% e aumentar as receitas em 20%, a meta do gerente de um restaurante de servir 150 clientes por noite, entre outras. Ao contrário dos objetivos específicos, objetivos vagos como "fazer o meu melhor" ou "vender o máximo possível" não apresentam um impacto motivacional muito grande.

Objetivos difíceis são árduos, mas não impossíveis de serem alcançados. Contrastando com os objetivos difíceis, verifica-se que objetivos fáceis são aqueles que praticamente todo mundo consegue alcançar, e objetivos moderados são aqueles que cerca de metade das pessoas consegue atingir. Tanto os objetivos fáceis como os moderados têm menor poder motivacional do que os difíceis.

Independentemente de os objetivos específicos e difíceis serem estabelecidos por administradores, trabalhadores ou equipes dos mesmos, eles elevam a níveis de motivação e

Objetivos específicos e difíceis podem incentivar as pessoas a se desdobrarem e a concentrarem esforços na direção correta.

desempenho. Quando os administradores estabelecem objetivos para seus subordinados, estes devem aceitá-los e concordarem em trabalhar para alcançá-los; da mesma forma, devem estar comprometidos com eles e desejarem realmente alcançá-los. Alguns administradores acreditam que, quando participam do estabelecimento efetivo dos objetivos, os subordinados aumentam seu nível de aceitação e comprometimento. Além disso, os membros de uma organização precisam receber *feedback* sobre o seu desempenho; esse *feedback* muitas vezes pode ser dado pela avaliação do desempenho ou por meio de um componente de *feedback* do sistema de gestão de recursos humanos de uma organização (ver Capítulo 12).

Os objetivos específicos e difíceis afetam a motivação de duas maneiras. Primeiramente, eles motivam as pessoas a darem mais contribuições para seus trabalhos. Objetivos específicos e difíceis, por exemplo, fazem com que as pessoas se esforcem bastante. Da mesma forma que você estudaria mais caso estivesse tentando tirar 10 em uma matéria em vez de 6, o mesmo acontece com um vendedor que irá trabalhar mais arduamente para atingir a meta de vendas de US$ 200 em vez de US$ 100. Os objetivos específicos e difíceis também fazem com que as pessoas sejam mais persistentes do que quando diante de objetivos fáceis, moderados ou vagos, pois elas encontrarão mais dificuldades em concretizá-los. Os funcionários que são orientados a vender o máximo que puderem, sem um objetivo preestabelecido, talvez parem de tentar vender em um dia fraco, ao passo que, se tivessem um objetivo específico e difícil, continuariam tentando.

O estabelecimento desse objetivo também afeta a motivação quando ajuda as pessoas a concentrarem suas contribuições na direção certa, pois faz com que elas saibam em que devem concentrar sua atenção, seja aumentando a qualidade do atendimento ao cliente (ou as vendas) ou reduzindo o tempo de desenvolvimento de novos produtos. O fato de os objetivos serem específicos e difíceis frequentemente também faz com que as pessoas elaborem *planos de ação* para alcançá-los.[64] Os planos de ação podem incluir as estratégias para atingir os objetivos e a programação ou cronogramas para o término de diferentes atividades cruciais para a consecução do objetivo. Assim como os próprios objetivos, os planos de ação também ajudam para que os esforços sejam focados na direção certa e que as pessoas não se desviem do objetivo principal.

Embora tenha se constatado que os objetivos específicos e difíceis aumentam a motivação e o desempenho em uma série de trabalhos e organizações, seja nos Estados Unidos como em outros países, pesquisas recentes sugerem que eles podem diminuir o desempenho em certas condições. Quando as pessoas realizam tarefas complicadas e bastante desafiadoras, que demandam certo aprendizado para a sua consecução, os objetivos específicos e difíceis podem, na verdade, atrapalhar o desempenho.[65] Esforçar-se ao máximo para atingir tais objetivos pode desviar parte da atenção necessária para estudar uma dada tarefa e tentar descobrir como atingir seu objetivo. Uma vez que uma pessoa tenha aprendido a tarefa e esta não lhe pareça mais complicada ou difícil, então o estabelecimento de objetivos específicos e difíceis provavelmente terá seus efeitos normais. Por outro lado, o estabelecimento de objetivos específicos e difíceis em trabalhos muito criativos e incertos também pode ser prejudicial.

Teorias da aprendizagem

A premissa básica das **teorias da aprendizagem** conforme aplicadas às organizações é que os administradores podem aumentar a motivação e o desempenho dos funcionários associando os resultados obtidos por eles à adoção de certos tipos de comportamento e à consecução de objetivos. Portanto, a teoria da aprendizagem se concentra na ligação entre desempenho e resultados na equação da motivação (ver novamente à Figura 9.1).

A **aprendizagem** pode ser definida como uma mudança relativamente permanente nos conhecimentos ou comportamentos de uma pessoa resultante da prática ou da experiência.[66] A aprendizagem ocorre em organizações quando as pessoas aprendem a ter certos comportamentos para obter certos resultados. Por exemplo, uma pessoa aprende a ter um desempenho

teorias da aprendizagem Teorias que se concentram em aumentar a motivação e o desempenho dos funcionários associando os resultados (que os funcionários obtêm) à adoção de certos tipos de comportamento e à consecução de objetivos.

aprendizagem Uma mudança relativamente permanente nos conhecimentos ou comportamentos resultantes da prática ou da experiência.

MA4 Identificar as lições de motivação que os administradores podem tirar das teorias do condicionamento operante e da aprendizagem social.

teoria do condicionamento operante Teoria segundo a qual as pessoas aprendem a adotar comportamentos que levam a consequências desejadas e aprendem a não seguir os que levam a consequências indesejadas.

reforço positivo Dar às pessoas resultados que elas desejam quando essas têm comportamentos funcionais para a organização.

reforço negativo Eliminar ou remover resultados indesejados quando as pessoas têm comportamentos funcionais para a organização.

maior do que no passado ou a chegar mais cedo ao trabalho porque está motivada a obter os resultados advindos desses comportamentos, como um aumento salarial ou o elogio de um supervisor. No quadro "Estudo de caso", a ênfase da Enterprise Rent-a-Car's no treinamento garante que novos contratados aprendam a prestar excelente atendimento ao cliente e realizar todas as tarefas necessárias para o sucesso nas operações das filiais.

Das diferentes teorias da aprendizagem, a teoria do condicionamento operante e a teoria da aprendizagem social são as que mais ajudam os administradores em suas iniciativas para a formação de um quadro de funcionários altamente motivado.

Teoria do condicionamento operante

De acordo com a **teoria do condicionamento operante**, elaborada pelo psicólogo B. F. Skinner, as pessoas aprendem a adotar comportamentos que levam a consequências desejadas e aprendem a não ter certos comportamentos que levam a consequências indesejadas.[67] Traduzida em termos de motivação, a teoria de Skinner significa que as pessoas serão motivadas a ter um alto desempenho e a atingir os objetivos de seus trabalhos na medida em que o alto desempenho e a consecução de objetivos possibilite a elas obter os resultados que desejam. Da mesma forma, as pessoas evitam adotar comportamentos que levam a resultados que não desejam. Ao associar *comportamentos específicos* à obtenção de *resultados específicos*, os administradores podem motivar os membros de uma organização a se comportarem de maneira a ajudar a organização a atingir seus objetivos.

A teoria do condicionamento operante fornece quatro ferramentas para que os administradores possam motivar o alto desempenho e evitar que os trabalhadores adotem o absentismo e outros comportamentos que diminuam a eficácia organizacional. Essas ferramentas são: reforço positivo, reforço negativo, extinção e punição.[68]

REFORÇO POSITIVO Dá às pessoas os resultados que desejam quando elas têm comportamentos funcionais para a organização. Entre esses resultados desejados, chamados *reforçadores positivos*, temos quaisquer resultados que uma pessoa deseja, como salário, elogio ou uma promoção. Os comportamentos funcionais para a organização são aqueles comportamentos que contribuem para a eficácia organizacional; entre eles, temos produzir bens e serviços de alta qualidade, oferecer atendimento de alta qualidade ao cliente e cumprir prazos. Ao associar reforçadores positivos ao desempenho de comportamentos funcionais, os administradores motivam as pessoas a terem os comportamentos desejados.

REFORÇO NEGATIVO Também pode incentivar os membros de uma organização a seguirem comportamentos desejados ou funcionais para a organização. Os administradores que usam o reforço negativo na verdade eliminam ou removem os resultados indesejados uma vez que o comportamento funcional é adotado. Esses resultados indesejáveis, denominados *reforçadores negativos*, podem ir desde contínuas repreendas ou críticas por parte do superior até as atribuições de tarefas desagradáveis ou a sempre presente ameaça de perder o emprego. Quando é usado o reforço negativo, as pessoas são motivadas a seguir comportamentos desejados, pois elas querem parar de obter ou evitar resultados indesejados. Os administradores que tentam incentivar os vendedores a vender mais por meio de ameaças de demissão estão usando reforço negativo. Nesse caso, o reforçador negativo é a ameaça da perda do emprego, que é removida assim que o comportamento funcional for adotado.

Sempre que possível, os administradores devem tentar usar reforço positivo. O reforço negativo pode criar um ambiente de trabalho muito desagradável e até mesmo uma cultura negativa na organização. Ninguém gosta de ser constantemente repreendido, ameaçado ou exposto a outros tipos de resultados negativos – algumas vezes, o uso do reforço negativo faz com que os subordinados fiquem ressentidos com os administradores e tentem se vingar deles.

IDENTIFICANDO OS COMPORTAMENTOS CORRETOS PARA REFORÇO Mesmo os administradores que usam o reforço positivo (e evitam usar o reforço negativo) podem ter problemas caso não tomem cuidado em identificar os comportamentos corretos a serem reforçados – comportamentos que sejam realmente funcionais para a organização. Fazer isso nem sempre é tão fácil como parece. Em primeiro lugar, é crucial para os gestores escolher comportamentos sobre os quais seus subordinados tenham controle; em outras palavras, os subordinados devem ter a liberdade e a oportunidade de adotarem os comportamentos que estão sendo reforçados. Em segundo lugar, é crucial que esses comportamentos contribuam para a eficácia organizacional.

EXTINÇÃO Algumas vezes, os membros de uma organização são motivados a adotar comportamentos que na verdade diminuem a eficácia organizacional. De acordo com a teoria do condicionamento operante, todo comportamento é controlado ou determinado por suas consequências; uma forma de os administradores restringirem a adoção de comportamentos não funcionais é eliminar aquilo que está reforçando as condutas. Esse processo é denominado **extinção**.

> **extinção**
> Restringir a adoção de comportamentos não funcionais eliminando aquilo que está reforçando tais comportamentos.

Suponha que um gerente tenha um subordinado que frequentemente passe pela sua sala para bater um papo – algumas vezes sobre questões relacionadas com o trabalho, porém, em outras, sobre vários tópicos, desde política até a partida de futebol do último domingo. O gerente e o subordinado têm certos interesses e pontos de vista em comum, de modo que as conversas podem se tornar bastante envolventes, e ambos parecem apreciá-las. O gerente, entretanto, percebe que essas conversas frequentes e, algumas vezes, longas, estão na verdade fazendo com que ele tenha que ficar no trabalho até mais tarde para recuperar o tempo perdido durante o dia. O gerente também se dá conta de que está, na verdade, reforçando o comportamento de seu subordinado mostrando-se interessado pelos assuntos que ele traz, discutindo-os longamente. Para extinguir esse comportamento, o gerente para de se mostrar interessado nessas conversas não relacionadas ao trabalho e dá respostas educadas e amistosas, porém breves. Sem ter mais o reforço de uma conversa extremamente agradável, o subordinado finalmente deixa de sentir-se motivado a interromper o gerente durante o expediente para discutir questões não relacionadas ao trabalho.

PUNIÇÃO Algumas vezes os administradores não podem depender da extinção para eliminar comportamentos não funcionais, pois não têm controle sobre o que está reforçando esse tipo de comportamento ou porque não têm o tempo necessário para que a extinção apresente seus resultados. Quando funcionários adotam condutas nocivas, ilegais ou antiéticas, tais condutas têm de ser eliminadas imediatamente. O assédio sexual, por exemplo, é um comportamento não funcional para a organização que não pode ser tolerado. Em tais casos, os administradores normalmente dependem da **punição**, impondo aos subordinados uma consequência indesejada ou negativa quando eles têm esse tipo de comportamento. As punições usadas pelas organizações vão desde reprimendas verbais a cortes no salário, suspensões temporárias, rebaixamentos e demissões. A punição, entretanto, pode produzir alguns efeitos colaterais indesejados – ressentimento, perda do amor próprio, desejo de retaliação –, e deve ser usada apenas quando realmente necessária.

> **punição**
> Impor uma consequência indesejada ou negativa quando da ocorrência de comportamento não funcional.

Para evitar os efeitos colaterais indesejados da punição, os administradores devem ter em mente as seguintes diretrizes:

- Diminuir a importância do elemento emocional envolvido na punição. Deixar claro que está punindo o comportamento não funcional da pessoa, e não a pessoa em si.
- Tentar punir comportamentos não funcionais tão logo eles aconteçam e certificar-se de que a consequência negativa é uma causa da punição para os indivíduos envolvidos. Esteja certo de que os membros de uma organização sabem exatamente por que estão sendo punidos.
- Evitar punir alguém diante dos demais, pois isso pode ferir o amor-próprio da pessoa e diminuir sua estima aos olhos dos colegas, além de fazer com que estes se sintam incomodados.[69] Mesmo assim, mostrar aos membros de uma organização que um indivíduo que tenha

cometido uma infração grave foi punido, pode, algumas vezes, ser eficaz na prevenção de infrações futuras e ensinar a todos que certos comportamentos são inaceitáveis. Por exemplo, quando os membros de uma organização são informados de que um gerente que assediou sexualmente seus subordinados foi punido, eles aprendem e são relembrados do fato de que o assédio sexual não é tolerado na organização.

Os administradores, assim como os estudantes, normalmente confundem reforço negativo e punição. Para evitar tal confusão, tenha em mente as duas principais diferenças entre eles: primeiramente, o reforço negativo é usado para promover a adoção de comportamentos funcionais nas organizações, enquanto a punição é usada para cessar a adoção de comportamentos não funcionais. Em segundo lugar, o reforço negativo implica a *remoção* da consequência negativa quando da ocorrência de comportamentos funcionais, ao passo que a punição implica a *imposição* de consequências negativas quando da ocorrência de comportamentos não funcionais.

Teoria da aprendizagem social

teoria da aprendizagem social Teoria que leva em conta como a aprendizagem e a motivação são influenciadas pelos pensamentos e crenças das pessoas e suas observações do comportamento de outras pessoas.

A **teoria da aprendizagem social** propõe que a motivação resulta não apenas da experiência direta de recompensas e punições, mas também dos pensamentos e crenças de uma pessoa. Ampliando a contribuição da teoria do condicionamento operante (que proporciona aos administradores um melhor entendimento do conceito de motivação), a teoria da aprendizagem social explica (1) como as pessoas podem ser motivadas ao observar o comportamento de outras e, assim, serem reforçadas a agir segundo esse comportamento *(aprendizagem vicária)*, (2) como as pessoas podem ser motivadas a controlar os próprios comportamentos *(autorreforço)* e (3) como as crenças das pessoas sobre sua capacidade de adotar com sucesso um certo comportamento afetam a motivação *(autoeficácia)*.[70] Veremos brevemente cada um desses motivadores.

aprendizagem vicária Aprendizagem que ocorre quando o aprendiz é motivado a adotar um certo comportamento observando outra pessoa que adota esse mesmo comportamento; assim, ela é positivamente reforçada a agir segundo esse modelo. É também denominada *aprendizagem com base na observação*.

APRENDIZAGEM VICÁRIA A **aprendizagem vicária**, muitas vezes chamada *aprendizagem com base na observação,* ocorre quando uma pessoa (o aprendiz) se motiva a adotar um certo comportamento observando outra pessoa (o modelo) que adota esse mesmo comportamento, e, assim, é positivamente reforçada a agir segundo o modelo. A aprendizagem vicária é uma fonte poderosa de motivação em vários trabalhos nos quais as pessoas aprendem a adotar comportamentos funcionais observando os outros. Vendedores aprendem como podem ser úteis aos clientes, estudantes de medicina aprendem como tratar os pacientes, estudantes de direito aprendem como exercer a advocacia e aqueles que não exercem funções gerenciais aprendem como é ser um gerente – em parte, ao observar membros experientes de uma organização seguindo comportamentos adequados, acaba se tornando um reforço para eles. Em geral, as pessoas estão mais propensas a imitar o comportamento de modelos altamente competentes, que são (até certo ponto) especialistas no comportamento, têm *status* elevado, obtêm reforçadores atrativos e são amistosos ou acessíveis.[71]

Dentre outras formas, os futuros médicos podem aprender ao observar médicos experientes tratando pacientes.

Para promover a aprendizagem vicária, os administradores devem se esforçar ao máximo para que o aprendiz atenda as seguintes condições:

- O aprendiz observa o modelo que adota o comportamento desejado.
- O aprendiz apreende precisamente o comportamento do modelo.
- O aprendiz se lembra desse comportamento.
- O aprendiz tem as qualificações e habilidades necessárias para adotar o comportamento desejado.
- O aprendiz vê ou sabe que o modelo é positivamente reforçado para esse comportamento.[72]

AUTORREFORÇO Embora os administradores normalmente sejam os fornecedores de reforço nas organizações, algumas vezes as pessoas se motivam sozinhas por meio do autorreforço. Elas podem controlar seu próprio comportamento estabelecendo objetivos para si mesmas e reforçando esses objetivos quando atingirem as metas preestabelecidas.[73] **Autorreforçador** é qualquer resultado desejado ou atrativo ou uma recompensa que as pessoas podem dar a si mesmas pelo bom desempenho, como a sensação de realização, o ato de ir ao cinema, jantar fora, comprar um novo CD ou ir a um jogo de futebol. Quando os membros de uma organização controlam seus próprios comportamentos por meio do autorreforço, os administradores não precisam gastar muito tempo (como normalmente gastariam) para tentar motivar e controlar o comportamento por meio da imposição de consequências, pois os próprios subordinados estão se controlando e se automotivando. De fato, esse autocontrole é muitas vezes conhecido como *autogestão do comportamento*.

Quando os funcionários são bem preparados e responsáveis pela criação de novos bens e serviços, normalmente os administradores dependerão do autocontrole e da autogestão do comportamento, como é o caso na Google. Os funcionários da Google têm flexibilidade e autonomia para experimentar, correr riscos e, algumas vezes, também para falhar enquanto desenvolvem novos projetos. Eles são encorajados a aprender com seus erros e a aplicar aquilo que aprenderam em projetos futuros.[74] Os engenheiros da Google têm um dia da semana para trabalharem em projetos com os quais estejam muito envolvidos. Desse trabalho, geralmente surgem novos produtos, com o Google News.[75]

AUTOEFICÁCIA É a crença de uma pessoa em relação à sua capacidade de adotar com sucesso um determinado comportamento.[76] Mesmo com as consequências ou reforçadores mais atraentes dependendo totalmente do alto desempenho, as pessoas não se motivarão caso não acreditem que possam realmente alcançar um alto desempenho. Da mesma forma, quando as pessoas controlam seus próprios comportamentos, provavelmente estabelecerão para si mesmas objetivos difíceis, que levarão a realizações extraordinárias somente se acreditarem que têm capacidade para obtê-las. Portanto, a **autoeficácia** influencia a motivação quando os administradores proporcionam reforço como quando os próprios trabalhadores o fazem.[77] Quanto maior for a autoeficácia, maiores serão a motivação e o desempenho. No "Estudo de caso", os gestores da Enterprise Rent-a-Car aumentam a autoeficácia dando treinamento a seus funcionários, aumentando seus níveis de autonomia e de responsabilidade, à medida que forem ganhando experiência na empresa, e expressando confiança em sua capacidade de administrar as próprias unidades. A utilização da persuasão verbal para aumentar a confiança das pessoas, o próprio histórico de desempenho e realização individual, assim como as realizações das outras pessoas desempenham um papel importante na determinação da autoeficácia de alguém.

Salário e motivação

No Capítulo 12, discutiremos como os administradores estabelecem a estrutura e os níveis salariais para a organização como um todo. Aqui nos concentraremos em como (uma vez estabelecidos a estrutura e os níveis salariais) os administradores poderão usar o salário para motivar os funcionários a apresentarem um alto desempenho e atingirem seus objetivos no trabalho. O salário é usado tanto para motivar funcionários de cargos mais baixos como gerentes intermediários e de primeira linha – e até mesmo altos executivos, como os CEOs. O salário pode ser usado para motivar as pessoas a adotarem comportamentos que ajudem uma organização a atingir seus objetivos, e também pode ser usado para motivá-las a entrarem e permanecerem em uma organização.

Cada uma das teorias descritas neste capítulo faz alusão à importância do salário e sugere que este deva se basear no desempenho:

- *Teoria da expectativa*: a instrumentalidade, a associação entre desempenho e resultados como o salário, deve ser alta para a motivação ser grande. Além disso, o salário é um resultado de elevada valência para muitas pessoas.

- *As teorias das necessidades*: as pessoas devem ser capazes de satisfazer suas necessidades por meio de alto desempenho; o salário pode ser usado para atender diversos tipos de necessidades.
- *Teoria da equidade*: resultados como o salário devem ser distribuídos proporcionalmente às contribuições (inclusive níveis de desempenho).
- *Teoria do estabelecimento de metas*: resultados como o salário devem ser associados à consecução de objetivos.
- *Teorias da aprendizagem*: a distribuição de resultados – como o salário, por exemplo – deve ser condicionada a comportamentos funcionais para a organização.

Como sugerem tais teorias, para que possam promover elevados níveis de motivação, os administradores devem basear a distribuição dos salários entre os diversos membros de uma organização conforme os respectivos níveis de desempenho; assim, aqueles que apresentarem um alto desempenho receberão salários maiores do que aqueles com um menor desempenho (se os demais aspectos forem iguais).[78] Na General Mills, por exemplo, o salário de todos os funcionários, desde os *office-boys* até os diretores, baseia-se, pelo menos em parte, no desempenho.[79] Um sistema de remuneração que baseia os salários no desempenho normalmente é chamado **plano de salários por mérito**. Uma vez que os administradores tenham decidido usar um plano de salários por mérito, eles se veem diante de duas importantes escolhas: precisam decidir se o salário deve ser baseado no desempenho individual, coletivo ou organizacional ou então se devem utilizar aumentos salariais ou bônus.

plano de salários por mérito Plano de remuneração no qual o salário é baseado no desempenho.

Remuneração por mérito com base no desempenho individual, coletivo ou organizacional

Os administradores podem definir a remuneração por mérito com base no desempenho individual, coletivo ou organizacional. Quando o desempenho individual (como o valor líquido da mercadoria vendida por um vendedor, o número de alto-falantes que um operário monta ou o número de horas correspondentes aos honorários de um advogado) pode ser determinado com precisão, provavelmente a motivação individual será maior quando o salário se basear no desempenho individual.[80] Quando os membros de uma organização trabalham muito próximos e o desempenho individual não pode ser determinado precisamente (como em uma equipe de programadores que está desenvolvendo um único pacote de *software*), a remuneração não poderá se basear no desempenho individual e deve-se usar, então, um plano de salários com base no desempenho coletivo ou organizacional. Quando a consecução de objetivos da organização depende totalmente do trabalho conjunto de várias pessoas e da cooperação entre elas (como em uma pequena construtora que constrói casas com projetos personalizados), os planos com base no desempenho coletivo ou organizacional podem ser mais apropriados do que os planos individuais.[81]

É possível combinar elementos de um plano de salários com base no desempenho individual com um plano com base no desempenho coletivo ou organizacional para motivar cada indivíduo a ter o máximo desempenho possível e, ao mesmo tempo, motivar todos os indivíduos a trabalharem bem em conjunto, colaborarem mutuamente entre si e ajudarem uns aos outros quando necessário. A Lincoln Electric, empresa bem-sucedida e líder na fabricação de máquinas de soldar, usa uma combinação de planos de salários com base tanto no desempenho individual como organizacional.[82] O salário se baseia no desempenho individual e, além disso, a cada ano um montante acumulado em um fundo de bônus dependerá do desempenho organizacional. O dinheiro desse fundo de bônus é distribuído entre as pessoas, tomando-se como base suas contribuições para a organização, a assiduidade ao emprego e os níveis de cooperação, dentre outros indicadores de desempenho. Os funcionários da Lincoln Electric são motivados a cooperar e ajudar uns aos outros, pois quando a empresa como um todo tem um bom desempenho, todo mundo se beneficia com um maior bônus. Os funcionários também são motivados a contribuir para a organização, pois essas contribuições determinarão sua cota do fundo de bônus.

Aumento salarial ou bônus?

Os administradores também podem distribuir remuneração por mérito na forma de um aumento de salário ou de um bônus acrescentado ao salário normal. Embora as quantias de um aumento salarial e de um bônus possam ser idênticas, o bônus tende a ter um impacto motivacional maior por, pelo menos, três razões. Primeiramente, os níveis salariais normalmente se baseiam em níveis de desempenho e aumentos no custo de vida (e assim por diante), desde o dia em que uma pessoa começa a trabalhar em uma organização – o que significa que o nível absoluto do salário se baseia em grande parte em fatores não relacionados com o desempenho *atual*. Um aumento salarial por mérito correspondendo a 5% do salário, por exemplo, pode parecer relativamente pequeno comparado ao salário total de uma pessoa. Em segundo lugar, dependendo do momento em que ocorrer, um aumento salarial pode ser afetado por outros fatores além do desempenho, como aumento no custo de vida ou ajustes gerais de mercado. Em terceiro lugar, como as organizações raramente reduzem os salários, os níveis salariais tendem a variar menos do que os níveis de desempenho. Em relação a esse ponto, observamos que os bônus dão maior flexibilidade aos administradores na distribuição dos resultados. Se uma organização está apresentando um bom desempenho, os bônus podem ser relativamente altos para recompensar os funcionários pelas suas contribuições. Entretanto, diferentemente dos aumentos salariais, os níveis de bonificação podem ser reduzidos quando o desempenho de uma organização diminui. Em suma, os planos de bonificação têm um impacto motivacional maior do que os aumentos salariais, pois a quantia referente ao bônus pode se basear direta e exclusivamente no desempenho.[83]

Consistentes com os ensinamentos das teorias de motivação, os bônus podem ser associados diretamente ao desempenho e variam ano a ano e de funcionário para funcionário, como na Gradient Corporation, uma empresa de consultoria na área ambiental localizada em Cambridge (Massachusetts).[84] Outra organização que usa com sucesso o sistema de bônus é a Nucor Corporation. Os siderúrgicos da Nucor tendem a ser muito mais produtivos do que aqueles de outras companhias siderúrgicas – provavelmente porque podem receber bônus associados ao desempenho e à qualidade que equivalem a um valor de 130 até 150% de seus salários-base ou normais.[85]

Além de receberem aumentos salariais e bônus, os gerentes do alto escalão e os executivos algumas vezes recebem opções sobre ações para funcionários. As **opções sobre ações para funcionários** são instrumentos financeiros que dão direito ao portador de comprar ações de uma organização por um determinado preço durante um determinado período ou em certas condições.[86] Às vezes, além dos salários, pode-se usar as opções sobre ações como uma forma de atrair os altos executivos. O preço de exercício da opção é o preço pelo qual o portador pode comprar a ação, e as condições de aquisição de direitos especificam quando o portador pode adquirir efetivamente a ação ao preço de exercício. Geralmente, o preço do exercício da opção é o mesmo do valor de mercado da ação na data em que essa foi concedida, e as condições de aquisição de direitos talvez especifiquem que o executivo tem que ter pelo menos 12 meses trabalhados na organização ou talvez ter atingido alguma meta de desempenho (aumento nos lucros, por exemplo) para poder exercer a opção. Em empresas de tecnologia e recém-abertas, certas vezes, as opções são usadas de modo parecido entre os funcionários de diferentes níveis da organização.[87]

Do ponto de vista da motivação, as opções sobre ações não são exclusivamente voltadas para recompensar desempenho individual passado, mas, sim, para motivar os funcionários a trabalharem visando o bem futuro da empresa como um todo.

opções sobre ações para funcionários Instrumentos financeiros que dão direito ao portador de comprar ações de uma organização por um determinado preço durante um determinado período ou em certas condições.

Um siderúrgico da Nucor, em Decatur (Alabama), retira impurezas de um tubo usado para vazar aço fundido. Os operários da Nucor podem chegar a receber bônus associados ao desempenho e à qualidade que vão de 130 a 150% de seus salários normais.

Isso é verdadeiro, pois as opções sobre ações emitidas no preço atual terão valor no futuro somente se a organização for bem e suas ações forem valorizadas; portanto, oferecer opções sobre ações aos funcionários deveria incentivá-los a ajudar a organização a melhorar o seu desempenho ao longo do tempo.[88] Em empresas de tecnologia recém-criadas e nas "ponto-com", as opções sobre ações têm motivado funcionários com potencial a deixar empregos promissores em grandes empresas para trabalhar em empresas recém-criadas. No final dos anos 1990 e início do novo milênio, muitos dos profissionais atraídos pelas "ponto-com" ficaram desolados ao saber que suas opções sobre ações não tinham o menor valor (devido à falência de suas empresas ou então ao seu péssimo desempenho) como também estavam desempregados. Infelizmente, as opções sobre ações também levam a conduta antiética; algumas vezes, por exemplo, os indivíduos procuram inchar artificialmente o valor da ação de uma empresa para aumentar o valor das opções sobre ações.

Exemplos de planos de salários por mérito

Os administradores podem escolher entre diversas opções de planos de salários por mérito, dependendo do trabalho que os funcionários realizam e de outras considerações. Usando o *pagamento por unidade produzida,* um plano por mérito com base no desempenho individual, os administradores baseiam a remuneração no número de unidades produzidas por cada funcionário, sejam elas unidades de televisores, de componentes de computador ou de autopeças. Os administradores da Lincoln Electric usam pagamento por unidade produzida para determinar os níveis salariais individuais. Avanços na tecnologia da informação estão simplificando a administração do pagamento por unidade produzida em uma série de setores. Os proprietários rurais, por exemplo, normalmente usavam pagamento por unidade produzida para os lavradores por meio de um processo laborioso que tomava muito tempo. Hoje em dia, eles podem se valer de pequenos bótons metálicos do tamanho de uma moeda que os lavradores prendem às camisas ou colocam nos bolsos. Fabricados pela Dallas Semiconductor Corporation, esses bótons são adaptados para o uso em propriedades rurais pelo Agricultural Data Systems, com sede em Laguna Niguel (Califórnia).[89] Cada bóton contém um dispositivo semicondutor ligado aos computadores que processam as folhas de pagamento por meio de uma sonda em forma de vareta localizada no campo.[90] A sonda transmite o número de caixas de frutas ou legumes que cada trabalhador colhe, bem como o tipo e a qualidade do produto colhido, a localização da colheita e sua hora e data. Os bótons são ativados ao tocar na sonda; portanto, têm **memória de toque** (*Touch Memory Buttons*). Os administradores geralmente acham que os bótons poupam tempo, aumentam a precisão e fornecem informações preciosas sobre suas plantações e colheitas.[91]

Por meio do *pagamento por comissão,* outro plano de salários por mérito com base no desempenho individual, os administradores baseiam a remuneração em uma porcentagem das vendas. Os administradores da bem-sucedida incorporadora Re/Max International Inc. adotam o sistema de comissões para seus corretores, que recebem uma porcentagem sobre as vendas. Algumas lojas de departamento (como a Neiman Marcus, por exemplo) usam pagamento por comissão para seus vendedores.

Entre os exemplos de planos de salários por mérito com base no desempenho organizacional, temos os planos Scanlon e os planos de participação nos lucros. O *plano Scanlon* (criado por Joseph Scanlon, um sindicalista em uma fábrica de aço e chapas estanhadas nos anos 1920) se concentra na redução de despesas ou no corte dos custos; os membros de uma organização são motivados a bolar e implementar estratégias para corte nos custos, pois uma porcentagem dessa economia obtida durante um período especificado é distribuída aos funcionários.[92] Segundo o plano de *participação nos lucros,* os funcionários recebem parte dos lucros de uma organização. Aproximadamente 16% dos funcionários em grandes e médias empresas se beneficiam de planos de participação nos lucros, e cerca de 25% das pequenas empresas oferecem um sistema de participação.[93] Independentemente do tipo de plano utilizado, os administradores devem sempre se esforçar ao máximo para associar remuneração à adoção de comportamentos que ajudem a organização a atingir seus objetivos.

Os administradores japoneses em grandes empresas há muito tempo rechaçam os planos de salários por mérito em favor de planos que recompensem o tempo de casa. Entretanto, um número cada vez maior de empresas japonesas está adotando remuneração com base no mérito devido a seus benefícios motivacionais. Entre essas empresas, estão a SiteDesign,[94] a Tokio Marine, a Fire Insurance e a Hissho Iwai, uma sociedade mercantil.[95]

Resumo e revisão

A NATUREZA DA MOTIVAÇÃO A motivação engloba as forças psicológicas individuais que determinam a direção do comportamento de uma pessoa em uma organização bem como seus níveis de esforço e de persistência diante de obstáculos. Os administradores se esforçam ao máximo tanto para motivar as pessoas a contribuírem para a organização e focarem um alto desempenho como para garantir que elas obtenham os resultados desejados quando apresentam um alto desempenho. **[MA1]**

TEORIA DA EXPECTATIVA De acordo com a teoria da expectativa, os administradores podem promover elevados níveis de motivação em suas organizações tomando medidas para que a expectativa seja grande (ou seja, fazer com que as pessoas acreditem que, se tentarem, poderão ter um alto desempenho), a instrumentalidade seja grande (as pessoas devem acreditar que, se apresentarem um alto desempenho, obterão certos resultados) e a valência seja grande (as pessoas realmente devem desejar esses resultados). **[MA2]**

AS TEORIAS DA NECESSIDADE As teorias da necessidade sugerem que, para motivar seus funcionários, os administradores devem determinar quais necessidades as pessoas estão tentando satisfazer nas organizações para depois cuidar que as pessoas obtenham os resultados que satisfaçam essas necessidades quando apresentam um alto desempenho e contribuem para a eficácia organizacional. **[MA3]**

TEORIA DA EQUIDADE De acordo com a teoria da equidade, os administradores podem promover elevados níveis de motivação mostrando às pessoas que existe equidade na organização ou que os resultados são distribuídos proporcionalmente às contribuições. Existe equidade quando uma pessoa percebe que sua própria relação resultado/contribuição é igual à relação resultado/contribuição de um referencial. A iniquidade motiva as pessoas a tentarem restabelecer a equidade. **[MA2]**

TEORIA DO ESTABELECIMENTO DE METAS A teoria do estabelecimento de metas sugere que os administradores podem promover grande motivação e desempenho fazendo as pessoas se empenharem ao máximo para atingir objetivos específicos e difíceis. É importante que elas aceitem tais objetivos, estejam comprometidas com eles e tenham *feedback* sobre seu desempenho. **[MA3]**

TEORIAS DA APRENDIZAGEM A teoria do condicionamento operante sugere que os administradores podem motivar as pessoas a terem um alto desempenho usando reforço positivo ou reforço negativo (nesse caso, a estratégia preferida deve ser a do reforço positivo). Podem evitar que as pessoas adotem comportamentos não funcionais por meio do uso da extinção ou da punição. A teoria da aprendizagem social sugere que as pessoas também podem ser motivadas observando como outras adotam certos comportamentos e recebem recompensas por isso, praticando o autorreforço e apresentando elevados níveis de autoeficácia. **[MA4]**

SALÁRIO E MOTIVAÇÃO Cada uma das teorias da motivação discutidas no presente capítulo faz alusão à importância do salário e sugere que este deva se basear no desempenho. Os planos de salários por mérito podem se basear no desempenho individual, coletivo ou organizacional, e podem implicar o uso de aumentos salariais ou bônus. **[MA5]**

Administradores em ação

Tópicos para discussão e trabalho

DISCUSSÃO

1. Discutir por que duas pessoas com aptidões similares podem apresentar expectativas muito diversas quanto a um possível alto desempenho. [MA2]
2. Descrever por que algumas pessoas apresentam instrumentalidades baixas mesmo quando seus administradores distribuem resultados com base no desempenho. [MA2]
3. Analisar como os professores tentam promover a equidade para motivar seus alunos. [MA2]
4. Descrever três técnicas ou procedimentos que os administradores podem usar para determinar se um objetivo é difícil. [MA3]
5. Discutir por que os administradores sempre devem tentar usar reforço positivo em vez de reforço negativo. [MA4]

AÇÃO

6. Entreviste três pessoas com o mesmo tipo de trabalho (por exemplo, vendedores, garçons ou professores) e determine quais tipos de necessidades cada um está tentando satisfazer no trabalho. [MA3]
7. Entreviste um administrador em uma organização de sua comunidade para determinar até que ponto ele tira proveito da aprendizagem vicária para promover grande motivação entre seus subordinados. [MA3]

Desenvolvimento de habilidades gerenciais
Diagnosticando a motivação [MA1, 2, 3, 4]

Imagine o trabalho ideal que você gostaria de ter após se formar. Descreva esse trabalho, o tipo de gerente que gostaria de ter, assim como o tipo de organização em que gostaria de trabalhar. Após isso, responda às seguintes perguntas:

1. Quais seriam os seus níveis de expectativa e instrumentalidade nesse trabalho? Que resultados teriam alta valência para você? Que medidas seu gerente poderia tomar para influenciar seus níveis de expectativa, instrumentalidade e valência?
2. Quem você escolheria como referencial nesse trabalho? Que medidas seu gerente poderia tomar para que você se sentisse tratado de forma justa? O que você faria se, depois de um ano na empresa, experimentasse iniquidade por salário inferior ao merecido?
3. Que objetivos você se esforçaria para atingir nesse emprego? Por quê? Que papel seu gerente desempenharia na determinação de seus objetivos?
4. Que necessidades você se esforçaria em atender? Por quê? Que papel seu gerente desempenharia em ajudá-lo a satisfazer essas necessidades?
5. Que comportamentos seu gerente reforçaria positivamente? Por quê? Que reforçadores positivos seu gerente usaria?
6. Existiria alguma aprendizagem vicária nesse trabalho? Por quê?
7. Até que ponto você estaria motivado usando autocontrole? Por quê?
8. Qual seria o seu nível de autoeficácia? Por que sua autoeficácia estaria nesse nível? Seu gerente deveria tomar alguma providência para aumentar sua autoeficácia? Em caso negativo, por que não? Em caso positivo, quais seriam essas providências?

Administrando eticamente [MA5]

Algumas vezes, a remuneração é tão dependente do desempenho a ponto de criar tensão para os funcionários. Imagine um vendedor que sabe que se as metas de vendas não forem atingidas, ele não será capaz de pagar a prestação do financiamento imobiliário ou o aluguel.

Perguntas

1. Individualmente ou em grupo, imagine as implicações éticas de praticamente "amarrar" a remuneração ao desempenho.
2. Em que condições a remuneração seria mais estressante e que medidas os administradores poderiam tomar para tentar ajudar seus subordinados a terem um bom desempenho e não experimentarem níveis de estresse excessivos?

Exercício em grupo
Aumentando a motivação [MA1, 2, 3, 4, 5]

Forme pequenos grupos de três ou quatro pessoas e indique um de seus membros para ser o seu porta-voz. Este último comunicará as descobertas do grupo a toda a classe quando chamado pelo professor. Logo após, discuta a seguinte situação:

Você e seus sócios têm uma rede de 15 lavanderias a seco em uma cidade de tamanho médio. Todos vocês estão preocupados com um problema na área de atendimento ao cliente, e que veio à tona recentemente. Quando qualquer um de vocês passa o dia, ou mesmo parte dele, em uma determinada loja, os atendentes parecem prestar excelente atendimento ao cliente, os funcionários responsáveis por tirar manchas eliminam todas e as passadeiras fazem um excelente trabalho passando peças difíceis, como blusas de seda. Entretanto, durante essas mesmas visitas, os clientes fazem reclamações a você sobre coisas como manchas que não foram removidas e peças mal passadas em alguns de seus pedidos anteriores; de fato, vários clientes trouxeram roupas de volta para serem retrabalhadas. Algumas vezes, os clientes também comentam que esperaram muito para serem atendidos em visitas anteriores. Você e seus sócios estão se reunindo hoje para resolver esse problema.

1. Discuta até que ponto você acha que tem um problema de motivação em suas lojas.
2. Dado o que você aprendeu no presente capítulo, elabore um plano para aumentar a motivação dos atendentes a fim de que prestem pronto atendimento aos clientes mesmo quando esses funcionários não estão sendo observados por um dos sócios.
3. Elabore um plano para aumentar a motivação dos funcionários responsáveis por tirar manchas para que esses eliminem o maior número possível delas mesmo quando não estão sendo observados por um dos sócios.
4. Elabore um plano para aumentar a motivação das passadeiras para que estas realizem um trabalho fora de série em todas as roupas que elas passam, não importando o grau de dificuldade da tarefa.

Seja você o administrador [MA1, 2, 3, 4, 5]

Você supervisiona uma equipe de analistas de mercado que trabalha com diferentes salgadinhos em uma grande indústria alimentícia. Os analistas de mercado se formaram recentemente em administração ou ciências humanas e já têm de um a três anos de empresa. Dentre suas responsabilidades, eles devem analisar o mercado para seus respectivos produtos, inclusive a concorrência; acompanhar as últimas tendências de *marketing* do setor e planejar futuras campanhas. Também precisam preparar relatórios trimestrais sobre as vendas e custos para seus respectivos produtos e estimativas orçamentárias para os próximos três trimestres. Para preparar esses relatórios, eles precisam obter dados dos analistas financeiros e contábeis que trabalham com seus respectivos produtos.

Quando eles ingressaram na empresa, você revisou o ciclo de geração de relatórios com cada analista de mercado, explicando o que e como deveria ser feito, enfatizando a necessidade de entrega de relatórios dentro do prazo. Embora preparar relatórios possa ser entediante, você acha a tarefa bem simples e facilmente realizada caso os analistas planejem com antecedência e reservem tempo suficiente para isso. Quando o prazo para a entrega dos relatórios se aproxima, você relembra os analistas por meio de *e-mails* e enfatiza a necessidade de relatórios precisos e entregues no prazo para as reuniões de equipe.

Você acredita que essa parte do trabalho dos analistas é muito simples. Entretanto, no final de cada trimestre, a maioria dos analistas entrega seus relatórios com um ou dois dias de atraso – e o pior é que seu próprio supervisor (que é o destinatário final dos relatórios) indicou a frequente falta de informações nos relatórios e notou que, por vezes, eles contêm erros. Quando você começou a ser duramente criticado pelo seu supervisor sobre esse problema, decidiu que seria melhor resolver as coisas – e rapidamente. Você se reúne com os analistas de mercado, explica o problema, diz a eles para entregarem os relatórios com um ou dois dias de antecedência a fim de que possa examiná-los e, em caráter mais amplo, enfatiza que eles deveriam se organizar. Infelizmente, as coisas não evoluíram muito e você perde cada vez mais do seu próprio tempo fazendo os relatórios. O que irá fazer?

BusinessWeek Caso em foco [MA1, 2, 3]
Transferindo o trabalho ingrato para o exterior

David Cain adora seu trabalho. Bem, pelo menos a maior parte dele. Como diretor executivo mundial de engenharia da Pfizer, Cain sente real prazer em avaliar riscos ambientais de bens imóveis, administrar instalações industriais e supervisionar o orçamento multimilionário da gigante da indústria farmacêutica. O que ele não gosta tanto é de criar apresentações em PowerPoint e ficar correndo os olhos por planilhas.

Para a sorte de Cain, a Pfizer agora permite que ele repasse essas tarefas entediantes e que consomem um bom tempo para a Índia, com apenas um clique de *mouse*. O PfizerWorks, lançado no início do ano passado, possibilita que cerca de 4 mil funcionários repassem partes de suas tarefas para terceiros. Poderíamos chamar isso de "terceirização pessoal". Com trabalhadores na Índia tratando desde projetos básicos de pesquisa de mercado a apresentações, profissionais como Cain podem se concentrar em trabalho de maior valor. "Foi realmente uma bênção", diz Cain. "Posso enviar algo para eles à noite e ter o trabalho pronto me esperando na manhã seguinte quando chego ao escritório."

Essa mudança inesperada da terceirização vem em boa hora, pois os outros recursos estão cada vez mais escassos. Enquanto as empresas degolam pessoas aos milhares – a própria Pfizer anunciou um corte em cerca de 8 mil postos de trabalho em janeiro –, aqueles que restam têm de fazer cada vez mais coisas. Em uma economia recessiva, entretanto, é essencial que os executivos direcionem suas energias na motivação de equipes, criem novos produtos e pensem estrategicamente sobre sua próxima jogada. "Há muito em jogo", diz David Kreutter, vice-presidente da Pfizer para operações comerciais nos Estados Unidos.

Originalmente apelidado de "O Escritório do Futuro", o PfizerWorks é, em parte, um subproduto do esforço para cortes de gastos iniciado vários anos atrás. Jordan Cohen, arquiteto e líder do programa, teve a ideia depois de ler o livro *O mundo é plano*, de Thomas L. Friedman, e observar como a sua própria equipe trabalhava. Cohen lembra-se de ter visto um de seus recrutados da consultoria McKinsey & Co., que tinha sido pai recentemente, permanecer até altas horas no escritório fazendo cálculos maçantes e buscando informações na *web*. Segundo Cohen, não parecia ser um tempo bem investido.

Em vez de transferir empregos para o exterior, como as empresas vêm fazendo há anos, Cohen queria encontrar uma maneira de transferir tarefas. Ele também achava que o programa deveria permitir que os funcionários resolvessem seus problemas a partir de um único ponto concentrador de recursos. Em vez de ter alguns serviços especializados implantados, os funcionários da Pfizer clicam em um único botão na área de trabalho de seus computadores que os remete ao *site* do PfizerWorks. Lá, escrevem o que precisam em um formulário *online* que é enviado para uma das empresas de terceirização de serviços na Índia: a Genpact, em Gurgaon, e uma unidade indiana da R.R. Donnelley, empresa originária de Chicago.

Assim que uma solicitação é recebida, um membro da equipe (como Biju Kurian, da R.R. Donnelley da Índia) faz uma ligação para o funcionário da Pfizer para esclarecer o que é necessário e para quando. Os custos envolvidos em cada projeto são alocados ao departamento respectivo do funcionário. Diz Shantanu Ghosh, vice-presidente da Genpact: "A maneira como foi construído o modelo da Pfizer é realmente original".

Agora, a Pfizer está procurando expandir o programa para um número maior de funcionários e para uma gama maior de tarefas. Cohen conta que, enquanto apresentava o serviço a um grupo de cientistas da Pfizer no ano passado, um deles apontou imediatamente suas limitações. "Entendi, Jordan, podemos usar esse serviço", disse o pesquisador. "Mas o que eu realmente preciso é de um cara inteligente por um dia inteiro de trabalho." Ele tinha razão. Certas tarefas simplesmente não podem ser subdivididas com facilidade em instruções em um formulário *online*, como admite Cohen; por vezes, os funcionários precisam de um assistente que trabalhe no mesmo fuso horário.

Ajuda local

Como resultado disso, a Pfizer está testando um acordo com uma pequena empresa sediada em Columbus (Ohio), chamada Pearl Interactive Network. A Pearl emprega, em sua maioria, pessoas deficientes que colaboram em tarefas administrativas, como organizar os documentos de pesquisa de mercado em um servidor compartilhado ou programar reuniões. Embora a parceria seja modesta e não vise suplantar os acordos na Índia ou os cargos administrativos, Cohen espera que ela faça com que o pessoal da Pfizer se torne ainda mais produtivo.

Embora o PfizerWorks mal tenha chegado ao seu primeiro ano de vida, Cohen estima que ele já liberou cerca de 66,5 mil horas para os funcionários. A Pfizer acredita que agora os funcionários estejam gastando menos dinheiro com outros fornecedores, como as empresas de artes gráficas ou de pesquisa de mercado. Além disso, a empresa pede aos funcionários que expressem qual o nível de satisfação com o produto final. Se a pontuação não for suficientemente alta, um departamento pode se recusar a pagar, o que aconteceu pouquíssimas vezes.

Cain, por sua vez, gosta de trabalhar com o que gosta de chamar de sua "consultoria particular". Após obter excelentes resultados com planilhas básicas e apresentações em PowerPoint, ele solicitou às equipes na Índia ajuda em projetos mais complexos. Um deles era garimpar "cadernos de estratégias" da empresa que se encontravam arquivados e que tratavam de aquisições feitas no passado, e reunir quaisquer ensinamentos sobre o que funcionou ou não na hora das fusões. Esse trabalho preliminar deve beneficiar a gigante da indústria farmacêutica, agora que ela anunciou a aquisição da Wyeth por US$ 68 bilhões.

Segundo Cain, o relatório das instalações fica pronto em um mês, contra os seis meses que ele levaria para fazer isso sozinho. "A Pfizer não me paga para trabalhar taticamente", diz ele, "mas, sim, para trabalhar estrategicamente."

Perguntas

1. David Cain é motivado intrinsecamente em seu trabalho? Por quê?
2. Como a possibilidade de terceirizar certas tarefas poderia contribuir para a motivação dos funcionários?
3. Como a possibilidade de terceirizar tarefas poderia aumentar os níveis de expectativa dos funcionários? A possibilidade tem o potencial de diminuir essa expectativa? Por quê?
4. Quando os administradores terceirizam certas tarefas, quais são as possíveis implicações motivacionais para seus subordinados?

Fonte: Jena McGregor, "The Chore Goes Offshore". Reimpresso das edições de 23 e 30/mar./2009 da *BusinessWeek* com permissão especial, copyright © 2009 da The McGraw-Hill Companies, Inc.

BusinessWeek Caso em foco [MA1, 2, 4, 5]
Motivos para advogar a causa dos benefícios desiguais

Um grupo de renegados de RH está se aproveitando da recessão econômica para promover um conceito pouco ortodoxo: eles propõem que a moda atual de cortar benefícios extras e salários é uma insanidade administrativa. O mundo empresarial pode estar pegando fogo, mas Richard W. Beatty, que leciona estratégia para recursos humanos na Rutgers University, diz que a tendência de tratar todo mundo da mesma forma é "equivocada e absolutamente a estratégia errada. É um suicídio estratégico".

Beatty e seus seguidores sustentam que a atitude prevalente equivale a uma companhia aérea empurrar seus clientes VIP para a classe econômica, onde receberão cobertores ásperos e comida pronta embalada. Assim que os bons tempos voltarem (assim se diz, pelo menos) altos executivos desencantados sairão em disparada por melhor tratamento e maiores salários. Empresas que se limitarem ao *status quo* "pagarão caro", diz Beatty, que, junto com Brian Becker e Mark Huselid, foi coautor do livro *The Differentiated Workforce* (a ser lançado)*. Ele também presta serviços de consultoria para a Sony, GlaxoSmithKline, Lockheed Martin e outras.

A abordagem de Beatty tem atraído um número crescente de adeptos. Os czares do RH nas mais variadas empresas, da Sony à metalúrgica Precision Castparts, estão se engajando em nada menos que uma revolução no âmbito da remuneração: tratamento de terceira classe para funcionários medíocres – e benefícios de classe executiva para os grandes astros. Nessas organizações, os departamentos de RH estão se transformando no que poderia ser chamado de um atendimento VIP dedicado ao cuidado e paparico das pessoas cujas posições e desempenho estão gerando mais dinheiro para suas empresas.

O pessoal de RH tende a acreditar em uma abordagem igualitária, de modo que a ideia de tratar de forma diferente pessoas que estão no mesmo cargo é contraditória. Os tradicionalistas também defendem que cortes de gastos generalizados para todos os níveis ajudam a evitar demissões e protegem as empresas de ficarem com um quadro de funcionários reduzido quando a economia voltar a crescer. O credo poderia ser sintetizado como segue:

---

* N. de R.T.: Publicado pela Harvard Business Press em abril de 2009.

estamos todos no mesmo barco. "Existem muitas pessoas de RH que pensam que [tratamento preferencial] não é correto e acreditam que isso, na verdade, seja injusto", diz Beatty. "Eles querem salvar todo mundo e serem os cães são-bernardo."

Não é o que pensa Craig E. Schneier. O diretor de RH da gigante indústria farmacêutica Biogen Idec está mais para um *terrier*. Schneier é maníaco por ficar ajustando os sistemas da Biogen para avaliação e medição do desempenho de funcionários. "Muitas empresas falam sobre isso", diz Schneier. "Mas se você for examinar seus resultados em relação à remuneração, verá que no final das contas eles não diferenciam necessariamente." Certo, existe uma pequena diferença percentual nos aumentos ou bônus. Mas a maioria dos funcionários em cargos similares definha nas mesmas faixas salariais e é mandada para os mesmos congressos que os folgados e aqueles que têm desempenho inferior ao das grandes estrelas.

Schneier não acredita que todas as pessoas (ou cargos) sejam iguais. Na Biotec Idec, é comum um vice-diretor ganhar o dobro do que ganha o sujeito da sala vizinha em um cargo semelhante. "O dobro de aumento salarial por mérito, o dobro de bônus e o dobro de ações ordinárias", diz Schneier. As métricas de desempenho na Biogen são tão rigorosas que os funcionários basicamente têm que reconquistar seus padrões de vida a cada ano.

Micromedição do desempenho

Nesse novo mundo, salários mais polpudos vêm com treinamento e desenvolvimento por excelência, mais almoços com altos executivos e atenção pessoal desmedida para satisfazer todos os caprichos das figuras mais importantes. Onde houver duas classes de trabalhadores, até mesmo os eventos podem ser diferentes. A American Heart Association, por exemplo, tem eventos em grande estilo para os "fora de série". No ano passado, a Associação levou 13 deles para o World Business Forum na cidade de Nova York.

Como pagar recompensas para grandes realizadores numa época na qual os orçamentos são extremamente controlados? Beatty e Huselid dizem que têm clientes que estão começando a furtivamente congelar ou cortar salários para alguns a fim de serem capazes de recompensar outros. "Eles estão despindo um santo para vestir outro", diz Beatty. "Veja, há um bocado de velhos funcionários com fraco desempenho que se agarraram a seus altos salários e conseguiram manter esse padrão à custa de reposições salariais pela inflação."

As empresas estão ficando melhores em empregar sua "força bruta tecnológica" para monitorar, medir e analisar seus quadros de funcionários – desde aqueles que fizeram tal visita que resultou em tal negócio àqueles infames que ficam se autopromovendo para, na prática, apresentarem resultados pouco convincentes. Essas medidas de desempenho granulares estão facilitando muito a personalização das recompensas, possibilitando que estas possam ser distribuídas diferentemente a cada funcionário. Isso conduzirá a um ambiente de trabalho mais darwiniano.

A legislação atual proíbe que as empresas deem benefícios, como assistência médica, planos de pensão ou licenças-maternidade, diferentes a cada funcionário. A legislação impõe um sistema universal e impede a personalização. Mas os especialistas acreditam que essa legislação sofrerá uma reforma em um prazo de cinco anos para se adequar ao estilo de recompensas com base no desempenho. Inclusive já é possível ouvir alguns expoentes do RH, como Lisa Brummel (Microsoft) e Randall MacDonald (IBM), dizerem que sonham com essa nova era: personalizar benefícios e remuneração de acordo com os estágios da vida, níveis de desempenho e estilos de trabalho. Não está longe o dia em que uma pessoa sem filhos pertencente à Geração Y terá direito a um período de férias maior devido a benefícios por adoção ou em que um *boomer* grisalho poderá abdicar do auxílio-educação em troca de uma melhor assistência na velhice. Como diz MacDonald: "Por que não posso atrelar meu fundo de pensão ao desempenho?".

Perguntas

1. Quais são as implicações motivacionais de tratar funcionários com excelente desempenho da mesma forma que aqueles com desempenho mediano ou abaixo da média?
2. Quais são as implicações motivacionais de tratar melhor os funcionários com excelente desempenho do que aqueles com desempenho mediano ou abaixo da média?
3. Em períodos de recessão econômica, quando os empregos estão escassos, por que os administradores ainda precisam prestar atenção na motivação do funcionário?
4. Existem possíveis pontos negativos no ato de tentar "micromedir" o desempenho?

Fonte: Michelle Conlin, "The Case for Unequal Perks". Reimpresso das edições de 23 e 30/mar./2009 da *BusinessWeek* com permissão especial, copyright © 2009 da The McGraw-Hill Companies, Inc.

Líderes e a liderança

CAPÍTULO 10

Metas de aprendizagem

Após estudar o presente capítulo, você deverá estar apto a:

1. Explicar o que é liderança, quando os líderes são eficazes ou não, e as fontes de poder que possibilitam aos administradores serem líderes eficazes. **[MA1]**

2. Identificar os traços de personalidade que mostram uma maior relação com a liderança, os comportamentos adotados pelos líderes e as limitações do modelo de liderança comportamental e do modelo de liderança com base em traços de personalidade. **[MA2]**

3. Explicar como os modelos de contingência para liderança aumentam o entendimento sobre liderança e gestão eficazes nas organizações. **[MA3]**

4. Descrever o que é liderança transformacional e explicar como os administradores podem praticá-la. **[MA4]**

5. Caracterizar a relação entre gênero e liderança e explicar como a inteligência emocional pode contribuir para a eficácia da liderança. **[MA5]**

ESTUDO DE CASO
Judy McGrath e a MTV Networks

Como um executivo consegue transformar uma empresa moderna que vive em um ambiente em rápida mudança?

Como presidente do conselho de administração e CEO da MTV Networks, Judy McGrath tem um dos cargos de liderança mais desafiadores e abrangentes dos meios de comunicação de massa.[1] A MTV Networks, uma das unidades da Viacom, é casa da MTV original bem como dos canais Nickelodeon, VH1, Comedy Central, LOGO, MTV2, Nick at Nite, NOGGIN, TV Land, CMT, mtvU, the N e Spike TV.[2] Operando em um setor e em mercados cuja velocidade de mudança não tem paralelo, fazer com que a MTV Networks continue moderna e atual, mantendo seu atrativo em um mundo digital em constante mudança, é uma tarefa colossal.[3]

Presidente do conselho de administração e CEO da empresa, Judy McGrath lidera com sucesso a complexa MTV Networks.

McGrath certamente parece estar pronta para o desafio; em 2006, ela recebeu o Vanguard Award for Distinguished Leadership e, em 2008, ficou em 18º lugar na lista das "50 Mulheres Mais Poderosas" da revista *Fortune*.[4] Curiosamente, McGrath, nascida em Scranton (Pensilvânia), foi pela primeira vez à cidade de Nova York no final dos anos 1970 na esperança de unir a paixão por rock à graduação em literatura inglesa a fim de poder escrever para a revista *Rolling Stone*. Mas McGrath começou a escrever para a revista *Mademoiselle* e mais tarde para a *Glamour*. Em 1981, amigos lhe contaram sobre a recém-lançada MTV e ela conseguiu um emprego lá, escrevendo artigos promocionais. E o restante faz parte da história. Na MTV desde seus primórdios, hoje, McGrath se encontra no posto mais alto.[5]

McGrath é bem diferente do que muitas pessoas imaginam ao pensarem em um CEO tradicional. Mulher de grande cultura, ela é bastante antenada na cultura *pop*, é fonte de talento e inspiração para funcionários e uma líder criativa que incentiva o mesmo nos outros. Tem criado uma cultura bastante participativa na MTV, na qual todos os funcionários são ouvidos. Ele é pragmática, sente-se à vontade tanto ao planejar estratégias com os altos executivos da empresa como ao interagir com *hip-hoppers* ou assistir a *shows* ao vivo de música independente. A confiança de McGrath e sua grande energia se aliam ao conhecimento do mercado, à criatividade e integridade.[6]

Em seu estilo pessoal de liderança, procura dar maior poder e autonomia a todos os membros da organização MTV bem como a seus telespectadores. De acordo com McGrath, a criatividade e a inovação provêm de funcionários de todos os níveis; assim, os líderes e gerentes devem ouvir as ideias dos funcionários e a mudança deve ser a regra do dia em um ambiente dinâmico.[7] Ela também se esforçou para dar maior autonomia ao público telespectador da MTV e aumentar a consciência dele sobre importantes questões sociais por meio de uma programação premiada – como a série *Fight For Your Rights* (Lute por seus direitos).[8]

McGrath mantém contato diário com um leque muito grande de pessoas, mantendo-se atualizada com as últimas novidades do setor e da cultura *pop*, e está sempre em busca de novas ideias e oportunidades. Ela é visionária e vê possibilidades e oportunidades onde outros talvez vejam apenas riscos ou possíveis pontos negativos. Ela é uma mulher trabalhadora, perseverante e que acredita que nada é impossível. Sob seu comando, a MTV lançou um sem-número de novos programas de sucesso, todos arriscados e que poderiam ter sido um fracasso. Como ela mesma coloca: "Um fiasco é um grande motivador. A coisa mais inteligente que podemos fazer ao nos depararmos com algo realmente criativo é deixar a coisa rolar."[9]

McGrath enfrenta novos desafios à medida que leva a MTV adiante. Sua programação agora faz parte do *establishment* da mídia, e na era da banda larga, iPods e qualquer coisa *online*, ela sabe que a MTV não pode repousar sobre seus louros: tem que se transformar continuamente para manter o foco moderno e de vanguarda e continuar sendo atrativa para seu público. Consequentemente, McGrath está pressionando a MTV para oferecer serviços em múltiplas plataformas digitais, desde telefones celulares e novos canais de banda larga a *video games*.[10]

É claro que tempos desafiadores virão pela frente, já que ela procura transformar a MTV na era digital. Sua visão e sua resolução, combinadas ao seu estilo de dar maior autonomia aos funcionários, de encorajá-los a correrem riscos e ao mesmo tempo incentivar sua criatividade, para que todos "aproveitem a jornada", sugerem que a MTV está em boas mãos.[11]

Visão geral

Judy McGrath é um exemplo das diversas facetas da liderança eficaz. No Capítulo 1, explicamos que uma das quatro principais tarefas do administrador é a liderança. Consequentemente, nesta altura não deve ser nenhuma surpresa que a liderança é um ingrediente fundamental para a administração eficaz. Quando os líderes são eficazes, seus subordinados ou seguidores têm grande motivação, comprometimento e alto desempenho. Quando os líderes são ineficazes, são grandes as chances de que seus subordinados não usem todo seu potencial, fiquem desmotivados e talvez insatisfeitos também. A CEO Judy McGrath é uma líder no mais alto escalão da organização, mas a liderança é um ingrediente importante para o sucesso gerencial em todos os níveis das empresas: alta administração, gerência intermediária e gerência de primeira linha.

MA1 Explicar o que é liderança, quando os líderes são eficazes ou não, e as fontes de poder que possibilitam aos administradores serem líderes eficazes.

Além disso, a liderança é um componente-chave para o sucesso gerencial de grandes e pequenas organizações.

No presente capítulo, descreveremos o que é liderança e examinaremos os principais modelos de liderança que elucidam fatores que contribuem para que um administrador seja um líder eficaz. Examinaremos o modelo comportamental, o modelo com base em traços de personalidade (que se concentram em como são os líderes e o que eles fazem) e os modelos de contingência (modelo de contingência de Fiedler, teoria do caminho–objetivo e o modelo de substitutos para o líder). Cada um desses leva em conta a complexidade em torno da liderança e o papel da situação na eficácia de um líder. Também descreveremos como os administradores podem usar a liderança transformacional para produzir um forte efeito nas suas organizações. Ao chegar ao final deste capítulo, você terá uma boa ideia dos diversos fatores e questões que os administradores enfrentam para se tornarem líderes eficazes.

A natureza da liderança

liderança
Processo por meio do qual um indivíduo exerce influência sobre outras pessoas, inspirando-as e motivando-as, bem como direcionando suas atividades para que atinjam os objetivos do grupo ou da organização.

líder
Um indivíduo capaz de exercer influência sobre outras pessoas a fim de que ajudem a atingir os objetivos de grupos ou da organização.

Liderança é o processo por meio do qual uma pessoa exerce influência sobre outras, inspirando-as e motivando-as, bem como direcionando suas atividades para que atinjam os objetivos do grupo ou da organização.[12] A pessoa que exerce essa influência é um **líder**. Quando os líderes são eficazes, a influência que eles exercem sobre os outros ajuda um grupo ou organização a atingir suas metas de desempenho. Quando os líderes são ineficazes, sua influência não contribui e normalmente dificulta a consecução de objetivos. Como deixa claro o "Estudo de caso", Judy McGrath está tomando várias medidas para inspirar e motivar os funcionários da MTV para que eles possam ajudar a empresa a atingir suas metas.

Além de facilitar a consecução de metas de desempenho, a liderança eficaz aumenta a capacidade de uma organização enfrentar todos os desafios administrativos atuais discutidos ao longo deste livro, inclusive as necessidades de obter vantagem competitiva, de promover conduta ética e de administrar uma força de trabalho diversa de modo justo e equânime. Os líderes que exercem influência sobre membros da organização para ajudar a cumprir essas metas aumentam as chances de sucesso de suas organizações.

Ao considerar a natureza da liderança, examinaremos primeiramente os estilos de liderança e como eles afetam as tarefas gerenciais, e a influência da cultura nos estilos de liderança. Em seguida, focaremos na chave para a liderança – o *poder*, que pode provir de várias fontes. Finalmente, consideramos a dinâmica contemporânea do *empowerment* e como ele se relaciona com a liderança eficaz.

Estilo pessoal de liderança e tarefas gerenciais

O *estilo pessoal de liderança* de um administrador – isto é, as maneiras específicas escolhidas por um administrador para influenciar outras pessoas – molda a forma como ele encara o planejamento, a organização e o controle (as outras tarefas principais da administração). Consideremos o estilo pessoal de liderança de Judy McGrath no "Estudo de caso": ela é pragmática, fonte de talento e inspiração para funcionários e, ao mesmo tempo, resoluta e visionária. Ela dá maior poder e autonomia aos funcionários, os encoraja a serem criativos e a correrem riscos e promove uma cultura participativa na MTV Networks.[13]

Administradores de todos os níveis e em todos os tipos de organizações possuem seus próprios estilos pessoais de liderança que determinam como eles lideram seus subordinados e também como desempenham as demais tarefas da administração. Michael Kraus, proprietário e administrador de uma lavanderia no nordeste dos Estados Unidos, por exemplo, adota uma abordagem prática para a liderança. Ele possui a autoridade exclusiva para determinar as escalas de trabalho e as atribuições de tarefas para os 15 funcionários da lavanderia (uma tarefa de organização), toma todas as decisões importantes por conta própria (uma tarefa de planejamento) e monitora de perto o desempenho de seus funcionários e recompensa os melhores com aumentos salariais (uma tarefa de controle). O estilo pessoal de liderança de Kraus é eficaz em sua organização. Seus funcionários geralmente são motivados, têm um alto desempenho e estão satisfeitos, e sua lavanderia é muito lucrativa.

Desenvolver um estilo pessoal de liderança eficaz muitas vezes é um desafio para administradores de todos os níveis da organização. Esse desafio geralmente é exacerbado em épocas difíceis devido, por exemplo, a uma crise econômica ou ao declínio na demanda dos clientes. A bancarrota das "ponto com" e a economia em baixa no início do novo milênio provocaram tal desafio para muitos líderes.

Embora a liderança seja uma das quatro principais tarefas da administração, normalmente se faz uma distinção entre administradores e líderes. Quando se faz essa distinção, se pensa nos administradores como aqueles membros da organização que estabelecem e implementam procedimentos e processos para garantir um funcionamento estável e que são responsáveis pelo cumprimento das metas.[14] Os líderes olham para o futuro, traçam o caminho para a organização e atraem, mantêm, motivam, inspiram e desenvolvem relações com os funcionários com base na confiança e no respeito mútuo.[15] Os líderes dão sentido e propósito, buscam a inovação em vez da estabilidade e incutem em seus funcionários um forte desejo de trabalharem juntos para atingirem a visão dos líderes.[16]

Como parte de seu estilo pessoal de liderança, alguns líderes não medem esforços para realmente servirem outras pessoas. Robert Greenleaf, que foi diretor de pesquisa em administração na AT&T e, depois de sua aposentadoria, em 1964, se dedicou a uma segunda carreira focada em escrever livros, dar palestras e consultoria, criou o termo *liderança servidora* para descrever tais líderes.[17] **Líderes servidores**, acima de tudo, possuem um forte desejo de servir e trabalhar para o benefício dos demais.[18] Os líderes servidores: dividem o poder com os seus seguidores; se esforçam ao máximo para que as necessidades mais importantes dos seus seguidores sejam atendidas (verificam se são capazes de crescerem como indivíduos e se o seu bem-estar está aumentando) e, além disso, procuram concentrar a atenção naqueles que estão em piores condições de vida em uma sociedade.[19] Greenleaf fundou uma organização sem fins lucrativos chamada Greenleaf Center for Servant–Leadership (anteriormente chamada Center for Applied Ethics) para promover a liderança focada no serviço aos outros, na divisão do poder e em uma noção de comunidade entre as organizações e as várias partes nelas interessadas.[20] Alguns empreendedores não medem esforços para incorporarem liderança servidora em seus estilos pessoais de liderança, conforme descrito a seguir no quadro "Ética em ação".

líder servidor Um líder que tem um forte desejo de servir e trabalhar em benefício dos outros.

ÉTICA EM AÇÃO

Liderança servidora na Zingerman's

Ari Weinzweig e Paul Saginaw fundaram a Zingerman's Delicatessen em Ann Arbor (Michigan), em 1982.[21] Apaixonados por comida, Weinzweig e Saginaw se deleitavam em descobrir pratos tradicionais e exóticos de todo o mundo, fazendo deliciosos sanduíches por encomenda e mantendo uma extensa lista de comestíveis, desde azeitonas, azeites, vinagres, queijos, peixe defumado e salames. Seu negócio estava crescendo, necessitava de expansão mas, ao mesmo tempo, os fundadores queriam manter uma atmosfera íntima com excelente atendimento ao cliente; então, Weinzweig e Saginaw resolveram tornar a sua rotisseria original em um conjunto de negócios afins chamado Zingerman's Community of Businesses. Além da rotisseria original, a Zingerman's Community of Businesses agora inclui uma empresa de venda por correio, uma padaria, um *catering*, uma loja de produto lácteos, um restaurante, um comércio atacadista de café e uma empresa de treinamento, com uma receita combinada de cerca de US$ 30 milhões.[22] Desde o princípio, Weinzweig e Saginaw se comprometeram em oferecer excelente atendimento ao cliente, ótima

Paul Saginaw (à esquerda) e Ari Weinzweig incorporaram a liderança servidora em seus estilos pessoais de liderança na Zingerman's.

comida e um compromisso com as pessoas e a comunidade.[23]

Como parte de seu comprometimento com as pessoas e a comunidade, Weinzweig e Saginaw incorporaram a liderança servidora em seus estilos pessoais de liderança. À medida que seu negócio crescia e prosperava, eles se deram conta de que maior sucesso significa maior responsabilidade em servir os outros. Eles não medem esforços para tratar seus funcionários tão bem como seus clientes, e se esforçam também para dar a eles oportunidades de crescimento e desenvolvimento no trabalho. Eles também se deram conta de que quando suas próprias necessidades ou desejos diferem do que é melhor para sua empresa, eles devem decidir fazer o que é melhor para a empresa.[24]

Até hoje, os cofundadores encorajam seus funcionários a indicarem como podem ajudá-los e o que podem fazer para eles. E dada à cultura da Zingerman de mútuo respeito e confiança, os funcionários não hesitam em comunicar as variadas formas com as quais seus líderes podem servi-los. Por exemplo, quando Weinzweig visita o restaurante Roadhouse da Zingerman e o pessoal está muito ocupado, eles podem pedir a ele para ajudá-los atendendo os clientes ou limpando as mesas. Como ele indica: "As pessoas me dão tarefas a todo momento. Algumas vezes eu tiro os pedidos. Outras, eu faço a limpeza. (...) Por vezes me vejo ajoelhado limpando aquilo que as pessoas deixaram cair."[25]

Weinzweig e Saginaw também têm um forte senso de comprometimento com a comunidade local; a Zingerman's fundou a organização sem fins lucrativos Food Gatherers para acabar com a fome e distribuir alimentos aos necessitados, e hoje a Food Gatherers é uma organização independente sem fins lucrativos responsável pelo Washtenaw County Food Bank, que conta com mais de 3.900 voluntários e uma equipe de 15 pessoas.[26] No 20º aniversário da Zingerman, 13 organizações comunitárias sem fins lucrativos em Ann Arbor erigiram uma placa próxima da Zingerman's Delicatessen com uma dedicatória: "Obrigado por alimentar, abrigar, educar, sustentar o espírito e inspirar toda uma comunidade".[27] Fica claro que, para Weinzweig e Saginaw, liderança implica efetivamente estar a serviço dos outros.[28]

Estilos de liderança em diferentes culturas

Algumas evidências sugerem que os estilos de liderança variam entre os indivíduos e também entre países ou culturas diferentes. Algumas pesquisas indicam que os administradores europeus tendem a ser mais humanos ou voltados para as pessoas do que os administradores japoneses e americanos. A cultura coletivista do Japão dá maior ênfase ao grupo do que ao indivíduo, daí a importância de as personalidades, necessidades e desejos dos indivíduos seres minimizados. Organizações nos Estados Unidos tendem a ser bastante voltadas à obtenção de lucros e, consequentemente, apresentam uma tendência a diminuir a importância das necessidades e desejos individuais dos funcionários. Muitos países europeus têm uma perspectiva mais individualista do que o Japão e uma perspectiva mais humana do que os Estados Unidos, e isso pode resultar no fato de alguns administradores europeus possuírem um estilo mais voltado às pessoas do que seus colegas japoneses ou americanos. Os administradores europeus, por exemplo, costumam relutar para despedir funcionários, e quando uma demissão é absolutamente necessária, eles tomam medidas cuidadosas para torná-la o menos dolorosa possível.[29]

Outra diferença intercultural ocorre nos horizontes temporais. Embora normalmente os administradores em cada país apresentem diferenças em relação a seus horizontes temporais, existem também diferenças entre os países. Por exemplo, as organizações americanas tendem a ter uma expectativa de lucros a curto prazo e, consequentemente, os estilos pessoais de liderança dos administradores americanos enfatizam o desempenho a curto prazo. Já as organizações japonesas apresentam uma tendência ao crescimento a longo prazo, e assim os estilos pessoais de liderança dos administradores japoneses enfatizam o desempenho a longo prazo. Justus Mische, diretor de RH da empresa europeia Hoechst, sugere que "Na Europa, pelo menos nas grandes empresas internacionais, há uma filosofia que se encontra entre o longo prazo dos japoneses e o curto prazo dos Estados Unidos."[30] Pesquisas sobre esses e outros aspectos globais de liderança ainda estão no começo. Mais à frente, talvez sejam descobertas outras diferenças culturais nos estilos pessoais de liderança dos administradores.

Poder: a chave para a liderança

Independentemente do estilo de liderança de alguém, um componente-chave da liderança eficaz se encontra no *poder* que o líder tem para afetar o comportamento de outras pessoas e fazer com que elas ajam de certas maneiras.[31] Existem vários tipos de poder: legítimo, de recompensa, coercivo, de especialista e de referência (ver Figura 10.1).[32] Os líderes eficazes tomam medidas para garantir níveis suficientes de cada tipo para usar de maneiras benéficas o poder que detêm.

PODER LEGÍTIMO É a autoridade que um administrador possui em virtude de sua posição hierárquica dentro de uma organização. O estilo pessoal de liderança normalmente influencia como um administrador exerce o poder legítimo. Tomemos o caso de Carol Loray, gerente de primeira linha de uma empresa de cartões de felicitações que comanda um grupo de 15 artistas e desenhistas. Loray possui o poder legítimo para contratar novos funcionários, designar projetos aos artistas e desenhistas, monitorar seus trabalhos e avaliar seu desempenho. Ela usa de maneira eficaz esse poder, e sempre verifica se as designações de projetos feitas por ela atendem o máximo possível os interesses de seus subordinados a fim de que eles tenham satisfação no trabalho.

poder legítimo
Autoridade que um administrador possui em virtude de sua posição hierárquica dentro de uma organização.

Figura 10.1
Fontes de poder gerencial.

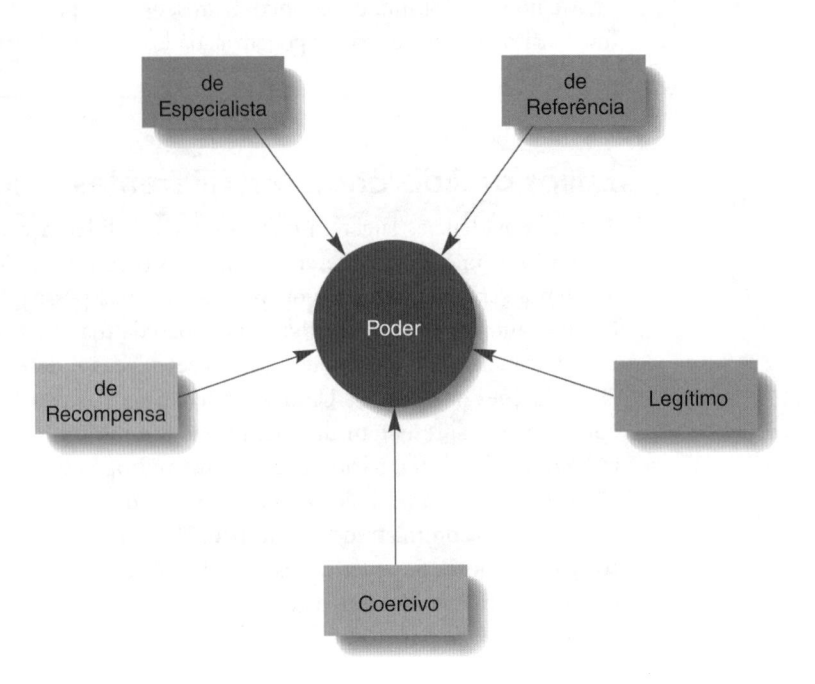

Ela monitora seus trabalhos para ter certeza de que eles se encontram no caminho certo, mas não adota uma postura de supervisão muito rigorosa, o que pode dificultar a criatividade. Ela cuida para que as avaliações de desempenho sejam sempre voltadas para o desenvolvimento de seus funcionários, dando conselhos concretos para áreas que podem ser melhoradas. Recentemente, Loray negociou com seu superior para que seu poder legítimo fosse aumentado a fim de poder iniciar e elaborar propostas para novas linhas de cartão.

poder de recompensa
Capacidade de um administrador dar ou refutar recompensas tangíveis ou intangíveis.

PODER DE RECOMPENSA É a capacidade de um administrador dar ou negar recompensas tangíveis (aumentos salariais, bônus, escolha de atribuições de tarefas) e recompensas intangíveis (um elogio, um tapinha nas costas, respeito). Conforme visto no Capítulo 9, os membros de uma organização são motivados a ter um alto nível de desempenho por uma série de recompensas. Conseguir dar ou negar recompensas tomando como base o desempenho é uma importante fonte de poder que permite aos administradores formarem um quadro de pessoal altamente motivado. Os gerentes de vendas em varejistas como Neiman Marcus e Dillard's Department Stores, em revendedoras da General Motors e Ford e em agências de viagem como a Liberty Travel e a Travel Company, normalmente usam seu poder de recompensa para motivar os subordinados. Estes normalmente recebem comissões sobre o que vendem e recompensas pela qualidade no atendimento ao cliente, o que os motiva a fazerem o máximo possível.

Os administradores eficazes usam seu poder de recompensa de tal forma que os subordinados realmente sentem que suas recompensas sinalizam que estão fazendo um bom trabalho e seus esforços são apreciados. Os administradores ineficazes usam as recompensas de uma maneira mais controlada (golpeando com o "açoite" em vez de oferecer a "cenoura"), sinalizando para os subordinados que o administrador prevalece. Os administradores também podem tomar medidas para aumentar seu poder de recompensa.

poder coercivo
Capacidade de um administrador punir outras pessoas.

PODER COERCIVO É a capacidade de um administrador punir outras pessoas. A punição pode variar desde reprimendas verbais, reduções de salário ou do número de horas de trabalho até a efetiva demissão. No capítulo anterior, discutimos como a punição pode ter efeitos colaterais negativos, como ressentimento e retaliação, e que deve ser usada apenas quando necessário (por exemplo, para restringir a adoção de comportamento nocivo). Os administradores que dependem muito do poder coercivo tendem a se tornar líderes ineficazes e, algumas vezes, chegam a ser despedidos. William J. Fife é um exemplo. Ele foi demitido perdendo seu cargo de CEO da Giddings and Lewis Inc., fabricante de equipamentos industriais, devido à sua dependência excessiva do poder coercivo. Nas reuniões, Fife normalmente fazia críticas, atacava e causava embaraço aos altos executivos. Percebendo que o uso da punição por parte de Fife era muito destrutivo, para eles e para a empresa, esses executivos reclamaram com o conselho diretor que, após cuidadosa análise dos problemas, solicitou a Fife que se demitisse.[33]

O uso excessivo do poder coercivo raramente produz alto desempenho e é questionável eticamente. Certas vezes, equivale a uma forma de violação mental, despojando os trabalhadores de sua dignidade e provocando elevados níveis de tensão. O uso excessivo do poder coercivo pode até resultar em condições de trabalho perigosas. Pode-se obter melhores resultados e, mais importante ainda, um ambiente de trabalho ético que respeite a dignidade do funcionário usando-se o poder de recompensa.

poder de especialista
Poder que se baseia no conhecimento especializado, nas qualificações e no domínio que um líder possui.

PODER DE ESPECIALISTA Baseia-se no conhecimento especializado, nas qualificações e no domínio que um líder possui. A natureza do poder de especialista varia, dependendo do nível hierárquico do líder. Os gerentes de primeira linha e intermediários normalmente possuem conhecimentos técnicos relevantes às tarefas que seus subordinados desempenham. Esse poder de especialista dá a eles influência considerável sobre os subordinados. Carol Loray possui poder de especialista: ela própria é uma artista e desenhou e concebeu alguns dos cartões mais vendidos da empresa. Judy McGrath, no "Estudo de caso", possui poder de especialista decorrente de seus mais de 25 anos de experiência nos meios de comunicação de massa, de seu próprio esforço de se manter atualizada com o que acontece na cultura *pop* por meio de uma ampla rede de contatos, das suas várias leituras e de seu alto grau de abertura ao novo e ao extravagante.

Alguns altos executivos obtêm poder de especialista de seus conhecimentos técnicos. Craig Barrett, presidente do conselho de administração da Intel, tem o título de PhD em ciências dos materiais pela Stanford University e é extremamente conhecedor dos segredos do negócio da Intel – a produção de semicondutores e microprocessadores.[34] Da mesma forma, Bill Gates, presidente do conselho da Microsoft, e Steve Ballmer, CEO da empresa, são especialistas em projeto de *software*; Tachi Yamada, presidente do Programa para a Saúde Mundial da Bill and Melinda Gates Foundation, é formado em medicina e anteriormente foi diretor-presidente de pesquisa e desenvolvimento da GlaxoSmithKline.[35] Entretanto, para muitos altos executivos faltam os conhecimentos técnicos e esses obtêm o poder de especialista de suas habilidades como tomadores de decisão, planejadores e estrategistas. Jack Welch, conhecido ex-líder e CEO da General Electric no passado, sintetiza a situação da seguinte maneira: "A coisa básica que nós, do alto escalão da empresa, sabemos, é que não conhecemos o negócio. O que temos, espero eu, é a habilidade para alocar recursos, pessoal e dinheiro".[36]

Líderes eficazes tomam medidas para garantir-lhes um nível adequado de poder de especialista para que possam desempenhar seus papéis de liderança. Eles podem obter treinamento ou formação adicionais em seus campos, conhecimento sobre as últimas novidades e mudanças na tecnologia, sobre as mudanças em seus campos participando de associações profissionais e ler muito para se inteirarem das mudanças momentâneas nos ambientes geral e de tarefa de uma organização. O poder de especialista é mais bem empregado de uma forma orientadora ou condutora, e não de modo arrogante e com imposição de poder.

poder de referência
Poder proveniente do respeito, da admiração e da lealdade de seus subordinados e colegas.

PODER DE REFERÊNCIA É mais informal do que os demais tipos de poder. O poder de referência é função das características pessoais de um líder; é o poder proveniente do respeito, da admiração e da lealdade de subordinados e colegas. Líderes simpáticos e a quem os subordinados querem usar como modelo muito provavelmente possuem poder de referência, como é o caso de Judy McGrath, observado no quadro "Estudo de caso".

Além de ser uma valiosa ferramenta para altos executivos como McGrath, o poder de referência pode ajudar gerentes de primeira linha e intermediários a serem líderes eficazes também. Sally Carruthers, por exemplo, é gerente de primeira linha de um grupo de secretárias no departamento financeiro de uma grande universidade estadual. As secretárias de Carruthers são conhecidas entre as melhores da universidade. Grande parte de sua boa vontade de ir além de suas obrigações tem sido atribuída à natureza afetuosa e carinhosa de Carruthers, que faz com que cada uma das secretárias se sinta importante e valorizada. Os administradores podem tomar medidas para aumentar o seu poder de referência, como reservar parte de seu tempo para conhecer seus subordinados e demonstrar interesse e preocupação com eles.

Empowerment: um ingrediente da administração moderna

Hoje em dia, um número cada vez maior de administradores está incorporando a seus estilos pessoais de liderança um aspecto que, à primeira vista, parece ser o contrário a se esperar de um líder. No Capítulo 1, descrevemos como o *empowerment* – o processo de dar aos funcionários de todos os níveis a autoridade para tomar decisões, ser responsável por seus resultados, melhorar a qualidade e cortar custos – está se tornando cada vez mais popular em organizações. Quando os líderes dão maior autonomia e poder de decisão a seus subordinados, estes normalmente assumem parte das responsabilidades e da autoridade que costumava estar com o líder ou administrador – como o direito de rejeitar peças que não atendam os padrões de qualidade, o direito de verificar o seu próprio trabalho bem como o de programar atividades de trabalho. Os

empowerment
Expansão dos conhecimentos, das tarefas e das responsabilidades de tomada de decisão dos funcionários.

subordinados recebem mais autonomia e poder para tomar algumas decisões que seus líderes ou supervisores costumavam tomar.

O *empowerment* talvez pareça ser o contrário da liderança eficaz, pois os administradores estão permitindo que os subordinados tenham um papel mais ativo na própria condução. Na realidade, porém, o *empowerment* consegue contribuir para a liderança eficaz por várias razões:

- Aumenta a capacidade de um administrador obter as coisas prontas, pois ele tem o apoio e a ajuda de subordinados que podem ter conhecimentos especiais das tarefas de trabalho.
- Normalmente aumenta o envolvimento, a motivação e o comprometimento dos trabalhadores, e isso colabora para que eles trabalhem focados em atingir as metas organizacionais.
- Dá mais tempo aos administradores para se concentrarem em seus problemas prementes, pois eles gastam menos tempo nas atividades de supervisão do dia a dia.

Os administradores eficazes, como Judy McGrath, são cientes dos benefícios do *empowerment*. O estilo pessoal de liderança de administradores que dão maior autonomia e poder de decisão aos subordinados normalmente implica desenvolver a capacidade dos subordinados de tomar decisões adequadas e também habilita esses administradores a serem o seu guia, mentor e fonte de inspiração. O *empowerment* é uma tendência popular nos Estados Unidos em empresas das mais diversas, como a United Parcel Service (empresa de entrega de encomendas) e a Coram Healthcare Corporation (fornecedor de serviços e equipamentos médicos), e é uma parte da liderança servidora. O *empowerment* também está crescendo pelo mundo.[37] Por exemplo, empresas na Coreia do Sul (como Samsung, Hyundai e Daewoo), onde a tomada de decisão normalmente era centralizada nas famílias fundadoras, agora estão dando maior autonomia e poder de decisão a gerentes de níveis hierárquicos mais baixos.[38]

Modelo de liderança comportamental e modelo com base em traços de personalidade

A liderança é um processo tão importante para as organizações – sejam organizações sem fins lucrativos, agências governamentais e escolas ou empresas comerciais – que vem sendo pesquisada há décadas. As visões iniciais sobre liderança, chamadas de *modelo com base em traços de personalidade* e *modelo comportamental*, procuraram determinar como os líderes eficazes são como pessoas e o que eles fazem para se tornar tão eficazes.

MA2 Identificar os traços de personalidade que mostram uma maior relação com a liderança, os comportamentos adotados pelos líderes e as limitações do modelo de liderança comportamental e do modelo de liderança com base em traços de personalidade.

O modelo com base em traços de personalidade

O modelo de liderança com base em traços de personalidade se concentra na identificação das características pessoais que tornam a liderança eficaz. Os pesquisadores imaginavam que os líderes eficazes teriam certas qualidades pessoais que os distinguissem dos líderes ineficazes e das pessoas que jamais se tornaram líderes. Décadas de pesquisa (iniciando nos anos 1930) e centenas de estudos indicam que certas características pessoais realmente parecem estar associadas à liderança eficaz (veja a Tabela 10.1 para uma lista delas).[39] Note que embora esse modelo se chame "modelo com base em traços de personalidade", algumas das características pessoais que ele identifica não são traços de personalidade *per se*, mas antes estão relacionados com as qualificações, habilidades, conhecimentos e domínio de um líder. Como mostra o "Estudo de caso", Judy McGrath certamente parece possuir muitas dessas características (como inteligência, conhecimentos e domínio, autoconfiança, grande energia e integridade e honestidade). Os líderes que não possuem tais traços talvez sejam ineficazes.

Porém, os traços por si só não são a chave para entender a eficácia de um líder. Alguns líderes eficazes não possuem efetivamente todos esses traços e alguns líderes que realmente os possuem não são eficazes em seus papéis de liderança. Essa falta de consistência na relação entre traços de um líder e sua eficácia levaram os pesquisadores a desviarem sua atenção dos traços para buscar

Tabela 10.1
Traços e características pessoais relacionados com a liderança eficaz

Traço	Descrição
Inteligência	Ajuda os administradores a compreenderem questões complexas e resolverem problemas.
Conhecimentos e domínio	Ajuda os administradores a tomarem decisões acertadas e a descobrir formas de aumentar a eficiência e a eficácia.
Dominância	Ajuda os administradores a influenciarem seus subordinados para que esses atinjam as metas organizacionais.
Autoconfiança	Contribui para que os administradores influenciem efetivamente os subordinados e para que persistam diante de obstáculos ou dificuldades.
Grande energia	Ajuda os administradores a lidarem com as vários requerimentos que enfrentam.
Tolerância à tensão	Ajuda os administradores a lidarem com a incerteza e a tomarem decisões difíceis.
Integridade e honestidade	Ajuda os administradores a se comportarem de maneira ética e a ganhar o crédito e a confiança de seus subordinados.
Maturidade	Ajuda os administradores a evitarem agir egoisticamente, a controlarem seus sentimentos e admitirem um erro quando o cometem.

novas explicações para a liderança eficaz. Em vez de se concentrar em como são os líderes (nos traços que eles possuem), os pesquisadores começam a buscar o que os líderes eficazes fazem efetivamente – ou seja, os comportamentos que possibilitam a eles influenciar seus subordinados para que possam atingir os objetivos de grupos e da organização.

O modelo comportamental

Depois de extensivo estudo nos anos 1940 e 1950, os pesquisadores da The Ohio State University identificaram dois tipos básicos de comportamentos que muitos líderes nos Estados Unidos, na Alemanha e em outros países adotavam para influenciar seus subordinados: *consideração* e *estrutura de iniciação*.[40]

consideração
Comportamento indicativo de que um administrador confia, respeita e se preocupa com os subordinados.

CONSIDERAÇÃO Os líderes adotam um comportamento de **consideração** quando demonstram a seus subordinados que confiam, respeitam e se preocupam com eles. Os administradores que buscam realmente o bem-estar de seus subordinados e fazem o que podem para que se sintam bem e gostem de seus trabalhos, adotam comportamentos de consideração. No quadro "Estudo de caso", Judy McGrath adota um comportamento de consideração ao ouvir seus funcionários e ao promover uma cultura participativa e inspiradora na MTV Networks.

estrutura de iniciação
Comportamento que os administradores adotam para garantir que: o trabalho seja concluído; os subordinados realizem suas tarefas de forma aceitável; a organização seja eficiente e eficaz.

ESTRUTURA DE INICIAÇÃO Os líderes adotam **estrutura de iniciação** quando tomam medidas para ter certeza de que: o trabalho ficará pronto; os subordinados realizarão suas tarefas de forma aceitável; a organização será eficiente e eficaz. Atribuir tarefas a indivíduos ou grupos de trabalho, fazer com que os subordinados saibam o que se espera deles, decidir como o trabalho deve ser realizado, fazer programações, encorajar a observância de regras e regulamentos e motivar os subordinados a apresentarem um bom desempenho são todos exemplos de estrutura de iniciação.[41] Michael Teckel, gerente de uma loja de elite em uma cidade do meio-oeste americano, que vende sapatos masculinos e femininos importados, adota estrutura de iniciação ao estabelecer escalas de trabalho semanais, horários de almoço e intervalo para garantir que a loja tenha vendedores suficientes atendendo. Teckel também pratica estrutura de iniciação: quando discute os desenhos de sapato mais recentes com seus subordinados para que esses proporcionem um atendimento mais qualificado aos clientes; quando encoraja a observância das políticas de reembolso e troca da loja e quando incentiva seu pessoal a prestar atendimento de alta qualidade e evitar uma abordagem de venda em que se tenta impor um produto ao cliente.

Talvez você espere que os líderes e os administradores eficazes adotem ambos os tipos de comportamento, mas pesquisas revelaram que esse não é necessariamente o caso. A relação entre a adoção de comportamentos de consideração e de estrutura de iniciação e a eficácia de um líder não é clara. Alguns líderes são eficazes mesmo quando não adotam comportamentos de consideração ou estrutura de iniciação e outros são ineficazes mesmo quando adotam ambos os tipos de comportamento. Assim como o modelo de liderança com base em traços de personalidade, o modelo comportamental por si só não consegue explicar a eficácia de um líder. Cientes disso, os pesquisadores começaram a criar modelos de liderança mais complexos, modelos focados não apenas no líder e o que ele faz, mas também na situação ou contexto no qual ocorre a liderança.

Modelos de contingência para liderança

MA3 Explicar como os modelos de contingência para liderança aumentam o entendimento sobre liderança e gestão eficazes nas organizações.

O simples fato de possuir certos traços ou adotar certos comportamentos não garante que um administrador será um líder eficaz em todas as situações que exigem liderança. Alguns administradores que parecem possuir os traços "corretos" e adotar os comportamentos "corretos" acabam sendo líderes ineficazes. Os administradores lideram em uma série de situações e organizações e têm vários tipos de subordinados realizando diversas tarefas em uma série de contextos ambientais. Dada a grande variedade de situações nas quais ocorre a liderança, o que faz de um administrador um líder eficaz em uma situação (como certos traços ou comportamentos) não é necessariamente o que o administrador precisa para ser igualmente eficaz em uma situação diferente. Um general de exército eficaz talvez não seja um diretor de universidade eficaz; um administrador eficaz de um restaurante talvez não seja um administrador eficaz de uma loja de roupas; um treinador eficaz de uma equipe de futebol talvez não seja um administrador eficaz de uma academia de ginástica, um gerente eficaz de primeira linha em uma empresa fabril talvez não seja um gerente intermediário eficaz. Os traços ou comportamentos que podem contribuir para um administrador ser um líder eficaz em uma situação talvez resultem, na verdade, na ineficácia desse mesmo administrador ao liderar uma outra situação.

Os modelos de contingência para liderança levam em conta a situação ou o contexto no qual ocorre a liderança. De acordo com os modelos de contingência, o fato de um administrador ser um líder eficaz ou não é resultado da ação recíproca entre o que é o administrador, o que ele faz e a situação na qual ocorre a liderança. Os modelos de contingência propõem que o fato de um líder que possui certos traços ou adota certos comportamentos ser eficaz ou não dependerá da (ou está condicionado à) situação ou do contexto. Nesta seção, discutiremos três modelos de contingência proeminentes desenvolvidos para esclarecer o que torna os administradores líderes eficazes: o modelo de contingência de Fred Fiedler, a teoria do caminho–objetivo de Robert House e o modelo de substitutos para o líder. Como você verá, esses modelos de liderança são complementares; cada um deles se concentra em um aspecto ligeiramente diferente da liderança eficaz em organizações.

Modelo de contingência de Fiedler

Fred E. Fiedler foi um dos primeiros pesquisadores sobre liderança a reconhecer que a liderança eficaz está condicionada à ou depende das características do líder *e* da situação. O modelo de contingência de Fiedler ajuda a explicar por que um administrador talvez seja um líder eficaz em uma situação e ineficaz em outra; ele também sugere quais tipos de administradores provavelmente são os mais eficazes em determinadas situações.[42]

ESTILOS DE LÍDER Assim como no modelo com base em traços de personalidade, Fiedler admitiu por hipótese que as características pessoais podem influenciar a eficácia de um líder. Ele usou o termo *estilos de líder* para se referir a uma visão característica do administrador sobre liderança, e identificou dois estilos básicos de líder: aqueles *voltados para as relações* e também aqueles *voltados para as tarefas*. Todos os administradores podem ser enquadrados em um estilo ou no outro.

Os **líderes voltados para as relações** se preocupam basicamente com o desenvolvimento de bom relacionamento com seus subordinados e se esforçam para ter a simpatia deles. Os administradores voltados para as relações se concentram em manter relações interpessoais de excelente nível com os subordinados. Isso não significa, porém, que o trabalho não seja feito quando tais líderes estão no comando, mas, sim, que a qualidade das relações interpessoais com os subordinados é uma importante preocupação, primordial para os líderes voltados para as relações. Lawrence Fish, por exemplo, é presidente do conselho do Citizens Financial Group Inc. de Providence (Rhode Island), empresa que triplicou seus ativos nos últimos três anos. Como executivo que ajudou a arquitetar esse rápido crescimento, Fish jamais perdeu de vista a importância das boas relações e escreve pessoalmente uma nota de agradecimento para pelo menos um de seus subordinados todos os dias.[43]

Os **líderes voltados para as tarefas** se preocupam basicamente em garantir que os subordinados tenham um alto desempenho e focam no cumprimento das tarefas. Alguns líderes voltados para as tarefas, como os altos executivos da empresa familiar C. R. England Refrigerated Trucking Company com sede em Salt Lake City (Utah), chegam ao ponto de semanalmente medirem e avaliarem de perto o desempenho para garantir que os subordinados apresentem o maior desempenho possível.[44]

CARACTERÍSTICAS SITUACIONAIS De acordo com Fiedler, estilo de liderança é uma característica permanente; os administradores não conseguem mudar seus estilos, nem são capazes de adotar estilos diferentes em diferentes tipos de situação. Tendo isso em mente, Fiedler identificou três características situacionais que são determinantes importantes para verificar se uma situação é favorável para a liderança: relações líder–membros, estrutura de tarefas e poder devido à posição hierárquica. Quando uma situação é favorável para a liderança, é relativamente fácil para um administrador influenciar os subordinados a fim de que eles apresentem um alto desempenho e contribuam para a eficiência e a eficácia organizacionais. Em uma situação desfavorável para a liderança, é muito mais difícil para um administrador exercer influência.

RELAÇÕES LÍDER–MEMBROS É a primeira característica situacional descrita por Fiedler; as **relações líder–membros** dizem respeito a quanto os seguidores gostam, confiam e são fiéis a seus líderes. As situações são mais favoráveis para a liderança quando as relações líder–membros são boas.

ESTRUTURA DE TAREFAS É a segunda característica situacional descrita por Fiedler; a **estrutura de tarefas** diz respeito ao grau de clareza na exposição do trabalho a ser executado, o que permite aos subordinados de um líder saberem quais necessidades devem ser cumpridas e como executá-las. Quando a estrutura de tarefas for alta, a situação é favorável para a liderança. Quando a estrutura de tarefas for baixa, talvez as metas sejam vagas, os subordinados estejam inseguros do que fazem ou de como deveriam fazê-lo e a situação se torna desfavorável para a liderança.

A estrutura de tarefas era baixa para Geraldine Laybourne quando ela era uma executiva do alto escalão da Nickelodeon, rede de TV voltada para o público infantil. Nunca ficou claro o que atrairia seus jovens telespectadores (cujas preferências podem mudar radicalmente) ou como ela poderia motivar seus subordinados a desenvolverem ideias criativas e inovadoras.[45] Já Herman Mashaba, fundador da Black Like Me, uma empresa de produtos para tratamento de cabelos com sede na África do Sul, parecia ter uma estrutura de tarefas relativamente alta quando abriu sua empresa. Os objetivos da organização eram fabricar e vender produtos baratos para o tratamento de cabelos voltados aos africanos nativos, e os gestores da empresa concretizam esses objetivos usando embalagem simples, mas atraente, distribuindo os produtos nos salões de beleza da vizinhança.[46]

PODER VINCULADO À POSIÇÃO HIERÁRQUICA É a terceira característica situacional descrita por Fiedler; **poder vinculado à posição hierárquica** é o nível de poder legítimo, de recompensa e coercivo que um líder tem em virtude de sua posição hierárquica em uma organização. As situações de liderança são mais favoráveis para a liderança quando o poder devido à posição hierárquica é grande.

COMBINANDO ESTILOS DE LÍDER COM A SITUAÇÃO Considerando todas as possíveis combinações de relações líder–membros boas ou ruins, estrutura de tarefas alta e baixa e poder vinculado à posição hierárquica forte e fraco, Fiedler identificou oito situações de liderança, que variam quanto à sua condição favorável para a liderança (ver Figura 10.2). Depois de extensa pesquisa, ele determinou que líderes voltados para as relações são mais eficazes em situações moderadamente favoráveis (IV, V, VI e VII na Figura 10.2) e líderes voltados para as tarefas são mais eficazes em situações muito favoráveis (I, II e III) ou então desfavoráveis (VIII).

COLOCANDO EM PRÁTICA O MODELO DE CONTINGÊNCIA Lembre-se que, de acordo com Fiedler, os estilos de líder são uma característica permanente que os administradores não conseguem mudar. Isso sugere que para serem eficazes, os administradores precisam ser colocados em situações de liderança que atendam seus estilos ou então as situações precisam ser modificadas para que se adéquem aos administradores. As situações podem ser modificadas, por exemplo, quando um administrador obtém mais poder vinculado à posição hierárquica ou toma medidas para aumentar a estrutura de tarefas, como esclarecer os objetivos.

Tomemos o caso de Mark Compton, um líder voltado para as relações que trabalha para uma pequena construtora. Compton se encontrava em uma situação desfavorável e passava por uma situação difícil para liderar seus operários. Seus subordinados não acreditavam que ele realmente prezasse pelo bem-estar dos operários (relações líder–membros deficientes); as obras sob sua supervisão apresentavam uma tendência negativa à inovação e à complexidade (estrutura de tarefas baixa), e além disso ele não tinha nenhum controle sobre as recompensas e medidas disciplinares

---

poder vinculado à posição hierárquica
O nível de poder legítimo, de recompensa e coercivo que um líder tem em virtude de sua posição hierárquica em uma organização; um determinante que diz até que ponto uma dada situação é favorável para a liderança.

Figura 10.2
Teoria da contingência de Fiedler para a liderança.

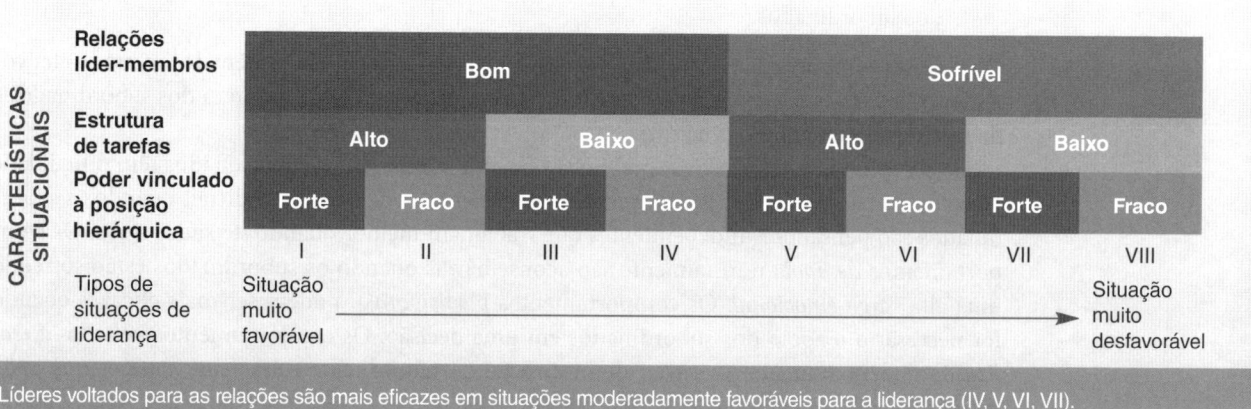

CARACTERÍSTICAS SITUACIONAIS		I	II	III	IV	V	VI	VII	VIII
Relações líder-membros		Bom	Bom	Bom	Bom	Sofrível	Sofrível	Sofrível	Sofrível
Estrutura de tarefas		Alto	Alto	Baixo	Baixo	Alto	Alto	Baixo	Baixo
Poder vinculado à posição hierárquica		Forte	Fraco	Forte	Fraco	Forte	Fraco	Forte	Fraco
Tipos de situações de liderança		Situação muito favorável			→				Situação muito desfavorável

Líderes voltados para as relações são mais eficazes em situações moderadamente favoráveis para a liderança (IV, V, VI, VII).
Líderes voltados para as tarefas são mais eficazes em situações muito favoráveis (I, II, III) ou situações muito desfavoráveis (VIII) para a liderança.

que seus subordinados recebiam (fraco poder vinculado à posição hierárquica). Reconhecendo a necessidade de melhorar a situação, o supervisor de Compton deu a ele poder para recompensar os operários com bônus e horas extras caso ele julgasse necessário e punir os operários por trabalho de péssima qualidade e comportamento que fosse contra as normas de segurança. Assim como a situação para a liderança melhorou passando para moderadamente favorável, o mesmo aconteceu com a eficácia de Compton como líder e o desempenho de seus operários.

As pesquisas tendem a apoiar alguns aspectos do modelo de Fiedler, mas também sugerem que, como a maioria das teorias, ela precisa de algumas modificações.[47] Alguns dos pesquisadores questionaram o que a escala do colega de trabalho menos preferido (usada para medir os estilos de líder) realmente mede. Outros consideram o modelo falho devido à sua premissa de que os líderes não são capazes de alterar seus estilos. Ou seja, é provável que pelo menos alguns líderes consigam diagnosticar a situação em que se encontram e, quando seu estilo for inapropriado para a situação, modifiquem-no para que esteja mais alinhado com o que a situação para a liderança exige.

Teoria do caminho-objetivo de House

teoria do caminho--objetivo Um modelo de contingência para liderança que propõe que os líderes podem motivar os subordinados ao identificarem os resultados que os subordinados desejam atingir no trabalho e usarem esses resultados para recompensá-los pelo alto desempenho e pela consecução dos objetivos. Além disso, os líderes podem motivar seus subordinados ao mostrarem a eles os caminhos que conduzem à consecução dos objetivos.

Na chamada **teoria do caminho-objetivo de House**, o pesquisador em liderança Robert House se concentrou naquilo que os líderes podem fazer para motivar seus subordinados a atingirem os objetivos do grupo e da organização.[48] A premissa da teoria do caminho-objetivo é que os líderes eficazes motivam os subordinados a atingirem objetivos quando: (1) identificam claramente os resultados que os subordinados estão tentando obter do trabalho; (2) usam esses resultados para recompensar os subordinados pelo alto desempenho e pela consecução de metas e (3) mostram aos subordinados os *caminhos* que levam à consecução dos *objetivos*. A teoria do caminho-objetivo é um modelo de contingência, pois propõe que as medidas que os administradores deveriam tomar para motivar seus subordinados dependem tanto da natureza dos subordinados como do tipo de trabalho que eles fazem.

A teoria do caminho-objetivo identifica quatro tipos de comportamentos de liderança que motivam os subordinados:

- *Comportamentos diretivos* são similares à estrutura de iniciação e incluem o estabelecimento de metas, a atribuição de tarefas, a explicação aos subordinados do processo de completar as tarefas e o estabelecimento de medidas concretas para aumentar o desempenho.
- *Comportamentos de apoio* são similares à consideração e incluem expressar preocupação com os subordinados e procurar salvaguardar os seus interesses.
- *Comportamentos participativos* dão voz aos subordinados em questões e decisões que lhes afetam.
- *Comportamentos voltados à realização* motivam os subordinados a apresentarem o melhor desempenho possível por meio, por exemplo, do estabelecimento de metas muito desafiadoras, na expectativa de que elas possam ser alcançadas e acreditando-se nas capacidades dos subordinados.

Qual desses comportamentos os administradores devem usar para liderarem de um modo efetivo? A resposta para essa pergunta depende (ou está condicionada à) da natureza dos subordinados e do tipo de trabalho que eles fazem.

Os comportamentos *diretivos* podem ser benéficos quando os subordinados têm dificuldade de completar as tarefas que lhes foram designadas, mas podem ser prejudiciais quando os subordinados são pensadores independentes que trabalham melhor quando deixados a sós. Os comportamentos *de apoio* normalmente são aconselháveis quando os subordinados estão sofrendo uma alta *carga emocional*. Os comportamentos *participativos* podem ser mais eficazes quando for necessário o apoio dos subordinados em uma decisão. Os comportamentos *voltados à realização* podem aumentar os níveis de motivação de subordinados altamente capazes que estão entediados pelos poucos desafios, mas podem também ter um efeito contrário caso sejam usados com subordinados que já se encontram em seus limites.

O modelo de substitutos para o líder

substituto da liderança Uma característica de um subordinado ou de uma situação ou contexto que atua em substituição à influência de um líder e torna desnecessária a liderança.

Este modelo sugere que a liderança algumas vezes é desnecessária devido à existência de substitutos para a liderança. Um **substituto da liderança** é algo que atua em substituição à influência de um líder e torna desnecessária a liderança. Esse modelo sugere que em certas condições os administradores não têm que desempenhar um papel de liderança – que membros de uma organização certas vezes são capazes de ter um alto desempenho sem um gestor exercer influência sobre eles.[49] O modelo de substitutos para o líder é um modelo de contingência, pois ele sugere que em algumas situações a liderança é desnecessária.

Tomemos como exemplo o caso de David Cotsonas, que ensina inglês em uma escola de idiomas no Chipre, uma ilha no mar Mediterrâneo. Cotsonas é fluente em grego, inglês e francês, e é um excelente professor, altamente motivado. Muitos de seus alunos são homens de negócio que têm noções básicas do inglês e desejam aumentar a fluência para que possam realizar mais negócios usando o idioma. Ele sente prazer não apenas em ensinar inglês a eles, como também em aprender sobre o trabalho dos alunos, e normalmente ele continua conversando com eles depois de terminar a aula. Cotsonas se reúne com o diretor da escola duas vezes por ano para discutir o calendário do semestre e as matrículas para o curso.

Praticamente sem nenhuma influência de um líder, Cotsonas é uma pessoa altamente motivada e apresenta um alto desempenho na escola. Nessa situação, a liderança é desnecessária, pois existe a presença de substitutos para a liderança. A competência de Cotsonas como especialista do ensino, sua motivação e seu prazer pelo trabalho que faz são substitutos para a influência de um líder – nesse caso, o diretor da escola. Se o diretor da escola fosse tentar exercer influência sobre a maneira como Cotsonas desempenha sua função, Cotsonas provavelmente ficaria ressentido com esse cerceamento de sua autonomia e o seu desempenho poderia ser prejudicado, pois ele já é um dos melhores professores da escola.

Como no caso de Cotsonas, as *características dos subordinados* – como suas qualificações, habilidades, experiência, conhecimentos e motivação – podem ser substitutas da liderança.[50] As *características da situação ou do contexto* – como o grau de interesse e prazer pelo trabalho – também podem ser substitutas. Quando o trabalho é interessante e agradável, como o é para Cotsonas, os trabalhadores não precisam ser persuadidos a trabalhar, pois o desempenho da atividade já é recompensador por si só. Da mesma forma, quando os administradores *dão maior autonomia e poder de decisão* a seus subordinados ou usam *equipes autogeridas* (assunto que será discutido no Capítulo 11), a necessidade de influência da liderança de um gerente é diminuída, pois os membros da equipe se autogerenciam.

Os substitutos da liderança podem aumentar a eficiência e a eficácia organizacionais, pois liberam parte do valioso tempo dos administradores e permite que eles concentrem seus esforços em descobrir novas maneiras de aumentar a eficácia organizacional. O diretor da escola de idiomas, por exemplo, era capaz de investir grande parte de seu tempo em arranjos para abrir uma segunda escola em Rodes (uma ilha no mar Egeu) devido à presença de substitutos para a liderança – substituição decorrente não apenas de Cotsonas, como também da maioria dos demais professores da escola.

Juntando as peças

A liderança eficaz em organizações ocorre quando os administradores tomam medidas para liderar de uma forma apropriada, considerando a situação ou o contexto no qual ocorre a liderança e os subordinados que estão sendo liderados. Os três modelos de contingência para liderança que acabamos de discutir ajudam os administradores a se concentrarem nos ingredientes necessários para a liderança eficaz. Verifica-se que esses modelos são complementares, já que cada um deles vê a questão da liderança sob um ângulo diferente. O modelo de contingência de Fiedler explora como o estilo de liderança de um administrador precisa ser adequado para a situação de liderança em que ele se encontra, a fim de que se atinja a máxima eficácia. A teoria do caminho–objetivo de

Tabela 10.2
Os modelos de contingência para liderança.

Modelo	Foco	Principais contingências
Modelo de contingência de Fiedler	Descreve dois estilos de líder, voltados para as relações e voltados para as tarefas e os tipos de situação na qual cada tipo de líder será mais eficaz.	Se um líder voltado para as relações ou então voltado para as tarefas é eficaz ou não, isso estará condicionado à situação.
Teoria do caminho-objetivo de House	Descreve como os líderes eficazes motivam seus seguidores.	Os comportamentos que os administradores devem adotar para que sejam líderes eficazes estão condicionados à natureza dos subordinados e do trabalho que fazem.
Modelo de substitutos para o líder	Descreve quando a liderança é desnecessária.	Se a liderança é ou não necessária para que os subordinados apresentem um alto desempenho é algo que está condicionado às características dos subordinados e da situação.

House se concentra em como os administradores devem motivar os subordinados e descreve os tipos de comportamento específicos que os administradores podem adotar para formar um quadro de pessoal altamente motivado. O modelo de substitutos da liderança alerta os administradores para o fato de que algumas vezes eles não precisam exercer influência sobre os subordinados e, consequentemente, podem ter tempo livre para outras atividades importantes. A Tabela 10.2 recapitula esses três modelos de contingência para liderança.

Liderança transformacional

MA4 Descrever o que é liderança transformacional e explicar como os administradores podem praticá-la.

Por repetidas vezes, como verifica-se na história administrativa, certos líderes parecem literalmente transformar suas organizações, fazendo mudanças radicais para revitalizar e renovar as atividades. Por exemplo, em 2002, quando Sue Nokes tornou-se vice-presidente de vendas e atendimento ao cliente da T-Mobile USA, a qualidade do atendimento ao cliente da T-Mobile era menor do que aquela verificada, em média, entre a maioria de seus concorrentes; cerca de 12% dos funcionários faltavam algum dia e a rotação de mão de obra era superior a 100% ao ano.[51] A T-Mobile USA é uma subsidiária da Deutsche Telekom, tem 36 mil funcionários e oferece serviços *wireless* de voz, mensagem e dados.[52] Quando Nokes chegou a T-Mobile, funcionários de grande valor estavam saindo da empresa e os clientes não estavam recebendo serviços de alta qualidade; nem os funcionários nem os clientes estavam satisfeitos com sua experiência com a empresa.[53] No final da década passada, a T-Mobile estava recebendo regularmente excelente pontuação da J. D. Power and Associates em termos de atendimento e satisfação do cliente na categoria comunicação sem fio; as taxas de ausência e rotatividade de mão de obra caíram muito e cerca de 80% dos funcionários indicavam que estavam satisfeitos com seus empregos.[54] De fato, quando Nokes visita *call centers*, não é incomum funcionários acolherem-na com aplausos e elogios.[55]

Nokes literalmente transformou a T-Mobile em uma empresa cujos funcionários satisfeitos prestam excelente atendimento aos clientes.[56] Quando os administradores conseguem mudar e influenciar tão radicalmente seus subordinados e a organização como um todo, eles estão praticando a liderança transformacional. A **liderança transformacional** ocorre quando os administradores mudam (ou transformam) seus subordinados de três formas importantes:[57]

liderança transformacional
Tipo de liderança que faz com que os subordinados tomem ciência da importância de seus trabalhos e desempenho para a organização e também das suas próprias necessidades de crescimento pessoal, além de motivá-los a trabalharem para o bem da organização.

1. *Os administradores transformacionais fazem com que seus subordinados tenham ciência da importância de seus trabalhos para a organização e de quanto é necessário desempenhar essas tarefas da melhor forma possível para que a organização consiga atingir seus objetivos.* Na T-Mobile, Nokes visitou *call centers*, dirigiu grupos de foco e teve reuniões na sede para descobrir o que deixava os funcionários e clientes insatisfeitos e quais medidas ela poderia tomar

Sue Nokes transformou a T-Mobile em uma empresa na qual funcionários satisfeitos prestam excelente atendimento aos clientes.

para melhorar a situação.⁵⁸ Sua filosofia é que quando os funcionários estão satisfeitos com seus trabalhos e os consideram importantes, costumam atender o cliente com alta qualidade. Ela fez com que os funcionários tomassem ciência da importância de seus trabalhos por meio das várias medidas para melhorar as condições de trabalho deles, desde a modificação do espaço físico para oferecer mais conforto a aumentos substanciais nos salários.⁵⁹ Ela enfatizou a importância de prestar excelente atendimento ao cliente perguntando a eles periodicamente o que estava e o que não estava funcionando bem e quais medidas poderiam ser tomadas para melhorar áreas problemáticas. Nesse sentido, Nokes também se esforçou para que eles pudessem proporcionar excelente atendimento ao cliente, e instituiu um sistema de medida de desempenho para monitorar o desempenho em áreas-chave, como qualidade no atendimento e presteza na resolução de problemas.⁶⁰ Ela diz sinceramente aos funcionários: "Vocês são o Nº 1 e o cliente é nossa razão de ser".⁶¹

2. *Os administradores transformacionais fazem com que seus subordinados tomem ciência de suas próprias necessidades para crescimento, desenvolvimento e realização pessoal.* Nokes fez com que os funcionários da T-Mobile tomassem ciência de suas próprias necessidades a esse respeito por meio da transformação do treinamento e desenvolvimento na empresa e do aumento de oportunidades de promoções para cargos de maior responsabilidade. Agora, os funcionários dedicam mais de 130 horas anuais em programas de treinamento e desenvolvimento e também em reuniões de equipe. Nokes também instituiu uma política de promoção interna e cerca de 80% das promoções são dadas a funcionários atuais.⁶²

3. *Os administradores transformacionais motivam seus subordinados a trabalharem para o bem da organização como um todo, não apenas para seu próprio ganho ou benefício.* Nokes enfatiza que os funcionários devem se concentrar naquilo que interessa aos clientes, colegas e a T-Mobile como um todo. Ela deixa claro aos funcionários que faltar desnecessariamente ao trabalho não é justo para com os outros colegas. Enfatiza também a necessidade de tentar resolver os problemas dos clientes em uma única ligação telefônica a fim de que eles não percam tempo à toa.⁶³

Quando os administradores transformam seus subordinados dessas três maneiras, esses passam a confiar nos administradores, são altamente motivados e ajudam a organização a atingir seus objetivos. Como os administradores, a exemplo de Nokes, transformam subordinados e produzem efeitos tão importantes em suas organizações? Há pelo menos três maneiras com as quais os líderes transformacionais podem influenciar seus seguidores. Eles podem ser líderes carismáticos, podem estimular intelectualmente os subordinados e podem adotar um comportamento que realmente leva em consideração o desenvolvimento dos funcionários (ver Tabela 10.3).

Tornando-se um líder carismático

líder carismático
Um líder entusiasta e autoconfiante capaz de transmitir claramente sua visão de como as coisas podem melhorar.

Os administradores transformacionais como Nokes são **líderes carismáticos.** Eles têm uma visão de como as coisas podem melhorar em seus grupos de trabalho e organizações em relação ao *status quo*. Costumam acreditar em melhorias extraordinárias no desempenho de grupos e da organização resultantes de mudanças na estrutura organizacional, na cultura, estratégia, tomada de decisão e outros processos e fatores críticos. Essa visão abre caminho para a vantagem competitiva. Do quadro "Estudo de caso", fica claro que parte da visão de Judy McGrath para a MTV Networks é aumentar a oferta de conteúdo digital e transformar a MTV em uma empresa verdadeiramente digital.

Tabela 10.3
Liderança transformacional.

Os administradores transformacionais
- São carismáticos.
- Estimulam intelectualmente os subordinados.
- Adotam um comportamento que realmente leva em consideração o desenvolvimento de seus subordinados.

Os subordinados de administradores transformacionais
- Têm uma maior consciência da importância de seus trabalhos e alto desempenho.
- São cientes de suas próprias necessidades de crescimento, desenvolvimento e realização.
- Trabalham para o bem da organização e não apenas em benefício próprio.

Os líderes carismáticos são empolgados e entusiastas em relação a suas visões e as comunicam claramente a seus subordinados, como é o caso de Judy McGrath. A empolgação, o entusiasmo e a autoconfiança de um líder carismático contribuem para que ele seja capaz de inspirar seguidores a apoiarem entusiasticamente sua visão.[64] As pessoas normalmente imaginam os administradores ou líderes carismáticos como "criaturas sobrenaturais". A essência do carisma, entretanto, é ter uma visão e comunicá-la de forma entusiasta aos outros. Consequentemente, os administradores que parecem ser sóbrios e sérios também podem ser carismáticos.

Estimulando intelectualmente os subordinados

estímulo intelectual
Comportamento que um líder adota para que seus seguidores fiquem cientes dos problemas e os vejam segundo novas perspectivas, consistentes com a visão do líder.

Os administradores transformacionais compartilham abertamente informações com seus subordinados para que eles fiquem cientes dos problemas e da necessidade de mudança. O administrador faz com que os subordinados vejam os problemas de seus próprios grupos – e também os de toda a organização – numa perspectiva diferente, consistente com a sua visão de líder. Mesmo que no passado os subordinados talvez não estivessem cientes de alguns problemas, tivessem visto os problemas como uma "questão administrativa" fora de sua alçada ou até, quem sabe, os tivessem visto como insuperáveis, o **estímulo intelectual** do administrador transformacional leva os subordinados a encararem os problemas como desafios que eles podem e irão vencer e superar. O administrador se engaja e dá maior poder e autonomia aos subordinados para que estes assumam pessoalmente a responsabilidade por ajudar a resolver problemas, como faz Nokes na T-Mobile.[65]

Levando em consideração o desenvolvimento dos funcionários

comportamento com base no desenvolvimento dos subordinados
Comportamento que um líder adota para apoiar e encorajar seguidores e que os ajuda no seu desenvolvimento e crescimento profissional.

Quando os administradores adotam um **comportamento com base no desenvolvimento dos subordinados,** eles adotam os comportamentos de consideração descritos anteriormente (a exemplo de um comportamento de real preocupação com o bem-estar dos subordinados) e também vão além. O administrador deixa de lado seus próprios afazeres para apoiar e encorajar subordinados, dando a eles oportunidades para aprimorarem suas qualificações e capacidades e para crescerem e se superarem no trabalho.[66] Conforme mencionado anteriormente, Nokes faz isso de várias maneiras. Na realidade, depois que ela se encontrou pela primeira vez com funcionários em um *call center* em Albuquerque (Novo México), Karen Viola, responsável pelo *call center*, disse: "Todo mundo começou a chorar. As pessoas disseram que nunca haviam se sentido tão inspiradas em suas vidas e que nunca haviam encontrado um líder em um nível hierárquico tão alto que [assim sentiram] se importasse com elas".[67]

Todas as organizações, não importando se são grandes ou pequenas, bem ou malsucedidas, podem se beneficiar quando seus administradores praticam a liderança transformacional.

Além disso, embora os benefícios da liderança transformacional normalmente sejam mais aparentes quando uma organização se encontra em dificuldades, a liderança transformacional pode ser uma abordagem permanente para a liderança, levando à eficácia organizacional de longo prazo.

Distinção entre liderança transformacional e transacional

A liderança transformacional é frequentemente contrastada com a liderança transacional. Na **liderança transacional**, os administradores usam seus poderes de recompensa e coercivo para estimularem o alto desempenho. Quando os administradores recompensam pelo alto desempenho, repreendem ou punem pelo baixo desempenho e motivam os subordinados reforçando comportamentos desejados e extinguindo ou punindo os indesejados, eles praticam a liderança transacional.[68] Os administradores que influenciam efetivamente seus subordinados para que estes atinjam os objetivos, embora não pareçam estar fazendo o tipo de mudanças radicais que fazem parte da liderança transformacional, estão praticando a liderança transacional.

Muitos líderes transformacionais praticam a liderança transacional. Eles recompensam os subordinados por um trabalho bem feito e percebem e reagem contra um desempenho abaixo do padrão. Mas eles também têm uma visão da situação como um todo ao perceberem que as coisas em suas organizações poderiam ser melhores, ao avaliarem os níveis que os subordinados são capazes de alcançar e ao entreverem o quanto é importante tratar com respeito os seus subordinados e ajudá-los a atingir seu pleno potencial.

Pesquisas constataram que quando os líderes praticam a liderança transformacional, seus subordinados tendem a ter níveis maiores de satisfação e desempenho no trabalho.[69] Além disso, os subordinados de líderes transformacionais talvez sejam mais propensos a acreditar em seus líderes e suas organizações e a sentir que estão sendo tratados de forma justa – e isso, por sua vez, pode influenciar positivamente a motivação dos funcionários no trabalho (ver Capítulo 9).[70]

liderança transacional
Liderança que motiva os subordinados por meio de recompensas pelo alto desempenho e de reprimendas por fraco desempenho.

Gênero e liderança

MA5 Caracterizar a relação entre gênero e liderança e explicar como a inteligência emocional pode contribuir para a eficácia da liderança.

O número crescente de mulheres que ingressam no campo da administração, bem como os problemas que algumas enfrentam ao tentarem ser contratadas como administradoras ou promovidas para cargos gerenciais, fez com que os pesquisadores passassem a explorar a relação entre gênero e liderança. Embora existam mais mulheres em cargos gerenciais hoje em dia do que há 10 anos, o número de mulheres em cargos do alto escalão ainda é relativamente pequeno e, em algumas organizações, o mesmo ocorre na média gerência.

Quando mulheres realmente alcançam posições no alto escalão, todas as atenções se voltam para elas e para o fato de serem mulheres. Por exemplo, CEOs do sexo feminino de grandes empresas ainda são muito raras; aquelas que conseguem chegar ao mais alto posto, como Meg Whitman, ex-CEO da eBay, Judy McGrath da MTV Networks e Andrea Jung da Avon, são muito proeminentes. Como coloca Linda Tischler, uma escritora especializada em negócios: "Em um ambiente de trabalho no qual as CEOs do sexo feminino de grandes empresas são tão escassas (...) elas podem ser identificadas, como estrelas do *rock*, apenas pelo prenome".[71] Embora as mulheres certamente tenham feito incursões em cargos de liderança nas organizações, elas continuam a ser muito pouco representadas nos cargos da alta liderança. Conforme indicado no Capítulo 3, apesar de as mulheres representarem cerca de 50,5% do total dos funcionários em cargos gerenciais e dos profissionais especializados nos Estados Unidos, somente cerca de 15,4% dos executivos da lista dos 500 mais importantes da revista *Fortune* são mulheres e apenas 6,7% dos que mais ganham são do sexo feminino.[72]

Um estereótipo muito difundido em relação às mulheres é o de que elas são zelosas, apoiadoras e preocupadas com as relações interpessoais. Já os homens são vistos de forma estereotipada como diretivos e focados no cumprimento de tarefas. Tais estereótipos sugerem que as mulheres tendem a ser administradoras mais voltadas para as relações do que os homens e adotam comportamentos de maior consideração, ao passo que os homens são mais voltados para as tarefas e adotam mais comportamentos de estrutura de iniciação. O comportamento real de administradores dos sexos masculino e feminino confirma esses estereótipos? As administradoras lideram de formas diferentes dos homens? Seriam os administradores ou as administradoras mais eficazes como líderes?

Pesquisas sugerem que administradores tanto do sexo masculino quanto feminino com posições de liderança em organizações se comportam de modo similar.[73] As mulheres não adotam um comportamento de maior consideração que os homens e os homens não praticam mais estrutura de iniciação do que as mulheres. As pesquisas não sugerem, entretanto, que o estilo de liderança possa variar entre homens e mulheres. As mulheres tendem a ser ligeiramente mais participativas como líderes do que os homens, envolvendo seus subordinados na tomada de decisão e buscando suas opiniões.[74] Já os administradores do sexo masculino tendem a ser menos participativos do que as administradoras, tomando mais decisões por conta própria e querendo fazer as coisas à sua maneira. Além disso, as pesquisas sugerem que os homens tendem a ser mais duros quando punem seus subordinados do que as mulheres.[75]

Há pelo menos duas razões para a possibilidade de as administradoras serem mais participativas no papel de líderes do que os administradores.[76] Primeiramente, pode ser que os subordinados tentem resistir mais à influência de administradores do sexo feminino do que daqueles do sexo masculino. Alguns subordinados talvez jamais tenham tido esse tipo de relação hierárquica com uma mulher; outros talvez vejam, incorretamente, o papel gerencial como algo mais apropriado para os homens do que para as mulheres, e outros ainda simplesmente podem resistir ao fato de serem comandados por uma mulher. Para superar essa resistência e encorajar a confiança e o respeito de subordinados, as administradoras talvez adotem uma abordagem participativa.

A segunda razão para a possibilidade de as administradoras serem mais participativas é o fato de elas às vezes terem habilidades interpessoais melhores do que os administradores do sexo masculino.[77] Uma abordagem mais participativa em relação à liderança requer elevados níveis de interação e envolvimento entre um administrador e seus subordinados, sensibilidade com os sentimentos dos subordinados e a capacidade de tomar decisões que talvez sejam impopulares junto aos subordinados, mas necessárias para a consecução de objetivos. Boas habilidades interpessoais talvez ajudem os administradores do sexo feminino a manter interações eficazes com seus subordinados, que são cruciais para uma abordagem mais participativa.[78] Na medida em que os administradores do sexo masculino têm mais dificuldade em administrar relações interpessoais, pode ser que eles evitem elevados níveis de interação com subordinados, necessários para a verdadeira participação.

Entretanto, a descoberta mais importante de pesquisas sobre os comportamentos de líderes é o fato de que os administradores do sexo masculino e feminino *não* diferem significativamente quando se comparam suas tendências para determinados comportamentos. Muito embora elas possam ser mais participativas, as administradoras não adotam um comportamento de maior consideração ou menor estrutura de iniciação do que seus pares do sexo masculino.

Talvez uma questão mais importante do que saber se os administradores de cada gênero diferem nos seus comportamentos de liderança é questionar se eles diferem em termos de eficácia. Consistentemente com os dados referentes aos comportamentos de líderes, as pesquisas sugerem que, em diferentes tipos de ambientes organizacionais, os administradores de ambos os gêneros tendem a ser *igualmente eficazes* como líderes.[79] Consequentemente, não há nenhuma base lógica para a existência de estereótipos que favoreçam os administradores e líderes do sexo masculino ou para a existência de "teto de vidro" (uma barreira invisível que parece impedir as mulheres de chegarem tão longe como poderiam em algumas organizações). Pelo fato de homens e mulheres serem igualmente eficazes como líderes, o número crescente de mulheres no quadro de pessoal deveria resultar em uma maior reserva de candidatas altamente qualificadas para cargos de gerência nas organizações, aumentando, em última instância, a eficácia organizacional.[80]

Inteligência emocional e liderança

Os estados de espírito e as emoções que os líderes experimentam no trabalho influenciam seus comportamentos e eficácia como líderes? Pesquisas sugerem que talvez esse seja o caso. Por meio de um estudo descobriu-se, por exemplo, que quando gerentes de loja estavam animados no trabalho, os vendedores em suas lojas proporcionavam ao cliente atendimento de alta qualidade e eram menos propensos a pedir demissão.[81] Outro estudo constatou que grupos cujos líderes eram animados tinham melhor coordenação, enquanto grupos cujos líderes não se sentiam animados empregavam mais o esforço; os membros de grupos cujos líderes se sentiam animados também tinham uma tendência a ter mais ânimo, assim como os membros de grupos com líderes desanimados tendiam a ser mais negativos.[82]

Além disso, o nível de inteligência emocional de um líder (ver Capítulo 2) talvez desempenhe um papel particularmente importante na eficácia da liderança.[83] A inteligência emocional, por exemplo, pode ajudar os líderes a desenvolverem uma visão para suas organizações e a motivarem seus subordinados, fazendo com que se comprometam com essa visão, além de permitir que os administradores motivem os funcionários para que trabalhem com entusiasmo a fim de lograr essa visão. Além disso, a inteligência emocional pode permitir que líderes criem uma identidade significativa para suas organizações e instilem elevados níveis de confiança e cooperação mantendo a flexibilidade necessária para reagir diante de constante mudança.[84]

A inteligência emocional também desempenha um papel fundamental na maneira como os líderes se relacionam e lidam com seus seguidores, particularmente no que tange a encorajá-los a serem criativos.[85] A criatividade em organizações é um processo carregado de emoção, já que normalmente implica desafiar o *status quo*, estar disposto a correr riscos e aceitar e aprender com os insucessos, além de trabalhar arduamente para que ideias criativas se concretizem em novos produtos, serviços ou procedimentos e processos quando o nível de incerteza é elevado.[86] Líderes com grande inteligência emocional entendem todas as emoções que cercam empreendimentos criativos, são capazes de despertar e apoiar atividades criativas de seus seguidores e fornecer o tipo de apoio que permita que a criatividade floresça nas organizações.[87]

Líderes, como todas as pessoas, algumas vezes cometem erros. A inteligência emocional talvez possa ajudar os líderes a reagirem apropriadamente quando se dão conta de que cometeram um erro. Reconhecer, admitir e aprender a partir de seus erros pode ser particularmente importante para empreendedores que abrem negócios próprios, conforme descrito a seguir no quadro "Foco na diversidade".

FOCO NA DIVERSIDADE

Reconhecimento de erro ajuda dona de um pequeno negócio

As coisas pareciam caminhar bem para Maureen Borzacchiello, CEO da Creative Display Solutions, localizada em Garden City (Nova York).[88] Em 2001, ela fundou sua pequena empresa que fornece *displays*, dispositivos gráficos de comunicação e materiais para uso em exposições em feiras comerciais e em eventos para empresas que vão da American Express, FedEx e General Electric a JetBlue Airways, AIG e The Weather Channel.[89] Sua empresa estava crescendo e ela havia recebido uma premiação da organização sem fins lucrativos Count Me In for Women's Economic Independence.[90]

Em 2006, entretanto, ela se deu conta de que havia assumido muitas obrigações financeiras. Um grande investimento em ações, um aluguel alto, reformas no escritório, compra de nova mobília e a contratação de três novos funcionários tornaram o seu fundo de caixa

Pequenas empresas

insuficiente para pagar os salários. Quando assumiu tais dívidas, imaginou que ela e seu marido (que também trabalha na empresa) seriam capazes de gerar receitas suficientes para cobrir as despesas. Mas inesperadamente seu cunhado faleceu e o envolvimento dos dois com as questões familiares fez com que eles não fossem capazes de conseguir novos clientes tão rapidamente como ela havia imaginado.[91]

Ainda confiante no fato de que seria capaz de colocar a empresa nos trilhos novamente, Borzacchiello decidiu ser honesta com seus funcionários sobre os problemas financeiros atuais da empresa e o motivo pelo qual ocorreram, e disse que se esforçaria ao máximo para evitar tais transtornos no futuro. Ela se reuniu com seus funcionários e disse: "Só posso pedir desculpas. (...) Estávamos tão focados em acelerar o crescimento que não vi o que estava por vir".[92] Borzacchiello também admitiu que precisava entender melhor a situação financeira da empresa e do fluxo de caixa diário, tranquilizou os funcionários dizendo que a empresa entraria nos trilhos novamente dentro de dois a três meses e prometeu que, no futuro, prestaria muito mais atenção, e de forma contínua, no desempenho financeiro e no fluxo de caixa.[93]

Borzacchiello também disse aos funcionários que ela e seu marido não fariam retiradas pró-labore dos rendimentos da empresa até que os problemas financeiros fossem resolvidos. Ao ser honesta e franca com os funcionários, Borzacchiello conquistou o comprometimento e o apoio deles. Todos os funcionários decidiram trabalhar menos horas e dois deles estavam dispostos a abrir mão do esquema de salário por hora.[94] Fiel à sua promessa, num prazo de dois meses, todos os funcionários puderam retornar a suas horas normais de trabalho e, no início de 2007, a Creative Display Solutions tinha mais de US$ 1 milhão em receitas (mais do que o dobro de suas receitas na época dos problemas financeiros).[95] Até hoje, a Creative Display Solutions é um negócio lucrativo, e em 2008, sua lista de clientes incluía mais de 500 empresas.[96] Fica claro que Borzacchiello foi capaz de lidar com a crise temporária pela qual passou ao admitir e se desculpar pelo seu erro e ao ser franca e honesta com seus funcionários sobre as perspectivas futuras.[97]

Por ser sincera com os funcionários de sua empresa, Maureen Borzacchiello obteve o apoio e o comprometimento deles.

Resumo e revisão

A NATUREZA DA LIDERANÇA Liderança é o processo por meio do qual uma pessoa exerce influência sobre outras pessoas, inspirando-as e motivando-as, bem como direcionando suas atividades para que atinjam os objetivos do grupo ou da organização. Os líderes são capazes de influenciar os outros porque possuem poder. Os cinco tipos de poder disponíveis aos administradores são: poder legítimo, poder de recompensa, poder coercivo, poder de especialista e poder de referência. Muitos administradores estão usando o *empowerment* como ferramenta para aumentar sua eficácia como líderes. **[MA1]**

MODELOS DE LIDERANÇA COMPORTAMENTAL COM BASE EM TRAÇOS O modelo de liderança com base em traços descreve características pessoais ou traços que contribuem para a liderança eficaz. Entretanto, alguns administradores que possuem esses traços não são líderes eficazes, e outros que não possuem todos esses traços são líderes eficazes. O modelo de liderança comportamental descreve dois tipos de comportamento que a maioria dos líderes adota: um comportamento de consideração e de estrutura de iniciação. [MA2]

OS MODELOS DE CONTINGÊNCIA PARA LIDERANÇA Os modelos de contingência levam em conta a complexidade que cerca a liderança e o papel da situação para determinar se um administrador é um líder eficaz. O modelo de contingência de Fiedler explica por que os administradores podem ser líderes eficazes em uma situação e ineficazes em outra. De acordo com o modelo de Fiedler, líderes voltados para as relações são os mais eficazes em situações moderadamente favoráveis para a liderança, e líderes voltados para as tarefas são mais eficazes em situações muito favoráveis ou muito desfavoráveis para a liderança. A teoria do caminho–objetivo de House descreve como os administradores eficazes motivam seus subordinados por meio: da determinação de quais resultados seus subordinados querem; da recompensa dos subordinados com os resultados que eles desejam quando seus objetivos são alcançados e um alto desempenho é apresentado e, por fim, do esclarecimento dos melhores caminhos para a consecução dos objetivos. Os administradores podem adotar quatro tipos diferentes de comportamentos para motivar os subordinados: comportamentos diretivos, comportamentos de apoio, comportamentos participativos ou comportamentos orientados à realização. O modelo de substitutos para o líder sugere que algumas vezes os administradores não têm que desempenhar um papel de liderança porque seus subordinados já apresentam um alto desempenho sem o administrador ter que exercer influência sobre eles. [MA3]

LIDERANÇA TRANSFORMACIONAL A liderança transformacional ocorre quando os administradores conseguem mudar e influenciar radicalmente seus subordinados assim como a organização como um todo, e inspirar e energizar os subordinados para que resolvam problemas e aumentem o desempenho. Dentre esses efeitos, temos: fazer com que os subordinados tomem ciência da importância de seus próprios trabalhos e alto desempenho; fazer com que os subordinados tomem ciência de suas próprias necessidades de crescimento, desenvolvimento e realização pessoal, além de motivá-los a fim de que trabalhem para o bem da organização e não apenas em benefício próprio. Os administradores podem praticar a liderança transformacional sendo líderes carismáticos, estimulando intelectualmente seus subordinados e adotando um comportamento de consideração que vise ao desenvolvimento desses últimos. Os administradores transformacionais muitas vezes também praticam a liderança transacional usando seus poderes de recompensa e coercivo para estimular o alto desempenho. [MA4]

GÊNERO E LIDERANÇA Os administradores do sexo masculino e feminino não diferem nos comportamentos de liderança que adotam, contrário aos estereótipos que sugerem que as mulheres são mais voltadas para as relações e os homens mais voltados para as tarefas. Entretanto, as administradoras algumas vezes são mais participativas do que seus pares do sexo masculino. Pesquisas constataram que tanto as mulheres como os homens são igualmente eficazes como administradores e líderes. [MA5]

INTELIGÊNCIA EMOCIONAL E LIDERANÇA Os estados de espírito e as emoções que os líderes experimentam no trabalho e sua capacidade de administrar efetivamente esses sentimentos podem influenciar sua eficácia como líderes. Além disso, a inteligência emocional tem o potencial de contribuir para a eficácia da liderança de várias formas, inclusive encorajando e apoiando a criatividade entre os seguidores. [MA5]

Administradores em ação

Tópicos para discussão e trabalho

DISCUSSÃO

1. Descrever as medidas que os administradores podem tomar para aumentar seu poder e a capacidade de se tornarem líderes eficazes. [MA1]
2. Imaginar situações específicas nas quais poderia ser especialmente importante para um administrador adotar um comportamento de consideração e de estrutura de iniciação. [MA2]
3. Discutir por que os administradores poderiam querer mudar os comportamentos que adotam, dada a situação, seus subordinados e a natureza do trabalho que está sendo feito. Você acredita que os administradores são capazes de mudar prontamente seus comportamentos de liderança? Por quê? [MA3]
4. Discutir por que os substitutos da liderança podem contribuir para a eficácia organizacional. [MA3]
5. Descrever o que é liderança transformacional e explicar como os administradores podem praticá-la. [MA4]
6. Imagine que você trabalhe em uma organização em um cargo do baixo escalão logo depois de ter se formado e teve uma ideia, a qual considera excelente para melhorar um processo crítico em uma organização relacionada com o seu trabalho. De que maneira seu supervisor iria encorajá-lo a implementar efetivamente a sua ideia? Como seu supervisor poderia desencorajá-lo até mesmo de partilhar sua ideia com outras pessoas? [MA4, 5]

AÇÃO

7. Entreviste um gestor para descobrir se as três características situacionais que Fiedler identificou estão afetando sua capacidade de liderar. [MA3]
8. Encontre uma empresa que tenha mudado para melhorar seu desempenho. Determine se um administrador transformacional estava ou não por trás dessa reviravolta e, em caso positivo, o que ele fez. [MA4]

Desenvolvimento de habilidades gerenciais
Analisando falhas de liderança [MA1, 2, 3, 4]

Imagine uma situação com a qual você esteja familiarizado em que um líder é muito ineficaz. Depois disso responda às perguntas:

1. Quais fontes de poder esse líder tinha? O líder tinha poder suficiente para influenciar seus seguidores?
2. Quais tipos de comportamento esse líder adotava? Eles eram apropriados para a situação? Por quê?
3. De acordo com o que você conhece, você acredita que esse líder era um líder voltado para as tarefas ou para as relações? Em que medida a situação do líder era ou não favorável para a liderança?
4. Quais medidas esse líder tomou para motivar seus seguidores? Essas medidas foram apropriadas ou não? Por quê?
5. Quais sinais, se realmente há algum, esse líder demonstrava ser um líder transformacional?

Administrando eticamente [MA1]

Os administradores que criticam abertamente seus subordinados, os inferiorizam diante de seus colegas ou usam a ameaça de perda de emprego para influenciar o comportamento, estão exercendo poder coercivo. Alguns funcionários submetidos ao poder coercivo acreditam que o seu uso é antiético.

Perguntas

1. Sozinho ou em grupo, pense nas implicações éticas do uso de poder coercivo.

2. Até que ponto os administradores e as organizações têm uma obrigação ética de colocar limites no nível de poder coercivo que é exercido?

Exercício em grupo
Melhorando a eficácia da liderança [MA1, 2, 3, 4]

Forme pequenos grupos de três a cinco pessoas e indique um dos membros para ser o seu porta-voz. Este comunicará as descobertas do grupo a toda a classe quando chamado pelo professor. Logo após, discuta a seguinte situação:

Vocês fazem parte de uma equipe de consultores em recursos humanos que foi contratada por Carla Caruso, uma empreendedora que abriu o seu próprio negócio de decoração de interiores. Decoradora de interiores extremamente competente e criativa, Caruso estabeleceu uma boa relação profissional com grande parte dos construtores de sua comunidade. Inicialmente, ela trabalhava por conta própria como prestadora de serviços. Depois, devido a um grande aumento no número de novas casas em construção, ficou com muito serviço e decidiu abrir uma empresa.

Ela contratou um contador e quatro decoradores, todos muito competentes. Caruso ainda continua a fazer trabalhos de decoração e adotou uma abordagem de não interferência para comandar os quatro decoradores subordinados a ela, pois acredita que a decoração de interiores é uma tarefa muito pessoal e criativa. Em vez de pagar os decoradores de acordo com algum esquema de comissão (como uma porcentagem do total das faturas de seus clientes), ela paga a eles um ótimo salário, maior do que a média de mercado, a fim de que eles sejam motivados a fazer o máximo para atender as necessidades de um cliente e não somente para apresentarem mais resultados que signifiquem faturas e comissões maiores.

Caruso pensava que tudo andava às mil maravilhas até que começou a receber reclamações dos clientes. Essas iam desde a dificuldade de encontrar os decoradores, promessas de prazos de entrega fora da realidade e atrasos ou descumprimento de compromissos agendados a atitudes de impaciência e aspereza para com os clientes quando estes tinham dificuldade em se decidir. Caruso sabe que seus decoradores são extremamente competentes e está preocupada porque pode não estar liderando e gerenciando adequadamente seus funcionários. Ela não sabe ao certo se a sua abordagem não intervencionista seria a culpada disso e se deveria mudar a forma como recompensa ou paga seus decoradores. Ela solicitou-lhe aconselhamento.

1. Analise as fontes de poder que Caruso tem à sua disposição para influenciar os decoradores. Que tipos de conselhos você poderia dar a ela para aumentar a base de seu poder ou usar seu poder existente de modo mais efetivo?

2. Dado o que você aprendeu neste capítulo (por exemplo, do modelo de comportamentos e da teoria do caminho–objetivo), Caruso parece estar adotando comportamentos apropriados como líder nessa situação? Que conselho você poderia dar a ela sobre os tipos de comportamentos que poderia praticar?

3. Quais medidas você recomendaria que Caruso tomasse a fim de aumentar a motivação dos decoradores em oferecer atendimento de alta qualidade ao cliente?

4. Você recomendaria a ela tentar praticar a liderança transformacional nesse caso? Em caso negativo, por que não? Em caso positivo, que medidas você aconselharia que ela tomasse?

Seja você o administrador [MA1, 2, 3, 4, 5]

Você é o CEO de uma empresa de médio porte que fabrica persianas, como as persianas Hunter Douglas e Duettes. Sua empresa tem uma verdadeira vantagem em termos de custo por conseguir fabricar persianas sob medida a custos relativamente baixos se comparados ao mercado. Entretanto, o desempenho de sua empresa não tem sido brilhante como você desejava. Para realizar as mudanças necessárias e aumentar o desempenho, você se reuniu com os outros oito altos executivos em sua empresa e os encarregou de identificar problemas e oportunidades perdidas em cada uma de suas áreas e de elaborar um plano de ação para solucionar os problemas e aproveitar oportunidades.

Uma vez dado seu aval aos executivos, eles ficaram incumbidos de implementar seus planos de ação em tempo oportuno e monitorar mensalmente os efeitos de suas iniciativas durante os próximos 8 a 12 meses.

Você aprovou os planos de ação de cada executivo e um ano depois a maioria deles relatou que suas iniciativas haviam sido bem-sucedidas para resolução dos problemas e para oportunidades identificadas há um ano. Entretanto, o desempenho geral da empresa continua a ser fraco e não mostra sinais de avanço. Você está confuso e começou a questionar suas capacidades de liderança e abordagem para mudança. O que você irá fazer para aumentar o desempenho e a eficácia de sua empresa?

BusinessWeek Caso em foco [MA1, 2, 3, 5]

Será que as pessoas em sua empresa estão agindo de forma estranha?

Os chefes estão presenciando vários comportamentos bizarros no mundo empresarial dos dias de hoje. Os "amassados e enrugados" estão aparecendo agora todos "arrumadinhos e engomadinhos". Iconoclastas loquazes agora são dóceis. Funcionários folgados que ficavam de olho no relógio, de repente, são os últimos a sair do escritório. Parece que as pessoas estão realizando transplantes em si mesmas – como a vice-presidente de uma indústria farmacêutica, conhecida por ser uma mulher ousada, que recentemente disse ter se forçado a adotar um comportamento "muito recatado".

Esse frenesi todo poderia significar um aumento gigantesco na produtividade das empresas. Os chefes podem sugar de uma única criatura o trabalho anteriormente feito por duas ou três pessoas. Mas será que os funcionários estão mesmo trabalhando duro? Ou será que simplesmente estão fazendo o papel de lambe-botas? E caso estivessem mesmo trabalhando pra valer, como os administradores podem tirar proveito desses espíritos paranoicos sem transformar o ambiente de trabalho em verdadeiras "fábricas que exploram os trabalhadores"? "Todo mundo está endoidando, para todo lado", diz o professor de administração da Stanford University, Robert I. Sutton. "Estou cercado de pessoas que simplesmente estão histéricas." O perigo, diz Sutton, é que o medo no ambiente de trabalho possa ser contagioso. "Os chefes precisam ser pacientes, compreensivos e indulgentes. Essas inseguranças não são irracionais".

Diligência danosa

Para alguns chefes, administrar o temor e a repulsa se transformou em um trabalho por si só. Trevor Traina, um empreendedor do Vale do Silício que vendeu empresas em estágio inicial para a Microsoft e a Intuit, hoje dirige o DriverSide.com, um *site* que fornece aos motoristas tudo relacionado a carros. Desde a crise econômica, os escritórios da empresa de São Francisco se transformaram em um quadro vivo parecido com uma diligência de escoteiros. "Recebo *e-mails* o dia todo dizendo: 'Estou fazendo assim ou assado' e isso torna mais difícil o meu trabalho", diz Traina. "Toda vez que me viro, tem alguém dando uma passadinha na minha sala para me lembrar do que estão fazendo para mim". Traina começou a informar diariamente seu pessoal sobre a garantia de mais financiamento para a empresa e a dizer que todos deveriam se tranquilizar e falar menos sobre os detalhes.

No escritório de advocacia Skadden, Arps, Slate, Meagher & Flom, uma das advogadas com mais tempo de casa e maior experiência está sendo bombardeada por colegas mais novos que vivem pedindo a ela novos trabalhos. Porém, ela também enfrenta o problema oposto: os recém-formados, mimados e "perdidos": "são uma espécie de "bando de neuróticos, não há muito o que fazer". Todo dia isso se transforma em um número de malabarismo gerencial: manter viva a esperança para alguns e, ao mesmo tempo, tentar fazer com que outros "caiam na real". "Tudo isso me consome muito tempo", diz ela.

Para alguns líderes, a paranoia é uma espécie de bênção. "Quanto maior for o desespero, melhor será a inovação do mundo", diz Tom Szaky, CEO da TerraCycle, uma empresa de Trenton (New

Jersey) que produz fertilizantes orgânicos e outros produtos ecologicamente corretos. Os tempos estão difíceis para a TerraCycle, assim como para muitas outras empresas que abastecem um mercado varejista também em apuros. "Não temos dinheiro para contratar ninguém", diz Szaky. Ele lançou para si mesmo o desafio: fazer mais com menos. Aumentar as vendas sem gastar dinheiro.

Assim, os "TerraCyclers" decidiram se tornar suas próprias "máquinas de *marketing*", "botando o pé na estrada" e visitando pessoalmente as lojas. Normalmente, quando os funcionários da TerraCycle visitavam lojas do Walmart e Home Depot bem distantes para verificar os mostruários e bater um papo com os clientes, eles tomavam um avião, pernoitavam em um hotel e faziam suas refeições. Porém, no mês passado, três pessoas do departamento de *marketing* dirigiram seus próprios carros mais de 1.600 quilômetros cada. Como se isso já não fosse o bastante, eles também tiveram que dormir no banco de trás dos veículos.

Szaky diz que já notou um aumento nas receitas. "Ganhar dinheiro é fácil", diz ele. "É bom fazer com que as empresas sejam privadas de algo de vez em quando. É daí que vem a inovação."

Perguntas

1. Por que alguns funcionários tentam se mostrar insubstituíveis durante períodos difíceis na economia?
2. Qual(is) tipo(s) de poder de liderança poderia estar fazendo com que os funcionários ajam dessa maneira?
3. Quais tipos de comportamento você acredita que os líderes poderiam adotar quando eles imaginam que os funcionários estão tentando impressioná-los durante períodos difíceis na economia?
4. Como a inteligência emocional ajuda os líderes a lidarem com funcionários que estejam tentando se esforçar para ser (ou se parecer com) funcionários-modelo em períodos difíceis na economia?

Fonte: Michelle Conlin, "Are People in Your Office Acting Oddly?" Reimpresso da edição de 13/abr./2009 da *BusinessWeek* com permissão especial, copyright © 2009 da The McGraw-Hill Companies, Inc.

BusinessWeek Caso em foco [MA1, 2, 4]
Assumindo a Turner Broadcasting sem a presença de Ted

Talvez você não tenha ouvido falar de Phil Kent. Afinal de contas, o CEO da Turner Broadcasting é do tipo taciturno, diferentemente de Ted Turner, o chamado "Caipira Tagarela" que continuou sendo figura de destaque muito depois de ter vendido o seu império de TV a cabo para a Time Warner nos anos 1990. Mas Kent, que era ofuscado por Turner, vem emergindo e, rapidamente, está se tornando um dos mais importantes executivos da Time Warner. Se a gigante dos meios de comunicação de massa se separar da sua problemática divisão de longa data, a AOL, conforme se espera, o conjunto de canais supervisionados por Kent – entre os quais estão TNT, TBS, TCM e CNN – contribuirão com cerca de metade das receitas da Time Warner.

Nos últimos seis anos, Kent tem enfrentado emissoras de TV aberta com uma ampla programação, igualada por poucas emissoras de TV a cabo. À medida que as receitas com propaganda passam cada vez mais da TV aberta para a TV a cabo, ele se encontra na missão de fazer com que os anunciantes paguem para a Turner tanto quanto pagam para as quatro grandes emissoras de TV aberta. Trata-se de uma campanha que Kent planeja acelerar nas próximas semanas, já que os anunciantes se reúnem em Nova York para o ritual anual de compra de anúncios conhecido como "*the upfronts*".

Kent, 54 anos, é a primeira pessoa a dirigir a Turner sem a presença eminente de seu temperamental fundador, que se afastou do comando da Time Warner em 2006. Como tal, a Turner é um lugar muito diferente hoje. "Sob o comando de Ted", diz o CEO da Time Warner, Jeffrey L. Bewkes, "a alta direção sempre era Ted". Enquanto Turner se deleitava em fazer a sua própria propaganda, Kent é a antítese do executivo dos meios de comunicação. Embora tenha aprendido o negócio ao trabalhar na Creative Artists Agency com Michael Ovitz, o lendário negociador de tráfico de influências de Holywood, no final dos anos 1980, ele acha repugnante a autopromoção do mundo do cinema e da TV e abomina o culto ao CEO. "Decididamente, ele não é um CEO estrela", diz Steven R. Koonin, um dos lugar-tenentes de Kent.

Em dois momentos cruciais de sua carreira, Kent saiu de cena – em ambas as oportunidades não estava mais tendo prazer com o trabalho. Depois de trabalhar para Ovitz por seis anos, ele baldeou e embarcou numa viagem ao redor do mundo, ignorando as lisonjas dos *headhunters*, que após longas buscas o encontraram em um café em Marrakesh. Nos anos 1990, Kent trabalhou na Turner, mas pediu demissão em 2001 depois da fusão AOL–Time Warner. "Somente depois de deixar um emprego você será capaz de ver que o sol realmente irá nascer e se pôr sem a sua presença", explica ele. "Isso lhe deixará efetivamente menos temeroso para tomar decisões difíceis. Afinal de contas, se você próprio se demitiu, terá muito menos receio de ser demitido."

Incentivando as marcas
Bewkes estava buscando alguém para tomar decisões difíceis quando conseguiu convencer Kent e trazê-lo de volta para dirigir a Turner em 2003. Na época, a rede de TV a cabo se encontrava num marasmo e Bewkes, que transformou a

HBO em uma sensação da cultura *pop*, queria que Kent desse um gás às marcas da Turner e criasse buchicho em torno de seus canais.

Kent havia investido muito para ampliar a programação da Turner em termos de noticiários, programas com textos de anunciantes, desenhos animados e programas esportivos. Para atrair jovens profissionais, uma faixa etária de telespectadores muito cobiçada, Kent introduziu nomes de destaque na programação original da TNT e TBS. Na TNT, *The Closer*, estrelado por Kyra Sedgwick interpretando uma delegada de polícia viciada em alimentos doces, tornou-se um dos programas de maior audiência da TV a cabo. A mesma coisa com *Saving Grace*, estrelado por Holly Hunter no papel de uma policial de Oklahoma com um passado obscuro e protegida por um anjo da guarda.

Kent apostou em Adult Swim, um canal de comédias transmitido à noite no Cartoon Network da Turner. Essa "rede dentro da rede" possibilitou que a Turner fisgasse duas faixas etárias fundamentais: adolescentes e jovens do sexo masculino na faixa dos 20 anos, que assistem às comédias picantes no Adult Swim à noite, e crianças e seus pais, que assistem aos desenhos animados durante o resto do dia. Este ano, a TNT e a TBS colocarão no ar 13 programas novos, contra nenhum em 2003.

A estratégia de Kent está atraindo uma ampla gama de anunciantes prestigiosos, entre os quais a T-Mobile, DirecTV, Hewlett-Packard e Procter & Gamble.

Sob o comando de Kent, as receitas da Turner, um *mix* de receitas de propaganda e taxas de distribuição, praticamente dobraram, chegando aos US$ 7 bilhões, de acordo com pessoas familiarizadas com esses cálculos. O mesmo aconteceu com o fluxo de caixa, indo para US$ 2,3 bilhões. (A Time Warner não os especifica.)

Segundo todos dizem, a Turner se transformou em um local de trabalho muito mais participativo desde que Kent tomou as rédeas. Kent diz que seus afastamentos deixaram-lhe como ensinamento que a mania dos CEOs de marcar reuniões tomando todo o tempo do dia é contraproducente. Dividindo suas semanas entre as sedes da Turner em Atlanta e Nova York, ele reserva tempo para os colegas, para percorrer o escritório e dar uma passada nas salas das pessoas. Koonin diz que foi durante uma dessas visitas que ele e Kent conversaram sobre focar mais em públicos que não vinham sendo plenamente atendidos. Esse papo levou finalmente a incluir na programação um programa de entrevistas com o comediante George Lopez apresentado às altas horas na TBS para concorrer com Conan e Dave e conquistar telespectadores hispânicos.

Porém, o mandato de Kent não tem sido mil maravilhas. Em 2007, ele foi obrigado a se desculpar pelo ardil publicitário usado pelo programa Adult Swim que, para promover sua programação, distribuiu pela cidade de Boston vários *timers* com *display* contendo desenhos de personagens de suas séries que foram confundidos com artefatos explosivos (bombas-relógio). Este mês, a TNT cancelou sua série *Trust Me* depois de apenas uma temporada. Agora, à medida que a Turner emerge como uma parte mais importante de uma Time Warner mais enxuta, Kent terá que se transformar para desempenhar um papel que não o deixa à vontade: o de CEO de grande destaque.

Os investidores estarão acompanhando de perto para ver se ele conseguirá, de fato, fazer com que os anunciantes paguem mais pelo espaço publicitário nos canais da Turner. As redes de TV a cabo normalmente recebem um terço ou menos pelos anúncios do que as emissoras de TV aberta. Kent reconhece que mudar essa dinâmica não será fácil, mas diz: "Podemos realizar um trabalho muito melhor ao vender o peixe da Turner".

Perguntas

1. Como você descreveria o estilo de liderança pessoal de Phil Kent?
2. Quais são os traços positivos de Kent?
3. Quais comportamentos você imagina que ele provavelmente adotaria?
4. Você acredita que Phil Kent é um líder transformacional? Por quê?

Fonte: Tom Lowry, "Taking the Ted Out of Turner Broadcasting". Reimpresso da edição de 4/maio/2009 da *BusinessWeek* com permissão especial, copyright © 2009 da The McGraw-Hill Companies, Inc.

Gestão eficaz de equipes

CAPÍTULO 11

Metas de aprendizagem

Após estudar o presente capítulo, você deverá estar apto a:

1. Explicar por que grupos e equipes são fatores-chave para a eficácia organizacional. **[MA1]**

2. Identificar os diferentes tipos de grupos e equipes que ajudam os administradores e organizações a atingirem seus objetivos. **[MA2]**

3. Explicar como diferentes elementos da dinâmica de grupo influenciam o funcionamento e a eficácia de grupos e equipes. **[MA3]**

4. Explicar por que é importante para os grupos e as equipes que haja um equilíbrio entre conformidade, desvio e um nível de coesão moderado. **[MA4]**

5. Descrever como os administradores podem motivar os membros de um grupo a atingirem os objetivos organizacionais e a reduzirem a ociosidade de alguns membros nos grupos e equipes. **[MA5]**

ESTUDO DE CASO
Equipes na ICU Medical

Como um empreendedor pode usar equipes para ajudar a administrar uma organização em rápido crescimento?

O Dr. George Lopez, um clínico geral, fundou a ICU Medical em San Clemente (Califórnia), no ano de 1984, depois de um paciente seu ter morrido acidentalmente quando a cânula do soro se desconectou.[1] Lopez imaginou que deveria haver um método melhor de se projetar componentes para aplicação de soro a fim de que trágicos acidentes como esse não acontecessem mais. Ele desenvolveu um produto chamado Click Lock, que possui um mecanismo de travamento para sistemas de aplicação de soro e uma agulha protegida, a fim de que médicos e enfermeiros ficassem protegidos contra picadas acidentais.[2] Hoje em dia, a ICU Medical conta com aproximadamente 1.829 funcionários e receitas líquidas superiores a US$ 214 milhões.[3] Lopez é CEO da empresa,

George Lopez dá autonomia aos funcionários da ICU Medical a fim de que formem equipes para resolver problemas e aproveitar oportunidades.

que hoje tem suas ações negociadas na NASDAQ.[4] A ICU Medical continua a se concentrar no desenvolvimento e fabricação de produtos que aperfeiçoem o funcionamento dos sistemas de aplicação de soro e que, ao mesmo tempo, protejam médicos e enfermeiros contra picadas acidentais.[5] O CLAVE NeedleFree Connector, um produto usado para sistemas de aplicação de soro, por exemplo, é um dos *best-sellers* da ICU Medical.[6]

No início dos anos 1990, Lopez vivenciou algo nada incomum entre os empreendedores bem-sucedidos à medida que seus negócios crescem. Como CEO-empreendedor, ele continuou a tomar a maioria das decisões importantes sozinho, mas ao mesmo tempo empregava cerca de cem funcionários, tinha que lidar com a elevada demanda pelo CLAVE e com frequência sentia-se sobrecarregado – a ponto de muitas vezes dormir no escritório.[7] Depois de ver um dos jogos de hóquei de seu filho, ele se deu conta de que uma equipe bem "azeitada" poderia operar maravilhas. Lopez decidiu dar maior autonomia e poder de decisão aos funcionários a fim de que formassem equipes para trabalhar em um objetivo premente para a ICU Medical: aumentar a produção.[8] Embora os funcionários tenham efetivamente formado equipes e gasto de tempo considerável dedicados às interações entre elas, parece que não conseguiram chegar a nenhum resultado tangível – talvez pelo fato de não haver nenhum líder de equipe à disposição e de as equipes não terem nenhuma diretriz ou regras comportamentais a seguir para ajudar os funcionários a cumprirem suas metas.[9]

Numa tentativa de aumentar a eficácia das equipes, Lopez disse aos funcionários que as equipes deveriam eleger líderes de equipe. E junto com Jim Reitz, atual diretor de recursos humanos da ICU Medical, Lopez criou regras ou diretrizes que as equipes deveriam seguir, como "desafie o problema, não a pessoa" e "defenda a sua opinião, mas jamais argumente contra os fatos".[10] A ICU Medical também começou a recompensar os membros das equipes que contribuíssem para a eficácia organizacional. Com essas mudanças, Reitz e Lopez se esforçavam ao máximo para que: as equipes tivessem líderes, seguissem algumas diretrizes (a fim de adotar o comportamento desejado para seus membros), fossem recompensadas por suas contribuições para a eficácia organizacional (sem restrições e estruturas desnecessárias) e fossem realmente autogeridas.[11]

Com essas mudanças implementadas, as equipes da ICU Medical começaram realmente a cumprir a sua promessa. Hoje, qualquer funcionário da ICU Medical pode criar uma equipe para resolver um problema, aproveitar uma oportunidade ou trabalhar em um projeto, desde o desenvolvimento de um novo produto a melhorias no local de trabalho.[12] As equipes são autogeridas e os membros das equipes dividem o trabalho entre si, atribuem papéis e responsabilidades, marcam reuniões e determinam seus próprios prazos. Independentemente do grau de seu envolvimento nas equipes, espera-se que os funcionários cumpram todas as tarefas e responsabilidades normais que fazem parte de seus trabalhos individuais. Geralmente, as equipes tendem a ter entre cinco e sete membros e a se reunir uma vez por semana e, no final de cada trimestre, verifica-se que cerca de 12 a 15 equipes completam seus projetos. Trimestralmente, a ICU Medical disponibiliza US$ 75 mil para recompensar as equipes que completaram com sucesso seus projetos.[13] As premiações para elas se baseiam nos salários de seus membros, no sucesso e na importância de seus projetos.[14]

Reconhecendo que as equipes autogeridas ainda precisam de regras, diretrizes, liderança e estrutura, um grupo de funcionários elaborou um guia de 25 páginas para o funcionamento eficaz das equipes. E de modo a garantir que as equipes aprendam umas com as outras bem como recebam *feedback*, exige-se que cada uma coloque as anotações de suas reuniões na intranet da ICU Medical. e assim qualquer funcionário pode dar *feedback* para qualquer uma das equipes.[15]

Em suma, as equipes autogeridas ajudaram Lopez a administrar sua empresa (em franca expansão) e contribuíram substancialmente para a eficácia geral da ICU Medical.[16]

Visão geral

A ICU Medical não está sozinha no uso de grupos e equipes para aumentar a eficácia organizacional. Os administradores em grandes e pequenas empresas estão usando grupos e equipes para aumentar o desempenho, melhorar o tempo de resposta aos clientes, estimular a inovação e motivar os funcionários. Neste capítulo, analisaremos detalhadamente como os grupos e as equipes podem contribuir para a eficácia

MA1 Explicar por que grupos e equipes são fatores-chave para a eficácia organizacional.

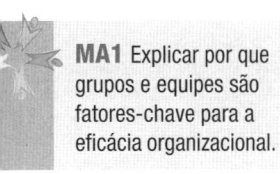

organizacional e os tipos de grupos e equipes usados nas organizações. Discutiremos como os diferentes elementos da dinâmica de grupo influenciam o funcionamento e a eficácia de grupos e descreveremos como os administradores podem motivar os membros de um grupo para que atinjam os objetivos organizacionais e como reduzir a ociosidade de alguns grupos e equipes. No final deste capítulo, você verá por que a administração eficaz de grupos e equipes é um ingrediente fundamental para o desempenho e a eficácia organizacionais.

Grupos, equipes e eficácia organizacional

Um **grupo** poderia ser definido como duas ou mais pessoas que interagem entre si para cumprir certas metas ou atender certas necessidades.[17] **Equipe** é um grupo cujos membros trabalham juntos *intensamente* visando atingir uma meta ou objetivo comum específico. Como fica implícito nessas definições, todas as equipes são grupos, mas nem todos os grupos são equipes. As duas características que distinguem as equipes dos grupos são a *intensidade* com a qual os membros de equipes trabalham juntos e a presença de uma *meta ou objetivo específico e prioritário para equipe*.

grupo Duas ou mais pessoas que interagem entre si para cumprir certas metas ou atender certas necessidades.

equipe Um grupo cujos membros trabalham juntos intensamente para atingir uma meta ou objetivo comum específico.

Na ICU Medical (ver quadro "Estudo de caso"), Don Ramstead, que era responsável pelos cronogramas de produção, formou uma equipe que trabalhava intensamente para atingir a meta de melhorar o processo de produção do CLAVE; num prazo de seis meses, a equipe reduziu o número de etapas no processo de produção de 27 para 9, com uma economia anual de cerca de US$ 500 mil.[18] Em contrapartida, os contadores que trabalham em um pequeno escritório contábil são um grupo: eles podem vir a interagir uns com os outros para atingirem objetivos, como manter-se a par das últimas mudanças nas regras e regulamentações contábeis, conseguir um funcionamento sem intercorrências no escritório, deixar os clientes já existentes satisfeitos e atrair novos. Mas eles não são uma equipe, pois não trabalham juntos intensamente. Cada contador se concentra em atender as necessidades de seus próprios clientes.

Pelo fato de todas as equipes também serem grupos, toda vez que usarmos, neste capítulo, o termo *grupo*, estaremos nos referindo tanto a grupos como equipes. Como você deve imaginar, pelo fato de os membros de equipes trabalharem juntos intensamente, algumas vezes pode ser que seja difícil a formação de equipes e talvez leve tempo até que seus membros aprendam como trabalhar juntos de forma eficaz. Grupos e equipes podem ajudar uma organização a ganhar vantagem competitiva, pois podem: (1) aumentar o seu desempenho, (2) melhorar o seu tempo de resposta aos clientes, (3) aumentar a inovação e (4) aumentar a motivação e a satisfação dos funcionários (ver Figura 11.1). Na próxima seção, examinaremos cada uma dessas contribuições.

Grupos e equipes como estimuladores do desempenho

sinergia Ganhos de desempenho resultantes das ações coordenadas de indivíduos e departamentos.

Uma das principais vantagens do uso de grupos é a oportunidade de obter uma espécie de **sinergia**: pessoas que trabalham em um grupo são capazes de produzir um número maior de produtos ou produtos de melhor qualidade do que aqueles que seriam produzidos se cada pessoa trabalhasse separadamente e todos os seus esforços individuais fossem posteriormente combinados. A essência da sinergia é captada nos dizeres: "O todo é maior do que a soma das suas partes". Para contribuírem com a sinergia dos grupos, seus membros podem trocar ideias entre si, corrigir os erros uns dos outros, resolver problemas imediatamente após eles surgirem e fazer uso de uma base de conhecimento diversa para enfrentar um problema ou atingir um objetivo, além de cumprir tarefas que são muito vastas ou abrangentes para um único indivíduo dar conta sozinho.

Para tirar proveito do potencial da geração de sinergia em grupos, os administradores precisam certificar-se de que os grupos são compostos por membros com aptidões complementares e conhecimento relevante para o trabalho do grupo. Na Hallmark Cards, por exemplo, são criadas sinergias quando se reúnem todas as diferentes funções necessárias para criar e produzir um cartão de felicitações em uma equipe multifuncional (uma equipe composta por membros de diferentes

Figura 11.1
Contribuições para a eficácia organizacional de grupos e equipes.

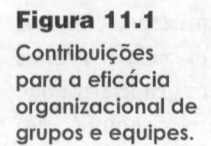

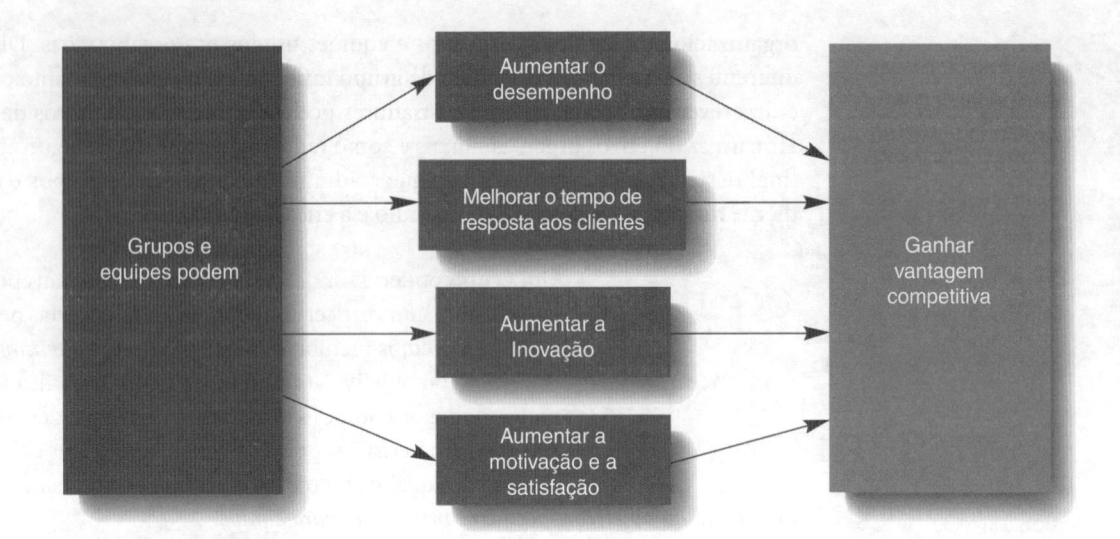

Grupos e equipes podem →
- Aumentar o desempenho
- Melhorar o tempo de resposta aos clientes
- Aumentar a Inovação
- Aumentar a motivação e a satisfação

→ Ganhar vantagem competitiva

departamentos ou funções). Artistas, redatores, projetistas e especialistas de *marketing*, por exemplo, podem trabalhar juntos como membros de uma equipe para criarem novos cartões.[19]

Na Hallmark, as aptidões e o domínio dos artistas complementam as contribuições dos redatores e vice-versa. Os administradores também precisam dar aos grupos autonomia suficiente para que eles (e não o administrador) solucionem problemas e determinem como atingir metas e objetivos, como é o caso das equipes multifuncionais na Hallmark e das formadas pelos funcionários na ICU Medical no "Estudo de caso". Para promover a sinergia, os administradores precisam dar maior autonomia e poder de decisão a seus subordinados e atuar como orientadores e guias para os grupos. Também devem evitar desempenhar um papel mais diretivo ou de supervisão. O potencial para a criação de sinergia em grupos talvez seja a razão para que cada vez mais administradores incorporem o *empowerment* em seus estilos pessoais de liderança (ver Capítulo 10).

Grupos, equipes e tempo de resposta aos clientes

Atender prontamente os clientes nem sempre é uma tarefa fácil. Em indústrias, por exemplo, deve-se avaliar as necessidades e os desejos dos clientes por produtos novos relevando as restrições de engenharia, os custos e a viabilidade de fabricação desses produtos, assim como a adoção de normas governamentais para a segurança e os desafios de *marketing*. Em organizações de serviços, como planos de saúde, o pronto atendimento às necessidades e os desejos dos pacientes quando o assunto é tratamento e assistência médica de alta qualidade deve ser equilibrado com as necessidades e os desejos dos médicos, além da necessidade de manter os custos envolvidos sob controle. Atender prontamente os clientes normalmente requer uma ampla gama de aptidões e *domínio* encontrados em diferentes departamentos e em diferentes níveis hierárquicos de uma organização. Certas vezes, os funcionários em níveis hierárquicos mais baixos de uma organização, como os representantes de vendas de uma empresa de computadores, por exemplo, estão mais próximos de seus clientes e mais cientes de suas necessidades. Entretanto, normalmente faltam aos funcionários de nível mais baixo (como os vendedores) os conhecimentos técnicos necessários para o desenvolvimento de ideias para novos produtos; esses conhecimentos são encontrados no departamento de pesquisa e desenvolvimento. Reunir vendedores, especialistas em pesquisa e desenvolvimento e membros de outros departamentos em um grupo ou equipe multifuncional pode melhorar o tempo de resposta aos clientes. Consequentemente, quando os administradores formam uma equipe, eles precisam ter certeza de que contam com a necessária diversidade de domínio e de conhecimentos para atender prontamente os clientes dentro de uma equipe; é por isso que as equipes multifuncionais são tão populares.

Em uma equipe multifuncional, o domínio e os conhecimentos em diferentes departamentos da organização são reunidos nas aptidões e nos conhecimentos dos membros de equipes. Os administradores de organizações que apresentam um alto desempenho são cuidadosos ao determinar os tipos de domínio e conhecimentos necessários que uma equipe deve ter para atender prontamente os clientes, e usam essas informações na formação das equipes.

Equipes e inovação

A inovação é a implementação de ideias criativas para novos produtos, novas tecnologias, novos serviços, ou até mesmo novas estruturas organizacionais – e é essencial para a eficácia organizacional. Muitas vezes, um indivíduo trabalhando sozinho não possui o conjunto amplo e diverso de aptidões, conhecimentos e domínio necessários para uma inovação bem-sucedida. Os administradores podem incitar mais a inovação criando equipes de diferentes indivíduos que, juntos, possuem os conhecimentos relevantes para um determinado tipo de inovação, em vez de dependerem exclusivamente de indivíduos trabalhando sozinhos.

Usar equipes para inovar apresenta outras vantagens também. Primeiramente, os membros de equipes normalmente conseguirão descobrir hipóteses falsas ou erros uns dos outros; um indivíduo trabalhando sozinho não seria capaz de fazer isso. Em segundo lugar, os membros de equipes podem criticar as abordagens uns dos outros quando necessário e aproveitar os pontos fortes dos outros para compensar as próprias fraquezas, uma das vantagens da **técnica do advogado do diabo**, discutida no Capítulo 5.

Para promover ainda mais a inovação, recomenda-se que os administradores deem maior autonomia e poder de decisão a equipes e façam com que seus membros assumam inteira responsabilidade pelo processo de inovação; eles podem ser, inclusive, imputados por suas falhas. O papel do administrador é fornecer condução, assistência, orientação e os recursos necessários para os membros de equipes, e *não* dirigir ou supervisionar de perto suas atividades. Para acelerar a inovação, os administradores também precisam formar equipes nas quais cada membro dê uma contribuição única para a equipe, como grande capacidade em engenharia, conhecimentos de produção, domínio em *marketing* ou prática em finanças. Certas vezes, o sucesso da inovação requer que os administradores formem equipes com membros de diferentes países e culturas.

A Amazon usa equipes para estimular a inovação, e vários dos recursos exclusivos em seu *site* que possibilitam um pronto atendimento aos clientes e suas necessidades foram desenvolvidos por equipes, conforme indicado no quadro "Pitada tecnológica" a seguir.

PITADA TECNOLÓGICA
Equipes "Pizza" inovam na Amazon

Jeff Bezos, fundador, CEO e presidente do conselho de administração da Amazon, é um daqueles que acreditam fielmente no poder das equipes para estimular a inovação.[20] Na Amazon, as equipes possuem autonomia considerável para ter ideias e experimentar sem a interferência dos administradores ou de outros grupos – e as equipes são pequenas. De acordo com Bezos, nenhuma equipe precisaria mais do que duas pizzas para alimentar seus membros. Se forem necessárias mais de duas pizzas para alimentar uma equipe, essa equipe é muito grande. Portanto, as equipes na Amazon não têm mais do que cinco a sete membros.[21]

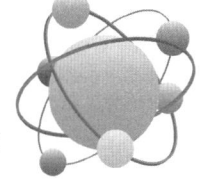

As "Equipes-pizza" criaram inovações tão únicas e populares que indivíduos trabalhando sozinhos possivelmente jamais teriam imaginado. Uma equipe desenvolveu o ícone "Gold Box", no qual os clientes podem clicar para receber ofertas especiais que expiram dentro de uma hora após a abertura de uma "arca do tesouro". Outra desenvolveu o "Search Inside the Book", no qual é possível pesquisar e ler o conteúdo de mais de 100 mil livros.[22] E outra equipe desenvolveu o Amazon Kindle, um leitor de livros sem fio que pesa 300 gramas. O Kindle é capaz de armazenar mais de 200 títulos, e pode receber automaticamente os principais jornais e *blogs,* além de contar com uma tela de alta resolução que se parece e pode ser lida como se fosse mesmo de papel.[23]

Embora Bezos dê autonomia às equipes para desenvolver e levar adiante suas ideias, ele também acredita na análise e teste cuidadosos delas. Grande defensor do poder dos fatos, dos dados e da análise, Bezos acredita que toda vez que uma ideia puder ser testada via análise, esta deve ser a ordem do dia. Quando um empreendimento é muito grande ou muito incerto ou quando faltam dados e sua obtenção é difícil, Bezos e outros altos executivos experientes têm a palavra final.[24] Mas para poder tomar as decisões sobre a implementação ou não de novas ideias sem a existência de regras firmes (seja pela análise de dados ou por meio do discernimento advindo da experiência), o que se faz necessário mesmo são ideias realmente criativas. Até agora, as equipes tiveram um papel importantíssimo na geração de ideias que ajudaram a Amazon a prestar um pronto atendimento aos clientes e se tornar uma marca muito conhecida na internet, além de colaborarem para a empresa muito bem-sucedida e altamente inovadora que é hoje.[25]

Na Amazon, as equipes seguem a "regra das duas pizzas"; isto é, nenhuma equipe deve precisar de mais de duas pizzas para alimentar os seus membros.

Grupos e equipes como motivadores

Muitas vezes, os administradores decidem formar grupos e equipes para cumprir metas organizacionais e acabam descobrindo que o emprego de grupos e equipes traz mais benefícios. Os membros de grupos e, particularmente, os membros das equipes (devido à maior intensidade de interação entre eles) tendem a ficar mais satisfeitos do que ficariam caso estivessem trabalhando por conta própria. A experiência de trabalhar ao lado de pessoas apaixonadas pelo que fazem e altamente motivadas pode ser muito estimulante. Além disso, trabalhar em uma equipe pode ser muito motivador: os membros de equipes percebem prontamente o quanto seus esforços e domínio contribuem diretamente para a consecução dos objetivos do grupo ou da organização, e eles se sentem pessoalmente responsáveis pelos efeitos ou resultados de seus trabalhos. Foi esse o caso na Hallmark Cards.

Os elevados níveis de motivação e satisfação resultantes do uso de equipes também podem levar a outros resultados, como baixa rotatividade de mão de obra. Foi essa a experiência de Frank B. Day como fundador e presidente do conselho de administração da Rock Bottom Restaurants Inc.[26] Para prestar excelente atendimento ao cliente, Day organizou os funcionários do restaurante em equipes de garçons, cujos membros trabalham juntos para repor cerveja, tirar pedidos, servir *enchiladas* de frango ou tirar a mesa. Os membros de equipes dividem entre si as atividades chatas e os turnos em horários ruins, e os clientes não têm mais que ficar esperando até um determinado garçom ou garçonete estar à disposição. Os níveis de motivação e de satisfação nos restaurantes Rock Bottom parecem maiores do que em outros restaurantes e a rotatividade de mão de obra é aproximadamente metade daquela verificada em outras cadeias de restaurantes americanos.[27]

Trabalhar em um grupo ou equipe também pode satisfazer as necessidades de interação social e de ligação com outras pessoas; para trabalhadores que desempenham funções muito estressantes, como o pessoal que trabalha nos prontos-socorros e salas de cirurgia de hospitais, fazer parte de um grupo pode ser uma importante fonte de apoio social e motivação. Os familiares ou amigos talvez não sejam capazes de compreender completamente ou avaliarem algumas causas de estresse gerado pelo trabalho como os membros de um determinado grupo, que o experimentam diretamente. Além disso, esses membros talvez achem mais fácil enfrentar essas situações quando podem compartilhar com outros membros de seu grupo os fatores desse estresse. Além disso, os grupos normalmente desenvolvem técnicas para aliviar a tensão, como contar piadas nas salas de cirurgia dos hospitais.

Por que os administradores em todos os tipos de organização dependem tanto de grupos e equipes? Grupos e equipes administrados com eficácia podem ajudar os administradores em sua busca por alto desempenho, pronta resposta aos clientes e motivação dos funcionários. Entretanto, antes de explicarmos como os administradores podem gerenciar grupos de maneira eficaz, descreveremos os tipos de grupos que são formados nas organizações.

Tipos de grupos e equipes

MA2 Identificar os diferentes tipos de grupos e equipes que ajudam os administradores e organizações a atingirem seus objetivos.

Para atingirem seus objetivos, que incluem alto desempenho, pronto atendimento aos clientes, inovação e motivação dos funcionários, os administradores podem formar vários tipos de grupos e equipes (ver Figura 11.2). Os **grupos formais** são aqueles que os administradores constituem para atingir os objetivos da organização. Os grupos de trabalho formais podem ser equipes *multifuncionais*, ou seja, aquelas compostas por membros de diferentes departamentos (como aqueles da Hallmark Cards), e equipes *multiculturais*, compostas por membros de diferentes culturas ou países, como as equipes das grandes montadoras. Como será visto, alguns dos grupos discutidos nesta seção também podem ser considerados multifuncionais (se forem compostos por membros de diferentes departamentos) ou multiculturais (se forem compostos por membros de diferentes países ou culturas).

Algumas vezes, os membros da organização, administradores ou funcionários sem cargo gerencial formam grupos, pois acreditam que assim atingirão os próprios objetivos ou atenderão as próprias necessidades (por exemplo, a necessidade de interação social). Os grupos formados dessa maneira são **grupos informais.** Quatro enfermeiras que trabalham em um hospital e almoçam juntas duas vezes por semana, por exemplo, constituem um grupo informal.

grupo formal Um grupo que os administradores constituem para a consecução dos objetivos da organização.

grupo informal Um grupo que os administradores ou funcionários sem cargo gerencial formam para ajudar na consecução de seus objetivos ou para satisfazer as próprias necessidades.

equipe do alto escalão Um grupo composto pelo CEO, presidente e os diretores dos departamentos mais importantes de uma empresa.

equipe de pesquisa e desenvolvimento Uma equipe cujos membros possuem o domínio e a experiência necessários para desenvolver novos produtos.

Equipe do alto escalão

Uma preocupação fundamental do CEO e presidente de uma companhia é formar a **equipe do alto escalão** para ajudar a organização na consecução de sua missão e objetivos. As equipes do alto escalão são responsáveis por formularem estratégias que resultem em vantagem competitiva para a organização, e a maioria delas têm de cinco a sete membros. Ao formarem suas equipes do alto escalão, é prudente que os CEOs enfatizem a diversidade – diversidade de domínio, aptidões, conhecimentos e experiência. Portanto, muitas equipes do alto escalão também são equipes multifuncionais: elas são compostas por membros de diferentes departamentos – financeiro, *marketing*, produção e engenharia. A diversidade ajuda a garantir que a equipe do alto escalão terá o *background* e os recursos necessários para tomar decisões adequadas. A diversidade também ajuda a nos precavermos contra o *consenso de grupo,* ou seja, a tomada de decisão incorreta resultante antes do esforço dos membros de um grupo em chegar a um acordo do que de uma avaliação precisa da situação (ver Capítulo 5).

Equipes de pesquisa e desenvolvimento

Os administradores de indústrias de alta tecnologia, sejam elas farmacêuticas, de computadores, de produtos eletrônicos ou de produtos para imagem digital, normalmente criam **equipes de pesquisa e desenvolvimento** para desenvolver novos produtos. Os administradores selecionam os membros de equipes de P&D com base em seus domínio e experiência em uma certa área. Algumas vezes, as equipes de P&D são equipes multifuncionais com membros de departamentos

Figura 11.2
Tipos de grupos e equipes encontrados nas organizações.

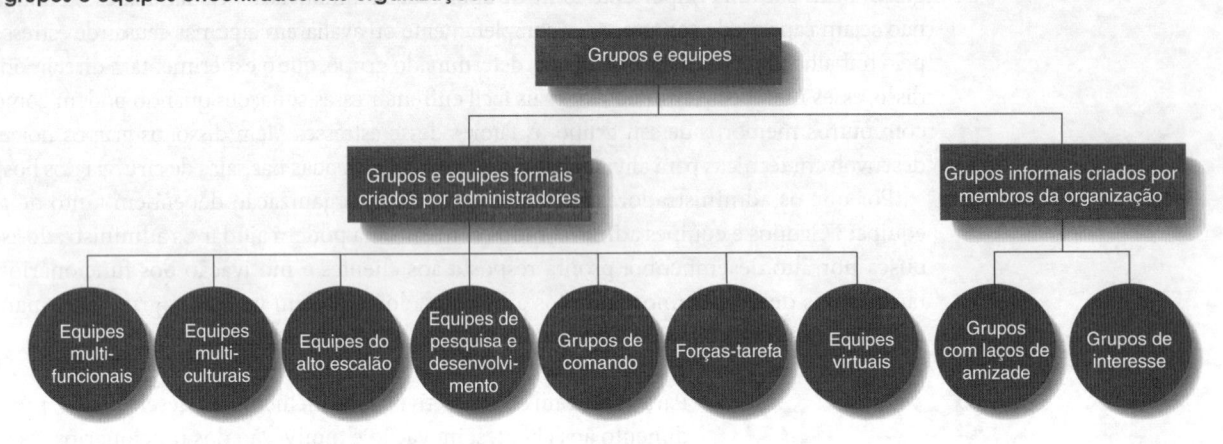

```
                            Grupos e equipes
                    ┌──────────────┴──────────────┐
         Grupos e equipes formais          Grupos informais criados por
         criados por administradores       membros da organização
    ┌────┬────┬────┬────┬────┬────┐              ┌────┬────┐
 Equipes Equipes Equipes Equipes Grupos Forças- Equipes  Grupos   Grupos
 multi-  multi-  do alto de       de    tarefa  virtuais com      de
 funcio- cultu-  escalão pesquisa coman-                 laços    interesse
 nais    rais            e desen- do                     de
                         volvi-                          amizade
                         mento
```

como engenharia, *marketing* e produção, além dos membros do departamento de pesquisa e desenvolvimento.

Grupos de comando

grupo de comando Um grupo composto por funcionários subordinados ao mesmo supervisor; também denominado *departamento* ou *unidade*.

Os funcionários que estão subordinados ao mesmo supervisor compõem um **grupo de comando**. Quando os altos executivos desenham a estrutura de uma organização e estabelecem relações de subordinação e uma cadeia de comando, eles estão, basicamente, criando grupos de comando. Os grupos de comando, normalmente denominados *departamentos* ou *unidades*, realizam uma quantidade significativa de trabalho em muitas organizações. Para formar grupos de comando que ajudem uma organização a ganhar vantagem competitiva, os administradores precisam motivar os membros de um grupo para que esses apresentem um alto desempenho e também precisam ser líderes eficazes.

Forças-Tarefa

força-tarefa Um comitê de administradores ou funcionários sem cargo gerencial de vários departamentos ou divisões que se reúne para resolver um problema específico comum a todos; também chamado *comitê ad hoc*.

Os administradores formam **forças-tarefa** para cumprir metas específicas ou solucionar problemas em certo período de tempo; as forças-tarefa são, por vezes, denominadas *comitês ad hoc*. Por exemplo, Michael Rider, proprietário e dirigente de uma rede de seis academias e núcleos de atividades esportivas no Meio-Oeste americano, criou uma força-tarefa composta pelos gerentes-gerais das seis academias para determinar se os núcleos de atividades esportivas deveriam instituir uma tabela de mensalidades distinta para clientes que queriam usar esses núcleos apenas para aulas de aeróbica (e não usar os demais aparelhos e instalações como pesos, *steps*, pistas e piscinas). Foi dado um prazo de três meses para uma força-tarefa preparar um relatório sintetizando os prós e contras da mudança proposta na tabela de mensalidades. Assim que a força-tarefa terminou seu relatório e chegou à conclusão de que a mudança na estrutura de mensalidades provavelmente reduziria as receitas em vez de aumentá-las e que, portanto, não deveria ser implementada, a força-tarefa foi desfeita. Assim como no caso da Rider, as forças-tarefa podem ser uma poderosa ferramenta para administradores atarefados que não têm tempo suficiente para explorarem pessoalmente em profundidade uma questão importante.

Equipes de trabalho autogeridas

equipe de trabalho autogerida Um grupo de funcionários que supervisiona suas próprias atividades e monitora a qualidade dos bens e serviços que fornecem.

As **equipes de trabalho autogeridas** são equipes nas quais os membros recebem maior autonomia e poder de decisão e têm a responsabilidade necessária para completarem trabalhos identificáveis. Diariamente, os membros de equipes decidem o que uma equipe irá fazer, como ela irá fazê-lo e quais membros da equipe realizarão especificamente quais tarefas.[28] Os administradores estabelecem para as equipes de trabalho autogeridas seus objetivos gerais (como montar teclados de computador sem defeitos), mas permitem aos membros das equipes decidirem como atingir tais objetivos. Normalmente, os administradores formam equipes de trabalho autogeridas para melhorar a qualidade, aumentar a motivação e a satisfação e reduzir custos. Muitas vezes, ao criarem equipes de trabalho autogeridas, eles combinam tarefas que os indivíduos costumavam fazer quando trabalhavam sozinhos, de modo que a equipe seja responsável por todo o conjunto de tarefas que levam a um resultado ou produto acabado identificável.

Os administradores podem tomar uma série de medidas para garantir que as equipes de trabalho autogeridas sejam eficazes e ajudem uma organização a alcançar seus objetivos:[29]

- Dar às equipes responsabilidade e autonomia suficientes para serem verdadeiramente autogeridas. Evitar dizer aos membros das equipes o que eles devem fazer ou resolver problemas para eles, mesmo que você (como gestor) saiba o que precisa ser feito.
- Garantir que o trabalho de uma equipe seja suficientemente complexo a fim de abranger uma série de etapas ou procedimentos diferentes que resultem em algum tipo de produto final acabado.
- Selecionar cuidadosamente os membros das equipes de trabalho autogeridas. Eles devem possuir a diversidade de aptidões necessárias para completar o trabalho da equipe, assim como a capacidade de trabalhar com outras pessoas e disposição para fazer parte de uma equipe.
- Como administrador, conscientize-se de que o seu papel em relação às equipes de trabalho autogeridas exige condução, orientação e apoio, e não supervisão. Você é um recurso ao qual as equipes podem recorrer quando necessário.
- Analisar qual tipo de treinamento os membros das equipes precisam e providenciá-lo. Trabalhar em uma equipe de trabalho autogerida normalmente requer que os funcionários possuam habilidades interpessoais e técnicas mais amplas.

Os administradores de uma ampla gama de organizações constataram que as equipes de trabalho autogeridas ajudam a organização a alcançar seus objetivos,[30] conforme descrito a seguir no quadro "*Insight* administrativo".

INSIGHT ADMINISTRATIVO

Equipes autogeridas na Louis Vuitton e Nucor Corporation

Os administradores da Louis Vuitton, a marca de luxo mais rentável do mundo, e os administradores da Nucor Corporation, o maior produtor de aço e o maior reciclador dos Estados Unidos, foram bem-sucedidos no emprego eficaz de equipes autogeridas para produção de, respectivamente, acessórios de luxo e aço. As equipes autogeridas em ambas as companhias não são apenas eficazes, mas são efetivamente talentosas ao extremo, e ajudaram a tornar suas empresas líderes em seus respectivos mercados.[31]

Equipes formadas por 20 a 30 membros fazem as bolsas e acessórios da Vuitton. As equipes trabalham apenas em um dado produto por vez; uma equipe com 24 membros poderia produzir cerca de 120 bolsas por dia.

O membro de uma equipe monta bolsas clássicas da Louis Vuitton na fábrica de produtos finos de couro da empresa na cidade de Ducey, na Normandia (França).

São concedidos maior autonomia e poder de decisão aos membros das equipes para que esses possam sentir-se donos dos produtos que fabricam. São encorajados a sugerirem melhorias e constantemente informados de fatores importantes, como preços de venda e popularidade dos produtos. Como coloca Thierry Nogues, líder de uma equipe na fábrica da Vuitton em Ducey (França): "Nosso objetivo é tornar todo mundo o mais versátil e autônomo possível."[32]

O pessoal de produção na Nucor é organizado em equipes que vão de 8 a 40 membros conforme o tipo de trabalho pelo qual a equipe é responsável, como laminação de aço ou a operação de fornos. Os membros de equipes têm autonomia considerável para tomar decisões e reagir criativamente a problemas e oportunidades, e além disso existe um número relativamente pequeno de camadas hierárquicas, o que corrobora o *empowerment* das equipes.[33] As equipes desenvolvem suas próprias regras informais de conduta e tomam decisões. Desde que os membros das equipes sigam as regras e políticas da organização (por exemplo, normas de segurança) e atendam os padrões de qualidade, eles são livres para se autogovernarem. Os administradores atuam como orientadores ou conselheiros em vez de supervisores, ajudando as equipes quando elas precisam de alguma assistência externa adicional.[34]

Para assegurar que as equipes de produção estejam realmente motivadas a ajudar na consecução dos objetivos da Nucor, os membros de equipes têm direito a bônus semanais com base no desempenho da equipe. Essencialmente, esses operários recebem um salário-base que não varia e podem ainda receber bônus semanais.[35] O valor do bônus é determinado ao se avaliar o trabalho realizado pela equipe e os recursos do maquinário que utilizam. Diante do imediatismo do bônus e de sua possível magnitude, os membros de equipes são altamente motivados a apresentar excelente conduta, a criar regras informais que apoiem o desempenho e a se esforçar ao máximo para ajudar a Nucor na consecução de seus objetivos. Além disso, como todos os membros de uma equipe recebem o mesmo valor de bônus semanal, eles são motivados a dar o máximo para a sua equipe, cooperar e a ajudar uns aos outros.[36]

Elaborar uma bolsa de luxo e fabricar vigas de aço são coisas muito diferentes em certos aspectos. Contudo, as equipes autogeridas e altamente eficazes na Louis Vuitton e na Nucor compartilham algumas qualidades fundamentais. Essas equipes realmente se apropriam de seus trabalhos e são altamente motivadas a apresentar um desempenho eficaz. Os membros de equipes possuem as habilidades e conhecimentos necessários para serem eficazes, têm maior autonomia para tomar decisões sobre seus trabalhos e estão cientes de que suas equipes estão dando contribuições vitais para suas organizações.[37]

Algumas vezes, os funcionários têm tarefas individuais próprias, mas também fazem parte de uma equipe autogerida que é formada para cumprir uma meta ou trabalho específico em um projeto importante. Os funcionários precisam realizar suas próprias tarefas individuais e também contribuem ativamente para a equipe autogerida das quais são membros de modo que a equipe alcance o seu objetivo. Lembre-se de que em um dos "Estudos de caso" foi visto que os funcionários da ICU Medical formam suas próprias equipes autogeridas para trabalharem em projetos; na ICU Medical, os funcionários possuem tarefas e responsabilidades individuais que lhes foram atribuídas e também trabalham em equipes autogeridas que os próprios funcionários formam para atingir objetivos específicos, como reduzir ineficiências em um processo produtivo ou desenvolver um novo produto.[38]

Como acontece em todos os grupos, algumas vezes as equipes de trabalho autogeridas podem ter problemas. Pode ser que seus membros relutem em punir membros que não estão tendo um desempenho compatível com os demais – retirando o seu direito a bônus ou mesmo demitindo-os.[39] Buster Jarrell, gerente que supervisiona equipes de trabalho autogeridas na fábrica de Houston da AES Corporation, descobriu que, embora as equipes de trabalho autogeridas fossem extremamente eficazes, tinham grande dificuldade de eliminar aqueles membros da equipe que estavam apresentando um péssimo desempenho.[40]

Equipes virtuais

equipe virtual Uma equipe cujos membros raramente ou nunca se reúnem face a face mas, sim, interagem por meio do uso de várias formas de recursos de TI, como *e-mail*, redes de computadores, telefone, fax e videoconferências.

As **equipes virtuais** são equipes cujos membros raramente ou nunca se reúnem face a face mas, sim, interagem por meio do uso de várias formas de recursos de TI, como *e-mail*, mensagens de texto, redes de computadores, telefone, fax e videoconferências. À medida que as organizações se tornam cada vez mais globais e a necessidade de conhecimentos especializados decorrente dos avanços tecnológicos aumenta, os administradores podem criar equipes virtuais para solucionar problemas ou explorar oportunidades sem que seja necessário que os membros das equipes trabalhem na mesma localização geográfica.[41]

Tomemos o caso de uma organização com instalações industriais na Austrália, Canadá, Estados Unidos e México, que está encontrando um problema de qualidade em um processo fabril complexo. Cada uma de suas fábricas tem uma equipe de controle de qualidade chefiada por um gerente de controle de qualidade. A vice-diretora de produção não tenta resolver o problema formando e chefiando uma equipe em uma das quatro fábricas; pelo contrário, ela forma e chefia uma equipe virtual composta pelos gerentes de controle de qualidade das quatro fábricas e seus gerentes-gerais. Quando os membros dessas equipes se comunicam via *e-mail* ou via sistema de videoconferência da empresa, consegue-se reunir uma base de conhecimentos e experiência muito grande para tentar solucionar o problema.

A principal vantagem das equipes virtuais é que elas permitem aos administradores não se limitarem a distâncias geográficas, permitindo que eles formem equipes cujos membros possuem os conhecimentos, o domínio e a experiência para lidarem com um problema ou aproveitarem uma oportunidade.[42] As equipes virtuais também podem incluir membros que não são funcionários da organização em si; a equipe virtual poderia incluir membros de uma empresa terceirizada. Mais e mais empresas, entre as quais a BP PLC, a Nokia Corporation e a Ogilvy & Mather, estão fazendo uso de equipes virtuais.[43]

Há duas formas de TI das quais os membros de equipes virtuais podem fazer uso: tecnologias síncronas e tecnologias assíncronas.[44] Usando *tecnologias síncronas,* os membros de equipes virtuais podem se comunicar e interagir simultaneamente uns com os outros. Entre elas, temos a videoconferência, a teleconferência e as reuniões eletrônicas. Já as *tecnologias assíncronas* apresentam um tempo de resposta maior na comunicação, e entre elas temos o *e-mail*, BBS e os *sites*. Muitas equipes virtuais usam ambos os tipos de tecnologia dependendo dos projetos nos quais trabalham no momento.

A globalização crescente provavelmente resultará numa dependência maior de equipes virtuais por parte das organizações.[45] Um dos principais desafios enfrentados pelos membros de equipes virtuais é a criação de um senso de camaradagem e confiança entre os membros das equipes que raramente (ou nenhuma vez) se reúnem *in loco*. Para resolver esta questão, algumas organizações programam atividades recreativas, como viagens para esquiar, de modo que os membros de equipes virtuais possam se encontrar. Outras organizações procuram garantir que os membros tenham chance de se reunir pessoalmente depois que a equipe for formada e então programam, periodicamente, reuniões *in loco* para promover a confiança, a compreensão e a cooperação nas equipes.[46] A necessidade de tais reuniões é enfatizada por pesquisas nas quais se sugere que, embora algumas equipes virtuais possam ser tão eficazes quanto as equipes que se reúnem pessoalmente, os membros de equipes virtuais talvez fiquem menos satisfeitos com os esforços do trabalho em equipe e tenham menos sentimentos de camaradagem ou coesão. (A coesão do grupo é discutida em mais detalhes posteriormente, ainda neste capítulo.)[47]

Há pesquisas que também sugerem que é importante para os administradores acompanharem as equipes virtuais e intervirem quando necessário – por exemplo, ao encorajar os membros das equipes que não se comunicam com frequência suficiente a monitorarem o progresso de suas equipes

Algumas equipes virtuais periodicamente se reúnem *in loco* para promover a confiança, a compreensão e a cooperação entre seus membros.

e assegurar que esses membros possam realmente reservar um tempo para o trabalho em equipe virtual e que sejam reconhecidos por esse desempenho.[48] Além disso, quando equipes virtuais passam por momentos ociosos ou difíceis, os administradores poderiam tentar alocar tempo para reunir *in loco* os membros de equipes e ajudá-los a focar em seus objetivos.[49]

Pesquisadores da London Business School, entre os quais a Professora Lynda Gratton, estudaram recentemente equipes virtuais globais para tentar identificar os possíveis fatores que tornam tais equipes eficazes.[50] Com base em suas pesquisas, Gratton sugere que, ao formar equipes virtuais, é útil incluir alguns membros que já se conheçam, outros que são bem relacionados com pessoas fora da equipe e, quando possível, membros que voluntariamente se ofereceram para fazer parte da equipe.[51] Também é vantajoso para as empresas manter algum tipo de *site* onde os membros de equipes possam conhecer mais sobre os outros e os tipos de trabalho em que estão engajados e, em particular, um espaço de trabalho *online* compartilhado ao qual os membros das equipes possam ter acesso 24 horas por dia.[52] A comunicação frequente é benéfica. Além disso, os projetos de equipes virtuais devem ser reconhecidos como significativos, interessantes e importantes por seus membros, a fim de promover e sustentar sua motivação.[53]

Grupos com laços de amizade

grupos com laços de amizade Grupo informal composto de funcionários que apreciam a companhia uns dos outros e que se socializam entre si.

Os grupos descritos até então são grupos formais criados pelos administradores. Os **grupos com laços de amizade** são grupos informais compostos por funcionários que apreciam a companhia uns dos outros e que se socializam entre si. Os membros de grupos com laços de amizade podem almoçar juntos, fazer uma pausa ou se reunir depois do trabalho para ir a um restaurante, para a prática esportiva ou outras atividades. Os grupos com laços de amizade ajudam a satisfazer as necessidades dos funcionários em termos de interação pessoal, e podem dar o apoio social necessário em tempos de estresse, além de contribuir para o bem-estar das pessoas no trabalho e com seus níveis de satisfação. Os próprios administradores muitas vezes formam grupos com laços de amizade. As relações informais que os administradores constroem em grupos com laços de amizade podem, muitas vezes, ajudá-los a resolver problemas relacionados com o trabalho, pois os membros desses grupos normalmente discutem questões relacionadas ao dia a dia da empresa; da mesma forma, os administradores inseridos nesses grupos também podem dar conselhos aos outros membros.

Grupos de interesse

grupos de interesse Grupo informal composto de funcionários que buscam atingir um objetivo em comum relacionado com sua participação em uma organização.

Funcionários formam **grupos de interesse** quando procuram atingir um objetivo comum relacionado com sua participação em uma organização. Os funcionários podem formar grupos de interesse para, por exemplo, encorajarem os administradores a considerarem a instituição de horário de trabalho flexível, a criação de creches no local de trabalho, a melhoria das condições de trabalho ou, de forma mais proativa, o apoio à proteção ambiental. Os grupos de interesse podem dar aos administradores *insights* valiosos sobre as questões e os problemas que mais preocupam os funcionários, e também podem sinalizar a necessidade de mudança.

Dinâmica de grupo

A maneira como funcionam os grupos e, em última instância, a sua eficácia, são fatores que dependem das características e dos processos do grupo, conhecidos coletivamente como *dinâmica de grupo*. Nesta seção, discutiremos cinco elementos fundamentais da dinâmica de grupo: o tamanho e os papéis dos grupos; a liderança de grupo; a criação de grupos; as normas de grupo e a coesão dos grupos.

Tamanho e papéis dos grupos

Os administradores precisam levar em conta o tamanho dos grupos bem como os papéis por eles desempenhados ao criarem e administrarem grupos e equipes de alto desempenho.

TAMANHO DO GRUPO O número de membros em um grupo pode ser um fator determinante da motivação e do comprometimento de seus membros, e também do desempenho do grupo. Há várias vantagens em manter um grupo relativamente pequeno – de dois a nove membros. Lembre-se de que o tamanho médio das equipes autogeridas na ICU Medical é de cinco a sete membros.[54] Comparado com membros de grupos grandes, os membros de grupos pequenos tendem a: (1) interagir mais entre si e achar mais fácil coordenar seus esforços, (2) apresentar maior motivação, satisfação e comprometimento, (3) achar mais fácil dividir informações e (4) apresentar uma maior capacidade de ver a importância de suas contribuições pessoais para o sucesso do grupo. Uma desvantagem de formar grupos pequenos em vez de grupos grandes é que os membros de grupos pequenos têm menos recursos disponíveis para cumprir seus objetivos.

Grupos grandes – com 10 ou mais membros – também oferecem algumas vantagens. Eles têm mais recursos à sua disposição para atingir os objetivos do grupo. Entre esses recursos, estão os conhecimentos, a experiência, as aptidões e as habilidades dos membros de um grupo, bem como tempo e esforço otimizados. Os grupos grandes também permitem que os administradores obtenham vantagens provenientes da **divisão de trabalho** – dividir o trabalho a ser realizado em determinadas tarefas e atribuí-las a cada funcionário. Os trabalhadores que se especializam em determinadas tarefas provavelmente se tornam mais aptos no desempenho delas e contribuem significativamente para o alto desempenho do grupo.

Entre as desvantagens dos grupos grandes, estão os problemas de comunicação e coordenação, e os níveis menores de motivação, de satisfação e de comprometimento que os membros de grupos grandes algumas vezes experimentam. Claramente, é mais difícil dividir informações e coordenar as atividades de 16 pessoas do que de 8. Além disso, membros de grupos grandes talvez não achem que seus esforços sejam realmente necessários e algumas vezes não se sentem parte do grupo.

Ao decidir sobre o tamanho apropriado de um grupo, os administradores tentam ganhar as vantagens de formar um grupo pequeno e, ao mesmo tempo, com recursos suficientes para cumprirem seus objetivos e contarem com uma divisão de trabalho bem feita. Como regra prática, os grupos não devem ter mais membros do que o necessário para conseguir uma divisão de trabalho satisfatória e fornecer os recursos necessários para a consecução dos objetivos. Em equipes de P&D, por exemplo, o grupo é muito grande quando: (1) seus membros gastam mais tempo dizendo aos outros o que eles sabem do que aplicando tal conhecimento para solucionar problemas e criar novos produtos, (2) a produtividade individual diminui e (3) o desempenho do grupo é afetado negativamente.[55]

PAPÉIS NO GRUPO O **papel no grupo** é um conjunto de comportamentos e tarefas que se espera de um dado membro devido à sua posição no grupo. Espera-se, por exemplo, que os membros de equipes multifuncionais desempenhem papéis relevantes para suas áreas especiais de domínio. Em nosso exemplo anterior de equipes multifuncionais na Hallmark Cards, verificamos que o papel dos redatores é criar versos para cartões novos, o papel dos artistas é criar ilustrações e o papel dos projetistas é juntar versos e arte gráfica de uma forma atraente e vistosa no cartão. Os papéis dos membros de equipes do alto escalão são moldados basicamente por suas áreas de domínio – produção, *marketing*, financeira, pesquisa e desenvolvimento –, mas os membros das equipes do alto escalão normalmente também fazem uso de seu amplo domínio como planejadores e estrategistas.

Ao formar grupos e equipes, os administradores precisam comunicar claramente aos membros de um grupo suas expectativas quanto aos seus respectivos papéis, o que é necessário que eles façam e como os diferentes papéis no grupo se encaixam para cumprir os objetivos em comum. Os administradores também precisam estar cientes de que os papéis no grupo normalmente mudam e evoluem à medida que as tarefas e os objetivos também mudam, assim como quando seus membros adquirem experiência e conhecimentos. Portanto, para obter os ganhos de

---

MA3 Explicar como diferentes elementos da dinâmica de grupo influenciam o funcionamento e a eficácia de grupos e equipes.

divisão de trabalho
Dividir o trabalho a ser realizado em determinadas tarefas e atribuir tarefas a cada funcionário.

papel no grupo
Um conjunto de comportamentos e tarefas que se espera de um dado membro devido à sua posição no grupo.

desempenho provenientes da experiência ou "do aprender fazendo", os administradores devem encorajar os membros de um grupo a terem a iniciativa de assumir outras responsabilidades se acharem adequado e modificarem seus papéis atribuídos. Esse processo, denominado **criação de papéis**, pode aumentar os desempenhos individual e do grupo.

Em equipes de trabalho autogeridas e em alguns outros grupos, os próprios membros do grupo são responsáveis por criar e atribuir papéis. Muitas equipes de trabalho autogeridas também escolhem seus próprios líderes de equipe. Quando os membros de um grupo criam seus próprios papéis, os administradores devem estar à disposição dos membros de um grupo na qualidade de conselheiros, ajudando-os a resolver de modo eficaz conflitos e disputas. Na Johnsonville Foods, por exemplo, os títulos dos cargos dos gerentes de primeira linha foram mudados para "conselheiros" a fim de refletirem os novos papéis dos gestores em relação às equipes de trabalho autogeridas que supervisionam.[56]

criação de papéis
Tomar a iniciativa para modificar um papel atribuído assumindo novas responsabilidades.

Liderança de grupos

Todos os grupos e equipes precisam de liderança, como George Lopez constatou na ICU Medical no quadro "Estudo de caso".[57] De fato, conforme discutido detalhadamente no Capítulo 10, a liderança eficaz é o ingrediente fundamental para grupos, equipes e organizações de alto desempenho. Algumas vezes, os administradores assumem o papel de liderança em grupos e equipes, como é o caso em muitos grupos de comando e equipes do alto escalão. Ou pode ser que um administrador indique um membro de um grupo que não é um administrador para ser o líder ou presidente do grupo, como no caso de uma força-tarefa ou comitê permanente. Em outros casos, pode ser que os membros de grupos ou equipes escolham seus próprios líderes, ou talvez um líder possa surgir naturalmente à medida que os membros de um grupo forem trabalhando juntos para atingir os objetivos. Quando os administradores dão maior autonomia e poder de decisão aos membros das equipes de trabalho autogeridas, normalmente eles deixam que esses membros escolham os seus próprios líderes. Algumas equipes de trabalho autogeridas acham eficaz alternar o papel de liderança entre seus membros. Se os líderes dos grupos e equipes são administradores ou não, se foram indicados por administradores (normalmente conhecidos como *líderes formais*) ou surgiram naturalmente das bases de um grupo (*líderes informais*), de qualquer modo desempenham um papel importante ao garantir que grupos e equipes desenvolvam seu pleno potencial.

Desenvolvimento do grupo ao longo do tempo

Como muitos administradores que supervisionam equipes autogeridas descobriram, algumas vezes leva de dois a três anos para uma equipe de trabalho autogerida atingir um bom desempenho.[58] Conforme sugere a experiência desses administradores, o que um grupo consegue alcançar depende, em parte, do seu estágio de desenvolvimento. Saber que leva tempo considerável para que as equipes de trabalho autogeridas passem a dar resultados tem ajudado os administradores a criar expectativas realistas em relação às novas equipes e a ficarem cientes de que é necessário fornecer treinamento e orientação consideráveis aos membros de equipes novas.

Embora o desenvolvimento de cada grupo ao longo do tempo seja algo único, os pesquisadores identificaram cinco estágios de desenvolvimento que muitos deles parecem atravessar (ver Figura 11.3).[59] No primeiro estágio, *formação*, os membros tentam conhecer uns aos outros e chegar a um entendimento comum daquilo que o grupo está tentando realizar e como os membros de um grupo deveriam se comportar. Durante esse estágio, os administradores devem se esforçar ao máximo para fazer com que cada membro sinta-se uma parte valorizada do grupo.

No segundo estágio, *tumulto*, os membros de um grupo vivenciam uma fase de conflitos e discordâncias, pois alguns de seus membros não querem se submeter às solicitações de outros membros do grupo. Podem surgir disputas sobre quem deveria liderar o grupo. Equipes de trabalho autogeridas podem se encontrar particularmente fragilizadas durante o estágio de tumulto. Os administradores precisam ficar de olho nos grupos durante esse estágio para que o conflito não fuja do controle.

Figura 11.3
Os cinco estágios de desenvolvimento de um grupo.

Formação → Tumulto → Normatização → Consecução → Suspensão das atividades

Durante o terceiro estágio, *normatização,* criam-se estreitos laços entre os membros de um grupo e surgem sentimentos de amizade e camaradagem. Os membros de um grupo chegam a um consenso sobre quais objetivos devem procurar atingir e como devem se comportar perante os demais. No quarto estágio, *consecução,* é realmente realizado o trabalho de grupo. Dependendo do tipo de grupo em questão, os administradores precisam tomar diferentes medidas para assegurar a eficácia do grupo. Os administradores de grupos de comando precisam garantir que seus membros estejam motivados e liderando de forma eficaz os membros de um grupo. Os administradores que supervisionam equipes de trabalho autogeridas têm que dar maior autonomia e poder de decisão aos membros das equipes e cuidar para que tenham sido atribuídas às equipes responsabilidade e autonomia suficientes no estágio de consecução.

O último estágio, *suspensão das atividades,* aplica-se apenas a grupos que finalmente foram desfeitos, como as forças-tarefa. Durante a suspensão das atividades, um grupo é disperso. Algumas vezes, a suspensão das atividades ocorre quando um grupo completa um produto ou quando uma força-tarefa, avaliando os prós e os contras de oferecer uma creche dentro da própria empresa, gera um relatório apoiando essa recomendação ou não.

Os administradores devem adotar uma abordagem flexível em relação ao desenvolvimento do grupo e devem estar sintonizados com as diferentes necessidades e solicitações dos grupos durante seus vários estágios.[60] Acima de tudo e independentemente do estágio de desenvolvimento, os administradores precisam se considerar como *recursos* para os grupos. Portanto, os administradores devem se esforçar continuamente para encontrar maneiras de ajudar grupos e equipes a funcionarem de maneira mais eficaz.

Normas para o grupo

MA4 Explicar por que é importante para os grupos e as equipes que haja um equilíbrio entre conformidade e desvio e um nível de coesão moderado.

normas para o grupo Diretrizes ou regras aceitas para um comportamento que a maioria dos membros de um grupo segue.

Todos os grupos, sejam eles equipes do alto escalão, equipes de trabalho autogeridas ou grupos de comando, precisam controlar o comportamento de seus membros de modo a garantir que o grupo apresente um alto desempenho e atenda seus objetivos. Atribuir papéis a cada membro de um grupo é uma maneira de controlar o comportamento em grupos. Outra importante forma de influenciar o comportamento de seus membros é a criação e o cumprimento de normas para o grupo.[61] As **normas para o grupo** são diretrizes ou regras de comportamento que a maioria de seus membros segue. Os grupos criam normas concernentes a uma grande variedade de comportamentos, entre os quais horário de expediente, o compartilhamento de informações entre os membros de um grupo, a maneira como certas tarefas de grupo devem ser executadas e até mesmo como os membros de um grupo devem vestir.

Os administradores devem encorajar os membros de um grupo a criarem normas que contribuam para o desempenho e a consecução dos objetivos do grupo – normas que ditam, por exemplo, que cada membro de uma equipe multifuncional sempre deve estar à disposição para o restante da equipe, quando for necessária sua colaboração; que as ligações devem ser retornadas o mais breve possível; que os demais membros da equipe devem ser informados sobre planos de viagem de um determinado membro e que é necessário que ele forneça um telefone para contato quando estiver viajando a negócios. Tais normas garantem a eficiência, o alto desempenho e a consecução das metas. Uma norma em um grupo de comando formado por secretárias que estabeleça que as secretárias com uma carga de trabalho mais leve em uma dada semana devem ajudar outras secretárias que estejam com uma carga maior de trabalho, ajuda a assegurar que o grupo complete todas as suas atribuições dentro do prazo e de maneira eficiente. Da mesma forma, uma norma de uma equipe do alto escalão dizendo que os membros das equipes sempre devem consultar-se entre si antes de tomarem decisões importantes, ajuda a assegurar que sejam tomadas boas decisões com o mínimo de erros.

CONFORMIDADE E DESVIO Os membros de um grupo se adéquam às normas por três razões: (1) eles querem obter recompensas e evitar punições; (2) querem imitar aqueles membros do grupo de que gostam e pelos quais sentem admiração e (3) eles internalizaram a norma e acreditam que essa seja a maneira própria e correta de se comportarem.[62] Consideremos o caso de Robert King, que se adequou à norma de seu departamento segundo a qual ele devia participar de um evento para levantar fundos para ajudar uma organização que distribui alimentos aos mais carentes. A conformidade de King poderia ter como razões: (1) seu desejo de ser um membro do grupo com boa reputação e estabelecer relações amistosas com outros membros do grupo (recompensas), (2) seu desejo de imitar o comportamento de outros membros do departamento pelos quais tem profundo respeito e que sempre participam desses eventos (imitar outros membros do grupo) ou então (3) sua crença no valor da causa dessa instituição (acreditar que essa seja a maneira correta e apropriada de se comportar).

Uma não adequação às normas (o desvio), ocorre quando um membro viola a norma de seu grupo. O desvio sinaliza que um grupo não está controlando os comportamentos de seus membros. Em geral, os grupos reagem contra membros que se comportam de modo desafiador por meio de uma das três formas a seguir:[63]

1. O grupo pode tentar fazer com que o membro mude suas maneiras de agir e se adéque à norma. Os membros de um grupo podem tentar convencer o membro da necessidade de se adequar ou podem ignorar ou até mesmo punir os que se comportam diferente. Por exemplo: em uma fábrica da Jacksonville Foods, Liz Senkbiel, membro de uma equipe de trabalho autogerida responsável por pesar salsichas, deixou de cumprir uma norma do grupo segundo a qual os membros de um grupo devem limpar periodicamente uma sala desordenada. Pelo fato de Senkbiel ter se recusado a participar das atividades de limpeza da equipe, os outros membros reduziram seu bônus mensal em cerca de US$ 225 por um período de dois meses.[64] Senkbiel aprendeu claramente os efeitos de comportamento diferente em sua equipe.

2. O grupo pode expulsar membros.

3. O grupo pode mudar a norma para que esta seja consistente com o comportamento do seu membro.

Essa última alternativa sugere que uma certa dose de comportamento diferente pode ser funcional para os grupos. O desvio é funcional para um grupo quando ele faz com que seus membros avaliem possíveis normas que não funcionam adequadamente, mas que o grupo aceita sem discutir. Muitas vezes, os membros de um grupo não pensam por que se comportam de uma certa maneira ou por que seguem certas normas. O desvio pode fazer com que os membros de um grupo reflitam sobre suas normas e as mudem quando apropriado.

Tomemos o caso de um grupo de recepcionistas em um salão de beleza que segue a norma de que todos os compromissos devem ser escritos à mão em uma agenda e que, no final de cada dia, a recepcionista encarregada deve registrar os compromissos no computador do salão, e imprimir as agendas diárias das cabeleireiras. Um belo dia, uma recepcionista decidiu registrar os compromissos diretamente no computador no momento em que estavam sendo acertados, ignorando a agenda de papel. Esse comportamento diferente fez com que as outras recepcionistas questionassem a razão para usar uma agenda de papel, já que todos os compromissos poderiam ser registrados diretamente no computador. Depois de consultar a dona do salão, o grupo mudou sua norma. Agora todos os compromissos são registrados diretamente no computador, o que poupa tempo e reduz os erros na anotação.

INCENTIVANDO O EQUILÍBRIO ENTRE CONFORMIDADE E DESVIO Para ajudar de modo eficaz uma organização a ganhar vantagem competitiva, grupos e equipes precisam ter o equilíbrio justo entre conformidade e desvio (ver Figura 11.4). Um grupo precisa de um certo

Figura 11.4
Equilíbrio entre conformidade e desvio em grupos.

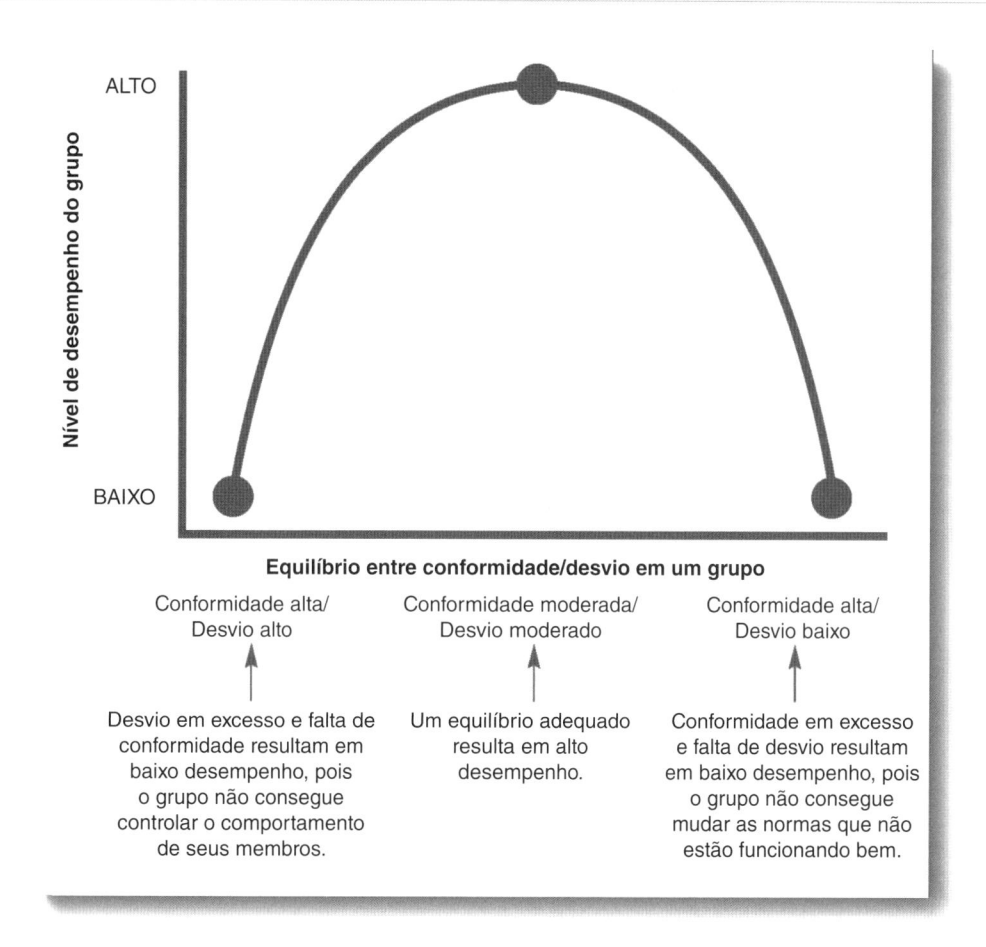

[Gráfico: Nível de desempenho do grupo (eixo Y: BAIXO a ALTO) versus Equilíbrio entre conformidade/desvio em um grupo (eixo X). Curva em formato de parábola invertida.]

Equilíbrio entre conformidade/desvio em um grupo

- **Conformidade alta/Desvio alto**: Desvio em excesso e falta de conformidade resultam em baixo desempenho, pois o grupo não consegue controlar o comportamento de seus membros.
- **Conformidade moderada/Desvio moderado**: Um equilíbrio adequado resulta em alto desempenho.
- **Conformidade alta/Desvio baixo**: Conformidade em excesso e falta de desvio resultam em baixo desempenho, pois o grupo não consegue mudar as normas que não estão funcionando bem.

---

nível de conformidade para conseguir controlar o comportamento de seus membros e canalizá-lo no sentido do alto desempenho e da consecução dos objetivos do grupo. Um grupo também precisa de um certo nível de desvio para garantir que normas ineficazes sejam descartadas e substituídas por outras que funcionem. Encontrar o equilíbrio entre conformidade e desvio é uma preocupação premente para todos os grupos, sejam eles equipes do alto escalão, equipes de P&D, grupos de comando ou equipes de trabalho autogeridas.

O grau de conformidade e reações ao desvio nos grupos é determinado pelos próprios membros. As três bases para conformidade que acabamos de descrever são forças poderosas que podem fazer (e geralmente fazem) com que os membros de um grupo sigam as normas ditadas. Algumas vezes, essas forças são tão fortes que o desvio raramente ocorre em grupos, e quando isso acontece, ele é suprimido.

Os administradores podem tomar várias medidas para garantir que haja tolerância suficiente ao desvio em grupos para que seus membros estejam propensos a não seguir normas ineficazes e também para que, quando o desvio ocorrer em seus grupos, possam refletir sobre a adequação da norma violada e a alterarem caso necessário. Primeiramente, os administradores podem ser modelos para os grupos e equipes que eles supervisionam. Quando os administradores encorajam e aceitam as sugestões dos funcionários para mudanças em procedimentos, não insistem de forma rígida que as tarefas sejam realizadas de uma certa maneira e admitem quando uma norma que outrora era apoiada não serve mais, eles sinalizam aos membros de um grupo que a conformidade não deve vir à custa de mudanças e melhorias necessárias. Em segundo lugar, os administradores devem deixar claro aos funcionários que sempre há maneiras para melhorar os processos e os níveis de desempenho dos grupos – oportunidades para substituir normas existentes por normas que permitam a um grupo atingir seus objetivos e ter um alto desempenho.

Em terceiro lugar, os administradores devem encorajar os membros de grupos e equipes a avaliarem periodicamente a adequação de suas normas existentes.

Coesão do grupo

coesão do grupo
O grau de atração ou de fidelidade dos membros em relação ao seu grupo ou equipe.

Outro elemento importante da dinâmica de grupo que afeta o desempenho e a eficácia é a **coesão do grupo**, o grau de atração ou de fidelidade dos membros em relação ao seu grupo ou equipe.[65] Quando a coesão do grupo é grande, os indivíduos valorizam muito o fato de fazerem parte desse grupo, acham-no muito atraente e têm forte desejo de continuar a participar. Quando a coesão do grupo é pequena, os membros de um grupo não acham seus grupos particularmente atraentes e seu desejo de continuarem a participar é pequeno. Pesquisas sugerem que os administradores devem se esforçar ao máximo para conseguir um nível de coesão moderado nos grupos e equipes que gerenciam, pois isso muito provavelmente contribuirá para a vantagem competitiva de uma organização.

CONSEQUÊNCIAS DA COESÃO DO GRUPO Existem três importantes consequências da coesão do grupo: o nível de participação no grupo, o nível de conformidade às normas do grupo e a ênfase na consecução dos objetivos do grupo (ver Figura 11.5).[66]

NÍVEL DE PARTICIPAÇÃO NO GRUPO À medida que a coesão do grupo aumenta, o grau de participação dos seus membros aumenta. A participação contribui para a eficácia do grupo, pois seus membros se envolvem ativamente no grupo, realizam as tarefas comuns, compartilham prontamente informações entre si e se comunicam de forma aberta e frequente (o importante tópico da comunicação será visto em profundidade no Capítulo 13).

Um nível moderado de coesão do grupo ajuda a garantir que os membros de um grupo participem ativamente dele e se comuniquem de forma eficaz uns com os outros. A razão pela qual os administradores talvez não se sintam propensos a encorajar elevados níveis de coesão é ilustrada pelo exemplo de duas equipes multifuncionais responsáveis por desenvolver novos brinquedos. Os membros da altamente coesa Equipe Alfa com frequência têm reuniões demoradas que normalmente começam com conversas e piadas não relacionadas com o trabalho, se reúnem com muito mais regularidade do que as demais equipes multifuncionais da empresa e gastam boa parte do tempo falando sobre os pormenores da contribuição de seu departamento para o desenvolvimento dos brinquedos. Os membros da moderadamente coesa Equipe Beta geralmente têm reuniões

Figura 11.5
Causas e consequências da coesão de grupo.

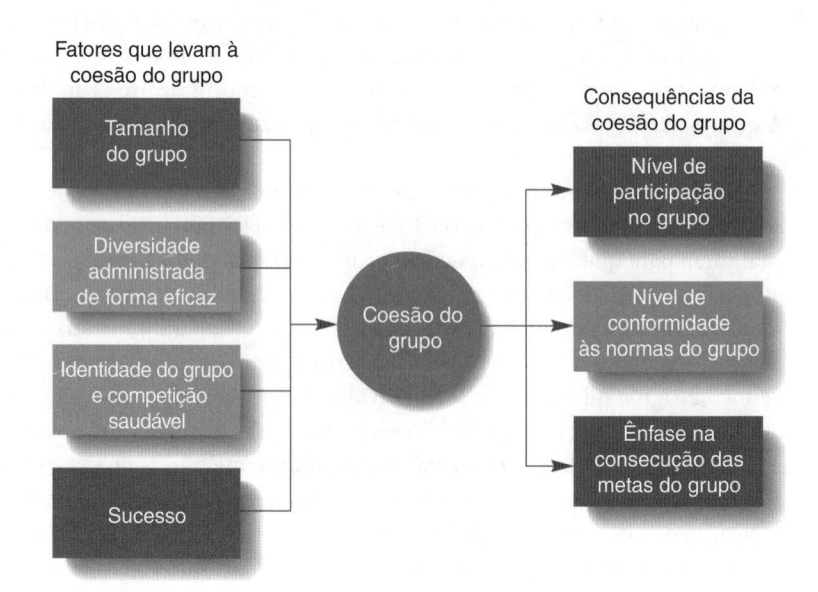

Fatores que levam à coesão do grupo:
- Tamanho do grupo
- Diversidade administrada de forma eficaz
- Identidade do grupo e competição saudável
- Sucesso

→ Coesão do grupo →

Consequências da coesão do grupo:
- Nível de participação no grupo
- Nível de conformidade às normas do grupo
- Ênfase na consecução das metas do grupo

eficientes nas quais as ideias são transmitidas e discutidas conforme a necessidade, não se reúnem com frequência maior do que a necessária e compartilham entre si os pormenores de seus domínios somente no que for necessário para o processo de desenvolvimento. Tanto a Equipe Alfa quanto a Equipe Beta desenvolveram alguns brinquedos campeões de venda. Entretanto, geralmente a Equipe Alfa leva 30% a mais de tempo para fazê-lo do que a Equipe Beta. É por isso que coesão em demasia faz lembrar o ditado: "Um é pouco, dois é bom, três é demais".

NÍVEL DE CONFORMIDADE COM AS NORMAS DO GRUPO O aumento dos níveis de coesão do grupo resulta no aumento dos níveis de conformidade às suas normas, e quando a coesão se torna muito alta, o nível de desvio nos grupos pode se tornar tão pequeno que seus membros se adéquam às normas mesmo quando elas não funcionam bem. Em contrapartida, baixa coesão pode resultar em desvio demais e minar a capacidade de um grupo controlar os comportamentos de seus membros para a consecução dos objetivos.

No exemplo citado, as Equipes Alfa e Beta da fábrica de brinquedos adotavam a mesma norma para o desenvolvimento de brinquedos. Segundo essa norma, os membros de cada equipe deveriam discutir ideias para a criação de novos brinquedos, decidir qual a linha de brinquedos a ser adotada e então solicitar a um membro da equipe de P&D para desenvolver um protótipo. Recentemente, um novo filme de animação estrelado por uma família de coelhos e produzido por uma pequena empresa cinematográfica foi um sucesso inesperado, e os principais fabricantes de brinquedos se engalfinhavam para chegar a acordos de licenciamento a fim de que pudessem produzir linhas de brinquedos com os famosos coelhos. A equipe do alto escalão do fabricante de brinquedos designou as Equipes Alfa e Beta para a criação das novas linhas de brinquedos, que deveria acontecer de forma acelerada para que se chegasse antes da concorrência.

Os membros da Equipe Alfa seguiam sua norma usual para desenvolvimento de brinquedos, muito embora o especialista em *marketing* da equipe acreditasse que o processo poderia ser racionalizado para poupar tempo. A especialista de *marketing* da Equipe Beta convencia os membros da equipe a se afastarem da norma vigente para o desenvolvimento de brinquedos. Ela sugeria que a equipe não solicitasse ao departamento de P&D o desenvolvimento de novos protótipos, mas que modificasse os coelhos de brinquedo mais vendidos que a fábrica já produzia e então chegasse a um acordo de licenciamento com a companhia cinematográfica, tomando como base o alto potencial de vendas (dado o sucesso anterior do fabricante). Assim que o acordo de licenciamento fosse assinado, a empresa poderia ter o tempo necessário para desenvolver coelhos de brinquedo exclusivos e inovadores, contando com uma maior colaboração do departamento de P&D.

A especialista de *marketing* da Equipe Beta optou por se afastar da norma para desenvolvimento de brinquedos, e assim esse fabricante obteve um acordo de licenciamento exclusivo com a companhia cinematográfica e conseguiu colocar seus primeiros coelhos nas prateleiras em um prazo recorde de três meses. Os grupos precisam encontrar um equilíbrio entre conformidade e desvio, pois um nível de coesão moderado normalmente leva aos melhores resultados, como foi o caso da Equipe Beta.

ÊNFASE NA CONSECUÇÃO DOS OBJETIVOS DO GRUPO À medida que a coesão do grupo aumenta, a ênfase colocada na consecução dos objetivos do grupo também aumenta dentro do grupo. Uma ênfase muito grande na consecução dos objetivos do grupo, entretanto, nem sempre leva à eficácia organizacional. Para uma organização ser eficaz e ganhar vantagem competitiva, os diferentes grupos e equipes da organização devem cooperar uns com os outros e estar motivados para atingir os *objetivos da organização,* mesmo que isso algumas vezes seja obtido à custa da consecução dos objetivos do grupo. Um nível de coesão moderado motiva os membros de um grupo a cumprir tanto os objetivos do grupo como aqueles da organização. Elevados níveis de coesão podem fazer com que os membros de um grupo fiquem tão focados na consecução dos objetivos do grupo a ponto de não pouparem esforços para atingi-los – mesmo que isso comprometa o desempenho organizacional.

No fabricante de brinquedos, o principal objetivo das equipes multifuncionais era desenvolver novas linhas de brinquedos que fossem realmente inovadoras, utilizando o que existisse de mais novo em tecnologia, e, de alguma forma, muito diferentes dos demais brinquedos do mercado. Quando chegou a hora decisiva do projeto do coelho, o elevado nível de coesão da Equipe Alfa contribuiu para sua ênfase contínua no objetivo do grupo, isto é, desenvolver uma linha de brinquedos inovadora. Portanto, essa equipe ateve-se ao seu processo de desenvolvimento usual. Porém, a Equipe Beta se deu conta de que desenvolver rapidamente uma nova linha de brinquedos era uma importante meta organizacional que devia ter precedência em relação à meta do grupo de desenvolver brinquedos radicalmente novos, pelo menos a curto prazo. O nível de coesão moderado da Equipe Beta contribuiu para que seus membros fizessem o que era melhor para o fabricante de brinquedos nesse caso específico.

FATORES QUE LEVAM À COESÃO DO GRUPO Quatro fatores contribuem para o nível de coesão do grupo (ver Figura 11.5).[67] Ao influenciar esses *determinantes de coesão do grupo*, os administradores podem elevar ou diminuir a coesão para promover níveis de coesão moderados em grupos e equipes.

TAMANHO DO GRUPO Conforme mencionado anteriormente, membros de grupos pequenos tendem a ser mais motivados e comprometidos do que os membros de grupos grandes. Portanto, para promover a coesão em grupos, os administradores devem formar grupos de tamanho pequeno a médio (cerca de 2 a 15 membros), se isso for viável. Se um grupo tiver baixa coesão e seu tamanho for grande, talvez os administradores queiram considerar a viabilidade de dividir o grupo em dois e atribuir diferentes tarefas e objetivos aos dois grupos recém-formados.

DIVERSIDADE ADMINISTRADA DE FORMA EFICAZ Em geral, as pessoas tendem a gostar e se relacionar melhor com outras pessoas parecidas. É mais fácil se comunicar com alguém que, por exemplo, compartilhe dos seus valores, tenha um *background* semelhante e tenha tido experiências parecidas. Entretanto, conforme discutido no Capítulo 3, a diversidade em grupos, equipes e organizações pode ajudar uma organização a ganhar vantagem competitiva. Grupos diversos normalmente têm um número maior de ideias inovadoras e criativas. Uma das razões pelas quais as equipes multifuncionais são tão populares em organizações como a Hallmark Cards é que a diversidade de domínio representada nessas equipes resulta em níveis mais altos de desempenho.

Ao formar grupos e equipes, os administradores precisam garantir que a diversidade em termos de conhecimentos, domínio e outras características necessárias para a consecução dos objetivos do grupo esteja representada nos novos grupos. Depois disso, eles devem garantir que essa diversidade dentro do grupo seja administrada de maneira eficaz para que os grupos sejam coesos (ver Capítulo 3).

IDENTIDADE DO GRUPO E COMPETIÇÃO SAUDÁVEL Quando a coesão do grupo for baixa, os administradores normalmente conseguem aumentá-la incentivando os grupos a desenvolverem suas próprias identidades ou personalidades e promoverem uma competição saudável entre eles. Foi exatamente isso o que fizeram os administradores da fábrica da Eaton Corporation em Lincoln (Illinois). Essa fábrica faz produtos como válvulas de motor, engrenagens, eixos de caminhão e disjuntores. Os administradores da Eaton criaram equipes de trabalho autogeridas para reduzir custos e aumentar o desempenho. Eles perceberam, entretanto, que as equipes tinham que ser coesas para garantir seu máximo esforço na consecução dos objetivos. Assim, os administradores promoveram a identidade de grupo fazendo com que as próprias equipes se autodenominassem "Os Gângsteres", "Os Vermes" e "Ataque às Aparas" (uma equipe que se empenhava para reduzir em 50% o desperdício de custosas aparas de metal). A competição saudável entre grupos também foi promovida: em um telão no refeitório da empresa, eram divulgadas as medidas de desempenho de cada equipe e o grau com que elas atingiram seus objetivos, e os membros das equipes foram recompensados pelo seu desempenho.[68]

Se os grupos forem muito coesos, os administradores podem tentar reduzir essa coesão promovendo a identidade organizacional em vez da identidade do grupo, fazendo da organização como um todo o foco dos esforços do grupo. A identidade organizacional pode ser promovida, fazendo com que os membros de um grupo se sintam membros valorizados da organização e enfatizando a cooperação entre os grupos para promover a consecução dos objetivos da empresa. Os níveis de coesão excessivos também podem ser reduzidos diminuindo-se ou eliminando-se a competição entre os grupos e recompensando a cooperação.

SUCESSO Quando chega o momento de promover a coesão do grupo, percebe-se a verdade na máxima "Um sucesso chama o outro". À medida que os grupos passam a ser mais bem-sucedidos, eles se tornam cada vez mais atrativos para seus membros e sua coesão tende a aumentar. Quando a coesão é baixa, os administradores podem aumentá-la garantindo que um grupo possa alcançar alguns sucessos notáveis e visíveis.

Tomemos o caso de um grupo de vendedores do departamento de utensílios domésticos de uma loja de departamentos de porte médio. O departamento de utensílios domésticos foi transferido recentemente para um canto do subsolo da loja. Essa localização afastada resultou em um volume de vendas baixo devido à passagem pouco frequente de clientes ali. Os vendedores, anteriormente bem avaliados pelos seus supervisores, eram também funcionários valorizados, mas não foram bem-sucedidos ao empreenderem várias iniciativas para aumentar as vendas. Como consequência dessa falta de sucesso e o desempenho sofrível de seu departamento, sua coesão começou a despencar. Para aumentar e preservar a coesão do grupo, o gerente da loja implementou um incentivo com base nos grupos para toda a loja. Em qualquer mês, os membros do grupo com melhor assiduidade e recordes de pontualidade teriam seus nomes e fotos afixados em um quadro de avisos no refeitório e cada um deles receberia um vale-presente no valor de US$ 50. Assim, o grupo de utensílios domésticos passou a ser o que sempre apresentava os melhores resultados, e seu sucesso nessa dimensão ajudou a criar e manter sua coesão. Além disso, essa iniciativa impulsionou a assiduidade e desencorajou os atrasos dos funcionários de toda a loja.

Gerenciando grupos e equipes para que atinjam um alto desempenho

Agora que você já tem um bom entendimento do motivo pelo qual grupos e equipes são tão importantes para as organizações, para os tipos de grupos que os administradores criam e para a dinâmica de grupo, consideraremos outras medidas adicionais que os administradores podem tomar para assegurar que grupos e equipes tenham um alto desempenho e contribuam para a eficácia organizacional. Os administradores em busca de grupos e equipes de alto desempenho precisam motivar os membros de um grupo a trabalharem para que os objetivos da organização sejam alcançados e para que a ociosidade dentro do grupo seja reduzida.

MA5 Descrever como os administradores podem motivar os membros de um grupo a atingirem os objetivos organizacionais e a reduzirem a ociosidade de alguns membros nos grupos e equipes.

Motivando os membros de um grupo para que atinjam os objetivos da organização

Quando o trabalho é difícil, entediante ou requer um elevado nível de comprometimento e energia, os administradores não podem pressupor que os membros de um grupo sempre estarão motivados a trabalhar para que os objetivos da organização sejam alcançados. Consideremos o caso de um grupo de pintores de parede que trabalha para uma construtora e são pagos por hora para que realizem o trabalho de pintura do interior e exterior de casas novas. Por que eles deveriam se esforçar ao máximo para completarem de maneira rápida e eficaz seus trabalhos se isso fará com que se sintam mais cansados no final do dia sem receberem nenhum benefício tangível por isso? É mais sensato para os pintores adotarem uma abordagem mais tranquila, fazer intervalos frequentes e trabalhar sem pressa. Entretanto, para a construtora, essa abordagem tranquila afeta a capacidade de ganhar vantagem competitiva, pois eleva os custos e aumenta o tempo necessário para completar uma nova residência.

Os administradores podem motivar os membros de grupos e equipes para que atinjam os objetivos da organização garantindo que os próprios membros se beneficiem quando o grupo ou a equipe apresentam um alto desempenho. Por exemplo, se os membros de uma equipe de trabalho autogerida souberem que receberão um bônus mensal com base no desempenho da equipe, ficarão muito motivados a apresentar um alto desempenho. Lembre-se de que no quadro "Estudo de caso", vimos como as equipes de funcionários formadas na ICU Medical são recompensadas quando completam com sucesso seus projetos.[69]

Os administradores muitas vezes dependem de uma certa combinação de incentivos individuais e de grupo para que possam motivar os membros de grupos e equipes a trabalharem para que os objetivos da organização sejam alcançados. Quando o desempenho individual dentro de um grupo pode ser avaliado, a remuneração normalmente é determinada pelo desempenho individual ou pelos desempenhos individual e do grupo ao mesmo tempo. Quando o desempenho individual dentro de um grupo não pode ser avaliado precisamente, então o desempenho do grupo deve ser o fator determinante dos níveis de remuneração. Nas muitas empresas que usam equipes de trabalho autogeridas, a remuneração dos membros dessas equipes tem base, em parte, no desempenho coletivo da equipe.[70] Um grande desafio para os administradores é criar um sistema de remuneração justo que resulte tanto na motivação individual quanto no alto desempenho do grupo ou equipe.

Outros benefícios que os administradores podem oferecer aos membros de grupos com alto desempenho – além das recompensas monetárias – são os recursos extras, como equipamento e aplicativos de informática, premiações (e outras formas de reconhecimento) e também a opção de escolher futuras atribuições. Os membros de equipes de trabalho autogeridas que desenvolvem novos aplicativos em empresas como a Microsoft, por exemplo, normalmente valorizam a sua participação em projetos interessantes e importantes; os membros de equipes que apresentaram um alto desempenho são recompensados ao serem designados para novos projetos de grande interesse e importância.

Na IDEO, uma inovadora empresa de projetos com sede em Palo Alto (Califórnia), os administradores motivam os membros de equipes fazendo com que se sintam importantes. Como diz Tom Kelley, diretor-geral administrador da IDEO: "Quando as pessoas se sentem especiais, elas atingirão um desempenho acima de qualquer expectativa".[71] Para fazer com os membros de suas equipes se sintam especiais, os administradores da IDEO planejam festas de final de ano únicas, dão às equipes a oportunidade de tirar uma folga caso sintam necessidade ou assim desejem, encorajam as equipes a excursionarem e encararem as brincadeiras como uma forma de acrescentar diversão ao ambiente de trabalho.[72]

A Valero Energy motiva grupos e equipes a atingirem os objetivos da organização por meio da valorização de seus funcionários, procurando o seu bem-estar e ficando ao lado deles em situações críticas.[73] Os funcionários em situações de emergência médica, por exemplo, podem usar o jatinho da companhia caso precisem e a Valero cobrirá todos os custos do seguro médico do funcionário.[74] Em troca, os membros do grupo não poupam esforços para ajudar a Valero a alcançar seus objetivos. Na qualidade de ex-CEO e presidente do conselho da Valero, Bill Greehey assim coloca: "Quanto mais você fizer por seus funcionários, mais eles farão pelos acionistas da companhia bem como para a comunidade em geral."[75]

Quando o furacão Katrina atingiu a faixa costeira da Louisiana em 2005, a Valero ficou ao lado de seus funcionários na refinaria de St. Charles, próxima de New Orleans, e os funcionários se apoiaram entre si e também deram suporte à empresa, de uma tal forma que levou às lágrimas o supervisor-geral da refinaria, Jonathan Stuart, enquanto este colocava Greehey e outros altos executivos a par da situação, poucos dias depois da chegada do furacão.[76] Stuart comandou uma equipe de 50 homens que conseguiu resistir com êxito ao furacão durante o processo de desativação temporária da refinaria. Um dia antes da catástrofe, um supervisor usou seu cartão de crédito para comprar mantimentos e permaneceu a noite toda

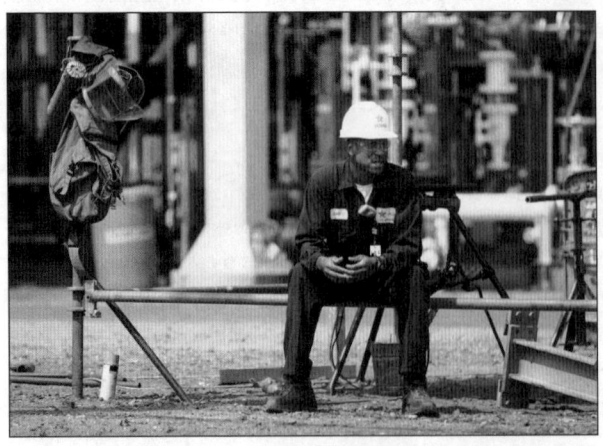

A Valero Energy Corp. ajudou os trabalhadores, como Ronald Lewis, a se recomporem logo após o desastre provocado pelo furacão Katrina, que danificou muitas casas e comunidades da Louisiana.

acordado preparando refeições para os operários. Os operários trabalharam dia e noite, erigindo novos postes para a rede elétrica, reparando linhas de transmissão e substituindo motores. A refinaria voltou a funcionar novamente em oito dias (enquanto uma refinaria vizinha da Shell ainda se encontrava inativa), e a equipe havia conseguido localizar todos os 570 funcionários da refinaria.[77]

A sede da Valero entregou mantimentos aos funcionários cujas casas foram danificadas, enviou caminhões com alimentos, água, geradores, motosserras, refrigeradores, pás e telefones Nextel (o único sistema de celular que ainda continuava funcionando). Foram montadas sessenta casas móveis para aqueles funcionários cujas casas não tinham mais condições de serem habitadas. Foi disponibilizado combustível gratuito para os funcionários e para os agentes da ordem pública e os funcionários receberam até US$ 10 mil em assistência do fundo SAFE da Valero. A Valero continuou pagando regularmente seus funcionários, enquanto outras refinarias afetadas, não.[78]

Reduzindo a ociosidade dentro dos grupos

Temos nos concentrado nas medidas que os administradores podem tomar para incentivar elevados níveis de desempenho em grupos. Entretanto, os administradores precisam estar atentos a um importante aspecto negativo do trabalho em grupo ou em equipe: a possibilidade de ocorrência de ociosidade de grupo, que reduz o desempenho. **Ociosidade de grupo** é a tendência dos indivíduos a empregarem menos esforço quando trabalham em grupos do que quando trabalham sozinhos.[79] Por acaso você já teve a oportunidade de trabalhar em um projeto em grupo no qual um ou dois de seus membros nunca pareciam dispostos a fazer sua parte? Você nunca trabalhou em um grêmio ou comitê estudantil no qual alguns de seus membros sempre faltavam às reuniões e nunca eram voluntários para as atividades? Você nunca teve um trabalho no qual um ou dois de seus colegas pareciam estar "encostando o corpo", pois sabiam que você ou outros membros de seu grupo de trabalho supririam a falta de esforço? Em caso positivo, você foi testemunha da ociosidade de grupo em ação.

O ociosidade de grupo pode ocorrer em todos os tipos de grupos e equipes e em todos os tipos de organizações. Ela pode resultar em um desempenho menor do grupo e até mesmo impedir que um grupo atinja seus objetivos. Felizmente, existem medidas que os administradores podem tomar para reduzir a ociosidade de grupo e, certas vezes, até eliminá-la completamente; examinaremos três delas (ver Figura 11.6).

1. *Tornar identificáveis as contribuições feitas para um grupo.* Algumas pessoas talvez sejam ociosas ao trabalharem em grupos, pois acham que podem se ocultar no meio da multidão – ou seja, que ninguém perceberá caso elas se esforcem menos do que deveriam. Outras pessoas poderiam pensar que mesmo que se esforcem muito e deem contribuições substanciais para o grupo, suas contribuições não serão percebidas e que elas não receberão nenhuma recompensa pelo seu esforço – então, para que se importariam com isso?[80]

ociosidade de grupo Tendência dos indivíduos a empregar menos esforço quando trabalham em grupos do que quando trabalham sozinhos.

Figura 11.6
Três maneiras de reduzir a ociosidade de grupo.

- Quando possível, tornar identificáveis as contribuições individuais para um grupo
- Enfatizar as contribuições valiosas de cada membro
- Manter o tamanho do grupo em um nível apropriado

Reduz → A ociosidade de grupo

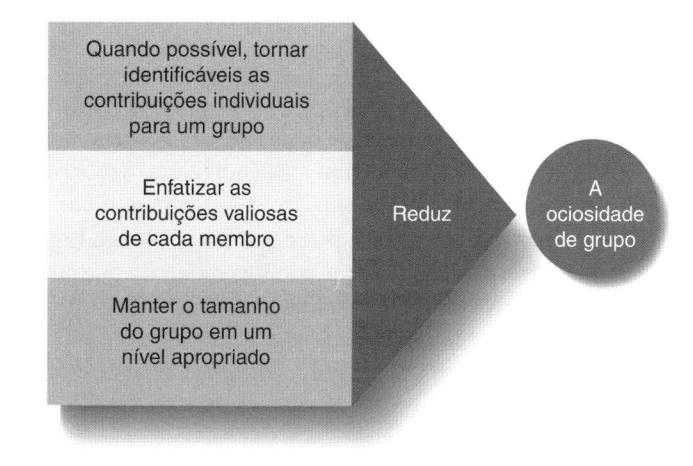

Uma forma pela qual os administradores podem eliminar de forma eficaz a ociosidade de grupo é tornar identificáveis as contribuições individuais feitas para um grupo a fim de que seus membros percebam que níveis de esforço baixos e elevados serão notados e as contribuições individuais serão valorizadas.[81] Os administradores podem conseguir isso atribuindo tarefas específicas aos membros de um grupo e tornando-os responsáveis pela sua conclusão. Tomemos o caso de um grupo de oito funcionários responsáveis por colocar de volta nas estantes livros devolvidos em uma grande biblioteca pública de Nova York. A bibliotecária-chefe estava preocupada com a atual situação, pois sempre restavam de sete a oito carrinhos de livros a serem guardados, muito embora os funcionários jamais parecessem estar muito ocupados e alguns encontrassem tempo até mesmo para se recostarem e lerem jornais e revistas. A bibliotecária decidiu tentar eliminar a aparente ociosidade de grupo, atribuindo a cada funcionário a responsabilidade exclusiva de recolocar os livros nas estantes de uma determinada seção da biblioteca. Como o pessoal de atendimento da biblioteca separava os livros nos carrinhos por seção à medida que esses eram devolvidos, foi fácil colocar em prática o método no qual os repositores ficariam responsáveis por determinadas seções. Assim que os repositores ficaram sabendo que a bibliotecária conseguiria identificar o esforço (ou a falta dele) de cada um, raramente restavam livros a serem recolocados nas estantes.

Algumas vezes, os membros de um grupo podem cooperar na eliminação da ociosidade de grupo tornando suas próprias contribuições identificáveis. Em um pequeno fabricante de equipamentos de segurança, por exemplo, os membros da equipe de trabalho autogerida, responsáveis por montar caixas de comando para sistemas de alarme residenciais, iniciavam cada jornada decidindo quem iria realizar quais tarefas naquele dia e que volume de trabalho cada membro e o grupo como um todo deveria se esforçar ao máximo para cumprir. Cada membro de equipe sabia que, no final do dia, os demais membros das equipes saberiam exatamente quanto cada um havia realizado. Assim, com esse sistema implantado, a ociosidade de grupo jamais acontecerá em uma equipe. Lembre-se, entretanto, de que em algumas equipes não é possível identificar individualmente as contribuições.

2. *Enfatizar as contribuições valiosas de cada membro.* Outra razão para a ocorrência de ociosidade de grupo é que as pessoas algumas vezes imaginam que seus esforços são desnecessários ou não são importantes quando trabalham em um grupo. Elas acreditam que o grupo cumprirá suas metas e terá uma performance aceitável independentemente de seu desempenho individual. Para contra-atacar essa crença, os administradores que formam grupos não devem designar indivíduos para um grupo tomando como base as contribuições valiosas que *cada* pessoa pode fazer para o grupo como um todo. Comunicar claramente aos membros de um grupo por que as contribuições de cada pessoa são de grande valor para o grupo é um meio eficaz de os administradores e os próprios membros de um grupo reduzirem ou eliminarem a ociosidade de grupo.[82] Isso é ilustrado de forma mais clara em equipes multifuncionais, nas quais a contribuição valiosa de cada membro para a equipe se origina da área de domínio de cada pessoa. Ao enfatizar por que as aptidões de cada membro são importantes, os administradores podem reduzir a ociosidade de grupo em tais equipes.

3. *Manter o tamanho do grupo em um nível apropriado.* O tamanho do grupo está relacionado com as causas da ociosidade de grupo que acabamos de descrever. À medida que o tamanho aumenta, identificar contribuições individuais se torna cada vez mais difícil, assim como aumenta a probabilidade de seus membros acharem que suas contribuições individuais não são muito importantes. Para superar essa situação, os administradores devem formar grupos com um número de membros que não seja maior do que aquele necessário para cumprir os objetivos do grupo e obter um alto desempenho.[83]

Resumo e revisão

GRUPOS, EQUIPES e EFICÁCIA ORGANIZACIONAL Grupo são duas ou mais pessoas que interagem entre si para cumprir certas metas ou atender certas necessidades.[17] Equipe é um conjunto de membros que trabalham juntos *intensamente*, visando atingir uma meta ou objetivo comum específico. Grupos e equipes podem contribuir para a eficácia organizacional aumentando o desempenho, melhorando o tempo de resposta aos clientes, aumentando a inovação e sendo uma fonte de motivação para seus membros. **[MA1]**

TIPOS DE GRUPOS E EQUIPES Os grupos formais são aqueles que os administradores constituem para atingir os objetivos da organização; entre eles, temos as equipes multifuncionais, as equipes multiculturais, as equipes do alto escalão, as equipes de pesquisa e desenvolvimento, os grupos de comando, as forças-tarefa, as equipes de trabalho autogeridas e as equipes virtuais. Os grupos informais são aqueles que os funcionários formam por acreditar que a união irá ajudá-los a atingir seus objetivos ou atender suas necessidades; entre esses temos os formados por laços de amizade e os de interesse. **[MA2]**

DINÂMICA DE GRUPO Os elementos fundamentais da dinâmica de grupo são: o tamanho, as tarefas e os papéis dos grupos; a liderança; a criação; as normas e a coesão dos grupos. As vantagens e desvantagens de grupos grandes e pequenos sugerem que os administradores devem formá-los com um número de membros que não vá além daquele necessário para fornecer ao grupo os recursos humanos necessários para atingir seus objetivos e usar a divisão de trabalho. O papel no grupo é um conjunto de comportamentos e tarefas que se espera que o membro tenha devido à sua posição. Todos os grupos e equipes precisam de liderança. **[MA3]**

Os cinco estágios de desenvolvimento pelos quais muitos grupos passam são: formação, tumulto, normatização, consecução e suspensão das atividades. Normas para o grupo são diretrizes ou regras aceitas para comportamento que a maioria de seus membros segue. Para serem eficazes, os grupos precisam encontrar um equilíbrio entre conformidade e desvio. A conformidade possibilita controlar os comportamentos de seus membros visando atingir os objetivos; o desvio dá o impulso para a realização das mudanças necessárias. **[MA3, 4]**

A coesão é a atração que um grupo ou equipe exerce em seus membros. À medida que a coesão do grupo aumenta, o mesmo acontece com o nível de participação e comunicação dentro dele, com o nível de conformidade com as normas para todos e com a ênfase na consecução dos objetivos do grupo. Os administradores devem se esforçar ao máximo para alcançar um nível de coesão moderado nos grupos e equipes que gerenciam. **[MA4]**

GERENCIANDO GRUPOS E EQUIPES PARA QUE ATINJAM UM ALTO DESEMPENHO Para assegurar que grupos e equipes tenham um alto desempenho, os administradores precisam motivar seus membros a trabalharem para a consecução dos objetivos da organização e para a redução da ociosidade. Os administradores podem motivar os membros a trabalharem para atingir os objetivos da organização, garantindo que os próprios membros se beneficiem quando o grupo ou a equipe apresentarem um alto desempenho. **[MA5]**

Administradores em ação

Tópicos para discussão e trabalho

DISCUSSÃO

1. Por que todas as organizações dependem de grupos e equipes para atingirem seus objetivos e ganhar vantagem competitiva? **[MA1]**
2. Quais tipos de funcionários prefeririam trabalhar em uma equipe virtual? Quais tipos de funcionários prefeririam trabalhar em uma equipe que se reúne *in loco*? **[MA2]**
3. Pense em um grupo do qual você faça parte e descreva o estágio de desenvolvimento atual dele. O desenvolvimento desse grupo parece estar seguindo os estágios de formação, tumulto, normatização, consecução e de suspensão das atividades descritos no capítulo? **[MA3]**
4. Discuta as razões pelas quais a conformidade em demasia pode prejudicar grupos e suas organizações. **[MA4]**
5. Por que alguns grupos possuem níveis de coesão extremamente baixos? **[MA4]**
6. Imagine que você seja o gerente de um hotel. Quais medidas você tomaria para reduzir a ociosidade de grupo praticada por membros do pessoal de limpeza responsáveis por manter impecáveis todas as áreas comuns e os quartos dos hóspedes? **[MA5]**

AÇÃO

7. Entreviste um ou mais administradores de uma organização em sua região para identificar os tipos de grupos e equipes que essa organização usa para atingir seus objetivos. Quais tipos de desafios esses grupos e equipes enfrentam? **[MA2]**

Desenvolvimento de habilidades gerenciais
Diagnosticando falhas em grupos [MA1, 2, 3, 4, 5]

Pense na última experiência que você teve como membro de um grupo ou equipe na qual você ficou insatisfeito ou se sentiu desanimado. Talvez o grupo não tenha alcançado seus objetivos, talvez os membros do grupo não conseguiram concordar em nada ou houve muita ociosidade de grupo. Agora responda às seguintes perguntas:

1. Que tipo de grupo era esse?
2. Os membros do grupo estavam motivados a atingir os objetivos? Por quê?
3. Qual era o tamanho do grupo e que papéis desempenhavam seus membros?
4. Quais eram as normas do grupo? Qual era o nível de conformidade e desvio existente no grupo?
5. Qual era o nível de coesão do grupo? Por que você acredita que a coesão do grupo se encontrava nesse nível? Quais consequências esse nível de coesão trouxe para o grupo e seus membros?
6. A ociosidade de grupo era um dos problemas nesse grupo? Por quê?
7. O que o líder ou gerente do grupo poderia ter feito de diferente para aumentar a eficácia do grupo?
8. O que os membros do grupo poderiam ter feito de diferente para aumentar a eficácia do grupo?

Administrando eticamente [MA1, 2, 3, 4, 5]

Algumas equipes autogeridas enfrentam um problema incômodo: um ou mais de seus membros praticam a ociosidade de grupo e outros relutam em tentar retificar a situação. A ociosidade de grupo pode ser particularmente problemática caso a remuneração dos membros das equipes se baseie no desempenho da equipe; a ociosidade de grupo reduz o desempenho da equipe e, portanto, a remuneração de todos os seus membros (até mesmo aqueles com maior desempenho). Mesmo se os administradores estiverem cientes do problema, talvez eles relutem em tomar algum tipo de medida, pois supostamente a equipe é autogerida.

Perguntas

1. Seja individualmente ou em grupo, imagine quais seriam as implicações éticas da ociosidade de grupo em uma equipe autogerida.

2. Os administradores têm obrigação ética de intervir quando têm ciência da existência de ociosidade de grupo em uma equipe autogerida? Por quê? Os demais membros de equipes possuem a obrigação de tentar restringir a ociosidade de grupo? Por quê?

Exercício em grupo [MA2, 3, 4]
Criando uma equipe multifuncional [MA1, 2, 3, 4, 5]

Forme pequenos grupos de três ou quatro pessoas e indique um de seus membros para ser o seu porta-voz. Este último comunicará as descobertas do grupo a toda a classe quando chamado pelo professor. Logo após, discuta a seguinte situação:

Você faz parte de um grupo de gestores encarregado do fornecimento de refeições para uma grande universidade estadual do meio-oeste norte-americano. Em recente pesquisa, os alunos, o corpo docente e o pessoal administrativo foram consultados para avaliar a satisfação dos clientes com os serviços fornecidos pelos oito refeitórios da universidade. Os resultados foram, por assim dizer, decepcionantes. As reclamações iam da insatisfação com o tipo e a variedade das refeições e lanches fornecidos, o horário de funcionamento e a temperatura em que as refeições eram servidas à frustração sobre a falta de retorno a questões atuais sobre dietas com baixo teor de carboidratos e a adequação do cardápio aos vegetarianos. Você decidiu formar uma equipe multifuncional que avaliará com maior profundidade as reações aos serviços de fornecimento de refeições e desenvolverá uma proposta para que sejam feitas mudanças que aumentem a satisfação dos clientes.

1. Indique quem deveria fazer parte dessa importante equipe multifuncional e justifique.

2. Descreva os objetivos que a equipe deve se esforçar para atingir.

3. Descreva os diferentes papéis que precisarão ser desempenhados nessa equipe.

4. Descreva as medidas que você tomará para ajudar a garantir que a equipe tenha um bom equilíbrio entre conformidade e desvio e apresente um nível de coesão moderado.

Seja você o administrador [MA1, 2, 3, 4, 5]

Você foi recentemente contratado em uma função com amplas atribuições para a unidade mundial de uma editora de livros educacionais e profissionais. Essa editora tem sede em Nova York (onde você trabalha) e divisões em vários países. Cada divisão é responsável por traduzir, produzir, divulgar e vender uma série de livros em seu país. Suas responsabilidades incluem fazer a interface com os gerentes de cada divisão em sua região (América Central e do Sul), supervisionar seus orçamentos e elaborar relatórios financeiros para a matriz e liderar uma equipe virtual formada pelos altos executivos encarregados de cada divisão em sua região. A missão da equipe virtual é promover a aprendizagem global, explorar novas oportunidades e mercados potenciais e solucionar problemas existentes. Você se comunica diretamente com os gerentes de divisão via telefone e *e-mail*, bem como pelos relatórios, memorandos e faxes. Quando são convocadas reuniões de equipes virtuais, normalmente é usada a videoconferência.

Depois de suas primeiras reuniões de equipes virtuais, você percebeu que os gerentes pareciam reticentes em falar. Porém, quando cada gerente se comunica com você de modo individual, basicamente por telefone e *e-mails*, você se surpreende ao ver que, nessas situações eles tendem a ser bastante comunicativos e francos e você sente que tem um bom relacionamento com cada um deles. Entretanto, fazer com que os gerentes se comuniquem entre si na forma de uma equipe virtual tem sido um verdadeiro desafio. Na última reunião, você tentou estimular alguns dos gerentes para que levantassem questões relevantes à agenda (e que certamente estavam claras nas mentes de cada um depois das conversas individuais que você teve com eles). Surpreendentemente, os gerentes habilmente evitavam informar aos seus colegas de equipe sobre o cerne dos problemas em questão. Você está confuso e preocupado. Embora acredite que suas outras responsabilidades estão sob controle, você sabe que sua equipe virtual não está funcionando como uma equipe de fato e, não importa o que você tente, as discussões nas reuniões da equipe virtual são forçadas e, geralmente, improdutivas. O que você fará para resolver esse problema?

BusinessWeek Caso em foco [MA1, 2, 3, 4, 5]
O mundo é a sala de aula da IBM

Quando 10 trainees para cargos gerenciais da IBM se espremeram em um miniônibus para um *tour* de fim de semana nas Filipinas em outubro último, a última coisa que eles esperavam era se transformar em heróis. Contudo, foi exatamente isso o que aconteceu no pequeno vilarejo de Carmen. Depois de passarem por uma obra de poço d'água, eles ficaram sabendo que a iniciativa havia sido paralisada devido a erros de engenharia e à falta de dinheiro. Os funcionários da IBM decidiram fazer algo a respeito. Organizaram então uma reunião com as pessoas-chave envolvidas no projeto e se dispuseram a pagar US$ 250 de seus próprios bolsos para a compra de mais material de construção. Duas semanas depois, o poço estava terminado. Os habitantes da região não precisariam mais andar cerca de 7 km para conseguir água potável. E os trainees aprenderam uma lição com a solução colaboradora para o problema. "Você motiva as pessoas a darem o próximo passo, cria-se uma visão compartilhada, divide-se o trabalho e o impacto pode ser grande", diz Erwin van Overbeek, 40 anos, que coordena projetos de sustentabilidade ambiental para clientes da IBM.

Embora salvar um poço d'água para um vilarejo não fizesse parte do programa para aquela viagem, é o tipo de experiência que os arquitetos do Corporate Service Corps da IBM tinham em mente ao lançarem a iniciativa no ano passado. Tendo como modelo o Corpo dos Voluntários da Paz dos Estados Unidos, o programa almeja transformar funcionários da IBM em cidadãos globais. No ano passado, a IBM selecionou 300 possíveis candidatos à alta cúpula entre 5.400 pretendentes. Em seguida, ela os treinou e enviou para mercados emergentes por um mês em grupos de 8 a 10 pessoas para ajudarem a resolver problemas socioeconômicos. O objetivo, diz o diretor de recursos humanos da IBM, J. Randall MacDonald, é ajudar futuros líderes a "entenderem como o mundo funciona, mostrar a eles como estabelecer contatos, além de como trabalhar em colaboração com outras pessoas que se encontram bem distantes."

Como a maioria das corporações, a IBM treina gestores em salas de aula, de modo que esse programa representa uma técnica de ensino revolucionária. E embora outras empresas incentivem seus funcionários a serem voluntários em serviços sociais, a IBM é a primeira a usar tais programas para treinamento gerencial, diz Rosabeth Moss Kanter, professora da Harvard Business School. "Trata-se de uma grande inovação. Esse tipo de serviço ativo é uma excelente maneira de treinar gestores".

O programa está crescendo rapidamente. Este ano, cerca de 500 pessoas participarão e a lista de países passará de cinco para nove países, inclusive Brasil, Índia, Malásia e África do Sul. As equipes investem três meses antes de partir para o exterior lendo sobre seus países anfitriões, estudando os problemas para os quais foram designados para trabalhar e conhecendo seus colegas de equipe via teleconferências e *sites* de redes sociais. No local designado, eles trabalham com o governo, universidades e grupos comerciais locais para que possam fazer desde uma atualização de tecnologia para um órgão governamental até uma melhoria da qualidade da rede pública de abastecimento de água.

Malária e cães selvagens

Participar do programa não deixa de apresentar seus riscos. Charlie Ung, um produtor de novas mídias da IBM Canadá, pegou malária enquanto trabalhava em Gana e passou uma semana hospitalizado. Outros participantes relatam terem se deparado com cães selvagens na Romênia. Os planejadores da IBM escolhem deliberadamente locais fora de mão e deixam às equipes a tarefa de se arranjarem para dormir em casas de família, nas quais faltam conveniências, como a alimentação ocidental com que estão acostumados e canais CNN. "Queremos que eles tenham uma experiência transformativa, de modo que recebam um 'chacoalhão' e partam sentindo que estão mais bem preparados para enfrentar os desafios do século XXI", diz Kevin Thompson, funcionário da IBM que concebeu o programa CSC e agora o administra.

A IBM admite que um mês no exterior é um período muito curto, mas acredita que os participantes podem tirar valiosas lições. Debbie Maconnel, uma gerente de projetos de TI de 45 anos de idade, que trabalha em Lexington (Kentucky), diz que a viagem fez com que ela mudasse o seu estilo gerencial. Ela coordena as atividades de 13 pessoas nos Estados Unidos e 12 na Índia, México e China. Ela costumava dar atribuições aos funcionários do exterior e depois os deixava por conta própria. Agora ela gasta mais tempo tentando construir uma equipe global.

O professor assistente da Harvard Business School, Christopher Marquis, que está escrevendo para a Harvard um estudo de caso sobre o programa, recomenda que outros criem equipes similares. "À medida que o mundo fica cada vez menor, as diferenças culturais e a capacidade de administrar no meio delas serão muito mais importantes."

Perguntas

1. Por que a IBM usa equipes em suas Corporate Services Corps?
2. Qual(is) tipo(s) de equipe(s) a IBM usa em suas Corporate Services Corps?
3. Quais fatores provavelmente contribuirão para a coesão dessas equipes?
4. Quais fatores você acredita que motivarão os membros de equipes a trabalharem no sentido dos objetivos das Corporate Services Corps?

Fonte: Steve Hamm, "The Globe Is IBM's Classroom". Reimpresso das edições de 23 e 30/mar./2009 da *BusinessWeek* com permissão especial, copyright © 2009 da The McGraw-Hill Companies, Inc.

BusinessWeek Caso em foco [MA1, 2, 3, 4, 5]
Administrando à distância

Administrar virtualmente oferece muitos benefícios: é fácil acomodar horários diferentes, agendar reuniões com pouca antecedência, reduzir despesas com viagens, ser ecologicamente correto e diminuir o tempo improdutivo de viagem. Essa forma de administrar também possibilita a criação de equipes mais diversas que reúnem uma gama maior de experiência e conhecimentos. Mas a coisa mais importante a ser lembrada pelos administradores é que o sucesso de qualquer equipe, virtual ou não, depende das pessoas. A tecnologia pode aproximar as pessoas, mas é o administrador que deve garantir que as relações permaneçam vivas, que cada membro de equipe seja valorizado e que a produtividade seja alta.

Muitas empresas agora estão examinando a questão de contar com pessoas trabalhando virtualmente. A geração mais jovem espera flexibilidade. Você tem que ter visibilidade em suas atividades, especialmente em seu ambiente, mas essa visibilidade não tem que ser *in loco*. Aqueles que forem capazes de demonstrar como fazer mais com menos dinheiro serão os líderes de amanhã. Insistir em maior tempo de contato face a face faz você parecer inacessível.

A tecnologia é importante, assim como entender as últimas inovações e esforçar-se para incorporá-las à sua vida profissional. Simplesmente ter acesso ao *e-mail* e à intranet da empresa não basta. Pense em estabelecer um espaço comunitário fora da empresa que apresente fotos e perfis dos membros da equipe, um grupo de discussão, uma agenda para a equipe ou uma sala de bate-papo. Tudo isso ajudará os membros das equipes a se conectarem entre si além das reuniões e a criar um vínculo mais próximo como grupo.

Da mesma forma, ouça com atenção cada membro da equipe durante ligações telefônicas. Você não tem a vantagem das interações face a face (embora a videoconferência possa ajudar). Eu me concentro na maneira como a pessoa está falando. Ela está eufórica? Demonstra falta de interesse? A escolha das palavras é muito cuidadosa? Há alguma característica na voz do interlocutor que tornaria recomendável uma conversa particular?

É importante ouvir tudo, particularmente quaisquer silêncios. O Silêncio pode significar que a pessoa concorda ou discorda da estratégia da equipe, ou ainda pode mostrar que ela não está engajada. Você precisa ouvir todos para ter certeza de que uma equipe está avançando junta. Se sinto que um membro de equipe não está engajado no processo – não responde, não participa ou não cumpre prazos – eu ligo o mais rápido possível depois da reunião para descobrir o que está acontecendo. Sempre envio um *e-mail* depois de cada reunião para documentar e confirmar as discussões, as conclusões e as etapas seguintes.

Gerenciar uma equipe global implica outros desafios. Você tem que ser sensível às diferenças linguísticas, protocolos comerciais e fusos horários. Ao administrar uma equipe que atende um cliente com atuação em vários países ou uma equipe em que muitos dos membros têm o inglês como segunda língua, é vital determinar que todos entendam o que foi dito. "Ouvi você dizer que ..." é uma frase que uso muito quando tenho a sensação de que um ponto merece esclarecimento.

Um administrador virtual também demonstra respeito certificando-se que os inconvenientes da realização de teleconferências internacionais sejam divididos entre todos. Programar teleconferências regulares em horários convenientes para todos talvez não seja possível. Nesse caso, desloco o horário de início de modo que as pessoas possam se revezar na participação dessas conferências durante as primeiras horas da manhã ou à noite. Não suponha simplesmente que todos devam se adaptar ao seu fuso horário.

"Virtual" também não deve significar que as pessoas jamais se encontrem. Com equipes internacionais, visito a equipe de cada país uma vez ao ano. Com a equipe Americas Inclusiveness da Ernst & Young, que possui membros em várias localidades, nos reunimos todos anualmente. Na economia de hoje, talvez não seja possível se reunir com tanta frequência quanto a desejada. Porém, você precisa intensificar a frequência da comunicação. Telefone, ou se possível faça uma visita, com maior frequência, e certifique-se de que as pessoas entendam o que está acontecendo.

Perguntas

1. Quais são as vantagens de usar equipes virtuais em vez de equipes que se reúnem *in loco*?
2. Quais fatores são importantes para garantir a eficácia de equipes virtuais?
3. Por que saber ouvir é tão importante no trabalho de equipes virtuais?
4. Por que é importante fazer *follow-ups* com os membros das equipes que não se manifestam?

Fonte: Billie Williamson, "Managing at a Distance". Reimpresso da edição de 27/jul./2009 da *Business Week* com permissão especial, copyright © 2009 da The McGraw-Hill Companies, Inc.

Desenvolvimento e gestão de recursos humanos

CAPÍTULO 12

Metas de aprendizagem

Após estudar o presente capítulo, você deverá estar apto a:

1. Explicar por que a gestão estratégica de recursos humanos pode ajudar uma organização a ganhar vantagem competitiva. **[MA1]**

2. Descrever as medidas que os administradores podem tomar para recrutar e selecionar membros para uma organização. **[MA2]**

3. Discutir as opções de treinamento e desenvolvimento que asseguram o desempenho eficaz das respectivas funções por parte dos membros de uma organização. **[MA3]**

4. Explicar por que a avaliação de desempenho e seu *feedback* são atividades tão cruciais e enumerar as escolhas que os administradores têm que fazer ao elaborar procedimentos eficazes para avaliação de desempenho e *feedback*. **[MA4]**

5. Explicar os problemas enfrentados pelos administradores na determinação dos níveis salariais e benefícios. **[MA5]**

6. Compreender o papel que as relações trabalhistas desempenham na gestão eficaz dos recursos humanos. **[MA6]**

ESTUDO DE CASO
Gestão eficaz dos recursos humanos no Four Seasons

Como os administradores podem promover níveis elevados de atendimento personalizado ao cliente em um setor conhecido pela alta rotatividade da mão de obra?

O Four Seasons Hotels and Resorts é uma dentre o seleto grupo de 14 empresas classificadas, todos os anos, entre as "Cem Melhores Empresas para se Trabalhar" desde que a revista *Fortune* iniciou essa classificação anual das empresas há 10 anos.[1] Além disso, o Four Seasons

O Four Seasons trata bem seus funcionários, e estes, por sua vez, tratam bem os clientes.

normalmente recebe outras premiações e também reconhecimento com base nas respostas dos clientes.[2] Em um setor cujas taxas anuais de rotatividade de mão de obra são superiores a 35%, a taxa do Four Seasons está em torno dos 18%.[3] Evidentemente, funcionários e clientes estão bastante satisfeitos com a maneira como são tratados no Four Seasons. Compreender que os dois estão circunstancialmente associados talvez seja o segredo para o sucesso do Four Seasons. Como sugere a fundadora, presidente do conselho e CEO do Four Seasons, Isadore Sharp: "A forma como você trata seus funcionários é como você espera que eles tratem o cliente".[4]

O Four Seasons foi fundado por Sharp em 1961. Depois da abertura e de ter dirigido tanto hotéis grandes como pequenos, Sharp decidiu que poderia oferecer aos clientes um tipo de estadia bastante diferente, tentando combinar as melhores características de ambos os tipos de hotel – ou seja, a sensação de proximidade e atenção pessoal que um pequeno hotel oferece e as conveniências de um grande hotel que atende as necessidades daqueles que viajam a negócio.[5]

Sharp procurou prestar o tipo de atendimento pessoal que realmente ajudaria aqueles que viajam a negócio – oferecendo a eles as conveniências que têm em suas casas e escritórios que normalmente não há nessas viagens. Portanto, o Four Seasons foi a primeira rede hoteleira a oferecer várias comodidades, como roupões de banho e *shampoo*.[6] Embora essas sejam formas relativamente concretas de personalizar a hospedagem em um hotel, Sharp percebeu que a maneira como os funcionários tratam os clientes é tão importante quanto os próprios clientes – ou talvez mais. Quando os funcionários veem cada cliente como uma pessoa única e tentam, com empatia, fazer com que suas necessidades e desejos sejam atendidos e quaisquer problemas ou dificuldades sejam enfrentados, para que possam realmente desfrutar de sua estadia, muito provavelmente os clientes se tornarão fiéis à empresa e ficarão bastante satisfeitos.[7]

Sharp sempre esteve ciente de que o Four Seasons precisaria tratar bem seus funcionários para que estes tratassem bem os clientes. Os salários são relativamente altos no Four Seasons, se comparados ao salário médio do setor (isto é, entre os 75 e 90 percentis*); os funcionários desfrutam de um plano de participação nos lucros e a empresa contribui para seus planos de pensão. Todos os funcionários têm direito a refeições gratuitas no refeitório do hotel, à utilização de chuveiros para funcionários e à um armário. Além disso, há um outro benefício muito atrativo: todo funcionário novo, que tiver completado seis meses de trabalho na empresa, poderá pernoitar por três noites de graça em qualquer hotel ou *resort* do Four Seasons do mundo. Depois de um ano de emprego, esse benefício aumenta para seis noites grátis e continua a crescer à medida que o tempo de casa aumenta.[8]

Todos os aspectos da gestão de recursos humanos no Four Seasons giram em torno de assegurar que a linha diretriz por trás de todas as atividades do Four Seasons seja mantida. Como Sharp indica, todos os funcionários e gerentes devem "(...) tratar os outros – parceiros, clientes, colegas, enfim, todo mundo – da mesma forma como gostariam de ser tratados".[9]

Todos os candidatos a uma vaga no Four Seasons, independentemente de seu nível ou área, passam por, no mínimo, quatro entrevistas, uma das quais é com o gerente-geral da unidade.[10] O Four Seasons dedica tamanha atenção na contratação da pessoa certa devido à importância de que cada um dos funcionários ofereça o mesmo alto nível de empatia e prontidão no atendimento ao cliente.[11]

Os novos funcionários participam de um programa de treinamento de três meses que inclui atividades de improvisação para ajudar os recém-contratados a aprenderem como se antecipar às necessidades, solicitações e ações dos hóspedes, e reagir de forma apropriada a elas.[12] O objetivo do treinamento é ajudar a garantir que todos os funcionários, independentemente da área ou função, forneçam o mesmo alto nível de empatia e prontidão no atendimento ao cliente. Como o atendimento ao cliente é responsabilidade de todos, o Four Seasons não possui um departamento de atendimento ao cliente separado. Treinamento é uma atividade contínua no Four Seasons e, na realidade, ele jamais para.[13]

No Four Seasons também há uma tendência de promover internamente os funcionários.[14] Embora universitários recém-formados, por exemplo, possam começar como gerentes-assistentes, aqueles que forem bem e tiverem altas aspirações contam com a possibilidade de se tornarem gerentes-gerais em menos de 15 anos. Isso ajuda a assegurar que os gerentes tenham empatia e respeito com aqueles em cargos mais baixos, além de fazer com que incorporem as atitudes e valores que os orientam a tratar os outros (funcionários, subordinados, colegas e clientes) da mesma forma como gostariam de ser tratados. Em suma, a maneira como o Four Seasons administra seus recursos humanos ajuda a garantir que os clientes sejam, de fato, muito bem tratados.[15]

---

* Percentil: determinada parte de 100 partes.
Rubrica: estatística.
Diz-se de ou cada intervalo limitado por dois centis consecutivos.

Visão geral

MA1 Explicar por que a gestão estratégica de recursos humanos pode ajudar uma organização a ganhar vantagem competitiva.

Os administradores são responsáveis pela aquisição, desenvolvimento, proteção e utilização dos recursos que uma organização precisa para ser eficiente e eficaz. Um dos recursos mais importantes em todas as organizações são os recursos humanos – as pessoas envolvidas na produção e distribuição de bens e serviços. Os recursos humanos incluem todos os membros de uma organização, desde os altos executivos aos funcionários dos escalões mais baixos. Administradores eficazes, como Isadore Sharp no quadro "Estudo de caso", estão cientes do valor dos recursos humanos e tomam medidas efetivas para garantir que suas organizações desenvolvam e utilizem plenamente seus recursos humanos para ganhar vantagem competitiva.

Este capítulo examina como os administradores podem ajustar seus sistemas de gestão de recursos humanos à estratégia e à estrutura de suas organizações. Discutiremos particularmente os principais componentes da gestão de recursos humanos: recrutamento e seleção, treinamento e desenvolvimento, avaliação de desempenho, salários e benefícios e relações trabalhistas. Ao chegar ao final do capítulo, você compreenderá o papel fundamental que a gestão de recursos humanos desempenha na criação de uma organização de alto desempenho.

Gestão estratégica de recursos humanos

gestão de recursos humanos (GRH)
Atividades às quais os administradores se dedicam para atrair e reter funcionários e para garantir que eles apresentem um alto desempenho e contribuam para a consecução dos objetivos da organização.

gestão estratégica de recursos humanos
Processo pelo qual os administradores desenham os componentes de um sistema de GRH para que sejam consistentes entre si, consistentes com os outros elementos da arquitetura organizacional e consistentes com a estratégia e os objetivos da organização.

A **gestão de recursos humanos (GRH)** inclui todas as atividades às quais os administradores se dedicam para atrair e reter funcionários e para garantir que eles apresentem um alto desempenho e contribuam para a consecução dos objetivos da organização. Essas atividades constituem o sistema de gestão de recursos humanos de uma organização, com cinco componentes principais: recrutamento e seleção; treinamento e desenvolvimento; avaliação de desempenho e *feedback*; salários e benefícios e, por fim, relações trabalhistas. (ver Figura 12.1).

A **gestão estratégica de recursos humanos** é o processo por meio do qual os administradores desenham os componentes de um sistema de GRH para que sejam consistentes entre si, consistentes com os outros elementos da arquitetura organizacional e também consistentes com a estratégia e os objetivos da organização.[16] O objetivo da GRH estratégica é o desenvolvimento de um sistema de GRH que melhore a eficiência, a qualidade, a inovação e o tempo de resposta aos clientes de uma organização – os quatro elementos fundamentais da vantagem competitiva. No "Estudo de caso" da Four Seasons, práticas de GRH garantem que todos os funcionários prestem excelente atendimento ao cliente.

Figura 12.1
Componentes de um sistema de gestão de recursos humanos.

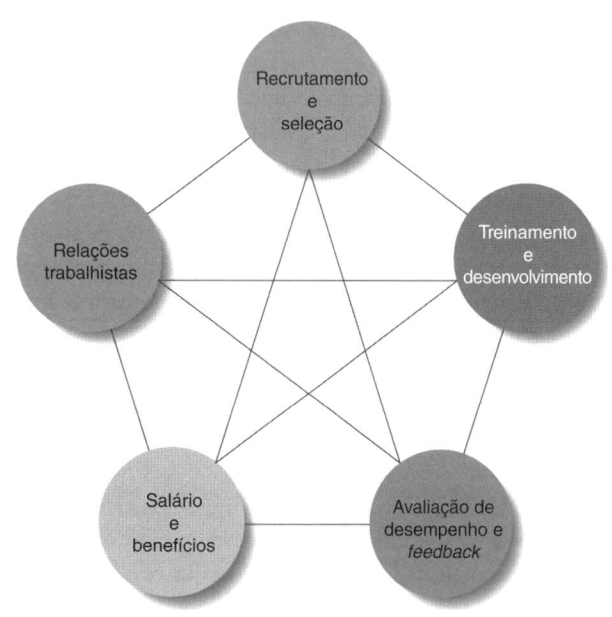

Cada componente de um sistema de GRH influencia os demais e todos os cinco devem se encaixar

Como parte da gestão estratégica de recursos humanos, alguns administradores adotaram planos de melhoria da qualidade "Seis Sigma". Esses planos garantem que os produtos e os serviços de uma organização tenham o menor número possível de erros ou defeitos por meio de uma série de iniciativas relacionadas com os recursos humanos. Jack Welch, ex-CEO da General Electric Company, indicou que essas iniciativas permitiram à empresa economizar milhões de dólares, e outras empresas, como a Whirlpool e a Motorola, também implementaram iniciativas Seis Sigma. Entretanto, para que tais iniciativas sejam eficazes, os altos executivos devem estar comprometidos com o Seis Sigma, os funcionários devem estar motivados e, em primeiro lugar, deve existir demanda pelos bens e serviços da organização. David Fitzpatrick, chefe do Deloitte Consulting's Lean Enterprise Practice, acredita que a maioria dos planos Seis Sigma não é eficaz, pois não foram verificadas as condições para a implementação eficaz. Se os altos executivos não estiverem comprometidos com a iniciativa de qualidade, por exemplo, talvez não dediquem o tempo e recursos necessários para fazer com que esses planos funcionem e quem sabe percam o interesse neles prematuramente.[17]

Visão geral dos componentes da GRH

Os administradores usam *recrutamento e seleção,* o primeiro componente de um sistema da GRH, para atrair e contratar novos funcionários que possuam as habilidades, qualificações e experiências que ajudarão uma organização a atingir suas metas. A Microsoft Corporation, por exemplo, tem o objetivo de continuar a ser a principal companhia de *software* do mundo. Para atingir esse objetivo, os administradores da Microsoft estão cientes da importância de contratar apenas os melhores projetistas de *software*: centenas de candidatos altamente qualificados são entrevistados e rigorosamente testados. Essa cuidadosa atenção para a seleção contribuiu para a vantagem competitiva da Microsoft. A Microsoft tem poucos problemas para recrutar programadores de primeira linha, pois os candidatos sabem que estarão na vanguarda do setor caso trabalhem para a Microsoft.[18]

Depois de recrutar e selecionar funcionários, os administradores usam o segundo componente, *treinamento e desenvolvimento,* a fim de garantir que os membros de uma organização desenvolvam as qualificações e habilidades necessárias para que desempenhem suas funções de forma eficaz no presente e no futuro. Treinamento e desenvolvimento são partes de um processo contínuo; mudanças na tecnologia e no ambiente, assim como nos objetivos e estratégias de uma organização, normalmente exigem que os membros de uma organização aprendam novas técnicas e maneiras de trabalhar. Na Microsoft Corporation, os programadores recém-contratados recebem treinamento em serviço; são formadas pequenas equipes com os funcionários mais experientes, que também atuam como mentores ou conselheiros. Os funcionários novos aprendem antes dos membros da equipe a como proceder no desenvolvimento de sistemas computacionais que respondam prontamente às necessidades de programação dos clientes.[19]

O terceiro componente, *avaliação de desempenho e feedback,* serve a dois propósitos distintos na GRH. Primeiramente, a avaliação de desempenho pode dar aos administradores as informações necessárias para que tomem ótimas decisões no que tange aos recursos humanos – decisões sobre como treinar, motivar e recompensar os membros de uma organização.[20] Em segundo lugar, verifica-se que o *feedback* da avaliação de desempenho atende o desenvolvimento dos membros de uma organização; quando os administradores avaliam regularmente o desempenho de seus subordinados, podem fornecer a estes informações valiosas sobre seus pontos fortes e fracos e indicar as áreas em que precisam se concentrar.

Tomando como base as avaliações de desempenho, os administradores distribuem *salário* aos funcionários, parte do quarto componente de um sistema de GRH. Ao recompensar o alto desempenho dos membros de uma organização com aumentos salariais, bônus e similares, os administradores aumentam a probabilidade de que os recursos humanos mais valorizados de uma organização estejam motivados a continuar com seus altos níveis de contribuição para a organização. Além disso, se a remuneração for associada ao desempenho, é mais provável que os funcionários com alto desempenho permaneçam na organização e que os administradores preencham vagas abertas com indivíduos altamente talentosos. Os *benefícios* como seguro-saúde são resultados importantes que os funcionários obtêm em virtude da sua participação em uma organização.

Por fim, mas igualmente importante, as *relações trabalhistas* englobam as medidas que os administradores tomam para desenvolver e manter boas relações com os sindicatos que representam os interesses de seus funcionários. Por exemplo, um componente das relações trabalhistas pode ajudar os administradores a estabelecerem condições de trabalho seguras e práticas justas em seus escritórios e fábricas.

Os administradores devem garantir que todos esses cinco componentes se ajustem e complementem os sistemas de controle e a estrutura da empresa.[21] Por exemplo, se os administradores decidirem descentralizar a autoridade e dar maior autonomia e poder de decisão aos funcionários, eles precisarão investir em treinamento e desenvolvimento para garantir que funcionários de nível mais baixo tenham os conhecimentos e domínio necessários para tomarem as decisões que os altos executivos tomariam em uma estrutura mais centralizada.

Cada um dos cinco componentes da GRH influencia os demais (ver Figura 12.1).[22] Os tipos de pessoas que a organização atrai e contrata por meio de recrutamento e seleção, por exemplo, determinam: (1) os tipos de treinamento e desenvolvimento necessários, (2) a maneira como o desempenho é avaliado e (3) os níveis salariais e benefícios apropriados. Os administradores da Microsoft garantem que sua organização tenha programadores altamente qualificados por meio dos seguintes métodos: (1) recrutamento e seleção dos melhores candidatos, (2) orientação para os recém-contratados dada por membros experientes da equipe, (3) avaliação do desempenho dos programadores, tanto no que diz respeito às suas contribuições individuais quanto ao desempenho de suas equipes e (4) remuneração com base no desempenho individual do programador e da sua equipe.

O ambiente jurídico da GRH

No restante deste capítulo, iremos nos concentrar nas escolhas que os administradores terão que fazer ao administrarem estrategicamente os recursos humanos para a consecução dos objetivos da organização e da vantagem competitiva. Administrar recursos humanos de forma eficaz é uma atividade complexa para os administradores e, portanto, daremos uma visão geral sobre alguns dos principais problemas que serão enfrentados por eles. Entretanto, primeiramente precisamos examinar como o ambiente jurídico afeta a gestão de recursos humanos.

As leis e regulamentações municipais, estaduais e federais que devem ser observadas por administradores e organizações são somadas à complexidade da GRH. O comprometimento do governo norte-americano com a **igualdade de oportunidade de emprego** (EEO – *Equal Employment Opportunity*), por exemplo, resultou na criação e na imposição de uma série de leis que os administradores devem acatar. O objetivo da EEO é garantir que todos os cidadãos tenham as mesmas oportunidades de conseguir um emprego independentemente de gênero, raça, país de origem, religião, idade ou da condição de ser portador de deficiências. A Tabela 12.1 sintetiza algumas das principais leis EEO que afetam a GRH. Outras leis, como a Lei sobre a Segurança e Saúde no Trabalho, de 1970, exigem que os administradores protejam os funcionários contra acidentes de trabalho e que as normas de segurança sejam atendidas.

No Capítulo 3, explicamos de que forma a eficaz administração da diversidade se constitui em um imperativo ético e comercial e discutimos as diversas questões que cercam a diversidade. As leis EEO e sua aplicação também fazem da gestão eficaz da diversidade um imperativo legal. A EEOC é o setor do Ministério da Justiça norte-americano que garante o cumprimento da maioria das leis EEO e que trata das denúncias contra discriminação. Além disso, a EEOC emite diretrizes para os administradores a fim de garantir que eles estejam cumprindo as leis EEO. Por exemplo, o Uniform Guidelines on Employee Selection Procedures –, diretrizes uniformes sobre procedimentos na seleção de funcionários), emitido pela EEOC (em conjunto com os Ministérios do Trabalho e da Justiça e a Comissão de Gestão dos Funcionários Públicos), orienta os administradores sobre como garantir que o componente recrutamento e seleção da gestão de recursos humanos respeite o Título VII da Lei dos Direitos Civis (que proíbe a discriminação em termos de sexo, raça, cor, religião e país de origem).[23]

igualdade de oportunidade de emprego (EEO)
Direitos iguais para todos os cidadãos assegurando as mesmas oportunidades de conseguir um emprego independentemente de gênero, raça, país de origem, religião, idade ou da condição de ser portador de deficiências.

Tabela 12.1
Principais leis referentes à igualdade de oportunidade de emprego que afetam a GRH

Ano	Lei	Descrição
1963	Lei de Equivalência Salarial	Exige que homens e mulheres recebam o mesmo salário caso desempenhem a mesma função.
1964	Título VII da Lei dos Direitos Civis	Proíbe a discriminação em decisões de emprego com base na raça, religião, gênero, cor ou país de origem; cobre uma ampla gama de decisões de emprego, inclusive contratação, demissão, salários, promoção e condições de trabalho.
1967	Lei contra a Discriminação por Idade no Emprego	Proíbe a discriminação contra trabalhadores com mais de 40 anos de idade e restringe a aposentadoria compulsória.
1978	Lei contra a Discriminação por Gravidez	Proíbe a discriminação contra mulheres em decisões de emprego com base em gravidez, parto e decisões médicas relacionadas.
1990	Lei para os Norte-Americanos Portadores de Deficiências	Proíbe a discriminação contra indivíduos portadores de deficiências em decisões de emprego e exige que os empregadores disponibilizem acomodações adequadas para trabalhadores portadores de deficiências a fim de permitir que eles desempenhem suas funções.
1991	Lei dos Direitos Civis	Proíbe a discriminação (assim como o Título VII) e contempla indenizações punitivas e compensatórias, além de pagamento retroativo, em casos de discriminação intencional.
1993	Lei para Licença Médica e por Motivos Familiares	Exige que os empregadores concedam 12 semanas de licença não remunerada por motivos de saúde e familiares, inclusive paternidade e doença na família.

Atualmente, entre os desafios que os administradores enfrentam no âmbito jurídico, há a questão da erradicação do assédio sexual (veja no Capítulo 3 uma discussão aprofundada sobre assédio sexual); da disponibilização de acomodações adequadas para trabalhadores portadores de deficiências; de como lidar com funcionários que apresentam problemas ligados ao alcoolismo e uso de drogas e, além disso, a questão do tratamento para com os funcionários soropositivos ou com AIDS.[24] Os funcionários soropositivos estão infectados com o vírus que provoca a AIDS, mas podem não manifestar nenhum sintoma da AIDS e talvez não desenvolvam a doença no futuro próximo. Muitas vezes, tais funcionários são capazes de desempenhar suas funções de modo eficaz, e os administradores devem tomar medidas para garantir que esses possam continuar com suas tarefas e seu desempenho sem que sejam discriminados no ambiente de trabalho.[25] Os funcionários que manifestam a AIDS podem ou não estar aptos para um eficaz desempenho de suas funções e, mais uma vez, os administradores precisam dar garantias para que não sejam injustamente discriminados.[26] Muitas organizações instituíram programas de treinamento para conscientização sobre a AIDS para instruir seus funcionários sobre o HIV e acabar com mitos infundados sobre como o HIV é transmitido, garantindo que indivíduos infectados com o vírus HIV sejam tratados sem preconceitos e tenham a capacidade de serem produtivos enquanto puderem, desde que não coloquem outros em risco.[27]

Recrutamento e seleção

O **recrutamento** inclui todas as atividades às quais os administradores se dedicam para criar um celeiro de candidatos qualificados para vagas em aberto.[28] A **seleção** é o processo por meio do qual os administradores determinam as qualificações relativas de candidatos e seu potencial para desempenhar bem uma determinada função. Antes de recrutar e selecionar funcionários, os administradores precisam se dedicar a duas atividades importantes: planejamento de recursos humanos e análise de cargos (Figura 12.2).

recrutamento
Atividades às quais os administradores se dedicam para criar um celeiro de candidatos qualificados para vagas em aberto.

Planejamento de recursos humanos

O **planejamento de recursos humanos** abrange todas as atividades às quais os administradores se dedicam para prever suas necessidades atuais e futuras de recursos humanos. Os recursos

Figura 12.2
O sistema de recrutamento e seleção.

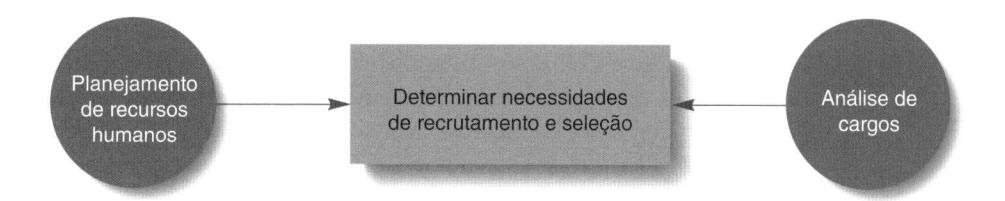

Planejamento de recursos humanos → Determinar necessidades de recrutamento e seleção ← Análise de cargos

MA2 Descrever as medidas que os administradores podem tomar para recrutar e selecionar membros para uma organização.

seleção
Processo que os administradores usam para determinar as qualificações relativas de candidatos e seu potencial para desempenhar bem uma determinada função.

planejamento de recursos humanos
Atividades às quais os administradores se dedicam para prever suas necessidades atuais e futuras de recursos humanos.

terceirização
Uso de fornecedores e fabricantes externos para produzir bens e serviços.

humanos atuais são os funcionários dos quais uma organização precisa para oferecer bens e serviços de alta qualidade aos clientes; já as necessidades futuras de recursos humanos são os funcionários dos quais uma organização precisará (em alguma data futura) para atingir seus objetivos de longo prazo.

Como parte do planejamento de recursos humanos, os administradores devem fazer tanto previsões de demanda como de oferta. As *previsões de demanda* estimam as qualificações e o número de funcionários que uma organização precisará considerando seus objetivos e estratégias. As *previsões de oferta* estimam a disponibilidade e as qualificações dos atuais funcionários no presente e no futuro, assim como a oferta de trabalhadores qualificados no mercado de trabalho internacional.

Como consequência do planejamento de recursos humanos, certas vezes os administradores optam por **terceirizar** para suprir parte de suas necessidades de recursos humanos. Em vez de recrutar e selecionar funcionários para produzir bens e serviços, os administradores contratam pessoas que não fazem parte de suas organizações para produzirem bens e serviços. Os administradores de editoras, por exemplo, normalmente contratam editores *freelances* para fazer o trabalho de copidesque de livros que elas pretendem publicar. A Kelly Services, por exemplo, é uma organização que oferece trabalhadores temporários para trabalhos de digitação, administrativos e de secretariado para administradores que queiram terceirizar serviços, preenchendo assim parte de suas necessidades de recursos humanos nessas áreas.

Duas razões para que o planejamento de recursos humanos algumas vezes faça com que os administradores terceirizem são a flexibilidade e os custos. Primeiramente, a terceirização pode dar maior *flexibilidade* aos administradores, especialmente quando for difícil obter previsões precisas sobre as necessidades de recursos humanos, quando estas flutuam ao longo do tempo ou quando for difícil encontrar trabalhadores qualificados em uma determinada área. Em segundo lugar, a terceirização pode, algumas vezes, permitir que os administradores façam uso de recursos humanos a um *custo* menor. Quando o trabalho é terceirizado, os custos podem ser menores por uma série de razões: a organização não tem obrigação de oferecer benefícios aos trabalhadores; os administradores têm possibilidade de contratar o serviço desses trabalhadores apenas quando necessário e não precisam investir em treinamento. A terceirização pode ser usada para atividades funcionais, como atendimento pós-venda no setor de máquinas e equipamentos, serviços advocatícios e de administração de sistemas de informação.

Entretanto, a terceirização tem suas desvantagens também.[29] Quando o trabalho é terceirizado, os administradores podem perder o controle sobre a qualidade de bens e serviços. Da mesma forma, os indivíduos que realizam trabalho terceirizado talvez tenham menos conhecimento das práticas, procedimentos e objetivos de uma organização, além de um menor comprometimento com ela do que os funcionários fixos. Além disso, os sindicatos resistem à terceirização, pois ela tem potencial para eliminar alguns dos funcionários fixos. Para ganhar parte da flexibilidade e da economia em termos de custos gerados pela terceirização e evitar algumas de suas desvantagens, uma série de organizações, como Microsoft e IBM, se valem de um contingente de funcionários temporários para, por exemplo, examinar o código de (um programa), a fim de identificar, localizar e suprimir falhas ou erros.

Uma grande tendência que reflete a crescente globalização dos negócios é a terceirização de trabalho administrativo, de programação de computadores e de funções técnicas anteriormente realizados nos Estados Unidos e países da Europa Ocidental (onde os custos trabalhistas são maiores) para países como Índia e China, com custos menores.[30] Os programadores de computador na Índia e China, por exemplo, ganham apenas uma mínima parte daquilo que ganham seus colegas norte-americanos. De acordo com estimativas da Gartner Inc., a terceirização (ou *offshoring*, como normalmente é chamada quando o trabalho é terceirizado para outros países) de trabalhos nas áreas de tecnologia da informação e de processos de negócios é avaliada em mais de US$ 34 bilhões por ano.

À medida que as empresas ganham experiência na terceirização de serviços tecnológicos e de *software*, os administradores estão aprendendo quais tipos de trabalho podem ser terceirizados de modo eficaz e quais provavelmente não podem. Na Índia, por exemplo, a força de trabalho é muito bem treinada e motivada, e em cidades como Bangalore, fervilham empregos no setor de alta tecnologia; empresas como a Infosys Technologies fornecem serviços de *software* para empresas no exterior. Os administradores que já tiveram experiência com a terceirização acham que ela funciona melhor para tarefas que possam se basear em regras, que não exijam grande intimidade com clientes (e/ou com os costumes e a cultura do país onde a empresa está sediada) e que não requeiram criatividade.[31] Quando o trabalho exige o reconhecimento e a solução de problemas (em vez da aplicação de algoritmos preexistentes), a criatividade no desenvolvimento de soluções e a utilização de pensamento e discernimento independentes, sem a orientação de procedimentos operacionais padronizados, o desempenho pode ser afetado negativamente com a terceirização. Essencialmente, quanto mais complexo e incerto for o trabalho e quanto mais ele depender de uma maior proximidade com os clientes e a empresa em si, menos vantajosa tende a ser a terceirização.[32]

Não obstante, existem vários tipos de tarefas que podem ser terceirizadas de modo eficaz, e as economias obtidas com essas tarefas podem ser consideráveis.[33] Além disso, alguns administradores acreditam que muitas tarefas podem ser terceirizadas com eficácia mesmo que exijam criatividade.

A General Electric (GE) e a McKinsey & Co. são duas empresas que estão na dianteira da terceirização no exterior, encarando-a como uma forma de não apenas cortar custos, mas também de crescer (aumentando a eficiência).[34] A GE Capital começou inicialmente com um escritório em Nova Délhi (Índia), pois a empresa estava encontrando dificuldades em preencher vagas em seus crescentes negócios no setor de refinanciamento de hipotecas. Denominada GE Capital Investment Services, o escritório tinha cerca de 300 funcionários no final da década de 1990. Hoje, a Genpact (empresa da qual a GE e mais duas empresas de capital fechado são proprietárias) tem mais de 20 mil funcionários, escritórios no México, Romênia, Hungria, Índia, China e Estados Unidos, e conta com receitas superiores a US$ 490 milhões.[35]

A McKinsey e a GE têm tamanho legado em terceirização no exterior que muitos dos atuais altos executivos das empresas de terceirização são ex-funcionários da McKinsey e da GE. Pramod Bhasin, o atual presidente e CEO da Genpact, por exemplo, é um ex-funcionário da GE.[36] Um outro exemplo é Rizwan Koita, ex-funcionário da McKinsey em Londres e Nova Délhi, que acabou fundando duas empresas de terceirização, a TransWork Information Services Ltd. (recentemente adquirida pelo AV Birla Group) e a Citius Tech. Inc.[37] Além disso, outros ex-funcionários da GE e da McKinsey usaram seus conhecimentos e experiência em terceirização em cargos subsequentes em outras organizações.[38]

Análise de cargos

análise de cargos
Identificação das tarefas, funções e responsabilidades que constituem um cargo e os conhecimentos, as qualificações e as habilidades necessárias ao desempenho da função.

A análise de cargos é a segunda atividade importante que os administradores precisam empreender antes do recrutamento e seleção.[39] A **análise de cargos** é o processo de identificação: (1) das tarefas, funções e responsabilidades que constituem um cargo (a *descrição do cargo*) e (2) dos conhecimentos, qualificações e habilidades necessários para desempenhar a função (as *especificações do cargo*).[40] Deve-se fazer essa análise para cada um dos cargos em uma organização.

A análise de cargos pode ser feita de diversas maneiras, inclusive observando-se os funcionários da empresa à medida que desempenham suas funções, ou mesmo entrevistando-os. Muitas vezes, os administradores se baseiam em questionários compilados pelos funcionários e seus superiores. Esses questionários buscam saber quais as qualificações e as habilidades necessárias para a realização do trabalho, quais são suas tarefas específicas e o tempo gasto nelas, as responsabilidades, as atividades de supervisão, equipamentos utilizados, relatórios preparados e decisões que foram tomadas.[41] A tendência, em algumas organizações, é para a criação de cargos mais flexíveis, nos quais as tarefas e as responsabilidades mudam e não podem ser especificadas claramente com antecedência. Para esses tipos de cargos, a análise de cargos se concentra mais em determinar as qualificações e os conhecimentos necessários para que os trabalhadores sejam eficazes do que nas tarefas específicas ao cargo.

Depois que os administradores completam o planejamento de recursos humanos e as análises de todos os cargos de uma organização, aí, sim, saberão suas necessidades de recursos humanos e os cargos que precisarão preencher. Eles também saberão quais são os conhecimentos, as qualificações e as habilidades que os candidatos precisarão ter para desempenhar essas funções. Nesse ponto, pode ser iniciada a fase de recrutamento e seleção.

Recrutamento externo e interno

Conforme observado anteriormente, o recrutamento é aquilo que os administradores fazem para criar uma listagem de candidatos qualificados para vagas em aberto.[42] Tradicionalmente, os administradores estão usando dois tipos principais de recrutamento: externo e interno, que hoje em dia são complementados pelo recrutamento via internet.

RECRUTAMENTO EXTERNO Quando os administradores recrutam externamente visando preencher vagas em aberto, eles buscam pessoas de fora da organização e que não trabalharam anteriormente para ela. Os administradores podem recrutar externamente de várias formas: com anúncios em jornais e revistas, recepções para estudantes e orientadores vocacionais em colégios e faculdades (ou na própria organização), feiras de recrutamento em faculdades, reuniões de recrutamento com grupos da região etc.

Diversas organizações grandes enviam equipes de entrevistadores para os *campi* de faculdades para recrutar novos funcionários. O recrutamento externo também pode ocorrer por meio de uma rede de contatos informais, o que acontece quando funcionários da própria empresa informam seus amigos sobre vagas em aberto ou recomendam pessoas que conhecem para preencherem vagas disponíveis. Algumas organizações usam agências de emprego para o recrutamento externo, e parte dele também acontece simplesmente quando as pessoas vão até as empresas e perguntam se há vagas disponíveis.

Com todos os *downsizings* e cortes de pessoal ocorrendo nos últimos anos nas corporações, imaginava-se que o recrutamento externo seria uma tarefa relativamente fácil para os administradores. Entretanto, isso raramente acontece, pois muito embora diversas pessoas estejam à procura de empregos, muitos deles exigem qualificações e habilidades que elas não possuem. Os administradores que precisam preencher as vagas existentes e as pessoas que estão em busca de oportunidades de emprego estão cada vez mais se valendo da internet para estabelecer contatos por meio de *sites* de empregos, como o Monster.com[43] e o Jobline International. O Jobline é o maior *site* de recrutamento eletrônico da Europa, com atividades em 12 países.[44] Grandes corporações, como Coca-Cola, Cisco, Ernst & Young, Canon e Telia, se valeram da Jobline para preencher vagas internacionais.[45]

O recrutamento externo traz vantagens e desvantagens para os administradores. Entre as vantagens, temos o acesso a um universo de candidatos potencialmente maior; a capacidade de atrair pessoas que possuam as qualificações, os

Muitas faculdades e universidades realizam feiras de recrutamento para estabelecer o contato entre empregadores e estudantes em busca de empregos.

conhecimentos e as habilidades de que uma organização precisa para atingir seus objetivos e a capacidade de trazer funcionários de fora da organização que podem mostrar uma nova abordagem aos problemas e que estejam atualizados com a tecnologia mais recente. Essas vantagens devem ser contrabalançadas com as desvantagens, entre as quais os custos relativamente altos do recrutamento externo. Faltam também aos funcionários recrutados externamente os conhecimentos sobre os detalhes de uma organização, e talvez esses precisem receber mais treinamento do que os recrutados internamente. Finalmente, quando os funcionários são recrutados externamente, sempre há incerteza sobre se eles serão ou não profissionais com excelente desempenho. Não obstante, há medidas que os administradores podem tomar para reduzir parte da incerteza que cerca o recrutamento externo, conforme descrito a seguir no quadro "Pitada tecnológica".

PITADA TECNOLÓGICA
A abordagem da Fog Creek Software para recrutamento

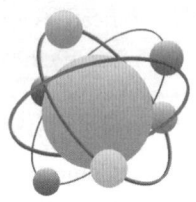

A Fog Creek Software é uma pequena companhia de *software* fechada fundada em 2000 por Joel Spolsky e Michael Pryor em um *loft* reformado no *Fashion District* de Nova York.[46] A Fog Creek acumulou lucros e vem dobrando de tamanho a cada ano desde a sua fundação.[47] Contratar grandes desenvolvedores de *software* é essencial para uma companhia como a Fog Creek; de acordo com Spolsky, aquele 1% dos melhores desenvolvedores de *software* suplanta os desenvolvedores medianos em uma proporção aproximada de 10:1. E naquele 1% dos melhores encontram-se tipos criativos capazes de desenvolver produtos novos e, ao mesmo tempo, ser altamente eficientes.[48]

Encontrar – e o que dirá recrutar – esse 1% é um verdadeiro desafio para uma pequena empresa como a Fog Creek, já que muitas dessas pessoas já possuem excelentes empregos e não estão pretendendo mudar para outro. Pelo fato de esse 1% dos melhores desenvolvedores raramente se candidatar a vagas para a Fog Creek (ou para qualquer outra empresa), mais de 50% dos desenvolvedores da Fog Creek foram inicialmente contratados para um estágio remunerado durante as férias de verão enquanto ainda cursavam a faculdade, e posteriormente foram contratados como funcionários em período integral depois de se formarem.[49]

No terceiro trimestre de cada ano, Spolsky envia cartas personalizadas para estudantes de computação em todo o país com potencial para se tornarem grandes desenvolvedores no futuro, contata professores que trabalham em programas de ponta em ciências da computação, em busca de recomendações, e também busca candidatos por meio de seu *blog*.[50] Esse processo resulta em centenas de candidatos para estágios, e os melhores deles terão a oportunidade de realizar entrevistas telefônicas. Durante essas entrevistas, pede-se que os candidatos façam uma descrição deles mesmos e das matérias que estão estudando; pergunta-se também como procederiam para resolver um problema ou desafio de desenvolvimento de *software* e, depois, podem perguntar a Spolsky qualquer coisa que queiram saber sobre a empresa ou como viver na cidade de Nova York.[51]

Aqueles que se saírem bem na entrevista telefônica são então enviados de avião para Nova York com todas as despesas pagas pela Fog Creek – são apanhados no aeroporto com uma limusine, hospedados em um hotel moderno, recebem lembranças de boas-vindas em seus quartos, passam o dia fazendo entrevistas na Fog Creek e depois têm a opção de permanecer por mais duas noites (sem custo algum para eles) para terem uma ideia de como é a cidade. Normalmente, apenas um de cada três recrutandos que fizeram entrevistas pessoais recebe uma proposta de estágio.[52]

Os estagiários realizam trabalhos reais de desenvolvimento de *software* – há alguns anos, uma equipe de quatro estagiários desenvolveu um novo e bem-sucedido produto de suporte tecnológico denominado Fog Creek Copilot.[53] Ao mesmo tempo que isso é motivador para os estagiários, acaba servindo também aos administradores, que devem decidir quais

Pequenas empresas

A Fog Creek Software usa estágios remunerados durante as férias de verão dos estudantes para ajudar a identificar e atrair promissores desenvolvedores de *software*.

acontecem na cidade de Nova York. No final do estágio, os administradores terão uma boa ideia de quais dentre os estagiários são grandes programadores. A esses melhores programadores, depois que se formam, são oferecidos empregos com generosos salários, excelentes condições de trabalho e ótimos benefícios. Embora a abordagem adotada pela Fog Creek para recrutamento externo seja um tanto demorada e cara, ela mais do que compensa a si mesma no que diz respeito à identificação e atração dos melhores programadores para a empresa. Como Spolsky indica: "Um programa de estágio cria uma abertura e um fluxo contínuo para excelentes funcionários. Trata-se de um fluxo bastante longo e, portanto, é preciso uma perspectiva de longo prazo, mas vale realmente a pena".[54]

estagiários gostariam de efetivar depois de formados. Os estagiários também são tratados muito bem – além de serem pagos, recebem alojamento gratuito e são convidados para pequenas excursões, festas e eventos culturais que

mudança lateral
Mudança de cargo que não envolve grandes mudanças de responsabilidades ou de nível de autoridade.

RECRUTAMENTO INTERNO Quando o recrutamento é interno, os administradores procuram preencher as vagas disponíveis com os funcionários que já pertencem à empresa. Os funcionários recrutados internamente estão em busca de **mudanças laterais** (mudança de cargo que não envolve grandes mudanças de responsabilidades ou de nível de autoridade) ou promoções. O recrutamento interno apresenta uma série de vantagens; em primeiro lugar, candidatos internos já estão familiarizados com a organização (inclusive com suas metas, estrutura, cultura, e normas). Em segundo lugar, os administradores já conhecem os candidatos, e por isso possuem um volume considerável de informações sobre suas qualificações, habilidades e real comportamento no trabalho. Em terceiro lugar, o recrutamento interno pode ajudar a aumentar os níveis de motivação e a moral dos funcionários, tanto para o funcionário que consegue o cargo como para os demais trabalhadores. Aqueles que não estão em busca de uma promoção ou que talvez não estejam prontos para uma podem encará-la como uma possibilidade para o futuro; uma mudança lateral, por exemplo, um funcionário pode sentir menos monotonia quando atinge o domínio total de uma função, e assim também pode aprender novas qualificações. Finalmente, o recrutamento interno normalmente leva menos tempo e é mais barato do que o recrutamento externo.

Mesmo com todas as vantagens do recrutamento interno, verifica-se que os administradores empregam bastante o recrutamento externo. A razão para isso está nas desvantagens do recrutamento interno – entre elas, um universo limitado de candidatos e sua tendência a agir sempre de acordo com o padrão organizacional, o que limita a inovação. Muitas vezes, a organização simplesmente não possui candidatos internos adequados. Certas vezes, mesmo quando há disponibilidade de candidatos internos, os administradores talvez lancem mão do recrutamento externo para buscar os melhores candidatos ou para ajudar a trazer novas ideias e perspectivas para suas organizações. Quando as organizações se encontram em dificuldades e estão tendo um fraco desempenho, normalmente adota-se o recrutamento externo na tentativa de trazer novos talentos gerenciais com uma abordagem diferente.

O processo de seleção

Depois que formam uma lista de candidatos para vagas em aberto por meio do processo de recrutamento, os administradores precisam descobrir quais dentre esses candidatos realmente são

Figura 12.3
Ferramentas de seleção.

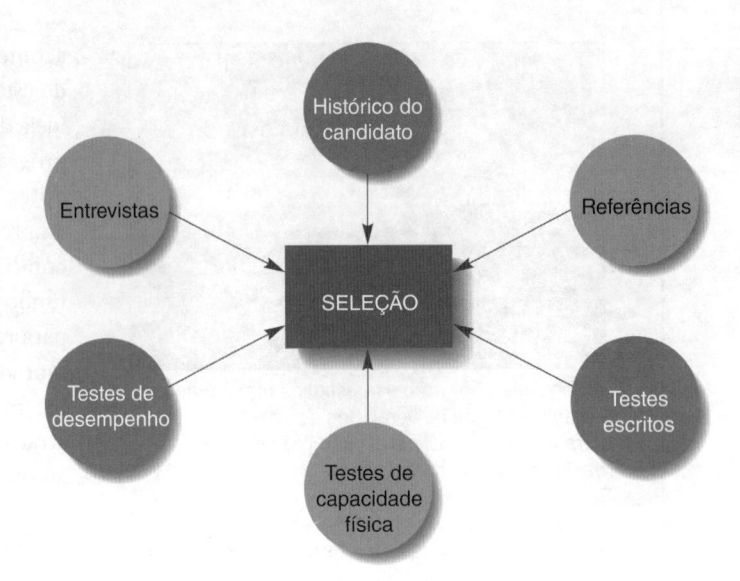

qualificados para o cargo e quais possivelmente apresentarão um bom desempenho. Se mais de um candidato atender essas duas condições, os administradores devem determinar quais candidatos provavelmente terão melhor desempenho do que os demais. Há várias ferramentas de seleção que podem ajudar os administradores a classificar as qualificações relativas dos candidatos e avaliar seu potencial para se tornarem bons profissionais e apresentarem um bom desempenho em um determinado trabalho. Entre essas ferramentas, temos informações sobre a experiência, entrevistas, testes escritos, testes de habilidade física, testes de desempenho e referências (ver Figura 12.3).[55]

HISTÓRICO DO CANDIDATO Para auxiliar no processo de seleção, os administradores obtêm informações sobre o histórico do candidato a partir dos formulários de solicitação de emprego e dos currículos. Tais informações podem incluir o grau máximo de formação atingido, as áreas principal e secundária cursadas na faculdade, o tipo de faculdade ou universidade cursada, o número de anos desse curso, o tipo de experiência profissional vivenciada e o grau de domínio de idiomas estrangeiros. Esse tipo de informação pode ser útil para eliminar candidatos que não possuem as principais qualificações desejadas (como formação superior) e para determinar quais candidatos qualificados são mais promissores que outros. Por exemplo, os candidatos com formação superior (graduação) podem ser aceitáveis, porém aqueles com uma pós-graduação (MBA, por exemplo) são preferíveis.

Um número cada vez maior de organizações está fazendo um cruzamento de informações para verificar se as informações prestadas pelos candidatos são precisas (e também para revelar qualquer informação negativa, como condenações por algum delito).[56] De acordo com a ADP Employer Services, uma empresa prestadora de serviços que incluem folhas de pagamento e outras funções de recursos humanos, um número cada vez maior de empresas vem utilizando o cruzamento de informações, e o que se verifica são imprecisões, inconsistências e informações negativas, como condenações anteriores ou penalidades de trânsito.[57] De acordo com recente pesquisa conduzida pela ADP, cerca de metade de todos os cruzamentos de informações acaba revelando inconsistência entre a formação e credenciais apresentadas pelos candidatos e aquelas fornecidas por outras fontes (por exemplo, universidades ou ex-empregadores). E, em alguns casos, o cruzamento de informações revela condenações por delitos e penalidades de trânsito.[58]

ENTREVISTAS Praticamente todas as organizações usam entrevistas durante o processo de seleção, como acontece na rede hoteleira Four Seasons, apresentada no quadro "Estudo de caso". As entrevistas podem ser estruturadas ou não estruturadas. Em uma *entrevista estruturada,* os administradores fazem as mesmas perguntas padrão para todos os candidatos (como "Quais são suas qualificações diferenciais para essa vaga?" e "Quais características de um emprego são as mais importantes para você?"). Ao responder perguntas particularmente informativas, por exemplo, o entrevistado pode demonstrar as qualificações e habilidades necessárias para o cargo. Algumas vezes denominadas *perguntas de entrevista situacionais*, essas questões normalmente colocam os entrevistados diante de uma situação que provavelmente será enfrentada durante o desempenho da função, e então são solicitados a indicar como lidariam com ela.[59] Os candidatos a uma vaga de vendedor, por exemplo, poderiam ter de explicar como lidariam com clientes que reclamassem da demora no atendimento ou com aqueles que estivessem indecisos, ou ainda com aqueles cujo pedido foi perdido.

Praticamente todas as organizações usam algum tipo de entrevista durante o processo de seleção.

Uma *entrevista não estruturada* acontece mais ou menos como uma conversa normal. O entrevistador tem a liberdade de fazer perguntas para descobrir como é o candidato, e não há um grupo de perguntas preestabelecidas. Em geral, o resultado das entrevistas estruturadas é superior ao das entrevistas não estruturadas, pois nas primeiras há maior chance de obter informações que ajudarão a identificar candidatos qualificados; essas entrevistas são menos subjetivas, e talvez sejam menos influenciadas pela tendenciosidade do entrevistador.

Ao conduzir entrevistas, os administradores não podem fazer perguntas que sejam irrelevantes para a vaga em questão; caso contrário, suas organizações correm o risco de ser processadas. É inapropriado e ilegal, por exemplo, perguntar sobre o cônjuge do entrevistado ou perguntar se o entrevistado planeja ter filhos. Como esse tipo de perguntas é irrelevante para o desempenho da função, são consideradas discriminatórias e violam as leis EEO (veja novamente a Tabela 12.1). Portanto, os entrevistadores precisam ser instruídos sobre as leis EEO e informados sobre as perguntas que poderiam violar tais leis.

TESTES ESCRITOS Os dois principais tipos de testes escritos usados para fins de seleção são os testes de habilidade e os testes de personalidade. Os *testes de habilidade* avaliam em que grau os candidatos possuem as qualificações necessárias para o desempenho da função, como compreensão verbal ou habilidades em cálculos. Os operários da indústria automobilística contratados pela General Motors, Chrysler e Ford, por exemplo, normalmente são submetidos a testes que demonstrarão sua capacidade de ler e de fazer cálculos.[60]

Os *testes de personalidade* medem as características e traços de personalidade relevantes ao desempenho da função. Alguns varejistas, por exemplo, realizam testes de honestidade com os candidatos a um emprego para determinar até que ponto são dignos de confiança. O uso de testes de personalidade (inclusive os testes de honestidade) para fins de admissão é controverso. Alguns críticos sustentam que os testes de honestidade não medem realmente a honestidade (ou seja, eles não são válidos), e os resultados podem ser forjados pelos candidatos. Antes de usar qualquer teste escrito para fins de seleção, os administradores devem ter evidências concretas de que os testes utilizados realmente são boas ferramentas para a previsão do desempenho no trabalho em questão. Os administradores que empregam os testes sem tais evidências podem estar sujeitos a custosos processos por discriminação.

TESTES DE CAPACIDADE FÍSICA Para funções que exigem capacidade física, como nos cargos de bombeiros, lixeiros e entregadores de mercadorias, os administradores usam testes de capacidade física que medem força e resistência físicas como ferramentas de seleção. Os operários da indústria automobilística normalmente são testados em termos de destreza mecânica, pois essa habilidade física é importante para o bom desempenho da função em várias fábricas de montadoras.[61]

TESTES DE DESEMPENHO Os *testes de desempenho* medem o desempenho dos candidatos a uma vaga por meio da atribuição de tarefas reais desempenhadas na função. Para candidatos a cargos de secretária, por exemplo, normalmente se exige a realização de um teste de datilografia que avalia com que rapidez e precisão elas digitam. Os candidatos a vagas de média e alta gerência devem completar projetos rápidos – projetos que espelham os tipos de situações que surgem na vaga a ser preenchida – a fim de avaliar seus conhecimentos e capacidade de resolução de problemas.[62]

Os centros de avaliação, empregados pela primeira vez na AT&T, vão um passo além no emprego de testes de desempenho. Em um centro de avaliação típico, cerca de 10 a 15 candidatos para cargos gerenciais participam de uma série de atividades ao longo de alguns dias. Durante esse período, avalia-se se os candidatos realmente possuem as qualificações necessárias para se tornarem gerentes eficazes – qualificações para a resolução de problemas organizacionais, para a resolução de problemas de comunicação e também para a resolução de conflitos. Algumas das atividades são realizadas individualmente, outras, em grupos. Ao longo do processo, os administradores atuais observam o comportamento dos candidatos e avaliam o desempenho. São usadas então avaliações sintetizadas como ferramenta de seleção.

REFERÊNCIAS Vários empregos exigem que os candidatos a uma vaga apresentem referências de ex-empregadores ou de outras fontes bem informadas (como um professor ou orientador da faculdade), que conheçam as qualificações, as habilidades e outras características pessoais dos candidatos. Solicita-se a esses indivíduos que opinem francamente sobre o candidato. As referências normalmente são usadas no final do processo seletivo para confirmar (ou não) uma decisão sobre a contratação do candidato. Entretanto, o fato de muitos ex-empregadores relutarem em dar um parecer negativo nas referências algumas vezes torna difícil interpretar aquilo que uma referência realmente diz sobre um candidato.

Na realidade, muitas ações judiciais recentes impetradas por candidatos que se sentiram injustamente prejudicados ou que tiveram sua privacidade invadida por referências desfavoráveis de ex-empregadores levaram os administradores a recearem cada vez mais o fornecimento de qualquer informação negativa em uma referência, mesmo que essa seja acertada. Porém, para funções nas quais o funcionário é responsável pela segurança e pelas vidas de outras pessoas, deixar de fornecer informações negativas exatas em uma referência não apenas significa que a pessoa errada poderia ser contratada; poderia significar também que as vidas de outras pessoas estariam em risco.

A IMPORTÂNCIA DA CONFIABILIDADE E DA VALIDADE Seja quais forem as ferramentas de seleção usadas por um administrador, elas precisam ser confiáveis e válidas. A **confiabilidade** ocorre quando uma ferramenta (ou teste) apresenta sempre o mesmo resultado em todas as vezes que for administrada. A pontuação em um teste de seleção, por exemplo, deve ser muito similar quando a mesma pessoa é avaliada com a mesma ferramenta em dois dias diferentes; caso haja um nível relativamente grande de variação, a ferramenta não é confiável. Determinar a confiabilidade em entrevistas é mais complexo, pois a dinâmica é uma interpretação pessoal, e por isso a confiabilidade nas entrevistas pode aumentar caso dois ou mais entrevistadores diferentes e qualificados entrevistem o mesmo candidato. Se as entrevistas forem confiáveis, os entrevistadores devem chegar a conclusões parecidas em relação às qualificações do entrevistado.

Validade é o grau de precisão com que uma ferramenta mede aquilo que se propõe medir – para ferramentas de seleção, é o grau de sucesso com que o teste prevê o desempenho relativo às tarefas ou função em questão. O teste de capacidade física usado para selecionar bombeiros, por exemplo: realmente prevê de modo eficaz o futuro desempenho durante o trabalho? As notas obtidas em centros de avaliação preveem de modo eficaz qual será o desempenho gerencial? Os testes de datilografia preveem com sucesso o desempenho de secretárias? Todas essas são perguntas de validade. Os testes de honestidade, por exemplo, são controversos, pois não está claro se preveem de forma válida a honestidade em empregos nos setores varejista e bancário.

Os administradores têm obrigação ética e legal de usarem ferramentas de seleção confiáveis e válidas. Porém, a confiabilidade e a validade são questões de grau e não características "tudo ou nada". Portanto, os administradores devem se esforçar ao máximo para que as ferramentas de

---

confiabilidade
Aquilo que se verifica quando uma ferramenta (ou teste) apresenta sempre o mesmo resultado em todas as vezes que for empregada.

validade
O grau de precisão com que uma ferramenta mede aquilo que ela se propõe medir.

seleção atinjam o maior grau possível de confiabilidade e validade. Em testes de habilidade para uma determinada função, os administradores devem se manter a par com os mais recentes avanços no desenvolvimento de testes escritos válidos e usarem o teste com o maior grau de confiabilidade e validade possível para seus fins. Em relação às entrevistas, os administradores podem aumentar o grau de confiabilidade fazendo com que mais de uma pessoa entreviste os candidatos a uma vaga.

Treinamento e desenvolvimento

MA3 Discutir as opções de treinamento e desenvolvimento que asseguram o desempenho eficaz das respectivas funções por parte dos membros de uma organização.

treinamento
Ensinar aos membros de uma organização como desempenhar suas funções atuais, ajudando-os a adquirir os conhecimentos e as qualificações que precisam para apresentarem um bom desempenho.

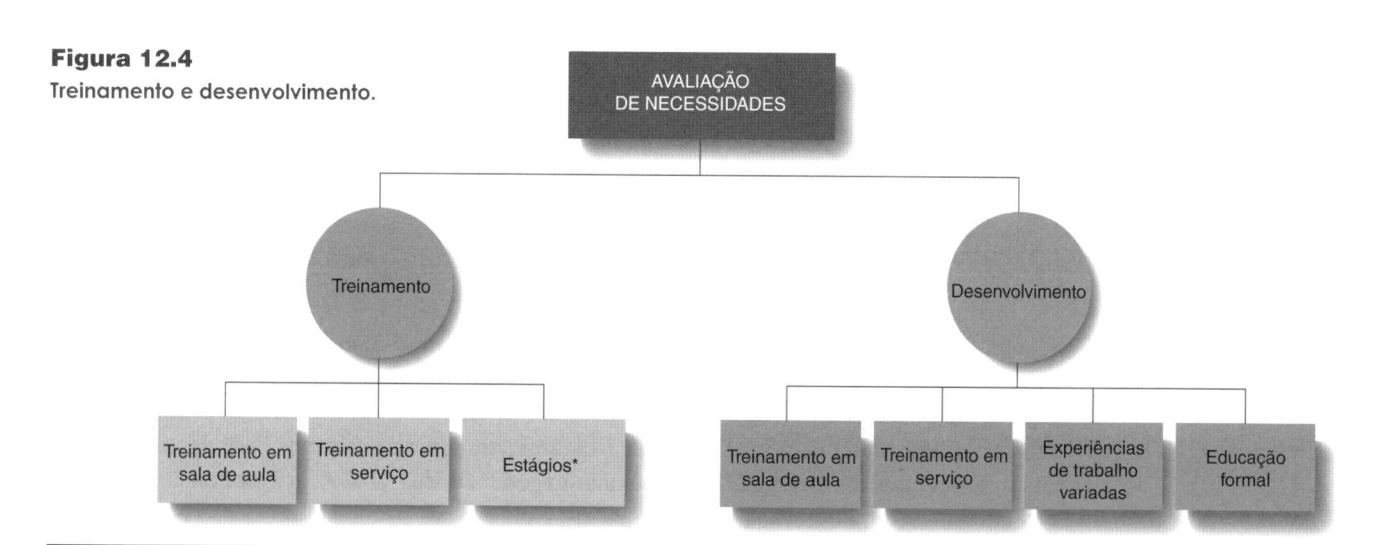

Tanto a prática do treinamento quanto a do desenvolvimento ajudam a garantir que os membros de uma organização possuam os conhecimentos e as qualificações necessárias para realizarem seus trabalhos de forma eficaz, assumirem novas responsabilidades e se adaptarem às constantes mudanças nas situações. No **treinamento** há uma preocupação básica em ensinar aos membros de uma organização como desempenhar suas funções atuais, ajudando-os a adquirir os conhecimentos e as qualificações de que precisam para apresentarem um bom desempenho. No **desenvolvimento**, o foco é a construção dos conhecimentos e das qualificações dos membros de uma organização a fim de que esses estejam preparados para assumir novas responsabilidades e enfrentar desafios. O treinamento apresenta uma tendência de ser mais frequentemente usado em níveis mais baixos da organização, ao passo que o desenvolvimento tende a ser utilizado com mais frequência entre os profissionais especializados e administradores.

Antes de criar programas de treinamento e desenvolvimento, os administradores devem efetuar uma **avaliação de necessidades** para determinar quais funcionários precisam de treinamento ou desenvolvimento e que tipo de qualificações ou conhecimentos eles precisam adquirir (ver Figura 12.4).[63]

Tipos de treinamento

Existem dois tipos de treinamento: treinamento em sala de aula e treinamento em serviço.

TREINAMENTO EM SALA DE AULA Nesse tipo de treinamento, os funcionários adquirem os conhecimentos e as qualificações em um ambiente de sala de aula. Esse treinamento pode ocorrer dentro ou mesmo fora das organizações (cursos em faculdades e universidades da região, por exemplo). Muitas organizações, na verdade, estabelecem suas próprias divisões de ensino formal – algumas delas são até mesmo chamadas de "faculdades" – para oferecer o treinamento necessário em sala de aula.

O treinamento em sala de aula frequentemente inclui o uso de vídeos e de dramatização, além dos materiais escritos tradicionais, das lições e das discussões em grupo. Os *vídeos* podem

Figura 12.4
Treinamento e desenvolvimento.

* Estágios: podem incluir treinamento em sala de aula e em serviço.

desenvolvimento
Construir os conhecimentos e as qualificações dos membros de uma organização de modo que estejam preparados para assumir novas responsabilidades e enfrentar desafios.

avaliação de necessidades
Uma avaliação para determinar quais funcionários precisam de treinamento ou desenvolvimento e que tipo de qualificações ou conhecimentos precisarão adquirir.

treinamento em serviço
Treinamento que ocorre no ambiente de trabalho à medida que os funcionários desempenham suas tarefas.

ser usados para demonstrar comportamentos próprios e impróprios no trabalho. Os vendedores sem experiência, por exemplo, ao assistirem um vendedor experiente lidando de modo eficaz com um cliente irado e aos gritos, podem desenvolver habilidades para lidar com situações similares. Durante a *dramatização*, os *trainees* participam diretamente ou assistem outros desempenhando atividades de trabalho reais em um ambiente simulado. Na McDonald's Hamburger University, por exemplo, a dramatização ajuda os franqueados a adquirirem os conhecimentos e as habilidades necessárias para administrarem seus restaurantes.

As *simulações* também podem fazer parte do treinamento em sala de aula, particularmente para trabalhos complicados, que exigem uma grande dose de aprendizagem, nos quais os erros custam um alto preço. Em uma simulação, os aspectos fundamentais de situações de trabalho e tarefas são duplicados o mais próximo possível em um ambiente artificial. Os controladores de voo, por exemplo, são treinados por meio de simulações devido à natureza complicada do trabalho, à grande dose de aprendizagem envolvida e às graves consequências dos erros de controle de tráfego aéreo.

TREINAMENTO EM SERVIÇO No **treinamento em serviço**, a aprendizagem ocorre no ambiente de trabalho à medida que os funcionários desempenham suas tarefas. O treinamento em serviço pode ser dado por colegas ou supervisores ou ocorrer simplesmente à medida que os novos funcionários vão ganhando experiência e conhecimentos obtidos da execução do trabalho. Os garçons e garçonetes recém-contratados em redes de restaurantes como o Red Lobster ou Olive Garden normalmente recebem esse treinamento de funcionários experientes. O supervisor de um novo motorista de ônibus em um sistema de transporte para alunos de universidades poderia pegar carona no ônibus por uma semana para garantir que o novo motorista esteja aprendendo o itinerário e seguindo as normas de segurança. Em todos os treinamentos em serviço, os funcionários aprendem fazendo.

Os administradores normalmente usam o treinamento em serviço de uma forma contínua, para garantir que seus subordinados mantenham-se atualizados com as mudanças nos objetivos, na tecnologia, nos produtos ou nas necessidades e desejos do cliente. Os vendedores da Mary Kay Cosmetics Inc., por exemplo, recebem treinamento contínuo para que se mantenham a par de novos cosméticos e cores da moda e para que se lembrem das linhas diretrizes da Mary Kay. A expansão da Mary Kay para a Rússia tem sido muito bem-sucedida, em parte devido ao treinamento contínuo que o pessoal de vendas naquele país recebe da Mary Kay.[64]

Tipos de desenvolvimento

Embora tanto o treinamento em sala de aula como o treinamento em serviço possam ser usados para fins de desenvolvimento e de treinamento, o desenvolvimento muitas vezes inclui atividades extras, como experiências de trabalho variadas e educação formal.

Em muitos restaurantes, os funcionários novos recebem treinamento em serviço acompanhando de perto garçons e garçonetes mais experientes à medida que vão aprendendo o seu trabalho.

EXPERIÊNCIAS DE TRABALHO VARIADAS Os altos executivos precisam ganhar um entendimento e domínio em uma série de funções, produtos, serviços e mercados. Para desenvolver executivos que precisarão desse domínio, os administradores frequentemente cuidam para que aqueles funcionários com grande potencial tenham uma ampla gama de experiências profissionais distintas, algumas em cargos de linha e outras em cargos de *staff*. As experiências de trabalho variadas ampliam os horizontes dos funcionários e os ajudam a pensar mais no quadro geral da situação. A exemplo disso, cada vez mais os administradores passam por períodos de trabalho de um a três anos no exterior a fim de ganhar experiência de trabalho internacional. As organizações estão se tornando cada vez mais globais, e por isso os administradores precisam adquirir um maior entendimento dos diferentes valores, crenças, culturas, regiões e maneiras de se fazer negócios em diferentes países.

Outro método de desenvolvimento é a orientação dada por mentores. *Mentor* é um funcionário experiente de uma organização que dá conselhos e orientação para um funcionário menos experiente, denominado *protégé*. Os mentores podem ajudar os administradores na obtenção de experiências profissionais e atribuições que contribuirão para seu desenvolvimento, e podem auxiliá-los também a acumular o maior número possível de experiências de trabalho variadas.[65] Embora alguns mentores e *protégés* se associem informalmente, as organizações descobriram que programas formais de orientação dada por mentores podem ser formas valiosas de contribuir para o desenvolvimento de administradores e de todos os funcionários.

Os programas formais de orientação dada por mentores asseguram que esse tipo de orientação ocorra em uma organização, estruture o processo e certifique que os membros dos mais diversos grupos dentro de uma organização tenham igual acesso aos mentores. Os participantes recebem treinamento, e as iniciativas são focadas em "unir" mentores e *protégés* a fim de que resultem relações significativas voltadas para o desenvolvimento, e assim as organizações poderão acompanhar as reações e avaliar os possíveis benefícios da orientação dada pelos mentores. Os programas formais de orientação dada por mentores também podem garantir que os membros dos mais diversos grupos dentro de uma organização recebam os benefícios desse tipo de orientação. Um estudo conduzido por David A. Thomas, professor da Harvard Business School, constatou que membros de grupos raciais minoritários de três grandes corporações com carreiras muito bem-sucedidas tiveram a ajuda de mentores. Os programas formais de orientação dada por mentores ajudam as organizações a disponibilizar essa valiosa ferramenta de desenvolvimento para todos os funcionários.[66]

Quando diversos membros de uma organização não têm mentores à sua disposição, seu progresso e o avanço para cargos mais altos podem ser dificultados. Ida Abott, advogada e consultora em questões trabalhistas, apresentou recentemente um estudo para a Minority Corporate Counsel Association no qual concluía: "A falta de orientação adequada dada por mentores tem impedido advogados do sexo feminino e aqueles pertencentes a minorias de alcançarem o sucesso profissional, e acarreta altas taxas de insatisfação e desgastes na carreira."[67]

A orientação dada por mentores pode beneficiar todos os tipos de funcionários em todos os tipos de trabalho.[68] John Washko, gerente na rede hoteleira Four Seasons, se beneficiou com a orientação de Stan Bromley em assuntos ligados às relações interpessoais e ao tratamento dos funcionários; por sua vez, o mentor Bromley descobriu que participar do programa de orientação dada por mentores do Four Seasons ajudou-o a criar o seu próprio estilo gerencial.[69] De forma mais genérica, o desenvolvimento é um processo contínuo para todos os administradores e frequentemente os mentores descobrem que esse tipo de orientação contribui para seu próprio desenvolvimento pessoal.

EDUCAÇÃO FORMAL Diversas grandes corporações reembolsam seus funcionários pelas despesas com educação quando esses frequentam cursos em faculdades e quando adquirem títulos acadêmicos mais avançados. Não se trata apenas de benevolência da parte do empregador ou mesmo de uma simples recompensa dada ao funcionário, mas, sim, de uma forma eficaz de capacitar funcionários em condições de assumir novas responsabilidades e cargos mais desafiadores. Por motivos similares, as corporações investem milhares de dólares enviando seus gestores para programas de desenvolvimento de executivos, como os programas de MBA para executivos. Nesses programas, especialistas ensinam aos administradores o que há de mais novo em termos de técnicas e práticas administrativas, gerenciais e de negócios.

Para poupar tempo e gastos com viagens, os administradores estão cada vez mais lançando mão da *aprendizagem a distância* para educar e capacitar seus funcionários formalmente. Empregando tecnologias de videoconferência, escolas de administração, como a Harvard Business School, a University of Michigan e o Babson College, estão dando cursos por meio de telões em salas de conferência corporativas. As escolas de administração também estão personalizando cursos e graduações para se adequarem às necessidades de desenvolvimento dos funcionários de uma determinada empresa.

Transferência de treinamento e desenvolvimento

Toda vez que o treinamento ou o desenvolvimento ocorrerem fora do ambiente de trabalho ou em uma sala de aula, é vital que os administradores promovam a transferência daqueles conhecimentos e habilidades adquiridos *para a situação real de trabalho*. Os *trainees* devem ser encorajados a utilizar (e espera-se que realmente utilizem) seu domínio recém-adquirido no trabalho.

Avaliação de desempenho e seu *feedback*

Os componentes recrutamento/seleção e treinamento/desenvolvimento do sistema de gestão de recursos humanos garantem que os funcionários tenham os conhecimentos e as qualificações necessárias para que sejam eficazes no presente e no futuro. A **avaliação de desempenho** e seu *feedback* complementam o recrutamento, a seleção, o treinamento e o desenvolvimento. Trata-se da avaliação do desempenho apresentado pelos funcionários na função e de suas contribuições para a organização. ***Feedback* sobre o desempenho** é o processo no qual os administradores compartilham informações de avaliação de desempenho com seus subordinados, dando a eles a oportunidade de refletir sobre seu próprio desempenho; nesse processo, junto com seus subordinados, os administradores também elaboram planos para o futuro. A avaliação de desempenho deve ocorrer antes do *feedback* sobre o desempenho. A avaliação poderia acontecer sem o *feedback* correspondente, porém, é prudente que os administradores procurem dar esse *feedback*, pois ele pode contribuir para a motivação e o desempenho dos funcionários.

A avaliação de desempenho e seu *feedback* contribuem de várias formas para a administração eficaz dos recursos humanos e fornece aos administradores informações importantes nas quais podem se basear para tomar decisões referentes aos recursos humanos.[70] Todas as decisões sobre aumentos salariais, bônus, promoções e mudanças de cargo dependem de uma precisa avaliação do desempenho. Também pode ajudar os administradores a determinarem quais trabalhadores são possíveis candidatos para programas de treinamento e desenvolvimento e em quais áreas se encaixarão dentro desses programas. O *feedback* sobre o desempenho estimula os funcionários a apresentarem elevados níveis de motivação e desempenho, possibilita que funcionários com bom desempenho saibam que seus esforços são valorizados e apreciados e comunica aos funcionários com desempenho medíocre que precisam melhorar. O *feedback* sobre o desempenho pode dar tanto àqueles com bom como àqueles com fraco desempenho uma ideia de seus pontos fortes e fracos, e dos meios que podem ser empregados para melhorar seu desempenho no futuro.

MA4 Explicar por que a avaliação de desempenho e seu *feedback* são atividades tão cruciais e enumerar as escolhas que os administradores têm que fazer ao elaborar procedimentos eficazes para avaliação de desempenho e *feedback*.

avaliação de desempenho
A avaliação do desempenho apresentado pelos funcionários na função e de suas contribuições para a organização.

***feedback* sobre o desempenho**
Processo no qual os administradores compartilham informações de avaliação de desempenho com seus subordinados, dando a eles a oportunidade de refletir sobre seu próprio desempenho; nesse processo, juntamente com seus subordinados, os administradores também elaboram planos para o futuro.

Tipos de avaliação de desempenho

A avaliação de desempenho se concentra na avaliação de traços de personalidade, comportamentos e resultados.[71]

AVALIAÇÕES DE TRAÇOS DE PERSONALIDADE Quando são usadas avaliações de traços, os administradores avaliam as características pessoais dos subordinados que são relevantes ao desempenho da função, como suas qualificações, habilidades ou personalidade. Um operário, por exemplo, poderia ser avaliado tomando-se como base sua capacidade de usar equipamentos computadorizados e efetuar cálculos numéricos. Uma assistente social poderia ser avaliada tomando-se como base sua empatia e suas habilidades comunicativas.

Três desvantagens das avaliações de traços normalmente levam os administradores a usarem outros métodos de avaliação. Primeiramente, possuir uma determinada característica pessoal não garante que ela realmente será usada no trabalho e resultará em alto desempenho. Por exemplo, um operário poderia possuir habilidades superiores em equipamentos computadorizados e cálculos numéricos, mas ter um fraco desempenho devido à sua falta de motivação. A segunda desvantagem das avaliações de traços está associada à primeira. Pelo fato de os traços nem sempre demonstrarem uma associação direta com o desempenho, os trabalhadores e tribunais podem interpretar essas avaliações como injustas e potencialmente discriminatórias. A terceira desvantagem é que normalmente as avaliações não permitem que os administradores deem *feedback* aos funcionários, que do contrário poderia ser usado por esses últimos para melhorar o desempenho. Como as avaliações de traços se concentram em características humanas relativamente duradouras, que mudam apenas no longo prazo, os funcionários pouco podem fazer para mudar seu comportamento em resposta ao *feedback* sobre o desempenho a partir de uma avaliação de traços. Dizer a uma assistente social que lhe falta empatia, por exemplo, dá a ela pouca orientação sobre como melhorar suas interações com os clientes. Essas desvantagens sugerem que os administradores deveriam usar avaliações de traços apenas quando forem capazes de demonstrar que os traços avaliados são indicadores precisos e importantes do desempenho da função.

AVALIAÇÕES DE COMPORTAMENTO Por meio de avaliações de comportamento, os administradores avaliam como os trabalhadores desempenham suas funções – as reais ações e comportamentos que os trabalhadores apresentam no trabalho. Enquanto as avaliações de traços avaliam como os trabalhadores são, as de comportamento avaliam o que os trabalhadores *fazem*. Com uma avaliação de comportamento, um gerente poderia avaliar uma assistente social para saber, por exemplo, se ela realmente olha os assistidos nos olhos enquanto conversa com eles, se expressa solidariedade quando eles se sentem mal e se os encaminha para aconselhamento comunitário e grupos de apoio direcionados aos problemas específicos pelos quais estão passando. As avaliações de comportamento são particularmente úteis quando *a forma como* os trabalhadores desempenham suas funções é importante. Em estabelecimentos de ensino, como colégios, por exemplo, o número de aulas e de alunos é importante, mas também é importante a forma como eles são ensinados e os métodos que os professores usam para que ocorra a aprendizagem.

As avaliações de comportamento possuem a vantagem de dar aos funcionários informações claras sobre suas ações certas e/ou erradas, e de dizer como poderiam melhorar o seu desempenho. E como modificar o comportamento é muito mais fácil para os funcionários do que modificar seus traços, é muito mais provável que o *feedback* sobre o desempenho resultante de avaliações de comportamento leve a melhorias de desempenho.

AVALIAÇÕES DE RESULTADOS Em alguns tipos de trabalho, *a forma como* as pessoas desempenham sua função não é tão importante quanto *o que* elas conseguem, ou seja, os resultados que obtêm. Por meio de avaliações de resultados, os administradores podem avaliar o desempenho pelos resultados em si ou pelos derivados de um determinado tipo de comportamento no trabalho. Tomemos o caso de dois vendedores de carros novos. Um deles se esforça para estabelecer relações mais próximas com seus clientes. Esse vendedor gasta horas conversando com eles e frequentemente liga para os clientes para verificar se esses já tomaram uma decisão. Por outro lado, o outro vendedor adota uma abordagem muito mais prática. Ele é bem informado, responde às perguntas dos clientes e depois espera que estes venham até ele. Ambos os vendedores vendem, em média, o mesmo número de carros, e os clientes de ambos os vendedores estão satisfeitos com o atendimento prestado, de acordo com os formulários de pesquisas de satisfação que a revenda envia aos clientes. O gerente da revenda usa apropriadamente avaliações de resultados (volume de vendas e nível de satisfação do cliente) para avaliar o desempenho dos vendedores, pois não importa o tipo de comportamento que os vendedores adotam, desde que consigam vender o número de carros desejado e que os clientes fiquem satisfeitos. Entretanto, se um vendedor vende menos carros, o gerente poderá dar a ele um *feedback* sobre o desempenho referente ao seu baixo volume de vendas.

avaliação objetiva
Avaliação que se baseia em fatos e que provavelmente será numérica.

AVALIAÇÕES OBJETIVAS E SUBJETIVAS Independentemente do fato de os administradores avaliarem o desempenho em termos de traços, comportamentos ou resultados, as informações avaliadas podem ser tanto *objetivas* quanto *subjetivas*. As **avaliações objetivas** se baseiam em

avaliação subjetiva
Uma avaliação que se baseia na percepção dos administradores sobre os traços, comportamentos ou resultados.

fatos e muito provavelmente serão numéricas – o número de carros vendido, o número de refeições preparadas, o número de atrasos, o número de auditorias completadas. Muitas vezes, os administradores usam avaliações objetivas quando avaliam resultados, pois estes tendem a ser mais fáceis de quantificar do que traços ou comportamentos. Entretanto, quando *a forma como* os trabalhadores desempenham suas funções é importante, as avaliações subjetivas de comportamento são mais apropriadas do que as avaliações de resultados.

As **avaliações subjetivas** se baseiam na percepção dos administradores sobre os traços, comportamentos ou resultados. Como as avaliações subjetivas se baseiam na percepção dos administradores, sempre existe a chance de se mostrarem imprecisas. É por isso que tanto os pesquisadores quanto os administradores têm investido tempo e esforço consideráveis para determinar a melhor forma de criar medidas de desempenho subjetivas confiáveis e válidas.

Quem avalia o desempenho?

Temos pressuposto que os administradores ou os supervisores dos funcionários são aqueles que avaliam o desempenho. Trata-se de uma hipótese bastante razoável, já que os supervisores costumam ser os avaliadores do desempenho; de fato, todo ano verifica-se que 70 milhões de cidadãos norte-americanos têm o desempenho da sua função avaliado por administradores ou pelos seus supervisores.[72] A avaliação de desempenho é uma parte importante das tarefas da maioria dos administradores. Eles são responsáveis por motivarem seus subordinados a apresentarem um alto desempenho e também estão encarregados de tomar muitas decisões dependentes das avaliações de desempenho, como aumentos salariais ou promoções. As avaliações feitas pelos administradores podem ser, de forma útil, incrementadas pelas avaliações de outras fontes (ver Figura 12.5).

AUTOAVALIAÇÕES E AVALIAÇÕES FEITAS POR COLEGAS, SUBORDINADOS E CLIENTES
Quando são usadas autoavaliações, os administradores complementam suas avaliações com a avaliação de um funcionário sobre seu próprio desempenho. Já nas avaliações de colegas de trabalho, como o próprio nome indica, os próprios companheiros de trabalho de um funcionário são responsáveis pela sua avaliação. O *feedback* de avaliações de colegas, especialmente quando os subordinados trabalham em grupos ou equipes, pode motivar os membros da equipe e, ao mesmo tempo, fornecer aos administradores importantes informações para que tomem suas decisões. Um número cada vez maior de empresas está se valendo da avaliação feita por subordinados sobre o desempenho e liderança de seus superiores. Além disso, certas vezes, os clientes avaliam

Figura 12.5
Quem avalia o desempenho?

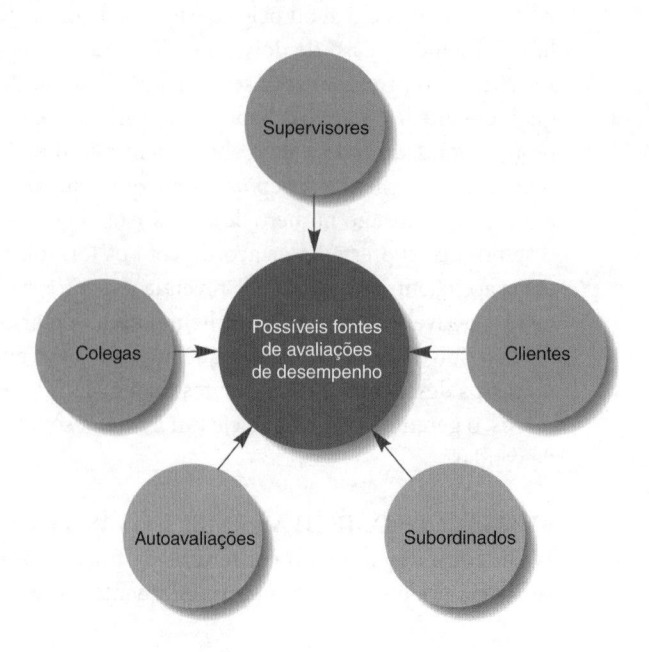

o desempenho do funcionário por meio do tempo de resposta às suas solicitações e à qualidade do atendimento prestado. Embora as avaliações de cada uma dessas fontes possam ser úteis, os administradores precisam estar atentos a possíveis problemas que podem surgir quando as utilizam. Algumas vezes, os subordinados podem ser tendenciosos ao exagerarem suas qualidades nas autoavaliações, especialmente se as organizações estiverem passando por um processo de *downsizing*, quando os funcionários agirão preocupados com a própria segurança no emprego. Já os administradores que são avaliados por seus subordinados poderão deixar de tomar medidas necessárias, mas consideradas impopulares entre os funcionários, com receio de que esses os avaliem negativamente. Entretanto, parte desses possíveis problemas pode ser minimizada, desde que o nível de confiança dentro da organização seja grande.

AVALIAÇÕES DE DESEMPENHO 360° Para aumentar a motivação e o desempenho, algumas organizações incluem avaliações 360° e *feedback* em seus sistemas de avaliação de desempenho, particularmente quando se avalia os administradores. Em uma **avaliação 360°**, uma série de pessoas, começando com o administrador e incluindo colegas, subordinados, superiores e, certas vezes, até mesmo clientes, avalia o desempenho de um determinado administrador. O administrador recebe *feedback* com base em avaliações dessas várias fontes.

> **avaliação 360°**
> Avaliação de desempenho feita por colegas, subordinados, superiores e, certas vezes, por clientes que se encontram em posição de avaliar o desempenho de um gestor.

Entre as várias empresas que usam avaliações 360° e *feedback,* temos: AT&T Corp., Allied Signal Inc., Eastman Chemical Co. e Baxter International Inc.[73] Para que as avaliações 360° e o *feedback* sejam eficazes, deve existir confiança em todos os níveis da organização. De forma mais ampla, a confiança é um ingrediente crucial em qualquer procedimento de avaliação de desempenho e *feedback*. Além disso, pesquisas sugerem que as avaliações 360° não devem se concentrar em traços ou resultados, mas, sim, em comportamentos, e que os administradores precisam escolher cautelosamente aqueles avaliadores mais apropriados. Além disso, as avaliações tendem a ser mais honestas quando feitas anonimamente e quando os avaliadores são treinados a utilizar os formulários de avaliação 360°.[74] Também, os administradores precisam pensar cuidadosamente sobre até que ponto as avaliações 360° são apropriadas para certas funções, e devem estar dispostos a modificar qualquer sistema de avaliação que venham a implementar caso verifiquem problemas indesejados.[75]

Algumas vezes, mesmo quando são utilizadas as avaliações 360°, é difícil elaborar um processo eficaz para que se comunique o *feedback* dos subordinados aos seus gerentes. Os avanços na tecnologia da informação oferecem às organizações uma possível solução para esse problema. O *site* ImproveNow.com, por exemplo, tem questionários *online* que os subordinados preenchem para avaliar o desempenho de seus gerentes e darem um *feedback* a eles. Depois que cada subordinado de um certo gerente preenche o questionário independentemente, todas as respostas são tabuladas e o gerente recebe um *feedback* específico sobre comportamentos em várias áreas; é avaliado se os gerentes realmente recompensam o bom desempenho, se procuram defender os interesses de seus subordinados e se os apoiam, se possuem uma visão voltada para o futuro, etc.[76]

Feedback eficaz sobre o desempenho

Para o componente de avaliação e *feedback* de um sistema de gestão de recursos humanos incentivar e motivar um alto desempenho, os gestores devem dar *feedback* a seus subordinados, e a fim de gerar informações úteis para que isso ocorra, os gestores podem usar tanto avaliações formais quanto informais. As **avaliações formais** são conduzidas em períodos estabelecidos durante o ano e se baseiam em dimensões e medidas de desempenho especificadas com antecedência.

> **avaliação formal**
> Avaliação conduzida em períodos estabelecidos durante o ano e com base em dimensões e medidas de desempenho especificadas com antecedência.

Na maioria das grandes organizações, os administradores usam avaliações de desempenho formais em uma programação fixa ditada pela política da companhia – que pode ser a cada seis meses ou uma vez por ano, por exemplo. Uma parte integrante de uma avaliação formal é uma reunião entre gerente e subordinados, na qual esses últimos recebem *feedback* sobre seu desempenho. Por meio do *feedback* sobre o desempenho, os subordinados podem saber em que áreas estão apresentando excelente desempenho e em que áreas precisam melhorar; o *feedback* também oferece aos subordinados formas de melhorar o desempenho.

As avaliações de desempenho formais dão tanto aos gerentes quanto a seus subordinados informações valiosas, mas por outro lado os subordinados normalmente querem *feedback* com mais frequência, e os gerentes muitas vezes querem motivar seus subordinados à medida que isso for necessário. Por essas razões, muitas empresas complementam a avaliação de desempenho formal com **avaliações informais** frequentes, as quais os gerentes e seus subordinados cumprem assim que haja a necessidade de discutir o progresso em andamento e as áreas para melhoria. Além disso, quando há mudança nas tarefas, atribuições ou objetivos, as avaliações informais podem dar aos trabalhadores um *feedback* oportuno sobre seu desempenho ao lidar com essas novas responsabilidades.

avaliação informal
Avaliação não programada sobre o progresso em andamento e as áreas que podem ser melhoradas.

Normalmente, os administradores não gostam de dar *feedback* sobre o desempenho, particularmente quando esse é negativo, mas fazer isso é uma importante atividade gerencial.[77] Eis algumas diretrizes para dar um *feedback* eficaz sobre o desempenho, o que contribui para aumentar a motivação e o desempenho dos funcionários:

- *Ser específico e se concentrar nos comportamentos ou resultados passíveis de correção e que, de acordo com a capacidade de cada trabalhador, podem ser melhorados.* Exemplo: dizer a um vendedor que ele é muito tímido na interação com clientes muito provavelmente não fará nada mais que diminuir a sua autoestima e deixá-lo na defensiva. Uma abordagem mais eficaz seria dar *feedback* ao vendedor sobre comportamentos específicos que ele poderia adotar – cumprimentar os clientes tão logo estes adentrem o departamento, perguntar a eles se precisam de ajuda e se oferecer para ajudá-los a encontrar um determinado item.
- *Abordar a avaliação de desempenho como um exercício de resolução de problemas e de procura por soluções em vez de somente criticar.* Exemplo: em vez de criticar um analista financeiro por entregar relatórios atrasados, o gerente ajuda o analista a determinar por que seus relatórios estão atrasados e identificar maneiras de melhor administrar seu tempo.
- *Expressar confiança na capacidade de um subordinado.* Exemplo: em vez de ser um gerente de primeira linha cético, o gerente deve dizer ao subordinado que confia na sua capacidade de aumentar os níveis de qualidade.
- *Dar feedback sobre o desempenho, tanto formal quanto informal.* Exemplo: o pessoal de uma pré-escola recebe *feedback* de avaliações de desempenho formais duas vezes por ano. O diretor da escola frequentemente também dá um *feedback* informal quando cumprimenta membros da equipe por suas ideias criativas para projetos especiais, quando observa que esses fazem um trabalho particularmente bom ao lidar com uma criança difícil e quando indica que sua supervisão é inadequada.
- *Elogiar casos de alto desempenho e áreas de uma função na qual um trabalhador se destaca.* Exemplo: em vez de se concentrar apenas no negativo, um gerente deve discutir as áreas nas quais o subordinado se destaca, assim como aquelas que precisam ser melhoradas.
- *Evitar críticas pessoais e tratar os subordinados com respeito.* Exemplo: um gerente de engenharia reconhece a alta especialização de seus subordinados e os trata como profissionais; porém, mesmo quando apontar problemas de desempenho a seus subordinados, deve se conter em críticas de cunho pessoal.
- *Chegar a um acordo quanto a uma agenda para melhorias de desempenho.* Exemplo: um gerente de primeira linha e seu subordinado decidem se encontrar novamente um mês depois de uma reunião para determinar se os níveis de qualidade aumentaram.

Nessas diretrizes, os administradores precisam lembrar-se do *motivo* pelo qual se dá *feedback* sobre o desempenho: estimular elevados níveis de motivação e desempenho. Além disso, as informações que os administradores reúnem por meio da avaliação de desempenho e *feedback* ajudam a determinar como distribuir aumentos salariais e bônus.

Salário e benefícios

A *remuneração* inclui os salários-base dos funcionários, aumentos salariais e bônus, e é determinada por uma série de fatores, tais como as características de uma organização, a função exercida e os níveis de desempenho.

MA5 Explicar os problemas enfrentados pelos administradores na determinação dos níveis salariais e benefícios

Os *benefícios* recebidos pelos funcionários têm base principalmente na sua afiliação à organização, e não necessariamente no tipo particular de função exercida. Esses benefícios incluem afastamento por doença, período de férias e seguros médico e de vida. No Capítulo 9, discutimos como o salário pode motivar o alto desempenho entre os membros de uma organização, assim como vimos os diferentes tipos de planos de salários que os administradores podem usar para ajudar uma organização a atingir os seus objetivos e ganhar vantagem competitiva. É importante que o salário seja associado a comportamentos ou resultados que contribuam para a eficácia da organização. A seguir, nos concentraremos no estabelecimento do nível salarial e estrutura de salários de uma organização.

Nível salarial

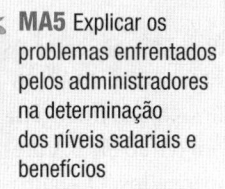

nível salarial
A posição relativa dos incentivos salariais de uma organização em comparação com aqueles de outras organizações do mesmo setor que empregam tipos de trabalhadores semelhantes.

O **nível salarial** é um conceito comparativo amplo, e se refere à comparação, em termos gerais, dos incentivos salariais de uma organização com aqueles incentivos de outras organizações do mesmo setor que empregam tipos de trabalhadores semelhantes. Os administradores têm que decidir se preferem oferecer salários relativamente altos, medianos ou relativamente baixos. Os salários elevados ajudam a garantir que uma organização será capaz de recrutar, selecionar e reter bons profissionais, mas também elevam os custos. Já a adoção de salários baixos oferece à organização uma vantagem de custo, mas pode minar sua capacidade de selecionar e recrutar bons profissionais e de motivar um alto desempenho entre os funcionários. Ambas as situações podem levar a um atendimento inadequado ou de qualidade inferior.

Na determinação dos níveis salariais, os administradores devem levar em conta a estratégia de suas organizações. Um nível salarial elevado poderia tornar proibitiva a implementação de uma estratégia de baixo custo eficaz. Porém, um nível salarial elevado poderia compensar os custos de uma organização cuja vantagem competitiva reside na qualidade superior e no excelente atendimento ao cliente. Como é de se esperar, as redes hoteleiras que adotam uma estratégia de baixo custo, como o Days Inn e Hampton Inns, têm níveis salariais inferiores ao daquelas redes que primam por oferecer quartos e serviços de alta qualidade, como o Four Seasons e o Hyatt Regency.

Estrutura de salários

estrutura de salários
A disposição de cargos em categorias que refletem sua importância relativa para uma organização e seus objetivos, para os níveis de qualificação exigidos e para outras características que os administradores consideram importantes.

Após decidir sobre o nível salarial, os administradores têm que estabelecer uma estrutura de salários para os diferentes cargos dentro de uma organização. Uma **estrutura de salários** agrupa cargos em categorias que refletem sua importância relativa para uma organização e seus objetivos, para os níveis de qualificação exigidos e para outras características que os administradores consideram importantes. São estabelecidas faixas salariais para cada categoria de funções, e então o salário do indivíduo dentro de uma das categorias de funções é determinado por fatores como desempenho, tempo de casa e níveis de qualificação.

Existem algumas interessantes diferenças gerais nas estruturas de salários. Grandes corporações com sede nos Estados Unidos tendem a pagar a seus CEOs e altos executivos salários mais altos do que aqueles praticados na Europa ou no Japão. Da mesma forma, a diferença salarial entre os funcionários do baixo escalão e aqueles do alto escalão é muito maior nas empresas norte-americanas do que nas europeias ou japonesas.[78]

Há uma certa preocupação sobre se é equitativo ou justo CEOs de grandes empresas dos Estados Unidos amealharem milhões de dólares em alguns anos enquanto suas empresas passam por reestruturação e demitem grande parte de seu pessoal.[79] Além disso, normalmente um CEO nos Estados Unidos ganha em média mais de 430 vezes o valor médio recebido por um trabalhador horista.[80] Seria ética uma estrutura de salários com tamanha diferença salarial? Os acionistas e o público em geral estão cada vez mais questionando isso e solicitando que as grandes corporações repensem suas estruturas de salários.[81] Também são problemáticos os milhões de dólares gastos com pacotes indenizatórios que alguns CEOs recebem ao deixarem suas organizações. Em uma era na qual muitos trabalhadores estão se matando para encontrar e manter seus empregos, fazendo malabarismos com seus orçamentos familiares para chegar ao fim do mês, um número cada vez maior de pessoas está perguntando se é mesmo ético alguns altos executivos ganharem tanto dinheiro assim.[82]

Benefícios

As organizações são obrigadas por lei a oferecer certos benefícios a seus funcionários, entre os quais indenizações por acidente no trabalho, recolhimentos para a previdência social e seguro-desemprego. As indenizações por acidente no trabalho garantem aos funcionários ajuda financeira caso se tornem incapazes de trabalhar devido à doença ou lesão relacionada com o trabalho. A previdência social garante ajuda financeira a aposentados e ex-funcionários incapacitados. O seguro-desemprego garante ajuda financeira aos trabalhadores que perdem seus empregos sem justa causa. O sistema jurídico dos Estados Unidos considera esses três benefícios como requerimentos éticos para as organizações e, portanto, torna obrigatório que as empresas ofereçam esses benefícios.

Outros benefícios, como seguro-saúde, assistência odontológica, período de férias, planos de pensão, seguro de vida, horário de trabalho flexível, creche dentro da empresa e programas para o bem-estar, são oferecidos a critério dos empregadores. Lembre-se da atratividade do benefício oferecido pelo Four Seasons, descrito no quadro "Estudo de caso", que oferece a possibilidade de pernoitar gratuitamente em qualquer um dos hotéis e *resorts* da empresa. Os benefícios que possibilitam aos trabalhadores conquistar um equilíbrio entre os requerimentos de seus trabalhos e os requerimentos de suas vidas privadas são de importância cada vez maior para muitos trabalhadores com demandas conflitantes frente a escassos tempo e energia.

Em algumas organizações, os altos executivos determinam quais benefícios poderiam melhor se adequar aos funcionários e à organização e oferecem o mesmo pacote de benefícios para todos os funcionários. Outras organizações, cientes de que as necessidades e desejos de seu pessoal podem variar, oferecem **planos de benefícios flexíveis** que permitem que os próprios funcionários escolham os benefícios que desejam. Algumas vezes, os planos de benefícios flexíveis ajudam os administradores a lidar com funcionários que se sentem tratados de forma injusta por não poderem tirar proveito de certos benefícios, disponíveis somente para funcionários que, por exemplo, têm filhos. Algumas organizações obtêm sucesso com os planos de benefícios flexíveis, ao passo que outras acham que eles são difíceis de administrar.

planos de benefícios flexíveis Um plano que permite que os próprios funcionários escolham os benefícios de sua preferência.

Como os custos com assistência médica aumentam cada vez mais e aqueles funcionários que trabalham além dos próprios limites estão achando difícil encontrar tempo para se exercitar e cuidar da saúde, mais e mais empresas estão oferecendo benefícios e incentivos para promover a saúde dos funcionários. A AstraZeneca International oferece a seus funcionários orientação de uma nutricionista no próprio local de trabalho, e paga US$ 125 aos funcionários para que de forma voluntária façam uma avaliação física que cobre fatores relacionados com a saúde, como peso e nutrição.[83] A Dole Food Company recompensa funcionários com pontos que podem ser acumulados e convertidos em vales-presente pela participação em atividades físicas oferecidas no local de trabalho, como aulas de ioga.[84]

Para pais que trabalham e pais e mães solteiros, os benefícios voltados para a família são particularmente atrativos, conforme descrito a seguir no quadro "Foco na diversidade".

Algumas organizações procuram promover atividades que visem a boa saúde do funcionário oferecendo academias no próprio local de trabalho.

FOCO NA DIVERSIDADE

Benefícios voltados para a família na Guerra DeBerry Coody

Pequenas empresas

A Guerra DeBerry Coody é uma pequena empresa de relações públicas e propaganda com sede em San Antonio (Texas).[85] Fundada em 1995, a empresa conta com 61 funcionários e tem receitas superiores a US$ 50 milhões por ano. Recentemente, a Guerra DeBerry Coody foi condecorada com o título de "Top Small Workplace" pelo *The Wall Street Journal* e pela

A Guerra DeBerry Coody oferece benefícios voltados para a família, como creche no próprio local de trabalho.

Winning Workplaces, uma organização sem fins lucrativos. Os próprios funcionários da Guerra DeBerry Coody indicaram seu empregador como candidato a essa premiação e, analisando os benefícios voltados para a família que a empresa oferece, fica fácil de entender o porquê.[86]

A Guerra DeBerry Coody oferece a seu pessoal uma creche dentro da empresa onde os filhos dos funcionários podem ficar até que já possam entrar no jardim de infância; a empresa cobre 85% dos custos e os funcionários pagam US$ 20 ao dia por criança.[87] Os funcionários podem passar mais tempo com seus filhos durante a jornada de trabalho – normalmente eles almoçam com seus filhos, brincam com eles e os colocam para dormir. Essa creche tem uma proporção de uma babá para cada duas crianças matriculadas, e cerca de 11 crianças estão matriculadas no momento.

Funcionários com filhos mais velhos podem levá-los para o trabalho depois da escola se quiserem. A supervisora de contabilidade Patti Tanner algumas vezes leva seus dois filhos para o escritório depois do período escolar. Ela cita: "Não sinto o menor constrangimento em deixá-los aqui, pois sei que isso é completamente aceito".[88]

A Guerra DeBerry Coody oferece outros benefícios que ajudam seus funcionários a lidarem com as diversos requerimentos e obrigações de suas vidas. Os funcionários que estão passando por sérias dificuldades financeiras, por exemplo, podem solicitar empréstimos isentos de juros fornecidos pela empresa. Os funcionários também têm a opção de trabalhar em casa e, de lá, se comunicar com a empresa, além de contar com horários de trabalho flexíveis. A Guerra DeBerry Coody oferece seguro-saúde gratuito para todos os seus funcionários, e aqueles com dependentes que precisam de cobertura podem adquiri-la por cerca de 125 a 200 dólares mensais. Além disso, a empresa também contribui para um plano de pensão.[89] Como diz Frank Guerra, um dos sócios-fundadores da Guerra DeBerry Coody e atual CEO, após a empresa ser condecorada com o título de "Top Small Workplace": "Com ou sem esse reconhecimento, estamos muito orgulhosos da nossa capacidade de oferecer aos funcionários um ambiente de trabalho que leva em conta a família e onde todo mundo tem grande interesse uns pelos outros e na empresa, cuidando uns dos outros como uma verdadeira família".[90]

Na organização, também são utilizados benefícios para companheiros do mesmo sexo, para atrair e reter funcionários valorizados. Os trabalhadores homossexuais estão cada vez mais relutantes em trabalhar para empresas que não ofereçam os mesmos tipos de benefícios para seus parceiros que aqueles fornecidos para parceiros do sexo oposto.[91]

Relações trabalhistas

São as atividades às quais os administradores se dedicam para garantir boas relações de trabalho com os sindicatos que representam os interesses dos funcionários. Embora o governo norte-americano tenha combatido o risco de tratamento antiético e injusto aos trabalhadores quando criou e aplicou leis regulamentando o emprego (inclusive as leis EEO enumeradas na Tabela 12.1), alguns trabalhadores acreditam que um sindicato garantirá que seus interesses serão justamente representados nas organizações.

MA6 Compreender o papel que as relações trabalhistas desempenham na gestão eficaz dos recursos humanos.

relações trabalhistas
As atividades às quais os administradores se dedicam para garantir boas relações de trabalho com os sindicatos que representam os interesses de seus funcionários.

Antes de descrevermos os sindicatos com mais detalhes, vamos dar uma olhada em alguns exemplos de legislação trabalhista importante. Em 1938, o governo norte-americano aprovou o Estatuto de Normas da Justiça de Trabalho, que proibia o trabalho infantil e contemplava em seu corpo dispositivos assegurando o salário-mínimo, o pagamento de horas extras e a jornada de trabalho máxima, visando proteger os direitos dos trabalhadores. Em 1963, a Lei de Equivalência Salarial dispôs que homens e mulheres que realizassem o mesmo tipo de trabalho (em uma função que exigisse os mesmos níveis de qualificação, responsabilidade e esforço realizado nas mesmas condições de trabalho) deveriam receber o mesmo salário (ver Tabela 12.1). Em 1970, a Lei sobre a Segurança e Saúde no Trabalho estabeleceu procedimentos que deveriam ser seguidos pelos administradores de modo a garantir condições seguras no ambiente de trabalho. Essas são apenas algumas das iniciativas do governo norte-americano para proteger os direitos dos trabalhadores. As assembleias legislativas estaduais também mostram-se ativas na promoção de ambientes de trabalho seguros nos quais impere a ética e a justiça.

Sindicatos

Os sindicatos existem para representar os interesses dos trabalhadores nas organizações. Os administradores têm maior poder do que os trabalhadores do baixo escalão, e as organizações possuem várias partes interessadas; logo, sempre há o risco de que os administradores tomem medidas que beneficiem somente um grupo de interessados, como os acionistas, em detrimento de um outro grupo – como os funcionários. Os administradores poderiam decidir, por exemplo, acelerar uma linha de produção para reduzir custos e aumentar a produção na esperança de aumentar os lucros para os acionistas. Entretanto, acelerar a linha de produção poderia prejudicar os funcionários, forçados a trabalhar em um ritmo mais rápido que poderia aumentar o risco de acidentes. Além disso, os funcionários não receberiam nenhum pagamento adicional pelo trabalho extra. Em um cenário como esse, provavelmente os sindicatos representarão os interesses dos trabalhadores.

O Congresso reconheceu o papel que os sindicatos poderiam desempenhar, garantindo ambientes de trabalho seguros e justos ao aprovar a Lei Federal das Relações Trabalhistas de 1935. Essa lei legalizou o direito de os trabalhadores se organizarem em sindicatos para protegerem seus direitos e interesses, e declarou ilegais certas práticas injustas ou antiéticas realizadas pelas empresas. A lei também instituiu o Comitê Nacional de Relações Trabalhistas (NLRB – *National Labor Relations Board*) para supervisionar as atividades dos sindicatos. Atualmente, o NLRB realiza eleições de certificação, que são realizadas entre os funcionários de uma organização para determinar se eles querem ou não que um sindicato represente seus interesses. O NLRB também dá seu parecer quanto a práticas trabalhistas injustas e especifica práticas que os administradores devem evitar.

Os funcionários podem votar para a formação de um sindicato que os represente por uma série de razões.[92] Eles podem julgar necessário o recebimento de melhores salários e melhores condições de trabalho; achar que seus superiores não os estejam tratando com respeito; considerar injusta a carga horária de trabalho; ou podem precisar de estabilidade no emprego ou de um ambiente de trabalho mais seguro. Talvez, ainda, podem estar insatisfeitos com a direção e achar difícil comunicar seus anseios para seus chefes. Independentemente da razão específica, uma razão prevalente é o poder: um grupo unido inevitavelmente exerce maior poder do que um indivíduo isolado, e esse tipo de poder pode ser muito útil para os funcionários de algumas organizações.

Embora esses possam parecer fortes motivos para a sindicalização, alguns trabalhadores relutam em se associar a sindicatos. Algumas vezes, essa relutância se deve à suspeita de que os líderes sindicais são corruptos. Alguns trabalhadores podem simplesmente achar que o ato de fazer parte de um sindicato não lhes traria benefícios suficientes ou poderiam, na verdade, causar mais danos do que benefícios, além de não gostarem da ideia de gastar dinheiro para sua afiliação. Talvez os funcionários também não pretendam ser forçados a fazer algo que não queiram, como participar de greves pelo simples fato de o sindicato achar que essas sejam de legítimo interesse

A greve da Writer's Guild of America de 2007/2008 durou cem dias.

dos trabalhadores. Além disso, embora os sindicatos possam ser uma força positiva nas organizações, certas vezes eles podem ser uma força negativa, prejudicando a eficácia organizacional; quando líderes sindicais resistem a mudanças necessárias em uma organização ou então são corruptos, o desempenho organizacional pode ser prejudicado.

A porcentagem de trabalhadores norte-americanos representados por sindicatos hoje é menor do que foi nos anos 1950, uma época na qual os sindicatos eram particularmente fortes.[93] A American Federation of Labor and Congress of Industrial Organizations (AFL-CIO) abrange 56 sindicatos norte-americanos e internacionais que representam 11 milhões de trabalhadores.[94]

Percebe-se que a influência dos sindicatos nos setores manufatureiro e de indústria pesada tem declinado; entretanto, nos últimos tempos, os sindicatos têm feito incursões em outros segmentos da força de trabalho, particularmente naqueles com baixos salários. Os lixeiros em New Jersey, trabalhadores de avícolas na Carolina do Norte e porteiros em Baltimore estão entre a crescente massa de trabalhadores mal pagos que, no momento, estão achando interessante a sindicalização. Uma das razões pelas quais os empregados de estabelecimentos avícolas na Carolina do Norte votaram em um sindicato foi porque achavam injusto ter que comprar suas próprias luvas e redinhas de cabelo usadas no trabalho e ter que pedir permissão a seus supervisores para ir ao banheiro.[95]

Negociação coletiva

negociação coletiva
Negociações entre sindicatos e empregadores para dirimir conflitos e disputas sobre questões, como jornada de trabalho, salários, benefícios, condições de trabalho e estabilidade empregatícia.

Negociação coletiva são negociações entre sindicatos e empregadores para resolver conflitos e disputas sobre importantes questões, como jornada de trabalho, salários, benefícios, condições de trabalho e estabilidade empregatícia. Antes de se reunir com os empregadores para negociar, algumas vezes os trabalhadores sindicalizados entram em greve para fazer com que os empregadores entendam bem suas reivindicações. Assim que se chegue a um acordo apoiado pelos trabalhadores sindicalizados (algumas vezes com a intermediação de uma terceira parte neutra denominada *mediador*), os líderes sindicais e os empregadores assinam um contrato explicitando os termos do acordo coletivo.

Resumo e revisão

GESTÃO ESTRATÉGICA DE RECURSOS HUMANOS A gestão de recursos humanos inclui todas as atividades às quais os administradores se dedicam para que suas organizações sejam capazes de atrair, reter e utilizar de forma eficaz seus recursos humanos. GRH estratégica é o processo por meio do qual os administradores desenham os componentes de um sistema de GRH para que sejam consistentes entre si, consistentes com os outros elementos da arquitetura organizacional e também consistentes com a estratégia e os objetivos da organização. **[MA1]**

RECRUTAMENTO E SELEÇÃO Antes de recrutar e selecionar funcionários, os administradores devem se dedicar ao planejamento de recursos humanos e à análise de cargos. O planejamento de recursos humanos abrange todas as atividades às quais os administradores se dedicam para prever suas necessidades atuais e futuras de recursos humanos. A análise de cargos é o processo de identificação (1) das tarefas, funções e responsabilidades que constituem um cargo e (2) dos conhecimentos, das qualificações e das habilidades necessárias ao desempenho da função. O recrutamento abrange todas as atividades às quais os administradores se dedicam para criar um banco de candidatos qualificados para vagas em aberto. A seleção é o processo por meio do qual os administradores determinam as qualificações relativas de candidatos e seu potencial para desempenhar bem uma determinada função. **[MA2]**

TREINAMENTO E DESENVOLVIMENTO O treinamento se concentra em ensinar aos membros de uma organização como desempenhar bem suas funções atuais. O desenvolvimento se concentra em ampliar os conhecimentos e as qualificações dos membros de uma organização de modo que estejam preparados para assumir novas responsabilidades e enfrentar desafios. [MA3]

AVALIAÇÃO DE DESEMPENHO E *FEEDBACK* É a avaliação do desempenho da função por parte dos funcionários e de suas contribuições para a organização. O *feedback* sobre o desempenho é o processo no qual os administradores compartilham informações de avaliação de desempenho com seus subordinados, dando a eles a oportunidade de refletir sobre seu próprio desempenho; nesse processo, junto com seus subordinados, os administradores também elaboram planos para o futuro. A avaliação de desempenho fornece aos administradores informações importantes nas quais podem se basear para tomar decisões referentes aos recursos humanos. O *feedback* sobre o desempenho pode estimular elevados níveis de motivação e desempenho por parte dos funcionários. [MA4]

SALÁRIO E BENEFÍCIOS O nível salarial é a posição relativa dos incentivos salariais de uma organização em comparação com aqueles de outras organizações do mesmo setor que empregam tipos de trabalhadores semelhantes. Uma estrutura de salários agrupa cargos em categorias de acordo com sua importância relativa para uma organização e seus objetivos, para os níveis de qualificação exigidos e para outras características que os administradores consideram importantes, e depois são estabelecidas faixas salariais para cada categoria de funções. As organizações são obrigadas por lei a oferecer certos benefícios a seus funcionários; benefícios adicionais são fornecidos a critério dos empregadores. [MA5]

RELAÇÕES TRABALHISTAS As relações trabalhistas abrangem todas as atividades às quais os administradores se dedicam para que tenham boas relações de trabalho com os sindicatos que representam os interesses dos funcionários. O Comitê Nacional de Relações Trabalhistas supervisiona as atividades dos sindicatos. A negociação coletiva é o processo por meio do qual sindicatos e empregadores resolvem conflitos e negociam acordos. [MA6]

Administradores em ação

Tópicos para discussão e trabalho

DISCUSSÃO

1. Discuta por que é importante que os sistemas de gestão de recursos humanos estejam em sincronia com a estratégia e os objetivos de uma organização e também entre si. [MA1]

2. Discutir por que o treinamento e o desenvolvimento são atividades contínuas para todas as organizações. [MA3]

3. Descrever o tipo de atividades de desenvolvimento que você imagina que os gerentes intermediários mais precisam. [MA3]

4. Avaliar os prós e os contras de avaliações 360° e do *feedback*. Você gostaria que seu desempenho fosse avaliado dessa maneira? Por quê? [MA4]

5. Discutir por que dois restaurantes na mesma região poderiam ter níveis salariais diferentes. [MA5]

AÇÃO

6. Entreviste um gerente de uma organização de sua região para determinar como ele/ela recruta e seleciona funcionários. [MA6]

Desenvolvimento de habilidades gerenciais [MA1, 2, 3, 4, 5]
Analisando sistemas de recursos humanos

Pense no seu emprego atual ou em um que você já teve. Caso nunca tenha tido um emprego, entreviste então um amigo ou parente que esteja trabalhando atualmente. Depois disso, responda às perguntas a seguir sobre o emprego escolhido:

1. Como as pessoas são recrutadas e selecionadas para esse emprego? Os procedimentos de recrutamento e seleção usados por essa organização são eficazes ou não? Por quê?

2. Que tipo de treinamento e desenvolvimento recebem as pessoas que têm essa função? Ele é apropriado? Por quê?

3. Como é avaliado o desempenho nessa função? O *feedback* sobre o desempenho contribui para a motivação e o alto desempenho nessa função?

4. Que níveis salariais e benefícios são oferecidos? Eles são apropriados? Por quê?

Administrando eticamente [MA4, 5]

Alguns administradores não querem se tornar muito próximos de seus subordinados, pois receiam que sua objetividade ao realizar avaliações de desempenho e tomar decisões sobre aumentos salariais e promoções será prejudicada. Alguns subordinados se ressentem quando veem um ou mais de seus colegas tendo uma atitude muito amistosa com o chefe; eles se preocupam com a possibilidade da ocorrência de favoritismo com esses colegas. A linha de raciocínio deles é mais ou menos a seguinte: se dois subordinados são igualmente qualificados para uma promoção e um deles é bem amigo do chefe e o outro é um simples conhecido, quem terá maiores chances de conseguir a promoção?

Perguntas

1. Individualmente ou em grupo, pense nas implicações éticas da situação na qual os administradores se tornam amigos de seus subordinados.

2. Você acredita que os administradores devem se sentir à vontade para se socializarem e se tornarem bons amigos de seus subordinados fora do ambiente de trabalho caso assim o desejem? Por quê?

Exercício em grupo [MA1, 2, 3, 4, 5]
Criando um sistema de gestão de recursos humanos

Forme pequenos grupos de três a quatro pessoas e indique um de seus membros para ser o seu porta-voz. Este último comunicará as descobertas do grupo a toda a classe quando chamado pelo professor. Logo após, discuta a seguinte situação:

Você e seus três sócios são engenheiros que fazem Administração como segundo curso e decidiram abrir uma consultoria. Seu objetivo é oferecer serviços de engenharia de processos de fabricação e outros serviços de engenharia para grandes e pequenas empresas. Você prevê que haverá um uso crescente da terceirização para esses tipos de atividade. Você conversou com executivos de diversas empresas de porte para as quais pretende oferecer os serviços e eles demonstraram grande interesse. Você já tem reservado fundos para abrir a empresa e agora está criando o sistema de GRH.

Seu planejamento de recursos humanos sugere que você precisa contratar de cinco a oito engenheiros experientes com excelentes habilidades comunicativas, dois auxiliares administrativos e dois profissionais com MBA que, entre outras coisas, possuam bons conhecimentos de finanças, contabilidade e recursos humanos. Você está se esforçando para desenvolver seus recursos humanos de uma forma que permitirá que seu novo negócio prospere.

1. Descreva as medidas que tomará para recrutar e selecionar: (a) os engenheiros, (b) o pessoal administrativo e (c) os profissionais com MBA.

2. Descreva o treinamento e o desenvolvimento que serão dados para os engenheiros, para o pessoal administrativo e para os profissionais com MBA.

3. Descreva como você avaliará o desempenho de cada grupo de funcionários e como dará *feedback* a eles.

4. Descreva o nível salarial e a estrutura de salários de sua consultoria.

Seja você o administrador [MA4]

Você é Walter Michaels, diretor de recursos humanos da Maxi Vision Inc., fabricante de médio porte de janelas e portas de vidro, e acaba de receber *feedback* um tanto negativo. Recentemente, você iniciou um sistema de avaliação de desempenho 360º para todos os gerentes intermediários e diretores da Maxi Vision, o que incluía você mesmo, mas excluiu os executivos de grau mais elevado e a equipe do alto escalão.

Você estava ansioso por saber qual seria o *feedback* dos gerentes subordinados, já que recentemente havia implementado várias iniciativas importantes que afetavam a esses gerentes e a seus respectivos subordinados. Dentre essas medidas, figurava uma completa reestruturação do sistema de avaliação de desempenho da empresa. Enquanto os gerentes subordinados a você foram avaliados com base em avaliações 360º, seus próprios subordinados foram avaliados com base em avaliações de comportamento que você criou recentemente. Realizadas anualmente, as avaliações são uma importante fonte de informação em decisões concernentes a aumentos salariais e bônus.

Você estava tão convencido que os novos procedimentos de avaliação de desempenho eram extremamente eficazes que alimentava esperanças de que seus subordinados mencionariam esse fato no *feedback* que lhe seria dado. E, meu Deus! Não é que eles fizeram isso mesmo! Porém, você ficou surpreso em saber que os gerentes e seus respectivos subordinados achavam que as novas avaliações de comportamento eram injustas, inapropriadas e uma perda de tempo. Na realidade, o *feedback* dos gerentes indicava que o próprio desempenho deles era medíocre com base nas avaliações 360º que receberam, pois seus respectivos subordinados detestaram o novo sistema de avaliação e, em parte, culparam seus chefes, que faziam parte da gerência. Alguns gerentes chegaram a admitir que deram a seus subordinados aproximadamente a mesma pontuação, de modo que seus aumentos salariais e bônus não fossem afetados por suas avaliações de desempenho.

Você mal acreditou ao ler tais comentários. Afinal, despendeu muito tempo desenvolvendo aquilo que imaginava ser o sistema de avaliação ideal para esse grupo de funcionários. Evidentemente, por alguma razão desconhecida, eles estavam tendo uma visão muito estreita e não lhe dariam uma chance de provar a adequação do novo sistema. O seu próprio supervisor estava preocupado com essas reclamações e lhe disse que sua prioridade número 1 era dar um jeito "nessa confusão" (implicando que você fosse responsável por ela). O que você fará a respeito?

BusinessWeek Caso em foco [MA1, 2, 3]
Como a P&G encontra – e preserva – um *staff* inestimável

Poucos empregadores investem tanto tempo cultivando seu quadro de funcionários como a Procter & Gamble. A empresa de produtos de consumo espera receber esse ano 400 mil solicitações de emprego para cargos gerenciais iniciais. Ela contratará menos da metade de 1% deles, selecionando apenas aqueles com maior probabilidade de se adequarem à cultura da P&G. "Na verdade, recrutamos valores", diz o diretor operacional Robert McDonald. "Se você não estiver inspirado a melhorar a vida das pessoas, esta não é a empresa para a qual você vai querer trabalhar."

Um cuidadoso processo de seleção, treinamento e desenvolvimento de carreiras vale a pena. A P&G se vangloria de suas 23 marcas que contam com vendas anuais de pelo menos US$ 1 bilhão, e de ser líder de mercado em tudo, desde detergentes, fraldas descartáveis a lâminas de barbear. É verdade que as renomadas qualificações em *marketing* da empresa e sua grande disponibilidade financeira ajudam. Mas outra importante faceta é a gestão de pessoal na P&G – que busca, contrata e promove pensadores criativos.

Treinamento interno intensivo

A estratégia da P&G se inicia nos *campi* universitários. A empresa de Cincinnati envia gerentes de linha em vez de pessoal de RH para fazer grande parte do processo de recrutamento. Eles têm como alvo instituições de ensino cujos ex-graduandos alcançaram postos de destaque na P&G, como Harvard e Stanford. Os entrevistadores buscam o que eles chamam de "poder" de um candidato, inclusive capacidade de liderança e empatia. Os valores e qualificações inovadoras são medidos em uma avaliação *online*. "Os nossos gerentes são treinados para encontrar a pessoa certa", diz William Reina, diretor para talentos globais. "As pessoas que eles identificam obtêm uma boa pontuação na avaliação."

Os poucos que são efetivamente contratados veem suas vidas profissionais se transformarem em um longo processo de desenvolvimento na carreira. A cada nível, a P&G tem uma "faculdade" diferente para treinar indivíduos e todos os departamentos possuem sua própria "universidade". A faculdade para a formação de gerentes-gerais que McDonald lidera reserva um período escolar de uma semana de duração uma vez por ano, quando são promovidos vários gerentes novos. O treinamento adicional – existem cerca de 50 cursos – ajuda os gerentes em redação técnica ou análise financeira.

A educação profissional também ocorre fora da sala de aula. A P&G faz com que todos os gerentes-gerais totalizem pelo menos de três a cinco anos de atividade no exterior. Até mesmo os funcionários do alto escalão visitam as casas de consumidores para observar como eles cozinham, fazem limpeza e, em geral, como vivem – em uma prática apelidada "vivencie, pratique". Os gestores também visitam lojas varejistas, fazendo, ocasionalmente, o papel de caixas, escaneando e empacotando produtos, para aprender mais sobre os clientes. Rosabeth Moss Kanter, professora de administração de empresas da Harvard Business School, diz que esse nível de envolvimento por parte dos executivos é raro. Mas é isso que distingue a P&G do resto.

Perguntas

1. Como a P&G recruta e seleciona novos funcionários? Por que eles recrutam e selecionam novos funcionários dessa maneira?
2. Como ocorrem o treinamento e o desenvolvimento na P&G?
3. Por que os gerentes-gerais na P&G são encorajados a ter pelo menos uma experiência no exterior?
4. Por que os funcionários da P&G visitam e observam os consumidores em suas casas?

Fonte: R. O. Crockett, "How P&G Finds — and Keeps — a Prized Workforce". Reimpresso da edição de 20/abr/2009 da *BusinessWeek* com permissão especial, copyright © 2009 da The McGraw-Hill Companies, Inc.

BusinessWeek Caso em foco [MA4]
Avaliação de desempenho em 140 toques

No mundo do Facebook ou Twitter, as pessoas adoram ter um *feedback* para saber o que está rolando. Mas faça-as sentar e parar para uma avaliação de desempenho e, de repente, a experiência se torna traumática.

Agora as empresas estão usando uma página dos *sites* de redes sociais para tornar o processo de avaliação de desempenho mais útil e divertido. A Accenture desenvolveu um programa no estilo Facebook denominado Performance Multiplier no qual, entre outras coisas, os funcionários podem postar para informar em que ponto estão as coisas, além de publicarem fotos e dois ou três objetivos semanais que podem ser vistos por seus colegas. Ainda mais imediato é o novo *software* de uma empresa recém-criada de Toronto chamada Rypple, que possibilita às pessoas postarem perguntas no formato Twitter sobre seus desempenhos em troca de *feedback* anônimo. Empresas que vão da rede de sanduíches Great Harvest Bread Co. ao desenvolvedor do Firefox, a Mozilla, se cadastraram como clientes.

Tais iniciativas dão fim ao temido rito de avaliações anuais tornando o *feedback* sobre o desempenho um processo muito mais contínuo e em tempo real. O professor de administração da Stanford University, Robert Sutton, argumenta que as avaliações de desempenho "são, em sua maioria, um pé no saco", pois são concebidas pelos superiores em vez de relevar as necessidades dos funcionários ao serem desenhadas. "Se você mantiver conversas regulares com as pessoas (e elas sabem em que ponto se encontram), então a avaliação de desempenho talvez seja simplesmente desnecessária", diz Sutton.

O que as ferramentas da Rypple e Accenture fazem é criar um processo no qual as avaliações se tornam dinâmicas – e mais democráticas. A Rypple, por exemplo, dá aos funcionários a chance de postarem perguntas breves, de 140 caracteres de comprimento, como: "O que você achou da minha apresentação?" ou "Como eu posso conduzir melhor as reuniões?". As consultas são enviadas por *e-mail* aos superiores, colegas ou qualquer outro que o usuário escolha. Respostas curtas e anônimas são então agregadas e enviadas de volta, fornecendo uma avaliação 360º simples e rápida. O serviço básico é gratuito. Porém, clientes corporativos podem pagar por uma versão *premium* que inclui suporte técnico, segurança extra e análise de quais tópicos são prioritários nas postagens dos funcionários. Os cofundadores da Rypple também lançaram o *software* chamado TouchBase, cujo propósito é substituir a avaliação anual padronizada por rápidas pesquisas de opinião e discussões mensais.

Galvanizando objetivos

O *software* da Accenture, que por enquanto é usado internamente e cuja venda para clientes externos é a expectativa, surgiu mais para motivar os funcionários do que para avaliá-los. Com a ajuda do guru em administração, Marcus Buckingham, o produto da consultoria tem um aspecto parecido com outras redes sociais corporativas. A principal diferença é que se espera que os usuários postem, em suas páginas de perfil, objetivos breves para a semana, assim como alguns para cada trimestre. Caso não o façam, a falta de objetivos ficará visível para seus superiores, que também são alertados via *e-mail* sobre a omissão. Ao induzir as pessoas a documentarem e ajustarem suas metas constantemente, a Accenture espera que as discussões formais melhorem. "Você não precisará recriar de modo desesperado exemplos daquilo que fez", diz Buckingham. Geralmente, "gerentes e funcionários se descabelam para preencher os formulários de avaliação 24 horas antes do RH ligar dizendo 'e aí, cadê o seu relatório?'".

Se postar suas metas de desempenho para o mundo ver faz lembrar o romance de George Orwell, considere o seguinte: a Rypple relata que cerca de dois terços das perguntas postadas em seu serviço vêm de gerentes querendo *feedback* sobre perguntas relativas à gestão ou sobre o seu próprio desempenho. O maior benefício dessas ferramentas estilo rede social talvez venha a ser um melhor desempenho dos próprios gerentes.

Perguntas

1. Por que algumas organizações estão usando sistemas com estilo de rede social para suas avaliações de desempenho?
2. Como o *feedback* gerado a partir desses tipos de sistema poderia diferir do *feedback* gerado por avaliações de desempenho mais tradicionais?
3. Como o uso desses tipos de sistema poderia influenciar a motivação e o desempenho dos funcionários?
4. Existe algum possível inconveniente ou desvantagem desses tipos de sistemas?

Fonte: Jena McGregor, "Job Review in 140 Keystrokes". Reimpresso das edições de 23 e 30/mar/2009 da *BusinessWeek* com permissão especial, copyright © 2009 da The McGraw-Hill Companies, Inc.

Gestão da comunicação e da tecnologia da informação

CAPÍTULO 13

Metas de aprendizagem

Após estudar o presente capítulo, você deverá estar apto a:

1. Estabelecer a diferença entre dados e informação, enumerar os atributos das informações úteis e descrever três razões que justifiquem por que é necessário que os administradores tenham acesso à informação para que possam desempenhar suas tarefas e papéis de forma eficaz. **[MA1]**

2. Explicar por que a comunicação eficaz – o compartilhamento de informações – ajuda uma organização a ganhar vantagem competitiva e descrever o processo de comunicação. **[MA2]**

3. Definir e descrever a riqueza de informação dos meios de comunicação disponíveis para os administradores. **[MA3]**

4. Estabelecer a diferença entre os quatro tipos de sistemas de informações gerenciais. **[MA4]**

ESTUDO DE CASO
O escritório do futuro da Herman Miller

Como os administradores podem criar vantagem competitiva com o uso de TI para melhorar a comunicação?

Os administradores da Herman Miller têm encontrado inúmeras maneiras de usar TI e a internet para dar à sua empresa vantagem competitiva em relação a fabricantes rivais de móveis para escritório, como a Steelcase e a Hon.[1] Logo de início, os administradores da Miller perceberam o potencial da utilização da internet para vender seus móveis às empresas. Os *sites* de outros fabricantes de móveis eram somente anúncios *online* de seus produtos, serviços e outras informações de *marketing*. Entretanto, os administradores da Miller rapidamente se deram conta do verdadeiro potencial de usar tanto a intranet da empresa como a internet para atingir clientes.

Os móveis para escritório da Herman Miller, ergonômicos e feitos sob encomenda, chegam a tempo até seus revendedores porque a empresa usa TI que os interliga com sua matriz produtiva.

Primeiramente, os administradores da Miller desenvolveram TI que interligava todos os revendedores e o pessoal de vendas da empresa à sua matriz produtiva, de modo que os pedidos pudessem ser coordenados com o departamento de projetos personalizados e com a produção, possibilitando aos clientes o pronto recebimento de informações sobre preços e prazos de entrega. Em seguida, com esse sistema de entrega ao cliente em funcionamento, a Miller desenvolveu TI para interligar suas operações fabris com sua rede de fornecedores, a fim de que sua cadeia de suprimentos fosse coordenada de acordo com as necessidades de seus clientes.

Quando os administradores da Miller perceberam que seus concorrentes estavam rapidamente imitando sua TI, começaram a buscar novas formas de usá-la para ganhar vantagem competitiva. Logo perceberam que a TI poderia transformar o próprio mercado de móveis para escritório. Quando eles começaram a definir a Herman Miller como um empreendimento "digital" motivado com o e-Commerce, perceberam que a TI poderia aumentar a eficiência e também mudar a maneira como o cliente vivenciava a "Herman Miller", além de agregar valor aos seus produtos. Uma grande iniciativa para isso foi o estabelecimento de uma ferramenta de aprendizagem eletrônica, Uknowit.com, que se tornou a universidade *online* da Herman Miller. Por meio da *web*, milhares de funcionários e revendedores da Miller estão matriculados atualmente na Uknowit.com, onde eles podem escolher entre 85 cursos cobrindo tecnologia, bens e serviços, aplicações para produtos, técnicas de venda/consultoria e conhecimentos sobre a concorrência no setor. Os benefícios dessa iniciativa de TI para a Miller, seus revendedores e seus clientes são um menor tempo de colocação do produto no mercado e uma maior capacidade de reagir a táticas dos concorrentes. Ou seja, o pessoal de vendas e os revendedores agora têm as informações e ferramentas necessárias para concorrer em melhores condições e preservar seus clientes.

Acima de tudo, esse fabricante de móveis de escritório oferece soluções altamente personalizadas. Uma importante fonte de vantagem competitiva é a capacidade de oferecer aos clientes exatamente o que querem e a um preço justo. Usando sua nova TI, o pessoal de vendas da Miller está fornecendo aos departamentos de projeto e produção informações mais precisas e oportunas, o que tem reduzido a incidência de erros de vendas e de especificação durante o processo de vendas. Da mesma forma, com os novos sistemas, o tempo de colocação do produto no mercado foi reduzido e a Miller se compromete a oferecer a seus clientes móveis altamente personalizados em 10 dias úteis ou menos.

Obviamente, todas essas iniciativas de TI têm sido custosas para a Herman Miller. Milhares de horas de tempo gerencial foram gastas no desenvolvimento de TI e no fornecimento de conteúdo que incluíram, por exemplo, informações sobre os concorrentes para as aulas *online* da empresa. Os administradores da Herman Miller trabalham com uma visão de longo prazo, pois acreditam que criaram uma verdadeira fonte de vantagem competitiva, a qual irá sustentá-la nos próximos anos.

Visão geral

Como sugerem as iniciativas da Herman Miller, desenvolver nova TI para melhorar a comunicação e a tomada de decisão é uma tarefa gerencial vital. Neste capítulo, pesquisaremos sistemas de informação e tecnologia da informação em geral, examinando a relação entre informação e o trabalho do administrador. Em seguida, descreveremos a natureza da comunicação e explicaremos por que é tão importante que todos os administradores e seus subordinados sejam pessoas que saibam se comunicar de maneira eficaz com os demais. Descreveremos os meios de comunicação disponíveis para os administradores e os fatores que esses precisam considerar ao escolher um meio de comunicação para cada mensagem enviada. Consideraremos as redes de comunicações das quais os membros de uma organização fazem uso e exploraremos a forma como os avanços na tecnologia da informação expandiram as opções de comunicação para os administradores.

Finalmente, discutiremos os vários tipos de sistemas de informação dos quais os administradores podem se utilizar para auxiliá-los no desempenho de suas funções, e examinaremos o impacto que sistemas e tecnologias de informação em rápida evolução podem ter no trabalho dos administradores e na vantagem competitiva de uma organização. Ao terminar este capítulo, você entenderá como os novos avanços na tecnologia e sistemas de informação estão, de uma maneira mais aprofundada, moldando a própria forma como os administradores se comunicam e delineando suas funções e papéis.

Informação e o trabalho do administrador

dados Fatos brutos, não sintetizados e não analisados.

informação Dados organizados de uma forma significativa.

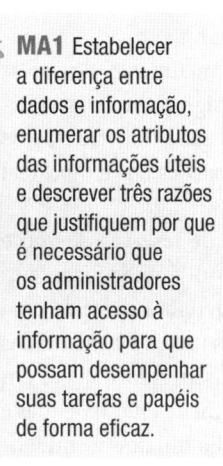

MA1 Estabelecer a diferença entre dados e informação, enumerar os atributos das informações úteis e descrever três razões que justifiquem por que é necessário que os administradores tenham acesso à informação para que possam desempenhar suas tarefas e papéis de forma eficaz.

Os administradores não conseguirão planejar, organizar, liderar e controlar de forma eficaz a menos que tenham acesso à informação, a fonte do conhecimento e da inteligência necessários para que os administradores tomem as decisões corretas. Informação, entretanto, não é o mesmo que dados.[2] **Dados** são fatos brutos, não sintetizados e não analisados, como o volume de vendas, o nível dos custos ou o número de clientes. Já a **informação** é constituída de dados organizados de uma forma significativa, como em um gráfico mostrando mudanças no volume de vendas ou nos custos ao longo do tempo. Isoladamente, os dados não informam nada aos administradores; já as informações podem transmitir uma grande quantidade de conhecimentos úteis para a pessoa que as recebe – como um administrador que vê as vendas caindo ou os custos subindo. A distinção entre dados e informação é importante, pois uma das funções da tecnologia da informação é auxiliar os administradores a transformarem dados em informação para que possam tomar decisões gerenciais melhores.

Consideremos o caso de um administrador de supermercado que deve decidir como destinar espaço nas prateleiras para duas marcas de cereais matinais para crianças: Dentist's Delight e Sugar Supreme. A maioria dos supermercados utiliza leitores de código de barras nos caixas para registrar as vendas individuais e armazena os dados em um computador. Ao acessar esse computador, o administrador poderia constatar que a marca Dentist's Delight vende 50 caixas por dia ao passo que a Sugar Supreme vende 25 caixas por dia. Esses dados brutos, entretanto, pouco ajudam o administrador a decidir como reservar espaço nas prateleiras. O administrador precisa saber também qual o espaço que atualmente cada cereal ocupa nas prateleiras e qual o lucro gerado por cada um deles para o supermercado.

Suponhamos que o administrador descubra que a marca Dentist's Delight ocupa 3 m de espaço nas prateleiras e a Sugar Supreme ocupa 1,20 m, e que a Dentist's Delight gera um lucro de 20 centavos por caixa ao passo que a Sugar Supreme gera 40 centavos por caixa. Reunindo esses três dados (número de caixas vendidas, quantidade de espaço nas prateleiras e lucro por caixa), o administrador obtém algumas informações úteis, com base nas quais poderá tomar uma decisão: a Dentist's Delight gera um lucro diário de US$ 3 por metro de espaço nas prateleiras [(50 caixas × US$ 0,20)/3 m] e a Sugar Supreme gera US$ 8 de lucro diário por metro de espaço nas prateleiras [(25 caixas × US$ 0,40)/1,20 m]. De posse dessas informações, o administrador poderia decidir reservar menos espaço nas prateleiras para a marca Dentist's Delight e mais para a Sugar Supreme.

Atributos das informações úteis

Quatro fatores determinam a utilidade das informações para um administrador: qualidade, oportunidade, completude e relevância (ver Figura 13.1).

QUALIDADE A exatidão e a confiabilidade determinam a qualidade da informação.[3] Quanto maiores os níveis de exatidão e confiabilidade, maior será a qualidade da informação. Para que um sistema de informação funcione bem, as informações que ele fornece devem ser de alta qualidade. Caso os administradores concluam que a qualidade da informação fornecida pelos seus sistemas de informação é baixa, provavelmente perderão a confiança no sistema e deixarão de usá-lo. Porém, se os administradores basearem suas decisões em informações de pouca qualidade, o resultado pode ser uma decisão inadequada e até mesmo desastrosa. A fusão acidental do núcleo do reator de Three Mile Island na Pensilvânia no ano de 1979, por exemplo, foi consequência de informações incorretas causadas por um defeito no sistema de informação. O sistema de informação indicava aos engenheiros responsáveis por controlar o reator que havia água suficiente no núcleo do reator para resfriar a pilha atômica, embora, na verdade, esse não fosse o caso. Entre as consequências desse fato, tivemos a fusão acidental do núcleo do reator e a liberação de gás radioativo na atmosfera.

Figura 13.1
Fatores que afetam a utilidade das informações.

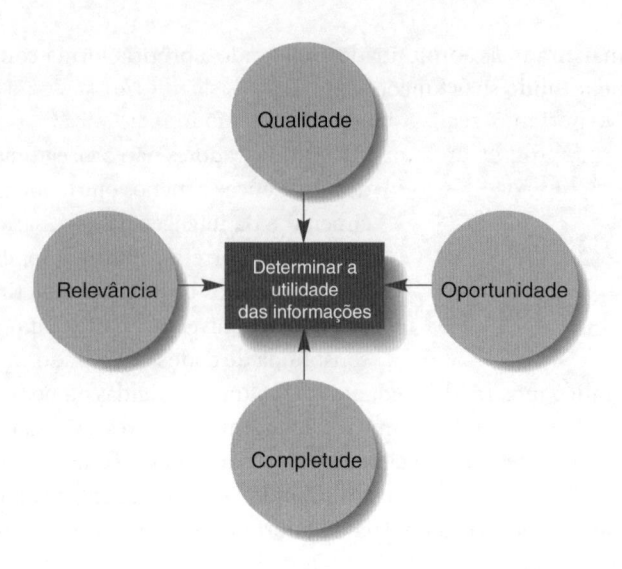

Qualidade → Determinar a utilidade das informações ← Oportunidade; Relevância →; ← Completude

informações em tempo real
Informações atualizadas frequentemente para refletir as condições atuais.

OPORTUNIDADE As informações oportunas são aquelas informações disponíveis aos administradores para a tomada de decisão gerencial antes que ela seja feita, e não depois. Atualmente, devido às constantes mudanças, a necessidade de informações oportunas normalmente significa que as informações devem estar disponíveis em tempo real.[4] **Informações em tempo real** são informações que refletem as condições atuais. Em um setor que vive rápidas mudanças, informações em tempo real podem precisar frequentemente de atualizações.

As companhias aéreas usam informações em tempo real sobre o número de reservas de voo e sobre os preços dos concorrentes para ajustarem seus preços a cada hora a fim de maximizar suas receitas. Portanto, as tarifas para voos de Nova York a Seattle, por exemplo, poderiam mudar de uma hora para a outra à medida que as tarifas são reduzidas para preencher assentos vazios e aumentadas quando a maior parte dos assentos já estiver vendida. As companhias aéreas usam informações em tempo real sobre reservas para ajustar as tarifas no último momento possível a fim de lotar os aviões e maximizar as receitas. As companhias aéreas norte-americanas fazem mais de 80 mil dessas mudanças por dia.[5] Obviamente, os administradores que tomam essas decisões lidando com preços precisam de informações em tempo real sobre a situação atual da demanda de mercado.

COMPLETUDE As informações completas dão aos administradores todos os dados necessários para exercer controle, alcançar coordenação ou tomar uma decisão eficaz. Entretanto, lembre-se do Capítulo 5, no qual vimos que os administradores raramente têm acesso a informações completas. Em vez disso, devido à incerteza, ambiguidade e racionalidade limitada, eles têm que se virar com as informações incompletas.[6] Uma das funções dos sistemas de informação é aumentar a completude das informações disponíveis aos administradores.

RELEVÂNCIA As informações relevantes são aquelas que são úteis e se adéquam às necessidades e circunstâncias particulares de um administrador. As informações irrelevantes são aquelas que são inúteis e podem, na verdade, prejudicar o desempenho de um administrador que, já atarefado, terá que despender tempo valioso determinando se as informações são ou não são relevantes. Devido ao volume maciço de informações com o qual os administradores devem lidar hoje em dia e a capacidade limitada de processamento de informações dos seres humanos, as pessoas que projetam sistemas de informação precisam garantir que os administradores recebam apenas informações relevantes.

Hoje em dia, cada vez mais os administradores estão usando agentes de *software* para fazer uma varredura, classificar as mensagens de *e-mail* recebidas e priorizá-las. Agente de *software* é um programa que pode ser usado para realizar tarefas simples, como analisar as informações recebidas segundo sua relevância, eliminando parte do trabalho árduo para os administradores.

Acima de tudo, ao registrar e analisar os próprios esforços de um administrador na priorização das informações que recebe, o agente de *software* pode absorver as preferências do administrador e, portanto, realizar tais tarefas de modo mais eficaz – o agente de *software* pode, por exemplo, se reprogramar automaticamente para colocar mensagens de *e-mail* do chefe do administrador no topo da lista.[7]

Sistemas de informação e tecnologia da informação

O **sistema de informação** é um sistema para aquisição, organização, armazenamento, manipulação e transmissão de informações.[8] Os **sistemas de informações gerenciais** (MIS – *Management Information System*) é um sistema de informação que os administradores planejam e projetam para que eles próprios obtenham informações específicas necessárias para que possam desempenhar seus papéis de maneira eficaz. Os sistemas de informação são tão antigos quanto as próprias organizações – que existem, de fato, há um longo tempo. Antes da era da informática, a maioria dos sistemas de informação se valia do papel: assistentes administrativos registravam informações importantes em documentos (normalmente em duplicata ou triplicata) na forma de palavras e números e, conforme o caso, enviavam uma cópia do documento aos superiores, clientes ou fornecedores, e armazenavam outras cópias em arquivos para futura referência.

A **tecnologia da informação** diz respeito à forma como as informações são adquiridas, organizadas, armazenadas, manipuladas e transmitidas. Grandes avanços no poder da tecnologia da informação – especificamente por meio do uso de computadores – têm provocado um forte impacto nos sistemas de informação e também nos administradores, assim como nas suas organizações, fornecedores e clientes.[9] Esses avanços na tecnologia da informação são tão importantes para as organizações que aquelas que não adotarem nova tecnologia da informação ou a adotarem de forma ineficaz se tornarão não competitivas diante das organizações que fazem bom uso dela.[10]

Os administradores precisam de informações por três razões: para tomar decisões eficazes, controlar as atividades da organização e coordenar as atividades dela.[11] Agora, examinaremos em detalhe esses usos da informação.

Informação e a tomada de decisão

Grande parte da administração (planejamento, organização, liderança e controle) diz respeito ao processo de tomar decisões. O gerente de *marketing* precisa decidir que preço cobrar por um produto, quais canais de distribuição usar e quais mensagens promocionais enfatizar. O gerente de produção deve decidir que quantidade de um produto deve fabricar e como fazê-lo. O gerente de compras deve decidir de quem comprar insumos e a quantidade de estoque que deve manter. O gerente de RH deve decidir quanto os funcionários devem receber, como eles devem ser treinados e que benefícios devem ser oferecidos a eles. O gerente de engenharia deve tomar decisões sobre o projeto de novos produtos. Os altos executivos devem decidir como alocar os escassos recursos financeiros entre projetos que concorrem entre si, como melhor estruturar e controlar a organização e que estratégia de negócios adotar. E, independentemente de sua orientação funcional, todos os gestores precisam tomar decisões sobre questões como definir que tipo de avaliação de desempenho aplicar a um subordinado.

A tomada de decisão não pode ser eficaz em um vácuo de informação. Para tomar decisões eficazes, os administradores precisam de informações, tanto de dentro da organização como de partes externas interessadas. Ao decidir como fixar o preço de um produto, por exemplo, o gerente de *marketing* precisa de informações sobre a forma como os consumidores reagirão a preços diferentes. Ele precisa de informações sobre custos unitários, pois não quer fixar o preço abaixo dos custos de produção, e também precisa de informações sobre a estratégia competitiva, uma vez que a estratégia de fixação de preços deve ser consistente com a estratégia competitiva de uma organização. Parte dessas informações virá de fora da organização (por meio de pesquisas

---

sistema de informação
Sistema para aquisição, organização, armazenamento, manipulação e transmissão de informações.

sistema de informações gerenciais
Um sistema de informação que os administradores planejam e projetam para que eles próprios obtenham as informações específicas de que precisam.

tecnologia da informação
A forma como as informações são adquiridas, organizadas, armazenadas, manipuladas e transmitidas.

com consumidores, por exemplo), e parte de dentro da organização (as informações sobre custos unitários de produção, por exemplo, são provenientes do departamento de produção). Conforme sugere o caso desse gerente de *marketing*, a capacidade de tomar decisões eficazes depende da capacidade dos administradores de adquirir e processar informações.

Informação e controle

Conforme discutido no Capítulo 8, *controle* é o processo utilizado pelos administradores para regular o grau de eficiência e eficácia com que uma organização e seus membros estão executando as atividades necessárias para atingir os objetivos da organização.[12] Os administradores alcançam o controle sobre as atividades organizacionais por meio de quatro medidas (ver Figura 8.2): (1) estabelecendo padrões de desempenho ou objetivos mensuráveis; (2) medindo o desempenho real; (3) comparando o desempenho real em relação às metas estabelecidas; (4) avaliando o resultado e tomando medidas corretivas se necessário.[13] A FedEx, por exemplo, possui um objetivo quanto às suas entregas: entregar até a manhã seguinte 100% das encomendas que recolhe hoje. A FedEx possui milhares de estações terrestres por todos os Estados Unidos, responsáveis pela coleta e entrega das encomendas. Os administradores da FedEx monitoram regularmente o desempenho de entrega dessas estações; se eles constatarem que a meta de 100% não está sendo atingida, determinam o motivo e tomam medidas corretivas se necessário.[14]

Para alcançar o controle sobre qualquer atividade organizacional, os administradores devem possuir certas informações. Para controlar uma estação terrestre, por exemplo, um administrador da FedEx precisa saber qual porcentagem de encomendas dessa estação será entregue na manhã seguinte. Para obter essas informações, o administrador precisa certificar-se de que um sistema de informação esteja instalado e operante. Na FedEx, por exemplo, as encomendas a serem entregues são escaneadas com *scanners* portáteis pelo motorista que as coleta pela primeira vez, e então essas informações de coleta são enviadas via *wireless* para um computador central na matriz da empresa. Depois, as encomendas são novamente escaneadas pelo motorista de caminhão quando são entregues, e as informações de entrega são também transmitidas para o computador central da FedEx. Assim, os administradores podem descobrir rapidamente a porcentagem de encomendas entregues até a manhã seguinte depois que foram coletadas.[15]

Os sistemas de informações gerenciais (que serão discutidos mais adiante) são usados para controlar uma série de operações dentro das organizações. Em contabilidade, por exemplo, os sistemas de informação podem ser usados para monitorar despesas e compará-las com os orçamentos.[16] Para acompanhar as despesas *versus* orçamento, os administradores precisam de informações sobre os gastos atuais subdivididas pelas unidades organizacionais relevantes. Os sistemas de informações contábeis são projetados para oferecer tais informações aos administradores. Outro exemplo de um sistema de informação usado para monitorar e controlar as atividades diárias dos funcionários (já visto no Capítulo 8) é o sistema de informação *online* MBO usado por T. J. Rodgers na Cypress Semiconductor. Rodgers implementou um sistema de informação computadorizado que lhe permite rever as metas de todos os seus funcionários em cerca de quatro horas.[17]

Informação e coordenação

Coordenar as atividades de departamentos e divisões para que se atinja os objetivos da organização é outra tarefa básica de um administrador. Como exemplo extremo da dimensão da tarefa de coordenação que os administradores enfrentam, consideremos o esforço de coordenação envolvido na construção de um avião a jato comercial da Boeing, o 777. Esse avião é composto

O sistema de rastreamento informatizado da FedEx, que abrange todos os Estados Unidos, garante que cada encomenda seja encaminhada para uma determinada localidade por meio do trajeto mais eficiente e eficaz em termos de custos.

de 3 milhões de peças individuais e milhares de componentes principais. Os administradores da Boeing são responsáveis por coordenar a produção e a entrega de todas essas peças, que devem chegar à fábrica da Boeing em Everett (Washington) exatamente no momento em que são necessárias (de acordo com os administradores, as asas, por exemplo, devem chegar antes dos motores). Os administradores da Boeing, de forma jocosa, se referem a essa tarefa como "ter que coordenar 3 milhões de peças em formação de voo". Para atingir esse alto nível de coordenação, os administradores precisam de informações sobre qual fornecedor está produzindo o que, quando isso deve ser produzido e quando deve ser entregue. Os administradores também precisam dessas informações para monitorar o desempenho dos fornecedores na entrega (que deve estar dentro das expectativas) e receber pré-avisos de quaisquer possíveis problemas. Para atender essas necessidades, os administradores da Boeing implantaram um sistema de informação computadorizado que interliga a Boeing a todos os seus fornecedores e consegue acompanhar o fluxo de 3 milhões de peças durante o processo de produção – uma tarefa imensa.

Conforme observado em capítulos anteriores, aumentam cada vez mais os problemas de coordenação enfrentados pelos administradores na gestão de cadeias de suprimentos globais, utilizadas para tirar proveito das diferenças entre os países nos custos de produção. Para lidar com esses problemas de coordenação global, os administradores estão adotando sofisticados sistemas de informação computadorizados que os auxiliam na coordenação do fluxo de materiais e de produtos semiacabados e acabados ao redor do mundo.

Comunicação, informação e administração

A **comunicação** é o compartilhamento de informações entre duas ou mais pessoas ou grupos para que estes cheguem a um entendimento comum.[18] No início deste capítulo, o quadro "Estudo de caso" colocou em destaque alguns importantes aspectos dessa definição. A comunicação, acima de tudo, é um empenho humano e envolve indivíduos e grupos, independentemente do nível de automatização. Em segundo lugar, a comunicação não ocorre a menos que se chegue a um entendimento comum. Portanto, se você ligar para uma empresa e tentar falar com uma pessoa do atendimento ao cliente ou da área de cobrança e for simplesmente jogado de cá para lá por meio de intermináveis mensagens automáticas e opções de menu para se irritar e desligar, a comunicação não terá acontecido.

comunicação
Compartilhamento de informações entre dois ou mais indivíduos ou grupos para que estes cheguem a um entendimento comum.

MA2 Explicar por que a comunicação eficaz – o compartilhamento de informações – ajuda uma organização a ganhar vantagem competitiva e descrever o processo de comunicação.

A importância da boa comunicação

No Capítulo 1, descrevemos como os administradores devem se esforçar ao máximo para aumentar a eficiência, a qualidade e a inovação, e diminuir o tempo necessário para atender os anseios dos clientes a fim de que uma organização ganhe vantagem competitiva. A boa comunicação é essencial para se atingir cada um desses quatro objetivos e, portanto, trata-se de uma necessidade para a aquisição de vantagem competitiva.

Os administradores podem *aumentar a eficiência* quando atualizam o processo de produção, para tirar proveito de novas e mais eficientes tecnologias, e também quando treinam os funcionários para que possam operar essas novas tecnologias e expandir suas qualificações. A boa comunicação é necessária para que os administradores aprendam sobre novas tecnologias, implementem-nas em suas organizações e treinem seus funcionários para que possam utilizá-las. Do mesmo modo, *melhorar a qualidade* depende de uma comunicação eficaz. Os administradores precisam comunicar a todos os membros de uma organização o significado e a importância da alta qualidade e os caminhos para alcançá-la. Os subordinados, por sua vez, precisam comunicar problemas de qualidade e sugestões a seus superiores para que se possa melhorar a qualidade, assim como os membros de equipes de trabalho autogeridas precisam compartilhar suas ideias com os demais para a melhoria da qualidade.

A boa comunicação também pode ajudar a melhorar o *tempo de resposta aos clientes*. Em uma organização, quando aqueles membros mais próximos aos clientes (como os vendedores em lojas de departamentos e os caixas de bancos) têm autonomia para comunicar as necessidades e desejos dos clientes aos seus superiores, esses últimos terão mais condições de responder a essas necessidades. Por outro lado, os superiores devem se comunicar com outros membros da organização para determinar a melhor forma de tentar atender as constantes mudanças nas preferências dos clientes.

A *inovação*, que normalmente acontece em equipes multifuncionais, também requer comunicação eficaz. Os membros de uma equipe multifuncional que estão desenvolvendo um novo tipo de CD *player*, por exemplo, têm que se comunicar de forma eficaz uns com os outros para que desenvolvam um produto atraente aos clientes, de alta qualidade e produzido de maneira eficiente. Os membros da equipe também devem se comunicar com seus superiores de modo a assegurarem os recursos necessários para o desenvolvimento do CD *player*, e também devem mantê-los informados sobre o progresso do projeto.

A comunicação eficaz se faz necessária para os administradores e também para todos os membros de uma organização, a fim de que os níveis de eficiência, qualidade, inovação e tempo de resposta aos clientes aumentem e haja, assim, a obtenção de vantagem competitiva. Consequentemente, os administradores devem ter um bom entendimento do processo de comunicação caso queiram ter um bom desempenho. *Software* colaborativo é um tipo de TI que almeja promover interações com alto grau de interdependência entre os membros de uma equipe e prové-la com um *site* para reuniões eletrônicas nas quais a comunicação poderá ser estabelecida.[19] No caso de trabalhos que realmente se baseiam em equipes, implicam uma série de componentes altamente interdependentes (embora diferentes) e envolvem membros de equipe com distintas áreas de domínio que precisam coordenar de perto seus esforços, o *software* colaborativo pode ser uma poderosa ferramenta de comunicação, conforme descrito a seguir no quadro "Pitada tecnológica".

PITADA TECNOLÓGICA

Software colaborativo facilita a comunicação entre equipes

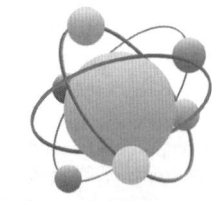

Software colaborativo é aquele que oferece aos membros de uma equipe uma estação de trabalho *online* onde eles podem postar, compartilhar e salvar dados, relatórios, desenhos e outros documentos. Há também a possibilidade de manter agendas, participar de conferências *online* com os membros de suas equipes e de enviar e receber mensagens. Além disso, o *software* pode preservar e atualizar relatórios de andamento de projetos, fazer pesquisas com os membros de equipes sobre diferentes questões, encaminhar documentos aos superiores e permitir que os usuários saibam quais membros de sua equipe também estão *online* e no *site*.[20] Contar com uma área de trabalho *online* integrada pode ajudar a organizar e centralizar o trabalho de uma equipe, assegurar que as informações estejam prontamente disponíveis conforme necessário e também pode ajudar os membros a fazer com que informações importantes não sejam menosprezadas. A utilização de *software* colaborativo pode ser muito mais eficiente do que o uso do *e-mail* ou das mensagens instantâneas quando o assunto é administrar a colaboração e a interação contínua das equipes que não estão face a face, sobretudo quando uma equipe não se reúne *in loco*. Com o uso do *software*, todos os documentos de que a equipe poderia precisar no curso da reunião estarão apenas a um clique de *mouse*.[21]

A Ketchum Inc., uma empresa de relações públicas com sede em Nova York, usa *software* colaborativo em parte de seus projetos. Suponha-se, por exemplo, que a empresa está administrando as relações públicas, o *marketing* e a propaganda para um novo programa filantrópico que a Fireman's Fund Insurance Co. vem empreendendo. Usando o *software* eRoom fornecido pela Documentum (uma parte da EMC Corporation), os funcionários da Ketchum que trabalham no projeto a partir de seis locais diferentes, os representantes de trabalhadores da Fireman's e uma empresa de projetos gráficos que está desenvolvendo um *site* para o programa podem compartilhar planos, documentos, projetos gráficos e agendas em uma estação de trabalho *online*.[22] Os membros da equipe Ketchum–Fireman recebem alertas via *e-mail* quando algo foi modificado ou acrescentado ao *site*. Como coloca o diretor de informática da Ketchum, Andy Roach: "O fato de todo mundo ter acesso ao mesmo documento significa que a Ketchum não perderá tempo com logística e poderá se concentrar no aspecto criativo."[23]

Outra empresa que está tirando proveito de *software* colaborativo é a Honeywell International Inc. Os administradores da Honeywell decidiram usar o *software* colaborativo SharePoint fornecido pela Microsoft, em parte pela possibilidade de integração com outros aplicativos da Microsoft (como o Outlook). Portanto, se uma equipe que usa o SharePoint fizer uma modificação na agenda de uma equipe, essa modificação será feita automaticamente nas agendas do Outlook dos seus membros.[24] Fica evidente que o *software* colaborativo tem potencial para incrementar a eficiência e a eficácia da comunicação em equipes.

O processo de comunicação

O processo de comunicação consiste de duas fases. Na *fase de transmissão,* as informações são compartilhadas entre dois ou mais indivíduos ou grupos, e na *fase de feedback,* um entendimento comum é alcançado. Em ambas as fases, é preciso que ocorra uma série de estágios distintos para que a comunicação aconteça (ver Figura 13.2).[25]

Partindo da fase de transmissão, o **emissor**, a pessoa ou grupo que deseja compartilhar informações com alguma outra pessoa ou grupo, decide sobre a **mensagem**, ou seja, quais informações comunicar. Em seguida, o emissor traduz a mensagem em símbolos ou linguagem, um processo denominado **codificação**; normalmente, as mensagens são codificadas em palavras. **Ruído** é um termo genérico que se refere a qualquer coisa que possa criar obstáculos a qualquer estágio de um processo de comunicação.

Uma vez codificada, utiliza-se o meio escolhido para que a mensagem seja transmitida para o **receptor**, ou seja, a pessoa ou grupo para o qual a mensagem é destinada. O **meio** é simplesmente o caminho pelo qual uma mensagem codificada é transmitida ao receptor; pode ser, por exemplo, uma ligação telefônica, uma carta, um memorando ou a comunicação face a face em uma reunião. No estágio seguinte, o receptor interpreta e tenta extrair um significado da mensagem, em um processo denominado **decodificação**. Trata-se de um ponto crucial na comunicação.

A fase de *feedback* é iniciada pelo receptor (que se torna um emissor). O receptor decide qual mensagem enviar para o emissor original (que se torna um receptor), e depois a codifica e transmite utilizando o meio escolhido (ver Figura 13.2). A mensagem poderia conter uma confirmação de que a mensagem original foi recebida e compreendida ou uma nova formulação da mensagem original para se ter certeza de que ela foi interpretada corretamente, ou poderia, também, incluir uma solicitação de mais informações. O emissor original decodifica a mensagem e certifica-se se realmente um entendimento comum foi alcançado; se por acaso determinar que isso não ocorreu, emissor e receptor reiniciam e passam por todo o processo quantas vezes forem necessárias para se alcançar um entendimento comum.

A codificação de mensagens em palavras, escritas ou faladas chama-se **comunicação verbal**. Também podemos codificar mensagens sem o uso da linguagem escrita ou falada. A **comunicação não verbal** compartilha informações por meio de expressões faciais (que incluem sorrir, levantar as sobrancelhas, franzir o cenho, ficar de queixo caído etc.), linguagem corporal (postura, gestos, um sinal de aprovação com a cabeça, um dar de ombros e até mesmo o estilo de se vestir, se informal, formal, conservador ou de acordo com a moda). Por exemplo, para comunicar ou sinalizar que a velha burocracia da General Motors havia sido desmantelada e que a empresa agora

---

emissor
A pessoa ou grupo que deseja compartilhar informações.

mensagem
Informações que um emissor deseja compartilhar.

codificação
Traduzir uma mensagem em símbolos ou linguagem compreensíveis.

ruído
Qualquer coisa que dificulta algum estágio de um processo de comunicação.

receptor
A pessoa ou grupo para o qual uma mensagem é destinada.

meio
O caminho pelo qual uma mensagem codificada é transmitida para um receptor.

decodificação
Interpretar e tentar extrair um significado de uma mensagem.

comunicação verbal
A codificação de mensagens em palavras, sejam elas escritas ou faladas.

Figura 13.2
O processo de comunicação.

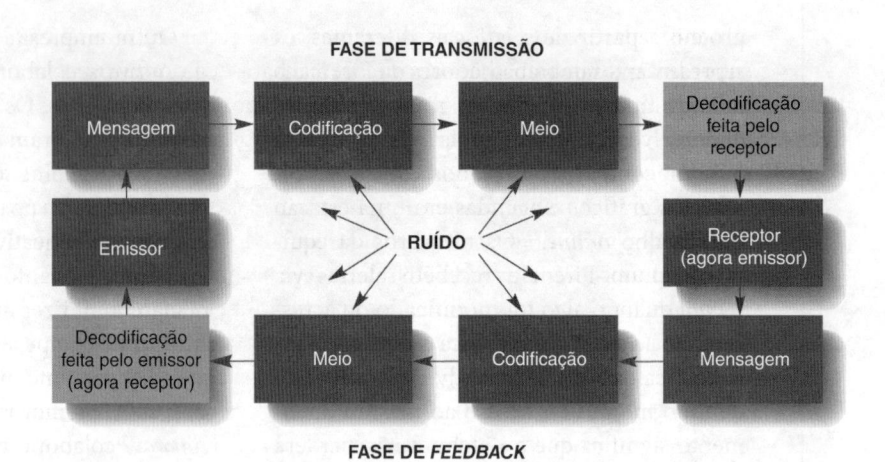

FASE DE TRANSMISSÃO

Mensagem → Codificação → Meio → Decodificação feita pelo receptor

Emissor ← ← ← RUÍDO → → → Receptor (agora emissor)

Decodificação feita pelo emissor (agora receptor) ← Meio ← Codificação ← Mensagem

FASE DE *FEEDBACK*

---

comunicação não verbal
A codificação de mensagens por meio de expressões faciais, linguagem corporal e estilos de se vestir.

é descentralizada e mais informal do que no passado, os altos executivos da GM usam calças e jaquetas esporte e não mais ternos ao percorrerem as fábricas da GM.[26] A tendência de aumentar o *empowerment* de seus funcionários levou os executivos da GM e de outras empresas a se vestirem de modo informal para transmitir a ideia de que todos os funcionários da organização fazem parte de uma equipe, que trabalha em conjunto a fim de criar valor para seus clientes.

A comunicação não verbal pode ser usada para respaldar ou reforçar a comunicação verbal. Da mesma forma que um sorriso genuíno e caloroso pode servir de respaldo a palavras de apreço por um trabalho bem feito, uma expressão facial preocupada pode servir de respaldo a palavras de solidariedade para um problema pessoal. Em tais casos, a congruência entre comunicação verbal e não verbal ajuda a garantir que se chegue a um entendimento comum.

Algumas vezes, quando os membros de uma organização decidem não expressar verbalmente uma mensagem, eles inadvertidamente o fazem de forma não verbal. As pessoas tendem a ter menor controle sobre a comunicação não verbal e, muitas vezes, uma mensagem verbal que é oculta acaba se expressando por meio da linguagem corporal ou expressões faciais. Um administrador que concorda com uma proposta, mas que na verdade não é a favor dela, poderia sem querer transmitir desaprovação por meio de expressões faciais.

Algumas vezes, a comunicação não verbal é usada para enviar mensagens que não poderiam ser comunicadas verbalmente. Muitos advogados são bem cientes dessa tática de comunicação. Eles normalmente são treinados em técnicas de comunicação não verbal, das quais fazem parte, por exemplo, a escolha do lugar onde se postar na sala de audiência para causar o máximo impacto, e o contato olho no olho durante diferentes estágios de um julgamento. Algumas vezes, os advogados acabam se metendo em problemas por usar comunicação não verbal inapropriada na tentativa de influenciar os jurados. Em um tribunal de Louisiana, Thomas Pirtle, um advogado de acusação foi admoestado e multado em US$ 2,5 mil pela juíza Yada Magee por balançar a cabeça em expressão de dúvida, agitar os braços indicando desaprovação e rir baixo enquanto os advogados de defesa falavam.[27]

Sinais não verbais sugestivos, como a troca de olhares entre essas duas pessoas, podem dar aos gestores e empregados informações vitais para que decisões melhores sejam tomadas.

Os perigos da comunicação ineficaz

Os administradores precisam se comunicar com outras pessoas para que possam desempenhar seus vários papéis e tarefas de forma eficaz, e gastam a maior parte de seu tempo nessa tarefa, seja em reuniões, em conversas telefônicas, por meio de *e-mail* ou em interações face a face. De fato, alguns especialistas estimam que os administradores gastam aproximadamente 85% de seu tempo dedicando-se a alguma forma de comunicação.[28] A comunicação eficaz é tão importante que os administradores não podem se preocupar apenas com sua própria eficácia na comunicação; seus subordinados também precisam de auxílio para que possam se tornar comunicadores eficazes. Quando todos os membros de uma organização são capazes de se comunicar de forma eficaz entre si e com pessoas fora da organização, muito provavelmente a organização terá um bom desempenho e ganhará vantagem competitiva.

Quando os administradores e outros membros de uma organização são comunicadores ineficazes, o desempenho organizacional será afetado, e qualquer vantagem competitiva que a organização poderia vir a ter provavelmente será perdida. Acima de tudo, a comunicação ineficiente pode, algumas vezes, ser absolutamente perigosa e até mesmo levar a resultados trágicos, como a perda de vidas humanas. Pesquisadores da Harvard University, por exemplo, estudaram as causas de erros hospitalares (tais como medicação incorreta ministrada a pacientes) em dois grandes hospitais na região de Boston. Eles descobriram que alguns erros em hospitais ocorrem devido a problemas de comunicação – médicos que não têm a informação necessária para receitar medicamentos de maneira correta aos seus pacientes ou enfermeiras sem as informações necessárias para administrarem corretamente a medicação. Os pesquisadores concluíram que parte da responsabilidade por esses erros se deve à administração do hospital, que não tomou medidas efetivas para melhorar a comunicação.[29] De fato, em 2008, foram documentados mais de 400 mil casos registrados de erros. O quadro "Estudo de caso" ilustra como alguns administradores estão tentando promover a comunicação eficaz.

INSIGHT ADMINISTRATIVO

Os administradores precisam do *feedback* dos funcionários
<www.fatwire.com>

À medida que os administradores avançam na hierarquia corporativa e assumem cargos com responsabilidade cada vez maior, frequentemente se veem afastados das atividades do dia a dia de suas organizações. Portanto, quando se verificam problemas em processos e procedimentos existentes, e possíveis fontes de ineficiências, os administradores terão menor chance de notar ou ficar cientes desses fatos – e também da maneira como os clientes estão reagindo aos bens e serviços que a organização fornece. Além disso, ideias de como aperfeiçoar bens e serviços muitas vezes só ocorrem para aqueles que estão mais próximos e imediatamente ligados à produção e à entrega de bens e serviços. Parte dessas ideias raramente poderia vir de executivos do alto escalão que não se dedicam a essas atividades no dia a dia.[30]

Portanto, é crucial que os administradores recebam e ouçam *feedback* dos funcionários. Embora isso possa parecer bastante direto e facilmente realizável, algumas vezes os administradores são os últimos a saber dos problemas, por uma série de razões.

Algumas vezes, os empregados ficam receosos de serem considerados culpados pelos problemas relatados aos seus chefes, de serem vistos como "causadores de problemas" ou que seu *feedback* bem intencionado seja interpretado pelos seus superiores como uma crítica ou ataque pessoal.[31] Além disso, os funcionários ficarão relutantes em falar se acharem que seus *feedbacks* (ou até mesmo simples sugestões para melhorias ou para que novas oportunidades sejam aproveitadas) serão ignorados.

Os administradores eficazes reconhecem a importância de receber *feedback* dos funcionários e tomam medidas efetivas para garantir que isso aconteça. Quando recentemente Yogesh Gupta aceitou o cargo de presidente e CEO da FatWire Software, uma de suas prioridades era garantir que seus funcionários lhe dessem *feedback* continuamente.[32] A FatWire Software, com sede em Mineola (Nova York) tem 200 funcionários, escritórios em mais de 10 países e conta com mais de 450 clientes, como a 3M, o *The New York Times* e a Best Buy. Por várias vezes em sua carreira, Gupta testemunhou administradores que sem querer desencorajavam seus funcionários a lhes darem *feedback*, mesmo quando os administradores o desejavam.[33] Como ele próprio indica: "Ouvi tantos executivos que pediam a seus funcionários para que fossem francos e explícitos, mas que logo depois quase lhes esganavam caso levassem a eles um problema ou fizessem uma pergunta difícil."[34]

Gupta investe um bom tempo conversando com funcionários, gerentes e diretores da FatWire para conhecer suas perspectivas e *feedback*. Ele faz reuniões individuais com os gestores para que estes se sintam mais à vontade em dar *feedback* de modo franco e honesto, e lhes pede explicitamente para indicar uma maneira melhor de proceder caso esteja fazendo alguma coisa errada. Como resultado dessa maior atenção ao *feedback* recebido, Gupta percebeu que a FatWire poderia se beneficiar ao aumentar o número de funcionários focados no desenvolvimento de produtos e na área de *marketing*, e que serviços e processos de suporte ao cliente poderiam ser otimizados.[35]

Quando Gupta recebe algum *feedback* de valia, ele faz questão de apoiar publicamente aquele gerente ou funcionário que lhe passou a informação, para deixar bem claro aos demais funcionários que ele realmente deseja um *feedback* por parte deles. Como ele mesmo diz: "Sei que preciso dizer à exaustão 'você agiu corretamente ao me passar essas informações', pois os funcionários ficam receosos de serem considerados culpados caso digam alguma coisa negativa."[36]

Na Intuit Inc., grande fornecedor de *software* contábil e financeiro, os administradores recebem valioso *feedback* de funcionários de várias maneiras. Em uma delas, é realizada uma pesquisa de opinião anual com os funcionários para descobrir o que acham das práticas e procedimentos da Intuit.[37] Em outra forma de receber esse *feedback*, os administradores são aconselhados a fazer as chamadas reuniões "pular de nível" ao longo do ano, nas quais se reúnem com os subordinados dos gerentes (que, por sua vez, são subordinados aos administradores) para que tenham o respectivo *feedback* daqueles funcionários sobre como estão indo as coisas.[38] Jim Grenier, vice-presidente de RH da Intuit, sugere que obter *feedback* dos funcionários por meio desse processo leva a uma melhor tomada de decisão.[39] Como ele coloca: "Você tem a opinião de mais pessoas e, portanto, poderá tomar uma decisão melhor. Os funcionários sabem que falamos sério quando pedimos a sua opinião, e além de as ouvirmos, fazemos algo a respeito".[40]

Riqueza de informação e meios de comunicação

MA3 Definir e descrever a riqueza de informação dos meios de comunicação disponíveis aos administradores.

Para que sejam comunicadores eficazes, os administradores (e outros membros da organização) precisam escolher um meio de comunicação apropriado para *cada* mensagem que enviam. Uma mudança nos procedimentos, por exemplo: deve ser comunicada aos subordinados em um memorando enviado por *e-mail* ou de outra forma? Uma mensagem de congratulação sobre uma importante realização deve ser comunicada por meio de uma carta, em um telefonema ou durante o almoço? Um anúncio de demissão deve ser feito em um memorando ou durante uma reunião na fábrica? Os membros de uma equipe de aquisição devem viajar para a Europa a fim de consolidar um importante acordo com um novo fornecedor ou isso poderia ser feito via fax? Os administradores lidam com essas questões dia após dia.

Não existe "o" melhor meio de comunicação disponível aos administradores; ao escolher um meio de comunicação para qualquer mensagem, os administradores precisam considerar três fatores. O mais importante de tudo é o nível de riqueza de informação necessário. **Riqueza de informação** é a quantidade de informações que um meio de comunicação consegue transportar e o grau com que permitirá que emissor e receptor cheguem a um entendimento.[41] Um meio de comunicação pode variar em seus níveis de riqueza de informação (ver Figura 13.3).[42] Os meios ricos em informação podem transportar um grande volume de informações e geralmente possibilitam que receptores e emissores cheguem a um entendimento.

Figura 13.3
A riqueza de informação dos meios de comunicação.

RIQUEZA DE INFORMAÇÃO ELEVADA
- Comunicação face a face
- Comunicação falada transmitida eletronicamente
- Comunicação escrita endereçada a um destinatário específico
- Comunicação escrita impessoal

RIQUEZA DE INFORMAÇÃO BAIXA

riqueza de informação
A quantidade de informações que um meio de comunicação consegue transportar e o grau com que permitirá que emissor e receptor cheguem a um entendimento.

O segundo fator que os administradores precisam levar em conta ao selecionar um meio de comunicação é o *tempo* necessário para a comunicação, pois o tempo dos administradores e de outros membros de uma organização é valioso. Os executivos da United Parcel Service, por exemplo, reduziram drasticamente o tempo que gastavam ao utilizarem videoconferências em vez de comunicação face a face, para a qual eram exigidas viagens internacionais.[43]

O terceiro fator que afeta a escolha de um meio de comunicação é a *necessidade de um registro eletrônico ou em papel* ou de algum tipo de documentação escrita mostrando que uma mensagem foi enviada e recebida. Um administrador talvez queira documentar por escrito, por exemplo, que um subordinado recebeu um aviso formal sobre atrasos excessivos.

No restante desta seção, examinaremos quatro tipos de meios de comunicação que variam em três dimensões: (1) riqueza de informação, (2) tempo e (3) disponibilidade de um registro eletrônico ou em papel.[44]

Comunicação face a face

A comunicação face a face é o meio com grau mais alto de riqueza de informação. Quando os administradores se comunicam face a face, podem tirar proveito da comunicação verbal e também interpretar os sinais não verbais, como as expressões faciais e a linguagem corporal. Algumas vezes, uma expressão de preocupação ou de perplexidade pode significar mais do que mil palavras, e usando esse tipo de comunicação os administradores podem reagir na hora aos sinais não verbais. A comunicação face a face também permite que os administradores recebam *feedback* instantâneo. Pontos confusos, ambiguidade ou mal-entendidos podem assim ser resolvidos, e os administradores podem repetir um processo de comunicação quantas vezes forem necessárias para chegar a um entendimento.

A **administração por "peregrinação"** é uma técnica de comunicação face a face eficaz para muitos gestores, em todos os níveis de uma organização.[45] Em vez de agendar reuniões formais com subordinados, os administradores ficam circulando por áreas de trabalho e conversam informalmente com funcionários sobre problemas e preocupações que ambos possam ter. Essas conversas informais fornecem aos administradores e subordinados informações importantes e ao mesmo tempo propiciam o desenvolvimento de relações positivas. William Hewlett e David Packard, fundadores e ex-executivos da Hewlett-Packard, achavam que a técnica de administração por "peregrinação" era uma forma bastante eficaz de se comunicar com seus funcionários.

Como a comunicação face a face é a mais rica em informações, pode-se pensar que ela sempre é o meio preferido dos administradores. Entretanto, não é

A despeito da popularidade da comunicação eletrônica, a comunicação face a face ainda é o meio com maior riqueza de informação.

administração por "peregrinação"
Técnica de comunicação face a face na qual os administradores ficam circulando por áreas de trabalho e conversam informalmente com funcionários sobre problemas e preocupações.

esse o caso, devido ao tempo que esse tipo de comunicação absorve e à falta de algum registro eletrônico ou em papel. Quando os administradores querem transmitir mensagens importantes, pessoais ou com grande probabilidade de serem mal entendidas, vale a pena despender o tempo necessário utilizando a comunicação face a face e, se necessário, suplementá-la com alguma forma de comunicação escrita documentando a mensagem.

Os avanços na tecnologia da informação disponibilizam aos administradores meios de comunicação novos e alternativos para a comunicação face a face. Muitas organizações, como a American Greetings Corp. e a Hewlett-Packard, estão usando *videoconferências* para captar algumas das vantagens da comunicação face a face (como a observação de expressões faciais) enquanto poupam tempo e dinheiro eliminando a necessidade de os administradores de diferentes localidades viajarem para as reuniões. Durante uma videoconferência, os administradores em dois ou mais locais diferentes se comunicam por meio de grandes televisores ou telões, e assim ouvem uns aos outros e também se observam mutuamente ao longo da reunião.

Além de economizar custos de viagens, algumas vezes as videoconferências têm outras vantagens. Os administradores da American Greetings verificaram que as decisões são tomadas mais rapidamente quando são usadas videoconferências, pois um número maior de administradores pode estar envolvido no processo de tomada de decisão e, portanto, menos administradores têm que ser consultados fora da reunião em si. Os administradores da Hewlett-Packard constataram que as videoconferências reduziram em 30% o tempo para o desenvolvimento de novos produtos por razões semelhantes. As videoconferências também parecem resultar em reuniões mais eficientes. Alguns administradores constataram que suas reuniões são de 20% a 30% mais curtas quando são usadas videoconferências em vez de reuniões face a face.[46]

Dando um passo adiante na tecnologia das videoconferências, a Cisco Systems desenvolveu uma linha de produtos chamada TelePresence, que permite a indivíduos e equipes de diferentes locais comunicarem-se ao vivo e em tempo real via internet, com alta definição, imagem em tamanho real e áudio de excelente qualidade, o que, independentemente da localidade geográfica dos diferentes indivíduos, faz realmente parecer que as pessoas estão participando de uma reunião na mesma sala.[47] Em uma só manhã, o CEO da Cisco, John Chambers, pôde participar de reuniões com funcionários e equipes da Índia, Japão, Cleveland e Londres em menos de quatro horas usando o TelePresence.[48] Outras empresas, como a HP, desenvolveram produtos similares. O que distingue esses produtos dos sistemas de videoconferência mais antigos é o fato de não haver nenhum retardo na transmissão e de a qualidade da imagem ser nítida, clara, de tamanho (e aparência) real.[49]

Comunicação falada transmitida eletronicamente

Depois da comunicação face a face, a comunicação falada transmitida eletronicamente por meio de linhas telefônicas é a segunda em riqueza de informação (ver Figura 13.2). Embora os administradores que se comunicam via telefone não consigam observar a linguagem corporal e a expressões faciais, podem ouvir o tom de voz do outro, as partes da conversa que o emissor enfatiza e a forma geral como a mensagem é falada, além das palavras em si. Portanto, os telefonemas podem transmitir grande quantidade de informação e assegurar aos administradores que um entendimento mútuo foi alcançado, pois esses podem obter rápido *feedback* pelo telefone e responder perguntas.

Os sistemas de correio de voz e secretárias eletrônicas também permitem aos administradores enviar e receber mensagens eletrônicas verbais por meio de linhas telefônicas. Os sistemas de correio de voz abrangem toda a empresa, e

A Cisco Systems realiza uma conferência de imprensa com Yao Ming usando o sistema de videoconferência TelePresence com imagens em tamanho real.

possibilitam aos emissores a gravação de mensagens para os membros de uma organização que não estiverem disponíveis no momento, além de permitirem que os receptores acessem suas mensagens quando esses se encontram a centenas de quilômetros do escritório. Tais sistemas são, obviamente, uma necessidade quando os administradores precisam constantemente sair do escritório, pois se estão em deslocamento, recebem avisos para checarem seu correio de voz.

Comunicação escrita endereçada a um destinatário específico

Na escala que mede a riqueza de informação, num nível abaixo da comunicação verbal transmitida eletronicamente vem a comunicação escrita endereçada a um destinatário específico (ver Figura 13.2). Uma das vantagens da comunicação face a face e da comunicação verbal transmitida eletronicamente é que ambas tendem a demandar atenção, o que ajuda a garantir que os receptores prestem atenção. As comunicações escritas endereçadas a um destinatário específico, como memorandos e cartas, também possuem essa vantagem. Como são endereçadas a uma determinada pessoa, são boas as chances de que essa irá realmente dar atenção e ler as mensagens. Além disso, ao escrever uma mensagem, o emissor poderá fazê-lo da forma mais simples para o receptor entender. Assim como o correio de voz, a comunicação escrita não permite que um receptor tenha suas perguntas respondidas imediatamente, mas quando as mensagens são escritas de forma clara e é fornecido *feedback*, o entendimento ainda pode ser alcançado.

Mesmo que os administradores usem a comunicação face a face, normalmente se faz necessário um *follow-up* por escrito das mensagens que são importantes (ou complicadas) e precisam ser referidas posteriormente. É exatamente isso o que fez a administradora hospitalar Karen Stracker quando teve que informar um de seus subordinados sobre uma importante mudança na forma como o hospital trataria recusas de benefícios de seguro. Stracker encontrou-se com o subordinado e descreveu as mudanças face a face. A partir do momento em que verificou que ele havia entendido essas mudanças, Stracker lhe passou uma folha de instruções a serem seguidas que, basicamente, sintetizavam as informações que haviam discutido.

O *e-mail* também se encaixa nessa categoria de meio de comunicação, pois tanto emissores quanto receptores estão se comunicando por meio de palavras por escrito endereçadas a um destinatário específico. Entretanto, as palavras aparecem nas telas de seus computadores pessoais em vez de escritas em pedaços de papel. O *e-mail* está se tornando tão difundido no mundo empresarial que os administradores estão até mesmo desenvolvendo sua própria etiqueta ao utilizarem o *e-mail*. Para poupar tempo, Andrew Giangola, administrador na editora Simon & Schuster, costumava digitar todas as suas mensagens de *e-mail* em letras maiúsculas. Ele ficou surpreso quando um receptor de uma de suas mensagens respondeu: "Por que você está gritando comigo?" As mensagens em letras maiúsculas normalmente são interpretadas como se a pessoa estivesse gritando e, portanto, o uso rotineiro de letras maiúsculas por parte de Giangola era uma prática indevida segundo a etiqueta. Eis algumas outras diretrizes de pessoas educadas que enviam *e-mails*: sempre pontue as mensagens; não fique divagando ou diga mais do que o necessário; não aja como se não tivesse entendido alguma coisa se você realmente entendeu e preste atenção na ortografia e formato (coloque um memorando no formato de um memorando). Para evitar constrangimentos como aquele sofrido por Giangola, os administradores da Simon & Schuster criaram uma força-tarefa para elaborar diretrizes de etiqueta para *e-mail*.[50]

A crescente popularidade do *e-mail* também possibilitou que muitos funcionários e gestores se tornassem "teletrabalhadores", pessoas que são empregadas por organizações e que não trabalham nos seus escritórios, mas, sim, em suas próprias casas. Existem aproximadamente 8,4 milhões de teletrabalhadores nos Estados Unidos. Muitos teletrabalhadores indicam que a flexibilidade de trabalhar em casa permite que sejam mais produtivos e, ao mesmo tempo, lhes dá a chance de ficarem mais próximos da família e de não perderem tempo se deslocando de e para o escritório.[51] Um estudo realizado pela Georgetown University constatou que 75% dos teletrabalhadores pesquisados afirmaram que sua produtividade aumentou, e 83% disseram que suas vidas domésticas melhoraram depois que passaram a trabalhar a distância e a partir de casa.[52]

Infelizmente, o crescente uso do *e-mail* tem sido acompanhado também por um uso abusivo. Alguns funcionários assediam sexualmente os colegas por meio de *e-mail* e, algumas vezes, cônjuges que estão em processo de divórcio e trabalham juntos em uma empresa assinam o nome de seu respectivo cônjuge em *e-mails* que contêm mensagens insultantes ou depreciativas e os enviam para o chefe dos seus (futuros) ex-parceiros. Robert Mirguet, gerente de sistemas de informação da Eastman Kodak, mencionou que alguns funcionários da Kodak usaram o sistema de *e-mail* da empresa para tentar iniciar seus próprios negócios durante o horário de trabalho. Os administradores da Kodak monitoram as mensagens de *e-mail* dos funcionários quando suspeitam de alguma forma de abuso. Os altos executivos também reclamam que algumas vezes suas caixas postais ficam entupidas com *spams*. Em recente pesquisa, mais da metade das organizações contatadas reconheceu alguns problemas com seus sistemas de *e-mail*.[53]

Para evitar essas e outras custosas formas de abuso por *e-mail*, os administradores precisam desenvolver uma política clara especificando para qual finalidade o *e-mail* da empresa pode e deve ser usado e o que é proibido. Os administradores também devem comunicar claramente essa política a todos os membros de uma organização, assim como os procedimentos que serão feitos quando houver suspeita de abuso no uso de *e-mail* e as consequências da confirmação desse abuso.

Comunicação escrita impessoal

A comunicação escrita impessoal é a que tem menos riqueza de informação e é adequada para mensagens que precisam alcançar diversos receptores. Como tais mensagens não são endereçadas a receptores particulares, o *feedback* é pouco provável, de modo que os administradores devem se certificar de que as mensagens enviadas por esse meio sejam escritas claramente em linguagem que todos os receptores compreenderão.

Normalmente, os administradores acreditam que os boletins informativos sejam veículos úteis para se atingir diversos funcionários. Muitos administradores atribuem nomes chamativos a seus boletins para despertar o interesse dos funcionários e também injetar um pouco de humor no local de trabalho. No fabricante de linguiças de porco Bob Evans Farms Inc., os administradores haviam atribuído o nome *The Squealer* ("O Grunhidor", em português) para seu boletim informativo, que assim se manteve por vários anos, mas, recentemente, mudaram seu título para *The Homesteader* ("O Colono") para refletir a ampla linha de produtos da empresa. Os administradores da American Greetings Corp., da Yokohama Tire Corp., e os administradores da Eastman Kodak deram, respectivamente, os seguintes nomes aos seus boletins informativos: *Expressions* ("Expressões"), *TreadLines* ("Banda de Rodagem") e *Kodakery*. Os administradores da Quaker State Corp. promoveram um concurso para a sugestão de um novo nome para seu boletim. Entre os mil nomes sugeridos tínhamos *The Big Q Review*, *The Pipeline* e *Q. S. Oil Press*; o vencedor foi *On Q*.[54]

Os administradores podem usar a comunicação escrita impessoal para vários tipos de mensagens, inclusive regras, regulamentos, políticas, informações dignas de publicação e anúncios de mudanças nos procedimentos ou a chegada de novos membros de uma organização. A comunicação escrita impessoal também pode ser usada para comunicar instruções sobre como usar maquinário ou como processar ordens de serviço ou solicitações de clientes. Nesses tipos de mensagens, o registro eletrônico ou em papel deixado pelo tipo de meio utilizado pode ser de valor inestimável para os funcionários.

Assim como na comunicação escrita pessoal, a comunicação escrita impessoal pode ser entregue e recuperada eletronicamente, o que está sendo feito cada vez mais em empresas grandes e pequenas. Infelizmente, a facilidade com que as mensagens eletrônicas podem ser espalhadas levou à sua proliferação. As caixas de entrada de muitos administradores e funcionários ficam

sobrecarga de informação
Uma superabundância de informação que aumenta a probabilidade de que informações importantes sejam ignoradas ou passem batido enquanto se dá atenção à informação digressiva.

entupidas e as respostas das mensagens ficam pendentes. Raramente eles têm tempo de ler todas as informações eletrônicas (relativas ao trabalho) que recebem. O problema com tal **sobrecarga de informação** – uma superabundância de informação – é o risco de que informações importantes sejam ignoradas ou passem desapercebidas enquanto se dá atenção à informação irrelevante. Além disso, a sobrecarga de informação pode resultar em milhares de horas e milhões de dólares em produtividade perdida.

Ciente dos perigos da sobrecarga, Nathan Zeldes, gerente de produtividade computacional da divisão da Intel em Israel, decidiu enfrentar esse problema de frente.[55] Na divisão de Zeldes, cerca de 3 milhões de *e-mail*s são enviados ou recebidos diariamente, e alguns funcionários chegam a receber mais de 300 mensagens por dia. Em média, os funcionários gastam duas horas e meia por dia lidando com essa enxurrada de informações. Para combater esse problema, Zeldes criou um programa de treinamento para educar funcionários sobre como o *e-mail* pode aumentar a produtividade e sobre como essa sobrecarga pode ser limitada.[56] A reação ao programa de treinamento tem sido positiva, e agora ele é usado nas divisões da Intel pelo mundo.[57]

Avanços na tecnologia da informação

A tecnologia da informação com base em computadores pode facilitar bastante e também aperfeiçoar um processo de comunicação. Sua utilização tem permitido que os administradores desenvolvam sistemas de informações gerenciais computadorizados que fornecem informação oportuna, completa, relevante e de alta qualidade. Conforme já foi discutido, com o uso de TI, as empresas conseguem melhorar o seu tempo de resposta aos clientes, minimizar custos e, assim, melhorar sua posição competitiva. A interligação entre sistemas de informação, comunicação e posição competitiva é importante e pode determinar o sucesso ou o insucesso das organizações em um ambiente global cada vez mais competitivo. Para explicar melhor a revolução atual na tecnologia da informação, nesta seção examinaremos vários tipos de aspectos da tecnologia da informação com base em computadores.

O preço da informação está despencando

A revolução da tecnologia da informação começou com o desenvolvimento dos primeiros computadores – o *hardware* da tecnologia da informação com base em computadores – nos anos 1950. A linguagem dos computadores é uma linguagem digital de zeros e uns. Palavras, números, imagens e sons podem todos ser expressos em zeros e uns. Cada letra do alfabeto possui seu código único de zeros e uns, assim como cada número, cada cor e cada som. O código digital para o número 20, por exemplo, é 10100. Na linguagem dos computadores, já é preciso um monte de zeros e uns para expressar até mesmo uma simples sentença. O que dizer, então, de imagens coloridas complexas ou imagens em movimento? Não obstante, os computadores modernos são capazes de ler, processar e armazenar milhões de instruções por segundo (uma instrução é uma linha de código de *software*) e, portanto, vastas quantidades de zeros e uns. É esse poder tremendo que forma a base da atual revolução da tecnologia da informação.

Os cérebros dos computadores modernos são microprocessadores (*chips* Pentium da Intel e seu *chip* mais novo, o *chip* Itanium, são microprocessadores). Entre 1991 e 2001, o custo relativo do processamento dos computadores caiu tanto que Gordon Moore, um guru da informática, observou que "se a indústria de automóveis avançasse tão rapidamente como a de semicondutores, um Rolls Royce faria meio milhão de quilômetros por litro e seria mais barato jogá-lo fora do que estacioná-lo".[58] Como os custos de aquisição, organização, armazenamento e transmissão de informações despencaram, os computadores se tornaram tão comuns como os celulares e micro-ondas.[59] Além disso, os avanços na tecnologia dos microprocessadores levaram a reduções extraordinárias no custo da comunicação entre computadores, que também contribuíram para a queda do preço da informação e dos sistemas de informação.

Em 2003, o McDonald's fez o lançamento de sua conexão *wi-fi* nas lojas da cidade de Nova York e nos três principais mercados dos Estados Unidos. Hoje em dia, existem mais de 15 mil lanchonetes com rede wireless pelo mundo.

networking A troca de informações por meio de um grupo ou rede de computadores interligados.

Comunicações sem fios

Outra tendência de considerável importância dentro dos sistemas de informação tem sido o rápido crescimento das tecnologias de comunicação *wireless*, particularmente as comunicações digitais. A comunicação *wireless* é significativa para a revolução da tecnologia da informação, pois facilita a conexão entre pessoas e computadores, o que aumenta muito a capacidade de tomada de decisão. Um engenheiro ou vendedor que trabalha em campo pode enviar e receber informações do *home office* usando a capacidade de comunicação *wireless* inclusa nos *smartphones*, *laptops* e *netbooks*.

Redes de computadores

A queda do preço das tecnologias e das informações, assim como o uso de canais de comunicação *wireless*, facilitaram o *networking*, isto é, a troca de informações dentro de um grupo ou rede de computadores interligados. Atualmente, o arranjo mais comum encontrado é composto de uma rede de três camadas formada por clientes, servidores e um *mainframe* (ver Figura 13.4). Nos polos externos de uma típica rede de três camadas, estão os computadores pessoais (PCs) que se encontram nas mesas de usuários individuais. Esses computadores pessoais, conhecidos como *clientes*, são ligados a um *servidor* local, um computador de preço médio com grande poder de processamento que "serve" os computadores pessoais clientes. Normalmente, são instalados nos servidores programas que consomem muitos recursos de um computador, e por isso são executados com mais eficiência em um servidor do que em computadores pessoais individuais. Os servidores também têm a capacidade de gerenciar várias impressoras (que podem ser usadas por centenas de clientes), de armazenar vários arquivos de dados e de lidar com a comunicação de *e-mail* entre os clientes. Os computadores clientes ligados diretamente a um servidor constituem uma *rede local* (LAN – *Local Area Network*). Dentro de qualquer organização podem existir várias LANs – pode haver, por exemplo, uma LAN em cada divisão e função.

No centro de um sistema de três camadas se encontram os *mainframes,* computadores grandes e poderosos que podem ser usados para armazenar e processar enormes volumes de informação. O *mainframe* também pode ser usado para gerenciar a comunicação eletrônica entre computadores pessoais situados em LANs diferentes. Além disso, o *mainframe* pode ser conectado a *mainframes* de outras organizações e, por meio deles, a LANs de outras organizações. A internet, a rede mundial de computadores, é usada cada vez mais como um conector entre os sistemas de computadores de diferentes organizações.

Um administrador com um computador pessoal ligado a um sistema de três camadas pode acessar dados e *software* armazenados no servidor local, no *mainframe* ou por meio da internet em computadores que se encontram em uma outra organização. Portanto, um administrador pode se comunicar eletronicamente com outros indivíduos interligados ao sistema, estejam eles na LAN do administrador, em outra LAN dentro da organização do administrador ou em uma outra organização. Além disso, devido ao crescimento da comunicação *wireless*, um indivíduo com o equipamento apropriado pode se ligar ao sistema de qualquer ponto, esteja ele em casa, em uma embarcação, na praia, em um avião ou em qualquer lugar de onde se possa estabelecer um *link* de comunicação *wireless*.

Avanços no *software*

sistema operacional *Software* que diz ao *hardware* dos computadores como executar.

Se o *hardware* de computadores se desenvolve rapidamente, o mesmo acontece com o *software*. Os **sistemas operacionais** dizem ao *hardware* dos computadores como executar. Já os **programas**

Figura 13.4
Um típico sistema de informação de três camadas.

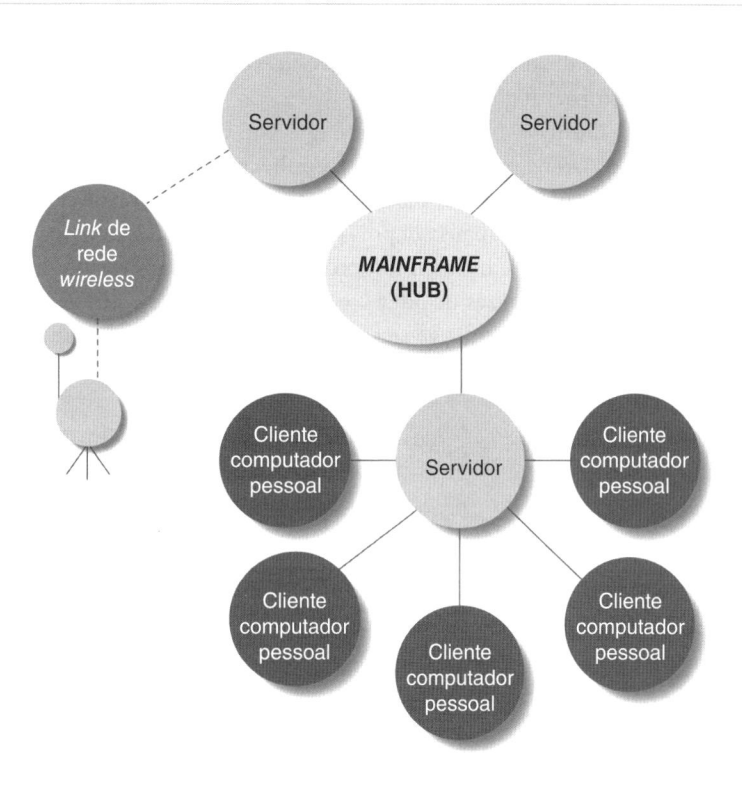

programas aplicativos
Programas desenvolvidos para uma tarefa ou uso específico.

aplicativos, como processadores de texto, planilhas eletrônicas, programas gráficos e de gerenciamento de bancos de dados, são programas desenvolvidos para uma tarefa ou uso específico. O aumento no poder de processamento dos computadores está permitindo aos programadores de *software* o desenvolvimento de programas cada vez mais poderosos e mais fáceis de usar. Ao se aproveitar do poder crescente dos microprocessadores, os programas aplicativos aumentaram muitíssimo a capacidade de os administradores adquirirem, organizarem, manipularem e transmitirem informações, e também aumentaram a sua capacidade de coordenar e controlar as atividades de suas organizações e tomar decisões de maneira eficaz, conforme discutido anteriormente.

A inteligência artificial é mais uma interessante e potencialmente frutífera inovação de *software*. A **inteligência artificial** tem sido definida como um determinado comportamento apresentado pelas máquinas que poderia ser considerado inteligente se fosse realizado por um ser humano.[60] A inteligência artificial já tornou possível o desenvolvimento de programas capazes de resolver problemas e realizar tarefas simples. Por exemplo, os programas denominados "agentes de *software*", "softbots" ou "knowbots" podem ser usados para realizar tarefas gerenciais simples, como tratar e classificar grandes quantidades de dados ou mensagens da caixa de entrada de *e-mail* em busca de dados e mensagens importantes. A característica interessante desses programas é que ao "observar" como um administrador lida com tais dados, eles podem "aprender" quais são suas preferências, e assim absorver parte desse trabalho, liberando mais tempo para que o administrador trabalhe em outras tarefas. A maior

inteligência artificial
Determinado comportamento apresentado pelas máquinas que poderia ser considerado inteligente se fosse realizado por um ser humano.

"Bem, por ser solteiro e robô, tenho muito tempo de sobra para fazer hora extra!"

Copyright © *The New Yorker* Collection 1996 Ed Fisher de cartoonbank.com. Todos os direitos reservados.

parte desses programas está em fase de desenvolvimento, mas em uma década o seu uso poderá se tornar lugar-comum.⁶¹

Outro avanço de *software* que está começando a ter impacto no trabalho dos administradores: são os programas para reconhecimento de voz. Normalmente, tais programas precisam ser "treinados" para reconhecer e compreender a voz de cada indivíduo, e requerem que aquele que fala faça uma pausa depois de cada palavra. Entretanto, com o constante aumento do poder de processamento dos microprocessadores, surgiram programas de reconhecimento de voz mais rápidos, capazes de lidar com mais variáveis e complexidade muito maior. Agora, enquanto um administrador dirige seu carro, ele pode se comunicar com um computador por meio de uma conexão sem fio e dar a ele instruções complexas via comandos de voz.⁶²

Tipos de sistemas de informações gerenciais

Quatro tipos de sistemas de informações gerenciais computadorizados podem ser particularmente úteis para fornecer aos administradores as informações necessárias para o processo de tomar decisões e também para a coordenação e o controle dos recursos organizacionais: sistemas de processamento de transações, sistemas de informações operacionais, sistemas de apoio à decisão e sistemas especializados. Na Figura 13.5, tais sistemas são dispostos em uma escala de acordo com a utilidade com que fornecem aos administradores as informações necessárias para tomar decisões não programadas (lembre-se que, no Capítulo 5, vimos que uma tomada de decisão não programada ocorre em resposta a oportunidades e ameaças imprevisíveis e fora do comum). Examinaremos cada um desses sistemas depois de focarmos o sistema de informações gerenciais que precede a todos: a hierarquia organizacional.

MA4 Estabelecer a diferença entre os quatro tipos de sistemas de informações gerenciais.

Hierarquia organizacional: o sistema de informação tradicional

Tradicionalmente, os administradores têm usado a hierarquia organizacional como um sistema para reunir as informações necessárias tanto para que alcancem melhores níveis de coordenação e controle como para que tomem decisões (refira-se ao Capítulo 7 para uma discussão sobre hierarquia e estrutura organizacional). De acordo com Alfred Chandler, historiador da administração, o uso da hierarquia como uma rede de informações foi aperfeiçoado pelas empresas ferroviárias norte-americanas durante os anos 1850.⁶³ Naquela época, as ferrovias eram as maiores organizações industriais nos Estados Unidos. Em virtude de seu tamanho e extensão geográfica, os administradores enfrentavam problemas de coordenação e controle únicos. Nos anos 1850, começaram a resolver esses problemas desenhando estruturas administrativas hierárquicas que forneciam aos administradores de escalão mais alto as informações necessárias para que conseguissem coordenar, controlar e tomar decisões no que dizia respeito à administração de ferrovias.

Daniel McCallum, superintendente da Erie Railroad nos anos 1850, percebeu que as linhas de autoridade e responsabilidade que definiam a hierarquia administrativa da Erie também representavam os canais de comunicação ao longo dos quais a informação trafegava. McCallum estabeleceu aquilo que

Figura 13.5
Quatro sistemas de informações gerenciais computadorizados.

| Sistemas de processamento de transações | Sistemas de informações operacionais | Sistemas de apoio à decisão | Sistemas especializados |

TOMADA DE DECISÃO PROGRAMADA ←——————→ **TOMADA DE DECISÃO NÃO PROGRAMADA**

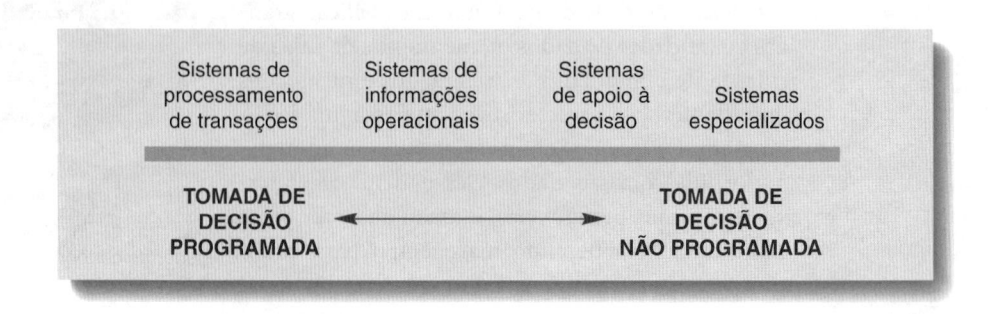

talvez tenha sido o primeiro sistema de informações gerenciais moderno. Relatórios regulares diários e mensais eram introduzidos na cadeia de comando a fim de que os altos executivos pudessem tomar decisões sobre, por exemplo, o controle de custos e a fixação de tarifas de frete. As decisões eram então retransmitidas até as camadas hierárquicas mais inferiores para que pudessem ser executadas. Imitando as ferrovias, a maior parte das outras organizações usava suas hierarquias como sistemas para coleta e transmissão de informação. Essa prática começou a mudar apenas quando as tecnologias eletrônicas da informação começaram a ter preços mais razoáveis na década de 1960.

Embora a hierarquia organizacional seja um sistema de informação útil, existem vários inconvenientes a ela associados. Primeiramente, em organizações com muitas camadas de gerência, pode levar muito tempo até que a informação trafegue para os níveis de hierarquia superiores e as decisões resultantes retornem até as camadas hierárquicas mais inferiores. Esse ritmo lento pode reduzir a oportunidade e a utilidade da informação e impedir que uma organização reaja rapidamente a mudanças nas condições de mercado.[64] Em segundo lugar, as informações podem ser distorcidas à medida que se deslocam de uma camada hierárquica para a outra. A **distorção da informação**, mudança no significado que ocorre à medida que as informações passam por uma série de emissores e receptores, reduz a qualidade da informação.[65] Em terceiro lugar, como os gerentes têm um controle limitado, à medida que uma organização torna-se maior sua hierarquia também se estende, e essa estrutura vertical pode tornar a hierarquia um sistema de informação muito caro. A ideia popular de que as empresas com hierarquias verticais são burocráticas e não atendem prontamente as necessidades de seus clientes provém da incapacidade de as hierarquias verticais processarem dados de maneira eficaz e fornecerem a seus administradores informações oportunas, completas, relevantes e de alta qualidade. Entretanto, até a chegada dos sistemas de informação computadorizados, a hierarquia administrativa era o melhor sistema de informação disponível.

Sistemas de processamento de transações

O **sistema de processamento de transações** é um sistema elaborado para tratar grandes volumes de transações rotineiras e recorrentes. Os sistemas de processamento de transações começaram a aparecer no início dos anos 1960, com o advento de *mainframes* disponíveis no mercado. Esses sistemas foram o primeiro tipo de sistema de informações gerenciais computadorizado adotado por várias organizações, e hoje em dia são bastante comuns. Os gerentes de bancos usam um sistema de processamento de transações para registrar depósitos e pagamentos de contas-correntes. Os gerentes de supermercados usam um sistema de processamento de transações para registrar a venda de itens e monitorar os níveis de estoque. De forma mais ampla, a maioria dos administradores das grandes organizações usa um sistema de processamento de transações para lidar com tarefas como processamento de folhas de pagamento, cobrança de clientes e pagamento de fornecedores.

Sistema de informações operacionais

Vários tipos de sistemas de informações gerenciais seguiram os passos dos sistemas de processamento de transações nos anos 1960. O **sistema de informações operacionais** é um sistema que reúne dados mais abrangentes, os quais são organizados e sintetizados para que sejam úteis aos administradores. Enquanto um sistema de processamento de transações processa transações rotineiras, um sistema de informações operacionais fornece aos administradores informações para aquelas tarefas de coordenação, controle e tomadas de decisão não rotineiras. A maioria dos sistemas de informações operacionais é acoplado a um sistema de processamento de transações. Um sistema de informações operacionais acessa dados reunidos por um sistema de processamento de transações, processa esses dados de forma útil e organiza tais informações de maneira acessível aos administradores. Normalmente, os administradores usam um sistema de informações operacionais para obter informações relativas a vendas, estoque, contabilidade e outras relacionadas com o desempenho. As informações que T. J. Rodgers da Cypress Semiconductor obtém sobre as metas e desempenho de cada funcionário, por exemplo, são fornecidas por um sistema de informações operacionais.

A FedEx usa um sistema de informações operacionais para monitorar o desempenho de suas 1,5 mil estações terrestres. Cada estação terrestre é avaliada de acordo com quatro critérios: entrega (o objetivo é entregar 100% de todas as encomendas até o meio-dia do dia seguinte ao da coleta), produtividade (medida pelo número de encomendas entregues por hora pelos funcionários), controle de custos e lucratividade da estação. Cada estação terrestre também tem suas metas específicas de entrega, eficiência, custo e lucratividade. Todo mês, o sistema de informações operacionais da Fedex é usado para reunir informações sobre esses quatro critérios e resumi-los para os altos executivos, que são então capazes de comparar o desempenho de cada estação em relação às suas metas preestabelecidas. O sistema alerta prontamente os altos executivos sobre estações terrestres cujo desempenho está abaixo do esperado, a fim de que possam intervir de forma seletiva na tentativa de ajudar a solucionar quaisquer eventuais problemas advindos de um fraco desempenho.[66]

Sistemas de apoio à decisão

sistema de apoio à decisão
Um interativo sistema de informações gerenciais computadorizado com capacidade de criar modelos que podem ser utilizados pelos administradores quando precisam tomar decisões não rotineiras.

O **sistema de apoio à decisão** é um sistema informatizado interativo que fornece modelos que ajudam os administradores a tomarem boas decisões não programadas.[67] Como vimos no Capítulo 5, decisões não programadas são decisões relativamente fora do comum ou inéditas, como aquelas em que se resolve investir na expansão da capacidade produtiva, desenvolver um produto novo, lançar uma nova campanha promocional, entrar em um novo mercado ou expandir internacionalmente. Embora um sistema de informações operacionais organize informações importantes para os administradores, um sistema de apoio à decisão dá aos administradores a capacidade de criação de modelos e, portanto, a capacidade de manipular informações de várias maneiras. Os administradores podem, por exemplo, usar um sistema de apoio à decisão para ajudá-los a decidir se devem ou não reduzir o preço de um produto. Neste caso, o sistema poderia fornecer aos administradores modelos de como os clientes e os concorrentes reagiriam a um corte nos preços, e ao executar esses modelos, os administradores poderiam usar os resultados como uma *ferramenta de apoio* na tomada de decisão.

É importante enfatizar o termo *ferramenta de apoio*, já que o propósito da análise final de um sistema de apoio à decisão não é tomar decisões para os administradores; na verdade, sua função é fornecer informações valiosas que os administradores podem usar para melhorar a qualidade de sua tomada de decisão. Um bom exemplo de um sofisticado sistema de apoio à decisão, desenvolvido por Judy Lewent, diretora financeira da indústria farmacêutica norte-americana Merck, é dado um pouco mais adiante no quadro "O administrador como pessoa."

Sistemas especializados e inteligência artificial

sistema especializado
Um sistema de informações gerenciais que emprega conhecimentos humanos armazenados em um computador para resolver problemas que normalmente exigiriam domínio humano.

Os sistemas especializados são os sistemas de informações gerenciais mais avançados disponíveis. Um **sistema especializado** é um sistema que emprega conhecimentos humanos armazenados em um computador para resolver problemas que normalmente exigiriam domínio humano.[68] Os sistemas especializados são uma variação da inteligência artificial.[69] Imitar o domínio (e a inteligência) dos seres humanos requer que um computador consiga, no mínimo: (1) reconhecer, formular e resolver um problema; (2) explicar a solução; e (3) aprender a partir de experiências passadas.

O ADMINISTRADOR COMO PESSOA

Como Judy Lewent se tornou uma das mulheres mais poderosas do mundo corporativo americano

Com vendas anuais de mais de US$ 45 bilhões, a Merck é um dos maiores desenvolvedores e comerciantes de produtos farmacêuticos avançados. Em 2000, a empresa gastou mais de US$ 3 bilhões em P&D para desenvolver novas drogas – um processo oneroso, difícil e muito arriscado. A maioria das ideias para novas drogas não vinga. São consumidos em

Judy Lewent, diretora financeira da Merck, se reúne com diretores da sueca Astra Pharmaceuticals enquanto elabora os detalhes de seu empreendimento global.

média US$ 300 milhões e 10 anos para lançar uma nova droga no mercado, e sete de cada 10 drogas novas não rendem lucros para a empresa desenvolvedora.

Devido aos custos, riscos e incertezas envolvidos no desenvolvimento de uma nova droga, Judy Lewent, na época diretora de análise de capitais da Merck, decidiu desenvolver um sistema de apoio à decisão que pudesse ajudar os administradores a tomarem decisões mais eficazes no que diz respeito a investimentos em P&D. Seu objetivo era fornecer aos altos executivos da Merck as informações necessárias para a avaliação de cada um dos projetos de P&D propostos. O sistema desenvolvido por Lewent e seu pessoal é conhecido na Merck como "Modelo de Planejamento de Pesquisa."[70] No cerne desse sistema de apoio à decisão encontra-se um sofisticado modelo. Entre as variáveis de entrada, temos dados referentes a gastos com P&D, custos de fabricação, custos de vendas e condições de demanda. As relações entre as variáveis de entrada são modeladas por meio de várias equações que levam em conta a probabilidade de uma droga conseguir passar pelas fases de desenvolvimento e chegar ao mercado. Os resultados desse processo de modelagem são as receitas, fluxos de caixa e lucros que um projeto poderia gerar.

O modelo da Merck não usa um único valor para uma dada variável de entrada, nem calcula um único valor para cada saída (resultado). Ao contrário, é especificado um intervalo para cada variável de entrada (como despesas elevadas, médias e baixas em P&D). O computador faz amostragens repetidas e aleatórias a partir do intervalo de valores para cada variável de entrada e produz uma distribuição de probabilidades dos valores para cada resultado. Portanto, em vez de afirmar categoricamente que um determinado projeto de P&D proposto auferirá um lucro de US$ 500 milhões, por exemplo, o sistema de apoio à decisão produz uma distribuição de probabilidades. Ele poderia afirmar que, embora US$ 500 milhões seja o lucro mais provável, há 25% de chance de o lucro ser inferior a US$ 300 milhões e uma chance de 25% de ser superior a US$ 700 milhões.

Hoje a Merck usa o sistema de apoio à decisão de Lewent para avaliar todas as decisões de investimento em projetos de P&D propostos. Além disso, Lewent desenvolveu outros modelos de sistema de apoio à decisão que os administradores da Merck podem usar para ajudá-los a decidir, por exemplo, se a Merck deveria entrar ou não em *joint ventures* com outras empresas, ou ainda a melhor forma de se proteger de riscos de flutuações no câmbio estrangeiro. Para Lewent, sua recompensa foi a promoção para o cargo de diretora financeira da Merck. Ela se tornou uma das mulheres mais poderosas do mundo corporativo americano.

Recentes avanços na inteligência artificial (que receberam nomes como "lógica *fuzzy*" e "redes neurais") resultaram em programas para computador que, de uma forma primitiva, tentam imitar os processos mentais humanos. Embora a inteligência artificial ainda se encontre em um estágio de desenvolvimento relativamente precoce, um número cada vez maior de aplicações comerciais está começando a surgir na forma de sistemas especializados. A General Electric, por exemplo, desenvolveu um sistema especializado para ajudar a resolver problemas em seus motores de locomotivas a diesel. O sistema especializado baseou-se originalmente em conhecimentos coletados por David Smith, um grande reparador de locomotivas da GE, que se aposentou na década de 1980 depois de 40 anos de serviços prestados à GE. Um técnico ou engenheiro novato pode usar o sistema para descobrir um defeito gastando apenas alguns minutos em um terminal de computador. O sistema consegue explicar ao usuário a lógica de sua recomendação, servindo tanto como um professor quanto como um solucionador de problemas. O sistema se baseia em um processo mental flexível parecido com o de seres humanos, e pode ser atualizado para incorporar novos conhecimentos à medida que esses estiverem disponíveis. A GE instalou o sistema em todos os postos de manutenção de ferrovia atendidos pela empresa, e assim eliminou atrasos e aumentou a produtividade da manutenção.[71]

Limitações dos sistemas de informação

Apesar de sua utilidade, os sistemas de informação possuem algumas limitações. Um sério problema que pode ocorrer é aquele citado no início deste capítulo. Naquele entusiasmo todo por sistemas de informações gerenciais, comunicação eletrônica por meio de redes de computadores e coisas do gênero, um elemento de comunicação humana vital pode ser perdido. Alguns tipos de informação não podem ser agregados e sintetizados em um relatório MIS devido a problemas concernentes à riqueza de informação. Normalmente, para que se possa coordenar e controlar uma empresa de maneira eficaz e tomar decisões bem fundamentadas, são necessárias informações muito ricas, bem mais detalhadas do que daquelas que podem ser quantificadas e agregadas.

A importância da riqueza de informação é um argumento convincente a favor do emprego da comunicação eletrônica para *apoiar* a comunicação face a face, e não para substituí-la. Por exemplo, seria errado fazer julgamento sobre o desempenho de um indivíduo simplesmente "lendo os números" fornecidos por um sistema de informações gerenciais. Em vez disso, os números deveriam ser usados para alertar os administradores sobre indivíduos que talvez tenham um problema de desempenho. A natureza desse problema de desempenho deveria ser então explorada em uma reunião *in loco*, durante a qual poderiam ser recolhidas informações mais detalhadas. Como observa um alto executivo da Boeing: "Em nossa empresa, o uso de *e-mail* e videoconferência não reduziu a necessidade de visitar as pessoas em outros locais; ele aumentou tal necessidade. O *e-mail* facilitou o estabelecimento de canais de comunicação entre as pessoas que de outro modo não iriam se comunicar, o que por um lado é bom, mas os encontros pessoais ainda são necessários para solidificar qualquer relação de trabalho que nasça a partir dessas reuniões eletrônicas".

Resumo e revisão

INFORMAÇÃO E O TRABALHO DO ADMINISTRADOR Os sistemas de informação computadorizados são fundamentais para a operação da maior parte das organizações. Fornecendo aos administradores informação oportuna, relevante, de alta qualidade e relativamente completa, os sistemas de informação apropriadamente implementados podem aumentar a capacidade de os administradores coordenarem e controlarem as atividades de uma organização e tomarem decisões eficazes. Além disso, os sistemas de informação podem ajudar a organização a ganhar vantagem competitiva por meio do impacto benéfico na produtividade, qualidade, inovação e tempo de resposta aos clientes. **[MA1]**

COMUNICAÇÃO E ADMINISTRAÇÃO A comunicação é o compartilhamento de informações entre duas ou mais pessoas ou grupos para que esses cheguem a um entendimento. A boa comunicação é necessária para uma organização ganhar vantagem competitiva. A comunicação ocorre em um processo cíclico que envolve duas fases: transmissão e *feedback*. **[MA2]**

RIQUEZA DE INFORMAÇÃO E MEIO DE COMUNICAÇÃO A riqueza de informação é a quantidade de informações que um meio de comunicação consegue transportar e o grau com que o meio permitirá que emissor e receptor cheguem a um entendimento. As quatro categorias de meio de comunicação em ordem decrescente de riqueza de informação são:

comunicação face a face (inclui videoconferências), comunicação falada transmitida eletronicamente (inclui correio de voz), comunicação escrita endereçada a um destinatário específico (inclui *e-mail*) e comunicação escrita impessoal (inclui boletins informativos). [MA3]

A REVOLUÇÃO DA TECNOLOGIA DA INFORMAÇÃO Ao longo dos últimos 30 anos, vêm acontecendo rápidos avanços no poder de processamento e rápido declínio no custo da tecnologia da informação. Os preços em queda, a comunicação *wireless*, as redes de computadores e os avanços nos *softwares* aumentaram radicalmente o poder e a eficácia dos sistemas de informação computadorizados. [MA4]

TIPOS DE SISTEMAS DE INFORMAÇÕES GERENCIAIS Tradicionalmente, os administradores usavam a hierarquia organizacional como principal sistema para a reunião das informações necessárias para a coordenação e o controle de uma organização e para tomar decisões eficazes. Hoje em dia, os administradores usam quatro tipos de sistemas de informação computadorizados. Listados em ordem crescente de sofisticação, são eles: sistemas de processamento de transações, sistemas de informações operacionais, sistemas de apoio à decisão e sistemas especializados. [MA4]

Administradores em ação

Tópicos para discussão e trabalho

DISCUSSÃO

1. Qual a relação entre sistemas de informação e vantagem competitiva? [MA2]

2. Qual meio (ou meios) você imagina que seria(m) apropriado(s) para enviar cada um dos seguintes tipos de mensagens que um subordinado poderia receber de seu chefe: (a) um aumento salarial, (b) o não recebimento de uma promoção, (c) um erro em um relatório preparado pelo subordinado, (d) a atribuição de mais responsabilidades de trabalho e (e) o cronograma de férias da empresa para o ano seguinte. Justifique suas escolhas. [MA3]

3. Peça a um administrador para descrever os principais tipos de sistemas de informação que ele usa rotineiramente no trabalho. [MA1, 2]

4. Devido ao custo cada vez mais baixo do alto poder computacional, da comunicação *wireless* e de tecnologias como a videoconferência, em breve muitos administradores talvez não precisarão mais ir ao escritório; eles poderão trabalhar em casa. Quais são os prós e os contras de tal sistematização? [MA3]

5. Muitas empresas têm relatado que é difícil implementar sistemas avançados de informações gerenciais e de apoio à decisão. Por que você acha que isso acontece? Como os obstáculos a essa implementação poderiam ser eliminados? [MA4]

6. Por que a comunicação face a face entre administradores ainda é importante em uma organização? [MA2, 3]

Desenvolvimento de habilidades gerenciais [MA2, 3]
Diagnosticando a comunicação ineficaz

Pense na última vez que você vivenciou uma situação de comunicação extremamente ineficaz com outra pessoa – alguém com quem trabalhe, um colega de classe, um amigo, um familiar. Descreva o caso. Após isso, responda às seguintes perguntas:

1. Por que sua comunicação foi ineficaz nesse episódio?
2. Quais estágios do processo de comunicação foram particularmente problemáticos e por quê?
3. Descreva qualquer processo de filtragem ou distorção de informação que tenha ocorrido.
4. Como você lidaria com essa situação para que a comunicação tivesse sido eficaz?

Administrando eticamente [MA2, 3]

Nas organizações atuais, os funcionários muitas vezes se aproveitam dos sistemas de informação de suas empresas. O uso abusivo do *e-mail* está aumentando assim como o tempo que os funcionários gastam surfando na internet durante o período de trabalho. De fato, as estatísticas sugerem que aproximadamente 70% do tempo total gasto surfando na internet deveria ser dedicado à empresa.

Perguntas

1. Sozinho ou em grupo, explore a ética de usar TI durante o período de trabalho para uso pessoal. Os funcionários deveriam ter direito a usar tais recursos? Quando a conduta dos funcionários se torna antiética?
2. Algumas empresas monitoram a forma como seus funcionários usam TI e a internet. Os administradores e gerentes se comportam de maneira ética ao lerem *e-mail* privado dos funcionários ou registrarem os *sites* que os funcionários visitam?

Exercício em grupo [MA2, 4]
Usando novos sistemas de informação

Forme pequenos grupos de três ou quatro pessoas e indique um de seus membros para ser o seu porta-voz. Este último comunicará as descobertas do grupo a toda a classe quando chamado pelo professor. Logo após, discuta a seguinte situação:

Você faz parte de uma equipe de sócios-gerentes de uma grande empresa contábil. Você é responsável por auditar os sistemas de informação de sua empresa para determinar se eles são ou não apropriados e modernos. Para sua surpresa, você descobre que, embora sua organização tenha um sistema de correio eletrônico implementado em funcionamento e os contadores estejam conectados a uma poderosa rede local (LAN), a maioria dos contadores (inclusive os sócios) não está usando essa tecnologia. Você também constatou que a hierarquia organizacional ainda é o sistema de informação preferido dos sócios-gerentes.

Dada a situação, você está preocupado, pois talvez sua organização não esteja explorando as oportunidades oferecidas pelos novos sistemas de informação para obter vantagem competitiva. Você já discutiu a questão e está se reunindo para elaborar um plano de ação para fazer com que os contadores avaliem a necessidade de aprender a tirar proveito do potencial da nova tecnologia da informação.

1. Quais seriam as vantagens que os contadores obteriam caso usassem a nova tecnologia da informação?
2. Quais problemas você imagina que poderia encontrar na tentativa de convencê-los a usar a nova tecnologia da informação?
3. Discuta como você poderia facilitar a aprendizagem dos contadores sobre essa nova tecnologia.

Seja você o administrador [MA2, 3]

Um problema de comunicação

Mark Chen supervisiona o pessoal de suporte de uma organização comercial que vende móveis por meio da internet. Chen sempre achou que deveria aumentar o seu *staff*. Quando estava prestes a solicitar isso a seu chefe, o ritmo da economia desacelerou e outras áreas da empresa vivenciaram casos de demissão. Portanto, seus planos de tentar aumentar o pessoal estão em compasso de espera indefinido.

Além disso, Chen notou um padrão de comunicação preocupante no seu pessoal. Geralmente, quando ele quer que um dos membros de sua equipe realize uma determinada tarefa, envia por *e-mail* as informações pertinentes para essa pessoa. Nos últimos meses, suas solicitações via *e-mail* foram ignoradas e seus subordinados atendem suas solicitações apenas depois que ele os encontra pessoalmente e lhes comunica um prazo específico. Todas as vezes eles se desculpam pelo atraso, mas dizem sobrecarregarem-se tanto com outros pedidos que às vezes até deixam de atender o telefone. A menos que alguém solicite algo mais de uma vez, eles acham que a solicitação não é tão urgente assim e pode ficar em compasso de espera.

Chen acha que essa situação é deplorável. Entretanto, ele se dá conta de que seus subordinados não têm nenhuma forma de priorizar suas tarefas e constata que é por isso que alguns projetos extremamente importantes foram colocados de lado até que ele mesmo perguntasse sobre eles. Ciente de que não poderá aumentar o seu *staff* a curto prazo, Chen pediu-lhe aconselhamento. Ele quer desenvolver um sistema que faça com que seu *staff* dê algum tipo de resposta às solicitações em um prazo de 24 horas, priorize tarefas, identifique sua importância relativa e não se sobrecarregue a ponto de ignorar pedidos do próprio chefe e de não atender o telefone. Na qualidade de especialista em comunicação, oriente Chen.

BusinessWeek Caso em foco [MA3, 4]

O grande ímpeto da IBM no segmento de consultoria empresarial

No ano passado, quando Riswan Khalfan (diretor de TI da TD Securities) se propôs a melhorar o desempenho do sistema de negociação de opções do banco, ele não conseguiu encontrar tecnologia pronta para uso e adequada para a tarefa. Portanto, concordou em permitir que sua empresa se tornasse objeto de estudo para um projeto de pesquisa da IBM denominado *stream computing*. A tecnologia, desenvolvida ao longo de meia década por uma equipe de 70 cientistas e engenheiros da IBM Research, permite que as empresas analisem dados à medida que esses são recebidos – em vez de ter que introduzi-los primeiramente em um banco de dados.

No caso da TD Securities, a *stream computing* possibilita que ela lide com 5 milhões de dados de negociações de opções por segundo, analise-os na hora e tome decisões automatizadas sobre essas transações. E isso comparado à taxa de 1 a 2 milhões de dados por segundo com os quais normalmente lida o sistema de negociação atual do banco. "Nesse negócio, as decisões mais rápidas são as decisões melhores", diz Khalfan. "Se você ficar para trás, estará lidando com dados desatualizados, o que o coloca em desvantagem." Agora o banco está considerando a possibilidade de trocar todo o seu sistema de negociação pela nova tecnologia.

A *stream computing* é apenas uma parte da maior incursão da IBM no segmento de consultoria empresarial desde que ela adquiriu a Pricewaterhouse-Coopers Consulting sete anos atrás. A empresa está criando uma nova unidade, a IBM Business Analytics & Optimization Services, que dará consultoria a empresas para que essas melhor analisem dados e tomem decisões mais inteligentes. O *staff* de 4 mil consultores do grupo explorará as divisões de pesquisa e *software* da IBM em busca de algoritmos, aplicações e outras inovações para realizar a tarefa.

O rival mais direto da IBM no segmento de consultoria empresarial analítica talvez seja a Hewlett-Packard. A gigante do Vale do Silício formou uma unidade de negócios dois anos atrás que abriga cerca de 3 mil consultores. "Respeitamos o que eles fizeram nesse espaço de tempo, mas não temos medo de travar uma batalha acirrada contra eles", diz Giuliano Di Vitantonio, diretor mundial de *marketing* do grupo de soluções de inteligência empresarial da HP.

A IBM também enfrenta dura concorrência da Oracle e SAP no segmento de *software* do negócio. Nos últimos dois anos, as três adquiriram empresas de *software* do segmento de inteligência empresarial – e possuem basicamente as mesmas capacidades. Um concorrente da IBM ainda mais difícil é o SAS Institute, empresa especialista em *data mining*. A IBM não consegue se igualar à capacidade da SAS na análise de imensos repositórios de informações corporativas. O braço de consultoria da IBM instala uma grande quantidade de *software* SAS em seus próprios clientes – portanto, as duas empresas são, ao mesmo tempo, parceiras e concorrentes.

Onde está o agito?

A concorrência está esquentando porque a análise empresarial é uma das poucas áreas ativas em um mercado de tecnologia que, de outra forma, poderia ser considerado um tanto parado. A expectativa é de que a demanda geral por tecnologia corporativa recue esse ano, mas a empresa de pesquisa de mercado IDC prevê, para 2009, um crescimento de 3,45% no mercado de US$ 23 bilhões dos *softwares* de análise empresarial. A IDC espera 2% de crescimento no mercado de US$ 45 bilhões da consultoria analítica.

As receitas com análise empresarial estão aumentando, pois se trata de um dos campos estrategicamente mais importantes da computação corporativa. Os executivos analisam seus padrões de vendas para que possam melhor atingir os clientes com produtos e propaganda específicos. Eles separam e modificam as operações para torná-las cada vez mais eficientes. Cada vez mais eles querem esmiuçar os dados o mais rápido possível à medida que esses chegam a seus sistemas computadorizados para que possam fazer previsões mais precisas de vendas futuras e mudar as condições de mercado. "Hoje, mais que nunca, os líderes precisam saber o que realmente está acontecendo em seus negócios", diz o analista da IDC, Dan Vesset.

A criação da nova unidade da IBM é a primeira grande ação de Frank Kern desde que ele assumiu a divisão da Global Business Service da IBM, em janeiro. Ele vê uma ótima oportunidade de lucro para a empresa caso ela possa ajudar a aumentar a produtividade em setores como os de serviços de utilidade pública (transporte, eletricidade e assistência médica). "Estamos no início de uma nova onda", diz Kern. "Começamos a instrumentalizar o mundo [com sensores e outros dispositivos que coletam informações], mas agora temos que pegar esses dados e analisá-los."

Perguntas

1. O que é consultoria empresarial analítica?
2. De que diferentes maneiras ela pode ajudar a aumentar o desempenho das empresas?
3. Por que a concorrência é tão acirrada no segmento de análise empresarial?

Fonte: Steve Hamm, "IBM's Big Push into Business Consulting". Reimpresso da *BusinessWeek online*, 16/abr./2009, com permissão especial, copyright © 2009 da The McGrawHill Companies, Inc.

Administração de operações: administrando operações e processos vitais

CAPÍTULO 14

Metas de aprendizagem

Após estudar o presente capítulo, você deverá estar apto a:

1. Explicar o papel que a administração de operações desempenha na contribuição para melhores níveis de qualidade, eficiência e tempo de resposta aos clientes. **[MA1]**

2. Descrever o que os clientes querem e explicar por que atender prontamente suas necessidades é algo tão importante para os administradores. **[MA2]**

3. Explicar por que alcançar uma excelente qualidade é tão importante. **[MA3]**

4. Explicar por que alcançar uma alta eficiência é tão importante. **[MA4]**

ESTUDO DE CASO
Por que a Toyota é líder em administração de operações?

Como os administradores podem trabalhar para aumentar o desempenho operacional?
De longa data, a Toyota é conhecida como uma empresa que trabalha constantemente para modificar e alterar seus sistemas de produção visando melhorar a eficiência, a qualidade e o *tempo de resposta* aos *clientes*. A Toyota foi a pioneira no sistema de produção "enxuta", o contínuo aperfeiçoamento incremental dos procedimentos de trabalho que resulta em melhorias extraordinárias na qualidade de seus veículos. Na produção "enxuta", os funcionários se tornam responsáveis por otimizar os procedimentos de trabalho visando reduzir custos e aumentar a qualidade. Individualmente e em grupos ou círculos de qualidade, os funcionários sugerem maneiras de melhorar o processo de fabricação de um determinado modelo de carro da Toyota. Com o passar do tempo, as milhares

Operários da linha de montagem da gigante automotiva japonesa Toyota colocam os pneus em um veículo Toyota modelo "Wish" na fábrica Tsutsumi da empresa, em Toyota, região central do Japão. Credita-se à Toyota o pioneirismo em uma série de importantes inovações na forma como os carros são construídos, que ajudaram a alcançar maior produtividade e qualidade – a base da vantagem competitiva da Toyota.

de sugestões resultam em importantes melhorias no produto final. Os funcionários recebem premiações e bônus em dinheiro por encontrarem formas de otimizar os procedimentos de trabalho, e o resultado tem sido uma contínua melhoria na qualidade dos carros e diminuição nos custos de produção.

Na primeira década do novo milênio, sob o comando do seu então presidente Jujio Cho, a Toyota não poupou esforços para aumentar ainda mais sua eficiência e qualidade. A Toyota queria preservar sua vantagem competitiva em relação a concorrentes globais, como General Motors, Ford e DaimlerChrysler, montadoras que também faziam uso da produção "enxuta." Consequentemente, a Toyota deu início a uma série de programas com o objetivo de melhorar determinados aspectos de suas operações.

Um desses programas, chamado "pokayoke" (à prova de erros), se concentra nas fases do processo de montagem que anteriormente causaram a maioria dos problemas de qualidade; exige-se que os funcionários verifiquem de duas a três vezes um determinado estágio do processo para descobrir qualquer peça com defeito ou que corrijam operações de montagem impróprias que poderiam causar reclamações subsequentes por parte dos clientes. Por meio de outro programa, o CCC21, a Toyota trabalha continuamente com seus fornecedores para encontrar formas de reduzir os custos dos componentes automotivos. Em 2005, esses custos foram reduzidos em 30% e a Toyota economizou bilhões de dólares por ano em custos operacionais.

Outra mudança feita pela Toyota foi a introdução de um novo processo de fabricação denominado GBL, que usa um novo e sofisticado processo de montagem para manter a carroceria do carro firme em uma posição durante a produção, a fim de que todas as operações de soldagem e de montagem possam ser realizadas com maior precisão – o que resulta também em um veículo de melhor qualidade. O GBL também possibilitou à Toyota construir fábricas capazes de montar vários tipos diferentes de carros usando a mesma linha de produção sem perda de eficiência ou qualidade. Essa iniciativa é uma importante fonte de vantagem competitiva, pois a rede mundial de montadoras da Toyota agora consegue se mobilizar mais rapidamente quando há a necessidade de alterar os carros que estão sendo produzidos para responder a demandas maiores ou menores por um certo tipo de veículo.

Esse domínio das operações e processos produtivos fez da Toyota o fabricante de automóveis mais lucrativo do mundo. Em 2004, com todas as suas novas iniciativas em operações prosseguindo a todo vapor, a Toyota desbancou a Ford como o segundo maior fabricante de automóveis do mundo, e em 2008 ultrapassou a GM e passou a ser o maior fabricante de automóveis do planeta.

Visão geral

administração de operações
A administração de qualquer aspecto do sistema de produção que transforma insumos em serviços e produtos acabados.

A Toyota busca constantemente maneiras de otimizar suas operações e processos de montagem de veículos para reduzir custos e aumentar a qualidade, o que permitirá que a empresa atenda mais prontamente os requerimentos dos clientes que compram um veículo de alta qualidade por um preço razoável.

No presente capítulo nos concentraremos nas técnicas de administração de operações que os administradores poderão usar para ajudar a sua organização a aumentar a qualidade dos produtos, aumentar a eficiência na produção e melhorar o tempo de resposta aos clientes. Ao chegar ao final deste capítulo, você compreenderá o papel vital que a administração de operações desempenha na construção de vantagem competitiva e na criação de uma organização de alto desempenho.

Administração de operações e vantagem competitiva

A **administração de operações** é a administração de qualquer aspecto do sistema de produção que transforma insumos em serviços e produtos acabados. O **sistema de produção** é o sistema que uma organização usa para adquirir insumos, converter esses insumos em produto e depois dispor desse produto (bens ou serviços). Os **gerentes de operações** são aqueles responsáveis pela administração do sistema de produção de uma organização. Eles fazem o que for preciso para transformar insumos em produtos. Sua função é administrar as três etapas da produção – aquisição de insumos, controle dos processos de conversão e a venda de bens e serviços – e determinar onde poderiam ser feitas melhorias operacionais para aumentar a qualidade, aumentar a eficiência e melhorar o tempo de resposta aos clientes, dando, portanto, vantagem competitiva a uma organização (ver Figura 14.1).

Figura 14.1
O propósito da administração de operações.

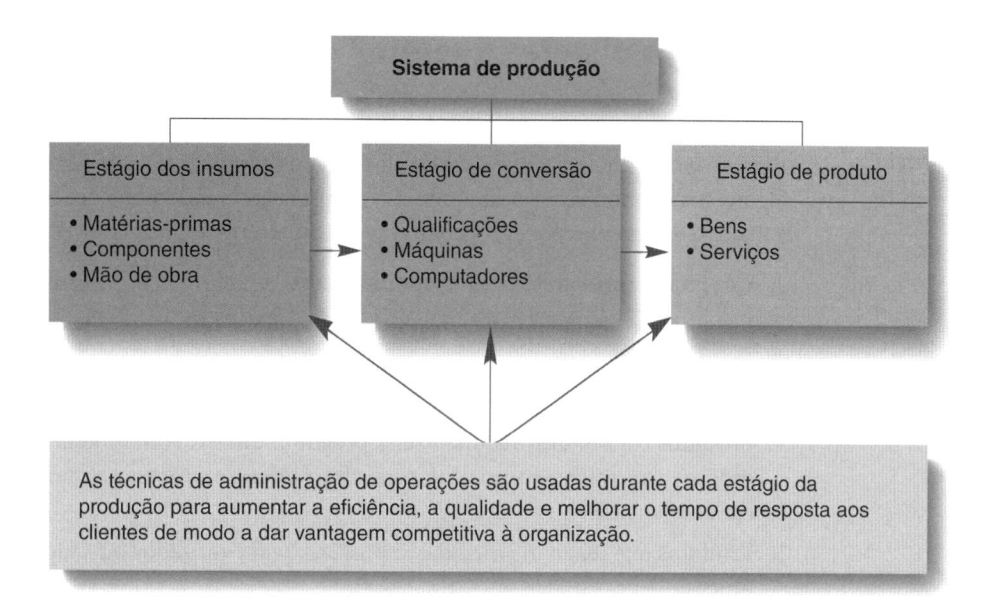

```
                    Sistema de produção
                           |
    ┌──────────────────────┼──────────────────────┐
    │                      │                      │
Estágio dos insumos   Estágio de conversão   Estágio de produto
• Matérias-primas     • Qualificações        • Bens
• Componentes         • Máquinas             • Serviços
• Mão de obra         • Computadores
```

As técnicas de administração de operações são usadas durante cada estágio da produção para aumentar a eficiência, a qualidade e melhorar o tempo de resposta aos clientes de modo a dar vantagem competitiva à organização.

---

sistema de produção
O sistema que uma organização usa para adquirir insumos, converter esses insumos em produto e depois dispor desse produto.

gerente de operações
Gerente responsável pela administração do sistema de produção de uma organização, que também é responsável por determinar onde podem ser feitas melhorias operacionais dentro desse sistema.

Qualidade refere-se a bens e serviços que são seguros, fidedignos ou psicologicamente satisfatórios: eles cumprem a função para a qual foram projetados e a realizam com sucesso, ou então possuem algum atributo que dá a seus usuários algo que eles valorizam.[1] *Eficiência* refere-se à quantidade de insumos necessária para produzir um dado produto. *Tempo de resposta aos clientes* refere-se às medidas tomadas para atender às solicitações e necessidades dos clientes. Os gerentes de operações são responsáveis por garantir que uma organização tenha estoques suficientes de insumos de alta qualidade e baixo custo, e também são responsáveis por projetar um sistema de produção que crie produtos de alta qualidade e baixo custo que os clientes estejam dispostos a comprar.

Note que alcançar melhores níveis de eficiência e qualidade depende da obtenção de um melhor tempo de resposta aos clientes. Estes querem gastar seu dinheiro visando um melhor custo/benefício, e uma organização cujo sistema de produção eficiente cria produtos de alta qualidade a um baixo custo e esteja em melhores condições de proporcionar isso. Por essa razão, discutiremos primeiro como os gerentes de operações podem desenhar o sistema de produção para melhorar o tempo de resposta aos clientes.

Melhorando o tempo de resposta aos clientes

MA1 Explicar o papel que a administração de operações desempenha na contribuição para melhores níveis de qualidade, eficiência e tempo de resposta aos clientes.

As organizações fornecem produtos – bens ou serviços – que são consumidos pelos clientes. Todas as organizações, com ou sem fins lucrativos, têm clientes. Sem clientes, a maior parte das organizações deixaria de existir. Pelo fato de os clientes serem vitais para a sobrevivência da maioria das organizações, os administradores devem identificar corretamente os clientes e promover estratégias organizacionais que respondam às suas necessidades. É por isso que os autores na área de administração recomendam que as organizações definam seus negócios ponderando as necessidades dos clientes que estão atendendo, e não o tipo de produtos que estão fornecendo.[2] O credo da indústria farmacêutica Johnson & Johnson, por exemplo, começa assim: "Acreditamos que nossa primeira responsabilidade seja com os médicos, enfermeiros e pacientes, com as mães e os pais e todos os demais que usam nossos bens e serviços."[3] Por meio desse credo, os administradores da Johnson & Johnson enfatizam seu comprometimento com um exemplar atendimento ao cliente. Por outro lado, temos como exemplo a Lucent Technologies. No início do novo milênio, a empresa decidiu que, dada sua especialização em tecnologia transistorizada, iria se concentrar na produção de roteadores transistorizados para que pudessem lidar com enormes quantidades de informação. Quando ficou claro que os clientes estavam optando por roteadores ópticos para a internet, capazes de transferir informações de forma extremamente veloz, já era tarde, e a Lucent perdeu grande parte de seu mercado.

MA2 Descrever o que os clientes querem e explicar por que atender prontamente suas necessidades é algo tão importante para os administradores.

O que os clientes querem?

Dado que atender às solicitações dos clientes é fundamental para a sobrevivência de uma organização, uma questão importante é saber o que os clientes querem; porém, não é possível especificar exatamente *o que* eles querem, pois seus desejos variam de setor para setor. Entretanto, é possível identificar alguns atributos universais para produtos que os clientes da maioria dos setores querem. Geralmente, a maioria dos clientes prefere encontrar todos esses atributos reunidos em um produto:

1. Um preço mais barato do que um mais caro.
2. Produtos de alta qualidade em vez de baixa qualidade.
3. Atendimento rápido em vez de atendimento lento (eles sempre preferem um bom atendimento e suporte pós-venda em vez de um ruim).
4. Produtos com muitos recursos (eles preferem um PC com uma unidade de DVD, muita memória e um microprocessador com alto poder de processamento em vez de um sem essas características).
5. Produtos que sejam, na medida do possível, personalizados ou adaptados às suas necessidades únicas.

Obviamente, o problema é que todos esses atributos não vêm juntos. Por exemplo, oferecer atendimento rápido e de alta qualidade, atendimento e suporte pós-venda do mesmo nível, produtos personalizados e com vários recursos elevam os custos dos produtos e, consequentemente, o preço que terá de ser cobrado para cobrir esses custos.[4] Portanto, os requerimentos desses atributos pelos clientes normalmente são conflitantes com seus requerimentos de baixos preços. Consequentemente, os clientes têm que chegar a um meio-termo entre preço e atributos preferidos, e o mesmo acontece com os administradores.

Criando sistemas de produção adequados para um rápido atendimento aos clientes

Como a satisfação dos clientes é algo muito importante, os administradores tentam desenhar sistemas de produção capazes de fabricar os produtos com os atributos que os clientes desejam. Os atributos dos produtos de uma organização – sua qualidade, custo e atrativos – são determinados pelo sistema de produção da organização.[5] Como a capacidade de uma organização satisfazer os seus clientes provém de seu sistema de produção, os administradores precisam dedicar atenção considerável para constantemente melhorarem seus sistemas de produção. O desejo de atrair clientes com produtos melhores explica por que os administradores adotaram várias técnicas novas de administração de operações nos últimos anos. Entre essas, temos sistemas de fabricação flexível, sistemas de estoques JIT e, obviamente, as novas tecnologias e sistemas de informação discutidos no Capítulo 13.

Como exemplo da ligação entre tempo de resposta aos requerimentos dos clientes e o sistema de produção de uma organização, consideremos o sucesso alcançado pela Southwest Airlines. Como uma das mais bem-sucedidas companhias aéreas dos Estados Unidos, a Southwest Airlines tem se expandido rapidamente. Um dos motivos para o sucesso da Southwest foi a criação de um sistema de produção exclusivamente adaptado para atender aos seus clientes, o que inclui fazer uma viagem aérea barata, confiável (pontualidade) e conveniente. A Southwest suscita grande fidelidade nos seus clientes precisamente porque seu sistema de produção entrega produtos

Uma atendente da Southwest ajuda um cliente. O sistema de operação da Southwest é adequado para atender aos clientes, o que inclui realizar uma viagem aérea barata, confiável e conveniente, fazendo da empresa uma das mais bem-sucedidas companhias aéreas dos últimos anos. Para ajudar a manter os voos dentro dos horários previstos, o pessoal da Southwest teve um treinamento multifuncional para que pudesse desempenhar várias tarefas. A pessoa que verifica os bilhetes, por exemplo, pode também ajudar a despachar a bagagem.

(como voos de Houston a Dallas) com todos os atributos desejados: confiabilidade, conveniência e preço baixo.

O sistema de produção de baixo custo da Southwest se concentra no aperfeiçoamento da manutenção da aeronave e também no aperfeiçoamento do sistema de reservas, da estrutura das rotas, da frequência de voos, do sistema de despacho de bagagem e dos serviços de bordo da empresa. Cada um desses elementos do sistema de produção da Southwest é adequado para atender os clientes, que exigem viagens aéreas baratas, confiáveis e convenientes. A Southwest oferece, por exemplo, a opção de serviço de bordo restrito. Não são servidas refeições a bordo e não existem assentos de primeira classe. A Southwest não participa do grande sistema de reservas usado por agentes de viagem porque as taxas de reserva são muito caras. Da mesma forma, a companhia aérea usa apenas um tipo de aeronave, o econômico Boeing 737, o que reduz os custos com treinamento e manutenção. Tudo isso se traduz em preços baixos para os clientes.

A confiabilidade da Southwest também deriva do fato de que as aeronaves da empresa apresentam o menor tempo de permanência no solo (para o preparo de uma próxima etapa de voo) entre todo o setor aéreo. As equipes em solo da Southwest precisam de apenas 15 minutos para as operações de carga/descarga e reabastecimento de uma recém-chegada aeronave e assim prepará-la para uma nova partida. Essa rápida operação ajuda a manter os voos dentro de seus horários. Essa operação é tão rápida porque a Southwest conta com a flexibilidade de seus funcionários, que receberam treinamento multifuncional para desempenhar várias tarefas. Assim, a pessoa que confere as passagens também poderia ajudar no despacho da bagagem, caso o tempo fosse curto.

Já a conveniência por optar pela Southwest vem de seus vários voos diários entre pontos muito procurados, como Dallas e Houston, e do uso de aeroportos próximos dos centros das cidades (Hobby em Houston e Love Field em Dallas) em vez de grandes aeroportos mais distantes.[6]

Gestão do relacionamento com os clientes

Uma estratégia que os administradores podem usar para se aproximar dos clientes e entender suas necessidades é a **gestão do relacionamento com os clientes** (CRM – *Customer Relationship Management*). CRM é uma técnica que usa TI para desenvolver uma relação contínua com os clientes a fim de maximizar o valor que uma organização pode oferecer a eles ao longo do tempo. Na primeira década do novo milênio, a maioria das grandes empresas instalou sofisticados sistemas CRM para acompanhar as constantes mudanças nas solicitações dos clientes em relação aos seus produtos. A CRM se tornou uma ferramenta vital usada para melhorar o tempo de resposta aos clientes. Os sistemas CRM monitoram, controlam e associam cada uma das atividades funcionais envolvidas no *marketing*, na venda e na entrega de produtos aos clientes; assim, são suas funções: monitorar a entrega de produtos por meio de canais de distribuição, monitorar as atividades de vendas dos vendedores, fixar os preços dos produtos e coordenar o atendimento pós-venda. Os sistemas CRM possuem três componentes interconectados: (1) vendas e o processo de vendas, (2) atendimento e suporte pós-venda e (3) *marketing*.

Suponha que um gerente de vendas tenha acesso apenas aos dados de vendas que mostram a receita total com as vendas que cada vendedor gerou nos últimos 30 dias. Essas informações, por exemplo, não dissecam a origem das receitas, ou seja, quanto de receita proveio de vendas para clientes existentes *versus* vendas para novos clientes. Que conhecimento importante está se perdendo? Primeiramente, se a maior parte das receitas for proveniente de vendas para clientes existentes, isso sugere que a verba gasta por uma empresa para anunciar e promover seus produtos não está atraindo novos clientes e, portanto, está sendo desperdiçada. Em segundo lugar, as dimensões importantes envolvidas em vendas são fixação de preços, financiamento e processamento de pedidos. Em muitas empresas, para fechar um negócio, um vendedor tem que enviar a papelada para uma central de vendas que lida com questões como aprovação de financiamento especial para

---

gestão do relacionamento com os clientes (CRM) Técnica que usa TI para desenvolver uma relação contínua com os clientes a fim de maximizar o valor que uma organização pode oferecer a eles ao longo do tempo.

o cliente e determinação de datas específicas para remessa e entrega. Em outras empresas, departamentos diversos lidam com essas atividades e pode levar um bom tempo para se obter uma resposta; isso faz com que os clientes tenham que esperar – algo que muitas vezes leva à perda da venda. Antes da introdução dos sistemas CRM, esses tipos de problemas eram bastante comuns e resultavam em vendas perdidas e custos operacionais mais elevados. Hoje em dia, o *software* CRM para vendas e processos de vendas contém as *melhores práticas de vendas*. Por meio do *software*, essas informações sobre a venda são analisadas e, posteriormente, formas de melhorar o processo de vendas são recomendadas. Uma das empresas que aperfeiçoaram suas práticas de vendas e pós-venda por meio da implementação de CRM é tratada a seguir no quadro "Pitada tecnológica".

Quando uma empresa implementa *software* CRM para atendimento e suporte pós-venda, exige-se que os vendedores introduzam no sistema informações detalhadas sobre suas visitas de acompanhamento a clientes. Como agora o sistema acompanha e documenta o histórico de cada cliente, os vendedores têm acesso imediato a um registro de tudo o que aconteceu durante telefonemas ou visitas anteriores. Agora, eles se encontram numa posição muito melhor para atender prontamente as necessidades dos clientes e fazer com que eles se tornem fiéis ao seu produto, já que o atendimento pós-venda da empresa é inteiramente aperfeiçoado. Empresas de telefonia, como Sprint e MCI, por exemplo, exigem que seus representantes de vendas coletem informações sobre todas as perguntas, reclamações e solicitações dos clientes, registrando-as eletronicamente em *logs* de clientes. O módulo CRM consegue analisar as informações desses *logs* para avaliar se o atendimento ao cliente proporcionado pelos vendedores está atendendo ou excedendo os padrões de atendimento exigidos pela empresa.

O sistema CRM também identifica as 10 principais razões das reclamações dos clientes. Assim, os gerentes de vendas podem trabalhar para eliminar as fontes desses problemas e otimizar os processos de suporte pós-venda. O sistema CRM também identifica as 10 melhores práticas de atendimento e suporte, que podem então ser ensinadas para todos os vendedores.

Finalmente, à medida que um sistema CRM processa informações sobre as constantes mudanças nas necessidades dos clientes, isso melhora, em diversos aspectos, a forma como o *marketing* opera. Os gerentes de *marketing*, por exemplo, agora têm acesso a perfis detalhados dos clientes, inclusive dados sobre compras e as razões pelas quais as pessoas são atraídas pelos produtos de uma empresa. De posse desse conhecimento, o *marketing* pode identificar melhor os clientes e os atributos específicos dos produtos que eles desejam. Poderia ficar claro, por exemplo, que um grupo de clientes que o departamento de *marketing* havia estabelecido como alvo tem uma necessidade específica que não está sendo atendida por um produto – como a necessidade por um celular com câmera digital de 5 megapixels e um *MP3 player*. Com informações em tempo real, o *marketing* pode trabalhar com o desenvolvimento de produto para redesenhá-lo a fim de melhor atender as necessidades dos clientes. Em suma, o sistema CRM é um método abrangente de reunir informações cruciais sobre a forma como os clientes reagem aos produtos de uma empresa. Trata-se de uma poderosa estratégia funcional usada para melhor alinhar os produtos de uma empresa com as necessidades dos clientes.

PITADA TECNOLÓGICA
Como o CRM ajudou a Empire HealthChoice

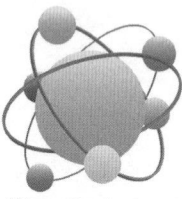

A Empire HealthChoice Inc., o maior fornecedor de seguro-saúde em Nova York, vende suas apólices por meio de 1.800 agentes. Por anos, esses agentes foram responsáveis pela coleta de todas as informações específicas sobre os clientes necessárias para determinar o preço de cada apólice. Assim que tinham coletadas as informações necessárias, os agentes ligavam para a Empire a fim de obter as cotações de preços. Depois de aguardar dias para obter essas cotações, os agentes as retransmitiam para os clientes, que muitas vezes modificavam seus pedidos para reduzir o custo de suas apólices. Quando isso ocorria, o agente tinha que telefonar novamente para a Empire para obter uma cotação de preços revisada. Como isso acontecia frequentemente em cada transação, muitas vezes levava mais de 20 dias para fechar uma venda e outros 10 dias para os clientes receberem suas carteirinhas.[7]

Reconhecendo que esses atrasos estavam resultando em perda de vendas, a Empire decidiu examinar como um sistema CRM poderia ajudar a otimizar o processo de venda. Seus administradores optaram por um sistema com base na *web* para que os próprios agentes pudessem calcular, *online*, as cotações dos seguros-saúde. Tão logo um agente introduzisse os dados de um cliente, seria gerada uma proposta. O agente poderia modificar uma apólice enquanto estivesse reunido com o cliente até que a apólice e os preços fossem acordados. Resultado disso: o processo de venda agora pode ser completado em poucas horas e os clientes recebem suas carteirinhas num prazo de dois a três dias, e não mais 10.[8]

Melhoria da qualidade

MA3 Explicar por que alcançar uma excelente qualidade é tão importante.

Conforme observado anteriormente, atributos como o projeto, os recursos, a confiabilidade e o suporte pós-venda apresentam excelentes níveis entre os produtos de alta qualidade, pois esses produtos são desenvolvidos para melhor atender aos clientes.[9] Qualidade é um conceito que pode ser aplicado tanto a produtos de organizações fabris como a organizações prestadoras de serviços – bens como um carro da Toyota ou serviços como os voos da Southwest Airlines ou o atendimento ao cliente de uma agência do Citibank. Por que os administradores procuram controlar e melhorar a qualidade dos produtos de suas organizações?[10] Há duas razões para isso (ver Figura 14.2).

Primeiramente, os clientes normalmente preferem um produto de maior qualidade a um de baixa qualidade. Portanto, uma organização capaz de fornecer, *pelo mesmo preço*, um produto de maior qualidade do que o produto de um concorrente está atendendo melhor seus clientes – ela está respondendo mais prontamente às solicitações deles. Normalmente, o fornecimento de produtos de alta qualidade cria uma boa imagem para uma marca de produtos de uma organização. Essa boa imagem pode, ainda, possibilitar que a organização cobre mais por seus produtos do que seus concorrentes e, portanto, ela será capaz de lucrar ainda mais. Em 2007, a Lexus foi classificada como a empresa número 1 (e tem sido assim por mais de uma década) na lista dos 10 fabricantes de automóveis mais confiáveis da J. D. Power, e a Toyota ficou logo atrás.[11] A alta qualidade dos veículos Toyota/Lexus permite que as empresas cobrem preços mais caros por seus automóveis do que aqueles praticados por seus concorrentes.

A segunda razão para tentar melhorar a qualidade dos produtos é que uma maior qualidade pode aumentar a eficiência e, consequentemente, reduzir os custos operacionais e aumentar os lucros. Alcançar alta qualidade nos produtos reduz os custos operacionais devido ao efeito da qualidade na produtividade dos funcionários: maior qualidade dos produtos significa menos tempo desperdiçado na fabricação de produtos com defeito (que são rejeitados) ou no fornecimento de

Figura 14.2
O impacto da qualidade maior no desempenho organizacional.

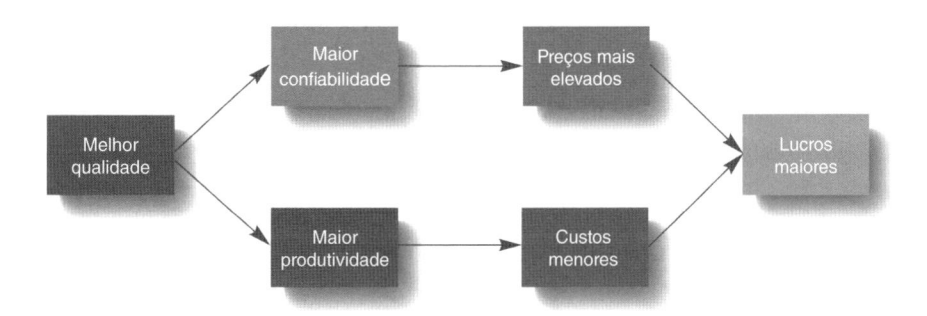

Melhor qualidade → Maior confiabilidade → Preços mais elevados → Lucros maiores
Melhor qualidade → Maior produtividade → Custos menores → Lucros maiores

MA4 Explicar por que alcançar uma alta eficiência é tão importante.

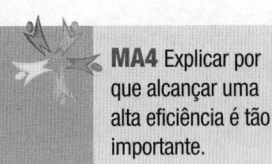

serviços abaixo do padrão e, portanto, menos tempo gasto para corrigir erros. Isso se traduz em maior produtividade dos funcionários, o que significa redução nos custos.

Para aumentar a qualidade, os administradores precisam desenvolver planos estratégicos que determinem exatamente os objetivos e como eles serão alcançados. Os administradores devem abraçar a filosofia de que erros, defeitos e materiais de baixa qualidade não são aceitáveis e devem ser eliminados. Os gerentes de primeira linha deveriam gastar mais tempo com funcionários sem cargos gerenciais, dando a eles as ferramentas necessárias para a realização de suas tarefas. Os superiores deveriam criar um ambiente no qual os subordinados não tenham receio de relatar problemas ou recomendar melhorias. Os objetivos e metas de produção precisam incluir não apenas números ou cotas, mas também algumas indicações sobre a qualidade que deve ser alcançada para promover a produção de bens e serviços sem defeitos. Os gerentes também precisam treinar funcionários em novas habilidades para que possam acompanhar as mudanças que ocorrem no ambiente de trabalho. Por fim, alcançar melhor qualidade também requer que os administradores criem valores e normas organizacionais centrados na melhoria da qualidade.

Melhoria da eficiência

O terceiro objetivo da administração de operações é aumentar a eficiência do sistema de produção da organização. Quanto menos insumos forem necessários para produzir um dado produto, maior será a eficiência do sistema de produção. Os administradores podem medir a eficiência no nível organizacional de duas maneiras. A primeira, conhecida como *fator de produtividade total*, examina como uma organização utiliza todos os seus recursos – como mão de obra, capital, materiais ou energia – para produzir seus produtos. Ela é expressa na equação a seguir:

$$\text{Fator de produtividade total} = \frac{\text{Produtos}}{\text{Todos os insumos}}$$

O problema do fator de produtividade total é que cada insumo normalmente é medido em unidades diferentes: a contribuição da mão de obra para produzir um produto é medida pelo número de horas trabalhadas; a contribuição dos materiais é medida pela quantidade consumida (por exemplo, toneladas de ferro necessárias para fabricar uma tonelada de aço); a contribuição da energia é medida pelas unidades de energia consumida (por exemplo, kilowatt/hora); e assim por diante. Para calcular o fator de produtividade total, os administradores têm que converter todos os insumos para uma unidade comum (dólares, por exemplo) antes de poderem usar a equação.

Embora algumas vezes seja uma medida útil da eficiência global, o fator de produtividade total obscurece a exata contribuição individual de cada insumo –, por exemplo, a mão de obra – à produção de um certo produto. Consequentemente, a maioria das organizações se concentra em medidas de eficiência específicas, conhecidas como *produtividade parcial,* que medem a eficiência de uma unidade individual. A eficiência do insumo mão de obra, por exemplo, é expressa como

$$\text{Produtividade da mão de obra} = \frac{\text{Produtos}}{\text{Mão de obra direta}}$$

De um modo geral, a *produtividade da mão de obra* é usada para estabelecer comparações de eficiência entre diferentes organizações. Vejamos um exemplo: em 1994, um estudo constatou que, para produzir uma peça como um assento ou sistema de escapamento, um fornecedor de autopeças japonês usava metade das horas de mão de obra empregadas por um equivalente fabricante inglês.[12] Portanto, o estudo concluiu que as empresas japonesas usam mão de obra de forma mais eficiente que as empresas inglesas.

A administração da eficiência é uma questão extremamente importante na maioria das organizações, pois maior eficiência reduz os custos de produção e, portanto, permite que a organização obtenha lucros maiores ou atraia mais clientes por meio da redução de preço. Por exemplo, o preço de um PC mediano vendido nos Estados Unidos, em 1990, estava em torno dos US$ 3 mil. Em 1995, esse preço girava em torno dos US$ 1.800 e, em 2005, era de apenas US$ 550. Essa diminuição ocorreu a despeito do extraordinário aumento do processamento e dos recursos de um PC típico durante esse mesmo período (os microprocessadores se tornaram mais poderosos, a memória aumentou, *modems* e recursos de multimídia foram incorporados).

Então, como foi possível a diminuição de preço? Os fabricantes de computadores pessoais como Compaq e Dell se concentraram na qualidade e aumentaram sua eficiência por meio da melhoria da qualidade de seus componentes, tornando mais fácil a montagem dos PCs. Isso possibilitou a redução de seus custos e preços, embora ainda assim lucrassem.[13]

Layout de instalações, fabricação flexível e eficiência

Outro fator que influencia a eficiência é a maneira como os administradores decidem dispor ou projetar as instalações físicas de uma organização. Isso é importante por duas razões. Primeiramente, a forma como máquinas e operários são organizados ou agrupados em estações de trabalho afeta a eficiência do sistema de produção. Em segundo lugar, um importante fator determinante da eficiência é o custo associado à preparação do equipamento necessário para fabricar um determinado produto. **Layout de instalações** é a técnica de administração de operações cujo objetivo é criar a interface homem–máquina para aumentar a eficiência do sistema de produção. **Fabricação flexível** é o conjunto de técnicas de administração de operações que tentam reduzir os custos de preparação associados a um sistema de produção.

layout de instalações
Técnica de administração de operações cujo objetivo é criar a interface homem–máquina para aumentar a eficiência do sistema de produção.

fabricação flexível
Técnicas de administração de operações que tentam reduzir os custos de preparação associados a um sistema de produção.

LAYOUT DE INSTALAÇÕES A forma como as máquinas, robôs e as pessoas são agrupadas afeta a sua produtividade. A Figura 14.3 ilustra três formas básicas de se arranjar as estações de trabalho: *layout* por produto, *layout* por processo e *layout* com posição fixa.

Em um *layout por produto*, as máquinas são organizadas de modo que cada operação necessária para fabricar um produto seja realizada em estações de trabalho dispostas em uma sequência fixa. Normalmente, os operários ficam parados nesse arranjo e uma esteira transportadora move o produto que está sendo trabalhado para a estação de trabalho seguinte, e assim ele é montado progressivamente. Produção em série é o nome familiar para esse arranjo; as linhas de montagem da indústria automobilística provavelmente são o exemplo mais conhecido. No passado, o *layout* por produto era eficiente apenas quando os produtos eram fabricados em grandes quantidades; entretanto, a introdução de linhas de montagem modulares controladas por computadores o torna eficiente para fabricar produtos em pequenos lotes.

Figura 14.3 Três *layouts* de instalações.

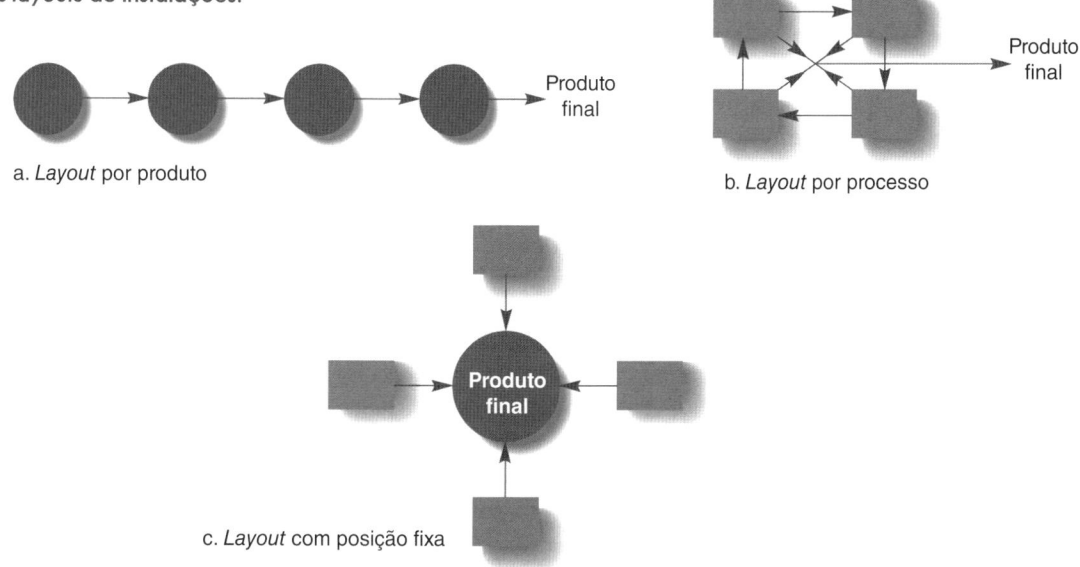

a. *Layout* por produto

b. *Layout* por processo

c. *Layout* com posição fixa

Em um *layout por processo,* as estações de trabalho não são organizadas em uma sequência fixa. Em vez disso, cada estação de trabalho é relativamente autônoma e um produto vai para qualquer estação de trabalho que seja necessária para realizar a operação seguinte para completar o produto. O *layout* por processo normalmente é adequado para ambientes fabris que produzem uma série de produtos sob encomenda, cada um deles adequado às necessidades de um diferente tipo de cliente. Um fabricante de móveis sob encomenda, por exemplo, poderia usar um *layout* por processo para que diferentes equipes de trabalhadores pudessem produzir diferentes estilos de cadeiras ou mesas fabricados a partir de diferentes tipos de madeiras e acabamentos. Um *layout* por processo oferece a flexibilidade necessária para mudar o produto. Entretanto, tal flexibilidade normalmente reduz a eficiência, pois tem um alto custo.

Em um *layout com posição fixa,* o produto permanece em uma posição fixa. Suas partes componentes são produzidas em estações de trabalho remotas e levadas para a área de produção para a montagem final. As equipes autogeridas estão cada vez mais usando *layout* com posição fixa. As equipes diferentes montam cada parte componente e, depois, enviam essas partes para a equipe de montagem final, que faz o produto final. Um *layout* com posição fixa costuma ser usado para produtos como jatos, *mainframes* e turbinas a gás – produtos que são complexos e difíceis de montar ou tão grandes que movimentá-los de uma estação de trabalho para outra poderia ser difícil. Os efeitos de mudar de um *layout* de instalação para outro podem ser extraordinários, como sugere a seguir o quadro "O administrador como pessoa".

O ADMINISTRADOR COMO PESSOA
Como melhorar o *layout* de instalações

Paddy Hopkirk estabeleceu sua empresa de acessórios para carros em Bedfordshire (Inglaterra) logo depois de ganhar fama nas corridas automobilísticas ao vencer o Rally de Monte Carlo. As vendas de acessórios da empresa, como os quadros de bicicleta e assentos do eixo, sempre foram intensas, mas Hopkirk foi o primeiro a admitir que seu sistema de produção deixava muito a desejar. Consequentemente, convidou consultores para ajudar a reorganizar seu sistema de produção.

Depois de analisar o sistema de produção da fábrica, os consultores perceberam que a origem do problema era o *layout* das instalações que Hopkirk havia estabelecido. Com o passar do tempo, e à medida que as vendas foram crescendo, Hopkirk simplesmente foi acrescentando novas estações de trabalho ao sistema de produção conforme era necessário. O resultado foi um *layout* por processo no qual o produto que estava sendo montado era transferido em sequências irregulares, mostradas no quadro "Antes da mudança" na Figura 14.4. Os consultores sugeriram que, para poupar tempo e esforço, as estações de trabalho deveriam ser reorganizadas por meio de *layout* por produto sequencial, mostrado na ilustração "Depois da mudança".

Assim que essa mudança foi efetuada, os resultados foram extraordinários. Em uma manhã, a fábrica era uma massa desordenada de estações de trabalho cercadas por pilhas de caixas armazenando componentes semiacabados. Dois dias depois, quando o *staff* de 170 pessoas voltou a trabalhar, as máquinas haviam sido dispostas em grupos de estações de trabalho próximas umas das outras e arranjadas na sequência fixa mostrada na ilustração. As pilhas de componentes haviam desaparecido, e o piso, agora livre de obstáculos, foi marcado de modo ordenado por meio de linhas que, segundo um código de cores, indicavam o novo fluxo de materiais entre as estações de trabalho.

No primeiro dia completo de produção, a eficiência aumentou em 30%. O espaço necessário para algumas operações havia sido reduzido pela metade e o trabalho em andamento tinha sido reduzido consideravelmente. O *layout* melhorado permitiu, acima de tudo, que algumas tarefas fossem combinadas, liberando os operadores para que pudessem ser empregados em algum outro ponto da fábrica. Hopkirk, maravilhado, exclamou: "Esperava uma mudança, mas nada tão extraordinário como isso... é fantástico."[14]

Figura 14.4 Modificando o *layout* de uma instalação.

Antes da mudança	Depois da mudança
Soldagem; Da prensa → Receptáculos para armazenamento → Estação de pintura; Máquina 1 → M/c 3 → M/c 4; M/c 2	Soldagem; M/c 4, M/c 3, M/c 2, Máquina 1, Receptáculos para armazenamento; Estação de pintura; Da prensa

Linha de produção de assentos do eixo da Paddy Hopkirk Factory

Fonte: Reimpresso da edição de 04/jan./1994 do *Financial Times*, com permissão do Financial Times Syndication, Londres.

FABRICAÇÃO FLEXÍVEL Em um estabelecimento industrial, uma importante fonte de custos são os investimentos associados com a preparação do equipamento necessário para fabricar um certo produto. Um desses custos é o de produção – que é um custo perdido, pois nada é produzido enquanto o equipamento está sendo preparado. Os fabricantes de componentes, por exemplo, normalmente precisam da metade do dia de trabalho para preparar equipamentos de produção automatizados quando mudam a produção de uma peça (como um anel de vedação para a coluna da direção de um automóvel) para uma outra (como o anel de vedação para a coluna da direção de um caminhão). Durante esse meio período, a fábrica não está produzindo nada, mas os funcionários são pagos por esse tempo "não produtivo".

Portanto, se o tempo necessário para a preparação de complexos equipamentos de produção puder ser reduzido, o mesmo acontecerá com os custos de preparação, e a eficiência aumentará. Em outras palavras, se o tempo necessário para a preparação puder ser reduzido, o tempo que a fábrica e os funcionários gastarão ao efetivamente produzirem aumentará. Essa visão simples tem sido a força propulsora por trás do desenvolvimento de técnicas de fabricação flexível.

A fabricação flexível almeja reduzir o tempo necessário para preparar equipamentos de produção.[15] Recriar o processo de fabricação, a fim de que os equipamentos de produção preparados para fabricar um determinado produto possam ser rapidamente substituídos por equipamentos preparados para fabricar um outro produto, pode reduzir muitíssimo o tempo e os custos de preparação. Outra consequência favorável da fabricação flexível é que uma empresa será capaz de produzir uma variedade muito maior de um produto do que produzia antes, no mesmo

Auxiliado por instruções de trabalho via *web*, um operador da Dell Computer determina a sequência em que os computadores da Dell, produzidos de forma personalizada, devem ser montados por seu sistema flexível de fabricação computadorizado. Esse sistema flexível tornou possível a estratégia de baixo custo adotada pela Dell.

período. Portanto, a fabricação flexível aumenta a capacidade de uma empresa atender mais rapidamente seus clientes.

As organizações estão cada vez mais experimentando novos *layouts* para sistemas de produção, que devem possibilitar uma maior produtividade dos funcionários e também tornar o processo de trabalho mais flexível, reduzindo, portanto, os custos de preparação. Algumas empresas japonesas estão experimentando *layouts* de instalações dispostos em espiral, no formato da letra Y ou do número 6, para verificar como essas diversas configurações afetam os custos de preparação e a produtividade dos trabalhadores. Por exemplo, na sua fábrica de filmadoras em Kohda (Japão), a Sony passou de um *layout* com posição fixa onde 50 operários montavam sequencialmente uma filmadora para outro de processo flexível em espiral, onde quatro operários realizam todas as operações necessárias para produzir a filmadora. Esse novo *layout* permite que os operários mais eficientes trabalhem no mais veloz ritmo possível, e reduz os custos de preparação, pois os operários podem trocar facilmente de um modelo para outro, aumentando a eficiência em 10%.[16]

ADMINISTRANDO EM UM MUNDO GLOBALIZADO
A fábrica do futuro da Igus

A Igus Inc., com sede em Colônia (Alemanha), fabrica mais de 28 mil apoios e cabos elétricos polimerizados usados em aplicações pelo mundo. Na década de 1990, os administradores da empresa perceberam que seria necessário construir uma nova fábrica capaz de dar conta da crescente linha de produtos da empresa.[17]

A linha de produtos da Igus muda constantemente à medida que novos produtos são desenvolvidos e os mais antigos se tornam obsoletos. Muitas vezes, produtos novos são introduzidos diariamente, de modo que é grande a necessidade de flexibilidade. Além disso, pelo fato de muitos de seus produtos apresentarem um alto grau de personalização, as necessidades específicas dos clientes e as constantes mudanças dessas necessidades orientam o desenvolvimento de novos produtos.

A nova fábrica da Igus – com área correspondente a três campos de futebol – foi projetada tendo em mente a necessidade de flexibilidade. Nada na fábrica é preso ou fixado no chão com parafusos. Todas as máquinas, computadores e equipamentos podem ser movimentados e reposicionados para se adequarem às constantes mudanças na fabricação dos produtos. Acima de tudo, todos os funcionários da Igus são treinados para serem flexíveis e capazes de realizar tarefas de produção bastante diferentes. Por exemplo, quando uma nova linha de produtos demonstrou ser popular entre os clientes, as operações de produção e os funcionários foram reposicionados quatro vezes em espaços cada vez maiores. A Igus consegue mudar seu sistema de produção sem pré-aviso e com o mínimo transtorno, e como a empresa opera ininterruptamente, essas mudanças ocorrem o tempo todo.

A fim de facilitar tais mudanças, os operários são equipados com potentes *scooters* para que possam se deslocar rapidamente pela fábrica para reconfigurar as operações. As *scooters* também permitem que eles se desloquem rapidamente para qualquer ponto da fábrica onde há uma maior necessidade de suas qualificações. Os funcionários também usam celulares para que sempre possam ser contatados.

A decisão da Igus de criar uma fábrica flexível valeu a pena. Nos últimos cinco anos, suas vendas passaram de US$ 10 milhões para US$ 100 milhões, e seu *staff* global triplicou.

Estoques JIT e eficiência

estoque São as matérias-primas, os insumos e os componentes que uma organização tem em mãos num dado momento.

sistema de estoques JIT (*just-in-time*) Sistema no qual as peças ou os suprimentos chegam à organização quando são necessários – e não antes disso.

Estoque são as matérias-primas, os insumos e os componentes que uma organização tem em mãos num dado momento. Os sistemas de estoques JIT (*just-in-time*) desempenham um importante papel no processo de identificar e descobrir a causa de defeitos em insumos. Quando uma organização tem um **sistema de estoques JIT**, peças ou suprimentos chegam à organização quando são necessários – e não antes disso. Dentro de um sistema de estoques JIT, as peças com defeito podem entrar imediatamente no sistema de produção de uma organização, pois não são mantidas em estoque por meses antes de serem usadas. Isso significa que os insumos defeituosos podem ser rapidamente identificados. Assim, os administradores podem descobrir a origem de um problema até chegar à fonte de suprimento e corrigi-lo antes que mais peças com defeito sejam produzidas.

Os sistemas JIT, como o sistema *kanban* da Toyota, foram originalmente concebidos como parte do esforço de melhorar a qualidade dos produtos; eles têm implicações importantes na eficiência. O sistema da Toyota se baseia na entrega de componentes para a linha de produção apenas quando esses forem necessários. Isso conduz a importantes economias em termos de custos derivados do aumento no giro de estoques e da redução dos custos para a manutenção em estoque, como custos de estocagem e armazenagem e o custo de capital imobilizado em estoques. Embora as empresas que fabricam e montam produtos possam, obviamente, tirar grande proveito do JIT, o mesmo se aplica às organizações de serviços. O Walmart, o maior varejista dos Estados Unidos, usa sistemas JIT para reabastecer os estoques de suas lojas pelo menos duas vezes por semana. Muitas lojas do Walmart recebem entregas diárias. Os principais concorrentes do Walmart, Kmart e Sears normalmente reabastecem seus estoques a cada duas semanas. O Walmart consegue manter os mesmos níveis de atendimento desses concorrentes, mas com 1/4 do custo para manutenção em estoque, uma importante fonte de economia em termos de custos. Um giro de estoques mais rápido tem ajudado o Walmart a alcançar uma vantagem competitiva com base em eficiência no setor varejista.[18]

Um ponto fraco dos sistemas JIT é o fato de que eles não abastecem a organização com um estoque regulador.[19] Embora os estoques reguladores possam ser caros para serem armazenados, eles podem ajudar uma organização quando essa for afetada por falta de insumos provocada por algum problema com os fornecedores (como uma reclamação trabalhista em um fornecedor-chave). Os estoques reguladores podem ajudar sobretudo quando for necessário que uma organização reaja rapidamente a aumentos de demanda por parte dos clientes – isso é, elas poderão melhorar o tempo de resposta de uma organização às solicitações dos clientes.

Mesmo uma pequena empresa pode se beneficiar do *kanban*, como sugere a experiência da United Electric. A United Electric Controls, com sede em Watertown (Massachusetts), é líder de mercado na aplicação de tecnologia de comutação e detecção de limiares. Antes, a empresa simplesmente estocava seus insumos e os liberava conforme a necessidade. Depois ela decidiu reduzir custos armazenando esses insumos no sistema de produção até que esses se tornassem necessários. Entretanto, essa prática causou problemas, pois os estoques de alguns insumos começaram, na verdade, a aumentar enquanto outros insumos se exauriam, sem ninguém saber qual insumo provocou uma interrupção na produção. Consequentemente, os administradores decidiram experimentar um sistema de suprimento *kanban*, muito embora a United Electric tivesse pouco menos de 40 fornecedores, completamente atualizados com relação às necessidades de insumos da empresa.

Os administradores decidiram armazenar um estoque de peças para três semanas em um depósito central, um estoque suficientemente grande para cobrir faltas de fornecimento inesperadas.[20] Eles começaram solicitando a seu fornecedor de peças fundidas a entrega de insumos em *kanbans* e receptáculos. Uma vez por semana, esse fornecedor deveria verificar os receptáculos para determinar quanto de estoque precisa ser entregue na semana seguinte. Depois foi solicitado a outros fornecedores que participassem desse sistema, e hoje mais de 35 importantes fornecedores da United Electric utilizam alguma forma de sistema *kanban*. Por meio de todas as medidas de desempenho, os resultados sempre se mostraram bons. Os custos para manutenção em estoque caíram abruptamente. Os produtos são entregues dentro do prazo a todos os clientes.

Até mesmo os ciclos projeto–produção para novos produtos caíram 50%, pois agora os fornecedores são envolvidos muito mais cedo no processo de projeto, e assim podem fornecer novos insumos conforme a necessidade.

Equipes de trabalho autogeridas e eficiência

Outra técnica para o aumento da eficiência é o uso de equipes de trabalho autogeridas (ver Capítulo 11).[21] Uma equipe típica dessas consiste de 5 a 15 funcionários que produzem um produto inteiro em vez de apenas partes dele.[22] Os membros da equipe aprendem todas as tarefas desempenhadas pela equipe e vão mudando de tarefa para tarefa. O resultado é a flexibilidade da equipe, pois seus membros podem substituir colegas ausentes. Os membros de cada equipe também assumem a responsabilidade pelo trabalho bem como pela programação de férias, compra de materiais e contratação de novos membros – todas essas, anteriormente, responsabilidades de gerentes de primeira linha. Como as pessoas normalmente reagem bem quando são dotadas de maior autonomia e responsabilidade, o uso de equipes autogeridas pode aumentar a produtividade e a eficiência. Surgem, sobretudo, economias nos custos resultantes da eliminação de supervisores e da criação de hierarquias organizacionais mais horizontais, que aumentam ainda mais a eficiência.

Normalmente, o efeito da introdução de equipes autogeridas é um aumento na eficiência de 30% ou mais, certas vezes muito mais do que isso. Depois da introdução da tecnologia de fabricação flexível e das equipes autogeridas, a fábrica da GE em Salisbury (Carolina do Norte) aumentou sua eficiência em 250% comparada com outras fábricas da GE que fabricavam os mesmos produtos.[23]

Reengenharia de processos e eficiência

Pense nas atividades de negócios importantes, como processos que usam um ou mais tipos de insumos e criam um produto de valia para o cliente.[24] A **reengenharia de processos** é a reavaliação fundamental e o redesenho radical dos processos de negócio visando alcançar melhorias extraordinárias em medidas de desempenho cruciais, como custos, qualidade, atendimento e rapidez.[25] A gestão das relações com os clientes pode ser considerada um processo de negócio: assim que o pedido de um cliente for recebido (um insumo), todas as atividades necessárias para processar o pedido são realizadas e as mercadorias encomendadas (os produtos) são entregues ao cliente. A reengenharia de processos pode aumentar a eficiência, pois ela elimina o tempo dedicado a atividades que não agregam valor.

Como exemplo prático da reengenharia de processos, consideremos a maneira como a Ford Motor Company a utilizou. Um dia, um administrador da Ford estava trabalhando com seu parceiro japonês, a Mazda, e descobriu quase que acidentalmente que a Mazda tinha apenas cinco pessoas em seu departamento de contas a pagar. O administrador da Ford ficou chocado, pois nos Estados Unidos a Ford tinha 500 funcionários no contas a pagar. Ele relatou sua descoberta aos administradores da Ford dos Estados Unidos, que decidiram formar uma força-tarefa para descobrir a causa de tamanha diferença.

Os administradores da Ford descobriram que o processo de aprovisionamento se iniciava quando o departamento de compras enviava um pedido a um fornecedor e uma cópia desse pedido para o departamento de contas a pagar da Ford. Quando o fornecedor remetia as mercadorias e estas chegavam à Ford, um funcionário no posto de recebimento das mercadorias preenchia um formulário descrevendo todas elas e enviava o formulário para o contas a pagar. Enquanto isso, o fornecedor enviava ao contas a pagar uma fatura. Portanto, o departamento de contas a pagar recebia três documentos relativos a essas mercadorias: uma cópia da ordem de compra original, o documento de recebimento e a fatura. Se as informações em todos os três documentos estivessem de acordo (na maioria das vezes estavam), um funcionário do contas a pagar liberava o pagamento. Porém, às vezes, não havia uma concordância entre os três documentos. A Ford descobriu que os funcionários do contas a pagar gastavam a maior parte do tempo tentando resolver o 1% dos casos nos quais a ordem de compra, o documento de recebimento e a fatura continham alguma informação conflitante.[26]

---

reengenharia de processos
A reavaliação fundamental e o redesenho radical dos processos de negócio visando alcançar melhorias extraordinárias em medidas de desempenho cruciais como custos, qualidade, atendimento e rapidez.

Os administradores da Ford decidiram redesenhar o processo de aprovisionamento para simplificá-lo. Agora, quando um funcionário do departamento de compras emite uma ordem de compra a um fornecedor, esse funcionário também registra o pedido em um banco de dados *online*. Como antes, os fornecedores enviam as mercadorias ao posto de recebimento. Quando as mercadorias lá chegam, o funcionário ali alocado verifica em um terminal se a encomenda recebida bate com a descrição da ordem de compra. Se isso acontecer, ele aceita as mercadorias e pressiona um botão no teclado do terminal que informa ao banco de dados os produtos que chegaram. O recebimento das mercadorias é registrado no banco de dados e um computador emite e envia automaticamente um cheque para o fornecedor. Se as mercadorias não corresponderem à descrição da ordem de compra no banco de dados, o funcionário no posto de recebimento das mercadorias recusa a entrega e a devolve ao fornecedor.

A autorização para pagamento, que costumava ser feita pelo contas a pagar, agora é realizada no próprio posto de recebimento de mercadorias. O novo processo ficou a um passo de eliminar a necessidade de um departamento de contas a pagar. Em alguns setores da Ford, o tamanho do departamento de contas a pagar foi reduzido em 95%. Ao reduzir o número de funcionários do contas a pagar, a iniciativa de reengenharia reduziu o tempo gasto em atividades improdutivas, aumentando, consequentemente, a eficiência de toda a organização.

Os administradores da Ford Motor Company usaram reengenharia de processos para aumentar a eficiência de seu processo de aprovisionamento, simplificando-o. Hoje em dia, quando uma das revendas da Ford emite uma ordem de compra para adquirir um lote de veículos Ford para entrega em seu pátio, a revenda também registra o pedido em um banco de dados *online*. Quando os veículos encomendados chegam à plataforma para serem carregados e embarcados em um trem, um funcionário verifica um terminal de computador para garantir que a mercadoria expedida específica coincide com a ordem de compra, e verifica *online* com a revenda se o pedido ainda está correto, e se estiver, os veículos são remetidos. O uso de engenharia de processos reduziu significativamente o tempo que os funcionários do contas a pagar gastam para retificar complexos pedidos de veículos contendo informações conflitantes.

Em suma, os gestores de todos os níveis hierárquicos têm importantes papéis a desempenhar, que podem ajudar a empresa no seu esforço de aumentar a eficiência. O papel da alta cúpula da empresa é encorajar melhorias na eficiência, enfatizando, por exemplo, a necessidade de melhoria contínua ou reengenharia e também deve garantir que os gestores de diferentes departamentos funcionais trabalhem juntos para encontrar meios de aumentar a eficiência. Entretanto, embora os altos executivos talvez reconheçam a necessidade de tais medidas, os gerentes em níveis funcionais se encontram em melhor posição para a identificação de oportunidades para a implantação de melhorias que levem ao aumento de eficiência nos sistemas de produção de uma organização. Esses são os gestores que estão diariamente envolvidos com o sistema de produção da organização. Melhorar a eficiência, bem como a qualidade, é um processo contínuo, que nunca termina.

Administração de operações: algumas questões pendentes

Alcançar um melhor tempo de resposta aos clientes por meio da qualidade e da eficiência normalmente requer uma mudança profunda nas operações de gestão e na cultura de uma organização. Têm surgido muitos relatos na imprensa popular sobre a desilusão generalizada com as técnicas de JIT, fabricação flexível e reengenharia. É possível que muitas das organizações desiludidas sejam aquelas que não conseguiram compreender que a implementação desses sistemas exige uma mudança pronunciada na cultura das organizações.[27] Nenhum desses sistemas é uma panaceia que pode ser tomada de uma vez só, como uma pílula, para curar "males industriais". Fazer com que essas técnicas funcionem em uma organização pode ser um desafio significativo que requer trabalho árduo e anos de persistência por parte dos administradores que as estão apoiando.

Os administradores também precisam entender as implicações éticas da adoção de muitas das técnicas de produção aqui discutidas. Tanto o JIT como a fabricação flexível e a reengenharia podem melhorar a qualidade, a eficiência e o tempo de resposta aos clientes, mas isso só acontecerá com grande sacrifício dos funcionários. Estes podem perceber um aumento de exigências no seu trabalho ou, pior ainda, poderão acabar sendo demitidos dentro desse processo de reengenharia. Por exemplo, a Toyota é o fabricante de automóveis mais eficiente do mundo, mas parte de seus ganhos foi alcançada a um preço significativo para seus funcionários, conforme discutido no quando "Ética em ação" a seguir.

ÉTICA EM AÇÃO

Quanto custa para os trabalhadores o aumento da produtividade?

Hisashi Tomiki é chefe de uma equipe autogerida composta de quatro membros em uma fábrica da Toyota localizada 320 quilômetros ao sul de Tóquio, no Japão. Tomiki e sua equipe trabalham em um ritmo extenuante para fabricar suportes de capôs (*alojamentos* de aço onde são fixados para-brisas e colunas da direção). Leia a seguinte descrição de Tomiki trabalhando:

> *Em dois minutos, Tomiki encaixa 24 peças de metal em determinadas aberturas em três máquinas de soldar; faz passar duas grandes folhas de metal por meio de cada uma das máquinas, que soldam as peças, e funde as duas chapas com dois pontos de solda. Há pouca margem para erros. Porém, uma ou duas vezes a cada hora é cometido algum erro ou uma máquina emperra, fazendo com que a máquina seguinte na linha de produção pare. Acende uma luz amarela. Tomiki corre para ver o que está acontecendo. A equipe tem que consertar a peça e trabalhar mais rápido para recuperar o tempo perdido. Um botão vermelho para a linha de produção se os problemas forem graves, mas existe um código tácito contra seu uso. Somente nesse dia, Tomiki chama um funcionário de manutenção especial.*[28]

A experiência de operários como Tomiki tem se tornado cada vez mais comum. Ouve-se dizer que os operários reclamam que as constantes tentativas de aumentar a qualidade e de reduzir os custos significam, na verdade, acelerar cada vez mais e mais o estresse no trabalho proveniente da pressão crescente sobre os funcionários, exigindo um desempenho cada vez maior. Embora uma certa pressão seja algo bom até um certo ponto, o abuso dessa pressão pode prejudicar seriamente os funcionários. Além disso, como exemplo, leia o seguinte comentário de Jerry Miller, ex-funcionário da US West, cuja equipe de assistentes de cobrança por meio do processo de reengenharia acabou provocando a própria demissão: "Quando formamos nossas equipes pela primeira vez, a empresa veio falando de equipes e maior autonomia e nos prometeu que não iríamos perder nossos empregos. Mas o que acabou acontecendo na prática foi um mascaramento da real situação: a empresa havia programado para que todos nós fôssemos colocados em um processo de reengenharia. Nós mostramos a eles como otimizar o trabalho e agora 9 mil funcionários estão fora da empresa. Foi uma verdadeira autodegola. Você se sente usado."[29]

Seria ético continuar a exigir cada vez mais dos funcionários, independentemente do sacrifício das pessoas em termos de estresse no trabalho? Obviamente, a resposta é não. O apoio dos funcionários é vital caso uma organização queira funcionar efetivamente. Quais tipos de pressão no trabalho são legítimos e quais são excessivos? Não existe uma resposta clara para essa questão. Em última instância, a questão se resume ao discernimento de administradores responsáveis que devem procurar agir de maneira ética.

Resumo e revisão

ADMINISTRAÇÃO DE OPERAÇÕES E VANTAGEM COMPETITIVA Para alcançar um alto desempenho, os administradores tentam melhorar o tempo de resposta aos clientes, a qualidade de seus produtos e a eficiência de suas organizações. Para alcançar esses objetivos, os administradores podem lançar mão de uma série de técnicas de administração de operações para aperfeiçoar a forma de operar do sistema de produção de uma organização. [MA1]

MELHORANDO O TEMPO DE RESPOSTA AOS CLIENTES Para alcançar alto desempenho em um ambiente competitivo, é imperativo que o sistema de produção de uma organização responda aos clientes. Os administradores tentam criar sistemas de produção que gerem produtos com os atributos que os clientes desejam. Uma das principais tarefas da administração de operações é desenvolver sistemas de produção novos e melhores que aumentem a capacidade de a organização fornecer de maneira economicamente viável o máximo de atributos que os clientes desejam em um produto, pelo mesmo preço. Técnicas como JIT, fabricação flexível e reengenharia de processos são bastante usadas, pois prometem fazer isso. Os administradores devem analisar cuidadosamente as relações entre tempo de resposta aos requerimentos dos clientes e o sistema de produção de uma organização. A capacidade de uma organização atender às solicitações de seus clientes no que diz respeito a preços mais baratos, qualidade aceitável, maiores recursos e assim por diante, depende grandemente da natureza do sistema de produção da organização. Entretanto, tão importante quanto o tempo de resposta aos clientes é a necessidade de os administradores reconhecerem que existem limites para às solicitações dos clientes serem prontamente atendidas, pois deve-se cobrir os custos da organização. [MA2]

MELHORIA DA QUALIDADE Os administradores procuram melhorar a qualidade do produto de suas organizações, pois assim atendem melhor os clientes, aumentam seus preços e reduzem os custos de produção. A tentativa de melhorar a qualidade requer o comprometimento da organização, e para isso os administradores: enfatizam um forte foco no cliente, a busca por maneiras de medir a qualidade e o estabelecimento de objetivos de melhoria da qualidade; solicitam aos funcionários sugestões sobre como melhorar a qualidade dos produtos e incentivam o desenho de produtos que facilitem a fabricação. [MA3]

MELHORIA DA EFICIÊNCIA Aumentar a eficiência requer uma ou mais das seguintes medidas: melhorar a qualidade, adotar tecnologias de fabricação flexível, introduzir sistemas de estoques JIT, estabelecer equipes de trabalho autogeridas e usar reengenharia de processos. A alta cúpula da empresa é responsável por estabelecer o contexto no qual podem ocorrer melhorias na eficiência, como enfatizar a necessidade de melhoria contínua. Recai, principalmente sobre os gerentes em níveis funcionais, a responsabilidade pela identificação e implementação de melhorias para aumentar a eficiência dos sistemas de produção. [MA4]

Administradores em ação

Tópicos para discussão e trabalho

AÇÃO

1. Pergunte a um administrador como a qualidade, a eficiência e o tempo de resposta aos clientes são definidos e medidos em sua organização. [MA2, 3, 4]

2. Vá até uma loja, restaurante ou supermercado de seu bairro e enumere as formas com as quais você acha que a organização está proporcionando ou não um pronto atendimento às necessidades dos seus clientes. Como o tempo de resposta aos clientes nesse

setor poderia ser melhorados? **[MA2]**

DISCUSSÃO

3. O que é eficiência e quais são algumas das técnicas que os administradores podem usar para melhorá-la? **[MA4]**

4. Por que é importante para os administradores dar atenção especial ao sistema de produção de suas organizações caso queiram atender prontamente às solicitações de seus clientes? **[MA1]**

5. "Pleno atendimento ao cliente é o objetivo que a maioria das organizações deveria se esforçar em alcançar". Até que ponto essa afirmação é correta? **[MA2]**

Desenvolvimento de habilidades gerenciais [MA1]
Administrando um sistema de produção

Escolha uma organização com a qual esteja familiarizado – uma para a qual você já trabalhou ou da qual já foi cliente, ou ainda uma que já recebeu ampla cobertura da imprensa popular. A organização deve estar envolvida apenas em um setor ou segmento. Responda às perguntas sobre a organização:

1. Qual é o produto da organização?
2. Descreva o sistema de produção que a organização usa para produzir esse produto.
3. Quais atributos de produto os clientes da organização realmente desejam?
4. O sistema de produção empregado pela organização permite a ela oferecer os atributos de produto desejados?
5. Tente identificar melhorias que poderiam ser feitas no sistema de produção da organização para melhorar o tempo de resposta aos clientes, a qualidade e a eficiência da organização.

Administrando eticamente [MA1]

Veja novamente o quadro "Ética em ação: quanto custa para os trabalhadores o aumento da produtividade". Depois de implementar várias das técnicas de administração de operações, ocorrem demissões em muitas empresas e, frequentemente, os funcionários têm que realizar um número maior de tarefas – e ainda mais rapidamente –, o que pode causar estresse e outros problemas relacionados com o trabalho nos funcionários.

Perguntas

1. Isoladamente ou em grupo, discuta como refletir melhor sobre as implicações éticas de usar uma nova técnica de administração de operações para aumentar o desempenho de uma organização.
2. Quais critérios você usaria para decidir qual tipo de técnica é ética para ser adotada e até que ponto se pode forçar os funcionários a aumentarem seu nível de desempenho?
3. Quantas demissões, se efetivamente alguma, seriam aceitáveis? Se as demissões forem aceitáveis, o que poderia ser feito para minimizar o prejuízo aos funcionários?

Exercício em grupo [MA1, 2, 3, 4]
Como concorrer no segmento dos sanduíches

Forme pequenos grupos de três ou quatro pessoas e indique um dos membros para ser o seu porta-voz. Este comunicará as descobertas do grupo a toda a classe quando chamado pelo professor. Logo após, discuta a seguinte situação:

Você e seus sócios estão pensando em abrir um novo tipo de lanchonete que concorrerá diretamente com a Subway e o Thundercloud Subs. Como essas redes possuem marcas reconhecidas, é vital que vocês encontrem alguma fonte de vantagem competitiva para a nova lanchonete, e para isso estão se reunindo em sessões de *brainstorming*.

1. Identifique os atributos de produto que um cliente típico de lanchonete mais deseja.

2. Como você imagina que vai aperfeiçoar as operações e os processos de lanchonetes existentes e alcançar vantagem competitiva por meio de: (a) uma melhor qualidade dos produtos, (b) uma maior eficiência ou (c) um melhor tempo de resposta aos clientes?

Seja você o administrador [MA1, 3]

Como produzir monitores de tela plana

Você é um consultor na área de administração de operações e foi contratado pela diretoria de uma empresa recém-criada que produzirá monitores de tela plana para PCs de fabricantes como Dell e Compaq. O mercado de monitores de tela plana é altamente competitivo; há uma pressão considerável para reduzir custos, pois os preços caem rapidamente devido à concorrência. Da mesma forma, os fabricantes de computadores pessoais estão exigindo qualidade cada vez melhor e mais recursos para agradarem os clientes, além de exigirem que a entrega de seu produto atenda os seus cronogramas de produção. Os diretores da empresa querem seu aconselhamento sobre a melhor forma de atender tais solicitações. Eles se encontram em processo de recrutar novos funcionários e de construir uma fábrica.

Perguntas

1. Quais tipos de técnicas discutidas neste capítulo poderiam ajudá-los a aumentar a eficiência?
2. Como os diretores dessa empresa devem encarar a elaboração de um programa para a melhoria da qualidade?
3. Quais lições essenciais esses empresários podem tirar da administração de operações?

BusinessWeek Caso em foco [MA1, 3, 4]

Como a Kiva Robots ajuda a Zappos e a Walgreens

Em um armazém da sede da Kiva Systems em Woburn (Massachusetts), um robô com forma de pufe desliza debaixo de uma unidade de armazenamento com quatro prateleiras contendo um sortimento de bens de consumo, e então os levanta e se desloca em direção a Mick Mountz, fundador e presidente da empresa. Mountz pega uma caixa de cereais Frosted Mini-Wheats da Kellogs da prateleira e se vira para colocá-la em uma caixa para despacho. No tempo que ele levou para se virar e retornar à posição original, o robô já estava levando de volta a unidade com prateleiras de 3 metros de altura, e enquanto isso uma outra pilha de mercadorias era transportada por um outro robô.

Essa é a área de demonstração da Kiva, onde Mountz mostra a clientes potenciais o que o seu sistema de atendimento de pedidos operado por robôs controlados sem fio pode fazer. É ali também a fábrica da Kiva, na qual são produzidos 200 atarracados robôs na cor laranja – um dos modelos consegue levantar 500 kg, enquanto outro é suficientemente forte para içar *pallets* de 1,5 tonelada –, todos os meses. Mas não é preciso ir até esse subúrbio de Boston para ver os robôs e receptáculos da Kiva, modo como a empresa denomina as unidades de armazenamento: eles já estão operando a todo vapor em armazéns dirigidos pela Staples, Walgreens, Gap.com e pelo varejista *online* Zappos.

"Superou todas as nossas expectativas, dobrando a produtividade de nossos coletores e reduzindo os gastos com energia pela metade", diz Craig Adkins, vice-presidente de operações de atendimento de pedidos da Zappos, que começou a usar o Kiva há nove meses. Adkins não revela quanto a Zappos pagou pelos pequenos ajudantes, mas o custo médio de uma instalação da Kiva gira em torno dos US$ 5 milhões, com custos de preparação variando entre US$ 1 a US$ 25 milhões quando em operação.

Tecnologias integradas

Mountz, hoje com 43 anos de idade, enfrentou pela primeira vez o desafio de atender pedidos de forma eficiente quando era executivo da Webvan, a malfadada mercearia *online* que faliu em 2001. Após decidir que a robótica era o caminho, ele mudou-se novamente para Boston, onde havia estudado engenharia mecânica no Massachusetts Institute of Technology e obtido seu MBA pela Harvard. No momento, depois de duas rodadas de financiamento por meio de empréstimos obtidos com a Bain Capital Ventures, a empresa de Mountz, hoje com seis anos, arrecadou mais de US$ 18 milhões, com vendas anuais chegando aos US$ 50 milhões.

Obviamente, os robôs já existem há um bom tempo. A novidade do Kiva, que possui 4 patentes, com mais 14 em análise, é a maneira como a equipe de Mountz integrou três tecnologias: Wi-Fi, câmeras digitais e servidores de baixo custo com capacidade de processamento paralelo. Os servidores funcionam em tempo real e recebem ordens, despachando imediatamente os robôs para que tragam os receptáculos necessários para o funcionário atender o pedido, e depois levam os receptáculos de volta para seus locais de armazenamento. Os robôs recebem ordens via comunicação sem fio, usando câmeras para ler etiquetas adesivas com códigos de barra contendo informações para deslocamento do robô, que se encontram fixadas no piso do armazém.

Ao combinar essas tecnologias, a empresa de 125 funcionários está introduzindo uma inovação potencialmente revolucionária para as atividades de armazenamento e distribuição, que a empresa de pesquisas em cadeias de suprimentos Armstrong & Associates estima ser um mercado de US$ 37,5 bilhões por ano. "A Kiva representa a primeira tecnologia realmente 'nova' em atendimento de pedidos em anos", escreveram os analistas do Aberdeen Group depois de fazerem um *tour* pelo armazém da Zappos no ano passado.

Com planos de ter mil robôs em seus centros de distribuição até a metade do ano, a Walgreens será o maior cliente da Kiva. "Não preciso dizer a meus concorrentes o quanto esses robôs tornam nossa empresa mais produtiva", diz Randy Lewis, vice-presidente de logística de cadeias de suprimentos da rede farmacêutica Walgreens, localizada em Deerfield (Illinois). "Foi um excelente investimento."

Além da esteira transportadora

A maior parte dos 8 mil armazéns comerciais nos Estados Unidos depende de seres humanos para abastecerem as prateleiras com mercadorias que chegam e depois retirá-las de lá para expedição. Esses trabalhadores talvez usem empilhadeiras e pequenos veículos motorizados para rebocar prateleiras, mas as tarefas básicas não mudaram muito há décadas. A grosso modo, cerca de 20% dos armazéns americanos são automatizados, o que significa que depois que os trabalhadores retiram as mercadorias das prateleiras, elas são colocadas em esteiras transportadoras, esteiras transportadoras em formato de carrossel e/ou outros sistemas de separação automáticos que transportam os produtos pelo armazém de modo mais eficiente.

Esse é o tipo de sistema que a Amazon.com emprega – seu centro de distribuição em Fernley (Nevada), se vangloria de seus 15 km de esteiras transportadoras. E foi isso que a Zappos instalou em seu centro de distribuição em Shepherdsville (Kentucky), em 2006. "Temos prateleiras estáticas, com altura equivalente a quatro andares, 128 esteiras transportadoras em formato de carrossel e quase 7 km de esteiras transportadoras", diz Adkins. Essa instalação impressionante e complexa era o que havia de mais avançado na época em que a Zappos a comprou; a instalação cobre uma área de 86 acres e possibilita que os trabalhadores atendam pedidos num prazo de 48 minutos a três horas e meia.

No armazém de Shepherdsville, 72 robôs Kiva estão em constante e silencioso movimento, transportando uma das 3 mil unidades de armazenamento da Zappo daqui para lá e de lá para cá. A cada seis segundos, um trabalhador pega um artigo de seu receptáculo e o coloca numa caixa para remessa, embalando cerca de 600 artigos por hora. Embora o custo inicial de um sistema Kiva seja aproximadamente 10 a 20% mais caro que um sistema de esteiras transportadoras, os pedidos no setor do armazém com sistema Kiva são atendidos em 12 minutos, o que é pelo menos quatro vezes mais rápido do que outro sistema.

Mas maior produtividade não é a única vantagem, de acordo com Adkins. Como os robôs não ligam para ar condicionado ou iluminação, a Zappos, com sede em Henderson (Nevada), reduziu pela metade seus custos com eletricidade por pé quadrado. E embora a empresa não tenha demitido nenhum funcionário, Adkins diz que, devido à eficiência do Kiva, "como continuamos a crescer, não contrataremos tanto como contratávamos no passado".

O fato de o atendimento de pedidos ser tão crucial para o negócio de uma empresa faz com que haja uma certa resistência em experimentar uma tecnologia nova. "Ninguém gosta realmente de mudanças revolucionárias, especialmente em um setor como o de armazenagem e distribuição, no qual as pessoas vêm fazendo as coisas de uma certa maneira há anos", diz Bruce Welty, CEO da Quiet Logistics em Andover (Massachusetts), um serviço terceirizado de distribuição e atendimento de pedidos com base inteiramente no sistema Kiva. "Mas assim que eles passam a entender o sistema Kiva, que maravilha!"

Perguntas

1. Como o sistema de armazenamento robotizado da Kiva Systems afeta o processo de administração de operações de uma empresa?
2. Como o uso de robôs da Kiva aumenta o desempenho operacional de uma empresa?

Fonte: Jessie Scanlon, "How Kiva Robots Help Zappos and Walgreens". Reimpresso da *BusinessWeek online*, 15/abr./2009, com permissão especial, copyright © 2009 da The McGraw-Hill Companies, Inc.

Desenvolvimento de carreira

APÊNDICE B

Os administradores enfrentam diversos desafios, tanto no curso de suas próprias carreiras como na tentativa de facilitar a gestão eficaz das de para seus subordinados. **Carreira** é o somatório de experiências profissionais ao longo da vida de uma pessoa.[1] As carreiras englobam todos os diferentes cargos que as pessoas ocuparam e as diferentes organizações para as quais trabalharam. As carreiras são importantes para a maioria das pessoas pelo menos por duas razões. Primeiramente, uma carreira é um meio tanto para o seu sustento próprio como para o sustento de seus entes queridos, atendendo necessidades básicas e oportunidades para buscar outros interesses. Em segundo lugar, uma carreira pode ser fonte de significado e realização pessoal. Muitos administradores acreditam que se destacar em uma organização e ajudar a aumentar sua eficiência e eficácia é tão particularmente gratificante quanto a remuneração financeira.

> **carreira** O somatório de experiências profissionais ao longo da vida de uma pessoa.

O desenvolvimento de carreira é uma questão de interesse para os administradores, que se concentram em como suas próprias carreiras se desdobram ao longo do tempo e como as outras são administradas dentro de suas organizações. No desenvolvimento de suas próprias carreiras, os administradores procuram empregos desafiadores e interessantes que desenvolverão suas habilidades, levarão a oportunidades futuras e darão a eles a chance de fazer o tipo de trabalho que lhes será particularmente significativo. Da mesma forma, ao motivar e liderar subordinados, os administradores precisam estar em sintonia com o desenvolvimento de carreira deles. Quando as carreiras (tanto dos gestores como as de funcionários sem cargos gerenciais) são administradas de modo eficaz em uma organização, esta tira o máximo proveito de seus recursos humanos e os funcionários tendem a estar motivados e satisfeitos com seus trabalhos.

Tanto os funcionários quanto os administradores desempenham um papel importante na gestão eficaz de suas carreiras. Por exemplo, os funcionários precisam compreender a si mesmos, o tipo de trabalho que eles acreditam ser motivador e que os faça sentir realizados, além das próprias aspirações futuras dentro de suas carreiras. Os funcionários precisam então procurar, de forma proativa, educação, treinamento e tipos de experiências profissionais que os ajudem a ter as carreiras que desejam. Os administradores podem motivar os funcionários a realizarem contribuições significativas às suas organizações ao dar a eles tarefas, experiências, treinamento e oportunidades que contribuam para o desenvolvimento de suas carreiras.[2]

A ex-CEO da eBay, Margaret (Meg) Whitman, ocupou diversos cargos trabalhando para uma série de empresas, como Stride Rite, FTD, Procter & Gamble, Disney e Hasbro, antes de comandar a eBay de 1998 a 2008.

Tipos de carreiras

Embora a carreira de cada pessoa seja única, os diferentes tipos de carreiras que as pessoas possuem podem ser enquadrados em quatro categorias gerais: uniformes, lineares, em espiral e transitórias.[3]

carreira uniforme
Carreira constituída pelo mesmo tipo de trabalho durante grande parte da vida profissional de um indivíduo.

CARREIRAS UNIFORMES Uma pessoa com uma **carreira uniforme** assume um compromisso consigo mesma de fazer um certo tipo de trabalho que será mantido ao longo de toda a sua vida profissional.[4] Pessoas com carreiras uniformes podem se tornar altamente qualificadas e especializadas em seu trabalho. Um dramaturgo que começa escrevendo peças logo após se formar na faculdade e continua a escrevê-las até se aposentar com 70 anos de idade possui uma carreira uniforme. O mesmo acontece com um dentista que mantém continuamente um consultório dentário depois de se formar em odontologia – até se aposentar.

Alguns administradores optam por uma carreira uniforme, mantendo o mesmo tipo de trabalho durante grande parte de sua vida profissional, e normalmente tornam-se altamente qualificados e especializados no que fazem. Um artista gráfico talentoso e criativo em uma editora de revistas, por exemplo, talvez decline promoções e outras "oportunidades" de modo a poder continuar desenhando e elaborando atraentes páginas duplas e capas de revista, aquilo que ele realmente gosta de fazer. Da mesma forma, alguns administradores da Dillard's possuem carreiras uniformes como gerentes de vendas, pois apreciam supervisionar diretamente os vendedores e a oportunidade de "estarem sempre próximos" dos clientes.

carreira linear
Carreira constituída por uma sequência de cargos na qual cada novo cargo implica mais responsabilidade, um maior impacto na organização, novas qualificações e movimento ascendente dentro da hierarquia de uma organização.

CARREIRAS LINEARES É aquela que se desdobra em uma sequência de cargos na qual cada novo cargo implica mais responsabilidade, um maior impacto na organização, novas qualificações e movimento ascendente dentro da hierarquia de uma organização.[5] As carreiras de muitos administradores são lineares, mesmo que permaneçam na mesma empresa ou troquem frequentemente de empresa. Uma carreira linear traça uma linha ascendente de progresso nos cargos ocupados.

Os altos executivos em grandes corporações passaram por uma série de cargos de nível mais baixo em várias organizações antes de se tornarem CEOs. Da mesma forma, o gerente assistente do Red Lobster em College Station (Texas), começou em um cargo inicial como caixa. Uma carreira linear na loja de departamentos Dillard's provavelmente apresentaria a seguinte sequência de cargos: *trainee*, gerente de vendas de setor, comprador assistente, comprador, gerente assistente de *merchandising* de lojas, gerente de loja e gerente de *merchandise* divisional.[6] Os subordinados dos gerentes também podem ter carreiras lineares, embora alguns deles talvez tenham outros tipos de carreiras.

carreira em espiral
Carreira constituída por uma série de cargos construídos a partir de anteriores mas que tendem a ser fundamentalmente diferentes.

CARREIRAS EM ESPIRAL Uma pessoa com uma **carreira em espiral** tende a ocupar cargos que, embora construídos a partir de anteriores, tendem a ser fundamentalmente diferentes.[7] Um professor adjunto de engenharia química que abandona a vida acadêmica para dirigir o departamento de P&D de uma indústria química por 10 anos e depois deixa esse cargo para abrir sua própria consultoria, tem uma carreira em espiral. Da mesma forma, um gerente de *marketing* em uma grande corporação que se transfere para um cargo na área de relações públicas e em seguida, após vários anos nesse cargo, aceita um emprego em uma agência de propaganda, tem uma carreira em espiral. Esses três trabalhos tendem a ser bem diferentes uns dos outros e não implicam, necessariamente, aumentos no nível de responsabilidade.

carreira transitória
Carreira na qual uma pessoa muda frequentemente de emprego e cada um deles é diferente do anterior.

CARREIRAS TRANSITÓRIAS Algumas pessoas mudam frequentemente de emprego e cada um deles é diferente do anterior; esse tipo de carreira é uma **carreira transitória**.[8] Por exemplo, um professor do ensino médio, que depois de dois anos, deixa o magistério para trabalhar como assistente administrativo em uma empresa de produtos de consumo por um ano e depois parte para um trabalho de carpintaria, possui uma carreira transitória.

Estágios na carreira

A carreira de cada pessoa é única, mas existem certos estágios na carreira pelos quais as pessoas (ao menos, algumas delas) parecem passar. Mesmo que uma pessoa não passe por todos os estágios, alguns deles são vividos em uma etapa ou outra da carreira. Cada estágio está associado a certos tipos de atividades, obstáculos e oportunidades potenciais. Independentemente do grau com que uma pessoa vivencia cada estágio e do número exato de estágios, discutiremos aqui cinco estágios (ver Figura A) que são úteis para se compreender e administrar carreiras.[9]

Esses estágios na carreira se aplicam tanto a gestores como a funcionários sem posição gerencial. Portanto, compreender os estágios é importante para os administradores, tanto para o desenvolvimento de suas próprias carreiras como para as de seus subordinados. Cada vez mais importantes, esses estágios na carreira são vivenciados pela maioria das pessoas em vários tipos de organização. Ou seja, embora anteriormente muitas pessoas talvez tenham passado grande parte de suas carreiras em uma única organização (ou em poucas delas), isso está se tornando cada vez mais raro. As rápidas mudanças na tecnologia, concorrência global crescente, incerteza ambiental, terceirização e as demissões, às quais muitas organizações recorrem num determinado momento para reduzir custos, são apenas alguns dos fatores responsáveis pelo desdobramento das carreiras das pessoas em uma série de cargos em várias organizações diferentes. Portanto, uma **carreira sem limites**, ou uma carreira que não está vinculada a uma única organização, está se tornando cada vez mais comum, e a maioria das pessoas tem uma variedade de experiências profissionais em muitas organizações ao longo de suas carreiras.[10]

carreira sem limites Carreira que não está vinculada a uma única organização e que é constituída por uma variedade de experiências profissionais em muitas organizações.

PREPARAÇÃO PARA O TRABALHO Durante esse estágio, as pessoas decidem que tipo de carreira desejam e tomam conhecimento de quais qualificações e experiências precisarão ter para perseguirem a carreira por elas escolhida.[11] Decidir qual carreira seguir não é uma tarefa fácil e requer um certo grau de autoconsciência e reflexão. Algumas pessoas recorrem à orientação profissional para ajudá-las a descobrir em quais tipos de carreira terão maior chance de se sentirem satisfeitas. A personalidade, os valores, as atitudes e os estados de espírito de uma pessoa têm impacto na escolha inicial de uma carreira.[12]

Depois de escolher uma área profissional, a pessoa tem que adquirir os conhecimentos, as qualificações e a formação necessários para conseguir um bom cargo inicial. Talvez sejam necessárias formação superior ou pós-graduação ou talvez seja possível ter treinamento em serviço em um programa de estágio (comum na Alemanha e em alguns outros países).

ENTRADA NO MERCADO DE TRABALHO Nesse estágio, as pessoas estão tentando encontrar um bom primeiro emprego. A busca implica identificar possíveis oportunidades de várias formas (como em classificados, participação em feiras de recrutamento e por meio de contatos pessoais), descobrir o máximo possível sobre cargos alternativos e tornar-se um candidato atraente para possíveis empregadores. A entrada no mercado de trabalho é um estágio mais desafiador para certos tipos de carreiras do que para outras. Um estudante de Contabilidade que sabe que quer trabalhar em um escritório contábil já tem uma boa ideia de suas oportunidades e de como se tornar um candidato interessante para tais empresas. Uma estudante de Letras, que deseja uma carreira como editora em uma empresa do mercado editorial, talvez acredite que sejam poucos e raros os cargos mais baixos que apresentem uma possibilidade de ter um "bom" começo em uma

Preparação para o trabalho → Entrada no mercado de trabalho → Início de carreira → Meio de carreira → Final de carreira

Figura A
Estágios na carreira.

carreira dessas, e talvez decida que o melhor seja aceitar um cargo como representante de vendas em uma editora renomada. Normalmente (exceções à parte), os administradores não começam em cargos gerenciais, mas iniciam suas carreiras em um cargo de baixo nível em um departamento como o de finanças, *marketing* ou engenharia.

INÍCIO DE CARREIRA O estágio de início de carreira começa depois que a pessoa consegue seu primeiro emprego na carreira escolhida. Nesse estágio, existem duas etapas importantes: estabelecimento e realização. *Estabelecimento* significa se familiarizar com a organização e com os "macetes" do novo emprego, e ganhar experiência – aprendendo, por exemplo, tarefas específicas e ganhando novas responsabilidades, inteirando-se de comportamentos esperados e desejados e valores importantes dos demais membros da organização como, por exemplo, o chefe.[13] Uma pessoa que tenha adquirido o *know-how* básico para desempenhar uma função e executar um trabalho num espectro mais amplo da organização está pronta para enfrentar a segunda etapa. *Realização* significa deixar a sua marca, realizando algo digno de nota ou dando uma contribuição importante para o trabalho ou organização.[14]

A etapa de realização pode ser crucial para o progresso futuro na carreira. Trata-se de um meio de demonstrar o potencial de uma pessoa e de se destacar em relação aos demais, que estão aspirando a se tornarem gestores e estão concorrendo por cargos desejados. Os processos de *downsizing* e reestruturação reduziram o número de cargos gerenciais em muitas grandes empresas, o que tornou muito importante para os indivíduos uma administração eficaz do estágio de início de carreira, a fim de aumentar suas chances de progresso. Ao identificar onde e como você pode dar uma contribuição realmente significativa para uma organização, você estará aumentando as perspectivas de carreira tanto dentro como fora de sua organização.

Algumas pessoas acreditam que procurar e conseguir a ajuda de um mentor pode ser um valioso instrumento para os estágios de início de carreira e estágios subsequentes. **Mentor** é um funcionário experiente de uma organização que dá conselhos e orientação para um funcionário menos experiente (denominado *protégé*). A ajuda dada por um mentor pode incluir conselhos sobre como lidar com uma tarefa difícil, a indicação da melhor forma de tratar uma discordância com um supervisor e qual tipo de cargos subsequentes se deveria buscar, além de informações sobre comportamento e o modo de se vestir apropriados em várias situações. Os mentores, muitas vezes, procuram *protégés*, mas as pessoas também podem ser proativas nessa questão e tentar conseguir a ajuda de um possível mentor. Em geral, os mentores especialmente capazes são gestores bem-sucedidos e que possuem uma série de experiências, além de um desejo genuíno de ajudar colegas menos experientes, e são compatíveis em termos pessoais com o pretenso *protégé*. As pesquisas indicam que receber ajuda de um mentor está associado a aumentos de salário, satisfação com o salário, promoções e nível de satisfação com as próprias realizações.[15]

MEIO DE CARREIRA O estágio intermediário na carreira geralmente ocorre quando as pessoas já trabalharam por 20 a 35 anos. Os administradores passam por esse estágio de formas bem distintas. Para alguns, o estágio intermediário na carreira é um ápice – um período de importantes realizações e sucesso. Já para outros administradores, o estágio intermediário na carreira é um ponto descendente, pois suas carreiras se estabilizam.

Os administradores atingem um **platô de carreira** quando suas chances de promoção para cargos mais altos em suas atuais organizações ou de um cargo de maior responsabilidade em outra empresa são reduzidas.[16] Alguns administradores inevitavelmente passarão por um platô de carreira, pois um número cada vez menor de cargos gerenciais está disponível à medida que se sobe na hierarquia de uma organização. Em algumas delas, os cargos de nível mais alto são particularmente escassos devido aos processos de *downsizing* e reestruturação.

Os administradores que atingem esse estágio (e que são capazes de se resignar a tal situação) podem continuar a apreciar seu trabalho e dar contribuições importantes a suas organizações. Alguns administradores nessas condições, por exemplo, aceitam de bom grado mudanças

---

mentor
Um funcionário experiente de uma organização que dá conselhos e orientação para um funcionário menos experiente.

platô de carreira
Situação em um cargo na qual as chances de ser promovido ou de conseguir um emprego de maior responsabilidade são reduzidas.

laterais, o que dá a eles a oportunidade de aprenderem coisas novas e de contribuírem de formas diversas com a organização. Alguns acham que se tornar um mentor é particularmente interessante e é uma chance de dividir sua sabedoria e ser útil para alguém que está iniciando na área.

FINAL DE CARREIRA Esse estágio dura enquanto uma pessoa continua a trabalhar e tem uma carreira ativa. Muitos administradores continuam produtivos nessa fase e não demonstram sinais de diminuição de ritmo.

Gestão eficaz de carreiras

gestão eficaz de carreiras Garantir que em todos os níveis hierárquicos da organização existem trabalhadores bem qualificados capazes de assumir cargos de maior responsabilidade conforme a necessidade.

Os administradores enfrentam o desafio de assegurar que tenham o tipo de carreira que desejam, pois devem garantir também que todos os funcionários de sua organização tenham uma gestão eficaz de suas carreiras. **Gestão eficaz de carreiras** significa que em todos os níveis hierárquicos da organização existem trabalhadores bem qualificados capazes de assumir cargos de maior responsabilidade conforme a necessidade, garantindo o maior número possível de membros da organização muito motivados e satisfeitos com seus trabalhos e carreiras. Como é de se imaginar, administrar carreiras de maneira eficaz em toda a organização não é tarefa fácil. Nesse ponto, entretanto, vale discutir dois importantes fundamentos da gestão eficaz de carreiras em qualquer organização: um comprometimento com práticas éticas de carreira e a sistematização dos diversos aspectos das vidas dos trabalhadores.

COMPROMETIMENTO COM PRÁTICAS ÉTICAS DE CARREIRA As práticas éticas de carreira estão entre os ingredientes mais importantes da gestão eficaz de carreiras, e se baseiam, fundamentalmente, na honestidade, confiança e comunicação franca entre os membros da organização. As práticas éticas de carreira incluem basear as promoções no desempenho (e não em considerações irrelevantes, como amizades e ligações pessoais) e assegurar que os membros diversos de uma organização tenham as oportunidades de carreira que merecem. Os supervisores jamais devem abusar de seu poder para tomar decisões relativas à carreira que afetem outros, e não podem se comportar de maneira antiética para que progridam em suas próprias carreiras. Os gestores de todos os níveis devem observar e se comprometer com práticas éticas de carreira e demonstrar ativamente seu comprometimento e também comunicar que a violação dessas práticas não será tolerada, e devem ainda se certificar de que os membros da organização que não se sentirem tratados de forma ética possam comunicar suas preocupações sem receio de retaliação.

SISTEMATIZAÇÃO DOS DIVERSOS ASPECTOS DAS VIDAS DOS TRABALHADORES Administrar carreiras de maneira eficaz também significa ser sensível e dar espaço para as diversas solicitações que muitos membros da organização enfrentam em suas vidas. Hoje em dia, verificar que os dois membros de um casal trabalham é a norma e não mais a exceção; o número de pais solteiros continua a crescer e cada vez mais trabalhadores que se encontram em um estágio intermediário da carreira precisam cuidar de seus pais idosos e enfermos. Limitando os deslocamentos e viagens desnecessárias, adotando horários de trabalho flexíveis, oferecendo creche na própria empresa durante o dia e possibilitando que os funcionários tenham tempo livre para cuidar dos filhos ou pais idosos, os administradores permitem que os trabalhadores tenham carreiras produtivas e satisfatórias e, ao mesmo tempo, cumpram seus outros compromissos.

As carreiras são tão importantes para os subordinados quanto para seus superiores. Compreender os diversos aspectos envolvidos em administrar carreiras de maneira eficaz ajuda a garantir que tanto os gestores quanto seus subordinados terão os tipos de carreiras que desejam e, ao mesmo tempo, ajudarão a organização a alcançar seus objetivos.

Créditos

Notas

CAPÍTULO 1

1. JONES, G. R. *Organizational Theory, Design, and Change.* Upper Saddle River, New Jersey: Pearson, 2007.
2. CAMPBELL, J. P. On the Nature of Organizational Effectiveness. In: GOODMAN, P. S.; PENNINGS, J. M.; et al. *New Perspectives on Organizational Effectiveness.* San Francisco: Jossey-Bass, 1977.
3. PROVITERA, M. J. What Management Is: How It Works and Why It's Everyone's Business, *Academy of Management Executive,* 17 ago. 2003, p. 152-154.
4. MCGUIRE, J.; MATTA, E. CEO Stock Options: The Silent Dimension of Ownership, *Academy of Management Journal* 46, abr. 2003, p. 255-266.
5. <www.apple.com>, *press releases,* 2000, 2001, 2003, 2006, 2008.
6. COMBS, J. G.; SKILL, M. S. Managerialist and Human Capital Explanations for Key Executive Pay Premium: A Contingency Perspective, *Academy of Management Journal* 46, fev. 2003, p. 63-74.
7. FAYOL, H. *General and Industrial Management.* New York: IEEE Press, 1984. Na verdade, Fayol identificou cinco tarefas gerenciais diferentes, porém a maioria dos acadêmicos hoje em dia acredita que essas quatro captam a essência das ideias de Fayol.
8. DRUCKER, P. F. *Management Tasks, Responsibilities, and Practices.* New York: Harper & Row, 1974.
9. <www.dell.com>, 2008.
10. <www.apple.com>, *press release,* 2003.
11. MCWILLIAMS, G. Lean Machine– How Dell Fine-Tunes Its PC Pricing to Gain Edge in a Slow Market, *The Wall Street Journal,* A1, 8 jun. 2001.
12. KOTTER, J. *The General Managers.* New York: Free Press, 1992.
13. HALES, C. P. What Do Managers Do? A Critical Review of the Evidence, *Journal of Management Studies,* jan. 1986, p. 88-115 e KRAUL, A. I.; PEDIGO, P. R.; MCKENNA, D. D.; DUNNETTE, M. D. The Role of the Manager: What's Really Important in Different Management Jobs, *Academy of Management Executive,* nov. 1989, p. 286-293.
14. GUPTA, A. K. Contingency Perspectives on Strategic Leadership. In: HAMBRICK, D. C. (org.). *The Executive Effect: Concepts and Methods for Studying Top Managers.* Greenwich, CT: JAI Press, 1988, p. 147-178.
15. ANCONA, D. G. Top Management Teams: Preparing for the Revolution. In: CARROLL, J. S. (org.). *Applied Social Psychology and Organizational Settings.* Hillsdale, NJ: Erlbaum, 1990 e HAMBRICK, D. C.; MASON, P. A. Upper Echelons: The Organization as a Reflection of Its Top Managers, *Academy of Management Journal* 9, p. 1984, p. 193-206.
16. MAHONY, T. A.; JERDEE, T. H.; CARROLL, S. J. The Jobs of Management, *Industrial Relations* 4, 1965, p. 97-110 e GOMEZ-MEJIA, L.; MCCANN, J.; PAGE, R. C. The Structure of Managerial Behaviors and Rewards, *Industrial Relations* 24, 1985, p. 147-154.
17. NORD, W. R.; WALLER M. J. The Human Organization of Time: Temporal Realities and Experiences, *Academy of Management Review* 29, jan. 2004, p. 137-140.
18. KATZ, R. L. Skills of an Effective Administrator, *Harvard Business Review,* set./out. 1974, p. 90-102.
19. *Ibid.*
20. THARENOU, P. Going Up? Do Traits and Informal Social Processes Predict Advancing in Management?, *Academy of Management Journal* 44, out. 2001 p. 1005-1018.
21. COLLINS, C. J.; CLARK, K. D. Strategic Human Resource Practices, Top Management Team Social Networks, and Firm Performance: The Role of Human Resource Practices in Creating Organizational Competitive Advantage, *Academy of Management Journal* 46, dez. 2003, p. 740-752.
22. STEWART, R. Middle Managers: Their Jobs and Behaviors. In: LORSCH, J. W. (org.). *Handbook of Organizational Behavior.* Englewood Cliffs, NJ: Prentice-Hall, 1987, p. 385-391.
23. DE JANASZ, S. C.; SULLIVAN, S. E.; WHITING, V. Mentor Networks and Career Success: Lessons for Turbulent Times, *Academy of Management Executive* 17, nov. 2003, p. 78-92.
24. LABICH, K. Making Over Middle Managers, *Fortune,* 8 mai. 1989, p. 58-64.
25. WYSOCKI, B. Some Companies Cut Costs Too Far, Suffer from Corporate Anorexia, *The Wall Street Journal,* A15, jul. 1995.
26. <www.dell.com>, 2008.
27. DRUSKAT, V. U.; WHEELER, J. V. Managing from the Boundary: The Effective Leadership of Self-Managing Work Teams, *Academy of Management Journal* 46, ago. 2003, p. 435-458.
28. PARKER, S. R.; WALL, T. D.; JACKSON, P. R. That's Not My Job: Developing Flexible Work Orientations, *Academy of Management Journal* 40, 1997, p. 899-929.
29. DUMAINE, B. The New Non-Manager, *Fortune,* 22 fev. 1993, p. 80-84.
30. BAUM, H. G.; JOEL, A. C.; MANNIX, E. A. Management Challenges in a New Time, *Academy of Management Journal* 45, out. 2002, p. 916-931.
31. SHAMA, A. Management under Fire: The Transformation of Management in the Soviet Union and Eastern Europe, *Academy of Management Executive* 10, 1993, p. 22-35.
32. <www.apple.com>, 2006; <www.nike.com>, 2006.
33. SEIDERS K.; BERRY, L. L. Service Fairness: What It Is and Why It Matters, *Academy of Management Executive* 12, 1998, p. 8-20.
34. DONALDSON, T. Editor's Comments: Taking Ethics Seriously–A Mission Now More Possible, *Academy of Management Review* 28, jul. 2003, p. 363-367.
35. ANDERSON C. Values-Based Management, *Academy of Management Executive* 11, 1997, p. 25-46.
36. SHAW, W. H.; BARRY, V. *Moral Issues in Business.* 6.ª ed. Belmont, CA: Wadsworth, 1995 e DONALDSON, T.

Corporations and Morality. Englewood Cliffs, NJ: Prentice-Hall, 1982.
37. <www.consumerreports.com>, 2003.
38. <www.fda.com>, 2004.
39. <www.fda.org>, *press releases*, 2004.
40. WERNER, E. Slaughterhouse Owner Acknowledges Abuse. Disponível em: <www.pasadenastarnews.com>. Acesso em: 13 mar. 2008.
41. BUNIS, D.; LUNA, N. Sick Cows Never Made Food Supply, Meat Plant Owner Says. Disponível em: <www.ocregister.com>. Acesso em: 12 mar. 2008.
42. Worker Sentenced in Slaughterhouse Abuse. Disponível em: <www.yahoo.com>. Acesso em: 22 mar. 2008.
43. JACKSON S. et al. *Diversity in the Workplace: Human Resource Initiatives.* New York: Guilford Press, 1992.
44. ROBINSON, G.; DAUS, C. S. Building a Case for Diversity, *Academy of Management Executive* 3, p. 21-31, 1997; BUNDERSON, S. J.; SUTCLIFFE, K. M. Comparing Alternative Conceptualizations of Functional Diversity in Management Teams: Process and Performance Effects, *Academy of Management Journal* 45, out. 2002, p. 875-894.
45. JAMIESON, D.; O'MARA, J. *Managing Workforce 2000: Gaining a Diversity Advantage.* San Francisco: Jossey-Bass, 1991.
46. <www.uboc.com>, 2008.
47. HICKMAN, J.; TKACZYK, C.; FLORIAN, E. ; STEMPLE, J. The 50 Best Companies for Minorities to Work For, *Fortune*, 7 jul. 2003, p. 55-58.
48. RANDEL, A. R.; JAUSSI, K. S. Functional Background Identity, Diversity, and Individual Performance in Cross-Functional Teams, *Academy of Management Journal* 46, dez. 2003, p. 763-775.
49. Union Bank of California Honored by U.S. Labor Department for Employment Practices, *press release*, 11 set. 2000.
50. *Ibid.*
51. TOBIN, D. R. *The Knowledge Enabled Organization.* New York: AMACOM, 1998.

APÊNDICE A

1. TAYLOR, F. W. *Shop Management.* New York: Harper, 1903; *The Principles of Scientific Management.* New York: Harper, 1911.
2. FRY, L. W. The Maligned F. W. Taylor: A Reply to His Many Critics, *Academy of Management Review* 1, 1976, p. 124-129.
3. LITTERER, J. A. *The Emergence of Systematic Management as Shown by the Literature from 1870–1900.* New York: Garland, 1986.
4. WREN, D. *The Evolution of Management Thought.* New York: Wiley, 1994, p. 134.
5. PERROW, C. *Complex Organizations.* 2.ª ed. Glenview, IL: Scott, Foresman, 1979.
6. GERTH, H. H.; MILLS, C. W. (orgs.). WEBER, M. *From Max Weber: Essays in Sociology.* New York: Oxford University Press, 1946, p. 331.
7. Ver PERROW, *Complex Organizations,* Cap. 1, para uma discussão detalhada dessas questões.
8. PARKER, L. D. Control in Organizational Life: The Contribution of Mary Parker Follett, *Academy of Management Review* 9, 1984, p. 736-745.
9. GRAHAM, P. *M. P. Follett–Prophet of Management: A Celebration of Writings from the 1920s.* Boston: Harvard Business School Press, 1995.
10. FOLLETT, M. P. *Creative Experience.* London: Longmans, 1924.
11. MAYO, E. *The Human Problems of Industrial Civilization.* New York: Macmillan, 1933; ROETHLISBERGER, F. J.; DICKSON, W. J. *Management and the Worker.* Cambridge, MA: Harvard University Press, 1947.
12. ORGAN, D. W. Review of *Management and the Worker,* by F. J. Roethlisberger and W. J. Dickson, *Academy of Management Review* 13, 1986, p. 460-464.
13. ROY, D. Banana Time: Job Satisfaction and Informal Interaction, *Human Organization* 18, 1960, p. 158-161.
14. Para uma análise dos problemas na distinção entre causa e efeito nos estudos de Hawthorne e em ambientes sociais, ver: CAREY, A. The Hawthorne Studies: A Radical Criticism, *American Sociological Review* 33, 1967, p. 403-416.
15. MCGREGOR, D. *The Human Side of Enterprise.* New York: McGraw-Hill, 1960.
16. *Ibid.*, 48.

CAPÍTULO 2

1. COVEL, S. Telemarketer Bucks Turnover Trend, *The Wall Street Journal*, B419, nov. 2007. Ryla History & Culture!, Disponível em: <www.rylateleservices.com/print.asp?level=2&id=166. Acesso em 24 jan. 2008.
2. HALL, L. Call Center Bucks Overseas Outsourcing Trend, *Atlanta Business Chronicle,* Disponível em: <http://atlanta.bizjournals.com/atlanta/stories/2005/12/12/smallb4.html?t=printable>. Acesso em 24 jan. 2008.
3. COVEL, Telemarketer Bucks High Turnover Trend.
4. FIELD, A. Capital for Companies That Aid Communities, *The New York Times,* 16 out. 2003.
5. COVEL, Telemarketer Bucks High Turnover Trend; Ryla History & Culture!
6. Company Culture. Disponível em: <www.rylateleservices.com/print.asp?level=2&id=98>. Acesso em: 24 jan. 2008.
7. COVEL, Telemarketer Bucks High Turnover Trend.
8. A Great Career Is Waiting for You at Ryla. Disponível em: <www.rylateleservices.com/print.asp?level=1&id=13>. Acesso em: 25 jan. 2008.
9. COVEL, "Telemarketer Bucks High Turnover Trend."
10. *Ibid.*
11. Ryla Launches Call Center Services for Crisis Response, Seasonal Retail and Political Solutions, 20 nov. 2007. Disponível em: <www.rylateleservices.com/print.asp?level=2&id=171>. Acesso em 24 jan. 2008.
12. *Ibid.*; <www.ryla.com>. Acesso em: 14 abr. 2009.
13. Ryla Named by *The Wall Street Journal* and Winning Workplaces as a Top Small Workplace in US, 1 out. 2007. Disponível em: <www.rylateleservices.com/print.asp?level=2&id=168>. Acesso em: 24 jan. 2008.
14. COVEL, Telemarketer Bucks High Turnover Trend.
15. CARPENTER, S. Different Dispositions, Different Brains, *Monitor on Psychology*, fev. 2001, p. 66-68.
16. DIGMAN, J. M. Personality Structure: Emergence of the Five-Factor Model, *Annual Review of Psychology* 41, 1990, p. 417-440; MCCRAE, R. R.; COSTA, P. T. Validation of the Five-Factor Model of Personality across Instruments e Observers, *Journal of Personality and Social Psychology* 52, 1987, p. 81-90; MCCRAE, R. R.; COSTA, P. T. Discriminant Validity of NEO-PIR Facet Scales, *Educational and Psychological Measurement* 52, 1992, p. 229-237.
17. DIGMAN, Personality Structure; MCCRAE; COSTA, "Validation of the Five-Factor Model"; MCCRAE; COSTA, "Discriminant Validity"; TETT, R. P.; BURNETT, D. D. A Personality Trait-Based Interactionist

Model of Job Performance, *Journal of Applied Psychology* 88, no. 3, 2003, p. 500-517; GEORGE, J. M. Personality, Five-Factor Model. In: CLEGG, S.; BAILEY, J. R. (orgs.). *International Encyclopedia of Organization Studies.* Thousand Oaks, CA: Sage, 2007.

18. WITT, L. A.; FERRIS, G. R. Social Skills as Moderator of Conscientiousness-Performance Relationship: Convergent Results across Four Studies, *Journal of Applied Psychology* 88, no. 5, 2003, p. 809-820; SIMMERING, M. J.; COLQUITTE, J. A.; NOE, R. A.; PORTER, C. O. L. H. Conscientiousness, Autonomy Fit, and Development: A Longitudinal Study, *Journal of Applied Psychology* 88, no. 5, 2003, p. 954-963.

19. BARRICK, M. R.; MOUNT, M. K. The Big Five Personality Dimensions and Job Performance: A Meta-Analysis, *Personnel Psychology* 44, 1991, p. 1-26; KOMAR, S.; BROWN, D. J.; KOMAR, J. A.; ROBIE, C. Faking and the Validity of Conscientiousness: A Monte Carlo Investigation, *Journal of Applied Psychology* 93, 2008, p. 140-154.

20. DIGMAN, Personality Structure; MCCRAE; COSTA, Validation of the Five-Factor Model; MCCRAE; COSTA, Discriminant Validity.

21. MCGIRT, E. The Dirtiest Mind in Business: How Filth Met Opportunity and Created a Franchise, *Fast Company* 122, fev. 2008, p. 64. <www.fastcompany.com/magazine/122/the-dirtiest-mind-in-business_Printer_Friendl...>. Acesso em: 23 jan. 2008.

22. Mike Rowe's World: Mike's Bio: Discovery Channel. Disponível em: <http://dsc.discovery.com/fansites/dirtyjobs/bio/bio-print.html>. Acesso em: 23 jan. 2008.

23. MCGIRT, The Dirtiest Mind in Business.

24. Dirty Jobs: Season 1 DVD Set– Discovery Channel Store–754317, Disponível em <http://shopping.discovery.com/product-60948.html?jzid=40588004-66-0>. Acesso em 25 jan. 2008; Mike Rowe's World: Mike's Bio: Discovery Channel.

25. MCGIRT, The Dirtiest Mind in Business.

26. *Ibid*.

27. *Ibid*.

28. MCGIRT, The Dirtiest Mind in Business; ROWE, M. Seven Dirty Habits of Highly Effluent People: Mike Rose's Seven Rules for Job Satisfaction, *Fast Company* 122, fev. 2008, p. 69. Disponível em: <www.fastcompany.com/magazine/122/seven-dirty-habits-of-highly-effluent-people_...>. Acesso em 23 jan. 2008.

29. ROTTER, J. B. Generalized Expectancies for Internal *versus* External Control of Reinforcement, *Psychological Monographs* 80, p. 1–28, 1966; SPECTOR, P. Behaviors in Organizations as a Function of Employees' Locus of Control, *Psychological Bulletin* 91, 1982, p. 482-497.

30. BROCKNER, J. *Self-Esteem at Work.* Lexington, MA: Lexington Books, 1988.

31. MCCLELLAND, D. C. *Human Motivation.* Glenview, IL: Scott, Foresman, 1985; MCCLELLAND, D. C. How Motives, Skills, and Values Determine What People Do, *American Psychologist* 40, 1985, p. 812-825; MCCLELLAND, D. C. Managing Motivation to Expand Human Freedom, *American Psychologist* 33, 1978, p. 201-210.

32. WINTER, D. G. *The Power Motive.* New York: Free Press, 1973.

33. STAHL, M. J. Achievement, Power, and Managerial Motivation: Selecting Managerial Talent with the Job Choice Exercise, *Personnel Psychology* 36, 1983, p. 775-789; MCCLELLAND, D. C.; BURNHAM, D. H. Power Is the Great Motivator, *Harvard Business Review* 54, 1976, p. 100-110.

34. HOUSE, R. J.; SPANGLER, W. D.; WOYCKE, J. Personality and Charisma in the U.S. Presidency: A Psychological Theory of Leader Effectiveness, *Administrative Science Quarterly* 36, 1991, p. 364-396.

35. HINES, G. H. Achievement, Motivation, Occupations and Labor Turnover in New Zealand, *Journal of Applied Psychology* 58, 1973, p. 313-317; HUNDAL, P. S. A Study of Entrepreneurial Motivation: Comparison of Fast- and Slow-Progressing Small Scale Industrial Entrepreneurs in Punjab, India, *Journal of Applied Psychology* 55, 1971, p. 317-323.

36. ROKEACH, M. *The Nature of Human Values.* New York: Free Press, 1973.

37. *Ibid*.

38. *Ibid*.

39. SPORS, K. K. Top Small Workplaces 2007: Gentle Giant Moving, *The Wall Street Journal,* R4–R5, 1 out. 2007; Gentle Giant Sees Revenue Boost, *Boston Business Journal,* 15 jan. 2008. Disponível em: <www.gentlegiant.com/news-011508-1.htm>. Acesso em 5 fev. 2008.

40. SPORS, Top Small Workplaces 2007: Gentle Giant Moving.

41. *Ibid*.

42. *Ibid*.

43. SPORS, Top Small Workplaces 2007: Gentle Giant Moving; Gentle Giant Receives Top Small Workplace Award. Disponível em: <www.gentlegiant.com/topsmallworkplace.htm>. Acesso em 5 jan. 2008.

44. SPORS, Top Small Workplaces 2007: Gentle Giant Moving.

45. *Ibid*.

46. BRIEF, A. P. *Attitudes In and Around Organizations.* Thousand Oaks, CA: Sage, 1998.

47. STAFFORD, D. Job Satisfaction Takes a Tumble, *Houston Chronicle,* D6 25, fev. 2007.

48. *Ibid*.

49. ORGAN, D. W. *Organizational Citizenship Behavior: The Good Soldier Syndrome.* Lexington, MA: Lexington Books, 1988.

50. GEORGE, J. M.; BRIEF, A. P. Feeling Good–Doing Good: A Conceptual Analysis of the Mood at Work–Organizational Spontaneity Relationship, *Psychological Bulletin* 112, 1992, p. 310-329.

51. MOBLEY, W. H. Intermediate Linkages in the Relationship between Job Satisfaction and Employee Turnover, *Journal of Applied Psychology* 62, 1977, p. 237-240.

52. HYMOWITZ, C. Though Now Routine, Bosses Still Stumble during Layoff Process, *The Wall Street Journal,* B125, jun. 2007; BROCKNER, J. The Effects of Work Layoffs on Survivors: Research, Theory and Practice. In: STAW, B. M.; CUMMINGS, L. L. (orgs.). *Research in Organizational Behavior,* vol. 10. Greenwich, CT: JAI Press, 1988 p. 213-255.

53. HYMOWITZ, Though Now Routine, Bosses Still Stumble during Layoff Process.

54. *Ibid*.

55. *Ibid*.

56. SOLINGER, N.; VAN OLFFEN, W.; ROE, R. A. Beyond the Three-Component Model of Organizational Commitment, *Journal of Applied Psychology* 93, 2008, p. 70-83.

57. MATHIEU, J. E.; ZAJAC, D. M. A Review and Meta-Analysis of the Antecedents, Correlates, and Consequences of Organizational Commitment, *Psychological Bulletin* 108, 1990, p. 171-194.

58. SLATE, E. Tips for Negotiations in Germany and France, *HR Focus,* jul. 1994, p. 18.

59. WATSON, D.; TELLEGEN, A. Toward a Consensual Structure of Mood, *Psychological Bulletin* 98, 1985, p. 219-235,.

60. *Ibid.*
61. GEORGE, J. M. The Role of Personality in Organizational Life: Issues and Evidence, *Journal of Management* 18, 1992, p. 185-213.
62. ELFENBEIN, H. A. Emotion in Organizations: A Review and Theoretical Integration. In: WALSH, J. P.; BRIEF, A. P. (orgs.). *The Academy of Management Annals,* vol. 1. New York: Lawrence Erlbaum Associates, 2008, p. 315-386.
63. FORGAS, J. P. Affect in Social Judgments and Decisions: A Multi-Process Model. In: ZANNA, M. (org.). *Advances in Experimental and Social Psychology,* vol. 25. San Diego, CA: Academic Press, 1992, p. 227-275; FORGAS, J. P.; GEORGE, J. M. Affective Influences on Judgments and Behavior in Organizations: An Information Processing Perspective, *Organizational Behavior and Human Decision Processes* 86, 2001, p. 3-34; GEORGE, J. M. Emotions and Leadership: The Role of Emotional Intelligence, *Human Relations* 53, 2000, p. 1027-1055; MORRIS, W. N. *Mood: The Frame of Mind.* New York: Springer-Verlag, 1989.
64. GEORGE, Emotions and Leadership.
65. GEORGE, J. M.; BETTENHAUSEN, K. Understanding Prosocial Behavior, Sales Performance, and Turnover: A Group Level Analysis in a Service Context, *Journal of Applied Psychology* 75, 1990, p. 698-709.
66. GEORGE, BRIEF. Feeling Good–Doing Good; GEORGE, J. M.; ZHOU, J. Understanding When Bad Moods Foster Creativity and Good Ones Don't: The Role of Context and Clarity of Feelings, artigo apresentado na *Academy of Management Annual Meeting,* 2001; ISEN, A. M.; BARON, R. A. Positive Affect as a Factor in Organizational Behavior. In: STAW, B. M.; CUMMINGS, L. L. (orgs.). *Research in Organizational Behavior,* vol. 13. Greenwich, CT: JAI Press, 1991, p. 1-53.
67. GEORGE, J. M.; ZHOU, J. Dual Tuning in a Supportive Context: Joint Contributions of Positive Mood, Negative Mood, and Supervisory Behaviors to Employee Creativity, *Academy of Management Journal* 50, 2007 p. 605-622; GEORGE, J. M. Creativity in Organizations. In: WALSH, J. P.; BRIEF, A. P. (orgs.). *The Academy of Management Annals,* vol. 1. New York: Lawrence-Erlbaum Associates, 2008, p. 439-477.
68. GREENE, J. D.; SOMMERVILLE, R. B.; NYSTROM, L. E.; DARLEY, J. M.; COHEN, J. D. An FMRI Investigation of Emotional Engagement in Moral Judgment, *Science,* 14 set. 2001, p. 2105-2108; NEERGAARD, L. Brain Scans Show Emotions Key to Resolving Ethical Dilemmas, *Houston Chronicle,* 13A, 14 set. 2001.
69. <www.thethinkers.com/homemain.cfm>, acesso em 5 fev. 2008.
70. BERTON, L. It's Audit Time! Send in the Clowns, *The Wall Street Journal,* B1, B6, 18 jan. 1995.
71. SINCLAIR, R. C. Mood, Categorization Breadth, and Performance Appraisal: The Effects of Order of Information Acquisition and Affective State on Halo, Accuracy, Informational Retrieval, and Evaluations, *Organizational Behavior and Human Decision Processes* 42, 1988, p. 22-46.
72. GOLEMAN, D. *Emotional Intelligence.* New York: Bantam Books, 1994; MAYER, J. D.; SALOVEY, P. The Intelligence of Emotional Intelligence, *Intelligence* 17, 1993 p. 433-442; MAYER, J. D.; SALOVEY P. What Is Emotional Intelligence?. In SALOVEY, P.; SLUYTER, D. (orgs.). *Emotional Development and Emotional Intelligence: Implications for Education.* New York: Basic Books, 1997; SALOVEY P., MAYER, J. D. Emotional Intelligence, *Imagination, Cognition, and Personality* 9, 1989/1990, p. 185-211.
73. EPSTEIN, S. *Constructive Thinking.* Westport, CT: Praeger, 1998.
74. Leading by Feel, *Inside the Mind of the Leader,* jan. 2004, p. 27-37.
75. EARLY, P. C.; PETERSON, R. S. The Elusive Cultural Chameleon: Cultural Intelligence as a New Approach to Intercultural Training for the Global Manger, *Academy of Management Learning and Education* 3, no. 1, 2004, p. 100-115.
76. GEORGE, Emotions and Leadership; BEGLEY, S. The Boss Feels Your Pain, *Newsweek,* 12 out. 1998, p. 74; GOLEMAN, D. *Working with Emotional Intelligence.* New York: Bantam Books, 1998.
77. Leading by Feel, *Inside the Mind of the Leader,* jan. 2004, p. 27-37.
78. GEORGE, Emotions and Leadership.
79. ZHOU, J.; GEORGE, J. M. Awakening Employee Creativity: The Role of Leader Emotional Intelligence, *Leadership Quarterly* 14, 2003, p. 545-568.
80. JUNG, A. Leading by Feel: Seek Frank Feedback, *Inside the Mind of the Leader,* jan. 2004, p. 31.
81. TRICE, H. M.; BEYER, J. M. *The Cultures of Work Organizations.* Englewood Cliffs, NJ: Prentice-Hall, 1993.
82. SØRENSEN, J. B. The Strength of Corporate Culture and the Reliability of Firm Performance, *Administrative Science Quarterly* 47, 2002, p. 70-91.
83. Personality and Organizational Culture. In: SCHNEIDER, B.; SMITH, D. B. (orgs.). *Personality and Organizations.* Mahway, NJ: Lawrence Erlbaum, 2004, p. 347-369; SLAUGHTER, J. E.; ZICKAR, M. J.; HIGHHOUSE, S.; MOHR, D. C. Personality Trait Inferences about Organizations: Development of a Measure and Assessment of Construct Validity, *Journal of Applied Psychology* 89, no. 1, 2004, p. 85-103.
84. KELLEY, T. *The Art of Innovation: Lessons in Creativity from IDEO, America's Leading Design Firm.* New York: Random House, 2001.
85. Personality and Organizational Culture.
86. SCHNEIDER, B. The People Make the Place, *Personnel Psychology* 40, 1987, p. 437-453.
87. Personality and Organizational Culture.
88. *Ibid.*
89. SCHNEIDER, B.; GOLDSTEIN, H. B.; SMITH, D. B. The ASA Framework: An Update, *Personnel Psychology* 48, 1995, p. 747-773; SCHAUBROECK, J.; GANSTER, D. C.; JONES, J. R. Organizational and Occupational Influences in the Attraction–Selection–Attrition Process, *Journal of Applied Psychology* 83, 1998, p. 869-891.
90. KELLEY, *The Art of Innovation.*
91. <www.ideo.com>, Acesso em 5 fev. 2008.
92. KELLEY, *The Art of Innovation.*
93. Personality and Organizational Culture.
94. KELLEY, *The Art of Innovation.*
95. GEORGE, Emotions and Leadership.
96. KELLEY, *The Art of Innovation.*
97. *Ibid.*
98. FELDMAN, D. C. The Development and Enforcement of Group Norms, *Academy of Management Review* 9, 1984, p. 47-53.
99. JONES, G. R. *Organizational Theory, Design, and Change.* Upper Saddle River, NJ: Prentice-Hall, 2003.
100. GEORGE, J. M. Personality, Affect, and Behavior in Groups, *Journal of Applied Psychology* 75, 1990, p. 107-116.
101. VAN MAANEN, J. Police Socialization: A Longitudinal Examination of Job Attitudes in an Urban Police Department, *Administrative Science Quarterly* 20 (1975), p. 207-228.
102. <www.intercotwest.com/Disney>; M. N. Martinez, "Disney Training Works

Magic", *HRMagazine,* maio 1992, p. 53-57.
103. BERGER, P. L.; LUCKMAN T. *The Social Construction of Reality.* Garden City, NY: Anchor Books, 1967.
104. TRICE, H. M.; BEYER, J. M. , Studying Organizational Culture through Rites and Ceremonials, *Academy of Management Review* 9 (1984), p. 653-69.
105. KELLEY, *The Art of Innovation.*
106. TRICE, H. M.; BEYER, J. M. *The Cultures of Work Organizations.* Englewood Cliffs, NJ: Prentice-Hall, 1993.
107. ORTEGA, B. Walmart's Meeting Is a Reason to Party, *The Wall Street Journal,* 3 jun. 1994, A1.
108. TRICE; BEYER, Studying Organizational Culture.
109. KELLEY, *The Art of Innovation.*
110. <www.ibm.com>.
111. MCGEE, S. Garish Jackets Add to Clamor of Chicago Pits, *The Wall Street Journal,* 31 jul. 1995, C1.
112. WEICK, K. E. *The Social Psychology of Organization.* Reading, MA: Addison–Wesley, 1979.
113. MCLEAN B.; ELKIND, P. *The Smartest Guys in the Room: The Amazing Rise and Scandalous Fall of Enron .* New York: Penguin Books, 2003; SMITH, R.; EMSHWILLER, J. R. *24 Days: How Two Wall Street Journal Reporters Uncovered the Lies That Destroyed Faith in Corporate America.* New York: HarperCollins, 2003; SWARTZ, M.; WATKINS, S. *Power Failure: The Inside Story of the Collapse of ENRON.* New York: Doubleday, 2003.

CAPÍTULO 3

1. GREENHOUSE, S. How Costco Became the Anti-Walmart, *The New York Times,* 17 jul. 2005, BU1, BU8; ASSOCIATED PRESS, Costco to Shut Down Its 2 Home Furnishing Stores, 2 abr. 2009; *BusinessWeek Online,* disponível em <http://www.businessweek.com/ap/financialnews/D97AAEMO0.htm>. Acesso em: 15 abr. 2009.
2. Corporate Governance, *Costco Wholesale Investor Relations,* 28 abr. 2006. Disponível em <http://phx.corporate-ir.net/phoenix.zhtml?c=83830&p=irol-govhighlights>; Code of Ethics, *Costco Wholesale Investor Relations.* Disponível em <http://phx.corporate-ir.net/phoenix.zhtml?c=83830&p=irol-govhighlights>. Acesso em: 15 abr. 2009.
3. GREENHOUSE, How Costco Became the Anti-Walmart.
4. *Ibid.*
5. *Ibid.*; CLIFFORD, S. Because Who Knew a Big-Box Chain Could Have a Generous Soul, *Inc.* magazine, abr. 2005, p. 88.
6. HOLMES, S.; ZELLNER, W. Commentary: The Costco Way, *BusinessWeek Online,* 12 abr. 2004. Disponível em: <www.businessweek.com/print/magazine/content/04_15/b3878084_mz021.htm?chan...>; HERBST, M. The Costco Challenge: An Alternative to Wal-Martization?, *LRA Online,* 5 jul. 2005. Disponível em: <www.laborresearch.org/print.php?id=391>.
7. GREENHOUSE, How Costco Became the Anti-Walmart.
8. *Ibid.*; Company Profile, *Costco Wholesale, Investor Relations. Disponível em:* <http://phx.corporate-ir.net/phoenix.zhtml?c=83830&p=irol-homeprofile>. Acesso em: 8 abr. 2008; Company Profile, *Costco Wholesale Investor Relations.* Disponível em: <http://phx.corporate-ir.net/phoenix.zhtml?c=83830&p=irol-homeprofile>, 15 abr. 2009.
9. KIMES, M. Why Costco Investors Are Smiling, *CNNMoney.com,* 30 jan. 2009. *Disponível em:* <http://cnnmoney.printthis.clickability.com/pt/cpt?action=cpt&title=Why+are+Costco+inve...>. *Acesso em:* Acesso em: 15 abr. 2009.
10. ASSOCIATED PRESS, Costco to Shut Down Its 2 Home Furnishing Stores.
11. AVERSA, J. Some Business Make Layoffs the Last Option, *BusinessWeek Online,* 6 abr. 2009. Disponível em: <http://www.businessweek.com/ap/financialnews/D97D79SG3.htm>. Acesso em: 15 abr. 2009; Layoffs Not an Option for Some US Businesses, *BusinessWeek Online,* 7 abr. 2009. Disponível em: <http://www.business.com/ap/financialnews/D97DDDI00.htm>. Acesso em: 15 abr. 2009.
12. Code of Ethics, *Costco Wholesale Investor Relations.*
13. TENBRUNSEL, A. E. Misrepresentation and Expectations of Misrepresentation in an Ethical Dilemma: The Role of Incentives and Temptation, *Academy of Management Journal* 41 (jun. 1998), p. 330-340.
14. KRAVETS, D. Supreme Court to Hear Case on Medical Pot. Disponível em: <www.yahoo.com>. Acesso em: 29 jun. 2004; LANE, C. A Defeat for Users of Medical Marijuana. Disponível em: <www.washingtonpost.com>. Acesso em: 7 jun. 2005.
15. <www.yahoo.com>, 2003; <www.mci.com>, 2004.
16. CHILD, J. The International Crisis of Confidence in Corporations, *Academy of Management Executive* 16 (ago. 2002), p. 145-48.
17. DONALDSON, T. Editor's Comments: Taking Ethics Seriously–A Mission Now More Possible, *Academy of Management Review* 28 (jul. 2003), p. 463-467.
18. FREEMAN, R. E. *Strategic Management: A Stakeholder Approach.* Marshfield, MA: Pitman, 1984.
19. PEARCE, J. A. The Company Mission as a Strategic Tool, *Sloan Management Review,* Spring 1982, p. 15-24.
20. ROBERTSON, J. Ex-Brocade CEO Sentenced to 21 Months. Disponível em: <www.yahoo.com>. Acesso em: 16 jan. 2008.
21. BARNARD, C. I. *The Functions of the Executive.* Cambridge, MA: Harvard University Press, 1948.
22. FREEMAN, *Strategic Management.*
23. <http://data.bls.gov/cgi-bin/-surveymost>, 2006.
24. BROWN, G. How to Embrace Change, *Newsweek,* 12 jun. 2006, p. 69.
25. ADLER, P. S. Corporate Scandals: It's Time for Reflection in Business Schools, *Academy of Management Executive* 16 (ago. 2002), p. 148-150.
26. SANDERS, W. G.; HAMBRICK, D. C. Swinging for the Fences: The Effects of CEO Stock Options on Company Risk-Taking and Performance, *Academy of Management Journal* 53, n.º 5 (2007), p. 1055-1078.
27. House Oversight and Government Reform Committee Proceedings, fev. 2008. Disponível em: <http://oversight.house.gov>.
28. ABRAMS, J. CEOs Involved in Mortgage Crisis Defend Their High Pay before Congressional Panel. Disponível em: <www.yahoo.com>. Acesso em: 7 mar. 2008.
29. BEAUCHAMP, T. L.; BOWIE, N. E. (orgs.). *Ethical Theory and Business.* Englewood Cliffs, NJ: Prentice-Hall, 1979; MACINTYRE A. *After Virtue.* South Bend, IN: University of Notre Dame Press, 1981.
30. GOODIN, R. E. How to Determine Who Should Get What, *Ethics,* jul. 1975, p. 310-321.
31. KELLY, E. P. A Better Way to Think about Business (book review), *Academy of Management Executive* 14 (maio 2000), p. 127-129.
32. JONES, T. M. Ethical Decision Making by Individuals in Organizations: An Issue Contingent Model, *Academy of*

Management Journal 16 (1991), p. 366-395; CAVANAUGH, G. F.; MOBERG, D. J.; VELASQUEZ, M. The Ethics of Organizational Politics, *Academy of Management Review* 6 (1981), p. 363-374.

33. TREVINO, L. K. Ethical Decision Making in Organizations: A Person-Situation Interactionist Model, *Academy of Management Review* 11 (1986), p. 601-617; SHAW, W. H.; BARRY, V. *Moral Issues in Business,* 6. ed. Belmont, CA: Wadsworth, 1995.

34. JONES, T. M. Instrumental Stakeholder Theory: A Synthesis of Ethics and Economics, *Academy of Management Review* 20 (1995), p. 404-437.

35. VICTOR B.; CULLEN, J. B. The Organizational Bases of Ethical Work Climates, *Administrative Science Quarterly* 33 (1988), p. 101-125.

36. COLLINS, D. Organizational Harm, Legal Consequences and Stakeholder Retaliation, *Journal of Business Ethics* 8 (1988), p. 1-13.

37. SOLOMAN, R. C. *Ethics and Excellence.* New York: Oxford University Press, 1992.

38. BECKER, T. E. Integrity in Organizations: Beyond Honesty and Conscientiousness, *Academy of Management Review* 23 (jan. 1998), p. 154-162.

39. GELLERMAN, S. W. Why Good Managers Make Bad Decisions. In: ANDREWS, K. R. (org.). *Ethics in Practice: Managing the Moral Corporation.* Boston: Harvard Business School Press, 1989.

40. DOBSON, J. Corporate Reputation: A Free Market Solution to Unethical Behavior, *Business and Society* 28 (1989), p. 1-5.

41. BAUCUS, M. S.; NEAR, J. P. Can Illegal Corporate Behavior Be Predicted? An Event History Analysis, *Academy of Management Journal* 34 (1991), p. 9-36.

42. TREVINO, Ethical Decision Making in Organizations.

43. WATERMAN, A. S. On the Uses of Psychological Theory and Research in the Process of Ethical Inquiry, *Psychological Bulletin* 103, nº 3 (1988): p. 283-298.

44. FRANKEL, M. S. Professional Codes: Why, How, and with What Impact?, *Ethics* 8 (1989), p. 109-115.

45. VAN MAANEN, J.; BARLEY, S. R. Occupational Communities: Culture and Control in Organizations. In: STAW, B.; CUMMINGS, L. (orgs.). *Research in Organizational Behavior,* vol. 6. Greenwich, CT: JAI Press, 1984, p. 287-365.

46. JONES, Ethical Decision Making by Individuals in Organizations.

47. CONLIN, M. Where Layoffs Are a Last Resort, *BusinessWeek,* 8 out. 2001, *BusinessWeek* Archives; *Southwest Airlines Fact Sheet,* 19 jun. 2001. Disponível em: <www.swabiz.com>.

48. JONES, G. R. *Organizational Theory: Text and Cases.* Reading, MA: Addison-Wesley, 1997.

49. MURPHY, P. E. Creating Ethical Corporate Structure, *Sloan Management Review* (Winter 1989), p. 81-87.

50. STAVRAKA, C. Strong Corporate Reputation at J&J Boosts Diversity Recruiting Efforts, *DiversityInc.com.* Acesso em: 16 fev. 2001.

51. *Our Credo.* Disponível em: <www.jj.com>. Acesso em: 2008.

52. *Ibid.*

53. NASH, L. L. *Good Intentions Aside.* Boston: Harvard Business School Press, 1993.

54. *Ibid.*; NASH, L. L. Johnson & Johnson's Credo. In: *Corporate Ethics: A Prime Business Asset,* New York: Business Roundtable, fev. 1988.

55. NASH, *Good Intentions Aside.*

56. STAVRAKA, Strong Corporate Reputation.

57. NASH, *Good Intentions Aside.*

58. SWANN, JR., W. B.; POLZER, J. T.; SEYLE, D. C.; KO, S. J. Finding Value in Diversity: Verification of Personal and Social Self-Views in Diverse Groups, *Academy of Management Review* 29, nº 1 (2004), p. 9-27.

59. Usual Weekly Earnings Summary, *News: Bureau of Labor Statistics,* 16 abr. 2004. Disponível em: <www.bls.gov/news.release/whyeng.nr0.htm>; Facts on Affirmative Action in Employment and Contracting, *Americans for a Fair Chance,* 28 jan. 2004. Disponível em: fairchance.civilrights.org/research_center/details.cfm?id=18076; Household Data Annual Averages. Disponível em: <www.bls.gov>. Acesso em: 28 abr. 2004.

60. Prejudice: Still on the Menu, *BusinessWeek,* 3 abr. 1995, p. 42.

61. She's a Woman, Offer Her Less, *BusinessWeek,* 7 maio 2001, p. 34.

62. Glass Ceiling Is a Heavy Barrier for Minorities, Blocking Them from Top Jobs, *The Wall Street Journal,* 14 mar. 1995, A1.

63. Catalyst Report Outlines Unique Challenges Faced by African-American Women in Business, *Catalyst news release,* 18 fev. 2004.

64. GIBSON, C. Nation's Median Age Highest Ever, but 65-and-Over Population's Growth Lags, Census 2000 Shows, *U.S. Census Bureau News,* 30 maio 2001. Disponível em: <www.census.gov>; U.S. Census Press Releases: Nation's Population One-Third Minority, *U.S. Census Bureau News,* 10 maio 2006. Disponível em: <www.census.gov/Press-Release/www/releases/archives/population/006808.html>.

65. Table 2: United States Population Projections by Age and Sex: 2000–2050, *U.S. Census Board, International Data Base, 94,* 28 abr. 2004. Disponível em: <www.census.gov/ipc/www.idbprint.html>.

66. U.S. EQUAL EMPLOYMENT OPPORTUNITY COMMISSION, Federal Laws Prohibiting Job Discrimination–Questions and Answers. Disponível em: <www.eeoc.gov>. Acesso em: 20 jun. 2001.

67. Sex by Industry by Class of Worker for the Employed Civilian Population 16 Years and Over, *American FactFinder,* 15 out. 2001. Disponível em: <factfinder.census.gov>; 2002 Catalyst Census of Women Corporate Officers and Top Earners in the *Fortune* 500. Disponível em: <www.catalystwomen.org>, 17 ago. 2004.

68. Profile of Selected Economic Characteristics: 2000, *American FactFinder,* 15 out. 2001. Disponível em: <factfinder.census.gov>. Usual Weekly Earnings Summary. Disponível em: <www.bls.gov/news.release>. Acesso em: 17 ago. 2004.

69. 2000 Catalyst Census of Women Corporate Officers and Top Earners of the *Fortune* 500. Disponível em: <www.catalystwomen.org>, acesso em 21 out. 2001; S. WELLINGTON; BRUMIT KROPF, M.; GERKOVICH, P. R. What's Holding Women Back?. *Harvard Business Review,* jun. 2003, p. 18-19; JONES, D. The Gender Factor, *USA Today.com. Acesso em:* 30 dez. 2003; 2002 Catalyst Census of Women Corporate Officers and Top Earners in the *Fortune* 500. Disponível em: www.catalystwomen.org, 17 ago. 2004; 2007 Catalyst Census of Women Corporate Officers and Top Earners of the *Fortune* 500. Disponível em: <www.catalyst.org/knowledge/titles/title.php?page=cen_COTE_07, 8 fev. 2008>.

70. GUTNER, T. Wanted: More Diverse Directors, *BusinessWeek,* 30 abr. 2001, 134; 2003 Catalyst Census of Women Board Directors. Disponível em: <www.catalystwomen.org>, 17 ago. 2004; 2007 Catalyst Census of Women Board Directors of the *Fortune* 500. Disponível em: <www.catalyst.org/knowledge/

titles/title.php?page+cen_WBD_07>, acesso em: 8 fev. 2008.
71. GUTNER, Wanted: More Diverse Directors; 2003 Catalyst Census of Women Board Directors.
72. SHARPE, R. As Leaders, Women Rule, *BusinessWeek,* 20 nov. 2000, p. 75-84.
73. *Ibid.*
74. New Catalyst Study Reveals Financial Performance Is Higher for Companies with More Women at the Top, *Catalyst news release,* 26 jan. 2004.
75. SELLERS, P. Women on Boards (NOT!), *Fortune,* 15 out. 2007, p. 105.
76. GUZMAN, B. The Hispanic Population, U.S. CENSUS BUREAU, maio 2001; U.S. CENSUS BUREAU, Profiles of General Demographic Characteristics, maio 2001; U.S. CENSUS BUREAU, Revisions to the Standards for the Classification of Federal Data on Race and Ethnicity, 2 nov. 2000, p. 1-19.
77. CHAVEZ, L. Just Another Ethnic Group, *The Wall Street Journal,* 14 maio 2001, A22.
78. BUREAU OF LABOR STATISTICS, Civilian Labor Force 16 and Older by Sex, Age, Race, and Hispanic Origin, 1978, 1988, 1998, and Projected 2008. Disponível em: <stats.bls.gov/emp>. Acesso em: 16 out. 2001.
79. U.S. CENSUS BUREAU, Profile of General Demographic Characteristics: 2000, *Census 2000,* disponível em <www.census.gov>; U.S. Census Press Releases: Nation's Population One-Third Minority, *U.S. Census Bureau News,* 10 maio 2006. Disponível em: <www.census.gov/Press-Release/www/releases/archives/population/006808.html>.
80. U.S. CENSUS BUREAU, Census Bureau Projects Tripling of Hispanic and Asian Populations in 50 Years; Non-Hispanic Whites May Drop to Half of Total Populations. Disponível em: <www.census.gov/Press-Release/www/releases/archives/population/001720.html>, acesso em 18 mar. 2004; Asians Projected to Lead Next Population Growth Surge, *Houston Chronicle,* 1 maio 2004, 3A.
81. Report Says Disparities Abound between Blacks, Whites, *Houston Chronicle,* 24 mar. 2004, 7A.
82. *Ibid.*
83. FLINT, J. NBC to Hire More Minorities on TV Shows, *The Wall Street Journal,* 6 jan. 2000, B13.
84. PONIEWOZIK, J. What's Wrong with This Picture?. *Time,* 1 jun. 2001. Disponível em: <www.time.com>.
85. *Ibid.*

86. NATIONAL ASSOCIATION OF REALTORS, Real Estate Industry Adapting to Increasing Cultural Diversity, *PR Newswire,* 16 maio 2001.
87. Toyota Apologizes to African Americans over Controversial Ad, *Kyodo News Service,* Japão, 23 maio 2001.
88. COPLAN, J. H. Putting a Little Faith in Diversity, *BusinessWeek Online,* 21 dez. 2000.
89. *Ibid.*
90. *Ibid.*
91. HOLLAND, K. When Religious Needs Test Company, *The New York Times,* 25 fev. 2007, BU17.
92. CLEVELAND, J. N.; BARNES-FARRELL J.; RATZ, J. M. Accommodation in the Workplace, *Human Resource Management Review* 7 (1997), p. 77-108; COLELLA, A. Coworker Distributive Fairness Judgments of the Workplace Accommodations of Employees with Disabilities, *Academy of Management Review* 26 (2001), p. 100-116.
93. COLELLA, Coworker Distributive Fairness Judgments; STAMPS, D. Just How Scary Is the ADA?. *Training* 32 (1995), p. 93-101; WEST, M. S.; CARDY, R. L. Accommodating Claims of Disability: The Potential Impact of Abuses, *Human Resource Management Review* 7 (1997), p. 233-246.
94. KORETZ, G. How to Enable the Disabled, *BusinessWeek,* 6 nov. 2000 (BusinessWeek Archives).
95. COLELLA, Coworker Distributive Fairness Judgments.
96. Notre Dame Disability Awareness Week 2004 Events. Disponível em: <www.nd.edu/~bbuddies/daw.html>, acesso em 30 abr. 2004.
97. HEWITT, P. UH Highlights Abilities, Issues of the Disabled, *Houston Chronicle,* 22 out. 2001, 24A.
98. Notre Dame Disability Awareness Week 2004 Events; HEWITT, UH Highlights Abilities, Issues of the Disabled.
99. GEORGE, J. M. Aids/Aids-Related Complex. In: PETERS, L. H.; GREER, C. R.; YOUNGBLOOD, S. A. (orgs.). *The Blackwell Encyclopedic Dictionary of Human Resource Management.* Oxford, UK: Blackwell, 1997, p. 6-7.
100. *Ibid.,* p. 6.
101. ARMOUR, S. Firms Juggle Stigma, Needs of More Workers with HIV, *USA Today,* 7 set. 2000, B1.
102. *Ibid.*
103. *Ibid.*; VAUGHN, S. Career Challenge; Companies' Work Not Over in HIV and Aids Education, *Los Angeles Times,* 8 jul. 2001.

104. BROWNSTEIN, R. Honoring Work Is Key to Ending Poverty, *Detroit News,* 2 out. 2001, p. 9; KORETZ, G. How Welfare to Work Worked, *BusinessWeek,* 24 set. 2001 (*BusinessWeek* Archives).
105. As Ex-Welfare Recipients Lose Jobs, Offer Safety Net, *The Atlanta Constitution,* 10 out. 2001, A18.
106. Profile of Selected Economic Characteristics: 2000, *American FactFinder,* disponível em <factfinder.census.gov>.
107. U.S. CENSUS BUREAU. Poverty–How the Census Bureau Measures Poverty. *Census 2000,* 25 set. 2001.
108. U.S. CENSUS BUREAU. Poverty 2000. Disponível em: <www.census.gov>, 26 out. 2001.
109. LELCHUK, I. Families Fear Hard Times Getting Worse/$30,000 in the Bay Area Won't Buy Necessities, Survey Says, *San Francisco Chronicle,* 26 set. 2001, A13; WHEELER, S. R. Activists: Welfare-to-Work Changes Needed, *Denver Post,* 10 out. 2001, B6.
110. CARTON, B. Bedtime Stories: In 24-Hour Workplace, Day Care Is Moving to the Night Shift, *The Wall Street Journal,* 6 jul. 2001, A1, A4.
111. *Ibid.*
112. *Ibid.*
113. *Ibid.*
114. Google View Question: Q: Homosexual Statistics, disponível em <answers.google.com/answers/threadview?id=271269>, acesso em: 30 abr. 2004; SMITH, D. M.; GATES, G. Gay and Lesbian Families in the United States, *Urban Institute,* 28 maio 2006. Disponível em: <www.urban.org/publications/1000491.html>.
115. S. NEEDLEMAN, E. More Programs Move to Halt Bias against Gays, *The Wall Street Journal,* 26 nov. 2007, B3.
116. FAHIM, K. United Parcel Service Agrees to Benefits in Civil Unions, *The New York Times,* 31 jul. 2007, A19.
117. HEMPEL, J. Coming Out in Corporate America, *BusinessWeek,* 15 dez. 2003, p. 64-72.
118. *Ibid.*
119. FILES, J. Study Says Discharges Continue under 'Don't Ask, Don't Tell,' *The New York Times,* 24 mar. 2004, A14; FILES, J. Gay Ex-Officers Say 'Don't Ask' Doesn't Work, *The New York Times,* 10 dez. 2003, A14.
120. HEMPEL, Coming Out in Corporate America; DreamWorks Animation SKG Company History. Disponível em: <www.dreamworksanimation.com/dwa/opencms/company/history/index.html>, acesso em 29 maio 2006; CHNG, J. Allan Gilmour: Former

Vice-Chairman of Ford Speaks on Diversity. Disponível em: <www.harbus.org/media/storage/paper343/news/2006/04/18/News/Allan.Gilmour.Former.ViceChairman.Of.Ford.Speaks.On.Diversity-1859600.shtml?nore write200606021800&sourcedomain=www.harbus.org>, acesso em: 18 abr. 2006.

121. NEEDLEMAN, More Programs Move to Halt Bias against Gays.
122. HEMPEL, Coming Out in Corporate America.
123. NEEDLEMAN, More Programs Move to Halt Bias against Gays.
124. *Ibid.*
125. For Women, Weight May Affect Pay, *Houston Chronicle,* 4 mar. 2004, 12A.
126. VALIAN, V. *Why So Slow? The Advancement of Women.* Cambridge, MA: MIT Press, 2000.
127. FISKE, S. T.; TAYLOR, S. E. *Social Cognition.* 2ª ed. New York: McGraw-Hill, 1991; VALIAN, *Why So Slow?*
128. VALIAN, *Why So Slow?*
129. RYNES, S.; ROSEN, B. A Field Survey of Factors Affecting the Adoption and Perceived Success of Diversity Training, *Personnel Psychology* 48 (1995), p. 247-270; Valian, *Why So Slow?*
130. BROWN, V.; GEIS, F. L. Turning Lead into Gold: Leadership by Men and Women and the Alchemy of Social Consensus, *Journal of Personality and Social Psychology* 46 (1984), p. 811-824; VALIAN, *Why So Slow?*
131. VALIAN, *Why So Slow?*
132. COLE, J.; SINGER, B. A Theory of Limited Differences: Explaining the Productivity Puzzle in Science. In: ZUCKERMAN, H.; COLE; J. R.; BRUER, J. T. (orgs.). *The Outer Circle: Women in the Scientific Community.* New York: Norton, 1991, p. 277-310; FOX, M. F. Sex, Salary, and Achievement: Reward-Dualism in Academia, *Sociology of Education* 54 (1981), p. 71-84; LONG, J. S. The Origins of Sex Differences in Science, *Social Forces* 68 (1990), p. 1297-1315; MARTELL, R. F.; LANE, D. M.; EMRICH, C. Male-Female Differences: A Computer Simulation, *American Psychologist* 51 (1996), p. 157-158; VALIAN, *Why So Slow?*
133. COLE; SINGER, A Theory of Limited Differences; FOX, M. F. Sex, Salary, and Achievement: Reward Dualism in Academia, *Sociology of Education* 54 (1981), p. 71-84; LONG, The Origins of Sex Differences in Science; MARTELL. R. F.; LANE, D. M.; EMRICH, C. Male-Female Differences: A Computer Simulation, *American Psychologist* 51 (1996), p. 157-158; VALIAN, *Why So Slow?*
134. ROBINSON, G.; DECHANT, K. Building a Case for Business Diversity, *Academy of Management Executive* 3 (1997), p. 32-47.
135. PATTERSON, A. Target 'Micromarkets' Its Way to Success; No 2 Stores Are Alike, *The Wall Street Journal,* 31 maio 1995, A1, A9.
136. The Business Case for Diversity: Experts Tell What Counts, What Works, *DiversityInc.com. Acesso em:* 23 out. 2001.
137. HETZER, B. Find a Niche—and Start Scratching, *BusinessWeek,* 14 set. 1998 (*BusinessWeek* Archives).
138. AARON, K. Woman Laments Lack of Diversity on Boards of Major Companies. *The Times Union,* 16 maio 2001. Disponível em: <www.timesunion.com>.
139. The Business Case for Diversity.
140. FRANKEL, B. Measuring Diversity Is One Sure Way of Convincing CEOs of Its Value, *DiversityInc.com. Acesso em:* 5 out. 2001.
141. STEVENS, A. Lawyers and Clients, *The Wall Street Journal,* 19 jun. 1995, B7.
142. KAHN, J. Diversity Trumps the Downturn, *Fortune,* 9 jul. 2001, p. 114-116.
143. Chevron Settles Claims of 4 Women at Unit as Part of Sex Bias Suit, *The Wall Street Journal,* 22 jan. 1995, B12.
144. BERMAN, D. K. TWA Settles Harassment Claims at JFK Airport for $2.6 Million, *The Wall Street Journal,* 25 jun. 2001, B6.
145. LAMBERT, A. Insurers Help Clients Take Steps to Reduce Sexual Harassment, *Houston Business Journal.* Acesso em: 19 mar. 2004. Disponível em: <houston.bizjournals.com/Houston/stories/2004/03/22/focus4.html>.
146. SEGAL, T. Getting Serious about Sexual Harassment, *BusinessWeek,* 9 nov. 1992, p. 78-82.
147. U.S. EQUAL EMPLOYMENT OPPORTUNITY COMMISSION, Facts about Sexual Harassment. Disponível em: <www.eeoc.gov/facts/fs-sex.html>. Acesso em: 1 maio 2004.
148. CARTON, B. Muscled Out? At Jenny Craig, Men Are Ones Who Claim Sex Discrimination, *The Wall Street Journal,* 29 nov. 1994, A1, A7.
149. PAETZOLD, R. L.; O'LEARY-KELLY, A. M. Organizational Communication and the Legal Dimensions of Hostile Work Environment Sexual Harassment. In: KREPS, G. L. (ed.). *Sexual Harassment: Communication Implications.* Cresskill, NJ: Hampton Press, 1993.
150. GALEN, M.; WEBER, J.; CUNEO, A. Z. Sexual Harassment: Out of the Shadows, *Fortune,* 28 out. 1991, p. 30-31.
151. O'LEARY-KELLY, A. M.; PAETZOLD, R. L.; GRIFFIN, R. W. Sexual Harassment as Aggressive Action: A Framework for Understanding Sexual Harassment, artigo apresentado no congresso anual da Academy of Management, em Vancouver, ago. 1995.
152. ROBERTS, B. S.; MANN, R. A. Sexual Harassment in the Workplace: A Primer. Disponível em: <www3.uakron.edu/lawrev/robert1.html>. Acesso em: 1 maio 2004.
153. Former FedEx Driver Wins EEOC Lawsuit, *Houston Chronicle,* 26 fev. 2004, 9B.
154. *Ibid.*
155. ROBERTSON, J. California Jury Awards $61M for Harassment, disponível em <http://news.yahoo.com>. Acesso em: 4 jun. 2006.
156. 2 FedEx Drivers Win Slur Lawsuit, *Houston Chronicle,* 4 jun. 2006, A9.
157. BRESLER, S. J.; THACKER, R. Four-Point Plan Helps Solve Harassment Problems, *HR Magazine,* maio 1993, p. 117-124.
158. Du Pont's Solution, *Training,* mar. 1992, p. 29.
159. *Ibid.*
160. *Ibid.*

CAPÍTULO 4

1. BOURGEOIS, L. J. Strategy and Environment: A Conceptual Integration, *Academy of Management Review* 5 (1985), p. 25-39.
2. PORTER, M. E. *Competitive Strategy.* New York: Free Press, 1980.
3. Coca-Cola *versus* Pepsi-Cola and the Soft Drink Industry, *Harvard Business School Case* 9/391–179.
4. <www.splenda.com>, 2008.
5. GUPTA, A. K.; GOVINDARAJAN, V. Cultivating a Global Mind-Set, *Academy of Management Executive* 16 (fev. 2002), p. 116-127.
6. Boeing's Worldwide Supplier Network, *Seattle Post-Intelligencer,* 9 abr. 1994, 13.
7. METTHEE, I. Playing a Large Part, *Seattle Post-Intelligencer,* 9 abr. 1994, 13.
8. TRENT, R. J.; MONCZKE, R. M. Pursuing Competitive Advantage through Integrated Global Sourcing, *Academy of Management Executive* 16 (maio 2002), p. 66-81.

9. REICH, R. B. *The Work of Nations.* New York: Knopf, 1991.
10. Business: Link in the Global Chain, *The Economist,* 2 jun. 2001, p. 62-63.
11. PORTER, M. E. *Competitive Advantage.* New York: Free Press, 1985.
12. <www.walmart.com>, 2008.
13. The Tech Slump Doesn't Scare Michael Dell, *BusinessWeek,* 16 abr. 2001, p. 48.
14. LEVITT, T. The Globalization of Markets, *Harvard Business Review,* maio/jun. 1983, p. 92-102.
15. Dell CEO Would Like 40 Percent PC Market Share. Disponível em: <www.dailynews.yahoo.com>. Acesso em: 20 jun. 2001.
16. Dell Expanding China Presence via Large Retailers. Disponível em: <www.yahoo.com>. Acesso em: 17 abr. 2008.
17. Para visões sobre barreiras à entrada sob uma perspectiva econômica, ver PORTER, *Competitive Strategy.* Para a perspectiva sociológica, ver: PFEFFER, J.; SALANCIK, G. R. *The External Control of Organization: A Resource Dependence Perspective.* New York: Harper & Row, 1978.
18. PORTER, *Competitive Strategy;* BAIN, J. E. *Barriers to New Competition.* Cambridge, MA: Harvard University Press, 1956; GILBERT, R. J. Mobility Barriers and the Value of Incumbency. In: SCHMALENSEE, R.; WILLIG, R. D. (orgs.). *Handbook of Industrial Organization,* vol. 1. Amsterdam: North Holland, 1989.
19. *Press release.* Disponível em: www.amazon.com. Acesso em: maio 2001.
20. HILL, C. W. L. The Computer Industry: The New Industry of Industries. In: HILL; JONES. *Strategic Management: An Integrated Approach.* Boston: Houghton Mifflin, 2003.
21. BHAGWATI, J. *Protectionism.* Cambridge, MA: MIT Press, 1988.
22. <www.yahoo.com>, 18 jul. 2004.
23. SCHUMPETER, J. *Capitalism, Socialism and Democracy.* London: Macmillan, 1950, p. 68. Ver também: WINTER, R. R.; WINTER, S. G. *An Evolutionary Theory of Economic Change.* Cambridge, MA: Harvard University Press, 1982.
24. The Coming Clash of Logic, *The Economist,* 3 jul. 1993, p. 21-23.
25. SHERMAN, S. The New Computer Revolution, *Fortune,* 14 jun. 1993, p. 56-84; disponível e, <www.amd.com, 2006>.
26. GOODMAN, N. *An Introduction to Sociology.* New York: HarperCollins, 1991; NAKANE, C. *Japanese Society.* Berkeley: University of California Press, 1970.
27. THE ECONOMIST, *The Economist Book of Vital World Statistics.* New York: Random House, 1990.
28. Para uma discussão detalhada da importância da estrutura da legislação como fator explicativo para a mudança e crescimento econômicos, ver: NORTH, D. C. *Institutions, Institutional Change and Economic Performance.* Cambridge: Cambridge University Press, 1990.
29. REICH, *The Work of Nations.*
30. BHAGWATI, *Protectionism.*
31. <www.cnn.com>, 2004.
32. CARPENTER, M. A; FREDRICKSON, J. W. Top Management Teams, Global Strategic Posture, and the Moderating Role of Uncertainty, *Academy of Management Journal* 44 (jun. 2001), p. 533-546.
33. BHAGWATI, *Protectionism.*
34. Para um resumo dessas teorias, ver: KRUGMAN, P.; OBSTFELD, M. *International Economics: Theory and Policy.* New York: HarperCollins, 1991. Ver também: HILL, C. W. L. *International Business.* New York: McGraw-Hill, 1997, cap. 4.
35. RUGMAN, A. M. The Quest for Global Dominance, *Academy of Management Executive* 16 (ago. 2002), p. 157-160.
36. <www.wto.org.com>, 2004.
37. <www.wto.org.com>, 2001.
38. BARTLETT, C. A.; GHOSHAL, S. *Managing across Borders.* Boston: Harvard Business School Press, 1989.
39. ARNST, C.; EDMONDSON, G. The Global Free-for-All, *BusinessWeek,* 26 set. 1994, p. 118-126.
40. KONRADS, W. Why Leslie Wexner Shops Overseas, *BusinessWeek,* 3 fev. 1992, p. 30.
41. TYLOR, E. B. *Primitive Culture.* London: Murray, 1971.
42. Para mais detalhes sobre as forças que moldam a cultura, ver HILL, *International Business,* cap. 2.
43. HOFSTEDE, G.; NEUIJEN, B.; OHAYV, D. D.; SANDERS, G. Measuring Organizational Cultures: A Qualitative and Quantitative Study across Twenty Cases, *Administrative Science Quarterly* 35 (1990), p. 286-316.
44. HOPPE, M. H. Introduction: Geert Hofstede's Culture's Consequences: International Differences in Work-Related Values, *Academy of Management Executive* 18 (fev. 2004), p. 73-75.
45. BELLAH, R. *Habits of the Heart: Individualism and Commitment in American Life.* Berkeley: University of California Press, 1985.
46. BELLAH, R. *The Tokugawa Religion.* New York: Free Press, 1957.
47. NAKANE, C. *Japanese Society.* Berkeley: University of California Press, 1970.
48. *Ibid.*
49. HOFSTEDE, G. The Cultural Relativity of Organizational Practices and Theories, *Journal of International Business Studies,* Fall 1983, p. 75-89.
50. HOFSTEDE *et al.*, Measuring Organizational Cultures.
51. PERLEZ, J. GE Finds Tough Going in Hungary, *The New York Times,* 25 jul. 1994, C1, C3.
52. <www.ge.com>, 2004.
53. FERNANDEZ, J. P.; BARR, M. *The Diversity Advantage.* New York: Lexington Books, 1994.

CAPÍTULO 5

1. SACKS, D. The Catalyst, *Fast Company,* out. 2006, p. 59-61.
2. Sobre a PUMA. Disponível em: <http://about.puma.com/EN/1/>. Acesso em: 13 fev. 2008.
3. SACKS, The Catalyst.
4. *Ibid.*
5. Puma Expects 2008 Sales, Profits to Rise–PPR CFO, 24 jan. 2008. Disponível em: <www.reuters.com/articlePrint?articleId=USL2491288920080124>. Acesso em: 13 fev. 2008.
6. SACKS, "The Catalyst."
7. *Ibid.*
8. *Ibid.*
9. *Ibid.*; Fashion in Motion Africa 2005, Zuly Bet. Disponível em: <www.vam.ac.uk/collections/fashion/fashion_motion/africa_05/index.html>. Acesso em: 14 fev. 2008.
10. <www.puma.com>. Acesso em: 18 abr. 2009.
11. SACKS, "The Catalyst."
12. Company Structure. Disponível em: <http://about.puma.com/EN/1/9/9/>. Acesso em: 13 fev. 2008
13. SACKS, "The Catalyst."
14. HUBER, G. P. *Managerial Decision Making.* Glenview, IL: Scott, Foresman, 1993.
15. SACKS, "The Catalyst."
16. SIMON, H. A. *The New Science of Management.* Englewood Cliffs, NJ: Prentice Hall, 1977.
17. HIRA, N. A. The Making of a UPS Driver, *Fortune,* 12 nov. 2007, p. 118-129.
18. *Ibid.*; LOVELL, J. Left-Hand-Turn Elimination, *The New York Times,* nytimes.com. Acesso em: 9 dez. 2007. Disponível em: <www.nytimes.com/2007/12/09/magazine/09left-

handturn.html?_r=2&oref=slogin&r>, 20 fev. 2008.
19. HIRA, The Making of a UPS Driver.
20. OSBURN, L. Expecting the World on a Silver Platter, *Houston Chronicle,* 17 set. 2007, D1, D6.
21. HIRA, The Making of a UPS Driver.
22. *Ibid.*; Welcome to UPS Careers. Disponível em: https://ups.managehr.com/Home.htm. Acesso em: 20 fev. 2008.
23. HIRA, "The Making of a UPS Driver."
24. *Ibid.*
25. *Ibid.*
26. *Ibid.*
27. *Ibid.*
28. KAHNEMAN, D. Maps of Bounded Rationality: A Perspective on Intuitive Judgment and Choic, *Prize Lecture,* 8 dez. 2002; JAFFE, E. What Was I Thinking? Kahneman Explains How Intuition Leads Us Astray, *American Psychological Society* 17, n. 5 (maio 2004), p. 23-26; DANE, E.; PRATT, M. Exploring Intuition and Its Role in Managerial Decision-Making, *Academy of Management Review* 32 (2007), p. 33-54.
29. Entretanto, se deve tomar cuidado para não generalizar em demasia nesse caso; conforme mostrado por Peter Senge, as decisões programadas dependem da hipótese implícita de que o ambiente se encontra numa situação estável. Se as condições ambientais mudarem, então aderir a uma regra de decisões rotineiras pode produzir resultados desastrosos. Ver: SENGE, P. *The Fifth Discipline: The Art and Practice of the Learning Organization.* New York: Doubleday, 1990.
30. KAHNEMAN, Maps of Bounded Rationality; JAFFE, What Was I Thinking?
31. SIMON, H. A. *Administrative Behavior.* New York: Macmillan, 1947, p. 79.
32. SIMON, H. A. *Models of Man.* New York: Wiley, 1957.
33. ARROW, K. J. *Aspects of the Theory of Risk Bearing.* Helsinki: Yrjo Johnssonis Saatio, 1965.
34. *Ibid.*
35. DAFT, R. L.; LENGEL, R. H. Organizational Information Requirements, Media Richness and Structural Design", *Management Science* 32 (1986), p. 554-571.
36. CYERT R.; MARCH, J. *Behavioral Theory of the Firm.* Englewood Cliffs, NJ: Prentice Hall, 1963.
37. MARCH, J. G.; SIMON, H. A. *Organizations.* New York: Wiley, 1958.

38. SIMON, H. A. Making Management Decisions: The Role of Intuition and Emotion, *Academy of Management Executive* 1 (1987), p. 57-64.
39. BAZERMAN, M. H. *Judgment in Managerial Decision Making.* New York: Wiley, 1986. Também ver SIMON, *Administrative Behavior.*
40. Sun Microsystems–Investor Relations: Officers and Directors. Disponível em: <www.sun.com/aboutsun/investor/sun_facts/officers_ directors.html>. Acesso em: 1 jun. 2004; How Sun Delivers Value to Customers, *Sun Microsytems–Investor Relations: Support & Training.* Acesso em: 1 jun. 2004. Disponível em: <www.sun.com/aboutsun/investor/sun_facts/core_strategies.html>; Sun at a Glance, *Sun Microsystems–Investor Relations: Sun Facts.* Acesso em: 1 jun. 2004. Disponível em: <www.sun.com/aboutsun/ investor/sun_facts/index.html>; Plug in the System, and Everything Just Works, *Sun Microsystems–Investor Relations: Product Portfolio,* 1 jun. 2004. Disponível em: <www.sun.com/aboutsun/investor/sun_facts/portfolio/html>.
41. LANGOWITZ, N. J.; WHEELRIGHT, S. C. Sun Microsystems, Inc. (A), Harvard Business School Case 686–133.
42. HOF, R. D. How to Kick the Mainframe Habit, *BusinessWeek,* 26 jun. 1995, pp; 102-104.
43. BAZERMAN, *Judgment in Managerial Decision Making;* RUSSO, J. E.; SCHOEMAKER, P. J. *Decision Traps.* New York: Simon & Schuster, 1989.
44. COHEN, M. D.; MARCH, J. G.; OLSEN, J. P. A Garbage Can Model of Organizational Choice, *Administrative Science Quarterly* 17 (1972), p. 1-25.
45. *Ibid.*
46. BAZERMAN, *Judgment in Managerial Decision Making.*
47. SENGE, *The Fifth Discipline.*
48. DE BONO, E. *Lateral Thinking.* London: Penguin, 1968; SENGE, *The Fifth Discipline.*
49. RUSSO; SCHOEMAKER, *Decision Traps.*
50. BAZERMAN, *Judgment in Managerial Decision Making.*
51. BERGER, B. NASA: One Year after *Columbia*–Bush's New Vision Changes Agency's Course Midstream, *Space News Business Report,* 26 jan. 2004. Disponível em: <www.space.com/spacenews/businessmonday_040126. html>.
52. GLANZ, J. ; SCHWARTZ, J. Dogged Engineer's Effort to Assess Shuttle Damage, *The New York Times,* 26 set. 2003, A1.

53. WALD, M. L.; SCHWARTZ, J. NASA Chief Promises a Shift in Attitude, *The New York Times,* 28 ago. 2003, A23.
54. CLIFFORD, S. Marc Shuman Was Determined to Expand Fast, *Inc.,* mar. 2006, p. 44-50
55. RUSSO; SCHOEMAKER, *Decision Traps.*
56. JANIS, I. L. *Groupthink: Psychological Studies of Policy Decisions and Disasters.* 2ª ed. Boston: Houghton Mifflin, 1982.
57. SCHWENK, C. R. *The Essence of Strategic Decision Making.* Lexington, MA: Lexington Books, 1988.
58. Ver: MASON, R. O. A Dialectic Approach to Strategic Planning, *Management Science* 13 (1969), p. 403-414; COSIER, R. A.; APLIN, J. C. A Critical View of Dialectic Inquiry in Strategic Planning, *Strategic Management Journal* 1 (1980), p. 343-356; MITROFF, I. I.; MASON, R. O. Structuring III–Structured Policy Issues: Further Explorations in a Methodology for Messy Problems, *Strategic Management Journal* 1 (1980), p. 331-342.
59. SCHWEIGER, D. M.; FINGER, P. A. The Comparative Effectiveness of Dialectic Inquiry and Devil's Advocacy, *Strategic Management Journal* 5 (1984), p. 335-350.
60. GENTILE, Mary C. *Differences That Work: Organizational Excellence through Diversity.* Boston: Harvard Business School Press, 1994; RICE, F. How to Make Diversity Pay, *Fortune,* 8 ago. 1994, p. 78-86.
61. HEDBERG, B. How Organizations Learn and Unlearn. In: STARBUCK, W. H.; e NYSTROM, P. C. (orgs.). *Handbook of Organizational Design,* vol. 1. New York: Oxford University Press, 1981, p. 1-27.
62. SENGE, *The Fifth Discipline.*
63. *Ibid.*
64. SENGE, P. M. The Leader's New Work: Building Learning Organizations, *Sloan Management Review,* Fall 1990, p. 7-23.
65. Zellner, W. K.; SCHMIDT, A.; IHLWAN, M.; DAWLEY, H. How Well Does Walmart Travel?, *BusinessWeek,* 3 set. 2001, p. 82-84.
66. GEORGE, J. M. Creativity in Organizations. In: WALSH, J. P.; BRIEF, A. P. (orgs.). *The Academy of Management Annals,* vol. 1 (New York: Erlbaum), 2008, p. 439-477.
67. *Ibid.*
68. SALTER, C. FAST 50: The World's Most Innovative Companies, *Fast Company,* mar. 2008, p. 73-117.
69. Woodman, R. W.; SAWYER, J. E.; GRIFFIN, R. W. Toward a Theory of Organizational Creativity, *Academy of*

Management Review 18 (1993), p. 293-321.
70. BOUCHARD JR., T. J.; BARSALOUX, J.; DRAUDEN, G. Brainstorming Procedure, Group Size, and Sex as Determinants of Problem Solving Effectiveness of Individuals and Groups, *Journal of Applied Psychology* 59 (1974), p. 135-138.
71. DIEHL, M.; STROEBE, W. Productivity Loss in *Brainstorming* Groups: Toward the Solution of a Riddle, *Journal of Personality and Social Psychology* 53 (1987), p. 497-509.
72. GUSTAFSON, D. H.; SHULKA, R. K.; DELBECQ, A.; WALSTER, W. G. A Comparative Study of Differences in Subjective Likelihood Estimates Made by Individuals, Interacting Groups, Delphi Groups, and Nominal Groups, *Organizational Behavior and Human Performance* 9 (1973), p. 280-291.
73. DALKEY, N. *The Delphi Method: An Experimental Study of Group Decision Making*. Santa Monica, CA: Rand Corp., 1989.
74. LONIER, T. Some Insights and Statistics on Working Solo. Disponível em: <www.workingsolo.com>.
75. KATSIKIS, I. N.; KYRGIDOU, L. P. The Concept of Sustainable Entrepreneurship: A Conceptual Framework and Empirical Analysis, *Academy of Management Proceedings*, 2007, p. 1-6, 6p. Disponível em: <web.ebscohost.com/ehost/delivery?vid=7&hid=102&sid=434afdf5-5ed9-45d4-993b->. Acesso em: 24 jan. 2008; What Is a Social Entrepreneur?. Disponível em: <http://ashoka.org/social_entrepreneur>. Acesso em: 20 fev. 2008; HSU, C. Entrepreneur for Social Change, 31 out. 2005, *U.S.News.com*. Disponível em: <www.usnews.com/usnews/news/articles/051031/31drayton.htm>; SULLIVAN, D. M. Stimulating Social Entrepreneurship: Can Support From Cities Make a Difference?, *Academy of Management Perspectives*, fev. 2007, p. 78.
76. *Ibid.*
77. TIKU, N. Do-Gooder Finance: How a New Crop of Investors is Helping Social Entrepreneurs, *Inc.* Magazine, fev. 2008.
78. *Ibid.*; About World of Good, *World of Good, Inc.*. Disponível em: <www.worldofgoodinc.com/about/>, acesso em 20 fev. 2008; What Is Fair Trade?, *World of Good*, Original Good. Disponível em: <www.originalgood.com/FT/>, acesso em 20 fev. 2008.
79. TIKU, Do-Gooder Finance.
80. *Ibid.*
81. *Ibid.*
82. *Ibid.*
83. *Ibid.*

CAPÍTULO 6

1. CHANDLER, A. *Strategy and Structure: Chapters in the History of the American Enterprise*. Cambridge, MA: MIT Press, 1962.
2. *Ibid.*
3. FAYOL, H. *General and Industrial Management* (1884), New York: IEEE Press, 1984.
4. *Ibid.*, p. 18.
5. AGUILAR, F. J. General Electric: Reg Jones and Jack Welch. In: *General Managers in Action*. Oxford: Oxford University Press, 1992.
6. *Ibid.*
7. <www.ge.com>, 2008.
8. HOFER, C. W.; SCHENDEL, D. *Strategy Formulation: Analytical Concepts*. St. Paul, MN: West, 1978.
9. WACK, P. Scenarios: Shooting the Rapids, *Harvard Business Review*, nov./dez. 1985, p. 139-150.
10. PHELPS, R.; CHAN, C.; KAPSALIS, S. C. Does Scenario Planning Affect Firm Performance?, *Journal of Business Research*, mar. 2001, p. 223-232.
11. PEARCE, J. A. The Company Mission as a Strategic Tool, *Sloan Management Review*, Spring 1992, p. 15-24.
12. ABELL, D. F. *Defining the Business: The Starting Point of Strategic Planning*. Englewood Cliffs, NJ: Prentice Hall, 1980.
13. HAMEL, G.; PRAHALAD, C. K. Strategic Intent, *Harvard Business Review*, maio/jun. 1989, p. 63-73.
14. JUNG, D. I.; AVOLIO, B. J. Opening the Black Box: An Experimental Investigation of the Mediating Effects of Trust and Value Congruence on Transformational and Transactional Leadership, *Journal of Organizational Behavior*, dez. 2000, p. 949-964; BASS, B. M.; AVOLIO, B. J. Transformational and Transactional Leadership: 1992 and Beyond, *Journal of European Industrial Training*, jan. 1990, p. 20-35.
15. PORRAS, J.; COLLINS, J. *Built to Last: Successful Habits of Visionary Companies*. New York: HarperCollins, 1994.
16. LOCKE, E. A.; LATHAM, G. P.; EREZ, M. The Determinants of Goal Commitment, *Academy of Management Review* 13 (1988), p. 23-39.
17. ANDREWS, K. R. *The Concept of Corporate Strategy*. Homewood, IL: Irwin, 1971.
18. MULVIHILL, G. Campbell Is Really Cooking, *San Diego Tribune.com*. Acesso em: 5 ago. 2004.
19. CROTTY, W. D. Campbell Soup Is Not So Hot. Disponível em: <www.motleyFool.com>. Acesso em: 24 maio 2004.
20. HALPERIN, A. Chicken Soup for the Investor's Soul, *BusinessWeek Online*, 25 maio 2006. Disponível em: <www.businessweek.com>.
21. CARTER, A. Lighting a Fire under Campbell. Disponível em: <www.businessweek.com>. Acesso em: 4 dez. 2006.
22. <www.campbellsoupcompany.com>, 2008.
23. Campbell Completes $850M Godiva Sale. Disponível em: <www.yahoo.com>. Acesso em: 18 mar. 2008.
24. AVENI, R. D. *Hypercompetition*. New York: Free Press, 1994.
25. PORTER, M. E. *Competitive Strategy*. New York: Free Press, 1980.
26. HILL, C. W. L. Differentiation *versus* Low Cost or Differentiation and Low Cost: A Contingency Framework, *Academy of Management Review* 13 (1988), p. 401-412.
27. Para mais detalhes, ver: WOMACK, J. P.; JONES, D. T.; ROOS, D. *The Machine That Changed the World*. New York: Rawson Associates, 1990.
28. PORTER, *Competitive Strategy*.
29. <www.cott.com>, 2008.
30. <www.zara.com>, 2008.
31. VITZTHUM, C. Just-in-Time-Fashion, *The Wall Street Journal*, 18 maio 2001, B1, B4.
32. <www.zara.com>, 2008.
33. <www.hitachi.com>, 2008.
34. PERRY, M. K.; Vertical Integration: Determinants and Effects. In: SCHMALENSEE, R.; R. WILLIG, D. *Handbook of Industrial Organization*, vol. 1. New York: Elsevier Science, 1989.
35. Matsushita Electric Industrial (MEI) in 1987, Harvard Business School Case 388–144.
36. GHEMAWAT, P. *Commitment: The Dynamic of Strategy*. New York: Free Press, 1991.
37. <www.ibm.com>, 2008.
38. PENROSE, E. *The Theory of the Growth of the Firm*. Oxford: Oxford University Press, 1959.
39. PORTER, M. E. From Competitive Advantage to Corporate Strategy, *Harvard Business Review* 65 (1987), p. 43-59.
40. TEECE, D. J. Economies of Scope and the Scope of the Enterprise, *Journal of*

Economic Behavior and Organization 3 (1980), p. 223-247.
41. PORTER, M. E. *Competitive Advantage: Creating and Sustaining Superior Performance.* New York: Free Press, 1985.
42. <www.3M.com>, 2008.
43. *Ibid.*
44. WYANT, C. Minnesota Companies Make *BusinessWeek*'s 'Most Innovative' List", *Minneapolis/St. Paul Business Journal,* 18 abr. 2008.
45. Para uma revisão da evidência, ver: HILL, C. W. L.; JONES, G. R. *Strategic Management: An Integrated Approach,* 5ª ed. Boston: Houghton Mifflin, 2003, cap. 10.
46. CHRISTENSEN C. R. et al. *Business Policy Text and Cases.* Homewood, IL: Irwin, 1987, p. 778.
47. HILL, C. W. L. Conglomerate Performance over the Economic Cycle, *Journal of Industrial Economics* 32 (1983), p. 197-213.
48. RAMANUJAM, V.; VARADARAJAN, P. Research on Corporate Diversification: A Synthesis, *Strategic Management Journal* 10 (1989), p. 523-551. Ver também SHLEIFER A.; VISHNY, R. W. Takeovers in the 1960s and 1980s: Evidence and Implications. In: RUMELT, R. P.; SCHENDEL; D. E.; TEECE, D. J. (orgs.). *Fundamental Issues in Strategy.* Boston: Harvard Business School Press, 1994.
49. WILLIAMS, J. R.; PAEZ, B. L.; SANDERS, L. Conglomerates Revisited, *Strategic Management Journal* 9 (1988), p. 403-414.
50. MARCIAL, G. As Tyco Splits into Three. Disponível em: <www.businessweek.com>. Acesso em: 12 mar. 2007.
51. <www.tyco.com>, 2008.
52. BARTLETT, C. A.; GHOSHAL, S. *Managing across Borders.* Boston: Harvard Business School Press, 1989.
53. PRAHALAD, C. K.; DOZ, Y. L. *The Multinational Mission.* New York: Free Press, 1987.
54. Gillette Co.'s New $40 Million Razor Blade Factory in St. Petersburg Russia, *Boston Globe,* 7 jun. 2000, C6.
55. SEWELL, D. P&G Replaces Ex-Gillette CEO at Operations. Disponível em: <www.yahoo.com>. Acesso em: 24 maio 2006.
56. <www.pg.com>, 2005, 2008.
57. CAVES, R. E. *Multinational Enterprise and Economic Analysis.* Cambridge: Cambridge University Press, 1982.
58. KOGUT, B. Joint Ventures: Theoretical and Empirical Perspectives, *Strategic Management Journal* 9 (1988), p. 319-333.
59. Venture with Nestlé SA Is Slated for Expansion, *The Wall Street Journal,* 15 abr. 2001, B2.
60. BAHREE, B. BP Amoco, Italy's ENI Plan $2.5 Billion Gas Plant, *The Wall Street Journal,* 6 mar. 2001, A16.
61. HOOD, N.; YOUNG, S. *The Economics of the Multinational Enterprise.* London: Longman, 1979.

CAPÍTULO 7

1. <www.avon.com>, 2008.
2. BYRNES, N. Avon: More Than Just Cosmetic Changes. Disponível em: <www.businessweek.com>. Acesso em: 12 mar. 2007.
3. <www.avon.com>, 2008.
4. JONES, G. R. *Organizational Theory, Design and Change: Text and Cases.* Upper Saddle River: Prentice Hall, 2003.
5. CHILD, J. *Organization: A Guide for Managers and Administrators.* New York: Harper & Row, 1977.
6. LAWRENCE, P. R.; LORSCH, J. W. *Organization and Environment.* Boston: Graduate School of Business Administration, Harvard University, 1967.
7. DUNCAN, R. What Is the Right Organizational Design?, *Organizational Dynamics,* Winter 1979, p. 59-80.
8. BURNS, T.; STALKER, G. R. *The Management of Innovation.* London: Tavistock, 1966.
9. MILLER, D. Strategy Making and Structure: Analysis and Implications for Performance, *Academy of Management Journal* 30 (1987), p. 7-32.
10. CHANDLER, A. D. *Strategy and Structure.* Cambridge, MA: MIT Press, 1962.
11. STOPFORD, J.; WELLS, L. *Managing the Multinational Enterprise.* London: Longman, 1972.
12. PERROW, C. *Organizational Analysis: A Sociological View.* Belmont, CA: Wadsworth, 1970.
13. TAYLOR, F. W. *The Principles of Scientific Management.* New York: Harper, 1911.
14. GRIFFIN, R. W. *Task Design: An Integrative Approach.* Glenview, IL: Scott, Foresman, 1982.
15. *Ibid.*
16. HACKMAN, J. R.; OLDHAM, G. R. *Work Redesign.* Reading, MA: Addison-Wesley, 1980.
17. GALBRAITH, J. R.; KAZANJIAN, R. K. *Strategy Implementation: Structure, System, and Process,* 2ª ed. St. Paul, MN: West, 1986.
18. LAWRENCE; LORSCH, *Organization and Environment.*
19. JONES, *Organizational Theory.*
20. LAWRENCE; LORSCH, *Organization and Environment.*
21. HALL, R. H. *Organizations: Structure and Process.* Englewood Cliffs, NJ: Prentice Hall, 1972; MILES, R. *Macro Organizational Behavior.* Santa Monica, CA: Goodyear, 1980.
22. CHANDLER, *Strategy and Structure.*
23. JONES, G. R.; HILL, C. W. L. Transaction Cost Analysis of Strategy-Structure Choice, *Strategic Management Journal* 9 (1988), p. 159-172.
24. <www.gsk.com>, 2006.
25. *Ibid.*
26. <www.nokia.com>, 2008.
27. LAKSHMAN, N. Nokia's Global Design Sense. Disponível em: <www.businessweek.com>. Acesso em: 10 ago. 2007.
28. <www.nokia.com>, 2008.
29. DAVIS, S. M.; LAWRENCE, P. R. *Matrix.* Reading, MA: Addison-Wesley, 1977; GALBRAITH, J. R. Matrix Organization Designs: How to Combine Functional and Project Forms, *Business Horizons* 14 (1971), p. 29-40.
30. BURNS, L. R. Matrix Management in Hospitals: Testing Theories of Matrix Structure and Development, *Administrative Science Quarterly* 34 (1989), p. 349-368.
31. HILL, C. W. L. *International Business.* Homewood, IL: Irwin, 2003.
32. JONES, *Organizational Theory.*
33. FARNHAM, A. America's Most Admired Company, *Fortune,* 7 fev. 1994, p. 50-54.
34. BLAU, P. A Formal Theory of Differentiation in Organizations, *American Sociological Review* 35 (1970), p. 684-695.
35. GREY, S. McDonald's CEO Announces Shifts of Top Executives, *The Wall Street Journal,* 16 jul. 2004, A11.
36. <www.mcdonalds.com>, 2008.
37. CHILD, *Organization.*
38. MCCARTNEY, S. Airline Industry's Top-Ranked Woman Keeps Southwest's Small-Fry Spirit Alive, *The Wall Street Journal,* 30 nov. 1995, B1.
39. <www.plexus.com>, 2006.
40. BULKELEY, W. M. Plexus Strategy: Smaller Runs of More Things, *The Wall Street Journal,* 8 out. 2003, B1, B12.

41. BLAU, P. M.; SCHOENHERR, R. A. *The Structure of Organizations*. New York: Basic Books, 1971.
42. JONES, *Organizational Theory*.
43. LAWRENCE; LORSCH, *Organization and Environment*, p. 50-55.
44. GALBRAITH, J. R. *Designing Complex Organizations*. Reading, MA: Addison-Wesley, 1977, cap. 1; GALBRAITH; KAZANJIAN, *Strategy Implementation*, cap. 7.
45. LAWRENCE; LORSCH, *Organization and Environment*, p. 55.
46. KOGUT, B. Joint Ventures: Theoretical and Empirical Perspectives, *Strategic Management Journal* 9 (1988), p. 319–332.
47. CAPOWSKI, G. S. Designing a Corporate Identity, *Management Review*, jun. 1993, p. 37-38.
48. MARCIA, J. Just Doing It, *Distribution*, jan. 1995, p. 36-40.
49. Nike Battles Backlash from Overseas Sweatshops, *Marketing News*, 9 nov. 1998, p. 14.
50. LAABS, J. Mike Gives Indonesian Workers a Raise, *Workforce*, dez. 1998, p. 15-16.
51. ECHIKSON, W. "It's Europe's Turn to Sweat about Sweatshops", *BusinessWeek*, 19 jul. 1999, p. 96.
52. Copyright © 2006, Gareth R. Jones.

CAPÍTULO 8

1. <www.ford.com>, 2008.
2. KILEY, D. The New Heat on Ford. Disponível em: <www.businessweek.com>. Acesso em: 4 jun. 2007.
3. *Ibid*.
4. <www.ford.com>, 2008.
5. OUCHI, W. G. Markets, Bureaucracies, and Clans, *Administrative Science Quarterly* 25 (1980), p. 129-141.
6. LORANGE, P.; MORTON, M.; GHOSHAL, S. *Strategic Control*. St. Paul, MN: West, 1986.
7. KOONTZ, H.; BRADSPIES, R. W. Managing through Feedforward Control, *Business Horizons*, jun. 1972, p. 25-36.
8. LAWLER III, E. E.; RHODE, J. G. *Information and Control in Organizations*. Pacific Palisades, CA: Goodyear, 1976.
9. HILL, C. W. L.; JONES, G. R. *Strategic Management: An Integrated Approach*, 6ª ed. Boston: Houghton Mifflin, 2003.
10. BULKELEY W. M.; LUBLIN, J. S. Xerox Appoints Insider Mulcahy to Execute Turnaround as CEO, *The Wall Street Journal*, 27 jul. 2001, A2.
11. FLAMHOLTZ, E. Organizational Control Systems as a Management Tool, *California Management Review*, Winter 1979, p. 50-58.
12. OUCHI, W. G. The Transmission of Control through Organizational Hierarchy, *Academy of Management Journal* 21 (1978), p. 173-192.
13. OUCHI, W. G. The Relationship between Organizational Structure and Organizational Control, *Administrative Science Quarterly* 22 (1977), p. 95-113.
14. OUCHI, Markets, Bureaucracies, and Clans.
15. NEWMAN, W. H. *Constructive Control*. Englewood Cliffs, NJ: Prentice Hall, 1975.
16. THOMPSON, J. D. *Organizations in Action*. New York: McGraw-Hill, 1967.
17. ANTHONY, R. N. *The Management Control Function*. Boston: Harvard Business School Press, 1988.
18. OUCHI, Markets, Bureaucracies, and Clans.
19. HILL; JONES, *Strategic Management*.
20. SIMONS, R. Strategic Orientation and Top Management Attention to Control Systems, *Strategic Management Journal* 12 (1991), p. 49-62.
21. SCHREYOGG G.; STEINMANN, H. Strategic Control: A New Perspective, *Academy of Management Review* 12 (1987), p. 91-103.
22. WOOLRIDGE B.; FLOYD, S. W. The Strategy Process, Middle Management Involvement, and Organizational Performance, *Strategic Management Journal* 11 (1990), p. 231-241.
23. ALEXANDER, J. A. Adaptive Changes in Corporate Control Practices, *Academy of Management Journal* 34 (1991), p. 162-193.
24. <www.gillette.com>, 2004.
25. HILL; JONES, *Strategic Management*.
26. ROSS, G. H. B. Revolution in Management Control, *Management Accounting* 72 (1992), p. 23-27.
27. DRUCKER, P. F. *The Practice of Management*. New York: Harper & Row, 1954.
28. CARROLL, S. J.; TOSI, H. L. *Management by Objectives: Applications and Research*. New York: Macmillan, 1973.
29. RODGERS, R.; HUNTER, J. E. Impact of Management by Objectives on Organizational Productivity, *Journal of Applied Psychology* 76 (1991), p. 322-326.
30. GAVIN, M. B.; GREEN, S. G.; FAIRHURST, G. T. Managerial Control Strategies for Poor Performance over Time and the Impact on Subordinate Reactions, *Organizational Behavior and Human Decision Processes* 63 (1995), p. 207-221.
31. <www.cypress.com>, 2001.
32. DUMAINE, B. The Bureaucracy Busters, *Fortune*, 17 jun. 1991, p. 46.
33. PUGH, D. S.; HICKSON, D. J.; HININGS, C. R.; TURNER, C. Dimensions of Organizational Structure, *Administrative Science Quarterly* 13 (1968), p. 65-91.
34. ELGIN, B. Running the Tightest Ships on the Net, *BusinessWeek*, 29 jan. 2001, p. 125-126.
35. BLAU, P. M. *The Dynamics of Bureaucracy*. Chicago: University of Chicago Press, 1955.
36. <www.ups.com>, 2004.
37. VAN MAANEN, J. Police Socialization: A Longitudinal Examination of Job Attitudes in an Urban Police Department, *Administrative Science Quarterly* 20 (1975), p. 207-228.
38. <www.nokia.com>, 2001.
39. DE BENDERN, P. Quirky Culture Paves Nokia's Road to Fortune. Disponível em: <www.yahoo.com>. Acesso em: 2000.
40. WEICK, K. E. *The Social Psychology of Organization*. Reading, MA: Addison-Wesley, 1979.
41. SCHULZ, J. W.; HAUCK, L. C.; HAUCK, R. M. Using the Power of Corporate Culture to Achieve Results: A Case Study of Sunflower Electric Power Corporation, *Management Quarterly* 2 (2001), p. 2-19.
42. BROWN, L. Research Action: Organizational Feedback, Understanding and Change, *Journal of Applied Behavioral Research* 8 (1972), p. 697-711; CLARK, P. A. *Action Research and Organizational Change*. New York: Harper & Row, 1972; MARGULIES, N.; RAIA, A. P. (orgs.). *Conceptual Foundations of Organizational Development*. New York: McGraw-Hill, 1978.
43. FRENCH, W. L.; BELL, C. H. *Organizational Development*. Englewood Cliffs, NJ: Prentice-Hall, 1990.
44. MCGREGOR, J. The World's Most Innovative Companies. Disponível em: <www.businessweek.com>. Acesso em: 4 maio 2007.
45. NAKASHIMA, R. Iger: Disney to Reap $1 Billion Online. Disponível em: <www.yahoo.com>. Acesso em: 11 mar. 2008.
46. FRENCH, W. L. A Checklist for Organizing and Implementing an OD Effort. In: FRENCH, W. L.; BELL, C. H.; ZAWACKI, R. A. (orgs.). *Organizational Development and Transformation*. Homewood, IL: Irwin, 1994, p. 484-495.

CAPÍTULO 9

1. LOOMIS, C. J. (editor da revista *Fortune*). The Big Surprise Is Enterprise: Quietly beating out rivals Hertz and Avis, this privately held outfit reigns as the N. 1 car-rental company in

America, and the Taylor family aims to keep it on top, *Fortune*, 14 jul. 2006, disponível em <http://cnnmoney.printthis.clickability.com/pt/cpt?action=cpt&title=Fortune%3A+The+big . . .>, acesso em 31 mar. 2008; <http://aboutus.enterprise.com/who we are.html>, acesso em 21 abr. 2009.

2. Overview, *Enterprise Rent-a-Car Careers–Overview. Disponível em: www.erac.com/recruit/about_enterprise.asp?navID=overview*. Acesso em 27 mar. 2008.

3. FISHER, A. (editor sênior da revista *Fortune*). Who's Hiring New College Grads Now, *CNNMoney.com*. Disponível em: <http://cnnmoney.printthis.clickability.com/pt/cpt?action=cpt&title=Who%27s+hiring+coll>. Acesso em: 31 mar. 2008; DI MEGLIO, Francesca. A Transcript for Soft Skills: Wisconsin is considering a dual transcript–one for grades and one to assess critical areas such as leadership and communication. Disponível em: <www.businessweek.com/print/bschools/content/feb2008/bs20080221_706663.htm>. Acesso em: 28 mar. 2008.

4. Enterprise Ranked in Top 10 of BusinessWeek's 'Customer Service Champs', 22 fev. 2007, *Enterprise Rent-a-Car Careers–Enterprise in the News*. Disponível em: <www.erac.com/recruit/news_detail.asp?navID=frontpage&RID=211>. Acesso em: 27 mar. 2008; GERDES, L. The Best Places to Launch a Career, *BusinessWeek*, 24 set. 2007, p. 49-60; LEHMAN, P. A Clear Road to the Top, *Business Week*, 18 set. 2006, p. 72-82.

5. LOOMIS, The Big Surprise Is Enterprise.

6. Enterprise Rent-a-Car's Pam Nicholson Named to *Fortune's* 50 Most Powerful Women in Business 2007, 1 out. 2007. Disponível em: <www.erac.com/recruit/news_details.asp?navID=frontpage&RID=234>. Acesso em: 27 mar. 2008.

7. Enterprise Ranked in Top 10 of *BusinessWeek*'s 'Customer Service Champs'; GERDES, The Best Places to Launch a Career.

8. It's Running a Business . . . Not Doing a Job, *Enterprise Rent-a-Car Careers–Opportunities. Disponível em: <www.erac.com/recruit/opportunities.asp>*. Acesso em: 27 mar. 2008.

9. LOOMIS, The Big Surprise Is Enterprise; LEHMAN, A Clear Road to the Top.

10. *Ibid.*

11. LEHMAN, A Clear Road to the Top.

12. LOOMIS, The Big Surprise Is Enterprise.

13. *Ibid.*; LEHMAN, A Clear Road to the Top.

14. TAYLOR KINDLE, J. A. Enterprise: Why We Give Where We Give: For Enterprise Rent-a-Car, giving back is linked to the primary business. That means planting 50 million trees over 50 years, for starters. Disponível em: <www.businessweek.com/print/investor/content/jun2007/pi20070628_339711.htm>. Acesso em: 28 mar. 2008.

15. *Ibid.*

16. GUNTHER, M. (editor sênior). Renting 'Green'? Not So Easy, Enterprise-Rent-a-Car Goes Green, with Limits, *CNNMoney.com,* 17 jan. 2008. Disponível em: <http://cnnmoney.printthis.clickability.com/pt/cpt?action= cpt&title=Enterprise-Rent-a-Car>. Acesso em: 3 mar. 2008; Enterprise Rent-a-Car Announces Most Comprehensive Environmental Platform in Its Industry *Enterprise Rent-a-Car Careers–Enterprise In The News* (edição de quarta-feira, 6 jun. 2007). *Disponível em: <www.erac.com/recruit/news_detail.asp?navID=frontpage&RID=221>*. Acesso em: 27 mar. 2008.

17. LOOMIS, The Big Surprise Is Enterprise; LEHMAN, A Clear Road to the Top.

18. KANFER, R. Motivation Theory and Industrial and Organizational Psychology. In: DUNNETTE, M. D.; HOUGH, L. M. (orgs.). *Handbook of Industrial and Organizational Psychology.* 2ª ed., vol. 1, Palo Alto, CA: Consulting Psychologists Press, 1990, p. 75-170.

19. LATHAM, G. P.; BUDWORTH, M. H. The Study of Work Motivation in the 20th Century. In: KOPPES, L. L. (org.). *Historical Perspectives in Industrial and Organizational Psychology.* Hillsdale, NJ: Laurence Erlbaum, 2006.

20. NICHOLSON, N. How to Motivate Your Problem People, *Harvard Business Review,* jan. 2003, p. 57–65.

21. GRANT, A. M. Does Intrinsic Motivation Fuel the Prosocial Fire? Motivational Synergy in Predicting Persistence, Performance, and Productivity, *Journal of Applied Psychology* 93, n. 1 (2008), p. 48-58.

22. *Ibid.*; BATSON, C. D. Prosocial Motivation: Is It Ever Truly Altruistic?. In BERKOWITZ,L. (org.). *Advances in Experimental Social Psychology,* vol. 20. New York: Academic Press, 1987, p. 65-122.

23. GRANT, Does Intrinsic Motivation Fuel the Prosocial Fire?.

24. CAMPBELL, J. P.; PRITCHARD, R. D. Motivation Theory in Industrial and Organizational Psychology. In: DUNNETTE, M. D. (org.). *Handbook of Industrial and Organizational Psychology.* Chicago: Rand McNally, 1976, p. 63-130; MITCHELL, T. R. Expectancy Value Models in Organizational Psychology. In: FEATHER, N. T. (org.). *Expectations and Actions: Expectancy Value Models in Psychology.* Hillsdale, NJ: Erlbaum, 1982, p. 293-312; VROOM, V. H. *Work and Motivation.* New York: Wiley, 1964.

25. SHOPE GRIFFIN, N. Personalize Your Management Development, *Harvard Business Review* 8, n. 10 (2003), p. 113-119.

26. STEWART, T. A. Just Think: No Permission Needed, *Fortune,* 8 jan. 2001. Disponível em: <www.fortune.com>. Acesso em: 26 jun. 2001.

27. COPELAND, M. Best Buy's Selling Machine, *Business 2.0,* jul. 2004, p. 91-102; HELLER, L. Best Buy Still Turning on the Fun, *DSN Retailing Today* 43, n. 13 (5 jul. 2004), p. 3; POUNDS, S. Big-Box Retailers Cash In on South Florida Demand for Home Computer Repair, *Knight Ridder Tribune Business News,* 5 jul. 2004 (<gateway.proquest.com>); BLOOM, J. Best Buy Reaps the Rewards of Risking Marketing Failure, *Adveristing Age* 75, n. 25 (21 jun. 2004), p. 16; HELLER, L. Discount Turns Up the Volume: PC Comeback, iPod Popularity Add Edge, *DSN Retailing Today* 43, n. 13 (5 jul. 2004), p. 45; <www.bestbuy.com>, acesso em: 8 jun. 2006.

28. MAURER, T. J.; WEISS, E. M.; BARBEITE, F. G. A Model of Involvement in Work-Related Learning and Development Activity: The Effects of Individual, Situational, Motivational, and Age Variables, *Journal of Applied Psychology* 88, n. 4 (2003), p. 707-724.

29. Learn About Us, *The Container Store.* Disponível em: <*www*.containerstore.com/learn/index.jhtml>, 1 abr. 2008; <www.containerstore.com>. Acesso em: 24 abr. 2009.

30. DUFF, M. Top-Shelf Employees Keep Container Store on Track. Disponível em: <www.looksmart.com>. Disponível em: <www.findarticles.com>. Acesso em: 8 mar. 2004; AMMENHEUSER, M. K. The Container Store Helps People Think Inside the Box. Disponível em: <www.icsc.org>, acesso em: maio 2004; The Container Store: Store Location, disponível em: <www.containerstore.com/find/index/jhtml>, 5 jun. 2006; Store Locations, *The*

Container Store. Disponível em: <www.containerstore.com/find/index.jhtml>, acesso em: 1 abr. 2008.

31. Learn About Us. Disponível em: <www.containerstore.com>. Acesso em: 26 jun. 2001.
32. *Ibid.*
33. SCHLOSSER, J.; SUNG, J. The 100 Best Companies to Work For, *Fortune*, 8 jan. 2001, p. 148-68; *Fortune* 100 Best Companies to Work For 2006, <*cnn.com*>, 5 jun. 2006. Disponível em: <http://money.cnn.com/magazines/fortune/bestcompanies/snapshots/359.html>; Learn About Us, *The Container Store*. Disponível em: <www.containerstore.com/learn/index.jhtml>. Acesso em: 1 abr. 2008.
34. The Container Store. Disponível em: <www.careerbuilder.com>. Acesso em: 13 jul. 2004; Tom Takes Re-imagine to PBS, Case Studies. Disponível em: <www.tompeters.com>. Acesso em: 15 mar. 2004; 2004 Best Companies to Work For. Disponível em: <www.fortune.com>. Acesso em: 12 jul. 2004; *Fortune* 100 Best Companies to Work For 2006, <*cnn.com*>, 5 jun. 2006, disponível em <http://money.cnn.com/magazines/fortune/bestcompanies/snapshots/359.html>; LEVERING, R.; MOSKOWITZ, M. 100 Best Companies to Work For: The Rankings, *Fortune*, 4 fev. 2008, p. 75-94. Disponível em <http://money.cnn.com/magazines/fortune/bestcompanies/2009/full_list/>. Acesso em: 23 abr. 2009.
35. ROTH, D. My Job at the Container Store, *Fortune*, 10 jan. 2000. Disponível em: <www.fortune.com>. Acesso em: 26 jun. 2001; *Fortune* 2004: 100 Best Companies to Work For. Disponível em: <www.containerstore.com/careers/FortunePR_2004.jhtml?message=/repository/messages/fortuneCareer.jhtml>, 12 jan. 2004; LEVERING, R.; MOSKOWITZ, M.; e ADAMS, S. The 100 Best Companies to Work For, *Fortune* 149, n. 1 (2004), p. 56-78; Disponível em <www.containerstore.com/careers/FortunePR_2004.jhtml?message=/repository/messages/fortuneCareer.jhtml>, 12 jan. 2004.
36. ROTH, My Job at the Container Store.
37. Learn About Us, *The Container Store*. Disponível em: <http://www.containerstore.com/learn/index.jhtml>. Acesso em 1 abr. 2008.
38. YU, R. Some Texas Firms Start Wellness Programs to Encourage Healthier Workers, *Knight Ridder Tribune Business News*, 7 jul. 2004, disponível em <gateway.proquest.com>; LEVERING et al. The 100 Best Companies to Work For.
39. ROTH, My Job at the Container Store; The Foundation Is Organization.
40. MASLOW, A. H. *Motivation and Personality*. New York: Harper & Row, 1954; CAMPBELL; PRITCHARD, Motivation Theory in Industrial and Organizational Psychology.
41. KANFER, Motivation Theory and Industrial and Organizational Psychology.
42. RONEN, S. An Underlying Structure of Motivational Need Taxonomies: A Cross-Cultural Confirmation. In: TRIANDIS, H. C.; DUNNETTE, M. D.; HOUGH, L. M. (orgs.). *Handbook of Industrial and Organizational Psychology*, vol. 4. Palo Alto, CA: Consulting Psychologists Press, 1994, p. 241-69.
43. ADLER, N. J. *International Dimensions of Organizational Behavior*. 2ª ed. Boston: P.W.S. Kent, 1991; HOFSTEDE, G. Motivation, Leadership and Organization: Do American Theories Apply Abroad?, *Organizational Dynamics*, Summer 1980, p. 42-63.
44. HERZBERG, F. *Work and the Nature of Man*. Cleveland: World, 1966.
45. KING, N. Clarification and Evaluation of the Two-Factor Theory of Job Satisfaction, *Psychological Bulletin* 74 (1970), p. 18-31; LOCKE, E. A. The Nature and Causes of Job Satisfaction. In: DUNNETTE, *Handbook of Industrial and Organizational Psychology*, p. 1297-1349.
46. MCCLELLAND, D. C. *Human Motivation*. Glenview, IL: Scott, Foresman, 1985; "How Motives, Skills, and Values Determine What People Do", *American Psychologist* 40 (1985), p. 812-825; Managing Motivation to Expand Human Freedom, *American Psychologist* 33 (1978), p. 201-210.
47. WINTER, D. G. *The Power Motive*. New York: Free Press, 1973.
48. STAHL, M. J. Achievement, Power, and Managerial Motivation: Selecting Managerial Talent with the Job Choice Exercise, *Personnel Psychology* 36 (1983), p. 775-789; MCCLELLAND, D. C.; BURNHAM, D. H. Power Is the Great Motivator, *Harvard Business Review* 54 (1976), p. 100-110.
49. HOUSE, R. J.; SPANGLER, W. D.; WOYCKE, J. Personality and Charisma in the U.S. Presidency: A Psychological Theory of Leader Effectiveness, *Administrative Science Quarterly* 36 (1991), p. 364-396.
50. HINES, G. H. Achievement, Motivation, Occupations, and Labor Turnover in New Zealand, *Journal of Applied Psychology* 58 (1973), p. 313-317; HUNDAL, P. S. A Study of Entrepreneurial Motivation: Comparison of Fast- and Slow-Progressing Small Scale Industrial Entrepreneurs in Punjab, India, *Journal of Applied Psychology* 55 (1971), p. 317-323.
51. CLAY, R. A. Green Is Good for You, *Monitor on Psychology*, abr. 2001, p. 40-42.
52. SCHLOSSER; SUNG, The 100 Best Companies to Work For; LEVERING et al., The 100 Best Companies to Work For; *Fortune* 100 Best Companies to Work For 2006, CNNMoney.com, acesso em: 5 jun. 2006, disponível em: <www.money.cnn.com/magazines/fortune/bestcompanies/snapshots/1181.html>; "Awards", *SAS*, disponível em: <www.sas.com/awards/index.html>, acesso em: 1 abr. 2008; LEVERING, MOSKOWITZ, 100 Best Companies to Work For, disponível em: <http://money.cnn.com/magazines/fortune/bestcompanies/2009/full_list/>.
53. DALESIO, E. P. Quiet Giant Ready to Raise Its Profits, *Houston Chronicle*, 6 maio 2001, 4D; LEVERING et al., The 100 Best Companies to Work For; GOODNIGHT, J. Welcome to SAS, disponível em: <www.sas.com/corporate/index.html>, acesso em: 26 ago. 2003; SAS Press Center: SAS Corporate Statistics, disponível em: <www.sas.com/bin/pfp.pl?=fi>, acesso em: 18 abr. 2006; SAS Continues Annual Revenue Growth Streak, disponível em: <www.sas.com/news/prelease/031003/newsl.html>, acesso em: 28 ago. 2003; LEVERING; MOSKOWITZ, 100 Best Companies to Work For.
54. PFEFFER, J. SAS Institute: A Different Approach to Incentives and People Management Practices in the Software Industry, Harvard Business School Case HR-6, jan. 1998; Saluting the Global Awards Recipients of Arthur Andersen's Best Practices Awards 2000, disponível em: <www.fortune.com>, acesso em: 6 set. 2000; STEIN, N. Winning the War to Keep Top Talent, disponível em: <www.fortune.com>, acesso em: 6 set. 2000.
55. *Ibid.*
56. *Ibid.*
57. GOODNIGHT, Welcome to SAS; By Solution. Disponível em: <www.sas.com/success/solution.html>, 26 ago. 2003; <www.sas.com>, acesso em: 8 jun. 2006.
58. WILDSTROM, S. H. Do Your Homework, Microsoft, *BusinessWeek Online*, 8 ago. 2005. Disponível em: <www.businessweek.com/print/magazine/content/05-b3946033-mz006.htm?chan>; <www.sas.com>. Acesso em: 8 jun. 2006.

59. ADAMS, J. S. Toward an Understanding of Inequity, *Journal of Abnormal and Social Psychology* 67 (1963), p. 422-436.
60. *Ibid.*; GREENBERG, J. Approaching Equity and Avoiding Inequity in Groups and Organizations. In: GREENBERG, J.; COHEN, R. L. (orgs.). *Equity and Justice in Social Behavior*. New York: Academic Press, 1982, p. 389-435; GREENBERG, J. Equity and Workplace Status: A Field Experiment, *Journal of Applied Psychology* 73 (1988), p. 606-613; MOWDAY, R. T. Equity Theory Predictions of Behavior in Organizations. In: STEERS, R. M.; PORTER, L. W. (orgs.). *Motivation and Work Behavior*. New York: McGraw-Hill, 1987, p. 89-110.
61. GOLDWASSER, A. Inhuman Resources, *Ecompany.com*. Acesso em: mar. 2001, p. 154-155.
62. LOCKE, E. A.; LATHAM, G. P. *A Theory of Goal Setting and Task Performance*. Englewood Cliffs, NJ: Prentice Hall, 1990.
63. *Ibid.*; DONOVAN, J. J.; RADOSEVICH, D. J. The Moderating Role of Goal Commitment on the Goal Difficulty-Performance Relationship: A Meta-Analytic Review and Critical Analysis, *Journal of Applied Psychology* 83 (1998), p. 308-315; TUBBS, M. E. Goal Setting: A Meta Analytic Examination of the Empirical Evidence, *Journal of Applied Psychology* 71 (1986), p. 474-483.
64. LOCKE, E. A.; SHAW, K. N.; SAARI, L. M.; LATHAM, G. P. Goal Setting and Task Performance: 1969-1980, *Psychological Bulletin* 90 (1981), p. 125-152.
65. EARLEY, P. C.; CONNOLLY, T.; EKEGREN, G. Goals, Strategy Development, and Task Performance: Some Limits on the Efficacy of Goal Setting, *Journal of Applied Psychology* 74 (1989), p. 24-33; KANFER, R.; ACKERMAN, P. L. Motivation and Cognitive Abilities: An Integrative/Aptitude-Treatment Interaction Approach to Skill Acquisition, *Journal of Applied Psychology* 74 (1989), p. 657-690.
66. HAMNER, W. C. Reinforcement Theory and Contingency Management in Organizational Settings. In: TOSI, H.; HAMNER, W. C. (orgs.). *Organizational Behavior and Management: A Contingency Approach*. Chicago: St. Clair Press, 1974.
67. SKINNER, B. F. *Contingencies of Reinforcement*. New York: Appleton-Century-Crofts, 1969.
68. WEISS, H. W. Learning Theory and Industrial and Organizational Psychology. In: DUNNETTE; HOUGH, *Handbook of Industrial and Organizational Psychology*, p. 171-221.
69. HAMNER, Reinforcement Theory and Contingency Management.
70. BANDURA, A. *Principles of Behavior Modification*. New York: Holt, Rinehart e Winston, 1969; BANDURA, A. *Social Learning Theory*. Englewood Cliffs, NJ: Prentice Hall, 1977; DAVIS, T. R. V.; LUTHANS, F. A Social Learning Approach to Organizational Behavior, *Academy of Management Review* 5 (1980), p. 281-290.
71. GOLDSTEIN, A. P.; SORCHER, M. *Changing Supervisor Behaviors*. New York: Pergamon Press, 1974; LUTHANS, F.; KREITNER, R. *Organizational Behavior Modification and Beyond*. Glenview, IL: Scott, Foresman, 1985.
72. BANDURA, *Social Learning Theory*; DAVIS; LUTHANS, A Social Learning Approach to Organizational Behavior; LUTHANS; KREITNER, *Organizational Behavior Modification and Beyond*.
73. BANDURA, A. Self-Reinforcement: Theoretical and Methodological Considerations, *Behaviorism* 4 (1976), p. 135-155.
74. HAMMONDS, Growth Search.
75. ELGIN, B. Managing Google's Idea Factory, *BusinessWeek*, 3 out. 2005, p. 88-90.
76. BANDURA, A. *Self-Efficacy: The Exercise of Control*. New York: W.H. Freeman, 1997; VANCOUVER, J. B.; MORE, K. M.; YODER, R. J. Self-Efficacy and Resource Allocation: Support for a Nonmonotonic, Discontinuous Model, *Journal of Applied Psychology* 93, n. 1 (2008), p. 35-47.
77. BANDURA, A. Self-Efficacy Mechanism in Human Agency, *American Psychologist* 37 (1982), p. 122-127; GIST, M. E.; MITCHELL, T. R. Self-Efficacy: A Theoretical Analysis of Its Determinants and Malleability, *Academy of Management Review* 17 (1992), p. 183-211.
78. LAWLER III, E. E. *Pay and Organization Development*. Reading, MA: Addison-Wesley, 1981.
79. The Risky New Bonuses, *Newsweek*, 16 jan. 1995, p. 42.
80. LAWLER, *Pay and Organization Development*.
81. *Ibid.*
82. LINCOLN, J. F. *Incentive Management*. Cleveland: Lincoln Electric Company, 1951; ZAGER, R. Managing Guaranteed Employment, *Harvard Business Review* 56 (1978), p. 103-115.
83. LAWLER, *Pay and Organization Development*.
84. GENDRON, M. Gradient Named 'Small Business of Year', *Boston Herald*, 11 mai. 1994, p. 35.
85. ZELLER, W.; HOF, R. D.; BRANDT, R.; BAKER, S. ; GREISING, D. Go-Go Goliaths, *BusinessWeek*, 13 fev. 1995, p. 64-70.
86. Stock Option, *Encarta World English Dictionary*, 28 jun. 2001. Disponível em: <www.dictionary.msn.com>; Entrevista com o professor Bala Dharan, Jones Graduate School of Business, Rice University, 28 jun. 2001.
87. Entrevista com o professor Bala Dharan.
88. *Ibid.*
89. MICHELS, A. J. Dallas Semiconductor, *Fortune*, 16 maio 1994, p. 81.
90. BETTS, M. Big Things Come in Small Buttons, *Computerworld*, 3 ago. 1992, p. 30.
91. BOSLET, M. Metal Buttons Toted by Crop Pickers Act as Mini Databases, *The Wall Street Journal*, 1 jun. 1994, B3.
92. FISHER, C. D.; SCHOENFELDT, L. F.; SHAW, J. B. *Human Resource Management*. Boston: Houghton Mifflin, 1990; GRAHAM-MOORE, B. E.; ROSS, T. L. *Productivity Gainsharing*. Englewood Cliffs, NJ: Prentice Hall, 1983; GEARE, A. J. Productivity from Scanlon Type Plans, *Academy of Management Review* 1 (1976), p. 99-108.
93. LABATE, J. Deal Those Workers In, *Fortune*, 19 abr. 1993, p. 26.
94. BELSON, K. Japan's Net Generation, *BusinessWeek*, 19 mar. 2001 (*BusinessWeek* Archives, 27 jun. 2001).
95. BELSON, K. Taking a Hint from the Upstarts, *BusinessWeek*, 19 mar. 2001 (*BusinessWeek* Archives, 27 jun. 2001); Going for the Gold, *BusinessWeek*, 19 mar. 2001 (*BusinessWeek* Archives, 27 jun. 2001); What the Government Can Do to Promote a Flexible Workforce, *BusinessWeek*, 19 mar. 2001 (*BusinessWeek* Archives, 27 jun. 2001).

CAPÍTULO 10

1. LOWRY, T. Can MTV Stay Cool?, *Business Week*, 20 fev. 2006, 51-60; Senior Management, *VIACOM*. Disponível em: <www.viacom.com/aboutviacom/Pages/seniormanagement.aspx>. Acesso em: 2 abr. 2008.
2. <www.viacom.com/2006/pdf/Viacom_Fact_Sheet_4_5_06.pdf>, 9 jun. 2006; GUNTHER, M. Mr. MTV Grows Up, CNNMoney.com. Acesso em: 13 abr. 2006, disponível em: <http://money.cnn.com/magazines/fortune/fortune_archive/2006/04/17/8374305/index.htm;

Viacom Completes Separation into CBS Corporation and 'New' Viacom, Viacom.com, acesso em: 1 jan. 2006, disponível em: <www.viacom.com/view_release.jhtml?inID=10000040&inReleaseID=126683>.
3. LOWRY, Can MTV Stay Cool?; VIACOM, *PULSE*, 28 fev. 2008, Fourth Quarter, 1. Disponível em: <www.viacom.com/investorrelations/investor_relations_docs/pulse%20Q42007%20Final.pdf>. Acesso em: 2 abr. 2008, disponível em: <www.mtv.com>, acesso em: 24 abr. 2009.
4. HIGGINS, J. H. A Rockin' Role: McGrath Keeps MTV Networks Plugged In and Focused, disponível em: <www.broadcastingcable.com>, acesso em: 10 abr. 2006, disponível em: <www.broadcastingcable.com/article/CA6323342.html?display=Search+Results&text=judy+mcgrath>; *Fortune* 50 Most Powerful Women in Business 2005, CNNMoney.com, acesso em: 14 nov. 2005, disponível em <http://money.cnn.com/magazines/fortune/mostpowerfulwomen/snapshots/10.html>; LEVENSON, E. Hall of Fame: Digging a Little Deeper into the List, We Salute the Highfliers and Share Some Facts to Inspire and Amuse, CNNMoney.com, acesso em: 14 nov. 2005, disponível em <http://money.cnn.com/magazines/fortune/fortune_archive/2005/11/14/8360698/index.html>; 50 Most Powerful Women 2007: The Power 50, *CNNMoney.com. Fortune,* The Power 50–Judy McGrath (18)–FORTUNE, disponível em <http://money.cnn.com/galleries/2007/fortune/0709/gallery.women_mostpowerful.fortune/18...>, acesso em: 2 abr. 2008; 50 Most Powerful Women in Business, disponível em: <http://money.cnn.com/magazine,fortune/mostpowerfulwomen/2008/full_list/>, 24 abr. 2009.
5. LOWRY, Can MTV Stay Cool?; Welcome to Viacom–Senior Management. Disponível em: <www.viacom.com/management.html>. Acesso em: 9 jun. 2006.
6. LOWRY, Can MTV Stay Cool?.
7. *Ibid.*
8. The 2006 National Show Mobile E-dition–Judy McGrath. Disponível em: <www.thenationalshoe.com/Mobile/SpeakerDetail.aspx?ID=199>. Acesso em: 9 jun. 2006.
9. LOWRY, Can MTV Stay Cool?.
10. LOWRY, Can MTV Stay Cool?; Viacom's MTV Networks Completes Acquisition of Xfire, Inc., disponível em: <www.viacom.com/view_release.jhtml?inID=10000040&inReleaseID=227008>, acesso em: 9 jun. 2006.
11. LOWRY, "Can MTV Stay Cool?"
12. YUKL, G. *Leadership in Organizations,* 2ª ed. New York: Academic Press, 1989; STOGDILL, R. M. *Handbook of Leadership: A Survey of the Literature.* New York: Free Press, 1974).
13. LOWRY, Can MTV Stay Cool?.
14. SPANGLER, W. D.; HOUSE, R. J.; PALRECHA, R. Personality and Leadership. In: SCHNEIDER, B.; SMITH, D. B. (orgs.). *Personality and Organizations.* Mahwah, NJ: Lawrence Erlbaum, 2004, p. 251-290.
15. *Ibid.*; Leaders vs. Managers: Leaders Master the Context of Their Mission, Managers Surrender to It. Disponível em: <www.msue.msu.edu/msue/imp/modtd/visuals/tsld029.htm>. Acesso em: 28 jul. 2004; *Leadership,* Leadership Center at Washington State University; MACCOBY, M. Understanding the Difference between Management and Leadership, *Research Technology Management* 43, n. 1 (jan./fev. 2000), p. 57-59 (disponível em: www.maccoby.com/articles/UtDBMaL.html); COUTTS, P. Leadership vs. Management. Disponível em: <www.telusplanet.net/public/pdcoutts/leadership/LdrVsMgnt.htm>. Acesso em: 1 out. 2000; ROBBINS, S. The Difference between Managing and Leading. Disponível em: <www.Entrepreneur.com/article/0,4621,304743,00.html>. Acesso em: 18 nov. 2002; BENNIS, W. The Leadership Advantage, *Leader to Leader* 12 (Spring 1999). Disponível em: <www.pfdf.org/leaderbooks/121/spring99/bennis/html>.
16. SPANGLER et al., Personality and Leadership; Leaders vs. Managers; Leadership; MACCOBY, Understanding the Difference between Management and Leadership; COUTTS, Leadership vs. Management; ROBBINS, The Difference between Managing and Leading; BENNIS, The Leadership Advantage.
17. Greenleaf: Center for Servant-Leadership: History, *Greenleaf Center for Servant-Leadership. Disponível em: <www.greenleaf.org/aboutus/history.html>.* Acesso em: 7 abr. 2008.
18. What Is Servant Leadership?, *Greenleaf Center for Servant-Leadership.* Disponível em: <http://www.greenleaf.org/whatissl/index.html>. Acesso em: 2 abr. 2008.
19. *Ibid.*; Revisão de F. Hamilton (da L. Spears) e M. Lawrence, *Practicing Servant Leadership: Succeeding through Trust, Bravery, and Forgiveness.* San Francisco: Jossey-Bass 2004. In: *Academy of Management Review* 30 (out. 2005), p. 875-887; WASHINGTON, R. R. Empirical Relationships between Theories of Servant, Transformational, and Transactional Leadership, *Academy of Management,* Best Paper Proceedings 2007, p. 1-6.
20. Greenleaf: Center for Servant-Leadership: History; What Is Servant Leadership?; Greenleaf: Center for Servant-Leadership: Our Mission, *Greenleaf Center for Servant-Leadership. Disponível em: <www.greenleaf.org/aboutus/mission.html>,* 7 abr. 2008.
21. BURLINGHAM, B. The Coolest Small Company in America, *Inc.* Magazine, jan. 2003. Disponível em: <www.inc.com/magazine/ 20030101/25036_Printer_Friendly.html>. Acesso em: 7 abr. 2008.
22. *Ibid.*; Zingerman's Community of Businesses, *About Us.* Disponível em: <*www.*zingermans.com/AboutUs.aspx>. Acesso em: 7 abr. 2008; BUCHANAN, L. In Praise of Selflessness, *Inc.* Magazine, maio 2007, p. 33-35.
23. BURLINGHAM, The Coolest Small Company in America; Zingerman's Community of Businesses; BUCHANAN, In Praise of Selflessness.
24. BUCHANAN, In Praise of Selflessness.
25. *Ibid.*
26. BURLINGHAM, The Coolest Small Company in America; In a Nutshell, *food gatherers. Disponível em: <www.*foodgatherers.org/about.htm>. Acesso em: 7 abr. 2008.
27. In a Nutshell, *food gatherers. Disponível em: <www.*foodgatherers.org/about.htm>.
28. BUCHANAN, In Praise of Selflessness.
29. CALORI, R.; DUFOUR, B. Management European Style, *Academy of Management Executive* 9, n. 3 (1995), p. 61-70.
30. *Ibid.*
31. MINTZBERG, H. *Power In and Around Organizations.* Englewood Cliffs, NJ: Prentice Hall, 1983; PFEFFER, J. *Power in Organizations.* Marshfield, MA: Pitman, 1981.
32. FRENCH, JR., R. P.; RAVEN, B. The Bases of Social Power. In: CARTWRIGHT, D.; ZANDER, A. F. (orgs.). *Group Dynamics.* Evanston, IL: Row, Peterson, 1960, p. 607-623.
33. ROSE, R. L. After Turning Around Giddings and Lewis, Fife Is Turned Out Himself, *The Wall Street Journal,* 22 jun. 1993, A1.
34. GROVE, A. How Intel Makes Spending Pay Off, *Fortune,* 22 fev. 1993, p. 56-61; Craig R. Barrett, Chief Executive Officer: Intel Corporation, *Intel,* 28 jul. 2004. Disponível em: <www.intel.com/pressroom/kits/bios/ barrett/bio.htm>; Corporate Officers. Disponível em: <http://www.intel.com/pressroom/ExecBios.htm?id=SEARCH>. Acesso em: 5 maio 2009.

35. Craig R. Barrett Bio. Disponível em: <www.intel.com/pressroom/kits/bios/barrett.htm>. Acesso em: 8 abr. 2008; Microsoft Press Pass–Microsoft Board of Directors. Disponível em: <www.microsoft.com/presspass/bod/default.mspx>. Acesso em: 8 abr. 2008; Tachi Yamada Selected to Lead Gates Foundation's Global Health Program, Announcements–Bill & Melinda Gates Foundation, 6 fev. 2006. Disponível em: <www.gatesfoundation.org/GlobalHealth/Announcements/Announce-060106.htm>. Acesso em: 8 abr. 2008; Board of Directors. Disponível em: <http://www.microsoft.com/presspass/bod/bod.aspx>. Acesso em: 5 maio 2009; Co-Chairs, Trustees, and Management Committee, BILL AND MELINDA GATES FOUNDATION. Disponível em: <http://www.gatesfoundation.org/leadership/Pages/overview.aspx>. Acesso em: 5 maio 2009.
36. LOEB, M. Jack Welch Lets Fly on Budgets, Bonuses, and Buddy Boards, *Fortune*, 29 maio 1995, p. 146.
37. BURTON, T. M. Visionary's Reward: Combine 'Simple Ideas' and Some Failures; Result: Sweet Revenge, *The Wall Street Journal*, 3 fev. 1995, A1, A5.
38. NAKARMI, L. A Flying Leap Toward the 21st Century? Pressure from Competitors and Seoul May Transform the Chaebol, *BusinessWeek*, 20 mar. 1995, p. 78-80.
39. BASS, B. M. *Bass and Stogdill's Handbook of Leadership: Theory, Research, and Managerial Applications*, 3ª ed. New York: Free Press, 1990; HOUSE, R. J.; BAETZ, M. L. Leadership: Some Empirical Generalizations and New Research Directions. In: STAW, B. M.; CUMMINGS, L. L. (orgs.). *Research in Organizational Behavior*, vol. 1. Greenwich, CT: JAI Press, 1979, p. 341-423; KIRPATRICK, S. A.; LOCKE, E. A. Leadership: Do Traits Matter?, *Academy of Management Executive* 5, n. 2 (1991), p. 48-60; YUKL, *Leadership in Organizations*; YUKL, G.; VAN FLEET, D. D. Theory and Research on Leadership in Organizations. In: DUNNETTE, M. D.; HOUGH, L. M. (orgs). *Handbook of Industrial and Organizational Psychology*, 2.ª ed., vol. 3. Palo Alto, CA: Consulting Psychologists Press, 1992, p. 147-197.
40. FLEISHMAN, E. A. Performance Assessment Based on an Empirically Derived Task Taxonomy, *Human Factors* 9 (1967), p. 349-366; The Description of Supervisory Behavior, *Personnel Psychology* 37 (1953), p. 1-6; HALPIN, A. W.; WINER, B. J. A Factorial Study of the Leader Behavior Descriptions. In: STOGDILL, R. M.; COONS, A. I. (orgs.). *Leader Behavior: Its Description and Measurement.* Columbus Bureau of Business Research, Ohio State University, 1957; TSCHEULIN, D. Leader Behavior Measurement in German Industry, *Journal of Applied Psychology* 56 (1971), p. 28-31.
41. FLEISHMAN E. A.; HARRIS, E. F. Patterns of Leadership Behavior Related to Employee Grievances and Turnover, *Personnel Psychology* 15 (1962), p. 43-56.
42. FIEDLER, F. E. *A Theory of Leadership Effectiveness.* New York: McGraw-Hill, 1967; FIEDLER, F. E. The Contingency Model and the Dynamics of the Leadership Process. In: BERKOWITZ, L. (org.). *Advances in Experimental Social Psychology.* New York: Academic Press, 1978.
43. REBELLO, J. Radical Ways of Its CEO Are a Boon to Bank, *The Wall Street Journal*, 20 mar. 1995, B1, B3.
44. FIERMAN, J. Winning Ideas from Maverick Managers, *Fortune*, 6 fev. 1995, p. 66-80.
45. *Ibid.*; Laybourne, Geraldine, U.S. Media Executive, *Laybourne, Geraldine.* Disponível em <http://museum.tv/archives/etv/L/htmlL/laybournege/laybournege.htm>. Acesso em: 8 abr. 2008.
46. SCHUMAN, M. Free to Be, *Forbes*, 8 maio 1995, p. 78-80; Profile–Herman Mashaba, *SAIE–Herman Mashaba.* Disponível em: <www.entrepreneurship.co.za/page/herman_mashaba>. Acesso em: 8 abr. 2008.
47. HOUSE; BAETZ, Leadership; PETERS, L. H.; HARTKE, D. D.; POHLMANN, J. T. Fiedler's Contingency Theory of Leadership: An Application of the Meta-Analysis Procedures of Schmidt and Hunter, *Psychological Bulletin* 97 (1985), p. 274-285; SCHRIESHEIM, C. A.; TEPPER, B. J.; TETRAULT, L. A. Least Preferred Co-Worker Score, Situational Control, and Leadership Effectiveness: A Meta-Analysis of Contingency Model Performance Predictions, *Journal of Applied Psychology* 79 (1994), p. 561-573.
48. EVANS, M. G. The Effects of Supervisory Behavior on the Path-Goal Relationship, *Organizational Behavior and Human Performance* 5 (1970), p. 277-298; HOUSE, R. J. A Path-Goal Theory of Leader Effectiveness, *Administrative Science Quarterly* 16 (1971), p. 321-338; WOFFORD, J. C.; LISKA, L. Z. Path-Goal Theories of Leadership: A Meta-Analysis, *Journal of Management* 19 (1993), p. 857-876.
49. KERR, S.; JERMIER, J. M. Substitutes for Leadership: Their Meaning and Measurement, *Organizational Behavior and Human Performance* 22 (1978), p. 375-403; PODSAKOFF, P. M.; NIEHOFF, B. P.; MACKENZIE, S. B.; WILLIAMS, M. L. Do Substitutes for Leadership Really Substitute for Leadership? An Empirical Examination of Kerr and Jermier's Situational Leadership Model", *Organizational Behavior and Human Decision Processes* 54 (1993), p. 1-44.
50. KERR; JERMIER, Substitutes for Leadership; PODSAKOFF et al., Do Substitutes for Leadership Really Substitute for Leadership?.
51. REINGOLD, J. You Got Served, *Fortune*, 1 out. 2007, p. 55-58; News on Women, *News On Women: Sue Nokes SVP at T-Mobile.* Disponível em: <http://newsonwomen.typepad.com/news_on_women/2007/09/sue-nokes-svp-a.html>, 8 abr. 2008.
52. Company Information, *T-Mobile Cell Phone Carrier Quick Facts.* Disponível em: <http://www.t-mobile/Company/CompanyInfo.aspx?tp=Abt_Tab_CompanyOverview>. Acesso em: 8 abr. 2008.
53. REINGOLD, You Got Served.
54. *Ibid.*; Company Information, *Highest customer satisfaction & wireless call quality–J.D. Power Awards.* Disponível em: <http://www.t-mobile.com/Company/CompanyInfo.aspx?tp=Abt_Tab_Awards>. Acesso em: 8 abr. 2008.
55. REINGOLD, You Got Served.
56. *Ibid.*
57. BASS, B. M. *Leadership and Performance beyond Expectations.* New York: Free Press, 1985; BASS, *Bass and Stogdill's Handbook of Leadership;* YUKL; VAN FLEET, Theory and Research on Leadership.
58. REINGOLD, "You Got Served."
59. *Ibid.*
60. *Ibid.*
61. *Ibid.*
62. *Ibid.*
63. *Ibid.*
64. CONGER, J. A.; KANUNGO, R. N. Behavioral Dimensions of Charismatic Leadership. In: CONGER, J. A.; KANUNGO, R. N. e associados. *Charismatic Leadership.* San Francisco: Jossey-Bass, 1988.
65. BASS, *Leadership and Performance beyond Expectations;* BASS, *Bass and Stogdill's Handbook of Leadership;* YUKL; VAN FLEET, Theory and Research on Leadership; Reingold, You Got Served.
66. BASS, *Leadership and Performance beyond Expectations;* BASS, *Bass and Stogdill's Handbook of Leadership;* YUKL; VAN FLEET, heory and Research on Leadership.
67. REINGOLD, You Got Served.
68. BASS, *Leadership and Performance Beyond Expectations.*

69. BASS, *Bass and Stogdill's Handbook of Leadership;* BASS, B. M.; AVOLIO, B. J. Transformational Leadership: A Response to Critiques. In: CHEMERS, M. M.; AYMAN, R. (orgs.). *Leadership Theory and Research: Perspectives and Directions.* San Diego: Academic Press, 1993, p. 49-80; BASS, B. M.; AVOLIO, B. J.; GOODHEIM, L. Biography and the Assessment of Transformational Leadership at the World Class Level, *Journal of Management* 13 (1987), p. 7-20; HATER, J. J.; BASS, B. M. Supervisors' Evaluations and Subordinates' Perceptions of Transformational and Transactional Leadership, *Journal of Applied Psychology* 73, (1988), p. 695-702; PILLAI, R. Crisis and Emergence of Charismatic Leadership in Groups: An Experimental Investigation, *Journal of Applied Psychology* 26 (1996), p. 543-62; SELTZER, J.; BASS, B. M. Transformational Leadership: Beyond Initiation and Consideration, *Journal of Management* 16 (1990), p. 693-703; WALDMAN, D. A.; BASS, B. M.; EINSTEIN, W. O. Effort, Performance, Transformational Leadership in Industrial and Military Service, *Journal of Occupation Psychology* 60 (1987), p. 1-10.
70. PILLAI, R.; SCHRIESHEIM, C. A.; WILLIAMS, E. S. Fairness Perceptions and Trust as Mediators of Transformational and Transactional Leadership: A Two-Sample Study, *Journal of Management* 25 (1999), p. 897-933.
71. TISCHLER, L. Where Are the Women?. *Fast Company,* fev. 2004, p. 52-60.
72. 2000 Catalyst Census of Women Corporate Officers and Top Earners of the *Fortune* 500. Disponível em: <www.catalystwomen.org>. Acesso em: 21 out. 2001; WELLINGTON, S.; BRUMIT KROPF, M.; GERKOVICH, P. R. What's Holding Women Back?, *Harvard Business Review,* jun. 2003, p. 18-19; JONES, D. The Gender Factor, *USA Today.com.* Acesso em: 30 dez. 2003; 2002 Catalyst Census of Women Corporate Officers and Top Earners in the *Fortune* 500. Disponível em: <www.catalystwomen.org>. Acesso em: 17 ago. 2004; 2007 Catalyst Census of Women Corporate Officers and Top Earners of the *Fortune* 500. Disponível em: <www.catalyst.org/knowledge/titles/title/php?page=cen_COTE_07>. Acesso em: 8 fev. 2008.
73. EAGLY, A. H.; JOHNSON, B. T. Gender and Leadership Style: A Meta-Analysis, *Psychological Bulletin* 108 (1990), p. 233-256.
74. *Ibid.*
75. *The Economist,* Workers Resent Scoldings from Female Bosses, *Houston Chronicle,* 19 ago. 2000, 1C.
76. *Ibid.*
77. *Ibid.*
78. *Ibid.*
79. EAGLY, A. H.; KARAU, S. J.; MAKHIJANI, M. G. Gender and the Effectiveness of Leaders: A Meta-Analysis, *Psychological Bulletin* 117 (1995), p. 125-145.
80. *Ibid.*
81. GEORGE, J. M.; BETTENHAUSEN, K. Understanding Prosocial Behavior, Sales Performance, and Turnover: A Group-Level Analysis in a Service Context, *Journal of Applied Psychology* 75 (1990), p. 698-709.
82. SY, T.; COTE, S.; SAAVEDRA, R. The Contagious Leader: Impact of the Leader's Mood on the Mood of Group Members, Group Affective Tone, and Group Processes, *Journal of Applied Psychology* 90, n. 2 (2005), p. 295-305.
83. GEORGE, J. M. Emotions and Leadership: The Role of Emotional Intelligence, *Human Relations* 53 (2000), p. 1027-1055.
84. *Ibid.*
85. ZHOU, J.; GEORGE, J. M. Awakening Employee Creativity: The Role of Leader Emotional Intelligence, *The Leadership Quarterly* 14, n. 45 (ago./out. 2003), p. 545-568.
86. *Ibid.*
87. *Ibid.*
88. FENN, D. My Bad, *Inc.* Magazine, out. 2007, p. 37-38; About Us, *Creative Display Solutions: About Us.* Disponível em: <www.creative displaysolutions.com/pages/about/about.html>. Acesso em: 4 abr. 2008.
89. *Ibid.*
90. FENN, My Bad.
91. *Ibid.*
92. *Ibid.*
93. *Ibid.*
94. *Ibid.*
95. *Ibid.*; MASON-DRAFFEN, C. Inside Stories, Feeling Like a Million, *Creative Display Solutions: CDS News.* Disponível em: <www.creative displaysolutions.com/pages/about/news6.html>. Acesso em: 4 abr. 2008.
96. SONNENBERG, D. Mother Load: How to Balance Career and Family, 30 jul. 2007, *Creative Display Solutions: CDS News.* Disponível em: <www.creativedisplaysolutions.com/pages/about/news8.html>. Acesso em: 4 abr. 2008; MASON-DRAFFEN, C. Partnership at Work: Couples in Business Together Have Their Share of Sweet Rewards and Unique Challenges, 13 fev. 2007, *Creative Display Solutions, CDS News.* Disponível em: <www.creativedisplaysolutions.com/pages/about/news7.html>. Acesso em: 4 abr. 2008; Client List, *Creative Display Solutions: About Us.* Disponível em: <www.creative displaysolutions.com/pages/about/clients.html>. Acesso em: 8 abr. 2008; FENN, "My Bad."
97. FENN, "My Bad."

CAPÍTULO 11

1. About ICU Medical, Inc. Disponível em: <www.icumed.com/about.asp>. Acesso em: 11 abr. 2008.
2. *Ibid.*
3. ICU Medical, Inc.–Fundamentals. Disponível em: <http://phx.corporate-ir.net/phoenix.zhtml?c=86695&p=irol-fundamentals>. Acesso em: 11 abr. 2008; ICU Medical Inc. (ICUI): Stock Quote & Company Profile–Business Week, *Business Week.* Disponível em: <http://investing.businessweek.com/research/stocks/ snapshot/snapshot_article.asp?symbol=...> . Acesso em: 11 abr. 2008; ICUI: Key Statistics for ICU Medical, Inc.–Yahoo! Finance. Disponível em: <http://finance.yahoo.com/q/ks?s=ICUI. Acesso em: 17 maio 2009>; ICUI: Profile for ICU Medical Inc.–Yahoo! Finance. Disponível em: <http://finance.yahoo.com/q/pr?s=icui>. Acesso em: 17 maio 2009.
4. ICU Medical, Inc.–Investor Relations Home. Disponível em: <http://phx.corporate-ir.net/phoenix.zhtml?c=86695&p=irol-IRHome>. Acesso em: 11 abr. 2008.
5. About ICU Medical, Inc.
6. Clave Connector, ICU Medical, Inc.. Disponível em: <www.icumend.com>. Acesso em: 11 abr. 2008.
7. WHITE, E. How a Company Made Everyone a Team Player, *The Wall Street Journal,* 13 ago. 2007, B1, B7.
8. *Ibid.*
9. *Ibid.*
10. *Ibid.*
11. *Ibid.*
12. *Ibid.*
13. *Ibid.*
14. *Ibid.*
15. *Ibid.*
16. *Ibid.*
17. MILLS, T. M. *The Sociology of Small Groups.* Englewood Cliffs, NJ: Prentice Hall, 1967; SHAW, M. E. *Group Dynamics.* New York: McGraw-Hill, 1981.
18. WHITE, How a Company Made Everyone a Team Player.
19. BUDAY, R. S. Reengineering One Firm's Product Development and Another's

Service Delivery, *Planning Review,* mar./abr. 1993, p. 14-19; BURCKE, J. M. Hallmark's Quest for Quality Is a Job Never Done, *Business Insurance,* 26 abr. 1993, p. 122; HAMMER, M.; CHAMPY, J. *Reengineering the Corporation.* New York: HarperBusiness, 1993; STEWART, T. A. The Search for the Organization of Tomorrow, *Fortune,* 18 maio 1992, p. 92-98.

20. Amazon.com Investor Relations: Officers & Directors. Disponível em: <http://phx.corporate-ir.net/phoenix.zhtml?c=97664&p=irol-govmanage>. Acesso em: 19 jun. 2006; Amazon.com Investor Relations: Press Release. Disponível em <http://phx.corporate-ir.net/phoenix.zhtml?c=97664&p=irol-newsArticle&ID=1102342&hi...>. Acesso em: 17 abr. 2008; Amazon.com Investor Relations: Officers and Directors. Disponível em: <http://phx.corporate-ir.net/Phoenix.2html?C=97664&p=irol-govmanage>. Acesso em: 19 maio 2009.

21. DEUTSCHMAN, A. Inside the Mind of Jeff Bezos, *Fast Company,* ago. 2004, p. 50-58.

22. *Ibid.*; Amazon.com Digital Media Technology, disponível em: "http://media-server.amazon.com/jobs/jobs.html", 19 jun. 2006.

23. Amazon.com: Kindle: Amazon's New Wireless Reading Device: Kindle Store. Disponível em: <www.amazon.com/gp/product/B000F173MA/ref=amb_link_6369712_2? pf_rd_m=A...>. Acesso em: 17 abr. 2008.

24. DEUTSCHMAN, Inside the Mind of Jeff Bezos.

25. Online Extra: Jeff Bezos on Word-of-Mouth Power, *BusinessWeek Online,* 2 ago. 2004. Disponível em: <www.businessweek.com>; HOF, R. D. Reprogramming Amazon, *BusinessWeek Online,* 22 dez. 2003. Disponível em: <www.businessweek.com>; About Amazon.com: Company Information. Disponível em: <www.amazon.com/exec/obidos/tg/browsw/-/574562/ 104-0138839-3693547>. Acesso em: 19 jun. 2006; Amazon.com Investor Relations: Press Release.

26. RockBottom Restaurants. Disponível em: <www.rockbottom.com/RockBottomWeb/RBR/index.aspx?PageName=/RockBottom...>. Acesso em: 15 abr. 2008.

27. DALLAS, S. Rock Bottom Restaurants: Brewing Up Solid Profits, *BusinessWeek,* 22 maio 1995, p. 74.

28. PEARCE II, J. A.; RAVLIN, E. C. The Design and Activation of Self-Regulating Work Groups, *Human Relations* 11 (1987), p. 751-782.

29. DUMAINE, B. Who Needs a Boss?, *Fortune,* 7 maio 1990, p. 52-60; PEARCE; RAVLIN, The Design and Activation of Self-Regulating Work Groups.

30. DUMAINE, Who Needs a Boss?; MONTEBELLO, A. R.; BUZZOTTA, V. R. Work Teams That Work, *Training and Development,* mar. 1993, p. 59-64.

31. MATLACK, C.; TIPLADY, R.; BRADY, D.; BERNER, R.; TASHIRO, H. The Vuitton Machine, *BusinessWeek,* 22 mar. 2004, p. 98-102; America's Most Admired Companies, *Fortune.com.* Disponível em: <www.fortune.com/fortune/mostadmired/ snapshot/0,15020,383,00.html>. Acesso em: 18 ago. 2004; Art Samberg's Ode to Steel, *Big Money Weekly,* 29 jun. 2004. Disponível em: <http://trading.sina/com/trading/rightside/bigmoney_weekly_040629.b5.shtml>; Nucor Reports Record Results for First Quarter of 2004. Disponível em: <www.nucor.com/financials.asp?finpage=newsreleases>. Acesso em: 18 ago. 2004; "Nucor Reports Results for First Half and Second Quarter of 2004". Disponível em: www.nucor.com/financials.asp?fin page=newsreleases>; COOPER, J. C. The Price of Efficiency, *BusinessWeek Online,* 22 mar. 2004. Disponível em: <www.businessweek.com/magazine/content/04_12/b3875603.htm>; LVHM–Fashion & Leather Goods. Disponível em: <www.lvmh.com>. Acesso em: 18 jun. 2006; MATLACK, C. Rich Times for the Luxury Sector, *BusinessWeek Online,* 6 mar. 2006. Disponível em: <www.businessweek.com/globalbiz/content/mar2006/gb20060306_296309.htm?-campaign_id=search>; BYRNES, N. The Art of Motivation, *BusinessWeek,* 1 maio 2006, p. 56-62; Nucor Steel. Disponível em: <http://www.nucor.com/indexinner.aspx?finpage=aboutus>. Acesso em: 16 abr. 2008; Annual General Meetings–Group Investor Relations–Corporate Governance. Disponível em <http://www.lvmh.com/comfi/pg_home.asp?rub=6&srub=0>, 16 mar. 2008.

32. MATLACK C. *et al.*, The Vuitton Machine.

33. ARNDT, M. Out of the Forge and into the Fire, *BusinessWeek,* 18 jun. 2001 (*BusinessWeek* Archives); BYRNES, N. The Art of Motivation, *BusinessWeek,* 1 maio 2006, p. 56-62; BYRNES, N. A Steely Resolve, *BusinessWeek,* 16 abr. 2009, p. 54.

34. BAKER, S. The Minimill That Acts Like a Biggie, *BusinessWeek,* 30 set. 1996, p. 101-104; BAKER, S. Nucor, *BusinessWeek,* 13 fev. 1995, p. 70; OVERMAN, S. No-Frills at Nucor, *HRMagazine,* jul. 1994, p. 56-60.

35. <www.nucor.com>. Acesso em: 21 nov. 2001; Nucor: About Us.

36. BAKER, The Minimill That Acts Like a Biggie; BAKER, Nucor; OVERMAN, No-Frills at Nucor; <www.nucor.com>; BYRNES, The Art of Motivation; Nucor: About Us.

37. MATLACK *et al.*, The Vuitton Machine; About Nucor; America's Most Admired Companies; Art Samberg's Ode to Steel; Nucor Reports Record Results for First Quarter of 2004; Nucor Reports Results for First Half and Second Quarter of 2004; BYRNES, The Art of Motivation.

38. WHITE, How a Company Made Everyone a Team Player.

39. WALL, T. D.; KEMP, N. J.; JACKSON, P. R.; CLEGG, C. W. Outcomes of Autonomous Work Groups: A Long-Term Field Experiment, *Academy of Management Journal* 29 (1986), p. 280-304.

40. MARKELS, A. A Power Producer Is Intent on Giving Power to Its People, *The Wall Street Journal,* 3 jul. 1995, A1, A12; AES Corporation / The Power of Being Global. Disponível em: <www.aes.com/aes/index?page=home>. Acesso em: 15 abr. 2008.

41. PAPE, W. R. Group Insurance, *Inc.* Magazine (Technology Supplement), 17 jun. 1997, p. 29-31; TOWNSEND, A. M.; DEMARIE, S. M.; HENDRICKSON, A. R. Are You Ready for Virtual Teams?, *HRMagazine,* set. 1996, p. 122-126; TOWNSEND, A. M.; DEMARIE, S. M.; HENDRICKSON, A. M. Virtual Teams: Technology and the Workplace of the Future, *Academy of Management Executive* 12, n. 3 (1998), p. 17-29.

42. TOWNSEND *et al.*, Virtual Teams.

43. PAPE, Group Insurance; TOWNSEND *et al.*, Are You Ready for Virtual Teams?; GRATTON, L. Working Together... When Apart, *The Wall Street Journal,* jun. 2007, R4, p. 16-17.

44. DUARTE, D. L.; SNYDER, N. T. *Mastering Virtual Teams.* San Francisco: Jossey-Bass, 1999; KARL, K. A. Book Reviews: *Mastering Virtual Teams, Academy of Management Executive,* ago. 1999, p. 118-119.

45. GEBER, B. Virtual Teams, *Training* 32, n. 4 (ago. 1995), p. 36-40; FINHOLT, T.; SPROULL, L. S., Electronic Groups at Work, *Organization Science* 1 (1990), p. 41-64.

46. GEBER, Virtual Teams.

47. HILL, E. J.; MILLER, B. C.; WEINER, S. P.; COLIHAN, J. Influences of the Virtual Office on Aspects of Work and Work/Life Balance, *Personnel Psychology* 31 (1998), p. 667-683; STRAUSS, S. G. Technology, Group Process, and Group Outcomes: Testing the Connections in Computer-Mediated and Face-to-Face Groups, *Human Computer Interaction* 12 (1997), p. 227-266; WARKENTIN, M.

E.; SAYEED, L.; HIGHTOWER, R. Virtual Teams *versus* Face-to-Face Teams: An Exploratory Study of a Web-Based Conference System, *Decision Sciences* 28, n. 4 (outono 1997), p. 975-996.
48. FURST, S. A.; REEVES, M.; ROSEN, B.; BLACKBURN, R. S. Managing the Life Cycle of Virtual Teams, *Academy of Management Executive* 18, n. 2 (maio 2004), p. 6-20.
49. *Ibid.*
50. GRATTON, Working Together... When Apart.
51. *Ibid.*
52. *Ibid.*
53. *Ibid.*
54. WHITE, How a Company Made Everyone a Team Player.
55. DEUTSCHMAN, A. The Managing Wisdom of High-Tech Superstars, *Fortune*, 17 out. 1994, p. 197-206.
56. LUBLIN, J. S. My Colleague, My Boss, *The Wall Street Journal*, 12 abr. 1995, R4, R12.
57. WHITE, How a Company Made Everyone a Team Player.
58. LEFAUVE, R. G.; HAX, A. C. Managerial and Technological Innovations at Saturn Corporation, *MIT Management*, Spring 1992, p. 8-19.
59. TUCKMAN, B. W. Developmental Sequences in Small Groups, *Psychological Bulletin* 63 (1965), p. 384-399; TUCKMAN, B. W.; JENSEN, M. C. Stages of Small Group Development, *Group and Organizational Studies* 2 (1977), p. 419-427.
60. GERSICK, C. J. G. Time and Transition in Work Teams: Toward a New Model of Group Development, *Academy of Management Journal* 31 (1988), p. 9-41; GERSICK, C. J. G. Marking Time: Predictable Transitions in Task Groups, *Academy of Management Journal* 32 (1989), p. 274-309.
61. HACKMAN, J. R. Group Influences on Individuals in Organizations. In: DUNNETTE, M. D.; HOUGH, L. M. (orgs.). *Handbook of Industrial and Organizational Psychology*. 2.ª ed., vol. 3. Palo Alto, CA: Consulting Psychologists Press, 1992, p. 199-267.
62. *Ibid.*
63. *Ibid.*
64. LUBLIN, My Colleague, My Boss.
65. FESTINGER, L. Informal Social Communication, *Psychological Review* 57 (1950), p. 271-282; SHAW, *Group Dynamics*.
66. HACKMAN, Group Influences on Individuals in Organizations; SHAW, *Group Dynamics*.
67. CARTWRIGHT, D. The Nature of Group Cohesiveness. In: CARTWRIGHT, D.; ZANDER, A. (orgs.). *Group Dynamics*. 3ª ed. New York: Harper & Row, 1968; FESTINGER, L.; SCHACTER, S.; BLACK, K. *Social Pressures in Informal Groups*. New York: Harper & Row, 1950; SHAW, *Group Dynamics*.
68. O'BOYLE, T. F. A Manufacturer Grows Efficient by Soliciting Ideas from Employees, *The Wall Street Journal*, 5 jun. 1992, A1, A5.
69. WHITE, How a Company Made Everyone a Team Player.
70. LUBLIN, My Colleague, My Boss.
71. KELLEY, T.; LITTMAN, J. *The Art of Innovation*. New York: Doubleday, 2001, p. 93.
72. KELLEY; LITTMAN, *The Art of Innovation*.
73. Shared Commitment. Disponível em: <www.valero.com/Work/SharedCommitment.htm>. Acesso em: 18 abr. 2008.
74. LEVERING, R.; MOSKOWITZ, M. 100 Best Companies to Work For: The Rankings, *Fortune*, 4 fev. 2008, p. 75-94.
75. GUYON, J. The Soul of a Moneymaking Machine, *Fortune*, 3 out. 2005, p. 113-120.
76. *Ibid.*
77. *Ibid.*
78. *Ibid.*
79. EARLEY, P. C. Social Loafing and Collectivism: A Comparison of the United States and the People's Republic of China, *Administrative Science Quarterly* 34 (1989), p. 565-581; GEORGE, J. M. Extrinsic and Intrinsic Origins of Perceived Social Loafing in Organizations, *Academy of Management Journal* 35 (1992), p. 191-202; HARKINS, S. G.; LATANE, B.; WILLIAMS, K. Social Loafing: Allocating Effort or Taking It Easy, *Journal of Experimental Social Psychology* 16 (1980), p. 457-465; LATANE, B.; WILLIAMS, K. D.; HARKINS, S. Many Hands Make Light the Work: The Causes and Consequences of Social Loafing, *Journal of Personality and Social Psychology* 37 (1979), p. 822-832; SHEPPERD, J. A. Productivity Loss in Performance Groups: A Motivation Analysis, *Psychological Bulletin* 113 (1993), p. 67-81.
80. GEORGE, Extrinsic and Intrinsic Origins; JONES, G. R. Task Visibility, Free Riding, and Shirking: Explaining the Effect of Structure and Technology on Employee Behavior, *Academy of Management Review* 9 (1984), p. 684-695; WILLIAMS, K.; HARKINS, S.; LATANE, B. Identifiability as a Deterrent to Social Loafing: Two Cheering Experiments, *Journal of Personality and Social Psychology* 40 (1981), p. 303-311.
81. HARKINS, S.; JACKSON, J. The Role of Evaluation in Eliminating Social Loafing, *Personality and Social Psychology Bulletin* 11 (1985), p. 457-465; KERR, N. L.; BRUUN, S. E. Ringelman Revisited: Alternative Explanations for the Social Loafing Effect, *Personality and Social Psychology Bulletin* 7 (1981), p. 224-231; WILLIAMS *et al.*, Identifiability as a Deterrent to Social Loafing.
82. BRICKNER, M. A.; HARKINS, S. G.; OSTROM, T. M. Effects of Personal Involvement: Thought-Provoking Implications for Social Loafing, *Journal of Personality and Social Psychology* 51 (1986), p. 763-769; HARKINS, S. G.; PETTY, R. E. The Effects of Task Difficulty and Task Uniqueness on Social Loafing, *Journal of Personality and Social Psychology* 43 (1982), p. 1214-1229.
83. LATANE, B. Responsibility and Effort in Organizations. In: GOODMAN, P. S. (org.). *Designing Effective Work Groups*. San Francisco: Jossey-Bass, 1986; LATANE *et al.*, Many Hands Make Light the Work; STEINER, I. D. *Group Process and Productivity*. New York: Academic Press, 1972.

CAPÍTULO 12

1. O'BRIEN, J. M. 100 Best Companies to Work For—A Perfect Season, *Fortune*, 4 fev. 2008, p. 64-66; Four Seasons Employees Name Company to *Fortune* '100 Best Companies to Work For' List. Disponível em: <www.fourseasons.com/about_us/press_release_280.html>. Acesso em: 22 fev. 2008; 100 Best Companies to Work For 2009: Four Seasons Hotel. Disponível em: <http://money.cnn.com/magazines/fortune/bestcompanies/2009/snapshots/92.html>. Acesso em: 20 maio 2009.
2. Four Seasons Employees Name Company to *Fortune* '100 Best Companies to Work For' List.
3. O'BRIEN, 100 Best Companies to Work For—A Perfect Season.
4. *Ibid.*
5. *Ibid.*; Creating the Four Seasons Difference. Disponível em: <www.businessweek.com/print/innovate/content/jan2008/id20080122_671354.htm>. Acesso em: 22 fev. 2008.
6. O'BRIEN, 100 Best Companies to Work For—A Perfect Season; Creating the Four Seasons Difference.
7. *Ibid.*; Four Seasons Employees Name Company to *Fortune* '100 Best Companies to Work For' List.
8. O'BRIEN, 100 Best Companies to Work For—A Perfect Season.

9. Creating the Four Seasons Difference.
10. O'BRIEN, 100 Best Companies to Work For–A Perfect Season.
11. *Ibid.*
12. *Ibid.*
13. *Ibid.*
14. *Ibid.*
15. *Ibid.*; Creating the Four Seasons Difference; Four Seasons Employees Name Company to *Fortune* '100 Best Companies to Work For' List.
16. BUTLER, J. E.; FERRIS, G. R.; NAPIER, N. K. *Strategy and Human Resource Management.* Cincinnati: Southwestern Publishing, 1991; WRIGHT, P. M.; MCMAHAN, G. C. Theoretical Perspectives for Strategic Human Resource Management, *Journal of Management* 18 (1992), p. 295-320.
17. CLIFFORD, L. Why You Can Safely Ignore Six Sigma, *Fortune,* 22 jan. 2001, p. 140.
18. QUINN, J. B.; ANDERSON, P.; FINKELSTEIN, S. Managing Professional Intellect: Making the Most of the Best, *Harvard Business Review,* mar./ abr. 1996, p. 71-80.
19. *Ibid.*
20. FISHER, C. D.; SCHOENFELDT, L. F.; SHAW, J. B. *Human Resource Management.* Boston: Houghton Mifflin, 1990.
21. WRIGHT; MCMAHAN, "Theoretical Perspectives."
22. BAIRD, L.; MESHOULAM, I. Managing Two Fits for Strategic Human Resource Management, *Academy of Management Review* 14, p. 116-128; MILLIMAN, J.; VON GLINOW, M.; NATHAN, M. Organizational Life Cycles and Strategic International Human Resource Management in Multinational Companies: Implications for Congruence Theory, *Academy of Management Review* 16 (1991), p. 318-339; SCHULER, R. S.; JACKSON, S. E. Linking Competitive Strategies with Human Resource Management Practices, *Academy of Management Executive* 1 (1987), p. 207-219; WRIGHT, P. M.; SNELL, S. A. Toward an Integrative View of Strategic Human Resource Management, *Human Resource Management Review* 1 (1991), p. 203-225.
23. EQUAL EMPLOYMENT OPPORTUNITY COMMISSION, Uniform Guidelines on Employee Selection Procedures, *Federal Register* 43 (1978), 38290–315.
24. STOGDILL II, R.; MITCHELL, R.; THURSTON, K.; DEL VALLE, C. Why Aids Policy Must Be a Special Policy, *BusinessWeek,* 1 fev. 1993, p. 53-54.
25. GEORGE, J. M. Aids/Aids-Related Complex. In: PETERS, L.; GREER, B.; YOUNGBLOOD, S. (orgs.). *The Blackwell Encyclopedic Dictionary of Human Resource Management.* Oxford, England: Blackwell Publishers, 1997.
26. *Ibid.*
27. *Ibid.*; STOGDILL et al. Why Aids Policy Must Be a Special Policy; HOLLAND, K. Out of Retirement and Into Uncertainty, *The New York Times,* 27 maio 2007, BU17.
28. RYNES, S. L. Recruitment, Job Choice, and Post-Hire Consequences: A Call for New Research Directions. In: DUNNETTE, M. D.; HOUGH, L. M. (orgs). *Handbook of Industrial and Organizational Psychology,* vol. 2. Palo Alto, CA: Consulting Psychologists Press, 1991, p. 399-444.
29. PORTER, E. Send Jobs to India? U.S. Companies Say It's Not Always Best, *The New York Times,* 28 abr. 2004, A1, A7.
30. WESSEL, D. The Future of Jobs: New Ones Arise; Wage Gap Widens, *The Wall Street Journal,* 2 abr. 2004, A1, A5; Relocating the Back Office, *The Economist,* 13 dez. 2003, p. 67-69.
31. PORTER, "Send Jobs to India?"
32. *Ibid.*
33. Learning to Live with Offshoring, *BusinessWeek,* 30 jan. 2006, p. 122.
34. Offshoring: Spreading the Gospel, *BusinessWeek Online,* 6 mar. 2006 (Disponível em: www.businessweek.com/print/magazine/content/06_10/b3974074.htm?chan=gl).
35. *Ibid.*; Genpact: Management Team. Disponível em: <www.genpact.com/aboutus.asp?key=1&page=team.htm&submenu=0>. Acesso em: 25 abr. 2006; Genpact. Disponível em: <www.genpact.com/genpact/aboutus?key=1>. Acesso em: 25 abr. 2006; Genpact: Growth History. Disponível em: <www.genpact.com/genpact/aboutus.asp?key=1&page=growth.htm>. Acesso em: 25 abr. 2006.
36. Genpact: Management Team; Genpact.
37. Offshoring: Spreading the Gospel.
38. *Ibid.*
39. HARVEY, R. J. Job Analysis. In: DUNNETTE; HOUGH, *Handbook of Industrial and Organizational Psychology,* p. 71-163.
40. LEVINE, E. L. *Everything You Always Wanted to Know about Job Analysis: A Job Analysis Primer.* Tampa, FL: Mariner Publishing, 1983.
41. MATHIS, R. L.; JACKSON, J. H. *Human Resource Management,* 7.ª ed. Minneapolis: West, 1994.
42. RYNES, Recruitment, Job Choice, and Post-Hire Consequences.
43. SHARPE, R. The Life of the Party? Can Jeff Taylor Keep the Good Times Rolling at Monster.com?, *BusinessWeek,* 4 jun. 2001 (*BusinessWeek* Archives); FREEDMAN, D. H. The Monster Dilemma, *Inc.* Magazine, maio 2007, p. 77-78; KORKKI, P. So Easy to Apply, So Hard to Be Noticed, *The New York Times,* 1 jul. 2007, BU16.
44. Disponível em: <www.monster.com>. Acesso em: jun. 2001.
45. <www.jobline.org>, Jobline press releases, 8 maio 2001. Acesso em: 20 jun. 2001.
46. SPOLSKY, J. There Is a Better Way to Find and Hire the Very Best Employees, *Inc.* Magazine, maio 2007, p. 81-82; About the Company. Disponível em: <www.fogcreek.com/>, 5 mar. 2008; Fog Creek Software. Disponível em: www.fogcreek.com/. Acesso em: 5 mar. 2008.
47. SPOLSKY, "There Is a Better Way to Find and Hire the Very Best Employees"; "Fog Creek Software."
48. SPOLSKY, "There Is a Better Way to Find and Hire the Very Best Employees."
49. *Ibid.*
50. *Ibid.*
51. *Ibid.*
52. *Ibid.*
53. *Ibid.*; About the Company; Fog Creek Software.
54. SPOLSKY, There Is a Better Way to Find and Hire the Very Best Employees.
55. GUION, R. M. Personnel Assessment, Selection, and Placement. In: DUNNETTE; HOUGH. *Handbook of Industrial and Organizational Psychology,* p. 327-397.
56. JOYNER, T. Job Background Checks Surge, *Houston Chronicle,* 2 maio 2005, D6.
57. *Ibid.*; ADP News Releases: Employer Services: ADP Hiring Index Reveals Background Checks Performed More Than Tripled Since 1997, Automatic Data Processing, Inc., 3 jun. 2006. Disponível em: <www.investquest.com/iq/a/aud/ne/news/adp042505background.htm>.
58. ADP News Releases.
59. NOE, R. A.; HOLLENBECK, J. R.; GERHART, B.; WRIGHT, P. M. *Human Resource Management: Gaining a Competitive Advantage.* Burr Ridge, IL: Irwin, 1994; WHEELER, J. A.; GIER, J. A. Reliability and Validity of the Situational Interview for a Sales Position, *Journal of Applied Psychology* 2 (1987), p. 484-487.
60. FLINT, J. Can You Tell Applesauce from Pickles?, *Forbes,* 9 out. 1995, p. 106-118.
61. *Ibid.*
62. Wanted: Middle Managers, Audition Required, *The Wall Street Journal,* 28 dez. 1995, A1.
63. GOLDSTEIN, I. L. Training in Work Organizations. In: DUNNETTE; HOUGH, *Handbook of Industrial and Organizational Psychology,* p. 507-619.

64. BANERJEE, N. For Mary Kay Sales Reps in Russia, Hottest Shade Is the Color of Money, *The Wall Street Journal*, 30 ago. 1995, A8.
65. ALLEN, T. D.; EBY, L. T.; POTEET, M. L.; LENTZ, E.; LIMA, L. Career Benefits Associated with Mentoring for Protégés: A Meta-Analysis, *Journal of Applied Psychology* 89, n. 1 (2004), p. 127-136.
66. GARFINKEL, P. Putting a Formal Stamp on Mentoring, *The New York Times*, 18 jan. 2004, BU10.
67. *Ibid.*
68. ALLEN *et al.*, Career Benefits Associated with Mentoring; LEVIN, L. Lesson Learned: Know Your Limits; Get Outside Help Sooner Rather Than Later", *BusinessWeek Online*, 5 jul. 2004. Disponível em: <www.businessweek.com>; Family, Inc., *BusinessWeek Online*, 10 nov. 2003. Disponível em: <www.businessweek.com>; SALAMON, J. A Year with a Mentor; Now Comes the Test, *The New York Times*, 30 set. 2003, B1, B5; WHITE, E. Making Mentorships Work, *The Wall Street Journal*, 23 out. 2007, B11.
69. GARFINKEL, Putting a Formal Stamp on Mentoring.
70. FISHER *et al.*, *Human Resource Management*.
71. *Ibid.*; LATHAM, G. P.; WEXLEY, K. N. *Increasing Productivity through Performance Appraisal*. Reading, MA: Addison-Wesley, 1982.
72. LUBLIN, J. S. It's Shape-Up Time for Performance Reviews, *The Wall Street Journal*, 3 out. 1994, B1, B2.
73. LUBLIN, J. S. Turning the Tables: Underlings Evaluate Bosses, *The Wall Street Journal*, 4 out. 1994, B1, B14; SHELLENBARGER, S. Reviews from Peers Instruct–and Sting, *The Wall Street Journal*, 4 out. 1994, B1, B4.
74. BORMAN, C.; BRACKEN, D. W. 360 Degree Appraisals. In: COOPER, C. L.; ARGYRIS, C. (orgs.). *The Concise Blackwell Encyclopedia of Management*. Oxford, England: Blackwell Publishers, 1998, p. 17; BRACKEN, D. W. Straight Talk about Multi-Rater Feedback, *Training and Development* 48 (1994), p. 44-51; EDWARDS, M. R.; BORMAN, W. C.; SPROUL, J. R. Solving the Double-Bind in Performance Appraisal: A Saga of Solves, Sloths, and Eagles, *Business Horizons* 85 (1985), p. 59-68.
75. PEIPERL, M. A. Getting 360 Degree Feedback Right, *Harvard Business Review*, jan. 2001, p. 142-147.
76. HARRINGTON, A. Workers of the World, Rate Your Boss!, *Fortune*, 18 set. 2000, p. 340 e 342. Disponível em: <www.improvenow.com>. Acesso em: jun. 2001.
77. MOSS; S. E.; SANCHEZ, J. I. Are Your Employees Avoiding You? Managerial Strategies for Closing the Feedback Gap, *Academy of Management Executive* 18, n. 1 (2004), p. 32-46.
78. FLYNN, J.; NAYERI, F. Continental Divide over Executive Pay, *BusinessWeek*, 3 jul. 1995, p. 40-41.
79. BYRNE, J. A. How High Can CEO Pay Go?, *BusinessWeek*, 22 abr. 1996, p. 100-106.
80. BORRUS, A. A Battle Royal against Regal Paychecks, *BusinessWeek*, 24 fev. 2003, p. 127; Too Many Turkeys, *The Economist*, 26 nov. 2005, p. 75-76; MORGENSON, G. How to Slow Runaway Executive Pay, *The New York Times*, 23 out. 2005, p. 1 e 4.
81. Executive Pay.
82. Home Depot Chief's Pay in 2007 Could Reach $8.9m., *The New York Times*, 25 jan. 2007, C7; CARR, E. The Stockpot, *The Economist, A Special Report on Executive Pay*, 20 jan. 2007, p. 6-10; PORTER, E. More Than Ever, It Pays to Be the Top Executive, *The New York Times*, 25 maio 2007, A1, C7.
83. TAHMINCIOGLU, E. Paths to Better Health (On the Boss's Nickel), *The New York Times*, 23 maio 2004, BU7.
84. *Ibid.*
85. SPORS, K. K. Top Small Workplaces 2007, *The Wall Street Journal*, 1 out. 2007, R1–R6; SPORS, K. K. Guerra DeBerry Coody, *The Wall Street Journal*, 1 out. 2007, R5; Guerra DeBerry Coody Named One of the Nation's 15 Top Small Workplaces of 2007, *Business Wire*. Disponível em: <http://findarticles.com/p/articles/mi_m0EIN/is_2007_Oct_1/ai_n20527510/print>. Acesso em: 6 mar. 2008; Guerra DeBerry Coody. Disponível em: <www.gdc-co.com/>, 6 mar. 2008; Frank Guerra '83, Trish DeBerry-Mejia '87 and Tess Coody '93, *Trinity University, Alumni–Profiles*. Disponível em: <*www*.trinity.edu/alumni/profiles/0503_guerra_deberry_coody.htm. Acesso em: 6 mar. 2008>.
86. SPORS, Top Small Workplaces 2007; SPORS, Guerra DeBerry Coody; Guerra DeBerry Coody Named One of the Nation's 15 Top Small Workplaces of 2007.
87. SPORS, Top Small Workplaces 2007; Guerra DeBerry Coody.
88. *Ibid.*
89. *Ibid.*
90. Guerra DeBerry Coody Named One of the Nation's 15 Top Small Workplaces of 2007.
91. SHELLENBARGER, S. Amid Gay Marriage Debate, Companies Offer More Benefits to Same-Sex Couples, *The Wall Street Journal*, 18 mar. 2004, D1.
92. PREMACK, S.; HUNTER, J. E. Individual Unionization Decisions, *Psychological Bulletin* 103 (1988), p. 223-234.
93. REGAN, M. B. Shattering the AFL-CIO's Glass Ceiling, *BusinessWeek*, 13 nov. 1995, p. 46.
94. <www.aflcio.org>, jun. 2001; AFL-CIO About Us. Disponível em: <http://www.aflcio.org/aboutus/index.cfm?RenderForPrint=1, 5120/2009>.
95. ZACHARY, G. P. Some Unions Step Up Organizing Campaigns and Get New Members, *The Wall Street Journal*, 1 set. 1995, A1, A2.

CAPÍTULO 13

1. <www.hermanmiller.com>, 2008.
2. MACINTOSH, N. B. *The Social Software of Accounting Information Systems*. New York: Wiley, 1995.
3. O'REILLY, C. A. Variations in Decision Makers' Use of Information: The Impact of Quality and Accessibility, *Academy of Management Journal* 25 (1982), p. 756-771.
4. STALK, G.; HOUT, T. H. *Competing Against Time*. New York: Free Press, 1990.
5. UCHITELLE, L. Airlines Off Course, *San Francisco Chronicle*, 15 set. 1991, p. 7.
6. CYERT, R.; MARCH, J. *Behavioral Theory of the Firm* (Englewood Cliffs, NJ: Prentice Hall, 1963).
7. BRANDT, R. Agents and Artificial Life, *BusinessWeek: The Information Revolution*, edição especial (1994), p. 64-68.
8. TURBAN, E. *Decision Support and Expert Systems*. New York: Macmillan, 1988.
9. BENJAMIN, R. I.; BLUNT, J. Critical IT Issues: The Next Ten Years, *Sloan Management Review*. Summer 1992, p. 7-19; DAVIDOW, W. H.; MALONE, M. S. *The Virtual Corporation*. New York: Harper Business, 1992.
10. DAVIDOW; MALONE, *The Virtual Corporation;* PORTER, M. E. *Competitive Advantage*. New York: Free Press, 1984.
11. MULLANEY, T. J. This Race Isn't Even Close, *BusinessWeek*, 18 dez. 2000, p. 208-209.
12. DORNBUSCH, S. M.; SCOTT, W. R. *Evaluation and the Exercise of Authority*. San Francisco: Jossey-Bass, 1975.
13. CHILD, J. *Organization: A Guide to Problems and Practice*. London: Harper and Row, 1984.
14. <www.fedex.com>, 2009.
15. *Ibid.*
16. MACINTOSH, *The Social Software of Accounting Information Systems*.

17. DUMAINE, B. The Bureaucracy Busters, *Fortune*, 17 jun. 1991, p. 46.
18. O'REILLY, C. A.; PONDY, L. R. Organizational Communication. In: KERR, S. (org.). *Organizational Behavior*. Columbus, OH: Grid, 1979.
19. TOTTY, M. The Path to Better Teamwork, *The Wall Street Journal*, 20 maio 2004, R4; Collaborative Software, *Wikipedia*, 25 ago. 2004. Disponível em: <en.wikipedia.org/wiki/collaborative_software>; Collaborative Groupware Software. Disponível em: <www.svpal.org/grantbow/groupware.html>. Acesso em: 25 ago. 2004.
20. TOTTY, The Path to Better Teamwork; Collaborative Software.
21. *Ibid.*; Collaborative Groupware Software.
22. TOTTY, The Path to Better Teamwork; Collaborative Software.
23. *Ibid.*
24. *Ibid.*
25. ROGERS, E. M.; AGARWALA-ROGERS, R. *Communication in Organizations*. New York: Free Press, 1976.
26. NABERS, W. The New Corporate Uniforms, *Fortune*, 13 nov. 1995, p. 132-156.
27. SCHMITT, R. B. Judges Try Curbing Lawyers' Body-Language Antics, *The Wall Street Journal*, 11 set. 1997, B1, B7.
28. ADAMS, D. A.; TODD, P. A.; NELSON, R. R. A Comparative Evaluation of the Impact of Electronic and Voice Mail on Organizational Communication, *Information and Management* 24 (1993), p. 9-21.
29. WINSLOW, R. Hospitals' Weak Systems Hurt Patients, Study Says, *The Wall Street Journal*, 5 jul. 1995, B1, B6.
30. HYMOWITZ, C. Sometimes, Moving Up Makes It Harder to vide What Goes On Below, *The Wall Street Journal*, 15 out. 2007, B1.
31. *Ibid.*; SANDBERG, J. Shooting Messengers Makes Us Feel Better but Work Dumber, *The Wall Street Journal*, 11 set. 2007, B1.
32. HYMOWITZ, Sometimes, Moving Up Makes It Harder to vide What Goes On Below; FatWire Software Appoints Former CA Executive Yogesh Gupta President and CEO. Disponível em: <http://news.manta.com/press/description/200708070500230_66132700_1-0304>. Acesso em: 23 abr. 2008.
33. Management, *FatWire US: Company-Management*. Disponível em: <www.fatwire.com/cs/Satellite/ManagementPage_US.html>. Acesso em: 23 abr. 2008; Company Overview, *Company Overview-CA*. Disponível em: <www.ca.com/us/ca.aspx>. Acesso em: 24 abr. 2008.
34. HYMOWITZ, Sometimes, Moving Up Makes It Harder to vide What Goes On Below.
35. *Ibid.*
36. *Ibid.*
37. HOLLAND, K. The Silent May Have Something to Say, *The New York Times*, 5 nov. 2006. Disponível em: <http://www.nytimes.com/2006/11/05/business/yourmoney/05mgmt.html>. Acesso em: 29 jun. 2008.
38. *Ibid.*
39. *Ibid.*
40. *Ibid.*
41. DAFT, R. L.; LENGEL, R. H.; TREVINO, L. K. Message Equivocality, Media Selection, and Manager Performance: Implications for Information Systems, *MIS Quarterly* 11 (1987), p. 355-366; DAFT, R. L.; LENGEL, R. H. Information Richness: A New Approach to Managerial Behavior and Organization Design. In: STAW, B. M.; CUMMINGS, L. L. (orgs.). *Research in Organizational Behavior*. Greenwich, CT: JAI Press, 1984.
42. DAFT, R. L. *Organization Theory and Design*. St. Paul, MN: West, 1992.
43. Lights, Camera, Meeting: Teleconferencing Becomes a Time-Saving Tool, *The Wall Street Journal*, 21 fev. 1995, A1.
44. DAFT, *ORGANIZATION THEORY AND DESIGN*.
45. PETERS, T. J.; WATERMAN JR., R. H. *In Search of Excellence*. New York: Harper and Row, 1982; PETERS, T.; AUSTIN, N. *A Passion for Excellence: The Leadership Difference*. New York: Random House, 1985.
46. Lights, Camera, Meeting.
47. KIRKLAND, R. Cisco's Display of Strength, *Fortune*, 12 nov. 2007, p. 90-100; Cisco TelePresence Overview, Overview *(TelePresence)- Cisco Systems*. Disponível em: <www.cisco.com/en/US/solutions/ns669/networking_solutions_products_genericcont...>. Acesso em: 25 abr. 2008.
48. KIRKLAND, R. Cisco's Display of Strength.
49. *Ibid.*; Cisco TelePresence Overview.
50. E-Mail Etiquette Starts to Take Shape for Business Messaging, *The Wall Street Journal*, 12 out. 1995, A1.
51. BAIG, E. Taking Care of Business– Without Leaving the House, *BusinessWeek*, 17 abr. 1995, p. 106-107.
52. Life Is Good for Telecommuters, but Some Problems Persist, *The Wall Street Journal*, 3 ago. 1995, A1.
53. E-Mail Abuse: Workers Discover High-Tech Ways to Cause Trouble in the Office, *The Wall Street Journal*, 22 nov. 1994, A1; E-Mail Alert: Companies Lag in Devising Policies on How It Should Be Used, *The Wall Street Journal*, 29 dez. 1994, A1.
54. Employee-Newsletter Names Include the Good, the Bad, and the Boring, *The Wall Street Journal*, 18 jul. 1995, A1.
55. OVERHOLT, A. Intel's Got [Too Much] Mail, *Fast Company*, mar. 2001, p. 56-58.
56. *Ibid.*
57. *Ibid.*
58. <www.intel.com, 2001>.
59. DONOVAN, J. J. *Business Re-Engineering with Information Technology*. Englewood Cliffs, NJ: Prentice Hall, 1994; HILL, C. W. L. The Computer Industry: The New Industry of Industries. In: HILL, C. W. L.; JONES, G. R. *Strategic Management: An Integrated Approach*, 3.ª ed., Boston: Houghton Mifflin, 1995.
60. RICH, E. *Artificial Intelligence*. New York: McGraw-Hill, 1983.
61. BRANDT, Agents and Artificial Life.
62. <www.ibm.com>, 2001.
63. CHANDLER, A. D. *The Visible Hand*. Cambridge, MA: Harvard University Press, 1977.
64. HILL, C. W. L.; PICKERING, J. F. Divisionalization, Decentralization, and Performance of Large United Kingdom Companies, *Journal of Management Studies* 23 (1986), p. 26-50.
65. WILLIAMSON, O. E. *Markets and Hierarchies: Analysis and Anti-Trust Implications*. New York: Free Press, 1975.
66. <www.fedex.com>, 2009.
67. TURBAN, *Decision Support and Expert Systems*.
68. *Ibid.*, p; 346.
69. RICH, *Artificial Intelligence*.
70. NICHOLS, N. A. Scientific Management at Merck: An Interview with CFO Judy Lewent, *Harvard Business Review*, jan./fev. 1994, p. 88-91.
71. BONISSON, P. P.; JOHNSON, H. E. Expert Systems for Diesel Electric Locomotive Repair, *Human Systems Management* 4 (1985), p. 1-25.

CAPÍTULO 14

1. A visão de qualidade englobando a confiabilidade remonta ao trabalho de W. Edwards Deming e Joseph Juran. Ver: GABOR, A. *The Man Who Discovered Quality*. New York: Times Books, 1990.
2. ABELL, D. F. *Defining the Business: The Starting Point of Strategic Planning*. Englewood Cliffs, NJ: Prentice Hall, 1980.

3. Para mais detalhes, ver: Johnson & Johnson (A), *Harvard Business School Case* #384-053.
4. PORTER, M. E. *Competitive Advantage*. New York: Free Press, 1985.
5. Trata-se de uma visão fundamental da literatura moderna sobre fabricação. Ver: HAYES, R. H.; WHEELWRIGHT, S. C. Link Manufacturing Process and Product Life Cycles, *Harvard Business Review* (jan./fev. 1979), p. 127-136; Competing through Manufacturing, *Harvard Business Review* (jan./fev. 1985), p. 99-109.
6. O'BRIAN, B. Flying on the Cheap, *The Wall Street Journal*, 26 out. 1992, A1; O'REILLY,B. Where Service Flies Right, *Fortune*, 24 ago. 1992, p. 116-117; SALPUKAS, A. Hurt in Expansion, Airlines Cut Back and May Sell Hubs, *The Wall Street Journal*, 1 abr. 1993, A1, C8.
7. <www.ciu.com>, 2006.
8. <www.crm.com>, 2006.
9. A visão de qualidade como confiabilidade remonta ao trabalho de W. Edwards Deming e Joseph Juran; ver: GABOR, *The Man Who Discovered Quality*.
10. Ver: GARVIN, D. What Does Product Quality Really Mean?, *Sloan Management Review* 26 (Fall 1984), p. 25-44; CROSBY, P. B. *Quality Is Free*. New York: Mentor Books, 1980; GABOR, *The Man Who Discovered Quality*.
11. Disponível em: <www.jdpa.com>. Acesso em: 2006.
12. GRIFFITHS, J. Europe's Manufacturing Quality and Productivity Still Lag Far behind Japan's, *Financial Times*, 4 nov. 1994, p. 11.
13. MCCARTNEY, S. Compaq Borrows Walmart's Idea to Boost Production, *The Wall Street Journal*, 17 jun. 1994, B4.
14. GOURLAY, R. Back to Basics on the Factory Floor, *Financial Times*, 4 jan. 1994, p. 12.
15. NEMETZ, P.; FRY, L. Flexible Manufacturing Organizations: Implications for Strategy Formulation, *Academy of Management Review* 13 (1988), p. 627-638; GREENWOOD, N. *Implementing Flexible Manufacturing Systems*. New York: Halstead Press, 1986.
16. WILLIAMS, M. Back to the Past, *The Wall Street Journal*, 24 out. 1994, A1.
17. SALTER, C. This Is One Fast Factory, *Fast Company*, ago. 2001, p. 32-33.
18. STALK, G.; HOUT, T. M. *Competing Against Time*. New York: Free Press, 1990.
19. Para uma interessante discussão de alguns outros inconvenientes do JIT e outras técnicas de fabricação "japonesas", ver: YOUNG, S. M. A Framework for Successful Adoption and Performance of Japanese Manufacturing Practices in the United States, *Academy of Management Review* 17 (1992), p. 677-701.
20. STUNDZA, T. Massachusetts Switch Maker Switches to Kanban, *Purchasing*, 16 nov. 2000, p. 103.
21. DUMAINE, B. The Trouble with Teams, *Fortune*, 5 set. 1994, p. 86-92.
22. Ver: HILL, C. W. L. Transaction Cost Economizing, National Institutional Structures, and Competitive Advantage: The Case of Japan, *Organization Science* (1995), p. 119-131; AOKI, M. *Information, Incentives, and Bargaining in the Japanese Economy*. Cambridge: Cambridge University Press, 1989.
23. HOERR, J. The Payoff from Teamwork, *BusinessWeek*, 10 jul. 1989, p. 56-62.
24. HAMMER, M.; CHAMPY, J. *Reengineering the Corporation*. New York: Harper Business, 1993, p. 35.
25. *Ibid.*, 46.
26. *Ibid.*
27. Como exemplo, ver: HOULDER, V. Two Steps Forward, One Step Back, *Financial Times*, 31 out. 1994, p. 8; KUMAR NAJ, Amal, Shifting Gears, *The Wall Street Journal*, 7 maio 1993, A1; GREISING, D. Quality: How to Make It Pay, *BusinessWeek*, 8 ago. 1994, p. 54-59.
28. HELM, L.; EDID, M. Life on the Line: Two Auto Workers Who Are Worlds Apart, *BusinessWeek*, 30 set. 1994, p. 76-78.
29. DUMAINE, The Trouble with Teams.

APÊNDICE B

1. GREENHAUS, J. H. *Career Management*. New York: Dryden Press, 1987.
2. LOVELLE, L. A Payday for Performance, *Business Week*, 18 abr. 2005, p. 78-80.
3. DRIVER, M. J. Careers: A Review of Personal and Organizational Research. In: COOPER, C. L.; ROBERTSON, I. (orgs.). *International Review of Industrial and Organizational Psychology*. New York: Wiley, 1988.
4. *Ibid.*
5. DRIVER, M. J. Careers: A Review of Personnel and Organizational Research. In: COOPER; C. L.; ROBERTSON, I. (orgs.). *International Review of Industrial and Organizational Psychology*. New York: Wiley, 1988.
6. *Career Path* (material de recrutamento fornecido pela Dillard's, Inc., 1994).
7. GREENHAUS, J. H. *Career Management*. New York: Dryden Press, 1987.
8. ARTHUR, M. B. The Boundaryless Career: A New Perspective for Organizational Inquiry, *Journal of Organizational Behavior* 15 (1994), p. 295-306; ARTHUR, M. B.; ROUSSEAU, D. M. *The Boundaryless Career: A New Employment Principle for a New Organizational Era*. New York: Oxford University Press, 1996, p. 237-55; Introduction: The Boundaryless Career as a New Employment Principle. In: ARTHUR, M. B.; ROUSSEAU, D. M. (orgs.). *The Boundaryless Career: A New Employment Principle for a New Organizational Era*. New York: Oxford University Press, 1996, p. 3-20; EBY, L. T. *et al.* Predictors of Success in the Era of the Boundaryless Career, *Journal of Organizational Behavior* 24 (2003), p. 689-708; DE JANASZ, S. C.; SULLIVAN, S. E.; e WHITING, V. Mentor Networks and Career Success: Lessons for Turbulent Times, *Academy of Management Executive* 17, n. 4 (2003), p. 78-91.
9. GRIFFIN, N. Personalize Your Management Development, *Harvard Business Review*, mar. 2003, p. 113-119.
10. DRIVER, Careers: A Review of Personal and Organizational Research.
11. GREENHAUS, *Career Management*.
12. HOLLAND, J. L. *Making Vocational Choices: A Theory of Careers*. Englewood Cliffs, NJ: Prentice Hall, 1973.
13. GREENHAUS, *Career Management*.
14. *Ibid.*
15. DREHER, G.; ASH, R. A Comparative Study of Mentoring Among Men and Women in Managerial, Professional, and Technical Positions, *Journal of Applied Psychology* 75 (1990), p. 525-535; SCANDURA, T. A. Mentorship and Career Mobility: An Empirical Investigation, *Journal of Organizational Behavior* 13 (1992), p. 169-174; TURBAN, D. B.; DOUGHERTY, T. W. The Role of Protégé Personality in Receipt of Mentoring and Career Success, *Academy of Management Journal* 37 (1994), p. 688-702; WHITELY, W.; DOUGHERTY, T. W.; DREHER, G. F. Relationship of Career Mentoring and Socioeconomic Origin to Managers' and Professionals' Early Career Success, *Academy of Management Journal* 34 (1991), p. 331-351.
16. FERENCE, T. P.; STONER, J. A. F.; WARREN, E. K. Managing the Career Plateau, *Academy of Management Review* 2 (1977), p. 602-612.

Fotos

CAPÍTULO 1
Pág. 1 – Michael Nagle/Getty Images
Pág. 6 – Harry Cabluck/AP Images
Pág. 8 – Mark Peterson/Redux Pictures
Pág. 15 – Scott Olson/Getty Images
Pág. 22 – Chuck Kennedy/MCT/Landov
Pág. 23 – Bill Aron/Photoedit

APÊNDICE A
Pág. 33 – Bettmann/Corbis
Pág. 35 – The Granger Collection, New York
Pág. 36 – Com permissão do Henley Management College
Pág. 37 – Fox Photos/Getty Images

CAPÍTULO 2
Pág. 40 – Ken Hawkins Photography
Pág. 46 – Paul Drinkwater/NBCU Photo Bank via AP Images
Pág. 50 – Cortesia Gentle Giant Moving Company
Pág. 53 – Corbis
Pág. 59 – Cortesia IDEO
Pág. 62 – Damian Dovarganes/AP Images

CAPÍTULO 3
Pág. 71 – Tim Boyle/Getty Images
Pág. 74 – The Granger Collection, New York
Pág. 79 – Susan Walsh/AP Images
Pág. 91 – Blend Images/Alamy
Pág. 96 – Ellen B. Senisi/The Image Works
Pág. 97 – Cortesia Chubb Group of Insurance Companies

CAPÍTULO 4
Pág. 110 – Guang Niu/Getty Images
Pág. 114 – The News Tribune/Lui Kit Wong/AP Images
Pág. 121 – AP Images
Pág. 124 – Pat Wellenbach/AP Images
Pág. 127 – © Reuters/Rupak De Chowdhari/Landov
Pág. 132 – Bob Daemmrich/The Image Works
Pág. 135 – © Kazuhiro Nogi/AFP/Getty Images

CAPÍTULO 5
Pág. 143 – Christof Stache/AP Images
Pág. 146 – Christopher Robbins/Getty Images/Digital Vision
Pág. 157 – © Corbis
Pág. 160 – Marc Romanelli/Getty Images/Workbook Stock
Pág. 162 – Cortesia World of Good, Inc.
Pág. 164 – © Image 100/Corbis

CAPÍTULO 6
Pág. 171 – Stephen Hird/Reuters/Corbis
Pág. 174 – Ryan McVay/Getty Images
Pág. 183 – Mel Evans/AP Photo
Pág. 188 – Cortesia Cott Corporation
Pág. 189 – Cortesia de Inditex
Pág. 194 – Bill Varie/Corbis
Pág. 196 (superior) – Katsumi Kasahara/AP Images
Pág. 196 (inferior) – Pablo Bartholomew/Getty Images

CAPÍTULO 7
Pág. 205 – Jennifer Graylock/AP Images
Pág. 210 – Jeffery Allan Salter/Corbis
Pág. 215 – Tim Boyle/Getty Images
Pág. 217 – Kim Steele/Photodisc/Green/Getty Images
Pág. 219 – © Nokia
Pág. 222 – Orlin Wagner/AP Images
Pág. 228 – Tom Raymond/Getty Images
Pág. 233 – AP Images

CAPÍTULO 8
Pág. 240 – Fabrizio Costantini/The New York Times/Redux
Pág. 243 – Willie Hiu, Jr./The Image Works
Pág. 244 – Tomas dec Amo/Index Stock
Pág. 250 – Harry Cabluck/AP Images
Pág. 253 – Al Behrman/AP Images
Pág. 259 – David Frazier/The Image Works
Pág. 261 – AP Images
Pág. 265 – Felix Clay/Financial Times-REA/Redux

CAPÍTULO 9
Pág. 273 – Joe Raedle/Getty Images
Pág. 280 – Cortesia de The Container Store
Pág. 283 – Mick Tsikas/eps/Corbis
Pág. 285 – Copyright © 2008. SAS Institute Inc. Todos os direitos reservados. Reproduzido com permissão do SAS Institute Inc., Cary NC, USA.
Pág. 288 – Stockbyte/Punchstock Images
Pág. 292 – 2005 Comstock Images, JupiterImages Corporation
Pág. 295 – The Decatur Daily/John Godbey/AP Images

CAPÍTULO 10
Pág. 303 – Frank Micelotta/Getty Images
Pág. 307 – Cortesia de Zingerman's
Pág. 314 – Royalty-Free/Corbis
Pág. 319 – Banana Stock, Ltd.
Pág. 324 – Cortesia de Creative Display Solutions, Inc.

CAPÍTULO 11
Pág. 331 – Cortesia ICU Medical, Inc. Eric Glover, fotógrafo
Pág. 336 – Ryan McVay/Photodisc Blue/Getty Images
Pág. 339 – Alexandra Boulat VII/AP Images
Pág. 342 – Keith Brofsky/Getty Images/Photodisc
Pág. 352 – Haraz Ghanbari/AP Images

CAPÍTULO 12
Pág. 361 – Kevork Djansezian/AP Images
Pág. 369 – Amy Etra/Photoedit
Pág. 371 – Cortesia Fog Creek Software
Pág. 373 – Chabruken/Getty Images
Pág. 376 – Reza Estakhrian/Getty Images/Photographers Choice
Pág. 384 – Ann Heisenfelt/AP Images
Pág. 385 – Photo by Jess Haessler, Cortesia Guerra DeBerry Coody
Pág. 387 – Reed Saxon/AP Images

CAPÍTULO 13
Pág. 393 – Cortesia de Herman Miller, Inc.
Pág. 398 – Getty Images for DHL
Pág. 402 – Christopher Robbins/Digital Vision/Getty Images
Pág. 405 – Digital Vision/Getty Images
Pág. 406 – Copyright 2008 NBAE, Photo by Jennifer Pottheiser/NBAE via Getty Images
Pág. 410 – Justin Sullivan/Getty Images
Pág. 415 – Reuters/China News photo/Landov

CAPÍTULO 14
Pág. 421 – Toshifumi Kitamura/AFP/Getty Images
Pág. 424 – AP Images
Pág. 431 – Cortesia Dell Computer Corporation
Pág. 435 – Justin Sullivan/Getty Images

APÊNDICE B
Pág. 441 – Al Behrman/AP Images

Índices

Nomes

A

Aaron, K., 453
Abell, D. F., 456, 469
Abott, Ida, 377
Abrams, J., 450
Ackerman, P. L., 460
Adachi, Yuko, 140
Adams, D. A., 469
Adams, J. Stacy, 285, 460
Adams, S., 459
Adkins, Craig, 439, 440
Adler, N. J., 460
Adler, P. S., 450
Agarwala, R., 469
Aguilar, F. J., 456
Alahuhta, Matti, 260
Alexander, J. A., 458
Allen, T. D., 467
Alvarez, Ralph, 224-225
Ammenheuser, M. K., 459
Amoruso, Cheryl, 94
Ancona, D. G., 446
Anderson, Brad, 169
Anderson, C., 446
Anderson, P., 466
Andrews, K. R., 451, 456
Anthony, R. N., 458
Aoki, M., 470
Aplin, J. C., 455
Argyris, Chris, 468
Armour, S., 452
Arndt, M., 465
Arnst, C., 454
Arrow, Kenneth J., 455
Austin, Nancy, 469
Aveni, R. D., 456
Aversa, J., 450
Avolio, B. J., 456, 463
Ayman, R., 463

B

Baetz, M. L., 462, 463
Bahree, B., 457
Baig, E., 469
Bailey, J. R., 448
Baird, L., 467
Baker, S., 461
Ballmer, Steve, 310
Balogh, Aristotle, 238
Bandura, A., 461
Banerjee, N., 467
Barbette, F. G., 459
Barley, S. B., 451
Barnard, Chester I., 450
Baron, R. A., 449
Barr, M., 454
Barrett, Colleen C., 227
Barrett, Craig, 310
Barrick, M. R., 448
Barry, V., 447, 450
Barsaloux, J., 455
Bartlett, C. A., 454, 457
Bartz, Carol, 237
Bass, B. M., 456, 462, 463
Batson, C. D., 459
Baucus, M. S., 451
Baum, H. G., 446
Bazerman, Max H., 455
Beatty, Richard W., 301-303

Beauchamp, T. L., 450
Becker, Brian, 301
Becker, T. E., 451
Begley, S., 449
Bell, C. H., 458
Bellah, R., 454
Belson, K., 461
Benjamin, R. I., 468
Bennis, Warren, 462
Bensen, Peter, 224-225
Berger, B., 455
Berger, P. L., 449
Berkowitz, L., 459, 463
Berman, D. K., 453
Berner, R., 465
Berry, L. L., 446
Berton, L., 449
Bertone, Antonio, 144
Bet, Zuly, 144
Bettenhausen, K., 449, 464
Betts, M., 461
Bewkes, Jeffrey L., 329
Beyer, J. M., 449, 450
Bezos, Jeff, 44, 117, 271-272, 335-336, 464
Bhagwati, Jagdish, 454
Bhasin, Pramod, 368
Bissell, John, 68
Bissell, William, 69
Black, K., 466
Blackburn, R. S., 465
Blau, P. M., 457-458
Bloom, J., 459
Blunt, J., 468
Bonisson, P. P., 469
Boone, Garrett, 278-280
Borman, W. C., 468
Borrus, A., 468
Borzacchiello, Maureen, 323-324
Boslet, M., 461
Bouchard, T. J., Jr., 455
Bourgeois, L. J., 453
Bowie, N. E., 450
Boyle, Dennis, 63
Boyle, Matthew, 29
Bracken, D. W., 468
Bradspies, R. W., 458
Brady, D., 465
Brandt, R., 461, 468-469
Bresler, S. J., 453
Brett, J. B., 52
Brickner, M. A., 466
Brief, A. P., 45, 448-449, 455
Brockner, J., 448
Bromley, Stan, 377
Brown, D. J., 448
Brown, G., 450
Brown, L., 458
Brown, V., 453
Brownstein, R., 452
Bruer, J. T., 453
Brummel, Lisa, 302
Bruun, S. E., 466
Buchanan, L., 462
Buckingham, Marcus, 391
Buckley, George, 193
Buday, R. S., 464
Budworth, M. H., 459
Buffet, Warren, 76
Bulkeley, W. M., 457
Bunderson, S. J., 447
Bunis, D., 447

Burcke, J. M., 464
Burke, M. J., 56
Burlingham, B., 462
Burnett, D. D., 447
Burnham, D. C., 493
Burnham, D. H., 448
Burns, L. R., 457
Burns, T., 457
Burton, T. M., 462
Butler, J. E., 466
Buzzotta, V. R., 465
Byrne, J. A., 468
Byrnes, Nanette, 70, 457, 465

C

Cain, David, 300-301
Calori, R., 462
Campbell, J. P., 446, 459-460
Campbell, Tracey, 100
Canion, Rod, 267
Capell, Kerry, 239
Capowski, G. S., 457
Cardy, R. L., 452
Carey, A., 447
Carpenter, M. A., 454
Carpenter, S., 447
Carr, E., 468
Carroll, J. S., 446
Carroll, S. J., 446, 458
Carruthers, Sally, 310
Carter, A., 456
Carton, B., 452-453
Cartwright, D., 462, 466
Casesa, John, 29
Casey, James E., 259
Cavanaugh, G. F., 450
Caves, R. E., 457
Chambers, John, 406
Champy, James, 464, 470
Chan, C., 456
Chandler, Alfred D., 412, 456-457, 469
Chavez, L., 451
Chemers, M. M., 463
Chenault, Ken, 8
Chhipa, Mohammad Yaseen, 69
Child, J., 450, 457, 468
Cho, Jujio, 422
Christensen, Clayton R., 456
Chubachi, Ryoji, 135, 140
Claiborne, Liz, 145, 266
Clare, David, 88
Clark, K. D., 446
Clark, P. A., 458
Clay, R. A., 460
Clegg, C. W., 465
Clegg, S., 448
Cleveland, J. N., 452
Clifford, L., 466
Clifford, S., 450, 455
Cling, J., 498
Cohen, J. D., 449
Cohen, Jordan, 300-301
Cohen, M. D., 455
Cohen, R. L., 460
Cole, J. R., 453
Colihan, J., 465
Collela, A., 497, 498
Collins, C. J., 446
Collins, D., 450

472

Collins, J., 456
Colquitt, J. A., 448
Combs, J. G., 446
Compton, Mark, 315-316
Conant, Douglas, 181-183
Condit, Phil, 30, 119
Conger, J. A., 463
Conlin, M., 302, 329, 451
Connolly, T., 460
Cook, J. D., 54
Coons, A. I., 463
Cooper, C. L., 468, 470
Cooper, J. C., 465
Copeland, M., 459
Coplan, J. H., 452
Corboy, Patrick, 55
Cosier, R. A., 455
Costa, P. T., 447
Cote, S., 464
Cotsonas, David, 317
Coulombe, Joe, 1-3, 7-8, 12, 16
Coutts, P., 462
Covel, S., 447
Cox, Christopher, 78
Crockett, Roger O., 203-204, 391
Crosby, Philip B., 470
Crotty, W. D., 456
Crystle, Charlie, 163
Cullen, J. B., 450
Cummings, L. L., 448-449, 451
Cuneo, A. Z., 453
Cyert, R., 455, 468

D

Daft, R. L., 455, 469
Dalesio, E. P., 460
Dalkey, N., 455
Dallas, S., 465
Dane, E., 454
Darley, J. M., 449
Daruwala, Nikki, 101
Daus, C. S., 447
Davidow, W. H., 468
Davis, M. M., 503
Davis, T. R. V., 461
Dawley, H., 455
Day, Frank B., 336
De Bendern, P., 458
De Bono, Edward, 153, 455
De Janasz, S. C., 446
Dechant, K., 453
Del Valle, C., 467
Delbecq, A., 455
Dell, Michael, 3, 6-13, 15, 113-114, 117-119, 123, 164, 187, 196, 202-203, 250
DeMarie, S. M., 465
Deming, W. Edwards, 469
Deutschman, A., 464-465
Dharan, Bala, 461
Di Meglio, Francesca, 458
Dickerson, Ron, 70
Dickson, W. J., 447
Diehl, M., 455
Digman, J. M., 447
DiMicco, Daniel R., 70
Disney, Walt, 78
Di Vitantonio, Giuliano, 419
Dobson, J., 451
Donahue, Randy, 96
Donaldson, T., 446, 447
Donovan, J. J., 460, 469
Dornbusch, S. M., 468
Doz, Yves L., 457
Drauden, G., 455
Driver, M. J., 470
Drucker, Peter F., 446, 458
Druskat, V. U., 446
Druyun, Darleen, 119
Duarte, D. L., 465

Duff, M., 459
Dufour, B., 462
Dumaine, Brian, 446-447, 458, 465, 468, 470
Duncan, R., 457
Dunham, Randall B., 52
Dunn, Brian, 169
Dunnette, Marvin D., 446, 459-462, 466-467

E

Eagly, A. H., 464
Earley, P. C., 460, 466
Ebbers, Bernard, 75-76, 78
Echikson, W., 457
Eckert, Bob, 172, 180
Edid, M., 470
Edmondson, G., 454
Edwards, M. R., 468
Einhorn, Bruce, 203
Einstein, W. O., 463
Eisner, Michael, 5, 78, 265
Ekegren, G., 460
Elfenbein, H. A., 448
Elgin, B., 458, 461
Elkind, P., 450
Ellison, Larry, 266
Ely, L. T., 515
Emrich, C., 453
Emshwiller, J. R., 450
Engardio, Pete, 142
Epstein, S., 449
Erez, M., 456
Erickson, T., 109
Evans, M. G., 463

F

Fahim, K., 452
Fairhurst, G. T., 458
Farnham, A., 457
Farrell, J. Barnes, 452
Fastow, Andrew, 75
Feather, N. T., 459
Feldman, D. C., 449
Fenn, D., 464
Fernandez, J. P., 454
Ferriola, John J., 69
Ferris, G. R., 448, 466
Festinger, L., 466
Fiedler, Fred E., 305, 313-318, 325-326, 463
Field, A., 447
Fields, Mark, 30, 241
Fierman, J., 463
Fife, William J., 309
Files, J., 452
Filo, David, 161
Finger, P. A., 455
Finholt, T., 465
Finestone, William, 55
Fish, Lawrence, 314
Fisher, A., 458
Fisher, C. D., 461, 466
Fisher, Ed, 411
Fiske, S. T., 452
Fitzpatrick, David, 452
Flamholtz, E., 458
Fleishman, E. A., 463
FlemingWood, Simon, 272
Flint, J., 452, 467
Florian, E., 447
Floyd, S. W., 458
Flynn, J., 468
Follett, Mary Parker, 36, 447
Ford, Henry, 29, 39
Ford, William Clay, Jr., 29
Ford, William, III, 240
Forgas, J. P., 449
Fox, M. F., 453
Frankel, B., 453

Frankel, M. S., 451
Fraser, Jill Andresky, 288
Fredrickson, J. W., 454
Freedman, D. H., 467
Freeman, R. E., 450
French, R. P., Jr., 462
French, W. L., 458
Friedman, Thomas L., 300
Frith, Jacob, 6
Fry, L. W., 447, 470
Fung, Victor, 115
Fung, William, 107, 115-117, 131
Furst, S. A., 465

G

Gabor, A., 469-470
Galbraith, J. R., 457
Galen, M., 453
Ganster, D. C., 449
Garfinkel, P., 467
Garvin, D., 470
Gates, Bill, 44, 61, 76, 145, 266, 310, 462
Gates, G., 453
Gavin, M. B., 458
Geare, A. J., 461
Geber, B., 465
Geffen, David, 97
Geis, F. L., 453
Gellerman, S. W., 451
Gendron, M., 461
Gentile, Mary C., 455
George, J. M., 455, 464, 466-467
Gerdes, L., 459
Gerhart, B., 467
Gerkovich, P. R., 451, 463
Gersick, C. J. G., 465-466
Gerstner, Louis V., 65
Gerth, H. H., 447
Ghemawat, P., 457
Ghosh, Shantanu, 300
Ghoshal, S., 454, 457
Giangola, Andrew, 407
Gibson, C., 451
Gibson, David, 140
Gier, J. A., 467
Gilbert, R. J., 453
Gilmour, Allan, 97
Gist, M. E., 461
Glanz, J., 455
Goldberg, Lewis R., 44
Goldberg, Rube, 473
Goldsmith, Marshall, 30
Goldstein, A. P., 461
Goldstein, H. B., 449
Goldstein, I. L., 467
Goldwasser, A., 460
Goleman, D., 449
Gomez-Mejia, L., 446
Goodheim, L., 463
Goodin, R. E., 450
Goodman, N., 454
Goodman, P. S., 446, 466
Goodnight, Jim, 285, 460
Gopalakrishnan, R., 170
Gourlay, R., 470
Govindarajan, V., 453
Graham-Moore, B. F., 461
Graham, P., 447
Grant, A. M., 459
Gratton, Lynda, 342, 465
Greehey, Bill, 352
Green, Heather, 273
Green, S. G., 458
Greenberg, J., 460
Greene, J. D., 449
Greenhaus, J. H., 470
Greenhouse, I. S., 450
Greenleaf, Robert, 306

Greenwood, N., 470
Greer, B., 467
Greer, C. R., 452
Greising, D., 517
Grenier, Jim, 404
Grey, S., 457
Griffin, N. Shope, 459
Griffin, R. W., 453, 455, 470
Griffiths, J., 470
Grove, Andrew, 462
Guerra, Frank, 385
Guion, R. M., 467
Gunther, M., 459, 461
Gupta, A. K., 446, 453
Gustafson, D. H., 455
Gutner, T., 451
Guyon, J., 466
Guzman, B., 451

H

Hackman, J. Richard, 211-213, 456-457, 466
Haji, Priya, 162-163
Hales, C. P., 446
Hall, Jim, 30-31
Hall, Kenji, 141
Hall, L., 446-447
Hall, R. H., 456-457
Halperin, A., 455-456
Halpin, A. W., 462-463
Hambrick, D. C., 446, 450-451
Hamel, Gary, 455-456
Hamilton, F., 462-463
Hamm, Steve, 358-359, 419-420
Hammer, Michael, 464-465, 469-470
Hammer, W. C., 460-461
Harden, Judy, 95-96
Hariharan, Gokul, 202-203
Harkins, S. G., 466
Harrington, A., 467-468
Harris, E. F., 462-463
Hartke, D. D., 463-464
Harvey, R. J., 466-467
Hater, J. J., 463-464
Hauck, Chris, 261-262
Hauck, L. C., 458-459
Hauck, R. M., 458-459
Hayes, R. H., 469-470
Hedberg, B., 454-455
Heller, L., 459-460
Helm, L., 469-470
Hempel, J., 452-453
Hendrickson, A. R., 465
Hepworth, S. J., 53-54
Herbst, M., 449-450
Herzberg, Frederick, 281, 282-283, 459-460
Hetzer, B., 453-454
Hewitt, P., 452-453
Hewlett, William, 65-66, 266-267, 405-406
Hickman, J., 446-447
Hickson, D. J., 457-458
Higgins, J. H., 461-462
Highhouse, S., 449-450
Hightower, R., 465
Hill, C. W. L., 453-454, 454, 455-456, 456-457, 457-458, 468-470
Hill, E. J., 465
Hines, G. H., 447-448, 459-460
Hinings, C. R., 457-458
Hira, N. A., 454
Hoerr, J., 469-470
Hof, Richard D., 237-238, 454-455, 461-462, 464-465
Hofer, C. W., 455-456
Hofstede, Geert, 133-136, 454, 459-460
Holland, K., 451-452, 466-469
Hollenbeck, J. R., 466-467
Holliday, Charles, 28-29
Holmes, S., 449-450
Hood, N., 456-457
Hopkirk, Paddy, 430

Hoppe, M. H., 454
Hough, L. M., 458-463, 466-467
Houlder, V., 469-470
House, Robert J., 313, 316, 317, 318, 325, 447-448, 459-460, 461-464
Hout, T. H., 467-470
Hsu, C., 455-456
Huang Huiping, 107-108
Huber, G. P., 454
Hundal, P. S., 447-448, 459-460
Hunter, Holly, 330
Hunter, J. E., 457-458, 467-468
Hurd, Mark, 202
Huselid, Mark, 300-302
Hx, A. C., 465
Hymowitz, C., 448-449, 468-469

I

Iger, Bob, 264-266
Ihlwan, M., 454-455
Immelt, Jeffrey, 175-177
Isen, A. M., 448-449
Ismail, Lobna, 93-94

J

Jackson, J. H., 466-467
Jackson, Jesse, 93-94
Jackson, P. R., 446, 465
Jackson, S., 446-447
Jackson, S. E., 466-467
Jaffe, E., 454
Jamieson, D., 446-447
Jana, R., 169-170
Janis, I. L., 454-455
Jarrell, Buster, 339-341
Jaussi, K. S., 446-447
Jensen, Michael C., 465
Jerdee, T. H., 446
Jermier, J. M., 463-464
Jobs, Steven, 5-6
Joel, A. C., 446
Johnson, B. T., 463-464
Johnson, H. E., 469-470
Johnson, Lyndon B., 156-157
Johnson, Robert Wood, 89
Jones, D., 451-452, 463-464
Jones, D. T., 455-456
Jones, G. R., 446, 449-451, 456-457, 457-458, 466, 468-469
Jones, J. R., 449-450
Jones, Reg, 195
Jones, Stephen, 147
Jones, T. M., 450-451
Joyner, T., 466-467
Jung, Andrea, 2-3, 11-12, 56-57, 91-92, 205-208, 320-321, 448-449
Jung, D. I., 455-456
Juran, Joseph, 469-470

K

Kahn, J., 453-454
Kahneman, Daniel, 454, 454-455
Kamprad, Ingvar, 110-112
Kanfer, R., 458-461
Kanter, Rosabeth Moss, 357-358, 390-391
Kanungo, R. N., 463-464
Kapsalis, S. C., 455-456
Karau, S. J., 463-464
Karl, K. A., 465
Katsikis, T., 455-456
Katz, R. I., 446
Kazanjian, R. K., 456-457, 457-458
Kelleher, Herb, 86-87
Kelley, David, 58-61
Kelley, Tom, 352, 449-450, 466
Kelly, E. P., 450-451
Kemp, N. J., 465
Kennedy, John F., 156-157

Kennedy, Robert, 139-140
Kent, Phil, 329-330
Kern, Frank, 419-420
Kerr, N. L., 466
Kerr, S., 463-464, 468-469
Khalfan, Riswan, 419-420
Kiley, David, 30-31, 457-458
Kilts, James, 252-254
Kimes, M., 449-450
Kindle, J. A. Taylor, 458-459
King, Claudia, 285-286
King, N., 459-460
King, Robert, 346-347
Kirkland, R., 468-469
Kirkpatrick, S. A., 462-463
Knight, Philip, 231-234
Ko, Albert, 271-272
Ko, S. J., 450-451
Kogut, B., 456-457, 457-458
Koita, Rizwan, 368
Komar, J. A., 447-448
Komar, S., 447-448
Konrads, W., 454
Koonin, Steven R., 329-330
Koontz, H., 457-458
Koppes, L. L., 458-459
Koretz, G., 452-453
Korkki, P., 466-467
Kotter, J., 446
Kraul, A. I., 446
Kraus, Michael, 305-306
Kravets, D., 450-451
Kreitner, R., 460-461
Kreps, G. L., 453-454
Kreutter, David, 300
Kripalani, M., 68-69, 170
Kroc, Ray, 61-64
Kropf, M. Brumit, 451-452, 463-464
Krugman, Paul, 454
Kullman, Ellen J., 28-29
Kurian, Biju, 300
Kuzak, Derrick, 30-31
Kyrgidou, L. P., 455-456

L

Laabs, J., 457-458
Labate, J., 461-462
Labich, K., 446
LaFauve, R. G., 465
Lafley, A. G., 202-203
Lakshman, N., 456-457
Lambert, A., 453-454
Lanci, Gianfranco, 202-203
Lane, C., 450-451
Lane, D. M., 452-453
Langowitz, N. J., 454-455
Latane, B., 466
Latham, G. P., 287-288, 455-456, 458-461, 467-468
Lau, Peter, 106-107
Law, K. S., 57-58
Lawler, Edward E., III, 457-458, 460-462
Lawrence, M., 462-463
Lawrence, P. R., 456-457, 457-458
Laybourne, Geraldine, 314-315
Lehman, P., 458-459
Lelchuk, I., 452-453
Lengel, R. H., 454-455, 468-469
Lentz, E., 467-468
Levenson, E., 461-462
Lever, William, 130-131
Levering, R., 459-461, 466
Levin, L., 467-468
Levine, E. L., 466-467
Levitt, Theodore, 453-454
Lewent, Judy, 413-415
Lewis, Randy, 439-440
Libby, Ryan, 49-50
Lima, L., 467-468
Lincoln, J. F., 460-461

Lindsay, Jeffrey, 237-238
Liska, L. Z., 463-464
Litterer, J. A., 446-447
Littman, J., 466
Locke, Edwin A., 287-288, 455-456, 459-463
Loeb, M., 462-463
Long, J. S., 452-453
Lonier, T., 455-456
Loomis, C. J., 458-459
Lopez, George, 330, 331-333, 344
Lorange, P., 457-458
Loray, Carol, 308, 309-310
Lorsch, J. W., 446, 456-457, 457-458
Lovell, J., 454
Lovelle, L., 469-470
Lowry, T., 330, 461-462
Lublin, Joann S., 457-458, 465-468
Luckman, T., 449-450
Luna, N., 446-447
Luthans, Fred, 460-461

M

Maccoby, M., 461-462
MacDonald, J. Randall, 301-302, 357-358
Macintosh, N. B., 467-469
MacIntyre, A., 450-451
MacKenzie, Rod, 238-239
MacKenzie, S. B., 463-464
Maconnel, Debbie, 358-359
Magee, Yada, 402-403
Mahony, T. A., 446
Malone, M. S., 468-469
Mann, Richard A., 103-104, 453-454
Mannix, E. A., 446
March, James G., 148-152, 454-455, 467-468
Marcia, J., 457-458
Marcial, G., 456-457
Margulies, N., 458-459
Markels, A., 465
Marquis, Christopher, 358-359
Martell, R. F., 452-453
Martinez, Angela, 286-288
Martinez, M. N., 449-450
Mashaba, Herman, 314-315
Maslow, Abraham H., 281-283, 459-460
Mason, P. A., 446
Mason, R. O., 454-455
Mason-Draffen, C., 464-465
Mathieu, J. E., 448-449
Mathis, R. L., 466-467
Matlack, C., 465
Matta, E., 446
Maurer, T. J., 459-460
May, Michael, 69-70
Mayer, J. D., 448-449
Mayo, Elton, 36-38, 446-447
McCallum, Daniel, 412-413
McCann, J., 446
McCartney, S., 457-458, 469-470
McClelland, David C., 47, 281, 282-283, 447-448, 459-460
McCrae, R. R., 447-448
McDonald, Robert, 390-391
McGee, S., 449-450
McGirt, E., 447-448
McGrath, Judy, 303-306, 309-312, 319-321, 461-462
McGregor, Douglas, 37-39
McGregor, J., 300-301, 391-392, 458-459
McGuire, J., 446
McKenna, D. D., 446
McLean, B., 449-450
McMahan, G. C., 466-467
McMann, Mary, 286-287
McNealy, Scott, 151-155
McWilliams, G., 446
Mendell, Steven, 21-22
Meshoulam, I., 466-467
Metthee, I., 453-454
Michels, A. J., 461-462
Mihara, Yasuhiro, 144

Miles, R., 456-457
Miller, B. C., 465
Miller, D., 456-457
Miller, Jerry, 436-437
Milliman, J., 466-467
Mills, C. Wright, 446-447
Mills, T. M., 464-465
Mintzberg, H., 462-463
Mirguet, Robert, 407-408
Mische, Justus, 308
Mitchell, H. R., 466-467
Mitchell, T. R., 458-461
Mitroff, I. I., 454-455
Moberg, D. J., 450-451
Mobley, W. H., 448-449
Mohr, D. C., 449-450
Monczke, R. M., 453-454
Montebello, A. R., 465
Moore, Gordon, 408-410
More, K. M., 460-461
Morgenson, G., 467-468
Moriguchi, Takahiro, 23-24
Morin, Bill, 28-29
Morris, W. N., 448-449
Morton, M., 457-458
Moskowitz, M., 459-461, 466
Moss, S. E., 467-468
Mountz, Mick, 438-440, 447-448
Mowday, R. T., 460-461
Mozilo, Angelo, 78-79
Mulally, Alan R., 28-31, 240-242
Mulcahy, Anne, 245-246
Mullaney, T. J., 468-469
Mulvihill, G., 455-456
Murphy, P. E., 450-451

N

Nabers, W., 468-469
Naj, Amal Kumar, 469-470
Nakane, C., 454
Nakarmi, L., 462-463
Nakashima, R., 458-459
Nam, J. C., 142
Nanaware, Jagmohan S., 142
Napier, N. K., 466
Nardelli, Robert, 28-29, 78-79
Nash, L. L., 450-451
Nathan, M., 466-467
Nayeri, F., 467-468
Near, J. P., 450-451
Needleman, S. E., 452-453
Neergaard, L., 448-449
Nelson, R. R., 468-469
Nemetz, P., 469-470
Neuijen, Bram, 133-134, 454
Newman, W. H., 457-458
Nichols, N. A., 469-470
Nicholson, N., 458-459
Niehoff, B. P., 463-464
Nixon, Richard M., 156-157
Noe, R. A., 447-448, 466-467
Nogues, Thierry, 339-340
Nokes, Sue, 318-320
Nooyi, Indra, 91-92
Nord, W. R., 446
North, D. C., 454
Nystrom, L. E., 448-449
Nystrom, P. C., 454-455

O

O'Boyle, T. F., 466
O'Brian, B., 469-470
O'Brien, J. M., 466
Obstfeld, M., 454
Ohayv, Denise Daval, 133-134, 454
Oldham, Greg R., 211-213, 456-457
O'Leary, A. M., 453-454
Olsen, J. P., 454-455
Olsen, Ken, 146, 153-154

O'Mara, J., 446-447
O'Neal, Stanley, 78-79
O'Reilly, B., 469-470
O'Reilly, C. A., 467-469
Organ, Dennis W., 446-447, 447-448
Ortega, B., 449-450
Ortiz, Michael, 329-330
Osburn, L., 454
Ostrom, T. M., 466
O'Toole, Larry, 49-51
Ouchi, William G., 457-458
Overholt, A., 468-469
Overman, S., 465

P

Packard, David, 65-66, 266-267, 405-406
Paetzold, R. L., 453-454
Paez, B. L., 456-457
Page, R. C., 446
Palmisano, Samuel, 64-65
Palrecha, R., 461-462
Pape, W. R., 465
Parker, L. D., 446-447
Parker, S. R., 446
Patterson, A., 453-454
Pearce, J. A., II, 450-451, 455-456, 464-465
Pedigo, P. R., 446
Peiperl, M. A., 467-468
Pencer, Gerald, 188-189
Pennings, J. M., 446
Penrose, E., 455-456
Perez, William, 28-29
Perlez, J., 454
Perrow, Charles, 208-209, 446-447, 456-457
Perry, M. K., 455-456
Peters, L. H., 452-453, 463-464
Peters, Thomas J., 468-469
Petersik, Don, 148
Peterson, R. S., 448-449
Petty, R. E., 466
Pfeffer, Jeffrey, 453-454, 460-463
Phelps, R., 455-456
Pick, Adam, 141
Pickering, J. F., 469-470
Pilliai, R., 463-464
Pirtle, Thomas, 402-403
Podsakoff, P. M., 463-464
Pohlmann, J. T., 463-464
Polzer, J. T., 450-451
Pondy, L. R., 468-469
Poniewozik, J., 451-452
Porras, J., 455-456
Porter, C. O. L. H., 447-448
Porter, E., 466-468
Porter, Lyman W., 53-54, 460-461
Porter, Michael E., 184-187, 453-457, 468-470
Poteet, M. L., 467-468
Pounds, S., 459-460
Prahalad, C. K., 455-457
Pratt, M., 454
Premack, S., 467-468
Pritchard, R. D., 458-460
Provitera, M. J., 446
Pryor, Michael, 369-370
Pugh, D. S., 457-458

Q

Quinn, J. B., 466-467

R

Radosevich, D. J., 460-461
Raia, A. P., 458-459
Ramadorai, Subramanian, 169-170
Ramanujam, V., 456-457
Ramirez, George, 23-24
Ramstad, Don, 333-334
Randel, A. R., 446-447
Rapisardi, John J., 106-107

Índice de nomes

Ratz, J. M., 451-452
Raven, B., 462-463
Ravlin, E. C., 464-465
Rebello, J., 462-463
Reeves, M., 465
Regan, M. B., 467-468
Reich, Robert B., 114-115, 453-454, 454
Reina, William, 390-391
Reingold, J., 463-464
Reitz, Jim, 331-333
Reyes, Gregory, 76-77
Rhode, J. G., 457-458
Rice, F., 454-455
Rich, E., 469-470
Richie, Susan, 286-287
Rider, Michael, 337-339
Roach, Andy, 400-401
Robbins, S., 461-462
Roberts, Barry S., 112, 453-454
Roberts, D., 108-109
Robertson, I., 469-470
Robertson, J., 450-451, 453-454
Robie, C., 447-448
Robinson, B., 55-56
Robinson, G., 446-447, 452-453
Roddick, Anita, 43-46
Rodgers, R., 457-458
Rodgers, T. J., 255-256, 398, 413-414
Roe, R. A., 448-449
Roethlisberger, F. J., 37-38, 446-447
Rogers, E. M., 468-469
Rokeach, Milton, 48-49, 447-448
Ronen, S., 459-460
Roos, D., 455-456
Rose, R. L., 462-463
Rosen, B., 452-453, 465
Ross, G. B. H., 457-458
Ross, T. L., 461-462
Roth, D., 459-460
Rotter, J. B., 447-448
Rowe, Mike, 43-47, 447-448
Roy, D., 446-447
Rugman, A. M., 454
Rumelt, R. P., 456-457
Russell, K. Alan, 141
Russo, J. E., 454-455
Rynes, S. L., 452-453, 466-467

S

Saari, L. M., 460-461
Saavedra, R., 464-465
Sacks, D., 454
Saginaw, Paul, 306-307
Salamon, J., 467-468
Salancik, G. R., 453-454
Salovey, P., 448-449
Salter, C., 454-455, 469-470
Salupkas, A., 469-470
Sanchez, J. I., 467-468
Sanchez, Maria, 285-286
Sandberg, J., 468-469
Sander, Jil, 144
Sanders, Geert, 133-134, 454
Sanders, W. G., 450-451
Sarkozy, Nicolas, 141
Sastry, Murali, 170
Sawyer, J. E., 454-455
Sayeed, L., 465
Scanlon, Jessie, 439-440
Scanlon, Joseph, 295-296
Schachter, Ben, 237-238
Schacter, S., 466
Schaubroeck, J., 449-450
Schendel, D., 455-457
Schlosser, J., 459-461
Schmalensee, R., 453-456
Schmidt, Eric, 28-29
Schmidt, K. A., 454-455
Schmitt, R. B., 468-469

Schneider, Benjamin, 58-59, 449-450
Schneider, Hilary, 237-238
Schneider, R., 461-462
Schneier, Craig E., 301-302
Schoemaker, P. J., 454-455
Schoenfeldt, L. F., 461-462, 466-467
Schoenherr, R. A., 457-458
Schreisheim, C. A., 463-464
Schreyogg, G., 457-458
Schuler, S., 466-467
Schulz, J. W., 458-459
Schuman, M., 462-463
Schumpeter, Joseph, 453-454
Schwab, Marion, 102-103
Schwall, Ben, 106-107
Schwartz, J., 454-455
Schweiger, D. M., 454-455
Schwenk, C. R., 454-455
Scott, W. R., 468-469
Sears, Michael, 118-119
Sedgwick, Kyra, 330
Segal, T., 453-454
Seiders, K., 446-447
Sellers, P., 451-452
Seltzer, J., 463-464
Senegal, Jim, 71-72
Senge, Peter, 153-154, 157-159, 454-455
Senkbiel, Liz, 346-347
Sevush, Jeremy, 168-169
Sewell, D., 456-457
Seyle, D. C., 450-451
Shama, A., 446
Shapiro, Irving, 28-29
Sharp, Isadore, 361-363
Sharpe, R., 451-452, 466-467
Shaw, J. B., 461-462, 466-467
Shaw, K. N., 460-461
Shaw, M. E., 464-465
Shaw, W. H., 446-447, 450-451
Shellenbarger, S., 467-468
Shepperd, J. A., 466
Sherman, S., 454
Shim, Richard, 202-203
Shliefer, A., 456-457
Shulka, R. K., 455-456
Siegel, Steven, 54-56
Simmering, M. J., 447-448
Simon, Herbert A., 148-149-149-152, 454-455
Simons, R., 457-458
Sinclair, R. C., 448-449
Singer, B., 452-453
Sinha, Sunil, 169-170
Skill, M. S., 446
Skilling, Jeffrey, 76-77
Skinner, B. F., 289-290, 460-461
Skinner, Jim, 223-225
Slate, E., 448-449
Slaughter, J. E., 449-450
Sluyer, D., 448-449
Smart, Jonathan, 352
Smith, Alex, 213-215
Smith, D. B., 449-450, 461-462
Smith, D. M., 452-453
Smith, David, 415-416
Smith, F. J., 53-54
Smith, Fred, 217-218
Smith, Geri, 142
Smith, R., 449-450
Smith, Russell, 5-7
Snell, S. A., 466-467
Snyder, N. T., 465
Solinger, N., 448-449
Solomon, R. C., 450-451
Sommerville, R. B., 448-449
Song, L., 57-58
Sonnenberg, D., 464-465
Sorcher, M., 460-461
Sorensen, J. B., 449-450
Spalding, Carl, 89
Spangler, W. D., 447-448, 459-462

Spears, J., 462-463
Spector, P., 447-448
Spolsky, Joel, 369-372, 466-467
Spors, K. K., 447-448, 467-468
Sproul, J. R., 467-468
Sproull, L. S., 465
Stafford, A. P., 447-448
Stahl, M. J., 447-448, 459-460
Stalk, G., 467-470
Stalker, G. R., 456-457
Starbuck, W. H., 454-455
Stavraka, C., 450-451
Staw, B. M., 448-451, 462-463, 468-469
Steers, R. M., 460-461
Stein, N., 460-461
Steinberg, John, 286-287
Steiner, I. D., 466
Steinmann, H., 457-458
Stemberg, Tom, 28
Stevens, A., 453-454
Stewart, R., 446
Stewart, T. A., 459-460, 464-465
Stogdill, R. M., 461-463, 466-467
Stopford, J., 456-457
Stracker, Karen, 406-407
Stratton, Jeff, 224-225
Strauss, S. G., 465
Stringer, Howard, 134-136, 139-141
Stroebe, W., 455-456
Stundza, T., 469-470
Sullivan, D. M., 455-456
Sullivan, S. E., 446
Sung, J., 459-461
Sutcliffe, K. M., 446-447
Sutton, Robert I., 328, 391-392
Swann, W. B., Jr., 450-451
Swartz, M., 449-450
Sy, T., 464-465
Szaky, Tom, 328-330

T

Tahmincioglu, E., 467-468
Tanner, Patti, 384-385
Tashiro, H., 465
Tata, Ratan, 169-170
Taylor, Andrew, 273-275, 277-278, 279, 287-288
Taylor, Frederick W., 32-34, 35-36, 36-37, 446-447, 456-457
Taylor, Jack, 273-275, 277-278, 287-288
Taylor, S. E., 452-453
Teckel, Michael, 312
Teece, D. J., 456-457
Telegen, Auke, 43-45
Tellegen, A., 448-449
Tenbrunsel, A. E., 449-450
Tepper, B. J., 463-464
Tetrault, L. A., 463-464
Tett, R. P., 447-448
Thacker, R., 453-454
Thaczyk, C., 446-447
Tharenou, P., 446
Thomas, David A., 377
Thomas, Ron, 52-53
Thompson, Donald, 224-226
Thompson, J. D., 457-458
Thompson, Kevin, 358-359
Thurston, K., 466-467
Tiku, N., 455-456
Tindell, Kip, 279-280
Tiplady, R., 465
Tischler, Linda, 320-321, 463-464
Tobin, D. R., 446-447
Todd, P. A., 468-469
Tomiki, Hisashi, 435-437
Tosi, H. L., 457-458, 460-461
Totty, M., 468-469
Townsend, A. M., 465
Traina, Trevor, 328
Trent, R. J., 453-454

Trevino, L. K., 450-451, 468-469
Triandis, H. C., 459-460
Trice, H. M., 448-450
Tscheulin, D., 462-463
Tubbs, M. E., 460-461
Tuckman, B. W., 465
Turban, E., 467-470
Turner, C., 457-458
Turner, Ted, 329-330
Tylor, E. B., 454

U

Uchitelle, L., 467-468
Ung, Charles, 357-358

V

Valian, Virginia, 99-100, 452-453
Van Fleet, D. D., 462-464
Van Maanen, J., 449-451, 457-458
Van Olffen, W., 448-449
Vancouver, J. B., 460-461
Varadarajan, P., 456-457
Vaughn, S., 452-453
Velasquez, M., 450-451
Vesset, Dan, 419-420
Victor, B., 450-451
Viola, Karen, 319-320
Vishny, R. W., 456-457
Vitzthum, C., 455-456
Von Glinow, M., 466-467
Vroom, Victor H., 277-278, 459-460

W

Wack, P., 455-456
Wald, M. L., 454-455
Waldman, D. A., 463-464
Wall, T. D., 53-54, 446, 465
Waller, M. J., 446
Walsh, J. P., 448-449, 454-455
Walster, W. G., 455-456
Warkentin, M. E., 465
Warr, P. B., 53-54
Washington, R. R., 462-463

Washko, John, 377
Waterman, A. S., 450-451
Waterman, Robert H., Jr., 468-469
Watkins, S., 449-450
Watson, D., 448-449
Waxman, Henry, 78-79
Weber, J., 453-454
Weber, Max, 34-36, 255-256, 446-447
Webster, J., 55-56
Weick, K. E., 449-450, 458-459
Weiner, S. P., 465
Weinzweig, Ari, 306-307
Weiss, D. J., 51-52
Weiss, E. M., 459-460
Weiss, H. W., 460-461
Welch, Jack, 78-79, 176-177, 310-311, 363-364
Wellington, Sheila, 91-92, 451-452, 463-464
Wells, L., 456-457
Welty, Bruce, 439-440
Werner, E., 446-447
Wesley, K. N., 467-468
Wessel, D., 466-467
West, M. S., 452-453
Wheeler, J. A., 466-467
Wheeler, J. V., 446
Wheeler, S. R., 452-453
Wheelwright, Steven C., 454-455, 469-470
White, E., 467-468
White, F., 464-466
Whiting, V., 446
Whitman, Margaret, 320-321, 441
Wildstrom, S. H., 460-461
Williams, J. R., 456-457
Williams, K. D., 466
Williams, M., 469-470
Williams, M. L., 463-464
Williamson, B., 359-360
Williamson, Diane, 69-70
Williamson, O. E., 469-470
Willig, R. D., 453-456
Wilson, Mark, 40-47
Winer, B. J., 462-463
Winslow, R., 468-469
Winter, D. G., 447-448, 459-460
Winter, R. R., 453-454
Winter, S. G., 454

Witt, L. A., 447-448
Witty, Andrew, 238-239
Wofford, J. C., 463-464
Wolpert, John, 168-169
Womack, J. P., 455-456
Wong, C. B., 57-58
Woodman, R. W., 454-455
Woolridge, B., 457-458
Woycke, J., 447-448
Wren, D., 446-447
Wright, P. M., 466-467
Wyant, C., 456-457
Wysocki, B., 446

X

Xiao Xiaosan, 106-107

Y

Yamada, Tachi, 310-311
Yang, Jerry, 161-162, 237-238
Yoder, R. J., 460-461
Young, S., 456-457
Young, S. M., 469-470
Youngblood, S., 466-467
Youngblood, S. A., 452-453
Yu, R., 459-460
Yukl, Gary, 461-464

Z

Zachary, G. P., 467-468
Zager, R., 460-461
Zajac, D. M., 448-449
Zander, A. F., 462-463, 466
Zanna, M., 448-449
Zaslav, David, 46-47
Zawacki, R. A., 458-459
Zeitz, Jochen, 143-144, 145, 148
Zeldes, Nathan, 408-409
Zellner, Wendy, 449-450, 454-455, 461-462
Zhao Zheng, 107-108
Zhou, Jack, 107-108, 448-449, 464-465
Zhu Zhengfu, 107-108
Zickar, M. J., 449-450
Zuckerman, H., 452-453

Empresas

A

ABC television, 116
Aberdeen Grupo, 439-440
ABN Amro, 169-170
Accenture, 4-5, 116-117, 232-234, 391-392
Acer, 5-10, 117-119
   caso, 202-203
Adelphia Communications, 75-76
Adidas, 231-234
ADP Employer Services, 372
ADT home security, 195
Advantica, 101-102
AES Corporation, 339-341
Agricultural Data Systems, 295-296
Airborne, 413-414
Airbus Industries, 16-18
Aliya Lighting, 106-107
Allied Signal Inc., 381
Amazon.com, 43-46, 116-117, 120, 197, 335-336, 439-440
   caso, 270-272
AMD (Advanced Micro Devices), 112-113, 117-118, 123, 190
American Express Company, 8-9, 323
American Greetings Corporation, 405-406, 407-408

American Heart Association, 301-302
American International Group (AIG), 323
America Online, 112-113
Ameritrade, 117-118
Amstrad, 196
AmTRAN Technology, 139-140
AOL-Time Warner, 329-330
Apple Inc., 5-8, 18-20, 116-119, 134-135, 139-140, 149-151, 159-160, 190-192
Armani, 189, 196
Armstrong & Associates, 439-440
Arthur Andersen, 75-76
ASDA chain, 158-160
Aston Martin, 29-30
AstraZeneca International, 383-384
AT&T, 14-15, 173-174, 306-307, 374, 381
   declaração da missão, 179
Austin Chemical, 55-56
AV Birla Grupo, 368
Avis, 198
Avon Products, 2-5, 11-12, 56-57, 91-92, 320-321
   estrutura organizacional, 205-207

B

Bain Capital Ventures, 439-440

Bank of America, 117-118
Barbie (bonecas), 171-173
Barnes & Noble, 131
Barneys, 144
Baxter International Inc., 381
Best Buy, 118-119, 278-279, 403-404
   caso, 168-170
BIC, 186-187
Bill and Melinda Gates Foundation, 76-77, 310-311
Biogen Idec, 301-302
Black & Decker, 221-222
Black Like Me, 314-315
Bloomingdale's, 222-223
BMW, 187
Bob Evans Farms Inc., 407-408
Body Shop, The, 43-46
Boeing Company, 28-31, 197, 240-241, 398-399, 415-416, 425
   comportamento ilegal, 118-119
   produção da 777, 114-115
Bombardier, 141
BP Amoco, 199
BP Plc, 341-342
Brainvisa, 147
Bratz (bonecas), 171-173

Braun, 252-254
British Airways, 169-170
British Petroleum; *ver* BP
Brocade Communications, 76-77
Brooks Brothers, 217-218
Burger King, 21-22
BusinessWeek, 11-12, 69-70

C

C. R. England Refrigerated Trucking Company, 314
Cadwalader, Wickersham & Taft, 106-107
Calvert Grupo, 100-101
Campbell Soup Company, 185-187
    análise SWOT, 180-185
Canon, 369
Cap Gemini, 116-117
Casesa Shapiro, 28-29
Catalyst, 91-93
CBS Television, 116
Center for Applied Ethics, 306-307
Center for Media and Public Affairs, 93-94
Challenger, Gray & Christmas, 28
Chanel, 189, 196
Charles Schwab, 117-118
Chevron Corporation, 101-102
Chevron Information Tecnology Company, 101-102
Children Now, 92-94
Children's Choice Learning Center, 95-96
Chrysler Corporation, 221-222, 243-244, 373
Chubb Group of Insurance Companies, 97-98
Cisco Systems, 112-113, 139-140, 173-177, 369, 406
    declaração da missão, 179
Citibank, 57-58, 427-428
Citius Tech. Inc., 368
Citizens Financial Grupo Inc., 314
CMT, 303-304
CNN, 131, 329-330
Coca-Cola Company, 101-102, 116-117, 124, 126, 186-187, 191-192, 199, 369
    concorrência para, 188-189
Colgate-Palmolive, 197
Comedy Central, 303-304
Compaq Computer, 5-7, 266-267, 429
Container Store, 278-279
    motivando/retendo funcionários, 279-280
Coram Healthcare Corporation, 311
Costco Wholesale Corporation, 131-132, 191-192
    código de ética, 71-73
Cott Corporation, 188-189
Count Me In for Women's Economic Independence, 323
Countrywide Mortgage, 78-79
Creative Artists Agency, 329-330
Creative Display Solutions, 323-324
Cross pens, 186-187
Cummins Engine, 169-170
CyOptics, 131-132
Cypress Semiconductor, 255-256, 398, 413-414

D

Daewoo, 311
Dallas Semiconductor Corporation, 295-296
Darden Restaurants, 100-101
Days Inn, 382-383
Dell Inc., 9-10, 14-15, 116-119, 123, 163-164, 187, 196-197, 202-203, 219-220, 259-262, 429, 431
    administração financeira, 249-251
    concorrentes, 117-118
    fornecedores, 112-114
    níveis gerenciais, 12-14
    organização na, 5-8
Deloitte Consulting's Lean Practice, 364-365
Delta Air Lines, 125-126
Denny's, 101-102
Dentist's Delight, 395-396
Deutsche Telekom, 318
Dial, 116-117, 195
Digital Equipment Corporation, 146, 153-154
Dillard's Department Store, 131-132, 309-310, 442

Dior, 189
DirecTV, 330
Dirty Jobs, 43-47
Discovery Channel, 43-47
Discovery Communications, 46-47
Disney University, 62-63
Doc Martin boots, 116-117
Documentum, 317
Dole Food Company, 383-384
DreamWorks SKG, 96-97
DriverSide.com, 328
DTE Energy Company, 96-97
Dun & Bradstreet, 40-41
DuPont Corporation, 14-15, 103-104, 198, 199, 230-231
    caso, 28-29
Duracell, 252-254

E

E. & J. Gallo Winery, 190-191
Eastman Chemical Company, 381
Eastman Kodak, 19-20, 96-97, 97-98, 407-408
Eaton Corporation, 350
eBay, 320-321, 441
Embraer, 16-18
EMC Corporation, 400-401
Empire HealthChoice Inc., 426-427
Employment Management Association, 100-101
ENI, 199
Enron Corporation, 65-66, 75-77
Enterprise Rent-A-Car, 275-279, 287-290, 292-293
    atendimento ao cliente, 273-275
Erie Railroad, 412-413
Ernst & Young, 96-97, 100-101, 359-360, 369
ESPN, 131
E*Trade, 117-118
Eurocopter, 141
ExxonMobil, 57-58

F

Fabindia, caso, 68-69
Facebook, 159-160, 391-392
Fairchild Semiconductor, 266-267
FatWire Software, 403-405
Federal Express, 102-104, 116-117, 217-218, 323, 398, 413-414
Firefox, 391-392
Fireman's Fund Insurance Company, 400-401
Flextronics, 142
Fog Creek Software, recrutando na, 369-372
Food Gatherers, 306-307
Ford Europe, 29-30
Ford Foundation, 68-69
Ford Motor Company, 14-15, 19-20, 95-96, 150-151, 158-159, 242-244, 261-263, 309-310, 373, 433-435
    caso, 28-31
    novo comando, 240-242
Fortune, 11-12
Four Seasons Hotels and Resorts, 363-364, 372, 382-383, 383-384
    atendimento personalizado ao cliente, 361-363
Foxconn Electronics, 142
Foxconn International, 139-140
FOX network, 116
Franklin Motor Company, 34
Frito Lay, 192-193
FTD, 441
Fusion Specialties, 141

G

G. D. Searle, 114
Gap, Inc., 232-234
Gap.com, 438-439
Gartner, 141
Gartner Inc., 368
Gates Foundation, 76-77
Gateway Computadores, 5-7, 117-118, 202-203, 250-251

General Electric, 4-5, 13-14, 78-79, 125-126, 141, 169-170, 192-193, 195, 197, 250-253, 310-311, 323, 363-364, 368, 415-416
    e a Tungsram, 136-137
    níveis da organização, 175-179
General Electric Aircraft, 175-177
General Electric Capital, 368
General Electric Capital Investment, 368
General Electric Financial Services, 175-177, 176-177
General Electric Lighting, 175-177
General Electric Medical Systems, 176-177
General Electric Motors, 175-177
General Electric Plastics, 175-177
General Mills, 182-183, 184-185, 185-186, 293-294
General Motors, 19-20, 114-115, 199, 226-227, 243-244, 263-264, 309-310, 373, 401-402
Genpact, 300, 368
Gentle Giant Moving Company, ética na, 49-51
Giddings and Lewis Inc., 309-310
Gillette Company, 186-187, 202-204, 252-254
    estratégia, 196-197
Giordano International, 106-107
GlaxoSmithKline, 216-217, 300-301, 310-311
    caso, 238-239
Glaxo WellCome, 216-217
Godiva, 183-185
Gome stores, 117-119
Google, Inc., 28-29, 60-61, 159-160, 165-166, 190, 292-293
Gradient Corporation, 294-295
Great Harvest Bread Company, 391-392
Greenleaf Center for Servant Leadership, 306-307
Gucci, 189
Guerra DeBerry Goody, plano de benefícios, 384-386

H

H. J. Heinz Company, 19-20
Habitat for Humanity, 4-5
Hagberg Group, 91-92
Hallmark Cards, 221-222, 333-335, 336-338, 343, 350
Hampton Inns, 382-383
Harris Interactive, 89, 96-97
Hasbro, 441
Hawthorne Works of Western Electric, 36-38
HBO, 131
Herman Miller, uso da tecnologia da informação, 393-395
Hershey Foods, 124
Hewlett-Packard, 5-11, 14-15, 117-119, 123, 202-203, 250-251, 266-267, 330, 405-406, 419-420
    cultura organizacional, 65-66
Hilton Hotels, 198
Hissho Iwai, 296-297
Hitachi, 23-24, 190-191
Hoechst, 16-18, 308
Home Depot, 4-5, 28-29, 78-79, 94-95, 106-107, 329-330
Honda Motors, 126, 199, 230-231, 243-244
Honeywell International Inc., 125-126, 400-401
Hon Hai Precision Industry, 139-140
Hubbard & Hubbard, 101-102
Humane Society, 21-23
Hyatt Regency Hotels, 382-383
Hyundai, 311

I

IBM, 5-7, 11-16, 23-24, 64-65, 97-98, 112-113, 114, 117-118, 123, 133-134, 145, 191-192, 201, 226-227, 259-260, 301-302, 366-367
    caso, 357-359, 419-420
    equipes autogeridas globais, 17-18
IBM Business Analytics & Optimization Services, 419-420
IBM Global Business Services, 419-420
ICU Medical, 333-335, 339-341, 343, 344, 352
    equipes na, 331-333
IDC, 419-420
IDEO Product Development, 60-61, 62-63, 64-66
    cultura organizacional, 57-60
Igus Inc., 431-433

IKEA, 112-113, 128
　no ambiente global, 110-112
ImproveNow.com, 381
Infosys Technologies, 368
Integrad, 147
Intel Corporation, 4-5, 112-113, 116-117, 123, 174-175, 246-247, 310-311, 408-409
Intuit Inc., 328, 403-405
iPhone, 19-20
iSuppli, 139-140, 141

J

J. D. Power & Associates, 318, 427-428
Jabil Circuit, 142
Jacksonville Foods, 344, 346-347
Jaguar, 29-30, 169-170
Jenny Craig, 101-102
JetBlue Airways, 323
Jobline International, 369
John Deere, 265-266
　equipes de trabalho, 15-16
Johnson & Johnson, 423
　credo, 88
　cultura ética, 88-90
JPMorgan Chase, 202-203
JVC, 191-192, 196

K

Kellogg's, 127-128, 438-439
Kelly Services, 366-367
Ketchum Inc., 399-401
Kiva Systems, caso, 438-440
Kmart, 432-433
Kodak film, 19-20
Kraft Foods, 124, 184-185
Krispy Kreme, 124
Kroger, 2-3, 188

L

L. L. Bean, 265-266
Land Rover, 29-30, 169-170
Lands' End, 131, 197
Lehman Brothers Holdings Inc., 96-97
Leninets Concern, 197
Lenovo Group, 117-119, 141
Levi Strauss, 19-20, 114, 131-132
Lexus, 187, 427-428
LG, 16-18
Li & Fung, 106-107, 131
　gestão da cadeia de suprimentos, 114-116
Liberty Travel, 309-310
Limited, The, 198
Lincoln Electric, 294-295, 295-296
Lipschultz, Levin & Gray, 54-56
Lockheed Corporation, skunkworks, 164-165
Lockheed Martin, 97-98, 118-119, 300-301
LOGO, 303-304
Louis Vuitton, equipes autogeridas, 339-341
Lowe's, 106-107
Lucent Technologies, 97-98, 423
Lundberg Family Farms of California, 121

M

Macquarie Securities, 139-140
Macy's, 217-218, 222-223
Martha Stewart Living Omnimedia, 50-51
Mary Kay Cosmetics, 376
Matsushita, 191-192, 195, 196
Mattel, 106-107, 180, 232-234
　planejamento estratégico, 171-173
Mazda Motors, 29-30, 433-434
McDonald's, 2-5, 34-35, 61-62, 79-80, 116-117, 187, 190, 191-192, 198, 211-213, 409-410
　distribuição de hierarquia de autoridade, 223-226
　estrutura organizacional, 224-225
　Hamburger University, 376
　histórias e linguagem, 64-65
　projeto de cargos, 210-211

MCI, 426-427
McKinsey & Company, 232-234, 300, 368
Medtronic, 49
Merck & Company, 96-97, 246-247, 260-261, 413-414, 414-415
Merrill Lynch, 78-79
Metabolife, 20-21
MGA Entertainment, 171-173
Microsoft Corporation, 11-14, 23-24, 43-46, 60-61, 76-77, 97-98, 112-113, 125-126, 128, 145, 165-166, 246-247, 259-260, 301-302, 310-311, 328, 352, 364-367, 403-404
Midas Muffler, 257-258
Miller Beer, 192-193
Minority Corporate Counsel Association, 376
Mongolian Shoe BBQ, 144
Monster.com, 369
Morton Thiokol, 145
　e o desastre com o ônibus espacial *Challenger*, 154-155, 156-157
Motorola, Inc., 11-12, 116-117, 151-152, 218-219, 363-364
　Razr, 19-20
Mozilla, 391-392
MTV Networks, 131, 305-306, 312, 319-321
　liderança transformacional, 303-305
　MTV2, 303-304
　mtvU, 303-304

N

N, the, 303-304
NAACP, 92-93
National Association for Female Executives, 101-102
National Urban League, 92-93
Natuzzi, 16-18
NBC television, 116, 175-177, 192-193
Neiman Marcus, 217-218, 287-288, 295-296, 309-310
Nestlé, 127-128, 131, 199
Newell Rubbermaid, 221-223
Nick at Night, 303-304
Nickelodeon, 303-304, 314-315
Nike, Inc., 18-21
　condições de abuso e exploração dos operários em suas fábricas ao redor do mundo, 232-234
　estrutura de rede, 231-234
Nippon Restaurant Enterprise Company, 121
NOGGIN, 303-304
Nokia Corporation, 116-117, 134-135, 341-342
　cultura adaptativa, 259-260
　estrutura geográfica, 218-220
Nortel, 352-353
Nucor Corporation, 294-295
　caso, 69-70
　equipes autogeridas, 339-341
NVE Pharmaceuticals, 20-21

O

Ogilvy & Mather, 341-342
Olive Garden, 376
Oracle Corporation, 112-113, 419-420

P

Packard Bell, 202-203
Panasonic, 191-196
Pearl Interactive Network, 300-301
Pepperidge Farm, 183-185
PepsiCo, 91-92, 124, 126, 186-187, 191-193
　concorrência para, 188-189
Pfizer, Inc., caso, 238-239, 300-301
PfizerWorks, 300-301
Philip Morris, 192-193
Philips NV, 177-178
Pier 1 Imports, 198
　estrutura funcional, 213-215
　estrutura organizacional, 213-215
Plexus Corporation, equipes autogeridas, 227-228
Precision Castparts, 300-301
PricewaterhouseCoopers, 419-420

Procter & Gamble, 114, 116-117, 186-187, 192-193, 196-197, 199-200, 252-254, 265-266, 330, 441
　caso, 202-204, 390-391
Progresso Soups, 182-183, 185-186
PUMA AG, 145
　tomada de decisão na, 143-144
Pure Digital Technologies, 271-272

Q

Qisda, 139-140
Quaker Oats, 124
Quaker State Corporation, 407-408
Quantum, 112-113
Quiet Logistics, 439-440
QVC, 43-46

R

Radio Shack, 131-132
Rainbow Coalition, 93-94
Ralph Lauren, 196
Raytheon, 97-98
Red Lobster, 376, 442
Reebok International, 232-234
Re/Max International, 295-296
Reputation Institute, 89
Rock Bottom Restaurants Inc., 336-337
Rolex, 196
Rolls-Royce, 409-410
Root Capital, 162-163
R.R. Donnelley, 300
RSF Social Finance, 162-163
Ryla, Inc., 47, 52-53
　traços gerenciais, 40-42
Rypple, 391-392

S

S. C. Johnson & Sons, Inc., 28-29, 96-97
Safeway, 2-3
Sam's Club, 188
Samsung Electronics, 16-18, 139-140, 311
SAP, 116-117, 419-420
SAS Institute, motivação no, 283-285
Sasken Comunicação Technologies, 142
Schering, 16-18
Scottrade, 117-118
Seagate Technologies, 112-113
Sears, 432-433
Shared Interest, 162-163
Shell Oil, 179
Shenzhen Bandshine Communications Development, 119
Simon & Shuster, 406-407
SiteDesign, 296-297
SJF Ventures, 40-41
Skadden, Arps, Slate, Meagher & Flom, 328
Skyworks Solutions, 142
SmithKline Beecham, 216-217
Sony Corporation, 117-118, 196, 232-234, 300-301, 431-432
　caso, 139-141
　gestão global, 134-136
Southern California Edison, 97-98
Southwest Airlines, 86-87, 226-227, 424-425, 427-428
Spike TV, 303-304
Sprint, 426-427
Staples, 28, 438-439
Stride Rite, 441
Subway, 211-212
　projeto de cargos, 210-211
Sugar Supreme, 395-396
Sunflower Electric Poder Corporation, 260-262
Suning stores, 117-119
Sun Microsystems, 150-151
　etapas na tomada de decisão, 151-155

T

Taco Bell, 21-22

Tannenbaum Center for Interreligious Understanding, 93-94
Target Stores, 100-101, 114-116, 131-132, 232-234, 257-258
Tata Chemicals, 169-170, 170
Tata Consultancy Services, 169-170
Tata Grupo, caso, 169-170
Tata Motors, 169-170
Tata Poder, 169-170
Tata Quality Management Services, 169-170
TBS, 329-330, 330
TCM, 329-330
TD Securities, 419-420
Team upStart, 168-169
Telia, 369
TerraCycle, 328-330
Texas Instruments, 266-267
Textron, 195
Thompson, 176-177
3M Corporation, 13-14, 164-166, 259-260, 403-405
 diversificação relacionada, 192-194
Thrift products, 144
Time Warner, 329-330, 330
T-Mobile USA, 318-319, 319-320, 330
TNT, 330
Tokio Marine and Fire Insurance, 296-297
Tommy Hilfiger, 196
Toronto Dominion Bank, 97-98
Toshiba, 117-118
Toyota Motor Corporation, 126, 128, 187, 190, 199, 230-231, 243-246, 256-257, 427-428, 432-433
 administração de operações, 421-423
 melhorando a produtividade, 435-437
Toyota Motor Sales USA, 93-94
TPV Technology, 139-140
Trader Joe's, 3-5, 8-10, 13-16
 práticas de administração, 1-3

TransWork Information Services Ltd., 368
Travel Company, 309-310
Tungsram, 136-137
Turner Broadcasting, caso, 329-330
TV Land, 303-304
TWA, 101-102
Twitter, 391-392
2053 Analytics, 30-31
Tyco International, 65-66, 75-76, 195
Tylenol, 43-46
 mortes por uso do comprimido, 89

U

Uknowit.com, 393-394
Underdog Ventures, 162-163
Unilever, 116-117, 130-131, 196, 197
Union Bank of California, diversidade do *staff*, 22-24
United Electric Technologies, 432-434
United Parcel Service, 3-4, 23-24, 116-117, 261-263, 311, 405-406
 cultura organizacional, 258-260
 tomada de decisão na, 147-148
United States Postal Service, 116-117

V

Valero Energy, 352-353
VH1, 303-304
Viacom, 303-304

W

Walgreen, 438-440
WalMart, 2-3, 6, 20-21, 34-35, 62-64, 71-72, 114, 116-119, 131-132, 158-160, 173-174, 188, 191-192, 232-234, 261-262, 329-330, 432-433

declaração da missão, 179
Walt Disney Company, 4-6, 61-63, 78-79, 106-107, 441
 mudança no comando, 264-266
Washtenaw County Food Bank, 306-307
Waterman, 186-187
Weather Channel, 323
Wegman's, 2-3
Western Electric, 36-38
Westland/Hallmark Meat Company, caso de ética da, 21-23
Whirlpool Corporation, 96-97, 168-169, 363-364
Winning Workplace, 41-42, 50-51
Wistron, 139-140
Witeck Communications Inc., 96-97
World Business Forum, 301-302
WorldCom, 65-66, 75-77, 78-79
World of Good, 161-163
Wyeth, 238-239

X

Xerox Corporation, 4-5, 11-12, 19-20, 245-246, 265-266

Y

Yahoo!, 120, 161-162
 caso, 237-238
Yokohama Tire Company, 407-408

Z

Zappos, 438-440
Zara, 189
Zingerman's Delicatessen, líder servidor, 306-307

Índice

A

Abertura a novas experiências, 42-47
 de empreendedores, 163-164
 exemplo, 40-42
 na IDEO, 58-60
Acionistas
 como partes interessadas, 76-77
 versus funcionários, 82
Ações gerenciais
 controle, 65-66
 liderança, 65-66
 planejamento, 64-65
Ações judiciais
 concernentes à solicitação de referências para candidatos, 374
 Mattel *versus* MGA, 172-173
 referente a assédio sexual, 101-104
 referente a diversidade, 101-102
Acordos de comércio regionais
 Tratado de Livre Comércio para a América Central, 131-132
 Tratado Norte-Americano de Livre Comércio, 125-126, 134-135
 União Europeia, 125-126
Adaptação, 127-128, 196
Administração a distância, 358-360
Administração burocrática
 princípios, 34-35
 problemas da, 34-36
Administração científica
 definição, 32
 desenvolvimento da, 32-33
 princípios, 33
 problemas da, 33-34
Administração de alto desempenho

atingindo, 3-5
 na Trader Joe's, 1-3
Administração de operações
 aumento da eficiência
  equipes de trabalho autogeridas, 433-434
  fabricação flexível, 431-433
  fator de produtividade total, 428-429
  layout de instalações, 429-431
  produtividade no trabalho, 428-429
  produtividade parcial, 428-429
  redução dos custos de produção, 428-429
  reengenharia de processos, 433-436
  sistemas just-in-time, 432-434
 caso, 438-440
 definição, 422-423
 desilusão com, 435-436
 e vantagem competitiva, 422-423
 implicações éticas, 435-437
 melhorando a qualidade, 427-429
 na Toyota, 421-423
 objetivos, 422-423
 propósito, 423
 sistema de produção, 422-423
 tempo de resposta aos clientes, 423-428
  gestão do relacionamento com os clientes, 424-428
  layouts de sistemas de produção, 424-425
  preferências dos clientes, 424
Administração de uma empresa ferroviária, 412-413
Administração por exceção, 228-229
Administração por objetivos
 definição, 254-255
 determinando os objetivos dos subordinados, 254-255
 emprego da tecnologia da informação, 255-256

estabelecimento de objetivos específicos, 254-255
 na Cypress Semiconductor, 255-256
 natureza participativa, 254-255
 revisão do progresso dos subordinados, 255-256
 sistema de informação, 398
Administração por "peregrinação", 405-406
Administração; *ver também* Administração global
 aspecto central da motivação para a, 275-276
 características, 2-5
 culturalmente diversa, 136-137
 da eficiência, 428-429
 definição, 2-3
 desafios da, 2-3
 e *empowerment*, 310-311
 e empreendedores, 163-165
 e empreendedorismo, 267-268
 mudanças na Ford, 28-31
 níveis de
  altos executivos, 10-11
  CEOs, 11
  departamentos, 12-14
  de primeira linha, 9-10
  diretores operacionais, 11
  gerentes intermediários, 10
  nos departamentos, 9-10
  por posição ou qualificação, 9-10
 no ambiente global
  e-Commerce, 23-25
  criando vantagem competitiva, 16-21
  gestão da diversidade, 22-24
  gestão de crises, 24-25
  manutenção de padrões éticos, 20-23
  organizações globais, 16-18
  organizações sem fins lucrativos, 16-18
  responsabilidade social, 20-23

tecnologia da informação, 23-25
objetivo do alto desempenho, 3-5
porcentagem de mulheres em, 90-92
razões para estudar, 4-6
reversão de situação, 19-20
tarefas fundamentais da, 5-10
tomada de decisão pela, 397-398
Administradores
  atitudes, 50-55
    comportamento de cidadania organizacional, 50-52
    comprometimento com a organização, 52-55
    diferenças entre países, 53-55
    insatisfação no trabalho, 52-53
    satisfação no trabalho, 50-53
  avaliação de desempenho, 11-12
  benefícios do *empowerment*, 311
  características permanentes, 41-43
  como parte interessada, 77-79
  como recursos para grupos, 345
  comparado aos líderes, 305-306
  consciência sobre a existência de culturas nacionais diversas, 124
  decisões relativas a demissões, 77-78
  de divisão, 175-177
  do alto escalão, 175-177
  e cultura organizacional, 58-60
  efeitos do livre comércio nos, 131-132
  e Lei para os Americanos Portadores de Deficiência, 93-95
  e mudança social, 124
  erradicação do assédio sexual, 102-104
  estados de espírito e emoções, 54-56
  Estratégia de carteira, 193-195
  feedback de funcionários, 403-405
  fontes de motivação, 275-277
  funcionais, 175-177
  gestão eficaz de carreiras, 445
  habilidades necessárias para ser um, 13-14
  importância do controle para, 242-244
  inteligência emocional, 56-57
  maximização da riqueza pessoal, 77-78
  na tomada de decisão em grupo, 155-158
  no ambiente global, 16-25
  observação de datas religiosas, 93-94
  papéis na administração da diversidade, 98-100
  papel ético, 86-88
  papel na desenvolvimento de carreira, 441
  platô de carreira, 444-445
  processo de tomada de decisão, 145-152
  que não gostam de dar *feedback* de desempenho, 382
  razões para adoção de uma conduta ética, 82-86
  reputação dos, 85-86
  sistemas de valores, 49-50
  tomada de decisão ética, 80-83
  traços de personalidade, 42-57
  usuários de informação, 394-399
  valores, 48-51
  valores promovidos pelos, 60-61
  versus acionistas, 76-77
Advogados, comunicação não verbal, 402-403
Afetividade negativa, 43-47
  e estados de espírito, 54-55
AFL-CIO, 386-387
Afro-americanos, 92-93
  desvantagem no ambiente de trabalho, 99-100
  em cargos gerenciais, 92-93
  e "teto de vidro", 90-92
  ganhos, 92-93
Agentes de *software*, 410-412
Agradabilidade, 43-46
Aids, 366
  e a Lei para os Americanos Portadores de Deficiência, 94-95
ALCA (Área de Livre Comércio das Américas), 131-132
Alemanha
  comprometimento com a organização, 54-55
  envelhecimento das populações, 124

Alianças estratégicas, 198-199
  administradas com o uso da tecnologia da informação, 231-232
  definição, 230-231
  globais, 231-234
Alianças estratégicas globais, 231-232
Alocador de recursos, 98-99
Alternativas na tomada de decisão
  aprendizagem obtida com o *feedback*, 154-155
  avaliação, 153-155
  brainstorming, 159-161
  critérios de avaliação, 153-155
  e criatividade, 159-160
  escolha de, 154-156
  estratégia satisfatória, 150-152
  geração de, 152-154
  implementação de, 154-155
  técnica de grupo nominal, 160-161
  técnica do advogado do diabo, 157-158
Altos executivos, 175-177
  centralização/descentralização de autoridade, 228-229
  CEOs, 11
  controle, 65-66
  definição e funções, 10-11
  diretores operacionais, 11
  e cultura organizacional
    em organizações submetidas ao processo de *downsizing*, 14-15
    em rápida mudança, 171-173
  e mudança de cima para baixo, 264-266
  global, 197
  habilidades conceituais, 11-12
  liderança, 66
  mulheres as, 320-321
  necessidade de poder, 48
  necessidade de realização, 48
  organização, 64-65
  organização, 64-66
  pacotes indenizatórios, 77-79
  papel na eficiência, 435-436
  poder de especialista, 310-311
  pressão dos acionistas, 20-21
  responsabilidade interdepartamental, 10
Ambiente de tarefa, 112-113; *ver também* Ambiente global
  mudanças no, 213-215
Ambiente de trabalho
  assédio sexual no, 101-104
  envelhecimento das populações, 125-126
  nas Teorias X/Y, 38-39
  nos estudos de Hawthorne, 36-38
Ambiente externo, 207-208
  modelo das cinco forças, 16-18, 185-186
Ambiente geral, 112-113; *ver também* Ambiente global
Ambiente global
  características, 112-113
  adaptando-se ao, 111-112
  ambiente de tarefa
    barreiras à entrada, 118-120
    clientes, 116-117
    concorrentes, 116-121
    definição, 112-113
    distribuidores, 116-117
    e forças no ambiente geral, 121-122
    fornecedores, 112-116
  ambiente geral
    definição, 112-113
    efeito no ambiente de tarefa, 121-122
    forças demográficas, 124-126
    forças econômicas, 122
    forças políticas/legais, 125-126
    forças socioculturais, 123-124
    forças tecnológicas, 122-123
  casos, 139-142
  competitivo, 197
  complexidade de ser administrador em um, 110-112
  e a Avon Products, 205-207
  e a hierarquia das necessidades, 281-282

mapa, 127
modificando, 112-113
  adaptação, 127-128
  diminuição das barreiras ao comércio e aos investimentos, 129-130
  diminuição das barreiras culturais e de distância, 130-131
  efeitos do livre comércio nos administradores, 131-132
  processo de globalização, 128-129
  queda de barreiras comerciais legais, 126
oportunidades e ameaças em um, 111-113
papel das culturas nacionais
  modelo de Hofstede, 133-137
  normas e valores, 132-133
  para gestão global, 136-137
  para expansão internacional, 197
  problemas da Sony no, 134-136
Ambiente jurídico na gestão de recursos humanos, 365-366
Ambiente organizacional, 207-209
  e tomada de decisão, 145
Âmbito de controle, 223-224
Ameaças; *ver também* análise SWOT
  de produtos substitutivos, 185-186
  e mudanças na natureza dos distribuidores, 116-117
  na cadeia de suprimentos global, 114-115
  no ambiente global, 112-113
  tomada de decisão em resposta a, 145
American Journal of Public Health, 97-98
Americanos de origem asiática, 92-93
  estereótipos, 90-92
Ameríndios, 92-93
Ampliação do cargo, 211-212
Análise de cargos, 368-369
Análise de tarefas, 208-209
  caso, 300-301
Análise externa, 182-184
Análise interna, 182-183
Análise SWOT
  definição, 180-181
  etapas, 180-181
  na Campbell Soup Company, 182-185
  perguntas para, 182-183
Analítica empresarial, 419-420
Aparência pessoal, 97-98
Apaziguador de conflitos, 98-99
Aprendizagem, 289-290
  vicária, 291-293
Aprendizagem baseada na observação, 291-292
Aprendizagem do grupo, 158-159
Aprendizagem organizacional
  caso, 169-170
  como propulsor de mudanças, 262-263
  criando uma organização preparada para a aprendizagem, 157-160
  definição, 157-158
  empreendedorismo e criatividade
    e empreendedores internos, 162-164
    empreendedores sociais, 161-163
    novos empreendimentos, 163-165
  empreendedorismo interno
    defensores de produto, 164-165
    recompensas pela inovação, 164-166
    skunkworks, 164-165
  global, 158-160
  promovendo a criatividade de grupo
    brainstorming, 159-161
    técnica de grupo nominal, 160-161
    técnica Delphi, 160-162
  promovendo a criatividade individual, 159-160
Aprendizagem organizacional global, 158-160
À prova de erros, 421-422
Aptidões gerenciais
  conceituais, 11-12
  conhecimentos específicos necessários para realizar um determinado tipo de trabalho ou ocupação, 12-14
  desenvolvimento de, 13-14

diferenciação, 9-10
  e competência essencial, 13-14
  em departamentos, 9-10
  e pequenas empresas, 13-14
  habilidades interpessoais, 11-12
  recrutamento de, 11-12
  técnicas, 11-13
Aquecimento global, 24-25
Aquisições, 203-204
Assédio sexual, 290-291
  ações judiciais, 101-104
  de homens e mulheres, 101-102
  etapas para erradicação, 102-104
  formas de, 102-103
Assédio sexual com criação de um ambiente de trabalho hostil, 102-104
Assédio sexual quid pro quo, 102-103
Assistência dentária, 383-384
Atendimento ao cliente, Amazon.com, 270-272
Atitudes
  comportamento de cidadania organizacional, 50-52
  comprometimento com a organização, 52-55
  definição, 50-51
  diferenças entre países, 53-55
  mudanças e tendências, 52-53
  satisfação no trabalho, 50-53
Atividades de compras das empresas globais, 114-115
Aumento salarial, 294-296
Autoavaliações, 380-381
Autoconfiança, 312
Autoeficácia, 292-293
Autoestima, 47
  de empreendedores, 163-164
Autoridade; *ver também* Hierarquia de autoridade
  centralização, 226-227
  definição, 223-224
  de gerentes de carreira, 223-225
  de gerentes de linha, 223-225
  descentralização, 226-227
  distribuição de, 223-229
  em equipes autogeridas, 227-228
  em sistemas burocráticos, 34-35
  segundo a teoria de Follett, 35-36
Autorização para pagamento, 435-436
Autorreforço do comportamento, 292-293
Avaliação de desempenho
  avaliação 360°, 381
  avaliação de resultados, 379-380
  avaliação de traços de personalidade, 378-380
  avaliações de comportamentos, 379-380
  caso, 391-392
  contribuição para a gestão de recursos humanos, 378-379
  de administradores, 11-12
  de necessidades, 375
  definição, 378-379
  formal, 381-382
  informal, 382
  na administração científica, 33
  na estrutura de produto, 215-217
  na estrutura funcional, 213-215
  objetiva ou subjetiva, 379-381
  propósito, 364-365
  realizada por
    avaliação 334-335°, 381
    por colegas, 380-381
    colegas, subordinados ou clientes ou autoavaliação, 380-381

B

Babson College, 377
Barreiras à entrada
  definição, 118-119
  economias de escala, 120
  fidelidade à marca, 120
  normas governamentais, 120
Benchmarking, 265-266
Benefícios, 300-302
  base para, 382-383

determinação de, 383-384
  e custos de assistência médica, 383-384
  e orientação sexual, 96-97
  requerimentos legais, 383-384
  legislação federal para, 301-302
  na Costco, 71-72
  na Guerra DeBerry Goody, 384-385
  na Ryla Inc., 41-42
  para companheiros do mesmo sexo, 385-386
  planos flexíveis, 383-384
  propósito, 364-365
  tipos de, 383-384
  trabalhadores homossexuais, 385-386
Bloqueio de produção, 160-161
Boletim informativo da empresa, 407-408
Bônus
  e bloqueio de produção, 160-161
  etapas, 159-161
  na Trader Joe's, 2-3
  versus aumento salarial, 294-296
Built to Last, 180
Burocratismo, 34-36

C

Cadeia de comando, 223-224
  mínima, 226-228
Cadeia de comando mínima, 226-227
Cadeia de suprimentos global, 398-399
  gestão da, 114-116
  oportunidades e ameaças na, 114-115
Cadeia de suprimentos; *ver* Cadeia de suprimentos global
Cadeia de valor, 190-192
  de um setor, 190-192
Call centers, 40-42
Canadá
  envelhecimento das populações, 124
  e o Tratado Norte-Americano de Livre Comércio, 131-132
  e uso da maconha, 74-75
Candidatos a uma vaga
  celeiro de, 370-372
  centros de avaliação, 374
  confiabilidade dos testes, 374-375
  entrevistas, 372-373
  histórico do candidato, 372
  referências, 374
  testes de capacidade física, 373
  testes de desempenho, 373-374
  testes escritos, 373
  triagem eletrônica, 244-245
Capacidades, 93-95
Capacitação em liderança, 11-12
Capital
  em recursos, 129
  financeiro, 129
  humano, 128
Capitalistas de risco, 267-268
  para empreendedores sociais, 161-163
Capital político, 129
Características situacionais de líder
  estrutura de tarefas, 314-315
  poder devido à posição hierárquica, 314-315
  relações líder-membros, 314
Cargos/Empregos
  agrupados por função, 213-215
  concorrência para, 4-5
  estreitos e especializados, 220-221
  supervisão direta, 254-255
  transferência para o exterior, 300-301
Carreiras
  definição, 441
  em espiral, 442
  linear, 442
  sem limites, 443
  transitórias, 442
  uniformes, 442
Casos
  Acer, 202-203

administração a distância, 358-360
administração de operações, 438-440
Amazon.com, 270-272
avaliação de desempenho, 391-392
benefícios desiguais, 300-302
brainstorming, 168-170
comportamento inadequado de funcionários, 328-330
Fabindia, 68-69
Ford Motor Company, 28-31
Geração X, 107-109
GlaxoSmithKline & Pfizer, 238-239
IBM – globalização do ensino, 357-359
IBM – serviços de consultoria empresarial, 419-420
investimentos no México, 141-142
legislação comercial, 106-108
Nucor Corporation, 69-70
Planejamento da sucessão do CEO, 28-29
Procter & Gamble, 202-204, 390-391
Tata Grupo, 169-170
terceirização realizada pela Sony, 139-141
transferência de trabalho para o exterior, 300-301
Turner Broadcasting Company, 329-330
Yahoo!, 237-238
Caveat emptor, 20-21
Centralização de autoridade, 226-229
Centros de avaliação, 374
Centros de competência, 17-18
CEOs, 11
  benefícios, 77-79
  estrutura de salários, 382-384
  formação de equipes do alto escalão, 337-338
  liderança estratégica, 180
  pacotes indenizatórios, 77-79
  planejamento da sucessão, 28-29
  remuneração de, 4-6
  reversão de situação, 19-20
  um estranho na Ford, 28-31
Cerimônias e ritos
  histórias e linguagem, 63-65
  na cultura organizacional, 62-64
  ritos de integração, 63-64
  ritos de passagem, 63-64
  ritos de reconhecimento, 63-64
China
  efeitos da recessão, 106-108
  mercado que cresce em ritmo acelerado, 117-119
  problemas de produção, 141
  terceirização para, 14-15
Ciências, ética nas, 86-87
Cinco grandes traços da personalidade, os; *ver* Traços de personalidade
Classes sociais, 123
Clientes
  como parte interessada, 79-80
  definição, 116-117
  diversidade de, 100-101
  fidelidade à marca, 120
  grupos de, distintos, 116-117
  no ambiente global, 116-117
  poder dos, 184-185
  potenciais, 118-119
  preferência pela qualidade, 427-428
  preferências dos, 424
  reputação dos, 85-86
Clientes, avaliação feita por, 380-381
Clientes (computadores), 409-410
Clientes potenciais, 118-119
Codificação, 400-401, 401-402
Código de ética
  definição, 85-86
  e normas, 48-49
  fontes
    ética da sociedade, 85-86
    ética individual, 86-87
    ética profissional, 86-87
  na Costco, 71-72
Coesão de grupo
  consequências da
    ênfase na consecução de objetivos, 349-350

Índice

nível de conformidade, 349
nível de participação, 348-349
definição, 348
e identidade organizacional, 351
fatores que levam a
   concorrência saudável, 350-351
   diversidade administrada de forma eficaz, 350
   identidade de grupo, 350-351
   sucesso, 351
   tamanho do grupo, 350
Coldbath Fields Prison (Londres), 74-75
Coletivismo
  no estilo de liderança, 306-307
  versus individualismo, 133-134
e-Commerce, no ambiente global, 23-25
Comissão de Gestão dos Funcionários Públicos, 365
Comissão de Igualdade de Oportunidade de Emprego, 101-103, 365
Comitê Nacional de Relações Trabalhistas, 385-386
Comitês ad hoc, 229-230
Competência essencial, 13-14
Completude da informação, 396-397
Comportamento
  de cidadania organizacional, 50-52
  extrinsecamente motivado, 275-277
  ilegal, 74-76, 290-291
  intrinsecamente motivado, 275-277
  não funcional, 290-292
  organizacional, 37-38
  pró-socialmente motivado, 276-277
Comportamento gerencial
  efeito no desempenho do grupo, 36-38
  nas Teorias X/Y, 37-39
Comportamentos
  de apoio, 316
  de liderança, 316
  diretivos, 316
  específicos, 289-290
  orientados à realização, 316
  participativos, 316
Comportamento; *ver também* Conduta ética; Comportamento gerencial; Conduta antiética
  autorreforço, 292-293
  cidadania organizacional, 50-52
  controle do administrador, 241-242
  direção do, 275-276
  efeitos do estado de espírito/emoções, 54-56
  e mudanças nas crenças éticas, 73-76
  extrinsecamente motivado, 275-277
  identificando os comportamentos corretos para reforço, 290-291
  ilegal, 75-76
  intrinsecamente motivado, 275-277
  monitoramento, 243-244
  não funcional, 290-292
  nas Teorias X/Y, 37-39
  na teoria da aprendizagem social, 291-293
  na teoria do condicionamento operante, 289-292
  papéis no grupo, 343
  pró-socialmente motivado, 276-277
  tipos de liderança, 316
  transviado, 346-348
Compra
  na reengenharia de processos, 434-436
  pelas organizações globais, 114-115
Comprador esteja atento, 20-21
Compras *online*, Amazon.com, 270-272
Compras via internet, emprego por empresas globais, 114-115
Comprometimento com a organização, 52-55, 59-60
  diferenças entre países, 53-55
  medidas de, 53-54
Computadores
  clientes, 409-410
  linguagem digital, 408-409
  mainframe, 409-410
  microprocessadores, 408-410
  para comunicação sem fio, 409-410
  redução nos preços, 409-410
Comunicação

de decisões, 82-83
definição, 398-399
distorção de ordens, 226-227
em equipes virtuais, 339-343
em grupos grandes, 343
face a face, 405-406
global, 131
linguagem da organização, 63-65
não verbal, 400-403
para aumentar a eficiência, 398-399
para aumentar a qualidade, 398-400
para inovação, 399-400
para tempo de resposta aos clientes, 399-400
perigos da ineficácia, 402-403
problemas na hierarquia de autoridade, 225-227
sem fio, 409-410
sobrecarga de informação, 408-409
software colaborativo, 399-401
tecnologia da informação para, 393-395
tempo necessário para, 405-406
verbal, 400-401
Comunicação face a face
  administração por "peregrinação", 405-406
  ausência de registro eletrônico/em papel, 405-406
  comunicação eletrônica como elemento de apoio à, 415-416
  follow-up por escrito, 406-407
  riqueza de informações na, 405-406
  videoconferência, 405-406
Comunicação falada, transmitida eletronicamente, 406-407
Comunicação por escrito
  destinada a uma pessoa, 406-408
  impessoal, 407-409
Comunidade como parte interessada, 79-81
Conceito de supermercado, 1-3
Concentração em um único setor, 190-191
Concorrência
  dentro de grupos, 350-351
  em torno da qualidade, 243-244
  hiperconcorrência, 185-186
  incentivando o empreendedorismo interno, 164-165
  livre e saudável, 86
  no mercado de refrigerantes, 188-189
Concorrência global
  desafios resultantes da, 20-24-25
  efeitos de períodos difíceis, 287-288
  e terceirização, 14-15
  no mercado de refrigerantes, 188-189
Concorrentes
  ágeis, 18-19
  barreiras à entrada, 118-120
  conluio entre, 118-119
  definição, 116-117
  efeito no preço e lucro, 118-119
  legislação governamental, 120
  Mattel *versus* MGA, 171-173
  níveis de rivalidade, 117-118
  no ambiente global, 116-121
  que adotam a estratégia de baixo custo, 19-20
Concorrentes que adotam estratégia de baixo custo, 19-20
Condição "encalhadas no meio do caminho", 186-187
Condições sanitárias de um frigorífero, 21-23
Condições socioeconômicas, 95-97
Conduta antiética, 65-66, 72-73, 290-291
  caso, 106-108
  conluio entre concorrentes, 118-119
  consequências a longo prazo, 85-86
  efeito na atividade empresarial, 82-84
Conduta ética
  de administradores, 82-86
  efeitos da, 84
Confiabilidade
  da informação, 395-397
  dos testes aplicados a candidatos a uma vaga, 374-375

Confiança, 84
Conflitos geopolíticos, 24-25
Conformidade
  às normas do grupo, 346-347
  e coesão do grupo, 349
  equilíbrio entre desvio e, 346-348
  razões para, 346-347
Conhecimento, 312
  específicos necessários para realizar um determinado tipo de trabalho ou ocupação, 12-14
Conluio
  entre concorrentes, 118-119
  entre distribuidores, 116-117
Consciência, 43-46
  exemplo, 40-42
Consecução do objetivo do grupo, 349-350
Consenso de grupo, 156-157, 337-338
Consideração, 312
  dada por líderes do sexo feminino, 321-322
  no sentido do desenvolvimento, 319-321
Consistência dos planos, 178-179
Consumer Reports, 2-3
Consumo da maconha, 74-75
Continuidade dos planos, 175-177
Controle; *ver também* Controle organizacional
Controle
  antecipatório, 244-246
  concomitante, 244-246
  definição, 8-9
  na cultura organizacional, 65-66
  na Dell Inc., 8-10
  nas Teorias X/Y, 38-39
  na Trader Joe's, 2-3
  tempo dedicado ao, 11
Controle burocrático
  definição, 255-256
  problemas da, 256-258
  procedimentos operacionais padronizados, 255-257
  regras, 255-257
Controle de clã
  cultura adaptativa *versus* cultura inerte, 259-262
  definição, 257-258
  e cultura organizacional, 257-263
Controle de comportamento
  administração por objetivos, 253-255
  burocrático, 254-257
  de clã, 257-263
  identificação de resultados, 257-258
  inapropriados, 257-258
  padrões de desempenho, 245-247
  supervisão direta, 252-254
Controle de *feedback*, 244-246
Controle de produtividade, 242-243
  em todos os níveis, 251-252
  identificação de resultados, 257-258
  inapropriados, 257-258
  medidas financeiras, 248-251
  objetivos da organização, 250-252
  orçamentos operacionais para, 251-253
  padrões de desempenho, 245-247
  problemas da, 252-254
Controle de qualidade, na Amazon.com, 270-272
Controle organizacional
  administração por objetivos, 254-256
  antecipatório, 244-246
  burocrático, 255-257
  caso, 270-272
  concomitante, 244-246
  controle de clã, 257-263
  controle de comportamento, 253-258
  controle de produtividade, 248-254
  e cultura organizacional, 257-263
  e empreendedorismo, 266-268
  e mudança organizacional, 261-266
  e qualidade do produto, 243-244
  etapas, 244-248
  feedback, 244-246
  foco do, 242-243

importância da, 242-244
informações para, 397-398
na Ford Motor Company, 240-251
natureza do, 242-243
processo de controle, 244-248
propósito, 241-242
sistemas de controle, 244-246
sistemas de informação para, 397-398
tecnologia da informação para, 244-246
zona de, 47
feedback, 244-246
Conversas telefônicas, 406-407
Coordenação
de funções e divisões, 223-231
informações para, 398-399
Cornell University, 100-101
Costumes, 132-133
Creche, 383-384
dentro da empresa, 95-97
Credo da Johnson & Johnson, 88-89, 423
Crenças éticas, 74-76
mudanças ao longo do tempo, 73-74
Criação de valor
obtida por meio de sinergia, 192-193
por meio da diversificação, 192-195
por meio da diversificação não relacionada, 193-195
por meio da diversificação relacionada, 192-193
por meio da integração vertical, 190-192
Criatividade
do grupo, 159-162
e aprendizagem organizacional, 157-158-161-162
e diversidade, 100-101
e empreendedorismo, 161-165
e estados de espírito, 54-55
individual, 159-160
Criatividade do grupo
brainstorming, 159-161
técnica de grupo nominal, 159-160
técnica Delphi, 160-162
Crise devido a hipotecas de alto risco, 78-79
Cultura adaptativa
definição, 259-260
Cultura corporativa global, 111-112
Cultura inerte
definição, 259-260
e cultura organizacional, 263-264
ênfase na supervisão, 259-260
não funcional, 260-262
práticas trabalhistas, 259-260
Cultura organizacional
ação gerencial
controle, 65-66
liderança, 65-66
organização, 64-66
planejamento, 64-65
adaptativa, 259-264
caso, 69-70
cerimônias e ritos, 62-64
conservadora, 64-66
definição, 56-57, 257-258
e administradores, 58-60
e controle de clã, 257-263
estrutura atração-seleção-atrição, 58-59, 50-51
ética, 86-88
na Johnson & Johnson, 89-90
fonte de controle, 257-259
frágil, 56-57
global, 111-112
histórias e linguagem, 63-65
inerte, 259-262, 263-264
inovadora, 64-66
mudança na Ford, 240-242
na IDEO, 57-61
não funcional, 65-66
na Ryla Inc., 40-42
na Trader Joe's, 2-3
na United Parcel Service, 258-260
normas e valores, 60-61
obstáculos à mudança, 263-265

para assumir riscos, 18-19
processo de socialização, 61-63
sólida *versus* frágil, 56-57
valores do fundador, 60-62
valores e crenças compartilhadas, 56-57
valores instrumentais na, 59-61
valores terminais na, 59-61
Culturas
conservadoras, 64-66
de alto desempenho, 63-64
inovadoras, 64-66
Culturas nacionais
adaptando produtos a, 127-128
consciência por parte dos administradores da existência de, 124
costumes, 132-133
definição, 123
diferenças de valores, 123
diferenças nos estilos de liderança, 308-310
diferenças nos padrões éticos, 86
diminuição das barreiras, 130-131
e administração global, 136-137
efeitos no comportamento, 132-133
estratificação social, 123
estrutura social, 123-124
experiência da Unilever, 130-131
força sociocultural, 123-124
individual *versus* grupo, 123
interdependente, 128
modelo de Hofstede
distância do poder, 135-136
individualismo *versus* coletivismo, 133-134
orientação para a realização *versus* orientação para o desvelo, 135-136
orientação para o longo prazo *versus* orientação para o curto prazo, 135-137
repúdio à incerteza, 135-136
normas e valores, 132-133
princípios morais, 132-133
Custo da informação, 150-151
Custo da mão de obra, sudoeste asiático, 231-234
Custos de assistência médica, 383-384
Custos de preparação, 431-432

D

Dados, 394-395
Decisão ótima, 148-149
Decisões
em relação a metas específicas, 145
ética, 154-155
legalidade, 153-154
não rotineiras, 148
não programadas, 413-414
não rotineiras, 148
ótimas, 148-149
praticabilidade, 154-155
reconhecendo a necessidade, 152-153
rotineiras, 146
viabilidade econômica, 154-155
Declaração da missão
AT&T, 179
Cisco Systems, 179
definição, 173-174
WalMart, 179
Declaração da visão, 8-9
Decodificação, 400-401, 401-402
Defensores de produto, 164-165
Deficiências, 93-95, 366
Delegação, 8-9
De ligação, 98-99
Demissões
de gerentes intermediários, 226-227
devido à terceirização, 82
e insatisfação no trabalho, 52-53
número de pessoas afetadas, 77-78
Departamentos, 9-10, 12-14, 175-177, 337-339
eliminação de, 14-15
Desastre
com o ônibus espacial *Challenger*, 145-146, 154-157

com o ônibus espacial *Columbia*, 154-155
de Chernobyl, 24-25
Desastres
naturais, 24-25
provocados pelo homem, 24-25
tipos de, 24-25
Descentralização de autoridade, 226-227, 228-229
Descrição do cargo, 368
Desempenho
e a teoria da expectativa, 278-279
em sistemas burocráticos, 34-35
e planos de remuneração por mérito, 293-297
individual *versus* grupo, 352
medidas do, real; 245-247
micromedição, 301-302
na teoria do condicionamento operante, 289-292
na teoria do estabelecimento de metas, 288-289
para resultados desejados, 276-277
para resultados específicos, 289-290
Desempenho do grupo
nos estudos de Hawthorne, 37-38
remuneração por mérito baseada no, 293-295
Desempenho individual
e ociosidade de grupo, 353-354
remuneração por mérito baseada no, 293-295
Desempenho organizacional
aumentado por equipes, 334-335, 343
aumento, 205-207
definição, 3-4
e altos executivos, 10-11
e controle, 8-10
e crise devido a hipotecas de alto risco, 78-79
e cultura organizacional, 65-66
eficácia, 3-5
eficiência, 3-5
e liderança, 8-9
e mudança organizacional, 265-266
na Costco, 71-73
pressão para aumento do, 20-21
remuneração por mérito baseada no, 293-295
tomada de decisão para aumentar o, 145-146
usando controle para aumentar o, 240-242
Desenho de lojas, 1-3
Desenho organizacional; *ver também* Estrutura organizacional
definição, 206-208
teoria da contingência, 206-207
Desenvolvimento
avaliação de necessidades, 375
definição, 375
educação a distância, 377
educação formal, 377
experiências de trabalho variadas, 376-377
na Procter & Gamble, 390-391
programas formais de orientação dada por mentores, 377
propósito, 364-365
reembolso de despesas com instrução, 377
transferência de, 378-379
Desenvolvimento de carreira
estágios na carreira, 443-445
gestão eficaz de carreiras, 445
mentor para, 444
papel dos administradores, 441
papel dos funcionários, 441
tipos de carreiras, 442
Desenvolvimento do grupo
administradores como fonte de, 345
estágio de consecução, 345
estágio de formação, 344
estágio de normatização, 345
estágio de suspensão das atividades, 345
estágio de tumulto, 344
Desincorporação de negócios, 195, 237-238
Desintegrar verticalmente com retrocesso, 191-192
Despesas com propaganda, ramo de refrigerantes, 188
Desregulamentação de companhias aéreas, 125-126
Desvio
das normas de grupo, 346-347

equilíbrio entre conformidade e, 346-348
   reação do gerente a, 347-348
   reação do grupo a, 346-347
Diferença salarial, 78-79, 263-264
   entre os sexos, 90-92
Diferenças culturais nos estilos de liderança, 308-310
Diferenças interculturais na liderança, 308-310
Differentiated Workforce (Becker & Huselid), 300-301
Dilema ético, 72-74
   e regra da justiça, 82-83
   e regra dos direitos morais, 82
   na regra utilitária, 82
Dinâmica de grupo
   coesão de grupo, 348-351
   definição, 342-343
   desenvolvimento ao longo do tempo, 344-345
   liderança de grupos, 344
   normas de grupo, 345-347
   papéis no grupo, 343-344
   tamanho do grupo, 342-343
Direção do comportamento de uma pessoa, 275-276
Diretores operacionais, 11
   remuneração de, 78-79
Diretrizes Uniformes sobre Procedimentos na Seleção de Funcionários, 365
Discriminação baseada na orientação sexual, 96-98
Disseminador, 98-99
Distância, diminuição das barreiras de, 130-131
Distância do poder, 135-136
Distorção da informação, 412-413
Distorção das ordens e mensagens transmitidas, 226-227
Distribuição dos lucros, 295-297
Distribuidores
   como partes interessadas, 79
   conluio entre, 116-117
   definição, 116
   no ambiente global, 116-117
Diversidade da força de trabalho
   capacidades e incapacidades, 93-95
   equipes multifuncionais, 97-98
   faixas etárias, 90-92
   sexo, 90-93
Diversidade religiosa, 93-94
Diversidade; *ver também* Diversidade da força de trabalho
   das partes interessadas, 92-93
   definição, 89-90
   em equipes do alto escalão, 337-338
   em equipes multifuncionais, 337-338, 350
   entre tomadores de decisão, 157-158
   questões de responsabilidade ético-social, 89-92
Diversificação
   definição, 192-193
   na 3M Corporation, 192-194
   não relacionada, 193-195
   relacionada, 192-194
      definição, 192-193
      na 3M Corporation, 192-194
      sinergia resultante da, 192-193
   resultados do excesso de, 195
Dividendos, 76-77
Divisão de trabalho, 210-211
   em grupos grandes, 343
   na administração científica, 32-33
Divisões, 175-177
   e orçamentos operacionais, 252-253
   interligação e coordenação
      distribuição de hierarquia de autoridade, 223-229
      mecanismos de integração, 228-231
   na diversificação relacionada, 192-193
Dominância, 312
Domínio pessoal, 157-158
Doutrina do livre comércio, 130
Downsizing, 14-15, 444
   e insatisfação no trabalho, 52-53
Dramatização, 376

E

Economias de escala, 120
Economia mais baseada em serviços, 19-20
Educação
   a distância, 377
   e treinamento em administração, 11-12
   formal, 377
   profissional, 390-391
Educação; *ver também* Desenvolvimento; Treinamento
   concorrência global, 16-18
   para habilidades conceituais, 11-12
   para habilidades interpessoais, 11-12
   programas de treinamento em administração, 11-14
   título MBA, 4-5, 11-12
Eficácia
   definição, 4-5
   e gerentes intermediários, 10
   organizacional, 3-5
Eficiência
   boa comunicação para, 398-399
   definição, 3-4
   do sistema burocrático, 34-36
   e administração de operações, 422-423
   equipes de trabalho autogeridas, 433-434
   fabricação flexível, 431-433
   fator de produtividade total, 428-429
   gestão da, 428-429
   layout de instalações, 429-431
   na administração científica, 32-34
   no desempenho organizacional, 3-5
   obtida por meio da tecnologia da informação, 14-15, 23-25
   para concorrência global, 16-19
   por meio da terceirização, 14-15
   produtividade no trabalho, 428-429
   produtividade parcial, 428-429
   redução nos custos, 428-429
   reengenharia de processos, 433-436
   sistemas *just-in-time*, 432-434
Eleições de certificação, sindicatos, 385-386
E-mail
   abuso do, 407-408
   popularidade crescente do, 406-408
Embromadores, 37-38
Emissor, 400-402
Emoções, 53, 54-56
   afetividade negativa, 43-47
   definição, 54-55
Empowerment, 1-2, 14-16, 209-210, 227-228
   de equipes, 335-336
   e estilo de liderança, 310-311
   na John Deere, 15-16
   na MTV Networks, 303-305
   por meio de estímulo intelectual, 319-320
Empreendedores, 98-99
   abertura a novas experiências, 43-46
   características, 163-164
   consciência, 43-46
   definição, 161-162
   e cultura organizacional, 58-59
   e empreendedores internos, 162-164
   sobrecarga de trabalho, 267-268
   sociais, 161-163
Empreendedores internos
   comparados aos empreendedores, 162-164, 266-267
   definição, 162-163, 266-267
Empreendedores sociais
   definição, 161-162
   exemplo, 161-163
Empreendedorismo
   definição, 266-267
   e administração, 163-165, 267-268
   e criatividade, 161-165
   e empreendedores internos, 266-267
   e mudança organizacional, 266-268
   novos empreendimentos, 163-165
empreendedorismo em, 259-260

e cultura organizacional, 263-264
e mudança organizacional, 255-256
exemplos, 259-260
na Merck & Company, 260-261
na Nokia, 259-260
remuneração de acordo com o desempenho, 259-260
versus cultura inerte, 260-262
Empreendedorismo interno
   defensores de produto, 164-165
   e aprendizagem organizacional, 164-166
   recompensas pela inovação, 164-165
   skunkworks, 164-165
Empresas
   acionistas, 76-77
   administradores de, 77-79
   e prosperidade local, 79-80
   fornecedores e distribuidores, 79
   funcionários da Geração X, 107-109
Empresas de alta tecnologia, opções sobre ações, 295-296
Empresas globais, 199
   Unilever, 130-131
Empresas recém-abertas, 58-59
Encontros anuais, 62-64
Enriquecimento do cargo, 211-212
Entrada no mercado de trabalho, 443-444
Entrada, potencial, 184-185
Entrevistas de candidatos a uma vaga
   confiabilidade, 374
   estruturadas, 372-373
   não estruturadas, 373
   perguntas de entrevista situacionais, 373
   restrições legais, 373
Entrevistas estruturadas, 36-373
Entrevistas não estruturadas, 373
Envelhecimento das populações, 90-92, 124-126
Equação da motivação, 277-278
Equidade
   condições de, 285-286
   restabelecendo, 286-288
Equilíbrio entre trabalho e vida pessoal, 283-284
Equipes autogeridas globais, 17-18
Equipes de pesquisa e desenvolvimento, 337-339
Equipes de produto; *ver também* Equipes de trabalho autogeridas
   estrutura de, 221-223
   na estrutura matricial, 219-222
   na Ford Motor Company, 56-57
Equipes de trabalho autogeridas, 11-12, 317
   atribuição de papéis em, 344
   com maior autonomia, 227-228
   definição, 15-16, 337-339
   estágio de tumulto, 344
   etapas para a eficácia, 337-340
   e tecnologia da informação, 15-16
   liderança em, 344
   na IBM, 17-18
   na John Deere, 15-16
   na Louis Vuitton, 339-341
   na Nucor Corporation, 339-341
   no *layout* com posição fixa, 430
   para eficiência, 433-434
   problemas da, 339-341
   tamanho de, 343
Equipes do alto escalão
   as equipes multifuncionais, 337-338
   diversidade nas, 337-338
Equipes interdepartamentais, 35-36
Equipes multifuncionais, 337-338
   altos executivos, 337-338
   composição de, 334-335, 343
   comunicação dentro de, 399-400
   contribuições individuais, 353-354
   definição, 221-222
   diversidade em, 350
   e diversidade, 97-98
   e objetivos da organização, 350
   expertise e conhecimentos de, 334-335
   mecanismos de integração, 230-231

normas de grupo em, 345
operação de, 221-222
para pesquisa e desenvolvimento, 337-339
para vantagem competitiva, 221-223
Equipes "pizza", 335-337
Equipes; *ver também* Equipes multifuncionais; *as entradas* Grupo; Equipes de produto; Equipes de trabalho autogeridas
administradas para o alto desempenho
para atingir os objetivos da organização, 351-353
para reduzir a ociosidade de grupo, 352-354
casos, 357-360
como estimuladores do desempenho, 333-335
como motivadores, 336-337
conformidade com as normas, 349
definição, 333-334
diferenciação dos grupos, 332-334
inovação obtida por meio de, 334-337
intensidade de, 332-333
interação social, 337-338
interdepartamentais, 35-36
na ICU Medical, 331-333
na Louis Vuitton e Nucor, 339-341
objetivos específicos e prevalentes, 332-333
para inovação, 18-20
software colaborativo, 399-401
tempo de resposta aos clientes, 334-335
tipos de, 11-12, 14-18
alto escalão, 337-338
autogeridas, 337-341
equipes virtuais, 339-343
forças-tarefa, 337-339
interculturais, 337-338
multifuncionais, 337-338
pesquisa e desenvolvimento, 337-339
vantagem competitiva obtida por meio de, 333-334
Equipes virtuais
administradores, 341-343
caso, 358-360
comunicação frequente, 342-343
definição, 339-341
e globalização, 341-342
e tecnologia da informação, 341-342
vantagem, 341-342
eRoom *software*, 400-401
Escândalos corporativos, 65-66, 75-77, 118-119
Escolas de administração de empresas, 377
Escravidão, 73-74
Escrúpulos morais, 73-74
Esforço, 275-276
e teoria da expectativa, 278-279
Especialização, 33, 188
Especificação do cargo, 368
Estabelecimento de carreira, 444
Estações de trabalho, 430-431
Estados de espírito, 53, 54-56
definição, 54-55
e liderança, 218-219
positivos ou negativos, 55-56
Estados Unidos
declínio na satisfação no trabalho, 50-51
demissão em massa, 77-78
desregulamentação das companhias aéreas, 125-126
diversidade ética, 92-93
envelhecimento das populações, 90-92, 124
estratégias políticas globais, 24-25
nível de pobreza, 95-96
perda de empregos na indústria, 227-228
porcentagem da população homossexual, 96-98
primazia do individual, 123
Estágio
de consecução em grupos, 345
de conversão, 244-246
de formação em grupos, 344
de insumos, 244-245
de normatização em grupos, 345
de produto, 244-246

de suspensão das atividades em grupos, 345
de tumulto em grupos, 344
Estágios na carreira
entrada no mercado de trabalho, 443-444
estabelecimento, 444
etapa de realização, 444
final de carreira, 445
início de carreira, 444
meio de carreira, 444-445
platô de carreira, 444-445
preparação para o trabalho, 443
sem limites, 443
Estereótipos
e diversidade ética, 92-93
sobre americanos de origem asiática, 90-92
sobre as mulheres, 321-322
Estilo de liderança
delegando, 8-9
em culturas diversas, 308-310
horizontes temporais, 308
na prática, 8-9
no modelo de Fiedler, 313-314
participativo, 321-322
pessoal, 305-307
Estilo pessoal de liderança, 305-307
poder de referência, 310-311
poder legítimo, 308-310
Estimuladores do desempenho, grupos como; 334-335, 343
Estímulo intelectual, 319-320
Estoque
definição, 432-433
estoque regulador, 432-433
regulador, 432-433
sistemas *just-in-time*, 432-434
Estratégia
de baixo custo, 7-8
de diferenciação, 7-8
definição, 7-8, 173-174
e estrutura organizacional, 208-209
e nível salarial, 382-383
e planejamento, 173-174
estágio de planejamento, 5-8
global, 195-197
multidoméstica, 195-197
para aumentar a qualidade, 427-429
para empresas em dificuldades, 19-20
Estratégia corporativa
análise SWOT, 182-183
concentração em um único setor, 190-191
definição, 176-177
diversificação
não relacionada, 193-195
relacionada, 192-194
e estrutura organizacional, 208-209
estratégias principais, 190
integração vertical, 190-192
para expansão internacional
alianças estratégicas, 198-199
estratégia global, 195-197
estratégia multidoméstica, 195-197
franquia, 198
importação e exportação, 197-198
joint ventures, 199
licenciamento, 198
subsidiárias de inteira propriedade no exterior, 199-200
para padrões de desempenho, 245-246
plano de ação, 190
reação a ameaças, 190
Estratégia de baixo custo, 7-8
condição "encalhadas no meio do caminho", 186-187
definição, 185-187
e estrutura organizacional, 208-209
e integração vertical, 191-192
e nível salarial, 382-383
focada, 187-189
Cott Corporation, 188
na expansão internacional, 197

na Nike, Inc., 231-232
na Toyota, 187
Estratégia de carteira, 193-195
Estratégia de diferenciação, 7-8
condição "encalhadas no meio do caminho", 186-187
definição, 186-187
e estrutura organizacional, 208-209
e integração vertical, 191-192
focada, 187-189
na expansão internacional, 197
na Nike, Inc., 231-232
preço mais alto, 186-187
Estratégia de negócios
análise SWOT, 182-183
casos, 202-204
condição "encalhadas no meio do caminho", 186-187
definição, 177-178
estratégia de baixo custo, 185-187
estratégia de baixo custo focada, 187-189
estratégia de diferenciação, 186-187
estratégia de diferenciação focada, 187-189
teoria de Porter, 185-187
vantagem competitiva, 185-186
Estratégia funcional
análise SWOT, 182-183
definição, 177-178
Estratégia global, 195-197
Estratégia multidoméstica, 195-197
Estratégias de recursos humanos, 300-302
Estratificação social, 123
Estrelas, 195
Estrutura atração-seleção-atrição, 58-60
Estrutura de cliente, na Nokia, 218-219
Estrutura de iniciação, 312-313
Estrutura de mercado
características, 219-220
tabela, 215-216
Estrutura de produto
definição, 215-216
mundial, 217-219
na GlaxoSmithKline, 216-217
natureza da, 215-217
tabela, 215-216
vantagens, 215-217
Estrutura de produto mundial, 217-219
Estrutura de rede, 231-232
para flexibilidade, 232-234
Estrutura de salários, 382-384
Estrutura de tarefas, 314-315
Estrutura divisional
estrutura de produto mundial, 217-219
estrutura geográfica mundial, 217-218
formas de, 215
geográfica, 216-220
mercado, 219-220
produto, 215-217
Estrutura funcional, 213-215
Estrutura geográfica
definição, 217-218
global, 217-220
natureza da, 216-220
tabela, 215-216
Estrutura geográfica mundial
características, 217-218
na Nokia, 218-220
Estrutura híbrida
definição, 222-223
exemplo, 222-223
Estrutura matricial
definição, 219-220
equipes de produto, 219-222
mecanismos de integração, 230-231
na estrutura de equipes de produto, 221-222
Estrutura organizacional
alianças estratégicas, 230-234
ambiente organizacional, 207-209
definição, 7-8, 206-207
casos, 237-239

divisional
  geográfica, 216-220
  mercado, 219-220
  produto, 215-217
e alianças estratégicas, 230-234
e estratégia, 208-209
e projeto de cargos, 210-213
e recursos humanos, 209-210
e tecnologia, 208-209
e tecnologia da informação, 230-234
e teoria da contingência, 207-208
equipe de produto, 221-223
escolha feita pelos administradores, 209-210
estrutura de rede, 231-232
fábricas focadas, 227-228
funcional, 213-215
híbrida, 222-223
interligação e coordenação
  desenvolvimento de produtos, 223-224
  distribuição de hierarquia de autoridade, 223-229
  mecanismos de integração, 228-231
  nível divisional, 223-224
  nível funcional, 223-224
matricial, 219-222
mecanismos de integração, 228-231
na Avon Products, 205-207
organização sem fronteiras, 231-232
para controle organizacional, 241-243
Estrutura organizacional, Pier 1 Imports, 213-215
Estrutura social, 123-124
Estudo de caso
  Avon Products, 205-207
  Costco, 71-73
  Enterprise Rent-A-Car, 273-275
  Ford Motor Company, 240-242
  Four Seasons Hotels e Resorts, 361-363
  Herman Miller, 393-395
  ICU Medical, 331-333
  IKEA, 110-112
  Mattel, 171-173
  MTV Networks, 303-305
  PUMA AG, 143-144
  Ryla Inc., 40-42
  Toyota, administração de operações na, 421-423
  Trader Joe's, 1-3
Estudo de tempos e movimentos, 33, 35-36
Estudos de Hawthorne, 36-38
Etapas na tomada de decisão
  aprendizagem obtida com o *feedback*, 155-156
  avaliação de alternativas, 153-155
  critérios de avaliação
    ética, 154-155
    legalidade, 153-154
    praticabilidade, 154-155
    viabilidade econômica, 154-155
  escolha de alternativas, 154-156
  geração de alternativas, 152-154
  implementação de alternativas, 155-156
  na Sun Microsystems, 151-153, 154-155
  reconhecendo a necessidade, 152-153
Ética, 72-76; *ver também* Código de ética
  caso, 106-108
  definição, 73-74
  e a lei, 74-75
  e escândalos corporativos, 75-76
  e partes interessadas
    acionistas, 76-77
    administradores, 77-79, 82-86
    clientes, 79-80
    comunidade, sociedade e nação, 79-81
    fornecedores e distribuidores, 79
    funcionários, 79
    regras para tomada de decisão, 80-83
  escravidão, 73-74
  individual, 86-87
  mudanças ao longo do tempo, 74-76
  no consumo de drogas, 74-75
  profissional, 86-87
  social, 85-86

Ética da sociedade, 85-86
Ética em ação
  condições de abuso e exploração de operários em fábricas ao redor do mundo, 232-234
  contando a verdade, 49-51
  empreendedores sociais, 161-163
  frigorífero, 21-23
  funcionários da Costco, 71-73
  Johnson & Johnson, 89-90
  líder servidor, 306-307
  quanto custa para os trabalhadores o aumento da produtividade, 435-437
Ética individual, 86-87
Ética médica, 86-87
Ética nas decisões, 154-155
Ética profissional, 86-87
Etnia, 92-94
Expansão internacional
  ambiente global competitivo, 197
  Avon Products, 205-207
  da Cott Corporation, 189
  da Nokia, 218-220
  estratégia global, 195-197
  estratégia multidoméstica, 195-197
  exemplos, 195-197
  significado de
    alianças estratégicas, 198-199
    franquia, 198
    importação e exportação, 197-198
    joint ventures, 199
    licenciamento, 198
    subsidiárias de inteira propriedade no exterior, 199-200
Expectativa, 277-279
Experiência profissional, 376-377
Experiências de trabalho variadas, 376-377
Experimentos de teste de montagem de relés, 36-38
Expertise, 312
Exportação, 197-198
Extinção, 290-291
Extroversão, 42-44, 46-47
  e estados de espírito, 54-55
Extrovertidos, 42-43

F

Fabricação
  economias de escala, 120
  estratégia de baixo custo, 7-8
  flexível, 431-433
  na administração científica, 32-34
  na Revolução Industrial, 32
  perda de empregos, 14-15, 227-228
  por equipes autogeridas, 14-16
  produção artesanal, 32
  produção em vários países, 114-115
  produção no México, 141-142
  tempo de resposta aos clientes, 334-335
  terceirização, 14-15
  zonas de livre comércio, 131-132
Fabricação flexível
  definição, 429
  layouts de sistemas de produção, 431-433
  redução de tempo obtida empregando-se, 431-432
  redução nos custos obtida empregando-se, 431-432
Fabricantes de tênis, 231-234
Fábricas focadas, 227-228
Fábricas onde as condições de trabalho são sub-humanas, 20-21, 232-234
Faixas etárias
  Geração X, 107-109
  Geração Y, 147-148
  no ambiente de trabalho, 90-92
Faixas salariais, 382-383
Falhas em produtos, 202-204
Famílias em situação de pobreza, 95-96
Fase de transmissão, 400-401
Fast-food, 79-80
Fator de produtividade total, 428-429

FDA (Food and Drug Administration), 20-21
Feedback de desempenho
  administradores que não gostam de dar *feedback* de desempenho, 382
  avaliação 334-335°, 381
  avaliação formal, 381-382
  avaliação informal, 382
  definição, 378-379
  diretrizes, 382
  eficaz, 381-382
  para administração eficaz, 378-379
  por meio de avaliação de desempenho 360°, 381
  por meio de avaliações feitas por colegas, 380-381
  propósito, 364-365
Feedback; *ver também Feedback* do desempenho
  da comunicação face a face, 405-406
  da tomada de decisão, 155-156
  fase de comunicação, 400-401, 403-405
  na teoria do estabelecimento de metas, 288-289
  no modelo de características do cargo, 211-213
Feriados religiosos, 93-94
Fidelidade à marca, 120
Fidelidade do cliente na Costco, 71-72
Final de carreira, 445
Flexibilidade, 16-19
  dos planos, 175-177
  e integração vertical, 191-192
  estrutura de rede para, 232-234
  na estrutura organizacional, 208-209
Fluxo de capitais
  diminuição das barreiras ao, 129-131
  e a doutrina do livre comércio, 130
  formas de, 128-129
Forbes, 78-79, 111-112
Força de trabalho; *ver também* Funcionários; Subordinados
  comprometida, 8-9
  na administração científica, 32-34
  nas Teorias X/Y, 37-39
  nos estudos de Hawthorne, 36-38
  no sistema burocrático, 34-36
  quanto custa para os trabalhadores o aumento da produtividade, 435-437
  relação entre sexo masculino/feminino, 8-9
  segundo a teoria de Follett, 35-36
  tratamento injusto, 89-90
Forças ambientais
  análise externa, 182-184
  análise interna, 182-183
  forças competitivas, 184-186
Forças competitivas, modelo das cinco forças, 184-186
Forças demográficas
  definição, 124
  envelhecimento das populações, 124-126
  faixas etárias, 90-92
  Geração X, 107-109
  no ambiente global, 124-126
  raça e etnia, 92-94
Forças econômicas
  acordos de comércio regionais, 131-132
  doutrina do livre comércio, 129-130
  no ambiente global, 122
Forças legais; *ver também* Leis
  definição, 125-126
  no ambiente global, 125-126
Forças políticas
  definição, 125-126
  doutrina do livre comércio, 129-130
  no ambiente global, 125-126
Forças socioculturais
  culturas nacionais, 123, 132-137
  definição, 123
  no ambiente global, 123-124
Forças-tarefa, 229-230, 337-339
Forças tecnológicas
  mudanças na tecnologia da informação, 123
  no ambiente global, 122-123
Formulação de estratégias
  análise externa, 182-184

análise interna, 182-183
análise SWOT, 180-185
definição, 180-181
estratégia corporativa, 190-200
estratégia de negócios, 185-189
modelo das cinco forças, 184-186
na Mattel, 171-173
na organização, 173-174
para expansão internacional, 195-200
Fornecedores
    como parte interessada, 79
    de baixo custo no exterior, 114
    definição, 112-113
    de mão de obra, 112-113
    em redes B2B, 232-234
    mudanças na natureza do, 112-114
    na gestão da cadeia de suprimentos global, 114-116
    no ambiente global, 112-115
    poder de barganha, 112-114
    poder dos, 184-185
    reputação dos, 85-86
    terceirização global, 114-115
Fortune, 280, 283-284
França, comprometimento com a organização, 53-55
Franquia para expansão internacional, 198
Função, 213-214
    de projeto, 231-232
Funcionários
    altamente qualificados, 209-210
    como partes interessadas, 79
    comportamento inadequado de, 328-330
    custos de admissão, 100-101
    da geração X, 107-109
    demissão em massa, 77-78
    diversidade dos funcionários, 22-24
    efeitos de períodos difíceis, 287-288
    e liderança, 8-9
    em equipes autogeridas, 14-16
    feedback de, 403-405
    internalizando valores e normas, 257-258
    monitoramento do comportamento de, 243-244
    moral na reestruturação, 14-15
    motivação de, 273-275, 283-285
    motivando e retendo, 279-280
    na Costco, 71-73
    na estrutura atração-seleção-atrição, 58-60
    na Ryla Inc., 40-42
    nas Teorias X/Y, 37-39
    na Trader Joe's, 2-3
    no atendimento ao cliente, 19-20
    objetivos da organização e, 268
    papel no desenvolvimento de carreira, 441
    previsões de demanda e oferta, 366-367
    projeto de cargos, 210-213
    razões para sindicatos, 385-387
    relutância em se afiliar a sindicatos, 386-387
    reputação dos, 85-86
    retenção de, 100-101
    socialização organizacional, 61-63
    treinamento em administração, 11-12
    treinamento interdepartamental, 16-18
    versus acionistas, 82
Funcionários com dois chefes, 220-222, 230-231
    administração de, 22-24
    condições socioeconômicas, 95-97
    e aparência pessoal, 97-98
    e "teto de vidro", 90-92
    leis relacionadas com, 91-92
    no Union Bank, 22-24
    orientação sexual, 96-98
    raça e etnia, 92-94
    razões para o significado, 89-92
    religião, 93-94
Funcionários do atendimento ao cliente, 19-20, 56-57, 273-275
Funcionários soropositivos, 366
Funções
    interligação e coordenação
        distribuição de hierarquia de autoridade, 223-229

mecanismos de integração, 228-231
    na estrutura matricial, 221-223
Fundadores
    como empreendedores, 266-267
    papel na cultura organizacional, 58-62
    valores dos, 60-62
Fusões
    e União Europeia, 125-126
    GlaxoSmithKline, 216-217

G

GATT (Acordo Geral sobre Tarifas e Comércio), 129-130
General and Industrial Management (Fayol), 5-6
Georgetown University, 407-408
Geração X, 107-109
Geração Y, *trainees* na United Parcel Service, 147-148
Gerentes de carreira, autoridade de, 223-225
Gerentes de divisão, 175-177, 216-217
Gerentes de linha, autoridade de, 223-225
Gerentes de primeira linha, 9-10
    e equipes autogeridas, 15-16
    necessidade de poder, 53
    necessidade de realização, 53
    poder de especialista, 309-310
    poder de referência, 310-311
Gerentes funcionais, 175-177, 213-215
    na estrutura de produto, 215-217
    papel na eficiência, 435-436
Gerentes intermediários, 10
    demissões, 226-227
    e equipes autogeridas, 15-16
    na hierarquia de autoridade, 226-227
    necessidade de poder, 53
    necessidade de realização, 53
    poder de especialista, 309-310
    poder de referência, 310-311
    pressões sobre, 20-21
Gerentes operacionais, 422-423
    tarefa, 423
Gestão da diversidade
    bom senso empresarial, 99-102
    exigências para, 72-73
    importância da, 92-93
    no ambiente global, 21-24
    papéis gerenciais fundamentais, 98-100
    para coesão do grupo, 350
Gestão da qualidade total, 18-19
Gestão do relacionamento com os clientes, 424-428, 433-434
    na Empire HealthChoice, 426-427
Gestão de crises, 24-25, 42-43
Gestão de crises mundiais, 24-25
Gestão de recursos humanos
    avaliações de desempenho
        avaliação de comportamento, 379-380
        avaliação de resultados, 379-380
        avaliação de traços, 378-380
        definição, 378-379
        objetiva ou subjetiva, 379-381
        realização de, 380-381
    ambiente jurídico, 365-366
    casos, 390-392
    componentes e visão geral, 364-365
    definição, 363-364
    e diversidade do *staff*, 22-24
    e relações trabalhistas, 385-388
    na Four Seasons Hotels, 361-363
    planos de melhoria da qualidade "Seis Sigma", 363-365
    principais leis que afetam, 366
    processo de recrutamento, 366-372
    processo de seleção, 370-375
    promoções internas, 362-363
    salários e benefícios
        estrutura de salários, 382-384
        nível salarial, 382-383
        tipos de benefícios, 383-386
    treinamento e desenvolvimento

tipos de desenvolvimento, 376-379
    tipos de treinamento, 375-376
Gestão eficaz de carreiras
    comprometimento com práticas éticas, 445
    definição, 445
    sistematização dos diversos aspectos das vidas dos trabalhadores, 445
Gestão estratégica de recursos humanos; *ver também* Gestão de recursos humanos
    ambiente jurídico, 365-366
    definição, 363-364
    planos de melhoria da qualidade "Seis Sigma", 363-365
    visão geral dos componentes, 364-365
Gestão global
    adaptação de produtos, 127-128
    complexidade, 110-112
    e culturas nacionais, 136-138
    efeitos do livre comércio, 131-132
    exportação para o Japão, 121
    gestão da cadeia de suprimentos, 114-116
    problemas na GE-Tungsram, 136-137
    reversão de situação na Sony, 134-136
Giro de estoques, 248-250
Glass Ceiling Commission, 90-92
Globalização
    acordos de comércio regionais, 131-132
    administração a distância, 358-360
    a partir de fluxos de capitais, 128-129
    definição, 128
    diferentes tipos de estrutura de salários, 382-383
    diminuição das barreiras ao comércio e aos investimentos, 129-130
    diminuição das barreiras culturais e de distância, 130-131
    doutrina do livre comércio, 130
    e a OMC (Organização Mundial do Comércio), 130
    e equipes virtuais, 341-343
    e o GATT (Acordo Geral sobre Tarifas e Comércio), 129-130
    processo, 128-129
    terceirização de trabalho administrativo, 366-368
Grande Depressão, 129
Grande energia, 312
Greve da Writers Guild of America, 386-387
Grupos
    como motivadores, 336-337
    aprender fazendo, 343-344
    definição, 333-334
    diferença entre equipes e, 332-334
    formais, 337-338
    geridos para atingir alto desempenho
        para atingir metas, 351-353
        para reduzir a ociosidade de grupo, 352-354
    grandes *versus* pequenos, 343
    interação social, 336-337
    nível de participação em, 348-349
    procedimentos e normas, 37-38
    reação ao desvio, 346-347
    sinergia obtida por meio de, 333-335
    tempo de resposta aos clientes, 334-335
    tipos de
        forças-tarefa, 337-339
        formais, 337-338
        grupos com laços de amizade, 342-343
        grupos de comando, 337-339
        grupos de interesse, 342-343
        informais, 337-338
    vantagem competitiva obtida por meio de, 333-334
Grupos com laços de amizade, 342-343
Grupos de comando, 337-339
    motivação, 345
Grupos de interesse, 342-343
Grupos de trabalho; *ver também* Grupos; Equipes
    efeitos do comportamento em, 37-38
    inovação realizada por, 18-20
Grupos informais, 337-338
    grupos com laços de amizade, 342-343
    grupos de interesse, 342-343

Grupos LGBT (correspondente aos grupos GLBT no Brasil – lésbicas, gays, bissexuais e transexuais), 97-98
Grupos minoritários
 desvantagem no ambiente de trabalho, 99-100
 falta de orientação dada por mentores para, 377
 nos Estados Unidos, 92-93
Guerras entre fabricantes de refrigerantes tipo "cola", 188-189

H

Habilidades
 conceituais, 11-12
 conhecimentos específicos necessários para realizar um determinado tipo de trabalho ou ocupação, 12-14
 departamentais, 13-14
 educação para, 13-14
 interpessoais, 11-12
 liderança, 11-12
 necessárias para administradores, 13-14
 técnicas, 11-13
Habilidades técnicas
 definição, 11-12
 departamentais, 12-13
 para vantagem competitiva, 13-14
Harvard Business School, 359-360, 377
Harvard University, 402-403
Hawaianos, 92-93
Hierarquia das necessidades, 281-283
Hierarquia de autoridade; *ver também* Autoridade
 administração por exceção, 228-229
 administração por objetivos, 254-256
 cadeia de comando, 223-224
 cadeia de comando mínima, 226-227
 centralização *versus* descentralização, 228-229
 decisões dos altos executivos, 228-229
 definição, 223-224
 em organizações verticais ou horizontais, 225-227
 e poder de especialista, 309-311
 mecanismos de integração, 228-231
 no McDonald's, 223-226
 no sistema burocrático, 34-35
 número excessivo de gerentes, 226-227
 organizações horizontais, 255-256
 problemas de comunicação, 225-227
 redução de, 226-227
Hierarquia gerencial
 em departamentos, 12-14
 níveis de, 9-13
 no sistema burocrático, 34-35
 tempo dedicado a tarefas, 11
Hierarquia organizacional
 como sistema de informação, 411-413
 horizontal, 225-227
 inconvenientes, 412-413
 vertical, 225-227
Hiperconcorrência, 185-186
Hispânicos, 92-93
 desvantagem no ambiente de trabalho, 99-100
 e "teto de vidro", 90-92
Histórias e linguagem, 63-65
Histórico do candidato, 372
Homens *versus* mulheres como líderes, 321-322
Honestidade, 49-51, 312
Horizonte temporal
 do desenvolvimento do grupo, 344-345
 dos planos, 178-179
 e estilo de liderança, 308

I

Identidade
 de grupo, 350-351
 de tarefa, 211-213
 organizacional, 351
Igualdade, 49
 de oportunidade de emprego, 365
Ilhas do Pacífico, originários das, 92-93

Implementação de estratégias, 173-174
 etapas, 199-200
Importação, 197-198
Incerteza
 na tomada de decisão, 149-151
 organização em condições de, 7-8
Índia
 Kellogg's e Nestlé na, 127-128
 mercado que cresce em ritmo acelerado, 117-119
 sistema de castas, 123
 terceirização para, 14-15
 transferência de trabalho para a, 368
Índice
 de liquidez corrente, 248-250
 de liquidez seca, 248-250
 dívida/patrimônio, 248-250
 de atividade, 248-250
 de cobertura de juros, 248-250
 de endividamento, 248-250
 de liquidez, 248-250
 de lucratividade, 248-250
 financeiros, 248-250
Individualismo, 123-124
 versus coletivismo, 133-134
Indústria alimentícia, 127-128
Indústria automobilística
 alianças estratégicas, 230-231
 Autonomia, 211-213
 Ford Motor Company, 28-31
 participação japonesa nos Estados Unidos, 126
 produção em vários países, 114-115
Indústria da moda, 189
infecção pelo HIV, 94-95
Informação
 ambígua, 150-151
 atributos úteis
  completude, 396-397
  oportunidade, 396-397
  qualidade, 395-397
  relevância, 396-397
 comparada a dados, 394-395
 custo da, 150-151
 definição, 394-395
 e controle, 397-398
 e coordenação, 398-399
 em tempo real, 396-397
 e o trabalho dos administradores, 394-399
 incompletas, 149-150
 para tomada de decisão, 397-398
 preço em queda da, 408-410
 processo de comunicação, 400-404
 relevante a decisões, 154-156
 software para varredura de, 396-397
Início de carreira, 444
Iniquidade
 definição, 285-286
 tipos de, 286-288
Iniquidade por salário excessivo, 286-288
Iniquidade por salário inferior ao merecido, 286-288
Inovação, 203-204
 boa comunicação para, 399-400
 na Amazon.com, 335-337
 na Tata, 169-170
 obtida por meio da controle organizacional, 243-244
 obtida por meio de equipes, 334-337
 para concorrência global, 16-20
 recompensas pela, 164-166
Insatisfação no trabalho, 52-53
Instrumentalidade
 características, 279
 e remuneração segundo o desempenho, 293-294
Insumos
 controle de qualidade, 244-245
 e controle, 242-243
 e motivação, 276-278
 na teoria da equidade, 284-288
 na teoria do estabelecimento de metas, 288-289
 sistema *just-in-time*, 432-434
Integração política, 125-126

Integração vertical, 190-192
 de avanço, 190-192
 de retrocesso, 190-192
Integridade, 312
Inteligência, 312
 emocional, 56-57
 caso, 69-70
 e liderança, 323-324
 medidas de, 57-58
Inteligência artificial
 definição, 410-412
 para sistemas de informações gerenciais, 413-416
Interação social, 336-337
Interesse próprio, busca do, 82-83
Internet, 23-24
 para comunicação global, 131
Introvertidos, 42-43
Intuição, 148
Invasão da Baía dos Porcos, 156-157
Investimento
 diminuição das barreiras ao, 129-131
 em subsidiárias no exterior, 199
 no México, 141-142
Iowa State University, 100-101

J

Japão
 adoção da remuneração por mérito, 296-297
 coletivismo, 133-134
 envelhecimento das populações, 124
 participação no mercado automobilístico americano, 126
 primazia do grupo, 123
 restrições para importação, 120-121
Joint ventures, 199-200
 caso, 143
Jornada de trabalho flexível, 383-384

K

Knowbots, 410-412

L

Lacuna de desempenho, 263-264
Layout
 com posição fixa, 430
 de instalações
  definição, 429
  importância do, 429
  com posição fixa, 430
  por processo, 430
  por produto, 429
 redesenho do, 430-431
Legalidade de decisões, 153-154
Legislação governamental, as barreiras à entrada, 120
Lei contra a Discriminação por Gravidez, 366
Lei contra a Discriminação por Idade no Emprego, 90-92, 366
Lei de Equivalência Salarial, 91-92, 366
Lei dos Direitos Civis de 1964; 90-92, 366; *ver também* Título VII
Lei dos Direitos Civis de 1991, 366
Lei Federal das Relações Trabalhistas, 385-386
Lei para Licença Médica e por Motivos Familiares, 91-92, 366
Lei para os Americanos Portadores de Deficiência, 91-92, 366
 preceitos, 93-95
Leis
 e comportamento ilegal, 74-75
 e escândalos corporativos, 75-76
 e ética, 73-74
 e ética da sociedade, 86
 e princípios morais, 132-133
 forças políticas e legais, 125-126
 mudanças ao longo do tempo, 73-74
 nas entrevistas de candidatos a emprego, 373
 para regulamentar a prática empresarial, 71-75

proteção ao consumidor, 79-80
que afetam a gestão de recursos humanos, 365-366
relativas a crimes no Reino Unido, 74-76
sobre a discriminação por idade, 90-92
sobre benefícios para funcionários, 383-384
sobre igualdade de oportunidade de emprego, 90-95
sobre orientação sexual, 96-97
Leis contra a discriminação por idade, 90-92
Lei sobre a Segurança e Saúde no Trabalho, 365, 385-386
Leis para salário mínimo, 79-80
Leis relativas à igualdade de oportunidade de emprego, 90-92, 93-95
em entrevistas, 373
Licenciamento, 198
Liderança
definição, 304-306
casos, 328-330
de grupos, 344
e *empowerment*, 310-311
e inteligência emocional, 323-324
e sexo, 320-323
estratégica, 180
e tarefas gerenciais, 305-307
habilidades para, 8-9
modelo baseado em traços, 311-312
modelo comportamental, 312-313
modelos de contingência
conclusões sobre, 317-318
Modelo de Fiedler, 313-316
modelo de substitutos para o líder, 317
teoria do caminho–objetivo de House, 316
na MTV Networks, 303-305
natureza da, 304-311
para administração eficaz, 304-305
poder como elemento-chave para
poder coercivo, 309-310
poder de especialista, 309-311
poder de recompensa, 309-310
poder de referência, 310-311
poder legítimo, 308-310
tipo servidor, 306-307
transacional, 320-321
transformacional, 318-321
Liderança, 8-9
e motivação, 274-275
estratégica, 180
de grupos, 344
na cultura organizacional, 65-66
tempo dedicado à, 11
transacional, 320-321
comparada à liderança transacional, 320-321
consideração no sentido do desenvolvimento, 319-321
definição, 318
efeito nos subordinados, 318-321
estímulo intelectual, 319-320
líderes carismáticos, 318-320
na T-Mobile, 318-319
Liderança participativa, 321-322
mulheres *versus* homens, 321-322
Líderes, 98-99
carismáticos, 318-320
comparados a administradores, 305-306
definição, 305-306
formais *versus* informais, 344
voltados para as relações, 314
voltados para as tarefas, 314
Líder servidor
definição, 306-307
na Zingerman's Delicatessen, 306-307
Limitações cognitivas, 149-150
Linguagem, 63-65
corporal, 400-403
da organização, 63-65
digital, 408-409
Linha de montagem, 429
Livre comércio
e a OMC (Organização Mundial do Comércio), 130
efeito do, nos administradores, 131-132

e o GATT (Acordo Geral sobre Tarifas e Comércio), 129-130
Lobby, 73-74
Lógica fuzzy, 415-416
London Business School, 342-343
Lucros, efeitos da concorrência nos, 118-119
Mainframes, 409-410
Maior autonomia para os funcionários; *ver Empowerment*

M

Marcas próprias, 203-204
Marcas próprias, 203-204
Margem de lucro bruta, 153-154, 249-250
Marketing, na Dell Inc., 7-8
Massachusetts Institute of Technology, 147
Maturidade, 312
MBA, 4-5, 11-12
MBO; *ver* Administração por objetivos
Mecanismos de integração
contato direto, 229-230
definição, 225-226
equipes multifuncionais, 230-231
estrutura matricial, 230-231
forças-tarefa, 229-230
papéis de integração, 230-231
papéis de ligação, 229-230
Mediador, 387-388
Medida corretiva, 246-248
Medidas de desempenho
dificuldade em elaborar, 247-248
medida corretiva, 246-248
objetivos da organização, 250-252
para produtividade, 245-247
sistemas de informação e controle, 244-245
Medidas de desempenho, 246-247
Medidas de desempenho financeiro
inadequação das, 250-251
índices financeiros, 248-250
na Dell Inc., 249-251
objetividade das, 248-249
para controle de produtividade, 248-250
Medidas de produtividade, 246-247
Meio, 400-401, 401-402
Meio de carreira, 444-445
Meios de comunicação
face a face, 405-406
falada transmitida eletronicamente, 406-407
critérios para escolha dos, 404-406
destinada a uma pessoa, 406-408
e-mail, 406-408
por escrito impessoal, 407-409
redes de computadores, 409-411
riqueza de informações dos, 404-409
Melhores práticas de vendas, 426-427
Melhoria da qualidade
estratégia para, 427-429
maior eficiência para, 427-428
razões para, 427-428
sistema kanban, 432-434
Mensagem, 400-402
Mentor, 377, 444
Mercado de refrigerantes, 188
México
despejo de lixo no, 79-81
e o Tratado Norte-Americano de Livre Comércio, 131-132
investimentos no, 141-142
Microprocessadores, 409-410, 410-411, 411-412
Ministério da Agricultura, 21-22
Ministério da Justiça, 118-119, 365
Missão, determinando a, 179-180
Modelo administrativo de tomada de decisão, 148
custo das informações, 150-151
definição, 148-149
estratégia satisfatória, 150-152
informações ambíguas, 150-151
informações incompletas, 149-150
racionalidade limitada, 149-150
restrições de tempo, 150-151
risco e incerteza, 149-151

Modelo clássico de tomada de decisão, 148-149
Modelo das cinco forças, 184-186
Modelo de características do cargo, 211-213
autonomia, 211-213
feedback, 211-213
identidade de tarefa, 211-213
significância das tarefas, 211-213
variedade de qualificações, 211-213
Modelo de contingência de Fiedler, 318
características situacionais
combinando estilo e situação, 314-315
estrutura de tarefas, 314-315
poder devido à posição hierárquica, 314-315
relações líder–membros, 314
estilo de liderança, 314
voltados para as relações, 314
voltados para as tarefas, 314
na prática, 314-316
Modelo de liderança comportamental
consideração, 312
estrutura de iniciação, 312-313
Modelo de substituição do líder, 317, 318
Modelo de traços de liderança, 311
Modelos de contingência para liderança
conclusões sobre, 317-318
definição, 313
modelo de Fiedler, 313-316
modelo de substitutos para o líder, 317
teoria do caminho–objetivo de House, 316
Modelos mentais complexos, 158-159
Modo de se vestir das pessoas, 63-65
Monitor, 98-99
Monitoramento do comportamento dos funcionários, 243-244
Motivação
aspecto central para a administração, 275-276
atividades filantrópicas, 274-275
casos, 300-302
definição, 275-276
de grupos e equipes, 336-337
dos funcionários, 273-275
e contribuições, 276-277
equilíbrio entre trabalho e vida pessoal, 283-284
e salários, 293-297
fatores na, 276-278
fontes intrínsecas ou extrínsecas, 275-277
incentivos financeiros, 274-275
na Container Store, 279-280
na Enterprise Rent-A-Car, 273-275
na teoria do caminho–objetivo, 316
natureza das, 275-278
no modelo de características do cargo, 211-213
no SAS Institute, 283-285
objetivos específicos/difíceis, 287-289
para atingir os objetivos da organização, 351-353
resultado da liderança, 274-275
resultante de *feedback* de desempenho, 381-382
teoria da equidade, 284-288
teoria da expectativa, 277-281
teoria do estabelecimento de metas, 287-289
teorias da aprendizagem
aprendizagem social, 291-293
condicionamento operante, 289-292
teorias das necessidades
teoria de Herzberg, 189
teoria de Maslow, 281-283
teoria de McClelland, 282-284
Movimento em prol das relações humanas, 37-38
Mudança de cima para baixo, 264-266
Mudança organizacional, 261-266
aprendizagem organizacional como propulsor da, 262-263
avaliação das mudanças, 265-266
benchmarking, 265-266
cultura adaptativa *versus* cultura inerte, 263-264
de baixo para cima, 265-266
decidindo qual mudança fazer, 263-265
de cima para baixo, 264-265
definição, 262-263

e controle, 266-268
e empreendedores, 266-268
etapas, 262-263
identificação de obstáculos à, 263-265
implementação de mudança, 264-266
lacuna de desempenho, 263-264
na Walt Disney Company, 264-266
necessidade de avaliação para, 262-264
processo constante, 262-263
Mudanças de baixo para cima, 265-266
Mulheres
　afro-americanas, 92-93
　altos executivos, 303-305, 320-321
　desvantagem no ambiente de trabalho, 99-100
　e liderança, 320-322
　estereótipos, 321-322
　e "teto de vidro", 321-322
　falta de orientação dada por mentores para, 377
　Lei de Equivalência Salarial, 366, 385-386
　líderes participativos, 321-322
　na diretoria, 91-93
　porcentagem em cargos gerenciais, 90-92

N

Nação, como parte interessada, 79-81
NASA (National Aeronautics and Space Administration), 156-157, 179
Nativos do Alasca, 92-93
Necessidade
　de afiliação, 47-48
　de afiliação, 47-48, 282-284
　de autorrealização, 281-282
　de estima, 281-282
　de gregarismo, 281-282
　de higiene, 282-283
　de motivação, 282-283
　de poder, 47-48
　de segurança, 281-282
　fisiológicas, 281-282
Necessidade de realização, 47-48
　dos empreendedores, 163-164
Negociação coletiva, 386-388
Negociador, 98-99
Negócio
　caso de negócios para diversidade, 99-102
　definição do, 180
　e legislação, 73-76
New York Times, 403-404
New York University, 100-101
　Reputation Institute, 89
Níveis de renda, 95-96
Nível de pobreza, 95-96
Nível salarial, 382-383
Normas, 34-35, 48
　a partir de cerimônias e ritos, 62-64
　contando a verdade, 49-51
　definição, 49
　de grupos, 345-348
　e valores culturais, 132-133
　efeito no desempenho de administradores, 65-66
　em culturas nacionais, 132-133
　grupo, 133-134
　internalizadas, 86, 257-258
　na cultura organizacional, 59-61, 240-242
　na cultura organizacional ética, 86-87
　profissionais, 86-87
Normas de grupo, 133-134
　conformidade e desvio, 346-347
　definição, 345
　equilíbrio entre conformidade e desvio, 346-348
　nível de conformidade com as, 349
　para alcançar objetivos, 345
　razões para conformidade, 349
Novos empreendimentos, 163-165

O

Objetivo, 287-288; *ver* Objetivos da organização
Objetivos da organização

a partir de coesão de grupo, 349-350
apropriados, 3-5
contribuições para se alcançar, 276-278
controle de produtividade, 250-252
coordenação para, 398-399
definindo o negócio, 180
determinação dos, 179-180
e altos executivos, 10-11
e remuneração por mérito, 293-295
específicos/difíceis, 287-289
estágio de planejamento, 5-8
medição, 8-9
motivando grupos para atingir os, 351-353
na Dell Inc., 5-6
no planejamento, 174-175
no plano corporativo, 176-177
no plano de negócios, 177-178
no plano funcional, 177-179
objetivos elásticos, 251-252
padrões de desempenho, 250-252
Objetivos difíceis, 287-289
　no controle da produtividade, 251-252
Objetivos elásticos, 251-252
Objetivos específicos
　na administração por objetivos, 254-256
　na teoria do estabelecimento de metas, 287-289
　no controle de produtividade, 251-252
Ociosidade de grupo
　definição, 352
　redução do, 352-354
Ohio State University, 312
Oklahoma State, 100-101
Ombudsman da ética, 86-88
OMC (Organização Mundial do Comércio), 130
Opções de creches, 95-97
Opções sobre ações, 5-6, 77-79, 294-296
Opções sobre ações para funcionários, 294-296
Oportunidade da informação, 396-397
Oportunidades; *ver também* Análise SWOT
　e natureza em constante mudança dos distribuidores, 116-117
　na cadeia de suprimentos global, 114-115
　no ambiente global, 112-113
　tomada de decisão em resposta a, 145
Orçamentos operacionais
　definição, 251-252
　para controle de produtividade, 251-253
Organização, 206-207
　definição, 7-8
　de cenários, 179
　na cultura organizacional, 64-66
　sem fronteiras, 231-232
　tempo dedicado à, 11
Organizações
　aumento da eficiência, 16-19
　barganhando com fornecedores, 112-114
　burocráticas, 34-36
　códigos de ética, 85-87
　com liderança transformacional, 318-321
　custo do assédio sexual, 101-104
　definição, 2-3
　desenvolvimento de aptidões gerenciais, 11-12
　downsizing, 14-15
　global, 16-18
　nível corporativo, 175-177
　nível de negócios, 175-177, 176-177
　nível funcional, 175-177
　não funcionais, 260-262
　partes interessadas, 75-77
　planejamento da sucessão do CEO, 28-29
　recursos de, 2-3
　redução do tamanho, 190-191
　reestruturação, 14-15
　reestruturação gerencial, 19-20
　teorias da administração, 32-39
　vantagem competitiva, 13-14
　verticais e horizontais, 225-227
　visão, 8-9

Organizações de contato com clientes, 40-42
Organizações do setor de serviços
　comportamento padronizado, 256-257
　franquia por, 198
　tempo de resposta aos clientes, 334-335
Organizações globais, 16-18
　atividades de compra, 114-115
　definição, 111-112
　gestão da cadeia de suprimentos, 114-116
　intermediários no exterior, 114-115
Organizações preparadas para a aprendizagem
　concorrência global, 16-18
　e aprendizagem organizacional global, 158-160
　modificando hipóteses feitas pelos administradores, 158-159
　princípios para criação de
　　aprendizagem do grupo, 158-159
　　domínio pessoal, 157-158
　　modelos mentais complexos, 158-159
　　pensamento sistêmico, 158-159
　　visão compartilhada, 158-159
Orientação a longo prazo, 135-137
Orientação para a realização, 135-136
Orientação para o curto prazo, 135-137
Orientação para o desvelo, 135-136
Orientação sexual
　e benefícios para funcionários, 385-386
　impedindo discriminação baseada na, 96-98
　no ambiente de trabalho, 96-98

P

Padrões de desempenho
　comparados ao desempenho real, 246-247
　controle de comportamento/produtividade, 245-247
　e objetivos da organização, 155-252
　estabelecimento, 244-246
　medida corretiva, 246-248
　tipos de, 245-246
Padrões, em decisões éticas, 82-83
Padrões éticos, 20-23
　diferenças entre países, 86
Padrões socialmente responsáveis, 20-23
Pagamento de comissões, 295-296
Pagamento por unidade produzida, 295-296
Papéis de integração, 230-231
Papéis de ligação, 229-230
Papéis no grupo, 343-344
Parcerias comerciais, 203-204
Parecer arrazoado, 148
Partes interessadas, 72-73
　conduta antiética, 82-84
　confiança entre as, 84
　definição, 75-76
　direitos variados, 80-81
　diversidade das, 92-94
　e ética
　　acionistas, 76-77
　　administradores, 77-79, 82-86
　　clientes, 79-80
　　códigos de ética, 85-87
　　comunidade, sociedade e nação, 79-81
　　cultura organizacional ética, 86-88
　　fornecedores e distribuidores, 79
　　funcionários, 79
　　regras para tomada de decisão, 80-83
　efeitos da conduta ética, 84
　interesse próprio das, 82-84
　reputação dos, 85-86
Participação de mercado
　fabricantes de automóveis japoneses, 126
　foco na diversidade, 100-101
Participação dentro de grupos, 348-349
Pensamento sistêmico, 158-159
Pequenas empresas
　e aptidões gerenciais, 13-14
　falhas, 266-267
　liderança em, 323-324

Perda de empregos
  devido à terceirização, 14-15, 131-132
  na indústria, 227-228
  na recessão econômica, 95-96
  no *downsizing*, 14-15
  número de demissões por ano, 77-78
Perguntas de entrevista situacionais, 373
Período de férias, 383-384
Persistência, 275-276
Pesquisa e desenvolvimento
  estratégia de baixo custo, 186-187
  estratégia de diferenciação, 186-187
  na diversificação relacionada, 192-193
Pessoal de vendas
  controle, 2-3
  dando maior autonomia, 1-2
  treinamento do, 280
Planejamento
  atividades em três etapas, 173-174
  cenário, 179
  complexidade, 7-8
  consistente em todos os níveis, 178-179
  definição, 5-7, 173-174
  e estratégia, 173-174
  etapas, 5-6
  horizonte temporal, 178-179
  na cultura organizacional, 64-65
  na Dell Inc., 5-8
  natureza do processo, 174-179
  níveis e tipos de, 175-179
  níveis organizacionais, 177-179
  para a implementação de estratégias, 199-200
  permanentes *versus ad hoc*, 178-179
  razões para a importância do, 174-177
  tempo dedicado ao, 11
Planejamento de recursos humanos
  definição, 366-367
  previsões de demanda, 366-367
  previsões de oferta, 366-367
  terceirização, 366-368
Plano
  corporativo, 176-177
  de negócios, 176-177
  funcional, 177-179
  organizacional, 173-174
Planos
  a longo prazo, 178-179
  ad hoc, 179
  cíclicos, 178-179
  como dispositivo de controle, 175-177
  continuidade, 175-177
  corporativos, 176-177
  de ação, 190
    na teoria do estabelecimento de metas, 288-289
  de benefícios flexíveis, 301-302, 383-384
  de curto prazo, 178-179
  de melhoria da qualidade "Seis Sigma", 363-365
  de oferta de ações aos empregados, 259-260
  de oferta de ações aos empregados, 259-260
  de pensão, 383-384
  de prazo intermediário, 178-179
  de saúde, 334-335
  exigências para, 174-175
  flexibilidade, 175-177
  funcionais, 177-179
  horizonte temporal, 178-179
  nível de negócios, 176-178
  organizacionais, 173-174
  permanentes, 178-179
  precisão, 175-177
  Scanlon, 295-296
  unidade, 175-177
Planos de remuneração por mérito
  adotados no Japão, 296-297
  aumento salarial *versus* bônus, 294-296
  como base para
    desempenho do grupo, 293-295
    desempenho individual, 293-295
    desempenho organizacional, 293-295

definição, 293-294
distribuição dos lucros, 295-297
opções sobre ações, 294-296
pagamento de comissões, 295-296
pagamento por unidade produzida, 295-296
plano Scanlon, 295-296
Platô de carreira, 444-445
Poder
  elemento-chave para a liderança
    poder coercivo, 309-310
      na liderança transacional, 320-321
    poder de especialista, 309-311
    poder de recompensa, 309-310
    poder de referência, 310-311
    poder legítimo, 308-310
  necessidade para, 47-48, 282-284
  poder devido à posição hierárquica, 314-315
Poder
  de barganha de fornecedores, 112-114
  de especialista, 309-311
  de recompensa, 309-310
  de referência, 310-311
  devido à posição hierárquica, 314-315
  legítimo, 308-310
Polivalência, 35-36
Poluição, 24-25
  no México, 79-81
População homossexual, 96-98
População lésbica, 96-98
Porta-voz, 98-99
Posição competitiva, por meio da concentração em um único setor, 190-191
Praticabilidade de decisões, 154-155
Práticas antiéticas
  condições de abuso e exploração de operários em fábricas ao redor do mundo, 20-21
  condições sanitárias de um frigorífero, 21-23
  problemas com a efedrina, 20-21
Práticas profissionais éticas, 445
Práticas trabalhistas, 232-234
Precisão dos planos, 175-177
Preço mais alto, 186-188, 203-204
Preço(s)
  declínio de, para computadores, 410-411
  declínio de, para tecnologia da informação, 408-410
  efeitos da concorrência no(s), 118-119
  preço mais alto, 186-187
Preparação para o trabalho, 443
Previdência Social, 383-384
Previsão, feita por administradores, 174-175
Previsões de demanda, 366-367
Previsões de oferta, 366-367
Princípios morais, 132-133
Problemas com efedrina, 20-21
Procedimentos operacionais padronizados, 34-36, 178-179, 207-208
  e controle burocrático, 255-257
  problemas da, 256-258
Processo de comunicação
  fase de *feedback*, 400-401, 403-405
  fase de transmissão, 400-401
  perigos da ineficácia, 402-403
  registro eletrônico, 405-406
  registro em papel, 405-406
  tempo necessário para, 405-406
  terminologia do, 400-402
Processo de controle
  avaliação de resultados, 246-248
  comparação do desempenho com padrões, 246-247
  estabelecimento de padrões de desempenho, 244-246
  medida corretiva, 246-248
  medidas de desempenho, 245-247
Processo de desenvolvimento de novos produtos, 219-222
Processo de fabricação GBL, 421-423
Processo de seleção, 370-375
  confiabilidade dos testes, 374-375
  definição, 366-367

em centros de avaliação, 374
entrevistas, 372-373
histórico do candidato, 372
propósito, 364-365
referências, 374
testes de capacidade física, 373
testes de desempenho, 373-374
testes escritos, 373
Produção
  artesanal, 32
  à prova de erros, 421-422
  em massa, 429
  enxuta, 421-422
  equipes de trabalho autogeridas, 433-434
  estágio de conversão, 244-246
  estágio de insumos, 244-245
  estágio de produto, 244-246
  fabricação flexível, 431-433
  fator de produtividade total, 428-429
  layout de instalações, 429-431
  na administração de operações, 428-436
  processo de controle, 244-248
  processo de fabricação GBL, 421-423
  produção enxuta, 421-422
  produtividade no trabalho, 428-429
  produtividade parcial, 428-429
  redução nos custos, 334-336
  reengenharia de processos, 433-436
  sistemas de controle para, 244-246
  sistemas de estoques JIT (just-in-time), 432-434
Produtividade
  na administração científica, 32-34
  nos estudos de Hawthorne, 36-38
  quanto custa para os trabalhadores o aumento da, 435-437
Produtividade no trabalho, 428-429
Produtividade parcial, 428-429
Produto(s)
  adaptação de, 196
  adaptados, 127-128
  função de projeto, 231-232
  global, 116-117
  substitutivos, 185-186
Produtos globais, 116-117
Produtos sob encomenda, 430
Produtos substitutivos, ameaça de, 185-186
Programa Outlook, 400-401
Programas aplicativos, 410-411
programas formais de orientação dada por mentores, 377
Programas MBA, 377
Programas para a assistência e o bem-estar de funcionários, 383-384
Programas para desenvolvimento de executivos, 377
Projeto com o auxílio de computador, 231-232
Projeto de cargos
  ampliação do cargo, 211-212
  definição, 210-211
  divisão de trabalho, 210-211
  enriquecimento do cargo, 211-212
  McDonald's *versus* Subway, 210-212
  modelo de características do cargo, 211-213
  simplificação do cargo, 210-211
Promoções internas, 362-363, 370-372
Proteção ao consumidor, 79-80
Protégé, 377, 444
Punição
  e poder coercivo, 309-310
  no condicionamento operante, 290-292

Q

Qualidade
  boa comunicação para, 398-400
  concorrência em torno da, 243-244
  da informação, 395-397
  e administração de operações, 422-423
  gestão da qualidade total, 18-19
  para concorrência global, 16-19
  planos de melhoria da qualidade "Seis Sigma", 363-365

R

Raça, 92-94
Racionalidade limitada, 149-150
Rapidez, 16-19
Realização na carreira, 444
Receptor, 400-402
Recessão de 2008, 14-15, 106-107, 122
Recessão econômica, 95-96, 122
Reclamações dos clientes, 426-427
Recompensas pela inovação, 164-166
Recrutamento
    análise de cargos, 368-369
    caso, 390-391
    definição, 366-367
    externo, 369-370
    interno, 370-372
    na Fog Creek *Software*, 369-372
    planejamento de recursos humanos, 366-368
    propósito, 364-365
Recursos
    de organizações, 2-3
    proteção dos, 84-86
    uso eficaz de, 4-5
Recursos humanos
    definição, 362-363
    e estrutura organizacional, 209-210
    organização, 7-8
Redes, 409-410
Redes
    B2B, 230-234
    de computadores, 409-411
    locais, 409-411
    neurais, 415-416
    sociais, 34-35
Redução de barreiras comerciais, 126, 129-131
Redução de tempo, 431-432
Redução nos custos
    gestão da cadeia de suprimentos global, 114-116
    na estratégia de baixo custo, 186-187
    no ambiente global, 114-115
    obtida empregando-se fabricação flexível, 431-432
    por meio da terceirização, 14-15
    por meio da terceirização da gestão de recursos humanos, 366-367
    por meio de diversificação relacionada, 192-193
    por meio de *downsizing*, 14-15
    por meio de economias de escala, 120
    por meio de fábricas onde as condições de trabalho são sub-humanas e os trabalhadores são explorados, 20-21
    por meio de tecnologia da informação, 189
    problemas da, 252-254
Reembolso de despesas com instrução, 377
Reengenharia de processos
    definição, 428-429
    for eficiência, 433-436
Reestruturação, 14-15, 444
    Avon Products, 205-207
Referencial
    na teoria da equidade, 285-287
    para iniquidade, 285-287
Referências, 374
Reforçadores negativos, 289-291
Reforço
    identificando os comportamentos corretos para, 290-291
    na teoria da aprendizagem social, 291-293
    negativo, 289-291
    positivo, 289-291
Reforço negativo, 289-291
Reforço positivo, 289-290
Registro eletrônico, 405-406
Registro em papel, 405-406
    regra da justiça, 82-83
Regra dos direitos morais, 82
Regra prática, 82-83
Regras, 34-35
    no controle burocrático, 255-257
    problemas das, 256-258
    profissionais, 86-87

Regras de decisão
    ausência de, 148
    para tomadas de decisão programadas, 146
Regra utilitária, 82
Reino Unido, sistema de justiça penal, 74-76
Relações de subordinação duais, 221-222
Relações líder–membros, 314
Relações trabalhistas, 364-365
    definição, 385-386
    legislação sobre, 385-386
    negociação coletiva, 386-388
    sindicatos, 385-387
Relevância da informação, 396-397
Remuneração de executivos, 77-79
Remuneração dos trabalhadores, 383-384
Remuneração segundo o desempenho, 352
Remuneração; *ver* Salários
Repúdio à incerteza, 135-136
Reputação, 85-86
Reputação da marca, 427-428
Responsabilidade interdepartamental, 10
Responsabilidade social, foco da, 20-21
Restrições de tempo, 150-151, 180
Restrições para importação, 120-121
Resultados
    da liderança, 8-9
    da motivação, 276-277
    da terceirização, 14-15
    desconhecidos, 149-151
    do controle, 8-9
    do controle de comportamento, 257-258
    do controle de produtividade, 257-258
    do *downsizing*, 14-15
    e teoria da expectativa, 278-279
    específicos, 289-290
    na teoria da equidade, 284-288
    na teoria de Herzberg, 282-283
    na teoria do condicionamento operante, 289-292
Retorno sobre o investimento, 248-250
Reversão de situação
    na Sony, 134-136
    reestruturação gerencial, 19-20
Revolução da tecnologia da informação, 408-410
Revolução Industrial, 32
Riqueza de informações
    comunicação falada transmitida eletronicamente, 406-407
    comunicação por escrito destinada a uma pessoa, 406-408
    da comunicação face a face, 405-406
    definição, 404-405
    dos meios de comunicação, 404-409
    para apoiar a comunicação face a face, 415-416
    reduzida na comunicação por escrito impessoal, 407-409
Riscos na tomada de decisão, 149-151
Ritos de integração, 62-64
Ritos de passagem, 62-63
Ritos de reconhecimento, 63-64
Rivalidade
    entre concorrentes, 117-118
    níveis de, 184-185
Robótica, 438-440
Rodada do Uruguai, 130
Rotatividade de mão de obra, 51-52
    baixa, na Costco, 71-72
Ruído, 400-402

S

Salários
    comissão, 295-296
    componentes, 385-386
    de CEOs, 4-6, 77-79
    de CEOs *versus* demais funcionários, 382-384
    de diretores operacionais, 78-79
    diferença salarial, 78-79
    diferenças globais, 382-383

    e benefícios, 300-302
    e motivação, 293-297
    funcionários *versus* executivos, 78-79
    homens *versus* mulheres, 90-92
    iniquidade por salário excessivo, 286-288
    iniquidade por salário inferior ao merecido, 286-288
    na Container Store, 280
    na Costco, 71-72
    na Trader Joe's, 2-3
    por unidade produzida, 295-296
    propósito, 364-365
    salários elevados *versus* salários baixos, 382-383
San Bernardino County District Attorney, 21-23
Satisfação no trabalho, 59-60
    caso, 69-70
    declínio nos Estados Unidos, 50-51
    diferenças entre países, 50-52
    e comportamento de cidadania organizacional, 50-52
    e rotatividade de mão de obra, 51-52
    medidas de, 50-51
    mudanças e tendências, 52-53
    na Costco, 71-73
    na Ryla Inc., 40-42
Secretárias eletrônicas, 406-407
SEC (Securities and Exchange Commission), 77-78
Segmento de PCs, 5-10
    concorrentes, 202-203
    concorrentes mundiais, 117-119
Seguro-desemprego, 383-384
Seguro de vida, 383-384
Seguro-saúde, 383-384
    na Costco, 71-72
Semana de Conscientização das Deficiências, 94-95
Sensação de haver realizado algo, 49
Services Shift, The (Kennedy), 139-140
Servidores, 409-410
Setor aeroviário
    desregulamentação, 125-126
    informações em tempo real para, 396-397
    tempo de resposta aos clientes, 424-425
    viagens aéreas, 131
Setor de atividade
    nível de rivalidade no, 184-185
    poder dos grandes clientes, 184-185
    poder dos grandes fornecedores, 184-185
    potencial para entrada, 184-185
Sexo; *ver também* Mulheres
    e liderança, 320-322
    na força de trabalho, 90-93
SharePoint, *software* colaborativo, 400-401
Significância das tarefas, 211-213
Simplificação do cargo, 210-211
Simulações, 376
Sindicatos
    declínio na filiação a, 386-387
    leis que favorecem os, 385-386
    negociação coletiva, 386-388
    parecer favorável dos funcionários, 385-386
    relutância dos funcionários contra, 386-387
    resistência à terceirização, 366-367
Sindicatos de trabalhadores; *ver* Sindicatos
Sinergia
    definição, 192-193
    global, 197
    resultante de grupos, 334-335, 343
Sinergias globais, 197
Sistema
    de castas, 123
    de gestão do conhecimento, 232-234
    de informações gerenciais computadorizado; *ver* Sistemas de informações gerenciais
    de justiça penal, Reino Unido, 74-76
    de produção de baixo custo, 425
    de tecnologia da informação global, 231-232
    de valores, 49
    Kanban, 432-434
Sistemas de apoio à decisão

definição, 413-414
Merck & Company, 414-415
Sistemas de controle, 8-10
    características, 244-245
    controle de clã, 257-263
    controle de comportamento, 245-247, 253-258
    controle de produto, 245-247
    definição, 244-245
    mecanismos, 247-248
    para controle de insumos, 244-245
    para inovação, 243-244
    para insumos, 242-243
    para monitoramento de funcionários, 243-244
    para o estágio de conversão, 244-246
    para o estágio de produto, 244-246
    para produto, 242-243, 247-254
    para qualidade, 243-244
    tecnologia da informação para, 244-245
    tipos de, 247-248
Sistemas de estoques JIT (*just-in-time*), 432-434
Sistemas de informações contábeis, 398
Sistemas de processamento de transações, 412-413
Sistemas de informação de três camadas, 409-411
Sistemas de informação; *ver também* Sistemas de informações gerenciais
    de três camadas, 409-411
    e tecnologia, 396-398
    limitações, 415-416
    para a administração por objetivos, 255-256
    para o controle organizacional, 397-398
Sistemas de informações gerenciais
    controle antecipatório, 244-245
    definição, 396-397
    desenvolvidos por ferrovias, 412-413
    inteligência artificial, 413-416
    limitações, 415-416
    na hierarquia organizacional, 411-413
    para controle organizacional, 398
    sistemas de apoio à decisão, 310-311
    sistemas de informações operacionais, 412-414
    sistemas de processamento de transações, 412-413
    sistemas especializados, 413-416
    tradicionais, 411-413
Sistemas de informações operacionais, 412-414
Sistemas de produção, 422-423
    de baixo custo, 425
    layout de, 424-425
    novos *layouts* para, 431-433
Sistemas especializados, 413-416
Sistemas operacionais, 410-411
Sistemas tradicionais de informação, 411-413
Sistematização dos diversos aspectos das vidas dos trabalhadores, 445
Sites de redes sociais, 391-392
Skunkworks, 164-165
Sobrecarga de informação, 408-409
Socialização, 61-63
Socialização organizacional, 61-63
Sociedade, como parte interessada, 79-81
Sociedades com distância do poder baixa, 135-136
Sociedades com distância do poder elevada, 135-136
Softbots, 410-412
Software
    aplicativo, 410-411
    colaborativo, 399-401
    inteligência artificial, 410-412
    para gestão do relacionamento com os clientes, 426-427
    para tecnologia da informação, 410-412
    para varredura de informações, 396-397
    para videoconferência, 406
    reconhecimento de voz, 411-412
    sistemas operacionais, 410-411
Software colaborativo, 399-401
Software para reconhecimento de voz, 411-412
Solução satisfatória, 150-152
Subordinados
    avaliações feitas por, 380-381
    com liderança transacional, 320-321
    com liderança transformacional, 318-321
    comportamento de extinção, 290-291
    desmotivados, 254-255
    determinação dos objetivos dos, 254-255
    e administradoras, 321-322
    e estrutura de tarefas, 314-315
    e líderes voltados para as relações, 314
    em grupos de comando, 337-339
    empowerment de, 310-311
    e poder de recompensa, 309-310
    estímulo intelectual dos, 319-320
    e traços dos administradores, 46-47
    e valores do fundador, 61-62
    importância das carreiras para os, 445
    na administração por objetivos, 254-256
    na teoria do caminho–objetivo, 316
    na teoria do estabelecimento de metas, 288-289
    níveis de expectativa, 278-279
    no modelo de substitutos para o líder, 317
    no sistema burocrático, 34-35
    revisão do progresso de, 255-256
    treinamento em serviço, 376
Subsidiárias de inteira propriedade no exterior, 199-200
Substituição do líder, 317
Substituto da liderança, 317
Sucessão em organizações, 28-29
Sucesso, resultante da coesão de grupo, 351
Supervisão direta, 253-255
Supervisores, 9-10
Suprema Corte dos Estados Unidos, sobre o consumo de maconha, 74-75

T

Tamanho do grupo, 342-343
    e coesão de grupo, 350
    e divisão de trabalho, 343
    e ociosidade de grupo, 353-354
Tarefas gerenciais
    administração da diversidade, 98-100
    controle, 5-9
    desenvolvimento de tecnologia da informação, 394-395
    e hierarquia gerencial, 9-13
    estilo pessoal de liderança, 305-307
    liderança, 8-9
    mudanças recentes
        empowerment, 14-16
        equipes autogeridas, 14-16
        fatores que afetam, 13-14
        reestruturação, 14-15
        tecnologia da informação, 14-16
        terceirização, 14-15
    organização, 5-8
    planejamento, 5-10
    tempo dedicado a, 11
Tarifas
    e o GATT (Acordo Geral sobre Tarifas e Comércio), 129-130
    e OMC (Organização Mundial do Comércio), 130
    redução nas, 129
Técnica de grupo nominal, 160-161
Técnica Delphi, 160-162
Técnica do advogado do diabo, 156-158
Tecnologia
    definição, 122
    e estrutura organizacional, 208-209
    em sistemas de informação, 396-398
    não rotineira, 208-209
    robótica, 438-440
    rotineira, 208-209
Tecnologia da informação
    avanços em
        comunicação sem fio, 409-410
        desenvolvimento de *software*, 410-411
        inteligência artificial, 413-416
        preços em queda para, 408-410
        processamento de transações, 412-413
        redes de computadores, 409-411
        sistemas de apoio à decisão, 413-414
        sistemas de informações operacionais, 412-414
        sistemas especializados, 413-416
    caso, 419-420
    concorrência na, 17-18
    definição, 397-398
    despesas com, 14-15
    e *downsizing*, 14-15
    e equipes autogeridas, 15-16
    impacto nos administradores, 106-109
    modificando a natureza do trabalho, 123
    na Herman Miller, 393-395
    no ambiente global, 23-25
    para administração de alianças estratégicas, 231-232
    para administração por objetivos, 255-256
    para gestão do relacionamento com os clientes, 425
    para redução de custos, 189
    para sistemas de controle, 244-245
    SAS Institute, 283-285
    significado de *empowerment*, 15-16
    sistemas de informações gerenciais, 411-416
    software colaborativo, 399-401
    tarefa gerencial, 394-395
    tecnologias assíncronas, 341-342
    tecnologias síncronas, 341-342
    terceirização, 14-15
    treinamento em, 11-12
Tecnologia
    assíncronas, 341-342
    de transporte, 131
    não rotineira, 208-209
    rotineira, 208-209
        síncronas, 341-342
Telemarketing, 40-42
TelePresence, *software*, 406
Teletrabalhadores, 407-408
Teletrabalho, 123
Televisão
    distribuição de programas, 116-117
    e diversidade ética, 92-94
    Turner Broadcasting, 329-330
Tempo dedicado a tarefas gerenciais, 11
Tempo de resposta aos clientes
    e administração de operações, 422-423
    boa comunicação para, 399-400
    melhorando
        gestão do relacionamento com os clientes, 424-428
        layouts de sistemas de produção, 424-425
        preferências dos clientes, 424
    na concorrência global, 16-20
    por equipes e grupos, 334-335
Tempo necessário para a comunicação, 405-406
Teoria da administração, história da
    administração científica, 32-34
    estudos de Hawthorne, 36-38
    experimentos de teste de montagem de relés, 36-38
    Mary Parker Follett, 35-36
    Revolução Industrial, 32
    sistema burocrático de Weber, 34-36
    Teorias X e Y, 37-39
Teoria da aprendizagem social
    aprendizagem vicária, 291-293
    autoeficácia, 292-293
    autorreforço, 292-293
    definição, 291-292
Teoria da contingência, 206-207
Teoria da equidade
    contribuições e resultados, 284-288
    definição, 284-286
    equidade, 285-286
    e remuneração segundo o desempenho, 293-294
    formulação da, 284-286
    iniquidade, 285-287
    referencial, 285-286
    relação resultado/contribuição, 285-286
    restabelecendo a equidade, 286-288
Teoria da expectativa
    conclusões sobre, 281
    definição, 277-278

e Container Store, 279-280
e remuneração segundo o desempenho, 293-294
expectativa, 277-279
instrumentalidade, 279
valência, 279
Teoria das necessidades de motivação–higiene de Herzberg
  necessidades de higiene, 282-283
  necessidades de motivação, 282-283
Teoria do caminho–objetivo, 316, 318
Teoria do condicionamento operante
  definição, 289-290
  desempenho visando resultados específicos, 289-290
  extinção, 290-291
  identificando os comportamentos corretos para reforço, 290-291
  punição, 290-292
  reforço negativo, 289-291
  reforço positivo, 289-290
Teoria do estabelecimento de metas
  definição, 287-288
  e remuneração segundo o desempenho, 287-288
  feedback, 287-288
  formulação da, 287-288
  objetivos difíceis, 287-289
  objetivos específicos, 287-289
  planos de ação, 287-288
Teorias da aprendizagem
  aprendizagem social, 291-293
  condicionamento operante, 289-292
  e remuneração segundo o desempenho, 293-294
  premissa básica, 289-290
Teorias das necessidades
  definição, 281
  diferenças entre países, 281-283
  equilíbrio entre trabalho e vida pessoal, 283-284
  e remuneração segundo o desempenho, 293-294
  hierarquia das necessidades de Maslow, 281-283
  teoria de Herzberg, 282-283
  teoria de McClelland, 282-284
Teoria X, 37-39
Teoria Y, 37-39
Terceirização, 14-15
  como causa de demissões, 82
  da gestão de recursos humanos, 366-368
    desvantagens, 366-367
    para flexibilidade, 366-367
    para redução de custos, 366-367
  definição, 366-367
  do trabalho administrativo, 366-368
  global, 114-115, 130
  na Sony, 139-141
  para a Índia, 14-15, 368
  perda de empregos devido à, 131-132
  produção de tênis, 231-234
  rápido aumento na, 232-234
  resistência por parte dos sindicatos, 366-367
  serviços tecnológicos e de *software*, 368
Terceirização global, 114-115, 130
Terrorismo internacional, 24-25
Testa de ferro, 98-99
Testes de capacidade física, 373
Testes de desempenho, 373-374
Testes de habilidade, 373
Testes de honestidade, 373, 374
Testes de personalidade, 373
testes escritos, 373
Teto de vidro, 90-92, 321-322
Texas A&M University, 61-63, 100-101
Three Mile Island, 395-397
Título VII da Lei dos Direitos Civis, 90-94, 365, 366
Tolerância do estresse, 312
Tomada de decisão em grupo
  diversidade entre tomadores de decisão, 157-158
  perigos do consenso de grupo, 156-157
  técnica do advogado do diabo, 156-158
  versus tomada de decisão individual, 155-157
Tomada de decisão ética, 80-83
Tomada de decisão gerencial; *ver* Tomada de decisão

Tomada de decisão não programada, 146-149; *ver também* Etapas da tomada de decisão
  ausência de regras de decisão, 148
  decisões não rotineiras, 148
  intuição, 148
  na PUMA AG, 143-144
  parecer arrazoado, 148
Tomada de decisão prescritiva, 148-149
Tomada de decisão programada
  na United Parcel Service, 148
  regras de decisão, 146
Tomada de decisão rotineira, 146
Tomada de decisão; *ver também* Tomada de decisão em grupo
  arte ou ciência, 151-152
  casos, 168-170
  definição, 145
  e emoções, 54-55
  em resposta a ameaças, 145
  em resposta a oportunidades, 145
  ética, 80-83
    considerações em relação às partes interessadas, 82
    regra da justiça, 82-83
    regra dos direitos morais, 82
    regra prática, 82-83
    regra utilitária, 82
  exemplos, 145-146
  feita por administradores, 77-78
  importância para as organizações, 143-144
  individual *versus* grupo, 155-157
  informações para, 397-398
  modelo administrativo, 148, 148-149-151-152
  modelo clássico, 148-149
  na NASA, 156-157
  não programadas, 146-149, 413-414
  na PUMA AG, 143-144
  na United Parcel Service, 147-148
  para o desempenho organizacional, 145-146
  pelas partes interessadas, 85-86
  por intuição, 148
  por meio de parecer arrazoado, 148
  programadas, 146
  simplificação de hipóteses, 148-149
Trabalhadoras lésbicas, 385-386
Trabalhadores homossexuais, 385-386
Traços de personalidade
  características, 41-43
  caso, 68-69
  atitudes, 50-55
  autoestima, 47
  Cinco Grandes
    abertura a novas experiências, 43-47
    afetividade negativa, 43-47
    agradabilidade, 43-46
    consciência, 43-46
    consciência dos administradores, 46-47
    continuum, 42-43
    exemplo, 43-47
    extroversão, 42-44
  definição, 41-42
  dos empreendedores, 163-164
  e inteligência emocional, 56-57
  estados de espírito e emoções, 54-56
  necessidade de afiliação, 47-48
  necessidade de poder, 47-48
  necessidade de realização, 47-48
  relacionada com a liderança, 311
  valores, 48-50
  zona de controle, 47
Tragédia dos bens comuns, 82-83
Transferência de trabalho para o exterior, 300-301; *ver também* Terceirização
  exemplos, 368
Transferência de treinamento, 378-379
Transgressores das taxas de desempenho, 37-38
Tratado de Livre Comércio para a América Central, 131-132
Tratado Norte-Americano de Livre Comércio, 125-126, 131-132

Tratados de livre comércio
  natureza dos, 130
  regionais, 131-132
Treinamento comportamental, 36-38
Treinamento em administração
  para funcionários, 11-12
  programas, 273-275
Treinamento em administração; *ver também* Educação; Treinamento
  avançado, 11-14
  MBA, 4-5
Treinamento em sala de aula
  dramatização, 376
  simulações, 376
  vídeos para, 375-376
Treinamento em serviço, 376
Treinamento interdepartamental, 16-18
Treinamento; *ver também* Desenvolvimento; Educação
  avaliação de necessidades, 374
  definição, 375
  diferenças entre países, 16-18
  do pessoal de vendas, 280
  em serviço, 376
  na capacitação em liderança, 11-12
  na Enterprise Rent-a-Car, 273-275
  na Procter & Gamble, 390-391
  para adquirir conhecimentos, 13-14
  para eficiência, 16-18
  para tempo de resposta aos clientes, 19-20
  propósito, 364-365
  sobre orientação sexual, 96-98
  transferência de, 378-379
  treinamento em sala de aula, 375-376
Tribunal Europeu, 125-126
Tsunami de 2004, 24-25
Tsunami de 2004 no Pacífico, 24-25

U

União Europeia, 125-126
Unidade dos planos, 175-177
Unidades, 337-339
Unidades de negócios, 175-177
United States Census Bureau, 90-96
United States House of Representatives, 131-132
United States House Oversight and Government Reform Committee, 78-79
United Students contra a Nike, 232-234
United Workers Union, 95-96
Universidade de Houston, Centro para Estudantes Portadores de Deficiência da, 94-95
University of California at Los Angeles (UCLA), 100-101
University of Michigan, 100-101, 377
University of Notre Dame, 94-95
Uso de drogas, 74-75

V

Vacas leiteiras, 195
Valência e remuneração segundo o desempenho, 293-294
Validade dos testes aplicados a candidatos a uma vaga, 374-375
Valores
  a partir de cerimônias e ritos, 62-64
  contando a verdade, 49-51
  definição, 48
  dos fundadores, 60-62
  efeito no desempenho de administradores, 65-66
  em cultura organizacional, 59-61, 240-242
  em culturas nacionais, 123-124, 132-133
  em decisões éticas, 82-83
  instrumental, 48-50
  internalizados, 86, 257-258
  na Ryla Inc., 40-42
  promovidos por administradores, 60-61
  terminais, 48-50

Valores instrumentais, 48-50
 caso, 68-69
 na cultura organizacional, 59-61
Valores não funcionais, 241-242
Valores pessoais, 48-50
Valores terminais, 48-50
 caso, 68-69
 na cultura organizacional, 59-61
Vantagem competitiva, 13-14
 atingindo, 19-21
 definição, 16-18
 elementos fundamentais
  aumento da eficiência, 16-19
  flexibilidade e rapidez, 16-19
  inovação, 18-20
  melhoria da qualidade, 16-19
  tempo de resposta aos clientes, 19-20
 equipes multifuncionais para, 221-223
 meios para se alcançar, 398-400
 na Dell Inc., 9-10
 na diversidade do *staff*, 22-24
 na Toyota, 421-422
 obtida por meio da administração de operações, 422-423
 obtida por meio da diversidade, 100-101
 obtida por meio da diversificação relacionada, 192-193
 obtida por meio da estratégia de baixo custo, 185-187
 obtida por meio da estratégia de diferenciação, 186-187
 obtida por meio da estratégia de negócios, 185-186
 obtida por meio da integração vertical, 191-192
 obtida por meio da tecnologia da informação, 393-395
 obtida por meio de grupos e equipes, 333-334
 perda de, 19-20
 reestruturação gerencial, 19-20
 retorno sobre o investimento, 248-249
Variedade de qualificações, 211-213
Variedade de tarefas, 208-209
Vendas de celulares, 218-220
Vendas diárias pendentes, 248-250
Viabilidade econômica de decisões, 154-155
Videoconferência, 405-406
Vídeos, para treinamento em sala de aula, 375-376
Virginia Tech, 147
Visão
 compartilhada, 158-159
 organizacional, 8-9
 para empresas em dificuldades, 19-20
Visão compartilhada, 158-159
Voice mail, 406-407

W

Wall Street Journal, 42-43, 50-51, 384-385
White Collar Sweatshop (Fraser), 287-288

Y

Yale University, 100-101

Z

Zona de controle, 47
 de empreendedores, 163-164
 exemplo, 40-42
 externa, 47
 interna, 47
  de empreendedores, 163-164